Learner's
Pocket
Dictionary

English - Greek
Greek - English

D.N. Stavropoulos

Oxford University Press

English abbreviations

adj	adjective	επίθετο
adv	adverb	επίρρημα
art	article	άρθρο
aux	auxiliary	βοηθητικός
conj	conjunction	σύνδεσμος
def art	definite article	οριστικό άρθρο
etc	et cetera	και λοιπά *(κλπ.)*
excl	exclamation	επιφώνημα
f	feminine	θηλυκό
F	French	γαλλική λέξη
GB	Great Britain	βρετανικά αγγλικά
gen	genitive case	γενική πτώση
It	Italian	ιταλική λέξη
imper	imperative	προστακτική
impers	impersonal	απρόσωπο (ρήμα)
ind art	indefinite article	αόριστο άρθρο
infml	informal	λαϊκός
interj	interjection	επιφώνημα
interrog	interrogative	ερωτηματικός
irreg	irregular	ανώμαλος
m	masculine	αρσενικό
n	noun	ουσιαστικό
nf	feminine noun	θηλυκό ουσιαστικό
nm	masculine noun	αρσενικό ουσιαστικό
nmf	masculine or feminine noun	αρσενικό ή θηλυκό ουσιαστικό
nn	neuter noun	ουδέτερο ουσιαστικό
pers	personal	πρόσωπ·ο, ~ικός
phr	phrase	φράση
pl	plural	πληθυντικός
poss	possessive	κτητικός
prep	preposition	πρόθεμα
pron	pronoun	αντωνυμία
pt	past tense	αόριστος
refl	reflexive	αυτοπαθής
rel	relative	αναφορικός
sb	somebody	κάποιος *(κπ)*
sing	singular	ενικός
sl	slang	μάγκικα
sth	something	κάτι *(κτ)*
vi	intransitive verb	αμετάβατο ρήμα
vt	transitive verb	μεταβατικό ρήμα
vti	transitive and intransitive verb	μεταβατικό και αμετάβατο ρήμα
US	United States of America	αμερικανικά αγγλικά

ΠΡΟΛΟΓΟΣ

Ο σκοπός του συγγραφέα και των εκδοτών είναι απλός αλλά και ουσιαστικός: να εφοδιάσουμε το ελληνικό και το αγγλόφωνο κοινό με ένα εύχρηστο, αξιόπιστο και, κατά το δυνατόν, πλήρες λεξικό των δύο γλωσσών. Ένα λεξικό, στο οποίο ο χρήστης να μπορεί να βρει γρήγορα και σωστά τη λέξη που αναζητεί στην άλλη γλώσσα. Για το σκοπό αυτό περιορίσαμε συνειδητά τα στοιχεία εκείνα που χαρακτηρίζουν ένα χρηστικό λεξικό και δώσαμε όλη μας την προσοχή στην λεξιλογική πληρότητα και στην καταγραφή της σημασιολογικής πολλαπλότητας της κάθε λέξης με την παράθεση όσο το δυνατόν περισσοτέρων αποδόσεων, ιδιαίτερα στο ελληνοαγγλικό τμήμα. Έτσι ελπίζουμε ότι προσφέρουμε ένα αναγκαίο και χρήσιμο βοήθημα.

Δ. Ν. ΣΤΑΥΡΟΠΟΥΛΟΣ

Βασσαράς 1990

ΠΑΡΑΓΩΓΕΣ ΛΕΞΕΙΣ
(COMMON SUFFIXES AND TERMINATIONS)

Η ανάγκη να διατηρηθεί το μέγεθος του λεξικού σε πραγματικό λεξικό τσέπης, αλλά ταυτοχρόνως να είναι πληρέστατο, υπαγόρευσε την ευρεία χρήση των προσφυμάτων (suffixes) για να δοθούν όλες οι παράγωγες λέξεις.

Ο ακόλουθος πίνακας αποτελεί ασφαλή οδηγό για την προφορά των προσφυμάτων καθώς και σε ποια μέρη του λόγου ανήκουν. Εξαιρέσεις, όπου ένα πρόσφυμα ανήκει σε περισσότερα από ένα μέρη του λόγου, σημειώνονται στο λεξικό σε κάθε περίπτωση.

Nouns

-ment [-mənt]	-ancy [-ənsi]	-ful [-ful]
-ness [-nis]	-ency [-ənsi]	-or [-ɔ:]
-hood [-hud]	-ion [-iən]	-er [-ə:]
-tude [-tju:d]	-sion [-ʃ(ə)n]	-ery [-əri]
-dom [-dəm]	-sion [-ʒ(ə)n]	-ity [-əti]
-ship [-ʃip]	-tion [-ʃ(ə)n]	-age [-idʒ]
-man [-mən]	-ess [-is]	-ics [-iks]
-ance [-əns]	-ture [-tjuəʳ]	-ism [-izəm]
-ence [-əns]	-ture [-tʃəʳ]	-ist [-ist]
		-ing [-iŋ]

Adjectives

-y [-i]	-ous [-ʌs]	-ful [-fl]
-ive [-iv]	-some [-səm]	-ing [iŋ]
-ic [-ik]	-less [-lis]	-d, -ed [-id] μετά d ή t
-ical [-ikl]	-ent [-ənt]	[-t] μετά από άλλο
-al [-l, -əl]	-ant [-ənt]	άφωνο σύμφωνο
-ary [-əri]	-able [-əbl]	[-d] σε άλλες περιπτώσεις
-ory [-əri]	-ible [-əbl]	
-ate [-ət]	-ian [-iən]	

Adverbs

-ly	[-li]
-ally	[-əli]
-ically	[-ikli]
-fully	[-fəli]

Verbs

-ize, -yse, -ise	[-aiz]
-fy	[-fai]
-ate	[-eit]
-en	[-ən]

ENGLISH - GREEK DICTIONARY

A a

a (και πριν από ήχο φωνήεντος **an**) [ei, æn] *indef art* ένας, μια, ένα.
aback [əˈbæk] *adv* στη φρ. **be taken ~**, ξαφνιάζομαι, σαστίζω.
abandon [əˈbændon] *vt* εγκαταλείπω.
abase [əˈbeis] *vt* ~ *myself,* ξευτελίζομαι, ξεπέφτω.
abashed [əˈbæʃt] *adj* μτφ. μουδιασμένος, ντροπιασμένος.
abate [əˈbeit] *vti* κοπάζω, μετριάζω/ -ομαι ‖ νομ. καταργώ, βάζω τέρμα εις ‖ **~ment**, ελάττωση.
abbess [ˈæbes] *n* ηγουμένη.
abbey [ˈæbɪ] *n* αββαείο, μονή.
abbot [ˈæbət] *n* αββάς, ηγούμενος.
abbreviate [əˈbriːvieit] *vt* συντέμνω (λέξη), συντομεύω.
abbreviation [ə‚briːviˈeiʃn] *n* σύντμηση, βραχυγραφία ‖ συντμημένη λέξη.
abdicate [ˈæbdikeit] *vti* παραιτούμαι (*από θρόνο ή δικαίωμα*).
abdomen [ˈæbdəmən] *n* κοιλιά.
abdominal [æbˈdominl] *adj* κοιλιακός.
abduct [æbˈdʌkt] *vt* απάγω.
abduction [æbˈdʌkʃn] *n* απαγωγή.
aberration [‚æbəˈreiʃn] *n* [παρ]εκτροπή, διαταραχή, διάλειψη.
abet [əˈbet] *vt* υποκινώ, υποβοηθώ ‖ νομ. **aid and ~ sb**, γίνομαι συνεργός κάποιου.
abeyance [əˈbeiəns] *n* στη φρ. **in ~**, σε εκκρεμότητα/αχρηστία.
abhor [əbˈhoːʳ] *vt* απεχθάνομαι ‖ **~rence**, απέχθεια ‖ **~rent**, απεχθής.
abide [əˈbaid] *vti irreg* **~ by**, τηρώ ‖ **can't ~**, δεν ανέχομαι/αντέχω.
ability [əˈbiləti] *n* ικανότητα.
abject [ˈæbdʒəkt] *adj* άθλιος.
abjure [əbˈdʒuəʳ] *vt* απαρνούμαι, αποκηρύσσω (*θρησκεία, πεποιθήσεις*).
abjuration [‚æbdʒuˈreiʃn] *n* απάρνηση.
ablaze [əˈbleiz] *adj* **be ~**, λάμπω, φλέγομαι.
able [eibl] *adj* ικανός ‖ **be ~ to**, μπορώ να ‖ **~-bodied**, αρτιμελής.
ably [ˈeibli] *adv* ικανά.
abnormal [æbˈnoːml] *adj* ανώμαλος.
abnormality [‚æbnoːˈmæləti] *n* ανωμαλία, διαστροφή, τερατωδία.

aboard [əˈboːd] *adv* **go ~**, επιβιβάζομαι ‖ **be ~**, είμαι στο πλοίο/αεροπλάνο.
abode [əˈboud] *n* διαμονή, κατοικία.
abolish [əˈboliʃ] *vt* καταργώ.
abolition [‚æbəˈliʃn] *n* κατάργηση.
abominable [əˈbominəbl] *adj* απεχθής, αποτρόπαιος, σιχαμερός ‖ **abominably** σιχαμερά.
abominate [əˈbomineit] *vt* απεχθάνομαι.
abomination [ə‚bomiˈneiʃn] *n* σιχαμάρα ‖ **hold sb/sth in ~** σιχαίνομαι κπ/κτ.
aboriginal [‚æbəˈridʒənl] *adj* αυτόχθων.
aborigines [‚æbəˈridʒeniːz] *n pl* ιθαγενείς.
abort [əˈboːt] *vi* κάνω αποβολή ‖ ματαιώνω.
abortion [əˈboːʃn] *n* αποβολή, έκτρωση ‖ **~ist**, ο υπέρ της νομιμοποίησης των εκτρώσεων.
abortive [əˈboːtiv] *adj* ανεπιτυχής, πρόωρος (*πραξικόπημα*).
abound [əˈbaund] *vi* **~ in/with**, βρίθω, αφθονώ.
about [əˈbaut] *prep* περίπου ‖ για ‖ γύρω από, γύρω εις ‖ **what/how ~?** τι λες για; ‖ **be ~ to**, είμαι έτοιμος να, πρόκειται να ‖ **~-turn!** στρατ. μεταβολή! ‖ **~-face**, μεταστροφή, μεταβολή.
above [əˈbʌn] *adv, prep* πάνω από ‖ υπεράνω, ανώτερος από ‖ **~ all**, κυριότατα ‖ **~-board**, τίμιος/-α, καθαρός/ -ά ‖ **the ~-mentioned**, ο προαναφερθείς.
abrade [əˈbreid] *vt* εκτρίβω, ξύνω.
abrasion [əˈbreiʒn] *n* απόξεση, γδάρσιμο.
abrasive [əˈbreisiv] *adj* τραχύς, λειαντικός.
abreast [əˈbrest] *adv* πλάι-πλάι, στο ίδιο ύψος ‖ **be/keep ~ of the times**, συμβαδίζω με την εποχή μου.
abridge [əˈbridʒ] *vt* συντομεύω (κείμενο) ‖ **~ment**, σύντμηση, επιτομή.
abroad [əˈbroːd] *adv* στο εξωτερικό, στα ξένα ‖ ευρύτατα.
abrogate [ˈæbrəgeit] *vt* νομ. καταργώ.
abrupt [əˈbrʌpt] *adj* απότομος, ξαφνικός.
abscess [ˈæbsəs] *n* ιατρ. απόστημα.
abscond [əbˈskond] *vi* φεύγω κρυφά, φυγοδικώ.

absence [ˈæbsəns] *n* απουσία || ανυπαρξία || ~ *of mind*, αφηρημάδα || *leave of* ~, άδεια απουσίας.

¹**absent** [ˈæbsənt] *adj* απών || ~**-minded**, αφηρημένος || ~**-mindedness**, αφηρημάδα || ~**-mindedly**, αφηρημένα.

²**absent** [əˈbsent] *vt* ~ *oneself from*, απουσιάζω από.

absentee [ˌæbsənˈtiː] *n* συστηματικά απών || ~**ism**, συστηματική απουσία.

absolute [ˈæbsəluːt] *adj* απόλυτος.

absolution [ˌæbsəˈluːʃn] *n* άφεση αμαρτιών.

absolve [əbˈzolv] *vt* απαλλάσσω, συγχωρώ, αθωώνω.

absorb [əbˈsoːb] *vt* απορροφώ || ~**ing** *adj* απορροφητικός, συναρπαστικός || ~**ent**, απορροφητικός.

absorption [əbˈsoːpʃn] *n* απορρόφηση.

abstain [əbˈstein] *vi* απέχω (ιδ. από οινοπνευματώδη) || ~**er**, ο μη πίνων ποτά, εγκρατής.

abstemious [əbˈstiːmiəs] *adj* εγκρατής, λιτοδίαιτος.

abstention [əbˈstenʃn] *n* αποχή (σε εκλογές).

abstinence [ˈæbstinəns] *n* αποχή, εγκράτεια.

¹**abstract** [ˈæbstrækt] *adj* αφηρημένος (τέχνη, όνομα) || *n* περίληψη || *in the* ~, αφηρημένα, θεωρητικά.

²**abstract** [əbˈstrækt] *vt fml* αφαιρώ || συνοψίζω || ~**ed**, αφηρημένος || ~**ion** αφαίρεση, αφηρημένη έννοια.

abstruse [əbˈstruːs] *adj* δυσνόητος.

absurd [əbˈsɜːd] *adj* παράλογος, γελοίος || ~**ity**, παραλογισμός.

abundance [əˈbʌndəns] *n* αφθονία.

abundant [əˈbʌndənt] *adj* άφθονος, πλούσιος.

¹**abuse** [əˈbjuːz] *vt* κάνω κατάχρηση || βρίζω.

²**abuse** [əˈbjuːs] *n* κατάχρηση, βρισιά, βλαστήμια.

abusive [əˈbjuːsiv] *adj* υβριστικός.

abut [əˈbʌt] *vi* ~ *on*, συνορεύω με, ακουμπώ πάνω σε, γειτνιάζω.

abysmal [əˈbizməl] *adj* απύθμενος.

abyss [əˈbis] *n* άβυσσος.

acacia [əˈkeiʃə] *n* ακακία.

academic [ˌækəˈdemik] *adj* ακαδημαϊκός.

academician [əˌkædeˈmiʃn] *n* ακαδημαϊκός.

academy [əˈkædəmi] *n* ακαδημία.

accede [əkˈsiːd] *vi* ~ *to*, προσχωρώ σε (συνθήκη) || αποδέχομαι (παράκληση) || ανεβαίνω (σε θρόνο).

accelerate [əkˈseləreit] *vti* επιταχύνω / -ομαι, επισπεύδω.

acceleration [əkˌseləˈreiʃn] *n* επιτάχυνση, επίσπευση.

accelerator [əkˌseləˈreitəʳ] *n* αυτοκ. γκάζι.

¹**accent** [ˈæksənt] *n* τόνος || προφορά.

²**accent** [əkˈsent] *vt* τονίζω.

accentuate [əkˈsentʃueit] *vt* επιτείνω, τονίζω.

accept [əkˈsept] *vt* δέχομαι (δώρο) || αποδέχομαι (συναλλαγματική) || παραδέχομαι || ~**able**, αποδεκτός, ευπρόσδεκτος || ~**ance**, αποδοχή.

access [ˈækses] *n* είσοδος, πλησίασμα, πρόσβαση || *have* ~ *to sb/sth*, μπορώ να πλησιάζω κπ / να χρησιμοποιώ κτ || ~**ible** [əkˈsesəbl] προσιτός, ευκολοπλησίαστος.

accessary [əkˈsesəri] *n* νομ. συνεργός, συνένοχος.

accession [əkˈseʃn] *n* άνοδος (σε αξίωμα, θρόνο, κλπ.) || προσχώρηση (σε συνθήκη) || αύξηση, προσθήκη.

accessory [əkˈsesəri] *adj* βοηθητικός || *n pl* αξεσουάρ.

accident [ˈæksidənt] *n* ατύχημα || *by* ~, κατά τύχη || ~**al**, τυχαίος.

acclaim [əˈkleim] *vt* επευφημώ, ανακηρύσσω (διά βοής) || *n* επευφημίες.

acclamation [ˌækləˈmeiʃn] *n* επευφημία, ζητωκραυγή || *by* ~, διά βοής.

acclimatize [əˈklaimətaiz] *vt* *be/get* ~*d*, εγκλιματίζομαι.

acclivity [əˈklivəti] *n* ανωφέρεια.

accommodate [əˈkomədeit] *vt* φιλοξενώ, στεγάζω || εξυπηρετώ, διευκολύνω || ~ *to*, προσαρμόζω.

accommodating [əˈkomədeitiŋ] *adj* καλόβολος.

accommodation [əˌkoməˈdeiʃn] *n* κατάλυμα, στέγαση || διευκόλυνση || προσαρμογή, συμβιβασμός.

accompaniment [əˈkʌmpənimənt] *n* συνοδεία, μους. ακομπανιαμέντο.

accompany [əˈkʌmpəni] *vt* συνοδεύω.

accomplice [əˈkʌmplis] *n* συνένοχος.

accomplish [əˈkʌmpliʃ] *vt* φέρω σε πέρας, πραγματοποιώ, κατορθώνω || ~**ed**, τέλειος, κοινωνικά μορφωμένος || *an* ~*ed fact*, τετελεσμένο γεγονός || ~**ment**, πραγματοποίηση, εκπλήρωση || ~**ments**, προσόντα.

accord [əˈkoːd] *n* συμφωνία || *vti fml* εναρμονίζομαι || παρέχω (άδεια) || *be in* ~ / *out of* ~ *with sb*, συμφωνώ / διαφωνώ με κπ || *of one's own* ~, με τη θέλησή μου || *with one* ~, ομόφωνα.

accordance [əˈkoːdəns] *n* συμφωνία || *in* ~ *with*, συμφώνως προς.

according [əˈkoːdiŋ] *prep* ~ *to*, σύμφωνα με || ~**ly**, συνεπώς, αναλόγως.

accordion [əˈkoːdiən] *n* ακκορντεόν.

accost [əˈkost] *vt* πλευρίζω.

account [ə`kaunt] *n* λογαριασμός || όφελος || αιτία, λόγος || σημασία || έκθεση, αφήγηση, περιγραφή || *vt* θεωρώ || ~ **for sth**, δίνω λόγο για κτ || **by/from all ~s**, κατά τα λεγόμενα όλων || **by one's own ~**, κατά τα λεγόμενα του ιδίου || **of no ~**, χωρίς σημασία || **on no ~**, για κανένα λόγο, σε καμιά περίπτωση || **on ~ of**, εξαιτίας || **on this ~**, γι' αυτό το λόγο || **settle one's ~ with sb**, κανονίζω τους λογαριασμούς μου με κπ || **turn/put sth to good ~**, επωφελούμαι από κτ || **take no ~ of sth**, δε δίνω σημασία σε κτ || **take sth into ~**, λαβαίνω κτ υπόψη || ~**able**, υπόλογος, υπεύθυνος, εξηγήσιμος || ~**ancy**, λογιστική || ~**ant**, λογιστής.

accredit [ə`kredit] *vt* διαπιστεύω || ~**ed** διαπιστευμένος, παραδεδεγμένος.

accretion [ə`kri:ʃn] *n* προσαύξηση.

accrue [ə`kru:] *vi* προκύπτω.

accumulate [ə`kju:mjuleit] *vti* συσσωρεύω /-ομαι, μαζεύω.

accumulation [ə‚kju:mju`leiʃn] *n* σωρός, συσσώρευση.

accumulator [ə`kju:mju`leitə^r] *n* μηχ. συσσωρευτής.

accuracy [`ækjurəsi] *n* ακρίβεια, ορθότητα.

accurate [`ækjurət] *adj* ακριβής, ορθός || ~**ly**, με ακρίβεια, σωστά.

accursed [ə`kə:st] *adj* καταραμένος.

accuse [ə`kju:z] *vt* ~ **sb of sth**, κατηγορώ κπ για κτ || ~**r**, κατήγορος || ~**d**, κατηγορούμενος.

accusation [‚ækju`zeiʃn] *n* κατηγορία.

accusative [ə`kjuzətiv] *n* αιτιατική.

accustom [ə`kʌstəm] *vt* συνηθίζω, εξοικειώνω || **get ~ed to sth**, εξοικειώνομαι με κτ, συνηθίζω κτ.

ace [eis] *n* άσσος.

ache [eik] *n* πόνος || *vi* πονώ || ~ **all over**, πονώ παντού /σ' όλο μου το σώμα || ~ **for**, λαχταρώ.

achieve [ə`tʃi:v] *vt* κατορθώνω, πετυχαίνω || ~**ment**, επίτευξη, επίτευγμα.

acid [`æsid] *adj* ξινός, οξύς || *n* οξύ || ~**ity** [ə`sidəti] *n* οξύτητα, ξινίλα.

acknowledge [ək`nolidʒ] *vt* [ανα]γνωρίζω, ομολογώ, παραδέχομαι || ~ **receipt**, γνωρίζω λήψη (επιστολής) || ~**ment**, αναγνώριση, ομολογία || ~**ments**, ευχαριστίες.

acme [`ækmi] *n* άκρον άωτον, αποκορύφωμα.

acne [`ækni] *n* ακμή, σπυράκια.

acolyte [`ækəlait] *n sl* τσιράκι.

acorn [`eiko:n] *n* βελανίδι.

acoustic [ə`ku:stic] *n* ακουστικός || ~**s**, ακουστική.

acquaint [ə`kweint] *vt* γνωρίζω, πληροφορώ || ~ **oneself with**, εξοικειώνομαι με || **be ~ed with sb/sth**, γνωρίζω κπ/κτ || ~**ance** γνωριμία, εξοικείωση, γνώριμος.

acquiesce [‚ækwi`es] *vi* συναντώ, δέχομαι, συγκατατίθεμαι || ~**nce**, συναίνεση, συγκατάθεση || ~**nt**, συγκαταβατικός.

acquire [ə`kwaiə^r] *vt* αποκτώ || ~**d**, επίκτητος || ~**ment**, απόκτημα, προσόν.

acquisition [‚ækwi`ziʃn] *n* απόκτηση, απόκτημα.

acquisitive [ə`kwizitiv] *adj* αρπακτικός, άπληστος, πλεονέκτης.

acquit [ə`kwit] *vt* απαλλάσσω, αθωώνω || ~ **oneself**, φέρομαι || ~**tal** *n* απαλλαγή, αθώωση.

acre [`eikə^r] *n* ακρ (= 4 στρέμματα περίπου) || ~**age** εμβαδόν [σε ακρ], στρεμματική έκταση.

acrid [`ækrid] *adj* δριμύς, στυφός.

acrimonious [‚ækri`nouniəs] *n* πικρόχολος, δηκτικός, οξύς (συζήτηση).

acrimony [`ækriməni] *n* οξύτητα.

acrobat [`ækrəbæt] *n* ακροβάτης.

acropolis [ə`kropəlis] *n* ακρόπολη.

across [ə`kros] *prep, adv* διαμέσου, κατά πλάτος, σταυρωτά, από τη μια πλευρά στην άλλη, στην απέναντι πλευρά.

act [ækt] *n* πράξη, ενέργεια || νομ. νόμος || *vti* ενεργώ || παίζω θέατρο || **put on an ~**, προσποιούμαι, παίζω θέατρο || **catch sb in the ~** [of doing sth], πιάνω κπ επ' αυτοφώρω || **an ~ of God**, θεομηνία, ανωτέρα βία || ~**ing** *n* ηθοποιία.

action [`ækʃn] *n* ενέργεια, δράση, πράξη || μάχη || νομ. αγωγή || **put/set in ~**, θέτω σε ενέργεια || **be killed in ~**, σκοτώνομαι στη μάχη || **put out of ~**, θέτω εκτός μάχης || **bring an ~ against sb**, κάνω αγωγή σε κπ || **take ~**, ενεργώ, δρω.

active [`æktiv] *adj* δραστήριος, ενεργητικός, ενεργός || **on ~ service**, στρατ. εν ενεργεία || ~**ly**, δραστήρια, ενεργητικά.

activity [æk`tivəti] *n* δραστηριότητα, δράση.

actor [`æktə^r] *n* ο ηθοποιός.

actress [`æktrəs] *n* η ηθοποιός.

actual [`æktʃuəl] *adj* πραγματικός, αληθινός || **in ~ fact**, στην πραγματικότητα || ~**ly**, πράγματι, πραγματικά.

actuality [‚æktʃu`æləti] *n* επικαιρότητα, πραγματικότητα.

actuate [`æktʃueit] *vt* ωθώ, [παρα]κινώ.

acumen [ə`kjumən] *n* ευφυΐα, δαιμόνιο.

acupuncture [ˈækjupʌŋktfəˈ] *n* βελονισμός, βελονοθεραπεία.

acute [əˈkjuːt] *adj* οξύς, έντονος.

adage [ˈædidʒ] *n* γνωμικό.

Adam [ˈædəm] *n* Αδάμ ‖ ~'s **apple**, καρύδι του λαιμού.

adamant [ˈædəmənt] *adj* ανένδοτος, άκαμπτος.

adapt [əˈdæpt] *vt* προσαρμόζω, διασκευάζω ‖ ~**able**, προσαρμόσιμος ‖ ~**ation**, προσαρμογή, διασκευή ‖ ~**ability**, προσαρμοστικότητα.

add [æd] *vti* προσθέτω ‖ ~ **to**, επαυξάνω ‖ ~ **up**, αθροίζω ‖ ~ **up to**, δίνω άθροισμα, μτφ. σημαίνω.

addendum [əˈdendəm] *n* προσθήκη, συμπλήρωμα.

adder [ˈædəˈ] *n* οχιά.

addict [ˈædikt] *β´ συνθ*. -μανής. ‖ ~**ed to**, κυριευμένος από ‖ ~**ion** *n* εθισμός.

addition [əˈdiʃn] *n* πρόσθεση, προσθήκη ‖ **in** ~ **to**, επιπροσθέτως ‖ ~**al**, πρόσθετος.

addle [ædl] *adj* κλούβιος.

address [əˈdres] *n* διεύθυνση ‖ προσφώνηση, ομιλία ‖ *vt* γράφω τη διεύθυνση, απευθύνω, προσφωνώ ‖ ~**ee**, παραλήπτης [επιστολής].

adduce [əˈdjuːs] *vt* επικαλούμαι, προσάγω *(αποδείξεις)*.

adept [ˈædəpt] *n, adj* έμπειρος, ειδήμων.

adequacy [ˈædikwəsi] *n* επάρκεια.

adequate [ˈædikwət] *adj* επαρκής, ικανός ‖ ~**ly**, επαρκώς, ορθώς.

adhere [ədˈhiəˈ] *vi* προσκολλώμαι, προσχωρώ, εμμένω ‖ ~**nce**, προσκόλληση, εμμονή ‖ ~**nt**, οπαδός.

adhesion [ədˈhiːʒn] *n* προσκόλληση.

adhesive [ədˈhiːsiv] *adj* συγκολλητικός, κολλώδης ‖ ~ **plaster/tape**, λευκοπλάστης.

ad hoc [ˌædˈhok] *Λατιν*. ειδικώς, προς τούτο.

adjacent [əˈdʒeisənt] *adj* γειτονικός, συνεχόμενος.

adjective [ˈædʒektiv] *n* επίθετο.

adjectival [ˌædʒeˈktaivl] *adj* επιθετικός.

adjoin [əˈdʒoin] *vi* γειτονεύω, εφάπτομαι ‖ ~**ing** *adj* συνεχόμενος, γειτονικός.

adjourn [əˈdʒɜːn] *vti* αναβάλλω / -ομαι, διακόπτω / -ομαι ‖ ~**ment**, αναβολή, διακοπή *(συνεδρίασης)*.

adjudicate [əˈdʒuːdikeit] *vt νομ*. κρίνω, κηρύσσω, επιδικάζω.

adjunct [ˈædʒʌŋkt] *n* παρεπόμενο ‖ *γραμμ*. επεξήγηση, προσδιορισμός ‖ *adj* παρεπόμενος.

adjure [əˈdʒuəˈ] *vt* εξορκίζω.

adjust [əˈdʒʌst] *vt* ρυθμίζω, προσαρμόζω ‖ ~**able**, ρυθμιζόμενος, ευπροσάρμο-

στος ‖ ~**ment**, ρύθμιση, προσαρμογή.

adjutant [ˈædʒutənt] *n στρατ*. υπασπιστής.

administer [ədˈministəˈ] *vt* χορηγώ *(φάρμακο)* ‖ δίνω, απονέμω *(δικαιοσύνη)* ‖ διοικώ, διαχειρίζομαι.

administration [əd.miniˈstreiʃn] *n* χορήγηση ‖ απονομή ‖ διαχείριση, κυβέρνηση.

administrative [ədˈministrətiv] *adj* διοικητικός, διαχειριστικός.

administrator [ədˈministreitəˈ] *n* διαχειριστής, διευθυντής, εκτελεστής *(διαθήκης)*.

admirable [ˈædmirəbl] *adj* θαυμαστός, θαυμάσιος ‖ **admirably**, θαυμάσια.

admiral [ˈædmərəl] *n* ναύαρχος ‖ ~**ty**, Ναυαρχείο, Υπουργείο Ναυτικών.

admiration [ˌædmiˈreiʃn] *n* θαυμασμός.

admire [ədˈmaiəˈ] *vt* θαυμάζω ‖ ~**r**, θαυμαστής ‖ **admiring** *adj* γεμάτος θαυμασμό ‖ **admiringly**, με θαυμασμό.

admissible [ədˈmisəbl] *adj* επιτρεπτός, [παρα]δεκτός.

admission [ədˈmiʃn] *n* είσοδος, εισαγωγή ‖ ομολογία, παραδοχή ‖ ~ **free**, η είσοδος δωρεάν.

admit [ədˈmit] *vti* επιτρέπω την είσοδο ‖ *(θέατρο)* χωρώ ‖ παραδέχομαι, ομολογώ ‖ ~ **of**, επιδέχομαι ‖ ~**tance**, είσοδος ‖ ~**tedly**, ομολογουμένως.

admonish [ədˈmoniʃ] *vt* νουθετώ, επιπλήττω.

admonition [ˌædmoˈniʃn] *n* νουθεσία, επίπληξη.

admonitory [ədˈmonitəri] *adj* παραινετικός, επιτιμητικός.

ado [əˈduː] *n* φασαρία.

adolescence [ˌædoˈlesns] *n* εφηβεία.

adolescent [ˌædoˈlesnt] *n* έφηβος.

adopt [əˈdopt] *vt* υιοθετώ ‖ αποδέχομαι ‖ ~**ed**, θετός ‖ ~**ion**, υιοθεσία, αποδοχή ‖ ~**ive**, θετός.

adorable [əˈdoːrəbl] *adj* αξιολάτρευτος.

adoration [ˌædoˈreiʃn] *n* λατρεία.

adore [əˈdoːˈ] *vt* λατρεύω ‖ **adoring** γεμάτος λατρεία ‖ **adoringly** με λατρεία.

adorn [əˈdoːn] *vt* κοσμώ, στολίζω ‖ ~**ment**, στολισμός, στολίδι.

adrift [əˈdrift] *adj* έρμαιος *(των κυμάτων)* ‖ **turn sb** ~, πετώ κπ στο δρόμο.

adroit [əˈdroit] *(at/in) adj* επιδέξιος.

adulation [ˌædjuˈleiʃn] *n* κολακεία.

adult [ˈædʌlt] *n, adj* ενήλικος.

adulterate [əˈdʌltəreit] *vt* νοθεύω.

adulteration [əˈdʌltəreiʃn] *n* νόθευση.

adulterer [əˈdʌltərəˈ] *n* μοιχός.

adulteress [əˈdʌltərəs] *n* μοιχαλίδα.

adultery [əˈdʌltəri] *n* μοιχεία.

advance [əˈdvaːns] *n* πρόοδος ‖ προκαταβολή ‖ *vti* προχωρώ, προελαύνω ‖

προκαταβάλλω ‖ *in* ~, εκ των προτέρων ‖ *make* ~*s to sb,* κάνω φιλικές ή ερωτικές κρούσεις σε κπ ‖ ~**d,** προηγμένος, προχωρημένος ‖ ~**ment** προαγωγή ‖ ~**d ignition,** αυτοκ. αβάνς.

advantage [əd`va:ntidʒ] *n* πλεονέκτημα, υπεροχή ‖ όφελος, κέρδος ‖ *be to sb's* ~, είμαι επωφελής σε κπ ‖ *turn sth to* ~, χρησιμοποιώ κτ επωφελώς ‖ ~, καλύτερα ‖ *to the* ~ *of,* προς όφελος ‖ *take* ~ *of,* εκμεταλλεύομαι, επωφελούμαι.

advantageous [.ædvən`teidʒəs] *adj* επωφελής, πλεονεκτικός.

advent [`ædvənt] *n* έλευση ‖ εκκλ. σαρακοστή ‖ *the Second A*~, η Δευτέρα Παρουσία.

adventure [əd`ventʃəᵣ] *n* περιπέτεια ‖ ~**r,** τυχοδιώκτης.

adventurous [əd`ventʃərəs] *adj* περιπετειώδης, τυχοδιωκτικός, ριψοκίνδυνος.

adverb [`ædvə:b] *n* επίρρημα.

adverbial [əd`və:biəl] *adj* επιρρηματικός.

adversary [`ædvəsəri] *n* αντίπαλος.

adverse [`ædvə:s] *adj* ενάντιος, αντίθετος, δυσμενής.

adversity [əd`və:səti] *n* ατυχία, αναποδιά.

advertise [`ædvətaiz] *vt* διαφημίζω, ρεκλαμάρω ‖ ~**r,** διαφημιστής.

advertisement [əd`və:tismənt] *n* διαφήμιση, αγγελία ‖ *classified* ~*s,* μικρές αγγελίες.

advice [əd`vais] *n* συμβουλή.

advisable [əd`vaizəbl] *adj* ορθός, σκόπιμος, φρόνιμος, ενδεδειγμένος.

advisability [əd.vaizə`biləti] *n* σκοπιμότητα, ορθότητα.

advise [əd`vaiz] *vt* συμβουλεύω, συνιστώ ‖ ~**r,** σύμβουλος ‖ *well-*~**d,** συνετός ‖ *ill-*~**d,** άφρων.

advisory [əd`vaizəri] *adj* συμβουλευτικός.

advocacy [`ædvəkəsi] *n* συνηγορία, υπεράσπιση.

¹**advocate** [`ædvəkət] *n* συνήγορος.

²**advocate** [`ædvəkeit] *vt* συνηγορώ.

adz[e] [ædz] *n* σκεπάρνι.

aegis ή **egis** [`i:dʒis] *n* αιγίδα ‖ *under the* ~ *of,* υπό την αιγίδα του.

aerated [`eəreitid] *adj* αεριούχος.

aerial [`eəriəl] *n* κεραία ‖ *adj* εναέριος, αιθέριος.

aerie [`eəri] *n* αετοφωλιά.

aerobatics [.eərou`bætiks] *n* ακροβασίες [με αεροπλάνο].

aerodrome [`eərədroum] *n* αεροδρόμιο.

aeronautics [.eərə`no:tiks] *n* αεροναυτική.

aeroplane [`eərəplein] *n* αεροπλάνο.

aerosol [`eərəsol] *n* αεροζόλ.

aesthetic [i:s`θetik] *adj* αισθητικός ‖ καλαίσθητος ‖ ~**s** *n* αισθητική.

afar [ə`fa:ᵣ] *adv* μακριά.

affable [`æfəbl] *adj* καταδεχτικός, γλυκομίλητος.

affability [.æfə`biləti] *n* καταδεχτικότητα, προσήνεια.

affair [ə`feəᵣ] *n* υπόθεση, δουλειά ‖ *a love* ~, ερωτοδουλειά ‖ *the Ministry of Foreign* ~*s,* Υπουργείο Εξωτερικών ‖ *have an* ~ *with sb,* συνδέομαι ερωτικά με κπ, τα'χω με κπ.

affect [ə`fekt] *vt* επηρεάζω, συγκινώ, θίγω ‖ προσποιούμαι ‖ ~**ed,** προσποιητός, επιτηδευμένος ‖ ~**ation,** προσποίηση, επιτήδευση.

affection [ə`fekʃn] *n* στοργή, αγάπη ‖ ~**ate,** στοργικός ‖ ~**ately,** στοργικά.

affidavit [.æfi`deivit] *n* ένορκη κατάθεση.

affiliated [ə`filieitid] *adj be* ~ *to/with,* συνεργάζομαι με, είμαι μέλος / τμήμα του.

affiliation [ə.fili`eiʃn] *n* δεσμός, σύνδεση.

affinity [ə`finəti] *n* συγγένεια, έλξη.

affirm [ə`fə:m] *vt* [επι]βεβαιώ ‖ ~**ative,** κατάφαση, καταφατικός ‖ ~**ation,** διαβεβαίωση, επιβεβαίωση.

affix [ə`fiks] *vt* επισυνάπτω, [επι]κολλώ.

afflict [ə`flikt] *vt* θλίβω, λυπώ ‖ ιατρ. προσβάλλω ‖ ~**ion,** θλίψη, βάσανο, ατυχία.

affluence [`æfluəns] *n* αφθονία, πλούτος.

affluent [`æfluənt] *adj* άφθονος, πλούσιος.

afford [ə`fo:d] *vt* έχω τα μέσα, μπορώ ‖ παρέχω, δίδω, προσφέρω.

affray [ə`frei] *n* συμπλοκή.

affront [ə`frʌnt] *n* προσβολή, ύβρις ‖ *vt* προσβάλλω.

Afghanistan [əf`gænistæn] *n* Αφγανιστάν.

afield [ə`fi:ld] *adv* σε απόσταση.

afire [ə`faiəᵣ] *adj* φλεγόμενος ‖ *be* ~, φλέγομαι, καίομαι ‖ *set sth* ~, πυρπολώ κτ.

aflame [ə`fleim] *adj* φλεγόμενος, λάμπων ‖ *be* ~ *with,* φλέγομαι / λάμπω από.

afloat [ə`flout] *adj* επιπλέων.

afoot [ə`fut] *adj be* ~, μτφ. μαγειρεύομαι, ετοιμάζομαι, γίνομαι.

afore [ə`fo:ᵣ] *prep* προ—.

afraid [ə`freid] *adj* φοβισμένος ‖ *be* ~ *of,* φοβάμαι ‖ *be* ~ *that,* φοβάμαι ότι ‖ *be* ~ *to,* δεν τολμώ να.

afresh [ə`freʃ] *adv* εκ νέου, πάλι.

Africa [`æfrikə] *n* Αφρική ‖ ~**n,** Αφρικανός, αφρικανικός.

aft [a:ft] *adv* προς την πρύμνη, προς τα πίσω.

after [`a:ftəᵣ] *prep* μετά / κατόπιν / ύστερα από ‖ κατά, σύμφωνα με ‖ *adj* έπειτα, ύστερα ‖ ~ *tomorrow,* μεθαύριο ‖ *be/run* ~, επιδιώκω, κυνηγώ.

aftermath [`a:ftəmæθ] *n* επακόλουθο.

afternoon [͵a:ftə`nu:n] *n* απόγευμα.
afterthought [`a:ftəθo:t] *n* μεταγενέστερη σκέψη.
afterwards [`a:ftəwədz] *adv* κατόπιν.
again [ə`gein] *adv* πάλι, ξανά || *now and* ~, πότε-πότε || *time and* ~, κατ' επανάληψη || *as* much/many ~, άλλο τόσο, άλλοι τόσοι.
against [ə`geinst] *prep* κατά, εναντίον, έναντι || πάνω/ακουμπώντας εις || στο φόντο.
agape [ə`geip] *pred adj* χάσκοντας.
age [eidʒ] *n* ηλικία || γενεά, εποχή || αιώνας || *vi* γερνάω || *come of* ~, ενηλικιώνομαι || *be of/under* ~, είμαι ενήλικος/ανήλικος || the *Middle Ages* Μεσαίωνας || ~d, γερασμένος, [μιας] ηλικίας || ~less, αγέραστος || ~-old/-long, αιωνόβιος.
agency [`eidʒənsi] *n* αντιπροσωπεία || γραφείο, πρακτορείο, οργανισμός || δράση, ενέργεια.
agenda [ə`dʒendə] *n* ημερήσια διάταξη || σημειωματάριο, ατζέντα.
agent [`eidʒənt] *n* αντιπρόσωπος || πράκτορας, μεσίτης || παράγοντας, συντελεστής || *γραμμ.* ποιητικό αίτιο.
aggravate [`ægrəveit] *vt* χειροτερεύω, επιδεινώνω, επιβαρύνω || εξοργίζω, εκνευρίζω.
aggravation [͵ægrə`veiʃn] *n* επιδείνωση, εκνευρισμός, αγανάκτηση.
aggregate [`ægrigət] *n* συμμαχάλικο || σύνολο, άθροισμα || *adj* συνολικός, ομαδικός || *in the* ~, συνολικώς.
aggression [ə`greʃn] *n* επίθεση.
aggressive [ə`gresiv] *adj* επιθετικός || ~ness, *n* επιθετικότητα.
aggressor [ə`gresər] *n* επιτιθέμενος, επιδρομέας.
aggrieved [ə`gri:vd] *adj* ~ *at/over sth*, θλιμμένος, πικραμένος για κτ.
aghast [ə`ga:st] *adj* εμβρόντητος.
agile [`ædʒail] *adj* ευκίνητος, εύστροφος.
agility [ə`dʒiləti] *n* ευκινησία, σβελτάδα.
agitate [`ædʒiteit] *vt* [ανα]ταράσσω || ~ *for/against*, κάνω ζύμωση υπέρ/κατά, προπαγανδίζω.
agitation [͵ædʒi`teiʃn] *n* [ανα]ταραχή, ζύμωση.
agitator [͵ædʒi`teitər] *n* ταραχοποιός.
aglow [ə`glou] *adj* λαμπερός, φλογερός.
agnostic [æg`gnostik] *adj* αγνωστικός || *n* αγνωστικιστής || ~ism, αγνωστικισμός.
ago [ə`gou] *adj* προ, πριν || *long* ~, προ πολλού.
agog [ə`gog] *adj* ανυπόμονος || *be* ~, ανυπομονώ || *set sb* ~, γεμίζω κπ με έξαψη.
agonized [`ægənaizd] *adj* αγωνιώδης.

agonizing [`ægənaiziŋ] *adj* σπαρακτικός.
agony [`ægəni] *n* αγωνία, βάσανο.
agree [ə`gri:] *vti* ~ *with sb/to sth*, συμφωνώ, [απο]δέχομαι || ~able, ευχάριστος, σύμφωνος || ~ably, ευχάριστα || ~ment, συμφωνία || *come to/arrive at/reach/make an* ~ment, καταλήγω σε συμφωνία || ~d! σύμφωνοι!
agricultural [͵ægri`kʌltʃərəl] *adj* γεωργικός, αγροτικός.
agriculture [͵ægri`kʌltʃə] *n* γεωργία.
aground [ə`graund] *adv* στην ξέρα || *run/go* ~, εξοκέλλω.
ahead [ə`hed] *adv* [προς τα] εμπρός || *be/get* ~ *of sb*, προηγούμαι/προπορεύομαι από κπ || *full speed* ~! *ναυτ.* πρόσω ολοταχώς! || *go* ~, προοδεύω, προκόβω.
ahoy [ə`hoi] *interj ναυτ.* έ!
aid [eid] *n* βοήθεια, βοήθημα || *vt* βοηθώ, συνδράμω || *first* ~, πρώτες βοήθειες.
aide [eid] *n* βοηθός || ~-de-camp, *στρατ.* υπασπιστής.
ail [eil] *vt* πάσχω || ~ment, αδιαθεσία, ασθένεια.
aim [eim] *n* σκοπός, στόχος || στόχευση, σκόπευση || *vi* ~ *[at]* σκοπεύω || ~less, άσκοπος || ~lessly, ασκόπως.
ain't [eint] *λαϊκός τύπος των ρ.* am not, isn't, aren't, haven't, hasn't.
air [eə] *n* αέρας || *μουσ.* άρια, μέλος || ύφος, παρουσιαστικό || *vt* αερίζω || *by* ~, αεροπορικώς || *in the* ~, αβέβαιος, σε κυκλοφορία / *on the* ~, ραδιοφ. στον αέρα, εκπέμπων || ~*s and graces*, καμώματα || *put on* ~s, παίρνω ύφος || ~borne, μεταφερόμενος δι' αέρος || ~-conditioned, κλιματιζόμενος || ~-conditioning, κλιματισμός || ~craft, αεροσκάφος || ~craft-carrier, αεροπλανοφόρο || ~field, αεροδρόμιο || ~force, πολεμική αεροπορία || ~gun, αεροβόλο || ~hostess, αεροσυνοδός || ~ily, ανάλαφρα || ~line, αεροπορική εταιρία || ~liner, επιβατικό αεροπλάνο || ~mail, αεροπορικό ταχυδρομείο || ~man, αεροπόρος || ~plane, αεροπλάνο || ~pocket, κενό αέρος || ~port, αερολιμένας || ~raid, αεροπορική επιδρομή || ~ship, αερόπλοιο || ~strip, διάδρομος αεροδρομίου || ~tight, αεροστεγής || ~way, αεροπορική εταιρεία/γραμμή || ~y, αέρος, ελαφρός.
aisle [ail] *n* διάδρομος (μεταξύ καθισμάτων), πτέρυγα *(ναού).*
ajar [ə`dʒa:ʳ] *adj* μισοανοιγμένος.
akimbo [ə`kimbou] *adj with arms* ~, σε στάση μεσολαβής.

akin [ə`kin] *adj* ~ *[to]*, συγγενεύων.

alabaster [`ælǝba:stǝ`] *n* αλάβαστρος.

alarm [ə`la:m] *n* συναγερμός || ταραχή, φόβος || *vt* τρομάζω, φοβίζω || *sound/ give/raise the* ~, σημαίνω συναγερμό || ~**ing**, ανησυχητικός || ~**ed**, τρομαγμένος || ~-**clock**, ξυπνητήρι.

alas [ə`læs] *interj* αλλοίμονο, φευ!

Albania [æl`beiniǝ] *n* Αλβανία || ~**n**, αλβανικός, Αλβανός.

albatros [`ælbǝtrɒs] *n* άλμπατρος.

album [`ælbǝm] *n* λεύκωμα.

alchemist [`ælkǝmist] *n* αλχημιστής.

alchemy [`ælkǝmi] *n* αλχημεία.

alcohol [`ælkǝhɒl] *n* οινόπνευμα, αλκοόλ.

alcoholic [ˏælkǝ`hɒlik] *n, adj* αλκοολικός.

alcove [`ælkouv] *n* εσοχή δωματίου.

alderman [`ældǝmǝn] *n* δημοτικός σύμβουλος.

ale [eil] *n* είδος μπύρας.

alert [ə`lǝ:t] *adj* άγρυπνος || σβέλτος, ξύπνιος || *vt* θέτω σε επιφυλακή || *be on the* ~, επαγρυπνώ, είμαι σε επιφυλακή || ~**ness**, επαγρύπνηση, ευστροφία.

alfresco [ˏæl`freskou] *adj* υπαίθριος || *adv* στο ύπαιθρο.

algebra [`ældʒǝbrǝ] *n* άλγεβρα.

alias [`eiliǝs] *n* ψευδώνυμο || *adv* γνωστός ως.

alibi [`ælibai] *n* άλλοθι.

alien [`eiliǝn] *n* αλλοδαπός || *adj* ξένος.

alienate [`eiliǝneit] *vt* αποξενώνω, διώχνω || απαλλοτριώνω.

alienation [ˏeiliǝ`neiʃn] *n* αποξένωση, [απ]αλλοτρίωση.

alight [ə`lait] *adj* λάμπων, φλεγόμενος, αναμμένος || *vi* αφιππεύω, κατεβαίνω || (για πουλιά) κάθομαι, πέφτω.

align [ə`lain] *vt* ευθυγραμμίζω, παρατάσσω || ~**ment**, ευθυγράμμιση, παράταξη.

alike [ə`laik] *adj* όμοιος, ίδιος || *adv* όμοια.

alimentary [ˏæli`mentǝri] *adj* τροφικός, πεπτικός.

alimony [`ælimǝni] *n* νομ. διατροφή.

alive [ə`laiv] *adj* ζωντανός, εν ζωή || ~ *and kicking*, ολοζώντανος, γεμάτος ζωή || *be* ~ *to sth*, αντιλαμβάνομαι κτ || ~ *with*, γεμάτος από || *look* ~!, κουνήσου, κάνε γρήγορα.

all [ɔ:l] *adj, pron* όλος, όλοι || *n* εντελώς, όλο || *n* το παν || *All Fool's Day*, πρωταπριλιά || *above* ~, κυριότατα || *after* ~, παρ᾽ όλ᾽ αυτά || *not at* ~, καθόλου, (απάντηση σ᾽ ευχαριστίες) παρακαλώ || *once and for* ~, άπαξ διά παντός, μια για πάντα || ~ *in* ~, συνολικά || *for* ~, παρ᾽ όλο ||

~ *alone*, ολομόναχος || ~ *along*, σ᾽ όλο το μήκος || ~ *the better/worse*, τόσο το καλύτερο / χειρότερο || *go* ~ *out*, βάζω τα δυνατά μου || ~ *over*, παντού || ~ *at once/of a sudden*, μονομιάς, ξαφνικά || ~ *right*, εντάξει || ~ *the same*, παρ᾽ όλ᾽ αυτά, ωστόσο || *it's* ~ *the same to me*, μου είναι αδιάφορο.

allay [ə`lei] *vt* μετριάζω, ανακουφίζω, καταπραΰνω, γλυκαίνω.

allege [ə`ledʒ] *vt* ισχυρίζομαι || ~**d**, υποτιθέμενος, φερόμενος ως || ~**dly**, δήθεν.

allegation [ˏæli`geiʃn] *n* ισχυρισμός.

allegiance [ə`li:dʒǝns] *n* πίστη, υποταγή.

allegorical [ˏæli`gɒrikǝl] *adj* αλληγορικός.

allegory [`æligǝri] *n* αλληγορία.

allergic [ə`lǝ:dʒik] *adj* αλλεργικός.

allergy [`ælǝdʒi] *n* αλλεργία.

alleviate [ə`li:vieit] *vt* ανακουφίζω.

alleviation [ˏǝ.li:vi`eiʃn] *n* ανακούφιση.

alley [`æli] *n* δρομάκι || ~**way**, σοκάκι || *blind* ~, αδιέξοδο.

alliance [ə`laiǝns] *n* συμμαχία.

allied [ə`laid] *adj* σύμμαχος.

alligator [`æligeitǝ`] *n* κροκόδειλος.

alliteration [ǝ.litǝ`reiʃn] *n* παρήχηση.

allocate [`ælǝkeit] *vt* διαθέτω, παραχωρώ || αναθέτω, κατανέμω.

allocation [ˏælǝ`keiʃn] *n* διάθεση, ανάθεση || επιμερισμός.

allot [ə`lɒt] *vt* παραχωρώ || ~**ment**, παροχή, μερίδιο, κλήρος (γης).

allow [ə`lau] *vt* επιτρέπω || παρέχω, χορηγώ || αναγνωρίζω || ~ *for*, λαμβάνω υπόψη || ~ *of*, επιδέχομαι || ~**ance**, επίδομα, επιχορήγηση || *make* ~**ances for**, λαβαίνω υπόψη.

alloy [ə`lɔi] *n* κράμα || *vt* αναμειγνύω.

all-round [ˏɔ:l`raund] *adj* πολυσύνθετος || ~**er**, πολυσύνθετος αθλητής.

all-time [ˏɔ:l`taim] *adj* παντοτινός.

allude [ə`lu:d] *vi* ~ *to*, υπαινίσσομαι.

allusion [ə`lu:ʒn] *n* υπαινιγμός, νύξη.

allure [ə`luǝ`] *vt* γοητεύω, σαγηνεύω || ~**ment**, γοητεία, σαγήνη.

alluring [ə`luǝriŋ] *adj* δελεαστικός.

ally [ə`lai] *vt* συμμαχώ, συνδέω || *be allied to/with*, συγγενεύω / συνδέομαι με || *n* [`ælai] σύμμαχος.

almanac [`ɔ:lmǝnæk] *n* καζαμίας.

almighty [ɔ:l`maiti] *n, adj* παντοδύναμος.

almond [`a:mǝnd] *n* μύγδαλο.

almost [`ɔ:lmoust] *adv* σχεδόν, παραλίγο να.

alms [a:mz] *n* ψυχικό, ελεημοσύνη.

alone [ə`loun] *adj, adv* μόνος || μόνον, μονάχα || *let* ~, πόσο μάλλον || *leave me* ~!, παράτα με ήσυχο!

along [ə'loŋ] *prep, adv* κατά μήκος || **move ~!** προχωρείστε! || **come ~!** έλα, πάμε || **all ~** από την αρχή, όλον τον καιρό || **~side**, παραπλεύρως.

aloof [ə'lu:f] *adj* επιφυλακτικός, ακατάδεχτος, αμέτοχος || *adv* μακριά, σε απόσταση || **stand ~**, μένω μακριά, δεν ανακατεύομαι.

aloud [ə'laud] *adv* δυνατά, μεγαλοφώνως.

alphabet ['ælfəbet] *n* αλφάβητο || **~ical**, αλφαβητικός || **~ically**, αλφαβητικώς.

alpine ['ælpain] *adj* αλπικός, άλπειος.

Alps [ælps] *n* **the ~**, οι Άλπεις.

already [o:l'redi] *adv* ήδη, κιόλας.

also ['o:lsou] *adv* επίσης || **not only... but ~**, όχι μόνον... αλλά και.

altar ['o:ltə'] *n* βωμός.

alter ['o:ltə'] *vti* μεταβάλλω /-ομαι, τροποποιώ, μεταποιώ || **~ation**, μεταβολή, τροποποίηση.

altercation [.o:ltə'keiʃən] *n* φιλονικία.

alternate [o:l'tə:nət] *adj* εναλασσόμενος, αλληλοδιάδοχος || **on ~ days**, μέρα παρά μέρα || *vti* [o:l'tə:neit] εναλάσσω /-ομαι.

alternation [.o:ltə'neiʃn] *n* εναλλαγή, περιτροπή.

alternative [o:l'tə:nətiv] *adj* εναλλακτικός, διαζευκτικός || *n* επιλογή, εναλλακτική λύση.

although [o:l'ðou] *conj* μολονότι, αν και.

altitude ['æltitju:d] *n* υψόμετρο.

altogether [.o:ltə'geðə'] *adj* εντελώς, απολύτως || γενικά, συνολικά.

altruism ['æltru:izəm] *n* αυταπάρνηση.

altruist ['æltru:ist] *n* αλτρουιστής.

altruistic [.æltru:'istic] *adj* αλτρουιστικός.

aluminium [.ælju'miniəm] *n* αλουμίνιο.

always ['o:lwiz] *adj* πάντα || διαρκώς.

a.m. [.ei'em] προ μεσημβρίας (π.μ.)

amalgam [ə'mælgəm] *n* αμάλγαμα || **~ate**, συγχωνεύω /-ομαι, αμαλγαμώνω || **~ation**, συγχώνευση.

amass [ə'mæs] *vt* συσωρεύω.

amateur ['æmətə'] *n* ερασιτέχνης || **~ish**, ερασιτεχνικός, ατζαμίστικος.

amatory ['æmətəri] *adj* ερωτικός.

amaze [ə'meiz] *vt* καταπλήσσω || **~d**, κατάπληκτος || **~ment**, κατάπληξη || **amazing**, εκπληκτικός.

ambassador [æm'bæsədə'] *n* πρεσβευτής || **ambassadress**, πρέσβειρα.

amber ['æmbə'] *n* κεχριμπάρι.

ambiguity [.æmbi'gjuəti] *n* ασάφεια.

ambiguous [æm'bigjuəs] *adj* ασαφής, διφορούμενος.

ambition [æm'biʃn] *n* φιλοδοξία.

ambitious [æm'biʃəs] *adj* φιλόδοξος.

amble ['æmbl] *n* αργό / άνετο βάδισμα ||

vi βαδίζω αργά / άνετα.

ambrosia [æm'brouziə] *n* αμβροσία.

ambulance ['æmbjuləns] *n* νοσοκομειακό.

ambush ['æmbuʃ] *n* ενέδρα || *vt* παρασύρω σε ενέδρα || **lie / wait in ~**, ενεδρεύω.

ameliorate [ə'miliəreit] *vti* καλυτερεύω.

amelioration [ə.miliə'reiʃn] *n* βελτίωση.

amen ['eimən] *interj* αμήν.

amenable [ə'mi:nəbl] *adj* πρόθυμος, υπάκουος || **be ~ to**, υπόκειμαι.

amend [ə'mend] *vt* διορθώνω, τροποποιώ (νόμο) || **~ment**, τροποποίηση.

amends [ə'mendz] *n* αποζημίωση || **make ~ to**, αποζημιώνω, επανορθώνω.

amenity [ə'mi:nəti] *n* γλυκύτητα, χάρη, ομορφιά.

amethyst ['æməθist] *n* αμέθυστος.

America [ə'merikə] *n* Αμερική || **~n** αμερικανικός, Αμερικανός || **~nize**, εξαμερικανίζω.

amiability [.eimiə'bilati] *n* φιλικότητα.

amiable ['eimiəbl] *adj* φιλικός, ευγενικός || **amiably**, ευγενικά.

amicable ['æmikəbl] *adj* φιλικός || **amicably**, φιλικά, ειρηνικά.

amid[st] [ə'midst] *prep* εν μέσω.

amiss [ə'mis] *adj, adv* εσφαλμένος, στραβά || **take sth ~**, θίγομαι από κτ, παρεξηγώ κτ.

ammeter ['æmitə'] *n* αμπερόμετρο.

ammunition [.æmju'niʃn] *n* πολεμοφόδια.

amnesia [æm'ni:ziə] *n* αμνησία.

amnesty ['æmnəsti] *n* αμνηστία.

amok [ə'mok] *n* αμόκ || **run ~**, με πιάνει αμόκ.

among[st] [ə'mʌŋst] *prep* μεταξύ.

amoral [.ei'morəl] *adj* χωρίς ηθική.

amorous ['æmərəs] *adj* ερωτικός.

amount [ə'maunt] *vi* **~ to**, ανέρχομαι εις, συμποσούμαι || *n* ποσό.

amphibian [æm'fibiən] *n* αμφίβιο.

amphitheatre ['æmfiθiətə'] *n* αμφιθέατρο.

ample [æmpl] *adj* ευρύχωρος || άφθονος || **amply**, *adv* πλουσιοπάροχα.

amplifier ['æmplifaiə'] *n* ράδιοφ. ενισχυτής.

amplify ['æmplifai] *vt* ενισχύω, διευρύνω.

amputate ['æmpjuteit] *vt* ακρωτηριάζω, αποκόπτω || **amputation**, ακρωτηριασμός.

amuck ⇒ ΑΜΟΚ

amulet ['æmjulət] *n* φυλαχτό.

amuse [ə'mju:z] *vt* διασκεδάζω || **~ment**, διασκέδαση, ψυχαγωγία || **amusing**, διασκεδαστικός || **~ment park**, λούνα παρκ.

anachronism [ə'nækrənizm] *n* αναχρονισμός || **anachronistic**, αναχρονιστικός.

anaemia [ə'ni:miə] *n* αναιμία.

anaemic [ə`ni:mik] *adj* αναιμικός.

anaesthesia [,ænis`θi:ziə] *n* αναισθησία, νάρκωση.

anaesthetic [,ænis`θetik] *n* αναισθητικό.

anagram [`ænəgræm] *n* αναγραμματισμός.

analgesic [,ænæl`dʒi:sik] *n* αναλγητικό.

analogous [ə`næləgəs] *adj* ανάλογος.

analogy [ə`nælədʒi] *n* αναλογία || *by ~*, αναλογικός, κατ᾽ αναλογία.

analyse [`ænəlaiz] *vt* αναλύω.

analysis [ə`næləsis] *n* ανάλυση.

analyst [`ænəlist] *n* αναλυτής.

analytic[al] [,ænə`litik(əl)] *adj* αναλυτικός.

anarchic [ə`na:kik] *adj* αναρχικός.

anarchism [`ænəkizm] *n* αναρχισμός.

anarchist [`ænəkist] *n* αναρχικός.

anarchy [`ænəki] *n* αναρχία.

anathema [ə`næθəmə] *n* ανάθεμα.

anatomy [ə`nætəmi] *n* ανατομία.

ancestor [`ænsestə`] *n* πρόγονος.

ancestral [ən`sestrəl] *adj* προγονικός.

ancestry [`ænsestri] *n* καταγωγή, σόι.

anchor [`æŋkə`] *n* άγκυρα || *vti* αγκυροβολώ, αράζω || *lie/be/ride at ~*, είμαι αγκυροβολημένος || *drop/cast the ~*, ρίχνω άγκυρα || *weigh ~*, σηκώνω άγκυρα || *~age*, αγκυροβόλιο, τέλη αγκυροβολίας.

anchovy [`æntʃouvi] *n* αντσούγια.

ancient [`einʃənt] *adj* αρχαίος, παλαιός.

ancillary [æn`siləri] *adj* βοηθητικός.

and [ænd ή æn] *conj* και.

anecdote [`ænikdout] *n* ανέκδοτο.

anemone [ə`neməni] *n* ανεμώνη.

anew [ə`nju:] *adj* εκ νέου, πάλι.

angel [`eindʒəl] *n* άγγελος.

angelic [æn`dʒelik] *adj* αγγελικός || *~ally*, *adv* αγγελικά.

anger [`æŋgə] *n* θυμός || *vt* θυμώνω.

angle [æŋgl] *n* γωνία || άποψη || *vt* ψαρεύω με καλάμι || *~r*, ψαράς.

Anglican [`æŋglikən] *n* Αγγλικανός || *adj* αγγλικανικός.

anglicize [`æŋglisaiz] *vt* εξαγγλίζω.

Anglophile [`æŋgloufail] *n* αγγλόφιλος.

angry [`æŋgri] *adj ~ [with sb] [at/about sth]* θυμωμένος || *(πληγή)* ερεθισμένος.

anguish [`æŋgwiʃ] *n* αγωνία || *~ed adj* αγωνιώδης.

angular [`æŋgjulə`] *adj* γωνιακός, γωνιώδης.

animal [`æniməl] *n* ζώο || *adj* ζωικός || *~ spirits*, φυσική ευδιαθεσία.

¹**animate** [`ænimeit] *vt* ζωογονώ, δίνω κίνηση || *be ~d by*, κινούμαι από || *~d cartoon*, κινούμενα σχέδια.

²**animate** [`ænimət] *adj* έμψυχος, ζωντανός.

animation [,æni`meiʃən] *n* ζωηρότητα, κέφι.

animosity [,æni`mosəti] *n* εχθρότητα, έχθρα.

anise [`ænis] *n* γλυκάνισο.

annals [`ænəlz] *n pl* χρονικό.

¹**annex** [ə`neks] *vt* προσαρτώ.

²**annex[e]** [`ænəks] *n* παράρτημα.

annihilate [ə`naiəleit] *vt* εκμηδενίζω.

annihilation [ə,naiə`leiʃn] *n* εκμηδένιση.

anniversary [,æni`və:səri] *n* επέτειος.

annotate [`ænəteit] *vt* σχολιάζω.

annotation [,ænə`teiʃn] *n* σχολιασμός, σχόλιο.

announce [ə`nauns] *vt* [αν]αγγέλω, ανακοινώνω || *~ment*, ανακοίνωση, αγγελία || *~r*, εκφωνητής.

annoy [ə`noi] *vt* ενοχλώ, πειράζω || *~ance*, ενόχληση, στενοχώρια || *~ing*, ενοχλητικός.

annual [`ænjual] *adj* ετήσιος || *~ly adv* ετησίως.

annuity [ə`njuəti] *n* ετήσια πρόσοδος.

annul [ə`nʌl] *vt* ακυρώνω, καταργώ || *~ment*, ακύρωση, κατάργηση.

annunciation [ə,nʌnsi`eiʃn] *n* the A*~*, ο Ευαγγελισμός.

annodyne [`ænədain] *n* παυσίπονο.

anoint [ə`noint] *vt* χρίω, αλείφω.

anomalous [ə`noməlas] *adj* ανώμαλος.

anomaly [ə`noməli] *n* ανωμαλία.

anonymity [,ænə`niməti] *n* ανωνυμία.

anonymous [ə`noniməs] *adj* ανώνυμος.

anorak [`ænəræk] *n* μοντγκόμπερι.

another [ə`nʌðə] *adj, pron* ένας άλλος, ένας ακόμα || *one ~*, ο ένας τον άλλον.

answer [`a:nsə`] *n* απάντηση || *vt* απαντώ, ανταποκρίνομαι || *~ back*, αντιμιλώ || *~ for*, εγγυώμαι, δίνω λόγο για || *~able*, υπόλογος.

ant [ænt] *n* μυρμήγκι || *~hill*, μυρμηγκοφωλιά.

antagonism [æn`tægənizəm] *n* ανταγωνισμός, αντίθεση, εχθρότητα.

antagonist [æn`tægənist] *n* ανταγωνιστής, αντίπαλος || *~ic*, ανταγωνιστικός, εχθρικός.

antagonize [æn`tægənaiz] *vt* πάω κόντρα, ανταγωνίζομαι, προκαλώ εχθρότητα.

antarctic [ən`ta:ktik] *adj* ανταρκτικός || *the A~*, η Ανταρκτική.

antecedent [,ænti`si:dənt] *adj ~ to*, προηγούμενος από, πριν από || *γραμμ.* ηγούμενο.

antedate [,ænti`deit] *vt* προχρονολογώ.

antediluvian [,æntidi`luviən] *adj* προκατακλυσμιαίος.

antelope [`æntiloup] *n* αντιλόπη.

antenna [æn`tenə] *n* κεραία.

anterior [æn'tiəriə^r] *adj* ~ *to*, προηγούμενος από, πριν από.

anthem ['ænθəm] *n* ύμνος.

anthology [ən'θɒlədʒi] *n* ανθολογία.

anthracite ['ænθrəsait] *n* ανθρακίτης.

anthropologist [.ænθrə'pɒlədʒist] *n* ανθρωπολόγος.

antibiotic [.æntibai'ɒtik] *n* αντιβιοτικό.

anticipate [æn'tisipeit] *vt* προλαμβάνω || προεξοφλώ || προβλέπω, προσδοκώ.

anticipation [æn.tisi'peiʃn] *n* προσδοκία || πρόβλεψη, πρόνοια || πρόληψη.

anticlimax [.ænti'klaimæks] *n* απότομη πτώση / μεταβολή.

antics ['æntiks] *n pl* καραγκιοζιλίκια.

anticyclone [.ænti'saikloun] *n* αντικυκλώνας.

antidote ['æntidout] *n* αντίδοτο.

antifreeze ['æntifri:z] *n* αντιψυκτικό.

antimony ['æntiməni] *n* αντιμόνιο.

antipathy [æn'tipəθi] *n* αντιπάθεια.

antipodes [æn'tipədi:z] *n pl* αντίποδες.

antiquarian [.ænti'kweəriən] *n* αρχαιοδίφης, αρχαιοπώλης, αρχαιοσυλλέκτης.

antiquated ['æntikweitid] *adj* απαρχαιωμένος.

antique [æn'tik] *adj* αρχαίος || *n* αντίκα.

antiquity [æn'tikwəti] *n* αρχαιότητα.

anti-Semite [.ænti'si:mait] *n* αντισημίτης.

antiseptic [.ænti'septik] *adj* αντισηπτικός || *n* αντισηπτικό.

antisocial [.ænti'souʃl] *adj* αντικοινωνικός.

antithesis [æn'tiθəsis] *adj* αντίθεση.

antithetic[al] [.ænti'θetikl] *adj* αντιθετικός.

antler ['æntlə^r] *n* κέρατο *(ελάφου)*.

antonym ['æntənim] *n* αντώνυμο.

anus ['einəs] *n* έδρα, πρωκτός.

anvil ['ænvil] *n* αμόνι.

anxiety [æŋg'zaiəti] *n* ανησυχία, λαχτάρα.

anxious ['æŋkʃəs] *adj* ανήσυχος, ανυπόμονος.

any ['eni] *adj, pron, adv* κανείς, καμιά, κανένα, καθόλου || οποιοσδήποτε, κάθε || ~**body** ή ~**one**, κανένας, οποιοσδήποτε || ~**how**, οπωσδήποτε, όπως-όπως || ~**thing**, τίποτα, ο,τιδήποτε || ~**way**, όπως-όπως, οπωσδήποτε, εν πάση περιπτώσει || ~**where**, πουθενά, οπουδήποτε.

aorta [ei'o:tə] *n* αορτή.

apart [ə'pa:t] *adv* μακριά || παράμερα || χώρια || *joking/jesting* ~, αφήνοντας τ' αστεία κατά μέρος || *set/put sth* ~, βάζω κατά μέρος || ~ *from*, εκτός από.

apartheid [ə'pa:theit, -hait] *n* απαρχάιντ.

apartment [ə'pa:tmənt] *n* δωμάτιο || *πληθ.* διαμέρισμα.

apathetic [.æpə'θetik] *adj* απαθής.

apathy ['æpəθi] *n* απάθεια, αδιαφορία.

ape [eip] *n* πίθηκος || *vt* μαϊμουδίζω.

aperture ['æpətʃə^r] *n* οπή, άνοιγμα.

apex ['eipəks] *n* κορυφή, αποκορύφωμα.

aphasia [ə'feiziə] *n* αφασία.

aphorism ['æfərizəm] *n* αφορισμός.

apiary ['eipiəri] *n* μελισσοτροφείο.

apiece [ə'pi:s] *adv* καθένας, το κομμάτι.

aplomb [ə'plom] *n* αταραξία, ψυχραιμία.

apogee ['æpədʒi:] *n* απόγειο.

Apollo [ə'polou] *n* Απόλλωνας.

apologetic [ə.polə'dʒetik] *adj* απολογητικός.

apologize [ə'polədʒaiz] *vi* ζητώ συγγνώμη.

apology [ə'polədʒi] *n* συγγνώμη.

apoplexy ['æpəpleksi] *n* συμφόρηση.

apostasy [ə'postəsi] *n* αποστασία.

apostate ['æpəsteit] *n* αποστάτης.

apostle [ə'posl] *n* απόστολος.

apostrophe [ə'postrəfi] *n* αποστροφή.

appal [ə'po:l] *vt* τρομάζω, προκαλώ φρίκη || ~**ling**, φριχτός.

apparatus [.æpə'reitəs] *n* συσκευή.

apparent [ə'pærənt] *adj* προφανής || φαινομενικός || ~**ly** όπως φαίνεται, προφανώς.

apparition [.æpə'riʃən] *n* οπτασία.

appeal [ə'pi:l] *n* έκκληση, προσφυγή || έλξη || *νομ.* έφεση || *vi* κάνω έκκληση, απευθύνομαι || ~ *to*, συγκινώ || κάνω έφεση || ~**ing** *adj* ελκυστικός.

appear [ə'piə^r] *vi* φαίνομαι, εμφανίζομαι.

appearance [ə'piərəns] *n* εμφάνιση, παρουσιαστικό || *in* ~, εξωτερικά, στην όψη || *to/by/from all* ~*s*, καθ' όλα τα φαινόμενα, όπως φαίνεται || *for the sake of* ~*s*, για τον τύπο || *put in/make an* ~, κάνω για λίγο την εμφάνισή μου || *keep up* ~*s*, τηρώ τα προσχήματα || *judge by* ~*s*, κρίνω από τα φαινόμενα.

appease [ə'pi:z] *vt* κατευνάζω || ~**ment**, κατευνασμός.

append [ə'pend] *vt* προσαρτώ, επισυνάπτω || ~**age**, προσάρτημα, παράρτημα.

appendicitis [ə.pendi'saitis] *n* σκωληκοειδίτιδα.

appendix [ə'pendiks] *n* παράρτημα.

appetite ['æpətait] *n* όρεξη.

appetizer ['æpətaizə^r] *n* ορεκτικό, μεζές.

appetizing ['æpətaiziŋ] *adj* ορεκτικός.

applaud [ə'plo:d] *vt* χειροκροτώ, επευφημώ.

applause [ə'plo:z] *vt* χειροκρότημα, επευφημίες.

apple [æpl] *n* μήλο || *the* ~ *of Discord*, το μήλο της έριδας || *the* ~ *of one's eye*, *μτφ.* η κόρη των οφθαλμών μου ||

~ -pie, μηλόπιττα ǁ ~ -tree, μηλιά.

appliance [ə`plaiəns] n όργανο, μηχάνημα, συσκευή.

applicable [`æplikæbl] n εφαρμόσιμος.

applicant [`æplikənt] n υποψήφιος. αιτών.

application [.æpli`keifn] n αίτηση ǁ επιμέλεια ǁ χρήση, εφαρμογή ǁ ~ -form, έντυπο αιτήσεως.

applied [ə`plaid] adj εφαρμοσμένος.

apply [ə`plai] vti ~ to, απευθύνομαι ǁ επιθέτω, βάζω ǁ εφαρμόζω, ισχύω ǁ ~ oneself/one's mind to sth, αφοσιώνομαι σε κτ.

appoint [ə`point] vt διορίζω, καθορίζω.

appointment [ə`pointmənt] n διορισμός ǁ ραντεβού ǁ make an ~, κλείνω ραντεβού ǁ keep/break an ~, τηρώ/αθετώ ένα ραντεβού.

apportion [ə`po:ʃn] vt κατανέμω.

apposite [`æpəzit] adj εύστοχος.

appraise [ə`preiz] vt εκτιμώ, αποτιμώ.

appreciable [ə`pri:ʃəbl] adj αισθητός.

appreciate [ə`pri:ʃieit] vt εκτιμώ ǁ υπερτιμούμαι.

appreciation [ə.pri:ʃi`eiʃn] n εκτίμηση, αξιολόγηση ǁ αναγνώριση ǁ ανατίμηση.

appreciative [ə`pri:ʃiətiv] adj επαινετικός.

apprehend [.æpri`hend] vt συλλαμβάνω.

apprehension [.æpri`henʃn] n φόβος, ανησυχία ǁ αντίληψη ǁ νομ. σύλληψη.

apprehensive [.æpri`hensiv] adj φοβισμένος.

apprentice [ə`prentis] n μαθητευόμενος ǁ vt be ~d to sb, μαθητεύω σε κπ ǁ ~ship, μαθητεία.

approach [ə`proutʃ] vt πλησιάζω ǁ n προσέγγιση, είσοδος, πρόσβαση ǁ make ~es to sb, τα ρίχνω σε κπ ǁ ~able, προσιτός.

approbation [.æprə`beiʃn] n επιδοκιμασία.

appropriate [ə`proupriət] adj κατάλληλος, ταιριαστός, αρμόζων ǁ [ə`prouprieit] vt οικειοποιούμαι, προβλέπω (δαπάνη), διαθέτω.

appropriation [ə.proupri`eiʃn] n σφετερισμός ǁ πίστωση, κονδύλιον ǁ πρόβλεψη, διάθεση.

approval [ə`pru:vəl] n έγκριση ǁ on ~, επί δοκιμή.

approve [ə`pru:v] vti ~ [of], επιδοκιμάζω, εγκρίνω ǁ ~d, εγκεκριμένος.

¹approximate [ə`proksimət] adj κατά προσέγγιση ǁ ~ly, περίπου.

²approximate [ə`proksimeit] vt προσεγγίζω.

approximation [ə.proksi`meiʃən] n προσέγγιση.

apricot [`eiprikot] n βερίκοκο.

April [`eipril] n Απρίλης ǁ ~ Fool's Day, πρωταπριλιά.

a priori [`ei prai`orai] Λατ. εκ των προτέρων.

apron [`eiprən] n ποδιά ǁ tied to his mother's/wife's ~ -strings, κολλημένος στο φουστάνι της μητέρας του/της γυναίκας του.

apropos [.æprə`pou] adj επίκαιρος ǁ ~ of, σχετικά με, μιλώντας για.

apt [æpt] adj έξυπνος, ικανός ǁ ορθός ǁ be ~ to, έχω την τάση να ǁ ~itude, ικανότητα, κλίση.

aquarium [ə`kweəriəm] n ενυδρείο.

Aquarius [ə`kweəriəs] n Υδροχόος.

aquatic [ə`kwætik] adj (φυτό) υδρόβιος ǁ (σπόρ) θαλάσσιος.

aqueduct [`ækwədʌkt] n υδραγωγείο.

aquiline [`ækwilain] adj αετίσιος.

arabesque [.ærə`besk] n αραβούργημα.

arable [`ærəbl] adj αρόσιμος.

arbiter [`a:bitəʳ] n διαιτητής, κριτής.

arbitrary [`a:bitrəri] adj αυθαίρετος.

arbitrate [`a:bitreit] vti διαιτητεύω, κρίνω.

arbitrator [`a:bitreitəʳ] n διαιτητής.

arbitration [ə.bi`treiʃn] n διαιτησία.

arbour [`a:bəʳ] n κληματαριά.

arc [a:k] n τόξο (κύκλου).

arcade [a:`keid] n στοά (με μαγαζιά).

arch [a:tʃ] n αψίδα, καμάρα ǁ vt καμπουριάζω, ανορθώνω ǁ adj τσαχπίνης ǁ prefix αρχι- ǁ ~way, αψίδα.

archaeological [.a:kiə`lodʒikl] adj αρχαιολογικός.

archaeologist [.a:ki`oləgist] n αρχαιολόγος.

archaeology [.a:ki`olədʒi] n αρχαιολογία.

archaic [a:`keiik] adj αρχαϊκός.

archangel [`a:keindʒəl] n αρχάγγελος.

archbishop [.a:tʃ`biʃəp] n αρχιεπίσκοπος.

archdeacon [.a:tʃ`di:kən] n αρχιδιάκονος.

archduke [.a:tʃ`dju:k] n αρχιδούκας.

archer [`a:tʃəʳ] n τοξότης ǁ ~y, τοξοβολία, τοξευτική.

archetype [`a:kitaip] n αρχέτυπο.

archimandrite [.a:ki`mændrait] n αρχιμανδρίτης.

archipelago [.a:ki`peləgou] n αρχιπέλαγος.

architect [`a:kitəkt] n αρχιτέκτονας ǁ ~ure, αρχιτεκτονική ǁ ~ural αρχιτεκτονικός.

archives [`a:kaivz] n pl αρχεία.

arctic [`a:ktik] adj αρκτικός.

ardent [`a:dənt] adj φλογερός, διακαής.

ardour [`a:dəʳ] n πάθος.

arduous [`a:djuəs] adj επίπονος, κοπιώδης.

area [`eəriə] adj εμβαδόν ǁ έκταση ǁ χώρος, περιοχή.

arena [ə`ri:nə] n παλαίστρα, στίβος, κονίστρα, αρένα.

argue [`a:gju:] vi επιχειρηματολογώ, φιλονικώ ‖ συζητώ ‖ πείθω ‖ ~ment, επιχείρημα, συζήτηση, λογομαχία.

arid [`ærid] adj άνυδρος, ξερός.

arise [ə`raiz] vi irreg εμφανίζομαι ‖ προκύπτω, απορρέω.

aristocracy [.æri`stokrəsi] n αριστοκρατία.

aristocrat [`æristəkræt] n αριστοκράτης ‖ ~ic, αριστοκρατικός.

arithmetic [ə`riθmətik] n αριθμητική.

ark [a:k] n κιβωτός.

¹**arm** [a:m] n βραχίονας, μπράτσο, χέρι ‖ **with open** ~s, με ανοιχτές αγκάλες ‖ ~-**in**-~, αγκαζέ ‖ **keep sb at** ~'s **length**, κρατώ κπ σε απόσταση ‖ ~**ful**, αγκαλιά ‖ ~-**chair**, πολυθρόνα ‖ ~**hole**, μασχάλη (ρούχου) ‖ ~**pit**, μασχάλη (ανθρώπου).

²**arm** [a:m] vti εξοπλίζω / -ομαι ‖ n όπλο ‖ **to** ~s! στα όπλα! ‖ **be up in** ~s, τελώ εν εξεγέρσει ‖ **bear/carry** ~s, φέρω όπλα, οπλοφορώ ‖ **take up** ~s/**rise up in** ~s παίρνω τα όπλα, επαναστατώ, ξεσηκώνομαι ‖ ~**ed to the teeth**, εξοπλισμένος ως τα δόντια ‖ **fire**-~s, πυροβόλα όπλα ‖ **the** ~**ed forces**, οι ένοπλες δυνάμεις.

armada [a:`ma:də] n αρμάδα.

armament [`a:məmənt] n εξοπλισμός.

armistice [`a:mistis] n ανακωχή.

armour [`a:məʳ] n πανοπλία ‖ θωράκιση ‖ τεθωρακισμένα ‖ ~**ed**, τεθωρακισμένος.

army [`a:mi] n στρατός, μτφ. πλήθος.

aroma [ə`roumə] n άρωμα.

aromatic [.ærə`mætik] adj αρωματικός.

around [ə`raund] prep, adv γύρω [από].

arouse [ə`rauz] vt ξυπνώ, διεγείρω.

arraign [ə`rein] vt νομ. εγκαλώ.

arrange [ə`reindʒ] vt τακτοποιώ, κανονίζω ‖ μουσ. διασκευάζω ‖ ~**ment**, τακτοποίηση, διευθέτηση ‖ συμφωνία ‖ διασκευή ‖ πληθ. ετοιμασίες.

arrant [`ærənt] adj διαβόητος.

array [ə`rei] n παράταξη ‖ vt παρατάσσω.

arrears [ə`riəz] n pl καθυστερούμενα.

arrest [ə`rest] vt συλλαμβάνω ‖ προσελκύω ‖ σταματώ, αναχαιτίζω ‖ n σύλληψη ‖ **put sb under** ~, θέτω κπ υπό κράτηση ‖ ~**ing**, εντυπωσιακός.

arrival [ə`raivl] n άφιξη.

arrive [ə`raiv] vi αφικνούμαι, φθάνω ‖ μτφ. καταλήγω.

arrogance [`ærəgəns] n αλαζονία.

arrogant [`ærəgənt] adj αλαζόνας.

arrow [`ærou] n βέλος.

arse [a:s] n κώλος, πισινός.

arsenal [`a:sənəl] n οπλοστάσιο.

arsenic [`a:snik] n αρσενικό.

arson [a:sn] n εμπρησμός.

art [a:t] n τέχνη ‖ πανουργία, τέχνασμα ‖ **the black** ~, η μαύρη μαγεία ‖ **the fine** ~s, οι καλές τέχνες ‖ ~ **gallery**, πινακοθήκη ‖ ~**ful**, πανούργος ‖ ~**less**, αθώος, απονήρευτος.

artery [`a:təri] n αρτηρία.

artesian [a:`ti:ziən] adj αρτεσιανός.

arthritis [a:`θraitis] n αρθρίτιδα.

artichoke [`a:titʃouk] n αγκινάρα.

article [`a:tikl] n άρθρο ‖ αντικείμενο, είδος.

articulate [a:`tikjulət] adj ευκρινής ‖ (άνθρ.) σαφής, ικανός να εκφράζεται ‖ ~**d** [a:.tikju`leitid] αρθρωτός.

articulation [a:.tikju`leiʃn] n άρθρωση.

artifice [`a:tifis] n τέχνασμα.

artificial [.a:ti`fiʃl] adj τεχνητός.

artillery [a:`tiləri] n πυροβολικό.

artisan [.a:ti`zæn] n τεχνίτης.

artist [`a:tist] n καλλιτέχνης ‖ ~**ry**, καλλιτεχνία, γούστο, τέχνη.

artiste [a:`ti:st] n αρτίστα.

artistic [a:`tistik] adj καλλιτεχνικός.

as [æz] conj καθώς, ενώ ‖ αφού, επειδή ‖ όπως, καθώς ‖ τόσο... όσο ‖ ~ **far** ~, μέχρι, απ' ό,τι ‖ ~ **long** ~, εφόσον, υπό τον όρον ότι ‖ ~ **much/many** ~, όσο / όσα ‖ ~ **soon** ~, αμέσως μόλις ‖ ~ **to/for**, όσο για ‖ ~ **though/if**, ως εάν, σαν να ‖ ~ **well**, επίσης.

asbestos [æs`bestəs] n άσβεστος, αμίαντος.

ascend [ə`send] vti ανεβαίνω, ανέρχομαι ‖ ~**ancy**, υπεροχή, επιρροή, επιβολή ‖ **in the** ~**ant**, σε άνοδο.

ascension [ə`senʃn] n άνοδος, ανάληψη ‖ **A~ Day**, της Αναλήψεως.

ascent [ə`sent] n άνοδος, ανάβαση ‖ ανηφοριά.

ascertain [.æsə`tein] vt εξακριβώνω.

ascetic [ə`setik] adj ασκητικός ‖ n ασκητής.

ascribe [ə`skraib] vt αποδίδω.

ash [æʃ] n στάχτη ‖ **Ash Wednesday**, Καθαρή Τετάρτη ‖ φυτ. μελιά ‖ ~-**bin**, ~-**can**, σκουπιδοτενεκές ‖ ~-**tray**, σταχτοδοχείο.

ashamed [ə`ʃeimd] adj ντροπιασμένος ‖ **be** ~ **of**, ντρέπομαι για / που ‖ **be** ~ **to**, ντρέπομαι να.

ashen [`æʃn] adj σταχτής, χλωμός.

ashore [ə`ʃo:ʳ] adj στην ξηρά ‖ **run/be driven** ~, εξοκέλλω.

Asia [`eiʃə] n Ασία ‖ ~ **Minor**, Μικρά Ασία ‖ ~**n**, ασιατικός.

aside [ə`said] adv κατά μέρος, παράμερα.

ask [a:sk] vt παρακαλώ, ζητώ ‖ ρωτώ ‖ προσκαλώ ‖ ~ **about**, ρωτώ για ‖

after sb, ρωτώ για την υγεία κάποιου || ~ *for*, ζητώ || ~ *for it/trouble*, πάω φυρί-φυρί || ~ *a question*, κάνω μια ερώτηση.

askance [ə`ska:ns] *adv* λοξά, δύσπιστα.

askew [ə`skju:] *adj* στραβά.

aslant [ə`sla:nt] *adv* γερτά.

asleep [ə`sli:p] *adj* κοιμισμένος || *fall* ~, αποκοιμιέμαι || *be* ~, κοιμάμαι.

asparagus [ə`spærəgəs] *n* σπαράγγι.

aspect [`æspekt] *n* θέα || όψη || άποψη.

asperity [ə`sperəti] *n* δριμύτητα.

aspersion [ə`spə:ʃn] *n* κακολογία.

asphalt [`æsfælt] *n* άσφαλτος.

asphyxiation [əs.fiksi`eiʃn] *n* ασφυξία.

aspirant [ə`spaiərənt] *n* υποψήφιος, φιλόδοξων.

aspiration [.æspi`reiʃn] *n* φιλοδοξία, βλέψη.

aspire [ə`spaiə^r] *vt* φιλοδοξώ || ~ *to/after*, αποβλέπω.

aspirin [`æsprin] *n* ασπιρίνη.

ass [æs] *n* γάιδαρος, βλάκας || *make an* ~ *of oneself*, γίνομαι γελοίος.

assail [ə`seil] *vt* επιτίθεμαι.

assassin [ə`sæsin] *n* δολοφόνος || ~ate *vt* δολοφονώ.

assassination [ə.sæsi`neiʃn] *n* δολοφονία.

assault [ə`so:lt] *n* επίθεση, έφοδος || *vt* επιτίθεμαι || ~ *and battery*, νομ. κακοποίηση.

assemblage [ə`semblidʒ] *n* συναρμολόγηση, συνάθροιση, συγκέντρωση.

assemble [ə`sembl] *vti* συναρμολογώ, μοντάρω || συναθροίζω/-ομαι.

assembly [ə`sembli] *n* συναρμολόγηση συνάθροιση, συγκέντρωση || συνέλευση || ~ *line*, τράπεζα συναρμολόγησης, αλυσίδα.

assert [ə`sə:t] *vt* υποστηρίζω, ισχυρίζομαι || επιβάλλω || ~ *oneself* επιβάλλομαι, διεκδικώ τα δικαιώματά μου || ~ion [-ʃən], ισχυρισμός, διεκδίκηση || ~ive, κατηγορηματικός.

assess [ə`ses] *vt* εκτιμώ *(την αξία)*, υπολογίζω, καταλογίζω, επιβάλλω *(φόρο)* || ~ment, εκτίμηση, υπολογισμός, καταλογισμός || ~or, φορολογικός ελεγκτής, πραγματογνώμονας, εκτιμητής.

asset [`æset] *n* περιουσιακό στοιχείο || κεφάλαιο, ατού || πληθ. περιουσία, ενεργητικά.

assiduity [.æsi`djuəti] *n* επιμονή, επιμέλεια, προσήλωση.

assiduous [ə`sidjuəs] *adj* επιμελής, επίμονος.

assign [ə`sain] *vt* αναθέτω, δίνω || ορίζω || παραχωρώ, εκχωρώ || ~ment, ανάθεση, εκχώρηση, προσδιορισμός, ανατεθείσα εργασία.

assimilate [ə`simileit] *vti* αφομοιώνω/-ομαι.

assimilation [ə.simi`leiʃn] *n* αφομοίωση.

assist [ə`sist] *vt* βοηθώ || ~ance, βοήθεια || ~ant, βοηθός, αναπληρωτής.

assizes [ə`saiziz] *n pl* ορκωτό δικαστήριο.

¹**associate** [ə`souʃieit] *vti* συσχετίζω, συνδέω/-ομαι, συνεταιρίζομαι, συναναστρέφομαι.

²**associate** [ə`souʃiət] *n* [συν]εταίρος.

association [ə.sousi`eiʃn] *n* εταιρεία, σωματείο, ένωση, οργάνωση || συναναστροφή || συνειρμός || ~ *deed/articles of* ~, εταιρικό.

assonance [`æsənəns] *n* παρήχηση.

assorted [ə`so:tid] *adj* ανάμικτος || ταιριαστός.

assortment [ə`so:tmənt] *n* συλλογή, ποικιλία.

assuage [ə`sweidʒ] *vt* καλμάρω, ανακουφίζω, καταπραΰνω.

assume [ə`sju:m] *vt* υποθέτω, θεωρώ || προσποιούμαι, υποκρίνομαι || αναλαμβάνω || *an* ~*d name*, ψευδώνυμο.

assumption [ə`sʌmpʃn] *n* υπόθεση, προϋπόθεση || προσποίηση || ανάληψη || *the A*~, η Κοίμηση της Θεοτόκου.

assurance [ə`ʃuərəns] *n* πεποίθηση, σιγουριά || διαβεβαίωση || ασφάλεια.

assure [ə`ʃuə^r] *vt* διαβεβαιώνω || [εξ]ασφαλίζω || ~d, βέβαιος, σίγουρος || ~dly, σίγουρα.

astern [ə`stə:n] *adv* στην πρύμνη.

asthma [`æsmə] *n* άσθμα.

astir [ə`stə:^r] *adv* ανάστατος.

astonish [ə`stoniʃ] *vt* καταπλήσσω || ~ed, κατάπληκτος || ~ing, καταπληκτικός || ~ment, κατάπληξη.

astound [ə`staund] *vt* καταπλήσσω.

astray [ə`strei] *adj* παραστρατημένος || *go* ~, ξεστρατίζω || *lead sb* ~, αποπλανώ κπ.

astride [ə`straid] *adv* ιππαστί.

astrologer [ə`strolədʒə^r] *n* αστρολόγος.

astrology [ə`strolədʒi] *n* αστρολογία.

astronaut [`æstrəno:t] *n* αστροναύτης.

astronomer [ə`stronəmə^r] *n* αστρονόμος.

astronomical [.æstrə`nomikl] *adj* αστρονομικός.

astronomy [ə`stronəmi] *n* αστρονομία.

astute [ə`stju:t] *adj* καπάτσος, τετραπέρατος, παμπόνηρος || ~ness, καπατσοσύνη.

asunder [ə`sʌndə] *adj* χωριστά || *drive* ~, χωρίζω || *tear* ~, κομματιάζω.

asylum [ə`sailəm] *n* άσυλο.

at [æt, ət] *prep* εις, σε.

atheism [`eiθiizəm] *n* αθεϊσμός.

atheist [`eiθiist] *n* άθεος.

atheistic [.eiθi`istik] *adj* αθεϊστικός.

athlete [ˈæθliːt] n αθλητής.

athletic [æθˈletik] adj αθλητικός || ~s n αθλητισμός.

atmosphere [ˈætmɔsfiɔʳ] n ατμόσφαιρα.

atmospheric [ˌætmɔˈsferik] adj ατμοσφαιρικός || ~s n pl παράσιτα (ραδιοφώνου).

atoll [ˈætɔl] n κοραλλιογενής νήσος.

atom [ˈætɔm] n άτομο || μτφ. μόριο || ~ic [ɔˈtomik] adj ατομικός || ~ic bomb/energy, ατομική βόμβα/ενέργεια.

atone [ɔˈtoun] vi επανορθώνω, εξιλεώνομαι || ~ment n εξιλέωση.

atop [ɔˈtop] adv στην κορυφή.

atrocious [ɔˈtrouʃɔs] adj φριχτός, απαίσιος.

atrocity [ɔˈtrosɔti] n φρικαλεότητα, αγριότητα, ωμότητα.

atrophy [ˈætrɔfi] n ατροφία || vi ατροφώ.

attach [ɔˈtætʃ] vti επισυνάπτω, προσκολλώ, δένω || δίνω, προσδίδω, αποδίδω || συνδέομαι, συνεπάγομαι || ~ed, αφοσιωμένος, (υπάλληλος) αποσπασμένος || ~ment, προσκόλληση || αφοσίωση, αγάπη || νομ. κατάσχεση.

attaché [ɔˈtæʃei] n ακόλουθος (Πρεσβείας) || ~ case, χαρτοφύλακας.

attack [ɔˈtæk] n ~ [on] επίθεση || ιατρ. κρίση || vt επιτίθεμαι κατά, προσβάλλω || ~er, επιτιθέμενος.

attain [ɔˈtein] vti κατορθώνω, πετυχαίνω, πραγματοποιώ || ~ to, φθάνω, αποκτώ || ~able, εφικτός, κατορθωτός || ~ment, επίτευξη, επίτευγμα.

attempt [ɔˈtempt] n απόπειρα, προσπάθεια, δοκιμή || vt επιχειρώ, προσπαθώ, αποπειρώμαι.

attend [ɔˈtend] vt παρευρίσκομαι, πηγαίνω, παρακολουθώ || ~ to, προσέχω, φροντίζω, ασχολούμαι με || ~ [on], υπηρετώ || ~ance, παρακολούθηση, παρουσία || ~ant, ακόλουθος, υπηρέτης.

attention [ɔˈtenʃn] n προσοχή || περιποίηση, φροντίδα || stand at ~, στέκομαι προσοχή || call/draw sb's ~ to, επισύρω την προσοχή κάποιου σε.

attentive [ɔˈtentiv] adj προσεχτικός, περιποιητικός || ~ly, προσεχτικά.

attest [ɔˈtest] vt επικυρώ, πιστοποιώ || μαρτυρώ || καταθέτω.

attic [ˈætik] n σοφίτα.

attire [ɔˈtaiɔʳ] vi ενδύομαι || n ενδυμασία, αμφίεση.

attitude [ˈætitjuːd] n στάση || strike an ~, παίρνω πόζα.

attorney [ɔˈtɔːni] n πληρεξούσιος, δικηγόρος || District ~, US εισαγγελέας || A~ General, US Υπουργός Δικαιοσύνης || power of ~, πληρεξουσιότητα || letter of ~, πληρεξούσιο.

attract [ɔˈtrækt] vt έλκω, [προσ]ελκύω || ~ion, έλξη, πληθ. θέλγητρα || ~ive, ελκυστικός.

¹attribute [ˈætribjuːt] n ιδιότητα, γνώρισμα.

²attribute [ɔˈtribjuːt] vt ~ to, αποδίδω.

attrition [ɔˈtriʃn] n τριβή, φθορά.

aubergine [ˈoubɔʒiːn] n μελιτζάνα.

auburn [ˈoːbɔn] adj πυρόξανθος.

auction [ˈoːkʃn] n δημοπρασία, πλειστηριασμός || vt εκπλειστηριάζω.

audacious [oːˈdeiʃɔs] adj τολμηρός, παράτολμος || θρασύς, αναιδής.

audacity [oːˈdæsɔti] n τόλμη, θρασύτητα.

audible [ˈoːdɔbl] adj ακουόμενος.

audience [ˈoːdiɔns] n ακροατήριο || ακρόαση.

audit [ˈoːdit] n λογιστ. έλεγχος || vt ελέγχω || ~or, ελεγκτής, (σπουδαστής) ακροατής || ~ory, ακουστικός.

audition [oːˈdiʃn] n ακρόαση (καλλιτέχνη).

auditorium [ˌoːdiˈtoːriɔm] n αίθουσα.

augment [oːgˈment] vti [επ]αυξάνω || ~ation, επαύξηση, προσαύξηση.

augur [ˈoːgɔʳ] vti προοιωνίζομαι.

august [oːˈgʌst] adj σεπτός.

August [ˈoːgɔst] n Αύγουστος.

aunt [aːnt] n θεία || ~y/~ie, θείτσα.

au pair [ˌouˈpeɔʳ] n σπουδάστρια οικιακή βοηθός, ωπέρ.

aura [ˈoːrɔ] n φωτοστέφανος.

auspices [ˈoːspisiz] n οιωνοί || under the ~ of, υπό την αιγίδα.

auspicious [oːˈspiʃɔs] adj ευοίωνος.

austere [oːˈstiɔʳ] adj αυστηρός, λιτός.

Australia [oːˈstreiliɔ] n Αυστραλία || ~n, Αυστραλός, αυστραλέζικος.

Austria [ˈoːstriɔ] n Αυστρία || ~n, Αυστριακός.

authentic [oːˈθentik] adj αυθεντικός, γνήσιος || ~ate, βεβαιώνω το γνήσιο (υπογραφής).

authenticity [ˌoːθenˈtisɔti] n αυθεντικότητα, γνησιότητα.

author [ˈoːθɔ] n συγγραφεύς || ~ess, γυναίκα συγγραφεύς || ~ship, πατρότητα, συγγραφή.

authoritarian [oːˌθoriˈteɔriɔn] n, adj απολυταρχικός.

authoritative [oːˈθorɔtɔtiv] adj επιτακτικός || έγκυρος || αξιόπιστος.

authority [oːˈθorɔti] n εξουσία, δικαιοδοσία || αυθεντία, πηγή || αρχή, υπηρεσία.

authorization [ˌoːθɔraiˈzeiʃn] n εξουσιοδότηση.

authorize [ˈoːθɔraiz] vt εξουσιοδοτώ.

autobiography [ˌoːtɔbaiˈogrɔfi] n αυτοβιογραφία.

autocracy [o:'tokrəsi] *n* απολυταρχία.
autocrat [`o:təkræt] *n* απόλυτος άρχοντας || ~ic *adj* απολυταρχικός.
autograph [`o:təgra:f] *n* αυτόγραφο || *vt* δίνω αυτόγραφο.
automatic [.o:tə'mætik] *adj* αυτόματος || ~ally, αυτομάτως.
automation [.o:tə'meiʃn] *n* αυτοματισμός.
automaton [o:'tomətən] *n* αυτόματο.
automobile [`o:təməbil] *n* US αυτοκίνητο.
autonomous [o:'tonəməs] *adj* αυτόνομος.
autonomy [o:'tonəmi] *n* αυτονομία.
autopsy [`o:təpsi] *n* νεκροψία.
autumn [`o:təm] *n* φθινόπωρο.
auxiliary [o:g'ziliəri] *adj* βοηθητικός.
avail [ə'veil] *n* όφελος, χρησιμότητα || *vt* ωφελώ || ~ *oneself of*, επωφελούμαι από || *of no* ~, ανώφελος || ~able, διαθέσιμος.
avalanche [`ævəla:nʃ] *n* χιονοστιβάδα.
avant-garde [.ævõ'ga:d] *n* πρωτοπορία || πρωτοποριακός.
avarice [`ævəris] *n* φιλαργυρία.
avaricious [.ævə'riʃəs] *adj* φιλάργυρος.
avenge [ə'vendʒ] *vt* εκδικούμαι για.
avenue [`ævənju:] *n* λεωφόρος.
average [`ævəridʒ] *adj* μέτριος, μέσος || *n* μέσος όρος || *on an/the* ~, κατά μέσον όρο || *vti* κάνω κατά μέσον όρο.
averse [ə'və:s] *adj* ενάντιος || *be* ~ *[to]*, εναντιώνομαι, απεχθάνομαι.
aversion [ə'və:ʃn] *n* αποστροφή.
avert [ə'və:t] *vt* αποστρέφω || αποτρέπω, αποσοβώ.
aviation [.eivi'eiʃn] *n* αεροπορία.
aviator [.eivi'eitər] *n* αεροπόρος.
avid [`ævid] *adj* άπληστος, αχόρταγος || ~ly, άπληστα || ~ity [ə'vidəti] *n* απληστία.
avoid [ə'void] *vt* αποφεύγω || ~able, αποφευκτός || ~ance, αποφυγή.
avow [ə'vau] *vt* ομολογώ || ~al, ομολογία || ~edly, ομολογουμένως.
await [ə'weit] *vt* αναμένω.
awake [ə'weik] *vi irreg* ξυπνώ || *adj* ξύπνιος || *be* ~ *to*, αντιλαμβάνομαι.
awaken [ə'weikn] *vti* ξυπνώ || ~ing, αφύπνιση.
award [ə'wo:d] *vt* απονέμω, επιδικάζω || *n* βραβείο, επιχορήγηση.
aware [ə'weər] *adj* ενήμερος || ~ness, αντίληψη, συναίσθηση || *be* ~ *of*, αντιλαμβάνομαι.
away [ə'wei] *adv* μακριά || *be* ~, απουσιάζω, λείπω || *right/straight* ~, αμέσως || *far and* ~, ασυγκρίτως, ασυζητητί, χωρίς συζήτηση.
awe [o:] *n* δέος || ~some ή ~-inspiring, επιβλητικός.
awful [o:fl] *adj* φοβερός || ~ly, φοβερά, πολύ.
awhile [ə'wail] *adv* για λίγο.
awkward [`o:kwəd] *adj* άβολος || αδέξιος, άχαρος || στενόχωρος, αμήχανος || *an* ~ *customer*, ζόρικος τύπος || ~ness, αδεξιότητα || ~ly, αδέξια, στενόχωρα.
awl [o:l] *n* σουβλί.
awning [`o:nin] *n* τέντα.
awry [ə'rai] *adv* στραβά.
axe [æks] *n* τσεκούρι.
axiom [`æksiəm] *n μαθ., φιλοσ.* αξίωμα.
axis [`æksis] *n* άξονας.
axle [æksl] *n* άξονας *(τροχού).*
aye [ai] *n* ναι.
azure [`æʒər] *adj* γαλανός.

B b

baa [ba:] *n, vi* βέλασμα, βελάζω.
babble [bæbl] *n* φλυαρία, βουή || κελάρυσμα || *vi* ψελλίζω, φλυαρώ || κελαρύζω || ~ *out*, ξεφουρνίζω.
babe [beib] *n* νήπιο, μωρό.
babel [beibl] *n* βαβέλ, χάβρα.
baboon [bə'bu:n] *n* μπαμπουίνος.
baby [`beibi] *n* μωρό, βρέφος, νήπιο || ~hood, νηπιακή ηλικία || ~ish, μωρουδίστικος || ~-sit, φυλάω νήπια || ~-sitter, φύλακας νηπίων.

bacchanal [`bækənæl] *adj* βακχικός.
bachelor [`bætʃələr] *n* γεροντοπαλίκαρο.
bacillus [bə'siləs] *n* βάκιλλος.
back [bæk] *n* πλάτη, ράχη || μπακ || *adj* πισινός || *adv* [προς τα] πίσω, πάλι, *χρον.* εδώ και λίγον καιρό || *vti* υποστηρίζω, ποντάρω, κάνω πίσω || *behind one's* ~, πίσω από την πλάτη κάποιου || *have sb at one's* ~, έχω την υποστήριξη/τις πλάτες κάποιου || *put/get sb's* ~ *up*, τσαντίζω κπ || *put one's*

~ **into sth**, στρώνομαι *(σε μια δουλειά)* || **turn one's ~ on sb**, γυρίζω την πλάτη σε κπ || **with one's ~ to the wall**, στριμωγμένος || **go ~ on one's word**, παίρνω πίσω το λόγο μου || **get one's own ~ on sb**, εκδικούμαι κπ || ~ **down**, υποχωρώ || ~ **out**, υπαναχωρώ || ~**ache**, οσφυαλγία || ~**bite**, κακολογώ || ~**bone**, σπονδυλική στήλη || ~**breaking**, εξαντλητικός || ~**cloth**, φόντο || ~**er**, υποστηρικτής || ~**fire** έχω άσχημα ή αποροδόκητο αποτέλεσμα || ~**ground**, φόντο, βάθος *(εικόνας)* || ~**hand**, ανάποδος || ~**handed**, ύπουλος, διφορούμενος || ~**ing**, υποστήριξη, οπισθοδρόμηση || ~**lash**, αντίδραση || ~**log**, σωρός καθυστερημένης δουλειάς || ~ **number**, παλαιό τεύχος, *μτφ.* καθυστερημένα μυαλά || ~ **pay**, καθυστερούμενα || ~**side**, πισινός || ~ **street**, σοκάκι || ~**ward**, καθυστερημένος || ~**wards**, προς τα πίσω || ~**water**, λιμνάζοντα νερά.

backgammon [`bækgæmən] *n* τάβλι.

bacon [`beikən] *n* καπνιστό χοιρινό || **save one's ~**, σώζω το τομάρι μου.

bacterium [bæk`tiəriəm] *n* μικρόβιο.

bacteriology [bæk.tiəri`olədʒi] *n* μικροβιολογία.

bad [bæd] *adj* κακός, άσχημος || **be in a ~ way**, την έχω άσχημα || ~**ly off** σε κακή οικονομική κατάσταση || **not half so ~**, καλούτσικος || **with ~ grace**, απρόθυμα || ~**ly**, άσχημα.

badge [bædʒ] *n* σήμα, διακριτικό.

badger [`bædʒər] *n* ασβός || *vt* ενοχλώ.

baffle [`bæfl] *vt* τα χάνω, ματαιώνω.

bag [bæg] *n* τσάντα, σάκκος, σακκούλα || *vti* σακκουλιάζω, βουτάω, βάζω στο σακκί || **a ~ of bones**, πετσί και κόκκαλο || **in the ~**, σίγουρος, *μτφ.* στην τσέπη || ~**pipes**, γκάινα.

baggage [`bægidʒ] *n* αποσκευές.

bail [beil] *n* εγγύηση || *vt* ~ **sb out**, βγάζω κπ με εγγύηση || ~ **out**, βγάζω νερά από βάρκα || **go/stand ~ for sb**, βάζω εγγύηση για κπ.

bailiff [`beilif] *n* δικαστικός κλητήρας.

bait [beit] *n* δόλωμα || *vt* δολώνω.

baize [beiz] *n* τσόχα.

bake [beik] *vti* ψήνω/-ομαι || ~**r**, φούρναρης || ~**ry**, φούρνος, αρτοποιείο.

balance [`bæləns] *n* ζυγαριά, πλάστιγγα || ισορροπία || ισοζύγιο || υπόλοιπο *(λογαριασμού)* || *vti* ζυγίζω, ισοσκελίζω /-ομαι, ισορροπώ || **be/hang in the ~**, είναι αβέβαιο || **keep/lose one's ~**, διατηρώ/χάνω την ισορροπία μου || ~ **of payments**, ισοζύγιο εξωτερικών πληρωμών || ~ **of trade**, εμπορικό

ισοζύγιο || **strike a ~**, πετυχαίνω μια ισορροπία || **on ~**, συνολικά, γενικά.

balcony [`bælkəni] *n* μπαλκόνι || *θέατρ.* εξώστης.

bald [bo:ld] *adj* φαλακρός || γυμνός, ξηρός || ~**-head/-pate**, φαλάκρα || ~**ness**, φαλάκρα.

balderdash [`bo:ldədæʃ] *n* ανοησίες.

bale [beil] *n* μπάλα || *vt* ~ **out**, πέφτω με αλεξίπτωτο.

balk [bo:k] *vt* ματαιώνω, εμποδίζω || ~ **at**, κολώνω.

ball [bo:l] *n* μπάλα || μπάλος, χορός || **the ~ is with you/in your court**, σειρά σου τώρα || **set the ~ rolling**, κάνω την αρχή || ~**-bearing**, ρουλεμάν || ~**-pen** ή ~**point-pen**, στυλό διαρκείας.

ballad [`bæləd] *n* μπαλάντα.

ballast [`bæləst] *n* ναυτ. έρμα, σαβούρα.

ballerina [.bælə`ri:nə] *n* μπαλαρίνα.

ballet [`bælei] *n* μπαλέτο.

ballistic [bə`listik] *adj* βαλλιστικός.

balloon [bə`lu:n] *n* αερόστατο, μπαλόνι.

ballot [`bælət] *n* ψηφοδέλτιο || *vt* ψηφίζω || ~**-box**, ψηφοδόχος, κάλπη.

ballyhoo [.bæli`hu:] *n* σαματάς, σάλος.

balm [ba:m] *n* βάλσαμο || *vt* βαλσαμώνω || ~**y** *adj* γλυκός, πραϋντικός.

balustrade [.bælə`streid] *n* κιγκλίδωμα.

bamboo [.bæm`bu:] *n* μπαμπού.

bamboozle [.bæm`bu:zl] *vt* ξεγελώ, τη σκάω [σε κπ].

ban [bæn] *n* ~ **[on]**, απαγόρευση || *vt* απαγορεύω.

banal [bə`na:l] *adj* κοινός, χυδαίος || ~**ity**, κοινοτοπία, χυδαιότητα.

banana [bə`na:nə] *n* μπανάνα.

band [bænd] *n* στεφάνι (βαρελιού), κορδέλλα, ταινία, περιβραχιόνιο || μπάντα || παρέα, συμμορία || *vi* ~ **together**, συνασπίζομαι || ~**master**, αρχιμουσικός || ~**stand**, υπαίθρια εξέδρα ορχήστρας || ~**wagon**, άρμα μουσικών.

bandage [`bændidʒ] *n* επίδεσμος || *vt* επιδένω *(πληγή)*.

bandit [`bændit] *n* ληστής, συμμορίτης.

bandy [`bændi] *vi* ανταλλάσσω || διαδίδω || ~**-legged**, στραβοκάνης.

bane [bein] *n* φαρμάκι || καταστροφή || ~**ful**, ολέθριος.

bang [bæŋ] *n* χτύπος, μπαμ || *vti* χτυπώ || σκάω || **go off with a ~**, κάνω μπαμ.

bangle [`bæŋgl] *n* βραχιόλι.

banish [`bæniʃ] *vt* εξορίζω, διώχνω || ~**ment**, εξορία.

banisters [`bænistəz] *n* κάγκελα.

bank [bæŋk] *n* όχθη || ανάχωμα || όγκος || τράπεζα || μπάνκα || *vi* ~ **up**, συσσωρεύομαι || ~ **on sb**, ποντάρω/στηρίζομαι σε κπ || ~**er**, τραπεζίτης ||

~ **holiday**, αργία || ~**note**, τραπεζογραμμάτιο || ~ -**rate**, προεξοφλητικός τόκος.

bankrupt [`bæŋkrʌpt] adj πτωχεύσας || **go** ~, χρεωκοπώ || ~**cy**, πτώχευση.

banner [`bænəʳ] n λάβαρο, πλακάτ || ~ **headline**, πηχυαίος τίτλος.

banns [bænz] n αγγελία γάμου.

banquet [`bæŋkwit] n συμπόσιο.

bantam [`bæntəm] n νάνος κόκορας.

banter [`bæntəʳ] n αστεϊσμός, χαριτολόγημα || vti κάνω αστεία, χαριτολογώ.

baptism [`bæptizəm] n βάπτισμα.

baptize [bæp`taiz] vt βαφτίζω.

bar [ba:ʳ] n κάγκελο, ράβδος, αμπάρα || πλάκα || εμπόδιο, φραγμός || εδώλιο || μουσ. μπάρα || ποτοπωλείο, μπαρ || **the B**~, δικηγορικό επάγγελμα / σώμα || vt αμπαρώνω, κλείνω, εμποδίζω, φράττω || ~**man**/~**maid**, σερβιτόρος /-α σε μπαρ || ~**ring**, εκτός, εξαιρέσει.

barbed [`ba:bd] adj αγκαθωτός.

barbarian [ba:`beəriən] n βάρβαρος.

barbaric [ba:`bærik] adj βαρβαρικός.

barbarism [`ba:bərizəm] n βαρβαρισμός.

barbarity [ba:`bærəti] n βαρβαρότητα.

barbarous [`ba:bərəs] adj βάρβαρος.

barbecue [`ba:bikju:] n ψησταριά / ψητό.

barber [`ba:bəʳ] n κουρέας.

barbiturate [ba:`bitjurət] n βαρβιτουρικό.

bard [ba:d] n βάρδος.

bare [beəʳ] adj γυμνός || ελάχιστος || vt [απο]γυμνώνω || ~**back**, ξεσέλλωτα || ~**faced**, ξεδιάντροπος || ~**foot[ed]**, ξυπόλητος || ~**headed**, ξεσκούφωτος || ~**legged**, ξεκάλτσωτος || ~**ly**, μόλις, σχεδόν καθόλου.

bargain [`ba:gin] n συμφωνία, αγορά || ευκαιρία || vti συμφωνώ, θέτω όρο, παζαρεύω || ~ **away**, ξεπουλάω || **strike a** ~, κλείνω συμφωνία || **into the** ~, επιπλέον, κι από πάνω.

barge [ba:dʒ] n μαούνα || vi ~ **in / into**, παρεμβαίνω, χώνομαι.

bargee [ba:`dʒi:] n μαουνιέρης.

baritone [`bæritoun] n βαρύτονος.

bark [ba:k] n φλούδα || γαύγισμα || vti ξεφλουδίζω || γαυγίζω || ~ **up the wrong tree**, τα βάζω άδικα με κπ || ~ **at the moon**, ζητώ τ' αδύνατα.

barley [`ba:li] n κριθάρι.

barm [ba:m] n προζύμι, μαγιά.

barmy [`ba:mi] adj παλαβός.

barnacle [`ba:nəkl] n πεταλίδα, κολλητσίδα.

barometer [bə`romitəʳ] n βαρόμετρο.

baron [`bærən] n βαρώνος, μεγιστάνας || ~**ness**, βαρώνη || ~**et**, βαρωνέτος || ~**y**, βαρωνεία.

baroque [bə`rok] n, adj μπαρόκ.

barrage [`bæra:ʒ] n φράγμα.

barrel [`bærəl] n βαρέλι || κάννη || ~ **organ**, λατέρνα.

barren [`bærən] adj στείρος, άγονος, άκαρπος.

barricade [`bærikeid] n οδόφραγμα || vt ~ **oneself**, κλείνομαι, οχυρώνομαι.

barrier [`bæriəʳ] n εμπόδιο, φραγμός.

barrister [`bæristəʳ] n δικηγόρος.

barrow [`bærou] n καροτσάκι.

barter [`ba:təʳ] n ανταλλαγή, τράμπα || vt ~ **for**, ανταλλάσσω με || ~ **away**, ξεπουλώ.

base [beis] n βάση, βάθρο || vt βασίζω || adj ευτελής, πρόστυχος, χυδαίος || ~**less**, αβάσιμος || ~**ment**, υπόγειο || ~**ness**, χυδαιότητα, προστυχιά.

bash [bæʃ] n κοπάνισμα, γροθιά || vt κοπανάω, χτυπώ.

bashful [`bæʃfl] adj ντροπαλός.

basic [`beisik] adj βασικός || ~**ally**, βασικά.

basil [bæzl] n βοτ. βασιλικός.

basin [beisn] n λεκάνη, δεξαμενή, γούρνα || κοιλάδα (ποταμού).

basis [`beisis] n βάση.

bask [ba:sk] vi λιάζομαι.

basket [`ba:skit] n καλάθι || ~-**ball**, καλαθοσφαίριση.

bas-relief [.bæsri`li:f] n ανάγλυφο.

bass [bæs] n μπάσος || πέρκα.

bassoon [bə`su:n] n φαγκότο.

bastard [`ba:stəd] n μπάσταρδος.

bastion [`bæstiən] n έπαλξη.

bat [bæt] n ρόπαλο || νυχτερίδα || **off one's own** ~, από μόνος μου.

batch [bætʃ] n φουρνιά.

bated [`beitid] adj στη φρ. **with** ~ **breath**, με κομμένη ανάσα.

bath [ba:θ] n λουτρό, μπάνιο || vt μπανιάρω || ~**room**, μπάνιο || ~**tub**, μπανιέρα.

bathe [beið] n μπάνιο || vti λούζω / -ομαι, κάνω μπάνιο (στη θάλασσα) || ~**r**, λουόμενος || ~**d in**, λουσμένος εις.

bathing [`beiðiŋ] n μπάνιο, κολύμπι || ~ **costume**, μπανιερό.

batman [`bætmən] n ορντινάτσα.

baton [bætn] n γκλομπ, ράβδος (στρατάρχη), μπαγκέτα (μαέστρου).

battalion [bə`tæliən] n τάγμα.

batten [bætn] vt παχαίνω, πλουτίζω (σε βάρος κάποιου).

batter [`bætəʳ] n κουρκούτι || vt χτυπώ, στραπατσάρω.

battery [`bætəri] n μπαταρία || πυροβολαρχία.

battle [bætl] n μάχη || vti μάχομαι || **a** ~ **royal**, γενική συμπλοκή || **a pitched** ~, μάχη εκ του συστάδην || ~-**axe**, πολεμικός πέλεκυς ‖ ~-cruiser, καταδρομικό ‖ ~-cry, πολεμική ιαχή ‖ ~-dress, στολή εκστρατείας ‖ ~-field/ground, πεδίο μάχης ‖ ~ment, πολεμίστρα ‖ ~ship, θωρηκτό ‖ ~ song, θούριος, πολεμικό εμβατήριο.

batty [ˈbæti] *adj* παλαβός.

bauble [boːbl] *n* μηιχλιμπίδι.

bauxite [ˈboːksait] *n* βωξίτης.

bawdy [ˈboːdi] *adj* αισχρός, βωμολόχος.

bawl [boːl] *vti* σκούζω, κραυγάζω.

bay [bei] *n* όρμος ‖ κοίλωμα *(τοίχου)* ‖ δάφνη ‖ γαύγισμα ‖ *vi* γαυγίζω ‖ *at* ~, στριμωγμένος, σε απόσταση ‖ *bring to* ~, στριμώχνω.

bayonet [ˈbeiənit] *n* ξιφολόγχη.

bazaar [bəˈzaːʳ] *n* παζάρι ‖ φιλανθρωπική αγορά ‖ πολυκατάστημα.

be [biː] *vi irreg* είμαι, υπάρχω ‖ ζω, κατοικώ ‖ κοστίζω ‖ *the bride-to-be*, μέλλουσα νύφη ‖ *would-be adj* υποψήφιος ‖ *have been to*, έχω πάει εις.

beach [biːtʃ] *n* πλαζ, ακτή, γιαλός ‖ ~head, προγεφύρωμα.

beacon [ˈbiːkən] *n* φάρος.

bead [biːd] *n* χάντρα ‖ σταγόνα.

beak [biːk] *n* ράμφος.

beam [biːm] *n* δοκάρι ‖ μπράτσο *(ζυγαριάς)* ‖ αχτίδα, λάμψη ‖ *vti* ακτινοβολώ, λάμπω.

bean [biːn] *n* κουκί, φασόλι ‖ *not have a* ~, είμαι αδέκαρος ‖ *full of* ~s, γεμάτος ζωή ‖ *spill the* ~s, τα ξερνάω.

¹**bear** [beəʳ] *n* άρκτος, αρκούδα.

²**bear** [beəʳ] *vti irreg* φέρω ‖ βαστώ, κρατώ, στηρίζω ‖ υποφέρω, ανέχομαι, αντέχω ‖ γεννώ, παράγω ‖ ~ *down*, καταβάλλω ‖ ~ *out*, επιβεβαιώνω ‖ ~ *up*, κρατώ καλά ‖ ~ *upon*, έχω σχέση ‖ ~able, υποφερτός ‖ ~er, κομιστής.

beard [biəd] *n* γένι, μούσι ‖ άγανο ‖ ~ed, γενειοφόρος ‖ ~less, αγένειος.

bearing [ˈbeəriŋ] *n* αντοχή ‖ τεκνοποιία, καρποφορία ‖ παρουσιαστικό, παράστημα ‖ σχέση, άποψη ‖ ρουλεμάν ‖ *plhθ.* προσανατολισμός.

beast [biːst] *n* κτήνος, ζώον ‖ ~ly, κτηνώδης, άθλιος.

¹**beat** [biːt] *n* χτύπημα ‖ χτύπος, παλμός ‖ *mους.* μέτρο ‖ περιπολία.

²**beat** [biːt] *vti irreg* χτυπώ ‖ δέρνω ‖ νικώ, κερδίζω ‖ ~ *about the bush*, είμαι όλο περιστροφές ‖ ~ *a retreat*, σημαίνω υποχώρηση ‖ ~ *time*, κρατώ το χρόνο ‖ *be dead* ~, είμαι ξεθεωμένος ‖ *the* ~*en track*, η πεπατημένη ‖ ~ *off*, αποκρούω ‖ ~ *out*, σβήνω *(φωτιά)* ‖ ~ *up*, σαπίζω στο ξύλο ‖ ~er, χτυπητήρι.

beatitude [biˈætitjuːd] *n* μακαριότητα.

beautiful [ˈbjuːtifl] *n* ωραίος, όμορφος.

beautify [ˈbjuːtifai] *vt* εξωραΐζω, καλλωπίζω.

beauty [ˈbjuːti] *n* ομορφιά ‖ καλλονή ‖ ~ *contest*, καλλιστεία ‖ ~ *parlour*, ινστιτούτο καλλονής ‖ ~ *spot*, ελιά *(στο πρόσωπο)*.

beaver [ˈbiːvəʳ] *n* κάστορας.

because [biˈkoz] *conj* επειδή, διότι ‖ ~ *of*, εξαιτίας.

beck [bek] *n* νεύμα, νόημα ‖ *be at sb's* ~ *and call*, υπακούω κπ τυφλά.

beckon [bekn] *vt* γνέφω, κάνω νόημα.

become [biˈkʌm] *vt irreg* γίνομαι ‖ ταιριάζω ‖ ~ *of*, απογίνομαι.

becoming [biˈkʌmiŋ] *adj* ταιριαστός.

bed [bed] *n* κρεββάτι ‖ κοίτη ‖ παρτέρι, πρασιά ‖ στρώση, βάση ‖ *vt* μπήγω ‖ ~ *and board*, τροφή και κατοικία ‖ *take/keep to one's* ~, κρεββατώνομαι ‖ ~-*clothes*, κλινοσκεπάσματα ‖ ~*ding*, στρωσίδια ‖ ~*time*, ώρα για ύπνο ‖ ~-*room*, κρεββατοκάμαρα ‖ ~*ridden*, *adj* κατάκοιτος ‖ ~*sitter*, γκαρσονιέρα.

bedecked [biˈdekt] *adj* στολισμένος.

bedevil [biˈdevl] *vt* περιπλέκω.

bedlam' [ˈbedləm] *n* τρελλοκομείο.

Bedouin [ˈbeduin] *n* Βεδουΐνος.

bee [biː] *n* μέλισσα ‖ ~*hive*, κυψέλη ‖ *have a* ~ *in one's bonnet*, έχω λόξα ‖ *make a* ~-*line for*, τραβώ γραμμή για.

beech [biːtʃ] *n* οξυά.

beef [biːf] *n* βωδινό ‖ ~*steak*, μπιφτέκι ‖ ~*tea*, ζωμός κρέατος ‖ ~*y*, γεροδεμένος, ρωμαλέος.

beer [biə] *n* μπύρα ‖ *small* ~, ασήμαντος.

beet [biːt] *n* παντζάρι.

beetle [biːtl] *n* σκαθάρι.

befall [biˈfoːl] *vti irreg* τυχαίνω.

befit [biˈfit] *vt* αρμόζω.

before [biˈfoːʳ] *prep* πριν από, μπροστά ‖ *adv* πρωτύτερα, προηγουμένως, μπροστά ‖ *the day* ~, την προηγούμενη μέρα ‖ *the day* ~ *yesterday*, προχθές ‖ *the year* ~ *last*, πρόπερσυ ‖ ~*hand*, προκαταβολικά.

befriend [biˈfrend] *vt* βοηθώ, ευεργετώ.

beg [beg] *vt* ζητιανεύω, επαιτώ ‖ ζητώ, παρακαλώ ‖ ~*gar*, ζητιάνος ‖ ~*garly*, άθλιος.

beget [biˈget] *vt irreg* γεννώ.

begin [biˈgin] *vti irreg* αρχίζω ‖ ~ *to* ~ *with*, πρώτα-πρώτα ‖ ~*ner*, αρχάριος ‖ ~*ning*, αρχή.

beguile [biˈgail] *vt* ξεγελώ.

behalf [biˈhaːf] *n on* ~ *[of]*, εκ μέρους.

behave [biˈheiv] *vi* [συμπερι]φέρομαι.

behaviour [biˈheiviəʳ] *n* συμπεριφορά,

φέρσιμο.

behead [bi`hed] *vt* αποκεφαλίζω.

behind [bi`haind] *prep, adv* πίσω από, πίσω ‖ *fall/lag* ~, μένω πίσω ‖ *n* πισινός.

behold [bi`hould] *vt irreg* παρατηρώ ‖ ~**en**, *pred adj* υπόχρεως.

beige [bei3] *n, adj* μπεζ.

being [`bi:iŋ] *n* ον.

belated [bi`leited] *adj* καθυστερημένος.

belch [beltʃ] *n* ρέψιμο ‖ *vti* ρεύομαι, ξερνώ, βγάζω.

belfry [`belfri] *n* καμπαναριό.

Belgian [`beldʒiən] *n* Βέλγος ‖ *adj* βελγικός.

Belgium [`beldʒiəm] *n* Βέλγιο.

belie [bi`lai] *vt* διαψεύδω, ξεγελώ.

belief [bi`li:f] *n* πίστη, πεποίθηση, γνώμη.

believable [bi`li:vəbl] *adj* πιστευτός.

believe [bi`li:v] *vt* πιστεύω ‖ ~ *in*, έχω πίστη ‖ *make* ~, *vt* προσποιούμαι, κάνω πως ‖ *make*~, *n* αστεία, ψέματα ‖ ~**r**, πιστός.

belittle [bi`litl] *vt* μειώνω, υποτιμώ.

bell [bel] *n* καμπάνα, κουδούνι.

bellicose [`belikous] *adj* πολεμοχαρής.

belligerent [bə`lidʒərənt] *n* εμπόλεμος.

bellow [`belou] *vt* μουγκρίζω, μουγκανίζω ‖ *n* μούγκρισμα.

bellows [`belouz] *n* φυσερό.

belly [`beli] *n* κοιλιά.

belong [bi`loŋ] *vi* ανήκω.

beloved [bi`lʌvid] *n* αγαπημένος.

below [bi`lou] *prep* κάτω από ‖ *adv* από κάτω, παρακάτω.

belt [belt] *n* ζώνη, λουρίδα, ιμάντας ‖ *vt* δέρνω ‖ ~ *up, sl* το βουλώνω.

bemoan [bi`moun] *vt* θρηνώ.

bench [bentʃ] *n* έδρα, κάθισμα, πάγκος ‖ *the* B~, το δικαστικό σώμα.

bend [bend] *n* καμπή, στροφή ‖ *vti irreg* κάμπτω, λυγίζω, σκύβω ‖ κατευθύνω ‖ στρίβω ‖ *round the* ~, *sl* μουρλός.

beneath [bi`ni:θ] *prep* κάτω από ‖ *adv* κάτω ‖ κατώτερος, μτφ. ανάξιος.

benediction [‚beni`dikʃn] *n* ευλογία.

benefactor [`benifæktər] *n* ευεργέτης ‖ **benefactress**, ευεργέτρια.

beneficial [‚beni`fiʃl] *adj* ωφέλιμος.

beneficiary [‚beni`fiʃəri] *n* δικαιούχος.

benefit [`benifit] *n* όφελος ‖ επίδομα ‖ *vti* ωφελώ/-ούμαι ‖ *for sb's* ~, για χάρη/προς χάριν κάποιου.

benevolent [bi`nevələnt] *adj* καλοκάγαθος, φιλάνθρωπος, αγαθοεργός.

benign [bi`nain] *adj* ήπιος ‖ καλοήθης.

bent [bent] *n* κλίση, έφεση ‖ *be* ~ *on*, είμαι αποφασισμένος να.

benumbed [bi`nʌmd] *adj* μουδιασμένος.

bequeath [bi`kwi:ð] *vt* κληροδοτώ.

bequest [bi`kwest] *n* κληροδότημα.

berate [bi`reit] *vt* επιπλήττω.

bereave [bi`ri:v] *vt irreg* στερώ ‖ ~**ment**, θάνατος, απώλεια ‖ *the* ~**d**, οι χαροκαμένοι.

beret [`berei] *n* μπερές.

berry [`beri] *n* μούρο.

berserk [bə:`sə:k] *adj* έξω φρενών.

berth [bə:θ] *n* κουκέτα ‖ αγκυροβόλιο ‖ δουλειά ‖ *vti* αγκυροβολώ ‖ *give sb a wide* ~, αποφεύγω κπ.

beseech [bi`si:tʃ] *vt irreg* ικετεύω.

beset [bi`set] *vt irreg* περιστοιχίζω, βασανίζω.

beside [bi`said] *prep* πλάι ‖ σε σύγκριση με ‖ ~ *oneself*, εκτός εαυτού ‖ ~ *the point*, εκτός θέματος.

besides [bi`saidz] *prep* εκτός από ‖ επιπροσθέτως προς ‖ *adv* επιπλέον.

besiege [bi`si:dʒ] *vt* πολιορκώ.

besotted [bi`sotid] *adj* αποβλακωμένος.

bespeak [bi`spi:k] *vt irreg* μαρτυρώ.

bespectacled [bi`spektəkld] *adj* διοπτροφόρος.

best [best] *adv* καλύτερα ‖ *adj* καλύτερος ‖ *at* ~, στην καλύτερη περίπτωση ‖ *do one's* ~, κάνω ό,τι μπορώ ‖ *be at one's* ~, είμαι στο φόρτε μου ‖ *in one's Sunday* ~, στα γιορτινά μου ‖ ~ *man*, κουμπάρος.

bestial [`bestiəl] *adj* κτηνώδης, ζωώδης ‖ ~**ity** [‚besti`ælɔti] *n* κτηνωδία.

bestow [bi`stou] *vt* παρέχω, απονέμω.

bet [bet] *n* στοίχημα ‖ *vt irreg* στοιχηματίζω.

betray [bi`trei] *vt* προδίνω ‖ ~**al**, προδοσία ‖ ~**er**, προδότης.

better [`betə] *n, adj* καλύτερος ‖ *adv* καλύτερα ‖ *vt* βελτιώνω ‖ *get the* ~ *of sb*, νικώ κπ ‖ *had* ~, θα`ταν καλύτερα να ‖ *one's* ~ *half*, το έτερό μου ήμισυ ‖ ~**ment**, βελτίωση.

between [bi`twi:n] *prep, adv* μεταξύ ‖ ~ *ourselves*, μεταξύ μας ‖ *few and far* ~, πολύ αραιά ‖ *in* ~, ενδιαμέσως.

beverage [`bevəridʒ] *n* ποτό.

bewail [bi`weil] *vt* θρηνολογώ.

beware [bi`weər] φυλαχθείτε! προσοχή!

bewilder [bi`wildər] *vt* φέρνω σε αμηχανία, ζαλίζω ‖ ~**ed**, ζαλισμένος ‖ ~**ing**, που ζαλίζει ‖ ~**ment**, αμηχανία.

bewitch [bi`witʃ] *vt* μαγεύω, γοητεύω.

beyond [bi`jond] *prep* πέρα από ‖ ~ *belief*, απίστευτο ‖ ~ *doubt*, αναμφισβήτητο.

bias [`baiəs] *n* προκατάληψη ‖ *be* ~**ed**, είμαι προκατειλημμένος.

bib [bib] *n* σαλιάρα, μπούστος.

Bible [baibl] *n* Βίβλος.
biblical [`biblikəl] *adj* βιβλικός.
bibliography [.bibli`ogrəfi] *n* βιβλιογραφία.
bicentenary [.baisen`ti:nəri] *n* δισεκατονταετία ‖ *adj* δισεκατονταετής.
biceps [`baiseps] *n* ποντίκι (χεριού).
bicker [`bikə^r] *vi* καυγαδίζω.
bicycle [`baisikl] *n* ποδήλατο.
¹**bid** [bid] *vt irreg* πλειοδοτώ, χτυπώ ‖ *n* προσφορά, χτύπημα ‖ ~der, πλειοδότης.
²**bid** [bid] *vt irreg* λέω, διατάσσω ‖ ~ding, διαταγή ‖ ~dable, υπάκουος.
bide [baid] *στη φρ.* ~ *one's time*, περιμένω την ευκαιρία/την ώρα μου.
bidet [`bi:dei] *n* μπιντές.
bier [biə^r] *n* νεκροφόρα.
big [big] *adj* μεγάλος ‖ *talk* ~, κομπορρημονώ ‖ ~wig *n* μεγαλόσχημος.
bigamist [`bigəmist] *n* δίγαμος.
bigamous [`bigəməs] *adj* δίγαμος.
bigamy [`bigəmi] *n* διγαμία.
bight [bait] *n* κουλούρα ‖ κόλπος.
bigot [`bigət] *n* φανατικός ‖ ~ed, μισαλλόδοξος ‖ ~ry, μισαλλοδοξία.
bike [baik] *n* ποδήλατο.
bikini [bi`ki:ni] *n* μπικίνι.
bilateral [.bai`lætərəl] *adj* διμερής.
bile [bail] *n* χολή.
bilge [bildʒ] *n* βρωμόνερα ‖ *sl* τρίχες.
bilingual [.bai`liŋgwəl] *adj* δίγλωσσος.
bilious [`biliəs] *adj* χολερικός ‖ πικρόχολος.
bill [bil] *n* κλαδευτήρι ‖ ράμφος ‖ νομοσχέδιο ‖ αφίσα ‖ γραμμάτιο ‖ λογαριασμός ‖ *vt* χρεώνω ‖ ~ *of fare*, κατάλογος φαγητών, μενού ‖ *foot the* ~, πληρώνω το λογαριασμό.
billhook [`bilhuk] *n* κλαδευτήρι.
billet [`bilit] *n* καταυλισμός ‖ θέση, δουλειά ‖ *vt* στρατωνίζω.
billiards [`biliədz] *n* μπιλιάρδο.
billion [`biliən] *n* US δισεκατομμύριο, GB τρισεκατομμύριο.
billow [`bilou] *n* μεγάλο κύμα ‖ *vi* κινούμαι σε κύματα ‖ ~y, κυματοειδής.
billy-goat [`biligout] *n* τράγος.
bin [bin] *n* δοχείο (με καπάκι).
bind [baind] *vti irreg* δένω ‖ μτφ. δεσμεύω ‖ ~ing *adj* δεσμευτικός *n* δέσιμο.
bingo [`bingou] *n* λοταρία.
binoculars [bi`nokjuləz] *n* κιάλια.
biochemistry [.baiou`kemistri] *n* βιοχημεία.
biographer [bai`ogrəfə^r] *n* βιογράφος.
biographic[al] [.baiə`græfikl] *adj* βιογραφικός.
biography [bai`ogrəfi] *n* βιογραφία.

biological [.baiə`lodʒikl] *adj* βιολογικός.
biology [bai`olədʒi] *n* βιολογία.
biped [`baipəd] *n* δίποδο.
birch [bə:tʃ] *n* σημύδα ‖ βέργα.
bird [bə:d] *n* πουλί ‖ *sl* τύπος, κοπέλα ‖ ~'s-eye-view, πανοραμική άποψη.
birth [bə:θ] *n* γέννηση ‖ *by* ~, στην καταγωγή ‖ ~day, γενέθλια ‖ ~place, τόπος γεννήσεως ‖ ~rate, γεννητικότητα ‖ ~right, πρωτοτόκια.
biscuit [`biskit] *n* μπισκότο.
bisect [bai`sekt] *vt* διχοτομώ.
bishop [`biʃəp] *n* επίσκοπος.
bison [baisn] *n* βίσονας, βουβάλι.
bit [bit] *n* τρυπάνι ‖ χαβιά χαλινού ‖ κομματάκι ‖ λιγάκι ‖ ~ *by* ~, λίγο-λίγο ‖ *not a* ~, καθόλου.
bitch [bitʃ] *n* σκύλα ‖ *sl* σκρόφα ‖ *vt* γκρινιάζω.
bite [bait] *vti irreg* δαγκώνω ‖ τσιμπώ ‖ τσούζω, τρώω ‖ ~ *the dust*, τρώω χώμα ‖ *n* δάγκωμα, τσίμπημα.
biting [`baiting] *adj* τσουχτερός, δηκτικός.
bitter [`bitə^r] *adj* πικρός ‖ δριμύς ‖ *n* GB είδος μπύρας ‖ ~ness, πικράδα, πικρία ‖ ~sweet, γλυκόπικρος.
bitumen [`bitʃumən] *n* πίσσα.
bivouac [`bivuæk] *n* καταυλισμός.
bizarre [bi`za:^r] *adj* αλλόκοτος.
blab [blæb] *vt* φλυαρώ.
black [blæk] *adj* μαύρος ‖ *n* μαύρο ‖ ~ *and blue*, κατάμαυρος από ξύλο ‖ *look* ~ *at sb*, κοιτάζω κπ άγρια ‖ *in* ~ *and white*, γραπτώς ‖ ~ *art*, μαύρη μαγεία ‖ ~-*ball*, καταψηφίζω ‖ ~-*beetle*, κατσαρίδα ‖ ~*berry*, βατόμουρο ‖ ~*bird*, κοτσύφι ‖ ~*board*, μαυροπίνακας ‖ ~*en*, μαυρίζω, λερώνω ‖ ~*guard*, παλιάνθρωπος ‖ ~*leg*, απεργοσπάστης ‖ ~*list*, βάζω στο μαύρο κατάλογο ‖ ~*mail*, εκβιασμός, εκβιάζω ‖ ~*mailer*, εκβιαστής ‖ ~ *Maria*, κλούβα ‖ ~*market*, μαύρη αγορά ‖ ~ *marketeer*, μαυραγορίτης ‖ ~ *mass*, μαγική τελετή ‖ ~-*out*, *n* συσκότιση ‖ ~ *out vt* συσκοτίζω, *vi* λιποθυμώ ‖ ~*shirt*, μελανοχίτωνας ‖ ~*smith*, γύφτος, σιδεράς.
bladder [`blædə^r] *n* κύστη ‖ σαμπρέλα (μπάλας).
blade [bleid] *n* λεπίδα ‖ ξίφος ‖ φύλλο (χλόης).
blame [bleim] *n* φταίξιμο ‖ *put the* ~ *on sb*, ρίχνω το φταίξιμο σε κπ ‖ *take the* ~ *for sth*, παίρνω την ευθύνη για κτ ‖ *vt* ~ *sb for sth*, ~ *sth on sb*, κατηγορώ κπ για κτ ‖ ~*less*, άψογος, ανεύθυνος ‖ ~*worthy*, αξιόμεμπτος.
blanch [bla:ntʃ] *vti* ξασπρίζω.
bland [blænd] *adj* μειλίχιος, ήπιος.

blank [blæŋk] adj κενός, άγραφος ‖ ανέκφραστος ‖ άσφαιρο *(φυσίγγι)* ‖ *n* κενό ‖ **draw a ~**, αποτυχαίνω.

blanket [`blæŋkit] *n* κουβέρτα ‖ **a wet ~**, *μτφ.* κρυόμπλαστρο ‖ **~ed with**, σκεπασμένος από.

blare [bleə^r] *n* σάλπισμα ‖ *vi* αντηχώ.

blarney [`bla:ni] *n* γαλιφιές.

blasé [`bla:zei] adj μπλαζέ.

blaspheme [blæs`fi:m] *vt* βλαστημώ.

blasphemous [`blæsfəməs] adj βλάστημος.

blasphemy [`blæsfəmi] *n* βλαστήμια.

blast [bla:st] *n* ριπή, πνοή, φύσημα ‖ φουρνέλο ‖ σάλπισμα, σφύριγμα ‖ *vt* ανατινάσσω ‖ αντηχώ ‖ καίω, συντρίβω ‖ *interj* **~ it!** να πάρει ο διάβολος! ‖ **~-off**, εκτόξευση ‖ **~ed**, αναθεματισμένος ‖ **at full ~**, εν πλήρει δράσει.

blatant [`bleitənt] adj κραυγαλέος.

blaze [bleiz] *n* φλόγα, ανάφλεξη, λαμπάδιασμα ‖ φωτιά ‖ λάμψη ‖ έκρηξη ‖ *vti* φλογίζω, φλέγομαι, λάμπω ‖ **~ up**, παίρνω φωτιά ‖ **~ a trail**, σημαδεύω δρόμο ‖ **like ~s**, πυρετωδώς ‖ **what the ~s!** τι στην οργή!

blazer [`bleizə^r] *n* σπορ σακάκι.

blazon [`bleizn] *n* οικόσημο ‖ *vt* διαλαλώ.

bleach [bli:tʃ] *vti* ασπρίζω, ξεβάφω.

bleak [bli:k] adj ανεμοδαρμένος ‖ κρύος ‖ ζοφερός, σκοτεινός.

bleary [`bliəri] adj θαμπός ‖ **~-eyed**, με θολά μάτια, τσιμπλιάρης.

bleat [bli:t] *n* βέλασμα ‖ *vi* βελάζω.

bleed [bli:d] *vti irreg* αιμορρώ, ματώνω, τρέχω / χάνω αίμα, κάνω αφαίμαξη.

bleep [bli:p] *n* σήμα ‖ *vt* εκπέμπω σήματα.

blemish [`blemiʃ] *n* ψεγάδι ‖ *vt* κηλιδώνω.

blench [blentʃ] *vi* ωχριώ *(από φόβο)*.

blend [blend] *n* χαρμάνι ‖ *vti irreg* ανακατεύω / -ομαι, ταιριάζω, συνδυάζομαι.

bless [bles] *vt irreg* ευλογώ ‖ **~ my soul!** Κύριε των δυνάμεων! ‖ **~ing**, ευλογία.

blight [blait] *n (αρρώστεια φυτών)* καπνιά, *μτφ.* σαράκι, πλήγμα ‖ *vt* μαραίνω, καίω, πλήττω, καταστρέφω.

blind [blaind] adj τυφλός ‖ *vt* τυφλώνω ‖ *n* στορ ‖ **~ man's buff**, τυφλόμυγα ‖ **turn a ~ eye to**, κάνω τα στραβά μάτια για ‖ **~fold**, *vt* δένω τα μάτια, *adv* με δεμένα μάτια ‖ **~ness**, τύφλωση.

blink [bliŋk] *vti* ανοιγοκλείνω τα μάτια ‖ αναβοσβήνω ‖ **~ers**, παρωπίδες.

bliss [blis] *n* ευδαιμονία ‖ **~ful**, ευδαίμων, μακάριος.

blister [`blistə^r] *n* φουσκάλα ‖ *vi* φου-

σκαλιάζω.

blithering [`bliðəriŋ] adj ειρων. τέλειος.

blitz [blits] *n* αστραπιαία επίθεση.

blizzard [`blizəd] *n* χιονοθύελλα.

bloated [`bloutid] adj πρησμένος, φουσκωμένος.

blob [blob] *n* στάξιμο, στάλα.

bloc [blok] *n* μπλοκ, συνασπισμός.

block [blok] *n* μεγάλο κομμάτι ‖ κούτσουρο ‖ οικοδομικό τετράγωνο ‖ τροχαλία ‖ κλισέ ‖ φράξιμο, μπλόκο ‖ *vti* μπλοκάρω, φράσσω, κλείνω ‖ **~ letters**, κεφαλαία γράμματα ‖ **~head**, μπουμπούνας ‖ **~house**, οχυρό.

blockade [blo`keid] *n* αποκλεισμός ‖ *vt* αποκλείω ‖ **run/raise the ~**, διασπώ / αίρω τον αποκλεισμό.

bloke [blouk] *n* sl τύπος.

blond[e] [blond] *n* ξανθός, ξανθιά.

blood [blʌd] *n* αίμα ‖ **~ is thicker than water**, το αίμα νερό δε γίνεται ‖ **his ~ was up**, του ανέβηκε το αίμα στο κεφάλι ‖ **my own flesh and ~**, το ίδιο μου το αίμα ‖ **in cold ~**, εν ψυχρώ ‖ **make bad ~**, προκαλώ έχθρα ‖ **it runs in his ~**, το `χει στο αίμα του ‖ **~ bank**, τράπεζα αίματος ‖ **~ bath**, λουτρό αίματος ‖ **~ brother**, αδερφοποιτός ‖ **~-curdling**, τρομακτικός ‖ **~-donor**, αιμοδότης ‖ **~-group-/type**, ομάδα αίματος ‖ **~hound**, κυνηγετικός σκύλος ‖ **~less**, αναίμακτος ‖ **~-letting**, αφαίμαξη ‖ **~ pressure**, πίεση ‖ **~-shed**, αιματοχυσία ‖ **~shot**, κατακόκκινα *(μάτια)* ‖ **~stained**, ματοβαμμένος ‖ **~sucker**, βδέλλα, εκμεταλλευτής, ‖ **~thirsty**, αιμοβόρος, αιμοδιψής ‖ **~ transfusion**, μετάγγιση αίματος ‖ **~ vessel**, αιμοφόρο αγγείο.

bloody [`blʌdi] adj ματωμένος ‖ παλιο—, βρωμο— ‖ **~-minded**, τζαναμπέτης.

bloom [blu:m] *n* άνθος ‖ χνούδι (σε φρούτα) ‖ άνθηση, ακμή ‖ *vi* ανθίζω ‖ **~ing**, adj παλιο—, βρωμο— ‖ **~ers**, φουφούλα.

blossom [`blosəm] *n* άνθος ‖ *vi* ανθίζω ‖ **~ out**, γίνομαι, εξελίσσομαι.

blot [blot] *n* λεκές, κηλίδα ‖ *vt* λεκιάζω, κηλιδώνω ‖ στυπώνω ‖ **~ out**, σβήνω ‖ **~ting paper**, στυπόχαρτο.

blouse [blauz] *n* μπλούζα.

¹blow [blou] *n* χτύπημα, πλήγμα ‖ φύσημα ‖ **come to ~s**, πιάνομαι στα χέρια.

²blow [blou] *vti irreg* φυσώ, ξεφυσώ ‖ καίω / -ομαι ‖ *sl* σπαταλώ ‖ **~ hot and cold**, αμφιταλαντεύομαι ‖ **~ one's top**, ξεσπάω ‖ **~ away**, διώχνω ‖ **~ down**, ρίχνω ‖ **~ off**, παίρνω ‖ **~ off steam**, ξεθυμαίνω ‖ **~ out**, σβήνω ‖ **~ over**,

ανατρέπω, ξεθυμαίνω ‖ ~ **up**, ανατινάζω, εκρήγνυμαι, κατασαδιάζω ‖ ~**er**, φυσερό ‖ ~**n**, ανοιγμένος *(λουλούδι)*.

blubber [ˈblʌbəʳ] *vi* κλαψουρίζω.

bludgeon [ˈblʌdʒən] *n* ρόπαλο.

blue [bluː] *adj* γαλάζιος, μπλε ‖ μελανιασμένος ‖ πορνό *(φιλμ)* ‖ **once in a ~ moon**, στη χάση και στη φέξη ‖ **appear out of the ~**, φανερώνομαι σαν κομήτης ‖ ~**s**, μελαγχολία, μπλουζ ‖ ~**bell**, *βοτ.* ζουμπούλι ‖ ~**bottle**, κρεατόμυγα ‖ ~-**blooded**, γαλαζοαίματος ‖ ~**print**, προσχέδιο.

bluish [ˈbluiʃ] *adj* γαλαζωπός.

bluff [blʌf] *adj* ντόμπρος ‖ *n* μπλόφα ‖ *vi* μπλοφάρω ‖ ~**er**, μπλοφατζής.

blunder [ˈblʌndəʳ] *n* γκάφα ‖ *vi* κάνω γκάφες ‖ ~**er**, γκαφατζής.

blunt [blʌnt] *adj* αμβλύς ‖ απότομος ‖ *vt* αμβλύνω ‖ ~**ly**, απότομα, κοφτά.

blur [bləːʳ] *n* μουτζαλιά, θολούρα, θαμπάδα ‖ *vt* μουτζαλώνω, θολώνω.

blurb [bləːb] *n* διαφήμιση βιβλίου στο εξώφυλλο του.

blurt [bləːt] *vt* ~ **out**, ξεφουρνίζω, λέω.

blush [blʌʃ] *n* κοκκίνισμα ‖ *vi* κοκκινίζω ‖ ~**ing** *adj* ντροπαλός.

bluster [ˈblʌstəʳ] *vti* μαίνομαι, φωνάζω, κομπάζω ‖ *n* παλικαρισμοί ‖ ~**y**, θυελλώδης.

boa [bouə] *n* βόας.

boar [boːʳ] *n* χοίρος, κάπρος.

board [boːd] *n* σανίδα ‖ πινακίδα ‖ χαρτόνι *(βιβλιοδεσίας)* ‖ φαΐ ‖ συμβούλιο, επιτροπή ‖ *vti* σανιδώνω ‖ παρέχω τροφή ‖ επιβιβάζομαι, μπαρκάρω ‖ ~ **up**, κλείνω με σανίδες ‖ **go on ~**, επιβιβάζομαι ‖ **above ~**, τίμια, καθαρά ‖ **sweep the ~**, τα κερδίζω όλα ‖ **across-the-~** *adj* γενικός ‖ ~**er**, οικότροφος ‖ ~**ing house**, πανσιόν ‖ ~**ing school**, σχολή με οικοτροφείο ‖ ~**ing card**, δελτίο επιβιβάσεως.

boast [boust] *n* κομπασμός ‖ *vti* κομπάζω ‖ περηφανεύομαι για, καμαρώνω ‖ ~**er**, *n* καυχησιάρης ‖ ~**ful**, καυχησιάρικος.

boat [bout] *n* βάρκα ‖ καράβι, πλοίο ‖ **we are all in the same ~**, είμαστε όλοι στο ίδιο τσουβάλι ‖ **burn one's ~s**, κόβω μόνος μου κάθε οδό οπισθοχωρήσεως ‖ **go ~ing**, πάω βαρκάδα ‖ **miss the ~**, χάνω την ευκαιρία ‖ ~**man**, βαρκάρης ‖ ~-**race**, λεμβοδρομία.

boatswain [bousn] *n* λοστρόμος.

bob [bob] *vi* ανεβοκατεβαίνω ‖ *n* σελίνι.

bobbed [bobd] *adj (μαλλιά)* κοντοκομμένα.

bobbin [ˈbobin] *n* κουβαρίστρα, μασούρι, μπομπίνα.

bobbish [ˈbobiʃ] *adj* ζωηρός.

bobby [ˈbobi] *n GB* αστυφύλακας.

bobsleigh [ˈbobslei] *n* έλκυθρο.

bodice [ˈbodis] *n* μπούστος, κορσάζ.

bodily [ˈbodili] *adj* σωματικός ‖ *adv* ομαδικώς.

body [ˈbodi] *n* σώμα ‖ **in a ~**, εν σώματι, όλοι μαζύ ‖ ~**guard**, σωματοφύλακας.

bog [bog] *n* τέλμα, βάλτος ‖ **get ~ged down**, αποτελματώνομαι ‖ ~**gy**, βαλτώδης.

boggle [bogl] *vi* διστάζω, δειλιάζω.

bogus [ˈbougəs] *adj* ψεύτικος, εικονικός.

bog[e]y [ˈbougi] *n* μπαμπούλας.

boil [boil] *n* βράσιμο ‖ λουθουνάρι ‖ *vti* βράζω ‖ ~ **away**, εξατμίζομαι βράζοντας ‖ ~ **down**, καταλήγω, συμπυκνώνω/-ομαι ‖ ~ **over**, ξεχειλίζω ‖ ~**ing hot**, χουχλαστός ‖ **be on the ~**, βράζω ‖ **come to the ~**, παίρνω βράση ‖ **go off the ~**, παύω να βράζω ‖ ~**er**, λέβητας ‖ ~**ing** *adj* καυτός.

boisterous [ˈboistərəs] *adj* θορυβώδης, ορμητικός ‖ άγριος, βίαιος.

bold [bould] *adj* τολμηρός ‖ θρασύς ‖ καθαρόγραμμος, έντονος ‖ **as ~ as brass**, ξεδιάντροπος ‖ ~ **type**, μαύρα στοιχεία ‖ ~**ness**, τόλμη.

bolster [ˈboulstəʳ] *n* μαξιλάρα ‖ *vt* ~ **up** [υπο]στηρίζω.

bolt [boult] *n* αστραπή ‖ βέλος ‖ μπουλόνι ‖ σύρτης, μάνταλος ‖ *vti* μανταλώνω ‖ χάφτω ‖ ορμώ, αφηνιάζω ‖ **make a ~ for it**, το σκάω ‖ ~ **upright**, στητός.

bomb [bom] *n* βόμβα ‖ **atomic/time ~**, ατομική/ωρολογιακή βόμβα ‖ ~**er**, βομβαρδιστικό ‖ ~**shell**, οβίδα, μτφ. βόμβα.

bombard [bomˈbaːd] *vt* βομβαρδίζω *(με πυροβόλα)* ‖ ~**ment**, βομβαρδισμός.

bombast [ˈbombæst] *n* στόμφος, μεγαλοστομία.

bombastic [bomˈbæstik] *adj* στομφώδης.

bonanza [bəˈnæntsə] *n* μεγάλη τύχη ‖ *adj* επικερδής.

bonbon [ˈbonbon] *n* καραμέλλα.

bond [bond] *n* ομόλογο, χρεώγραφο ‖ δεσμός ‖ αποθήκη τελωνείου ‖ ~**ed goods**, ατελώνιστα εμπορεύματα ‖ ~**age**, δουλεία.

bone [boun] *n* κόκκαλο ‖ *vt* ξεκοκκαλίζω ‖ **have a ~ to pick with sb**, έχω παράπονο/διαφορά με κπ ‖ **make no ~s about**, δε διστάζω να ‖ ~ **dry** *adj* κατάξερος ‖ ~**shaker**, σακαράκα.

²**bow**

bonfire [`bonfaiə`] *n* φωτιά.
bonnet [`bonit] *n* σκούφος, σκουφίτσα, *(γυναικείο)* καπέλλο ‖ *GB* καπό.
bonus [`bounəs] *n* επίδομα, δώρο *(μισθός).*
bony [`bouni] *adj* κοκκαλιάρης.
booby [`bubi] *n* μπούφος, βλάκας ‖ ~-**trap**, ναρκοπαγίδα, κασκαρίκα.
book [buk] *n* βιβλίο ‖ *vt* κλείνω δωμάτιο / θέση ‖ βγάζω εισιτήριο ‖ *be in sb's good/bad* ~s, έχω την εύνοια / είμαι στη δυσμένεια κάποιου ‖ *bring sb to* ~, ζητώ εξηγήσεις από κπ ‖ ~-**binder**, βιβλιοδέτης ‖ ~**case**, βιβλιοθήκη ‖ ~**ing office**, εκδοτήριο εισιτηρίων ‖ ~**ish**, σχολαστικός ‖ ~-**keeper**, λογιστής ‖ ~**keeping**, λογιστική ‖ ~**maker**, πράκτορας ιπποδρομιακών στοιχημάτων ‖ ~**seller**, βιβλιοπώλης ‖ ~**stall**, κιόσκι ‖ ~**store**, βιβλιοπωλείο ‖ ~**worm**, βιβλιοφάγος.
bookie ⇒ BOOKMAKER
boom [bu:m] *n* λιμενόφραγμα ‖ βουή ‖ *οικον.* άνθηση, ευημερία ‖ *vti* βουίζω ‖ ρεκλαμάρω ‖ ακμάζω ‖ ~ *out*, λέω μπουμπουνιστά.
boomerang [`bu:məræŋ] *n* μπούμερανγκ.
boon [bu:n] *n* ευλογία, όφελος ‖ χάρη ‖ *adj* ευχάριστος, εύθυμος.
boor [buə`] *n* χωριάτης, *μτφ.* βλάχος ‖ ~**ish**, αγροίκος, άξεστος.
boost [bu:st] *n* υποστήριξη, προώθηση ‖ *vt* υποστηρίζω, προωθώ.
boot [bu:t] *n* μπότα, αρβύλα, παπούτσι ‖ *GB* πορτμπαγκάζ ‖ *vt* κλωτσάω ‖ *die in one's* ~s, πεθαίνω όρθιος ‖ *give sb/get the* ~, δίνω σε κπ / παίρνω τα παπούτσια στο χέρι ‖ *lick sb's* ~s, γλείφω τα πόδια κάποιου ‖ *to* ~, επιπλέον ‖ ~**legger**, λαθρέμπορος ποτών.
bootee [bu:`ti:] *n* πλεχτό παπουτσάκι *(μωρού).*
booth [bu:δ] *n* πάγκος, καμπίνα, θάλαμος.
booty [`bu:ti] *n* λεία, λάφυρο.
booze [bu:z] *n* ποτό ‖ πιοτί ‖ *vt* μεθοκοπώ ‖ *have a* ~-*up*, *go on the* ~, τα κοπανάω.
border [`bo:də`] *n* όριο, σύνορο, μεθόριος ‖ μπορντούρα, πλαίσιο ‖ γύρος, άκρη ‖ *vti* συνορεύω ‖ ~ *on*, προσεγγίζω ‖ ~**land**, παραμεθόρια περιοχή ‖ ~**line**, διαχωριστική γραμμή.
bore [bo:`] *n* πληκτικός άνθρωπος ‖ διαμέτρημα ‖ *vt* τρυπώ, διανοίγω ‖ πλήττω ‖ *be* ~*d stiff/to death/to tears*, πεθαίνω από πλήξη ‖ ~**dom**, πλήξη ‖ **boring**, πληκτικός.
born [bo:n] *adj* γεννημένος.
borough [`bʌrə] *n* διαμέρισμα δήμου.

borrow [`borou] *vt* δανείζομαι.
borstal [`bo:stəl] *n* αναμορφωτήριο.
bosh [boʃ] *n* ανοησίες.
bosom [`buzəm] *n* στήθος, κόρφος, κόλπος ‖ *adj* επιστήθιος.
boss [bos] *n* αφεντικό ‖ *vt* διευθύνω ‖ ~ *sb about*, όλο διατάσσω κπ ‖ ~**y**, αυταρχικός.
botanical [bə`tænikl] *adj* βοτανικός.
botanist [`botənist] *n* βοτανολόγος.
botany [`botəni] *n* βοτανική.
botch [botʃ] *vt* ~ *up*, φτιάχνω τσαπατσούλικα, κουτσομπαλώνω ‖ *make a* ~ *of sth*, ψευτομπαλώνω κτ.
both [bouθ] *adj, pron* και οι δύο ‖ ~ ... *and*, και... και.
bother [`boδə`] *n* μπελάς, φασαρία, ενόχληση ‖ *vti* ενοχλώ / -ούμαι, σκοτίζω / -ομαι ‖ *oh,* ~ *[it]!* να πάρ' η οργή! ‖ ~**some**, ενοχλητικός.
bottle [botl] *n* μπουκάλι ‖ *vt* εμφιαλώνω, μποτιλιάρω ‖ ~ *up one's feelings*, καταπνίγω τα αισθήματά μου ‖ ~**neck**, λαιμός μπουκάλας, μποτιλιάρισμα *(κυκλοφορίας).*
bottom [`botəm] *n* κάτω μέρος ‖ πάτος, πυθμένας, βυθός ‖ οπίσθια, ποπός ‖ *at* ~, κατά βάθος ‖ *be at the* ~ *of sth*, βρίσκομαι πίσω από κτ, υποκινώ κτ ‖ *get to the* ~ *of sth*, βρίσκω την άκρη σε κτ ‖ *touch* ~, πατώνω ‖ ~s *up!* άσπρο πάτο! ‖ ~**less**, απύθμενος.
bough [bau] *n* κλάδος.
boulder [`bouldə`] *n* ογκόλιθος, λιθάρι.
boulevard [`bu:ləva:d] *n* λεωφόρος.
bounce [bauns] *n* γκελ, αναπήδηση ‖ *vti* αναπηδώ, πετάγομαι, χοροπηδώ ‖ *(για επιταγή)* δεν πληρώνεται.
¹**bound** [baund] *n* όριο ‖ ~ *for*, κατευθυνόμενος για ‖ *out of* ~s, απαγορευμένος ‖ *be* ~ *to*, είναι βέβαιο ότι / υποχρεωμένος να ‖ ~ *up in*, απορροφημένος από ‖ ~**less**, απεριόριστος.
²**bound** [baund] *n* πήδημα, σκίρτημα ‖ *vi* πηδώ, σκιρτώ ‖ *by leaps and* ~s, αλματωδώς.
boundary [`baundəri] *n* όριο, σύνορο.
bounty [`baunti] *n* δώρο, επίδομα ‖ γενναιοδωρία.
bouquet [bu`kei] *n* μπουκέτο.
bourgeois [`buəʒwa:] *n* αστός ‖ *adj* αστικός ‖ *the* ~**ie**, η αστική τάξη.
bout [baut] *n* αγών ‖ *ιατρ.* κρίση, προσβολή ‖ *drinking* ~, μεθοκόπημα.
¹**bow** [bou] *n* τόξο ‖ δοξάρι ‖ φιόγκος ‖ ~-**legged**, στραβοπόδης ‖ ~ *tie*, παπιγιόν.
²**bow** [bau] *n* κλίση, υπόκλιση ‖ πλώρη *(πλοίου)* ‖ *vti* γέρνω, σκύβω ‖ κλίνω, υποκλίνομαι.

bowel [bauəl] *n* σπλάχνο, έντερο.
bower [bauəʳ] *n* κληματαριά.
bowl [boul] *n* κύπελλο, μπωλ || *vti* κυλώ / -ιέμαι || ~ **sb over**, καταπλήσσω κπ.
box [boks] *n* κουτί, κιβώτιο || χώρισμα *(σταύλου)* || θεωρείο *(θεάτρου)* || σκοπιά, σπιτάκι || θυρίδα || *vt* πυγμαχώ || ~ **up**, στριμώχνω || ~ **sb's ears**, μπατσίζω κπ || ~**-office**, *n* ταμείο θεάτρου || ~**ing**, πυγμαχία || **Boxing Day**, η επομένη των Χριστουγέννων || ~**er**, πυγμάχος.
boy [boi] *n* αγόρι, παιδί || ~**hood**, παιδική ηλικία || ~**ish**, παιδικός.
boycott [`boikot] *n* μπόϋκοτάζ || *vt* μπόϋκοτάρω.
bra [bra:] *n* σουτιέν.
brace [breis] *n* ζευγάρι || στύλωμα || *vt* υποστηρίζω || ~ **oneself up**, ετοιμάζομαι να || ~ **and bit**, ματικάπι.
bracelet [`breislət] *n* βραχιόλι.
bracing [`breisiŋ] *adj* τονωτικός.
bracken [`brækən] *n* φτέρη.
bracket [`brækit] *n* γωνιά, αγκύλη || κατηγορία || *vt* συνδέω, βάζω σε παρένθεση.
brackish [`brækiʃ] *adj* γλυφός.
brag [bræg] *vi* κομπάζω, καυχιέμαι || ~**gart**, καυχησιάρης.
braid [breid] *n* πλεξούδα || σειρήτι.
brain [brein] *n* μυαλό, εγκέφαλος || **have sth on the** ~, έχω έμμονη ιδέα || **pick sb's** ~, κλέβω τις ιδέες κάποιου || **rack/cudgel one's** ~**s**, βασανίζω το μυαλό μου || **tax one's** ~**s**, καταπονούμαι πνευματικά || ~**-fag**, πνευματική υπερκόπωση || ~ **fever**, παραλήρημα || ~**less**, άμυαλος || ~**storm**, υστερική κρίση || ~**-teaser**, σπαζοκεφαλιά || **B**~**s Trust**, ομάδα εγκεφάλων || ~**washing**, πλύση εγκεφάλου || ~**wave**, έμπνευση, φαεινή ιδέα.
braise [breiz] *vt* ψήνω στην κατσαρόλα.
brake [breik] *n* φρένο || *vt* φρενάρω.
bramble [`bræmbl] *n* βάτος.
bran [bræn] *n* πίτουρο.
branch [bra:ntʃ] *n* κλαδί || κλάδος || διακλάδωση || υποκατάστημα || *vi* ~ **off/away**, διακλαδώνομαι || ~ **out**, επεκτείνομαι.
brand [brænd] *n* δαυλός || πυρακτωμένο αποτύπωμα || μάρκα || *vt* μαρκάρω *(με σίδερο)* || στιγματίζω || ~**-new** *adj* ολοκαίνουργος.
brandish [`brændiʃ] *vt* κραδαίνω.
brandy [`brændi] *n* κονιάκ.
brash [bræʃ] *adj* αυθάδης || φουριόζος.
brass [bra:s] *n* μπρούτζος || χαλκώματα || χάλκινα όργανα || αναίδεια || **get down to** ~ **tacks**, μτφ. μπαίνω στο

ψαχνό || ~ **band**, φανφάρα || **top** ~, γαλονάδες || *v* ~, αναιδής.
brassard [`bræsa:d] *n* περιβραχιόνιο.
brassiere [`bræziəʳ] *(βραχ.* bra) *n* σουτιέν.
brat [bræt] *n* κουτσούβελο.
bravado [brə`va:dou] *n* νταηλίκι.
brave [breiv] *adj* γενναίος.
bravery [`breivəri] *n* γενναιότητα.
bravo [.bra:`vou] *interj* εύγε, μπράβο.
brawl [bro:l] *n* συμπλοκή, καυγάς || *vi* συμπλέκομαι || κελαρύζω.
brawn [bro:n] *n* μυς, μυϊκή δύναμη || πηχτή || *v* ~**y**, μυώδης.
bray [brei] *n* γκάρισμα || *vi* γκαρίζω.
brazen [breizn] *adj* μπρούτζινος || ξεδιάντροπος || ~ **it out**, αντιμετωπίζω με αναίδεια.
brazier [`breiziəʳ] *n* μαγκάλι, φουφού.
breach [bri:tʃ] *n* ρήγμα, άνοιγμα, τρύπα || παράβαση, αθέτηση, παραβίαση || ρήξη || *vt* κάνω ρήγμα / άνοιγμα.
bread [bred] *n* ψωμί, άρτος || ~**crumb**, ψίχουλο || ~**line**, ουρά για ψωμί || ~**winner**, το στήριγμα της οικογένειας.
breadth [bredθ] *n* πλάτος, φάρδος.
break [breik] *n* ρήξη, σπάσιμο, ρωγμή || διακοπή || αλλαγή || διάλειμμα || *vti irreg* σπάζω, ραγίζω, τσακίζω / -ομαι || διακόπτω || παραβιάζω || αθετώ || κόβω *(συνήθεια)* || ~ **away**, ξεκόβω, δραπετεύω, αποχωρώ || ~ **down**, χαλώ, καταρρέω, διακόπτω, συντρίβω, γκρεμίζω, αναλύω || ~ **in/into**, κάνω διάρρηξη, παραβιάζω, ξεσπώ, αρχίζω ξαφνικά, δαμάζω || ~ **in upon**, επεμβαίνω || ~ **off**, αποσπώ, κόβω, διακόπτω, σταματώ απότομα, διαλύω || ~ **out**, ξεσπώ, δραπετεύω || ~ **out in**, γεμίζω *(σπειριά)* || ~ **through**, διασπώ, ανοίγω δρόμο || ~ **up**, διαλύω /-ομαι, χωρίζω, εξασθενώ || ~ **with**, τα χαλάω με || ~ **even**, έρχομαι μία η άλλη || ~ **loose**, λύνομαι || ~ **sth open**, ανοίγω κτ σπάζοντάς το || ~ **into pieces**, θρυμματίζω, κομματιάζω || ~**able**, εύθραυστος || ~**age**, σπάσιμο, *pl* τα σπασμένα || ~**down**, βλάβη *(σε μηχανές)*, κατάρρευση, εξάντληση, διακοπή, ανάλυση || ~**er**, μεγάλο κύμα || ~**-in**, διάρρηξη || ~**neck**, ιλιγγιώδης || ~**through**, ρήγμα, εντυπωσιακή ανακάλυψη || ~**up**, διάλυση || ~**water**, κυματοθραύστης.
breakfast [`brekfəst] *n* πρόγευμα || *vi* προγευματίζω.
breast [brest] *n* μαστός, βυζί || στήθος || *vt* παλεύω, αντιμετωπίζω || **make a clean** ~ **of it**, ομολογώ τα πάντα || ~**plate**, θώρακας.
breath [breθ] *n* (ανα)πνοή || **out of** ~,

λαχανιασμένος ‖ **under/below one's ~**, ψιθυριστά ‖ **catch one's ~**, μου κόβεται η ανάσα ‖ **take sb's ~ away**, καταπλήσσω κπ ‖ **waste one's ~**, χάνω τα λόγια μου ‖ **~taking**, συναρπαστικός ‖ **~less**, αγωνιώδης, λαχανιασμένος.

breathe [bri:ð] *vti* αναπνέω, φυσώ ‖ λέγω ‖ **~r**, ανάσα, ανάπαυλα.

bred [bred] *adj* θρεμμένος.

breeches [ˈbri:tʃiz] *n* βράκα, κυλόττα.

breed [bri:d] *vti irreg* γεννώ ‖. πολλαπλασιάζομαι ‖ [ανατρέφω] *n* ράτσα ‖ **~er**, κτηνοτρόφος ‖ **~ing**, ανατροφή.

breeze [bri:z] *n* αύρα, αεράκι.

breezy [ˈbri:zi] *adj* με αέρα ‖ αλλέγρος.

brevity [ˈbrevəti] *n* βραχύτητα, συντομία.

brew [bru:] *vti* φτιάχνω (τσάι, μπύρα) ‖ προμηνύομαι ‖ μηχανεύομαι ‖ **~er**, ζυθοποιός ‖ **~ery**, ζυθοποιείο.

briar [braiəʳ] *n* βάτος.

bribe [braib] *n* δώρο ‖ *vt* δωροδοκώ ‖ **~ry** [-əri] *n*, δωροδοκία.

bric-a-brac [ˈbrikəbræk] *n* μπιμπελό.

brick [brik] *n* τούβλο ‖ **drop a ~**, κάνω γκάφα ‖ **~layer**, τουβλάς ‖ **~work**, πλινθοδομή.

bride [braid] *n* νύφη ‖ **~groom**, γαμπρός ‖ **~smaid**, παράνυμφος.

bridge [bridʒ] *n* γέφυρα ‖ μπριτζ ‖ ράχη μύτης ‖ γεφυρώνω ‖ **~head**, προγεφύρωμα.

bridle [braidl] *n* χαλινάρι, γκέμι ‖ *vt* χαλινώνω ‖ χαλιναγωγώ, συγκρατώ.

¹**brief** [bri:f] *adj* σύντομος ‖ **~ly**, εν συντομία.

²**brief** [bri:f] *n* περίληψη, φάκελλος, δικογραφία ‖ στρατ. οδηγίες ‖ *vt* ενημερώνω ‖ διορίζω (δικηγόρο) ‖ **~case**, χαρτοφύλακας ‖ **~s**, σλιπ.

brier [braiəʳ] *n* ρείκι.

brigade [briˈgeid] *n* ταξιαρχία ‖ **fire ~**, πυροσβεστικό σώμα.

brigadier [ˌbrigəˈdiəʳ] *n* ταξίαρχος.

brigand [ˈbrigənd] *n* ληστής.

bright [brait] *adj* λαμπρός ‖ ζωηρός ‖ έξυπνος ‖ **~ness**, λάμψη, ευφυΐα ‖ **~en** *vti* λάμπω, ζωηρεύω.

brilliance [ˈbriliəns] *n* λάμψη, λαμπρότητα.

brilliant [ˈbriliənt] *adj* λαμπρός.

brim [brim] *n* χείλος, γύρος, μπορ ‖ *vi* ξεχειλίζω ‖ **~ful**, ξέχειλος.

brine [brain] *n* άλμη.

bring [briŋ] *vt irreg* φέρω, φέρνω ‖ **~ about**, επιφέρω, καταφέρνω ‖ **~ back**, ξαναφέρνω ‖ **~ down**, ρίχνω, κατεβάζω ‖ **~ forward**, θέτω, επισπεύδω, λογιστ. μεταφέρω ‖ **~ in**, αποφέρω ‖ **~ off**, φέρω εις πέρας ‖ **~ on**, προκαλώ, επιφέρω ‖ **~ out**, φανερώνω ‖

~ over, πείθω, προσηλυτίζω ‖ **~ round**, συνεφέρνω, μεταπείθω ‖ **~ to**, συνεφέρνω, σταματώ ‖ **~ under**, υποτάσσω ‖ **~ up**, ανατρέφω, θέτω *(προς συζήτηση)*.

brink [briŋk] *n* χείλος, άκρη.

brisk [brisk] *adj* ζωηρός, γρήγορος.

bristle [brisl] *n* γουρουνότριχα ‖ *vi* ανατριχιάζω ‖ **bristling with**, γεμάτος με.

British [ˈbritiʃ] *adj* βρετανικός ‖ **the ~**, οι Βρετανοί ‖ **~er**, Βρετανός.

brittle [britl] *adj* εύθραυστος.

broach [broutʃ] *vt* θίγω *(θέμα)* ‖ ανοίγω.

broad [bro:d] *adj* πλατύς, φαρδύς ‖ φιλελεύθερος ‖ γενικός ‖ έντονος ‖ σαφής ‖ **in ~ daylight**, μέρα-μεσημέρι ‖ **~cast**, εκπομπή, *vti irreg* ραδιοφ. εκπέμπω ‖ **~casting**, μετάδοση ‖ **~en** *vti* πλαταίνω, διευρύνω/-ομαι ‖ **~ly**, πλατειά, γενικά ‖ **~-minded**, ανοιχτόμυαλος.

brocade [brəˈkeid] *n* μπροκάρ.

broccoli [ˈbrokəli] *n* μπρόκολο.

brochure [ˈbroʃuəʳ] *n* φυλλάδιο.

broil [broil] *vti* ψήνω/-ομαι.

broke [brouk] *adj* απένταρος.

broken [broukn] *adj* διαλυμένος, σπασμένος.

broker [broukəʳ] *n* μεσίτης, χρηματιστής.

brolly [ˈbroli] *n* ομπρέλλα.

bronchitis [broŋˈkaitis] *n* βρογχίτιδα.

bronze [bronz] *n* μπρούτζος ‖ *adj* μπρούτζινος.

brooch [broutʃ] *n* πόρπη, καρφίτσα.

brood [bru:d] *n* κλωσσόπουλα, κουτσούβελα ‖ *vi* **~ over/on**, συλλογίζομαι μελαγχολικά ‖ **~-hen**, κλώσσα ‖ **~y**, σκεπτικός.

brook [bruk] *n* ρυάκι ‖ *vt* ανέχομαι.

broom [bru:m] *n* σκούπα ‖ αφάνα.

broth [broθ] *n* ζωμός κρέατος.

brother [ˈbrʌðəʳ] *n* αδελφός ‖ **~-in-law**, γαμπρός, κουνιάδος ‖ **~hood**, αδελφοσύνη, αδελφότητα ‖ **~ly** *adj* αδελφικός.

brow [brau] *n* φρύδι ‖ **~beat** *vt irreg* αποπαίρνω, τρομάζω κπ με φωνές.

brown [braun] *adj* σκούρος, καστανός ‖ *vt* σκουραίνω, μαυρίζω, μαγειρ. ροδίζω.

browse [brauz] *vi* βόσκω ‖ ξεφυλλίζω.

bruise [bru:z] *n* μώλωπας, μελανιά ‖ *vti* μωλωπίζω, μελανιάζω, χτυπώ.

brunette [bru:ˈnet] *n* μελαχροινή.

brunt [brʌnt] *n* ορμή, κύριο βάρος.

brush [brʌʃ] *n* βούρτσα ‖ πινέλο ‖ βούρτσισμα ‖ αψιμαχία ‖ *vt* βουρτσίζω ‖ **~ by**, προσπερνώ αγγίζοντας ‖ **~ away/off**, διώχνω ‖ **~ aside**, παραμερίζω ‖ **~ up**, φρεσκάρω ‖ **~wood**, χαμόκλαδα.

brusque [bru:sk] *adj* απότομος.

brutal [`bru:təl] *adj* κτηνώδης || ~**ity**, κτηνωδία || ~**ize** *vt* αποκτηνώνω.

brute [bru:t] *adj* n κτήνος || ζωώδης.

brutish [`bru:tiʃ] *adj* ζωώδης, κτηνώδης.

bubble [bʌbl] *n* φυσαλίδα, φουσκάλα || *vi* κοχλάζω, αφρίζω || ~ **over**, ξεχειλίζω.

buccaneer [,bʌkə`niəᵣ] *n* κουρσάρος.

buck [bʌk] *n* αρσενικό *(ελάφι, κουνέλι, λαγός)* || *US sl* δολλάριο || ~ **up**, εμψυχώνω || ~**skin**, καστόρι.

bucket [`bʌkit] *n* κάδος, κουβάς.

buckle [bʌkl] *n* αγκράφα, πόρπη || *vti* κουμπώνω || σκεβρώνω, λυγίζω || ~ *[down]* **to**, αρχίζω με ζήλο || ~**r**, σκουτάρι.

bucolic [bju:`kolik] *adj* βουκολικός.

bud [bʌd] *n* μπουμπούκι || *vi* μπουμπουκιάζω || **nip in the** ~, καταπνίγω στην αρχή || ~**ding**, νέος, που μπουμπουκιάζει || ~**dy**, φιλαράκος.

budge [bʌdʒ] *vti* κινώ/-ούμαι.

budget [`bʌdʒit] *n* προϋπολογισμός.

buff [bʌf] *n* σαμουά, ξεθωριασμένο κίτρινο || δέρμα βουβάλου || ειδήμονας || **in the** ~, ολόγυμνος.

buffalo [`bʌfəlou] *n* βουβάλι.

buffer [`bʌfəᵣ] *n* προφυλακτήρας.

¹buffet [`bʌfei] *n* μπουφές, κυλικείο.

²buffet [`bʌfit] *n* χαστούκι || *vt* χαστουκίζω, χτυπώ.

buffoon [bə`fu:n] *n* παλιάτσος || ~**ery**, καραγκιοζιλίκια, βωμολοχίες.

bug [bʌg] *n* κοριός, ζωΰφιο || κρυμμένο μικρόφωνο || *vt* παρακολουθώ || ~**bear**, μπαμπούλας || ~**gy**, μόνιππο.

bugle [bju:gl] *n* σάλπιγγα.

build [bild] *vt irreg* χτίζω, οικοδομώ || *n* κορμοστασιά, διάπλαση || ~**ing**, οικοδόμηση, κτίριο, οικοδομικός || ~**up**, συγκέντρωση, διαφήμιση.

built-in [bilt-in] *adj* εντοιχισμένος.

bulb [bʌlb] *n* βολβός || λάμπα.

bulge [bʌldʒ] *n* φούσκωμα, εξόγκωμα || *vti* φουσκώνω, παραγεμίζω.

bulk [bʌlk] *n* όγκος, μέγεθος || το κύριο μέρος, το μέγιστο || **in** ~, χονδρικώς.

bull [bul] *n* ταύρος || *sl* τρίχες! || **the** ~**'s-eye**, το κέντρο του στόχου || ~**fight**, ταυρομαχία || ~**fighter**, ταυρομάχος || ~**ring**, αρένα || ~**-headed**, πεισματάρης, ξεροκέφαλος.

bulldoze [`buldouz] *vt* ισοπεδώνω, εξαναγκάζω || ~**r**, μπουλντόζα.

bullet [`bulit] *n* σφαίρα || ~**-proof**, αλεξίσφαιρος.

bulletin [`bulətin] *n* δελτίο, ανακοινωθέν.

bullion [`buliən] *n* χρυσός/άργυρος σε ράβδους.

bullock [`bulək] *n* μουνουχισμένος ταύρος.

bully [`buli] *n* φωνακλάς, τύραννος || *vt* τρομοκρατώ, αναγκάζω με φωνές να.

bulrush [`bulrʌʃ] *n* βούρλο.

bulwark [`bulwək] *n* προπύργιο || κουπαστή *(πλοίου)*.

bum [bʌm] *n sl* πισινός || αλήτης || ~ **around**, αλητεύω, κοπροσκυλιάζω.

bumble-bee [`bʌmblbi:] *n* αγριομέλισσα, μπούμπουρας.

bump [bʌmp] *n* χτύπημα, τράνταγμα || εξόγκωμα, καρούμπαλο || *vti* χτυπώ, προσκρούω || ~ **along**, προχωρώ με τραντάγματα || ~ **into sb**, πέφτω πάνω σε κπ || ~**y**, ανώμαλος, γεμάτος εξογκώματα.

bumper [`bʌmpəᵣ] *n* προφυλακτήρας || *adj* πλούσιος, άφθονος.

bumpkin [`bʌmpkin] *n* χωριάτης, βλάχος.

bun [bʌn] *n* τσουρέκι || κότσος.

bunch [bʌntʃ] *n* τσαμπί || ορμαθός || μπουκέτο, μάτσο.

bundle [`bʌndl] *n* μπόγος, δέμα || *vt* πακετάρω, δένω || ~ **into**, χώνω || ~ **off**, ξαποστέλνω.

bung [bʌŋ] *n* τάπα || *vt* ταπώνω, βουλώνω.

bungalow [`bʌŋgəlou] *n* μπαγκαλό.

bungle [`bʌŋgl] *n* αδέξια δουλειά, χοντροκοπιά || *vt* κακοφτιάχνω, φτιάχνω όπως-όπως || ~**r**, σκιτζής.

bunion [`bʌniən] *n* κάλος.

bunk [bʌŋk] *n* κουκέτα || **do a** ~, *sl* την κοπανάω, το σκάω.

bunker [`bʌŋkəᵣ] *n* καρβουνιέρα *(πλοίου)* || αμπρί || *vt* ανεφοδιάζω.

bunkum [`bʌŋkəm] *n* αερολογίες!

bunny [`bʌni] *n* λαγουδάκι.

bunting [`bʌntiŋ] *n* σημαιούλες, σημαιοστολισμός.

buoy [boi] *n* σημαδούρα || ~ **up**, ενισχύω, κρατώ ψηλά || ~**ancy**, πλευστότητα, κέφι, ζωντάνια || ~**ant** *adj* επιπλέων, κεφάτος, αλλέγρος.

bur[r] [bə:] *n* κολλητσίδα.

burble [`bə:bl] *vi* κελαρύζω, μουρμουρίζω.

burden [`bə:dn] *n* βάρος, φορτίο, φόρτωμα || *vt* φορτώνω, επιβαρύνω || ~**some**, επαχθής || **beast of** ~, υποζύγιο.

bureau [`bjurou] *n* γραφείο || ~**cracy**, γραφειοκρατία || ~**crat**, γραφειοκράτης || ~**cratic**, *adj* γραφειοκρατικός.

burgeon [`bə:dʒən] *vi* μπουμπουκιάζω.

burglar [`bə:gləᵣ] *n* διαρρήκτης.

burgle [bə:gl] *vt* κάνω διάρρηξη σε.

burial [`beriəl] *n* ταφή || ~ **ground**, νεκροταφείο || **B~ Service**, νεκρώσιμη ακολουθία.

burlesque [bəːˈlesk] *n* παρωδία || *vt* παρωδώ || *adj* γελοίος.

burly [ˈbəːli] *n* εύσωμος, γεροδεμένος.

burn [bəːn] *n* έγκαυμα || *vti irreg* καίω /-ομαι || ~ *up/down*, καίω εντελώς || ~ *out*, σβήνω (καίγοντας) || ~ing *n* κάψιμο, *adj* φλέγων, φλογερός.

burnish [ˈbəːniʃ] *vt* γυαλίζω.

burrow [ˈbʌrou] *n* τρύπα, λαγούμι, φωλιά || *vt* σκάβω λαγούμι.

bursar [ˈbəːsəʳ] *n* ταμίας (κολλεγίου) || υπότροφος.

burst [bəːst] *n* έκρηξη, ξέσπασμα || *vti irreg* εκρήγνυμαι, σκάζω, σπάζω || ~ *into*, αρχίζω να || ~ *out*, ξεσπώ.

bury [ˈberi] *vt* θάβω || κρύβω, χώνω.

bus [bʌs] *n* λεωφορείο || *by* ~, με το λεωφορείο || ~ *stop*, στάση.

bush [buʃ] *n* θάμνος || the ~, ζούγκλα || ~y, θαμνώδης, πυκνός, δασύς.

bushel [ˈbuʃəl] *n* μόδιο, μπούσελ.

business [ˈbiznəs] *n* δουλειά, επιχείρηση, εμπόριο || δουλειά, καθήκον, έργο || *send sb about his* ~, στέλνω κπ στο διάολο || ~like, πρακτικός || ~man, επιχειρηματίας.

bust [bʌst] *n* προτομή, μπούστος || *go* ~, χρεωκοπώ || ~-up, καυγάς.

bustle [bʌsl] *n* κίνηση, φασαρία, φούρια || *vi* πηγαινοέρχομαι, βιάζομαι.

busy [ˈbizi] *adj* απασχολημένος || πολυάσχολος || γεμάτος δραστηριότητα || ~body, πολυπράγμονας || *busily*, δραστήρια.

but [bʌt] *conj* αλλά, μα || *prep* εκτός [από] || *adv* μόλις, μόνο, δεν... παρά.

butch [butʃ] *n, adj* αντρογυναίκα.

butcher [ˈbutʃəʳ] *n* χασάπης, κρεοπώλης || ~y, σφαγή, μακελλειό.

butler [ˈbʌtləʳ] *n* αρχιυπηρέτης.

butt [bʌt] *n* υποκάπνανος || χοντρή άκρη || αποτσίγαρο || βαρέλι || στόχος, περίγελως || *vt* χτυπώ με το κεφάλι, μπουρδάω, κουτουλώ || ~ *in*, ανακατεύομαι.

butter [ˈbʌtəʳ] *n* βούτυρο || *vt* βουτυρώνω || ~ *sb up*, κολακεύω κπ || ~milk, τυρόγαλο.

butterfly [ˈbʌtəflai] *n* πεταλούδα.

buttocks [ˈbʌtəks] *n* γλουτοί, οπίσθια.

button [ˈbʌtn] *vt* κουμπώνω || *n* κουμπί || ~hole, κουμπότρυπα || ~ed-up, κουμπωμένος, επιφυλακτικός.

buttress [ˈbʌtris] *n* αντέρεισμα || *vt* στυλώνω.

buxom [ˈbʌksəm] *adj* γεροδεμένος.

buy [bai] *vti irreg* αγοράζω || ~ *off*, εξαγοράζω, δωροδοκώ || ~ *out*, εξαγοράζω (μερίδιο) || ~ *over*, δωροδοκώ, αγοράζω || ~ *up*, αγοράζω όλες τις υπάρχουσες ποσότητες.

buzz [bʌz] *n* βόμβος || *vti* βομβώ || ~ *about*, στριφογυρίζω || ~ *off*, φεύγω, στρίβω, σπάω || ~er, βομβητής.

by [bai] *adv* πλάι, κοντά || *prep* πλησίον, κοντά || διαμέσου, μέσω || κατά τη διάρκεια || έως, ως || από, εκ || κατά || *and* ~, αργότερα, ύστερα || ~ *the* ~, παρεμπιπτόντως || *and large*, γενικά, συνολικά || ~ *far*, ασυζητητί, αναμφισβήτητα.

bye-bye [bai-bai] *interj* αντίο.

by-election [ˈbai-ilekʃən] *n* αναπληρωματική εκλογή.

bygone [ˈbaigon] *adj* περασμένος || *let* ~s *be* ~s, περασμένα-ξεχασμένα.

bypass [ˈbaipaːs] *vt* παρακάμπτω || *n* παρακαμπτήριος οδός.

by-product [ˈbaiprodʌkt] *n* υποπροϊόν.

by-road [ˈbairoud] *n* βοηθητική οδός.

bystander [ˈbaiˈstændəʳ] *n* παριστάμενος.

byword [ˈbaiwəːd] *n* ρητό, σύμβολο.

C c

cab [kæb] *n* ταξί || ~man, αμαξάς || ~-rank/stand, πιάτσα για ταξί.

cabal [kəˈbæl] *n* κλίκα.

cabaret [ˈkæbərei] *n* καμπαρέ.

cabbage [ˈkæbidʒ] *n* λάχανο.

cabby [ˈkæbi] *n* ταξιτζής, αμαξάς.

cabin [ˈkæbin] *n* καμπίνα, καλύβα || ~boy, καμαρότος || ~ class, β΄ θέση.

cabinet [ˈkæbinət] *n* κομό || σκρίνιο, βιτρίνα || Υπουργικό Συμβούλιο || ~maker, επιπλοποιός.

cable [keibl] *n* καλώδιο || τηλεγράφημα || *vt* τηλεγραφώ || ~-car/-railway, τελεφερίκ.

cache [kæʃ] *n* κρύπτη.

cackle [kækl] *n* κακάρισμα || *vi* κακαρίζω.

cactus [ˈkæktəs] n κάκτος.

cad [kæd] n παλιάνθρωπος ‖ ~**dish**, πρόστυχος.

cadaver [kəˈdɑːvəʳ] n πτώμα ‖ ~**ous** [kəˈdævərəs] adj πτωματώδης, κατάχλωμος.

caddy [ˈkædi] n κουτί (τσαγιού).

cadence [ˈkeidəns] n ρυθμός, κυματισμός.

cadet [kəˈdet] n εὐέλπις, δόκιμος, ίκαρος.

cadge [kædʒ] vt διακονεύω ‖ ~**r**, διακονιάρης.

cadre [ˈkædəʳ] n στέλεχος.

Caesarian [siˈzeəriən] adj ~ [**section**], καισαρική τομή.

café [ˈkæfei] n καφενείο.

cafeteria [ˌkæfiˈtiəriə] n καφετερία.

caffeine [ˈkæfiːn] n καφεΐνη.

cage [ˈkeidʒ] n κλουβί ‖ vt φυλακίζω ‖ ~**y**, καχύποπτος, κρυψίνους.

caique [kaˈik] n καΐκι.

cajole [kəˈdʒoul] vt καλοπιάνω ‖ ~**ry**, γαλιφιές, καλοπιάσματα, μαλαγανιές.

cake [keik] n κεκ, γλύκισμα, πίττα ‖ πλάκα ‖ **sell like hot** ~**s**, πουλιέμαι σα νερό.

calamitous [kəˈlæmitəs] adj ολέθριος.

calamity [kəˈlæməti] n συμφορά, όλεθρος.

calcium [ˈkælsiəm] n ασβέστιο.

calculate [ˈkælkjuleit] vt υπολογίζω, λογαριάζω.

calculation [ˌkælkjuˈleiʃn] n υπολογισμός.

calculator [ˈkælkjuˈleitəʳ] n υπολογιστής.

calendar [ˈkælindəʳ] n ημερολόγιο.

calf [kaːf] n μοσχάρι ‖ κνήμη ‖ ~**-love**, παιδιακίσιος έρωτας ‖ ~**skin**, βακέτα.

calibre [ˈkælibəʳ] n διαμέτρημα ‖ μτφ. ικανότητα, αξία.

calico [ˈkælikou] n κάμποτ, τσίτι.

call [koːl] n φωνή, κραυγή ‖ επίσκεψη ‖ τηλεφ. κλήση ‖ vti καλώ, φωνάζω ‖ ονομάζω ‖ ~ [**on sb/at a place**], επισκέπτομαι ‖ τηλεφωνώ ‖ ~ **for**, απαιτώ ‖ ~ **forth**, προκαλώ, επιστρατεύω ‖ ~ **off**, ματαιώνω ‖ ~ **out**, καλώ σε δράση ‖ ~ **over**, φωνάζω κατάλογο ‖ ~ **up**, τηλεφωνώ, καλώ προς κατάταξη, φέρνω στο νου ‖ ~ **upon**, [προσ]καλώ ‖ ~ **sb names**, βρίζω κπ ‖ ~ **into being**, δημιουργώ ‖ ~ **attention to sth**, επισύρω την προσοχή σε κτ ‖ ~ **a meeting**, συγκαλώ συνεδρίαση ‖ ~ **in question**, θέτω υπό αμφισβήτηση ‖ ~ **sb to order**, ανακαλώ κπ στην τάξη ‖ ~ **a strike**, κηρύσσω απεργία ‖ ~**er**, επισκέπτης ‖ ~**-girl**, κοκότα ‖ ~**ing**, επάγγελμα.

calligraphy [kəˈligrəfi] n καλλιγραφία.

callipers [ˈkælipəz] n διαβήτης.

callous [ˈkæləs] adj σκληρός, ροζιασμένος ‖ αναίσθητος, πωρωμένος.

callow [ˈkælou] adj άπειρος, νέος.

callus [ˈkæləs] n κάλος.

calm [kaːm] adj γαλήνιος, ήρεμος ‖ n γαλήνη, αταραξία ‖ vt γαληνεύω, ηρεμώ ‖ ~ **down**, καλμάρω ‖ ~**ness**, γαλήνη.

calorie [ˈkæləri] n θερμίδα.

calumniate [kəˈlʌmnieit] vt διαβάλλω.

calumny [ˈkæləmni] n διαβολή, συκοφαντία.

calyx [ˈkeiliks] n φυτ. κάλυξ.

camber [ˈkæmbəʳ] n κυρτότητα, καμπυλότητα ‖ ~**ed**, κυρτός.

cambric [ˈkæmbrik] n βατίστα ‖ adj λινός.

camel [ˈkæməl] n καμήλα.

camelia [kəˈmiːliə] n καμέλια.

camera n κάμερα ‖ **in** ~, νομ. κεκλεισμένων των θυρών.

camomile [ˈkæməmail] n χαμομήλι.

camouflage [ˈkæməflaːʒ] n καμουφλάζ ‖ vt καμουφλάρω.

camp [kæmp] n κατασκήνωση ‖ στρατόπεδο ‖ vi κατασκηνώνω ‖ στρατοπεδεύω ‖ ~**-bed**, κρεββάτι εκστρατείας, ράντσο ‖ ~**-chair**, πτυσσόμενο κάθισμα.

campaign [kəmˈpein] n εκστρατεία, καμπάνια ‖ vt εκστρατεύω. κάνω καμπάνια.

camphor [ˈkæmfəʳ] n καμφορά.

campus [ˈkæmpəs] n πανεπιστημιούπολη.

camshaft [ˈkæmʃɑːft] n εκκεντροφόρος.

¹**can** [kæn] n τενεκές, κουτί, κονσέρβα ‖ vt κονσερβοποιώ ‖ ~**nery**, κονσερβοποιείο ‖ ~**ning watering** ~, ποτιστήρι.

²**can** [kæn, kən] v aux μπορώ.

canal [kəˈnæl] n διώρυγα, κανάλι ‖ σωλήνας ‖ ~**ize** ‖ vt διοχετεύω.

canary [kəˈneəri] n καναρίνι.

cancel [ˈkænsəl] vt ακυρώνω, ματαιώνω ‖ διαγράφω ‖ ~**lation**, ακύρωση, ματαίωση.

cancer [ˈkænsəʳ] n καρκίνος.

candid [ˈkændid] adj ειλικρινής, ευθύς.

candidate [ˈkændidət] n υποψήφιος.

candidature [ˈkændidətʃəʳ] n υποψηφιότητα.

candle [ˈkændl] n κερί, λαμπάδα ‖ ~**light**, φως κεριών ‖ ~**stick**, κηροπήγιο.

candour [ˈkændəʳ] n ειλικρίνεια.

candy [ˈkændi] n κάντιο ‖ vti ζαχαρώνω.

cane [kein] n καλάμι, μπαστούνι ‖ vt ραβδίζω.

canister [ˈkænistəʳ] n κουτί, τενεκεδάκι.

canker [ˈkænkəʳ] n καρκίνωμα.

cannabis [ˈkænəbis] n κάνναβις.

cannibal [ˈkænibəl] *n* ανθρωποφάγος.

cannon [ˈkænən] *n* κανόνι ‖ ~**-fodder**, κρέας για τα κανόνια ‖ ~**ade**, κανονίδι.

canny [ˈkæni] *adj* επιφυλακτικός.

canoe [kəˈnu:] *n* κανό ‖ *go* ~**ing**, κάνω κανό.

canon [ˈkænən] *n* εκκλ. κανόνας ‖ κριτήριο ‖ ~**ical**, κανονικός ‖ ~**ize**, *vt* αγιοποιώ.

canopy [ˈkænəpi] *n* θόλος, σκιάδα.

cant [ka:nt] *n* αργκό ‖ φαρισαϊσμοί.

cantankerous [kænˈtæŋkərəs] *adj* στριμμένος, δύστροπος, γκρινιάρης.

cantata [kænˈta:tə] *n* καντάτα.

canteen [kænˈti:n] *n* καντίνα ‖ παγούρι.

canter [ˈkæntəʳ] *n* ελαφρός καλπασμός, τριποδισμός ‖ *vi* τριποδίζω.

canvas [ˈkænvəs] *n* καραβόπανο, καναβάτσο, *ζωγρ.* μουσαμάς.

canvass [ˈkænvəs] *n* ψηφοθηρία ‖ *vti* ψηφοθηρώ ‖ ερευνώ, συζητώ.

canyon [ˈkænjən] *n* φαράγγι.

cap [kæp] *n* σκούφος, τραγιάσκα ‖ πώμα, τάπα ‖ καψούλι ‖ *vt* ταπώνω ‖ ξεπερνώ ‖ *if the* ~ *fits wear it*, όποιος έχει τη μύγα μυγιάζεται.

capability [ˌkeipəˈbiləti] *n* ικανότητα.

capable [ˈkeipəbl] *adj* ικανός.

capacity [kəˈpæsəti] *n* χωρητικότητα ‖ ικανότητα ‖ ιδιότητα.

cape [keip] *n* ακρωτήριο ‖ κάπα, μπέρτα.

caper [ˈkeipəʳ] *n* κάπαρη ‖ *cut* ~**s**, κάνω καραγκιοζιλίκια.

capital [ˈkæpitl] *n* πρωτεύουσα ‖ κεφάλαιο ‖ *adj* κεφαλαίος ‖ κεφαλικός ‖ έξοχος ‖ ~**ism**, καπιταλισμός ‖ ~**ist**, καπιταλιστής, κεφαλαιοκράτης ‖ ~**ize**, κεφαλαιοποιώ ‖ γράφω με κεφαλαία ‖ ~**ize on**, επωφελούμαι από, εκμεταλλεύομαι.

capitulate [kəˈpitʃuleit] *vi* συνθηκολογώ.

capitulation [kəˌpitʃuˈleiʃən] *n* συνθηκολόγηση.

capon [ˈkeipən] *n* καπόνι.

caprice [kəˈpris] *n* καπρίτσιο.

capricious [kəˈpriʃəs] *adj* ιδιότροπος, άστατος.

capsize [kæpˈsaiz] *vti* (*βάρκα*) ανατρέπω / -ομαι.

capsule [ˈkæpsju:l] *n* κάγουλα.

captain [ˈkæptin] *n* καπετάνιος ‖ λοχαγός ‖ *αθλ.* αρχηγός.

caption [ˈkæpʃən] *n* επικεφαλίδα ‖ υπότιτλος, λεζάντα.

captivate [ˈkæptiveit] *vt* σαγηνεύω.

captive [ˈkæptiv] *n* αιχμάλωτος, δέσμιος.

captivity [kæpˈtivəti] *n* αιχμαλωσία.

capture [ˈkæptʃəʳ] *n* σύλληψη, κατάληψη ‖ *vt* συλλαμβάνω, αιχμαλωτίζω ‖ κυρι-

εύω, κατακτώ.

car [ka:] *n* αυτοκίνητο, βαγόνι.

carafe [kəˈræf] *n* καράφα.

caramel [ˈkærəməl] *n* καραμέλα.

carat [ˈkærət] *n* καράτι.

caravan [ˈkærəvæn] *n* καραβάνι ‖ τροχόσπιτο.

caraway [seed] [ˈkærəwei] *n* κύμινο.

carbine [ˈka:bain] *n* αραβίδα, καραμπίνα.

carbon [ˈka:bən] *n* άνθρακας ‖ ~ **paper**, καρμπόν ‖ ~**ize** *vt* ανθρακοποιώ.

carbuncle [ˈka:bʌŋkl] *n* ρουμπίνι ‖ *ιατρ.* δοθιήν.

carburettor [ˌka:bjuˈretəʳ] *n* καρμπυρατέρ.

carcass [ˈka:kəs] *n* ψοφίμι, κουφάρι.

card [ka:d] *n* κάρτα ‖ τραπουλόχαρτο ‖ λανάρι ‖ *vt* λαναρίζω ‖ ~**board**, χαρτόνι ‖ ~**-sharper**, χαρτοκλέφτης.

cardigan [ˈka:digən] *n* πλεχτή ζακέτα.

cardinal [ˈka:dinəl] *n* καρδινάλιος ‖ *adj* κύριος, πρωτεύων ‖ ~ **numbers**, απόλυτα αριθμητικά.

care [keəʳ] *n* προσοχή, φροντίδα ‖ σκοτούρα, έγνοια ‖ *vt* ~ *about*, ενδιαφέρομαι για ‖ ~ *for*, φροντίζω ‖ (σε ερωτ. και αρν.) θέλω ‖ ~ *take* ~ *[of]*, προσέχω, φροντίζω ‖ ~**free**, ξένοιαστος ‖ ~**ful**, προσεχτικός ‖ ~**less**, απρόσεχτος ‖ ~**taker**, επιστάτης ‖ ~**worn**, γεμάτος σκοτούρες.

career [kəˈriəʳ] *n* καριέρα, σταδιοδρομία ‖ τρέξιμο ‖ *vi* τρέχω.

caress [kəˈres] *n* χάδι ‖ *vt* χαϊδεύω ‖ ~**ing**, χαϊδευτικός.

cargo [ˈka:gou] *n* φορτίο (*πλοίου*).

caricature [ˌkærikəˈtʃuəʳ] *n* καρικατούρα, γελοιογραφία ‖ *vt* γελοιογραφώ.

caries [ˈkeəriz] *n* τερηδόνα.

carnage [ˈka:nidʒ] *n* μακελειό.

carnal [ˈka:nəl] *adj* σαρκικός.

carnation [ka:ˈneiʃən] *n* γαρίφαλο.

carnival [ˈka:nivəl] *n* καρναβάλι.

carnivore [ˈka:nivo:] *n* σαρκοφάγο ζώο.

carnivorous [ka:ˈnivərəs] *adj* σαρκοφάγος.

carols [ˈkærəlz] *n* κάλαντα.

carousal [kəˈrauzl] *n* ξεφάντωμα.

carouse [kəˈrauz] *vi* ξεφαντώνω.

carp [ka:p] *n* κυπρίνος ‖ *vt* ~ *at*, γκρινιάζω, επικρίνω.

carpenter [ˈka:pəntəʳ] *n* μαραγκός.

carpentry [ˈka:pəntri] *n* ξυλουργική.

carpet [ˈka:pit] *n* χαλί ‖ *on the* ~, επί τάπητος.

carriage [ˈkæridʒ] *n* μεταφορά ‖ μεταφορικά ‖ παράστημα ‖ βαγόνι.

carrier [ˈkæriəʳ] *n* [μετα]φορέας ‖ ~**bag**, τσάντα για ψώνια ‖ ~**-pigeon**, ταχυδρομικό περιστέρι ‖ **aircraft**~, αεροπλανοφόρο.

carrion [ˈkæriən] *n* ψοφίμι.

carrot [ˈkærət] *n* καρότο.

carry [ˈkæri] *vti* [μετα]φέρω, βαστώ, έχω || κατακτώ, νικώ || φέρομαι, κρατώ *(το σώμα μου)* || ~ **away**, παρασύρω || ~ **off**, κερδίζω, παίρνω, απάγω || ~ **on**, συνεχίζω, φέρομαι περίεργα, μιλάω ασταμάτητα || ~ **out**, εκτελώ, πραγματοποιώ || ~ **through**, φέρω εις πέρας || ~ **on with sb**, τα᾿χω [ερωτικά] με κπ.

cart [kɑːt] *n* κάρο, καροτσάκι || *vt* κουβαλώ με κάρο || ~**er**, καροτσιέρης || ~**load**, καροτσιά.

cartel [kɑːˈtel] *n* καρτέλ.

cartilage [ˈkɑːtlidʒ] *n* χόνδρος, τραγανό.

carton [ˈkɑːtn] *n* χαρτόκουτο.

cartoon [kɑːˈtuːn] *n* σκίτσο, γελοιογραφία || μίκυ-μαους || ~**ist**, γελοιογράφος, σκιτσογράφος.

cartridge [ˈkɑːtridʒ] *n* φυσίγγι.

carve [kɑːv] *vt* κόβω, τεμαχίζω *(κρέας)* || χαράζω, σκαλίζω.

carving [ˈkɑːviŋ] *n* σκάλισμα, γλυπτική || ~**knife**, μαχαίρι του κρέατος.

caryatid [ˌkæriˈætid] *n* καρυάτιδα.

cascade [kæsˈkeid] *n* καταρράχτης.

case [keis] *n* κασόνι, κουτί || θήκη || *τυπογρ.* κάσα (στοιχείων) || περίπτωση, θέμα, ζήτημα || *ιατρ.* κρούσμα, περιστατικό || *νομ.* υπόθεση || *γραμμ.* πτώση || **in any** ~, εν πάση περιπτώσει || **in** ~ **of**, σε περίπτωση που || **just in** ~, καλού-κακού || ~**history**, ιστορικό ασθενούς || ~**law**, νομολογία.

cash [kæʃ] *n* μετρητά || *vt* εξαργυρώνω || ~ **in on**, επωφελούμαι από || ~ **down**, τοις μετρητοίς || ~ **on delivery**, επί αντικαταβολή || ~ **desk**, ταμείο || ~**ier**, ταμίας || ~ **register**, μηχανή ταμείου.

cashmere [ˈkæʃmiəʳ] *n* κασμήρι.

casino [kəˈsiːnou] *n* καζίνο.

cask [kɑːsk] *n* βαρέλι || ~**et**, κασετίνα, *US* κάσα, φέρετρο.

casserole [ˈkæsəroul] *n* κατσαρόλα.

cassock [ˈkæsək] *n* ράσο.

cast [kɑːst] *n* ρίξιμο, ριξιά || μήτρα, καλούπι || *(θέατρ.)* διανομή *(ρόλων)* || *vti irreg* ρίχνω, πετώ || χύνω *(μέταλλο)*, καλουπώνω || μοιράζω ρόλους || **the die is** ~, ο κύβος ερρίφθη || ~ **off**, πετώ, αποπλέω || **be** ~ **down**, είμαι αποθαρρυμένος || ~ **of mind / features**, νοοτροπία / φυσιογνωμία || ~**off** *adj* [παρα]πεταμένος.

castanets [ˌkæstəˈnets] *n* καστανιέτες.

castaway [ˈkɑːstəwei] *n* ναυαγός.

castigate [ˈkæstigeit] *vt* *μτφ.* μαστιγώνω.

castle [ˈkɑːsl] *n* κάστρο, πύργος.

castor [ˈkɑːstəʳ] *n* κάστορας || καρούλι || ~ **oil**, ρετσινόλαδο || ~ **sugar**, ζά-

χαρι άχνη.

castrate [kæsˈtreit] *vt* ευνουχίζω.

casual [ˈkæʒuəl] *adj* τυχαίος || πρόχειρος || ανέμελος || ~**ty**, θύμα, απώλεια.

cat [kæt] *n* γάτα || ~**call**, γιουχαΐζω, γιουχάισμα || ~**nap**, υπνάκος.

cataclysm [ˈkætəklizm] *n* κατακλυσμός.

catacombs [ˈkætəkuːmz] *n* κατακόμβη.

catalog[ue] [ˈkætəlog] *n* κατάλογος.

catapult [ˈkætəpʌlt] *n* καταπέλτης || *vt* εκσφενδονίζω.

cataract [ˈkætərækt] *n* καταρράκτης.

catarrh [kəˈtɑːʳ] *n* συνάχι, καταρροή.

catastrophe [kəˈtæstrəfi] *n* καταστροφή.

catch [kætʃ] *n* πιάσιμο || παγίδα || ασφάλεια || ψαριά || *vti irreg* πιάνω || συλλαμβάνω || πιάνω, αντιλαμβάνομαι || ~ **up**, προλαβαίνω, προφθάνω || ~ **sb in the act**, πιάνω κπ επ᾿ αυτοφώρω || ~ **sb napping**, πιάνω κπ στον ύπνο || ~ **cold**, αρπάζω κρύο || ~ **sight of sb**, παίρνει το μάτι μου κπ || ~ **hold of**, αδράχνω.

catechism [ˈkætikizm] *n* κατήχηση.

catechize [ˈkætikaiz] *vt* κατηχώ.

categoric[al] [ˌkætəˈgorik(l)] *adj* κατηγορηματικός, ρητός.

category [ˈkætigori] *n* κατηγορία.

cater [ˈkeitəʳ] *vt* τροφοδοτώ || ~ **for**, φροντίζω, ικανοποιώ || ~**er**, τροφοδότης, προμηθευτής || ~**ing**, τροφοδοσία.

caterpillar [ˈkætəpiləʳ] *n* κάμπια || [tread], ερπύστρια.

cathedral [kəˈθiːdrəl] *n* μητρόπολη.

catholic [ˈkæθlik] *n, adj* καθολικός.

cattle [ˈkætl] *n* ζώα, κτήνη.

catty [ˈkæti] *adj* ύπουλος, μοχθηρός.

cauldron [ˈkoːldrən] *n* καζάνι, κακάβι.

cauliflower [ˈkoliflauəʳ] *n* κουνουπίδι.

causative [ˈkoːzətiv] *adj* αιτιολογικός.

cause [koːz] *n* αιτία || λόγος || αγώνας, υπόθεση, σκοπός || *vt* προξενώ, προκαλώ.

caustic [ˈkoːstik] *adj* καυστικός.

cauterize [ˈkoːtəraiz] *vt* καυτηριάζω.

caution [ˈkoːʃn] *n* προσοχή, περίσκεψη || προειδοποίηση || *vt* προειδοποιώ.

cautious [ˈkoːʃəs] *adj* προσεχτικός.

cavalier [ˌkævəˈliəʳ] *n* ιππότης.

cave *n* σπηλιά || *vti* ~ **in**, καταρρέω || ~**man**, σπηλαιάνθρωπος.

caveat [ˈkeiviæt] *n* *νομ.* ανακοπή.

cavern [ˈkævən] *n* σπήλαιο.

caviar[e] [ˈkæviɑːʳ] *n* χαβιάρι.

cavity [ˈkævəti] *n* κοιλότητα, κουφάλα.

cavort [kəˈvoːt] *vi* χοροπηδώ.

cayenne [keiˈen] *n* κοκκινοπίπερο.

cease [siːs] *vti* παύω, σταματώ || ~**fire**, ανακωχή || ~**less**, ακατάπαυστος.

cedar [ˈsiːdəʳ] *n* κέδρος.

cede [si:d] *vt* εκχωρώ, παραχωρώ.

ceiling [ˋsi:liŋ] *n* ταβάνι, οροφή.

celebrate [ˋseləbreit] *vt* γιορτάζω, πανηγυρίζω ‖ τελώ, ιερουργώ ‖ υμνολογώ ‖ ~**d**, ονομαστός, φημισμένος.

celebration [ˏseləˋbreiʃn] *n* εορτασμός.

celery [ˋseləri] *n* σέλινο.

celestial [siˋlestiəl] *adj* ουράνιος.

celibacy [ˋselibəsi] *n* αγαμία.

celibate [ˋselibət] *n*, *adj* άγαμος.

cell [sel] *n* κελλί ‖ ηλεκτρ. στοιχείο ‖ βιολ. κύτταρο ‖ πολιτ. πυρήνας.

cellar [ˋselə] *n* κάβα ‖ κελλάρι ‖ υπόγειο.

cello [ˋtʃelou] *n* βιολοντσέλο.

cellophane [ˋseləfein] *n* σελοφάν.

celluloid [ˋseljuloid] *n* ζελατίνα.

cellulose [ˋseljulous] *n* κυτταρίνη.

cement [siˋment] *n* τσιμέντο ‖ *vt* τσιμεντάρω, στερεώνω ‖ ~**-mixer**, μπετονιέρα.

cemetery [ˋsemətri] *n* νεκροταφείο.

cenotaph [ˋsenətɑ:f] *n* κενοτάφιο.

censer [ˋsensəʳ] *n* θυμιατήρι.

censor [ˋsensəʳ] *n* λογοκριτής ‖ ~**ship**, λογοκρισία ‖ ~**ious**, επιτιμητικός.

censure [ˋsenʃəʳ] *n* επίκριση, μομφή ‖ *vt* επικρίνω, ψέγω.

census [ˋsensəs] *n* απογραφή.

cent [sent] *n* σεντ ‖ πεντάρα ‖ *per ~*, τοις εκατό.

centaur [ˋsento:ʳ] *n* κένταυρος.

centenary [sɔnˋti:nəri] *n* εκατονταετηρίδα.

centigrade [ˋsentigreid] *n*, *adj* εκατονταβαθμο *(θερμόμετρο Κελσίου)*.

centimetre [ˋsentimi:tɔʳ] *n* πόντος.

centipede [ˋsentipi:d] *n* σαρανταποδαρούσα.

central [ˋsentrəl] *adj* κεντρικός ‖ ~**ize**, συγκεντρώνω ‖ ~**ization**, συγκέντρωση, συγκεντρωτισμός.

centre [ˋsentəʳ] *n* κέντρο ‖ *vt* συγκεντρώνω, κεντράρω ‖ ~**-piece**, καρρέ.

centrifugal [senˋtrifjugəl] *adj* φυγόκεντρος.

centripetal [senˋtripitəl] *adj* κεντρομόλος.

centurion [senˋtʃuəriən] *n* εκατόνταρχος.

century [ˋsentʃəri] *n* αιώνας.

ceramic [siˋræmik] *adj* κεραμικός ‖ ~**s** *n* κεραμική.

cereal [ˋsiəriəl] *n* δημητριακά.

cerebral [ˋseribrəl] *adj* εγκεφαλικός.

ceremonial [ˏseriˋmouniəl] *adj* εθιμοτυπικός.

ceremony [ˋserimɔni] *n* τελετή ‖ εθιμοτυπία, επισημότητα, τύποι ‖ *stand on ~*, κρατώ τους τύπους.

certain [ˋsɔ:tn] *adj* βέβαιος, σίγουρος ‖ ασφαλής ‖ κάποιος, κάτι, ωρισμένος ‖ *for ~*, με σιγουριά, μετά βεβαιότητος ‖ *make ~*, βεβαιώνομαι ‖ ~**ly**, ασφαλώς, βεβαίως ‖ ~**ty**, βεβαιότητα.

certificate [sɔˋtifikət] *n* πιστοποιητικό, βεβαίωση ‖ ~**d** [— keitid] διπλωματούχος.

certify [ˋsɔ:tifai] *vt* πιστοποιώ, βεβαιώ.

certitude [ˋsɔ:titjud] *n* βεβαιότητα.

cessation [sɔˋseiʃn] *n* κατάπαυση.

cession [seʃn] *n* εκχώρηση.

cesspit [ˋsespit] *n* βόθρος.

cesspool [ˋsespu:l] *n* βόθρος.

chafe [tʃeif] *vti* τρίβω ‖ ερεθίζω / -ομαι ‖ εκνευρίζομαι.

chaff [tʃɑ:f] *n* άχυρο ‖ πείραγμα ‖ *vt* πειράζω.

chaffinch [ˋtʃæfintʃ] *n* σπίνος.

chagrin [ˋʃægrin] *n* πικρία ‖ ~**ed at/by**, πικραμένος, απογοητευμένος από.

chain [tʃein] *n* αλυσίδα, καδένα ‖ *vt* αλυσοδένω ‖ ~**-smoker**, άνθρωπος που καπνίζει σα φουγάρο.

chair [tʃeəʳ] *n* καρέκλα ‖ έδρα ‖ *vt* προεδρεύω ‖ ~**-man**, πρόεδρος.

chalet [ˋʃælei] *n* σαλέ.

chalice [ˋtʃælis] *n* δισκοπότηρο.

chalk [tʃɔ:k] *n* κιμωλία ‖ *vt* σημειώνω με κιμωλία.

challenge [ˋtʃæləndʒ] *n* πρόκληση ‖ *vt* προκαλώ, αμφισβητώ ‖ ~**r**, διεκδικητής.

chamber [ˋtʃeimbəʳ] *n* δώμα ‖ Βουλή ‖ θάλαμη όπλου ‖ *C~ of Commerce*, Εμπορικό Επιμελητήριο ‖ ~**maid**, καμαριέρα ‖ ~ *music*, μουσική δωματίου ‖ ~**-pot**, ουροδοχείο.

chameleon [kəˋmi:liən] *n* χαμαιλέων.

chamois [ˋʃæmwɑ:] *n* αγριοκάτσικο ‖ ~ *leather*, σαμουά.

champ [tʃæmp] *vti* μασώ, δαγκώνω το χαλινάρι ‖ ανυπομονώ.

champagne [ʃæmˋpein] *n* σαμπάνια.

champion [ˋtʃæmpiən] *n* πρωταθλητής ‖ πρόμαχος ‖ *vt* προασπίζω ‖ ~**ship**, πρωτάθλημα.

chance [tʃɑ:ns] *n* τύχη, σύμπτωση ‖ πιθανότητα ‖ ευκαιρία ‖ *vti* τυχαίνει να ‖ ~ *upon*, βρίσκω τυχαία ‖ *by ~*, κατά τύχη ‖ *stand a good ~ of*, έχω πολλές πιθανότητες να ‖ *take one's ~*, το παίζω κορώνα-γράμματα ‖ *take ~s*, το διακινδυνεύω, το ρισκάρω.

chancellor [ˋtʃɑ:nsələʳ] *n* καγκελλάριος ‖ *C~ of the Exchequer*, Υπουργός Οικονομικών.

chandelier [ˏʃændəˋliəʳ] *n* πολύφωτο.

change [tʃeindʒ] *n* αλλαγή, μεταβολή ‖ αλλαξιά ‖ λιανά, ψιλά, ρέστα ‖ *vti* αλλάζω ‖ χαλώ, κάνω ψιλά ‖ ~ *for*, ανταλλάσσω με ‖ ~ *into*, μεταβάλλομαι εις.

channel [ˋtʃænəl] *n* πορθμός ‖ οδός, διέξοδος ‖ *vt* διοχετεύω.

chant [tʃaːnt] *n* ψαλμωδία ‖ *vt* ψάλλω.

chaos [`keiɔs] *n* χάος.

chaotic [kei`ɔtik] *adj* χαώδης.

chap [tʃæp] *n* τύπος, φίλος ‖ *vi* σκάζω.

chaplain [`tʃæplin] *n* εφημέριος.

chapter [`tʃæptəʳ] *n* κεφάλαιο βιβλίου.

char [tʃaːʳ] *vti* καίω ‖ ξενοδουλεύω ‖ ~woman, παραδουλεύτρα.

character [`kæriktəʳ] *n* χαρακτήρας ‖ *(ιδιόρρυθμος)* τύπος ‖ ήρωας *(ιστορίας)* ‖ φήμη, υπόληψη ‖ είδος ‖ στοιχείο, γράμμα ‖ ~istic, χαρακτηριστικός, χαρακτηριστικό ‖ ~ize, χαρακτηρίζω.

charade [ʃəˈraːd] *n* συλλαβόγριφος.

charcoal [`tʃaːkoul] *n* ξυλοκάρβουνο.

charge [tʃaːdʒ] *n* κατηγορία, μήνυση ‖ επίθεση, έφοδος ‖ επιμέλεια, φροντίδα ‖ επιβάρυνση, δαπάνη ‖ γόμωση *(όπλου)*, φόρτιση *(μπαταρίας)* ‖ *vti* ~ **sb with sth**, κατηγορώ κπ για κτ ‖ επιτίθεμαι, εφορμώ ‖ επιβαρύνω, χρεώνω ‖ γεμίζω *(όπλο)*, φορτίζω *(μπαταρία)* ‖ αναθέτω, επιφορτίζω ‖ *bring a* ~ **against sb**, κάνω μήνυση σε κπ ‖ *be in* ~ **of**, έχω υπ᾽ ευθύνη μου.

chargé d' affaires [ʃæʒeidæ`feəʳ] *n* διπλωμ. επιτετραμμένος.

chariot [`tʃæriət] *n* άρμα ‖ ~**eer** [—`iəʳ] ηνίοχος, αρματηλάτης.

charitable [`tʃæritəbl] *adj* φιλάνθρωπος, φιλανθρωπικός, σπλαχνικός.

charity [`tʃærəti] *n* φιλανθρωπία, ελεημοσύνη ‖ συμπόνια, επιείκεια ‖ φιλανθρωπικό έργο / ίδρυμα.

charlatan [`ʃaːlətən] *n* τσαρλατάνος, αγύρτης.

charm [tʃaːm] *n* γοητεία, χάρη ‖ φυλαχτό, γούρι ‖ ~**er**, γόης, γόησσα ‖ ~**ing** *adj* γοητευτικός.

chart [tʃaːt] *n* χάρτης ‖ γραφική παράσταση.

charter [`tʃaːtəʳ] *n* καταστατικός χάρτης ‖ ναύλωση ‖ *vt* ναυλώνω.

chase [tʃeis] *n* κυνηγητό, καταδίωξη ‖ *vt* κυνηγώ, καταδιώκω.

chasm [kæzm] *n* χάσμα.

chaste [tʃeist] *adj* αγνός.

chasten [`tʃeisn] *vt* τιμωρώ.

chastity [`tʃæstiti] *n* αγνότητα.

chat [tʃæt] *n* κουβεντούλα ‖ *vti* κουβεντιάζω ‖ ~ **sb up**, καταφέρνω κπ με τα λόγια ‖ ~**ty**, ομιλητικός, φλύαρος.

château [`ʃætou] *n* πύργος.

chattel [`tʃætəl] *n* κινητή περιουσία.

chatter [`tʃætəʳ] *n* φλυαρία ‖ τερέτισμα ‖ *vi* φλυαρώ ‖ τερετίζω ‖ *(για δόντια)* χτυπώ ‖ ~**box**, πολυλογάς.

chauffeur [`ʃoufəʳ] *n* σωφέρ.

chauvinism [`ʃouvinizm] *n* σωβινισμός.

chauvinist [`ʃouvinist] *n* σωβινιστής ‖ ~**ic**, σωβινιστικός.

cheap [tʃiːp] *adj* φτηνός ‖ **on the** ~, φτηνά ‖ **feel** ~, νιώθω ντροπή ‖ **hold sth** ~, δεν εκτιμώ κτ κατ᾽ αξία ‖ **dirt** ~, πάμφθηνος ‖ ~**en**, φτηναίνω ‖ ~**ness**, φτήνεια.

cheat [tʃiːt] *n* απατεώνας ‖ *vt* εξαπατώ ‖ *(σε εξετάσεις)* αντιγράφω ‖ *(στα χαρτιά)* κλέβω.

check [tʃek] *n* έλεγχος, εμπόδιο ‖ επαλήθευση ‖ *(σε εστιατόριο)* λογαριασμός ‖ *(στο σκάκι)* ρουά, σαχ ‖ US επιταγή ‖ *vti* ελέγχω, τσεκάρω ‖ συγκρατώ ‖ αναχαιτίζω, σταματώ ‖ *adj* καρό ‖ ~**mate**, ματ ‖ *vt* κάνω ματ ‖ ~-**point**, μπλόκο ‖ ~-**up**, γενική εξέταση.

cheek [tʃiːk] *n* μάγουλο ‖ αναίδεια ‖ *vt* αυθαδιάζω ‖ ~**bone**, μήλο *(παρειάς)* ‖ ~**y**, αναιδής, θρασύς.

cheer [tʃiəʳ] *n* ευθυμία, κέφι ‖ επευφημία, ζητωκραυγή ‖ *vti* επευφημώ ‖ ~ *[up]*, χαροποιώ ‖ ~**ful**, εύθυμος, κεφάτος ‖ ~**ing** *n* επευφημίες, *adj* ενθαρρυντικός ‖ ~**leader**, αρχηγός κλάκας ‖ ~**less**, άκεφος ‖ ~**!** εβίβα! ‖ ~**y**, χαρωπός, εγκάρδιος ‖ **good** ~, φαγοπότι.

cheerio [.tʃiəri`ou] *interj* εβίβα! αντίο!

cheese [tʃiːz] *n* τυρί.

chef [ʃef] *n* αρχιμάγειρας.

chemical [`kemikl] *adj* χημικός.

chemist [`kemist] *n* χημικός, φαρμακοποιός ‖ ~**ry**, χημεία.

cheque [tʃek] *n* επιταγή, τσεκ.

chequered [`tʃekəd] *adj* πολυτάραχος.

cherish [`tʃeriʃ] *vt* λατρεύω ‖ τρέφω *(ενδομύχως)*, έχω.

cherry [`tʃeri] *n* κεράσι, κερασιά.

cherub [`tʃerəb] *n* χερουβείμ.

chess [tʃes] *n* σκάκι ‖ ~**board**, σκακιέρα.

chest [tʃest] *n* στήθος ‖ κιβώτιο ‖ ~ **of drawers**, σιφονιέρα, κομό ‖ ~**nut**, κάστανο, καστανιά.

chevron [`ʃevrən] *n* σειρήτι, γαλόνι.

chew [tʃuː] *vt* μασώ ‖ ~**ing gum**, τσίκλα.

chic [ʃik] *adj* σικ, κομψός.

chicanery [ʃi`keinəri] *n* στρεψοδικία.

chick [tʃik] *n* κοτοπουλάκι ‖ πιτσιρίκα ‖ ~**pea**, ρεβίθι ‖ **roasted** ~**peas**, στραγάλια.

chicken [`tʃikn] *n* κοτόπουλο ‖ ~**-hearted**, φοβιτσιάρης ‖ ~**pox**, ανεμοβλογιά.

chicory [`tʃikəri] *n* ραδίκι, αντίδι.

chief [tʃiːf] *n* αρχηγός ‖ *adj* κύριος, βασικός.

chiffon [`ʃifon] *n* τούλι.

chilblain [`tʃilblein] *n* χιονίστρα.

child [tʃaild] *n* παιδί ‖ *be with* ~, είμαι έγκυος ‖ ~**birth**, τοκετός ‖ ~**-bearing**, τεκνοποιία ‖ ~**hood**, παιδική ηλικία ‖ ~**ish**, παιδαριώδης ‖ ~**less**, άτεκνος ‖ ~**like**, παιδικός, αθώος.

chill [tʃil] *n* ψύχρα, κρυάδα ‖ κρυολόγημα ‖ *vti* παγώνω ‖ *adj* ψυχρός, παγερός ‖ ~**y**, ψυχρός.

chime [tʃaim] *n* κωδωνοκρουσία ‖ *vti (για καμπάνα ή ρολόι)* χτυπώ ‖ ~ *in*, παρεμβαίνω ‖ ~ *in [with]*, συμφωνώ.

chimera [kai`miərə] *n* χίμαιρα.

chimney [`tʃimni] *n* καμινάδα.

chimpanzee [.tʃimpæn`zi:] *n* χιμπαντζής.

chin [tʃin] *n* πηγούνι.

china [`tʃainə] *n* πορσελάνη.

China [`tʃainə] *n* Κίνα.

Chinese [tʃai`ni:z] *adj* κινέζικος ‖ *n* κινέζικα ‖ *the* ~, οι Κινέζοι.

chink [tʃiŋk] *n* ρωγμή, χαραμάδα ‖ ήχος *(ποτηριών, μετάλλου)* ‖ *vti* ηχώ.

chintz [tʃints] *n* κρετόν.

chip [tʃip] *n* τσιπ *(πατάτα, μάρκα)* ‖ πελεκούδι, ρίνισμα ‖ ~ *in*, παρεμβαίνω, συνεισφέρω ‖ ~ *off*, ξεφλουδίζω.

chiropodist [ki`ropədist] *n* πεντικιουρίστας.

chirp [tʃə:p] *n* τιτίβισμα ‖ *vti* τιτιβίζω ‖ ~**y**, εύθυμος, ζωηρός.

chirrup [`tʃirəp] *n* τερετισμός ‖ *vi* τερετίζω.

chisel [tʃizl] *n* σμίλη ‖ *vt* σμιλεύω.

chit [tʃit] *n* παιδαρέλι, κοριτσόπουλο ‖ ~**-chat**, κουβεντούλα.

chivalrous [`ʃivəlrəs] *adj* ιπποτικός.

chivalry [`ʃivəlri] *n* ιπποτισμός.

chlorine [`klo:ri:n] *n* χλωρίνη.

chloroform [`klorəfo:m] *n* χλωροφόρμιο.

chock [tʃok] *n* τάκος ‖ *vt* τακώνω, παραγεμίζω ‖ ~**-full** [—' ful] *adj* ξέχειλος.

chocolate [`tʃoklət] *n* σοκολάτα.

choice [tʃois] *n* εκλογή, επιλογή ‖ ποικιλία ‖ *adj* εκλεκτός.

choir [kwaiə'] *n* χορωδία.

choke [tʃouk] *vti* πνίγω/-ομαι, ασφυκτιώ ‖ *n* αυτοκ. αέρας ‖ ~ *back/ down*, καταπνίγω ‖ ~ *up*, φράσσω, βουλώνω.

cholera [`kolərə] *n* χολέρα.

choose [tʃu:z] *vti irreg* διαλέγω ‖ προτιμώ ‖ ~**y**, εκλεκτικός.

chop [tʃop] *n* μπριτζόλα ‖ χτύπημα ‖ *vt* κόβω, πελεκώ ‖ ~ *and change*, διαρκώς αλλάζω γνώμη ‖ ~**per**, μπαλντάς, ελικόπτερο ‖ ~**sticks**, ξυλαράκια *(αντί για πηρούνια)* ‖ ~**py**, κυματώδης.

choral [`ko:rəl] *adj* χορωδιακός.

chord [ko:d] *n* χορδή ‖ συγχορδία.

chore [tʃo:'] *n* αγγαρεία, βαρετή δουλειά.

choreographer [.kori`ogrəfə'] *n* χορογράφος ‖ **choreography**, χορογραφία.

chorus [`ko:rəs] *n* χορός, χορωδία ‖ ρεφραίν ‖ *in* ~, εν χορώ.

Christ [kraist] *n* Χριστός.

christen [krisn] *vt* βαπτίζω.

Christian [`kristʃən] *n* χριστιανός ‖ *adj* χριστιανικός ‖ ~ *name*, βαφτιστικό/ μικρό όνομα ‖ ~**ity**, χριστιανισμός.

Christmas [`krisməs] *n* Χριστούγεννα ‖ *adj* χριστουγεννιάτικος.

chromatic [krə`mætik] *adj* χρωματικός.

chromium [`kroumiəm] *n* χρώμιο.

chronic [`kronik] *adj* χρόνιος.

chronicle [`kronikl] *n* χρονικό ‖ *vt* εξιστορώ, καταγράφω ‖ ~**r**, χρονικογράφος.

chronological [kronə`lodʒikl] *adj* χρονολογικός ‖ **chronology**, χρονολόγηση.

chronometer [krə`nomitə'] *n* χρονόμετρο.

chysanthemum [kri`sænθəməm] *n* χρυσάνθεμο.

chubby [`tʃʌbi] *adj* στρουμπουλός, παχουλός.

chuck [tʃʌk] *vt* πετώ ‖ χαϊδεύω ‖ ~ *in/ up*, παρατάω.

chuckle [tʃʌkl] *vi* γελώ χαμηλόφωνα.

chum [tʃʌm] *n* φίλος ‖ ~ *up with*, πιάνω φιλίες με.

chump [tʃʌmp] *n* μπούφος ‖ νιονιό.

chunk [tʃʌŋk] *n* χοντρό κομμάτι.

church [tʃə:tʃ] *n* εκκλησία, ναός ‖ ~**goer**, εκκλησιαζόμενος ‖ ~**yard**, νεκροταφείο.

churlish [`tʃə:liʃ] *adj* αγροίκος, δύστροπος.

churn [tʃə:n] *n* καρδάρα ‖ *vt* δέρνω *(γάλα)*.

chute [ʃu:t] *n* τσουλήθρα ‖ αλεξίπτωτο.

cicada [si`ka:də] *n* τζιτζίκι.

cicatrice [`sikətris] *n* ουλή.

cider [`saidə'] *n (κρασί)* μηλίτης.

cigar [si`ga:] *n* πούρο.

cigarette [.sigə`ret] *n* τσιγάρο ‖ ~**-case**, ταμπακέρα ‖ ~**-end**, γόπα ‖ ~**-holder**, πίπα.

cinder [`sində'] *n* θράκα.

Cinderella [.sində`relə] *n* Σταχτοπούτα.

cine- [`sini] *adj* κινηματογραφικός.

cinema [`sinəmə] *n* κινηματογράφος.

cinnamon [`sinəmən] *n* κανέλα.

cipher [`saifə'] *n* αριθμός ‖ κρυπτογραφία, κρυπτογράφηση ‖ *vt* κρυπτογραφώ.

circa [`sə:kə] *prep* περίπου, γύρω σε.

circle [`sə:kl] *n* κύκλος ‖ *θέατρ.* εξώστης.

circuit [`sə:kit] *n* περίμετρος ‖ περιφέρεια ‖ *ηλεκτρ.* κύκλωμα ‖ *short* ~, βραχυκύκλωμα.

circular [`sə:kjulə'] *n* εγκύκλιος ‖ *adj*

κυκλικός.

circulate [`sɜ:kjuleit] vti κυκλοφορώ.

circulation [.sɜ:kju`leiʃn] n κυκλοφορία.

circumcision [.sɜ:kəmˋsiʒn] n περιτομή.

circumference [sɜˋkʌmfərəns] n περιφέρεια.

circumspect [`sɜ:kəmspekt] n προσεχτικός, μετρημένος || ~ion, φρόνηση.

circumstance [`sɜ:kəmstæns] n περίστασn || γεγονός, λεπτομέρεια || ~s n pl κατάσταση, περιστάσεις.

circumstantial [.sɜ:kəmˋstænʃl] n λεπτομερής || έμμεσος.

circumvent [.sɜ:kəmˋvent] vt καταστρατηγώ.

circus [`sɜ:kəs] n τσίρκο.

cirrhosis [si`rousis] n κίρρωση.

cistern [`sistən] n δεξαμενή.

citadel [`sitədl] n ακρόπολη, κάστρο.

cite [sait] vt παραθέτω, παραπέμπω.

citizen [`sitizən] n πολίτης || ~ship, ιθαγένεια, υπηκοότητα.

citron [`sitrən] n κίτρο.

citrus [`sitrəs] n εσπεριδοειδές.

city [`siti] n πόλη.

civic [`sivik] adj αστικός, πολιτικός.

civil [`sivl] adj πολιτικός, αστικός || δημόσιος || ευγενικός || ~ law, αστικό δίκαιο || C~ Service, δημόσια διοίκηση || ~servant, δημόσιος υπάλληλος || ~ rights, πολιτικά δικαιώματα || ~ war, εμφύλιος πόλεμος.

civilian [si`viliən] n πολίτης || adj πολιτικός.

civilization [.sivəlai`zeiʃn] n πολιτισμός.

civilize [`sivəlaiz] vt εκπολιτίζω.

clad [klæd] adj ντυμένος.

claim [kleim] n αξίωση, απαίτηση || vt απαιτώ || ισχυρίζομαι || lay ~ to sth, διεκδικώ κτ.

clam [klæm] n αχιβάδα.

clamber [`klæmbəˋ] vt σκαρφαλώνω.

clammy [`klæmi] adj υγρός, κολλώδης.

clamour [`klæməˋ] n κατακραυγή, φωνές || vi κραυγάζω, φωνασκώ.

clamp [klæmp] n συσφιγκτήρας, κολλάρο (σωλήνα) || vt σφίγγω.

clan [klæn] n σόι, φυλή, πατριά.

clandestine [klænˋdestin] adj κρυφός.

clang [klæŋ] n κλαγγή || vti κροτώ.

clank [klæŋk] n χτύπος, κρότος.

clap [klæp] vti χτυπώ || χειροκροτώ || χώνω || ~ping, χειροκρότημα || ~trap, μπαρούφες.

claret [`klærət] n μαύρο κρασί.

ciarify [`klærifai] vti λαμπικάρω || διασαφηνίζω || clarification, διευκρίνηση.

clarinet [.klæri`nət] n κλαρινέτο.

clarity [`klærəti] n διαύγεια.

clash [klæʃ] n σύγκρουση || κλαγγή ||

vti συγκρούομαι || κροτώ.

clasp [kla:sp] n σφίξιμο, αγκάλιασμα || πόρπη || vt σφίγγω, αγκαλιάζω.

class [kla:s] n τάξη || κλάση, κατηγορία || vt ταξινομώ || ~less, αταξικός || ~mate, συμμαθητής || ~room, αίθουσα διδασκαλίας || ~ struggle, ταξικός αγώνας.

classic [`klæsik] n, adj κλασικός.

classify [`klæsifai] vt ταξινομώ, κατατάσσω || classification, ταξινόμηση.

clatter [`klætəˋ] n κρότος, θόρυβος, οχλοβοή || vti κροτώ, θορυβώ.

clause [`klo:z] n όρος, άρθρο, ρήτρα || γραμμ. πρόταση.

claustrophobia [.klo:strəˋfoubiə] n κλειστοφοβία.

clavichord [`klæviko:d] n κλειδοκύμβαλο.

claw [klo:] n νύχι, δαγκάνα || vt αρπάζω (με τα νύχια) || γρατζουνίζω.

clay [klei] n πηλός, άργιλος || adj πήλινος.

clean [kli:n] adj καθαρός, παστρικός || adv εντελώς || vti καθαρίζω || ~ out, καθαρίζω, ξεπενταρίζω || ~ up, ξεκαθαρίζω || ~-cut, καθαρόγραμμος || ~er, καθαρίστρια || ~ly adv καθαρά || ~-shaven, ξυρισμένος, χωρίς γένια.

cleanly [`klenli] adj (καθ` έξιν) καθαρός || cleanliness, καθαριότητα.

cleanse [klenz] vt καθαρίζω, εξαγνίζω.

clear [kliəˋ] adj καθαρός, διαυγής, σαφής || ξεκάθαρος, βέβαιος || ελεύθερος || ολόκληρος || adv καθαρά, μακριά, εντελώς || vti καθαρίζω || ελευθερώνω || απαλλάσσω || ~ away, παίρνω, φεύγω || ~ off, φεύγω, στρίβω || ~ out, αδειάζω, φεύγω || ~ up, ξεκαθαρίζω || ~ one's throat, ξεροβήχω || keep/stay ~ of, αποφεύγω || ~ance, ξεχέρσωμα, ξεπούλημα, εκτελωνισμός, διάκενο || ~ing, ξέφωτο δάσους || all-~, λήξη συναγερμού.

cleavage [`kli:vidʒ] n σχίσιμο.

cleave [kli:v] vti irreg σχίζω.

clef [klef] n μουσ. κλειδί.

clematis [`klemətis] n αγριάμπελη.

clemency [`klemənsi] n επιείκεια, ηπιότητα.

clement [`klemənt] adj ήπιος, επιεικής.

clench [klentʃ] vt σφίγγω (τα δόντια).

clergy [`klɜ:dʒi] n κλήρος || ~man, κληρικός, παπάς.

clerical [`klerikl] adj κληρικός, ιερατικός || υπαλληλικός, γραφικός.

clerk [kla:k] n υπάλληλος.

clever [`klevəˋ] adj έξυπνος || ~ness, εξυπνάδα || ~ly, έξυπνα.

cliché [`kli:ʃei] n κλισέ.

click [klik] n κλικ, ξερός κρότος, πλατάγισμα || vt χτυπώ.

client ['klaiənt] n πελάτης.

clientele [,kli:ɔn'tel] n πελατεία.

cliff [klif] n βράχος, γκρεμός.

climacteric [klai'mæktərik] n κλιμακτήριος.

climate ['klaimit] n κλίμα.

climax ['klaimæks] n αποκορύφωμα.

climb [klaim] n αναρρίχηση, ανάβαση || vt αναρριχώμαι, σκαρφαλώνω || ~er, ορειβάτης || ~ing, n ορειβασία.

clinch [klintʃ] vt λύνω οριστικά.

cling [kliŋ] vti irreg πιάνομαι, προσκολλώμαι, κολλώ.

clinic ['klinik] n κλινική || ~al, κλινικός.

clink [kliŋk] vt τσουγκρίζω, κουδουνίζω || n sl φυλακή, ψειρού.

clip [klip] n συνδετήρας || κούρεμα, ψαλίδισμα || vt συνδέω || κουρεύω, ψαλιδίζω, κόβω || ~pers n pl κουρευτική μηχανή || ~pings n pl αποκόμματα.

clique [kli:k] n κλίκα.

cloak [klouk] n μανδύας, πέπλος || ~room, γκαρνταρόμπα, τουαλέτα.

clobber ['klobə'] n εφόδια, ρούχα || vt κοπανάω.

clock [klok] n ρολόι || ~wise, δεξιόστροφος || ~work, μηχανισμός.

clod [klod] n σβώλος.

clog [klog] n τσόκαρο || πεδούκλι || vt πεδουκλώνω, φράζω.

cloister ['kloistə'] n μονή, περιστύλιο.

¹**close** [klous] adj κοντινός || πυκνός || σφιχτός || στενός || φιλάργυρος || προσεχτικός || πνιγηρός || αυστηρός || κλειστός || κρυφός || adv κοντά || ~cut / cropped, κοντοκομμένος || ~ly, προσεχτικά, στενά, πολύ || ~ness, εγγύτητα, πυκνότητα, πνιγηρότητα, ομοιότητα.

²**close** [klouz] n κλείσιμο, τέλος || vti κλείνω || περατώνω || ~ down, κλείνω οριστικά || ~ in upon, περικυκλώνω || ~ with, πλησιάζω, δέχομαι.

closet ['klozit] n δωματιάκι, καμαράκι || be ~ed with, συσκέπτομαι με.

closure ['klouʒə'] n τερματισμός, κλείσιμο.

clot [klot] n θρόμβος, σβώλος.

cloth [kloθ] n ύφασμα, πανί, πατσαβούρα.

clothe [klouð] vt ντύνω.

clothes [klouðz] n pl ρούχα || ~-line, σκοινί για τ' άπλωμα ρούχων || ~-peg, μανταλάκι.

clothing ['klouðiŋ] n ρουχισμός.

cloud [klaud] n σύννεφο || vti συννεφιάζω, θολώνω || ~burst, νεροποντή, μπόρα || ~less, ανέφελος || ~y, συννεφιασμένος.

clout [klaut] n φάπα || vt καρπαζώνω.

clove [klouv] n γαρίφαλο || σκελίδα (σκόρδο) || ~r, τριφύλλι || be in ~r, ζω σα μπέης.

clown [klaun] n παλιάτσος || vi κάνω τον παλιάτσο || ~ish, καραγκιοζίστικος.

club [klʌb] n κλομπ, ρόπαλο || λέσχη || χαρτοπ. σπαθί || ~ together, συνεισφέρω.

cluck [klʌk] n κακάρισμα || vi κακαρίζω.

clue [clu:] n ίχνος, ένδειξη.

clump [klʌmp] n συστάδα (δέντρων).

clumsy ['klʌmzi] n αδέξιος, ατζαμής || βαρύς, άκομψος, άχαρος.

cluster ['klʌstə'] n συστάδα || ομάδα || τσαμπί || σύμπλεγμα || vi συγκεντρώνομαι.

clutch [klʌtʃ] n άδραγμα, σφίξιμο || ντεμπραγιάζ, συμπλέκτης || πληθ. μτφ. νύχια || vt σφίγγω, αδράχνω.

clutter ['klʌtə'] n σωρός, ακαταστασία || vt φορτώνω, σωριάζω ακατάστατα.

coach [koutʃ] n προγυμναστής, προπονητής || άμαξα, βαγόνι, πούλμαν || vt προπονώ.

coagulate [kou'ægjuleit] vi πήζω.

coal [koul] n κάρβουνο || ~-black, κατάμαυρος || ~-mine, ~-pit, ανθρακωρυχείο.

coalition [kouə'liʃn] n συνασπισμός.

coarse [ko:s] adj τραχύς, χοντρός || χυδαίος, άξεστος || ~ness, τραχύτητα, χυδαιότητα.

coast [koust] n ακτή || ~al, παραλιακός || ~-guard, ακτοφυλακή || ~-line, ακτές.

coat [kout] n σακάκι, πανωφόρι || προβειά || επάλειψη, στρώμα, χέρι (χρώματος) || vt επαλείφω.

coax [kouks] vt καλοπιάνω, καταφέρνω.

cob [kob] n καλαμπόκι.

cobble [kobl] vt μπαλώνω || ~r, μπαλωματής.

cobra ['koubrə] n κόμπρα.

cobweb ['kobweb] n ιστός αράχνης.

cocaine [kou'kein] n κοκαΐνη.

cock [kok] n πετεινός || αρσενικό πουλί || κάνουλα || κόκορας || vt στηλώνω (τ' αυτιά) || κλείνω (το μάτι) || σηκώνω τον κόκορα || ~-crow, λάλημα πετεινού || ~erel, κοκοράκι || ~-fighting, κοκορομαχία || ~ed hat, τρίκωχο καπέλο.

cockade [ko'keid] n κονκάρδα.

cockle [kokl] n κυδώνι (θαλασσινό).

cockpit ['kokpit] n στίβος (κοκορομαχιών) || πεδίο (μαχών) || καμπίνα (πιλότου).

cockroach ['kokroutʃ] n κατσαρίδα.

cockscomb ['kokskoum] n λειρί.

cocksure [ˌkokˈʃuəʳ] adj υπερβέβαιος.
cocktail [ˈkokteil] n κοκτέηλ.
cocky [ˈkoki] adj αναιδής.
cocoa [ˈkoukou] n κακάο.
coconut [ˈkoukənʌt] n καρύδα.
cocoon [kəˈku:n] n κουκούλι.
cod [kod] n μπακαλιάρος, μουρούνα ‖ ~-liver oil, μουρουνέλαιο.
coddle [kodl] vt κανακεύω.
code [koud] n κώδικας ‖ vt κρυπτογραφώ ‖ Highway C~, Κώδικας Οδικής Κυκλοφορίας.
codify [ˈkoudifai] vt κωδικοποιώ.
co-ed [ˌkouˈed] adj (σχολείο) μικτός.
co-efficient [ˌkouiˈfiʃənt] n συντελεστής.
coerce [kouˈə:s] vt πειθαναγκάζω.
coercion [kouˈə:ʃn] n εξαναγκασμός.
coexist [ˌkouigˈzist] vt συνυπάρχω ‖ ~ence, συνύπαρξη.
coffee [ˈkofi] n καφές ‖ ~ bar, καφέμπαρ ‖ ~ house, καφενείο ‖ ~pot, μπρίκι, καφετιέρα ‖ ~stall, κινητή καντίνα.
coffer [ˈkofəʳ] n θησαυροφυλάκιο.
coffin [ˈkofin] n φέρετρο.
cog [kog] n δόντι (τροχού) ‖ ~wheel, οδοντωτός τροχός.
cogent [ˈkoudʒənt] adj πειστικός.
cogitate [ˈkodʒiteit] vti συλλογίζομαι.
cohabit [kouˈhæbit] vi συμβιώ (χωρίς γάμο).
coherence [ˌkouˈhiərəns] n συνοχή.
coherent [ˌkouˈhiərənt] adj με ειρμό / συνοχή.
cohesion [ˌkouˈhi:ʒn] n συνεκτικότητα, συνοχή, ειρμός.
coil [koil] n κουλούρα (σκοινιού, κλπ.) ‖ vti κουλουριάζω / -ομαι, τυλίγω / -ομαι.
coin [koin] n νόμισμα, κέρμα.
coincide [ˌkouinˈsaid] vi συμπίπτω.
coincidence [ˌkouˈinsidəns] n σύμπτωση ‖ coincidental adj συμπτωματικός.
coke [kouk] n κώκ ‖ κόκα-κόλα.
colander [ˈkʌləndəʳ] n σουρωτήρι.
cold [kould] n κρύο, συνάχι, κρυολόγημα ‖ adj κρύος, ψυχρός ‖ have ~ feet, κιοτεύω, είμαι απρόθυμος ‖ ~-blooded, μτφ. αναίσθητος ‖ ~ comfort, μαύρη παρηγοριά ‖ ~-hearted, σκληρός ‖ ~ness, ψύχρα, ψυχρότητα.
colic [ˈkolik] n κωλικός.
collaborate [kəˈlæbəreit] vi συνεργάζομαι ‖ collaborator, συνεργάτης ‖ collaboration, συνεργασία.
collapse [kəˈlæps] n κατάρρευση ‖ vi καταρρέω, σωριάζομαι.
collapsible [kəˈlæpsibl] adj πτυσσόμενος.
collar [ˈkoləʳ] n κολλάρο, γιακάς, λαιμαριά ‖ vt γραπώνω.
collate [kəˈleit] vt αντιπαραβάλλω.

collation [kəˈleiʃn] n κολατσιό.
colleague [ˈkoli:g] n συνάδελφος.
collect [kəˈlekt] vt συλλέγω, μαζεύω, εισπράττω ‖ περνώ και παίρνω ‖ ~ion [—kʃən] n συλλογή, έρανος ‖ ~ive, συλλογικός ‖ ~or, συλλέκτης, εισπράκτορας.
college [ˈkolidʒ] n κολλέγιο.
collide [kəˈlaid] vi συγκρούομαι.
collier [ˈkoliəʳ] n ανθρακωρύχος ‖ ~y, ανθρακωρυχείο.
collision [kəˈliʒn] n σύγκρουση.
collocation [ˌkoləˈkeiʃn] n ιδιωματισμός.
colloquial [kəˈloukwiəl] adj της καθομιλουμένης.
collusion [kəˈlu:ʒn] n συμπαιγνία.
collywobbles [ˈkoliwoblz] n κόψιμο (στο στομάχι), τρεμούλα.
colon [ˈkoulən] n ανατ. κόλον ‖ δύο τελείες.
colonel [kə:nl] n συνταγματάρχης.
colonial [kəˈlouniəl] n αποικιακός ‖ ~ism, αποικιοκρατία ‖ ~ist, αποικιοκράτης.
colonist [ˈkolonist] n άποικος.
colonize [ˈkolənaiz] vt αποικίζω.
colonnade [ˌkoləˈneid] n κιονοστοιχία.
colony [ˈkoləni] n αποικία.
colossal [kəˈlosəl] adj κολοσσιαίος.
colossus [kəˈlosəs] n κολοσσός.
colour [ˈkʌləʳ] n χρώμα ‖ βαφή, μπογιά ‖ πληθ. σημαία ‖ vti χρωματίζω, βάφω ‖ μτφ. γαρνίρω, υπερβάλλω ‖ adj έγχρωμος ‖ join the ~s, κατατάσσομαι ‖ stick to one's ~s, μένω πιστός στις αρχές μου ‖ ~-blind, δαλτωνικός ‖ ~-bar, φυλετικές διακρίσεις ‖ ~ed, έγχρωμος ‖ ~ful, γραφικός ‖ ~ing, χρωστικός ‖ ~less, άχρωμος, άτονος.
colt [kəult] n πουλάρι.
column [ˈkoləm] n κολώνα ‖ στήλη ‖ φάλαγγα ‖ ~ist [-nist] αρθρογράφος.
coma [ˈkoumə] n κώμα.
comb [koum] n χτένι, τσατσάρα ‖ λειρί ‖ κερήθρα ‖ vt χτενίζω.
combat [ˈkombæt] n μάχη, αγώνας ‖ μάχομαι ‖ single ~, μονομαχία ‖ ~ant, μαχητής, μάχιμος ‖ non-~ant, άμαχος ‖ ~ive, μαχητικός, εριστικός.
combination [ˌcombiˈneiʃən] n συνδυασμός ‖ μοτοσυκλέτα με καλάθι.
combine [komˈbain] vti συνδυάζω / -ομαι, ενώνω / -ομαι.
combustible [komˈbʌstəbl] adj καύσιμος.
combustion [komˈbʌstʃən] n καύση.
come [kʌm] vi irreg έρχομαι, γίνομαι ‖ ~ about, συμβαίνω ‖ ~ across, συναντώ / βρίσκω τυχαία ‖ ~ along, προχωρώ, προοδεύω, παρουσιάζομαι ‖ ~ apart, διαλύομαι ‖ ~ at, φτάνω, επιτίθεμαι ‖ ~ away, φεύγω, ξεκολλώ ‖ ~

back, επανέρχομαι ‖ ~ **by**, αποκτώ, βρίσκω ‖ ~ **down**, πέφτω, φτάνω ώς, συνοψίζομαι ‖ ~ **down on**, κατασδιάζω ‖ ~ **forward**, προσφέρομαι εθελοντικά ‖ ~ **from**, κατάγομαι ‖ ~ **in**, γίνεται της μόδας, συμμετέχω ‖ ~ **in for**, παίρνω μερίδιο ‖ ~ **in on**, παίρνω μέρος ‖ ~ **into**, κληρονομώ, καταλήγω, μπαίνω ‖ ~ **of**, προέρχομαι προκύπτω ‖ ~ **off**, ξεκολλώ, βγαίνω, πραγματοποιούμαι, πετυχαίνω ‖ ~ **on**, ακολουθώ, αναπτύσσομαι, πέφτω, αρχίζω ‖ ~ **out**, απεργώ ‖ ~ **out with**, ξεστομίζω ‖ ~ **over**, πιάνω, πάω / έρχομαι (από μακριά) ‖ ~ **round**, συνέρχομαι, περνώ (από κάπου), μεταπείθομαι ‖ ~ **through**, περνώ, γλυτώνω, φτάνω ‖ ~ **to**, συνέρχομαι, φθάνω, ανέρχομαι, καταλήγω ‖ ~ **under**, υπάγομαι ‖ ~ **up**, έρχομαι (προς συζήτηση), εμφανίζομαι ‖ ~ **up to**, φτάνω έως, πλησιάζω ‖ ~ **up against**, αντιμετωπίζω ‖ ~ **up with**, έχω, βρίσκω (ιδέες, κλπ.) ‖ ~ **upon**, συναντώ / βρίσκω τυχαία, κυριεύω ‖ ~ **off it!** άστα αυτά / κόφτο! ‖ ~**back**, επιστροφή.

comedian [ko`mi:diən] n κωμικός.

comedy [`komədi] n κωμωδία.

comet [`komit] n κομήτης.

comfort [`kʌmfət] n άνεση, κομφόρ ‖ παρηγοριά ‖ vt παρηγορώ ‖ ~**able**, άνετος.

comic [`komik] adj κωμικός ‖ ~**al**, αστείος ‖ ~**s**, κόμικς.

coming [`kʌmiŋ] n ερχομός, έλευση ‖ adj [an]ερχόμενος.

comma [`komə] n κόμμα ‖ **inverted ~s**, εισαγωγικά.

command [kə`ma:nd] n διαταγή ‖ διοίκηση ‖ γνώση, κατοχή (γλώσσας) ‖ διάθεση ‖ vti διατάσσω ‖ διοικώ ‖ κουμαντάρω ‖ διαθέτω ‖ εμπνέω, επιβάλλω ‖ δεσπόζω ‖ ~**er**, διοικητής, πλωτάρχης ‖ ~**ment**, εντολή.

commando [kə`ma:ndou] n κομάντο, καταδρομέας.

commemorate [kə`meməreit] vt τιμώ, εορτάζω ‖ **commemoration**, εορτασμός, μνημόσυνο ‖ **commemorative**, αναμνηστικός.

commence [kə`mens] vti αρχίζω.

commend [kə`mend] vt επαινώ ‖ ~ **to**, εμπιστεύομαι, αναθέτω ‖ ~**able**, αξιέπαινος.

comment [`koment] n σχόλιο ‖ vi ~ **on**, σχολιάζω ‖ **make ~s on**, σχολιάζω ‖ ~**ary** [-ri] ερμηνευτικά σχόλια ‖ ~**ator** [-eitəʳ] σχολιαστής.

commerce [`komə:s] n εμπόριο.

commercial [kə`mə:ʃəl] adj εμπορικός ‖

n TV διαφημιστικό ‖ ~**ize**, εμπορεύομαι.

commiserate [kə`mizəreit] vi ~ **[with]**, συμπονώ, συμπάσχω, συλλυπούμαι.

commissar [ˌkomi`sa:ʳ] n κομμισάριος, λαϊκός επίτροπος ‖ ~**iat**, επιτροπάτο.

commission [kə`miʃn] n διάπραξη ‖ εντολή ‖ προμήθεια ‖ βαθμός (αξιωματικού) ‖ vt παραγγέλλω, επιφορτίζω, αναθέτω ‖ **out of ~**, (πολεμ. πλοίο) παρωπλισμένο ‖ **in ~**, εν ενεργεία ‖ ~**er**, μέλος επιτροπής, αρμοστής ‖ ~**aire**, θυρωρός (με στολή).

commit [kə`mit] vt διαπράττω ‖ εμπιστεύομαι, παραδίδω, αναθέτω ‖ ~ **oneself**, δεσμεύομαι ‖ ~**ment**, δέσμευση, υποχρέωση.

committee [kə`miti] n επιτροπή ‖ **sit on a ~**, είμαι μέλος επιτροπής.

commodious [kə`moudiəs] adj ευρύχωρος.

commodity [kə`modəti] n είδος, προϊόν, εμπόρευμα.

commodore [`komədo:ʳ] n αρχιπλοίαρχος.

common [`komən] adj κοινός ‖ συνηθισμένος ‖ χυδαίος ‖ n βοσκότοπος ‖ κοινόχρηστο χώρος ‖ **have in ~**, έχω από κοινού ‖ **out of the ~**, ασυνήθης ‖ ~ **law**, άγραφο δίκαιο ‖ ~**ly** adv συνήθως ‖ **C~ Market**, Κοινή Αγορά ‖ ~ **room**, σχολ. γραφείο καθηγητών ‖~**er**, αστός, κοινός θνητός ‖ ~**place**, τετριμμένος, ασήμαντος ‖ ~**wealth**, κοινοπολιτεία.

commotion [kə`mouʃn] n αναταραχή.

communal [`komjunəl] adj κοινοτικός.

¹**commune** [`komju:n] n κοινότητα.

²**commune** [kə`mju:n] vi ~ **with**, [επι]κοινωνώ με.

communicate [kə`mju:nikeit] vti μεταδίδω, μεταβιβάζω ‖ επικοινωνώ, συνεννοούμαι ‖ **communication**, μετάδοση ‖ επικοινωνία, συνεννόηση ‖ πληροφορία.

communicative [kə`mju:nikətiv] adj ομιλητικός, διαχυτικός.

communion [kə`mju:niən] n [επι]κοινωνία ‖ θρησκευτική κοινότητα ‖ **Holy C~**, Θεία Κοινωνία, Μετάληψη.

communiqué [kə`mju:nikei] n ανακοινωθέν.

communism [`komjunizm] n κομμουνισμός ‖ **communist**, κομμουνιστής, κομμουνιστικός.

community [kə`mju:nəti] n κοινότητα.

commute [kə`mju:t] vt μετατρέπω ‖ πηγαινοέρχομαι.

¹**compact** [`kompækt] n σύμβαση, συμβόλαιο ‖ πουδριέρα.

²**compact** [kəm`pækt] adj πυκνός, συμπαγής.

companion [kəm`pæniən] n φίλος, σύντροφος, συνοδός ‖ ~**able**, κοινωνικός ‖ ~**ship**, συντροφιά.

company [ˈkʌmpəni] n συντροφιά, παρέα ‖ λόχος ‖ θίασος ‖ εταιρεία ‖ **part** ~ **with sb**, κόβω σχέσεις με κπ.

comparative [kəmˈpærətiv] adj συγκριτικός.

comparable [ˈkɒmpərəbl] adj συγκρίσιμος, ανάλογος, εφάμιλλος.

compare [kəmˈpeəʳ] vti συγκρίνω/-ομαι ‖ ~ **to**, παρομοιάζω με ‖ **as** ~**d to/with**, σε σύγκριση με ‖ **beyond/past** ~, ασύγκριτος.

comparison [kəmˈpærisn] n σύγκριση.

compartment [kəmˈpɑːtmənt] n διαμέρισμα, βαγόνι.

compass [ˈkʌmpəs] n πυξίδα ‖ όρια, έκταση ‖ πληθ. διαβήτης.

compassion [kəmˈpæʃn] n συμπόνοια, οίκτος ‖ ~**ate** [-ət] συμπονετικός.

compatible [kəmˈpætəbl] adj σύμφωνος, συμβιβάσιμος.

compatriot [kəmˈpætriət] n συμπατριώτης.

compel [kəmˈpel] vt αναγκάζω, υποχρεώνω.

compensate [ˈkɒmpənseit] vt αμείβω, αποζημιώνω ‖ ~ **for**, αντισταθμίζω ‖ **compensation**, αποζημίωση ‖ **compensatory**, αντισταθμιστικός.

compete [kəmˈpiːt] vi συναγωνίζομαι, διαγωνίζομαι.

competence [ˈkɒmpitəns] n αρμοδιότητα, ικανότητα ‖ εισόδημα.

competent [ˈkɒmpitənt] adj αρμόδιος ‖ ικανός ‖ επαρκής.

competition [ˌkɒmpəˈtiʃn] n συναγωνισμός, ανταγωνισμός, άμιλλα ‖ αγώνας.

competitive [kəmˈpetətiv] adj ανταγωνιστικός ‖ **competitor**, ανταγωνιστής.

compile [kəmˈpail] vt συντάσσω (λεξικό), συλλέγω ‖ ~**r**, συντάκτης ‖ **compilation** [ˌkɒmpiˈleiʃn] σύνταξη, συλλογή.

complacence [kəmˈpleisəns] n αυταρέσκεια.

complacent [kəmˈpleisənt] adj αυτάρεσκος.

complain [kəmˈplein] vi παραπονιέμαι, γκρινιάζω ‖ ~**ant**, νομ. ενάγων.

complaint [kəmˈpleint] n παράπονο ‖ μήνυση ‖ αρρώστεια, πάθηση.

complement [ˈkɒmpləmənt] n συμπλήρωμα ‖ vt συμπληρώνω ‖ ~**ary**, συμπληρωματικός.

complete [kəmˈpliːt] adj τέλειος, πλήρης ‖ τελειωμένος, ολοκληρωμένος ‖ ~**ly**, τελείως ‖ ~**ness**, πληρότητα.

completion [kəmˈpliːʃn] n συμπλήρωση, ολοκλήρωση, αποπεράτωση.

complex [ˈkɒmpləks] n σύμπλεγμα ‖ adj περίπλοκος.

complexity [ˌkɒmˈpleksəti] n περιπλοκή.

complexion [kəmˈplekʃn] n χρώμα (προσώπου) ‖ όψη.

compliance [kəmˈplaiəns] n συμμόρφωση ‖ υποταγή, υποχωρητικότητα.

complicate [ˈkɒmplikeit] vt περιπλέκω ‖ ~**d**, μπερδεμένος ‖ **complication**, περιπλοκή, επιπλοκή, μπέρδεμα.

complicity [kəmˈplisəti] n συνενοχή.

compliment [ˈkɒmplimənt] n φιλοφρόνηση ‖ πληθ. χαιρετίσματα ‖ ~**ary**, [ˌkɒmpliˈmentri] φιλοφρονητικός.

comply [kəmˈplai] vi συμμορφώνομαι.

component [kəmˈpəunənt] n εξάρτημα ‖ συστατικό μέρος ‖ adj συστατικός.

compose [kəmˈpəuz] vt συγκροτώ, απαρτίζω ‖ συντάσσω, γράφω, συνθέτω ‖ στοιχειοθετώ ‖ συγκεντρώνω ‖ **be** ~**d of**, αποτελούμαι από ‖ ~**d**, ήρεμος, ατάραχος ‖ ~**dly** [kɒmˈpəuzidli] ήρεμα ‖ ~**r**, συνθέτης.

composite [ˈkɒmpəzit] adj σύνθετος, μεικτός.

composition [ˌkɒmpəˈziʃn] n συγκρότηση, σύσταση ‖ σύνθεση, έκθεση ‖ στοιχειοθεσία.

compositor [kəmˈpozitəʳ] n στοιχειοθέτης.

compost [ˈkɒmpost] n φουσκί.

composure [kəmˈpəuʒəʳ] n αταραξία, ηρεμία, αυτοκυριαρχία.

¹**compound** [ˈkɒmpaund] n μείγμα ‖ περίβολος ‖ adj σύνθετος.

²**compound** [kəmˈpaund] vt αναμειγνύω, συνθέτω ‖ συμβιβάζω.

comprehend [ˌkɒmpriˈhend] vti κατανοώ ‖ περιλαμβάνω.

comprehension [ˌkɒmpriˈhenʃn] n κατανόηση ‖ έννοια, σημασία ‖ **comprehensible**, [κατα]νοητός, σαφής ‖ **comprehensive**, περιεκτικός.

¹**compress** [ˈkɒmprəs] n κομπρέσα.

²**compress** [kɒmˈpres] vt συμπιέζω, συμπυκνώνω ‖ ~**ion**, συμπίεση.

comprise [kəmˈpraiz] vt περιλαμβάνω.

compromise [ˈkɒmprəmaiz] n συμβιβασμός ‖ vti συμβιβάζω/-ομαι.

compulsion [kəmˈpʌlʃn] n καταπίεση, εξαναγκασμός ‖ **under** ~, με το ζόρι.

compulsive [kəmˈpʌlsiv] adj τυραννικός, καταπιεστικός ‖ παθολογικός.

compulsory [kəmˈpʌlsəri] adj υποχρεωτικός.

compunction [kəmˈpʌŋkʃn] n ενδοιασμός.

compute [kəmˈpjuːt] vt υπολογίζω ‖ **computation** [ˌkɒmpjuˈteiʃn] υπολογισμός ‖ ~**r**, ηλεκτρονικός υπολογιστής.

comrade [ˈkɒmreid] n σύντροφος.

con [kɒn] n στη φρ. **the pros and cons**,

τα υπέρ και τα κατά ‖ απάτη ‖ **con man**, απατεώνας ‖ *vt* εξαπατώ.

concave [`koŋkeiv] *adj* κοίλος.

conceal [kən`si:l] *vt* αποκρύπτω ‖ ~**ment**, απόκρυψη.

concede [kən`si:d] *vt* παραχωρώ ‖ παραδέχομαι.

conceit [kən`si:t] *n* έπαρση ‖ ~**ed**, αλαζονικός.

conceive [kən`si:v] *vt* συλλαμβάνω *(παιδί, ιδέα)* ‖ διανοούμαι ‖ **conceivable**, [κατα]νοητός.

concentrate [`konsəntreit] *vti* συγκεντρώνω / -ομαι ‖ ~**d**, συγκεντρωμένος, συμπυκνωμένος.

concentration [.konsən`treiʃn] *n* συγκέντρωση ‖ ~ **camp**, στρατόπεδο συγκέντρωσης.

concept [`konsəpt] *n* έννοια, ιδέα.

conception [kən`sepʃn] *n* σύλληψη ‖ αντίληψη.

concern [kən`sə:n] *n* δουλειά ‖ επιχείρηση ‖ συμφέρον, μερίδιο ‖ ανησυχία, φροντίδα ‖ *vt* αφορώ, ενδιαφέρω ‖ ανησυχώ ‖ ~ *oneself with*, ενδιαφέρομαι για ‖ *as far as I am* ~**ed**, καθ΄ όσον με αφορά ‖ ~**ed**, ανήσυχος ‖ ~**ing** *prep* σχετικά με.

concert [`konsət] *n* συναυλία ‖ συμφωνία, συνενόηση ‖ ~**ed**, συντονισμένος ‖ ~**ina** [konsə`ti:nə] ακορντεόν.

concerto [kən`tʃeətou] *n* κοντσέρτο.

concession [kən`seʃn] *n* παραχώρηση, εκχώρηση ‖ δικαίωμα εκμετάλλευσης.

conch [kontʃ] *n* κοχύλι.

conciliate [kən`silieit] *vt* συμφιλιώνω, συμβιβάζω ‖ **conciliation**, συμφιλίωση ‖ **conciliatory** [kən`siliətəri] *adj* συμβιβαστικός, διαλλακτικός.

concise [kən`sais] *adj* συνοπτικός.

conclave [`koŋkleiv] *n* κονκλάβιο, συμβούλιο.

conclude [kən`klu:d] *vti* περαίνω, τερματίζω ‖ συμπεραίνω ‖ συνάπτω.

conclusion [kən`klu:ʒn] *n* συμπέρασμα ‖ τέλος, τερματισμός ‖ σύναψη.

conclusive [kən`klu:siv] *adj* αδιαμφισβήτητος, πειστικός.

concoct [kən`kokt] *vt* παρασκευάζω ‖ μηχανεύομαι, σκαρώνω ‖ ~**ion**, αφέψημα, παρασκεύασμα, σκευωρία.

concord [`koŋko:d] *n* ομόνοια.

concrete [`koŋkri:t] *adj* συγκεκριμένος ‖ *n* μπετόν.

concubine [`koŋkjubain] *n* παλλακίδα.

concur [kon`kə:ˁ] *vi* συμφωνώ ‖ συμπίπτω ‖ ~**rence** [kən`kʌrəns] *n* συμφωνία, σύμπτωση ‖ ~**rent** [kən`kʌrənt] *adj* συμπίπτων, συντρέχων.

concussion [kən`kʌʃn] *n* διάσειση.

condemn [kən`dem] *vt* καταδικάζω.

condemnation [.kondəm`neiʃn] *n* καταδίκη.

condense [kən`dens] *vt* συμπυκνώνω.

condescend [.kondi`send] *vi* καταδέχομαι ‖ ~**ing**, καταδεχτικός, συγκαταβατικός.

condescension [.kondi`senʃn] *n* καταδεχτικότητα, συγκατάβαση.

condition [kən`diʃn] *n* κατάσταση, θέση ‖ όρος, προϋπόθεση ‖ *πληθ.* συνθήκες ‖ *vt* διέπω, καθορίζω ‖ *on* ~ *that*, υπό τον όρον ότι ‖ *on no* ~, σε καμιά περίπτωση ‖ ~**al**, *adj* υπό όρους, υποθετικός.

condolences [kən`doulənsiz] *n pl* συλλυπητήρια.

condone [kən`doun] *vt* συγχωρώ, παραβλέπω ‖ αντισταθμίζω.

conduce [kən`dju:s] *vi* συμβάλλω.

conducive [kən`du:siv] *adj* συντελεστικός.

¹**conduct** [`kondʌkt] *n* διαγωγή ‖ διεξαγωγή, διεύθυνση.

²**conduct** [kən`dʌkt] *vt* διευθύνω, διεξάγω ‖ οδηγώ ‖ ~ *oneself*, συμπεριφέρομαι ‖ ~**ed** *tour*, ξενάγηση ‖ ~**or**, μαέστρος ‖ εισπράκτορας *(λεωφορείου)* ‖ ~**ress**, γυναίκα εισπράκτορας.

conduit [`kondit, `kondjuit] *n* αγωγός.

cone [koun] *n* κώνος ‖ παγωτό χωνάκι ‖ κουκουνάρι.

confectioner [kən`fekʃənəˁ] *n* ζαχαροπλάστης ‖ ~**y**, ζαχαροπλαστική, γλυκίσματα.

confederacy [kən`fedərəsi] *n* ομοσπονδία.

confederate [kən`fedərət] *adj* ομόσπονδος ‖ *n* συνεργός, συνένοχος ‖ **confederation** [-`reiʃn], συνομοσπονδία.

confer [kən`fə:] *vti* απονέμω, παρέχω ‖ ~ *with sb*, συσκέπτομαι.

conference [`konfərəns] *n* διάσκεψη, σύσκεψη.

confess [kən`fes] *vti* ομολογώ, παραδέχομαι ‖ εξομολογώ, -ούμαι ‖ ~**edly** [-idli] κατά την ιδίαν του ομολογία ‖ ~**ion**, ομολογία, εξομολόγηση ‖ ~**ional**, εξομολογητήριο ‖ ~**or**, εξομολόγος.

confetti [kən`feti] *n* κομφετί.

confide [kən`faid] *vti* ~ *in*, εκμυστηρεύομαι, έχω εμπιστοσύνη ‖ ~ *to*, εμπιστεύομαι, αναθέτω.

confidant [.konfi`dænt] *n* ο εξ απορρήτων, μυστικοσύμβουλος.

confidence [`konfidəns] *n* εμπιστοσύνη, εχεμύθεια ‖ μυστικό, εκμυστήρευση ‖ σιγουριά, αυτοπεποίθηση.

confident [`konfidənt] *adj* σίγουρος, πεπεισμένος ‖ ~**ly**, με σιγουριά.

confidential [.konfi`denʃl] *adj* εμπιστευτικός.

confine [kən`fain] *vt* περιορίζω ‖ εγκλείω

‖ ~ment, περιορισμός, τοκετός ‖ ~s, όρια.

confirm [kən`fə:m] vt επιβεβαιώνω ‖ επικυρώνω ‖ ~ation, επιβεβαίωση, επικύρωση, χρίσμα ‖ ~ed, έμμονος, αδιόρθωτος.

confiscate [`konfiskeit] vt δημεύω, κατάσχω ‖ **confiscation**, δήμευση, κατάσχεση.

conflagration [.konflə`greiʃn] n κρλ. και μτφ. [μεγάλη] πυρκαγιά.

¹**conflict** [`konflikt] n σύγκρουση, αντίθεση ‖ διαμάχη.

²**conflict** [kən`flikt] vi συγκρούομαι.

conform [kən`fo:m] vti ~ to, προσαρμόζω, -ομαι, συμμορφώνομαι ‖ ~ation, διαμόρφωση ‖ ~ist, κονφορμιστής ‖ ~ity, συμμόρφωση.

confound [kən`faund] vt μπερδεύω, προκαλώ σύγχυση ‖ ~ed, βρωμο—, διαολο—, αναθεματισμένος ‖ ~edly, πολύ, φοβερά.

confront [kən`frʌnt] vt αντιμετωπίζω, φέρνω αντιμέτωπους ‖ ~ation, αντιμετώπιση, αναμέτρηση.

confuse [kən`fju:z] vt συγχίζω, μπερδεύω.

confusion [kən`fju3n] n σύγχιση, μπέρδεμα.

confute [kən`fju:t] vt ανασκευάζω.

congeal [kən`dʒi:l] vti παγώνω.

congenial [kən`dʒi:niəl] adj ευχάριστος, ταιριαστός.

congenital [kən`dʒenitəl] adj εκ γενετής.

congested [kən`dʒestid] adj κατάμεστος.

congestion [kən`dʒestʃən] n [κυκλοφοριακή / πνευμονική] συμφόρηση.

congratulate [kən`grætʃuleit] vt ~ sb on sth, συγχαίρω κπ για κτ ‖ **congratulations**, συγχαρητήρια ‖ **congratulatory** [kən`grætʃulatəri] adj συγχαρητήριος.

congregate [`koŋgrigeit] vti συναθροίζω / -ομαι ‖ **congregation** [.koŋgri`geiʃən] n συνάθροιση, εκκλησίασμα.

congress [`koŋgres] n συνέδριο ‖ Κογκρέσο ‖ ~man, μέλος του Κογκρέσου.

coniferous [kə`nifərəs] adj κωνοφόρος.

conjecture [kən`dʒektʃər] n εικασία ‖ vt εικάζω ‖ **conjectural**, υποθετικός.

conjugal [`kondʒugəl] adj συζυγικός.

conjugate [`kondʒugeit] vt κλίνω (ρήμα).

conjunction [kən`dʒʌŋkʃn] n γραμμ. σύνδεσμος ‖ σύμπτωση ‖ in ~ with, από κοινού με.

conjuncture [kən`dʒʌŋktʃər] n συγκυρία.

conjure [`kʌndʒər] vti κάνω κτ ταχυδακτυλουργικά ‖ ~ up, φέρνω [ως διά μαγείας], επικαλούμαι ‖ ~r, ταχυδακτυλουργός.

conk [ko:ŋk] n sl μύτη ‖ vt sl κοπανάω

‖ ~ out, sl τα κακαρώνω, πέφτω ξερός.

connect [kə`nekt] vti συνδέω / -ομαι ‖ ~ion ή connexion, σχέση.

connive [kə`naiv] vi συνεργώ ‖ **connivance**, συνενοχή, συνεννόηση.

connoisseur [.konə`sə:ʳ] n ειδήμων.

conquer [`koŋkəʳ] vt κατακτώ ‖ υπερνικώ, υποτάσσω ‖ ~or, κατακτητής.

conquest [`koŋkwest] n κατάκτηση.

conscience [`konʃəns] n συνείδηση ‖ **have sth on one's ~**, έχω κάτι βάρος στη συνείδησή μου ‖ **in all ~** ή **upon my ~**, με το χέρι στην καρδιά.

conscientious [.konsi`enʃəs] adj ευσυνείδητος.

conscious [`konʃəs] adj συνειδώς, συναισθανόμενος ‖ ~ness, συναίσθηση, συνείδηση, επίγνωση.

¹**conscript** [`konskript] n κληρωτός.

²**conscript** [kən`skript] vt στρατολογώ ‖ ~ion [-pʃən] στρατολογία, επίταξη.

consecrate [`konsikreit] vt αφιερώνω ‖ εγκαινιάζω (ναό) ‖ χειροτονώ.

consecutive [kən`sekjutiv] adj συνεχής, διαδοχικός.

consensus [kən`sensəs] n ομοφωνία, κοινή συναίνεση.

consent [kən`sent] n συναίνεση, συμφωνία ‖ vi συναινώ, συμφωνώ ‖ **with one ~**, ομοφώνως.

consequence [`konsikwəns] n συνέπεια ‖ σημασία, σπουδαιότητα.

consequently [`konsikwəntli] adv επομένως, άρα, συνεπώς.

conservation [.konsə`veiʃn] n συντήρηση, διατήρηση, προστασία.

conservatism [kən`sə:vətizm] n συντηρητισμός.

conservative [kən`sə:vətiv] n, adj συντηρητικός.

conservatory [kən`sə:vətri] n θερμοκήπιο, σέρρα ‖ ωδείο.

conserve [kən`sə:v] vt συντηρώ, διατηρώ, προστατεύω.

consider [kən`sidəʳ] vt μελετώ, εξετάζω ‖ θεωρώ ‖ λαμβάνω υπόψη ‖ ~able, σημαντικός ‖ ~ate, διακριτικός, αβρός ‖ ~ation, αβρότητα, λεπτότητα ‖ μελέτη, εξέταση ‖ παράγοντας ‖ αμοιβή ‖ ~ing prep λαμβανομένου υπόψη.

consign [kən`sain] vt στέλνω ‖ παραδίνω, εμπιστεύομαι ‖ ~ment, αποστολή ‖ on ~ment, σε παρακαταθήκη.

consist [kən`sist] vi ~ of, αποτελούμαι από ‖ ~ence, συνέπεια, συνοχή ‖ ~ent, συνεπής, σύμφωνος ‖ ~ently, με συνέπεια.

console [kən`soul] vt παρηγορώ ‖ **consolation**, παρηγορία.

consolidate [kən'sɔlideit] *vti* σταθεροποιώ/ -ούμαι, εμπεδώνω ‖ **consolidation**, σταθεροποίηση, ενοποίηση *(χρεών)*.
consonant [`kɔnsənənt] *n* σύμφωνο.
consort [kən'sɔ:t] *vi* συναγελάζομαι ‖ εναρμονίζομαι.
conspicuous [kən'spikjuəs] *adj* περίβλεπτος, ξεχωριστός, ευδιάκριτος.
conspiracy [kən'spirəsi] *n* συνωμοσία.
conspirator [kən'spirətə^r] *n* συνωμότης.
conspire [kən'spaiə^r] *vti* συνωμοτώ.
constable [`kɔnstəbl] *n* αστυφύλακας, χωροφύλακας.
constabulary [kən'stæbjuləri] *n* αστυνομία, χωροφυλακή.
constancy [`kɔnstənsi] *n* σταθερότητα.
constant [`kɔnstənt] *adj* σταθερός, πιστός ‖ συνεχής, αδιάκοπος ‖ ~**ly**, συνεχώς.
constellation [,kɔnstə'leiʃn] *n* αστερισμός.
consternation [,kɔnstə'neiʃn] *n* κατάπληξη, φόβος, ταραχή.
constipation [,kɔnsti'peiʃn] *n* δυσκοιλιότητα.
constituency [kən'stitjuənsi] *n* εκλογική περιφέρεια.
constituent [kən'stitjuənt] *n* ψηφοφόρος ‖ συστατικό ‖ *adj* συστατικός.
constitute [`kɔnstitju:t] *vt* συνιστώ, αποτελώ ‖ συγκροτώ ‖ διορίζω.
constitution [,kɔnsti'tju:ʃn] *n* σύνταγμα ‖ κράση ‖ ~**al**, συνταγματικός, ιδιοσυστατικός.
constrain [kən'strein] *vt* εξαναγκάζω ‖ ~**ed**, βεβιασμένος ‖ ~**t**, ανάγκη, εξαναγκασμός ‖ συστολή, αμηχανία ‖ περιορισμός.
constrict [kən'strikt] *vt* συσφίγγω ‖ ~**ion**, σφίξιμο ‖ ~**or**, συσφιγκτήρας.
construct [kən'strʌkt] *vt* οικοδομώ, χτίζω, κατασκευάζω ‖ ~**ion**, κατασκευή ‖ κτίριο, κατασκεύασμα ‖ δομή, σύνταξη ‖ ερμηνεία, έννοια ‖ ~**or**, κατασκευαστής ‖ ~**ive**, εποικοδομητικός.
construe [kən'stru:] *vt* ερμηνεύω.
consul [`kɔnsəl] *n* πρόξενος.
consular [`kɔnsjulə^r] *n* προξενικός.
consulate [`kɔnsjulət] *n* προξενείο.
consult [kən'sʌlt] *vt* συμβουλεύομαι ‖ λαβαίνω υπόψη ‖ ~**ant**, σύμβουλος ‖ ~**ation**, συμβούλιο, διαβούλευση ‖ ~**ing-room**, ιατρείο.
consume [kən'sju:m] *vti* καταναλίσκω ‖ ξοδεύω ‖ καταβροχθίζω ‖ ~**r** [-ə^r] καταναλωτής.
consummate [`kɔnsəmeit] *vt* ολοκληρώνω ‖ **consummation**, ολοκλήρωση.
consumption [kən'sʌmpʃən] *n* κατανάλωση ‖ φυματίωση.
contact [`kɔntækt] *n* επαφή ‖ *vt* έρχομαι

σε επαφή ‖ ~ **lens**, φακός επαφής.
contagion [kən'teidʒən] *n* μόλυνση.
contagious [kən'teidʒəs] *adj* μεταδοτικός, κολλητικός, μολυσματικός.
contain [kən'tein] *vt* περιέχω ‖ χωρώ ‖ συγκρατώ ‖ ~**er**, δοχείο, κιβώτιο ‖ ~**ment**, ανάσχεση.
contaminate [kən'tæmineit] *vt* μολύνω ‖ **contamination**, μόλυνση.
contemplate [`kɔntəmpleit] *vt* κοιτάζω, παρατηρώ, μελετώ ‖ αναπολώ ‖ σχεδιάζω ‖ προβλέπω ‖ **contemplation**, ενατένιση, διαλογισμός, αναπόληση.
contemporary [kən'temprəri] *adj* σύγχρονος / συνομήλικος.
contempt [kən'tempt] *n* περιφρόνηση ‖ ~**ible**, αξιοκαταφρόνητος ‖ ~**uous**, περιφρονητικός.
contend [kən'tend] *vti* αγωνίζομαι, παλεύω ‖ ισχυρίζομαι, διατείνομαι ‖ ~**er**, διεκδικητής, ανταγωνιστής.
¹**content** [kən'tent] *adj* ικανοποιημένος, ευχαριστημένος ‖ *vt* ικανοποιώ ‖ ~ **oneself with sth**, αρκούμαι σε κτ ‖ ~**ed**, ικανοποιημένος ‖ ~**edly**, ευχαριστημένα ‖ ~**ment** *n* ικανοποίηση, ευχαρίστηση.
²**content** [`kɔntənt] *n* περιεχόμενο.
contention [kən'tenʃn] *n* ισχυρισμός, διαμάχη.
¹**contest** [`kɔntəst] *n* αγώνας, συναγωνισμός.
²**contest** [kən'test] *vti* αγωνίζομαι, διεκδικώ, παλεύω για ‖ διαμφισβητώ ‖ ~**ant** *n* αντίπαλος, διεκδικητής.
context [`kɔntekst] *n* συμφραζόμενα ‖ πλαίσιο.
continence [`kɔntinəns] *n* εγκράτεια.
continent [`kɔntinənt] *n* ήπειρος ‖ **the C~**, η Ευρώπη ‖ ~**al**, ηπειρωτικός.
contingency [kən'tindʒənsi] *n* ενδεχόμενο, απρόοπτο.
contingent [kən'tindʒənt] *n* τμήμα *(στρατού, ναυτικού)* ‖ *adj* απρόοπτος, τυχαίος ‖ **be** ~ **upon**, εξαρτιέμαι από.
continual [kən'tinjuəl] *adj* συνεχής.
continuance [kən'tinjuəns] *n* συνέχιση, διάρκεια.
continuation [kən,tinju'eiʃn] *n* εξακολούθηση, συνέχεια *(ιστορίας)*.
continue [kən'tinju:] *vti* συνεχίζω / -ομαι.
continuity [,kɔnti'njuəti] *n* συνέχεια.
continuous [kən'tinjuəs] *adj* συνεχής, αδιάκοπος.
contort [kən'tɔ:t] *vt* συστρέφω, συσπώ, διαστρέφω ‖ ~**ion**, σύσπαση, διαστρέβλωση ‖ ~**ionist**, άνθρωπος-λάστιχο.
contour [`kɔntuə^r] *n* περίγραμμα.
contraband [`kɔntrəbænd] *n* λαθρεμπόριο.
contraception [,kɔntrə'sepʃn] *n* πρόληψη

contract [`kɔntrækt] *n* συμβόλαιο, σύμβαση.

²contract [kən`trækt] *vti* αναλαμβάνω συμβατικώς ‖ συνάπτω ‖ κολλώ ‖ σφίγγω, ζαρώνω, μαζεύω ‖ συστέλλω / -ομαι ‖ ~**ion**, συστολή, σύσπαση, συναίρεση ‖ ~**or**, εργολάβος.

contradict [ˌkɔntrə`dikt] *vt* αντιλέγω, αντιμιλώ, διαψεύδω ‖ αντιφάσκω ‖ ~**ion**, διάψευση, αντίφαση ‖ *a* ~**ion in terms**, λογική αντίφαση.

contralto [kən`træltou] *n* μεσόφωνος.

contraption [kən`træpʃn] *n* μαραφέτι.

contrary [`kɔntrəri] *adj* αντίθετος, ενάντιος ‖ *n* το αντίθετο ‖ **on the** ~, απεναντίας ‖ **to the** ~, περί του αντιθέτου ‖ ~ **to**, αντιθέτως προς.

contrast [`kɔntrɑ:st] *n* αντίθεση.

²contrast [kon`trɑ:st] *vti* βρίσκομαι σε αντίθεση με ‖ συγκρίνω, παραβάλλω.

contravene [ˌkɔntrə`vi:n] *vt* παραβαίνω.

contravention [ˌkɔntrə`venʃn] *n* παράβαση.

contretemps [`kɔntrətɔ̃] *n* αναποδιά.

contribute [kən`tribju:t] *vti* συνεισφέρω ‖ συμβάλλω ‖ συνεργάζομαι σ' εφημερίδα.

contribution [ˌkɔntri`bju:ʃn] *n* συμβολή ‖ εισφορά, συνεισφορά ‖ *δημοσιογρ.* συνεργασία, άρθρο.

contributor [kən`tribjutəʳ] *n* *δημοσιογρ.* συνεργάτης.

contrite [kən`trait] *adj* συντετριμμένος, μεταμελημένος, μετανιωμένος.

contrition [kən`triʃn] *n* συντριβή, μετάνοια.

contrivance [kən`traivəns] *n* επινόηση ‖ τέχνασμα ‖ μηχάνημα, μαραφέτι.

contrive [kən`traiv] *vt* μηχανεύομαι, επινοώ ‖ καταφέρνω.

control [kən`troul] *n* έλεγχος ‖ ρύθμιση ‖ ανακόπτης, *μηχαν.* κουμπί, *πληθ.* όργανα ‖ *vt* ελέγχω, ρυθμίζω ‖ ~**ler**, ελεγκτής.

controversial [ˌkɔntrə`və:ʃl] *adj* επίμαχος, αμφιλεγόμενος.

controversy [kən`trɔvə:si] *n* διαμάχη, συζήτηση, πολεμική.

contusion [kən`tju:ʒn] *n* μώλωπας.

conundrum [kə`nʌndrəm] *n* γρίφος.

convalesce [ˌkɔnvə`les] *vi* αναρρωνύω ‖ ~**nce**, ανάρρωση ‖ ~**nt**, αναρρωνύων.

convene [kən`vi:n] *vti* συγκαλώ / -ούμαι.

convenience [kən`vi:niəns] *n* ευκολία, άνεση ‖ *πληθ.* ανέσεις, συσκευές ‖ **for** ~, χάριν ευκολίας ‖ **at one's earliest** ~, με την πρώτη ευκαιρία ‖ **marriage of** ~, γάμος από συμφέρον ‖ **public** ~, δημόσιο αποχωρητήριο.

convenient [kən`vi:niənt] *adj* κατάλληλος, βολικός.

convent [`kɔnvənt] *n* γυναικεία μονή.

convention [kən`venʃn] *n* σύμβαση ‖ συμβατικότητα, τύπος ‖ συνέδριο, συνέλευση ‖ ~**al**, συμβατικός ‖ συνηθισμένος.

converge [kən`və:dʒ] *vti* συγκλίνω ‖ ~**nce**, σύγκλιση ‖ ~**nt**, συγκλίνων.

conversant [kən`və:sənt] *adj* ~ **(with)**, γνώστης.

conversation [ˌkɔnvə`seiʃn] *n* συνομιλία, κουβέντα ‖ ~**al**, ομιλητικός, καθομιλούμενος.

converse [kən`və:s] *vi* συνδιαλέγομαι.

²converse [`kɔnvə:s] *adj* αντίστροφος ‖ **the** ~, *n* το αντίστροφο ‖ ~**ly**, αντιστρόφως.

conversion [kən`və:ʃn] *n* προσηλυτισμός ‖ μετατροπή ‖ σφετερισμός.

convert [`kɔnvə:t] *n* προσήλυτος.

²convert [kən`və:t] *vt* προσηλυτίζω ‖ μετατρέπω ‖ σφετερίζομαι ‖ ~**ible**, μετατρέψιμος.

convex [`kɔnveks] *n* κυρτός.

convey [kən`vei] *vt* μεταφέρω ‖ μεταβιβάζω ‖ [απο]δίδω ‖ ~**ance**, μεταφορά, μεταβίβαση, μετάδοση ‖ μεταφορικό μέσο ‖ ~**or belt**, μεταφορέας με ιμάντα.

convict [`kɔnvikt] *n* κατάδικος.

²convict [kən`vikt] *vt* καταδικάζω ‖ ~**ion**, καταδίκη ‖ πεποίθηση, πίστη.

convince [kən`vins] *vt* ~ **sb of sth**, πείθω.

convincing [kən`vinsiŋ] *adj* πειστικός.

convivial [kən`viviəl] *adj* εύθυμος, γλεντζές.

convoke [kən`vouk] *vt* συγκαλώ.

convoy [`kɔnvoi] *adj* συνοδεία ‖ νηοπομπή, εφοδιοπομπή.

convulse [kən`vʌls] *vt* συνταράσσω, συγκλονίζω ‖ συσπώ.

convulsion [kən`vʌlʃn] *n* σπασμός, αναστάτωση.

convulsive [kən`vʌlsiv] *adj* σπασμωδικός.

coo [ku:] *vi* κουκουρίζω *(σαν περιστέρι)*.

cook [kuk] *n* μάγειρος ‖ *vt* μαγειρεύω, ψήνω ‖ σκαρφώνω, μαγειρεύω ‖ ~**house**, μαγειρείο ‖ ~**er**, κουζίνα ‖ ~**ery**, μαγειρική ‖ ~**[ery] book**, οδηγός μαγειρικής.

cool [ku:l] *adj* δροσερός, κρύος ‖ ψύχραιμος ‖ ψυχρός ‖ αναιδής, θρασύς ‖ *vti* κρυώνω ‖ *n* δροσιά, ψυχρούλα ‖ ψυχραιμία ‖ ~**ly**, ψυχρά ‖ ~**ness**, ψύχρα, ψυχρότητα, ψυχραιμία.

coolie [`ku:li] *n* εργάτης.

coop [ku:p] *n* κοτέτσι, κλουβί ‖ *vt* ~ **up**, φυλακίζω, περιορίζω.

co-operate [kou`ɔpəreit] *vi* συνεργάζομαι.

co-operation [kou‚opə`reiʃn] n συνεργασία.

co-op[erative] [kou`op[ərətiv] n συνεταιρισμός, συνεργατική ‖ ~ **store**, πρατήριο συνεταιρισμού.

co-ordinate [‚kou`o:dineit] vt συντονίζω ‖ **co-ordination**, συντονισμός ‖ **co-ordinator**, συντονιστής.

cop[per] [`kop[ə`] n μπάτσος.

cope [koup] vi τα βγάζω πέρα.

copious [`koupiəs] adj άφθονος.

copper [`kopə`] n χαλκός ‖ μπακίρι ‖ δεκάρα.

coppice [`kopis] n λόχμη.

copulate [`kopjuleit] vi συνουσιάζομαι.

copy [`kopi] n αντίτυπο ‖ αντίγραφο ‖ τυπογρ. ύλη ‖ vt αντιγράφω, μιμούμαι ‖ ~**book**, τετράδιο ‖ ~**right**, κοπυράιτ.

coquetry [`koukətri] n κοκεταρία.

coquette [kou`ket] n κοκέτα.

coral [`korəl] n κοράλλι ‖ adj κοραλλένιος.

cord [ko:d] n χορδή ‖ σπάγγος, σκοινί ‖ ~**on**, ζώνη (από αστυνομικούς, κλπ.).

cordial [`kordiəl] adj εγκάρδιος ‖ έντονος ‖ τονωτικός.

cordiality [‚ko:di`æləti] n εγκαρδιότητα.

corduroy [`ko:dəroi] n κοτλέ.

core [ko:] n πυρήνας ‖ μτφ. καρδιά ‖ **to the** ~, ως το κόκαλο ‖ **the hard** ~, ο σκληρός πυρήνας.

cork [ko:k] n φελλός ‖ vt ~ **up**, βουλώνω, καταπνίγω ‖ ~**screw**, τιρμπουσόν.

corn [ko:n] n δημητριακά, καλαμπόκι, **GB** στάρι ‖ κάλος ‖ ~**cob**, λουμπούκι ‖ ~**flour**, κορνφλάουερ ‖ ~**ed beef**, βωδινό σε κονσέρβα.

corner [`ko:nə`] n γωνία ‖ vt στριμώχνω, φέρνω σε δύσκολη θέση ‖ **round the** ~, μόλις στρίψεις στη γωνία ‖ **be in a tight** ~, είμαι σε δύσκολη θέση ‖ **cut off a** ~, πάω περικοπά ‖ **turn the** ~, ξεπερνώ μια δυσκολία ‖ ~**stone**, ακρογωνιαίος λίθος ‖ ~**kick**, ποδοσφ. κόρνερ.

cornet [`ko:nit] n κορνέτα ‖ χωνάκι (παγωτού).

cornice [`ko:nis] n κορνίζα.

coronary [`korənəri] n στεφανιαία.

coronation [‚korə`neiʃn] n στέψη.

coroner [`korənə`] n ιατροδικαστής.

coronet [`korənet] n διάδημα.

corporal [`ko:prəl] adj σωματικός ‖ n δεκανέας.

corporate [`ko:pərət] adj σωματειακός, συντεχνιακός ‖ ομαδικός.

corporation [‚ko:pə`reiʃn] n σωματείο, νομικό πρόσωπο, εταιρεία.

corps [ko:`] n στρατ., διπλωμ. σώμα.

corpse [ko:ps] n πτώμα.

corpulence [`ko:pjuləns] n παχυσαρκία.

corpulent [`ko:pjulənt] adj παχύσαρκος.

corpuscle [`ko:pʌsl] n αιμοσφαίριο.

correct [ko`rekt] adj ορθός, ακριβής ‖ vt διορθώνω, σωφρονίζω ‖ ~**ion**, διόρθωση, σωφρονισμός ‖ ~**ness**, ορθότητα, ακρίβεια ‖ ~**ly**, σωστά.

correlate [`korəleit] vti συσχετίζω / -ομαι.

correspond [‚kori`spond] vi ανταποκρίνομαι ‖ ~ **to**, αντιστοιχώ ‖ αλληλογραφώ ‖ ~**ence**, αντιστοιχία, σχέση ‖ αλληλογραφία ‖ ~**ent**, επιστολογράφος ‖ ανταποκριτής ‖ ~**ing**, αντίστοιχος.

corridor [`korido:`] n διάδρομος.

corroborate [ko`robəreit] vt επιβεβαιώνω.

corrode [ko`roud] vti διαβιβρώσκω / -ομαι.

corrosion [ko`rouʒn] n διάβρωση ‖ **corrosive** [kə`rousiv] adj διαβρωτικός.

corrugated [`korəgeitid] adj αυλακωτός.

corrupt [ko`rʌpt] adj διεφθαρμένος ‖ vt διαφθείρω ‖ ~**ion**, διαφθορά.

corset [`ko:sit] n κορσές.

cortège [ko:`teiʒ] n συνοδεία.

cosmetic [koz`metik] n καλλυντικό.

cosmic [`kozmik] adj κοσμικός.

cosmonaut [`kozməno:t] n κοσμοναύτης.

cosmopolitan [‚kozmə`politən] n κοσμοπολίτης ‖ adj κοσμοπολίτικος.

cosmos [`kozmos] n κόσμος, το σύμπαν.

cost [kost] n κόστος, έξοδο, δαπάνη ‖ vt κοστίζω ‖ κοστολογώ ‖ **at all** ~**s**, πάση θυσία ‖ **at the** ~ **of**, εις βάρος, επι θυσία ‖ **to one's** ~, εκ πικρής πείρας ‖ ~**ing**, κοστολόγηση ‖ ~**ly**, δαπανηρός.

costume [`kostjum] n ενδυμασία ‖ ταγιέρ ‖ **bathing-**~, μπανιερό, μαγιό.

cosy [`kouzi] adj άνετος, ζεστός.

cot [kot] n κρεββατάκι.

coterie [`koutəri] n κύκλος, παρέα.

cottage [`kotidʒ] n εξοχικό σπίτι, βιλλίτσα ‖ ~ **industry**, οικοτεχνία.

cotton [kotn] n βαμβάκι ‖ ~ **wool**, βαμβάκι φαρμακείου.

couch [kautʃ] n ντιβάνι, καναπές ‖ vt διατυπώνω, συγκαλύπτω ‖ ζαρώνω.

cough [kof] n βήχας ‖ vti βήχω ‖ ~ **up**, φτύνω (βήχοντας), πληρώνω (λεφτά).

could [kud] pt του ρ. CAN.

council [`kaunsəl] n συμβούλιο ‖ ~**lor**, σύμβουλος.

counsel [`kaunsəl] n συμβουλή ‖ συνήγορος ‖ vt συμβουλεύω.

¹**count** [kaunt] vti μετρώ, λογαριάζω ‖ θεωρώ ‖ ~ **down**, μετρώ ανάποδα ‖ ~ **in**, συνυπολογίζω, λογαριάζω ‖ ~ **on / upon**, βασίζομαι ‖ ~ **out**, αποκλείω, δεν συμπεριλαμβάνω.

²**count** [kaunt] n μέτρημα, αρίθμηση,

λογαριασμός ‖ σημασία ‖ νομ. κεφάλαιο *(κατηγορίας)* ‖ κόμης ‖ ~ess, κόμησσα ‖ ~less, αναρίθμητος.

countenance [ˈkauntinəns] *n* όψη, έκφραση ‖ υποστήριξη, ενθάρρυνση ‖ **keep one's ~**, συγκρατιέμαι να μη γελάσω.

counter [ˈkauntəʳ] *n* μετρητής ‖ πάγκος ‖ *χαρτοπ.* φίσα, μάρκα ‖ *vti* αντεπιτίθεμαι ‖ ~ **to**, αντίθετα προς.

counter- [ˈkauntəʳ] *prefix* αντι— ‖ ~act, αντιδρώ, εξουδετερώνω ‖ ~-attack, αντεπίθεση, αντεπιτίθεμαι ‖ ~balance, αντίβαρο, αντισταθμίζω ‖ ~blast, βίαιη ανταπάντηση ‖ ~claim, ανταπαίτηση ‖ ~feit, πλαστός, πλαστογραφώ ‖ ~foil, στέλεχος αποδείξεως ‖ ~-intelligence, αντικατασκοπεία ‖ ~mand, ανακαλώ, ακυρώνω ‖ ~part, πανομοιότυπο, σωσίας ‖ ~point, αντίστιξη ‖ ~poise, αντίβαρο, εξισορροπώ ‖ ~-revolution, αντεπανάσταση ‖ ~sign *n* παρασύνθημα, *vt* προσυπογράφω.

country [ˈkʌntri] *n* χώρα ‖ πατρίδα ‖ εξοχή ‖ *adj* χωριάτικος, εξοχικός, αγροτικός ‖ ~man, χωριάτης ‖ ~side, ύπαιθρο.

county [ˈkaunti] *n* κομητεία.

coup [ku:] *n* πραξικόπημα ‖ ~ de grace [ˌku:deˈgra:s] χαριστική βολή.

couple [kʌpl] *n* ζευγάρι ‖ *vti* συνδέω, ενώνω.

couplet [ˈkʌplət] *n* δίστιχο.

coupling [ˈkʌpliŋ] *n* σύνδεση, ζευγάρωμα.

coupon [ˈku:pɔn] *n* κουπόνι, δελτίο.

courage [ˈkʌridʒ] *n* θάρρος.

courageous [kəˈreidʒəs] *adj* θαρραλέος.

courgette [kuəˈʒet] *n* κολοκυθάκι.

courier [ˈkuriəʳ] *n* αγγελιοφόρος.

course [kɔ:s] *n* πορεία, διαδρομή ‖ πορεία, κατεύθυνση, ρότα ‖ γήπεδο *(γκολφ)* ‖ μάθημα, κουρ ‖ φαγητό, πιάτο ‖ *vi* τρέχω ‖ **in due ~**, με τον καιρό, στην ώρα του ‖ **in the ~ of**, κατά τη διάρκεια ‖ **let sth take its ~**, αφήνω κτ να πάρει το δρόμο του ‖ **as a matter of ~**, σαν κάτι φυσικό ‖ **of ~**, φυσικά, βεβαίως.

court [kɔ:t] *n* αυλή, προαύλιο ‖ Αυλή ‖ δικαστήριο ‖ γήπεδο ‖ κόρτε ‖ *vt* ερωτοτροπώ, κορτάρω ‖ επιζητώ, επιδιώκω ‖ ~ier, αυλικός ‖ ~-martial, στρατοδικείο, περνώ από στρατοδικείο.

courteous [ˈkɔ:tiəs] *adj* ευγενικός.

courtesy [ˈkɔ:təsi] *n* ευγένεια.

cousin [kʌzn] *n* ξάδερφος, ξαδέρφη.

cove [kouv] *n* όρμος, λιμανάκι.

cover [ˈkʌvəʳ] *n* κάλυμμα, σκέπασμα, εξώφυλλο ‖ στέγη, καταφύγιο ‖ κάλυψη ‖ κουβέρτα ‖ *vt* σκεπάζω ‖

γεμίζω ‖ καλύπτω ‖ ~ **up**, μτφ. συγκαλύπτω, κουκουλώνω ‖ **under separate ~**, εντός ιδιαιτέρου φακέλλου ‖ **under ~ of**, υπό το πρόσχημα ‖ **break ~**, σκάω μύτη ‖ **take ~**, κρύβομαι, προφυλάσσομαι ‖ ~age, δημοσιογρ. κάλυψη ‖ ~ **girl**, φωτομοντέλο ‖ ~ing, κάλυμμα ‖ ~ing **letter**, συνοδευτική επιστολή ‖ ~let, κουβέρτα, κλινοσκέπασμα.

covert [ˈkʌvət] *adj* συγκεκαλυμμένος, κρυφός.

covet [ˈkʌvit] *vt* εποφθαλμιώ, ορέγομαι ‖ ~ed, περιζήτητος ‖ ~ous, άπληστος.

cow [kau] *n* αγελάδα ‖ *vt* εκφοβίζω, τρομοκρατώ ‖ ~boy, γελαδοβοσκός, καουμπόυ ‖ ~hand/herd, γελαδάρης ‖ ~hide, βακέτα ‖ ~shed, βουστάσιο ‖ ~slip, πασχαλίτσα.

coward [kauəd] *n* δειλός ‖ ~ly *adj* δειλός, άνανδρος, άτιμος.

cower [kauəʳ] *vi* ζαρώνω, μαζεύομαι.

cowl [kaul] *n* κουκούλα *(καλογήρου)*.

cox[swain] [ˈkoks(n)] *n* πηδαλιούχος.

coxcomb [ˈkokskoum] *n* δανδής.

coy [kɔi] *adj* ντροπαλός.

crab [kræb] *n* κάβουρας.

crack [kræk] *n* ράγισμα, σκάσιμο, ρωγμή ‖ κρότος, στράκα, χτύπημα ‖ *adj* άσσος, εκλεκτός ‖ *vti* ραγίζω, σκάζω ‖ κροτώ, κροταλίζω ‖ ~ **down on**, πατάσσω ‖ ~ **up**, διαλύομαι, καταρρέω ‖ ~ **sb up**, εκθειάζω κπ ‖ ~ **a bottle**, αδειάζω/πίνω ένα μπουκάλι ‖ ~ **a joke**, λέω αστείο ‖ ~-brained, παλαβός ‖ **have a ~ at sth**, δοκιμάζω να κάνω κτ ‖ ~er, μπισκοτάκι, βαρελότο ‖ ~-pot, λοξός άνθρωπος.

crackle [krækl] *n* τριζοβόλημα, κροτάλισμα ‖ *vi* τριζοβολώ, κροταλίζω.

cradle [kreidl] *n* κούνια, λίκνο, κοιτίδα ‖ *vt* λικνίζω.

craft [kra:ft] *n* τέχνη, χειροτεχνία ‖ σκάφος ‖ πονηριά, κατεργαριά ‖ ~sman, τεχνίτης, μάστορας ‖ ~y, πονηρός, κατεργάρης.

crag [kræg] *n* κατσάβραχο, γκρεμός ‖ ~gy, απόκρημνος.

cram [kræm] *vt* χώνω, παραγεμίζω.

cramp [kræmp] *n* κράμπα ‖ *vt* στριμώχνω, περιορίζω ‖ **be seized with ~**, παθαίνω κράμπα.

crane [krein] *n* ορνιθ. γερανός ‖ *vt* τεντώνω *(το λαιμό)*.

cranium [ˈkreiniəm] *n* κρανίο.

crank [kræŋk] *n* εκκεντρικός, μανιακός ‖ μανιβέλα ‖ *vt* βάζω μπρος με μανιβέλα ‖ ~shaft, στροφαλοφόρος άξονας.

cranny [ˈkræni] *n* ρωγμή, σχισμή.

crap [kræp] *n* ανοησίες, τρίχες.

crape [kreip] *n* κρέπι.

crash [kræʃ] *n* βρόντος, πάταγος ‖ πτώση, συντριβή, σύγκρουση ‖ κραχ ‖ *vti* συντρίβω / -ομαι, πέφτω ‖ χρεοκοπώ ‖ ~-**helmet**, προστατευτικό κράνος ‖ ~-**land**, προσγειώνομαι αναγκαστικά.

crass [kræs] *adj* χονδροειδής.

crate [kreit] *n* καφάσι ‖ σακαράκα.

crater [ˈkreitə] *n* κρατήρας.

cravat [krəˈvæt] *n* λαιμοδέτης.

crave [kreiv] *vti* εκλιπαρώ, λαχταρώ ‖ **craving**, λαχτάρα.

crawl [kro:l] *vi* έρπω, σέρνομαι ‖ βρίθω, είμαι γεμάτος ‖ ανατριχιάζω ‖ *n* κρόουλ.

crayon [ˈkreiən] *n* κραγιόνι, παστέλ.

craze [kreiz] *n* μανία, λόξα, τρέλα.

crazy [ˈkreizi] *adj* τρελλός, μανιακός.

creak [kri:k] *n* τρίξιμο ‖ *vi* τρίζω.

cream [kri:m] *n* καϊμάκι ‖ κρέμα ‖ ~-**cake**, πάστα ‖ ~**ery**, γαλατάδικο ‖ ~**y**, βουτυράτος, όλο κρέμα.

crease [kri:s] *n* ζάρα, πτυχή, τσάκιση *(παντελονιού)* ‖ *vti* ζαρώνω.

create [kriˈeit] *vt* δημιουργώ.

creation [kriˈeiʃn] *n* δημιουργία.

creative [kriˈeitiv] *adj* δημιουργικός.

creator [kriˈeitəʳ] *n* δημιουργός, πλάστης.

creature [ˈkri:tʃəʳ] *n* πλάσμα, δημιούργημα.

crèche [kreiʃ] *n* βρεφικός σταθμός ‖ φάτνη.

credentials [kriˈdenʃəlz] *n* διαπιστευτήρια ‖ χαρτιά, πιστοποιητικά.

credible [ˈkredəbl] *adj* πιστευτός, αξιόπιστος ‖ **credibility**, αξιοπιστία.

credit [ˈkredit] *n* πίστωση ‖ πίστη ‖ τιμή ‖ *vt* πιστώνω ‖ θεωρώ ‖ **on** ~, επί πιστώσει ‖ ~ **card**, πιστωτική κάρτα ‖ ~ **balance**, πιστωτικό υπόλοιπο ‖ **give sb** ~ **for**, θεωρώ κτ ‖ **lend** ~ **to sth**, επιβεβαιώ, ενισχύω κτ ‖ **be to sb's** ~, είναι προς τιμήν κάποιου ‖ ~**able**, αξιέπαινος.

credulous [ˈkredjuləs] *adj* εύπιστος, μωρόπιστος ‖ **credulity** [kriˈdju:ləti] ευπιστία.

creed [kri:d] *n* δόγμα, θρήσκευμα ‖ **the** C~, το Σύμβολο Πίστεως.

creek [kri:k] *n* ορμίσκος, *US* ρέμα.

creep [kri:p] *vti irreg* έρπω, γλιστρώ ‖ απλώνομαι σιγά-σιγά ‖ ανατριχιάζω ‖ **give sb the** ~**s**, φέρνω ανατριχίλα σε κπ ‖ ~**er**, ερπετό ‖ αναρριχητικό φυτό ‖ ~**y**, ανατριχιαστικός.

cremate [kriˈmeit] *vt* αποτεφρώνω (νεκρό).

cremation [kriˈmeiʃn] *n* αποτέφρωση.

crematorium [ˌkreməˈto:riəm] *n* κρεματόριο.

Creole [ˈkri:oul] *n* κρεολός.

creosote [ˈkriəsout] *n* κριεζώτο.

crêpe [kreip] *n* κρεπ.

crescent [ˈkresənt] *n* μισοφέγγαρο.

cress [kres] *n* κάρδαμο.

crest [krest] *n* λειρί, λοφίο ‖ οικόσημο ‖ κορφή ‖ ~**fallen**, με πεσμένα φτερά, αποθαρρυμένος.

cretin [ˈkretin] *n* ηλίθιος.

crevasse [kriˈvæs] *n* βαθειά σχισμή.

crevice [ˈkrevis] *n* ρωγμή.

crew [kru:] *n* πλήρωμα.

crib [krib] *n* παχνί ‖ φάτνη ‖ λίκνο, κούνια ‖ κασέλα ‖ αντιγραφή, τυφλοσούρτης ‖ *vt* περιορίζω, κλείνω ‖ αντιγράφω.

crick [krik] *n* νευροκαβαλίκεμα ‖ *vt* εξαρθρώνω.

cricket [ˈkrikit] *n* κρίκετ ‖ τριζόνι.

crier [kraiəʳ] *n* τελάλης.

crime [kraim] *n* έγκλημα.

criminal [ˈkriminəl] *adj* εγκληματικός, ποινικός ‖ *n* εγκληματίας.

criminology [ˌkrimiˈnolədʒi] *n* εγκληματολογία.

crimson [ˈkrimsən] *n, adj* βυσσινί[ς].

cringe [krindʒ] *vi* ζαρώνω ‖ φέρνομαι δουλικά.

crinkle [ˈkriŋkl] *n* ζάρα ‖ *vti* ζαρώνω, τσαλακώνω.

crinoline [ˈkrinəlin] *n* κρινολίνο.

cripple [ˈkripl] *n* ανάπηρος, σακάτης ‖ *vt* σακατεύω.

crisis [ˈkraisis] *n* κρίση.

crisp [krisp] *adj* τραγανός ‖ τσουχτερός, κρύος ‖ κοφτός, αποφασιστικός ‖ σγουρός ‖ **[potato]** ~**s**, τσιπς.

crisscross [ˈkriskros] *adj* σταυρωτός ‖ *vt* περνώ σταυρωτά ‖ *adv* σταυρωτά, δικτυωτά.

criterion [kraiˈtiəriən] *n* κριτήριο.

critic [ˈkritik] *n* κριτικός ‖ [επι]κριτής ‖ ~**al**, κρίσιμος ‖ [επι]κριτικός.

criticism [ˈkritisizm] *n* κριτική.

criticize [ˈkritisaiz] *vt* κριτικάρω ‖ επικρίνω.

croak [krouk] *n* κρώξιμο ‖ *vi* κρώζω ‖ κοάζω.

crochet [ˈkrouʃei] *n* κροσέ.

crock [krok] *n* σαράβαλο ‖ σταμνί ‖ ~**ery**, πήλινα σκεύη.

crocodile [ˈkrokədail] *n* κροκόδειλος.

crocus [ˈkroukəs] *n* κρόκος, ζαφορά.

crony [ˈkrouni] *n* παλιόφιλος.

crook [kruk] *n* απατεώνας ‖ γάντζος, άγκιστρο, τσιγκέλι ‖ καμπή ‖ ~**ed** [-id] αγκυλωτός, γαμψός, ανέντιμος.

croon [kru:n] *vt* σιγοτραγουδώ.

crop [krop] *n* γκούσα ‖ λαβή *(μαστιγίου)* ‖ κοντοκούρεμα ‖ σοδειά ‖

πληθ. σπαρτά || πλήθος, σωρός || *vti*
κοντοκουρεύω || καλλιεργώ || ~ **up,**
ανακύπτω, ξεφυτρώνω || *come a ~per,*
αποτυχαίνω.

croquet [`kroukei] *n* κροκέ.

croquette [krou`ket] *n* κροκέτα, κεφτές.

crosier [`krouziə*] *n* πατερίτσα *(επισκό-
που).*

cross [kros] *n* σταυρός || *γενετ.* διασταύ-
ρωση || *adj* θυμωμένος, τσαντισμένος
|| διαγώνιος || ενάντιος || *vti* διασχίζω,
περνώ || [δια]σταυρώνω /-ομαι || εμπο-
δίζω, πάω κόντρα || ~ *over,* περνώ
απέναντι || ~ *out,* διαγράφω || ~ *one's
mind,* περνάει από το νου || ~ *one's
heart,* ορκίζομαι *(ότι λέω την αλή-
θεια)* || ~ *oneself,* κάνω το σταυρό
μου || ~ed cheque, δίγραμμος επιταγή
|| ~bar, οριζόντια δοκός || ~bow, τό-
ξο || ~breed, υβρίδιο || ~country race,
ανώμαλος δρόμος || ~-examine, εξε-
τάζω κατ' αντιπαράσταση || ~eyed,
αλλήθωρος || ~fire, διασταυρούμενα
πυρά || ~-grained, στριμμένος || ~ing,
διάβαση, διασταύρωση, διάπλους ||
~-legged, σταυροπόδι || ~ness, οργή,
τσαντίλα || ~-purposes, αντίθετες επι-
διώξεις || ~-question, ανακρίνω ||
~-reference, παραπομπή || ~roads
σταυροδρόμι || ~-section, εγκάρσια το-
μή, δείγμα || ~-stitch, σταυροβελονιά
|| ~-talk, λογομαχία || ~wise, διαγω-
νίως || ~word [puzzle], σταυρόλεξο.

crotch [krotʃ] *n* διχάλα || καβάλος.

crouch [krautʃ] *vi* ζαρώνω, μαζεύομαι.

croupier [`krupiei] *n* γκρουπιέρης.

crow [krou] *n* κουρούνα || *vi* κρώζω,
λαλώ || ~ *[over],* θριαμβολογώ || *as
the ~ flies,* σε ευθεία γραμμή || ~'s-
feet, δίχτυ ρυτίδων στα μάτια.

crowbar [`krouba:*] *n* λοστός.

crowd [kraud] *n* πλήθος || παρέα || *vti*
συνωθούμαι, συνωστίζομαι || ~ed, γε-
μάτος, πολυάνθρωπος.

crown [kraun] *n* στέμμα || κορώνα ||
στεφάνι || κορυφή *(κεφαλιού, καπέλ-
λου), μτφ.* αποκορύφωμα || *vt* στέφω,
στεφανώνω || αποκορυφώνω || *to ~ it
all,* ως επιστέγασμα όλων, και κοντά
σ' όλ' αυτά || ~ing, κορυφαίος || ~
prince, διάδοχος του θρόνου || ~ wit-
ness, μάρτυρας κατηγορίας.

crucial [`kruʃəl] *adj* κρίσιμος.

crucible [`kru:sibl] *n* χωνευτήρι *(μετάλ-
λων).*

crucifix [`krusifks] *n* ο εσταυρωμένος ||
~ion, σταύρωση.

crucify [`krusifai] *vt* σταυρώνω.

crude [kru:d] *adj* ακατέργαστος || άξε-
στος, αγροίκος || κακόγουστος, χον-

τροκομμένος || ωμός || φανταχτερός ||
~ oil, αργό πετρέλαιο.

crudity [`kru:diti] *n* τραχύτητα, κακο-
γουστιά.

cruel [kruəl] *adj* σκληρός, άσπλαχνος,
απάνθρωπος || ~ty, σκληρότητα.

cruet [`kru:it] *n* λαδιέρα, ξυδιέρα.

cruise [kru:z] *n* κρουαζιέρα || *vi* πάω
κρουαζιέρα || ~r, καταδρομικό.

crumb [krʌm] *n* ψίχουλο.

crumble [krʌmbl] *vti* καταρρέω, θρυμ-
ματίζω /-ομαι, γκρεμίζομαι.

crumpet [`krʌmpit] *n* τηγανίτα.

crumple [krʌmpl] *vti* τσαλακώνω, ζα-
ρώνω.

crunch [krʌntʃ] *n* τραγάνισμα || τρίξιμο
|| *vti* τραγανίζω || τρίζω.

crusade [kru:`seid] *n* σταυροφορία || ~r,
σταυροφόρος.

crush [krʌʃ] *n* σύνθλιψη || συντριβή ||
χυμός φρούτων || στριμωξίδι, συνω-
στισμός || *vti* συνθλίβω || τσαλακώνω
|| συντρίβω, εξουθενώνω || στριμώχνο-
μαι, προχωρώ σπρώχνοντας || ~ing
adj συντριπτικός.

crust [krʌst] *n* κρούστα, κόρα, πέτσα ||
vi ~ over, κάνω κρούστα.

crutch [krʌtʃ] *n* δεκανίκι, πατερίτσα.

crux [krʌks] *n* μτφ. κόμπος, ουσία.

cry [krai] *n* κλάμα || κραυγή, φωνή ||
vti κλαίω || φωνάζω || διαλαλώ || ~-
baby, κλαψούρης || ~ing, κραυγαλέος.

crypt [kript] *n* εκκλ. κρύπτη.

cryptic [`kriptik] *adj* αινιγματικός.

crystal [kristl] *n* κρύσταλλο || ~line,
[`kristəlain] *adj* κρυστάλλινος || ~lize
[-təlaiz] *vti* [απο]κρυσταλλώνω.

cub [kʌb] *n* νεογνό *(λύκου, λιονταριού,
αρκούδας, κλπ).*

cube [kju:b] *n* κύβος.

cubic [`kju:bik] *adj* κυβικός || **cubism,**
κυβισμός.

cubicle [`ku:bikl] *n* θαλαμίσκος.

cuckold [`kʌkould] *n* κερατάς || *vt* κερα-
τώνω.

cuckoo [`kuku:] *n* κούκος.

cucumber [`kju:kʌmbə*] *n* αγγούρι.

cuddle [kʌdl] *vti* αγκαλιάζω, κρατάω
αγκαλιά || ~ **up,** μαζεύομαι κοντά.

cudgel [`kʌdʒəl] *n* ρόπαλο.

cue [kju:] *n* σύνθημα || νύξη, υπαινιγ-
μός || στέκα *(μπιλιάρδου).*

cuff [kʌf] *n* ελαφρός μπάτσος || μανικέ-
τι || *vt* μπατσίζω || ~-links, μανικετό-
κουμπα.

cuirass [kwi`ræs] *n* θώρακας *(πανοπλίας).*

cuisine [kwi`zi:n] *n* κουζίνα *(μαγειρική).*

cul-de-sac [`kʌldə`sæk] *n* αδιέξοδο.

culinary [`kʌlinəri] *adj* μαγειρικός.

culminate [`kʌlmineit] *vi* αποκορυφώνο-

μαι.
culprit [ˈkʌlprit] *n* ένοχος.
cult [kʌlt] *n* λατρεία.
cultivate [ˈkʌltiveit] *vt* καλλιεργώ ‖ **cultivator,** καλλιεργητής ‖ **cultivation,** καλλιέργεια.
culture [ˈkʌltʃəʳ] *n* κουλτούρα, παιδεία ‖ καλλιέργεια ‖ ~**d,** καλλιεργημένος, μορφωμένος ‖ **cultural,** πολιτιστικός.
cumbersome [ˈkʌmbəsəm] *adj* βαρύς, δυσκίνητος.
cumulative [ˈkjuːmjulətiv] *adj* αθροιστικός.
cunning [ˈkʌniŋ] *n* πανουργία, καπατσοσύνη ‖ *adj* πονηρός, πανούργος.
cup [kʌp] *n* φλυτζάνι, κούπα ‖ *vt* χουφτιάζω ‖ παίρνω βεντούζες ‖ ~ **final,** τελικά κυπέλλου ‖ ~**ful,** φλυτζανιά ‖ ~**ping** *n* βεντούζα.
cupboard [ˈkʌbəd] *n* ντουλάπα.
Cupid [ˈkjuːpid] *n* μυθ. Έρως.
cupola [ˈkjuːpələ] *n* θόλος, τρούλος.
cur [kəːʳ] *n* κοπρόσκυλο.
curable [ˈkjuərəbl] *adj* θεραπεύσιμος.
curate [ˈkjuərət] *n* νέος εφημέριος.
curator [kjuˈreitəʳ] *n* έφορος *(μουσείου).*
curb [kəːb] *n* χαλινός ‖ *vt* χαλιναγωγώ.
curdle [ˈkəːdl] *vi* σβωλιάζω, πήζω.
cure [kjuəʳ] *n* κούρα ‖ γιατρειά, θεραπεία ‖ *vti* γιατρεύω, θεραπεύω ‖ αλατίζω, παστώνω, καπνίζω, επεξεργάζομαι *(δέρμα).*
curfew [ˈkəːfjuː] *n* απαγόρευση της κυκλοφορίας.
curio [ˈkjuəriou] *n* μπιμπελό, αντίκα.
curiosity [ˌkjuəriˈɔsəti] *n* περιέργεια ‖ αντίκα ‖ ~ **shop,** παλαιοπωλείο.
curious [ˈkjuəriəs] *adj* περίεργος ‖ παράξενος.
curl [kəːl] *n* μπούκλα ‖ κατσάρωμα ‖ σούφρωμα *(χειλιών)* ‖ τολύπη ‖ *vti* κατσαρώνω, σγουραίνω ‖ σουφρώνω *(τα χείλη)* ‖ *(για καπνό)* υψώνομαι σπειροειδώς ‖ ~ **up,** κουλουριάζομαι ‖ ~**y,** σγουρός, κατσαρός ‖ ~**ing pins,** μπικουτί.
currant [ˈkʌrənt] *n* κορινθιακή σταφίδα.
currency [ˈkʌrənsi] *n* νόμισμα, συνάλλαγμα ‖ κυκλοφορία, πέραση.
current [ˈkʌrənt] *n* ρεύμα ‖ πορεία, ροή, εξέλιξη ‖ *adj* κυκλοφορών, εν χρήσει ‖ τρέχων ‖ ~ **account,** τρεχούμενος λογαριασμός.
curriculum [kəˈrikjuləm] *n* πρόγραμμα ‖ ~ **vitae** [ˈviːtai] βιογραφικό σημείωμα.
curry [ˈkʌri] *n* κάρι.
curse [kəːs] *n* κατάρα, ανάθεμα ‖ βλαστήμια ‖ *μτφ.* πληγή ‖ *vti* καταριέμαι, βρίζω ‖ βλαστημώ.
cursory [ˈkəːsəri] *adj* γρήγορος, βιαστι-

κός.
curt [kəːt] *adj* απότομος, ξερός, κοφτός.
curtail [kəːˈteil] *vt* περικόπτω.
curtain [ˈkəːtn] *n* κουρτίνα ‖ αυλαία ‖ παραπέτασμα ‖ *vi* ~ **off,** χωρίζω με κουρτίνα.
curts[e]y [ˈkəːtsi] *n* υπόκλιση ‖ *vi* υποκλίνομαι.
curve [kəːv] *n* καμπύλη ‖ καμπή, στροφή ‖ *vi* καμπυλώνω, κάνω στροφή.
cushion [ˈkuʃn] *n* μαξιλαράκι.
cushy [ˈkuʃi] *adj (δουλειά)* ραχατιλήδικος.
custard [ˈkʌstəd] *n* ψημένη κρέμα.
custodian [kəˈstoudiən] *n* φύλακας.
custody [ˈkʌstədi] *n* φύλαξη, επιμέλεια ‖ κράτηση, προφύλακιση ‖ **be in** ~, είμαι προφυλακισμένος ‖ **take sb in** ~, θέτω κπ υπό κράτηση.
custom [ˈkʌstəm] *n* έθιμο ‖ πελατεία ‖ ~**ary,** συνηθισμένος ‖ ~**er,** πελάτης ‖ τύπος, άνθρωπος ‖ ~**-made,** καμωμένος επί παραγγελία ‖ ~**s,** τελωνείο ‖ ~**s officer,** τελωνειακός.
cut [kʌt] *n* κόψιμο, χτύπημα, τραύμα ‖ μείωση, περικοπή ‖ *vti irreg* κόβω ‖ χαράζω ‖ ~ **across,** αντιβαίνω ‖ ~ **away,** αποκόπτω ‖ ~ **back,** περικόπτω, μειώνω ‖ ~ **down,** κόβω [και ρίχνω κάτω] ‖ ~ **down [on],** περιορίζω ‖ ~ **off** [απο]κόπτω, διακόπτω, απομονώνω ‖ ~ **out,** κόβω, παραλείπω ‖ ~ **up,** πετσοκόβω, κρίνω δυσμενέστατα, αναστατώνομαι ‖ ~ **a tooth,** βγάζω νέο δόντι ‖ ~ **sb dead,** προσποιούμαι ότι δεν ξέρω κπ, αγνοώ κπ ‖ ~ **free,** ελευθερώνω ‖ ~ **loose,** λύνω ‖ ~ **open,** ανοίγω ‖ ~ **short,** συντομεύω ‖ ~ **it out!** κόφτο ‖ **be** ~ **out for,** είμαι πλασμένος για ‖ **be** ~ **to the heart/ quick,** πληγώνομαι βαθιά ‖ **a short** ~, συντομότερος δρόμος ‖ ~**throat,** μαχαιροβγάλτης ‖ ~**ting** *n* απόκομμα *adj* καυστικός.
cute [kjuːt] *adj* έξυπνος, χαριτωμένος.
cuticle [ˈkjuːtikl] *n* παρωνυχίδα.
cutlery [ˈkʌtləri] *n* μαχαιροπήρουνα.
cutlet [ˈkʌtlət] *n* κοτολέτα, παϊδάκι.
cuttlefish [ˈkʌtlfiʃ] *n* σουπιά.
cybernetics [ˌsaibəˈnetiks] *n* κυβερνητική.
cyclamen [ˈsikləmən] *n* κυκλάμινο.
cycle [saikl] *n* ποδήλατο ‖ κύκλος ‖ *vi* κάνω ποδήλατο.
cyclist [ˈsaiklist] *n* ποδηλάτης.
cyclone [ˈsaiklən] *n* κυκλώνας.
Cyclops [ˈsaiklɔps] *n* Κύκλωπας.
cyclotron [ˈsaiklətron] *n* κυκλοτρόνιο.
cygnet [ˈsignit] *n* μικρός κύκνος.
cylinder [ˈsilindəʳ] *n* κύλινδρος ‖ φιάλη *(γκαζιού)* ‖ **work on all** ~**s,** δουλεύω

στο φουλ.
cylindrical [si`lindrikl] adj κυλινδρικός.
cymbal [`simbəl] n κύμβαλο.
cynic [`sinik] n κυνικός || ~al adj κυνικός || cynicism [`sinisizəm] κυνισμός.

cypress [`saiprəs] n κυπαρίσσι.
Cyprus [`saiprəs] n Κύπρος.
cyst [sist] n κύστη.
czar [za:ʳ] n τσάρος.
czarina [za`rinə] n τσαρίνα.

D d

dab [dæb] n ελαφρό χτύπημα || επάλειψη || σταγόνα, μικρή ποσότητα || vti χτυπώ ελαφρά || εγγίζω || επαλείφω.
dabble [dæbl] vti πιτσιλίζω, πλατσουρίζω || ~ in/at, ασχολούμαι ερασιτεχνικά || ~r, ερασιτέχνης.
dad[dy] [dæd(i)] n μπαμπάς || ~dy-long-legs, εντομ. αλογατάκι.
daffodil [`dæfədil] n ασφόδελος.
daft [da:ft] adj παλαβός, χαζός.
dagger [`dægəʳ] n στιλέτο || look ~s at sb, κεραυνοβολώ κπ με το βλέμμα.
dahlia [`deiliə] n ντάλια.
daily [`deili] adj καθημερινός || adv καθημερινά || n καθημερινή εφημερίδα, παραδουλεύτρα.
dainty [`deinti] adj νόστιμος || ντελικάτος || εκλεκτικός || n λιχουδιά.
dairy [`deəri] n γαλακτοπωλείο || γαλακτοκομείο || ~ farm, βουστάσιο.
dais [`deiis] n εξέδρα.
daisy [`deizi] n μαργαρίτα.
dale [deil] n κοιλάδα, λαγκάδι.
dalliance [`dæliəns] n χαριεντισμός || χασομέρι.
dally [`dæli] vi χαριεντίζομαι, παίζω || ~ [over], χασομερώ.
dam [dæm] n φράγμα || vt βάζω φραγμό σε κτ, συγκρατώ.
damage [`dæmidʒ] n ζημιά || πληθ. αποζημίωση || vt ζημιώνω, βλάπτω.
dame [deim] n δέσποινα || US κυρά.
damn [dæm] vt καταδικάζω || διαβολοστέλνω || ~ it! να πάρει ο διάολος/η ευχή! || I'll be ~ed if, να με πάρει ο διάολος αν || not give a ~, δε δίνω δεκάρα || ~ation [dæm`neiʃən] καταδίκη || ~ed, κολασμένος, διαβολο—, καταραμένος || ~ing adj επιβαρυντικός.
damp [dæmp] n υγρασία || adj υγρός || vti ~[en] υγραίνω || αποθαρρύνω.
damper [`dæmpəʳ] n καπνοσύρτης (σόμπας), μους. σουρτίνα, μτφ. ψυχρολου-

σία, cast a ~ over, χαλώ το κέφι.
damson [dæmzn] n αγριοδαμάσκηνο.
dance [da:ns] n χορός || vi χορεύω || lead sb a pretty ~, χορεύω κπ στο ταψί || ~r, χορευτής, χορεύτρια.
dandelion [`dændilaiən] n πικραλίδα.
dander [`dændəʳ] στη φρ. get one's/sb's ~ up, θυμώνω [κπ].
dandruff [`dændrʌf] n πιτυρίδα.
dandy [`dændi] n δανδής.
Dane [dein] n Δανός.
danger [`deindʒəʳ] n κίνδυνος || be in ~, διατρέχω κίνδυνο || ~ous, επικίνδυνος.
dangle [`dæŋgl] vti κουνώ, κουνιέμαι, αιωρούμαι.
Danish [`deiniʃ] adj δανικός.
dank [dæŋk] adj υγρός.
dappled [`dæpld] adj παρδαλός, πιτσιλωτός.
dare [deəʳ] vti τολμώ || προκαλώ || αψηφώ || I ~ say, μάλλον || ~-devil, παράτολμος.
daring [`deəriŋ] n τόλμη, αποκοτιά || adj τολμηρός, θαρραλέος.
dark [da:k] n σκοτάδι || adj σκοτεινός || σκούρος, μελαψός || be in the ~, έχω άγνοια || ~en, σκοτεινιάζω || ~ness, σκότος.
darling [`da:liŋ] n αγαπημένος.
darn [da:n] n μαντάρισμα || vt μαντάρω.
dart [da:t] n βέλημα, σαΐτα || εξόρμηση || vti ορμώ || εξακοντίζω || ~s, παιχνίδι με βέλη.
dash [dæʃ] n εξόρμηση, τρέξιμο, έφοδος || ορμητικότητα || παφλασμός, χτύπημα || παύλα || vti ορμώ, εκσφενδονίζω/-ομαι, πετώ, χτυπώ (με σφοδρότητα) || τσακίζω, καταστρέφω || διαβολοστέλνω || ~board, αυτοκ. ταμπλώ || ~ing, ορμητικός, εντυπωσιακός.
data [`deitə] n pl στοιχεία.
date [deit] n ημερομηνία, χρονολογία || ερωτικό ραντεβού || φίλος, φιλενάδα || χουρμάς || vti χρονολογώ/-ούμαι ||

κλείνω ραντεβού ‖ αρχίζω να παλιώνω ‖ *be out of* ~, είμαι ντεμοντέ ‖ *bring up to* ~, ενημερώνω ‖ *out-of-~*, ξεπερασμένος ‖ *up-to-~*, ενημερωμένος, εκσυγχρονισμένος.

dative [`deitiv] *n* δοτική *(πτώση)*.

daub [do:b] *vt* [πασ]αλείβω, μουτζουρώνω.

daughter [`do:tǝ'] *n* κόρη, θυγατέρα ‖ ~*-in-law*, νύφη ‖ ~*ly adj* θυγατρικός.

daunt [do:nt] *vt* πτοώ, τρομάζω ‖ ~*less*, απτόητος.

dauphin [`do:fin] *n* Δελφίνος.

davit [`dævit] *n* ναυτ. καπόνι.

dawdle [do:dl] *vi* χαζολογάω, τεμπελιάζω ‖ ~*r*, τεμπέλης.

dawn [do:n] *n* αυγή, χαραυγή ‖ *vi* χαράζω ‖ *at* ~, την αυγή.

day [dei] *n* ημέρα ‖ ~ *in*, ~ *out*, συνεχώς ‖ ~ *after* ~, κάθε μέρα ‖ *every other* ~, μέρα παρά μέρα ‖ *all* ~ *long*, όλη την ημέρα ‖ *in his/her* ~, στον καιρό του/της ‖ *call it a* ~, σταματώ τη δουλειά *(για σήμερα)* ‖ *carry the* ~, νικώ ‖ *lose the* ~, νικιέμαι ‖ *the other* ~, τις προάλλες ‖ *May* ~, Πρωτομαγιά ‖ *New Year's* ~, Πρωτοχρονιά ‖ ~*-boy/-girl*, εξωτερικός μαθητής *(όχι οικότροφος)* ‖ ~*-break*, χάραμα ‖ ~*-light*, το φως της ημέρας ‖ ~ *nursery*, παιδικός σταθμός ‖ ~*-time*, διάρκεια της ημέρας.

daze [deiz] *n* θάμβος, ζάλη, σάστισμα ‖ *vti* ζαλίζω, καταπλήσσω ‖ αποσβολώνω.

dazzle [dæzl] *vt* θαμπώνω, τυφλώνω.

deacon [di:kn] *n* διάκος.

dead [ded] *adj* νεκρός, πεθαμένος ‖ *(φυτό)* ξερός, μαραμένος, *(χέρια)* μουδιασμένος, *(σπίρτο)* σβησμένος, καμένος ‖ απόλυτος ‖ *adv* απολύτως, αποφασιστικά ‖ ~ *to*, αδιάφορος προς, αναίσθητος, χωρίς ‖ *the* ~, οι νεκροί ‖ ~ *end*, αδιέξοδο ‖ ~ *heat*, ισοπαλία ‖ ~ *letter*, αζήτητο γράμμα ‖ ~ *march*, πένθιμο εμβατήριο ‖ ~*en*, [απο]νεκρώνω ‖ ~*line*, προθεσμία, χρονικό όριο ‖ ~*lock*, αδιέξοδο ‖ ~*ly adj* θανάσιμος, αμείλικτος ‖ ~*pan adj* ανέκφραστος.

deaf [def] *adj* κουφός ‖ ~*-aid*, ακουστικό βαρηκοΐας ‖ ~*en*, κουφαίνω ‖ ~*ening adj* εκκωφαντικός ‖ ~*-mute*, κωφάλαλος ‖ ~*ness*, κωφαμάρα.

¹**deal** [di:l] *n* συμφωνία, υπόθεση, δουλειά ‖ χαρτοπ. μοιρασιά ‖ πολιτ. πρόγραμμα ‖ μεταχείριση, φέρσιμο ‖ *a great/good* ~, πολύ ‖ *give sb a fair* ~, μεταχειρίζομαι κπ δίκαια ‖ *do a* ~ *with sb*, κλείνω μια δουλειά με κπ.

²**deal** [di:l] *vti* irreg μοιράζω *(χαρτιά)* ‖ καταφέρω *(χτύπημα)* ‖ ~ *in*, εμπορεύομαι ‖ ~ *with sb*, έχω δοσοληψίες/συναλλαγές με κπ ‖ ~ *with sth*, ασχολούμαι με κτ, πραγματεύομαι ‖ ~*er*, μοιραστής, έμπορος ‖ ~*ing n* μοιρασιά ‖ ~*ings*, δοσοληψίες.

dean [di:n] *n* αρχιμανδρίτης ‖ κοσμήτορας ‖ πρύτανης *(του Διπλωμ. Σώματος)*.

dear [diǝ'] *adj* αγαπητός, προσφιλής ‖ ακριβός ‖ *adv* ακριβά ‖ *Oh* ~*!* ωλαλά ‖ ~ *me!* θεέ μου! ‖ ~*ly*, ακριβά, πολύ ‖ ~*ness*, ακρίβεια.

dearth [dǝ:θ] *n* έλλειψη, σπάνις.

death [deθ] *n* θάνατος ‖ *at* ~*'s door*, στα πρόθυρα του θανάτου ‖ *be the* ~ *of sb*, στέλνω κπ στον τάφο ‖ *put to* ~, θανατώνω, εκτελώ ‖ ~*-bed*, νεκροκρέββατο ‖ ~*-blow*, θανατηφόρο χτύπημα ‖ ~*-duties*, φόροι κληρονομίας ‖ ~*ly*, νεκρικός, ωχρός ‖ ~*-rate*, θνησιμότητα ‖ ~*-rattle*, ρόγχος του θανάτου ‖ ~*-warrant*, θανατική καταδίκη.

débâcle [dei`ba:kl] *n* ξαφνική καταστροφή, κατάρρευση, πανωλεθρία.

debarkation [‚di:ba:`keiʃn] *n* αποβίβαση.

debase [di`beis] *vt* εξευτελίζω ‖ ~*ment*, εξευτελισμός.

debatable [di`beitǝbl] *adj* συζητήσιμος.

debate [di`beit] *n* δημόσια συζήτηση ‖ *vti* συζητώ ‖ ~*r*, συζητητής.

debauch [di`bo:tʃ] *n* κραιπάλη, όργιο ‖ ~*ee* [-`i:] ακόλαστος ‖ ~*ery*, ακολασία.

debit [`debit] *n* χρέωση ‖ *vt* χρεώνω.

debonair [‚debǝ`neǝ'] *adj* ανέμελος.

débris [`deibri] *n* ερείπια, μπάζα.

debt [det] *n* χρέος ‖ *in* ~, χρεωμένος ‖ ~*or*, οφειλέτης.

debunk [di`bʌŋk] *vt* ξεμασκαρεύω.

début [`deibju:] *n* ντεμπούτο.

decade [`dekeid] *n* δεκαετία.

decadence [`dekǝdǝns] *n* παρακμή.

decadent [`dekǝdǝnt] *adj* παρακμασμένος.

decalogue [`dekǝlog] *n* δεκάλογος.

decamp [di`kæmp] *vi* διαλύω στρατόπεδο, τα μαζεύω και φεύγω, το σκάω.

decanter [di`kæntǝ'] *n* καράφα.

decay [di`kei] *n* παρακμή, σάπισμα ‖ *vi* παρακμάζω, σαπίζω.

decease [di`si:s] *n* θάνατος ‖ *vi* θνήσκω ‖ *the* ~*d*, ο θανών, οι θανόντες.

deceit [di`si:t] *n* απάτη, δόλος ‖ ~*ful*, δόλιος ‖ ~*fulness*, δολιότητα.

deceive [di`si:v] *vt* απατώ, ξεγελώ.

December [di`sembǝ'] *n* Δεκέμβρης.

decency [`di:sǝnsi] *n* ευπρέπεια.

decent [`di:sǝnt] *adj* ευπρεπής ‖ κόσμιος ‖ *(αρκετά)* καλός.

decentralize [‚di:`sentrǝlaiz] *vt* αποκεντρώνω || **decentralization,** αποκέντρωση.

deception [di`sepʃn] n εξαπάτηση, τέχνασμα, κατεργαριά, απάτη.

deceptive [di`septiv] adj απατηλός.

decide [di`said] vti κρίνω, αποφασίζω || προκρίνω || πείθω || ~d, αναμφισβήτητος, ξεκαθαρισμένος.

deciduous [di`sidjuəs] adj φυλλοβόλος.

decimal [`desiməl] adj δεκαδικός.

decimate [`desimeit] vt αποδεκατίζω.

decipher [di`saifəʳ] vt αποκρυπτογραφώ.

decision [di`siʒn] n απόφαση, κρίση.

decisive [di`saisiv] adj αποφασιστικός, κατηγορηματικός.

deck [dek] n τράπουλα || κατάστρωμα || όροφος (λεωφορείου) || vt στολίζω, διακοσμώ || ~ **chair,** σαιζλόνγκ || ~**hand,** μούτσος || **double-~er,** διώροφος λεωφορείο.

declaim [di`kleim] vti ρητορεύω || **declamation,** στομφώδης ομιλία || **declamatory,** στομφώδης.

declare [di`kleəʳ] vti [δια]κηρύσσω/-ομαι || δηλώνω || **declaration,** [δια]κήρυξη, δήλωση.

declension [di`klenʃn] n γραμμ. κλίση.

decline [di`klain] n παρακμή, πτώση || vti παρακμάζω, πέφτω || γέρνω, γραμμ. κλίνω || αποποιούμαι, αρνούμαι || **on the ~,** σε παρακμή.

declutch [di`klʌtʃ] vt ντεμπραγιάρω.

decode [di:`koud] vt αποκρυπτογραφώ.

décolleté [.dei`koltei] adj ντεκολτέ, έξωμος.

decompose [.di:kəm`pouz] vti αποσυνθέτω, αποσυντίθεμαι, σαπίζω || αναλύω.

décor [`deiko:ʳ] n διάκοσμος.

decorate [`dekəreit] vt διακοσμώ || παρασημοφορώ || **decoration,** διακόσμηση || παρασημοφορία.

decorative [`dekərətiv] adj διακοσμητικός.

decorator [`dekəreitəʳ] n διακοσμητής.

decorum [di`ko:rəm] n ευπρέπεια.

decoy [di`koi] vt παρασύρω || [`di:koi] n δέλεαρ, δόλωμα.

decrease [`di:kri:s] n μείωση, ελάττωση || vti [di`kri:s] μειώνω/-ομαι, ελαττώνω/-ομαι.

decree [di`kri:] n διάταγμα || νομ. δικαστική απόφαση || vt θεσπίζω, ορίζω.

decrepit [di`krepit] adj σαραβαλιασμένος, υπέργηρος || ~**ude,** σαραβάλιασμα.

dedicate [`dedikeit] vt αφιερώνω || εγκαινιάζω || **dedication,** αφιέρωση.

deduce [di`dju:s] vt συνάγω, συμπεραίνω.

deduct [di`dʌkt] vt αφαιρώ || ~**ion,** αφαίρεση || συμπέρασμα.

deed [di:d] n πράξη, έργο || άθλος, ανδραγάθημα || συμβόλαιο, τίτλος, έγγραφο.

deem [di:m] vt θεωρώ.

deep [di:p] adj βαθύς || adv βαθιά || **in ~ water[s],** σε δυσκολίες, σε μπελάδες || ~**en,** βαθαίνω || ~**-freeze,** κατάψυξη, καταψύχω || ~**ness,** βάθος, ένταση || ~**-rooted/-seated,** βαθιά ριζωμένος.

deer [diəʳ] n ελάφι, ζαρκάδι.

deface [di`feis] vt παραμορφώνω.

defame [di`feim] vt δυσφημώ, κακολογώ.

default [di`fo:lt] n αθέτηση || απουσία, νομ. ερημοδικία || vi ερημοδικώ, αθετώ || **by ~,** ερήμην || **in ~ of,** ελλείψει || ~**er,** ερημοδικών, αφερέγγυος.

defeat [di`fi:t] n ήττα || vt νικώ || **be ~ed,** νικιέμαι, ~**ism,** ηττοπάθεια || ~**ist,** ηττοπαθής.

¹**defect** [di`fekt] vi λιποτακτώ, αποστατώ, αυτομολώ || ~**ion** [di`fekʃn] n λιποταξία, αυτομόληση || ~**or,** λιποτάκτης, αυτόμολος.

²**defect** [`di:fekt] n ελάττωμα, ατέλεια || ~**ive** [di`fectiv] adj ελαττωματικός.

defence [di`fens] n άμυνα || αμυντικό έργο || νομ. υπεράσπιση || ~**less,** ανυπεράσπιστος.

defend [di`fend] vt υπερασπίζω || ~**ant,** νομ. εναγόμενος || ~**er,** υπερασπιστής.

defensive [di`fensiv] adj αμυντικός || **on the ~,** σε άμυνα.

defer [di`fə:] vt αναβάλλω, καθυστερώ || ~ **to,** υποχωρώ, σέβομαι.

deference [`defərəns] n υποχώρηση, σεβασμός || **in ~ to,** από σεβασμό προς.

deferential [.defə`renʃl] adj γεμάτος σεβασμό.

defiance [di`faiəns] n περιφρόνηση, αψηφισιά || **in ~ of,** αψηφώντας.

defiant [di`faiənt] adj προκλητικός.

deficiency [di`fiʃənsi] n ανεπάρκεια, έλλειψη.

deficient [di`fiʃənt] adj ελλιπής, καθυστερημένος, ανεπαρκής.

deficit [`defisit] n έλλειμμα.

defile [di`fail] vt μολύνω, ρυπαίνω.

define [di`fain] vt ορίζω, καθορίζω.

definite [`definit] adj [καθ]ορισμένος, οριστικός || ~**ly,** οριστικά, βεβαίως.

definition [.defə`niʃn] n [καθ]ορισμός.

definitive [di`finətiv] adj τελειωτικός.

deflate [di`fleit] vt ξεφουσκώνω || **deflation** [di`fleiʃn] αντιπληθωρισμός || **deflationary,** αντιπληθωριστικός.

deflect [di`flekt] vti εκτρέπω/-ομαι || ~**ion** [di`flekʃn] εκτροπή, απόκλιση.

deform [di`fo:m] vt παραμορφώνω || ~**ity,** δυσμορφία, παραμόρφωση.

defraud [di`fro:d] vt εξαπατώ, κλέβω.

defray [di`frei] vt καταβάλλω (δαπάνες).

defrost [di`frost] vt κάνω απόψυξη, ξεπαγώνω.

deft [deft] *adj* επιδέξιος.

defunct [di'fʌŋkt] *n* μακαρίτης.

defuse [di'fju:z] *vt* εξουδετερώνω *(βόμβα)*.

defy [di'fai] *vt* αψηφώ, προκαλώ.

degenerate [di'dʒenəreit] *vi* εκφυλίζομαι, καταντώ ǁ **degeneration,** εκφυλισμός.

degradation [ˌdegrə'deiʃn] *n* αθλιότητα, ξεπεσμός, αποκτήνωση, υποβιβασμός.

degrade [di'greid] *vt* εξευτελίζω, υποβιβάζω.

degree [di'gri:] *n* πτυχίο ǁ βαθμός ǁ μοίρα *(κύκλου)* ǁ **by ~s,** βαθμηδόν.

dehydrate [ˌdi:'haidreit] *vt* αφυδατώνω.

deify [ˈdi:ifai] *vt* θεοποιώ.

deign [dein] *vi* καταδέχομαι.

deity [ˈdeiəti] *n* θεότητα.

dejected [di'dʒektid] *adj* κατηφής, αποθαρρυμένος.

dejection [di'dʒekʃn] *n* κατήφεια, αποθάρρυνση.

delay [di'lei] *vti* αναβάλλω ǁ χρονοτριβώ, καθυστερώ, επιβραδύνω ǁ *n* αναβολή, καθυστέρηση.

delectable [di'lektəbl] *adj* απολαυστικός.

delegate [ˈdeligət] *n* αντιπρόσωπος.

delegate [ˈdeligeit] *vt* εξουσιοδοτώ ǁ μεταβιβάζω ǁ **delegation,** αποστολή, αντιπροσωπία, εξουσιοδότηση, μεταβίβαση.

delete [di'li:t] *vt* διαγράφω, απαλείφω.

¹**deliberate** [di'libərət] *adj* εσκεμμένος ǁ αργός, βραδύς.

²**deliberate** [di'libəreit] *vt* μελετώ, σκέπτομαι προσεχτικά, συζητώ ǁ **deliberation,** προσεχτική μελέτη ǁ περίσκεψη, προσοχή ǁ διαβούλευση.

delicacy [ˈdelikəsi] *n* λεπτότητα ǁ ευαισθησία ǁ λιχουδιά.

delicate [ˈdelikət] *adj* λεπτός, ευαίσθητος, ντελικάτος.

delicious [di'liʃəs] *adj* νοστιμότατος.

delight [di'lait] *n* απόλαυση, ευχαρίστηση ǁ *vti* θέλγω, γοητεύω ǁ *in,* βρίσκω ευχαρίστηση να ǁ **be ~ed,** χαίρομαι ǁ **~ful,** ευχάριστος, γοητευτικός.

delineate [di'linieit] *vt* σκιαγραφώ.

delinquency [di'liŋkwənsi] *n* παράπτωμα, εγκληματικότητα ǁ **delinquent,** παραβάτης, εγκληματίας.

delirious [di'liriəs] *adj* παραληρών.

delirium [di'liriəm] *n* παραλήρημα.

deliver [di'livəʳ] *vt* [παραδίδω ǁ ~ **from,** ελευθερώνω από ǁ **~ance,** απελευθέρωση, σωτηρία ǁ **~y,** παράδοση, διανομή, απαγγελία, τοκετός.

delouse [ˌdi:'laus] *vt* ξεψειριάζω.

delta [ˈdeltə] *n* δέλτα.

delude [di'lu:d] *vt* εξαπατώ, ξεγελώ.

deluge [ˈdelju:dʒ] *n* κατακλυσμός ǁ *vt* κατακλύζω. ·

delusion [di'lu:ʒn] *n* [αυτ]απάτη.

delusive [di'lu:siv] *adj* απατηλός.

de luxe [di'lʌks] *adj* πολυτελής, λουξ.

demagogue [ˈdeməgog] *n* δημαγωγός.

demagogy [ˈdeməgogi] *n* δημαγωγία.

demand [di'ma:nd] *n* απαίτηση, αξίωση ǁ εμπ. ζήτηση ǁ *vt* ρωτώ ǁ αξιώ, ζητώ ǁ απαιτώ.

demarcate [ˈdi:ma:keit] *vt* οριοθετώ.

demeanour [di'mi:nəʳ] *n* συμπεριφορά.

demented [di'mentid] *adj* παράφρων.

demerit [di:'merit] *n* μειονέκτημα.

demigod [ˈdemigod] *n* ημίθεος.

demijohn [ˈdemidʒon] *n* νταμιτζάνα.

demise [di'maiz] *n* νομ. θάνατος.

demo [ˈdemou] *n* διαδήλωση.

demob [di'mob] *n, vt* ⇒ **demobilization.**

demobilization [ˌdi:moubəlai'zeiʃən] *n* αποστράτευση ǁ **demobilize** *vt* αποστρατεύω.

democracy [di'mokrəsi] *n* δημοκρατία.

democrat [ˈdeməkræt] *n* δημοκράτης ǁ **~ic,** δημοκρατικός ǁ **~ize,** εκδημοκρατίζω ǁ **~ization,** εκδημοκρατισμός.

demolish [di'moliʃ] *vt* κατεδαφίζω ǁ **demolition** [deməˈliʃən] κατεδάφιση.

demon [ˈdi:mən] *n* δαίμονας.

demonstrate [ˈdemənstreit] *vti* αποδεικνύω ǁ επιδεικνύω ǁ διαδηλώνω.

demonstration [ˌdemənˈstreiʃn] *n* επίδειξη ǁ διαδήλωση ǁ εκδήλωση.

demonstrative [di'monstrətiv] *adj* [απο]δεικτικός ǁ εκδηλωτικός.

demonstrator [ˈdemənstreitəʳ] *n* διαδηλωτής.

demoralize [di'morəlaiz] *vt* εξαχρειώνω, διαφθείρω ǁ σπάω το ηθικό.

demote [di'mout] *vt* υποβιβάζω.

demotic [di'motic] *adj* δημοτικός.

demure [di'mjuəʳ] *adj* σεμνός, σοβαρός.

den [den] *n* φωλιά (θηρίου) ǁ άντρο.

denationalize [ˌdi:'næʃnəlaiz] *vt* απεθνικοποιώ.

denial [di'naiəl] *n* άρνηση.

denigrate [ˈdenigreit] *vt* δυσφημώ.

Denmark [ˈdenma:k] *n* Δανία.

denomination [diˌnomi'neiʃn] *n* ονομασία ǁ δόγμα, θρήσκευμα.

denominator [diˌnomi'neitəʳ] *n* παρονομαστής.

denote [di'nout] *vt* εμφαίνω, δηλώ.

denounce [di'nauns] *vt* καταγγέλλω.

dense [dens] *adj* πυκνός, κουτός.

density [ˈdensəti] *n* πυκνότητα.

dent [dent] *n* κοίλωμα, βαθούλωμα, δόντι ǁ *vt* βαθουλώνω, καβουλιάζω.

dental [dentl] *n* οδοντικός.

dentist [ˈdentist] *n* οδοντίατρος ǁ **~ry,** οδοντιατρική.

denture [ˈdentʃəʳ] *n* οδοντοστοιχία.

denunciation [diˌnʌnsiˈeiʃn] *n* καταγγελία.

deny [diˈnai] *vt* αρνούμαι, απαρνούμαι.

deodorant [diˈoudərənt] *n* αποσμητικό.

depart [diˈpa:t] *vi* αναχωρώ || ~**ure** [diˈpa:tʃəʳ] *n* αναχώρηση.

department [diˈpa:tmənt] *n* τμήμα, *US* υπουργείο || ~ **store**, πολυκατάστημα.

depend [diˈpend] ~ *(on)* vi εξαρτιέμαι || βασίζομαι || ~**able**, αξιόπιστος || ~**ant**, προστατευόμενος || ~**ence**, εμπιστοσύνη, εξάρτηση || ~**ent**, εξαρτώμενος.

depict [diˈpikt] *vt* απεικονίζω || ~**ion**, απεικόνιση.

depleted [diˈpli:tid] *adj* εξαντλημένος.

deplore [diˈplo:ʳ] *vt* θρηνώ, ελεεινολογώ || **deplorable**, αξιοθρήνητος.

deploy [diˈploi] *vt στρατ.* αναπτύσσω || ~**ment**, ανάπτυξη.

depopulate [diˈpopjuleit] *vt* ερημώνω.

deport [diˈpo:t] *vt* απελαύνω, εκτοπίζω || ~**ation**, εκτόπιση || ~**ment**, συμπεριφορά.

depose [diˈpouz] *vt* εκθρονίζω.

deposit [diˈpozit] *n* κατάθεση || εναπόθεση, ίζημα, κατακάθι || προκαταβολή, εγγύηση || *vt* καταθέτω || εναποθέτω || παρακαταθέτω || δίνω προκαταβολή || ~**or**, καταθέτης.

depot [ˈdepou] *n* αποθήκη, σταθμός.

deprave [diˈpreiv] *vt* διαφθείρω.

depravity [diˈprævəti] *n* διαφθορά.

depreciate [diˈpriʃieit] *vti* υποτιμώ, υποτιμιέμαι || **depreciation**, υποτίμηση.

depress [diˈpres] *vt* [κατα]πιέζω || προκαλώ κατάθλιψη || ~**ion**, κατάθλιψη, μελαγχολία || ύφεση || κοιλότητα.

deprive [diˈpraiv] *vt* ~ *sb of*, στερώ κπ από || **deprivation** [ˌdepriˈveiʃn] *n* στέρηση.

depth [depθ] *n* βάθος.

deputation [ˌdepjuˈteiʃn] *n* επιτροπή, αντιπροσωπία.

deputize [ˈdepjutaiz] *vi* ~ *for sb*, αντιπροσωπεύω, αναπληρώνω κπ.

deputy [ˈdepjuti] *n* εκπρόσωπος || αναπληρωτής || βουλευτής.

derail [diˈreil] *vt* εκτροχιάζω || ~**ment**, εκτροχίαση.

derange [diˈreindʒ] *vt* διαταράσσω || ~**ment**, διαταραχή, παραφροσύνη.

derelict [ˈderəlikt] *adj* εγκαταλειμμένος, ετοιμόρροπος || ~**ion**, εγκατάλειψη.

deride [diˈraid] *vt* περιγελώ, χλευάζω.

derision [diˈriʒn] *n* χλευασμός.

derisive [diˈraisiv], **derisory** [diˈraisəri] *adj* σκωπτικός || γελοίος.

derivation [ˌderiˈveiʃn] *n* προέλευση.

derivative [diˈrivətiv] *n, adj* παράγωγο[ς].

derive [diˈraiv] *vti* προέρχομαι, αντλώ.

derogatory [diˈrogətri] *adj* μειωτικός, υβριστικός, υποτιμητικός.

derrick [ˈderik] *n* γερανός.

dervish [ˈdə:viʃ] *n* δερβίσης.

desalinize[ˌdi:ˈsælinaiz] *vt* αφαλατώνω.

descend [diˈsend] *vti* κατέρχομαι || περιέρχομαι || ~ *[up]on*, επιπίπτω || ~ *to*, ξεπέφτω || **be** ~**ed from**, κατάγομαι από || ~**ant**, απόγονος.

descent [diˈsent] *n* κάθοδος || καταγωγή || επίθεση, επιδρομή.

describe [diˈskraib] *vt* περιγράφω.

description [disˈkripʃn] *n* περιγραφή.

descriptive [disˈkriptiv] *adj* περιγραφικός.

desecrate [ˈdesəkreit] *vt* βεβηλώνω.

¹**desert** [diˈzə:t] *vt* λιποτακτώ || εγκαταλείπω || ~**er**, λιποτάκτης || ~**ion**, λιποταξία, εγκατάλειψη || ~**s**, επίχειρα.

²**desert** [ˈdezət] *n, adj* έρημος.

deserve [diˈzə:v] *vi* αξίζω, δικαιούμαι || ~**dly** [-idli] δίκαια, επαξίως || **deserving** *adj* άξιος.

design [diˈzain] *n* σχέδιο || σκοπός, πρόθεση || *vti* σχεδιάζω || ~ *for*, προορίζω || *by* ~, σκοπίμως || ~**er**, σχεδιαστής || ~**ing**, ραδιούργος.

designate [ˈdezigneit] *vt* [προ]ορίζω, διορίζω || καθορίζω || *adj* εκλεγμένος || **designation**, διορισμός.

desirable [diˈzaiərəbl] *adj* επιθυμητός, ευκταίος, σκόπιμος, ελκυστικός.

desire [diˈzaiəʳ] *n* επιθυμία, πόθος || *vt* επιθυμώ, ποθώ || ζητώ.

desk [desk] *n* γραφείο, θρανίο.

¹**desolate** [ˈdesələt] *adj* έρημος.

²**desolate** [ˈdesəleit] *vt* ερημώνω.

desolation [ˌdesəˈleiʃn] *n* ερήμωση.

despair [diˈspeəʳ] *n* απελπισία, απόγνωση || ~ *of*, απελπίζομαι για.

desperate [ˈdespərət] *adj* απελπισμένος, απεγνωσμένος || επικίνδυνος.

desperation [ˌdespəˈreiʃn] *n* απόγνωση, απελπισία.

despicable [diˈspikəbl] *adj* ποταπός.

despise [diˈspaiz] *vt* περιφρονώ.

despite [diˈspait] *prep* παρά, σε πείσμα.

despondency [diˈspondənsi] *n* αποθάρρυνση, μελαγχολία.

despondent [diˈspondənt] *adj* άθυμος.

despot [ˈdespot] *n* τύραννος, δεσπότης || ~**ic**, τυραννικός || ~**ism**, τυραννία.

dessert [diˈzə:t] *n* επιδόρπιο, γλυκό.

destination [ˌdestiˈneiʃn] *n* προορισμός.

destine [ˈdestin] *vt* προορίζω || **be** ~**d**, είναι μοιραίο.

destiny [ˈdestini] *n* μοίρα, πεπρωμένο.

destitute [ˈdestitjut] *adj* άπορος, πάμπτωχος || **be** ~ *of*, στερούμαι.

destitution [ˌdestiˈtjuʃn] *n* ένδεια.

destroy [diˈstroi] *vt* καταστρέφω || εξοντώνω, εξολοθρεύω ‖ ~er, καταστροφέας ‖ αντιτορπιλλικό.

destruction [di'strʌkʃn] n καταστροφή ‖ εξόντωση.

destructive [di'strʌktiv] adj καταστρεπτικός ‖ εξοντωτικός.

desultory ['desəltri] adj ασύνδετος, ακατάστατος, μη συστηματικός.

detach [di'tætʃ] vt αποσπώ ‖ ~able, αφαιρούμενος, κινητός ‖ ~ed, απροκατάληπτος, (για σπίτι) πανταχόθεν ελεύθερο ‖ ~ment, απόσπαση ‖ στρατ. απόσπασμα ‖ αμεροληψία ‖ αδιαφορία ‖ be on ~ment, είμαι αποσπασμένος.

detail ['di:teil] n λεπτομέρεια ‖ στρατ. απόσπασμα ‖ vt εκθέτω λεπτομερώς ‖ στρατ. ορίζω ‖ in ~, λεπτομερώς ‖ go into ~s, μπαίνω σε λεπτομέρειες.

detain [di'tein] vt κρατώ, καθυστερώ.

detainee [,di:tei'ni:] n κρατούμενος.

detect [di'tekt] vt ανακαλύπτω, ανιχνεύω, διακρίνω ‖ ~ion [di'tekʃn] ανακάλυψη, ανίχνευση ‖ ~ive, ντέτεκτιβ ‖ ~or, ανιχνευτής.

détente [dei'ta:nt] n, πολιτ. ύφεση.

detention [di'tenʃn] n κράτηση.

deter [di'tə:ʳ] vt αποτρέπω, εμποδίζω.

detergent [di'tə:dʒənt] n απορρυπαντικό.

deteriorate [di'tiəriəreit] vti χειροτερεύω ‖ **deterioration** [-'reiʃn] χειροτέρευση.

determination [di,tə:mi'neiʃn] n αποφασιστικότητα ‖ προσδιορισμός, καθορισμός.

determine [di'tə:min] vti αποφασίζω ‖ καθορίζω ‖ προσδιορίζω.

deterrent [di'terənt] n, adj προληπτικό[ς], ανασχετικό[ς].

detest [di'test] vti σιχαίνομαι, αντιπαθώ ‖ ~able, σιχαμερός, αντιπαθέστατος ‖ ~ation, απέχθεια.

dethrone ['di'θroun] vt εκθρονίζω.

detonate ['detəneit] vti πυροκροτώ, εκπυροκροτώ.

detonator ['detəneitəʳ] n καψούλι.

detour ['di:tuəʳ] n παράκαμψη, γύρος.

detract [di'trækt] vt αφαιρώ ‖ μειώνω ‖ ~or, δυσφημιστής.

detriment ['detriment] n βλάβη, ζημιά ‖ to the ~ of, προς ζημίαν του ‖ ~al, επιζήμιος.

deuce [dju:s] n χαρτοπ. διπλό.

devalue [di'vælju] vt υποτιμώ (νόμισμα) ‖ **devaluation**, υποτίμηση.

devastate ['devəsteit] vt ρημάζω ‖ **devastation**, ερήμωση, καταστροφή.

develop [di'veləp] vti αναπτύσσω /-ομαι ‖ εμφανίζω (φίλμ) ‖ αξιοποιώ (περιοχή) ‖ ~ment, ανάπτυξη ‖ εμφάνιση ‖ αξιοποίηση ‖ εξέλιξη.

deviate ['di:vieit] vi παρεκκλίνω.

deviation [,di:vi'eiʃn] n παρέκκλιση.

device [di'vais] n επινόηση, τέχνασμα ‖ συσκευή, μηχανισμός.

devil [devl] n διάβολος ‖ βοηθός ‖ ~ish, διαβολικός.

devious ['di:viəs] adj πλάγιος, ανέντιμος.

devise [di'vaiz] vt επινοώ, μηχανεύομαι.

devoid [of] [di'void] adj στερημένος, χωρίς.

devote [di'vout] vt αφιερώνω, αφοσιώνω ‖ **devotion**, αφοσίωση, λατρεία.

devotee [,devə'ti:] n λάτρης, θιασώτης.

devour [di'vauəʳ] vt καταβροχθίζω.

devout [di'vaut] adj ευσεβής ‖ ένθερμος.

dew [dju:] n δρόσος ‖ ~drop, δροσοσταλίδα.

dexterity [,de'ksterəti] n επιδεξιότητα.

dext[e]rous ['dekstrəs] adj επιδέξιος.

diabetes [,daiə'bi:ti:z] n ιατρ. διαβήτης.

diabetic [,daiə'betik] n, adj διαβητικός.

diabolic[al] [,daiə'bolik(l)] adj διαβολικός.

diagnosis [,daiə'gnousis] n διάγνωση.

diagonal [dai'ægənəl] adj διαγώνιος.

diagram ['daiəgræm] n διάγραμμα.

dial ['daiəl] n καντράν ‖ vt παίρνω αριθμό τηλεφώνου.

dialect ['daiəlekt] n διάλεκτος.

dialectic[s] [,daiə'lektik] n διαλεκτική.

dialogue ['daiəlog] n διάλογος.

diametre [dai'æmitəʳ] n διάμετρος.

diamond ['daiəmənd] n διαμάντι ‖ χαρτοπ. καρρό.

diaper ['daiəpəʳ] n US πάνα (μωρού).

diaphragm ['daiəfræm] n διάφραγμα.

diarrhoea [,daiə'riə] n διάρροια.

diary ['daiəri] n ημερολόγιο.

dice [dais] n ζάρια.

dictate [di'kteit] vt υπαγορεύω, διατάζω ‖ n ['dikteit] υπαγόρευση, πρόσταγμα ‖ **dictation** [dik'teiʃn] υπαγόρευση.

dictator [di'kteitəʳ] n δικτάτορας.

dictatorial [,diktə'toriəl] adj δικτατορικός.

diction [dikʃn] n λεκτικό ‖ άρθρωση ‖ ύφος.

dictionary ['dikʃənri] n λεξικό.

didactic [di'dæktik] adj διδακτικός.

¹**die** [dai] n κύβος, ζάρι ‖ καλούπι.

²**die** [dai] vi πεθαίνω ‖ ~ away, σβήνω σιγά-σιγά ‖ ~ down, κοπάζω ‖ ~ out, σβήνω.

diet [daiət] n δίαιτα ‖ διαιτολόγιο ‖ be on a ~, κάνω δίαιτα ‖ ~ician, διαιτολόγος.

differ ['difəʳ] vi διαφέρω ‖ διαφωνώ ‖ ~ence, διαφορά ‖ ~ent, διαφορετικός.

differential [,difə'renʃl] n διαφορικό ‖ adj διαφορικός.

differentiate [,difə'renʃieit] vt διαφορίζω, διαφοροποιώ, ξεχωρίζω ‖ **differentia-**

tion, διαφορισμός, διάκριση.

difficult [`difikəlt] *adj* δύσκολος ‖ ~**y,** δυσκολία.

diffidence [`difidəns] *n* ατολμία ‖ **diffident,** άτολμος, ντροπαλός.

¹**diffuse** [di`fju:s] *adj* διάχυτος.

²**diffuse** [di`fju:z] *vti* διαχέω / -ομαι, διαδίδω / -ομαι.

dig [dig] *vt irreg* σκάβω ‖ ~ **in / into,** χώνω ‖ ~ **out,** ξεχώνω ‖ ~ **up,** ανασκάπτω, ξεθάβω ‖ *n* ανασκαφή ‖ μπηχτή.

digest [`daidʒest] *n* σύνοψη, περίληψη ‖ *vti* [dai`dʒest] χωνεύω / -ομαι, αφομοιώνω ‖ ~**ion,** πέψη, χώνεψη ‖ ~**ive,** πεπτικός.

digit [`didʒit] *n* ψηφίο, αριθμός ‖ δάχτυλος ‖ ~**al,** ψηφιακός.

dignified [`dignifaid] *adj* αξιοπρεπής.

dignitary [`dignitəri] *n* αξιωματούχος.

dignity [`dignəti] *n* αξιοπρέπεια.

digress [dai`gres] *vi* παρεκβαίνω ‖ ~**ion,** παρέκβαση.

dike, dyke [daik] *n* χαντάκι ‖ ανάχωμα.

dilapidated [di`læpideited] *adj* σαραβαλιασμένος.

dilate [dai`leit] *vti* διαστέλλω / -ομαι, πλαταίνω.

dilemma [dai`lemə] *n* δίλημμα.

dilettante [,dili`tænti] *n* ερασιτέχνης.

diligence [`dilidʒəns] *n* επιμέλεια.

diligent [`dilidʒənt] *adj* επιμελής, εργατικός.

dilly-dally [,dili`dæli] *vi* χασομερώ.

dilute [dai`lju:t] *vt* αραιώνω *(υγρό)*, νερώνω.

dilution [dai`lju:ʃn] *n* αραίωμα, διάλυμα.

dim [dim] *adj* αμυδρός ‖ θολός ‖ ~-**witted,** κουτός.

dimension [di`menʃn] *n* διάσταση.

diminish [di`miniʃ] *vti* ελαττώνω / -ομαι.

diminutive [di`minjutiv] *adj* μικροσκοπικός ‖ *n* υποκοριστικό.

dimple [dimpl] *n* λακκάκι *(στα μάγουλα).*

din [din] *n* σαματάς, πανδαιμόνιο ‖ *vt* ξεκουφαίνω ‖ **kick up a** ~, κάνω σαματά.

dine [dain] *vt* γευματίζω, ‖ ~**r,** τραπεζαρία τραίνου, γευματίζω ‖ **dining-car / -room / -table,** βαγκόν ρεστωράν / τραπεζαρία *(δωμάτιο)* / τραπεζαρία *(έπιπλο).*

dinghy [`diŋgi] *n* [λαστιχένια] βάρκα.

dingy [`dindʒi] *adj* σκοτεινός, μουντός, βρώμικος.

dinner [`dinər] *n* γεύμα, δείπνο ‖ ~ **jacket,** σμόκιν ‖ ~ **service,** σερβίτσιο φαγητού.

dinosaur [`dainəso:ʳ] *n* δεινόσαυρος.

dint [dint] *στη φρ.* **by** ~ **of,** μέσω, χάρη σε.

diocese [`daiəsis] *n* επισκοπή.

dip [dip] *n* βουτιά, κλίση, κατηφοριά ‖ υποστολή *(σημαίας)* ‖ *vti* βυθίζω / -ομαι, βουτώ ‖ χαμηλώνω, γέρνω.

diploma [di`ploumə] *n* δίπλωμα ‖ ~-**cy,** διπλωματία ‖ ~**tist,** διπλωμάτης, ευέλικτος άνθρωπος.

diplomat [`dipləmæt] *n* διπλωμάτης.

diplomatic [,diplo`mætik] *adj* διπλωματικός.

dire [daiəʳ] *adj* τρομερός, έσχατος, απόλυτος, δεινός.

direct [di`rekt, dai-] *adj* ευθύς ‖ άμεσος ‖ ειλικρινής ‖ *adv* κατευθείαν ‖ *vti* απευθύνω, κατευθύνω, στρέφω ‖ διευθύνω, διοικώ ‖ διατάσσω, δίνω εντολή ‖ ~**ion,** κατεύθυνση ‖ διεύθυνση ‖ *πληθ.* οδηγίες ‖ σκηνοθεσία (έργου) ‖ ~**ion-finder,** ραδιογωνιόμετρο ‖ **sense of** ~**ion,** ικανότητα προσανατολισμού ‖ ~**ly,** κατευθείαν, αμέσως ‖ ~**or,** διευθυντής ‖ ~**ory,** τηλεφ. κατάλογος.

dirge [də:dʒ] *n* μοιρολόι.

dirt [də:t] *n* βρώμα, λέρα ‖ βωμολοχία ‖ ~-**cheap,** πάμφθηνος.

dirty [`də:ti] *adj* βρώμικος, λερός ‖ *vti* λερώνω.

disability [,disə`biləti] *n* ανικανότητα.

disabled [dis`eibld] *adj* ανίκανος, ανάπηρος.

disadvantage [,disəd`va:ntidʒ] *n* μειονέκτημα ‖ ζημιά ‖ ~**ous** [-`teidʒəs] μειονεκτικός, επιζήμιος.

disaffected [,disə`fektid] *adj* δυσαρεστημένος.

disagree [,disə`gri:] *vi* διαφωνώ ‖ *(για τροφή)* πειράζω ‖ ~**able,** δυσάρεστος, αντιπαθητικός ‖ ~**ment,** διαφωνία.

disappear [,disə`piəʳ] *vi* εξαφανίζομαι ‖ ~**ance,** εξαφάνιση.

disappoint [,disə`point] *vt* απογοητεύω ‖ ~**ing,** απογοητευτικός ‖ ~**ment,** απογοήτευση.

disapproval [,disə`pru:vl] *n* αποδοκιμασία.

disapprove [,disə`pru:v] *vti* αποδοκιμάζω.

disarm [dis`a:m] *vti* αφοπλίζω ‖ ~**ament,** αφοπλισμός.

disarrange [,disə`reindʒ] *vt* χαλώ, αναστατώνω.

disaster [di`za:stəʳ] *n* καταστροφή.

disastrous [di`za:strəs] *adj* καταστρεπτικός.

disavow [,disə`vau] *vt* αποκηρύσσω ‖ ~**al,** αποκήρυξη.

disband [dis`bænd] *vti* διαλύω / -ομαι.

disbelief [,disbi`li:f] *n* δυσπιστία.

disbelieve [,disbi`li:v] *vt* δεν πιστεύω.

disc, disk [disk] *n* δίσκος ‖ ~ **brake,** δισκόφρενο.

discard [dis`ka:d] *vt* πετώ.

discern [di`sə:n] vt διακρίνω || ~**ing**, οξυδερκής || ~**ment**, διάκριση, κρίση.

discharge [dis`tʃa:dʒ] vti ξεφορτώνω || αδειάζω || εκβάλλω || απολύω, απαλλάσσω || εκπληρώνω, εξοφλώ || n εκφόρτωση || εκβολή || εκροή || εκπυρσοκρότηση || απαλλαγή, απόλυση || εκπλήρωση, εξόφληση.

disciple [di`saipl] n μαθητής, οπαδός.

disciplinary [`disiplinəri] adj πειθαρχικός.

discipline [`disiplin] n πειθαρχία || επιστημονικός κλάδος || vt πειθαρχώ, τιμωρώ.

disclaim [dis`kleim] vt αποποιούμαι, αποκρούω || παραιτούμαι || ~**er**, παραίτηση.

disclose [dis`klouz] vt αποκαλύπτω, φανερώνω || **disclosure**, αποκάλυψη.

disco [`diskou] n ντισκοτέκ.

discolour [dis`kʌlə^r] vti ξεβάφω, ξεθωριάζω.

discomfort [dis`kʌmfət] n ταλαιπωρία, κακουχία || στενοχώρια.

disconcert [.diskən`sə:t] vt ταράσσω, αναστατώνω, συγχίζω.

disconnect [.diskə`nekt] vt αποσυνδέω || ~**ed**, ασύνδετος || ~**ion**, αποσύνδεση.

disconsolate [dis`konsələt] adj απαρηγόρητος.

discontent [.diskən`tent] n δυσαρέσκεια, δυσφορία || ~**ed**, δυσαρεστημένος.

discontinue [.diskən`tinju:] vt διακόπτω.

discord [`disko:d] n διαφωνία, διχόνοια || παραφωνία || ~**ant**, [dis`ko:dənt] ασύμφωνος, παράφωνος.

discount [dis`kaunt] n έκπτωση || προεξόφληση || n απορρίπτω || προεξοφλώ || **be at a** ~, δεν έχω πέραση.

discourage [dis`kʌridʒ] vt αποθαρρύνω || αποτρέπω || ~**ment**, αποθάρρυνση.

discourse [`disko:s] n λόγος.

discourteous [dis`kə:tiəs] adj αγενής.

discourtesy [dis`kə:təsi] n αγένεια.

discover [dis`kʌvə^r] vt ανακαλύπτω || ~**y**, ανακάλυψη.

discredit [dis`kredit] vt δυσπιστώ, αμφισβητώ || δυσφημώ || αναιρώ || n αμφισβήτηση, ανυποληψία || ~**able**, επονείδιστος.

discreet [dis`kri:t] adj διακριτικός.

discrepancy [dis`krepənsi] n διαφορά.

discretion [dis`kreʃn] n διακριτικότητα, σύνεση || κρίση, βούληση.

discriminate [dis`krimineit] vt ξεχωρίζω, μεροληπτώ || **discriminating**, οξυδερκής || **discrimination**, διάκριση, μεροληψία || κρίση, ορθοφροσύνη || **discriminatory** [di`skriminətəri] μεροληπτικός.

discursive [dis`kə:siv] adj ασυνάρτητος.

discus [`diskəs] n αθλ. δίσκος.

discuss [dis`kʌs] vt συζητώ || ~**ion**, συζήτηση.

disdain [dis`dein] n περιφρόνηση || vt περιφρονώ, απαξιώ || ~**ful**, περιφρονητικός.

disease [di`zi:z] n ασθένεια || ~**d**, πολύ άρρωστος.

disembark [.disim`ba:k] vti ξεμπαρκάρω || ~**ation**, ξεμπαρκάρισμα.

disembodied [.disim`bodid] adj ασώματος.

disembowel [.disim`bauəl] vt ξεκοιλιάζω.

disenchanted [.disin`tʃa:ntid] adj απογοητευμένος, χωρίς αυταπάτες.

disengage [.disin`geidʒ] vti αποσυμπλέκω, απαγκιστρώνω / -ομαι.

disentangle [.disin`tæŋgl] vti ξεμπερδεύω / -ομαι || ~**ment**, ξεμπέρδεμα.

disfavour [dis`feivə^r] n δυσμένεια.

disfigure [dis`figə^r] vt παραμορφώνω || ~**ment**, παραμόρφωση.

disgorge [dis`go:dʒ] vt ξερνώ.

disgrace [dis`greis] n δυσμένεια || ντροπή || ατίμωση, όνειδος || vt ατιμάζω, ντροπιάζω || ~**ful**, επονείδιστος.

disgruntled [dis`grʌntld] adj δυσαρεστημένος, κατσούφικος.

disguise [dis`gaiz] n μεταμφίεση || προσωπείο || vt μεταμφιέζω || συγκαλύπτω, αποκρύπτω.

disgust [dis`gʌst] n αηδία || vt αηδιάζω || **in** ~, αηδιασμένος || ~**ing**, αηδιαστικός.

dish [diʃ] n πιάτο || φαγητό || vt ~ **up**, σερβίρω || ~ **out**, μοιράζω || ~**washer**, πλυντήριο πιάτων.

dishearten [dis`ha:tn] vt αποθαρρύνω.

dishevelled [di`ʃevəld] adj ατημέλητος, (μαλλιά) ανακατωμένος.

dishonest [dis`onist] adj ανέντιμος || ~**y**, ανεντιμότητα, ατιμία.

dishonour [dis`onə^r] adj ατίμωση || vt ατιμάζω || ~**able**, ατιμωτικός, αχρείος.

disillusion [.disi`lu:ʒn] vt απογοητεύω || ~**ment**, απογοήτευση.

disinfect [.disin`fekt] vt απολυμαίνω || ~**ion**, απολύμανση || ~**ant**, απολυμαντικό.

disinherit [.disin`herit] vt αποκληρώνω.

disintegrate [dis`intigreit] vti αποσυνθέτω, διαλύω / -ομαι || **disintegration**, αποσύνθεση.

disinter [.disin`tə:^r] vt ξεθάβω.

disinterested [dis`intrəstid] adj ανιδιοτελής || ~**ness**, ανιδιοτέλεια.

disk ⇒ DISC

dislike [dis`laik] n αποστροφή || vt αποστρέφομαι, αντιπαθώ || **likes and** ~**s**, προτιμήσεις, γούστα.

dislocate [`disləkeit] vt εξαρθρώνω.

dislodge [dis`lodʒ] vt εκτοπίζω, βγάζω.

disloyal [dis`loiəl] *adj* άπιστος, δόλιος.

dismal [`dizməl] *adj* ζοφερός, μελαγχολικός.

dismantle [dis`mæntl] *vt* [δια]λύω.

dismay [dis`mei] *n* φόβος, τρόμος, κατάπληξη ‖ *vt* πτοώ, καταταράσσω.

dismember [dis`membə^r] *vt* διαμελίζω.

dismiss [dis`mis] *vt* απολύω ‖ διώχνω ‖ ~**al** *n* απόλυση, διώξιμο.

dismount [dis`maunt] *vti* αφιππεύω ‖ λύνω, ξεμοντάρω.

disobedience [ˌdisə`bi:diəns] *n* ανυπακοή, απειθαρχία ‖ **disobedient**, ανυπάκουος.

disobey [ˌdisə`bei] *vt* παρακούω, παραβαίνω.

disorder [dis`o:də^r] *n* ακαταστασία, αταξία ‖ διαταραχή ‖ *πληθ.* ταραχές ‖ ~**ly**, *adj* ακατάστατος, άτακτος.

disorganize [ˌdis`o:gənaiz] *vt* αποδιοργανώνω, αναστατώνω, παραλύω.

disown [dis`oun] *vt* αποκηρύσσω, [απ]αρνούμαι.

disparage [dis`pærid3] *vt* δυσφημώ, κακολογώ ‖ **disparaging**, δυσφημηστικός, μειωτικός.

disparity [dis`pærəti] *n* ανομοιότητα, διαφορά ‖ **disparate** *adj* ανόμοιος.

dispassionate [dis`pæʃənət] *adj* ψύχραιμος ‖ αμερόληπτος.

dispatch [dis`pætʃ] *n* αποστολή, διεκπεραίωση ‖ ταχύτητα, σπουδή ‖ εκτέλεση, θανάτωση ‖ αναφορά, τηλεγράφημα ‖ *vt* αποστέλλω ‖ τελειώνω γρήγορα, ξεμπερδεύω ‖ αποτελειώνω, εκτελώ.

dispel [dis`pel] *vt* σκορπίζω, διώχνω.

dispensary [dis`pensəri] *n* φαρμακείο.

dispense [dis`pens] *vti* απονέμω ‖ διανέμω ‖ εκτελώ *(συνταγή)* ‖ ~ **with**, κάνω χωρίς, καταργώ.

disperse [dis`pə:s] *vti* [δια]σκορπίζω.

dispirited [dis`piritid] *adj* αποθαρρυμένος.

displace [dis`pleis] *vt* εκτοπίζω ‖ αντικαθιστώ ‖ ~**d person**, πρόσφυγας ‖ ~**ment**, εκτόπισμα.

display [dis`plei] *n* επίδειξη ‖ *vt* επιδεικνύω, εκθέτω, δείχνω.

displease [dis`pli:z] *vt* δυσαρεστώ.

displeasure [dis`ple3ə^r] *n* δυσαρέσκεια.

disposal [dis`pouzl] *n* διάθεση.

dispose [dis`pouz] *vti* ~ *[of]*, διαθέτω, ξεφορτώνομαι ‖ ~**d**, διατεθειμένος ‖ **disposition** [ˌdispə`ziʃn] διάταξη, διαρρύθμιση ‖ προδιάθεση ‖ εξουσία.

dispossess [ˌdispə`zes] *vt* αποστερώ.

disproof [dis`pru:f] *n* ανασκευή.

disproportion [ˌdisprə`po:ʃn] *n* δυσαναλογία ‖ ~**ate**, δυσανάλογος.

disprove [ˌdis`pru:v] *vt* ανασκευάζω.

dispute [dis`pju:t] *n* αμφισβήτηση ‖ φιλονικία ‖ *vt* αμφισβητώ ‖ φιλονικώ ‖ λογομαχώ.

disqualify [dis`kwolifai] *vt* αποκλείω, αφαιρώ άδεια, κάνω κπ ανίκανο.

disquiet [dis`kwaiət] *n* ανησυχία.

disregard [disri`ga:d] *n* αδιαφορία, περιφρόνηση ‖ *vt* περιφρονώ, αγνοώ.

disrepair [ˌdisri`peə^r] *n* ερείπωση.

disreputable [dis`repjutəbl] *adj* ανυπόληπτος, κακόφημος ‖ άθλιος ‖ ατιμωτικός.

disrepute [ˌdisri`pju:t] *n* ανυποληψία.

disrespect [ˌdisri`spekt] *n* ασέβεια, αγένεια ‖ ~**ful**, ασεβής, αναιδής.

disrupt [dis`rʌpt] *vt* διασπώ, εξαρθρώνω, διαλύω ‖ ~**ion**, διάσπαση, διάλυση, εξάρθρωση ‖ ~**ive**, διασπαστικός, διαλυτικός.

dissatisfy [di`sætisfai] *vt* δυσαρεστώ ‖ **dissatisfaction**, δυσαρέσκεια.

dissect [di`sekt] *vt* ανατέμνω.

disseminate [di`semineit] *vt* διασπείρω.

dissent [di`sent] *n* διαφωνία ‖ *vi* διαφωνώ.

dissertation [ˌdisə`teiʃn] *n* διατριβή.

dissident [`disidənt] *n* διαφωνών.

dissimilar [di`similə^r] *adj* ανόμοιος.

dissipate [`disipeit] *vti* [κατα]σπαταλώ ‖ ασωτεύω ‖ διασκορπίζω ‖ **dissipation**, σπατάλη, ασωτεία.

dissociate [di`souʃieit] *vt* διαχωρίζω ‖ αποχωρίζω.

dissolute [`disəlu:t] *adj* έκλυτος, ακόλαστος.

dissolve [di`zolv] *vti* διαλύω / -ομαι.

dissuade [di`sweid] *vt* μεταπείθω, αποτρέπω.

distaff [`distaf] *n* ρόκα.

distance [`distəns] *n* απόσταση.

distant [`distənt] *adj* μακρινός ‖ επιφυλακτικός, ψυχρός.

distaste [dis`teist] *n* αντιπάθεια, αποστροφή ‖ ~**ful**, αντιπαθής.

distend [dis`tend] *vti* φουσκώνω.

distil [di`stil] *vt* διυλίζω ‖ ~**lation**, απόσταξη ‖ ~**ler**, ποτοποιός ‖ ~**lery**, ποτοποιείο, διυλιστήριο.

distinct [di`stiŋkt] *adj* ευδιάκριτος, καθαρός ‖ έντονος, σαφής ‖ διαφορετικός ‖ ~**ion**, διάκριση ‖ διαφορά ‖ ~**ive**, διακριτικός, χαρακτηριστικός.

distinguish [di`stiŋgwiʃ] *vt* διακρίνω ‖ ~**ed**, διακεκριμένος, αριστοκρατικός.

distort [di`sto:t] *vt* παραμορφώνω, συσπώ ‖ διαστρέφω, διαστρεβλώνω ‖ ~**ion**, παραμόρφωση, διαστροφή.

distract [di`strækt] *vt* αποσπώ ‖ ~**ed**, τρελός ‖ ~**ion**, περισπασμός ‖ παραζάλη, τρέλα ‖ ψυχαγωγία, αναψυχή.

distraught [di`stro:t] adj αλλόφρονας.

distress [di`stres] n θλίψη, αγωνία ‖ εξάντληση ‖ φτώχεια, δυστυχία ‖ κίνδυνος, δύσκολη θέση ‖ vt θλίβω, λυπώ ‖ καταπονώ ‖ ~ing, καταθλιπτικός, οδυνηρός.

distribute [di`stribju:t] vt διανέμω ‖ διασκορπίζω ‖ **distributive**, επιμεριστικός ‖ **distribution**, διανομή, κατανομή, σκόρπισμα ‖ **distributor**, διανομέας.

district [`distrikt] n περιοχή, περιφέρεια, συνοικία ‖ ~ **attorney**, US εισαγγελέας.

distrust [di`strʌst] n δυσπιστία ‖ vt δυσπιστώ ‖ ~ful, δύσπιστος.

disturb [di`stə:b] vt ενοχλώ ‖ [ανα]ταράσσω ‖ ~ance, ενόχληση, [δια]τάραξη, [ανα]ταραχή.

disunite [.disju`nait] vt διαιρώ.

disuse [dis`ju:s] n αχρησία.

ditch [ditʃ] n χαντάκι, αυλάκι ‖ vt ρίχνω σε χαντάκι ‖ διώχνω.

ditto [`ditou] adv ομοίως.

divan [di`væn] n ντιβάνι.

dive [daiv] n κατάδυση, βουτιά ‖ κουτούκι, καταγώγιο ‖ vi κάνω βουτιά, βουτώ ‖ ~r, δύτης ‖ **diving board**, εξέδρα καταδύσεων.

diverge [dai`və:dʒ] vi αποκλίνω ‖ ~nce, απόκλιση ‖ ~nt, αποκλίνων.

diverse [dai`və:s] adj ποικίλος, διαφορετικός.

diversify [dai`və:sifai] vt διαφοροποιώ, ποικίλλω.

diversion [dai`və:ʃn] n παράκαμψη ‖ παροχέτευση ‖ strat. αντιπερισπασμός ‖ ψυχαγωγία, διασκέδαση.

diversity [dai`və:səti] n ποικιλία.

divert [dai`və:t] vt εκτρέπω, παροχετεύω ‖ αποσπώ, περισπώ, διασκεδάζω.

divide [di`vaid] vti διαιρώ / -ούμαι ‖ μοιράζω, χωρίζω.

dividend [`dividend] n μέρισμα.

divine [di`vain] adj θείος, θεϊκός, υπέροχος ‖ vti μαντεύω.

divinity [di`vinəti] n θεότητα ‖ θεολογία.

divisible [di`vizəbl] adj διαιρετός.

division [di`viʒn] n διαίρεση ‖ διχασμός, διχόνοια ‖ τμήμα ‖ όριο.

divisor [di`vaizə`] n διαιρέτης.

divorce [di`vo:s] n διαζύγιο ‖ χωρίζω.

divulge [dai`vʌldʒ] vt κοινολογώ.

dixie [`diksi] n καζάνι, καραβάνα.

dizzy [`dizi] adj ζαλισμένος ‖ ιλιγγιώδης.

do [du:] vti irreg κάνω ‖ ψήνω ‖ ~ **away with**, καταργώ, ξεκάνω ‖ ~ **down**, εξαπατώ ‖ ~ **for**, καταστρέφω ‖ ~ **in**, ξεπαστρεύω, ξεκαλαρίζω, εξαντλώ ‖ ~ **out**, καθαρίζω, σκουπίζω ‖ ~ **over**, ανακαινίζω, ξαναβάφω ‖ ~

up, φρεσκάρω, ανακαινίζω ‖ δένω, κουμπώνω ‖ ~ **with**, ανέχομαι ‖ ~ **without**, κάνω χωρίς ‖ **could ~ with sth**, θα`θελα ‖ **how ~ you ~** ! χαίρω πολύ ‖ **make sth ~**, κάνω κτ να επαρκέσει ‖ ~er, δράστης.

docile [`dousail] adj πειθήνιος, υπάκουος.

docility [dou`siləti] n ευπείθεια, πραότης.

dock [dok] n προκυμαία, αποβάθρα, δεξαμενή (επισκευής) ‖ εδώλιο ‖ ~er, λιμενεργάτης ‖ ~-yard, ναυπηγείο.

doctor [`doktə`] n γιατρός ‖ διδάκτορας ‖ vt γιατρεύω ‖ νοθεύω.

doctrinaire [.doktri`neə`] n, adj δογματικός, θεωρητικός.

doctrine [`doktrin] n δόγμα, θεωρία.

document [`dokjumənt] n έγγραφο, ντοκουμέντο ‖ vt τεκμηριώνω ‖ ~ary, ντοκυμαντέρ ‖ ~ation, τεκμηρίωση.

dodder [`dodə`] vi παραπαίω.

dodge [dodʒ] n πήδημα (στο πλάι) ‖ υπεκφυγή, κόλπο, τέχνασμα ‖ vti πηδώ πλάι, παραμερίζω ‖ αποφεύγω, ξεφεύγω.

dog [dog] n σκύλος ‖ vt παρακολουθώ στενά ‖ ~-cart, μόνιππο ‖ ~-days, κυνικά καύματα ‖ ~-fish, σκυλόψαρο ‖ ~-tired, ψόφιος από κούραση.

dogged [`dogid] adj πεισματάρης.

doggy [`dogi] n σκυλάκι.

dogma [`dogmə] n δόγμα ‖ ~tic, δογματικός ‖ ~tism, δογματισμός.

doily [`doili] n πετσετάκι.

doldrums [`doldrəmz] n πλ φρ. **be in the ~**, είμαι άκεφος / στις κακές μου.

dole [doul] n βοήθημα ‖ επίδομα ανεργίας ‖ **be on the ~**, παίρνω επίδομα ανεργίας ‖ vt ~ **out**, μοιράζω (βοηθήματα).

doleful [`doulfəl] adj πονεμένος, λυπητερός.

doll [dol] n κούκλα ‖ vt ~ **up**, ντύνω σαν κούκλα ‖ ~y n κουκλίτσα.

dollar [`dolə`] n δολλάριο.

dollop [`doləp] n σβόλος.

dolphin [`dolfin] n δελφίνι.

dolt [dolt] n βλάκας, μπούφος.

domain [dou`mein] n γαίες ‖ επικράτεια.

dome [doum] n θόλος, τρούλος.

domestic [də`mestik] adj οικιακός ‖ ντόπιος, εσωτερικός ‖ κατοικίδιος ‖ ~ate, εξημερώνω (ζώο) ‖ **domestication**, εξημέρωση.

dominance [`dominəns] n κυριαρχία, επικράτηση, υπεροχή.

dominant [`dominənt] adj δεσπόζων.

dominate [`domineit] vt δεσπόζω, κυριαρχώ, επικρατώ ‖ **domination**, κυριαρχία.

domineer [.domi`niə`] vi ~ **over**, [κατα]δυναστεύω, τυραννώ.

dominion [dɔ'miniən] *n* κυριαρχία, εξουσία ‖ κτήση.

domino ['dominou] *n* ντόμινο.

don [don] *n* καθηγητής πανεπιστημίου ‖ ~**nish**, σχολαστικός.

donate [dou'neit] *vt* δωρίζω ‖ **donation**, δωρεά.

donkey ['doŋki] *n* γάιδαρος.

donor ['dounəʳ] *n* δωρητής.

doom [du:m] *n* μοίρα ‖ θάνατος, καταστροφή ‖ *vt* καταδικάζω.

door [do:ʳ] *n* πόρτα ‖ **next** ~, πλάι ‖ **out of** ~**s**, στο ύπαιθρο ‖ **lay sth at sb's** ~, ρίχνω την ευθύνη για κτ σε κπ ‖ **show sb the** ~, διώχνω, πετώ έξω ‖ ~**bell**, κουδούνι ‖ ~**handle/knob**, πόμολο ‖ ~**keeper/man**, θυρωρός ‖ ~**mat**, χαλάκι της πόρτας ‖ ~**step**, κατώφλι ‖ ~**way**, άνοιγμα της πόρτας.

dope [doup] *n* ναρκωτικό ‖ *vt* ντοπάρω.

Doric ['dorik] *adj* δωρικός.

dormant ['do:mənt] *adj* λανθάνων, κρυφός.

dormitory ['do:mətri] *n* κοιτώνας.

dormouse ['do:maus] *n* τυφλοπόντικας.

dosage ['dousidʒ] *n* ποσολογία, δόση.

dose [dous] *n* δόση *(φαρμάκου)*.

dossier ['dousiei, 'dosiəʳ] *n* ντοσιέ.

dot [dot] *n* τελεία, στιγμή, κουκίδα.

dotage ['doutidʒ] *n* [γεροντικά] ξεμωράματα.

dotard ['doutəd] *n* ξεμωραμένος.

dote [dout] *vt* ~ **on**, είμαι ξεμωραμένος με, λατρεύω.

dotty ['doti] *adj* παλαβός.

double [dʌbl] *adj* διπλό ‖ *n* διπλό ‖ *vti* διπλασιάζω ‖ διπλώνω/-ομαι στα δυο ‖ ~ **or quits**, διπλά ή πάτσι ‖ **at the** ~, τροχάδην ‖ ~**-barrelled**, δίκαννο ‖ ~**-breasted**, σταυρωτό (σακάκι) ‖ ~**-cross**, προδίνω, εξαπατώ ‖ ~**-decker**, διώροφο λεωφορείο ‖ ~**-edged**, δίκοπος ‖ ~**-faced**, διπλοπρόσωπος ‖ ~**-talk**, διφορούμενη κουβέντα.

doubt [daut] *n* αμφιβολία ‖ *vt* αμφιβάλλω, αμφισβητώ ‖ ~**ful**, αμφίβολος ‖ ~**less**, *adv* αναμφιβόλως.

dough [dou] *n* ζυμάρι ‖ *sl* παράς ‖ ~**nut**, τηγανίτα, λουκουμάς.

dour [duəʳ] *adj* αυστηρός, πεισματικός.

dove [dʌv] *n* περιστέρι ‖ ~**cote**, περιστερεώνας ‖ ~**tail**, ψαλιδωτή σύνδεση, συνδέω ψαλιδωτά, ταιριάζω.

dowdy ['daudi] *adj* κακοντυμένος, άκομψος.

down [daun] *n* χνούδι ‖ *adv* χάμω, κάτω ‖ *prep* κάτω εις ‖ *vt* ρίχνω ‖ ~ **with (sb)**, κάτω (κπ)! ‖ **up and** ~, πάνω-κάτω ‖ **money/cash** ~, τοις με-

τρητοίς ‖ ~**-and-out**, μπατίρης ‖ **be** ~ **in the dumps/mouth**, είμαι άκεφος/θλιμμένος ‖ **come** ~ **on sb**, κατσαδιάζω κπ ‖ ~**-cast**, κατηφής ‖ ~**fall**, πτώση, καταστροφή ‖ ~**-hearted**, αποκαρδιωμένος ‖ ~**hill**, κατηφορικά ‖ ~**pour**, μπόρα ‖ ~**right**, ευθύς, κατηγορηματικός/-ά, ολοφάνερος, σκέτος ‖ ~**s**, λοφώδεις εκτάσεις ‖ ~**stairs**, στο κάτω πάτωμα ‖ ~**-to-earth**, προσγειωμένος ‖ ~**town**, κεντρικός, στο κέντρο πόλης ‖ ~**ward**, κατηφορικός ‖ ~**wards**, προς τα κάτω ‖ ~**y**, χνουδάτος.

dowry ['dauəri] *n* προίκα.

doze [douz] *vi* γλαρώνω, λαγοκοιμάμαι.

dozen [dʌzn] *n* ντουζίνα.

drab [dræb] *adj* μονότονος, ανιαρός.

drachma ['drækmə] *n* δραχμή.

draft [dra:ft] *n* προσχέδιο ‖ συναλλαγματική ‖ *US* στράτευση, στρατολογία ‖ *vt* σχεδιάζω ‖ στρατολογώ ‖ ~**dodger**, ανυπότακτος ‖ ~**ee** [-'ti:] κληρωτός ‖ ~**sman**, σχεδιαστής.

drag [dræg] *n* ρουφηξιά ‖ τράτα ‖ δίχτυ *(αστυνομίας)* ‖ *vti* σέρνω/-ομαι ‖ βυθοκορώ ‖ ~ **one's feet**, καρκινοβατώ.

dragoman ['drægəmən] *n* δραγουμάνος.

dragon ['drægən] *n* δράκος, κέρβερος.

drain [drein] *n* οχετός, αυλάκι ‖ *πληθ.* αποχέτευση ‖ *μτφ.* αφαίμαξη, διαρροή ‖ *vti* αποχετεύω ‖ [απο]στραγγίζω, αποξηραίνω ‖ *μτφ.* εξαντλώ/-ούμαι, κάνω/παθαίνω αφαίμαξη ‖ ~**age**, αποχέτευση, αποστράγγιση.

dram [dræm] *n* δράμι, στάλα.

drama ['dra:mə] *n* δράμα ‖ ~**tist**, δραματουργός, θεατρικός συγγραφέας.

dramatic [drə'mætik] *adj* δραματικός, θεατρικός ‖ ~**s**, θεατρική τέχνη, θέατρο, μελοδραματισμοί.

dramatize ['dræmətaiz] *vt* δραματοποιώ, διασκευάζω για το θέατρο.

drape [dreip] *vt* στολίζω με ύφασμα, ντύνω ‖ ~**s**, κουρτίνες ‖ ~**er**, υφασματέμπορας.

drastic ['dræstik] *adj* δραστικός.

draught [dra:ft] *n* ρεύμα αέρος ‖ τράβηγμα, ρουφηξιά, γουλιά ‖ βύθισμα *(σκάφους)* ‖ ~**s**, ντάμα ‖ ~**sman**, πούλι της ντάμας ‖ ~**y**, με πολλά ρεύματα ‖ **beer on** ~, μπύρα βαρελιού.

draw [dro:] *n* κλήρωση ‖ ισοπαλία ‖ κράχτης ‖ *vti irreg* σύρω, τραβώ ‖ σχεδιάζω ‖ έρχομαι ισοπαλία ‖ έχω βύθισμα ‖ ~ **away**, παρασύρω, απομακρύνομαι ‖ ~ **back**, οπισθοχωρώ ‖ ~ **in**, μπάζω μέσα, *(για ημέρα)* μι-

kραίνω ‖ ~ **off**, βγάζω ‖ ~ **on**, φορώ, παρασύρω, πλησιάζω, αντλώ ‖ ~ **out**, αποσύρω, παρατείνω, *(για μέρα)* μεγαλώνω, κάνω κπ να εκδηλωθεί ‖ ~ **up**, αναθηκώνομαι, παρατάσσω, συντάσσω, καταρτίζω ‖ ~**back**, μειονέκτημα ‖ ~**bridge**, κρεμαστή γέφυρα.

drawer [`dro:ᵊ] *n* συρτάρι ‖ *pl* σώβρακο ‖ **chest of** ~s, σιφονιέρα.

drawing [`dro:iŋ] *n* σχέδιο, ιχνογραφία ‖ ~**pin**, πινέζα ‖ ~**-room**, σαλόνι.

drawl [dro:l] *n* συρτή φωνή ‖ *vt* σέρνω τη φωνή.

dread [dred] *n* τρόμος, φόβος ‖ *vt* τρέμω, φοβούμαι ‖ **be in** ~ **of sth**, φοβάμαι κτ ‖ ~**ful**, τρομερός.

dream [dri:m] *n* όνειρο ‖ *vti, reg & irreg* ~ **of/about**, ονειρεύομαι ‖ ~ **up**, φαντάζομαι ‖ ~**er**, ονειροπαρμένος ‖ ~**like**, ονειρώδης ‖ ~**y**, ονειροπόλος, αόριστος, θολός.

dreary [`driᵊri] *adj* μονότονος, πληκτικός ‖ σκοτεινός, ζοφερός.

dredge [dredʒ] *vt* εκβαθύνω ‖ ~**[r]**, βυθοκόρος.

dregs [dregz] *n* κατακάθια.

drench [drentʃ] *vt* μουσκεύω.

dress [dres] *n* φόρεμα, ένδυμα ‖ *vti* ντύνω/-ομαι ‖ ετοιμάζω, φτιάχνω ‖ επιδένω *(πληγή)* ‖ ευθυγραμμίζω ‖ ~ **sb down**, κατσαδιάζω κπ ‖ ~ **up**, φορώ τα καλά μου ‖ ~**er**, μπουφές *(κουζίνας)*, βοηθός ηθοποιού *(που τον ντύνει)* ‖ ~**y**, φιλάρεσκος, κοκέτης.

dressing [`dresiŋ] *n* ντύσιμο ‖ καρύκευμα ‖ προετοιμασία ‖ ~**-gown**, ρόμπα ‖ ~**-table**, τουαλέτα.

dribble [dribl] *vti* στάζω, βγάζω σάλια ‖ *αθλ.* κάνω τρίπλες.

drift [drift] *n* κατεύθυνση, διεύθυνση, εξέλιξη, ταχύτητα ‖ *vti* παρασύρω/-ομαι, κινούμαι, τραβώ προς.

drill [dril] *n* τρυπάνι ‖ άσκηση, γύμνασμα ‖ ντρίλι ‖ αυλάκι, γραμμή ‖ *vti* τρυπώ ‖ γυμνάζω, ασκώ/-ούμαι.

drily [draili] *adv* στεγνά, ξερά.

drink [driŋk] *n* ποτό ‖ *vt irreg* πίνω ‖ απορροφώ ‖ **stand sb a** ~, κερνάω κπ ένα ποτό ‖ **take to** ~, το ρίχνω στο πιοτό ‖ ~ **to sb**, πίνω εις υγείαν κάποιου ‖ ~**able**, πόσιμος ‖ ~**er**, πότης ‖ ~**ing** *n* πιόσιμο, πιοτό ‖ ~**ing fountain**, [δημόσια] βρύση.

drip [drip] *vi* στάζω ‖ ~**ping wet**, μουσκεμένος ‖ ~**-dry**, που δε θέλει σιδέρωμα ‖ ~**ping** *n* στάξιμο, σταγόνα ‖ λίπος ψητού.

drive [draiv] *n* βόλτα ‖ *αθλ.* χτύπημα ‖ δυναμισμός ‖ καμπάνια, εκστρατεία ‖ *vti irreg* οδηγώ ‖ *(στην παθ. φων.)*

kινούμαι ‖ εξωθώ, σπρώχνω, αναγκάζω ‖ ρίχνω, πετώ, πέφτω ορμητικά ‖ ζορίζω, δουλεύω σκληρά ‖ χτυπώ ‖ ~ **at**, εννοώ, σκοπεύω ‖ ~ **away/off**, φεύγω, διώχνω ‖ ~ **back**, απωθώ, επιστρέφω ‖ ~ **in/into**, μπήγω ‖ ~ **out** διώχνω ‖ ~ **through**, διασχίζω, διατρυπώ ‖ ~ **up**, πλησιάζω (με αυτοκίνητο) ‖ ~**r**, οδηγός.

drivel [drivl] *n* ανοησίες ‖ *vt* σαλιαρίζω, λέω ανοησίες.

driving [`draiviŋ] *n* οδήγηση ‖ ~ **instructor/lesson/school**, δάσκαλος / μάθημα / σχολή οδηγήσεως ‖ ~ **licence**, άδεια οδηγού ‖ ~ **test**, εξετάσεις για άδεια οδηγού.

drizzle [drizl] *n* ψιχάλα ‖ *vi* ψιχαλίζω, ψιλοβρέχω.

droll [droul] *adj* κωμικός, αστείος.

dromedary [`drᴧmᵊdᵊri] *n* καμήλα.

drone [droun] *n* κηφήνας ‖ βόμβος, βουητό ‖ μονότονη ομιλία ‖ *vti* βομβώ, μουρμουρίζω μονότονα.

drool [dru:l] *vi* σαλιαρίζω.

droop [dru:p] *vi* γέρνω, πέφτω, μαραίνομαι.

drop [drop] *n* σταγόνα, στάλα ‖ παστίλια, καραμέλα ‖ απότομη πτώση ‖ γκρεμός, ύψος ‖ *vti* στάζω ‖ πέφτω ‖ ρίχνω ‖ παραλείπω ‖ αφήνω ‖ κόβω, σταματώ ‖ ~ **away/off**, λιγοστεύω ‖ ~ **back/behind**, μένω πίσω, ξεμένω ‖ ~ **in/by**, περνώ, επισκέπτομαι ‖ ~ **out**, αποσύρομαι, εγκαταλείπω *(σπουδές, κλπ.)* ‖ ~**out** *n* σπουδαστής που τα παράτησε, περιθωριακός ‖ ~**pings**, κουτσουλιές *(πουλιών)*.

dropsy [dropsi] *n* υδρωπικία.

dross [dros] *n* ακάθαρτος αφρός.

drought [draut] *n* ανομβρία.

drove [drouv] *n* κοπάδι, πλήθος.

drown [draun] *vti* πνίγω/-ομαι.

drowse [drauz] *n* υπνηλία ‖ *vi* μισοκοιμάμαι ‖ **drowsy**, νυσταλέος.

drub [drᴧb] *vt* ξυλοφορτώνω **give sb a good** ~**bing**, δίνω γερό ξύλο σε κπ.

drudge [drᴧdʒ] *vi* μοχθώ ‖ ~**ry**, μόχθος, σκληρή δουλειά, αγγαρεία.

drug [drᴧg] *n* φάρμακο ‖ ναρκωτικό ‖ *vt* ναρκώνω ‖ ~**-addict**, ναρκομανής ‖ ~**gist**, φαρμακοποιός ‖ ~**store**, *US* φαρμακείο.

drum [drᴧm] *n* ταμπούρλο ‖ βαρέλι *(πίσσας)* ‖ καρούλι *(σύρματος)* ‖ *vi* παίζω ταμπούρλο ‖ ~**mer**, τυμπανιστής.

drunk [drᴧŋk] *adj* μεθυσμένος ‖ ~**ard**, μέθυσος, μπεκρής ‖ ~**enness**, μεθύσι.

dry [drai] *adj* στεγνός, ξηρός, ξερός ‖ *vti* στεγνώνω, ξεραίνω, σκουπίζω *(με πετσέτα)* ‖ **as** ~ **as a bone**, κατάστεγνος, κατάξερος ǁ **~-cleaner's**, στεγνοκαθαριστήριο ǁ **~er**, στεγνωτήριο, σεσουάρ, στεγνωτικό ǁ **~-goods**, *US* νεωτερισμοί ǁ **~ rot**, σαράκι *(ξύλου).*

dual [`dju əl] *adj* διπλός ǁ διχασμένος.

dub [dʌb] *vt* ντουμπλάρω ǁ ονομάζω.

dubious [`dju:biəs] *adj* αμφίβολος.

duchess [`dʌtʃis] *n* δούκισσα.

duchy [`dʌtʃi] *n* δουκάτο.

duck [dʌk] *n* πάπια ǁ *vti* σκύβω ǁ βουτώ *(στο νερό)* ǁ **~ling** *n* παπάκι.

duct [dʌkt] *n* αγωγός, σωλήνας.

dud [dʌd] *adj* άχρηστος.

due [dju:] *adj* οφειλόμενος ǁ λήγων, πληρωτέος ǁ **~ to**, χάρη σε, εξαιτίας ǁ **be ~ to**, αναμένομαι να, οφείλομαι εις ǁ **~s**, τέλη.

duel [`dju:əl] *n* μονομαχία ǁ *vi* μονομαχώ ǁ **~list** *n* μονομάχος.

duet [dju:`et] *n* ντουέτο.

dugout [`dʌgaut] *n* αμπρί ǁ πιρόγα.

duke [dju:k] *n* δούκας.

dull [dʌl] *adj* κουτός ǁ πληκτικός, ανιαρός ǁ αμβλύς ǁ μουντός ǁ υπόκωφος ǁ **~ness**, αμβλύνοια, ανιαρότητα.

duly [`dju:li] *adv* δεόντως.

dumb [dʌm] *adj* μουγγός, άφωνος, άλαλος ǁ *US* χαζός ǁ **strike sb ~**, αφήνω κπ άφωνο ǁ **~ness**, μουγγαμάρα ǁ **~show**, παντομίμα.

dumb-bells [`dʌmbelz] *n* αλτήρες.

dumbfounded [dʌm`faundid] *adj* άναυδος, αποσβολωμένος.

dummy [`dʌmi] *n* κούκλα, ανδρείκελο ǁ *θέατρ.* βωβό πρόσωπο ǁ πιπίλα *(μωρού)* ǁ *adj* ψεύτικος, ΗΠΑ ηλίθιος.

dump [dʌmp] *n* σκουπιδότοπος, χαβούζα ǁ *στρατ.* αποθήκη ǁ *vt* ρίχνω, πετώ, αδειάζω ǁ πουλάω φτηνά *(σε ξένη αγορά).*

dunce [dʌns] *n* μτφ. ντουβάρι, κούτσουρο.

dune [dju:n] *n* αμμόλοφος.

dung [dʌŋ] *n* κοπριά.

dungarees [,dʌŋgə`ri:z] *n* φόρμα *(εργάτη).*

dungeon [`dʌndʒən] *n* μπουντρούμι.

dupe [dju:p] *n* κορόιδο, θύμα ǁ *vt* κο

ροϊδεύω, εξαπατώ.

duplex [`dju:pleks] *adj* διπλός.

[1]**duplicate** [`dju:plikeit] *vt* αντιγράφω ǁ διπλασιάζω ǁ **duplication**, πολυγράφηση ǁ **duplicator**, πολύγραφος.

[2]**duplicate** [`dju:plikət] *n* αντίγραφο ǁ **in ~**, εις διπλούν.

duplicity [dju:`plisəti] *n* διπλοπροσωπία.

durable [`djuərəbl] *adj* αυθεντικός, διαρκής.

duration [dju`reiʃn] *n* διάρκεια.

during [`djuəriŋ] *prep* κατά τη διάρκεια.

dusk [dʌsk] *n* λυκόφως, σούρουπο.

dust [dʌst] *n* σκόνη ǁ *vt* ξεσκονίζω ǁ πασπαλίζω ǁ **bite/lick the ~**, μτφ. τρώω χώμα ǁ **kick up a ~**, κάνω φασαρία ǁ **~ sb's jacket**, σπάζω κπ στο ξύλο ǁ **~bin**, σκουπιδοτενεκές ǁ **~-cart**, κάρρο σκουπιδιών ǁ **~er**, ξεσκονιστήρι, ξεσκονόπανο ǁ **~man**, σκουπιδιάρης ǁ **~pan**, φαράσι ǁ **~y**, σκονισμένος.

Dutch [dʌtʃ] *adj* ολλανδικός ǁ **go ~ with sb**, πάω ρεφενέ με κπ ǁ **~man**, Ολλανδός.

dutiful [`dju:tifl] *adj* υπάκουος.

duty [`dju:ti] *n* καθήκον ǁ δασμός ǁ **be on/off ~**, έχω/δεν έχω υπηρεσία ǁ **~-free**, αδασμολόγητος.

dwarf [dwo:f] *n* νάνος.

dwell [dwel] *vi irreg* κατοικώ ǁ **~ upon**, μτφ. παραμένω ǁ **~er** *n* κάτοικος ǁ **~ing** *n* κατοικία.

dwindle [dwindl] *vi* μικραίνω, φθίνω.

dye [dai] *n* χρώμα, βαφή ǁ *vti* βάφω.

dying [`daiŋ] *adj* ετοιμοθάνατος.

dyke ⇒ DIKE.

dynamic [dai`næmik] *adj* δυναμικός.

dynamism [`dainəmizm] *n* δυναμισμός.

dynamite [`dainəmait] *n* δυναμίτιδα ǁ *vt* δυναμιτίζω.

dynamo [`dainəmou] *n* δυναμό, γεννήτρια.

dynasty [`dinəsti] *n* δυναστεία.

dysentery [`disəntri] *n* δυσεντερία.

dyspepsia [dis`pepsiə] *n* δυσπεψία.

dyspeptic [dis`peptik] *n, adj* δυσπεπτικός.

E e

each [i:tʃ] *adj, pron* καθένας ǁ **~ other**, ο ένας τον άλλον, αλλήλους.

eager [`i:gəʳ] *adj* πρόθυμος, ανυπόμονος, παθιασμένος ǁ **be ~ to**, ανυπο

μονώ να ǁ **~ly**, με λαχτάρα, ανυπόμονα ǁ **~ness**, λαχτάρα, ζήλος.

eagle [`i:gl] *n* αετός ǁ **~t** [`i:glit] αετόπουλο.

ear [iə^r] *n* αυτί ‖ στάχυ ‖ *prick up one's* ~*s*, τεντώνω τ' αυτιά ‖ ~*ache*, ωταλγία ‖ ~*drum*, τύμπανο *(αυτιού)* ‖ ~*mark*, σημάδι, *vt* σημαδεύω, προορίζω ‖ ~*piece*, ακουστικό τηλεφώνου ‖ ~*ring*, σκουλαρίκι.

earl [ə:l] *n* κόμης.

early [`ə:li] *adj, adv* νωρίς, πρώιμος, πρόωρος, πρωινός.

earn [ə:n] *vt* κερδίζω ‖ κατακτώ ‖ ~*one's living*, κερδίζω το ψωμί μου ‖ ~*ings*, κέρδη.

earnest [`ə:nist] *adj* σοβαρός ‖ ένθερμος, διακαής ‖ *n* καπάρο.

earth [ə:θ] *n* γη, κόσμος ‖ έδαφος, χώμα ‖ ηλεκτρ. [προσ]γείωση ‖ ~ *up*, σκεπάζω με χώμα ‖ *run to* ~, ξετρυπώνω ‖ ~*work*, ανάχωμα ‖ ~*y*, γήινος, χωμάτινος.

earthen [`ə:θn] *adj* χωματένιος ‖ πήλινος ‖ ~*ware*, πήλινα σκεύη.

earthly [`ə:θli] *adj* επίγειος.

earthquake [`ə:θkweik] *n* σεισμός.

earwig [`iəwig] *n* εντομ. ψαλίδα.

ease [i:z] *n* άνεση, ευκολία, ανάπαυση ‖ *vti* μετριάζω ‖ ανακουφίζω ‖ ~ *[off/up]* ξεσφίγγω, χαλαρώνω ‖ *at* ~, άνετος ‖ *stand at* ~ ! ημιανάπαυση ! ‖ *feel ill at* ~, δεν νοιώθω άνετα ‖ *set sb's mind at* ~, καθησυχάζω κπ.

easel [i:zl] *n* καβαλέτο.

east [i:st] *n* ανατολή ‖ *adj* ανατολικός ‖ *adv* προς ανατολάς ‖ ~*bound*, που πηγαίνει ανατολικά ‖ ~*erly*, ανατολικός/-ά ‖ ~*ern*, ανατολικός ‖ ~*wards*, προς ανατολάς.

Easter [`i:stə^r] *n* Πάσχα.

easy [`i:zi] *adj* εύκολος ‖ άνετος ‖ *adv* σιγά, ήσυχα ‖ ανάπαυση ! ‖ *take it* ~ ! σιγά-σιγά ! με το μαλακό! ‖ *on* ~ *terms*, με δόσεις ‖ ~*going*, βολικός, ανέμελος ‖ *easily* [`i:zəli] εύκολα.

eat [i:t] *vti irreg* τρώγω ‖ κατατρώγω ‖ ~*able*, φαγώσιμο[ς] ‖ ~*er*, φαγάς.

eavesdrop [`i:vzdrop] *vt* κρυφακούω ‖ ~*per*, ωτακουστής.

ebb [eb] *n* άμπωτη ‖ κάμψη, πτώση ‖ *vi* υποχωρώ, τραβιέμαι ‖ ~ *[away]*, λιγοστεύω, εξασθενίζω ‖ *on the* ~, σε πτώση.

ebony [`ebəni] *n* έβενος ‖ *adj* εβένινος.

ebullient [i`bʌliənt] *adj* ενθουσιώδης, εκδηλωτικός, που ξεχειλίζει.

eccentric [ik`sentrik] *n, adj* εκκεντρικός ‖ ~*ity* [,eksen`trisəti] εκκεντρικότητα.

ecclesiastic [i,kli:zi`æstik] *n* κληρικός ‖ ~*al*, εκκλησιαστικός.

echo [`ekou] *n* ηχώ, αντίλαλος ‖ *vti* αντηχώ, απηχώ, επαναλαμβάνω.

eclectic [i`klektik] *adj* εκλεκτικός.

eclipse [i`klips] *n* έκλειψη.

ecology [i`kolədʒi] *n* οικολογία.

ecological [,ikə`lodʒikl] *adj* οικολογικός.

economic [,ikə`nomik] *adj* οικονομικός ‖ ~*al*, φειδωλός, οικονόμος ‖ ~*s*, οικονομική.

economist [i`konəmist] *n* οικονομολόγος.

economize [i`konəmaiz] *vti* κάνω οικονομία.

economy [i`konəmi] *n* οικονομία.

ecstasy [`ekstasi] *n* έκσταση.

ecstatic [ik`stætik] *adj* εκστατικός.

ecumenical [,i:kju`menikl] *adj* οικουμενικός.

eczema [`eksimə] *n* έκζεμα.

eddy [`edi] *n* στρόβιλος ‖ *vi* στροβιλίζομαι.

Eden [`i:dn] *n* Εδέμ.

edge [edʒ] *n* κόψη ‖ χείλος, άκρη, παρυφή ‖ ούγια ‖ *vti* ακονίζω ‖ πλαισιώνω ‖ *on* ~, εκνευρισμένος ‖ ~*ways/wise*, με την μπάντα, πλάι.

edging [`edʒiŋ] *n* ρέλι, μπορντούρα.

edgy [`edʒi] *adj* ευέξαπτος.

edible [`edibl] *adj* φαγώσιμος.

edict [`i:dikt] *n* διάταγμα.

edifice [`edifis] *n* οικοδόμημα.

edify [`edifai] *vt* εξυψώνω ηθικά.

edit [`edit] *vt* εκδίδω ‖ ~*ion* [i`diʃn] έκδοση ‖ ~*or*, εκδότης, επιμελητής ‖ ~*orial* *adj* εκδοτικός, *n* δημοσιογρ. κύριο άρθρο.

educate [`edʒukeit] *vt* μορφώνω, εκπαιδεύω ‖ *educator*, παιδαγωγός.

education [,edʒu`keiʃn] *n* παιδεία, εκπαίδευση, μόρφωση ‖ ~*al*, εκπαιδευτικός ‖ ~*[al]ist*, παιδαγωγός.

eel [i:l] *n* χέλι.

eerie, eery [`iəri] *adj* μυστηριώδης, αλλόκοτος.

efface [i`feis] *vt* σβήνω, εξαλείφω.

effect [i`fekt] *n* ενέργεια, επίδραση, επιρροή ‖ εφφέ ‖ έννοια ‖ πληθ. υπάρχοντα ‖ *vt* πραγματοποιώ, πετυχαίνω, ενεργώ ‖ *in* ~, πραγματικά, εν ισχύι ‖ *of/to no* ~, εις μάτην ‖ *to this* ~, υπ' αυτή την έννοια ‖ *no* ~*s*, τραπεζ. "δεν υπάρχει κάλυμμα" ‖ ~*ive*, δραστικός, αποτελεσματικός, εντυπωσιακός, πραγματικός ‖ ~*iveness*, αποτελεσματικότητα ‖ ~*ual*, αποτελεσματικός, τελεσφόρος.

effeminate [i`feminət] *adj* θηλυπρεπής.

effervescent [,efə`vesnt] *adj* ζωηρός ‖ αεριούχος.

efficacious [,efi`keiʃəs] *adj* δραστικός.

efficacy [`efikəsi] *n* δραστικότητα.

efficient [i`fiʃənt] *adj* ικανός, δραστήριος ‖ αποτελεσματικός, αποδοτικός ‖ **efficiency**, αποδοτικότητα, δραστηριό-

τητα.
effigy [`efidʒi] n ομοίωμα.
effort [`efət] n προσπάθεια ‖ ~less, αβίαστος, εύκολος.
effrontery [i`frʌntəri] n αδιαντροπιά.
effusion [i`fju:ʒn] n έξαρση.
effusive [i`fju:siv] adj διαχυτικός.

egg [eg] n αυγό ‖ vt ~ on, παρακινώ, εξωθώ ‖ ~cup, αυγουλιέρα ‖ ~head, διανοούμενος ‖ ~plant, μελιτζάνα ‖ ~shell, τσόφλι.
ego [`i:gou] n το εγώ ‖ ~centric, εγωκεντρικός ‖ ~ism, εγωισμός, φιλαυτία ‖ ~ist, εγωιστής ‖ ~istical, εγωιστικός ‖ ~tism, έπαρση, εγωισμός ‖ ~tist, περιαυτολόγος, εγωιστής ‖ ~tistic, εγωιστικός.
Egypt [`i:dʒipt] n Αίγυπτος ‖ ~ian, αιγυπτιακός, Αιγύπτιος.
eiderdown [`aidədaun] n πουπουλένιο πάπλωμα.
eight [eit] adj οκτώ ‖ ~een, δεκαοκτώ ‖ ~eenth, 18ᵒˢ ‖ ~h, όγδοος ‖ ~y, ογδόντα ‖ ~ieth, ογδοηκοστός.
either [`aiðəʳ] adj, pron καθένας (από δύο) ‖ ~... or, είτε... είτε ‖ not ~, ούτε.
ejaculate [i`dʒækjuleit] vti αναφωνώ ‖ εκσπερματίζω.
eject [i`dʒekt] vti εκβάλλω ‖ εκτινάσσω /-ομαι ‖ ~ion, έξωση, εκτίναξη.
eke out [i:k aut] vt συμπληρώνω.
elaborate [i`læbərət] adj περίτεχνος, περίπλοκος, λεπτομερέστατος ‖ vt [i`læbəreit] επεξεργάζομαι, περιγράφω λεπτομερώς ‖ elaboration, επεξεργασία, λεπτομέρεια.
elapse [i`læps] vt (για χρόνο) περνώ.
elastic [i`læstik] adj ελαστικός ‖ ~band, λαστιχάκι ‖ ~ity, ελαστικότητα.
elated [i`leitid] adj συνεπαρμένος.
elbow [`elbou] n αγκώνας ‖ vt σπρώχνω με τους αγκώνες ‖ ~room, ευρυχωρία.
elder [`eldəʳ] adj πρεσβύτερος, μεγαλύτερος ‖ n pl οι μεγαλύτεροι ‖ φυτ. σαμπούκος ‖ ~ly, ηλικιωμένος.
eldest [`eldist] adj πρωτότοκος.
elect [i`lekt] vt εκλέγω, επιλέγω ‖ adj εκλεγείς ‖ the ~, οι εκλεκτοί ‖ ~ion, εκλογή ‖ ~ioneering, ψηφοθηρία ‖ ~ive, εκλογικός, αιρετός ‖ ~or, εκλογέας ‖ ~oral, εκλογικός ‖ ~orate, εκλογικό σώμα.
electric [i`lektrik] adj ηλεκτρικός ‖ ~al, ηλεκτρολογικός, ηλεκτρισμένος ‖ ~ian, [ilek`triʃn] ηλεκτρολόγος ‖ ~ity, [ilək`trisəti] ηλεκτρισμός.
electrify [i`lektrifai] vt [εξ]ηλεκτρίζω.
electrocute [i`lektrəkju:t] vt θανατώνω με ηλεκτροπληξία ‖ electrocution, ηλεκτρο-

πληξία.
electrode [i`lektroud] n ηλεκτρόδιο.
electron [i`lektron] n ηλεκτρόνιο ‖ ~ic, [,ilek`tronik] ηλεκτρονικός ‖ ~ics, ηλεκτρονική.
elegant [`eligənt] adj κομψός, καλαίσθητος ‖ elegance, κομψότητα.
elegiac [,eli`dʒaiək] adj ελεγειακός.
elegy [`elədʒi] n ελεγείο.
element [`elimənt] n στοιχείο ‖ ~ary, [,eli`mentri] στοιχειώδης.
elephant [`elifənt] n ελέφαντας.
elevate [`eliveit] vt [αν]υψώνω.
elevation [,eli`veiʃn] n ανύψωση ‖ έξαρση ‖ ύψωμα ‖ αρχιτ. τομή, πρόσοψη.
elevator [,eli`veitəʳ] n ασανσέρ.
eleven [i`levn] adj έντεκα ‖ ~th, ενδέκατος.
elf [elf] n ξωτικό, αερικό.
elicit [i`lisit] vt αποσπώ, εκμαιεύω.
eligible [`elidʒəbl] adj εκλόγιμος.
eliminate [i`limineit] vt εξαλείφω, αφαιρώ ‖ elimination, εξάλειψη.
élite [,ei`li:t] n οι εκλεκτοί.
elixir [i`liksəʳ] n ελιξήριο.
elm [elm] n φτελιά.
elocution [,elə`kju:ʃn] n απαγγελία, άρθρωση.
elongate [`i:loŋgeit] vt επιμηκύνω.
elope [i`loup] vi απάγομαι εκουσίως.
eloquence [`eləkwəns] n ευγλωττία.
eloquent [`eləkwənt] adj εύγλωττος.
else [els] adv άλλος, αλλού, αλλοιώς ‖ or ~, ειδάλλως ‖ ~where, κάπου αλλού.
elucidate [i`lu:sideit] vt διευκρινίζω.
elude [i`lu:d] vi ξεφεύγω, διαφεύγω.
elusive [i`lu:siv] adj άπιαστος, φευγαλέος.
emaciated [i`meisieitid] adj ισχνός.
emanate [`eməneit] vi προέρχομαι.
emancipate [i`mænsipeit] vt χειραφετώ.
emancipation [i`mænsipeiʃn] n χειραφέτηση, απελευθέρωση.
embalm [im`ba:m] vt ταριχεύω, βαλσαμώνω ‖ ~ing n ταρίχευση.
embankment [im`bæŋkmənt] n ανάχωμα, μώλος.
embargo [im`ba:gou] n απαγόρευση συναλλαγών.
embark [im`ba:k] vti επιβιβάζω/-ομαι ‖ ~ upon, αρχίζω ‖ ~ation [,emba`keiʃn] επιβίβαση, μπαρκάρισμα.
embarrass [im`bærəs] vt φέρνω σε αμηχανία ‖ παρεμποδίζω ‖ ~ing adj ενοχλητικός, δυσάρεστος ‖ ~ment, αμηχανία, δυσχέρεια.
embassy [`embəsi] n πρεσβεία.
embedded [im`bedid] adj χωμένος.
embellish [im`beliʃ] vt καλλωπίζω, εξωραΐζω ‖ μτφ. γαρνίρω ‖ ~ment, στο-

λίδι, στόλισμα.

embers ['embəz] n θράκα, χόβολη.

embezzle [im'bezl] vt καταχρώμαι, σφετερίζομαι ‖ ~**ment**, κατάχρηση.

embitter [im'bitə'] vt πικραίνω.

emblem ['embləm] n έμβλημα.

embodiment [im'bodimənt] n ενσάρκωση, προσωποποίηση.

embody [im'bodi] vt ενσωματώνω ‖ ενσαρκώνω ‖ περικλείω.

embossed [im'bost] adj ανάγλυφος.

embrace [im'breis] vti αγκαλιάζω ‖ περιλαμβάνω ‖ αρπάζω ‖ n αγκάλιασμα.

embroider [im'broidə'] vt κεντώ ‖ γαρνίρω ‖ ~**y** n κέντημα.

embroil [im'broil] vt μπλέκω.

embryo ['embriou] n έμβρυο.

emerald ['emərəld] n σμαράγδι.

emerge [i'mə:dʒ] vi αναδύομαι, προβάλλω ‖ ~**nce**, εμφάνιση ‖ ~**ncy**, έκτακτη ανάγκη ‖ ~**nt**, ανερχόμενος, νέος.

emeritus [i'meritəs] adj επίτιμος.

emery ['eməri] n σμύρις ‖ ~-**board**, γυαλόχαρτο ‖ ~-**paper**, σμυριδόχαρτο.

emetic [i'metik] n εμετικό.

emigrate ['emigreit] vi αναστατεύω, αποδημώ ‖ **emigration**, αποδημία.

emigrant ['emigrənt] n μετανάστης.

emigré ['emigrei] n πρόσφυγας, εμιγκρές.

eminence ['eminəns] n διασημότητα, εξοχότητα.

eminent ['eminənt] adj διαπρεπής, έξοχος.

emir [e'miə'] n εμίρης.

emirate [e'miəreit] n εμιράτο.

emissary ['emisəri] n απεσταλμένος.

emission [i'miʃn] n εκπομπή, ανάδοση.

emit [i'mit] vt εκπέμπω, αναδίνω.

emotion [i'mouʃn] n συγκίνηση, συναίσθημα ‖ ~**al**, συναισθηματικός.

emotive [i'moutiv] adj υποβλητικός.

emperor ['empərə'] n αυτοκράτορας.

emphasis ['emfəsis] n έμφαση.

emphasize ['emfəsaiz] vt τονίζω.

emphatic [im'fætik] adj εμφατικός, κατηγορηματικός.

empire ['empaiə'] n αυτοκρατορία.

empirical [em'pirikl] adj εμπειρικός.

employ [im'ploi] vt απασχολώ, προσλαμβάνω ‖ χρησιμοποιώ ‖ **be in the ~ of**, είμαι στην υπηρεσία κάποιου ‖ ~**ee**, [,emploi'i:] εργαζόμενος, υπάλληλος ‖ ~**er**, εργοδότης ‖ ~**ment**, απασχόληση, δουλειά.

empower [im'pauə'] vt εξουσιοδοτώ.

empress ['emprəs] n αυτοκράτειρα.

emptiness ['emptinis] n κενό, κενότητα.

empty ['empti] vti αδειάζω ‖ adj άδειος ‖ ~-**handed**, με άδεια χέρια.

emulate ['emjuleit] vt αμιλλώμαι.

emulation [,emju'leiʃn] n άμιλλα.

emulsion [i'mʌlʃn] n γαλάκτωμα.

enable [i'neibl] vt καθιστώ ικανόν, δίνω τη δυνατότητα.

enact [i'nækt] vt θεσπίζω, ορίζω ‖ αναπαριστώ, παίζω ‖ συμβαίνω ‖ ~**ment**, θέσπιση, διάταγμα, αναπαράσταση.

enamel [i'næməl] n σμάλτο ‖ ~ **ware**, είδη εμαγιέ.

encamp [in'kæmp] vi κατασκηνώνω ‖ ~**ment**, στρατόπεδο.

enchant [in'tʃa:nt] vt γοητεύω, θέλγω, μαγεύω ‖ ~**er**, γόης ‖ ~**ress**, γόησσα ‖ ~**ment**, γοητεία.

encircle [in'sə:kl] vt περιβάλλω, περικυκλώνω ‖ ~**ment**, περικύκλωση.

enclose [in'klouz] vt περικλείω ‖ εσωκλείω ‖ περιφράσσω.

enclosure [in'klouʒə'] n περίφραξη, περίβολος ‖ εσώκλειστο, συνημμένο.

encompass [in'kʌmpəs] vt περικλείω.

encounter [in'kauntə'] vt αντιμετωπίζω ‖ συναντώ απροσδόκητα ‖ n συμπλοκή, συνάντηση.

encourage [in'kʌridʒ] vt ενθαρρύνω, παρακινώ ‖ ~**ment**, ενθάρρυνση.

encroach [in'croutʃ] vi ~ **upon**, καταπατώ ‖ προσβάλλω ‖ καταχρώμαι ‖ ~**ment**, καταπάτηση, κατάχρηση.

encumber [in'kʌmbə'] vt παρεμποδίζω ‖ παραφορτώνω ‖ [επι]βαρύνω.

encumbrance [in'kʌmbrəns] n βάρος, εμπόδιο.

encyclopedia [in,saiklə'pi:diə] n εγκυκλοπαίδεια.

encyclopedic [in,saiklə'pi:dik] adj εγκυκλοπαιδικός.

end [end] n τέλος, τέρμα, άκρη ‖ σκοπός ‖ vti τελειώνω ‖ ~ **up**, καταλήγω ‖ **make ~s meet**, μόλις τα βγάζω πέρα ‖ ~ **on**, μύτη με μύτη ‖ ~ **to ~**, κολλητά ‖ **at a loose ~**, ξεκρέμαστος, άεργος ‖ **on ~**, όρθιος ‖ **in the ~**, τελικά ‖ **no ~ of**, πάρα πολύ ‖ ~**ing** n τέλος, κατάληξη ‖ ~**less**, ατέλειωτος ‖ ~ **product**, τελικό προϊόν.

endanger [in'deindʒə'] vt διακινδυνεύω.

endear [in'diə'] vt καθιστώ προσφιλή ‖ ~**ment**, χάδι, γλυκόλογο, τρυφερότητα.

endeavour [in'devə'] n προσπάθεια ‖ vi προσπαθώ, πασχίζω.

endemic [in'demik] adj ενδημικός.

endorse [in'do:s] vt οπισθογραφώ ‖ προσυπογράφω ‖ ~**ment**, οπισθογράφηση.

endow [in'dau] vt προικίζω ‖ δωρίζω ‖ ~**ment**, χάρισμα, δωρεά.

endurance [in'djuərəns] n αντοχή, καρτερία ‖ **past** ~, ανυπόφορος ‖ ~ **test**, τεστ αντοχής.

endure [in'djuə'] vti αντέχω, υποφέρω ‖

κρατώ, διαρκώ ‖ **enduring,** μόνιμος.

enema ['enəmə] n κλύσμα.

enemy ['enəmi] n εχθρός ‖ adj εχθρικός.

energy ['enədʒi] n ενέργεια ‖ ενεργητικότητα, δύναμη.

energetic [,enə'dʒetik] adj ενεργητικός, δραστήριος.

enervate ['enəveit] vt αποχαυνώνω.

enfeeble [in'fi:bl] vt εξασθενίζω.

enfold [in'fould] vt τυλίγω.

enforce [in'fo:s] vt επιβάλλω ‖ ~ment, εκτέλεση, εφαρμογή.

engage [in'geidʒ] vti προσλαμβάνω ‖ υπόσχομαι, εγγυώμαι ‖ συμπλέκομαι, αρχίζω μάχη ‖ αυτοκ. βάζω ταχύτητα ‖ ~ in, (απ]ασχολούμαι με ‖ be ~d to sb, είμαι αρραβωνιασμένος με κπ ‖ ~d (in) απασχολημένος ‖ ~ment, πρόσληψη ‖ δέσμευση, υπόσχεση ‖ ραντεβού ‖ αρραβώνας ‖ συμπλοκή ‖ ~ment ring, βέρα ‖ engaging adj θελκτικός.

engender [in'dʒendər] vt γεννώ, προκαλώ.

engine ['endʒin] n μηχανή ‖ ~-driver, μηχανοδηγός.

engineer [,endʒi'niər] n μηχανικός ‖ vt μηχανεύομαι, οργανώνω ‖ ~ing n μηχανική.

England ['iŋgland] n Αγγλία.

English ['iŋgliʃ] adj αγγλικός ‖ ~man, Άγγλος ‖ E~ Channel, Μάγχη.

engraft [in'gra:ft] vt εμβολιάζω.

engrave [in'greiv] vt χαράσσω ‖ ~r, χαράκτης ‖ engraving, χαρακτική, γκραβούρα.

engrossed [in'groust] adj απορροφημένος.

engulf [in'galf] vt καταποντίζω.

enhance [in'ha:ns] vt επαυξάνω.

enigma [i'nigmə] n αίνιγμα.

enjoin [in'dʒoin] vt εντέλλομαι.

enjoy [in'dʒoi] vt απολαμβάνω ‖ ~ oneself, διασκεδάζω, περνώ καλά ‖ ~ment, απόλαυση, διασκέδαση.

enlarge [in'la:dʒ] vt μεγεθύνω, επαυξάνω ‖ ~ment, μεγέθυνση, επαύξηση.

enlighten [in'laitn] vt διαφωτίζω ‖ ~ment, διαφωτισμός ‖ ~ing adj διαφωτιστικός.

enlist [in'list] vti στρατολογώ ‖ κατατάσσομαι ‖ ~ment, στρατολογία, κατάταξη, υποστήριξη.

enliven [in'laivn] vt ζωντανεύω, ζωηρεύω.

en masse [ũ'mæs] adv ομαδικά.

enmity ['enmiti] n εχθρότητα.

ennoble [i'noubl] vt εξευγενίζω.

enormity [i'no:məti] n μέγεθος ‖ φρικαλεότητα.

enormous [i'no:məs] adj πελώριος.

enough [i'naf] adj αρκετός ‖ adv αρκετά ‖ sure ~, πράγματι.

enquire ⇒ INQUIRE

enrage [in'reidʒ] vt εξαγριώνω.

enraptured [in'ræptʃəd] adj ξετρελαμένος.

enrich [in'ritʃ] vt [εμ]πλουτίζω ‖ ~ment, εμπλουτισμός.

enroll [en'roul] vti εγγράφω/-ομαι ‖ ~ment, εγγραφή.

en route to [ũ'ru:t tu] γαλλ. καθ' οδόν προς.

ensemble [ũ'sõbl] n σύνολο.

enshroud [in'ʃraud] vt σαβαντώνω, τυλίγω.

ensign ['ensain] n ναυτ. σημαία ‖ σημαιοφόρος.

enslave [in'sleiv] vt σκλαβώνω.

ensnare [in'sneər] vt παγιδεύω.

ensue [in'sju:] vi επακολουθώ, προκύπτω.

ensure [in'ʃuər] vti σιγουρεύομαι, εξασφαλίζω ‖ εγγυώμαι ‖ ασφαλίζω/-ομαι.

entail [in'teil] vi συνεπάγομαι.

entangle [in'tæŋgl] vt μπλέκω, μπερδεύω ‖ ~ment, μπλέξιμο.

enter ['entər] vt μπαίνω εις ‖ ~ into, αρχίζω, εισέρχομαι ‖ ~ upon, αρχίζω.

enterprise ['entəpraiz] n επιχείρηση ‖ τόλμη ‖ **enterprising,** ρέκτης, τολμηρός.

entertain [,entə'tein] vt δεξιώνομαι ‖ διασκεδάζω ‖ έχω, διατηρώ ‖ ~ing, διασκεδαστικός ‖ ~ment, περιποίηση, διασκέδαση ‖ ~er, αρτίστας.

enthral [in'θro:l] vt σκλαβώνω, σαγηνεύω ‖ ~ling adj σαγηνευτικός.

enthrone [in'θroun] vt ενθρονίζω.

enthusiasm [in'θju:ziæzm] n ενθουσιασμός.

enthusiast [in'θju:ziæst] n λάτρης, θιασώτης ‖ ~ic, ενθουσιώδης.

entice [in'tais] vt παρασύρω, ξελογιάζω.

entire [in'taiər] adj ολόκληρος, όλος.

entitle [in'taitl] vt τιτλοφορώ ‖ δίνω το δικαίωμα να ‖ be ~d to, δικαιούμαι να.

entity ['entəti] n οντότητα.

entourage [,õtu'ra:ʒ] n κύκλος, περιβάλλον ‖ συνοδεία.

entrails ['entreilz] n σωθικά, εντόσθια.

entrance ['entrəns] n είσοδος.

entranced [in'tra:nst] adj μαγεμένος.

entrant ['entrənt] n υποψήφιος.

entrap [in'træp] vt παγιδεύω.

entreat [in'tri:t] vt εκλιπαρώ, ικετεύω ‖ ~y n ικεσία, παράκληση.

entrench [in'trentʃ] vt περιχαρακώνω ‖ ~ oneself, εδραιώνομαι, οχυρώνομαι.

entrust [in'trast] vt αναθέτω ‖ εμπιστεύομαι.

entry ['entri] n είσοδος ‖ λογιστ. εγγραφή ‖ συμμετοχή ‖ λήμμα.

enumerate [i'nju:məreit] vt απαριθμώ.

enunciate [i'nansieit] vti προσφέρω.

envelop [in'veləp] vt τυλίγω, περιβάλλω.

envelope [`enveloup] n φάκελλος.
envenom [in`venəm] vt δηλητηριάζω.
enviable [`enviəbl] adj επίζηλος.
envious [`enviəs] adj ζηλόφθονος.
environment [in`vaiərnmənt] n περιβάλλον || ~al, περιβαλλοντολογικός.
environs [in`vaiərənz] n περίχωρα.
envisage [in`vizidʒ] vt οραματίζομαι, φαντάζομαι.
envoy [`envoi] n απεσταλμένος.
envy [`envi] n ζήλεια, φθόνος || ζηλεύω.
enzyme [`enzaim] n ένζυμο.
epaulet [`epəlet] n επωμίδα.
ephemeral [i`femərəl] adj εφήμερος.
epic [`epik] n έπος || adj επικός.
epicure [`epikjuə'] n καλοφαγάς.
epicurean [,epikju`riən] adj επικούρειος.
epidemic [,epi`demik] n επιδημία.
epigram [`epigræm] n επίγραμμα.
epilepsy [`epilepsi] n επιληψία.
epilogue [`epilog] n επίλογος.
Epiphany [i`pifəni] n Θεοφάνεια.
episode [`episoud] n επεισόδιο.
epitaph [`epita:f] n επιτάφιος, επιγραφή.
epithet [`epiθet] n επίθετο.
epitome [i`pitəmi] n επιτομή.
epitomize [i`pitəmaiz] vt συνοψίζω.
epoch [`i:pok] n εποχή || ~-making, κοσμοϊστορικός.
equal [`i:kwəl] n, adj ίσος, ίδιος, όμοιος || vt ισούμαι με || be ~ to, είμαι ικανός / σε θέση να || get ~ with sb, εκδικούμαι κπ || without ~, ασυναγώνιστος || ~ity, ισότητα || ~ize, εξισώνω, αντισταθμίζω || ~izer, αντισταθμιστής || ~ly, εξίσου.
equanimity [,ekwə`niməti] n αταραξία, ηρεμία.
equate [i`kweit] vt εξισώνω, εξομοιώνω.
equation [i`kweiʒn] n εξίσωση.
equator [i`kweitə'] n ισημερινός.
equilibrium [,i:kwi`libriəm] n ισορροπία.
equinox [`ikwinoks] n ισημερία.
equip [i`kwip] vt εφοδιάζω || ~ment, εφόδια, εξοπλισμός.
equitable [`ekwitəbl] adj δίκαιος.
equity [`ekwəti] n δικαιοσύνη, επιείκεια || πληθ. κοινές μετοχές.
equivalent [i`kwivələnt] n, adj ισοδύναμος, ισότιμος, αντίστοιχος.
equivocal [i`kwivəkəl] adj διφορούμενος || αμφίβολος.
era [`iərə] n περίοδος, εποχή.
eradicate [i`rædikeit] vt ξεριζώνω.
erase [i`reiz] vt εξαλείφω, σβήνω.
erect [i`rekt] adj όρθιος, στητός || vt [αν]ορθώνω, ανεγείρω, στήνω || ~ion, ανέγερση, στύση.
ermine [`ə:min] n ερμίνα.
erode [i`roud] vt διαβρώσκω, τρώγω.

erosion [i`rouʒn] n διάβρωση.
erosive [i`rousiv] adj διαβρωτικός.
erotic [i`rotik] adj ερωτικός.
eroticism [i`rotisizm] n ερωτισμός.
err [ə:'] vt σφάλλω, πλανώμαι.
errand [`erənd] n θέλημα || on an ~, σε θέλημα || a fool's ~, τζάμπα κόπος || ~-boy, ο μικρός για θελήματα.
errata [e`ra:tə] n pl παρορθώματα.
erratic [i`rætik] adj εκκεντρικός, αλλοπρόσαλλος || άτακτος, ακανόνιστος.
erroneous [i`rouniəs] adj λανθασμένος.
error [`erə'] n λάθος, σφάλμα.
erudite [`erudait] adj πολυμαθής.
erudition [,eru`diʃn] n πολυμάθεια.
erupt [i`rʌpt] vi (ηφαίστειο) εκρήγνυμαι, μτφ. ξεσπώ || ~ion, έκρηξη.
escalate [`eskəleit] vti κλιμακώνω, εντείνω || **escalation**, κλιμάκωση || **escalator**, κυλιόμενη σκάλα.
escapade [,eskə`peid] n αταξία, ζαβολιά.
escape [i`skeip] n δραπέτευση || διαφυγή || διάσωση || φυγή || vti δραπετεύω || διαφεύγω, διαρρέω || ξεφεύγω || have a narrow ~, τη γλυτώνω παρά τρίχα || fire-~, σκάλα ασφαλείας.
escapism [i`skeipizm] n τάση φυγής.
¹**escort** [is`ko:t] vt συνοδεύω.
²**escort** [`esko:t] n συνοδεία || καβαλλιέρος, συνοδός.
Eskimo [`eskimou] n Εσκιμώος.
esoteric [,esə`terik] adj απόκρυφος.
especial [i`speʃl] adj ιδιαίτερος || ~ly, ιδιαιτέρως, κυριότατα.
espionage [`espiəna:ʒ] n κατασκοπεία.
espouse [i`spauz] vt μτφ. ασπάζομαι.
esquire [i`skwaiə'] n (βραχ. Esq.) Αξιότιμος Κύριος.
essay [`esei] n δοκίμιο || ~ist, δοκιμιογράφος.
essence [`esens] n [πεμπτ]ουσία, εσάνς.
essential [i`senʃl] adj ουσιώδης || απαραίτητος || n pl τα ουσιώδη || ~ly, κατά βάση, βασικά.
establish [i`stæbliʃ] vt ιδρύω || εγκαθιστώ || αποδεικνύω || ~ed church, η επίσημη εκκλησία || ~ment, εγκατάσταση || ίδρυση || ίδρυμα || το κατεστημένο.
estate [i`steit] n κτήμα, περιουσία || κληρονομία || ~ agent, κτηματομεσίτης || personal / real ~, κινητή / ακίνητη περιουσία || housing ~, οικισμός || ~ car, στέισον-βάγκον.
esteem [i`sti:m] vt εκτιμώ || θεωρώ.
¹**estimate** [`estimət] n εκτίμηση, υπολογισμός || προϋπολογισμός.
²**estimate** [`estimeit] vt [προ]ϋπολογίζω.
estimation [,esti`meiʃn] n εκτίμηση, κρίση.
estrange [i`streindʒ] vt απομακρύνω, απο-

ξενώνω ‖ ~ment, ρήξη, αποξένωση, διάσταση.

estuary [`estjuəri] n εκβολή ποταμού.

et cetera [it`setərə] (βραχ. etc.) κλπ.

etching [`etʃiŋ] n γκραβούρα.

eternal [i`tə:nl] adj αιώνιος.

eternity [i`tə:nəti] n αιωνιότητα.

ether [`i:θəʳ] n αιθέρας.

ethic [`eθik] n ηθικός κώδικας ‖ ~al, ηθικός ‖ ~s, ηθική, δεοντολογία.

ethnic[al] [`eθnikl] adj εθνικός.

ethnology [eθ`nolədʒi] n εθνολογία.

etiquette [`etiket] n εθιμοτυπία.

etymology [,eti`molədʒi] n ετυμολογία.

eucalyptus [,ju:kə`liptəs] n ευκάλυπτος.

Eucharist [`ju:kərist] n Θεία Μετάληψη.

eulogy [`ju:lədʒi] n εγκώμιο.

eunuch [`ju:nək] n ευνούχος.

euphemism [`ju:fəmizm] n ευφημισμός.

euphemistic [,ju:fə`mistik] adj ευφημιστικός.

euphony [`ju:fəni] n ευφωνία.

euphoria [ju:`fo:riə] n ψυχική ευφορία.

eureka [ju`ri:kə] interj εύρηκα!

Eurodollar [`juəroudoləʳ] n ευρωδολλάριο.

Europe [`juərəp] n Ευρώπη.

euthanasia [,ju:θə`neiziə] n ευθανασία.

evacuate [i`vækjueit] vt εκκενώνω ‖ evacuation, εκκένωση ‖ evacuee [i,vækju`i:], πρόσφυγας.

evade [i`veid] vt αποφεύγω, ξεφεύγω.

evaluate [i`væljueit] vt εκτιμώ, υπολογίζω.

evanescent [,i:və`nesənt] adj εφήμερος.

evangelic[al] [,i:væn`dʒelikl] adj ευαγγελικός.

evaporate [i`væpəreit] vti εξατμίζω/-ομαι ‖ ~d milk, γάλα εβαπορέ ‖ evaporation, εξάτμιση.

evasion [i`veiʒn] n υπεκφυγή, αποφυγή ‖ tax ~, φοροδιαφυγή.

evasive [i`veisiv] adj διφορούμενος, ασαφής.

Eve [i:v] n Εύα.

eve [i:v] n παραμονή.

¹even [i:vn] adj ομαλός, επίπεδος ‖ ομοιόμορφος ‖ ίσος ‖ (αριθμός) ζυγός ‖ be/get ~ with sb, είμαι πάτσι με κπ ‖ break ~, έρχομαι μία η άλλη ‖ ~-handed, αμερόληπτος ‖ ~-song, εσπερινός ‖ ~-tempered, ήρεμος.

²even [i:vn] adv ακόμη και ‖ (με συγκρ.) ακόμη ‖ (με άρνηση) ούτε ‖ ~ if, ακόμη κι αν ‖ ~ so, ακόμη κι έτσι.

evening [`i:vniŋ] n βράδυ ‖ good ~, καληνέρα ‖ ~ paper, απογευματινή εφημερίδα ‖ ~ star, αποσπερίτης.

event [i`vent] n γεγονός ‖ περίπτωση ‖ αθλ. αγώνας ‖ in any ~, ό,τι κι αν συμβεί ‖ at all ~s, εν πάση περιπτώσει ‖ ~ful, ταραχώδης, περιπετειώδης.

eventual [i`ventʃuəl] adj τελικός, ενδεχόμενος ‖ ~ly, τελικά ‖ ~ity, το ενδεχόμενο.

ever [`evəʳ] adv ποτέ ‖ πάρα πολύ ‖ for ~, για πάντα ‖ ~ since, έκτοτε ‖ ~green adj αειθαλής ‖ ~lasting adj αιώνιος, παντοτινός ‖ ~more adv πάντοτε.

every [`evri] adj κάθε ‖ ~body/one, καθένας ‖ ~day, καθημερινός ‖ ~thing, καθετί ‖ ~where, παντού ‖ ~ now and again, κάθε τόσο.

evict [i`vikt] vt κάνω έξωση ‖ ~ion [i`vikʃn] έξωση.

evidence [`evidəns] n απόδειξη ‖ μαρτυρία ‖ πληθ. ίχνη ‖ be in ~, προβάλλομαι.

evident [`evidənt] adj προφανής, κατάδηλος, φανερός ‖ ~ly, προφανώς, ολοφάνερα.

evil [`i:vl] adj κακός ‖ n το κακό ‖ the lesser of two ~s, το μη χείρον βέλτιστον ‖ ~-doer, κακοποιός, κακός.

evocative [i`vokətiv] adj υποβλητικός.

evoke [i`vouk] vt προκαλώ ‖ επικαλούμαι.

evolution [,ivə`lu:ʃn] n ανέλιξη, εξέλιξη ‖ ελιγμός ‖ ~ary adj εξελικτικός.

evolve [i`volv] vti αναπτύσσω/-ομαι, εξελίσσω/-ομαι.

ewe [ju:] n προβατίνα.

ewer [`ju:əʳ] n κανάτα.

ex- [eks] prefix τέως.

exacerbate [ig`zæsəbeit] vt επιδεινώνω.

exact [ig`zækt] adj ακριβής ‖ vt απαιτώ, αξιώ ‖ ~ing adj απαιτητικός ‖ ~ly, ακριβώς ‖ ~ness ή ~itude, ακρίβεια.

exaggerate [ig`zædʒəreit] vti υπερβάλλω ‖ exaggeration, υπερβολή.

exalt [ig`zo:lt] vt εξυμνώ, εκθειάζω.

exam[ination] [ig`zæm(in`eiʃn)] n εξέταση, διαγώνισμα ‖ ανάκριση ‖ sit for an ~, δίνω εξετάσεις.

examine [ig`zæmin] vt εξετάζω ‖ ~r, εξεταστής.

example [ig`za:mpl] n παράδειγμα ‖ for ~, παραδείγματος χάριν ‖ by way of ~, σαν παράδειγμα ‖ set an ~, δίνω ένα παράδειγμα.

exasperate [ig`za:spəreit] vt εκνευρίζω ‖ exasperating adj εκνευριστικός ‖ exasperation, εκνευρισμός.

excavate [`ekskəveit] vt ανασκάπτω ‖ excavation, ανασκαφή ‖ excavator, εκσκαφέας.

exceed [ik`si:d] vt υπερβαίνω, ξεπερνώ ‖ ~ingly, πάρα πολύ, υπερβολικά.

excel [ik`sel] vi διαπρέπω, διακρίνομαι.

excellence [`eksələns] n υπεροχή, λαμπρή

επίδοση, αξία.

Excellency [ˈeksələnsi] *n* Εξοχότητα.

excellent [ˈeksələnt] *adj* έξοχος.

except [ikˈsept] *prep* εκτός ‖ *vt* εξαιρώ ‖ ~ *[for the fact] that*, εκτός του ότι ‖ ~ *for*, εκτός από ‖ *present company* ~*ed*, οι παρόντες εξαιρούνται.

exception [ikˈsepʃn] *n* εξαίρεση ‖ αντίρρηση ‖ *an* ~ *to the rule*, εξαίρεση στον κανόνα ‖ *take* ~ *to*, αντιτίθεμαι, μου κακοφαίνεται ‖ ~*al*, ασυνήθης, εξαιρετικός ‖ ~*able*, επιλήψιμος, κατακριτέος.

excerpt [ˈeksəːpt] *n* απόσπασμα.

¹**excess** [ikˈses] *n* υπερβολή ‖ περίσσεια ‖ *πληθ.* αγριότητες ‖ *to* ~, υπερβολικά ‖ ~*ive*, υπερβολικός.

²**excess** [ˈeksəs] *adj* παραπανίσιος.

exchange [iksˈtʃeindʒ] *n* ανταλλαγή ‖ συνάλλαγμα ‖ χρηματιστήριο ‖ κέντρο ‖ *vti* ανταλλάσσω ‖ *in* ~ *for*, σε αντάλλαγμα ‖ ~*able*, ανταλλάξιμος ‖ *bill of* ~, συναλλαγματική.

exchequer [eksˈtʃekəʳ] *n* θησαυροφυλάκιο ‖ *Chancellor of the E*~, Υπουργός Οικονομικών.

excise [ˈeksaiz] *n* έμμεσος φόρος.

excision [ikˈsiʒn] *n* περιτομή.

excite [ikˈsait] *vt* εξάπτω, συγκινώ ‖ προκαλώ, υποκινώ ‖ διεγείρω, ερεθίζω ‖ *excitable*, ευκολοσυγκίνητος, ευερέθιστος ‖ *exciting*, συναρπαστικός ‖ ~*ment*, έξαψη, υπερδιέγερση, συγκίνηση.

exclaim [ikˈskleim] *vt* αναφωνώ.

exclamation [ˌeksləˈmeiʃn] *n* αναφώνηση, επιφώνημα ‖ *exlamatory* [·ikˈsklæmətri] *adj* επιφωνηματικός.

exclude [ikˈskluːd] *vt* αποκλείω.

exclusion [ikˈskluːʒn] *n* αποκλεισμός.

exclusive [ikˈskluːsiv] *adj* αποκλειστικός ‖ εκλεκτικός ‖ εκλεκτός ‖ ~ *of*, εξαιρουμένου.

excommunicate [ˌekskəˈmjuːnikeit] *vt* αφορίζω, αναθεματίζω.

excrement [ˈekskrəmənt] *n* περίττωμα.

excruciating [ikˈskruːʃieitiŋ] *adj* φριχτός, βασανιστικός.

excursion [ikˈskəːʃn] *n* εκδρομή.

excuse [ikˈskjuːz] *vt* συγχωρώ, δικαιολογώ ‖ ~ *from*, εξαιρώ, απαλλάσσω από ‖ [ikˈskjuːs] *n* πρόφαση, δικαιολογία, συγγνώμη.

execrable [ˈeksikrəbl] *adj* απαίσιος.

execute [ˈeksikjuːt] *vt* εκτελώ ‖ [επι]κυρώνω.

execution [ˌeksiˈkjuːʃn] *n* εκτέλεση ‖ θανάτωση ‖ ~*er*, δήμιος.

executive [igˈzekjutiv] *adj* εκτελεστικός ‖ *n* διευθυντής, στέλεχος.

executor [igˈzekjutəʳ] *n* εκτελεστής διαθήκης ‖ *executrix*, εκτελέστρια.

exemplary [igˈzempləri] *adj* υποδειγματικός, παραδειγματικός ‖ κοσμιότατος.

exemplify [igˈzemplifai] *vt* παραδειγματίζω.

exempt [igˈzempt] *adj* απαλλαγμένος ‖ *vt* εξαιρώ, απαλλάσσω ‖ ~*ion*, απαλλαγή.

exercise [ˈeksəsaiz] *n* άσκηση ‖ ενάσκηση ‖ *vti* ασκώ/-ούμαι, γυμνάζω/-ομαι ‖ καταβάλλω, χρησιμοποιώ.

exert [igˈzəːt] *vt* χρησιμοποιώ, ασκώ ‖ ~ *oneself*, αγωνίζομαι ‖ ~*ion*, άσκηση, χρησιμοποίηση, προσπάθεια.

exhale [eksˈheil] *vti* αποπνέω.

exhaust [igˈzoːst] *vt* εξαντλώ ‖ *n* εξάτμιση, εξαγωγή ‖ ~-*gas*, καυσαέριο ‖ ~*ion*, εξάντληση ‖ ~*ed*, εξαντλημένος ‖ ~*ing*, εξαντλητικός ‖ ~*ive*, πλήρης, εξαντλητικός.

exhibit [igˈzibit] *n* έκθεμα ‖ *νομ.* τεκμήριο, πειστήριο ‖ *vt* εκθέτω, επιδεικνύω ‖ ~*or*, εκθέτης.

exhibition [ˌeksiˈbiʃn] *n* έκθεση ‖ *make an* ~ *of oneself*, γίνομαι θέαμα ‖ ~*ism*, επιδειξιομανία ‖ ~*ist*, επιδειξιομανής.

exhilarating [igˌziləˈreitiŋ] *adj* ξεκαρδιστικός ‖ *exhilaration*, ευθυμία.

exhort [igˈzoːt] *vt* εξορκίζω, παροτρύνω ‖ ~*ation* [ˌegzoːˈteiʃn] προτροπή, παρότρυνση.

exile [ˈegzail] *n* εξορία ‖ εξόριστος ‖ *vt* εξορίζω.

exist [igˈzist] *vi* υπάρχω, ζω ‖ ~*ence*, ύπαρξη, ζωή ‖ ~*ent*, υπάρχων.

existentialism [ˌegziˈstenʃəlizm] *n* υπαρξισμός.

exit [ˈeksit] *n* έξοδος.

exodus [ˈeksədəs] *n* έξοδος *(πλήθους)*.

exonerate [igˈzonəreit] *vt* αθωώνω.

exorbitant [igˈzoːbitənt] *adj* υπέρογκος.

exorcist [ˈeksoːsist] *n* εξορκιστής.

exorcize [ˈeksoːsaiz] *vt* εξορκίζω.

exotic [igˈzotik] *adj* εξωτικός.

expand [ikˈspænd] *vti* διαστέλλω/-ομαι ‖ επεκτείνω/-ομαι ‖ απλώνω/-ομαι ‖ γίνομαι διαχυτικός.

expanse [ikˈspæns] *n* έκταση.

expansion [ikˈspænʃn] *n* επέκταση, διαστολή, διόγκωση.

expansive [ikˈspænsiv] *adj* επεκτατικός, διαχυτικός.

expatriate [ekˈspætrieit] *vti* εκπατρίζω/-ομαι ‖ [-ət] *n, adj* εκπατρισμένος.

expect [ikˈspekt] *vt* περιμένω, προσδοκώ ‖ ελπίζω ‖ φαντάζομαι, υποθέτω ‖ ~*ancy*, προσδοκία, αδημονία ‖ ~*ation*, ελπίδα, πρόβλεψη, προσδοκία.

expectorant [ekˈspektərənt] *n* αποχρεμπτικό.

expediency [ek`spi:diənsi] *n* σκοπιμότητα.

expedient [ek`spi:diənt] *adj* σκόπιμος, πρόσφορος || *n* τρόπος.

expedition [.ekspi`diʃn] *n* εκστρατεία, αποστολή || ~**ary**, εκστρατευτικός.

expel [ik`spel] *vt* αποβάλλω || διώχνω || απελαύνω.

expend [ik`spend] *vt* ξοδεύω, δαπανώ || ~**iture**, δαπάνη.

expense [ik`spens] *n* δαπάνη, έξοδο || *at the* ~ *of*, εις το βάρος, δαπάναις...

expensive [ik`spensiv] *adj* δαπανηρός.

experience [ik`spiəriəns] *n* πείρα || εμπειρία, βίωμα || περιπέτεια || *vt* δοκιμάζω || ~**d**, πεπειραμένος.

experiment [ik`perimənt] *n* πείραμα || *by* ~, πειραματικός || ~**al**, πειραματικός || ~**ation**, πειραματισμός.

expert [`ekspə:t] *n* εμπειρογνώμων, ειδικός || *adj* έμπειρος, ικανός.

expertise [.ekspə`ti:z] *n* γνώσεις, πείρα.

expiate [`ekspieit] *vt* εξιλεώνομαι για || **expiation**, εξιλέωση.

expire [ik`spaiəʳ] *vi* εκπνέω, λήγω || **expiration** *ή* **expiry**, εκπνοή, λήξη.

explain [ik`splein] *vt* ~ *[to sb]*, εξηγώ || ~ *away*, δικαιολογώ.

explanation [.eksplə`neiʃn] *n* εξήγηση || **explanatory**, επεξηγηματικός.

expletive [ik`spli:tiv] *n* βλαστήμια.

explicable [eks`plikəbl] *adj* ευεξήγητος.

explicit [ik`splisit] *adj* σαφής, ρητός, κατηγορηματικός || ~**ly**, κατηγορηματικά.

explode [ik`sploud] *vti* εκρήγνυμαι, σκάω || ξεσπώ.

¹exploit [`eksploit] *n* κατόρθωμα, άθλος.

²exploit [ik`sploit] *vt* εκμεταλλεύομαι || ~**ation**, εκμετάλλευση.

exploration [.eksplə`reiʃn] *n* εξερεύνηση.

exploratory [ik`splo:rətri] *adj* διερευνητικός.

explore [ik`splo:ʳ] *vt* εξερευνώ, διερευνώ || ~**r**, εξερευνητής.

explosion [ik`splouʒn] *n* έκρηξη.

explosive [ik`splousiv] *adj* εκρηκτικός || *n* εκρηκτική ύλη.

expo [`ekspou] *n* Διεθνής Έκθεση.

exponent [ik`spounənt] *n* ερμηνευτής, υπέρμαχος || *μαθημ.* εκθέτης.

export [`ekspo:t] *n* εξαγωγή || *adj* εξαγωγικός || *vt* [ik`spo:t] εξάγω || ~**er**, εξαγωγέας || ~**ation**, εξαγωγή.

expose [ik`spouz] *vt* εκθέτω || φανερώνω || ξεσκεπάζω.

exposition [.ekspə`ziʃn] *n* έκθεση || ανάπτυξη, ανάλυση, εξήγηση.

exposure [ik`spouʒəʳ] *n* έκθεση || αποκάλυψη || *φωτογρ.* πόζα.

expound [ik`spaund] *vt* εξηγώ, ερμηνεύω || εκθέτω, αναπτύσσω.

express [ik`spres] *adj* ρητός || πιστός || ταχύς, επείγων || *vt* εκφράζω || *n* ταχεία || *adv* εξπρές || ~**ly**, ρητός, επίτηδες || ~**ive**, εκφραστικός || ~**iveness**, εκφραστικότητα.

expression [ik`spreʃn] *n* έκφραση || ~**ism**, εξπρεσιονισμός || ~**ist**, εξπρεσιονιστής || ~**less**, ανέκφραστος.

expropriate [ek`sprouprieit] *vt* απαλλοτριώνω || **expropriation**, απαλλοτρίωση.

expulsion [ik`spʌlʃn] *n* αποβολή || απέλαση.

exquisite [`ekskwizit] *adj* έξοχος, εξαίσιος.

ex-serviceman [.eks-`sə:vismən] *n* παλαιός πολεμιστής.

extant [ek`stænt] *adj* υπάρχων, σωζόμενος.

extempore [ik`stempəri] *adj* αυτοσχέδιος, πρόχειρος || *adv* εκ του προχείρου.

extend [ik`stend] *vti* εκτείνω/-ομαι || απλώνω/-ομαι || παρατείνω || τείνω, παρέχω, κάνω.

extension [ik`stenʃn] *n* επέκταση || παράταση || *τηλεφ.* εσωτερική γραμμή.

extensive [ik`stensiv] *adj* εκτεταμένος.

extent [ik`stent] *n* έκταση || σημείο, βαθμός.

extenuating [ik.stenju`eitiŋ] *adj* ελαφρυντικός.

exterior [ik`stiəriəʳ] *adj* εξωτερικό || *n* εξωτερικό, παρουσιαστικό.

exterminate [ik`stə:mineit] *vt* εξολοθρεύω || **extermination**, εξολόθρευση.

external [ek`stə:nəl] *adj* εξωτερικός.

extinct [ik`stiŋkt] *adj* σβησμένος || *become* ~, εκλείπω || ~**ion**, εξαφάνιση.

extinguish [ik`stiŋgwiʃ] *vt* σβήνω, εξαλείφω, εξολοθρεύω || ~**er**, πυροσβεστήρας.

extirpate [`ekstəpeit] *vt* ξεριζώνω.

extol [ik`stoul] *vt* εκθειάζω, εξυμνώ.

extort [ik`sto:t] *vt* εκβιάζω, αποσπώ || ~**ion**, εκβιασμός, απόσπαση.

extra [`ekstrə] *adj* πρόσθετος, έκτακτος || *adv* έξτρα || *n* εξτρά.

extract [`ekstrækt] *n* απόσταγμα, εκχύλισμα || απόσπασμα || *vt* [ik`strækt] βγάζω, αποσπώ, εκθλίβω || ~**ion**, έκθλιψη, εξαγωγή, καταγωγή.

extradite [`ekstrədait] *vt* εκδίδω *(εγκληματία)* || **extradition**, έκδοση.

extramarital [.ekstrə`mæritəl] *adj* εξωσυζυγικός.

extraneous [ik`streiniəs] *adj* ξένος, άσχετος.

extraordinary [ik`stro:dnri] *adj* ασυνήθης, έκτακτος || εξαιρετικός.

extravagant [ik`strævəgənt] *adj* σπάταλος, πολυδάπανος ‖ υπερβολικός ‖ **extravagance**, σπατάλη, υπερβολή, παραλογισμός.

extreme [ik`stri:m] *n* άκρο, έπαρκο ‖ *adj* ακραίος, υπερβολικός, έσχατος ‖ **go to ~s**, φθάνω στα άκρα.

extremist [ik`stri:mist] *n* εξτρεμιστής.

extremity [ik`stremiti] *n* άκρο, ακραίο σημείο ‖ ακρότητα ‖ δυστυχία.

extricate [`ekstrikeit] *vt* ξεμπερδεύω.

extrovert [`ekstrəvɔ:t] *adj* εξωστρεφής.

exuberant [ig`zju:bərənt] *adj* διαχυτικός, πληθωρικός ‖ πλούσιος, οργιώδης.

exude [ig`zju:d] *vti* εκχύνω / -ομαι.

exult [ig`zʌlt] *vi* αγάλλομαι, θριαμβολογώ ‖ **~ation** [.egzʌl`teiʃn] αγαλλίαση, θριαμβολογία.

eye [ai] *n* μάτι, οφθαλμός ‖ *vt* κοιτάζω, περιεργάζομαι ‖ **be up to the ~s in work**, είμαι πνιγμένος στη δουλειά ‖ **keep an ~ on sb**, προσέχω κπ ‖ **make ~s at sb**, κάνω τα γλυκά μάτια σε κπ ‖ **see ~ to ~ with sb**, συμφωνώ απολύτως με κπ ‖ **with an ~ to**, με σκοπό να ‖ **~ball**, βολβός ματιού ‖ **~brow**, φρύδι ‖ **~lash**, βλεφαρίδα, τσίνορο ‖ **~less**, αόματος ‖ **~lid**, βλέφαρο ‖ **~-opener**, αποκάλυψη, έκπληξη ‖ **~sight**, όραση ‖ **~sore**, ασκήμια ‖ **~tooth**, φρονιμίτης ‖ **~wash**, κολλύριο, μτφ. στάχτη στα μάτια ‖ **~witness**, αυτόπτης μάρτυρας.

F f

fable [feibl] *n* μύθος.

fabric [`fæbrik] *n* ύφασμα, πανί ‖ ύφανση, δομή, διάρθρωση ‖ **~ate**, φτιάχνω ‖ σκαρώνω, χαλκεύω ‖ **~ation**, κατασκευή, επινόηση, σκευωρία.

fabulous [`fæbjuləs] *adj* μυθικός ‖ μυθώδης, αμύθητος ‖ θαυμάσιος, απίθανος.

façade [fə`sa:d] *n* πρόσοψη.

face [feis] *n* πρόσωπο ‖ όψη, φάτσα, επιφάνεια (γης), καντράν (ρολογιού) ‖ έκφραση, φυσιογνωμία ‖ *vti* αντικρύζω ‖ αντιμετωπίζω ‖ αρχιτ. επικαλύπτω ‖ **~ to ~**, πρόσωπο με πρόσωπο ‖ **in one's ~**, κατά μέτωπο, στα ίσια ‖ **in the ~ of**, εν όψει ‖ **keep a straight ~**, κρατιέμαι να μη γελάσω ‖ **make ~s**, κάνω γκριμάτσες ‖ **have the ~ to**, έχω την αναίδεια να ‖ **lose ~**, ρεζιλεύομαι ‖ **put on a long ~**, κατεβάζω μούτρα ‖ **save one's ~**, σώζω το γόητρό μου ‖ **show one's ~**, κάνω την εμφάνισή μου ‖ **to one's ~**, κατάμουτρα ‖ **about ~!** μεταβολή! ‖ **right/left ~!** κλίνατε επί δεξιά / αριστερά! ‖ **~-card**, χαρτοπ. φιγούρα ‖ **~-cloth**, προσόψιο ‖ **~-cream / -powder**, κρέμα / πούδρα προσώπου ‖ **~-lift**, αισθητική εγχείρηση ‖ **~less**, απρόσωπος ‖ **~ value**, ονομαστική αξία.

facet [`fæsit] *n* έδρα (διαμαντιού) ‖ όψη (προβλήματος).

facetious [fə`si:ʃəs] *adj* ευτράπελος.

facial [`feiʃəl] *adj* του προσώπου.

facile [`fæsail] *adj* υποτιμ. εύκολος.

facilitate [fə`siləteit] *vt* διευκολύνω.

facility [fə`siləti] *n* ευκολία.

facing [`feisin] *n* επένδυση (τοίχου).

facsimile [fæk`simili] *n* πανομοιότυπο.

fact [fækt] *n* γεγονός ‖ **an accomplished ~**, τετελεσμένο γεγονός ‖ **in ~; as a matter of ~; in point of ~**, στην πραγματικότητα ‖ **the ~ of the matter is**, το γεγονός είναι ‖ **~-finding**, διερευνητικός, εξεταστικός.

faction [`fækʃn] *n* κλίκα, φατρία ‖ διαμάχη, φαγωμάρα.

factitious [fæk`tiʃəs] *adj* τεχνητός, πλασματικός.

factor [`fæktə'] *n* παράγοντας.

factory [`fæktəri] *n* εργοστάσιο.

factual [`fæktʃuəl] *adj* πραγματικός, πραγματολογικός, τεκμηριωμένος.

faculty [`fækəlti] *n* ικανότητα, δύναμη ‖ πανεπιστημιακή σχολή.

fad [fæd] *n* μανία, συρμός.

fade [feid] *vti* μαραίνομαι ‖ ξεβάφω, ξεθωριάζω ‖ εξασθενίζω, σβήνω.

fag [fæg] *n* αγγαρεία ‖ *vti* μοχθώ ‖ κουράζω, εξαντλώ ‖ **be ~ged out**, είμαι ξεθεωμένος ‖ **~-end**, γόπα.

faggot [`fægət] *n* δεμάτι ‖ σουτζουκάκι ‖ *ΗΠΑ sl* ομοφυλόφιλος.

fail [feil] *vti* αποτυχαίνω ‖ απορρίπτω (μαθητή) ‖ χρεωκοπώ ‖ εξασθενίζω ‖ εγκαταλείπω, απογοητεύω ‖ **~ to**, παραλείπω να, δεν ‖ ~ **in**, στερούμαι ‖ **without** ~, δίχως άλλο ‖ ~**ing**, ελάττωμα, αδυναμία, *prep* ελλείψει ‖ ~**ure**, αποτυχία, ανεπάρκεια, παράλειψη, διακοπή, χρεωκοπία ‖ **heart** ~**ure**, συγκοπή.

faint [feint] *adj* αμυδρός ‖ αδύνατος, εξασθενημένος ‖ ζαλισμένος, έτοιμος να λιποθυμήσει ‖ δειλός, άτολμος ‖ *vi* λιποθυμώ ‖ εξασθενώ, σβήνω ‖ *n* λιποθυμία.

fair [feəᵣ] *adj* δίκαιος, σωστός ‖ ωραίος ‖ ξανθός ‖ καθαρός ‖ αίθριος, ούριος ‖ μέτριος, καλούτσικος ‖ *adv* τίμια, σωστά ‖ καθαρά ‖ *n* εμποροπανήγυρη, έκθεση, λούνα-παρκ ‖ ~ **enough**, εντάξει! πολύ ωραία! ‖ ~ **and square**, ακριβώς, ίσια ‖ ~**ly**, τίμια, δίκαια, σωστά ‖ αρκετά ‖ ~-**minded**, αμερόληπτος ‖ ~**ness**, δικαιοσύνη, αμεροληψία, τιμιότητα ‖ **a** ~-**weather friend**, φίλος μόνο στην ευτυχία.

fairy [`feəri] *n* νεράιδα ‖ *sl* ομοφυλόφιλος ‖ ~**land**, νεραϊδότοπος ‖ ~-**like**, αιθέριος, νεραϊδόμορφος ‖ ~-**tale**, παραμύθι.

faith [feiθ] *n* πίστη ‖ λόγος *(τιμής)* ‖ **in good** ~, καλόπιστα ‖ ~**ful**, πιστός ‖ ~**less**, άπιστος, δόλιος.

fake [feik] *n* απομίμηση, αντίγραφο ‖ *vt* παραποιώ, πλαστογραφώ, επινοώ.

fakir [`feikiəᵣ] *n* φακίρης.

falcon [`fo:lkən] *n* γεράκι.

fall [fo:l] *n* πέσιμο, πτώση ‖ *US* φθινόπωρο ‖ *πληθ*. καταρράκτης ‖ *vti irreg* πέφτω ‖ ~ **away**, αποσκιρτώ, παραμερίζομαι ‖ ~ **back**, υποχωρώ, οπισθοχωρώ ‖ ~ **back (on)**, καταφεύγω, προσφεύγω ‖ ~ **behind**, βραδυπορώ, μένω πίσω, καθυστερώ ‖ ~ **down**, αποτυχαίνω ‖ ~ **for**, ερωτεύομαι, μου αρέσει ‖ ~ **in**, καταρρέω, μπαίνω στη γραμμή, λήγω ‖ ~ **in with**, συναντώ τυχαία, συμφωνώ ‖ ~ **into**, διαιρούμαι ‖ ~ **off**, λιγοστεύω ‖ ~ **on**, ρίχνομαι εναντίον ‖ ~ **out**, λύνω τους ζυγούς, συμβαίνω ‖ ~ **out with**, τα χαλάω με ‖ ~ **through**, αποτυχαίνω ‖ ~ **to**, ρίχνομαι, επιπίπτω ‖ ~ **under**, εμπίπτω, υπάγομαι ‖ ~ **asleep**, αποκοιμιέμαι ‖ ~ **due**, λήγω ‖ ~ **silent**, σωπαίνω ‖ ~ **in love with**, ερωτεύομαι ‖ ~ **into line with sb**, συμφωνώ με κπ ‖ ~ **flat**, αποτυχαίνω ‖ ~ **on one's feet**, στέκομαι τυχερός ‖ ~ **over oneself**, τρέχω / τσακίζομαι να ‖ the ~**en**, οι πεσόντες.

fallacy [`fæləsi] *n* σόφισμα, πλάνη.

fallible [`fæləbl] *adj* που κάνει λάθη.

fall-out [`fo:laut] *n* ραδιενεργός σκόνη.

fallow [`fælou] *adj* χέρσος, ακαλλιέργητος.

false [fo:ls] *adj* ψεύτικος ‖ λαθεμένος ‖ πλαστός ‖ τεχνητός ‖ άπιστος, δολερός ‖ **under** ~ **pretences**, με απάτη ‖ **play sb** ~, προδίνω κπ ‖ **give** ~ **witness**, ψευδομαρτυρώ ‖ ~**hood**, ψέμα.

falsify [`fo:lsifai] *vt* πλαστογραφώ, παραποιώ.

falter [`fo:ltəᵣ] *vti* τρεκλίζω, παραπαίω ‖ κομπιάζω, ψελλίζω, τραυλίζω ‖ ~**ing**, διστακτικός.

fame [feim] *n* φήμη.

familiar [fə`miliəᵣ] *adj* οικείος, γνωστός ‖ φιλικός ‖ **be** ~ **with**, γνωρίζω ‖ **be** ~ **to**, είμαι γνωστός εις ‖ ~**ity**, οικειότητα, εξοικείωση ‖ ~**ize**, εξοικειώνω.

family [`fæməli] *n* οικογένεια ‖ *adj* οικογενειακός ‖ ~ **planning**, οικογενειακός προγραμματισμός ‖ **in the** ~ **way**, *sl* γκαστρωμένη.

famine [`fæmin] *n* λιμός.

famish [`fæmiʃ] *vti* λιμοκτονώ.

famous [`feiməs] *adj* φημισμένος, διάσημος.

fan [fæn] *n* βεντάλια, ανεμιστήρας, βεντιλατέρ ‖ φανατικός οπαδός, λάτρης ‖ *vti* ανεμίζω, κάνω αέρα, φυσώ ‖ ~ **out**, απλώνω / -ομαι σε σχήμα βεντάλιας ‖ ~**light**, φεγγίτης.

fanatic [fə`nætik] *n* φανατικός ‖ ~**al**, *adj* φανατικός ‖ ~**ism**, φανατισμός.

fanciful [`fænsifəl] *adj* ιδιότροπος ‖ παράδοξος.

fancy [`fænsi] *n* φαντασία ‖ φαντασιοπληξία ‖ ιδιοτροπία, καπρίτσιο ‖ *adj* φανταχτερός, φαντιζί ‖ *vt* φαντάζομαι, μου αρέσει ‖ **a passing** ~, περαστική ιδιοτροπία ‖ **take a** ~ **to**, συμπαθώ ‖ **catch the** ~ **of**, αρέσω ‖ ~-**free**, συναισθηματικά αδέσμευτος.

fanfare [`fænfeəᵣ] *n* σαλπίσματα.

fang [fæŋ] *n* δόντι *(ζώου, φιδιού)*.

fantasia [ˌfæntə`ziə] *n* *μουσ*. φαντασία.

fantastic [fæn`tæstik] *adj* αλλόκοτος ‖ απίθανος, έξοχος.

fantasy [`fæntəsi] *n* φαντασία, φαντασίωση.

far [fa:ᵣ] *adj* μακρινός, απώτερος ‖ *adv* μακριά ‖ ~ **from**, κάθε άλλο παρά ‖ ~ **and away**, ασυζητητί ‖ ~ **and near / wide**, παντού ‖ **by** ~, κατά πολύ ‖ **so** ~, ως εδώ ‖ ~-**away**, μακρινός ‖ ~-**fetched**, παρατραβηγμένος ‖ ~-**off**, μακρινός ‖ ~-**reaching**, σημαντικότατος ‖ ~-**sighted**, διορατικός.

farce [fa:s] *n* φάρσα.

farcical [`fa:sikl] *adj* γελοίος.

fare [feəᵣ] *n* ναύλος, εισιτήριο ‖ φαγητό

|| *vi* περνώ, τα πάω || **bill of** ~, μενού || ~**well**, αντίο, αποχαιρετισμός, αποχαιρετιστήριος.

farm [fa:m] *n* αγρόκτημα, φάρμα || *vti* καλλιεργώ || ~**er**, αγρότης || ~**hand**, εργάτης γης || ~**house/stead**, αγροικία || ~**ing**, γεωργία, καλλιέργεια || ~**land**, χωράφια.

fart [fa:t] *n* πορδή || *vi* κλάνω.

farther ['fa:ðə^r], **farthest** ['fa:ðist] *συγκρ. και υπερθ. του* **far**.

farthing ['fa:ðiŋ] *n* φαρδίνι.

fascinate ['fæsineit] *vt* γοητεύω, μαγεύω, συναρπάζω || **fascinating**, συναρπαστικός || **fascination**, γοητεία.

fascism ['fæʃizm] *n* φασισμός.

fascist ['fæʃist] *n* φασίστας || *adj* φασιστικός.

fashion [fæʃn] *n* μόδα || τρόπος || *vt* πλάθω, διαμορφώνω || **be all the** ~, είμαι πολύ της μόδας || **in** ~, της μόδας || **out of** ~, ντεμοντέ || **after a** ~, κατά κάποιον τρόπο, έτσι κι έτσι || ~**able**, μοντέρνος || ~ **show**, επίδειξη μόδας.

fast [fa:st] *adj* ταχύς, γρήγορος || δεμένος, στερεός, σταθερός, σφιχτός || *(χρώμα)* ανεξίτηλος || *adv* γρήγορα || στερεά, σφιχτά, γερά || *n* νηστεία || *vi* νηστεύω || ~ **asleep**, βαθιά κοιμισμένος || **hold** ~, κρατιέμαι γερά || **make sth** ~, στερεώνω κτ || **stand/stick** ~, δεν υποχωρώ, μένω ακλόνητος || **the clock is** ~, το ρολόι πάει μπροστά || ~**ness**, σταθερότητα, το ανεξίτηλο.

fasten [fa:sn] *vti* στερεώνω, μπήγω, σφίγγω, δένω, κλείνω || ~ **upon**, μτφ. καρφώνω, κολλώ, φορτώνω || ~**er**, συνδετήρας.

fastidious [fə'stidiəs] *adj* δύσκολος, σχολαστικός, ιδιότροπος.

fat [fæt] *adj* παχύς || *n* πάχος, λίπος, ξίγγι || **a** ~ **lot**, *(ειρων.)* πολύ || ~**head**, μπουμπούνας || ~**tish**, παχούτσικος || ~**ness**, πάχος || ~**ten**, παχαίνω.

fatal [feitl] *adj* θανατηφόρος || μοιραίος || ~**ism**, μοιρολατρία || ~**ist**, μοιρολάτρης || ~**istic** [,feitə'listik] μοιρολατρικός || ~**ly**, θανάσιμα.

fatality [fə'tæləti] *n* το μοιραίο || συμφορά || θάνατος, θανατηφόρο ατύχημα, θύμα.

fate [feit] *n* μοίρα || τύχη, ριζικό || **be** ~**d to**, είναι μοιραίο να || ~**ful**, μοιραίος || ~**fully**, μοιραία.

father ['fa:ðə^r] *n* πατέρας, πρόγονος || πατήρ, πάτερ || ~ **figure**, πατρική μορφή || ~-**in-law**, πεθερός || ~**hood**, πατρότητα || ~**land**, πατρίδα || ~**less**, ορφανός από πατέρα.

fathom ['fæðəm] *n (ναυτ.)* οργυιά || *vt* βυθομετρώ, εμβαθύνω || ~**less**, απύθμενος.

fatigue [fə'ti:g] *n* κούραση || κόπωση *(μετάλλων)* || *στρατ.* αγγαρεία || *vt* κουράζω || **be on** ~, είμαι αγγαρεία || ~-**party**, ομάδα αγγαρείας.

fatty ['fæti] *adj* λιπαρός, παχύς || *n* μπουλούκος.

fatuous ['fætjuəs] *adj* ανόητος, βλακώδης || **fatuity** [fə'tju:əti] ανοησία.

faucet ['fɔ:sit] *n US* κάνουλα.

fault [fɔ:lt] *n* ελάττωμα, σφάλμα, φταίξιμο || **at** ~, εν αδίκω || **to a** ~, μέχρις υπερβολής || **find** ~ **[with sb]**, γκρινιάζω || ~-**finding**, γκρινιάρης || ~**less**, άψογος || ~**y**, ελαττωματικός.

faun [fɔ:n] *n* φαύνος.

fauna ['fɔ:nə] *n* πανίδα.

favour ['feivə^r] *n* εύνοια, χάρη, χατίρι || κονκάρδα || *vt* ευνοώ, δείχνω προτίμηση, είμαι υπέρ, μεροληπτώ || **be in/out of** ~ **with sb**, έχω/δεν έχω την εύνοια κάποιου || **in** ~ **of**, υπέρ || **ask/do a** ~, ζητώ/κάνω μια χάρη || ~ **sb with sth**, χαρίζω κτ σε κπ, τιμώ κπ με κτ || ~**able**, ευνοϊκός || ~**ite**, ευνοούμενος, αγαπημένος || ~**itism**, ευνοιοκρατία.

fawn [fɔ:n] *n* ελαφάκι || *vi* ~ **on**, κολακεύω ταπεινά, γλείφω.

fear [fiə^r] *n* φόβος || *vti* φοβάμαι || **for** ~ **of/that**, [από φόβο] μήπως || ~**ful**, φοβερός, φοβισμένος || ~**less**, άφοβος || ~**some**, τρομακτικός.

feasible ['fi:zəbl] *adj* εφικτός, κατορθωτός || αληθοφανής.

feast [fi:st] *n* γιορτή, γλέντι || ευτυχία, πανδαισία, φαγοπότι || *vti* γλεντώ, ευωχούμαι || ~ **on**, μτφ. απολαμβάνω.

feat [fi:t] *n* κατόρθωμα.

feather ['feðə^r] *n* φτερό, πούπουλο.

feature ['fi:tʃə^r] *n* χαρακτηριστικό || φιλμ || *vt* παρουσιάζω || ~**less**, ασήμαντος, μονότονος.

febrile ['fi:brail] *adj* πυρετώδης, πυρετικός.

February ['februəri] *n* Φεβρουάριος.

fecund ['fi:kənd] *adj* γόνιμος.

fecundity [fi'kʌndəti] γονιμότητα.

fed [fed] *στη φρ.* **be** ~ **up with**, είμαι βαρυεστημένος από, έχω μπουχτίσει.

federal ['fedərəl] *adj* ομοσπονδιακός.

federation [,fedə'reiʃn] *n* ομοσπονδία.

fee [fi:] *n* αμοιβή || ~**s** *n pl* δίδακτρα.

feeble ['fi:bl] *adj* αδύναμος, ασθενικός || ~-**minded**, χαζός || ~**ness**, αδυναμία.

feed [fi:d] *n* τροφή, τάϊσμα, τροφοδότηση || *vti irreg* ταΐζω, τροφοδοτώ || ~ **on**, τρέφομαι με || ~**back**, ανατροφοδότηση ‖ ~er ή ~ing-bottle, μπιμπερό.

feel [fi:l] n αφή, αίσθηση, άγγιγμα ‖ vti irreg αισθάνομαι, νιώθω ‖ έχω τη γνώμη ‖ είμαι, δίνω την αίσθηση ‖ αγγίζω, ψαύω, ψηλαφώ ‖ ~ for sb, λυπάμαι κπ ‖ ~ for sth, ψάχνω [με την αφή] για κτ ‖ ~ like, έχω διάθεση για ‖ ~ equal/up to, αισθάνομαι ικανός να ‖ ~ out, βολιδοσκοπώ ‖ ~ with sb, συμπονώ κπ ‖ ~ sb's pulse, εξετάζω το σφυγμό κάποιου ‖ ~ one's way, προχωρώ ψαχουλευτά ‖ ~er, κεραία, βολιδοσκόπηση ‖ ~ing, αίσθηση, αίσθημα, αντίληψη ‖ hard ~ings, μνησικακία ‖ hurt sb's ~ings, πληγώνω / θίγω κπ.

feign [fein] vt προσποιούμαι, προφασίζομαι ‖ επινοώ ‖ ~ed, προσποιητός.

feint [feint] n προσποίηση ‖ στρατ. ψευδεπίθεση.

felicitate [fe`lisiteit] vt ~ on, συγχαίρω ‖ felicitations, συγχαρητήρια.

felicitous [fə`lisitəs] adj εύστοχος, καλοδιαλεγμένος.

felicity [fe`lisəti] n ευδαιμονία.

fell [fel] n τομάρι ‖ vt κόβω, ρίχνω κάτω.

fellah [`felə] n φελλάχος.

fellow [`felou] n άνθρωπος, τύπος ‖ συνάδελφος, φίλος ‖ εταίρος, μέλος ‖ adj συν—, συμ— ‖ ~ citizen, συμπολίτης ‖ ~-countryman, συμπατριώτης ‖ ~-feeling, συμπόνια ‖ ~ man, συνάνθρωπος ‖ ~-student, συμφοιτητής ‖ ~-traveller, συνταξιδιώτης, συνοδοιπόρος ‖ ~ship, συναδελφότητα, αδελφότητα.

felon [`felən] n κακούργος ‖ ~y, κακούργημα.

felt [felt] n τσόχα.

female [`fi:meil] n θήλυ, θηλυκό ‖ γυναίκα ‖ adj θηλυκός.

feminine [`feminin] adj γυναικείος ‖ γραμμ. θηλυκός ‖ **femininity**, [‚femə`ninəti] θηλυκότητα.

feminism [`feminizəm] n φεμινισμός ‖ **feminist**, φεμινιστής, φεμινίστρια.

fen [fen] n έλος, βάλτος.

fence [fens] n φράχτης ‖ vti φράζω ‖ ξιφομαχώ ‖ ~r, ξιφομάχος ‖ **fencing**, ξιφομαχία, ξιφασκία.

fend [fend] vti ~ off, αποκρούω ‖ ~ for oneself, συντηρούμαι ‖ ~er, προφυλακτήρας.

ferment [`fə:ment] n φύραμα ‖ αναβρασμός ‖ vti [fə:`mənt] προκαλώ ζύμωση / αναβρασμό ‖ ~ation, ζύμωση, βράση, έξαψη.

fern [fə:n] n φτέρη.

ferocious [fə`rouʃəs] adj άγριος, θηριώδης.

ferocity [fə`rosəti] n αγριάδα, θηριωδία.

ferret [`ferit] n νυφίτσα, κουνάβι.

ferrule [`feru:l] n μεταλλικός δακτύλιος.

ferry [`feri] n πορθμείο ‖ vti περνώ απέναντι ‖ ~-boat, φερυμπώτ.

fertile [`fə:tail] n γόνιμος, εύφορος.

fertility [fə`tiləti] n γονιμότητα, ευφορία.

fertilize [`fə:tilaiz] vt γονιμοποιώ ‖ λιπαίνω ‖ ~r, λίπασμα.

fervent [`fə:vənt], **fervid** [`fə:vid] adj φλογερός, διακαής, ένθερμος.

fervour [`fə:və^r] n θέρμη, ζέση, πάθος.

fester [`festə^r] vi αφορμίζω.

festival [`festivl] n γιορτή, φεστιβάλ.

festive [`festiv] adj γιορταστικός.

festivity [fe`stivəti] n γιορτή.

festoon [fe`stu:n] n φεστόνι, γιρλάντα.

fetch [fetʃ] vti [πάω και] φέρνω ‖ πιάνω ‖ δίνω (χτύπημα).

fête [feit] n υπαίθρια γιορτή.

fetid [`fetid, `fi:tid] adj δύσοσμος.

fetish [`fetiʃ] n φετίχ.

fetters [`fetəz] n pl δεσμά.

feud [fju:d] n έχθρα, βεντέτα.

feudal [`fju:dl] adj φεουδαρχικός ‖ ~ism, φεουδαρχισμός.

fever [`fi:və^r] n πυρετός ‖ ~ish, πυρετώδης, πυρετικός.

few [fju:] adj, pron λίγοι ‖ **quite a** ~, αρκετοί, πολλοί.

fez [fez] n φέσι.

fiancé [fi`ɔsei] n αρραβωνιαστικός ‖ ~e, αρραβωνιαστικιά.

fiasco [fi`æskou] n φιάσκο.

fib [fib] n ψέμα, παραμύθι.

fibre [`faibə^r] n ίνα ‖ υφή ‖ ~glass, υαλοβάμβακας.

fickle [fikl] adj άστατος.

fiction [fikʃn] n μυθιστορήματα ‖ πλάσμα της φαντασίας ‖ **science** ~, μυθιστορήματα επιστημονικής φαντασίας.

fictitious [fi`ktiʃəs] adj εικονικός, φανταστικός, πλασματικός.

fiddle [fidl] n βιολί ‖ vt παίζω βιολί ‖ ~r, βιολιτζής ‖ ~sticks, κουραφέξαλα.

fidelity [fi`deləti] n πίστη, αφοσίωση ‖ πιστότητα, ακρίβεια.

fidget [`fidʒit] n νευρόσπαστο ‖ vi κουνιέμαι νευρικά ‖ ~y, νευρικός, αεικίνητος, ανήσυχος.

field [fi:ld] n χωράφι ‖ γήπεδο ‖ πεδίο ‖ περιοχή ‖ ~ artillery, πεδινό πυροβολικό ‖ ~ events, αγώνες στίβου ‖ ~ gun, πεδινό πυροβόλο ‖ ~ hospital, νοσοκομείο εκστρατείας ‖ F~ Marshal, στρατάρχης.

fiend [fi:nd] n σατανάς ‖ ~ish, διαβολικός.

fierce [fiəs] *adj* άγριος, σφοδρός || ~**ness**, αγριότητα.

fiery [ˈfaiəri] *adj* πύρινος, φλογερός.

fiesta [fiˈestə] *n* γιορτή.

fife [faif] *n* φλογέρα.

fifteen [fifˈtiːn] *adj* δεκαπέντε || ~**th**, δέκατος πέμπτος.

fifth [fifθ] *adj* πέμπτος || **the** ~ **column**, η πέμπτη φάλαγγα.

fiftieth [ˈfiftiəθ] *adj* πεντηκοστός.

fifty [ˈfifti] *adj* πενήντα.

fig [fig] *n* σύκο || ~-**tree**, συκιά.

fight [fait] *n* μάχη, αγώνας || μαχητικότητα || *vti irreg* μάχομαι, αγωνίζομαι, πολεμώ || τσακώνομαι || ~ **down**, υπερνικώ || ~ **off**, καταπολεμώ || ~**er**, μαχητής, καταδιωκτικό αεροπλάνο || ~**ing**, μάχες.

figment [ˈfigmənt] *n* πλάσμα.

figurative [ˈfigərətiv] *adj* μεταφορικός.

figure [ˈfigəʳ] *n* αριθμός, ψηφίο || σχήμα || φιγούρα, σιλουέτα, σώμα || *vti* φαντάζομαι || φιγουράρω || ~ **out**, υπολογίζω, καταλαβαίνω || ~-**head**, γοργόνα *(σκαλιστή)*, διακοσμητικό πρόσωπο.

filament [ˈfiləmənt] *n* λεπτό νήμα.

filch [filtʃ] *vt sl* κλέβω, σουφρώνω.

file [fail] *n* φάκελλος, ντοσιέ || σειρά, φάλαγγα, γραμμή || λίμα || *vt* λιμάρω || υποβάλλω *(αγωγή)* || ταξινομώ, αρχειοθετώ || *vi* βαδίζω σε φάλαγγα || **the rank and** ~, οι απλοί στρατιώτες, τα απλά μέλη *(κόμματος)* || ~ **in/out**, μπαίνω / βγαίνω ένας-ένας || **in single** ~, εις φάλαγγα κατ᾽ άνδρα.

filial [ˈfilial] *adj* υιϊκός, θυγατρικός.

filigree [ˈfiligriː] *n* φιλιγκράν.

fill [fil] *vt* γεμίζω, πληρώνω || ~ **out**, φουσκώνω || ~ **up**, γεμίζω εντελώς || **have one's** ~ **of sth**, χορταίνω κτ || ~ **the bill**, ικανοποιώ πλήρως || ~**ing**, γέμιση || ~**ing station**, βενζινάδικο.

fillet [ˈfilit] *n* φιλέτο || κορδέλα.

fillip [ˈfilip] *n* τόνωση, ώθηση.

filly [ˈfili] *n* φοραδίτσα.

film [film] *n* φιλμ, ταινία || μεμβράνη || ~-**y**, λεπτός, θαμπός.

filter [ˈfiltəʳ] *n* φίλτρο || *vti* φιλτράρω || διαρρέω.

filth [filθ] *n* βρωμιά || ~-**y**, βρώμικος, αισχρός.

fin [fin] *n* πτερύγιο ψαριού.

final [ˈfainl] *adj* τελικός, τελευταίος || *n* τελικός *(αγώνας)* || ~**ist**, φιναλίστας || ~**ity** [faiˈnæləti] κατηγορηματικότητα || ~**ize**, οριστικοποιώ.

finale [fiˈnaːli] *n μους.* φινάλε.

finance [ˈfainæns] *n* δημοσιονομία || *πληθ.* οικονομικά || *vt* χρηματοδοτώ.

financial [ˌfaiˈnænʃl] *adj* χρηματικός, οικονομικός.

financier [faiˈnænsiəʳ] *n* κεφαλαιούχος, χρηματοδότης.

find [faind] *n* ανακάλυψη, εύρημα || *vt irreg* βρίσκω || ~ **out**, ανακαλύπτω, μαθαίνω || ~**ings**, πόρισμα, διαπιστώσεις.

fine [fain] *adj* φίνος, ωραίος, λεπτός || έξοχος || ραφινάτος, κομψός || *adv* περίφημα, λεπτά, ωραία || *n* πρόστιμο || *vt* επιβάλλω πρόστιμο || **the** ~ **arts**, οι καλές τέχνες || ~**ry**, στολίδια.

finesse [fiˈnes] *n* φινέτσα.

finger [ˈfingəʳ] *n* δάχτυλο || *vt* ψαύω, ψηλαφώ || ~-**mark**, δαχτυλιά || ~**nail**, νύχι δαχτύλου || ~-**post**, οδοδείκτης || ~-**print**, δακτυλικό αποτύπωμα || ~-**stall**, *ιατρ.* δαχτυλήθρα || ~-**tip**, άκρη δακτύλου || **have sth at one's** ~**tips**, παίζω κτ στα δάκτυλα.

finicky [ˈfiniki] *adj* λεπτολόγος, σχολαστικός.

finish [ˈfiniʃ] *n* φινίρισμα || φίνις (σε αγώνα) || *vti* τελειώνω || αποτελειώνω, τσακίζω || καταλήγω || ~ **off**, ξεκάνω || ~ **up/off**, καθαρίζω, τρώγω εντελώς || ~**ing school**, σχολείο κοινωνικής μόρφωσης.

finite [ˈfainait] *adj* πεπερασμένος.

Finland [ˈfinlənd] *n* Φινλανδία.

Fin [fin] *n* Φινλανδός || ~**nish**, φινλανδικός.

fiord [fiˈoːd] *n* φιόρντ.

fir [fəːʳ] *n* έλατο.

fire [faiəʳ] *n* φωτιά || πυρκαγιά || *στρατ.* πυρ! || *μτφ.* φλόγα, ενθουσιασμός || *vti* πυρπολώ, βάζω φωτιά || πυροβολώ, ρίχνω, εκπυρσοκροτώ || *μτφ.* φλογίζω || απολύω *(από θέση)* || ~-**alarm**, σειρήνα πυρκαγιάς || ~-**arm**, πυροβόλο όπλο || ~-**bomb**, εμπρηστική βόμβα || ~-**brand**, δαυλί, *μτφ.* ταραχοποιός || ~-**brigade**, πυροσβεστική υπηρεσία || ~-**cracker**, τρακατρούκα || ~-**dog**, πυροστιά || ~-**engine**, πυροσβεστική αντλία || ~-**escape**, έξοδος κινδύνου || ~-**extinguisher**, πυροσβεστήρας || ~-**irons**, σιδερικά του τζακιού || ~-**man**, πυροσβέστης, θερμαστής || ~-**place**, τζάκι, φωτογωνιά || ~-**proof**, πυρίμαχος, αλεξίπυρος || ~-**raising**, εμπρησμός || ~-**side**, παραγώνι || ~-**station**, πυροσβεστικός σταθμός || ~-**walker**, πυροβάτης || ~-**wood**, καυσόξυλα || ~-**work**, πυροτέχνημα || ~-**worship**, πυρολατρεία.

firing [ˈfaiəriŋ] *n* βολή, πυρ || ~-**party**, απόσπασμα τιμητικών βολών || ~-**squad**, εκτελεστικό απόσπασμα.

firm [fəːm] *n* εταιρία, φίρμα || *adj* σταθερός || αυστηρός || ακλόνητος ||

στέρεος ‖ σφιχτός, στερεός ‖ *adv* γερά ‖ ~ament, στερέωμα, ουράνιος θόλος ‖ ~ly, σταθερά, αυστηρά ‖ ~ness, σταθερότητα, στερεότητα.

first [fə:st] *adj, n* πρώτος ‖ *adv* πρώτα, πρωτίστως, πριν ‖ ~ of all, πριν απ᾽ όλα ‖ ~ and foremost, πρώτα-πρώτα ‖ at ~, κατ᾽ αρχήν ‖ at ~ sight, εκ πρώτης όψεως ‖ in the ~ place, εν πρώτοις ‖ [the] ~ thing, το πρώτο-πρώτο [που θα κάνω] ‖ ~ aid, πρώτες βοήθειες ‖ ~-aid kit, φαρμακείο (αυτοκινήτου) ‖ ~-born, πρωτότοκος ‖ ~-class, πρώτη θέση, πρώτης κατηγορίας ‖ ~ gear, πρώτη (ταχύτητα) ‖ ~hand, από πρώτο χέρι ‖ ~ name, βαφτιστικό/μικρό όνομα ‖ ~ night, πρεμιέρα ‖ ~-rate, πρώτης τάξεως.

fiscal [ˈfiskəl] *adj* δημοσιονομικός ‖ ~ year, οικονομικό έτος.

fish [fiʃ] *n* ψάρι ‖ *sl* τύπος, άνθρωπος ‖ *vti* ψαρεύω ‖ ~ in troubled waters, ψαρεύω σε θολά νερά ‖ ~ for compliments, ψαρεύω κομπλιμέντα ‖ a pretty kettle of ~, μεγάλο μπλέξιμο ‖ ~cake, ψαροκεφτές ‖ ~ery, αλιεία, ψαρότοπος ‖ ~erman, ψαράς ‖ ~monger, ψαροπώλης ‖ ~wife, ψαροπώλις ‖ ~y, ψαρικός, *μτφ.* ύποπτος.

fishing [ˈfiʃiŋ] *n* ψάρεμα ‖ ~-boat, ψαρόβαρκα ‖ ~-line, πετονιά ‖ ~-rod, καλάμι ψαρέματος ‖ ~-tackle, σύνεργα ψαρικής.

fission [fiʃn] *n* φυσ. διάσπαση.

fissure [ˈfiʃəʳ] *n* σχισμή, ρωγμή.

fist [fist] *n* γροθιά.

fit [fit] *n* έκρηξη, ξέσπασμα ‖ *ιατρ.* παροξυσμός, κρίση ‖ εφαρμογή (ρούχων) ‖ *adj* υγιής, σε φόρμα ‖ σωστός, ορθός ‖ ικανός, κατάλληλος ‖ έτοιμος ‖ *vti* ταιριάζω, πηγαίνω, αρμόζω ‖ προβάρω ‖ βάζω, τοποθετώ ‖ προετοιμάζω, προγυμνάζω ‖ ~ in, συνταιριάζω ‖ ~ together, συναρμολογώ ‖ ~ up/out, εξοπλίζω, εφοδιάζω ‖ give sb/have a ~, προκαλώ/παθαίνω κρίση ‖ by ~s and starts, σπασμωδικά, ακανόνιστα ‖ go into ~s of laughter, με πιάνουν νευρικά γέλια ‖ ~ment, εξάρτημα, έπιπλο ‖ ~ter, εφαρμοστής, μονταδόρος ‖ ~ting, πρόβα, *πληθ.* εξαρτήματα, επίπλωση, *adj* πρέπων, αρμόζων.

five [faiv] *n, adj* πέντε ‖ ~fold, πενταπλάσιος ‖ ~r, πεντόλιρο.

fix [fiks] *n* δύσκολη θέση, μπλέξιμο ‖ *sl* ένεση, ναρκωτικό ‖ *vti* φτιάχνω, διορθώνω ‖ κανονίζω, δωροδοκώ, ορίζω ‖ μπήγω, στερεώνω, καρφώνω ‖ προσελκύω, προσηλώνω ‖ ~ upon, διαλέγω ‖

~ bayonets! εφ᾽ όπλου λόγχη! ‖ be in a ~, είμαι σε δύσκολη θέση ‖ get into/out of a ~, μπλέκω/ξεμπλέκω ‖ ~ation [fikˈseiʃn] φιξάρισμα, έμμονη ιδέα ‖ ~ative, στερεωτικό ‖ ~ed, σταθερός, ακίνητος, απλανής ‖ πάγιος, μόνιμος ‖ έμμονος.

fixture [ˈfikstʃəʳ] *n* αναπόσπαστο εξάρτημα, εντοιχισμένο έπιπλο.

fizz [fiz] *n* σφύριγμα, τσιτσίρισμα ‖ σαμπάνια ‖ *vi* τσιτσιρίζω.

fizzle [fizl] *vi* αφρίζω, τσιρίζω ‖ ~ out, ξεθυμαίνω, αποτυχαίνω.

flabbergasted [ˈflæbəgɑːstid] *adj* εμβρόντητος.

flabby [ˈflæbi] *adj* πλαδαρός, άτονος.

flag [flæg] *n* σημαία ‖ *vt* σημαιοστολίζω ‖ μαραίνομαι, εξασθενίζω, (ενθουσιασμός) πέφτω ‖ ~ down, σταματώ ‖ ~[stone], πλάκα (αυλής) ‖ ~-staff/pole, κοντάρι σημαίας ‖ ~-ship, ναυαρχίδα.

flagellate [ˈflædʒəleit] *vt* μαστιγώνω.

flagon [ˈflægən] *n* καράφα, νταμιζάνα.

flagrant [ˈfleigrənt] *adj* κατάφωρος.

flail [fleil] *n* κόπανος ‖ *vt* χτυπώ.

flair [fleəʳ] *n* κλίση, διαίσθηση.

flak [flæk] *n* αντιαεροπορικό.

flake [fleik] *n* λέπι ‖ λεπτή φλούδα ‖ νιφάδα ‖ *vi* ~ off, ξεφλουδίζομαι.

flamboyant [ˌflæmˈbɔiənt] *adj* φανταχτερός, (άνθρ.) επιδεικτικός.

flame [fleim] *n* φλόγα ‖ *vi* φλέγομαι, ανάβω ‖ ~-thrower, φλογοβόλο.

flange [flændʒ] *n* φλάντζα, πατούρα.

flank [flæŋk] *n* λαγόνα ‖ πλαγιά ‖ *στρατ.* πλευρά ‖ *vt* πλευροκοπώ.

flannel [flænl] *n* (ύφασμα) φανέλα ‖ *πληθ.* φανελένιο παντελόνι.

flap [flæp] *n* καπάκι (τσέπης) ‖ φτεροκόπημα, πλατάγισμα ‖ *vti* φτεροκοπώ ‖ πλαταγίζω, ανεμίζω ‖ χτυπώ ελαφρά ‖ *sl* πανικοβάλλομαι ‖ be in/get into a ~, τα χάνω, πανικοβάλλομαι ‖ ~-jack, τηγανίτα ‖ ~per, μυγοσκοτώστρα.

flare [fleəʳ] *n* φωτοβολίδα ‖ λάμψη ‖ *vi* ~ up, φουντώνω, ανάβω.

flash [flæʃ] *n* φλας ‖ αστραπή, αναλαμπή ‖ είδηση ‖ *adj* λουσάτος ‖ *vti* λάμπω, αστράφτω ‖ περνώ σαν αστραπή ‖ ρίχνω, πετώ, μεταδίδω ‖ in a ~, αστραπιαία ‖ a ~ in the pan, φούρια που πέρασε ‖ ~-light, ηλεκτρ. φακός ‖ ~y, χτυπητός, λουσάτος, φανταχτερός.

flask [flɑːsk] *n* παγούρι, θερμό, φιάλη.

flat [flæt] *n* διαμέρισμα ‖ *μους.* ύφεση ‖ το πλατύ μέρος (ενός πράγματος) ‖ σκασμένο λάστιχο ‖ *adj* επίπεδος, στρωτός ‖ φαρδύς-πλατύς ‖ μπεμόλ ανούσιος, *(μπύρα)* ξεθυμασμένος, *(μπαταρία)* άδειος, *(λάστιχο)* ξεφούσκωτος ‖ ομοιόμορφος ‖ ενιαίος ‖ κατηγορηματικός, απερίφραστος ‖ *adv* ορθάκοφτά ‖ **~ten [out]**, ισοπεδώνω ‖ **block of ~s**, πολυκατοικία ‖ **~ broke**, μπατίρης ‖ **~ out**, στο φόρτε, ξεθεωμένος ‖ **~-footed**, πλατυπόδης.

flatter [`flætə`] *vt* κολακεύω ‖ **~er**, κόλακας ‖ **~ing**, κολακευτικός ‖ **~y**, κολακεία.

flatulence [`flætjuləns] *n* φούσκωμα.

flaunt [flo:nt] *vt* επιδεικνύω, κυματίζω.

flavour [`fleivə`] *n* γεύση, άρωμα ‖ *vt* καρυκεύω, αρωματίζω ‖ **~ing**, μυρωδικό.

flaw [flo:] *n* ελάττωμα, ψεγάδι ‖ **~less**, άψογος.

flax [flæks] *n* λινάρι ‖ **~en**, λινός, *(μαλλιά)* κατάξανθος.

flay [flei] *vt* γδέρνω ‖ ξετινάζω.

flea [fli:] *n* ψύλλος ‖ **~ market**, γιουσουρούμι ‖ **~pit**, αχούρι.

fleck [flek] *n* κηλίδα ‖ *vt* διαστίζω.

fledgeling [`fledʒliŋ] *n* ξεπεταρούδι.

flee [fli:] *vti irreg* φεύγω, το σκάω.

fleece [fli:s] *n* προβιά, δέρας, αρνίσιο μαλλί ‖ *sl* γδέρνω, μαδώ *(στα χαρτιά)* ‖ **fleecy**, χνουδάτος.

fleet [fli:t] *n* στόλος ‖ **~ing**, φευγαλέος.

flesh [fleʃ] *n* σάρκα ‖ **~ wound**, επιπόλαιο τραύμα ‖ **one's own ~ and blood**, το ίδιο μου το αίμα ‖ **in the ~**, ζωντανός, με σάρκα και οστά ‖ **~y**, σαρκώδης.

flex [fleks] *n* καλώδιο ‖ *vt* κάμπτω, λυγίζω ‖ **~ible**, εύκαμπτος ‖ **~ibility** [.fleksə`biləti] ευκαμψία.

flick [flik] *n* ελαφρό χτύπημα ‖ *vt* χτυπώ ελαφρά ‖ **~ away**, διώχνω.

flicker [`flikə`] *n* αναλαμπή ‖ τρεμοπαίξιμο ‖ *vi* τρεμολάμπω, τρεμοπαίζω.

flight [flait] *n* πέταγμα, πτήση ‖ σμήνος ‖ φυγή ‖ **a ~ of steps**, σκάλα ‖ **put sb/take to ~**, τρέπω κπ/τρέπομαι σε φυγή ‖ **~y**, επιπόλαιος, άστατος.

flimsy [`flimzi] *adj* λεπτός, σαθρός ‖ αδύνατος, πρόχειρος *(δικαιολογία)*.

flinch [flintʃ] *vi* δειλιάζω, οπισθοχωρώ.

fling [fliŋ] *vti irreg* ορμώ ‖ εκσφενδονίζω, ρίχνω, πετώ ‖ **have one's ~**, το ρίχνω έξω, ξεφαντώνω.

flint [flint] *n* τσακμακόπετρα ‖ **~-lock**, καρυοφύλι ‖ **~y**, σκληρός.

flip [flip] *n* τίναγμα, ελαφρό χτύπημα ‖ *vti* τινάζω/-ομαι, χτυπώ ελαφρά ‖ **~pancy**, επιπολαιότητα ‖ **~pant**, επιπόλαιος, ελαφρός ‖ **~per**, βατραχοπέδιλο, πτερύγιο ψαριού ‖ **~ side**, ανάποδη, β΄ όψη *(δίσκου)*.

flirt [flə:t] *n* φλερτ ‖ *vi* φλερτάρω ‖ **~ation**, φλερτάρισμα ‖ **~atious** [-`eiʃəs] φιλάρεσκος.

flit [flit] *vi* πετώ *(ανάλαφρα)*, περνώ φευγαλέα.

float [flout] *n* πλωτήρας, φλοτέρ ‖ αποκριάτικο άρμα ‖ *vti* [επι]πλέω ‖ ξεκινάω *(επιχείρηση)* ‖ εκδίδω *(δάνειο)* ‖ επιτρέπω τη διακύμανση *(νομίσματος)* ‖ **~ing**, κυμαινόμενος, πλωτός, αιωρούμενος.

flock [flok] *n* κοπάδι ‖ *vi* μαζεύομαι, συρρέω.

flog [flog] *vt* ραβδίζω, μαστιγώνω.

flood [flʌd] *n* πλημμύρα, κατακλυσμός ‖ *vti* πλημμυρίζω, κατακλύζω ‖ **~[-tide]**, πλημμυρίδα ‖ **~-gate**, θύρα υδατοφράχτη ‖ **~lights**, προβολείς.

floor [flo:`] *n* πάτωμα, δάπεδο ‖ όροφος ‖ πυθμένας ‖ *vt* βάζω πάτωμα ‖ ρίχνω κάτω *(αντίπαλο)*, φέρνω κπ καπάκι ‖ **take the ~**, παίρνω το λόγο *(στη Βουλή)* ‖ **wipe the ~ with sb**, κάνω κπ σκόνη ‖ **~board**, σανίδα ‖ **~ show**, νούμερα πίστας.

flop [flop] *n* αποτυχία, φιάσκο ‖ *vti* αποτυχαίνω ‖ σωριάζομαι, πέφτω με γδούπο, τινάζομαι, κάνω πλαφ ‖ **~py**, πλαδαρός.

flora [`flo:rə] *n* χλωρίδα.

floral [flo:rəl] *adj* λουλουδένιος, λουλουδάτος.

floriculture [`flo:rikʌltʃə`] *n* ανθοκομία.

florid [`florid] *adj* ροδαλός ‖ *(στυλ)* καταστόλιστος.

florin [`florin] *n* φλορίνι.

florist [`florist] *n* ανθοπώλης.

flotilla [flə`tilə] *n* στολίσκος.

flounce [flauns] *n* βολάν ‖ *vi* κινούμαι νευρικά.

flounder [`flaundə`] *vi* παραδέρνω, παραπαίω, τσαλαβουτώ.

flour [`flauə`] *n* αλεύρι ‖ *vt* αλευρώνω.

flourish [`flʌriʃ] *n* κραδασμός (ξίφους) ‖ φιγούρα ‖ τζίφρα ‖ φανφάρα, σάλπισμα ‖ *vti* κραδαίνω, σείω ‖ ακμάζω ‖ ευδοκιμώ.

flout [flaut] *vt* αψηφώ.

flow [flou] *n* ροή, ρεύμα ‖ άνοδος *(παλίρροιας)* ‖ κύλισμα ‖ πέσιμο *(ρούχου)* ‖ *vti* ρέω, κυλώ ‖ *(μαλλιά, ρούχα)* πέφτω, χύνομαι ‖ **~ing**, χυτός, ρέων.

flower [`flauə`] *n* ανθός, λουλούδι ‖ *vi* ανθίζω ‖ **~bed**, βραγιά, παρτέρι ‖ **~girl**, ανθοπώλιδα ‖ **~pot**, γλάστρα ‖ **~ show**, ανθοκομική έκθεση ‖ **~y**, λουλουδιασμένος, *μτφ.* περίτεχνος.

flu [flu:] *n* γρίππη.

fluctuate [`flʌktʃueit] *vi* κυμαίνομαι, τα-

λαντεύομαι || **fluctuation**, διακύμανση.
flue [flu:] *n* μπουρί.
fluency [ˈfluːənsi] *n* άνεση *(στην ομιλία)*, ευφράδεια.
fluent [ˈfluːənt] *adj* άνετος, στρωτός || ~**ly**, καλά.
fluff [flʌf] *n* χνούδι || *vti* ~ **out**, φουσκώνω || ~**y**, αφράτος.
fluid [ˈfluːid] *n* υγρό || *adj* ρευστός || ~**ity** [fluːˈidəti] ρευστότητα.
fluke [fluːk] *n* τύχη || **by a** ~, κατά τύχη.
flummox [ˈflʌməks] *vt* ζαλίζω, σαστίζω.
flunk[e]y [ˈflʌŋki] *n* λακές.
fluorescent [fluəˈresnt] *adj* φθορίζων.
flurry [ˈflʌri] *n* ριπή, μπουρίνι || αναστάτωση, ταραχή || *vt* αναστατώνω, σαστίζω || **in a** ~, αναστατωμένος.
flush [flʌʃ] *n* έξαψη, φούντωμα, ξάναμμα || *χαρτοπ.* φλος || ορμητική ροή, *μτφ.* πλημμύρα || *adj* ισόπεδος, στην ίδια επιφάνεια || ξέχειλος || *vti* γίνομαι κατακόκκινος || ρέω ορμητικά || καθαρίζω *(με άφθονο νερό)*, τραβώ το καζανάκι || *(για πουλιά)* ξεπετάω / -ιέμαι || ~**ed**, ξαναμμένος.
fluster [ˈflʌstər] *n* αναστάτωση || **be all in a** ~, είμαι άνω-κάτω || ~**ed**, αναστατωμένος.
flute [fluːt] *n* φλάουτο, φλογέρα || **fluting** *n* αυλάκι *(σε κολώνα)*.
flutter [ˈflʌtər] *n* φτερόκπημα, κυματισμός, ανέμισμα || τρεμούλιασμα, παραμόρφωση *(ήχου)* || εκνευρισμός, αναστάτωση, ταραχή || *vti* φτερωκοπώ, φτερουγίζω || κυματίζω, ανεμίζω || κινούμαι νευρικά.
flux [flʌks] *n* ροή, ρευστότητα.
fly [flai] *n* μύγα || μπροστινό άνοιγμα παντελονιού || *vti irreg* πετώ, πηγαίνω / μεταφέρω αεροπορικώς || ορμώ || ~**er**, αεροπόρος, ιπτάμενος || ~**-leaf**, λευκό φύλλο στην αρχή ή στο τέλος βιβλίου || ~**-over**, ανισόπεδη εναέρια διασταύρωση || ~**-paper**, μυγοπαγίδα || ~**-past**, αεροπορική παρέλαση || ~**-swatter**, μυγοσκοτώστρα.
flying [ˈflaiiŋ] *n* πτήση || ~**-boat**, υδροπλάνο || ~**-bomb**, ιπτάμενη βόμβα || ~ **buttress**, *αρχιτ.* αντέρεισμα θόλου || ~ **club**, αερολέσχη || ~ **field**, αεροδρόμιο || ~ **officer**, υποσμηναγός || ~ **saucer**, ιπτάμενος δίσκος.
foal [foul] *n* πουλάρι.
foam [foum] *n* αφρός || *vi* αφρίζω || ~**-[rubber]**, αφρολέξ || ~**y**, αφρώδης.
fob off [fob of] *vt* πασσάρω.
focal [ˈfoukl] *n* εστιακός || ~ **point**, επίκεντρο *(ενδιαφέροντος / ενέργειας)*.
focus [ˈfoukəs] *n* εστία *(φακού)*, κέντρο

|| *vti* ρυθμίζω, κεντράρω || ~ **on**, συγκεντρώνω.
fodder [ˈfodər] *n* σανός.
foe [fou] *n* εχθρός.
f[o]etus [ˈfiːtəs] *n* έμβρυο.
fog [fog] *n* ομίχλη, καταχνιά || ~**ged**, σαστισμένος, αμήχανος || ~**gy**, ομιχλώδης.
foible [foibl] *n* λόξα.
foil [foil] *n* ξίφος ξιφασκίας || φύλλο, έλασμα || ασημόχαρτο || αντίθεση || *vt* ματαιώνω, ανατρέπω *(σχέδια)*.
foist [foist] *vt* πασσάρω.
fold [fould] *n* πτυχή, πιέτα || μαντρί || *vti* πτύσσω / -ομαι || διπλώνω || τυλίγω.
foliage [ˈfouliidʒ] *n* φύλλωμα.
folk [fouk] *n* άνθρωποι || *adj* λαϊκός || *πληθ.* συγγενείς, δικοί || ~**lore**, λαϊκές παραδόσεις, λαογραφία || ~**sy**, απλός, ανεπιτήδευτος.
follow [ˈfolou] *vti* ακολουθώ || παρακολουθώ || ~ **on**, ακολουθώ εν συνεχεία || ~ **up**, δίνω συνέχεια, εκμεταλλεύομαι || ~ **out**, συνεχίζω μέχρι τέλους || **it** ~**s that**, έπεται ότι || **as** ~**s**, ως εξής || ~**er**, ακόλουθος, οπαδός.
following [ˈfolouiŋ] *adj, pron* ακόλουθος, εξής || *n* οπαδός, ακολουθία || *prep* κατόπιν, εν συνεχεία.
folly [ˈfoli] *n* ανοησία, τρέλα.
foment [fouˈment] *vt* υποδαυλίζω.
fond [fond] *adj* στοργικός, τρυφερός || ξετρελαμένος || κρυφός, διακής || **be** ~ **of**, αγαπώ, μου αρέσει πολύ || ~**ness**, στοργή, αγάπη.
fondle [fondl] *vt* χαϊδολογάω.
font [font] *n* κολυμπήθρα.
food [fuːd] *n* τροφή, φαγί || ~**stuffs**, τρόφιμα.
fool [fuːl] *adj* ανόητος, βλάκας || *n* γελωτοποιός || *vti* κάνω ανοησίες, παίζω || ξεγελώ, εξαπατώ || ~**ery**, κουταμάρα || ~**hardy**, παράτολμος, απερίσκεπτος || ~**ish**, ανόητος || ~**ishness**, ανοησία || ~**ishly**, ανόητα.
foot [fut] *n* πόδι || ρίζα *(βουνού, τοίχου)* || πεζικό || *vt* ~ **the bill**, πληρώνω το λογαριασμό || ~ **it**, πάω με τα πόδια || **on** ~, πεζή, με τα πόδια || **set sth on** ~, ξεκινάω κτ || ~**-and-mouth disease**, αφθώδης πυρετός || ~**-ball**, ποδόσφαιρο || ~**-bath**, ποδόλουτρο || ~**-bridge**, γέφυρα για πεζούς || ~**-fall**, περπατησιά, ήχος βήματος || ~**-hold**, πάτημα || ~**-lights**, φώτα της ράμπας || ~**-man**, λακές || ~**-mark/-print**, πατημασιά || ~**-note**, υποσημείωση || ~**-path**, μονοπάτι || ~**-slogger**, πεζοπόρος || ~**-sore**, με πληγωμένα πόδια || ~**-step**, βήμα, αχνάρι || ~**-wear**, είδη υπόδη-

σης.
footing [`futiη] *n* πάτημα ‖ έρεισμα, μτφ. σχέσεις ‖ κατάσταση ‖ *on a war* ~, επί ποδός πολέμου.
footle [fu:tl] *vi* χαζολογάω.
fop [fop] *n* δανδής, λιμοκοντόρος.
for [fo:`] *prep* για, διά ‖ *conj* επειδή ‖ ~ *life*, εφ' όρου ζωής ‖ ~ *oneself*, ο ίδιος ‖ I ~ *one*, εγώ τουλάχιστον ‖ ~ *good/ever*, για πάντα ‖ *be* ~, είμαι υπέρ ‖ ~ *all that*, παρ' όλα αυτά ‖ *what* ~, γιατί, για ποιο λόγο ‖ ~ *certain*, ως βέβαιο.
forage [`forid3] *n* τροφή *(ζώων)*, χορτονομή ‖ *vi* ψάχνω για τροφή.
foray [`forei] *n* επιδρομή ‖ *vi* λεηλατώ.
forbearance [fo:`beərəns] *n* υπομονή, ανοχή ‖ **forbearing**, υπομονητικός, ανεκτικός.
forbid [fə`bid] *vt irreg* απαγορεύω ‖ *God* ~ *[that]*, θεός φυλάξει ‖ ~**ding**, αποκρουστικός, απωθητικός, αυστηρός.
force [fo:s] *n* δύναμη ‖ βία, πίεση, ζόρι ‖ *νομ.* ισχύς ‖ *νt* εξαναγκάζω, βιάζω, ζορίζω ‖ *by* ~, δια της βίας, με το ζόρι ‖ *join* ~*s with*, δρω υπέρ κοινού με ‖ *be in/come into* ~, είμαι / τίθεμαι σε ισχύ ‖ ~*d landing*, αναγκαστική προσγείωση ‖ ~*d smile*, βεβιασμένο χαμόγελο ‖ ~*ful*, ρωμαλέος, νευρώδης, δυνατός ‖ *the* [armed] ~*s*, οι ένοπλες δυνάμεις.
forceps [`fo:səps] *n* λαβίδα.
forcible [`fo:səbl] *adj* βίαιος ‖ πειστικός ‖ **forcibly**, με το ζόρι.
ford [fo:d] *n* πέρασμα, πόρος *(σε ποτάμι)*.
fore [fo:`] *adj* μπροστινός ‖ *to the* ~, στο προσκήνιο, διαπρεπής.
forearm [`fo:ra:m] *n* πήχυς *(χεριού)*.
foreboding [fo:`boudiη] *n* προαίσθημα.
forecast [`fo:ka:st] *n* πρόβλεψη, πρόγνωση ‖ *vti irreg* προβλέπω, προλέγω.
forecourt [`fo:ko:t] *n* προαύλιο.
foredoomed [‚fo:`du:md] *adj* προορισμένος για αποτυχία.
forefathers [fo:fa:dəz] *n pl* πρόγονοι.
forefinger [`fo:fiηgə] *n* δείκτης.
forefront [`fo:frʌnt] *n* μτφ. πρώτη γραμμή.
forego [fo:`gou] *vti irreg* προηγούμαι ‖ ~*ing*, προηγούμενος.
foregone [`fo:gon] *n* προκαθορισμένος.
foreground [`fo:graund] *n* προσκήνιο, πρώτο πλάνο, πρώτη γραμμή.
forehead [`forid] *n* μέτωπο.
foreign [`forən] *adj* ξένος ‖ ~*er*, αλλοδαπός.
forelock [`fo:lok] *n* τσουλούφι, αφέλεια ‖ *by the* ~, από τα μαλλιά.
foreman [`fo:mən] *n* επιστάτης, αρχιεργάτης, εργοδηγός ‖ *νομ.* προϊστάμενος ενόρκων.
foremast [`fo:ma:st] *n* πρωραίος ιστός.
foremost [`fo:moust] *adj* πρώτος, πρώτιστος ‖ *first and* ~, πρώτα-πρώτα.
forename [`fo:neim] *n* μικρό όνομα.
forensic [fə`rensik] *adj* δικανικός ‖ ~ *medicine*, ιατροδικαστική.
forerunner [`fo:rʌnə`] *n* πρόδρομος.
foresee [fo:`si:] *vt irreg* προβλέπω ‖ *in the* ~*able future*, στο εγγύς μέλλον.
foreshadow [fo:`ʃædou] *vt* προμηνύω.
foresight [`fo:sait] *n* πρόβλεψη, προνοητικότητα.
forest [`forist] *n* δάσος ‖ ~*er*, δασοφύλακας ‖ ~*ry*, δασοκομία.
forestall [fo:`sto:l] *vt* προλαβαίνω.
foretaste [`fo:teist] *n* πρώτη γεύση.
foretell [fo:`tel] *vt irreg* προλέγω.
forethought [`fo:θo:t] *n* προμελέτη, πρόνοια.
forever [fə`revə`] *adv* διαρκώς, αιωνίως.
forewoman [fo:`wumən] *n* επιστάτρια.
foreword [`fo:wə:d] *n* πρόλογος.
forfeit [`fo:fit] *vt* χάνω ‖ *n* μτφ. τίμημα ‖ ~*ure* [`fo:fitʃə`] στέρηση, αφαίρεση.
forge [fo:dʒ] *n* σιδηρουργείο ‖ *vt* σφυρηλατώ ‖ πλαστογραφώ ‖ ~ *ahead*, προηγούμαι, προχωρώ σταθερά ‖ ~*r*, πλαστογράφος, παραχαράκτης ‖ ~*ry*, πλαστογραφία.
forget [fə`get] *vt irreg* ξεχνώ ‖ ~*ful*, ξεχασιάρης, επιλήσμων ‖ ~*fulness*, λησμοσύνη.
forgive [fə`giv] *vt irreg* συγχωρώ ‖ ~*ness*, συχώρεση ‖ **forgiving**, επιεικής.
forgo [fo:`gou] *vt irreg* παραιτούμαι.
fork [fo:k] *n* πηρούνι ‖ διχάλα, δικράνα ‖ διακλάδωση ‖ καβάλος ‖ *vi* διακλαδίζομαι ‖ ~ *out*, *sl* πληρώνω ‖ ~*ed*, διχαλωτός, *(αστραπή)* ζιγκ-ζάγκ ‖ ~*ful*, πηρουνιά.
forlorn [fə`lo:n] *adj* απελπισμένος, έρημος.
form [fo:m] *n* μορφή, σχήμα, φιγούρα ‖ φόρμα ‖ τρόπος, συμπεριφορά ‖ τύπος ‖ έντυπο ‖ θρανίο ‖ *GB* τάξη *(σχολείου)* ‖ *vti* σχηματίζω / -ομαι ‖ διαπλάθω ‖ συγκροτώ ‖ *as a matter of* ~, για τους τύπους ‖ ~*at*, σχήμα *(βιβλίου)* ‖ ~*ation*, σχηματισμός ‖ ~*ative*, διαμορφωτικός.
formal [`fo:məl] *adj* επίσημος ‖ [εθιμο]-τυπικός ‖ κανονικός ‖ ~*ly*, τυπικώς, επισήμως ‖ ~*ism*, φορμαλισμός ‖ ~*ity*, τυπικότητα, επισημότητα ‖ *πληθ.* ~*ities*, διατυπώσεις, τύποι ‖ *a mere* ~*ity*, καθαρά τύπος.
former [`fo:mə`] *adj* παλαιός, τέως, πρώην ‖ *pron* ο πρώτος ‖ *the* ~ ... *the latter*, ο μεν ... ο δε ‖ ~*ly*, παλαι-

όтερα, πριν.
formidable [`fo:midəbl] *adj* τρομερός.
formula [`fo:mjulə] *n* τύπος, *μτφ.* κλισέ.
formulate [`fo:mjuleit] *vt* διατυπώνω.
fornication [‚fo:ni`keiʃn] *n* συνουσία.
forsake [fə`seik] *vt irreg* εγκαταλείπω.
fort [fo:t] *n* φρούριο, κάστρο.
forte [`fo:tei] *n μουσ.* φόρτε.
forth [fo:θ] *adv* έξω || εμπρός || *and so* ~, κ.ο.κ. || *back and* ~, πέρα-δώθε || ~**coming**, προσεχής, πρόθυμος || ~**right**, ντόμπρος || ~**with**, πάραυτα.
fortieth [`fo:rtiəθ] *adj* τεσσαρακοστός.
fortify [`fo:tifai] *vt* οχυρώνω, τονώνω || **fortifications**, οχυρωματικά έργα.
fortitude [`fo:titju:d] *n* καρτερία, σθένος.
fortnight [`fo:tnait] *n* δεκαπενθήμερο || ~**ly**, δεκαπενθήμερος, ανά 15ήμερο.
fortress [`fo:trəs] *n* φρούριο.
fortuitous [fə`tjuitəs] *adj* τυχαίος.
fortunate [`fo:tʃənət] *adj* τυχερός || ~**ly**, ευτυχώς.
fortune [`fo:tʃu:n] *n* μοίρα, τύχη || περιουσία, πλούτη || προίκα || *by good* ~, κατά καλή τύχη || *try one's* ~, δοκιμάζω την τύχη μου || ~**hunter**, προικοθήρας || ~**teller**, χαρτορίχτρα, μάντισσα.
forty [`fo:ti] *adj* σαράντα.
forward [`fo:wəd] *adj* μπροστινός || προχωρημένος || πρώιμος || πρόθυμος || προπέτης || προοδευτικός || *εμπ.* επί προθεσμία || *n* ποδοσφ. κυνηγός || *vt* προωθώ, προάγω || στέλνω, διαβιβάζω || ~**[s]**, *adv* [προς τα] εμπρός || *come* ~, παρουσιάζομαι, προθυμοποιούμαι || ~**ing agent**, πράκτορας μεταφορών.
fossil [`fosəl] *n* απολίθωμα.
foster [`fostə^r] *vt* τρέφω || ανατρέφω || περιθάλπω || υποθάλπω, ενθαρρύνω, καλλιεργώ || *adj* θετός || ~**child**, θετό παιδί || ~**parents**, θετοί γονείς.
foul [faul] *adj* βρώμικος || βρωμερός || αηδιαστικός || αισχρός, αχρείος || *(σκοινί, άγκυρα)* μπερδεμένος || *(καμινάδα)* βουλωμένος || *n* ποδόσφ. φάουλ || *vti* βρωμίζω, μολύνω || βουλώνω || κάνω φάουλ || *fall* ~ *of*, συγκρούομαι || ~**ness**, βρωμιά, αισχρότητα || ~**spoken/-mouthed**, αισχρολόγος.
found [faund] *vt* ιδρύω, θεμελιώνω || ~**ation**, ίδρυση, ίδρυμα, *πληθ.* θεμέλια || ~**er**, ιδρυτής || ~**ress**, ιδρύτρια.
founder [`faundə^r] *vti* βουλιάζω, σκοντάφτω.
foundling [`faundliŋ] *n* έκθετο.
foundry [`faundri] *n* χυτήριο.
fountain [`fountin] *n* πηγή || συντριβάνι || ~**head**, βρυσομάνα || ~**pen**, στυλό.
four [fo:^r] *adj, n* τέσσερα || *on all* ~**s**,

με τα τέσσερα || ~**fold**, τετραπλάσιος || ~**letter word**, αισχρή λέξη || ~**some**, παιχνίδι με δυο ζευγάρια || ~**teen**, δεκατέσσερα || ~**teenth**, δέκατος τέταρτος || ~**th**, τέταρτος || ~**thly** *adv* τέταρτον.
fowl [faul] *n* πουλιά, πουλερικό || *vt* κυνηγώ πουλιά || ~**run**, κοτέτσι || ~**ing piece**, κυνηγετικό όπλο.
fox [foks] *n* αλεπού || *vt* ξεγελώ.
foyer [`foi-ei] *n* φουαγιέ.
fracas [`fræka:] *n* καυγάς, φασαρία.
fraction [`frækʃn] *n* κλάσμα || ~**al**, κλασματικός.
fractious [`frækʃəs] *adj* δύστροπος.
fracture [`fræktʃə^r] *n* κάταγμα || *vti* σπάζω.
fragile [`frædʒail] *adj* εύθραυστος || **fragility**, ευπάθεια, το εύθραυστον.
fragment [`frægmənt] *n* κομμάτι, θραύσμα || *vi* [fræg`ment] κομματιάζομαι, θρυμματίζομαι || ~**ed**, θρυμματισμένος || ~**ary**, αποσπασματικός || ~**ation**, θρυμματισμός.
fragrance [`freigrəns] *n* ευωδιά.
fragrant [`freigrənt] *adj* ευωδιαστός.
frail [freil] *adj* ασθενικός, λεπτός, εύθραυστος || ~**ty**, ευπάθεια || ελάττωμα, αδυναμία.
frame [freim] *n* πλαίσιο, κορνίζα '|| σκελετός || σώμα, κορμί || *vti* πλαισιώνω, κορνιζάρω || φτιάχνω, διατυπώνω || σκαρώνω, κάνω σκευωρία || ~ *of mind*, ψυχική διάθεση || ~**up**, σκευωρία, πλεκτάνη || ~**work**, πλαίσιο, σκελετός || δομή, οργάνωση.
franc [fræŋk] *n* φράγκο.
Franco— [`fræŋkou] Γαλλο—
frank [`fræŋk] *adj* ειλικρινής || ~**ly**, ειλικρινά || ~**ness**, ειλικρίνεια.
frankincense [`fræŋkinsens] *n* λιβάνι.
frantic [`fræntic] *adj* έξαλλος, φρενιτιώδης, μανιώδης || ~**ally**, μανιασμένα.
fraternal [frə`tə:nl] *adj* αδελφικός.
fraternity [frə`tə:nəti] *n* αδελφότητα.
fraternize [`frætənaiz] *vti* συναδελφώνομαι.
fratricide [`frætrisaid] *n* αδελφοκτονία.
fraud [fro:d] *n* δόλος, απάτη, κοροϊδία || απατεώνας || ~**ulent** *adj* δόλιος.
fraught [fro:t] *adj* κατάφορτος, γεμάτος.
fray [frei] *n* συμπλοκή || *vti* ξεφτίζω, τρίβομαι || ερεθίζω.
freak [fri:k] *n* τέρας, έκτρωμα || καπρίτσιο, λόξα || ~**ish**, τερατώδης.
freckle [frekl] *n* φακίδα || ~**d**, με πανάδες.
free [fri:] *adj* ελεύθερος || απαλλαγμένος || σπάταλος || δωρεάν, τζάμπα || αθυρόστομος || *vt* ελευθερώνω || *make*

~ **with sth**, βάζω χέρι σε κτ || ~-**and-easy**, ανέμελος, χωρίς τυπικότητες || ~**booter**, πειρατής || ~**dom**, ελευθερία || ~-**for-all**, γενικός καυγάς || ~-**handed**, ανοιχτοχέρης, χουβαρδάς || ~-**kick**, πέναλτυ || ~-**lance**, δημοσιογρ. ανεξάρτητος || ~-**liver**, γλεντζές || ~-**spoken**, ντόμπρος || ~-**wheel**, ρολάρω.

freemason [`fri:meisn] n μασόνος || ~**ry**, μασονισμός.

freeze [fri:z] vti irreg παγώνω || καταψύχω || ξεπαγιάζω || καθηλώνω || n παγωνιά, ψύξη, καθήλωση || **deep** ~, κατάψυξη || **deep** ~**er**, καταψύκτης || **freezing-point**, σημείο παγετού.

freight [freit] n ναύλος || ναύλωση || φορτίο || vt ναυλώνω, φορτώνω || ~**er**, φορτηγό *(πλοίο ή αεροπλάνο)*.

French [frentʃ] adj γαλλικός || n γαλλική γλώσσα || ~ **letter**, προφυλακτικό || **take** ~ **leave**, το σκάω αλά γαλλικά || ~**man**, Γάλλος || ~**woman**, Γαλλίδα || ~ **window**, μπαλκονόπορτα.

frenetic [frə`netik] adj έξαλλος, αλλόφρων.

frenzy [`frenzi] n φρενίτιδα, παραλήρημα || **frenzied**, έξαλλος, αλλόφρων.

frequency [`fri:kwənsi] n συχνότητα.

¹**frequent** [`fri:kwənt] adj συχνός.

²**frequent** [fri`kwent] vt συχνάζω.

fresco [`freskou] n τοιχογραφία.

fresh [freʃ] adj φρέσκος, ξεκούραστος || νέος, καινούργιος || δροσερός, ζωηρόχρωμος || US τολμηρός, οικείος || ~**en [up]**, φρεσκάρω, δροσίζω || ~**ness**, φρεσκάδα.

fret [fret] vti στενοχωριέμαι, δυσφορώ, εκνευρίζομαι || ξεφτίζω, [κατα]τρώγω || διακοσμώ με ξυλόγλυπτα || ~**ful**, νευριασμένος, γκρινιάρικος || ~**saw**, πριονάκι ξυλογλυπτικής || ~**work**, ξυλόγλυπτα.

friar [fraiə'] n καλόγερος.

fricasee [.frikə`si:] n φρικασέ.

friction [frikʃn] n τριβή || προστριβή.

Friday [`fraidi] n Παρασκευή || **Good** ~, Μ. Παρασκευή.

fridge [fridʒ] n ψυγείο.

friend [frend] n φίλος || **make** ~**s with**, πιάνω φιλίες με || ~**less**, μόνος, χωρίς φίλους || ~**liness**, φιλικότητα || ~**ly**, φιλικός || ~**ship**, φιλία.

frieze [fri:z] n διάζωμα, ζωφόρος.

frigate [`frigət] n φρεγάτα.

fright [frait] n τρομάρα, φόβος || σκιάχτρο || **have a** ~, με πιάνει τρομάρα || ~**en**, [κατα]τρομάζω || ~**en off/away**, φοβίζω και διώχνω κπ || ~**ened**, τρομαγμένος || ~**ening**, τρομαχτικός || ~**ful**, τρομερός, φοβερός.

frigid [`fridʒid] adj ψυχρός, παγερός || ~ **zones**, κατεψυγμένες ζώνες || ~**ity**, ψυχρότητα.

frill [fril] n βολάν *(σε φόρεμα)* || πλήθ. μπιχλιμπίδια, στολίδια *(σε ομιλία)* || πλήθ. καμώματα, νάζια || ~**y**, όλο στολίδια.

fringe [frindʒ] n κρόσσι || παρυφή, περιθώριο || φράντζα, αφέλεια (μαλλιών) || vt γαρνίρω με κρόσσι, πλαισιώνω || ~ **group**, περιθωριακή ομάδα.

frippery [`fripəri] n περιττό στολίδι.

frisk [frisk] vti σκιρτώ, χοροπηδώ || κάνω σωματική έρευνα || ~**y**, παιχνιδιάρης.

fritter [`fritə'] n σβίγγος || vt ~ **away**, κατασπαταλώ.

frivolity [fri`vɔləti] n επιπολαιότητα.

frivolous [`frivələs] adj επιπόλαιος.

frizzy [`frizi] adj σγουρός.

frizzle [frizl] vti κατσαρώνω || τσιτσιρίζω, ξεροτηγανίζω.

fro [frou] στη φρ. **to and** ~, πέρα-δώθε, πάνω-κάτω.

frock [frok] n φόρεμα || ράσο.

frog [frog] n βάτραχος.

frolic [`frolik] n παιχνίδισμα, γλέντι, τρέλες || vi κάνω τρέλες, παιχνιδίζω || ~**some**, παιχνιδιάρης, ζωηρός.

from [from] prep από || **far** ~, όχι μόνο δεν || **far** ~ **it**, καθόλου, απεναντίας.

front [frʌnt] n φάτσα, πρόσοψη || πρώτη σειρά, μπροστά || στρατ., πολιτ. μέτωπο || παραλία || αναίδεια, τόλμη || adj μπροστινός || vi *(για κτίριο)* βλέπω, έχω πρόσοψη προς || ~**age**, πρόσοψη || ~**al**, μετωπικός || ~**ier**, σύνορο, μεθόριος.

frost [frost] n παγετός, παγωνιά || πάχνη, τσάφι || vti σκεπάζω/-ομαι με πάχνη || καίω *(φυτά)* || πασπαλίζω με ζάχαρη || θαμπώνω *(γυαλί)* || ~-**bite**, κρυοπάγημα || ~-**bitten**, κρυοπαγημένος || ~**y**, ψυχρός, παγωμένος, παγερός.

froth [froθ] n αφρός || μτφ. ανοησίες, κούφια λόγια || vi αφρίζω || ~**y**, αφρώδης.

frown [fraun] n κατσούφιασμα || vi συνοφρυώνομαι, κατσουφιάζω || ~ **upon**, αποδοκιμάζω.

frowsty [`frausti] adj πνιγηρός.

frowzy [`frauzi] adj ατμμέλητος.

frugal [`fru:gl] adj λιτός, λιτοδίαιτος || ~**ity** [fru:`gæləti] λιτότητα.

fruit [fru:t] n φρούτο || καρπός || vi καρπίζω || ~**erer**, οπωροπώλης || ~-**ful**, καρποφόρος, γόνιμος || ~**less**, άκαρπος || ~**y**, σκαμπρόζικος, *(για φωνή)* ζεστός.

fruition 84

fruition [fru:ˈiʃn] *n* εκπλήρωση, καρποφορία.

frustrate [frʌˈstreit] *vt* εμποδίζω, ματαιώνω ‖ **frustrating**, απογοητευτικός, εξοργιστικός ‖ **frustration**, διάψευση, απογοήτευση, αποτυχία, ματαίωση.

fry [frai] *n* ψαράκια, μαρίδα ‖ *vti* τηγανίζω ‖ **fried**, τηγανητός ‖ ~**ing-pan**, τηγάνι.

fuchsia [ˈfjuːʃə] *n* φούξια.

fuddle [ˈfʌdl] *vt* αποχαυνώνω, αποβλακώνω.

fuel [fjuəl] *n* καύσιμη ύλη ‖ *vti* εφοδιάζω / -ομαι με καύσιμα ‖ **add** ~ **to the flames**, ρίχνω λάδι στη φωτιά ‖ ~**tank**, ντεπόζιτο βενζίνης.

fuggy [ˈfʌgi] *adj* πνιγηρός.

fugitive [ˈfjuːdʒətiv] *n* δραπέτης, φυγάδας.

fugue [fjuːg] *n* μουσ. φούγκα.

fulcrum [ˈfʌlkrəm] *n* υπομόχλιο.

fulfil [fulˈfil] *vt* εκπληρώ ‖ εκτελώ ‖ πραγματοποιώ ‖ ~**ment**, εκπλήρωση.

full [ful] *adj* ~ [**of**], γεμάτος ‖ πλήρης, ολόκληρος ‖ παχουλός ‖ φουσκωτός, μπουφάν ‖ **in** ~, πλήρως ‖ **to the** ~, πάρα πολύ ‖ ~ **face**, ανφάς ‖ ~ **house**, χαρτοπ. φουλ ‖ ~ **moon**, πανσέληνος ‖ ~**ness**, πληρότητα ‖ ~**page**, ολοσέλιδος ‖ ~ **stop**, τελεία ‖ ~**scale**, σε φυσικό μέγεθος ‖ ~**time**, τακτικός, πλήρους απασχολήσεως ‖ ~**y**, πλήρως, τελείως.

fulminate [ˈfʌlmineit] *vi* εξαπολύω μύδρους [εναντίον], κεραυνοβολώ.

fulsome [ˈfulsəm] *adj* υπερβολικός.

fumble [ˈfʌmbl] *vt* ψαχουλεύω ‖ χειρίζομαι αδέξια ‖ ~**r**, ατζαμής.

fume [fjuːm] *n* αναθυμίαση, καπνός ‖ *vti* καπνίζω ‖ βγάζω καπνούς ‖ ~ **at**, εξοργίζομαι / είμαι έξω φρενών με.

fumigate [ˈfjuːmigeit] *vt* απολυμαίνω (με καπνό), θειαφίζω (φυτά).

fun [fʌn] *n* διασκέδαση, αστείο, κέφι ‖ **in/for** ~, στ' αστεία ‖ **make** ~ **of**, κοροϊδεύω.

function [ˈfʌŋkʃn] *n* λειτουργία ‖ λειτούργημα, καθήκον ‖ δημόσια τελετή, δεξίωση ‖ *vi* λειτουργώ ‖ ~**al**, λειτουργικός ‖ ~**alism**, λειτουργικότητα ‖ ~**ary**, λειτουργός, αξιωματούχος.

fund [fʌnd] *n* απόθεμα, ταμείο ‖ *πληθ.* χρήματα, κεφάλαιο.

fundamental [ˌfʌndəˈmentl] *adj* θεμελιώδης, βασικός ‖ *n pl* βασικές αρχές.

funeral [ˈfjuːnərəl] *n* κηδεία ‖ *adj* νεκρικός, νεκρώσιμος.

funereal [fjuːˈniəriəl] *adj* πένθιμος, σκυθρωπός.

fungus [ˈfʌŋgəs] *n* μύκητας.

funicular [railway] [fjuːˈnikjuləʳ] *n* τελεφερίκ.

funk [fʌŋk] *n* τρομάρα, τρακ ‖ φοβιτσιάρης ‖ *vti* φοβάμαι.

funnel [ˈfʌnl] *n* χωνί ‖ φουγάρο (πλοίου).

funnily [ˈfʌnili] *adv* αστεία, περίεργα ‖ ~ **enough**, παραδόξως, περίεργως.

funny [ˈfʌni] *adj* αστείος ‖ περίεργος, παράξενος.

fur [fəːʳ] *n* τρίχωμα (ζώου) ‖ γούνα ‖ πουρί, γάνα ‖ ~**red**, πουριασμένος ‖ ~**rier** [ˈfʌriəʳ] γουναράς ‖ ~**ry**, γούνινος.

furbish [ˈfəːbiʃ] *vt* γυαλίζω.

furious [ˈfjuriəs] *adj* μανιασμένος, αγριεμένος ‖ ~**ly**, μανιωδώς.

furlough [ˈfəːlou] *n* άδεια (απουσίας).

furnace [ˈfəːnis] *n* κλίβανος, κάμινος, φούρνος.

furnish [ˈfəːniʃ] *vt* επιπλώνω ‖ εφοδιάζω, προμηθεύω ‖ ~**ings**, έπιπλα.

furniture [ˈfəːnitʃəʳ] *n* έπιπλα.

furore [fjuˈroːri] *n* φρενίτιδα, έξαλλος ενθουσιασμός.

furrow [ˈfʌrou] *n* αυλάκι ‖ *vt* αυλακώνω.

further [ˈfəːðəʳ] *adj*, *adv* μακρύτερα ‖ περαιτέρω, πρόσθετος ‖ *vt* προάγω, εξυπηρετώ ‖ [**more**] κι ακόμη, επιπλέον ‖ ~**ance**, προαγωγή, εξυπηρέτηση ‖ ~**most**, απώτατος.

furtive [ˈfəːtiv] *adj* κρυφός, λαθραίος, ύπουλος.

fury [ˈfjuəri] *n* μανία, λύσσα, παραφορά ‖ στρίγγλα, μέγαιρα ‖ **the Furies**, οι Ερινύες ‖ **fly into a** ~, γίνομαι έξω φρενών ‖ **work like** ~, δουλεύω με μανία.

fuse [fjuːz] *n* φιτίλι ‖ ηλεκτρ. ασφάλεια ‖ *vi* καίγομαι.

fuselage [ˈfjuːzəlaːʒ] *n* αεροπ. άτρακτος.

fusilier [ˌfjuːzəˈliəʳ] *n* τυφεκιοφόρος.

fusillade [ˌfjuːziˈleid] *n* τουφεκίδι.

fusion [ˈfjuːʒn] *n* τήξη, συγχώνευση.

fuss [fʌs] *n* φασαρία ‖ *vti* κάνω φασαρία, πηγαινοέρχομαι ‖ **make a** ~ **of sb**, έχω κπ ώπα-ώπα ‖ ~**pot**, γκρινιάρης, φασαρίας ‖ ~**y**, ιδιότροπος.

fusty [ˈfʌsti] *adj* μπαγιάτικος.

futile [ˈfjuːtail] *adj* φρούδος, μάταιος ‖ ελαφρόμυαλος ‖ **futility** [fjuːˈtiloti] ματαιότητα, παιδαριώδια.

future [ˈfjuːtʃəʳ] *n* μέλλον ‖ *adj* μελλοντικός ‖ **in** ~, στο μέλλον.

futurism [ˈfjuːtʃərizm] *n* φουτουρισμός.

futurity [fjuˈtʃuərəti] *n* μέλλον, μελλοντικότητα.

fuzz [fʌz] *n* χνούδι ‖ φουντωτά ή σγουρά μαλλιά ‖ *sl* μπάτσος ‖ ~**y**, χνουδάτος, θαμπός, φλου.

G g

gab [gæb] n πολυλογία ‖ **have the gift of the ~**, έχω ευφράδεια.
gabardine [ˌgæbəˈdi:n] n γκαμπαρντίνα.
gabble [ˈgæbl] n φλυαρία, κουβεντολόι ‖ vti φλυαρώ, μιλώ γρήγορα.
gaberdine [ˌgæbəˈdi:n] n γκαμπαρντίνα.
gable [geibl] n αέτωμα.
¹**gad** [gæd] vi ~ **about** είμαι όλο στο σεργιάνι ‖ ~**about** n αργόσχολος.
²**gad** [gæd] στη φρ. **by** ~, μα την πίστη μου!
gadfly [ˈgædflai] n αλογόμυγα.
gadget [ˈgædʒit] n μαραφέτι ‖ ~**ry**, σύνεργα.
gaff [gæf] n καμάκι, γάντζος ‖ **blow the** ~, τα μαρτυράω, τα ξερνάω.
gaffe [gæf] n γκάφα ‖ ~**r**, επιστάτης, αφεντικό, γέρος, μπάρμπα—.
gag [gæg] n φίμωτρο ‖ καλαμπούρι ‖ αυτοσχεδιασμός (ηθοποιού) ‖ vti φιμώνω, αναγουλιάζω.
gaga [ˈga:ga:] adj ξεμωραμένος.
gaggle [gægl] n κοπάδι (χήνες ή γυναίκες).
gaiety [ˈgeiəti] n ευθυμία, κέφι.
gaily [ˈgeili] adv εύθυμα.
gain [gein] n κέρδος ‖ αύξηση, προσθήκη ‖ vti κερδίζω, αποκτώ ‖ φτάνω ‖ (για ρολόι) πάω μπροστά ‖ ~ **upon**, πλησιάζω ‖ ~**ful**, επικερδής ‖ ~**ings**, κέρδη, οφέλη ‖ ~**say**, αρνούμαι.
gait [geit] n βήμα ‖ ~**er**, γκέτα.
galaxy [ˈgæləksi] n γαλαξίας, αστερισμός.
gale [geil] n θύελλα ‖ έκρηξη.
gall [go:l] n χολή ‖ θράσος ‖ πληγή (από υδάρσιμο) ‖ vt πληγώνω, ταπεινώνω ‖ ~**bladder**, χοληδόχος κύστη ‖ ~**stone**, χολόλιθος.
gallant [ˈgælənt] adj γενναίος, ηρωικός ‖ ωραίος, ευγενικός ‖ περιποιητικός (στις γυναίκες) ‖ ~**ry**, γενναιότητα, αβροφροσύνη, πληθ. γλυκόλογα, ευγένειες.
gallery [ˈgæləri] n πινακοθήκη, γκαλερί ‖ θέατρ. εξώστης, γαλαρία ‖ (στη Βουλή) θεωρείο ‖ (σε ορυχείο) στοά ‖ διάδρομος.
galley [ˈgæli] n γαλέρα, κάτεργο ‖ κουζίνα πλοίου ‖ ~ **proof**, ασελιδοποίητο δοκίμιο.
Gallic [ˈgælik] adj γαλατικός.
gallon [ˈgælən] n γαλόνι.
gallop [ˈgæləp] n καλπασμός ‖ vti καλ-

πάζω.
gallows [ˈgælouz] n κρεμάλα.
galore [gəˈlo:ʳ] adv εν αφθονία.
galoshes [gəˈloʃiz] n pl γαλότσες.
galvanism [ˈgælvənizm] n γαλβανισμός.
galvanize [ˈgælvənaiz] vt γαλβανίζω.
gambit [ˈgæmbit] n πρώτη κίνηση.
gamble [gæmbl] n [τυχερό] παιχνίδι, ρισκάρισμα ‖ vti [χαρτο]παίζω ‖ ρισκάρω ‖ ~ **away**, χάνω παίζοντας ‖ ~**r**, χαρτοπαίχτης, τζογαδόρος ‖ **gambling**, χαρτοπαιξία, τζόγος.
gambol [gæmbl] n χοροπήδημα ‖ vi χοροπηδώ.
¹**game** [geim] n θήραμα, κυνήγι ‖ **big ~**, χοντρό κυνήγι ‖ **fair ~**, εύκολος στόχος, θύμα ‖ ~**keeper**, θηροφύλακας ‖ ~**licence**, άδεια κυνηγίου.
²**game** [geim] n παιχνίδι, παρτίδα ‖ παιχνίδι, κόλπο, επιδίωξη ‖ πληθ. αγώνες ‖ adj γενναίος ‖ έτοιμος, πρόθυμος ‖ **gaming-rooms**, χαρτοπαιχτική λέσχη. ʼ
gammon [ˈgæmən] n χοιρομέρι.
gander [ˈgændəʳ] n αρσενική χήνα.
gang [gæŋ] n ομάδα (εργατών) ‖ παρέα ‖ συμμορία ‖ vi ~ **up**, συνασπίζομαι ‖ ~**ster**, γκάγκστερ.
gangling [ˈgæŋgliŋ] adj ψηλόλιγνος.
gangplank [ˈgæŋplæŋk] n πρόχειρη σκάλα (πλοίου).
gangrene [ˈgæŋgri:n] n γάγγραινα.
gangway [ˈgæŋwei] n πρόχειρη σκάλα (πλοίου) ‖ διάδρομος (σε θέατρο, λεωφορείο, κλπ).
gaol [dʒeil] n φυλακή ‖ ~**bird**, τρόφιμος των φυλακών ‖ ~**er**, δεσμοφύλακας.
gap [gæp] n κενό, χάσμα ‖ ρωγμή ‖ χαράδρα ‖ **stop a** ~, γεμίζω ένα κενό ‖ **generation** ~, χάσμα των γενεών.
gape [geip] vi ~ **[at]**, χάσκω, χασμουριέμαι ‖ χαίνω.
garage [ˈgæra:ʒ] n γκαράζ, συνεργείο.
garbage [ˈga:bidʒ] n σκουπίδια ‖ ~**-can**, US σκουπιδοτενεκές.
garbed [ga:bd] adj ντυμένος.
garble [ga:bl] vt διαστρέφω, διαστρεβλώνω.
garden [ga:dn] n κήπος ‖ πάρκο ‖ ~**er**, κηπουρός ‖ ~**ing**, κηπουρική ‖ **kitchen** ~, λαχανόκηπος ‖ **market** ~, περιβόλι.
gardenia [ga:ˈdi:niə] n γαρδένια.
gargle [ga:gl] n γαργάρα ‖ vi γαργαρίζω.

gargoyle [`ga:goil] n [τερατόμορφη] υδρορροή.

garish [`geəriʃ] adj φανταχτερός.

garland [`ga:lænd] n γιρλάντα, στεφάνι.

garlic [`ga:lik] n σκόρδο.

garment [`ga:mənt] n ρούχο, ένδυμα.

garnish [`ga:niʃ] n γαρνιτούρα || vt γαρνίρω.

garret [`gærət] n σοφίτα.

garrison [`gærisn] n φρουρά || vt εγκαθιστώ φρουρά.

gar[r]otte [gə`rot] n βρόχος || vt στραγγαλίζω.

garrulous [`gærələs] adj φλύαρος.

garter [`ga:tər] n καλτσοδέτα.

gas [gæs] n αέριο || γκάζι || US βενζίνη || μτφ. αερολογίες || vti δηλητηριάζω με αέρια || φλυαρώ || step on the ~, πατάω γκάζι || ~-bag, ασκός αερίου, μτφ. φαφλατάς || ~-cooker, κουζίνα του γκαζιού || ~ chamber, θάλαμος αερίων || ~-engine, βενζινομηχανή || ~ fire, θερμάστρα του γκαζιού || ~light, φως γκαζιού || ~-mask, αντιασφυξιογόνα μάσκα || ~-meter, μετρητής γκαζιού || ~-oven, φούρνος με γκάζι || ~-ring, μάτι του γκαζιού || ~ station, βενζινάδικο || ~-stove, κουζίνα με γκάζι || ~-works, εργοστάσιο γκαζιού.

gash [gæʃ] n βαθιά πληγή || vt κόβω βαθιά.

gasket [`gæskit] n τσιμούχα, φλάντζα.

gasoline [`gæsəli:n] n US βενζίνη.

gasp [ga:sp] n αγκομαχητό || vti ασθμαίνω, αγκομαχώ || ~ out, λέω ασθμαίνοντας.

gassy [`gæsi] adj αεριούχος.

gastric [`gæstrik] adj γαστρικός.

gastritis [gæ`straitis] n γαστρίτιδα.

gastronomy [gæ`stronəmi] n γαστρονομία.

gastronomic [,gæstrə`nomik] adj γαστρονομικός.

gate [geit] n πύλη || αυλόπορτα || ~-crasher, τζαμπατζής || ~-keeper, πορτιέρης, φύλακας || ~-money, εισπράξεις (σε γήπεδο) || ~-post, κολώνα πόρτας || ~-way, μτφ. πύλη, είσοδος.

gateau [`gætou] n γλύκισμα.

gather [`gæðər] vti μαζεύω/-ομαι || συμπεραίνω || ~ing, συγκέντρωση.

gauche [gouʃ] adj αδέξιος.

gaudy [`go:di] adj χτυπητός, φανταχτερός.

gauge [geidʒ] n μέτρο || μετρητής || πλάτος σιδηροδρ. γραμμής || πάχος (καλωδίου, κλπ.) || vt μετρώ με ακρίβεια, μτφ. ζυγιάζω.

gaunt [go:nt] adj κάτισχνος || άγριος.

gauze [go:z] n γάζα.

gauzy [`go:zi] adj αραχνοΰφαντος.

gavel [gævl] n σφυρί.

gawky [`go:ki] adj ασουλούπωτος.

gawp [go:p] vi ~ [at], χάσκω.

gay [gei] adj εύθυμος || ζωηρός, λαμπρός || τοιούτος, ομοφυλόφιλος.

gaze [geiz] n ματιά, ατενές βλέμμα || vi ~ [at], ατενίζω.

gazelle [gə`zel] n γκαζέλα.

gazette [gə`zet] n εφημερίδα.

gear [giər] n γρανάζι || ταχύτητα || μηχανισμός, σύστημα || σύνεργα, εργαλεία || vti ~ to, προσαρμόζω || ~ up/down, αυξάνω/κόβω ταχύτητα || in ~, μτφ. σε λειτουργία, συνδεδεμένος || out of ~, αποσυνδεδεμένος, αποδιοργανωμένος || top/bottom ~, μεγαλύτερη /μικρότερη ταχύτητα || ~box, κιβώτιο ταχυτήτων || ~-lever, μοχλός ταχυτήτων.

gee [dʒi:] excl Χριστούλη μου! || (σε άλογο) ντε! || ~-~, ντεντέ.

geezer [`gi:zər] n γεροπαράξενος.

geisha [`geiʃə] n γκέισα.

gel [dʒel] vi πετυχαίνω, πιάνω.

gelatin [`dʒeləti:n] n ζελατίνη.

geld [geld] vt μουνουχίζω.

gem [dʒem] n πετράδι || κόσμημα.

gendarme [`ʒonda:m] n χωροφύλακας.

gender [`dʒendər] n γραμμ. γένος.

gene [dʒi:n] n βιολ. γονίδιο.

genealogy [,dʒi:ni`ælədʒi] n γενεαλογία || genealogical, γενεαλογικός.

general [`dʒenərl] n στρατηγός || adj γενικός || in ~; as a ~ rule, γενικώς, κατά κανόνα || in ~ terms, σε γενικές γραμμές || ~ practitioner, γιατρός παθολόγος || inspector-~, γενικός επιθεωρητής || ~ity, γενικότητα, πλειονότητα || ~ize, γενικεύω || ~ization, γενίκευση.

generate [`dʒenəreit] vt παράγω || γεννώ, προκαλώ || generation, παραγωγή || γενεά.

generator [`dʒenəreitər] n γεννήτρια.

generosity [,dʒenə`rosəti] n γενναιοδωρία || μεγαλοψυχία.

generous [`dʒenərəs] adj γενναιόδωρος || μεγαλόψυχος || άφθονος, πλούσιος.

genesis [`dʒenəsis] n γένεση.

genetic [dʒi`netik] adj γενετικός.

genial [`dʒi:niəl] adj πρόσχαρος, φιλικός || (κλίμα) ήπιος, γλυκός || ~ity, εγκαρδιότητα, ηπιότητα.

genie [`dʒi:ni] n τζίνι, στοιχειό.

genitals [`dʒenitəlz] n pl γεννητικά όργανα.

genitive [`dʒenitiv] n γενική (πτώση).

genius [`dʒi:niəs] n ιδιοφυΐα, μεγαλοφυΐα || πνεύμα, δαιμόνιο.

genocide ['ʌʒenəsaid] n γενοκτονία.

gents [dʒents] n τουαλέττα ανδρών.

genteel [dʒen'ti:l] adj ευγενής, κομψός, ψευτοαριστοκρατικός.

gentility [dʒen'tiləti] n ευγένεια, κομψότητα, αρχοντιά.

gentle [dʒentl] n ευγενής, αριστοκρατικός || πράος, απαλός, γλυκός || ελαφρός, ήπιος || ~folk, ευγενείς, καλός κόσμος || ~ness, ευγένεια, πραότητα, γλύκα || ~man, κύριος || ~woman, ευγενής κυρία || gently, μαλακά, σιγά.

gentry ['dʒentri] n αρχοντολόι.

genuine ['dʒenjuin] adj γνήσιος, αυθεντικός.

geography [dʒi'ografi] n γεωγραφία.

geology [dʒi'olədʒi] n γεωλογία.

geometry [dʒi'omətri] n γεωμετρία.

geranium [dʒe'reiniəm] n γεράνι.

geriatrics [dʒeri'ætriks] n γηριατρική.

germ [dʒə:m] n μικρόβιο || σπέρμα || ~icide, μικροβιοκτόνο || ~inate, βλαστάνω, γεννώ || ~ination, βλάστηση, εκκόλαψη.

German ['dʒə:mən] n Γερμανός || adj γερμανικός || ~y, Γερμανία.

gerund ['dʒerənd] n γερούνδιο.

gesticulate [dʒe'stikjuleit] vi χειρονομώ || gesticulation, χειρονομία.

gesture ['dʒestʃə'] n χειρονομία || vi χειρονομώ.

get [get] vti irreg (με επίθετο ή επίρρημα) γίνομαι || (με πρόθεση ή επίρρημα κινήσεως) πάω, έρχομαι, φτάνω, προχωρώ, κλπ. || (με αντικείμενο) πιάνω, παίρνω, φέρνω, βάζω, κάνω κλπ. || (με ενεργ. μετοχή) αρχίζω, ξεκινώ || πείθω, καταφέρνω || καταλήγω || καταλαβαίνω || have got, έχω || have got to, πρέπει να || ~ about, κυκλοφορώ || ~ above oneself, παίρνω ψηλά τον αμανέ || ~ sth across to sb, δίνω σε κπ να καταλάβει κτ || ~ ahead of sb, ξεπερνώ κπ || ~ along, τα πάω [καλά], προχωρώ || ~ at, φτάνω, πλησιάζω || ~ away, δραπετεύω, ξεφεύγω, το σκάω || ~ away, δραπέτευση || ~ by, περνώ, τα βγάζω πέρα || ~ down to, στρώνομαι εις, αρχίζω || ~ sb down, φέρνω κατάθλιψη σε κπ || ~ sth down, σημειώνω, κατεβάζω || ~ home, γίνομαι κατανοητός || ~ in, εκλέγομαι, φθάνω || ~ sb in, φέρνω/φωνάζω κπ || ~ into, μπαίνω, φορώ, αποκτώ, μαθαίνω || ~ off, βγάζω, ξεκινώ, στέλνω, ξεφεύγω, γλυτώνω (τιμωρία) || ~ on, ανεβαίνω, προχωρώ, τα πάω [καλά] || ~ out, βγάζω, αποσπώ, ξεφεύγω, μαθεύομαι || ~ over, συνέρχομαι, υπερνικώ, ξεπερνώ || ~ sth over, τελειώνω κτ,

ξεμπερδεύω || ~ round, καταφέρνω, παρακάμπτω || ~ through, περνώ, τελειώνω, φθάνω (τηλεφωνικώς) || ~ together, συγκεντρώνω/-ομαι || ~-together, φιλική συγκέντρωση || ~ self together, επιβάλλομαι στον εαυτό μου || ~ under, υποτάσσω, θέτω υπό έλεγχο || ~ up, σηκώνω/-ομαι || ~ sth up, οργανώνω || ~ oneself up, στολίζομαι || ~ up to sth, φθάνω έως, σκαρώνω κτ || ~-up, εμφάνιση, στυλ.

geyser ['gi:zə'] n θερμοπίδακας || θερμοσίφωνο.

ghastly ['ga:stli] adj κάτωχρος || φριχτός, τρομερός || απαίσιος.

gherkin ['gə:kin] n αγγουράκι.

ghetto ['getou] n γκέτο.

ghost [goust] n φάντασμα || πνεύμα || σκιά || ~ly, αχνός, σα φάντασμα.

ghoul [gu:l] n λάμια || ~ish, μακάβριος.

giant [dʒaiənt] n γίγαντας || adj γιγαντιαίος || ~-like, γιγάντιος || ~ess, γιγάντισσα.

gibber ['dʒibə'] vi μιλάω γρήγορα και ακατάληπτα || ~ish, ασυναρτησίες, άναρθρες κραυγές.

gibbet ['dʒibit] n αγχόνη, κρεμάλα.

gibbon ['gibən] n είδος πιθήκου.

gibe [dʒaib] vi σαρκάζω, περιγελώ.

giblets ['dʒibləts] n συκωτάκια πουλιών.

giddy ['gidi] adj ζαλισμένος, με ίλιγγο || ιλιγγιώδης || επιπόλαιος, άμυαλος || giddiness, ίλιγγος, ζάλη.

gift [gift] n δώρο, δωρεά || χάρισμα, ταλέντο || ~ed, ταλαντούχος.

gigantic [dʒai'gæntik] adj γιγαντιαίος.

giggle [gigl] n χάχανο, νευρικό γέλιο || vi χαχανίζω.

gigolo ['ʒigəlou] n ζιγκολό.

gild [gild] vt επιχρυσώνω || ~ed youth, χρυσή νεολαία.

gills [gilz] n pl σπάραχνα (ψαριού).

gilt [gilt] n επιχρύσωση, χρυσαλοιφή, μτφ. λούστρο || ~-edged, (μετοχές) απόλυτα ασφαλής.

gimlet ['gimlit] n τρυπάνι.

gimmick ['gimik] n κόλπο, τέχνασμα.

gin [dʒin] n τζιν || εκκοκκιστήριο.

ginger ['dʒindʒə'] n πιπερόρριζα || ζωντάνια || vt ~ up, ζωντανεύω, ζωηρεύω || ~ ale/beer, τζιτζιμπύρα || ~-bread, μελόψωμο || ~ly, προσεχτικά.

gipsy ['dʒipsi] n τσιγγάνος.

giraffe [dʒi'ra:f] n καμηλοπάρδαλη.

gird [gə:d] vt irreg περιζώνω, περιβάλλω || ~ up, ανασκουμπώνω.

girdle [gə:dl] n ζουνάρι, ζώνη || vt περιζώνω, περικλείω.

girl [gə:l] n κορίτσι || υπηρέτρια || εργάτρια, υπάλληλος || φιλενάδα ||

~**hood**, κοριτσίστικη ηλικία ‖ ~**ish**, κοριτσίστικος.

girth [gǝ:θ] *n* ίγκλα *(αλόγου)* ‖ περιφέρεια.

gist [dʒist] *n* ουσία, νόημα.

give [giv] *vt irreg* δίνω ‖ χαρίζω ‖ υποχωρώ, λυγίζω ‖ ~ **away**, μοιράζω, χαρίζω, προδίδω, θυσιάζω, χάνω ‖ ~**away**, δώρο, χάρισμα, κατάδοση ‖ ~**back**, επιστρέφω ‖ ~ **in**, παραδίνω / -ομαι, ενδίδω, υποκύπτω ‖ ~ **off**, αναδίδω *(μυρουδιά, καπνό)* ‖ ~ **on/upon**, *(για κτίριο)* βλέπω ‖ ~ **out**, διανέμω, εξαντλούμαι, μαθεύομαι ‖ ~ **over**, παραδίδω, εγκαταλείπω, παραιτούμαι, ξεγράφω ‖ ~ **sb what for**, κατσαδιάζω άγρια κπ ‖ ~ **way to**, υποχωρώ, ενδίδω, παρασύρομαι από ‖ ~**r**, δότης, δωρητής.

gizzard [ˈgizǝd] *n* γκούσια ‖ *μτφ.* στομάχι.

glacial [ˈgleisiǝl] *adj* παγερός, παγετώδης.

glacier [ˈglæsiǝ] *n* παγετώνας.

glad [glæd] *adj* ευχαριστημένος ‖ ευχάριστος ‖ ~**den**, χαροποιώ ‖ ~**ly**, ευχαρίστως ‖ ~**ness**, χαρά, ευχαρίστηση.

glade [gleid] *n* ξέφωτο *(σε δάσος)*.

gladiator [ˈglædieitǝ'] *n* μονομάχος.

gladiolus [ˌglædiˈoulǝs] *n* γλαδιόλα.

glamour [ˈglæmǝ'] *n* γοητεία, μαγεία ‖ θέλγητρο, αίγλη ‖ ~**ous**, γοητευτικός, γεμάτος αίγλη ‖ ~**ize**, τυλίγω με αίγλη, μυθοποιώ.

glance [gla:ns] *n* βλέμμα, ματιά ‖ *vi* ρίχνω μια ματιά, κοιτάζω ‖ λάμπω.

gland [glænd] *n* αδένας.

glare [gleǝ'] *n* έντονο φως, λάμψη ‖ επίμονη ματιά ‖ *vti* λάμπω ‖ αγριοκοιτάζω.

glaring [ˈgleǝriŋ] *adj* αγριωπός ‖ ολοφάνερος, χονδροειδής ‖ έντονος, χτυπητός.

glass [gla:s] *n* γυαλί ‖ ποτήρι ‖ καθρέφτης ‖ *adj* γυάλινος ‖ ~**house**, θερμοκήπιο ‖ ~**ware**,γυαλικά ‖ ~**wool**, υαλοβάμβακας ‖ ~**works**, υαλουργείο ‖ ~**y**, ανέκφραστος, σα γυαλί.

glaucoma [glɔːˈkoumǝ] *n ιατρ.* γλαύκωμα.

glazed [gleizd] *adj (χαρτί)* σατινέ.

glazier [ˈgleiziǝ'] *n* τζαμάς.

gleam [gli:m] *n* αναλαμπή, λάμψη ‖ αχτίδα ‖ *vi* λάμπω.

glean [gli:n] *vt* σταχυολογώ.

glee [gli:] *n* χαρά, αγαλλίαση ‖ ~**ful**, περιχαρής, καταχαρούμενος.

glen [glen] *n* λαγκάδα.

glib [glib] *adj* ετοιμόλογος ‖ ~**ness**, ευγλωττία, ευκολία.

glide [glaid] *vi* γλιστρώ, κυλώ αθόρυβα ‖ ~**r**, ανεμοπλάνο.

glimmer [ˈglimǝ'] *n* αναλαμπή, αχτίδα, αμυδρό φως ‖ *vi* τρεμολάμπω.

glimpse [glimps] *n* γρήγορη ματιά ‖ *vt* βλέπω φευγαλέα ‖ **get a** ~ **of**, παίρνει το μάτι μου.

glint [glint] *n* λάμψη, αχτίδα, αντανάκλαση ‖ *vi* λάμπω, σπιθίζω.

glisten [glisn] *vi* λαμποκοπώ, γυαλίζω.

glitter [ˈglitǝ'] *n* λάμψη, λαμποκόπημα, σπινθηροβόλημα ‖ *vi* σπινθηροβολώ, λάμπω.

gloat [glout] *vi* ~ **over**, επιχαίρω για, καμαρώνω, κοιτάζω με κακεντρέχεια ‖ ~**ing**, χαιρέκακος.

global [gloubl] *adj* παγκόσμιος.

globe [gloub] *n* σφαίρα, υδρόγειος ‖ γλόμπος ‖ ~**-trotter**, κοσμογυριστής.

globule [ˈglobjuːl] *n* σφαιρίδιο, σταγονίδιο.

gloom [gluːm] *n* σκοτάδι ‖ κατήφεια, μελαγχολία ‖ ~**y**, σκοτεινός, σκυθρωπός, μελαγχολικός, απαισιόδοξος.

glorify [ˈglorifai] *vt* δοξάζω, εξυμνώ.

glorious [ˈgloriǝs] *adj* ένδοξος, λαμπρός ‖ έξοχος, υπέροχος ‖ περίφημος, θαυμάσιος.

glory [ˈglori] *n* δόξα ‖ λαμπρότητα, μεγαλείο ‖ *vi* ~ **in**, καμαρώνω για, χαίρομαι.

gloss [glos] *n* γυαλάδα ‖ λούστρο, επίφαση ‖ *vi* ~ **over**, συγκαλύπτω ‖ ~**y**, στιλπνός, γυαλιστερός.

glossary [ˈglosǝri] *n* γλωσσάριο.

glove [glʌv] *n* γάντι ‖ **be hand in** ~ **with sb**, είμαι κώλος και βρακί με κπ.

glow [glou] *n* πυράκτωση ‖ ξάναμμα ‖ λάμψη, φλόγα ‖ *vi* πυρακτώνομαι, κοκκινίζω ‖ λάμπω, αστράφτω, ακτινοβολώ ‖ ~**ing**, πυρακτωμένος, κατακόκκινος, ξαναμμένος, φλογισμένος, ενθουσιώδης ‖ ~**-worm**, πυγολαμπίδα.

glower [glauǝ'] *vi* αγριοκοιτάζω.

glucose [ˈgluːkous] *n* γλυκόζη.

glue [gluː] *n* κόλλα, ψαρόκολλα ‖ *vt* [συγ]κολλώ ‖ ~**y**, κολλώδης.

glum [glʌm] *adj* σκυθρωπός, κατηφής.

glut [glʌt] *n* κορεσμός, υπεραφθονία ‖ *vt* χορταίνω, παραγεμίζω, πλημμυρίζω.

glutinous [ˈgluːtinǝs] *adj* κολλώδης.

glutton [glʌtn] *n* κοιλιόδουλος, φαγάς ‖ ~**ous**, λαίμαργος ‖ ~**y**, λαιμαργία.

glycerine [ˈglisǝrin] *n* γλυκερίνη.

gnarled [na:ld] *adj* ροζιάρικος.

gnash [næʃ] *vt* τρίζω *(τα δόντια)*.

gnat [næt] *n* σκνίπα, κουνούπι.

gnaw [no:] *vti* τραγανίζω, ροκανίζω, κατατρώγω ‖ βασανίζω ‖ ~**ing** *n* σουβλιά, πόνος, *adj* βασανιστικός.

go [gou] *n* ενεργητικότητα, δραστηριότητα ‖ απόπειρα, προσπάθεια ‖ κίνηση, ‖ *vi irreg* πηγαίνω, πάω ‖ εξελίσσομαι, προχωρώ ‖ φεύγω ‖ χωράω ‖ δουλεύω, λειτουργώ ‖ πουλιέμαι ‖ ξοδεύομαι ‖ προοδεύω ‖ γίνομαι ‖ *(για κουδούνι)* χτυπώ ‖ *(για χρόνο)* περνώ ‖ ~ *about*, κυκλοφορώ, τριγυρίζω, διαδίδομαι ‖ ~ *about sth*, ασχολούμαι, καταπιάνομαι με κτ ‖ ~ *after*, κυνηγώ, επιδιώκω ‖ ~ *against*, αντιβαίνω, πάω κόντρα ‖ ~ *ahead*, προχωρώ ‖ ~-*ahead*, άδεια ‖ ~ *along*, προχωρώ, συνοδεύω, συμφωνώ ‖ ~ *at*, επιτίθεμαι, ρίχνομαι εναντίον, καταπιάνομαι ‖ ~ *back*, ξαναγυρίζω, αθετώ ‖ ~ *before*, προηγούμαι ‖ ~ *beyond*, ξεπερνώ, υπερβαίνω ‖ ~ *by*, περνώ, κρίνω, έχω σα γνώμονα ‖ ~ *down*, πέφτω, *(ήλιος)* δύω, *(πλοίο)* βουλιάζω ‖ ~ *down with sb*, πάνω σε κτ, έχω επιτυχία ‖ ~ *for*, ρίχνομαι εναντίον, πάω να φέρω, ισχύω ‖ ~ *forward*, προχωρώ ‖ ~ *in for*, συμμετέχω, ασχολούμαι με ‖ ~ *into*, μπαίνω, ξεσπώ ‖ ~ *off*, εκπυρσοκροτώ, *(τροφές)* χαλώ, λιποθυμώ, πουλιέμαι, παύω ν' αγαπώ ‖ ~ *off with*, το σκάω με ‖ ~ *on*, *(για χρόνο)* περνώ, συνεχίζω, συμβαίνω ‖ ~ *on at sb*, τα βάζω με κπ ‖ ~ *out*, βγαίνω, *(φως)* σβήνω, γίνομαι ντεμοντέ, λυπάμαι ‖ ~ *over*, ξανακοιτάζω, εξετάζω πάλι, ανασκοπώ, κάνω εντύπωση, ‖ ~ *round*, επαρκώ, περνώ [να ιδώ κπ] ‖ ~ *through*, περνώ, εξετάζω προσεχτικά, ερευνώ, ξοδεύω ‖ ~ *through with sth*, φτάνω κτ ως το τέλος ‖ ~ *under*, βουλιάζω, χρεωκοπώ ‖ ~ *up*, ανεβαίνω, υψώνομαι, ανατινάσσομαι ‖ ~ *without*, κάνω χωρίς ‖ be ~*ing to*, πρόκειται να ‖ be ~*ing strong*, κρατιέμαι καλά ‖ be on the ~, είμαι διαρκώς στο πόδι ‖ *no* ~! δε γίνεται! ~*ing*, πορεία, ταχύτητα, εν λειτουργία ‖ *comings and* ~*ings*, σούρτα-φέρτα, πήγαιν'-έλα.

goad [goud] *n* βουκέντρα ‖ *vt* κεντρίζω.

goal [goul] *n* σκοπός ‖ τέρμα, γκολ ‖ ~*keeper*, τερματοφύλακας.

goat [gout] *n* γίδα ‖ ~-*herd*, γιδοβοσκός ‖ ~*skin*, τουλούμι.

goatee [gou`ti:] *n* γενάκι, μούσι.

gobble [gobl] *vt* χάφτω ‖ *vi* γλουγλουκίζω.

go-between [`goubitwi:n] *n* μεσάζων.

goblin [`goblin] *n* καλικάντζαρος.

go-cart [`gouka:t] *n* καροτσάκι.

god [god] *n* θεός ‖ G~ *knows*, Κύριος οίδε ‖ G~ *willing*, θεού θέλοντος ‖ *thank* G~! δόξα τῷ θεῷ ‖ ~-*child*, βαφτιστήρι ‖ ~-*daughter*, βαφτισιμιά ‖ ~-*father*, νουνός ‖ ~-*fearing*, θεοφο-

βούμενος ‖ ~-*less*, ασεβής ‖ ~-*like*, θεϊκός ‖ ~-*ly*, θεοσεβής ‖ ~-*mother*, νουνά ‖ *fairy* ~*mother*, καλή νεράιδα ‖ ~-*parents*, νουνοί ‖ ~-*send*, θεόσταλτη τύχη, κελεπούρι ‖ ~-*son*, αναδεξιμιός ‖ ~-*speed*, κατευόδιο.

go-getter [.gou`getə^r] *n* καταφερτζής, αρριβίστας.

goggle [gogl] *vi* γουρλώνω τα μάτια ‖ ~-*eyed*, γουρλομάτης ‖ *n pl* ~s, χοντρά γυαλιά *(μοτοσυκλετιστή, κλπ.)*.

goitre [`goitə^r] *n* βρογχοκήλη.

gold [gould] *n* χρυσός ‖ *adj* χρυσός ‖ ~-*bearing*, χρυσοφόρος ‖ ~-*digger*, χρυσοθήρας ‖ ~*en*, χρυσαφένιος ‖ ~*finch*, καρδερίνα ‖ ~*fish*, χρυσόψαρο ‖ ~*mine*, χρυσωρυχείο ‖ ~-*plated*, επιχρυσωμένος ‖ ~*smith*, χρυσοχόος ‖ *the* ~*en age/Fleece*, ο χρυσός αιώνας, το Χρυσόμαλλο Δέρας.

golf [golf] *n* γκολφ ‖ ~ *course/links*, γήπεδο του γκολφ.

goloshes [gə`loʃiz] *n pl* γαλότσες.

gondola [`gondələ] *n* γόνδολα.

gondolier [.gondə`liə^r] *n* γονδολιέρης.

gone [gon] *adj* έγκυος ‖ άρρωστος.

gong [goŋ] *n* γκογκ.

gonorrhea [.gonə`riə] *n* βλενόρροια.

good [gud] *adj* καλός ‖ πολύς ‖ ολόκληρος ‖ *n* καλό ‖ *n pl* αγαθά, εμπορεύματα ‖ *a* ~ *many/few*, πολλοί ‖ *as* ~ *as*, σχεδόν, στην ουσία ‖ *be* ~ *at sth*, είμαι καλός σε κτ ‖ *be* ~ *for sth*, κάνω καλό σε κτ ‖ *be* ~ *to sb*, είμαι καλός απέναντι κάποιου ‖ *for* ~, για πάντα ‖ *it's a* ~ *thing that*, καλά που ‖ *make* ~, προκόβω ‖ *make sth* ~, αποζημιώνω, πραγματοποιώ, αποκαθιστώ, αποδεικνύω ‖ ~*bye*, αντίο ‖ ~-*fellowship*, συναδελφικότητα ‖ ~-*for-nothing*, άχρηστος, ανεπρόκοπος ‖ ~-*humoured*, καλοδιάθετος ‖ ~*ish*, κάμποσος, μεγαλούτσικος ‖ ~*looks*, ομορφιά ‖ ~-*looking*, όμορφος ‖ ~-*ly*, ωραίος, σημαντικός ‖ ~-*natured*, καλοδιάθετος ‖ ~*ness*, καλωσύνη ‖ ~-*tempered*, πράος, καλοδιάθετος ‖ ~*will*, φιλικότητα, *(εμπ.)* πελατεία, αέρας ‖ ~*ies*, γλυκίσματα, καραμέλες.

goofy [`gu:fi] *adj* χαζός.

goose [gu:s] *n (πληθ. geese)* χήνα ‖ *μτφ.* κουτορνίθι ‖ *cook sb's* ~, θέτω τέρμα στις ελπίδες κάποιου ‖ *can't say boo to a* ~, είμαι πολύ φοβιτσιάρης ‖ ~-*flesh*, ανατριχίλα ‖ ~-*step*, *στρατ.* βήμα χήνας.

gooseberry [`guzbəri] *n* φραγκοστάφυλο.

gore [go:^r] *n* πηχτό αίμα ‖ *vt* τρυπώ *(με τα κέρατα).*

gorge [go:dʒ] *n* φαράγγι, λαγκάδι ‖ *vt*

~ **oneself,** πρήζομαι στο φαΐ.

gorgeous [`go:dʒəs] *adj* λαμπρός, έξοχος.

gorgon [`go:gən] *n* γοργόνα.

gorilla [gə`rilə] *n* γορίλλας.

gormandize [`go:məndaiz] *vi* περιδρομιάζω.

gorse [go:s] *n* σπαλάθρι.

gory [`go:ri] *adj* ματοβαμμένος.

gosling [`gozliŋ] *n* χηνάκι.

gospel [`gospl] *n* ευαγγέλιο.

gossamer [`gosəmər] *adj* αραχνούφαντος.

gossip [`gosip] *n* κουτσομπολιό ‖ κουτσομπόλης ‖ κουβεντολόι ‖ *vi* ~ **about,** κουτσομπολεύω ‖ ~ **with sb,** πιάνω κουβεντολόι με κπ.

Goth [goθ] *n* Γότθος.

gouge [gaudʒ] *n* σκαρπέλο ‖ *vt* βγάζω, εξορύσσω.

goulash [`gu:læʃ] *n* γκούλας.

gourd [guəd] *n* νεροκολόκυθο, φλασκί.

gourmand [`guəmənd] *n* [καλο]φαγάς.

gourmet [`guəmei] *n* καλοφαγάς.

gout [gaut] *n* αρθρίτιδα.

govern [`glvən] *vti* κυβερνώ ‖ εξουσιάζω, συγκρατώ ‖ επηρεάζω, κατευθύνω ‖ διέπω ‖ ~**ess,** γκουβερνάντα ‖ ~**ment,** [δια]κυβέρνηση ‖ ~**or,** κυβερνήτης, διοικητής, μέλος διοικητικού συμβουλίου, *sl* αφεντικό, πατέρας, γέρος.

gown [gaun] *n* φόρεμα ‖ ρόμπα ‖ τήβεννος ‖ ~**ed,** ντυμένος.

grab [græb] *n* άρπαγμα ‖ αρπαγή ‖ *vti* αρπάζω, βουτάω ‖ ~**ber,** άρπαγας.

grace [greis] *n* χάρη, θέλγητρο ‖ χάρη, χατήρι ‖ ευπρέπεια ‖ *εκκλ.* προσευχή, χάρις, *(για δούκα)* Υψηλότατος, *(για αρχιεπίσκοπο)* Μακαριώτατος ‖ *vt* τιμώ ‖ **airs and** ~**s,** ύφος, επιτηδευμένοι τρόποι ‖ **with a good/bad** ~, πρόθυμα / απρόθυμα ‖ **year of** ~, σωτήριον έτος ‖ ~**ful,** χαριτωμένος ‖ ~**less,** άχαρος, αγενής.

gracious [`greiʃəs] *adj* ευγενικός, ευχάριστος, προσηνής ‖ **Good[ness] G~! G~ me!** Θεέ και Κύριε!

gradation [grə`deiʃn] *n* διαβάθμιση.

grade [greid] *n* βαθμός, βαθμίδα ‖ *US* τάξη ‖ κλάση, κατηγορία ‖ *US* κλίση *(εδάφους)* ‖ *vt* ταξινομώ ‖ ισοπεδώνω ‖ **make the** ~, *σχολ.* παίρνω τη βάση.

gradient [`greidiənt] *n* κλίση *(εδάφους)*.

graduate [`grædʒuət] *n* πτυχιούχος *(πανεπιστημίου)* ‖ *vti* [`grædʒueit] βαθμολογώ ‖ διαβαθμίζω ‖ αποφοιτώ ‖ **graduation,** αποφοίτηση, κλιμάκωση, διαβάθμιση.

graft [gra:ft] *n* μπόλι, κεντρί, μόσχευμα ‖ δωροδοκία ‖ *vti* μπολιάζω, μεταμοσχεύω ‖ δωροδοκώ / -ούμαι.

grain [grein] *n* δημητριακά, γεννήματα

‖ σπυρί ‖ κόκκος, ψήγμα ‖ νερά *(του ξύλου)*, υφή ‖ **go against the** ~, είναι αντίθετο στη φύση μου.

gram[me] [græm] *n* γραμμάριο.

grammar [`græmər] *n* γραμματική.

grammatical [grə`mætikl] *adj* γραμματικός.

gramophone [`græməfoun] *n* γραμμόφωνο.

granary [`grænəri] *n* σιταποθήκη, σιτοβολώνας.

grand [grænd] *adj* μέγας ‖ μεγάλος ‖ μεγαλοπρεπής ‖ έξοχος, θαυμάσιος ‖ ~**child,** εγγόνι ‖ ~**daughter,** εγγονή ‖ ~**father,** παππούς ‖ ~**mother,** γιαγιά ‖ ~**parents,** παππούς και γιαγιά ‖ ~**son,** εγγονός ‖ ~**stand,** εξέδρα.

grandad [`grændæd] *n* παππούς.

grandeur [`grændʒər] *n* μεγαλείο.

grandiose [`grændious] *adj* μεγαλεπήβολος, μεγαλοπρεπής.

grandma [`grænma:] *n* γιαγιά.

grandpa [`grænpa:] *n* παππούς.

granite [`grænit] *n* γρανίτης.

granny [`græni] *n* γιαγιά.

grant [gra:nt] *n* επίδομα, επιχορήγηση ‖ παραχώρηση ‖ *vt* χορηγώ, παρέχω, παραχωρώ ‖ ικανοποιώ *(παράκληση)* ‖ αναγνωρίζω, [παρα]δέχομαι ‖ ~**ed! / ~ed that,** δοθέντος ότι ‖ **take sth for** ~**ed,** παίρνω κτ σα δεδομένο.

granular [`grænjulər] *adj* σπυρωτός.

granule [`grænju:l] *n* κόκκος.

grape [greip] *n* ρόγα, σταφύλι ‖ ~**fruit,** γκρέιπφρουτ.

graph [gra:f] *n* διάγραμμα, γραφική παράσταση ‖ ~ **paper,** χαρτί με τετραγωνίδια.

graphic [`græfik] *adj* γραφικός ‖ παραστατικός ‖ ~**s,** σχεδιαγράμματα.

grapple [`græpl] *vi* αρπάζομαι ‖ ~ **with,** καταπιάνομαι με.

grasp [gra:sp] *vti* πιάνω, σφίγγω ‖ καταλαβαίνω, συλλαμβάνω ‖ ~ **at,** προσπαθώ ν' αρπάξω ‖ ~**ing,** άπληστος, πλεονέχτης.

grass [gra:s] *n* χλόη, χορτάρι ‖ βοσκή ‖ ~**land,** βοσκότοπος ‖ ~**hopper,** ακρίδα ‖ ~**roots,** απλός λαός, απλά μέλη.

grate [greit] *n* σχάρα ‖ *vti* τρίβω ‖ ~ **on,** τρίζω, ενοχλώ ‖ ~**r,** τρίφτης.

grateful [`greitfəl] *adj* ευγνώμων.

gratify [`grætifai] *vt* χαροποιώ, δίνω ευχαρίστηση ‖ ικανοποιώ ‖ ~**ing,** που δίνει χαρά ‖ **gratification,** ικανοποίηση, χαρά.

grating [`greitiŋ] *n* κιγκλίδωμα, δικτυωτό ‖ *adj* ενοχλητικός, κακόηχος.

gratis [`grætis] *adv* δωρεάν.

gratitude [`grætitju:d] *n* ευγνωμοσύνη.

gratuitous [grə`tjuitəs] adj αδικαιολόγητος, περιττός, χωρίς αιτία ‖ δωρεάν.

gratuity [grə`tjuəti] n φιλοδώρημα.

grave [greiv] n τάφος ‖ adj σοβαρός, βαρύς ‖ ~-**clothes**, σάβανα ‖ ~**stone**, ταφόπετρα ‖ ~**yard**, νεκροταφείο.

gravel [grævl] n χαλίκι ‖ vt χαλικοστρώνω.

gravitate [`græviteit] vt έλκομαι προς ‖ **gravitation**, έλξη, βαρύτητα.

gravity [`græviti] n έλξη, βαρύτητα ‖ βάρος ‖ σοβαρότητα ‖ **specific** ~, ειδικό βάρος.

gravure [grə`vjuər] n γκραβούρα.

gravy [`greivi] n σάλτσα.

gray ⇒ GREY

graze [greiz] vti βόσκω, βοσκίζω ‖ ξεγδέρνω, ξύνω ‖ n γδάρσιμο.

grease [gri:s] n λίπος, γράσο ‖ vt γρασάρω ‖ ~ **sb's palm**, λαδώνω κπ.

greasy [`gri:si] adj λιπαρός, λιγδιασμένος ‖ ολισθηρός.

great [greit] adj μέγας, μεγάλος ‖ σπουδαίος ‖ **a ~ deal**, πολύ ‖ ~**coat**, πανωφόρι ‖ ~-**grandfather**, πρόπαππος ‖ ~-**grandmother**, προμάμμη ‖ ~-**grandchildren**, δισέγγονα ‖ ~**ly**, πολύ ‖ ~**ness**, μέγεθος, μεγαλείο.

Grecian [gri:ʃn] adj ελληνικός.

greed [gri:d] n απληστία, λαιμαργία ‖ ~**y**, άπληστος, λαίμαργος.

Greek [gri:k] n Έλληνας ‖ adj ελληνικός ‖ **it's all ~ to me**, μου είναι κινέζικα / ακαταλαβίστικα.

green [gri:n] adj πράσινος ‖ θαλερός ‖ άγουρος ‖ άπειρος, πρωτάρης, άμαθος, αφελής ‖ ~**ery**, πρασινάδα ‖ ~**fly**, μελίγκρα ‖ ~**grocer**, μανάβης ‖ ~**grocery**, μαναβική ‖ ~**horn**, πρωτάρης, ατζαμής ‖ ~**house**, θερμοκήπιο ‖ ~-**stuffs**, λαχανικά.

greet [gri:t] vt χαιρετώ ‖ μτφ. υποδέχομαι ‖ ~**ing** n χαιρετισμός.

gregarious [gri`gɛəriəs] adj αγελαίος.

grenade [grə`neid] n χειροβομβίδα.

grenadier [.grenə`diər] n γρεναδιέρος.

grey [grei] n γκρι, γκρίζο ‖ adj γκρίζος ‖ vti γκριζαίνω ‖ ~ **matter**, φαιά ουσία ‖ ~-**headed**, γκριζομάλλης ‖ ~**hound**, λαγωνικό ‖ ~**ish**, γκριζωπός.

grid [grid] n σχάρα ‖ δικτυωτό ‖ ηλεκτρικό δίκτυ ‖ ~-**iron**, κινητή σχάρα.

grief [gri:f] n πόνος, θλίψη ‖ **come to** ~, παθαίνω ατύχημα.

grievance [`gri:vəns] n παράπονο.

grieve [gri:v] vti πικραίνω, θλίβω / -ομαι, θρηνώ.

grievous [`gri:vəs] adj θλιβερός ‖ οδυνηρός.

grill [gril] n σχάρα ‖ ψητό της σχάρας ‖ vti ψήνω / -ομαι.

grille [gril] n γρίλια, καφασωτό.

grim [grim] adj βλοσυρός, σκληρός, άγριος, μακάβριος ‖ ~**ness**, βλοσυρότητα.

grimace [gri`meis] n γκριμάτσα, μορφασμός ‖ vi μορφάζω.

grime [graim] n λίγδα, λέρα, μουντζούρα ‖ vt λιγδιάζω, λερώνω, μουντζουρώνω.

grimy [`graimi] adj λιγδιασμένος, βρώμικος.

grin [grin] n χαμόγελο, μορφασμός ‖ vi μορφάζω, χαμογελώ.

grind [graind] vti irreg τρίβω, αλέθω / -ομαι ‖ συνθλίβω ‖ τροχίζω, ακονίζω ‖ τρίζω, στριγγλίζω ‖ περιστρέφω ‖ δουλεύω ή μελετώ εντατικά ‖ ~ **out** παράγω αργά και με κόπο ‖ n μτφ. αγγαρεία, μαγκανοπήγαδο ‖ ~**er**, τραπεζίτης (δόντι), μύλος, τροχιστής ‖ ~**stone**, ακόνι.

grip [grip] n σφίξιμο, πιάσιμο ‖ επιβολή, κατανόηση ‖ λαβή ‖ US ταξιδιωτικός σάκος ‖ vti πιάνω, σφίγγω, μαγγώνω ‖ αιχμαλωτίζω (το ενδιαφέρον) ‖ ~**ping** adj συναρπαστικός.

gripes [graips] n pl κολικόπονοι.

grippe [gri:p] n γρίππη.

grisly [`grizli] adj μακάβριος, φρικτός.

gristle [grisl] n χόνδρος, τραγανό.

grit [grit] n πετραδάκι, αμμοχάλικο ‖ μτφ. τόλμη, θάρρος, αντοχή ‖ vt σφίγγω (τα δόντια) ‖ ~**ty**, αμμώδης.

grizzle [grizl] vi κλαψουρίζω.

grizzled [grizld] adj γκριζομάλλης.

groan [groun] n στεναγμός, βογγητό ‖ vti στενάζω, βογγώ ‖ τρίζω.

groats [grouts] n πλιγούρι.

grocer [`grousər] n μπακάλης ‖ ~**y**, μπακαλική ‖ ~**ies**, είδη μπακαλικής.

grog [grog] n ποτό με ρούμι.

groggy [`grogi] adj ετοιμόρροπος.

groin [groin] n βουβώνα.

groom [gru:m] n ιπποκόμος ‖ γαμπρός ‖ vt περιποιούμαι ‖ προετοιμάζω (κπ για καριέρα).

groove [gru:v] n ράβδωση, αυλακιά, πατούρα ‖ μτφ. ρουτίνα ‖ vt αυλακώνω.

groovy [`gru:vi] adj μοντέρνος, της μόδας.

grope [group] vt ψηλαφώ ‖ **gropingly**, ψηλαφητή.

gross [gros] n γρόσσα ‖ adj χονδρός, λιπαρός ‖ χονδροειδής, κατάφωρος ‖ χυδαίος, πρόστυχος, αισχρός ‖ μεικτός, ακαθάριστος ‖ vt αποφέρω (ακαθάριστα κέρδη) ‖ **in the** ~, χονδρικά, συνολικά.

grotesque [grou`tesk] adj αλλόκοτος.

grotto [`grotou] n σπήλαιο.

¹ground [graund] n έδαφος || πυθμένας || γήπεδο || φόντο || *πληθ.* περίβολος || κατακάθια || *ιδ. πληθ.* λόγος, αιτία, βάση || *vti (πλοίο)* προσαράσσω, *(αεροπλάνο)* καθηλώνω στο έδαφος || ηλεκτρ. γειώνω || ~ **sb in,** δίνω καλές βάσεις σε κπ || ~ **on,** βασίζω, θεμελιώνω εις || **down to the** ~, στην εντέλεια || **gain** ~, κερδίζω έδαφος || **get off the** ~, απογειώνομαι, *μτφ.* ξεκινώ || **on the** ~ **that,** επί τω λόγω ότι || ~ **floor,** ισόγειο || ~**ing,** προσάραξη, θεμελίωση, γείωση, βάση, κατάρτιση || ~**less,** αβάσιμος || ~**nut,** αράπικο φιστίκι || ~**plan,** κάτοψη || ~**staff/crew,** προσωπικό/πλήρωμα εδάφους || ~ **swell,** φουσκοθαλασσιά || ~**work,** θεμέλιο, βάση.

²ground [graund] adj τριμμένος, αλεσμένος.

group [gru:p] n ομάδα, παρέα || vti συγκεντρώνω/-ομαι σε ομάδες || **G~ captain,** σμήναρχος.

grouse [graus] n αγριόγαλλος || γκρίνια || vi γκρινιάζω, παραπονούμαι.

grove [grouv] n άλσος, σύδεντρο.

grovel [grovl] vi σέρνομαι, ταπεινώνομαι, πέφτω στα πόδια.

grow [grou] vti irreg γίνομαι || καταλήγω || καλλιεργώ || φυτρώνω, ευδοκιμώ || ~ **up,** μεγαλώνω, ωριμάζω, ανδρώνομαι || ~ **upon,** δυναμώνω (με την πάροδο του χρόνου) || ~ **out of one's clothes,** μεγαλώνω και δεν μου κάνουν τα ρούχα || ~ **out of a habit,** μεγαλώνω και κόβω μια συνήθεια || ~**er,** καλλιεργητής || ~**n-ups,** μεγάλοι.

growl [graul] n γρύλλισμα || vti γρυλλίζω.

growth [grouθ] n ανάπτυξη || καλλιέργεια, παραγωγή || *ιατρ.* όγκος.

grub [grʌb] n κάμπια || *sl* μάσα, φαΐ || vt σκαλίζω, ψαχουλεύω || ~**by,** σκουληκιασμένος, βρώμικος.

grudge [grʌdʒ] n [μνησι]κακία, έχθρα || vt δεν είμαι πρόθυμος να, με πειράζει να || **have/bear a** ~ **against sb,** κρατώ κακία σε κπ || **grudging,** απρόθυμος.

gruel [gruəl] n χυλός.

gruesome [`gru:səm] adj απαίσιος, μακάβριος, ανατριχιαστικός.

gruff [grʌf] adj τραχύς, απότομος.

grumble [grʌmbl] n γκρίνια, μουρμούρα || vti γκρινιάζω, μουρμουρίζω || μπουμπουνίζω.

grumpy [`grʌmpi] adj κατσούφικος, στριφνός.

grunt [grʌnt] n γρύλλισμα || vti γρυλλίζω.

guarantee [ˌgærən`ti:] n εγγύηση || εγγυητής || vt εγγυώμαι.

guarantor [ˌgærən`to:ʳ] n νομ. εγγυητής.

guaranty [`gærənti] n εμπ. εγγύηση.

guard [ga:d] n φρουρός || φρουρά || δεσμοφύλακας || υπεύθυνος τραίνου || επαγρύπνηση || vti φρουρώ, προστατεύω, προσέχω || ~ **against,** φυλάγομαι από || **be on one's** ~, έχω το νου μου, επαγρυπνώ || **be off one's** ~, είμαι αμέριμνος || **catch sb off his** ~, πιάνω κπ στον ύπνο || **mount** ~, αναλαμβάνω φρουρά || **stand** ~, μπαίνω/είμαι φρουρός || **under** ~, υπό φρούρηση/συνοδεία || ~**ed,** επιφυλακτικός || ~**room,** φυλάκιο, πειθαρχείο.

guardian [`ga:diən] n φύλακας || κηδεμόνας || ~**ship,** κηδεμονία.

guerilla [gə`rilə] n αντάρτης.

guess [ges] n εικασία || vti εικάζω, μαντεύω || *US* νομίζω, υποθέτω || **at a** ~, στα κουτουρού || **it's anybody's** ~, είναι εντελώς αβέβαιο || ~**work,** εικασία, υπόθεση.

guest [gest] n φιλοξενούμενος, μουσαφίρης || προσκεκλημένος || ξένος || ~**room,** δωμάτιο ξένων || **paying** ~, οικότροφος.

guffaw [gə`fo:] n καγχασμός, χάχανο || vi καγχάζω, χαχανίζω.

guidance [`gaidəns] n καθοδήγηση.

guide [gaid] n οδηγός || ξεναγός || vt οδηγώ, καθοδηγώ, ξεναγώ || ~**ed missile,** κατευθυνόμενο βλήμα || ~**lines,** κατευθυντήριες γραμμές.

guild [gi:ld] n συντεχνία.

guile [gail] n πονηριά, δόλος.

guillotine [ˌgilə`ti:n] n λαιμητόμος.

guilt [gilt] n ενοχή || ~**y,** ένοχος.

guinea [`gini] n γκινέα || ~**fowl,** φραγκόκοττα || ~**pig,** ινδικό χοιρίδιο.

guise [gaiz] n προσωπείο || **in/under the** ~ **of,** με τη μάσκα, υπό το πρόσχημα.

guitar [gi`ta:ʳ] n κιθάρα.

gulf [gʌlf] n κόλπος || χάσμα, βάραθρο.

gull [gʌl] n γλάρος || κορόιδο || vt εξαπατώ, κοροϊδεύω || ~**ible,** αφελής || ~**ibility,** αφέλεια, μωροπιστία.

gully [`gʌli] n χαντάκι, ρεματιά.

gulp [gʌlp] n ρουφηξιά, μπουκιά || vt καταπίνω, καταβροχθίζω || **at one** ~, μονορρούφι.

gum [gʌm] n ούλο || κόμμι, κόλλα, μαστίχα || **chewing** ~, τσίκλα || ~**my,** κολλώδης.

gumption [`gʌmpʃn] n μυαλό, νιονιό.

gun [gʌn] n όπλο || πυροβόλο, κανόνι || vt ~ **down,** σκοτώνω με όπλο || ~**boat,** κανονιοφόρος || ~**carriage,** κιλλίβας πυροβόλου || ~**fire,** πυρ, πυροβολισμοί ‖ ~**man**, πιστολάς ‖ ~**ner**, πυροβολητής ‖ ~**powder**, μπαρούτι ‖ ~-**running**, λαθρεμπόριο όπλων ‖ ~-**runner**, λαθρέμπορος όπλων ‖ ~**shot**, βεληνεκές ‖ ~**smith**, οπλουργός.

gunwale [gʌnl] *n* κουπαστή.

gurgle [gɔːgl] *n* κελάρυσμα, γουργούρισμα ‖ *vi* κελαρύζω, γουργουρίζω.

guru [ˈguruː] *n* Ινδός ασκητής.

gush [gʌʃ] *n* ξέσπασμα, έκρηξη, διαχυτικότητα ‖ *vi* αναβλύζω ‖ αναλύομαι σε ‖ ~**ing**, διαχυτικός.

gust [gʌst] *n* μπουρίνι, ριπή *(ανέμου)*.

gusto [ˈgʌstou] *n* γούστο, κέφι.

gut [gʌt] *n* χορδή ‖ *πληθ.* έντερα, σπλάχνα ‖ ουσία ‖ κότσια, θάρρος ‖ *vt* ξεντερίζω, καταστρέφω το εσωτερικό *[κτιρίου]* ‖ ~**less**, δειλός, νερόβραστος.

gutter [ˈgʌtəʳ] *n* λούκι, υδρορροή ‖

χαντάκι, ρείθρο (δρόμου) ‖ *μτφ.* βούρκος, δρόμος ‖ ~**snipe**, χαμίνι.

guttural [ˈgʌtərəl] *adj* λαρυγγικός.

guy [gai] *n* τύπος, πρόσωπο ‖ ανδρείκελο.

guzzle [gʌzl] *vt* περιδρομιάζω ‖ ~**r**, φαγάς, λαίμαργος.

gym [dʒim] *βραχ.* του GYMNASTICS

gymnasium [dʒiˈmneiziəm] *n* γυμνάσιο, γυμναστήριο.

gymnastics [dʒiˈmnæstiks] *n* γυμναστική.

gynaecology [ˌgainəˈkolədʒi] *n* γυναικολογία ‖ **gynaecological**, γυναικολογικός ‖ **gynaecologist**, γυναικολόγος.

gypsum [ˈdʒipsəm] *n* γύψος.

gypsy [ˈdʒipsi] *n* τσιγγάνος.

gyrate [ˌdʒaiˈreit] *vi* περιστρέφομαι ‖ **gyration**, περιστροφή.

gyro[scope] [ˈdʒairəskoup] *n* γυροσκόπιο.

H h

haberdasher [ˈhæbədæʃəʳ] *n* έμπορος ψιλικών ‖ ~**y**, ψιλικά.

habit [ˈhæbit] *n* συνήθεια ‖ **make a ~ of**, το παίρνω συνήθεια να.

habitable [ˈhæbitəbl] *adj* κατοικήσιμος.

habitat [ˈhæbitæt] *n* φυσικό περιβάλλον.

habitation [ˌhæbiˈteiʃn] *n* κατοίκηση.

habitual [həˈbitjuəl] *adj* συνηθισμένος, καθ' έξιν ‖ ~**ly**, συνήθως.

habitué [həˈbitjuei] *n* θαμώνας.

hack [hæk] *vt* πελεκώ, πετσοκόβω ‖ *vi* γράφω για άλλον ‖ *n* μερακαματιάρης συγγραφέας ‖ αγοραίο άλογο.

hackney [ˈhækni] *n* μόνιππο, αμαξάκι ‖ ~**ed**, χιλιοειπωμένος, κοινότοπος.

haddock [ˈhædək] *n* μπακαλιάρος.

Hades [ˈheidiːz] *n* Άδης.

haemo ⇒ HEMO

hag [hæg] *n* μάγισσα, στρίγγλα.

haggard [ˈhægəd] *adj* ωχρός, καταβλημένος.

haggle [ˈhægl] *vi* παζαρεύω.

hail [heil] *n* χαλάζι ‖ χαιρετισμός, κλήση, κραυγή ‖ *vi impers* ρίχνει χαλάζι ‖ *vt* χαιρετώ ‖ καλώ, φωνάζω ‖ ~ **down on**, ρίχνω / πέφτω βροχή σε κπ ‖ *interj* χαίρε!

hair [heəʳ] *n* τρίχα ‖ **not turn a ~**, δεν ιδρώνει τ' αυτί μου, δεν πτοούμαι ‖

by a ~'s breadth, παρά τρίχα ‖ **a coat of ~**, τρίχωμα ‖ **keep your ~ on!** ψυχραιμία! ‖ **make one's ~ stand on end**, μου σηκώνεται η τρίχα, φρικιώ ‖ ~**brush**, βούρτσα των μαλλιών ‖ ~**cut**, κούρεμα ‖ ~-**do**, χτένισμα, κόμμωση ‖ ~**dresser**, κομμωτής, κομμώτρια ‖ ~**less**, φαλακρός ‖ ~-**line**, τριχοειδής ‖ ~-**net**, φιλές ‖ ~-**piece**, ποστίς ‖ ~-**pin**, φουρκέτα ‖ ~-**pin bend**, απότομη στροφή σε δρόμο ‖ ~-**raising**, τρομαχτικός ‖ ~-**slide**, τσιμπιδάκι ‖ ~**y**, μαλλιαρός.

hale [heil] *στη φρ* ~ **and hearty**, κοτσονάτος, θαλερός.

half [haːf] *n* μισό ‖ *adj* μισός ‖ **do things by halves**, κάνω μισές δουλειές ‖ **go halves with sb**, πάω μισά-μισά με κπ ‖ **be too clever by ~**, παραείμαι έξυπνος ‖ **my better ~**, το τρυφερό μου ήμισυ ‖ ~-**baked**, μισοψημένος, χαζός, ανώριμος ‖ ~-**blood**, ετεροθαλής συγγενής ‖ ~-**breed**, μιγάδας ‖ ~-**brother**, ετεροθαλής αδελφός ‖ ~-**hearted**, απρόθυμος, χλιαρός, με μισή καρδιά ‖ ~-**holiday**, ημιαργία ‖ ~-**hourly**, ανά ημίωρο ‖ ~-**hour**, ημίωρο ‖ **[at]** ~-**mast**, μεσίστιος ‖ ~-**pay**, μισθός διαθεσιμότητας ‖ ~**penny**

[ˈheipni], μισή πέννα || ~-price, μισοτιμής || ~-seas-over, μισομεθυσμένος || ~-sister, ετεροθαλής αδερφή || ~-time, ημίχρονο || ~-way, μισοστρατίς || ~-wit, λωλός.

halibut [ˈhælibət] n ιχθ. είδος γλώσσας.

hall [hoːl] n χωλ || αίθουσα || ~stand, πορτμαντό || music-~, μιουζικ-χωλ.

hallelujah [ˌhæliˈluːjə] n αλληλούια.

hallmark [ˈhoːlmaːk] n στάμπα.

hallo ⇒ HELLO

hallow [ˈhælou] vt καθαγιάζω.

hallucination [həˌluːsiˈneiʃn] n παραίσθηση.

halo [ˈheilou] n φωτοστέφανος.

halt [hoːlt] n αλτ || vti σταματώ || vi μιλώ ή περπατάω δισταχτικά || **come to a** ~, σταματώ.

halter [ˈhoːltər] n καπίστρι.

halve [haːv] vt μοιράζω στα δύο, μισιάζω.

ham [hæm] n χοιρομέρι, ζαμπόν || ~**burger**, μπιφτέκι από κιμά.

hamadryad [ˌhæməˈdraiəd] n αμαδρυάς || νάγια (φίδι).

hamlet [ˈhæmlət] n χωριουδάκι.

hammer [ˈhæmər] n σφυρί || αθλ. σφύρα || επικρουστήρας || vti σφυροκοπώ || ~ **away at sth**, πέφτω με τα μούτρα, εργάζομαι σκληρά || ~ **and sickle**, σφυροδρέπανο.

hammock [ˈhæmək] n κούνια.

hamper [ˈhæmpər] n καλάθι (με καπάκι) || vt παρακωλύω, εμποδίζω.

hamstring [ˈhæmstriŋ] vt μτφ. σακατεύω.

hand [hænd] n χέρι || εργάτης || δείκτης || γραφή, γραφικός χαρακτήρας || χαρτοπ. χαρτωσιά || παλάμη || vt δίνω, εγχειρίζω || ~ **down**, μεταβιβάζω || ~ **sth on to sb**, προωθώ, δίνω κτ σε κπ || ~ **out**, μοιράζω || ~ **over**, παραδίδω || **bring sb up by** ~, μεγαλώνω κπ με το μπιμπερό || **at** ~, κοντά || **in** ~, διαθέσιμος, προκείμενος, υπό έλεγχο, υπό εκτέλεση || **get out of** ~, ξεφεύγω από κάθε έλεγχο || **take sb in** ~, σφίγγω τα λουριά σε κπ || **from ~ to mouth**, μεροδούλι-μεροφάι || **win ~s down**, κερδίζω πολύ εύκολα || **get sb off one's ~s**, ξεφορτώνομαι κπ, παύω να έχω την ευθύνη του || **shake sb's ~**, χαιρετώ κπ διά χειραψίας || **shake ~s with sb**, δίνω το χέρι σε κπ || ~ **over fist**, με ταχύ ρυθμό || **[vote] by show of ~s**, [ψηφίζω] δι' ανατάσεως των χειρών || **have a ~ in sth**, είμαι ανακατεμένος σε κτ || **on the one ~**, αφενός || **on the other ~**, αφετέρου || ~**s up!** ψηλά τα χέρια || **in ~**, χέρι-χέρι || ~ **and foot**, χειροπόδαρα ||

~**bag**, τσάντα || ~-**barrow**/-**cart**, καρροτσάκι || ~**book**, εγχειρίδιο, βιβλιαράκι || ~**clap**, παλαμάκια || ~**cuff**, χειροπέδη, vt περνώ χειροπέδες || ~**ful**, χούφτα, ζιζάνιο || ~**hold**, λαβή, πιάσιμο || ~**loom**, αργαλειός || ~-**made**, χειροποίητος || ~-**organ**, οργανάκι, λατέρνα || ~-**picked**, επίλεκτος || ~**rail**, κουπαστή || ~**shake**, χειραψία || ~**work**, δουλειά με το χέρι || ~**writing**, γραφικός χαρακτήρας || ~**written**, χειρόγραφος.

handicap [ˈhændikæp] n εμπόδιο, μειονέκτημα || αθλ. χάντικαπ || vt παρεμποδίζω, δυσχεραίνω.

handicraft [ˈhændikraːft] n χειροτεχνία.

handiwork [ˈhændiwəːk] n εργόχειρο || δημιούργημα (με το χέρι).

handkerchief [ˈhæŋkətʃif] n μαντήλι.

handle [ˈhændl] n λαβή, χερούλι, χέρι || vt πιάνω, αγγίζω || [μετα]χειρίζομαι || συμπεριφέρομαι || εμπ. διακινώ || **fly off the** ~, γίνομαι έξω φρενών || ~**bar**, τιμόνι ποδηλάτου.

handsome [ˈhænsəm] adj ωραίος, όμορφος || γενναιόδωρος || σημαντικός.

handy [ˈhændi] adj επιδέξιος || εύχρηστος || πρόχειρος || **come in** ~, φαίνομαι χρήσιμος || ~**man**, πολυτεχνίτης.

hang [hæŋ] n εφαρμογή / πέσιμο φορέματος || νόημα, λειτουργία || vti irreg κρεμώ / -ιέμαι || απαγχονίζω || ~ **around/about**, περιφέρομαι, τριγυρίζω || ~ **back**, δείχνω απροθυμία [να δράσω] || ~ **on**, επιμένω, εμμένω || ~ **on to sth**, κρατώ κτ σφιχτά, κολλώ σε κτ || ~ **out**, κρεμώ έξω, sl μένω, ζω || ~ **over**, επικρέμαμαι, κρεμιέμαι πάνω από || ~ **together**, παραμένω ενωμένοι || ~ **up**, κλείνω το τηλέφωνο || **get the** ~ **of sth**, παίρνω το κολάι σε κτ, μπαίνω στο νόημα || **not give/care a** ~, δε δίνω φράγκο || ~ **on!** για περίμενε! μια στιγμή! || ~**er**, κρεμάστρα || ~**ing**, απαγχονισμός, κουρτίνα || ~**man**, δήμιος || ~**over**, πονοκέφαλος από μεθύσι || ~-**up**, απογοήτευση.

hangar [ˈhæŋər] n υπόστεγο αεροπλάνων.

hangnail [ˈhæŋneil] n παρωνυχίδα.

hanker [ˈhæŋkər] vi λαχταρώ, διψώ || ~**ing**, λαχτάρα, πόθος.

hanky [ˈhæŋki] n χειρομάντηλο || ~-**panky**, απάτη, μπαγαποντιά.

hansom [ˈhænsəm] n μόνιππο.

haphazard [hæpˈhæzəd] adj τυχαίος || adv στην τύχη, στα κουτουρού.

happen [ˈhæpn] vi συμβαίνω || τυχαίνω || ~ **upon**, βρίσκω τυχαία || ~**ing** n συμβάν.

happy [ˈhæpi] adj ευτυχισμένος, ευχαριστημένος || ~**-go-lucky**, ανέμελος || **happily**, ευτυχώς || **happiness**, ευτυχία.

hara-kiri [ˌhærəˈkiri] *n* χαρακίρι.

harangue [həˈræŋ] *n* στομφώδης αγόρευση / επιτίμηση.

harass [ˈhærəs] *vt* παρενοχλώ, βασανίζω, ταλαιπωρώ || ~**ment**, παρενόχληση, βάσανο, ταλαιπωρία.

harbinger [ˈhaːbindʒəʳ] *n* προάγγελος.

harbour [ˈhaːbəʳ] *n* λιμάνι || καταφύγιο || *vti* αγκυροβολώ || κρύβω, παρέχω άσυλο || τρέφω || ~ **dues**, λιμενικά τέλη.

hard [haːd] *adj* σκληρός || δύσκολος || δυσχερής, επίπονος || αυστηρός || σφιχτός,. στερεός || δυνατός || *adv* σκληρά || δύσκολα, με κόπο || δυνατά || πολύ || σφιχτά || ~ **and fast**, άκαμπτος || ~ **of hearing**, βαρήκοος || ~ **by**, εδώ κοντά || **be** ~ **up**, είμαι σε οικονομικές δυσκολίες, δεν έχω || **be** ~ **hit**, πλήττομαι βαριά || **be** ~ **put to it**, το βρίσκω δύσκολο, δεν το μπορώ || **be** ~ **on sb**, είμαι αυστηρός με κπ || **learn sth the** ~ **way**, μαθαίνω κτ πληρώνοντας ακριβά || ~**back**, βιβλίο με σκληρά εξώφυλλα || ~**boiled**, σφιχτοβρασμένος, σκληρός || ~**bitten**, σκληροτράχηλος || ~**core**, σκληροπυρηνικός || ~ **drugs**, σκληρά ναρκωτικά || ~**headed**, θετικός, πρακτικός || ~**hearted**, σκληρόκαρδος || ~ **labour**, καταναγκαστικά έργα || ~**ware**, σιδερικά.

harden [ˈhaːdn] *vti* σκληραίνω, σκληραγωγώ || ~**ed**, πωρωμένος, μαθημένος σε κτ.

hardihood [ˈhaːdihud] *n* τόλμη || ευψυχία.

hardly [ˈhaːdli] *adv* μόλις [και μετά βίας] || σχεδόν || αυστηρά || **can** ~, δυσκολεύομαι να, δεν μπορώ.

hardship [ˈhaːdʃip] *n* κακουχία, ταλαιπωρία || βάσανο, δοκιμασία.

hardy [ˈhaːdi] *adj* σκληραγωγημένος || θαρραλέος, άφοβος, ατρόμητος || ανθεκτικός (στο κρύο).

hare [heəʳ] *n* λαγός || **start a** ~, αλλάζω συζήτηση || ~**bell**, καμπανούλα || ~**brained**, κοκορόμυαλος.

harem [ˈhaːriːm] *n* χαρέμι.

haricot [ˈhærikou] *n* φασόλι.

harlequin [ˈhaːləkwin] *n* αρλεκίνος.

harlot [ˈhaːlət] *n* πουτάνα.

harm [haːm] *n* κακό, βλάβη, ζημιά || *vt* κάνω κακό, βλάπτω, θίγω || ~**ful**, βλαβερός, επιζήμιος || ~**less**, ακίνδυνος, αβλαβής, αθώος.

harmonica [haːˈmonikə] *n* φυσαρμόνικα.

harmonious [haːˈmouniəs] *adj* μελωδικός || αρμονικός.

harmonium [haːˈmouniəm] *n* αρμόνιο.

harmonize [ˈhaːmənaiz] *vti* εναρμονίζω / -ομαι.

harmony [ˈhaːməni] *n* αρμονία.

harness [ˈhaːnis] *n* σαγή, ιπποσκευή, χάμουρα || *vt* βάζω την ιπποσκευή || *μτφ.* τιθασεύω.

harp [haːp] *n* άρπα || *vi* ~ **on**, μιλώ διαρκώς για || ~**ist**, αρπιστής.

harpoon [ˌhaːˈpuːn] *n* καμάκι || *vt* καμακώνω.

harpsichord [ˈhaːpsikoːd] *n* κλαβεσίνο.

harridan [ˈhæridən] *n* γριά στρίγγλα.

harrow [ˈhærou] *n* σβάρνα || *vt* σβαρνίζω || *μτφ.* σπαράσσω.

harry [ˈhæri] *vt* παρενοχλώ, κυνηγώ, βασανίζω || λεηλατώ.

harsh [haːʃ] *adj* τραχύς, δριμύς, άγριος, σκληρός || ~**ness**, τραχύτητα, σκληράδα.

harum-scarum [ˌheərəmˈskeərəm] *n* κουφιοκεφαλάκης.

harvest [ˈhaːvist] *n* σοδειά, συγκομιδή || ~**er**, θεριστής, θεριστική μηχανή.

has-been [ˈhæzbiːn] *n* πρώην.

hash [hæʃ] *vt* λιανίζω, κόβω κιμά || *sl* χασίσι || **make a** ~ **of sth**, τα κάνω θάλασσα.

hashish [ˈhæʃiʃ] *n* χασίσι.

hasp [hæsp] *n* κλάπα, ζεμπερέκι.

hassock [ˈhæsək] *n* εκκλ. μαξιλαράκι.

haste [heist] *n* σπουδή, βιασύνη || **in** ~, βιαστικά || **make** ~, κάνω γρήγορα.

hasten [ˈheisn] *vti* σπεύδω || επιταχύνω.

hasty [ˈheisti] *adj* βιαστικός, εσπευσμένος || οξύθυμος || **hastily**, βιαστικά.

hat [hæt] *n* καπέλο || **talk through one's** ~, λέω τρίχες || **I'll eat my** ~ **if**, να μου τρυπήσεις τη μύτη αν... || ~**-box**, καπελιέρα || ~**-stand**/**-rail**, κρεμάστρα για καπέλα || ~**ful**, καπελιά || ~**less**, ξεσκούφωτος || ~**ter**, καπελάς.

hatch [hætʃ] *n* πορτάκι || παραθυράκι (κουζίνας) || ~**[way]**, μπουκαπόρτα || *vti* εκκολάπτω || εξυφαίνω || ~**ery**, εκκολαπτήριο, ιχθυοτροφείο.

hatchet [ˈhætʃit] *n* τσεκουράκι || **bury the** ~, ξεχνώ τα μίση, κάνω ειρήνη.

hate [heit] *n* μίσος, αποστροφή || *vt* μισώ || σιχαίνομαι || ~**ful**, μισητός, σιχαμερός.

hatred [ˈheitrid] *n* μίσος, εχθρότητα.

haughty [ˈhoːti] *adj* αλαζονικός, υπεροπτικός || **haughtiness**, αλαζονία, υπεροψία.

haul [hoːl] *vt* τραβώ, σέρνω || *n* πιάσιμο, διχτυά (ψάρια), μπάζα || ~**age**, μεταφορά εμπορευμάτων || ~**ier**, πράκτορας μεταφοράς.

haunch [hoːntʃ] *n* γοφός, γλουτός ||

πληθ. πισινά.

haunt [ho:nt] *n* στέκι, εντευκτήριο ‖ *vt* συχνάζω ‖ στοιχειώνω ‖ *μτφ.* κυνηγώ, φέρνω νοσταλγικά στο νου ‖ ~**ed**, στοιχειωμένος ‖ ~**ing**, νοσταλγικός.

have [hæv] *vti irreg aux* έχω ‖ κατέχω ‖ (*με can't ή won't*) επιτρέπω, ανέχομαι ‖ παίρνω ‖ κάνω ‖ εξαπατώ ‖ ~ **sth on**, έχω κτ φορεμένο ‖ ~ **sb on**, ξεγελώ κπ ‖ ~ **to**, πρέπει να ‖ ~ **to do with**, έχω σχέση με, είμαι ανακατεμένος εις ‖ ~ *had it*, την έπαθα! ‖ ~ *it out with sb*, εξηγούμαι καθαρά με κπ.

haven [heivn] *n* λιμάνι.

haversack [`hævəsæk] *n* γυλιός, σακίδιο.

havoc [`hævək] *n* καταστροφή ‖ *make* ~ *of; play* ~ *with*, κάνω θραύση.

hawk [ho:k] *n* γεράκι ‖ *vt* πουλώ με καροτσάκι ‖ διαδίδω ‖ ~**-eyed**, αητομάτης ‖ ~**er**, πλανόδιος μικροπωλητής.

hawser [`ho:zə`] *n* παλαμάρι.

hawthorn [`ho:θo:n] *n* λευκάκανθος.

hay [hei] *n* χόρτο, σανός ‖ ~**stack**, ~**rick**, θημωνιά ‖ *go* ~**wire**, γίνομαι άνω-κάτω.

hazard [`hæzəd] *n* κίνδυνος ‖ *vt* διακινδυνεύω ‖ ~**ous**, ριψοκίνδυνος.

haze [heiz] *n* καταχνιά (ζέστης).

hazel [heizl] *n* φουντουκιά ‖ ~**-nut**, φουντούκι.

hazy [`heizi] *adj* θαμπός, καταχνιασμένος ‖ ασαφής ‖ **haziness**, καταχνιά, ασάφεια.

H-bomb [`eitʃ-bom] *n* υδρογονοβόμβα.

he [hi:] *pron* αυτός.

head [hed] *n* κεφάλι ‖ κεφαλή, αρχηγός, προϊστάμενος ‖ άκρη, κορυφή ‖ κεφάλαιο, σημείο ‖ *vti* ηγούμαι, είμαι/μπαίνω επικεφαλής ‖ δίνω κουτουλιά ‖ κατευθύνομαι, τραβώ προς ‖ *adj* κύριος, πρωτεύων ‖ ~ *over heels*, ως τα μπούνια ‖ *at the* ~ *of*, επικεφαλής ‖ *bite sb's* ~ *off*, κατσαδιάζω κπ άγρια ‖ *bring sth/come to a* ~, οδηγώ κτ/καταλήγω σε κρίση ‖ *eat one's* ~ *off*, τρώω του σκασμού ‖ *gather* ~, ογκούμαι, αυξάνω ‖ *give sb his* ~, αφήνω κπ ελεύθερο να δράσει ‖ *go to one's head*, μεθάω ‖ *keep/lose one's* ~, διατηρώ/χάνω την ψυχραιμία μου ‖ *laugh one's* ~ *off*, λύομαι στα γέλια ‖ *talk sb's* ~ *off*, τρελλαίνω κπ στην πολυλογία ‖ *turn sb's* ~, γυρίζω τα μυαλά κάποιου ‖ *off one's* ~, τρελλός ‖ ~**ache**, πονοκέφαλος ‖ ~**band**, κεφαλόδεσμος ‖ ~**dress/gear**, κάλυμμα του κεφαλιού ‖ ~**er**, κεφαλιά ‖ βουτιά με το κεφάλι ‖ ~**ing**, επικεφαλίδα ‖ ~**light/lamp**, προβολέας αυτοκινήτου

‖ ~**land**, ακρωτήρι ‖ ~**line**, δημοσιογρ. τίτλος ‖ ~**master**, γυμνασιάρχης ‖ ~**mistress**, διευθύντρια σχολείου ‖ ~ **office**, κεντρικά γραφεία ‖ ~**phones**, ακουστικά ‖ ~**piece**, κράνος ‖ ~**quarters**, αρχηγείο ‖ ~**spring**, κεφαλάρι, πηγή ‖ ~**stall**, καπιστράτα ‖ ~**strong**, ισχυρογνώμων ‖ ~**word**, κεφαλίδα, λήμμα ‖ ~**way**, πρόοδος ‖ ~**y**, μεθυστικός, ιλιγγιώδης, ορμητικός, φουριόζος.

headlong [`hedloŋ] *adj, adv* με το κεφάλι ‖ απερίσκεπτος, ορμητικός.

heal [hi:l] *vti* επουλώνω/-ομαι ‖ γιατρεύω ‖ ~**er**, θεραπευτής ‖ ~**ing**, γιατρειά, επούλωση, *adj* συμφιλιωτικός.

health [helθ] *n* υγεία ‖ ~**y**, υγιής, υγιεινός, καλός.

heap [hi:p] *n* σωρός ‖ *vt* ~ *[up]*, σωριάζω, συσσωρεύω ‖ ~**s**, πολύ ‖ ~**s of**, ένα σωρό.

hear [hiə`] *vti irreg* ακούω ‖ μαθαίνω ‖ ~ *about*, μαθαίνω για ‖ ~ *from sb*, παίρνω ειδήσεις από κπ ‖ ~ *of*, ακούω να γίνεται λόγος για ‖ ~! ~! *επιφ.* επιδοκιμασίας μπράβο! ‖ ~**er**, ακροατής ‖ ~**say**, φήμη, διάδοση.

hearing [`hiəriŋ] *n* ακοή ‖ ακρόαση ‖ *νομ.* ακροαματική διαδικασία ‖ *be hard of* ~, είμαι βαρήκοος ‖ *in sb's* ~, εις επήκοον κάποιου.

hearse [hə:s] *n* νεκροφόρα.

heart [ha:t] *n* καρδιά ‖ ψυχή ‖ χαρτοπ. κούπα ‖ *at* ~, κατά βάθος, βασικά ‖ *by* ~, απέξω, από στήθους ‖ *have sth at* ~, ενδιαφέρομαι πολύ για κτ ‖ *have the* ~ *to do sth*, μου βαστάει η καρδιά να κάμω κτ ‖ *have one's* ~ *in sth*, έχω ζήλο σε κτ ‖ *have one's* ~ *in one's boots/mouth*, παραλύω από το φόβο μου ‖ *have one's* ~ *in the right place*, είμαι [άνθρωπος] λεβεντιά ‖ *in one's* ~ *of* ~*s*, στα κατάβαθα της καρδιάς μου ‖ *lose* ~, αποθαρρύνομαι ‖ ~ *and soul*, ψυχή τε και σώματι ‖ *to one's* ~*'s content*, με την ψυχή μου ‖ *the* ~ *of the matter*, η ουσία του ζητήματος ‖ ~**ache** καϋμός, μαράζι ‖ ~ **attack**, καρδιακή προσβολή ‖ ~**beat**, καρδιοχτύπι, παλμός ‖ ~**break**, σπαραγμός ‖ ~**breaking**, σπαραχτικός ‖ ~**burn**, ανακαψύλια ‖ ~ **failure**, συγκοπή ‖ ~**felt**, εγκάρδιος ‖ ~**less**, άκαρδος, σκληρός ‖ ~**rending**, σπαραξικάρδιος ‖ ~**strings**, ευαίσθητη χορδή.

hearten [`ha:tn] *vt* ενθαρρύνω, εγκαρδιώνω.

hearth [ha:θ] *n* τζάκι, εστία.

heartily [`ha:tili] *adv* εγκάρδια ‖ καλά, γερά ‖ πολύ, μ' όλη την καρδιά.

hearty [`ha:ti] *adj* εγκάρδιος, ειλικρινής || ρωμαλέος, σφριγηλός || *(φαΐ)* πλούσιος, γερός.

heat [hi:t] *n* ζέστη, καύσωνας, θερμότητα || έξαψη, ενθουσιασμός || *(στα ζώα)* οργασμός || *vti* ζεσταίνω/-ομαι, εξάπτω, ανάβω || *a dead* ~, ισοπαλία || ~*edly*, ξαναμμένα, οργισμένα || ~*er*, θερμοσίφωνας, καλοριφέρ, θερμάστρα || ~-*stroke*, θερμοπληξία || ~*wave*, κύμα καύσωνα.

heath [hi:θ] *n* ρείκι || θαμνότοπος.

heathen [`hi:ðən] *n* ειδωλολάτρης.

heather [`heðə'] *n* ρείκι || θαμνότοπος.

heave [hi:v] *n* σήκωμα || πέταμα || φούσκωμα || ανεβοκατέβασμα || *vti* βγάζω, αφήνω *(βογγητό)* || σηκώνω *(κτ βαρύ)* || ρίχνω, πετώ || φουσκώνω, ανεβοκατεβαίνω ρυθμικά || τραβώ || σταματώ || ~ *in sight*, *(πλοίο)* φαίνομαι στον ορίζοντα.

heaven [hevn] *n* ουρανός || ~*ly*, ουράνιος, θεσπέσιος || ~*sent*, ουρανόπεμπτος || ~*wards*, προς τον ουρανό.

heavy [`hevi] *adj* βαρύς || δύσβατος, δύσκολος || φουρτουνιασμένος || ~ *going*, βαρετός, δύσκολος || ~-*duty*, μεγάλης αποδόσεως || ~-*handed*, αδέξιος || **heavily** *adv* βαριά.

Hebrew [`hi:bru:] *n* Εβραίος || εβραϊκή γλώσσα || *adj* εβραϊκός.

hecatomb [`hekətu:m] *n* εκατόμβη.

heckle [hekl] *vt* διακόπτω συνεχώς ομιλητή || ~*r*, ταραξίας.

hectare [`hekteə'] *n* εκτάριο.

hectic [`hektik] *adj* ξαναμμένος, πυρετώδης || γεμάτος ένταση ή δραστηριότητα.

hector [`hektə'] *vti* τρομοκρατώ, βάζω τις φωνές.

hedge [hedʒ] *n* φράχτης || *μτφ.* φράζω || τα στρίβω, αποφεύγω να λάβω θέση, ποντάρω σε δυο ταμπλώ || ~*hog*, σκαντζόχοιρος.

hedonism [`hi:dənizəm] *n* ηδονισμός.

hedonist [`hi:dənist] *n* ηδονιστής || ~*ic*, ηδονιστικός.

heed [hi:d] *vt* προσέχω, λαβαίνω υπόψη μου || *n* προσοχή || ~*ful*, προσεχτικός || ~*less*, απρόσεχτος.

hee-haw [`hi:ho:] *n* γκάρισμα, καγχασμός.

heel [hi:l] *n* φτέρνα || τακούνι || *vt* βάζω τακούνια || *vi* ~ *over*, μπατάρω || *kick/cool one's* ~*s*, ξεροσταλιάζω || *kick up one's* ~*s*, ξεφαντώνω || *take to one's* ~*s*, το βάζω στα πόδια || *turn on one's* ~, κάνω μεταβολή || *down-at*-~, κουρελής, μπατίρης.

hegemony [hi:`geməni] *n* ηγεμονία.

heifer [`hefə'] *n* γελαδίτσα, δαμάλα.

height [hait] *n* ύψος || ύψωμα, λόφος || αποκορύφωμα, ζενίθ || ~*en*, αυξάνω/-ομαι, επιτείνω.

heinous [`heinəs] *adj* ειδεχθής, στυγερός.

heir [eə'] *n* κληρονόμος || ~*ess*, θηλ. κληρονόμος || ~*loom*, οικογενειακό κειμήλιο.

helicopter [`helikoptə'] *n* ελικόπτερο.

hell [hel] *n* κόλαση || *interj* διάβολος || *give sb* ~, κάνω το βίο αβίωτο || *suffer* ~, περνώ βάσανα/μαρτύρια || *for the* ~ *of it*, έτσι, για γούστο/πλάκα || *go to* ~, άι στο διάολο! || *a* ~ *of a lot*, ένα σωρό || ~-*cat*, στρίγγλα, σκύλα || ~*ish*, διαβολικός.

Hellene [`heli:n] *n* Έλλην.

Hellenic [he`li:nik, *US* he`lenik] *adj* ελληνικός.

hello [hə`lou] *interj* γεια!

helm [helm] *n* πηδάλιο || ~*sman*, πηδαλιούχος.

helmet [`helmit] *n* κράνος, κάσκα.

helot [`helət] *n* είλωτας.

help [help] *n* βοήθεια || θεραπεία || οικιακή βοηθός || *vti* ~ [*with sth*], βοηθώ [σε κτ] || ~ *oneself to sth*, σερβίρομαι κτ || *be of* ~ *to sb*, βοηθώ κπ || *can't* ~ *doing sth*, δεν μπορώ να μην κάνω κτ || ~*er*, βοηθός || ~*ful*, εξυπηρετικός, χρήσιμος || ~*fulness*, χρησιμότητα || ~*ing* *n* μερίδα, σερβίρισμα || ~*less*, ανίκανος, ανήμπορος, χαμένος, αμήχανος || ~*lessly*, αμήχανα || ~*mate*, σύντροφος *(ιδ. σύζυγος)*.

helter-skelter [‚heltə`skeltə'] *adv* κουτρουβαλώντας.

helve [helv] *n* στυλιάρι.

¹**hem** [hem] *n* ούγια, στρίφωμα || *vt* στριφώνω || ~ *about/in*, περιτριγυρίζω, περικλείνω || ~-*line*, ποδόγυρος, στρίφωμα φούστας || ~-*stitch*, αζούρ.

²**hem** [hem] *vi* ξεροβήχω, κομπιάζω.

hemisphere [`hemisfiə'] *n* ημισφαίριο.

hemlock [`hemlok] *n* κώνειο.

hemorrhage [`heməridʒ] *n* αιμορραγία.

hemorrhoids [`heməroidz] *n* αιμορροΐδες.

hemp [hemp] *n* κάνναβις || ~*en*, κανναβένιος.

hen [hen] *n* κότα || το θηλυκό πουλιών || ~-*coop*, κλουβί για κότες || ~-*house*, κοτέτσι || ~-*party*, γυναικοπαρέα || ~-*pecked*, γυναικόδουλος || ~-*roost*, κούρνια.

hence [hens] *adv* όθεν, γι' αυτό το λόγο || από τώρα.

henchman [`hentʃmən] *n* μπράβος.

hepatitis [‚hepə`taitis] *n* ηπατίτιδα.

her [hə:'] *pron* την || *adj* της || ~*s*, δικό της || ~*self*, η/την ίδια.

herald [ˈherəld] *n* κήρυκας ‖ προάγγελος ‖ ~**ic**, εραλδικός ‖ ~**ry**, οικοσημολογία.
herb [hə:b] *n* χόρτο, βοτάνι ‖ ~**al**, από χόρτα ‖ ~**ivorous**, χορτοφάγο[ς].
herculean [ˌhə:kjuˈliən] *adj* ηράκλειος.
Hercules [ˈhə:kjuli:z] *n* Ηρακλής.
herd [hə:d] *n* αγέλη / βοσκός ‖ μπουλούκι ‖ *vti* μαζεύω / -ομαι σε κοπάδι.
here [hiəˈ] *adv* εδώ ‖ ~ **neither ~ nor there**, άσχετος ‖ ~**'s to**, εις υγείαν... ‖ ~**after**, στο εξής ‖ ~**by**, διά του παρόντος ‖ ~**of**, του παρόντος, αυτού ‖ ~**tofore**, μέχρι τώρα ‖ ~**upon**, επί τούτου, μετά ταύτα, εν προκειμένω ‖ ~**with**, διά της παρούσης, εσωκλείστως.
hereditary [hiˈreditri] *adj* κληρονομικός.
heredity [hiˈrediti] *n* κληρονομικότητα.
heresy [ˈherəsi] *n* αίρεση.
heretic [ˈherətic] *n* αιρετικός ‖ ~**al** *adj* αιρετικός.
heritage [ˈheritidʒ] *n* κληρονομιά.
hermetic [həːˈmetic] *adj* ερμητικός ‖ ~**ally** *adv* ερμητικά.
hermit [ˈhəːmit] *n* ερημίτης ‖ ~**age**, ερημητήριο.
hernia [ˈhəːniə] *n* κήλη.
hero [ˈhiərou] *n* ήρωας.
heroic [hiˈrouik] *adj* ηρωικός.
heroin [ˈherouin] *n* ηρωίνη.
heroine [ˈherouin] *n* ηρωίδα.
heron [ˈherən] *n* ερωδιός.
herring [ˈheriŋ] *n* ρέγγα ‖ ~**-bone**, ψαροκόκκαλο.
Hertzian [ˈhəːtsiən] *adj* ερτζιανός.
hesitant [ˈhezitənt] *adj* διστακτικός.
hesitate [ˈheziteit] *vi* διστάζω ‖ **hesitation**, δισταγμός, διστακτικότητα.
hessian [ˈhesiən] *n* λινάτσα.
heterodox [ˈhetərədoks] *adj* ετερόδοξος.
hew [hju] *vti irreg* πελεκώ, λιανίζω, λαξεύω, φτιάχνω *(πελεκώντας)*.
heyday [ˈheidei] *n* ακμή, δόξες.
hi [hai] *interj* γεια!
hibernate [ˈhaibəneit] *vi* διαχειμάζω, πέφτω σε χειμερία νάρκη ‖ **hibernation**, χειμερία νάρκη.
hibiscus [haiˈbiskəs] *n* ιβίσκος.
hiccup, hiccough [ˈhikʌp] *n* λόξυγγας ‖ *vi* έχω λόξυγγα ‖ **have the ~s**, με πιάνει λόξυγκας.
hide [haid] *n* τομάρι, δέρμα ‖ *vti irreg* κρύβω / -ομαι ‖ **save one's ~**, σώζω το τομάρι μου ‖ **tan sb's ~**, μαυρίζω κπ στο ξύλο ‖ ~**-and-seek**, κρυφτούλι ‖ ~**out/away**, κρυψώνας, κρησφύγετο ‖ ~**bound**, σκοτοκέφαλος.
hideous [ˈhidiəs] *adj* αποκρουστικός, ειδεχθής, απαίσιος.
hiding [ˈhaidiŋ] *n* κρύψιμο ‖ ξυλο[δαρ-

μός] ‖ **be in ~**, κρύβομαι ‖ **go into ~**, κρύβομαι ‖ **give sb/get a good ~**, δίνω σε κπ/τρώω ένα γερό ξύλο ‖ ~**place**, κρυψώνα.
hierarchy [ˈhaiəraːki] *n* ιεραρχία.
hieroglyphic [ˌhaiərəˈglifik] *adj* ιερογλυφικός ‖ ~**s** *n pl* ιερογλυφικά.
higgledy-piggledy [ˌhigldiˈpigldi] *adv* φύρδην-μίγδην, άνω-κάτω.
high [hai] *adj* ψηλός ‖ μεγάλος ‖ ανώτερος ‖ καλός ‖ οξύς, έντονος ‖ υψηλός, ευγενής *(για τροφές)* πολύ σιτεμένος ‖ προχωρημένος ‖ μαστουρωμένος ‖ *adv* ψηλά, πλούσια, ακριβά ‖ *n* ύψη ‖ ~ **and dry**, *(πλοίο)* προσαραγμένος, *(άνθρ.)* ρέστος ‖ **fly/aim ~**, έχω μεγάλες φιλοδοξίες ‖ ~ **and low**, παντού ‖ ~**born**, αριστοκρατικός ‖ ~**brow**, διανοούμενος, διανοουμενίστικος ‖ ~ **chair**, ψηλό καρεκλάκι για μωρά ‖ H~ **Court**, ανώτατο δικαστήριο ‖ ~**falutin**, σπουδαιοφανής ‖ ~**fidelity** *(βραχ.* **hi-fi)**, υψηλής πιστότητος ‖ ~**-flown**, πομπώδης ‖ ~**-flying**, φιλόδοξος ‖ ~**-grade**, αρίστης ποιότητος ‖ ~**-handed**, αγέρωχος, αυταρχικός ‖ **the ~ jump**, άλμα εις ύψος ‖ ~**-keyed**, οξύς, νευρικός ‖ ~**lander**, ορεσίβιος Σκωτσέζος ‖ ~**level**, υψηλού επιπέδου ‖ ~**light**, αποκορύφωμα, *vt* εξαίρω, τονίζω ‖ ~**ly**, πολύ ‖ ~**lystrung**, νευρικός ‖ ~**-minded**, υψηλόφρων ‖ ~**-mindedness**, υψηλοφροσύνη ‖ **Highness**, *(τίτλος)* Υψηλότατος ‖ ~**pitched**, οξύς, τσιριχτός ‖ ~ **pressure**, υπέρταση, πιεστικός ‖ ~**-priced**, ακριβός ‖ ~ **priest**, μέγας αρχιερέας ‖ ~**principled**, υψηλών αρχών, με ιδανικά ‖ ~**-ranking**, ανώτερος ‖ ~**-rise**, ψηλός ‖ ~ **road**, δημοσιά ‖ ~ **school**, γυμνάσιο ‖ **the ~ seas**, το πέλαγος, η ανοιχτή θάλασσα ‖ ~**-sounding**, ηχηρός, πομπώδης, εντυπωσιακός ‖ ~**spirited**, ζωηρός ‖ ~ **spot**, αποκορύφωμα ‖ ~ **street**, κεντρικός δρόμος *(χωριού)* ‖ ~**-tension**, ηλεκτρ. υψηλής τάσεως ‖ ~ **tide/water**, φουσκονεριά, πλημμυρίδα ‖ ~ **treason**, εσχάτη προδοσία ‖ ~**-up**, μεγαλόσχημος ‖ ~**way**, εθνική οδός, δημοσιά ‖ ~**wayman**, ληστής ταξιδιωτών.
hijack [ˈhaidʒæk] *n* αεροπειρατεία ‖ *vt* κάνω αεροπειρατεία ‖ ~**er**, αεροπειρατής.
hike [haik] *n* πεζοπορία ‖ *vi* πεζοπορώ ‖ ~**r**, πεζοπόρος.
hilarious [hiˈleəriəs] *adj* ξεκαρδιστικός, εύθυμος.
hilarity [hiˈlærəti] *n* ιλαρότητα, ευθυμία, γέλια.

hill [hil] *n* λόφος || ~**-billy**, ορεσίβιος || ~**side**, λοφοπλαγιά || ~**y**, λοφώδης.

hillock [ˈhilək] *n* λοφίσκος.

hilt [hilt] *n* λαβή *(ξίφους)*.

him [him] *pron* αυτόν, τον || ~**self**, τον ίδιο.

hind [haind] *adj* πισινός || ~**sight**, εκ των υστέρων γνώση.

hinder [ˈhində^r] *vt* [παρ]εμποδίζω.

hindrance [ˈhindrəns] *n* εμπόδιο.

Hindu [ˌhinˈduː] *n* Ινδουιστής || ~**ism**, ινδουισμός.

hinge [hindʒ] *n* μεντεσές || *vt* κρεμώ || ~ **upon**, εξαρτιέμαι από.

hint [hint] *n* νύξη, υπαινιγμός || *vti* υπαινίσσομαι, υπονοώ, κάνω νύξη || **drop a** ~, κάνω υπαινιγμό || **take a** ~, καταλαβαίνω έναν υπαινιγμό.

hinterland [ˈhintələnd] *n* ενδοχώρα.

hip [hip] *n* γοφός, μέση || ~**-pocket**, κωλότσεπη || ~**pie** ή ~**py**, χίπης.

hippodrome [ˈhipədroum] *n* ιππόδρομος.

hippo[potamus] [ˌhipəˈpotəməs] *n* ιπποπόταμος.

hire [haiə^r] *n* μίσθωση, ενοικίαση || *vt* μισθώνω, ενοικιάζω || ~ **out**, ενοικιάζω *(σε άλλους)* || **on** ~**-purchase**, με δόσεις.

hireling [ˈhaiəliŋ] *n* μίσθαρνο όργανο.

hirsute [ˈhəːsjuːt] *adj* μαλλιαρός, δασύτριχος.

his [hiz] *adj, pron* [δικός] του.

hiss [his] *n* σφύριγμα || *vti* σφυρίζω.

historian [hiˈstoriən] *n* ιστορικός.

historic[al] [hiˈstorik(l)] *adj* ιστορικός.

history [ˈhistəri] *n* ιστορία.

histrionic [ˌhistriˈonik] *adj* θεατρικός || θεατρινίστικος, ψεύτικος || ~**s** *n pl* θεατρινισμοί.

hit [hit] *n* χτύπημα || επιτυχία || μηχτή || *vti irreg* χτυπώ || πετυχαίνω, βρίσκω || ~ **hard**, πλήττω || ~ **off**, σκιτσάρω πετυχημένα || ~ **out**, χτυπώ στα τυφλά || ~ **upon**, πέφτω πάνω εις, βρίσκω τυχαία || ~ **it off with sb**, τα πάω καλά με κπ, ταιριάζω || ~ **the road**, ξεκινώ || **make a** ~, έχω επιτυχία, εντυπωσιάζω.

hitch [hitʃ] *n* εμπόδιο, σκάλωμα, αναποδιά || απότομο τίναγμα ή τράβηγμα || *vti* σκαλώνω, δένω/-ομαι, πιάνω || ~ **up**, τραβώ, ανασηκώνω || ~ **a ride**, κάνω ωτοστόπ || ~**-hike**, κάνω ωτοστόπ || ~**-hiker**, ένας που κάνει ωτοστόπ.

hitherto [ˌhiðəˈtuː] *adv* μέχρι τώρα.

hive [haiv] *n* κυψέλη.

hoar [hoː^r] *adj* λευκός || ~**frost**, τσάφι || ~**y**, παλιός, σεβάσμιος.

hoard [hoːd] *n* θησαυρός, σωρός, απόθεμα || *vti* αποθησαυρίζω, αποκρύπτω, μαζεύω || ~**ing**, σανίδωμα.

hoarse [hoːs] *adj* βραχνός || ~**ness**, βραχνάδα || **shout oneself** ~, βραχνιάζω από τις φωνές.

hoax [houks] *n* απάτη, κόλπο, φάρσα || *vt* ξεγελώ.

hobble [hobl] *n* κούτσαμα || *vi* κουτσαίνω || πεδουκλώνω *(ζώο)*.

hobby [ˈhobi] *n* χόμπυ || ~**-horse**, ξύλινο αλογάκι, *μτφ.* λόξα.

hobgoblin [hobˈgoblin] *n* παπουτσόπροκα.

hobnob [hobˈnob] *vi* κάνω παρεούλα, τα κουτσοπίνω *(με κπ)*.

hobo [ˈhoubou] *n* US αλήτης.

hocus-pocus [ˈhoukəsˈpoukəs] *n* κόλπο, απάτη, ταχυδακτυλουργία.

hod [hod] *n* πηλοφόρι.

hoe [hou] *n* τσάπα, αξίνα || *vt* τσαπίζω.

hog [hog] *κρλ. και μτφ.* γουρούνι || ~**gish**, λαίμαργος, βρωμιάρης || ~**wash**, νερόπλυμα, *μτφ.* ανοησίες.

hoist [hoist] *n* βίντζι, παλάγκο || *vt* υψώνω, ανεβάζω, τραβώ.

hold [hould] *n* στήριγμα, πιάσιμο, λαβή || επιρροή, έλεγχος || αμπάρι *(πλοίου)* || *vti* κρατώ, κρατιέμαι || συγκρατώ || αντέχω, βαστώ || υπερασπίζω || κατέχω, έχω || χωρώ || διαρκώ || θεωρώ || κάνω, οργανώνω || ~ **back**, δείχνω απροθυμία, στέκομαι εμπόδιο, κατακρατώ || ~ **down**, κρατώ σε υποταγή || ~ **in**, συγκρατώ || ~ **off**, κρατώ σε απόσταση || ~ **on**, κρατώ/κρατιέμαι σφιχτά || ~ **out**, κρατώ, αντέχω || ~ **out for**, επιμένω, απαιτώ || ~ **over**, αναβάλλω, απειλώ || ~ **to**, εμμένω || ~ **together**, διατηρώ τη συνοχή μου, παραμένω ενωμένος || ~ **up**, κρατώ ψηλά, προβάλλω || ~ **the line!** περιμένετε στο ακουστικό σας! || ~ **one's own/one's ground**, δεν υποχωρώ, κρατάω καλά || ~ **good/true**, ισχύω, αληθεύω || ~ **water**, *(για επιχείρηση)* δε στέκω || **not** ~ **with**, δεν συμφωνώ, δεν επιδοκιμάζω || ~**-all**, ταξιδιωτικός σάκκος || ~**-er**, κρατών, κάτοχος || ~**ing**, κτήμα, περιουσία, μετοχή.

hole [houl] *n* τρύπα, λακκούβα || φωλιά, τρώγλη || δύσκολη θέση || **be in a** ~, είμαι στριμωγμένος || **pick** ~**s in**, κάνω κτ κόσκινο || **stop a** ~, βουλώνω μια τρύπα.

holiday [ˈholidei] *n* αργία, γιορτή ||*πληθ.* διακοπές || **be on** ~, έχω διακοπές || ~**-camp**, κατασκήνωση || ~**-maker**, παραθεριστής || **half-**~, ημιαργία.

holiness [ˈhoulinis] *n* αγιότητα.

Holland [ˈholənd] *n* Ολλανδία.

holler [ˈholə^r] *vi* σκούζω, γκαρίζω.

hollow [ˋholou] *adj* κούφιος ‖ κοίλος, βαθουλωμένος ‖ υπόκωφος ‖ ψεύτικος ‖ *n* κουφάλα, βαθούλωμα ‖ *vt* κουφώνω, βαθουλώνω ‖ **beat sb ~**, νικώ κπ κατά κράτος.

holly [ˋholi] *n* πουρνάρι.

holocaust [ˋholəkɔːst] *n* ολοκαύτωμα.

holster [ˋhoulstəʳ] *n* θήκη πιστολιού.

holy [ˋhouli] *adj* άγιος, ιερός ‖ **the ~ of holies**, τα άγια των αγίων ‖ **a ~ terror**, διαβολάνθρωπος, φόβος και τρόμος.

homage [ˋhomidʒ] *n* φόρος τιμής / υποτελείας ‖ **pay ~ to sb**, αποτίω φόρο τιμής σε κπ.

home [houm] *n* σπίτι ‖ πατρίδα ‖ ίδρυμα, οίκος ‖ οικογένεια ‖ καταφύγιο, άσυλο ‖ *adj* οικογενειακός ‖ εγχώριος, ντόπιος ‖ **be/feel at ~**, νιώθω σα στο σπίτι μου ‖ **bring/come ~ to sb**, γίνομαι αντιληπτός ‖ **make oneself at ~**, βολεύομαι άνετα ‖ **H~ Office/Secretary**, GB Υπουργείο / Υπουργός Εσωτερικών ‖ **H~ Rule**, αυτοκυβέρνηση ‖ **~-made**, σπιτικός ‖ **~coming**, παλινόστηση ‖ **~-grown**, ντόπιος ‖ **~land**, γενέτειρα ‖ **~sick**, νοσταλγών ‖ **~sickness**, νοσταλγία ‖ **~work**, κατ' οίκον εργασία, προετοιμασία ‖ **~wards**, προς το σπίτι ‖ **~y**, σπιτικός, απλός.

homely [ˋhoumli] *adv* απλός, σπιτικός.

Homer [ˋhoumə] *n* Όμηρος ‖ **~ic** [houˋmerik] *adj* ομηρικός.

homicide [ˋhomisaid] *n* ανθρωποκτονία ‖ ανθρωποκτόνος ‖ **homicidal**, φονικός.

homily [ˋhomili] *n* κήρυγμα, ομιλία.

homogeneous [ˏhoməˋdʒiːniəs] *adj* ομοιογενής ‖ **homogeneity**, ομοιογένεια.

homosexual [ˏhoməˋsekʃuəl] *n, adj* ομοφυλόφυλος ‖ **~ity**, ομοφυλοφιλία.

hone [houn] *n* ακόνι ‖ *vt* ακονίζω.

honest [ˋonist] *adj* έντιμος, τίμιος ‖ **~y**, τιμιότητα.

honey [ˋhʌni] *n* μέλι ‖ *προσαγ.* γλύκα μου ‖ **~bee**, μέλισσα ‖ **~comb**, κερήθρα ‖ **~ed**, μελιστάλαχτος ‖ **~moon**, μήνας του μέλιτος ‖ **~suckle**, αγιόκλημα.

honk [hoŋk] *n* κορνάρισμα ‖ *vi* κορνάρω.

honorary [ˋonərəri] *adj* τιμητικός, επίτιμος, άμισθος.

honour [ˋonəʳ] *n* τιμή ‖ *πληθ.* τιμητικές διακρίσεις, τιμές ‖ *σε πανεπιστ.* άριστα, ειδίκευση ‖ **Your ~**, *(προσαγόρευση δικαστή)* εντιμότατε, κ. Πρόεδρε ‖ *vt* τιμώ ‖ **~able**, έντιμος.

hood [hud] *n* κουκούλα ‖ **~ed**, κουκουλοφόρος ‖ **~lum** [ˋhuːdləm] αλήτης.

hoodoo [ˋhuːduː] *n* γρουσούζης.

hoodwink [ˋhudwiŋk] *vt* ξεγελώ.

hoof [huːf] *n* οπλή *(ζώου).*

hook [huk] *n* άγκιστρο, γάντζος ‖ *vti* αγκιστρώνω, πιάνω ‖ κουμπώνω ‖ **by ~ or by crook**, με οποιοδήποτε μέσο ‖ **~s and eyes**, κόπιτσες ‖ **be ~ed on**, έχω πάθος με ‖ **~ it**, στρίβω, την κοπανάω.

hookah [ˋhukə] *n* ναργιλές.

hooky [ˋhuki] US στη *φρ.* **play ~**, κάνω σκασιαρχείο / κοπάνα.

hooligan [ˋhuːligən] *n* αλήτης ‖ **~ism**, αλητεία.

hoop [huːp] *n* στεφάνη.

hoot [huːt] *n* κορνάρισμα ‖ ουρλιαχτό σειρήνας ‖ *vti* κορνάρω ‖ ουρλιάζω ‖ κρώζω ‖ γιουχαΐζω ‖ **~er**, σειρήνα, κλάξον, κόρνα.

hop [hop] *n* πήδημα, άλμα ‖ πάρτυ ‖ λυκίσκος ‖ [χορο]πηδώ ‖ *vt* πετάγομαι, πάω.

hope [houp] *n* ελπίδα ‖ *vti* ελπίζω ‖ **~ful**, αισιόδοξος, γεμάτος ελπίδες ‖ **~fulness**, αισιοδοξία, ελπίδα ‖ **~less**, απελπισμένος ‖ απελπιστικός ‖ αδιόρθωτος ‖ **~lessness**, απελπισία, απελπιστικότητα.

hopscotch [ˋhopskotʃ] *n* παιχν. κουτσό.

horde [hoːd] *n* ορδή, στίφος.

horizon [həˋraizn] *n* ορίζοντας.

horizontal [ˏhoriˋzontl] *adj* οριζόντιος.

hormone [ˋhoːmoun] *n* ορμόνη.

horn [hoːn] *n* κέρατο ‖ *μουσ.* κέρας ‖ κλάξον, κόρνα ‖ κεραία *(εντόμου)* ‖ *adj* κοκάλινος ‖ **~ed**, κερασφόρος ‖ **~y**, ροζιασμένος, US sl καυλωμένος.

hornet [ˋhoːnit] *n* μεγάλη σφήκα.

horrible [ˋhoribl] *adj* φριχτός, απαίσιος.

horrid [ˋhorid] *adj* απαίσιος, φοβερός.

horrify [ˋhorəfai] *vt* προκαλώ φρίκη.

horror [ˋhorəʳ] *n* φρίκη, τρόμος.

horse [hoːs] *n* άλογο ‖ ιππικό ‖ **on ~-back**, έφιππος, καβάλα ‖ **get on one's high ~**, παίρνω ύφος ‖ **from the ~'s mouth**, κατευθείαν από την πηγή ‖ **~-chestnut**, αγριοκάστανο ‖ **~-fly**, αλογόμυγα ‖ **~laugh**, θορυβώδες γέλιο ‖ **~man**, ιππέας ‖ **~play**, χοντρά αστεία, χειρονομίες ‖ **~power**, ιπποδύναμη ‖ **~-race**, ιπποδρομία ‖ **~shoe**, πέταλο ‖ **~whip**, μαστίγιο, μαστιγώνω.

horsy [ˋhoːsi] *adj* φίλιππος.

horticulture [ˋhoːtikʌltʃəʳ] *n* φυτοκομία.

hosanna [houˋzænə] *n, interj* ωσαννά.

hose [houz] *n* λάστιχο, μάνικα ‖ κάλτσες ‖ *vt* ποτίζω, πλένω, καταβρέχω.

hosier [ˋhouziəʳ] *n* έμπορος πλεκτών.

hospitable [ˋhospitəbl] *adj* φιλόξενος.

hospital [ˋhospitəl] *n* νοσοκομείο ‖ **~ize**, εισάγω σε νοσοκομείο ‖ **~ization**, νοσοκομειακή περίθαλψη.

hospitality [ˌhospiˈtæləti] *n* φιλοξενία.

host [houst] *n* οικοδεσπότης ‖ ξενοδόχος, πανδοχέας ‖ πλήθος, στρατιά ‖ άρτος μεταλήψεως ‖ ~**ess**, οικοδέσποινα ‖ **air** ~**ess**, αεροσυνοδός.

hostage [ˈhostidʒ] *n* όμηρος.

hostel [hostl] *n* ξενώνας.

hostile [ˈhostail] *adj* εχθρικός.

hostility [hoˈstiləti] *n* εχθρότητα ‖ *πληθ*. εχθροπραξίες.

hot [hot] *adj* ζεστός, καυτός ‖ καυτερός ‖ *μτφ.* ζωηρός, ορμητικός, βίαιος, φλογερός ‖ *vti* ~ **up**, ζεσταίνω /-ομαι ‖ **in** ~ **pursuit**, κυνηγώντας, τρέχοντας πίσω από ‖ **be** ~ **on sb's trail/track**, καταδιώκω κπ κατά πόδας ‖ **go** ~ **all over**, μου᾿ρχεται έξαψη, ανάβω ‖ **blow** ~ **and cold**, αλλάζω συνεχώς διάθεση ‖ **give it sb** ~, ψέλνω τον εξάψαλμο σε κπ ‖ **get it** ~, ακούω τον εξάψαλμο ‖ ~**-blooded**, θερμόαιμος ‖ ~ **dog**, σάντουιτς με ζεστό λουκάνικο ‖ ~**head**, θερμοκέφαλος, έξαλλος τύπος ‖ ~**house**, θερμοκήπιο ‖ ~ **news**, τελευταία νέα ‖ ~ **scent**, φρέσκια ίχνη ‖ ~ **stuff**, σπουδαίος ‖ ~**-tempered**, αψύς, οξύθυμος ‖ ~**-water bottle**, θερμοφόρα.

hotchpotch [ˈhotʃpotʃ] *n* ανακάτωμα.

hotel [houˈtel] *n* ξενοδοχείο.

hound [haund] *n* λαγωνικό ‖ παλιάνθρωπος ‖ *vt* κυνηγώ, κατατρέχω.

hour [auər] *n* ώρα ‖ ~**hand**, ωροδείκτης ‖ ~**ly**, ωριαίος, από ώρα σε ώρα.

¹**house** [haus] *n* σπίτι, κατοικία ‖ νοικοκυριό ‖ οίκος ‖ Βουλή ‖ θέατρο, θεατές ‖ **that's on the** ~, αυτό το κερνάει το μαγαζί ‖ ~ **agent**, κτηματομεσίτης ‖ ~**boat**, πλωτό σπίτι ‖ ~**breaker**, διαρρήκτης ‖ ~**hold**, νοικοκυριό ‖ ~**holder**, νοικοκύρης ‖ ~**keeper**, οικονόμος ‖ ~**maid**, υπηρέτρια ‖ ~**top**, σκεπή ‖ ~**warming**, εγκαίνια σπιτιού ‖ ~**wife**, νοικοκυρά ‖ ~**work**, δουλειές του σπιτιού, νοικοκυριό.

²**house** [hauz] *vt* στεγάζω ‖ αποθηκεύω ‖ **housing**, στέγαση.

hovel [hovl] *n* καλύβα.

hover [ˈhovər] *vi* ζυγιάζομαι στον αέρα ‖ πλανιέμαι, τριγυρίζω ‖ ταλαντεύομαι.

how [hau] *adv* πώς, πόσο ‖ ~ **about**...? τι λες για...; ‖ ~**ever**, ωστόσο, εντούτοις.

howitzer [ˈhauitsər] *n* ολμοβόλο.

howl [haul] *n* ουρλιαχτό ‖ *vi* ουρλιάζω ‖ ~**er**, χοντρό λάθος, γκάφα ‖ ~**ing**, κραυγαλέος.

hub [hʌb] *n* κέντρο, άξονας.

hubbub [ˈhʌbʌb] *n* φασαρία, σαματάς.

hubby [ˈhʌbi] *n* αντρούλης.

huddle [hʌdl] *n* σωρός, άμορφος όγκος ‖ *vti* σωριάζω, στριμώχνω /-ομαι ‖ ~ **up**, μαζεύομαι, κουλουριάζομαι.

hue [hju:] *n* τόνος, απόχρωση ‖ ~ **and cry**, γενική κατακραυγή.

huff [hʌf] *n* χόλιασμα ‖ **be in/get into a** ~, χολιάζω ‖ ~**y**, μυγιάγγιαχτος.

hug [hʌg] *n* αγκάλιασμα ‖ *vt* σφιχταγκαλιάζω.

huge [hju:dʒ] *adj* πελώριος, τεράστιος.

hulking [ˈhʌlkiŋ] *adj* μπατάλικος.

hull [hʌl] *n* φλούδα, τσόφλι ‖ σκαρί *(πλοίου)* ‖ *vt* ξεφλουδίζω.

hullabaloo [ˌhʌləbəˈlu:] *n* σαματάς.

hullo ⇒ HELLO

hum [hʌm] *n* βόμβος, βουή, βουητό ‖ *vti* βομβώ ‖ βουίζω ‖ μουρμουρίζω, σιγοτραγουδώ ‖ ~ **and haw**, κομπιάζω, ξεροβήχω, μασώ τα λόγια μου.

human [ˈhju:mən] *adj* ανθρώπινος ‖ ~**ism**, ανθρωπισμός, ουμανισμός ‖ ~**ist**, ανθρωπιστής ‖ ~**ize**, εξανθρωπίζω ‖ ~**kind**, ανθρωπότητα.

humane [hju:ˈmein] *adj* ανθρωπιστικός.

humanitarian [hju:ˌmæniˈteəriən] *n* ανθρωπιστής ‖ *adj* φιλάνθρωπος ‖ ~**ism**, φιλανθρωπία, ανθρωπισμός.

humanity [hju:ˈmænəti] *n* ανθρωπότητα ‖ ανθρώπινη φύση ‖ ανθρωπιά.

humble [ˈhʌmbl] *adj* ταπεινός ‖ *vt* ταπεινώνω ‖ **eat** ~ **pie**, ταπεινώνομαι.

humbug [ˈhʌmbʌg] *n* αγυρτεία, απάτη ‖ αγύρτης ‖ *vt* εξαπατώ ‖ *interj* μπούρδες!

humdrum [ˈhʌmdrʌm] *adj* ανιαρός.

humid [ˈhju:mid] *adj* υγρός, νοτερός ‖ ~**ify**, υγραίνω, νοτίζω ‖ ~**ity**, υγρασία.

humiliate [hju:ˈmilieit] *vt* ταπεινώνω, εξευτελίζω ‖ **humiliation**, ταπείνωση, εξευτελισμός.

humility [hju:ˈmiləti] *n* ταπεινοφροσύνη.

hummock [ˈhʌmək] *n* λοφίσκος.

humorist [ˈhju:mərist] *n* χιουμορίστας, ευθυμογράφος.

humorous [ˈhju:mərəs] *adj* χιουμοριστικός, αστείος.

humour [ˈhju:məʳ] *n* χιούμορ ‖ διάθεση ‖ *vt* καλοπιάνω, κάνω τα χατήρια.

hump [hʌmp] *n* καμπούρα ‖ *sl* πλήξη, ακεφιά ‖ *vt* κυρτώνω ‖ ~**back**, καμπούρης.

humus [ˈhju:məs] *n* μαυρόχωμα.

Hun [hʌn] *n* Ούννος.

hunch [hʌntʃ] *n* καμπούρα ‖ *vt* καμπουριάζω ‖ ~**back**, καμπούρης.

hundred [ˈhundrəd] *adj* εκατό ‖ ~**fold**, εκατονταπλάσιος ‖ ~**weight**, εκατόβαρο ‖ ~**th**, εκατοστός.

hunger [ˈhʌŋgəʳ] *n* πείνα ‖ *μτφ*. δίψα, λαχτάρα ‖ *vi* λαχταρώ ‖ ~ **march/**

strike, πορεία / απεργία πείνας.

hungry [`hʌŋgri] *adj* πεινασμένος || *be*
~, πεινώ || *be ~ for*, λαχταρώ || **hungrily**, πεινασμένα, λαίμαργα, άπληστα.

hunk [hʌŋk] *n* μεγάλο κομμάτι.

hunt [hʌnt] *n* κυνήγι || ψάξιμο || *vt*
κυνηγώ || *~ down*, καταδιώκω ανηλεώς,
ανακαλύπτω || *~ for*, ψάχνω για || *~
out*, διώχνω, κυνηγώ || *~er*, *~ress*,
~sman, κυνηγός || *~ing*, κυνήγι, κυνηγετικός.

hurdle [`hə:dl] *n* αθλ. εμπόδιο || δυσκολία || *~r*, εμποδιστής || *~race*, δρόμος μετ' εμποδίων.

hurdy-gurdy [`hə:di`gə:di] *n* λατέρνα.

hurrah [hu`ra:] *interj* ζήτω.

hurricane [`hʌrikən] *n* τυφώνας.

hurry [`hʌri] *n* βιασύνη || *vti* βιάζω /
-ομαι || *in a ~*, βιαστικά || **hurried**,
βιαστικός.

hurt [hə:t] *n* πληγή, πλήγμα, χτύπημα ||
vti irreg χτυπώ, τραυματίζω || *μτφ.*
πληγώνω, θίγω || πονώ, βλάπτω || *~ful*, επιβλαβής.

hurtle [`hə:tl] *vti* εκσφενδονίζω / -ομαι.

husband [`hʌzbənd] *n* σύζυγος, άντρας ||
~man, καλλιεργητής || *~ry*, γεωργία,
διαχείριση.

hush [hʌʃ] *n* σιωπή, σιγαλιά || *vti*
ησυχάζω || *~ up*, συγκαλύπτω || *interj*
σουτ! σιωπή!

husk [hʌsk] *n* φλούδα, τσόφλι || *vt*
ξεφλουδίζω || *~y*, βραχνός, ξερός,
γεροδεμένος.

hussar [hu`za:ʳ] *n* ουσάρος.

hustle [`hʌsl] *n* σπρωξίδι, κίνηση || *vti*
σπρώχνω βάναυσα || βιάζω || *~r*,
καταφερτζής, US πόρνη.

hut [hʌt] *n* καλύβα || *~ment*, παράγκες,

παραπήγματα.

hutch [hʌtʃ] *n* κονικλοτροφείο.

hyacinth [`haiəsinθ] *n* υάκινθος.

hybrid [`haibrid] *n* υβρίδιο || *adj* νόθος.

hydra [`haidrə] *n* ύδρα.

hydrant [`haidrənt] *n* στόμιο υδρόληψίας.

hydraulic [hai`dro:lik] *adj* υδραυλικός.

hydro— [`haidrou] *pref* υδρο— || *~electric*, υδροηλεκτρικός || *~gen*, υδρογόνο || *~pathy*, υδροθεραπεία || *~phobia*,
υδροφοβία, λύσσα || *~plane*, υδροπλάνο || *~statics*, υδροστατική.

hy[a]ena [hai`i:nə] *n* ύαινα.

hygiene [`haidʒi:n] *n* υγιεινή.

hygienic [ˌhai`dʒi:nik] *adj* υγιεινός.

hymen [`haimən] *n* υμένας || Υμέναιος.

hymn [him] *n* ύμνος.

hyperbole [hai`pə:bəli] *n* ρητ. υπερβολή.

hyphen [haifn] *n* ενωτική παύλα || *~ate*,
ενώνω δύο λέξεις με παύλα.

hypnosis [hi`pnousis] *n* ύπνωση.

hypnotic [hi`pnotik] *adj* υπνωτικός.

hypnotism [`hipnətizm] *n* υπνωτισμός.

hypnotize [`hipnətaiz] *vt* υπνωτίζω.

hypochondria [ˌhaipə`kondriə] *n* υποχονδρία || ~c, υποχονδριακός.

hypocrisy [hi`pokrəsi] *n* υποκρισία.

hypocrite [`hipəkrit] *n* υποκριτής.

hypocritical [ˌhipə`kritikl] *adj* υποκριτικός.

hypodermic [ˌhaipə`də:mik] *adj* υποδόριος || *n* σύριγγα.

hypotenuse [ˌhai`potənju:z] *n* υποτείνουσα.

hypothesis [hai`poθəsis] *n* υπόθεση ||
hypothetical, υποθετικός.

hysteria [hi`stiəriə] *n* υστερία.

hysterical [hi`sterikl] υστερικός || **hysterics** *n pl* υστερία.

I i

I [ai] *pron* εγώ.

iambic [ai`æmbik] *adj* ιαμβικός.

ibid[em] [`ibid(əm)] *adv* αυτόθι.

ice [ais] *n* πάγος || παγωτό || *vti*
παγώνω || γκλασάρω *(γλύκισμα)* || *~
over*, σκεπάζομαι με πάγο || *~berg*,
παγόβουνο || *~bound*, αποκλεισμένος
από πάγους || *~box*, παγωνιέρα, US
ψυγείο || *~breaker*, παγοθραυστικό ||
~cream, παγωτό || *~ cube*, παγάκι ||

~fall, γκρεμός παγετώνα || *~ floe*,
ογκόπαγος, παγόνησος || *~lolly*, παγωτό ξυλάκι || *~man*, US παγοπώλης
|| *~ pack*, παγοκύστις, σωρός επιπλέοντος πάγου || *~show*, παγοδρομική
παράσταση || *~pick*, αξίνα πάγου ||
~rink, αίθουσα πατινάζ || *~skate*,
παγοπέδιλο, κάνω πατινάζ || *~tray*,
φόρμα για παγάκια.

icicle [`aisikl] *n* σταλακτίτης πάγου.

icing [`aisiŋ] *n* γκλασάρισμα ǁ επίπαγος.
icon [`aikon] *n* εκκλ. εικόνα.
iconoclast [ai`konəklæst] *n* εικονοκλάστης, εικονομάχος.
icy [`aisi] *adj* παγωμένος ǁ παγερός.
idea [ai`diə] *n* ιδέα ǁ *What's the* ~? τι σημαίνουν αυτά; τι τρέχει;
ideal [ai`diəl] *n* ιδεώδες, ιδανικό ǁ *adj* ιδεώδης, ιδανικός, τέλειος ǁ ~**ism**, ιδεαλισμός ǁ ~**ize**, εξιδανικεύω ǁ ~**ization**, εξιδανίκευση ǁ ~**ly**, ιδανικά, τέλεια.
idem [`idem] *adv* αυτόθι.
identical [ai`dentikl] *adj* ο ίδιος ακριβώς ǁ απαράλλακτος, πανομοιότυπος, ίδιος ǁ ~**ly**, όμοια, απαράλλακτα.
identification [ai.dentifi`keiʃn] *n* ταύτιση, αναγνώριση της ταυτότητας.
identify [ai`dentifai] *vt* αναγνωρίζω, προσδιορίζω την ταυτότητα ǁ ~ *with*, ταυτίζω με, εξισώνω με.
identity [ai`dentəti] *n* ταυτότητα ǁ ομοιότητα ǁ ~ *card*, δελτίο ταυτότητας.
ideogram [`idiəgræm] *n* ιδεόγραμμα.
ideology [.aidi`olədʒi] *n* ιδεολογία ǁ ουτοπία ǁ **ideological**, ιδεολογικός.
idiocy [`idiəsi] *n* ηλιθιότητα.
idiom [`idiəm] *n* ιδίωμα ǁ ιδιωματισμός ǁ ~**atic**, ιδιωματικός, γλωσσικά ορθός.
idiosyncrasy [.idiə`sinkrəsi] *n* ιδιοσυγκρασία, ιδιομορφία ǁ **idiosyncratic**, ιδιόμορφος.
idiot [`idiət] *n* ηλίθιος ǁ ~**ic** [.idi`otik] *adj* ηλίθιος.
idle [aidl] *adj* αργός, άεργος ǁ τεμπέλης ǁ άσκοπος, μάταιος ǁ αβάσιμος ǁ *vti* τεμπελιάζω, χαζεύω ǁ *(για μηχανή)* δουλεύω στο ρελαντί ǁ ~**ness**, αργία, τεμπελιά ǁ ~**r**, τεμπέλης ǁ **idly**, τεμπέλικα, άσκοπα.
idol [aidl] *n* είδωλο ǁ *make an* ~ *of sth*, θεοποιώ, λατρεύω κτ ǁ ~**ater** [ai`dolətə<sup>r</sup>] [ειδωλο]λάτρης, θαυμαστής ǁ ~**atress**, [ειδωλο]λάτρισσα ǁ ~**atrous**, ειδωλολατρικός ǁ ~**atry**, [ειδωλο]λατρία ǁ ~**ize**, [`aidəlaiz] λατρεύω.
idyll [`idil, *US* `aidil] *n* ειδύλλιο.
idyllic [i`dilik] *adj* ειδυλλιακός.
if [if] *conj* αν, εάν ǁ ~ *only*, αχ και να...! ǁ *as* ~, σαν να.
igloo [`iglu:] *n* παγόσπιτο.
ignite [ig`nait] *vti* ανάβω, αναφλέγομαι.
ignition [ig`niʃn] *n* ανάφλεξη ǁ αυτοκ. διακόπτης.
ignoble [ig`noubl] *adj* ποταπός.
ignominious [.ignə`miniəs] *adj* επονείδιστος.
ignominy [`ignəmini] *n* καταισχύνη, όνειδος ǁ ατιμία, προστυχιά.
ignoramus [.ignə`reiməs] *n* αμαθής.

ignorance [`ignərəns] *n* άγνοια, αμάθεια, αγραμματοσύνη.
ignorant [`ignərənt] *adj* αμαθής, αγράμματος ǁ αγνοών, ανίδεος ǁ αδαής.
ignore [ig`no:^r] *vt* αγνοώ.
ill [il] *adj* άρρωστος ǁ κακός ǁ *n* κακό, ατυχία, βάσανο ǁ *adv* κακά, άσχημα ǁ ~-**advised**, απερίσκεπτος ǁ ~-**affected**, εχθρικός ǁ ~ *at ease*, αμήχανος ǁ ~-**breeding**, κακή ανατροφή ǁ ~-**fated**, κακότυχος ǁ ~-**favoured**, άσχημος ǁ ~-**gotten gains**, ανεμομαζώματα ǁ ~-**judged**, αστόχαστος ǁ ~-**mannered**, κακομαθημένος ǁ ~**ness**, αρρώστεια ǁ ~-**omened**, δυσοίωνος ǁ ~-**starred**, άτυχος ǁ ~-**timed**, άκαιρος ǁ ~-**treat**, κακομεταχειρίζομαι ǁ ~-**treatment**, κακομεταχείριση ǁ ~ *will*, έχθρα, μνησικακία.
illegal [i`li:gl] *adj* παράνομος.
illegible [i`ledʒəbl] *adj* δυσανάγνωστος.
illegitimate [.ili`dʒitimət] *adj* νόθος ǁ αθέμιτος ǁ αβάσιμος.
illiberal [i`librəl] *adj* ανελεύθερος ǁ φιλάργυρος.
illicit [i`lisit] *adj* παράνομος.
illiterate [i`litərət] *n, adj* αγράμματος.
illogical [i`lodʒikl] *adj* παράλογος.
illuminate [i`lu:mineit] *vt* φωτίζω ǁ φωταγωγώ ǁ διευκρινίζω ǁ **illumination**, φωταψία.
illusion [i`lu:ʒn] *n* αυταπάτη, ψευδαίσθηση ǁ ~*ist*, θαυματοποιός.
illusive [i`lu:siv] *adj* απατηλός.
illusory [i`lu:səri] *adj* απατηλός.
illustrate [`iləstreit] *vt* εικονογραφώ ǁ διευκρινίζω, επεξηγώ ǁ **illustration**, εικονογράφηση, εικόνα, επεξήγηση ǁ **illustrative**, επεξηγηματικός ǁ **illustrator**, εικονογράφος.
illustrious [i`lʌstriəs] *adj* επιφανής.
image [`imidʒ] *n* εικόνα, απεικόνιση ǁ ομοίωμα, είδωλο ǁ *λογοτ.* μεταφορά ǁ ~**ry**, σχήματα λόγου.
imaginable [i`mædʒinəbl] *adj* διανοητός.
imaginary [i`mædʒinəri] *adj* φανταστικός.
imagination [i.mædʒi`neiʃn] *n* φαντασία.
imaginative [i`mædʒinətiv] *adj* ευφάνταστος, εφευρετικός.
imagine [i`mædʒin] *vt* φαντάζομαι.
imbalance [im`bæləns] *n* δυσαναλογία.
imbecile [`imbəsi:l] *n, adj* ηλίθιος.
imbroglio [im`brouliəu] *n* μπέρδεμα.
imbued [im`bju:d] *adj* εμποτισμένος.
imitate [`imiteit] *vt* [απο]μιμούμαι.
imitation [.imi`teiʃn] *n* [απο]μίμηση.
imitative [`imitətiv] *adj* μιμητικός ǁ *the* ~ *arts*, οι πλαστικές τέχνες.
imitator [`imiteitə^r] *n* απομιμητής.
immaculate [i`mækjulət] *adj* άσπιλος,

αμόλυντος || **the I~ Conception**, η Άμωμος Σύλληψις.

immaterial [,imə'tiəriəl] *adj* επουσιώδης, ασήμαντος || άυλος.

immature [,imə'tʃuə^r] *adj* ανώριμος || **immaturity**, ανωριμότητα.

immeasurable [i'meʒərəbl] *adj* άμετρος.

immediate [i'mi:diət] *adj* άμεσος || ~**ly**, αμέσως [μόλις], κατευθείαν.

immemorial [,imə'mo:riəl] *adj* πανάρχαιος.

immense [i'mens] *adj* αχανής, απέραντος, τεράστιος || ~**ly**, πάρα πολύ.

immerse [i'mə:s] *vt* εμβαπτίζω, βουτώ || ~**d in**, βυθισμένος εις, απορροφημένος από.

immigrant ['imigrənt] *n* μετανάστης.

immigrate ['imigreit] *vi* μεταναστεύω.

immigration [,imi'greiʃn] *n* μετανάστευση.

imminent ['iminənt] *adj* επικείμενος.

immobile [i'moubail] *adj* [αμετ]ακίνητος.

immobilize [i'moubilaiz] *vt* ακινητοποιώ.

immoderate [i'modərət] *adj* υπέρμετρος.

immodest [i'modist] *adj* άσεμνος || αναιδής || ~**y**, αμετροέπεια.

immoral [i'morəl] *adj* ανήθικος || ~**ity** [,imə'ræləti] *n* ανηθικότητα.

immortal [i'mo:tl] *n, adj* αθάνατος || ~**ize**, αθανασία || ~**ize**, απαθανατίζω.

immovable [i'mu:vəbl] *adj* [αμετ]ακίνητος.

immune [i'mju:n] *adj* απρόσβλητος.

immunity [i'mju:nəti] *n* ανοσία || ασυδοσία || απαλλαγή || ασυλία.

immunize ['imjunaiz] *vt* ανοσοποιώ.

immutable [i'mju:təbl] *adj* αμετάβλητος.

imp [imp] *n* ζιζάνιο, διαβολάκι.

impact ['impækt] *n* σύγκρουση || πρόσκρουση || επιρροή, αντίκτυπος.

impair [im'peə^r] *vt* βλάπτω, εξασθενίζω.

impale [im'peil] *vt* σουβλίζω, παλουκώνω.

impalpable [im'pælpəbl] *adj* ανεπαίσθητος.

impart [im'pa:t] *vt* [μετα]δίδω, ανακοινώ.

impartial [im'pa:ʃl] *adj* αμερόληπτος.

impassable [im'pa:səbl] *adj* αδιάβατος.

impasse ['æmpa:s] *n* αδιέξοδο.

impassioned [im'pæʃnd] *adj* παθιασμένος.

impassive [im'pæsiv] *adj* απαθής.

impatience [im'peiʃns] *n* ανυπομονησία.

impatient [im'peiʃnt] *adj* ανυπόμονος || **be~ of**, δεν ανέχομαι.

impeach [im'pi:tʃ] *vt* νομ. εγκαλώ || ~**ment**, παραπομπή σε δίκη.

impeccable [im'pekəbl] *adj* άμεμπτος.

impede [im'pi:d] *vt* παρακωλύω.

impediment [im'pedimənt] *n* κώλυμα.

impel [im'pel] *vt* εξωθώ.

impending [im'pendiŋ] *adj* επικείμενος, επικρεμάμενος.

impenetrable [im'penitrəbl] *adj* αδιαπέραστος.

imperative [im'perətiv] *adj* επιτακτικός || *n* προστακτική.

imperceptible [,impə'septibl] *adj* ανεπαίσθητος.

imperfect [im'pə:fikt] *adj* ατελής || ~**ion**, [,impə'fekʃən] ατέλεια, ελάττωμα.

imperial [im'piəriəl] *adj* αυτοκρατορικός || ~**ism**, ιμπεριαλισμός || ~**ist**, ιμπεριαλιστής || ~**istic**, ιμπεριαλιστικός.

imperil [im'perəl] *vt* διακινδυνεύω.

imperious [im'piəriəs] *adj* αγέρωχος, αυταρχικός || επιτακτικός.

imperishable [im'periʃəbl] *adj* άφθαρτος.

impersonal [im'pə:snl] *adj* απρόσωπος.

impersonate [im'pə:səneit] *vt* υποδύομαι || προσωποποιώ || **impersonation**, μίμηση, προσωποποίηση || **impersonator**, μίμος.

impertinence [im'pə:tinəns] *n* αναίδεια.

impertinent [im'pə:tinənt] *adj* αναιδής.

imperturbable [,impə'tə:bəbl] *adj* ατάραχος, φλεγματικός.

impervious [im'pə:viəs] *adj* ~ **to**, αδιαπέραστος από || ανεπηρέαστος || στεγανός.

impetuous [im'petjuəs] *adj* ορμητικός, βίαιος, απερίσκεπτος.

impetus ['impitəs] *n* ορμή, ώθηση.

impiety [im'paiəti] *n* ασέβεια.

impinge [im'pindʒ] *vi* ~ **on**, προσβάλλω.

impish ['impiʃ] *adj* ζαβολιάρικος, διαβολικός.

implacable [im'plækəbl] *adj* αδυσώπητος.

implant [im'pla:nt] *vt* εμφυτεύω.

implement ['implimənt] *n* εργαλείο || *vt* θέτω σε εφαρμογή || ~**ation**, εφαρμογή.

implicate ['implikeit] *vt* ενοχοποιώ, μπλέκω.

implication [,impli'keiʃn] *n* ενοχοποίηση || συνέπεια, σημασία.

implicit [im'plisit] *adj* σιωπηρός, εξυπακουόμενος || ανεπιψύλακτος.

implore [im'plo:^r] *vt* ικετεύω, εκλιπαρώ.

imply [im'plai] *vt* υπονοώ, υπαινίσσομαι || υποδηλώ, συνεπάγομαι.

impolite [,impə'lait] *adj* αγενής.

imponderable [im'pondərəbl] *adj* αστάθμητος.

¹**import** [im'po:t] *vt* εισάγω || σημαίνω.

²**import** ['impo:t] *n* εισαγωγή || έννοια, σημασία || σπουδαιότητα.

importance [im'po:təns] *n* σημασία, σπουδαιότητα || **important**, σπουδαίος, σημαντικός.

impose [im'pouz] *vti* επιβάλλω || εκμεταλλεύομαι || **imposing**, επιβλητικός.

imposition [,impə'ziʃn] *n* επιβολή || φόρος

‖ κατάχρηση, απάτη.

impossible [im'posəbl] *adj* αδύνατος ‖ **impossibility**, αδυναμία, το αδύνατο.

impostor [im'postə'] *n* απατεώνας.

imposture [im'postʃə'] *n* απάτη.

impotent ['impətənt] *adj* (ιδ. σεξουαλικά) ανίκανος ‖ **impotence**, ανικανότητα.

impound [im'paund] *vt* κατάσχω.

impoverished [im'povərɪʃt] *adj* πάμπτωχος, εξαντλημένος.

impracticable [im'præktikəbl] *adj* ανεφάρμοστος.

impractical [im'præktikl] *adj* μη πρακτικός, άσκοπος.

impregnable [im'pregnəbl] *adj* απόρθητος.

impregnate ['impregneit] *vt* γονιμοποιώ ‖ διαποτίζω.

impress [im'pres] *vt* αποτυπώνω ‖ εντυπώνω ‖ εντυπωσιάζω ‖ ~**ive**, εντυπωσιακός.

impression [im'preʃn] *n* αποτύπωση, αποτύπωμα, σφραγίδα ‖ εκτύπωση, ανατύπωση ‖ εντύπωση ‖ ~**able**, ευαίσθητος, ευκολοεπηρέαστος ‖ ~**ism**, ιμπρεσσιονισμός ‖ ~**ist**, ιμπρεσσιονιστής ‖ ~**istic**, ιμπρεσσιονιστικός.

imprint ['imprint] *n* αποτύπωμα, σφραγίδα, σημάδι ‖ *vt* [im'print] σταμπάρω, αποτυπώνω.

imprison [im'prizn] *vt* φυλακίζω ‖ ~**ment**, φυλάκιση.

improbable [im'probəbl] *adj* απίθανος ‖ **improbability**, απιθανότητα.

impromptu [im'promptju:] *adj* αυτοσχέδιος ‖ *n* αυτοσχεδιασμός ‖ *adv* εκ του προχείρου.

improper [im'propə'] *adj* άπρεπος, ανάρμοστος ‖ εσφαλμένος, ανακριβής.

impropriety [.impro'praiəti] *n* απρέπεια.

improve [im'pru:v] *vti* βελτιώνω/-ομαι, καλυτερεύω ‖ ~**ment**, βελτίωση.

improvise ['imprəvaiz] *vt* αυτοσχεδιάζω ‖ **improvisation**, αυτοσχεδιασμός.

imprudent [im'pru:dənt] *adj* απερίσκεπτος ‖ **imprudence**, απερισκεψία.

impudence ['impjudəns] *n* αναίδεια ‖ **impudent**, αναιδής, θρασύς.

impulse ['impʌls] *n* ώθηση ‖ παρόρμηση ‖ **act on** ~, ενεργώ αυθόρμητα.

impulsive [im'pʌlsiv] *adj* παρορμητικός, ενστικτώδης, αυθόρμητος ‖ ~**ness**, αυθορμητισμός.

impunity [im'pju:nəti] *n* ατιμωρησία, ασυδοσία.

impure [im'pjuə'] *adj* ακάθαρτος.

impute [im'pju:t] *vt* αποδίδω, καταλογίζω ‖ **imputable**, αποδοτέος.

in [in] *adv*, *prep* μέσα ‖ εις ‖ **be in for**, περιμένω με βεβαιότητα ‖ **be in on**, λαμβάνω μέρος, συμμετέχω ‖ **be well**

in with sb, τα έχω καλά με κπ ‖ **have it in for sb**, τη φυλάω σε κπ ‖ **in so far as**, καθόσον ‖ **the ins and outs**, τα μέσα και τα έξω, όλα τα καθέκαστα.

inability [inə'biləti] *n* ανικανότητα.

inaccessible [inək'sesəbl] *adj* απρόσιτος.

inaccuracy [in'ækjurəsi] *n* ανακρίβεια.

inaccurate [in'ækjurət] *adj* ανακριβής.

inaction [in'ækʃn] *n* αδράνεια.

inactive [in'æktiv] *adj* αδρανής.

inadequate [in'ædikwət] *adj* ανεπαρκής.

inadmissible [inəd'misəbl] *adj* απαράδεκτος, ανεπίτρεπτος.

inadvertence [.inəd'və:təns] *n* απροσεξία, λάθος, αβλεψία.

inadvertently [.inəd'və:təntli] *adv* εξ απροσεξίας.

inalienable [in'eiliənəbl] *adj* αναπαλλοτρίωτος.

inane [i'nein] *adj* ανόητος.

inanimate [in'ænimət] *adj* άψυχος.

inapplicable [in'æplikəbl, inə'plicəbl] *adj* ανεφάρμοστος.

inappropriate [inə'proupriət] *adj* ακατάλληλος.

inarticulate [.ina:'tikjulət] *adj* άναρθρος.

inasmuch as [.inəz'mʌtʃ æz] *conj* καθόσον.

inattention [.inə'tenʃn] *n* απροσεξία.

inaudible [in'o:dibl] *adj* ανεπαίσθητος.

inaugural [i'no:gjurəl] *adj* εναρκτήριος.

inaugurate [in'o:gjureit] *vt* εγκαινιάζω.

inauguration [in.o:gju'ireiʃn] *n* εγκαίνια.

inauspicious [.ino:'spiʃəs] *adj* δυσοίωνος.

inborn [.in'bo:n], **inbred** [.in'bred] *adj* έμφυτος.

incalculable [in'kælkjuləbl] *adj* ανυπολόγιστος.

incantation [.inkæn'teiʃn] *n* μαγική ρήση, ξόρκι, επωδή.

incapable [in'keipəbl] *adj* ανίκανος.

incarnate [in'ka:nət] *adj* ενσαρκωμένος, προσωποποιημένος ‖ *vt* [in'ka:neit] ενσαρκώνω, προσωποποιώ.

incarnation [.inka:'neiʃn] *n* ενσάρκωση ‖ ενανθρώπιση (του Χριστού).

incendiary [in'cendiəri] *n* εμπρηστής ‖ *adj* εμπρηστικός.

¹**incense** ['insens] *n* λιβάνι.

²**incense** [in'sens] *vt* εξοργίζω, εξαγριώνω.

incentive [in'sentiv] *n* ελατήριο, κίνητρο.

incessant [in'sesnt] *adj* ακατάπαυστος.

incest ['insest] *n* αιμομιξία.

incestuous [in'sestʃuəs] *adj* αιμομικτικός.

inch [intʃ] *n* ίντσα ‖ ~ **by** ~, βήμα προς βήμα ‖ **by** ~**es**, βαθμιαίως ‖ **within an** ~ **of**, παρά τρίχα ‖ **not yield an** ~, δεν κάνω βήμα πίσω ‖ *vt* ~ **one's way forward**, προχωρώ σιγά-σιγά.

incidence ['insidəns] *n* επίπτωση.

incident ['insidənt] *n* επεισόδιο, συμβάν.

incidental [,insi'dentl] *adj* παρεμπίπτων.

incinerate [in'sinəreit] *vt* αποτεφρώνω.

incinerator [in,sinə'reitə] *n* κλίβανος.

incipient [in'sipiənt] *adj* αρχόμενος.

incision [in'siʒn] *n* χάραξη, τομή.

incisive [in'saisiv] *adj* οξύς, κοφτερός.

incisor [in'saizə^r] *n (δόντι)* κοπτήρας.

incite [in'sait] *vt* υποδαυλίζω, υποκινώ || ~ment, υποδαύλιση, υποκίνηση.

inclement [in'klemənt] *adj* δριμύς.

inclination [,inkli'neiʃn] *n* κλίση || διάθεση, τάση.

incline [in'klain] *vti* κλίνω, γέρνω || προδιαθέτω || τείνω, έχω την τάση να.

include [in'klu:d] *vt* || [συμ]περιλαμβάνω || ~d *ή* **including**, συμπεριλαμβανομένου, μαζί με.

inclusion [in'kluʒn] *n* συνυπολογισμός.

inclusive [in'klu:siv] *adj* συμπεριλαμβανόμενος, περιεκτικός.

incognito [,iŋkog'ni:tou] *adv* ανεπισήμως, ινκόγνιτο.

incoherence [,inkou'hiərəns] *n* ασυναρτησία.

incoherent [,inkou'hiərənt] *adj* ασυνάρτητος.

incombustible [,inkəm'bʌstəbl] *adj* άκαυστος.

income [,inkʌm] *n* εισόδημα.

incoming [in'kʌmiŋ] *adj* εισερχόμενος, νέος.

incommunicado [,inkə,mjuni'ka:dou] *adj* απομονωμένος, σε απομόνωση.

incomparable [in'komprəbl] *adj* ασύγκριτος.

incompatible [,inkəm'pætəbl] *adj* ασυμβίβαστος, αταίριαστος.

incompetence [in'kompətəns] *n* ανικανότητα, αναρμοδιότητα.

incompetent [in'kompətənt] *adj* ανίκανος, αναρμόδιος.

incomplete [,inkəm'pli:t] *adj* ημιτελής.

incomprehensible [in,compri'hensəbl] *adj* ακατανόητος.

inconceivable [,inkən'si:vəbl] *adj* αδιανόητος.

inconclusive [,inkən'klu:siv] *adj* όχι πειστικός.

incongruity [,inkoŋ'gruəti] *n* ασυναρτησία, ασυνέπεια, δυσαρμονία.

incongruous [in'koŋgruəs] *adj* αταίριαστος, ανάρμοστος.

inconsequential [in,konsi'kwenʃl] *adj* ασήμαντος, ανακόλουθος.

inconsiderable [,inkən'sidrəbl] *adj* ασήμαντος.

inconsiderate [,inkən'sidrət] *adj* αδιάκριτος, απερίσκεπτος.

inconsistency [,inkən'sistənsi] *n* ασυνέπεια, αντιφατικότητα.

inconsistent [,inkə'sistənt] *adj* ασυνεπής, αντιφατικός.

inconsolable [,inkən'souləbl] *adj* απαρηγόρητος.

inconspicuous [,inkən'spikjuəs] *adj* αφανής, όχι χτυπητός, σεμνός.

inconstancy [in'konstənsi] *n* αστάθεια.

inconstant [in'konstənt] *adj* ασταθής.

incontestable [,inkən'testəbl] *adj* αναμφισβήτητος, αδιαφιλονίκητος.

incontinence [in'kontinəns] *n* ακράτεια.

incontinent [in'kontinənt] *adj* ακρατής, έκλυτος.

incontrovertible [in,kontrə'və:təbl] *adj* αδιάσειστος, ακαταμάχητος.

inconvenience [,inkən'vi:niəns] *n* ενόχληση, φασαρία, μπελάς.

inconvenient [,inkən'vi:niənt] *adj* άβολος, ακατάλληλος.

inconvertible [,inkən'və:təbl] *adj (για νόμισμα)* μη μετατρέψιμος.

incorporate [in'ko:pəreit] *vti* ενσωματώνω / -ομαι, συγχωνεύω / -ομαι || ~d, *(εταιρία)* αναγνωρισμένη.

incorrect [,inkə'rekt] *adj* ανακριβής.

incorrigible [in'koridʒəbl] *adj* αδιόρθωτος.

incorruptible [,inkə'rʌptəbl] *adj* αδιάφθορος.

increase ['inkri:s] *n* αύξηση || *vti* [in'kri:s] αυξάνω / -ομαι || **increasingly**, όλο και περισσότερο.

incredible [in'kredəbl] *adj* απίστευτος.

incredulity [,inkrə'djuləti] *n* δυσπιστία.

incredulous [in'kredjuləs] *adj* δύσπιστος.

increment ['inkrəmənt] *n* προσαύξηση, κέρδος.

incriminate [in'krimineit] *vt* ενοχοποιώ || **incriminating** *adj* ενοχοποιητικός.

incubate ['inkjubeit] *vti* επωάζω || **incubation**, επώαση || **incubator**, εκκολαπτήριο.

incubus ['inkjubəs] *n* εφιάλτης, βραχνάς.

inculcate ['inkʌlkeit] *vt* ενσταλάζω, εμφυσώ, εντυπώνω.

incumbent [in'kʌmbənt] *n* κάτοχος (αξιώματος).

incur [in'kə:^r] *vt* επισύρω || επιφέρω || συνάπτω.

incurable [in'kjuərəbl] *adj* ανίατος.

incurious [in'kjuəriəs] *adj* αδιάφορος.

incursion [in'kə:ʃn] *n* επιδρομή, εισβολή.

indebted [in'detid] *adj* υποχρεωμένος.

indecency [in'di:sənsi] *n* ασχημία, απρέπεια.

indecent [in'di:sənt] *adj* άσεμνος, απρεπής.

indecipherable [,indi'saifrəbl] *adj* ανεξιχνίαστος.

indecision [,indi'siʒn] *n* αναποφασιστικό-

τητα.
indecisive [indi`saisiv] adj αναποφασιστικός.
indeed [in`di:d] adv πράγματι, βέβαια, πραγματικά, στην πραγματικότητα.
indefatigable [,indi`fætigəbl] adj ακαταπόνητος.
indefensible [,indi`fensəbl] adj αδικαιολόγητος, αβάσιμος.
indefinable [,indi`fainəbl] adj απροσδιόριστος, ακαθόριστος.
indefinite [in`definət] adj αόριστος.
indelible [in`deləbl] adj ανεξίτηλος.
indelicacy [in`delikəsi] n χοντροκοπιά.
indelicate [in`delikət] adj αγενής, χυδαίος.
indemnify [in`demnifai] vt αποζημιώνω || **indemnification,** αποζημίωση.
indemnity [in`demnəti] n αποζημίωση.
indented [in`dentid] adj οδοντωτός.
independence [,indi`pendəns] n ανεξαρτησία.
independent [,indi`pendənt] adj ανεξάρτητος.
indescribable [,indi`skraibəbl] adj απερίγραπτος.
indestructible [,indi`strʌktəbl] adj άφθαρτος.
indeterminate [indi`tə:minət] adj αόριστος, ασαφής, ακαθόριστος.
index [`indeks] n δείκτης || πίνακας, κατάλογος || *(άλγεβρα)* εκθέτης.
India [`indiə] n Ινδία || ~**n,** Ινδός, Ινδικάνος || ~**n summer,** γαϊδουροκαλόκαιρο.
indicate [`indikeit] vt δείχνω, σημειώνω || υποδηλώ, υποδεικνύω.
indication [,indi`keiʃn] n ένδειξη.
indicative [in`dikətiv] adj ενδεικτικός, δηλωτικός || n γραμμ. οριστική.
indicator [`indikeitə’] n δείκτης, πίνακας.
indict [in`dait] vt μηνύω, κατηγορώ || ~**ment,** έγκληση, μήνυση, κατηγορία.
indifference [in`difrəns] n αδιαφορία.
indifferent [in`difrənt] adj αδιάφορος || μέτριος, ασήμαντος.
indigenous [in`didʒinəs] adj αυτόχθων, ιθαγενής, ντόπιος.
indigestible [indi`dʒestəbl] adj δύσπεπτος.
indigestion [indi`dʒestʃən] n δυσπεψία.
indignant [in`dignənt] adj αγανακτισμένος.
indignation [,indi`gneiʃən] n αγανάκτηση.
indignity [in`dignəti] n ταπείνωση.
indigo [`indigou] n λουλάκι.
indirect [,indi`rekt] adj έμμεσος, πλάγιος.
indiscernible [,indi`sə:nəbl] adj δυσδιάκριτος.
indiscipline [,in`disəplin] n απειθαρχία.
indiscreet [indi`skri:t] adj αδιάκριτος.
indiscretion [indi`skreʃn] n αδιακρισία,

ακριτομυθία.
indiscriminate [,indi`skriminət] adj γενικός, χωρίς διάκριση.
indispensable [,indi`spensəbl] adj απαραίτητος.
indisposed [,indi`spouzd] adj αδιάθετος || απρόθυμος.
indisposition [in`dispə`ziʃn] n αδιαθεσία || απροθυμία.
indisputable [,indi`spju:təbl] adj αδιαφιλονίκητος, αναμφισβήτητος.
indissoluble [,indi`soljubl] adj ακατάλυτος, άρρηκτος.
indistinct [,indi`stiŋkt] adj ακαθόριστος.
indistinguishable [,indi`stiŋgwiʃəbl] adj δυσδιάκριτος.
individual [,indi`vidʒuəl] adj ιδιαίτερος || ατομικός || προσωπικός || n άτομο, άνθρωπος || ~**ism,** ατομικότητα || ~**ist,** ατομικιστής || ~**istic,** ατομικιστικός || ~**ity,** ατομικότητα, προσωπικότητα, ιδιορρυθμία || ~**ize,** εξατομικεύω.
indivisible [,indi`vizəbl] adj αδιαίρετος.
indoctrinate [in`doktrineit] vt κατηχώ.
indolence [`indoləns] n νωθρότητα.
indolent [`indolənt] adj νωθρός.
indomitable [in`domitəbl] adj αδάμαστος.
indoor [in`do:’] adj εσωτερικός || ~**s,** adv μέσα, σε κλειστό χώρο.
indubitable [in`djubitəbl] adj αναμφισβήτητος.
induce [in`dju:s] vt παρακινώ || προκαλώ, [επι]φέρω || ~**ment,** παρακίνηση, κίνητρο.
induction [in`dʌkʃn] n εισαγωγή || επαγωγή.
inductive [in`dʌktiv] adj επαγωγικός.
indulge [in`dʌldʒ] vti ικανοποιώ, κάνω τα χατίρια || ~ *in,* εντρυφώ, παραδίδομαι εις.
indulgence [in`dʌldʒəns] n εντρύφηση, διασκέδαση || αδυναμία || **indulgent** adj συγκαταβατικός, επιεικής.
industrial [in`dʌstriəl] adj βιομηχανικός.
industrious [in`dʌstriəs] adj επιμελής.
industry [`indʌstri] n βιομηχανία || επιμέλεια, εργατικότητα.
inebriated [i`ni:brieitid] adj μεθυσμένος.
inedible [in`edəbl] adj μη φαγώσιμος.
ineffable [in`efəbl] adj ανείπωτος.
ineffective [,ini`fektiv] adj ατελέσφορος, ανίκανος.
ineffectual [,ini`fektʃuəl] adj μάταιος, ανίκανος, αποτυχημένος.
inefficiency [,ini`fiʃənsi] n ανεπάρκεια, ανικανότητα.
inefficient [,ini`fiʃənt] adj ανεπαρκής, ανίκανος, μη αποδοτικός.
inelegance [,in`eligəns] n ακαλαισθησία.
inelegant [,in`eligənt] adj άκομψος.

ineligible [ˌinˈelidʒəbl] adj μη εκλόγιμος.

inept [iˈnept] adj άτοπος, ανόητος || ~**itude**, ανοησία, ατόπημα.

inequality [ˌiniˈkwolɔti] n ανισότητα.

inequitable [inˈekwitɔbl] adj άδικος.

inequity [inˈekwɔti] n αδικία.

ineradicable [ˌiniˈrædikɔbl] adj αξερίζωτος, βαθιά ριζωμένος.

inert [iˈnɔːt] adj αδρανής, ακίνητος || ~**ia** [iˈnɔːʃə] αδράνεια, ακινησία.

inescapable [ˌiniˈskeipɔbl] adj αναπόφευκτος.

inestimable [inˈestimɔbl] adj ανεκτίμητος.

inevitable [inˈevitɔbl] adj αναπόφευκτος.

inexact [ˌinigˈzækt] adj ανακριβής.

inexcusable [ˌinikˈskjuːzɔbl] adj ασυγχώρητος.

inexhaustible [ˌinigˈzoːstɔbl] adj ανεξάντλητος.

inexorable [inˈeksɔrɔbl] adj αμείλικτος.

inexpensive [ˌinikˈspensiv] adj φτηνός.

inexperience [ˌinikˈspiɔriɔns] n απειρία.

inexpert [inˈekspɔːt] adj ανίδεος, αδέξιος.

inexplicable [ˌinikˈsplikɔbl] adj ανεξήγητος.

inexpressible [ˌinikˈspresɔbl] adj ανέκφραστος, απερίγραπτος.

inextinguishable [ˌinikˈstiŋgwiʃɔbl] adj άσβηστος.

inextricable [inˈekstrikɔbl] adj αξεδιάλυτος.

infallible [inˈfælɔbl] adj αλάθητος.

infamous [ˈinfɔmɔs] adj άτιμος, αχρείος.

infamy [ˈinfɔmi] n ατιμία, αχρειότητα.

infancy [ˈinfɔnsi] n νηπιακή ηλικία.

infant [ˈinfɔnt] n νήπιο || ~-**school**, νηπιαγωγείο.

infanticide [inˈfæntisaid] n βρεφοκτόνος || βρεφοκτονία.

infantile [ˈinfɔntail] adj παιδικός, παιδαριώδης.

infantry [ˈinfɔntri] n πεζικό || ~**man**, πεζικάριος.

infatuated [inˈfætʃueitid] adj ξεμυαλισμένος, ξετρελαμένος.

infect [inˈfekt] vt ιατρ. μολύνω || ~**ion**, μόλυνση, μολυσματική ασθένεια || ~**ious**, μολυσματικός, μεταδοτικός.

infer [inˈfɔː] vt συμπεραίνω, συνάγω.

inference [ˈinfrɔns] n συμπέρασμα || **by** ~, κατά συμπερασμό.

inferior [inˈfiɔriɔʳ] adj ~ **to**, κατώτερος από || ~**ity**, κατωτερότητα.

infernal [inˈfɔːnɔl] adj διαβολικός, καταχθόνιος, φοβερός.

inferno [inˈfɔːnou] n κόλαση.

infertile [inˈfɔːtail] adj στείρος, άγονος.

infertility [ˌinfɔˈtilɔti] n στειρότητα, αγονία.

infest [inˈfest] vt μαστίζω, λυμαίνομαι.

infidelity [ˌinfiˈdelɔti] n απιστία.

infighting [inˈfaitiŋ] n εσωτερική φαγωμάρα.

infiltrate [ˈinfiltreit] vti φιλτράρω || διεισδύω, εισχωρώ || **infiltration**, διείσδυση.

infinite [ˈinfɔnit] adj άπειρος.

infinitesimal [ˌinfiniˈtesiml] adj απειροελάχιστος.

infinitive [inˈfinɔtiv] n απαρέμφατο.

infinity [inˈfinɔti] n το άπειρο.

infirm [inˈfɔːm] adj ασταθής || ανάπηρος, ασθενής || ~**ity**, αναπηρία, αδυναμία.

infirmary [inˈfɔːmɔri] n αναρρωτήριο, θεραπευτήριο.

inflame [inˈfleim] vti ερεθίζω/-ομαι, φλογίζω/-ομαι.

inflammable [inˈflæmɔbl] adj εύφλεκτος.

inflammation [ˌinfləˈmeiʃn] n ερεθισμός, παροξυσμός || φλεγμονή.

inflammatory [inˈflæmɔtri] adj εμπρηστικός || φλεγμονώδης.

inflate [inˈfleit] vt φουσκώνω || **inflatable**, που μπορεί να φουσκωθεί.

inflation [inˈfleiʃn] n φούσκωμα || πληθωρισμός || ~**ary**, πληθωριστικός.

inflect [inˈflekt] vt γραμμ. κλίνω || ~**ion**, κλίση.

inflexibility [inˌfleksiˈbilɔti] n ακαμψία.

inflexible [inˈfleksɔbl] adj άκαμπτος, αλύγιστος.

inflict [inˈflikt] vt επιβάλλω || καταφέρω || ~**ion**, επιβολή, βάρος, τιμωρία.

inflow [ˈinflou] n εισροή.

influence [ˈinfluɔns] n επιρροή || επίδραση.

influential [ˌinfluˈenʃl] adj σημαίνων.

influenza [ˌinfluˈenzɔ] n γρίππη.

influx [ˈinflʌks] n εισροή, συρροή.

inform [inˈfɔːm] vti πληροφορώ || καταδίδω || ~**ation**, πληροφορίες || ~**ative**, κατατοπιστικός, ενημερωτικός || ~**er**, καταδότης.

informal [inˈfɔːml] adj ανεπίσημος, φιλικός || ~**ity**, έλλειψη τυπικότητας.

infraction [inˈfrækʃn] n παράβαση.

infra-red [ˌinfrɔˈred] adj υπέρυθρος.

infrequency [inˈfriːkwɔnsi] n σπανιότητα.

infrequent [inˈfriːkwɔnt] adj σπάνιος.

infringe [inˈfrindʒ] vt παραβαίνω, παραβιάζω || ~ **upon**, καταπατώ || ~**ment**, παραβίαση, καταπάτηση.

infuriate [inˈfjuɔrieit] vt εξαγριώνω.

infuse [inˈfjuːz] vt ενσταλάζω.

ingenious [inˈdʒiːniɔs] adj (άνθρ.) πολυμήχανος, εφευρετικός || (πράγμα) έξυπνος.

ingenuity [indʒiˈnjuːiti] n εξυπνάδα.

ingenuous [inˈdʒenjuɔs] adj αφελής, απλός, άδολος.

inglorious [in`glɔriəs] adj άδοξος.

ingot [`ingət] n ράβδος (χρυσού).

ingrained [in`greind] adj βαθιά ριζωμένος.

ingratitude [in`grætitju:d] n αγνωμοσύνη.

ingredient [in`gri:diənt] n συστατικό.

inhabit [in`hæbit] vt κατοικώ ‖ ~**able**, κατοικήσιμος ‖ ~**ant**, κάτοικος.

inhale [in`heil] vt εισπνέω.

inherent [in`hiərənt] adj έμφυτος, συμφυής.

inherit [in`herit] vti κληρονομώ ‖ ~**ance**, κληρονομία.

inhibit [in`hibit] vt αναστέλλω, αναχαιτίζω, εμποδίζω ‖ ~**ion**, αναστολή ‖ ~**ory**, ανασταλτικός, ανασχετικός.

inhospitable [,inhɔ`spitəbl] adj αφιλόξενος.

inhuman [in`hju:mən] adj απάνθρωπος ‖ ~**ity** [inhju:`mænəti] απανθρωπία.

inimical [in`imikl] adj εχθρικός.

inimitable [in`imitəbl] adj αμίμητος.

iniquitous [in`ikwitəs] adj άδικος.

iniquity [in`ikwəti] n αδικία.

initial [i`niʃl] adj αρχικός ‖ vt μονογραφώ.

initiate [i`niʃieit] vt εισάγω, μυώ ‖ εγκαινιάζω ‖ **initiation**, μύηση.

initiative [i`niʃətiv] n πρωτοβουλία ‖ **on one's own** ~, εξ ιδίας πρωτοβουλίας.

inject [in`dʒekt] vt κάνω ένεση ‖ ~**ion**, ένεση.

injunction [in`dʒʌŋkʃn] n εντολή, διαταγή ‖ νομ. διάταξη (προσωρινών μέτρων).

injure [`indʒəʳ] vt πληγώνω, θίγω, αδικώ.

injurious [in`dʒuəriəs] adj επιζήμιος.

injury [`indʒəri] n βλάβη, ζημιά ‖ κάκωση, τραύμα.

injustice [in`dʒʌstis] n αδικία.

ink [iŋk] n μελάνι ‖ vt μελανώνω ‖ ~**pot**, μελανοδοχείο.

inkling [`iŋkliŋ] n νύξη, αμυδρή ιδέα.

inland [`inlənd] adj μεσόγειος, εσωτερικός ‖ [in`lænd] adv στο εσωτερικό.

in-laws [`inlɔ:z] n pl πεθερικά.

inlay [in`lei] vt διακοσμώ (με ψηφίδες).

inlet [`inlet] n ορμίσκος ‖ είσοδος.

inmate [`inmeit] n τρόφιμος.

inmost [`inmoust] adj εσώτατος, μύχιος.

inn [in] n πανδοχείο ‖ ~-**keeper**, πανδοχέας.

innards [`inədz] n pl εντόσθια.

innate [i`neit] adj έμφυτος.

inner [`inəʳ] adj εσωτερικός ‖ ~**most**, εσώτατος.

innocence [`inəsəns] n αθωότητα.

innocent [`inəsənt] adj αθώος ‖ αφελής.

innocuous [i`nokjuəs] adj αβλαβής.

innovate [`inəveit] vi καινοτομώ ‖ **innovation**, καινοτομία, νεωτερισμός ‖ **in-**

novator, καινοτόμος, νεωτεριστής.

innuendo [,inju:`endou] n υπονοούμενο.

innumerable [i`nju:mərəbl] adj αναρίθμητος.

inoculate [i`nokjuleit] vt εμβολιάζω ‖ **inoculation**, εμβολιασμός.

inoffensive [,inə`fensiv] adj άκακος, αθώος.

inoperable [in`opərəbl] adj μη χειρουργήσιμος.

inoperative [in`opərətiv] adj ανενεργός.

inopportune [in`opətjun] adj άκαιρος.

inordinate [in`o:dinət] adj υπέρμετρος.

inorganic [,inɔ:`gænik] adj ανόργανος.

in-patient [`inpeiʃnt] n εσωτερικός ασθενής.

input [`input] n τεχν. εισαγωγή.

inquest [`inkwest] n ανάκριση.

inquire [in`kwaiəʳ] vti ζητώ να μάθω ‖ ~ **about**, ρωτώ για ‖ ~ **after**, ρωτώ για την υγεία ‖ ~ **for**, αναζητώ ‖ ~ **into**, ερευνώ.

inquiring [in`kwaiəriŋ] adj ερευνητικός, ερωτηματικός, περίεργος.

inquiry [in`kwaiəri] n έρευνα, ζήτηση πληροφοριών ‖ **make inquiries about sth**, παίρνω πληροφορίες για κτ ‖ **court of** ~, στρατ. ανακριτικό συμβούλιο.

inquisition [,inkwi`ziʃn] n ανάκριση ‖ **the I—**, η Ιερή Εξέταση.

inquisitive [in`kwizətiv] adj περίεργος, αδιάκριτος ‖ ~**ness**, περιέργεια.

inquisitor [in`kwizitəʳ] n ιεροεξεταστής.

inroads [`inroudz] n επιδρομή ‖ ξόδεμα.

inrush [`inrʌʃ] n εισβολή, εισροή.

insane [in`sein] adj παράφρων.

insanitary [in`sænitri] adj ανθυγιεινός.

insanity [in`sænəti] n παραφροσύνη.

insatiable [in`seiʃəbl] adj ακόρεστος.

inscribe [in`skraib] vt [εγ]γράφω, επιγράφω, χαράσσω.

inscription [in`skripʃn] n επιγραφή.

inscrutable [in`skru:təbl] adj ανεξιχνίαστος.

insect [`insekt] n έντομο ‖ ~**icide**, εντομοκτόνο ‖ ~**ivorous**, εντομοφάγος.

insecure [,insi`kjuəʳ] adj ανασφαλής, επισφαλής ‖ **insecurity**, ανασφάλεια.

inseminate [in`semineit] vt γονιμοποιώ.

insemination [in,semi`neiʃn] n γονιμοποίηση.

insensibility [in,sensə`biləti] n αναισθησία.

insensible [in`sensəbl] adj αναίσθητος, λιπόθυμος ‖ ~ **to**, αδιάφορος, ασυγκίνητος ‖ ανεπαίσθητος.

insensitive [in`sensətiv] adj αναίσθητος, ανεπηρέαστος, χωρίς ευαισθησία ‖ **insensitivity**, αναισθησία.

insentient [in`senʃənt] *adj* άψυχος.

inseparable [in`sepərəbl] *adj* αχώριστος.

insert [in`sə:t] *vt* εισάγω, καταχωρώ ‖ ~**ion**, καταχώρηση, παρεμβολή.

inshore [.in`ʃo:ʳ] *adj* παράκτιος.

inside [in`said] *n* εσωτερικό ‖ *adj* εσωτερικός ‖ *adv*, *prep* μέσα ‖ ~ **out**, το μέσα έξω, ανάποδα ‖ ~**r**, καλώς πληροφορημένος, μυημένος.

insidious [in`sidiəs] *adj* ύπουλος, επίβουλος.

insight [`insait] *n* οξυδέρκεια, βαθιά γνώση ‖ ιδέα, αντίληψη.

insignia [in`signiə] *n pl* τα διακριτικά.

insignificant [.insi`gnifikənt] *adj* ασήμαντος.

insincere [.insin`siəʳ] *adj* ανειλικρινής.

insinuate [in`sinjueit] *vt* υπαινίσσομαι, αφήνω να εννοηθεί ‖ ~ **oneself into**, χώνομαι με πανουργία ‖ **insinuation**, διείσδυση, υπαινιγμός.

insipid [in`sipid] *adj* ανούσιος, άνοστος.

insist [in`sist] *vti* ~ **upon**, επιμένω ‖ ~**ence**, επιμονή ‖ ~**ent**, επίμονος.

insolence [`insələns] *n* θρασύτητα.

insolent [`insələnt] *adj* θρασύς.

insoluble [in`soljubl] *adj* αδιάλυτος.

insolvency [in`solvənsi] *n* αφερεγγυότητα.

insolvent [in`solvənt] *adj* αφερέγγυος.

insomnia [in`somniə] *n* αϋπνία.

insouciance [in`su:siəns] *n* αμεριμνησία.

inspect [in`spekt] *vt* επιθεωρώ, ελέγχω ‖ ~**ion**, επιθεώρηση ‖ ~**or**, επιθεωρητής.

inspiration [.inspi`reiʃn] *n* έμπνευση.

inspire [in`spaiəʳ] *vt* εμπνέω ‖ ~ **with**, γεμίζω με ‖ ~**d**, εμπνευσμένος.

instability [.instə`biləti] *n* αστάθεια.

install [in`sto:l] *vt* εγκαθιστώ, τοποθετώ ‖ ~**ation**, εγκατάσταση.

instalment [in`sto:lmənt] *n* δόση ‖ συνέχεια *(ιστορίας)* ‖ *by* ~**s**, με δόσεις.

instance [`instəns] *n* παράδειγμα ‖ περιστατικό ‖ *for* ~, παραδείγματος χάριν ‖ *in the first* ~, κατά πρώτον λόγον, εν πρώτοις.

instant [`instənt] *adj* άμεσος ‖ στιγμιαίος ‖ *εμπ.* τρέχων ‖ ~**ly**, αυτοστιγμεί ‖ ~**aneous**, ακαριαίος.

instead [in`sted] *adv* ~ **of**, αντί.

instep [`instep] *n* κουτουπιές, ψίδι.

instigate [`instigeit] *vt* υποκινώ, εξωθώ ‖ **instigation**, υποκίνηση ‖ **instigator**, υποκινητής.

instil [in`stil] *vt* ενσταλάζω.

instinct [`instiŋkt] *n* ένστικτο ‖ *by* ~, εξ ενστίκτου ‖ ~**ive** [in`stiŋktiv] ενστικτώδης.

institute [`institju:t] *n* ινστιτούτο ‖ *vt* εγκαθιστώ, διορίζω ‖ θεσπίζω, καθιερώ ‖ αρχίζω.

institution [.insti`tju:ʃn] *n* ίδρυμα ‖ καθιέρωση, θέσπιση ‖ παράδοση, θεσμός ‖ ~**al**, καθιερωμένος.

instruct [in`strʌkt] *vt* διδάσκω, εκπαιδεύω ‖ δίνω οδηγίες ‖ πληροφορώ ‖ ~**ion**, διδασκαλία, εκπαίδευση ‖ *πληθ.* οδηγίες ‖ ~**ional**, μορφωτικός ‖ ~**ive**, διδακτικός ‖ ~**or**, δάσκαλος, εκπαιδευτής ‖ ~**ress**, δασκάλα.

instrument [`instrəmənt] *n* όργανο ‖ εργαλείο ‖ μέσο, πράξη, έγγραφο ‖ ~**al**, ενόργανος ‖ ~**alist**, οργανοπαίκτης ‖ ~**ality**, μεσολάβηση, συνδρομή ‖ *be* ~**al in**, συμβάλλω αποφασιστικά εις.

insubordinate [.insə`bo:dinət] *adj* απείθαρχος.

insubstantial [.insəb`stænʃl] *adj* άυλος ‖ ασύστατος ‖ μη θρεπτικός.

insufferable [.in`sʌfrəbl] *adj* ανυπόφορος.

insufficiency [.insə`fiʃənsi] *n* ανεπάρκεια.

insufficient [.insə`fiʃənt] *adj* ανεπαρκής.

insular [`insjuləʳ] *adj* νησιώτικος ‖ *μτφ.* στενόμυαλος.

insulate [`insjuleit] *vt* μονώνω ‖ **insulation**, μόνωση.

insulin [`insjulin] *n* ινσουλίνη.

insult [`insʌlt] *n* βρισιά, προσβολή ‖ *vt* [in`sʌlt] βρίζω, προσβάλλω ‖ ~**ing**, υβριστικός.

insuperable [.in`sju:pərəbl] *adj* ανυπέρβλητος.

insupportable [.insə`po:təbl] *adj* ανυπόφορος, αφόρητος.

insurance [in`ʃuərəns] *n* ασφάλεια ‖ ~ **agent**, ασφαλιστικός πράκτορας ‖ ~ **policy**, ασφαλιστικό συμβόλαιο ‖ *comprehensive* ~, μικτή ασφάλεια ‖ *third party* ~, απλή ασφάλεια.

insure [in`ʃuəʳ] *vt* ασφαλίζω / -ομαι ‖ ~**r**, ασφαλιστής.

insurgent [in`sə:dʒənt] *n* στασιαστής.

insurmountable [.insə`mauntəbl] *adj* ανυπέρβλητος.

insurrection [.insə`rekʃn] *n* στάση, εξέγερση.

intact [in`tækt] *adj* ανέπαφος, άθικτος.

intake [`inteik] *n* εισαγωγή, είσοδος.

intangible [.in`tændʒəbl] *adj* ανέγγιχτος, απροσδιόριστος ‖ άυλος.

integer [`intidʒəʳ] *n* *μαθημ.* ακέραιος.

integral [`intigrəl] *adj* αναπόσπαστος ‖ ολοκληρωτικός, ακέραιος ‖ *n* *μαθημ.* ολοκλήρωμα ‖ ~ **calculus**, ολοκληρωτικός λογισμός.

integrate [`intigreit] *vt* ολοκληρώνω, ενοποιώ ‖ **integration**, ολοκλήρωση, ενοποίηση, ενσωμάτωση.

integrity [in`tegrəti] *n* ακεραιότητα.

intellect [`intələkt] *n* νόηση, νους.

intellectual [ˌintə`lektʃuəl] *adj* διανοητικός, πνευματικός || *n* διανοούμενος.

intelligence [in`telidʒəns] *n* ευφυΐα, νοημοσύνη || είδηση, πληροφορία.

intelligent [in`telidʒənt] *adj* ευφυής, έξυπνος.

intelligentsia [in.teli`dʒentsiə] *n* οι διανοούμενοι.

intelligible [in`telidʒəbl] *adj* [κατα]νοητός.

intemperance [in`tempərəns] *n* ακράτεια, κατάχρηση, αλκοολισμός.

intemperate [in`tempərət] *adj* έκλυτος.

intend [in`tend] *vt* σκοπεύω, προτίθεμαι || ~ **for**, προορίζω.

intensify [in`tensifai] *vti* επιτείνω / -ομαι, εντείνω.

intensity [in`tensəti] *n* ένταση.

intensive [in`tensiv] *adj* εντατικός || επιτατικός.

intent [in`tent] *n* σκοπός, πρόθεση || *adj* έντονος, γεμάτος υπερένταση || **be ~ upon [doing] sth,** είμαι αφοσιωμένος σε κτ || **to all ~s and purposes,** στην ουσία, πραγματικά.

intention [in`tenʃn] *n* σκοπός, πρόθεση || ~**al,** σκόπιμος || **well-~ed,** καλοπροαίρετος.

interact [ˌintər`ækt] *vt* αλληλεπιδρώ.

interaction [ˌintər`ækʃn] *n* αλληλεπίδραση.

intercede [ˌintə`si:d] *vt* μεσολαβώ, παρεμβαίνω || **intercession,** μεσολάβηση.

intercept [ˌintə`sept] *vt* σταματώ, ανακόπτω || ~**ion,** σταμάτηση, παρεμπόδιση, αναχαίτιση.

interchange [ˌintə`tʃeindʒ] *vt* εναλλάσσω, ανταλλάσσω || ~**able,** εναλλάξιμος.

intercom [`intəkom] *n* σύστημα εσωτερικής επικοινωνίας.

intercommunal [ˌintə`komjunl] *adj* διακοινοτικός.

intercommunicate [ˌintəkə`mju:nikeit] *vi* αλληλεπικοινωνώ.

intercontinental [ˌintə.konti`nentl] *adj* διηπειρωτικός.

intercourse [ˌintə`ko:s] *n* επαφή, σχέση, συνουσία.

interdependent [ˌintədi`pendənt] *adj* αλληλένδετος, αλληλοεξαρτώμενος.

interdiction [ˌintə`dikʃn] *n* απαγόρευση.

interest [`intrəst] *n* ενδιαφέρον || συμφέρον, κέρδος || μερίδιο, συμμετοχή || τόκος || *vt* κινώ το ενδιαφέρον || **be ~ed in,** ενδιαφέρομαι για || ~**ing,** ενδιαφέρων.

interfere [ˌintə`fiə`] *vi* ~ **in,** επεμβαίνω, ανακατεύομαι || ~ **with,** πειράζω, εγγίζω, χαλώ || ~**nce,** παρέμβαση, παρεμβολή || *ραδιοφ.* παράσιτα.

interim [`intərim] *adj* προσωρινός, ενδι-

άμεσος || **in the ~,** προσωρινά, εν τω μεταξύ, στο μεταξύ.

interior [in`tiəriə`] *n* εσωτερικό || *adj* εσωτερικός, μεσόγειος.

interlink [ˌintə`liŋk] *vti* αλληλοσυνδέω / -ομαι.

interlocutor [ˌintə`lokjutə`] *n* συνομιλητής.

interloper [`intəloupə`] *n* παρείσακτος.

interlude [ˌintəlu:d] *n* διάλειμμα.

intermarriage [ˌintə`mæridʒ] *n* επιγαμία, επιμειξία.

intermarry [ˌintə`mæri] *vi* αλληλοπαντρεύομαι.

intermediary [ˌintə`mi:diəri] *n* μεσάζων || *adj* ενδιάμεσος.

intermediate [ˌintə`mi:diət] *n* μεσάζων, μεσίτης || *adj* ενδιάμεσος.

intermezzo [ˌintə`metsou] *n* διάλειμμα, ιντερμέτζο.

interminable [in`tə:minəbl] *adj* ατέλειωτος.

intermingle [ˌintə`miŋgl] *vti* αναμειγνύω / -ομαι.

intermission [ˌintə`miʃn] *n* διάλειμμα.

intermittent [ˌintə`mitənt] *adj* διαλείπων || ~**ly,** κατά διαστήματα, περιοδικά.

¹**intern** [in`tə:n] *vt* περιορίζω, εγκλείω σε στρατόπεδο || ~**ment,** περιορισμός.

²**intern** [`intə:n] *n US* εσωτερικός γιατρός.

internal [in`tə:nl] *adj* εσωτερικός.

international [ˌintə`næʃnəl] *adj* διεθνής || ~**ism,** διεθνισμός || ~**ist,** διεθνιστής || ~**ize,** διεθνοποιώ || ~**ization,** διεθνοποίηση || **the ~e,** η Διεθνής.

interpellation [in.tə:pə`leiʃn] *n* επερώτηση.

interplanetary [ˌintə`plænitri] *adj* διαπλανητικός.

interplay [`intəplei] *n* αλληλεπίδραση.

Interpol [`intəpol] *n* Ιντερπόλ.

interpose [ˌintə`pouz] *vt* διακόπτω, παρεμβάλλω || παρεμβαίνω, μεσολαβώ.

interpret [in`tə:prit] *vti* ερμηνεύω || διερμηνεύω || μεταφράζω || ~ **ation,** ερμηνεία || ~**er,** διερμηνέας.

interracial [ˌintə`reiʃl] *adj* διαφυλετικός.

interregnum [ˌintə`regnəm] *n* μεσοβασιλεία.

interrelation [ˌintəri`leiʃn] *n* αμοιβαία σχέση || ~**ship,** αλληλεξάρτηση.

interrogate [in`terəgeit] *vt* ανακρίνω, ερωτώ || **interrogator,** ανακριτής.

interrogation [in`terə`geiʃn] *n* ανάκριση, ερώτηση || ~ **point,** *γραμμ.* ερωτηματικό.

interrogative [ˌintə`rogətiv] *adj* ερωτηματικός.

interrogatory [ˌintə`rogətri] *adj* εξεταστικός, ανακριτικός.

interrupt [ˌintə`rʌpt] vti διακόπτω / -ομαι || κόβω, εμποδίζω || ~ion, διακοπή.

intersect [ˌintə`sekt] vti τέμνω / -ομαι || ~ion, τομή.

intersperse [ˌintə`spə:s] vt διασπείρω || ~ with, διανθίζω.

interstate [ˌintə`steit] adj διαπολιτειακός.

interstellar [ˌintə`stelə'] adj διαστρικός.

interstice [in`tə:stis] n σχισμή, ρωγμή.

intertwine [ˌintə`twain] vti πλέκω / -ομαι.

interval [`intəvl] n διάλειμμα || διάστημα || at ~s, κατά διαστήματα.

intervene [ˌintə`vi:n] vi μεσολαβώ || παρεμβαίνω || (για χρόνο) περνώ.

intervention [ˌintə`venʃn] n μεσολάβηση, παρέμβαση, επέμβαση.

interview [ˌintə`vju:] n συνέντευξη || vt παίρνω συνέντευξη.

interweave [ˌintə`wi:v] vt irreg συνυφαίνω.

intestate [in`testeit] adj νομ. αδιάθετος.

intestinal [in`testinəl] adj εντερικός.

intestine [in`testin] n έντερο.

intimacy [`intiməsi] n στενή σχέση || οικειότητες, χάδια.

¹intimate [`intimət] adj στενός || ενδόμυχος, μύχιος || βαθύς.

²intimate [`intimeit] vt φανερώνω, γνωστοποιώ, γνωρίζω.

intimation [ˌinti`meiʃn] n νύξη, γνωστοποίηση.

intimidate [in`timideit] vt εκφοβίζω, τρομοκρατώ || intimidation, εκφοβισμός.

into [`intə] prep σε, μέσα σε.

intolerable [in`tolərəbl] adj ανυπόφορος.

intolerance [in`tolərəns] n μισαλλοδοξία.

intolerant [in`tolərənt] adj μισαλλόδοξος.

intonation [ˌintə`neiʃn] n τονισμός.

intoxicant [in`toksikənt] n ποτό.

intoxicate [in`toksikeit] vt μεθώ || intoxicating adj μεθυστικός.

intoxication [in`toksi`keiʃn] n μέθη.

intractable [in`træktəbl] adj ατίθασος, δύσκολος.

intransigence [in`trænsidʒəns] n αδιαλλαξία.

intransigent [in`træsidʒənt] adj αδιάλλακτος.

intransitive [in`trænsitiv] n αμετάβατο (ρήμα).

intravenous [ˌintrə`vi:nəs] adj ενδοφλέβιος.

intrepid [in`trepid] adj ατρόμητος.

intricacy [`intrikəsi] n περιπλοκή.

intricate [in`trikət] adj περίπλοκος.

intrigue [in`tri:g] vti μηχανορραφώ, ραδιουργώ || παραξενεύω || n [`intri:g] ραδιουργία, κρυφή ερωτική σχέση.

intrinsic [in`trinsik] adj εγγενής.

introduce [ˌintrə`dju:s] vt συνιστώ, παρουσιάζω || εισάγω.

introduction [ˌintrə`dʌkʃn] n σύσταση || εισαγωγή, πρόλογος.

introductory [ˌintrə`dʌktəri] adj εισαγωγικός.

introspection [ˌintrə`spekʃn] n ενδοσκόπηση.

introvert [`intrəvə:t] n εσωστρεφής.

intrude [in`tru:d] vti ~ oneself on/into, μπαίνω απρόσκλητος || ~r, παρείσακτος.

intrusion [in`tru:ʒn] n παρείσφρηση, απρόσκλητη επίσκεψη.

intrusive [in`tru:ziv] adj οχληρός, αδιάκριτος, παρείσακτος.

intuition [ˌintju:`iʃn] n διαίσθηση.

intuitive [in`tju:itiv] adj διαισθητικός, ενστικτώδης.

inundate [`inəndeit] vt πλημμυρίζω || inundation, πλημμύρα.

inured [i`njuəd] adj συνηθισμένος.

invade [in`veid] vt εισβάλλω || ~r, εισβολέας.

¹invalid [in`vælid] adj άκυρος || ~ate, ακυρώνω || ~ation, ακύρωση.

²invalid [`invəlid] n, adj ανάπηρος || ασθενικός, άρρωστος, φιλάσθενος.

invaluable [in`væljuəbl] adj ανεκτίμητος.

invariable [in`veəriəbl] adj αμετάβλητος.

invasion [in`veiʒn] n εισβολή.

invective [in`vektiv] n υβρεολόγιο.

inveigle [in`vi:gl] vt ξεγελώ, παρασύρω.

invent [in`vent] vt εφευρίσκω, επινοώ || ~ion, εφεύρεση || ~ive, εφευρετικός || ~iveness, εφευρετικότητα || ~or, εφευρέτης.

inventory [`invəntri] n απογραφή.

inverse [ˌin`və:s] adj αντίστροφος || [`invə:s] n το αντίστροφο.

inversion [in`və:ʃn] n αντιστροφή.

invert [in`və:t] vt αντιστρέφω.

invertebrate [in`və:təbreit] adj ασπόνδυλος.

invest [in`vest] vt επενδύω || ~ment, επένδυση || ~or, κεφαλαιούχος.

investigate [in`vestigeit] vt ερευνώ, ανακρίνω || investigation, έρευνα, ανάκριση.

inveterate [in`vetərət] adj ριζωμένος || μανιώδης.

invigilate [in`vidʒileit] vt επιτηρώ (σε εξετάσεις) || invigilator, επιτηρητής.

invigorate [in`vigəreit] vt τονώνω, δυναμώνω, αναζωογονώ.

invincible [in`vinsibl] adj αήττητος.

inviolate [in`vaiələt] adj άθικτος, απαραβίαστος.

invisible [in`vizəbl] adj αόρατος.

invitation [ˌinvi`teiʃn] n πρόσκληση.

invite [in`vait] vt προσκαλώ || καλώ || inviting, δελεαστικός.

invocation [ˌinvə`keiʃn] n επίκληση.

invoice ['invois] *n* τιμολόγιο ‖ *vt* τιμολογώ.

invoke [in'vouk] *vt* επικαλούμαι, καλώ.

involuntary [in'voləntri] *adj* ακούσιος ‖ involuntarily, ακουσίως, αθέλητα.

involve [in'volv] *vt* ανακατεύω, εμπλέκω ‖ συνεπάγομαι ‖ ~d, περίπλοκος ‖ ~ment, μπλέξιμο.

invulnerable [in'vʌlnərəbl] *adj* άτρωτος.

inward ['inwəd] *adj* εσωτερικός, ενδόμυχος ‖ ~ly, ενδομύχως ‖ ~s, προς τα μέσα.

iodine ['aiədi:n] *n* ιώδιο.

Ionic [ai'onik] *adj* ιωνικός.

ionosphere [ai'onəsfiəʳ] *n* ιονόσφαιρα.

iota [ai'outə] *n* ιώτα, *μτφ.* κεραία.

IOU [ˌaiou'ju:] *n* (=I owe you) υποσχετικό.

irascible [i'ræsəbl] *adj* οξύθυμος.

iridescent [ˌiri'desənt] *adj* ιριδίζων.

iris ['aiəris] *n* ίρις, αγριόκρινος.

Irish ['aiəriʃ] *adj* ιρλανδικός ‖ ~man *n* Ιρλανδός.

irksome ['ə:ksəm] *adj* ενοχλητικός.

iron ['aiən] *n* σίδερο ‖ *vti* σιδερώνω ‖ ~ out, εξομαλύνω ‖ *adj* σιδερένιος ‖ ~monger, σιδηροπώλης ‖ ~ware, σιδηρά είδη ‖ ~works, σιδηρουργείο.

ironic[al] [ai'ronik(l)] *adj* ειρωνικός.

irony ['aiərəni] *n* ειρωνία.

irrational [i'ræʃnl] *adj* παράλογος.

irreconcilable [i.rekən'sailəbl] *adj* ασυμφιλίωτος, άσπονδος, αδιάλλακτος.

irredeemable [ˌiri'di:məbl] *adj* ανεπανόρθωτος.

irrefutable [ˌiri'fju:təbl] *adj* ακαταμάχητος.

irregular [i'regjuləʳ] *adj* ανώμαλος ‖ ακανόνιστος ‖ ~ity [i.regju'lærəti] *n* ανωμαλία.

irrelevant [i'reləvənt] *adj* άσχετος.

irreligious [ˌiri'lidʒəs] *adj* άθρησκος.

irremovable [ˌiri'mu:vəbl] *adj* αμετακίνητος.

irreparable [i'reprəbl] *adj* ανεπανόρθωτος.

irreplaceable [ˌiri'pleisəbl] *adj* αναντικατάστατος.

irrepressible [ˌiri'presəbl] *adj* ακατάσχετος.

irreproachable [ˌiri'proutʃəbl] *adj* άμεμπτος.

irresistible [ˌiri'zistəbl] *adj* ακατανίκητος.

irresolute [i'rezəlju:t] *adj* αναποφάσιστος, διστακτικός.

irrespective [ˌiri'spektiv] *adj* άσχετος ‖ ~ of, ασχέτως προς, άσχετα με.

irresponsible [ˌiri'sponsəbl] *adj* ανεύθυνος.

irretrievable [ˌiri'tri:vəbl] *adj* ανεπανόρθωτος.

irreverence [i'revərəns] *n* ασέβεια.

irreverent [i'revərənt] *adj* ασεβής.

irreversible [ˌiri'və:səbl] *adj* αμετάκλητος.

irrevocable [i'revəkəbl] *adj* ανέκκλητος, τελεσίδικος.

irrigate ['irigeit] *vt* αρδεύω.

irrigation [ˌiri'geiʃn] *n* άρδευση.

irritable ['iritəbl] *adj* ευερέθιστος.

irritant ['iritənt] *adj* ερεθιστικός ‖ *n* ερεθιστικό.

irritate ['iriteit] *vt* ερεθίζω, εκνευρίζω.

irritation [ˌiri'teiʃn] *n* ερεθισμός, εκνευρισμός.

irruption [i'rʌpʃn] *n* εισβολή.

Islam [iz'la:m] *n* Ισλάμ.

island ['ailənd] *n* νησί.

isle [ail] *n* νήσος.

islet ['ailət] *n* νησίδα.

isolate ['aisəleit] *vt* απομονώνω.

isolation [ˌaisə'leiʃn] *n* απομόνωση.

issue ['iʃu:] *n* έξοδος ‖ έκδοση, κυκλοφορία ‖ διανομή ‖ εμβία, τεύχος, φύλλο ‖ έκβαση ‖ απόγονοι ‖ θέμα, ζήτημα ‖ *vti* εκδίδω, θέτω σε κυκλοφορία ‖ διανέμω, μοιράζω ‖ ~ from, βγαίνω από ‖ at ~, υπό συζήτηση, υπό εξέταση ‖ take ~ with sb, διαφωνώ, συζητώ με κπ.

isthmus ['isməs] *n* ισθμός.

it [it] *pron* αυτό, το ‖ its, του ‖ itself, αυτό το ίδιο.

italics [i'tæliks] *n* τυπογρ. πλάγια στοιχεία.

itch [itʃ] *n* φαγούρα ‖ λαχτάρα ‖ *vi* έχω φαγούρα ‖ have an ~ for/to, λαχταρώ ‖ ~y, με φαγούρα.

item ['aitəm] *n* είδος ‖ λογιστ. κονδύλιο, εγγραφή ‖ θέατρ. νούμερο ‖ είδηση, θέμα ‖ ~ized, αναλυτικός.

itinerant [ai'tinərənt, i'ti-] *adj* πλανόδιος.

itinerary [ai'tinərəri, i'ti-] *n* δρομολόγιο.

ivory ['aivəri] *n* φίλντισι ‖ *adj* φιλντισένιος.

ivy ['aivi] *n* κισσός.

J j

jab [dʒæb] *n* χτύπημα ‖ *vti* ~ **at**, χτυπώ μπηχτά ‖ ~ **into**, χώνω ‖ ~ **out**, βγάζω.

jabber [`dʒæbə`] *n* φλυαρία, κουβεντολόι ‖ *vti* φλυαρώ, λέω επιτροχάδην.

Jack [dʒæk] *n* Γιαννάκης ‖ ~ **of all trades**, πολυτεχνίτης ‖ **every man** ~, όλος ο κόσμος ‖ **Union J**~, η σημαία της Μ. Βρετανίας ‖ **before you could say J**~ **Robinson**, ώσπου να πεις κύμινο.

jack [dʒæk] *n* αυτοκ. γρύλλος ‖ χαρτοπ. βαλές, φάντης ‖ ~ **up**, σηκώνω με γρύλλο ‖ ~**ass**, γάιδαρος ‖ ~**boot**, μπότα ‖ ~**daw**, καλιακούδα ‖ ~**-knife**, σουγιάς.

jackal [`dʒækəl`] *n* τσακάλι.

jacket [`dʒækit`] *n* σακάκι, ζακέτα ‖ μηχ. χιτώνιο, πουκάμισο ‖ φλούδα *(πατάτας)* ‖ **dust-**~, κουβερτούρα *(βιβλίου)*.

jade [dʒeid] *n (λίθος)* νεφρίτης ‖ παλιάλογο, ψοφίμι ‖ ~**d**, τσακισμένος, κομμένος *(από κούραση, κλπ.)*.

jag [dʒæg] *n* προεξοχή, δόντι ‖ ~**ged**, οδοντωτός, πριονωτός.

jaguar [`dʒægjuə`] *n* τζάγκουαρ.

jail [dʒeil] ⇒ GAOL

jam [dʒæm] *n* μαρμελάδα ‖ φρακάρισμα, εμπλοκή ‖ συνωστισμός ‖ *vti* φρακάρω ‖ παθαίνω εμπλοκή ‖ σφηνώνω, πιάνομαι ‖ στριμώχνω /-ομαι, χώνω ‖ *ραδιοφ.* παρεμβάλλω παράσιτα ‖ **be in/get into a** ~, είμαι/μπαίνω σε δύσκολη θέση ‖ ~**ming**, παράσιτα ‖ **traffic-**~, μποτιλιάρισμα.

jamb [dʒæm] *n* κολώνα, ορθοστάτης.

jampack [.dʒæm`pæk] *vt* γεμίζω ασφυκτικά.

jangle [dʒæŋgl] *vti* κουδουνίζω.

janissary [`dʒænisəri`] *n* γενίτσαρος.

janitor [`dʒænitə`] *n* θυρωρός, επιστάτης.

January [`dʒænjuəri`] *n* Ιανουάριος.

Japan [dʒə`pæn`] *n* Ιαπωνία ‖ ~**ese**, ιαπωνικός, Ιάπωνας.

jar [dʒa:`] *n* βάζο, λαγήνι, κιούπι ‖ τσίριγμα ‖ διαφωνία, διάσταση ‖ τράνταγμα ‖ σοκ, δόνηση ‖ *vti* χτυπώ τραντάζω ‖ ~ **on**, ενοχλώ, πειράζω ‖ ~ **[with]**, συγκρούομαι, δεν ταιριάζω ‖ ~**ring**, κακόηχος, ενοχλητικός, *(χρώμα)* αταίριαστος, *(γνώμη)* αντίθετος.

jargon [`dʒa:gən`] *n* κορακίστικα.

jasmine [`dʒæsmin`] *n* γιασεμί.

jaundice [`dʒɔ:ntis`] *n* ίκτερος ‖ *μτφ.* φθόνος ‖ **take a** ~**d view**, βλέπω κτ με προκατάληψη / με φθόνο.

jaunt [dʒɔ:nt] *n* εκδρομούλα, βόλτα.

jaunty [`dʒɔ:nti`] *adj* ξένοιαστος, καμαρωτός.

javelin [`dʒævlin`] *n* αθλητ. ακόντιο.

jaw [dʒɔ:] *n* σαγόνι ‖ *μηχ.* σιαγόνα ‖ *sl* πάρλα, λίμα ‖ νουθεσία, κήρυγμα ‖ ~ **at sb**, κάνω κήρυγμα σε κπ ‖ **out of the** ~**s of death**, από τα δόντια του Χάρου ‖ ~**-breaker**, δυσκολοπρόφερτη λέξη.

jay [dʒei] *n* καρακάξα ‖ ~**-walker**, αφηρημένος πεζός.

jazz [dʒæz] *n* τζαζ ‖ *vt* ~ **up**, ζωηρεύω, δίνω κέφι ‖ ~**y**, φιγουράτος.

jealous [`dʒeləs`] *adj* ζηλιάρης ‖ **be** ~ **of sb**, ζηλεύω κπ ‖ ~**y**, ζήλεια ‖ ~**ly**, ζηλότυπα.

jeans [dʒi:nz] *n* ντρίλινο παντελόνι.

jeep [dʒi:p] *n* τζιπ.

jeer [dʒiə`] *n* γιουχάισμα, κοροϊδία ‖ *vt* χλευάζω, γιουχαΐζω.

Jehovah [dʒi`houvə`] *n* Ιεχωβάς.

jell [dʒel] *vi* πήζω, αποκρυσταλλώνομαι, παίρνω σχήμα / μορφή.

jelly [`dʒeli`] *n* ζελές, πηχτή ‖ ~**fish**, τσούχτρα, μέδουσα.

jemmy [`dʒemi`] *n* λοστός.

jeopardize [`dʒepədaiz`] *vt* διακινδυνεύω.

jeopardy [`dʒepədi`] *n* κίνδυνος.

jeremiad [.dʒeri`maiæd`] *n* ιερεμιάδα.

jerk [dʒə:k] *n* τίναγμα, τράνταγμα, τράβηγμα, σπρώξιμο, πέταγμα ‖ *vti* τινάζω /-ομαι, κινούμαι απότομα ‖ **knee** ~**s**, ανακλαστικό του γόνατος ‖ **the** ~**s**, *ιατρ.* τρεμούλα, χορεία ‖ ~**y**, απότομος, με τραντάγματα.

jerry [`dʒeri`] *n* καθίκι ‖ ~**-building**, φτηνή κατασκευή ‖ ~**can**, μπιτόνι βενζίνης.

jersey [`dʒə:zi`] *n* ζέρσεϋ.

jest [dʒest] *n* αστείο, χωρατό ‖ περίγελως ‖ *vi* αστειεύομαι ‖ **in** ~, στ' αστεία ‖ ~**er**, γελωτοποιός, χωρατατζής.

Jesuit [`dʒezjuit`] *n* Ιησουίτης.

Jesus [`dʒi:zəs`] *n* Ιησούς.

jet [dʒet] *n* αναπήδηση *(υγρού, φλόγας, αερίου)* ‖ μπεκ, ζιγκλέρ ‖ αεριωθούμενο ‖ *vti* αναπηδώ, εκτοξεύω /-ομαι ‖ **the** ~**-set**, η διεθνής αριστοκρατία του χρήματος ‖ ~**-black**, κατάμαυρος

|| ~**sam,** έκβρασμα.

jettison [`dʒetisn] vt πετώ *(στη θάλασσα).*

jetty [`dʒeti] n μώλος, προβλήτα.

Jew [dʒu:] n Εβραίος || ~**ess,** Εβραία || ~**ish,** εβραϊκός.

jewel [`dʒuəl] n πετράδι, κόσμημα || ~**ler,** κοσμηματοπώλης || ~**ry,** ή ~**lery,** κοσμήματα.

jib [dʒib] n φλόκος || βραχίονας *(γερανού)* || vi ~ *[at],* κωλώνω, κοντοστέκομαι, μτφ. κλωτσάω, αρνούμαι.

jibe [dʒaib] vi ~ *[at],* σαρκάζω, περιγελώ.

jiffy [`dʒifi] στη φρ. *in a* ~, στη στιγμή.

jig [dʒig] n πεταχτός χορός || vti χορεύω, χοροπηδώ || ~**saw,** παιχνίδι συναρμολόγησης.

jigger [`dʒigə'] n τσιμπούρι || ~**ed,** κατάπληκτος, ξεθεωμένος.

jilt [dʒilt] vt παρατάω (φίλο, φιλενάδα).

jiminy [`dʒimani] excl ωλαλά!

jim-jams ⇒ JITTERS.

jingle [`dʒingl] n κουδούνισμα || vti κουδουνίζω.

jingo [`dʒingou] n σωβινιστής || ~**ism,** σωβινισμός.

jinks [dʒinks] στη φρ. *high* ~, ξεφάντωμα.

jinx [dʒinks] n γρουσούζης.

jitters [`dʒitəz] n τρεμούλα, πανικός || *have/get the* ~, με πιάνει τρεμούλα || *give sb the* ~, φέρνω πανικό σε κπ.

jittery [`dʒitəri] adj φοβισμένος, αναστατωμένος, νευρικός.

job [dʒob] n θέση || δουλειά || κομπίνα || vti καταφέρνω *(με κομπίνα)* || *be out of a* ~, είμαι άνεργος || *be paid by the* ~, πληρώνομαι με το κομμάτι || *odd* ~**s,** δουλειές του ποδαριού || *be just the* ~, είναι ακριβώς ό,τι χρειάζεται || ~**ber,** μεσίτης, μεροκαματιάρης, κομπιναδόρος || ~**bery,** μεσιτεία, ρουσφετολογία || ~**bing,** μικροδουλειές.

Job [dʒob] n Ιώβ.

jockey [`dʒoki] n τζόκεϋ || vti καταφέρνω *(με κομπίνες)* || ~ *for position,* μηχανορραφώ.

jocular [`dʒokjulə'] adj ευτράπελος, αστείος.

jocund [`dʒokənd] adj ευδιάθετος.

jog [dʒog] n σκούντημα, τράνταγμα || vti σκουντώ || κουνώ || τραντάζω.

joggle [`dʒogl] n σκούντημα || vti σκουντώ.

join [dʒoin] n ένωση, ραφή, συμβολή || vti ενώνω/-ομαι, συνδέω/-ομαι || γίνομαι μέλος/παρέα, συναντώ || ~ *in,* συμμετέχω || ~ *up,* πάω φαντάρος || ~**er,** ξυλουργός, επιπλοποιός || ~**ery,**

ξυλουργική.

joint [dʒoint] n άρθρωση, κλείδωση, αρμός || μεγάλο κομμάτι κρέας || καταγώγιο, στέκι || adj κοινός || *out of* ~, εξαρθρωμένος || ~**ly,** από κοινού.

joist [dʒoist] n δοκάρι, πάτερο.

joke n αστείο || vi αστειεύομαι || *a practical* ~, φάρσα || *play a* ~ *on sb,* σκαρώνω φάρσα σε κπ || *joking apart,* αφήνοντας τ' αστεία κατά μέρος || ~**r,** καλαμπουρτζής, χαρτοπ. τζόκερ.

jolly [`dʒoli] adj χαρούμενος, εύθυμος || adv πολύ, εξαιρετικά.

jolt [dʒolt] n τίναγμα, τράνταγμα || ξάφνιασμα || vti τινάζω-ομαι, τραντάζω/-ομαι.

jonquil [`dʒoŋkwil] n νάρκισσος.

joss [dʒos] n [κινέζικο] είδωλο θεού.

jostle [dʒosl] vti σπρώχνω.

jot [dʒot] n μτφ. κόκκος, κεραία || vt σημειώνω || ~**ter,** σημειωματάριο, μπλοκ || ~**ting,** σημείωση.

journal [dʒə:nl] n εφημερίδα, περιοδικό || ημερολόγιο || ~**ese,** δημοσιογραφική γλώσσα || ~**ism,** δημοσιογραφία || ~**ist,** δημοσιογράφος || ~**istic,** δημοσιογραφικός.

journey [`dʒə:ni] n διαδρομή || ταξίδι || ~**man,** ειδικευμένος έμμισθος τεχνίτης.

joust [dʒaust] n έφιππη μονομαχία με κοντάρια.

Jove [dʒouv] n Δίας || *by* ~! διάβολε!

jovial [`dʒouviəl] adj γελαστός, πρόσχαρος, εύθυμος || ~**ity** [dʒouvi`æləti] n κέφι, διαχυτικότητα.

jowl [dʒaul] n σαγόνι, μαγούλα || *cheek by* ~, κοντά-κοντά, κολλητά.

joy [dʒoi] n χαρά || ~**-bells,** κωδωνοκρουσία || ~**ful,** χαρούμενος || ~**less,** μελαγχολικός || ~**ous,** περιχαρής || ~**-ride,** βόλτα (ιδ. με κλεμμένο αυτοκίνητο).

jubilant [`dʒu:bilənt] adj περιχαρής, θριαμβευτικός.

jubilation [ˌdʒu:bi`leiʃn] n πανηγυρισμός.

jubilee [`dʒu:bili:] n ιωβηλαίο, γιορτή.

Judaism [`dʒudeiizm] n Ιουδαϊσμός.

Judas [`dʒu:dəs] n Ιούδας.

judge [dʒʌdʒ] n δικαστής || κριτής || γνώστης, ειδήμων || vti κρίνω || είμαι κριτής || υπολογίζω, θεωρώ.

judgement [`dʒʌdʒmənt] n κρίση || δικαστ. απόφαση || ορθοφροσύνη, λογική || κρίση, γνώμη || δίκαιη τιμωρία, θεία δίκη || *the Day of J*~; *the Last J*~, η Ημέρα της Κρίσεως, η Δεύτερη Παρουσία || *in my* ~, κατά την κρίση μου || *against one's better* ~, παρά τις επιφυλάξεις μου.

judicial [dʒu`difl] adj δικαστικός.

judiciary [dʒu`diʃəri] n δικαστικός κλάδος.
judicious [dʒu`diʃəs] adj συνετός.
judo [`dʒu:dou] n τζούντο.
jug [dʒʌg] n κανάτι, στάμνα.
juggernaut [`dʒʌgənɔ:t] n μτφ. Μολώχ.
juggle [dʒʌgl] vti κάνω ταχυδακτυλουργίες, εξαπατώ || ~r, ταχυδακτυλουργός.
juice [dʒu:s] n χυμός || υγρό.
juicy [`dʒu:si] adj χυμώδης, ζουμερός.
jujitsu [dʒu:`dʒitsu:] n ζίου-ζίτσου
juju [`dʒu:dʒu:] n ξόρκι, μάγια.
juke-box [`dʒu:k boks] n ηλεκτρόφωνο.
July [dʒu`lai] n Ιούλιος.
jumble [dʒʌmbl] n σωρός, κυκεώνας, μπέρδεμα, ανακάτωμα || vti ~ [up], ανακατώνω, μπερδεύω / -ομαι.
jumbo [`dʒʌmbou] adj υπερμεγέθης.
jump [dʒʌmp] n πήδημα, άλμα || vti πηδώ || υπερπηδώ, αναπηδώ, χοροπηδώ || κάνω άλμα || ~ at, σπεύδω να δεχθώ, αρπάζω || ~ one's bail, φυγοδικώ || ~ to conclusions, σπεύδω να βγάλω συμπεράσματα || ~ the queue, πηδώ την ουρά || ~ the rails/tracks, εκτροχιάζομαι || ~ down sb's throat, πέφτω επάνω να φάω κπ || the long/high/pole ~, άλμα εις μήκος/εις ύψος/επί κοντώ ~, ~er, άλτης, μπλούζα, πουλόβερ.
junction [`dʒʌŋkʃn] n διασταύρωση, ένωση, συμβολή, σιδηροδρ. κόμβος, διακλάδωση.
juncture [`dʒʌŋktʃəʳ] n κρίσιμη στιγμή/περίσταση.
June [dʒu:n] n Ιούνιος.
jungle [dʒʌŋgl] n ζούγκλα.
junior [`dʒu:niəʳ] adj νεώτερος || κατώτερος.
junk [dʒʌŋk] n παλιοπράγματα, παλιατσαρία || ~-dealer, παλιατζής.

junket [`dʒʌŋkit] n γλέντι, τσιμπούσι || vi γλεντώ, διασκεδάζω.
junta [`dʒʌntə] n χούντα.
Jupiter [`dʒupitəʳ] n Ζευς.
jurisdiction [.dʒuəris`dikʃn] n δικαιοδοσία, αρμοδιότητα.
jurisprudence [.dʒuəris`pru:dəns] n νομική, νομολογία.
jurist [`dʒuərist] n νομικός, νομομαθής.
juror [`dʒuərəʳ] n ένορκος, ελλανοδίκης.
jury [`dʒuəri] n ένορκοι, ορκωτό δικαστήριο || ελλανόδικη επιτροπή.
just [dʒʌst] adj δίκαιος || ορθός || δικαιολογημένος || adv μόλις || ακριβώς || απλώς, μόνο και μόνο || κυριολεκτικά || (με προστακτ.) για || ~ about, σχεδόν.
justice [`dʒʌstis] n δικαιοσύνη || δικαστής του Ανώτατου Δικαστηρίου || bring sb to ~, παραπέμπω κπ στη δικαιοσύνη || do sb/sth ~, τιμώ [όπως αξίζει], είμαι δίκαιος σε κπ/κτ || in ~ to sb, για να είμαι δίκαιος απέναντι σε κπ || J~ of the Peace, ειρηνοδίκης, πταισματοδίκης.
justifiable [.dʒʌsti`faiəbl] adj δικαιολογημένος, εύλογος.
justification [.dʒʌstifi`keiʃn] n δικαίωση, δικαιολόγηση.
justify [`dʒʌstifai] vt δικαιολογώ, δικαιώνω.
jut [dʒʌt] vi ~ out, προεξέχω.
jute [dʒu:t] n γιούτα.
juvenile [`dʒu:vənail] n .νέος || adj νεανικός || ~ court, δικαστήριο ανηλίκων || ~ delinquency, παιδική εγκληματικότητα.
juxtapose [.dʒʌkstə`pouz] vt αντιπαραθέτω, αντιπαραβάλλω || juxtaposition, αντιπαράθεση.

K k

kaleidoscope [kə`laidəskoup] n καλειδοσκόπιο || kaleidoscopic, πολύχρωμος, συνεχώς εναλλασσόμενος.
kangaroo [.kæŋgə`ru:] n καγκουρό.
karate [kə`ra:ti] n καράτε.
kebab [kə`bæb] n σουβλάκι, κεμπάπ.
keel [ki:l] n καρίνα || ~ over, μπατάρω.
keen [ki:n] adj οξύς, κοφτερός || τσου-

χτερός || έντονος, δυνατός || ενθουσιώδης, φανατικός || be ~ on doing sth, λαχταρώ να κάμω κτ || ~ly, έντονα, δυνατά, πάρα πολύ || ~ness, ζήλος, οξύτητα.
¹keep [ki:p] n πύργος (πάνω σε κάστρο) || συντήρηση, διατροφή || for ~s, οριστικά, για πάντα || ~er, φύλακας ||

~**sake**, ενθύμιο.

²**keep** [ki:p] *vti irreg* κρατώ ‖ τηρώ, διατηρώ, έχω, φυλάω ‖ συντηρώ / ~ούμαι ‖ συνεχίζω ‖ ~ *at*, εμμένω, κάνω κπ να δουλεύει ‖ ~ *away*, κρατώ μακριά ‖ ~ *back*, συγκρατώ ‖ ~ *down*, μένω σκυμμένος, κρατώ κπ σε υποταγή ‖ ~ *from*, εμποδίζω ‖ ~ *in*, μένω / κρατώ μέσα, συγκρατώ ‖ ~ *off*, μένω / κρατώ μακριά ‖ ~ *on*, συνεχίζω, εξακολουθώ, επιμένω ‖ ~ *on at sb*, ενοχλώ επίμονα κπ ‖ ~ *sth on*, συνεχίζω να έχω κτ φορεμένο ‖ ~ *sb on*, κρατώ κπ στη δουλειά, δεν τον απολύω ‖ ~ *out*, μένω / κρατώ έξω ‖ ~ *to*, εξακολουθώ, τηρώ, περιορίζομαι ‖ ~ *under*, κρατώ σε υποταγή / πειθαρχία ‖ ~ *up with sb*, συμβαδίζω με κπ ‖ ~ *sb up*, κρατώ κπ αργά το βράδυ ‖ ~ *sth up*, συνεχίζω, διατηρώ, συντηρώ.

keeping [ki:piŋ] *n* φύλαξη, φροντίδα ‖ διατήρηση, συντήρηση ‖ αρμονία, συμφωνία ‖ *be in/out of* ~ *with*, συμφωνώ / δε συμφωνώ με.

keg [keg] *n* βαρελάκι.

ken [ken] *n* στη *φρ. beyond/outside my* ~, πέρα / έξω από τις γνώσεις μου.

kennel [kenl] *n* σπιτάκι σκύλου.

kerb [kə:b] *n* κράσπεδο *(πεζοδρομίου)*.

kerchief [`kə:tʃiːf] *n* μαντήλια, τσεμπέρι.

kernel [kə:nl] *n* ψίχα *(καρυδιού, κλπ.)* ‖ *μτφ.* ουσία, πυρήνας.

kerosene [`kerəsiːn] *n (φωτιστικό)* πετρέλαιο.

kestrel [`kestrəl] *n* μικρό γεράκι.

ketch [ketʃ] *n* δικάταρτο καΐκι.

ketchup [`ketʃəp] *n* κετσάπ.

kettle [ketl] *n* χύτρα, τσαγιέρα, κατσαρόλα ‖ ~-*drum*, μεταλλικό τύμπανο.

key [ki:] *n* κλειδί ‖ *σχολ.* κλείδα ‖ πλήκτρο ‖ *vt* ~ *up*, φέρνω κπ σε αγωνία / υπερδιέγερση ‖ ~*board*, πληκτρολόγιο, κλαβιέ ‖ ~*hole*, κλειδαρότρυπα ‖ ~*stone*, *μτφ.* θεμέλιο, μοχλός, άξονας ‖ *master/skeleton* ~, πασπαρτού, γενικό αντικλείδι.

khaki [`ka:ki] *n, adj* χακί.

kick [kik] *n* κλωτσιά ‖ ευχαρίστηση, συγκίνηση ‖ σφρίγος, δύναμη ‖ *vti* κλωτσώ ‖ ~ *at/against*, αντιδρώ ‖ ~ *off*, δίνω το εναρκτήριο λάκτισμα ‖ ~ *out*, πετώ έξω με τις κλωτσιές ‖ ~ *sb upstairs*, βγάζω κπ από τη μέση προάγοντάς τον ‖ ~ *up a fuss/row/shindy/stink*, κάνω φασαρία / καυγά / σαματά ‖ ~ *for* ~*s*, για τη συγκίνηση του πράγματος ‖ ~ *the bucket*, τινάζω τα πέταλα.

kid [kid] *n* κατσικάκι ‖ πιτσιρίκι, παιδί

‖ *(δέρμα)* σεβρό ‖ *vt* δουλεύω κπ, κοροϊδεύω.

kidnap [`kidnæp] *vt* απάγω ‖ ~*per*, απαγωγέας ‖ ~*ping*, απαγωγή.

kidney [`kidni] *n* νεφρό.

kill [kil] *n* σκότωμα ‖ *vt* σκοτώνω ‖ καταστρέφω ‖ εξουδετερώνω ‖ *shoot to* ~, βαράω στο ψαχνό ‖ ~*er*, φονιάς ‖ ~*ing n* σκότωμα, *adj* εξαντλητικός, διασκεδαστικός.

kiln [kiln] *n* καμίνι.

kilo [`kilou] *n* κιλό.

kilo [`kilou] *prefix* χιλιό— ‖ ~*cycle*, χιλιόκυκλος ‖ ~*gram[me]*, χιλιόγραμμο ‖ ~*metre*, χιλιόμετρο ‖ ~*watt*, κιλοβάτ.

kilt [kilt] *n* σκωτσέζικη φουστανέλα.

kimono [ki`mounou] *n* κιμονό.

kin [kin] *n* συγγενολόι ‖ *next of* ~, πλησιέστερος συγγενής ‖ ~*sfolk*, συγγενείς ‖ ~*ship*, συγγένεια.

kind [kaind] *n* είδος ‖ γένος ‖ *adj·* καλός, ευγενικός ‖ ~ *of*, κάπως, κατά κάποιον τρόπο ‖ ~ *of a* ~, όμοιος, κάτι σαν ‖ *something/nothing of the* ~, κάτι / τίποτα τέτοιο ‖ ~-*hearted*, καλόκαρδος ‖ ~*ly*, ευγενικά, καλωσυνάτος ‖ ~*ness*, καλωσύνη.

kindergarten [`kindəga:tn] *n* νηπιαγωγείο.

kindle [kindl] *vti* ανάβω ‖ *μτφ.* εξάπτω, διεγείρω.

kindred [`kindrəd] *n* συγγένεια ‖ συγγενείς, συγγενολόι ‖ *adj* συγγενικός, όμοιος.

kinetic [ki`netik] *adj* κινητικός ‖ ~*s*, κινητική.

king [kiŋ] *n* βασιλιάς ‖ *χαρτοπ.* ρήγας ‖ ~-*dom*, βασίλειο ‖ ~*ly* ή ~-*like*, μεγαλοπρεπής, βασιλικός ‖ ~*pin*, πείρος *(τροχού)*, *μτφ.* κινητήριος μοχλός ‖ ~*ship*, βασιλεία ‖ ~*size[d]*, υπερμεγέθης.

kink [kiŋk] *n* κομπόδιασμα ‖ *μτφ.* λόξα, μονομανία ‖ ~*y*, λοξός.

kiosk [`ki:osk] *n* περίπτερο, κιόσκι.

kipper [`kipəʳ] *n* παστή ρέγγα.

kismet [`kizmət] *n* μοίρα, κισμέτ.

kiss [kis] *n* φιλί ‖ *vt* φιλώ.

kit [kit] *n* σύνεργα ‖ ατομικά είδη ‖ ~-*bag*, σακίδιο.

kitchen [kitʃn] *n* κουζίνα ‖ ~*ette*, κουζινίτσα ‖ ~-*garden*, λαχανόκηπος ‖ ~-*maid*, λαντζέρισσα.

kite [kait] *n* χαρταετός.

kitten [kitn] *n* γατάκι.

kitty [`kiti] *n* ψιψίνα ‖ ποτ.

kleptomania [,kleptə`meiniə] *n* κλεπτομανία ‖ ~*c*, κλεπτομανής.

knack [næk] *n* ικανότητα, κόλπο ‖ ~*er*, μπόγιας αλόγων, εργολάβος κατεδαφίσεων.

knapsack [`næpsæk] *n* γυλιός, σακίδιο.

knave [neiv] *n* βαλές, φάντης ‖ απατεώνας ‖ ~ry, απατεωνία, κατεργαριά.

knead [ni:d] *vt* ζυμώνω ‖ μαλάσσω.

knee [ni:] *n* γόνατο ‖ **on one's ~s**, γονατιστός ‖ ~-deep/-high, ώς το γόνατο.

kneel [ni:l] *vi irreg* γονατίζω.

knell [nel] *n* πένθιμη κωδωνοκρουσία.

knickers [`nikəz], **knickerbockers** [`nikəbokəz] *n pl* φουφούλα, βράκα.

knicknack [`niknæk] *n* μπιχλιμπίδι.

knife [naif] *n* μαχαίρι.

knight [nait] *n* ιππότης ‖ *(σκάκι)* άλογο ‖ ~ly, ιπποτικός.

knit [nit] *vti irreg* πλέκω ‖ συγκολλώ, συνδέω, ενώνω, σφίγγω, σμίγω ‖ ~ting, πλέξιμο, πλεκτό ‖ ~wear, πλεκτά *(ρούχα)*.

knob [nob] *n* καρούμπαλο, γρόμπος, ρόζος, πόμολο *(πόρτας)*, κουμπί *(ραδιοφώνου)*, λαβή *(μπαστουνιού)* ‖ στρογγυλό κομμάτι *(βουτύρου, κλπ.)*.

¹knock [nok] *n* χτύπημα, χτύπος ‖ *sl* νίλα, κατραπακιά, οικονομική ζημιά ‖ ~er, ρόπτρο, χτυπητήρι *(πόρτας)* ‖ ~-kneed, στραβοπόδης.

²knock [nok] *vti* χτυπώ ‖ επικρίνω ‖ ~ about, παραδέρνω, κάνω τυχοδιωκτική ζωή, περιπλανιέμαι, στραπατσάρω ‖ ~ down, ρίχνω κάτω *(χτυπώντας)*, γκρεμίζω, κατεβάζω *(τιμές)*, κατακυρώνω ‖ ~-down *n* κατακύρωση, *(τιμή)* χαμηλή / *(χτύπημα)* εξουθενωτικός, *(τιμή)* εξευτελιστικός, *(έπιπλα)* λυόμενος ‖ ~ off, σταματώ τη δουλειά, σχολάω, κόβω *(από τιμή)*, *sl* καθαρίζω κπ, κανονίζω *(γυναίκα)*, σκαρώνω στα γρήγορα ‖ ~ out, ρίχνω κπ νοκάουτ,

αδειάζω *(χτυπώντας)* ‖ ~ together, κατασκευάζω πρόχειρα ‖ ~ up, ξυπνώ κπ, *sl* γκαστρώνω, σκαρώνω, ετοιμάζω στα γρήγορα.

knoll [nol] *n* βουναλάκι, λοφίσκος.

knot [not] *n* κόμπος ‖ ρόζος ‖ φιόγκος ‖ δυσκολία ‖ ομάδα, παρέα ‖ *vti* κομποδιάζω / -ομαι, δένω ‖ **tie oneself up into ~s**, μπερδεύομαι, τα θαλασσώνω ‖ ~ty, γεμάτος κόμπους / ρόζους, *μτφ.* δύσκολος, μπερδεμένος.

know [nou] *vti* ξέρω, γνωρίζω ‖ αναγνωρίζω, ξεχωρίζω ‖ ~ about, ξέρω, μαθαίνω, πληροφορούμαι ‖ ~ what's what, ξέρω τι μου γίνεται ‖ not ~ sb from Adam, κάποιος μου είναι εντελώς άγνωστος ‖ not that I ~ of, απ' ό,τι ξέρω όχι ‖ be in the ~, τελώ εν γνώσει, είμαι στο κόλπο ‖ ~-all, παντογνώστης ‖ ~-how, τεχνικές γνώσεις, μεθοδογνωσία.

knowing [`nouiŋ] *n* γνώση ‖ *adj* πονηρός, με σημασία ‖ **there is no ~**, είναι αδύνατο να ξέρει κανείς ‖ ~ly, πονηρά, με σημασία, σκόπιμα, ενσυνειδήτως.

knowledge [`nolidʒ] *n* γνώση, γνώσεις ‖ **without one's ~**, εν αγνοία μου ‖ **to the best of one's ~**, απ' ό,τι ξέρω ‖ ~able, γνώστης, πληροφορημένος.

knuckle [nʌkl] *n* άρθρωση / κόμπος δακτύλων ‖ *vi* ~ down to, στρώνομαι *(σε δουλειά)* ‖ ~ under, υποτάσσομαι.

koran [kə`ra:n] *n* κοράνι.

kowtow [‚kau`tau] *vi* κάνω βαθειές υποκλίσεις.

kudos [`kju:dos] *n* φήμη, δόξα, τιμή.

kulak [`ku:læk] *n* κουλάκος.

L l

lab [læb] *n* επιστημονικό εργαστήριο.

label [`leibl] *n* ετικέττα ‖ *vt* κολλώ ετικέττες ‖ *μτφ.* χαρακτηρίζω.

labial [`leibiəl] *adj* χειλικός ‖ *n* χειλόφωνο.

laboratory [lə`borətri] ⇒ LAB

laborious [lə`bo:riəs] *adj* κοπιώδης, επίπονος ‖ *(ύφος)* βαρύς, στρυφνός ‖ *(άνθρ.)* εργατικός.

labour [`leibəʳ] *n* δουλειά, μόχθος ‖

έργο ‖ εργατικό δυναμικό ‖ τοκετός, ωδίνες τοκετού ‖ *vti* κοπιάζω, μοχθώ ‖ προχωρώ με δυσκολία, αγκομαχώ ‖ παλεύω ‖ **the ~s of Hercules**, οι άθλοι του Ηρακλή ‖ ~ **the point / argument**, μιλώ διά μακρών ‖ ~ed, βαρύς, δύσκολος ‖ ~er, εργάτης *(ανειδίκευτος)* ‖ ~ite[-ait], οπαδός του Εργατικού Κόμματος ‖ L~ **Party**, Εργατικό Κόμμα ‖ L~ **Exchange**, Οργανισμός Απασχο λήσεως Εργατικού Δυναμικού ‖ **hard ~**, κατανανκαστικά έργα ‖ **manual ~**, χειρωνακτική εργασία.

labyrinth [ˈlæbərinθ] *n* λαβύρινθος.

labyrinthine [ˌlæbəˈrinθain] *adj* λαβυρινθώδης.

lace [leis] *n* δαντέλα ‖ σειρήτι, κορδόνι ‖ *vti* ~ **[up]**, δένω, σφίγγω με κορδόνι ‖ ~ *into sb*, ρίχνομαι σε κπ (για να τον δείρω) ‖ ~ *a drink*, γαρνίρω ένα ποτό.

lacerate [ˈlæsəreit] *vt* ξεσκίζω, πληγώνω.

lack [læk] *n* έλλειψη ‖ *vti* στερούμαι ‖ *be ~ing*, υπάρχει έλλειψη, λείπω ‖ *for ~ of*, από έλλειψη.

lackadaisical [ˌlækəˈdeizikl] *adj* άτονος, νωθρός, βαρυεστημένος.

lackey [ˈlæki] *n* λακές.

laconic [ləˈkonik] *adj* λακωνικός.

lacquer [ˈlækəʳ] *n* λάκκα, βερνίκι, λούστρο ‖ *vt* λουστράρω.

lacy [ˈleisi] *adj* δαντελωτός.

lad [læd] *n* παλικάρι.

ladder [ˈlædəʳ] *n* σκάλα, ανεμόσκαλα ‖ κλίμακα ‖ *(σε κάλτσες)* φευγάτος πόντος.

laddie [ˈlædi] *n* παλικαρόπουλο.

laden [ˈleidn] *adj* φορτωμένος.

lading [ˈleidiŋ] *n* φορτίο ‖ *bill of ~*, φορτωτική.

ladle [ˈleidl] *n* κουτάλα ‖ *vt ~ out*, σερβίρω ‖ *μτφ.* μοιράζω αφειδώς.

lady [ˈleidi] *n* κυρία ‖ λαίδη ‖ *Our L~*, η Παναγία ‖ *Ladies*, (τουαλέτα) «Γυναικών» ‖ ~*bird*, εντομ. παπαδίτσα ‖ ~*in-waiting*, κυρία επί των τιμών ‖ ~*killer*, γυναικοκατακτητής ‖ ~*like*, όπως αρμόζει σε κυρία ‖ ~*'s maid*, καμαριέρα ‖ ~*'s man*, γυναικάκιας ‖ L~*ship*, Κυρία, ευγενία.

lag [læg] *vi* χασομερώ, μένω πίσω ‖ μονώνω ‖ *time ~*, καθυστέρηση, επιβράδυνση ‖ ~*ging*, μόνωση ‖ ~*gard*, χασομεράκιας.

lager [ˈlaːgəʳ] *n* ξανθιά μπύρα.

lagoon [ləˈguːn] *n* λιμνοθάλασσα.

lair [leəʳ] *n* φωλιά [αγρίου ζώου].

laity [ˈleiəti] *n pl* λαϊκοί *(όχι κληρικοί)* ‖ αμύητοι.

lake [leik] *n* λίμνη.

lam [læm] *vti* κοπανάω, χτυπώ ‖ ~ *into sb*, ρίχνομαι σε κπ.

lamb [læm] *n* αρνί ‖ *μτφ. (άνθρωπος)* πρόβατο ‖ ~*chop*, παϊδάκι ‖ ~*kin*, αρνάκι γάλακτος ‖ ~*'s-wool*, αρνίσιο μαλλί.

lame [leim] *adj* κουτσός ‖ *μτφ.* αδύνατος, σαθρός ‖ ~*ness*, αναπηρία.

lament [ləˈment] *n* μοιρολόι, θρήνος, ελεγεία ‖ *vti* θρηνώ, θρηνολογώ ‖

~*able*, αξιοθρήνητος ‖ ~*ation*, κλαυθμός και οδυρμός ‖ ~*ed*, πολύκλαυστος.

laminated [ˈlæmineitid] *adj* φυλλωτός ‖ ~ *wood*, κοντραπλακέ, καπλαμάς.

lamp [læmp] *n* λάμπα ‖ λυχνάρι ‖ ~ *oil*, φωτιστικό πετρέλαιο ‖ ~*post*, φανοστάτης *(δρόμου)* ‖ ~*shade*, αμπαζούρ.

lampoon [læmˈpuːn] *n* λίβελλος.

lance [laːns] *n* λόγχη, μακρύ δόρυ ‖ *vt* κόβω με νυστέρι ‖ ~*corporal*, υποδεκανέας ‖ ~*r*, λογχοφόρος ιππέας ‖ ~*t*, νυστέρι.

land [lænd] *n* ξηρά, στεριά ‖ έδαφος, γη ‖ χτήμα ‖ χώρα ‖ *vti* αποβιβάζω/-ομαι ‖ προσγειώνω/-ομαι ‖ πετυχαίνω, βρίσκω ‖ χώνω, δίνω *(χτύπημα)* ‖ ~ *up*, καταλήγω, ξεπέφτω ‖ ~ *sb/oneself in*, μπλέκω ‖ ~ *on one's feet*, έχω τύχη βουνό ‖ *no man's ~*, ουδέτερη ζώνη ‖ ~*ed*, έγγειος, έχων κτηματική περιουσία ‖ ~*agent*, κτηματομεσίτης ‖ ~*lady*, σπιτονοικοκυρά ‖ ~*less*, ακτήμονας ‖ ~*lord*, σπιτονοικοκύρης ‖ ~*locked*, μεσόγειος ‖ ~*lubber*, στεριανός ‖ ~*mark*, ορόσημο ‖ ~*owner*, κτηματίας, τσιφλικάς ‖ ~*scape*, τοπίο ‖ ~*slide*, καθίζηση, *μτφ.* σαρωτική νίκη *(σε εκλογές)* ‖ ~*slip*, καθίζηση.

landing [ˈlændiŋ] *n* αποβίβαση, απόβαση, προσγείωση ‖ αποβάθρα ‖ κεφαλόσκαλο ‖ ~*craft*, αποβατικό σκάφος ‖ ~*field/-strip*, *(αεροπ.)* πρόχειρος διάδρομος ‖ ~*gear*, σύστημα προσγειώσεως ‖ ~*stage*, πλωτή αποβάθρα.

lane [lein] *n* δρομίσκος ‖ μονοπάτι ‖ δίοδος *(σε πλήθος)* ‖ ζώνη, λουρίδα *(δρόμου ή στίβου)* ‖ γραμμή *(πλοίων, αεροπλάνων)*.

language [ˈlæŋgwidʒ] *n* γλώσσα.

languid [ˈlæŋgwid] *adj* αποχαυνωμένος, νωθρός.

languish [ˈlæŋgwiʃ] *vi* λυώνω, μαραζώνω ‖ ~*ing*, λιγωμένος.

languor [ˈlæŋgəʳ] *n* αποχαύνωση ‖ λίγωμα, τρυφεράδα.

lank [læŋk] *adj (μαλλιά)* μακριά και ίσια ‖ *(άνθρ.)* ψηλόλιγνος ‖ ~*y*, ξερακιανός, άχαρος.

lantern [ˈlæntən] *n* φανάρι.

lanyard [ˈlænjəd] *n* κορδόνι *(σάλπιγγας)*.

lap [læp] *n* γόνατο, ποδιά ‖ παφλασμός, ρουφηξιά ‖ επικάλυψη ‖ γύρος *(σταδίου)* ‖ *vti* πλαταγίζω, παφλάζω ‖ ~ *up*, πίνω από χάμω [με τη γλώσσα], γλείφω.

lapel [ləˈpel] *n* πέτο *(σακακιού)*.

lapidary [ˈlæpidəri] *n* λιθοχαράκτης ‖ *adj* πέτρινος, χαραγμένος στην πέτρα.

lapse [læps] *n* πάροδος, παρέλευση (*χρόνου*) ‖ λάθος, ολίσθημα ‖ *μτφ.* απομάκρυνση, κατολίσθηση ‖ *vi* ολισθαίνω, γλιστρώ.

larceny [ˈlaːsəni] *n* κλοπή.

lard [laːd] *n* λαρδί ‖ *vt* αρτύζω ‖ *μτφ.* γαρνίρω *(ομιλία)* ‖ ~**er**, κελλάρι.

large [laːdʒ] *adj* μεγάλος ‖ ευρύς, εκτεταμένος ‖ γενναιόδωρος ‖ *at* ~, ελεύθερος, εν εκτάσει, γενικά ‖ ~**ly**, κυρίως ‖ ~**-scale**, σε μεγάλη κλίμακα, εκτεταμένος.

lark [laːk] *n* κορυδαλλός ‖ αστείο, πλάκα.

larva [ˈlaːvə] *n* κάμπια *(εντόμου).*

laryngitis [ˌlærinˈdʒaitis] *n* λαρυγγίτιδα.

larynx [ˈlæriŋks] *n* λάρυγγας.

lascivious [ləˈsiviəs] *adj* λάγνος.

laser [ˈleizəʳ] *n* λέηζερ.

lash [læʃ] *n* βούρδουλας ‖ βουρδουλιά ‖ βλεφαρίδα ‖ *vti* μαστιγώνω ‖ δένω σφιχτά ‖ ~ *into*, εξάπτω ‖ ~ *out at/against*, επιτίθεμαι βίαια ‖ ~**ing**, λουρί, μαστίγωση, *πληθ.* μπόλικος.

lass[ie] [ˈlæsi] *n* κοπελιά.

lassitude [ˈlæsitjuːd] *n* βαρυεστημάρα, κομμάρα.

lasso [læˈsuː] *n* λάσο ‖ *vt* πιάνω με λάσο.

last [laːst] *n* καλαπόδι ‖ *vi* διαρκώ, κρατώ ‖ *adj* τελευταίος ‖ περασμένος ‖ *at* ~, επί τέλους ‖ *the* ~ *but one*, ο προτελευταίος ‖ ~**ing**, μόνιμος ‖ ~**-minute**, της τελευταίας στιγμής.

latch [lætʃ] *n* μάνταλος, σύρτης, ζεμπερέκι ‖ *on the* ~, μανταλωμένος ‖ ~**key**, αντικλείδι, κλειδί.

late [leit] *adj* αργός ‖ καθυστερημένος ‖ τέως, πρώην ‖ τελευταίος, πρόσφατος ‖ *adv* αργά ‖ τελευταία ‖ *be* ~, αργώ ‖ *keep* ~ *hours*, πάω αργά *(για δουλειά ή για ύπνο)* ‖ *of* ~, τώρα τελευταία ‖ *at the* ~*st*, το αργότερο ‖ *sooner or* ~*r*, αργά ή γρήγορα ‖ ~*r on*, πιο ύστερα, αργότερα ‖ ~**ly**, τελευταία, πρόσφατα ‖ ~**ness**, αργοπορία.

latent [ˈleitənt] *adj* κρυμμένος, λανθάνων.

lateral [ˈlætərəl] *adj* πλευρικός, πλάγιος.

latex [ˈleitəks] *n* χυμός-γάλα *(φυτών).*

lath [laːθ] *n* γρίλια, πηχάκι.

lathe [leið] *n* τόρνος.

lather [ˈlaːðəʳ] *n* σαπουνάδα ‖ αφρός ‖ *vti* σαπουνίζω, αφρίζω ‖ ξυλοφορτώνω.

Latin [ˈlætin] *adj* λατινικός ‖ *n* λατινικά.

latitude [ˈlætitjuːd] *n* γεωγραφικό πλάτος ‖ περιθώριο, ελευθερία *(κινήσεων).*

latrine [ləˈtriːn] *n* αποχωρητήριο.

latter [ˈlætəʳ] *adj* πρόσφατος, τελευταίος ‖ *the* ~, ο δεύτερος *(από δύο).*

lattice [ˈlætis] *n* δικτυωτό, καφάσι ‖

~**d**, καφασωτός.

laudanum [ˈloːdənəm] *n* λαύδανο.

laudatory [ˈloːdətri] *adj* υμνητικός.

laugh [laːf] *n* γέλιο ‖ *vti* γελώ ‖ ~ *at*, κοροϊδεύω ‖ ~ *away*, διώχνω *(με γέλιο)* ‖ ~ *down*, αρνούμαι *(με καγχασμούς)* ‖ ~ *off*, ξεφεύγω *(γελώντας)*, το γυρίζω στ᾿ αστείο ‖ ~ *one's head off*, λύνομαι στα γέλια ‖ ~ *up one's sleeve*, κρυφογελώ ‖ *have a* ~, γελώ ‖ *have/get the* ~ *of sb*, τη σκάω σε κπ ‖ *have the last* ~, γελάω τελευταίος ‖ ~**able**, αστείος, γελοίος ‖ ~**ing**, γέλιο, γελαστός ‖ ~**ing-stock**, περίγελως, νούμερο ‖ ~**ter**, γέλιο.

launch [lɔːntʃ] *n* άκατος ‖ καθέλκυση ‖ εκτόξευση ‖ λανσάρισμα, ξεκίνημα ‖ *vti* καθελκύω ‖ εκτοξεύω ‖ εξαπολύω, λανσάρω, αρχίζω ‖ ~ *[out] into*, αποδύομαι, ρίχνομαι, καταπιάνομαι.

launder [ˈloːndəʳ] *vt* πλένω και σιδερώνω ‖ ~**ette**, [loːnˈdret] μαγαζί με αυτόματα πλυντήρια.

laundress [ˈloːndrəs] *n* πλύστρα.

laundry [ˈloːndri] *n* πλυντήριο ‖ πλύση, μπουγάδα.

laureate [ˈloriət] *adj* δαφνοστεφής.

laurel [ˈlorəl] *n* δάφνη.

lav[atory] [ˈlæv(ətri)] *n* αποχωρητήριο.

lava [ˈlaːvə] *n* λάβα *(ηφαιστείου).*

lavender [ˈlævindəʳ] *n* λεβάντα.

lavish [ˈlæviʃ] *adj* γενναιόδωρος, σπάταλος ‖ πλούσιος, άφθονος ‖ *vt* ~ *upon*, κατασπαταλώ, διασπαθίζω, επιδαψιλεύω ‖ ~**ly**, γενναιόδωρα, αφειδώς.

law [loː] *n* νόμο ‖ νόμοι, δίκαιο ‖ νομικά ‖ κανόνας, αρχή ‖ ~ *and order*, δημόσια τάξη ‖ *be a* ~ *unto oneself*, έχω το δικό μου νόμο ‖ *have the* ~ *on sb*, πηγαίνω κπ στα δικαστήρια ‖ ~**-abiding**, νομοταγής ‖ ~**-breaker**, παραβάτης ‖ ~**-giver**, νομοθέτης ‖ ~**ful**, νόμιμος ‖ ~**less**, άνομος, αχαλίνωτος ‖ ~**lessness**, ανομία, αναρχία ‖ ~**suit**, δίκη ‖ ~**yer**, δικηγόρος.

lawn [loːn] *n* γκαζόν, χλόη.

lax [læks] *adj* χαλαρός ‖ αμελής, άτακτος ‖ ~**ative**, καθαρτικό ‖ ~**ity**, χαλαρότητα.

¹**lay** [lei] *vti irreg* τοποθετώ, βάζω, θέτω ‖ στρώνω, απλώνω, ετοιμάζω ‖ γεννώ *(αυγά)* ‖ στοιχηματίζω, ποντάρω ‖ κάνω ‖ *sl* πηδάω *(γυναίκα)* ‖ ~ *aside*, θέτω κατά μέρος, αφήνω ‖ ~ *back*, διπλώνω *(προς τα πίσω)* ‖ ~ *down*, ξαπλώνω, στοιχηματίζω, βάζω στα σκαριά, αποθηκεύω, [καθ]ορίζω, καταθέτω ‖ ~ *in*, κάνω αποθέματα ‖ ~ *off*, ξεκουράζομαι, σταματώ *(συνήθεια)*, απολύω προσωρινά ‖ ~ *on*, ετοιμάζω,

οργανώνω, βάζω *(παροχή νερού, κλπ.)* || ~ **out**, ετοιμάζω, απλώνω, επενδύω, σχεδιάζω, σελιδοποιώ || ~ **up**, παροπλίζω, *(παθ. φων.)* κρεββατώνομαι || ~ **bare**, ξεγυμνώνω || ~ **low**, ρίχνω κάτω || ~ **it on thick**, τα παραλέω, υπερβάλλω *(σε κομπλιμέντα, κλπ.)* || ~ **down one's life for sth**, θυσιάζω τη ζωή μου για κτ || ~ **up trouble for oneself**, βάζω μπελάδες στο κεφάλι μου || ~**about**, σουλατσαδόρος || ~**by**, πάρκιν (σε αυτοκινητόδρομο) || ~**off**, προσωρινή απόλυση || ~**out**, σελιδοποίηση, σχέδιο, πλάνο.

²**lay** [lei] *adj* λαϊκός (=μη κληρικός) || κοινός (=όχι ειδικός) || μπαλλάντα || σύντροφος στο σεξ || ~**man**, μη ειδικός, ανίδεος || ~ **figure**, κούκλα *(ραπτικής).*

layer [`leiə𝑟] *n* στρώμα || καταβολάδα.

layette [lei`et] *n* μωρουδιακά.

laze [leiz] *vi* τεμπελιάζω.

lazy [`leizi] *adj* τεμπέλης || ~**bones**, τεμπέλαρος || **laziness**, τεμπελιά.

¹**lead** [led] *n* μόλυβδος || μόλυβι || σκαντάγιο || ~**en**, μολυβένιος || ~**pencil**, μολυβδοκόνδυλο.

²**lead** [li:d] *n* καθοδήγηση, παράδειγμα, πρωτοπορεία || λουρί *(σκύλου)* || μυλαύλακο || αγωγός, καλώδιο || χαρτοπ. πρωτιά || *vti irreg* οδηγώ || ηγούμαι, είμαι επικεφαλής, διευθύνω || ζω, διάγω || χαρτοπ. αρχίζω || ~ **off**, κάνω την αρχή || ~ **sb astray**, οδηγώ κπ στον κακό δρόμο || ~ **sb on**, παρασύρω κπ || ~ **sb by the nose**, σέρνω κπ από τη μύτη || ~ **the way**, πάω πρώτος.

leader [`li:də𝑟] *n* αρχηγός, ηγέτης || δημοσιογρ. κύριο άρθρο || βλαστάρι || ~**less**, χωρίς ηγεσία || ~**ship**, ηγεσία.

leading [`li:diŋ] *adj* ηγετικός || κύριος || ~ **article**, κύριο άρθρο || ~ **light**, εξέχουσα φυσιογνωμία || ~ **question**, παραπειστική ερώτηση || ~ **rein**, καπίστρι || ~ **strings**, λουριά *(μωρού).*

leaf [li:f] *n* φύλλο *(δέντρου, χαρτιού, τραπεζιού)* || *vi* ~ **through**, ξεφυλλίζω || **be in/come into** ~, έχω/βγάζω φύλλα || **turn over a new** ~, αλλάζω τρόπο ζωής || ~**less**, γυμνός, χωρίς φύλλα || ~**let**, φυλλαράκι, φυλλάδιο || ~**y**, φυλλωτός.

league [li:g] *n* λεύγα || ένωση, συνασπισμός || *αθλ.* ομοσπονδία || **the L**~ **of Nations**, η Κοινωνία των Εθνών (ΚΤΕ) || **in** ~ **with**, από κοινού με.

leak [li:k] *n* διαρροή, διαφυγή || ρωγμή, τρύπα || *vti (για δοχείο)* τρέχω || *(για υλικό)* διαφεύγω || *μτφ.* ~ **[out]**, διαρρέω, διαδίδω/-ομαι || ~**age**, διαρροή,

διαφυγή || ~**y**, τρύπιος.

lean [li:n] *adj* αδύνατος, άπαχος || *n* ψαχνό || *vti irreg* γέρνω, κλίνω || ~ **on/against**, ακουμπώ || ~ **upon**, στηρίζομαι || ~**ing**, κλίση, τάση || ~**to**, υπόστεγο.

leap [li:p] *n* πήδημα, άλμα || *vti irreg* πηδώ || ~ **at**, αρπάζω || **by** ~**s and bounds**, αλματωδώς || ~**frog**, παιχνίδι βαρελάκια, καβάλλες || ~ **year**, δίσεκτο έτος.

learn [lə:n] *vti irreg* μαθαίνω || ~ **of**, πληροφορούμαι για || ~**ed**, πολυμαθής, σοφός || ~**er**, μαθητής || ~**ing**, μάθηση.

lease [li:s] *n* [εκ]μίσθωση || *vt* εκμισθώνω || **give/get a new** ~ **of life**, δίνω/παίρνω παράταση ζωής || ~**hold**, μίσθιο, μισθωμένος || ~**holder**, μισθωτής.

leash [li:ʃ] *n* λουρί (σκύλου) || **strain at the** ~, αδημονώ.

least [li:st] *adj* ελάχιστος || *n* ελάχιστο || **at** ~, τουλάχιστον || ~ **of all**, και πολύ περισσότερο, και μάλιστα || **to say the** ~, για να μην πούμε τίποτα άλλο || **not in the** ~, καθόλου.

leave [li:v] *n* άδεια || *vti irreg* φεύγω από || αφήνω || [απο]μένω || ~ **alone**, αφήνω ήσυχο || ~ **behind**, ξεχνώ [να πάρω] || ~ **off**, σταματώ || ~ **out**, παραλείπω || ~ **over**, αναβάλλω, περισσεύω || **be on** ~, είμαι σε άδεια || **by/with your** ~, με την άδειά σας || **take French** ~, το σκάω αλά γαλλικά || **take [one's]** ~ **of sb**, αποχαιρετώ κπ || **take** ~ **of one's senses**, χάνω τα μυαλά μου || **sick** ~, αναρρωτική άδεια.

leaven [levn] *n* προζύμη, μαγιά || *vt* ζυμώνω.

leavings [`li:viŋz] *n pl* απομεινάρια.

lecher [`letʃə𝑟] *n* λάγνος || ~**ous**, *adj* λάγνος, έκφυλος || ~**y**, λαγνεία, ασέλγεια.

lectern [`lektən] *n* αναλόγιο.

lecture [`lektʃə𝑟] *n* διάλεξη || νουθεσία || *vi* ~ **[on]**, μιλώ για || ~**r**, λέκτορας || ~**ship**, θέση λέκτορα.

ledge [ledʒ] *n* ράφι, προεξοχή || ύφαλος, ξέρα || ~**r**, λογιστ. καθολικό.

lee [li:] *n, adj* υπήνεμος || ~**ward**, υπήνεμα.

leech [li:tʃ] *n* βδέλλα, παράσιτο.

leek [li:k] *n* πράσο.

leer [liə𝑟] *n* λάγνο βλέμμα, στραβοκοίταγμα || *vi* κοιτάζω λάγνα/λοξά.

lees [li:z] *n pl* κατακάθια.

leeway [`li:wei] *ιδ.* στη φρ. **make up** ~, καλύπτω καθυστέρηση.

left [left] *adj* αριστερός || *n* αριστερά ||

~ist, αριστεριστής || ~-winger, αριστερός || ~-overs, απομεινάρια.

leg [leg] n πόδι || πατζάκι *(παντελονιού)* || τμήμα *(ταξιδιού)* || give sb a ~ up, βοηθάω κπ || pull sb's ~, δουλεύω κπ || run sb off his ~s, ξεθεώνω κπ στη δουλειά || shake a ~, φέρνω μια γυροβολιά || show a ~, σηκώνομαι από το κρεββάτι || stretch one's ~s, σηκώνομαι να ξεμουδιάσω || walk [sb] off his ~s, ξεποδαριάζομαι / ξεποδαριάζω κπ || on its last ~s, ετοιμόρροπος || ~gy, μακρυπόδαρος || ~gings, περικνημίδες, γκέττες.

legacy [ˈlegəsi] n κληροδότημα.

legal [ˈliːgl] adj νόμιμος, νομικός || ~ism, νομικισμός || ~ity, νομιμότητα || ~ize, νομιμοποιώ || ~ization, νομιμοποίηση.

legatee [ˌlegəˈtiː] n κληροδόχος.

legation [liˈgeiʃn] n πρεσβεία β΄ τάξεως.

legend [ˈledʒənd] n μύθος, θρύλος || λεζάντα || ~ary, μυθώδης, θρυλικός.

legerdemain [ˌledʒədəˈmein] n ταχυδακτυλουργός.

legible [ˈledʒəbl] adj ευανάγνωστος.

legion [ˈliːdʒən] n λεγεώνα || ~ary, λεγεωνάριος.

legislate [ˈledʒisleit] vi νομοθετώ.

legislation [ˌledʒiˈsleiʃn] n νομοθεσία.

legislator [ˈledʒisleitəʳ] n νομοθέτης.

legislature [ˈledʒisleitʃəʳ] n νομοθετικό σώμα || νομοθετικη εξουσία.

legitimate [liˈdʒitimət] adj νόμιμος / εύλογος || γνήσιος *(τέκνο)* || legitimacy, νομιμότητα || legitimatize, νομιμοποιώ.

leisure [ˈleʒəʳ] n σχόλη, αργία, άνεση, ελεύθερος χρόνος || at one's ~, με την ησυχία μου, όταν ευκαιρήσω || at ~, εύκαιρος || wait sb's ~, περιμένω να ευκαιρήσει κπ || ~ly, αργός, τεμπέλικος, adv αργά, σιγά-σιγά, χωρίς βιασύνη || ~d, άεργος, εύπορος.

lemon [ˈlemən] n λεμόνι || ~ drop / squash, καραμέλα / χυμός λεμονιού || ~ squeezer, λεμονοστίφτης.

lend [lend] vt irreg δανείζω || προσδίδω || ~ an ear, ακούω || ~ sb a hand, βοηθώ κπ || ~ oneself to sth, ανακατεύομαι σε κτ, προσφέρομαι || ~er, δανειστής.

length [leŋθ] n μήκος || διάρκεια || at ~, επιτέλους, επί πολύ, διεξοδικώς, εν εκτάσει || at full ~, φαρδύς-πλατύς || go to the ~ of, φτάνω στο σημείο να || go to all/any ~s, κάνω το παν / ο,τιδήποτε || ~en, μακραίνω, παρατείνω || ~wise, κατά μήκος || ~y, μακρός, εκτεταμένος.

leniency [ˈliːniənsi] n επιείκεια.

lenient [ˈliːniənt] adj επιεικής.

lens [lenz] n φακός.

Lent [lent] n Σαρακοστή || ~ lily, νάρκισσος.

lentil [lentl] n φακή.

leonine [ˈliənain] adj λιονταρίσιος.

leopard [ˈlepəd] n λεοπάρδαλη.

leper [ˈlepəʳ] n λεπρός.

leprosy [ˈleprəsi] n λέπρα.

lesbian [ˈlezbiən] n λεσβία || ~ism, λεσβιασμός, τριβισμός.

lese majesty [ˌleizˈmædʒəsti] n εσχάτη προδοσία, έγκλημα καθοσιώσεως.

lesion [liːʒn] n ιατρ. κάκωση, βλάβη.

less [les] n λιγότερο || adj λιγότερος, μικρότερος || adv λιγότερο || prep μείον || ~en, λιγοστεύω, μειώνω / -ομαι || ~er, μικρότερος.

lessee [ləˈsiː] n μισθωτής.

lesson [lesn] n μάθημα || δίδαγμα.

lessor [ˈlesəʳ] n εκμισθωτής.

lest [lest] conj για να μη, από φόβο μη, μήπως.

let [let] n μίσθωση, νοίκιασμα || vti irreg νοικιάζω, εκμισθώνω || αφήνω, επιτρέπω || ~ down, κατεβάζω, απογοητεύω, ρίχνω κπ || ~ in/into, μπάζω || ~ oneself in for, φορτώνομαι *(δουλειά, κλπ.)* || ~ off, συγχωρώ, τη χαρίζω σε κπ, *(όπλο, πυροτεχνήματα)* ρίχνω || ~ on, μαρτυράω, προδίνω κπ || ~ out, φαρδαίνω, βγάζω, κοινολογώ, διαδίδω || ~ up, κόβω, πέφτω, σταματώ, παίρνω ανάσα || ~ up on sb, μαλακώνω, γίνομαι λιγότερο αυστηρός με κπ || ~ alone, τοσούτω μάλλον || ~ sb be, αφήνω κπ ήσυχο || ~ blood, κάνω αφαίμαξη || ~ sb go, αφήνω κπ, παύω να τον κρατώ || ~ oneself go, αφήνω ελεύθερο τον εαυτό μου || ~ it go at that, ας μείνει εκεί το θέμα || ~ sth pass, παραβλέπω, συγχωρώ κτ || ~ sth slip, αφήνω να μου ξεφύγει κτ || ~-down, απογοήτευση, ρίξιμο || ~-up, διακοπή, ανασασμός || ~ting, μίσθιο.

lethal [liːθl] adj θανατηφόρος, φονικός.

lethargy [ˈleθədʒi] n λήθαργος.

lethargic [liˈθɑːdʒik] adj ληθαργικός, απαθής.

letter [ˈletəʳ] n γράμμα, ψηφίο || επιστολή || πληθ. γράμματα, φιλολογία || the ~ of the law, το γράμμα του νόμου || to the ~, κατά γράμμα || ~-box, γραμματοκιβώτιο || ~-card, επιστολικό δελτάριο || ~ed, γραμματισμένος || ~ing, επιγραφή, γράμματα.

lettuce [ˈletis] n μαρούλι.

leukemia [luːˈkiːmiə] n λευκαιμία.

Levant [liˈvænt] n Ανατολή || ~ine, λεβαντίνος.

level [levl] *n* στάθμη, επιφάνεια ‖ επίπεδο, βαθμίδα ‖ αλφάδι ‖ *adj* επίπεδος ‖ ισόπαλος, ισάξιος ‖ *vti* ισοπεδώνω, εξισώνω ‖ στρέφω, κατευθύνω ‖ ~ **down/up,** εξισώνω κτ προς τα κάτω/προς τα πάνω ‖ ~ **off/out,** (αεροπλ.) οριζοντιώνω, *(καριέρα)* σταματώ ‖ **draw** ~ **with sb,** έρχομαι ισοπαλία με κπ ‖ **do one's** ~ **best,** κάνω ό,τι μπορώ ‖ **have a** ~ **head,** είμαι λογικός/μετρημένος ‖ **on the** ~, ξηγημένος, τίμιος ‖ **on a** ~ **with,** στο ίδιο ύψος με ‖ ~ **crossing,** ισόπεδη διάβαση ‖ ~**-headed,** λογικός, ισορροπημένος.

lever [ˈliːvəʳ] *n* μοχλός, λεβιές ‖ *vt* κινώ με μοχλό ‖ ~**-age,** δύναμη μοχλού, *μτφ.* επιρροή.

leviathan [liˈvaiəθən] *n* λεβιάθαν.

levitate [ˈleviteit] *vti* μετεωρίζομαι ‖ **levitation,** μετεώριση, τηλεκινησία.

levity [ˈleviti] *n* ελαφρότητα, έλλειψη σοβαρότητας.

levy [ˈlevi] *n* είσπραξη, φορολογία, στρατολογία ‖ *vti* επιβάλλω ‖ επιστρατεύω.

lewd [ljuːd] *adj* λάγνος, ασελγής.

lexical [ˈleksikl] *adj* λεξιλογικός.

liability [ˌlaiəˈbiləti] *n* υποχρέωση ‖ ευθύνη ‖ προδιάθεση, ροπή ‖ παθητικό.

liable [ˈlaiəbl] *adj* υπεύθυνος ‖ ~ **to,** υπόχρεος, υποκείμενος.

liaison [liˈeizn] *n* σύνδεσμος.

liar [ˈlaiəʳ] *n* ψεύτης.

libation [laiˈbeiʃn] *n* σπονδή, οινοποσία.

libel [laibl] *n* λίβελλος, δυσφήμηση ‖ *vt* δυσφημώ ‖ ~**lous,** δυσφημηστικός.

liberal [ˈlibərəl] *adj* γενναιόδωρος, πλούσιος ‖ φιλελεύθερος ‖ ~**ism,** φιλελευθερισμός ‖ ~**ity,** γενναιοδωρία, ελευθεροφροσύνη ‖ ~**ize,** φιλελευθεροποιώ ‖ ~**ization,** φιλελευθεροποίηση.

liberate [ˈlibəreit] *vt* ελευθερώνω ‖ **liberation,** απελευθέρωση ‖ **liberator,** ελευθερωτής.

libertine [ˈlibətiːn] *n* ακόλαστος.

liberty [ˈlibəti] *n* ελευθερία ‖ θάρρος, οικειότητα ‖ **be at** ~ **to,** είμαι ελεύθερος να ‖ **set sb at** ~, ελευθερώνω κπ ‖ **take liberties with sb,** παραπαίρνω θάρρος με κπ.

libido [liˈbiːdou] *n* γενετήσια ορμή.

Libra [ˈlibrə] *n* αστρολ. Ζυγός.

library [ˈlaibrəri] *n* βιβλιοθήκη.

librarian [laiˈbreəriən] *n* βιβλιοθηκάριος.

lice [lais] *pl of* LOUSE

licence [ˈlaisəns] *n* άδεια, έγκριση ‖ ασυδοσία ‖ *vt* χορηγώ άδεια.

licentious [laiˈsenʃəs] *n* ασελγής, έκφυλος.

lichen [ˈlaikən ή ˈlitʃən] *n* βοτ. λειχήνα.

lick [lik] *n* γλείψιμο ‖ *vt* γλείφω ‖ νικώ, τσακίζω ‖ ~ **into shape,** σου-

λουπώνω, συμμορφώνω ‖ ~ **the dust,** τρώω χώμα, νικιέμαι ‖ **give sb/get a** ~**ing,** δέρνω κπ/τις τρώω.

lid [lid] *n* καπάκι ‖ βλέφαρο.

¹**lie** [lai] *n* ψέμα ‖ *vi* ψεύδομαι ‖ **a pack of** ~**s,** ένα σωρό ψέματα ‖ **a whopping** ~, ψέμα με ουρά ‖ **live a** ~, λέω ψέματα με τη στάση μου (χωρίς να μιλήσω) ‖ **give sb the** ~, διαψεύδω κπ ‖ ~ **detector,** ορός αληθείας, ανιχνευτής ψεύδους.

²**lie** [lai] *vi irreg* είμαι, κείμαι, απλώνομαι, είμαι ξαπλωμένος ‖ ~ **back,** γέρνω πίσω, ξεκουράζομαι ‖ ~ **down under sth,** δέχομαι κτ αδιαμαρτύρητα ‖ ~ **in,** χουζουρεύω ‖ ~ **in state,** εκτίθεμαι σε λαϊκό προσκύνημα ‖ ~ **up,** μένω μέσα *(στο κρεββάτι ή στο σπίτι)* ‖ ~ **in wait for sb,** παραμονεύω κπ ‖ ~ **with sb,** είναι θέμα του...

lieutenant [lefˈtenənt] *n* υπολοχαγός ‖ ~**-colonel,** αντισυνταγματάρχης ‖ ~**-general,** αντιστράτηγος.

life [laif] *n* ζωή ‖ βιογραφία ‖ ζωντάνια, κίνηση ‖ **bring/come to** ~, ζωντανεύω ‖ **run for dear** ~, τρέχω να γλυτώσω ‖ **take one's own** ~, αυτοκτονώ ‖ **have the time of one's** ~, διασκεδάζω όσο ποτέ στη ζωή μου ‖ **true to** ~, πιστός, φυσικός ‖ **as large as** ~, σε φυσικό μέγεθος, με σάρκα και οστά ‖ ~ **annuity,** ισόβια πρόσοδος ‖ ~**-belt,** σωσίβιο ‖ ~ **boat,** ναυαγοσωστική λέμβος ‖ ~**-buoy,** σωσίβιο-κουλούρα ‖ ~ **cycle,** βιολογικός κύκλος ‖ ~ **estate,** ισόβια επικαρπία ‖ ~**-giving,** ζωοδότης ‖ ~**-guard,** σωματοφύλακας, ναυαγοσώστης ‖ ~ **history,** ιστορικό ‖ ~**-jacket,** σωσίβιο-χιτώνας ‖ ~**-less,** άψυχος ‖ ~ **like,** πιστός, σα ζωντανός ‖ ~**-long,** ολόκληρης ζωής ‖ ~**-preserver,** *GB* ρόπαλο, *US* σωσίβιο ‖ ~**-saver,** ναυαγοσώστης ‖ ~**-size[d],** φυσικού μεγέθους ‖ ~**-span,** ~**time,** διάρκεια ζωής, ζωή.

lift [lift] *n* ανύψωση, σήκωμα ‖ ασανσέρ ‖ *vti* ανυψώνω/-ομαι, ανυψώνω/-ομαι ‖ αίρω *(απαγόρευση, κλπ.)* ‖ κλέβω *(από μαγαζί ή βιβλίο)* ‖ ~ **down,** κατεβάζω ‖ ~ **off,** *(τύραυλος)* απογειώνομαι ‖ ~ **sb's spirits,** δίνω κουράγιο σε κπ ‖ **have a face-lift,** κάνω πλαστική εγχείρηση ‖ **give sb/get a** ~, πάω κπ/με πάνε με αυτοκίνητο ‖ ~**-boy,** παιδί του ασανσέρ.

¹**light** [lait] *adj* φωτεινός ‖ ανοιχτόχρωμος ‖ ελαφρός ‖ ανάλαφρος, απαλός ‖ **as** ~ **as air,** πανάλαφρος ‖ **be a** ~ **eater / sleeper,** τρώω/κοιμάμαι ελαφρά ‖ **make** ~ **of sth,** παίρνω κτ αψήφιστα

|| **make ~ work of sth**, τελειώνω κτ γρήγορα || **get off ~[ly]**, τη γλυτώνω φτηνά || **~-headed**, ζαλισμένος || **~-hearted**, χαρούμενος, ξένοιαστος || **~-minded**, ελαφρόμυαλος, επιπόλαιος.

²**light** [lait] *n* φως || φωτιά, λάμπα, κερί || σκοπιά, άποψη || **leading ~**, φωστήρας, επιφανής άντρας || **sky~**, φεγγίτης || *vti* ανάβω || φωτίζω || **~ upon**, βρίσκω τυχαία || **~er**, αναπτήρας, μαούνα || **~house**, φάρος || **~ship**, φαρόπλοιο || **~ year**, έτος φωτός.

lighten [`laitn] *vti* ελαφρύνω || φωτίζω/-ομαι || αστράφτω.

lightning [`laitniŋ] *n* αστραπή || *adj* αστραπιαίος || **~ conductor/rod**, αλεξικέραυνο.

lignite [`lignait] *n* λιγνίτης.

like [laik] *adj* όμοιος, ίδιος || *n* παρόμοιος, προτίμηση || *prep* σαν || ίδιον, χαρακτηριστικό || *vti* συμπαθώ, μου αρέσει || θέλω, επιθυμώ || προτιμώ || **~s and dislikes**, προσωπικά γούστα || **feel ~ [doing] sth**, έχω διάθεση να/για [κτ] || **look ~**, μοιάζω με || **~ anything**, πάρα πολύ, αφάνταστα || **~ hell/blazes**, με μανία, *(σαν επιφ.)* ασφαλώς όχι! || **~able**, συμπαθητικός || **~ness**, ομοιότητα, πορτραίτο || **~wise**, παρομοίως.

likelihood [`laiklihud] *n* πιθανότητα || **in all ~**, κατά πάσαν πιθανότητα.

likely [`laikli] *adj* πιθανός, ενδεχόμενος, αληθοφανής || **be ~ to**, είναι πιθανό να || **most/very ~**, κατά πάσαν πιθανότητα || **as ~ as not**, πιθανότατα, σίγουρα.

liking [`laikiŋ] *n* συμπάθεια || γούστο || **to one's ~**, του γούστου μου.

lilac [`lailək] *n* πασχαλιά || *(χρώμα)* λιλά.

Lilliputian [,lili`pju:ʃn] *adj* λιλιπούτειος.

lilting [`liltiŋ] *adj* τραγουδιστός, μουσικός, ρυθμικός.

lily [`lili] *n* κρίνος.

limb [lim] *n* μέλος *(σώματος)* || κλάδος *(δέντρου)* || **out on a ~**, σε δύσκολη θέση.

limbo [`limbou] *n* λήθη || **be in ~**, πάω στο χρονοντούλαπο, ξεχνιέμαι.

lime [laim] *n* ασβέστης || γλυκολέμονο || **~-kiln**, ασβεστοκάμινο.

limit [`limit] *n* όριο || *vt* περιορίζω/-ομαι || **that's the ~!** ως εδώ και μη παρέκει! || **~ed**, περιορισμένος || **~ation**, περιορισμός.

limousine [`liməzin] *n* λιμουζίνα.

limp [limp] *n* κουτσαμάρα || *vi* κουτσαίνω || *adj* άτονος, χαλαρός.

limpet [`limpit] *n* πεταλίδα.

limpid [`limpid] *adj* διαυγής, πεντακά-

θαρος || **~ity** [lim`pidəti] διαύγεια.

linchpin [`lintʃpin] *n* πείρος τροχού || *μτφ.* κεντρικός μοχλός.

linden [`lindən] *n* φιλύρα.

¹**line** [lain] *n* γραμμή || σιδηροδρομική/τηλεφωνική γραμμή || στίχος, αράδα || παράταξη, σειρά || σχήμα || ρυτίδα || σύνορα || εταιρία || σκοινί || είδος εργασιών/εμπορευμάτων || οικογένεια, καταγωγή || τακτική || **all along the ~**, καθ' όλη τη γραμμή, παντού || **be in ~ for**, έχω σειρά για || **come/fall into ~**, ευθυγραμμίζομαι || **drop sb a ~**, γράφω δυο αράδες σε κπ || **toe the ~**, πειθαρχώ || **what's his ~**, τι δουλειές κάνει; || **the party ~**, η κομματική γραμμή || **hard ~s!** ατυχία || **on ~**, συνδεδεμένος ηλεκτρονικά || **clothes ~**, σκοινί των ρούχων || **fishing ~**, πετονιά || **marriage ~s**, πιστοποιητικό γάμου.

²**line** [lain] *vti* χαρακώνω || ρυτιδώνω || πλαισιώνω/-ομαι || **~ up**, παρατάσσω/-ομαι || **~ with**, φοράρω, ντύνω, αλείφω || *μτφ.* φροντίζω, γεμίζω.

lineage [`liniidʒ] *n* σόι, καταγωγή.

linear [`liniər] *adj* γραμμικός.

linen [`linin] *adj* λινός || *n* λινό ύφασμα, λινά *(ρούχα)*.

liner [`lainər] *n* πλοίο ή αεροπλάνο τακτικής γραμμής.

linesman [`lainzmən] *n* επόπτης γραμμών.

line-up [`lainʌp] *n* παράταξη, μέτωπο || *ραδιοφ., TV*, πρόγραμμα.

linger [`liŋgər] *vi* χρονοτριβώ, παρατείνω || αργοπορώ, καθυστερώ || **~ing**, μακροχρόνιος, παρατεταμένος, επίμονος.

lingerie [`lænʒəri:] *n* γυναικεία εσώρουχα.

lingua franca [,liŋgwə `fræŋkə] *n* κοινή γλώσσα.

lingual [`liŋgwəl] *adj* γλωσσικός.

linguist [`liŋgwist] *n* γλωσσομαθής || γλωσσολόγος || **~ic**, γλωσσικός, γλωσσολογικός || **~ics**, γλωσσολογία.

lining [`lainiŋ] *n* φόδρα.

link [liŋk] *n* κρίκος || *vti* **~ [up]**, συνδέω/-ομαι || **~-up**, σύνδεση || **(golf-)~s**, γήπεδο γκόλφ.

linnet [`linit] *n* σπίνος.

linoleum [li`nouliəm] *n* μουσαμάς δαπέδου.

linseed [`linsi:d] *n* λιναρόσπορος || **~ oil**, λινέλαιο.

lint [lint] *n* ιατρ. ξαντό.

lintel [lintl] *n* πρέκι, ανώφλι.

lion [laiən] *n* λιοντάρι || **the ~'s share**, λεόντειος μερίδα || **~ess**, λέαινα || **~-hearted**, λεοντόκαρδος || **~ize sb**, περιποιούμαι κπ σα διασημότητα.

lip [lip] *n* χείλος || *sl* θρασύτητα || *curl one's* ~**s**, στραβώνω τα χείλια, μορφάζω || *keep a stiff upper* ~, δείχνω καρτερία || *lick/smack one's* ~**s**, γλείφω τα χείλια μου || *pay* ~*-service to*, δείχνω υποκριτικό σεβασμό σε κπ || ~**stick**, κραγιόν.

liquefy [ˈlikwifai] *vti* υγροποιώ/-ούμαι.

liqueur [liˈkjuəʳ] *n* λικέρ.

liquid [ˈlikwid] *n* υγρό || *adj* υγρός || ρευστός || διαυγής, διάφανος || γλυκός, αρμονικός, απαλός || ~ *assets*, ρευστοποιήσιμο ενεργητικό || ~*ate*, εξοφλώ, ρευστοποιώ/-ούμαι || εκκαθαρίζω || ~*ation*, ρευστοποίηση, εκκαθάριση || ~*ator*, εκκαθαριστής || ~*ity*, ρευστότητα || ~*ize*, πολτοποιώ || ~*izer*, μίξερ.

liquor [ˈlikəʳ] *n* οινοπνευματώδες ποτό || *in* ~, μεθυσμένος.

lisp [lisp] *n* ψεύδισμα || *vti* ψευδίζω.

lissom [ˈlisəm] *adj* λυγερός, πεταχτός.

list [list] *n* κατάλογος || φτιάχνω κατάλογο || *on the active* ~, (για αξιωμ.) σε ενεργό υπηρεσία || *on the short* ~, στον τελικό κατάλογο || *black* ~, μαυροπίνακας || *waiting* ~, κατάλογος υποψηφίων || *make out/draw up a* ~, φτιάχνω έναν κατάλογο.

listen [lisn] *vi* ~ *[to]*, ακούω, αφουγκράζομαι || προσέχω || ~*er*, ακροατής.

listless [ˈlistlis] *adj* βαρυεστημένος, αδιάφορος || εξαντλημένος.

litany [ˈlitəni] *n* λιτανεία.

literacy [ˈlitrəsi] *n* γραμματοσύνη.

literal [ˈlitərəl] *adj* κυριολεκτικός || πιστός, κατά λέξη || ~*ly*, κυριολεκτικά.

literary [ˈlitərəri] *adj* φιλολογικός, λογοτεχνικός || *literati*, διανοούμενοι.

literate [ˈlitərət] *adj* εγγράμματος, μορφωμένος.

literature [ˈlitrətʃəʳ] *n* φιλολογία, λογοτεχνία || έντυπο διαφημιστικό υλικό.

lithe [laið] *adj* λυγερός, σβέλτος.

lithography [liˈθografi] *n* λιθογραφία.

litigant [ˈlitigənt] *n* διάδικος.

litigation [ˌlitiˈgeiʃn] *n* δικαστικός αγώνας.

litmus [ˈlitməs] *n χημ.* ηλιοτρόπιο.

litotes [ˈlaitouti:z] *n* σχήμα λιτότητας.

litre [ˈli:təʳ] *n* λίτρα, λίτρο.

litter [ˈlitəʳ] *n* φορείο (αρχαίας εποχής) || σκουπίδια, απορρίμματα || ακαταστασία || στρωμνή (ζώου) || γέννα (ζώων), νεογνά || *vti* ρυπαίνω || αναστατώνω || ~ φτιάχνω στρωμνή (για ζώο) || (ζώα) γεννώ.

little [litl] *adj* μικρός || λίγος ||*adv*, λίγο || *a* ~, αρκετό, κάμποσο || ~ *by* ~, λίγο-λίγο || ~ *or nothing*, σχεδόν τίποτα.

littoral [ˈlitərəl] *adj* παραθαλάσσιος.

liturgy [ˈlitədʒi] *n* λειτουργία.

¹**live** [laiv] *adj* ζωντανός || *(κάρβουνο)* αναμμένος, *(σπίρτο)* αχρησιμοποίητος, *(σύρμα)* ηλεκτροφόρος || *adv* ραδιοφ. απευθείας.

²**live** [liv] *vti* ζω, είμαι ζωντανός || συντηρούμαι || ~ *sth down*, κάνω με καλή διαγωγή να ξεχαστεί ένα σκάνδαλο || ~ *on*, ζω με *(τροφή)* || ~ *off*, ζω από || ~ *up to sth*, ζω σύμφωνα με κτ, φαίνομαι αντάξιος || ~ *it up*, το γλεντάω || ~ *with sth*, υπομένω κτ, παίρνω κτ απόφαση.

livelihood [ˈlaivlihud] *n* πόροι ζωής, τα προς το ζην.

lively [ˈlaivli] *adj* ζωηρός, ζωντανός, δραστήριος || *look* ~, κάνω σβέλτα || **liveliness**, ζωντάνια, ζωηρότητα.

liven [laivn] *vti* ζωηρεύω, ζωντανεύω.

liver [ˈlivəʳ] *n* συκώτι || *β´ συνθ.* άνθρωπος που ζει— || ~*y*, λιβρέα.

livestock [ˈlaivstok] *n* ζώα, κτήνη || ζωύφια.

livid [ˈlivid] *adj* πελιδνός.

living [ˈliviŋ] *adj* ζων, ζωντανός || *n* ζωή || τα προς το ζην || ~*-room*, καθημερινό δωμάτιο || ~*-space*, ζωτικός χώρος || *standard of* ~, βιοτικό επίπεδο.

lizard [ˈlizəd] *n* σαύρα.

load [loud] *n* φορτίο, βάρος || *τεχν.* γόμωση, φόρτωση || *vti* φορτώνω || *τεχν.* γεμίζω *(όπλο, κλπ.)* || βάζω μολύβι *(σε μπαστούνι, ζάρια)* || ~*s of*, ένα σωρό || *a* ~*ed question*, πονηρή ερώτηση || ~*-line*, *ναυτ.* έμφορτος ίσαλος.

loaf [louf] *n* καρβέλι || *sl* κούτρα, κεφάλι || *vi* χαζεύω, σουλατσάρω || ~*er*, ακαμάτης, σουλατσαδόρος.

loan [loun] *n* δάνειο || δανεισμός || *have the* ~ *of sth*, δανείζομαι κτ || *on* ~, δανεικός.

loathe [louð] *vt* σιχαίνομαι || ~*ing*, αηδία || ~*some*, αηδιαστικός.

lobby [ˈlobi] *n* προθάλαμος, είσοδος || διάδρομος *(Βουλής)* || ομάδα πιέσεως [βουλευτών] || *vti* ενεργώ προς επηρεασμό βουλευτών.

lobe [loub] *n* λοβός *(αυτιού, πνεύμονα)*.

lobster [ˈlobstəʳ] *n* αστακός.

local [ˈloukl] *adj* τοπικός || *n* ντόπιος || ταβέρνα της γειτονιάς || ~*ism*, τοπικισμός || ~*ity*, τοποθεσία, περιοχή || *sense of* ~*ity*, προσανατολισμός || ~*ize*, εντοπίζω, περιορίζω τοπικά || ~*ization*, εντοπισμός.

locale [louˈka:l] *n* τόπος, θέατρο *(γεγο-*

νότων).

locate [lə'keit] *vt* εντοπίζω, βρίσκω, εξακριβώνω ‖ ιδρύω, εγκαθιστώ ‖ *be ~d*, κείμαι, βρίσκομαι.

location [lə'keiʃn] *n* εντοπισμός, εξακρίβωση, εγκατάσταση ‖ τοποθεσία, μέρος, θέση ‖ εξωτερικά *(φιλμ)*.

loch [lok] *n (στη Σκωτία)* λίμνη.

lock [lok] *n* κλειδαριά ‖ φράγμα, υδατοφράκτης ‖ μπούκλα, βόστρυχος ‖ εμπυρεύς *(όπλου)* ‖ λαβή *(παλαιστή)* ‖ *vti* κλειδώνω ‖ σφίγγω δυνατά ‖ *under ~ and key*, ασφαλισμένος, κλειδαμπαρωμένος ‖ ~, *stock and barrel*, τα πάντα ‖ *~-gate*, πύλη φράγματος ‖ *~-keeper*, φύλακας υδατοφράκτη ‖ *~-jaw*, τέτανος ‖ *~-out*, λοκάουτ, απεργία εργοδοτών ‖ *~-smith*, κλειδαράς ‖ *~-up*, κρατητήριο, φυλακή.

locker [ˈlokəʳ] *n* θαλαμίσκος, θυρίδα, ιματιοθήκη.

locket [ˈlokit] *n* μενταγιόν.

locomotion [ˌloukəˈmouʃn] *n* μετακίνηση.

locomotive [ˌloukəˈmoutiv] *adj* κινητήριος ‖ *n* μηχανή τραίνου.

locust [ˈloukəst] *n* ακρίδα.

locution [lə'kjuːʃn] *n* ύφος *(ομιλίας)*.

lodge [lodʒ] *n* θυρωρείο, σπιτάκι *(φύλακα, κηπουρού)* ‖ περίπτερο *(κυνηγετικό, κλπ.)* ‖ στοά *(τεκτόνων)* ‖ φωλιά *(κάστορα)* ‖ *vti* υποβάλλω *(μήνυση)* ‖ καταθέτω *(προς φύλαξη)* ‖ στεγάζω ‖ *~ at/with sb*, μένω *(ως οικότροφος)* ‖ *~ in*, σφηνώνω /-ομαι, χώνω /-ομαι ‖ *~r*, νοικάρης.

lodging [ˈlodʒiŋ] *n* κατάλυμα ‖ *~s*, επιπλωμένο δωμάτιο / διαμέρισμα.

loft [loft] *n* σοφίτα ‖ πατάρι ‖ υπερώο, εξώστης *(σε εκκλησία)*.

lofty [ˈlofti] *adj* υψηλός ‖ ανώτερος, ευγενικός ‖ αγέρωχος.

log [log] *n* κούτσουρο ‖ ημερολόγιο *(πλοίου)* ‖ δρομόμετρο ‖ άδεια κυκλοφορίας *(οχήματος)* ‖ *~-cabin*, καλύβα από κορμούς δένδρων ‖ *~ging*, υλοτομία.

logarithm [ˈlogəriðm] *n* λογάριθμος.

loggerheads [ˈlogəhedz] στη φρ. *be at ~ with sb*, είμαι στα μαχαίρια με κπ.

loggia [ˈlodʒiə] *n* χαγιάτι, λότζια.

logic [ˈlodʒik] *n* λογική ‖ *~al*, λογικός.

logistics [lə'dʒistiks] *n* στρατ. επιμελητεία.

loin [loin] *n* φιλέτο ‖ πληθ. λαγόνες.

loiter [ˈloitəʳ] *vti* χασομερώ, χαζολογάω ‖ *~er*, χασομέρης.

loll [lol] *vti* ξαπλώνω / στέκομαι τεμπέλικα ‖ *~ out, (για γλώσσα)* κρεμιέμαι έξω.

lollipop [ˈlolipop] *n* γλειφιτζούρι ‖ ice-

~, παγωτό ξυλάκι.

lolly [ˈloli] *n* παράς ‖ γλειφιτζούρι.

London [ˈlʌndən] *n* Λονδίνο ‖ *~er*, Λονδρέζος.

lone [loun] *adj* μόνος, μοναχικός, ερημικός ‖ *~ly*, μοναχικός ‖ έρημος, θλιμμένος ‖ *(για μέρη)* απομονωμένος ‖ *~some*, μοναχικός ‖ *feel ~some*, νιώθω μοναξιά.

¹**long** [loŋ] *n* πολύς χρόνος ‖ *adj, adv* μακρύς, πολύς, πολύ ‖ *be ~ in doing sth*, αργώ να κάμω κτ ‖ *take ~*, κάνω πολλή ώρα ‖ *how ~*, πόση ώρα ‖ *before ~*, σε λίγο ‖ *for ~*, επί πολύ χρόνο ‖ *at the ~est*, το πολύ-πολύ ‖ *not be ~ for this world*, λίγα είναι τα ψωμιά μου ‖ *all day ~*, όλη την ημέρα ‖ *the ~ and the short of it*, η ουσία του πράγματος, η όλη ιστορία ‖ *so/as ~ as*, εφόσον ‖ *no ~er*, όχι άλλο πια ‖ *work ~ hours*, δουλεύω πολλές ώρες ‖ *~-distance*, μακράς αποστάσεως, *(τηλεφ.)* υπεραστικός ‖ *~-drawn-out*, παρατεταμένος ‖ *~-haired*, μακρυμάλλης ‖ *~-headed*, καπάτσος ‖ *~-legged*, μακρυπόδης ‖ *~-lived*, μακρόβιος ‖ *~-playing (record)*, *(δίσκος)* μακράς διαρκείας ‖ *~-range*, μακράς αποστάσεως, μακροπρόθεσμος ‖ *~-shore-man*, λιμενεργάτης ‖ *~-sighted*, πρεσβύωπας, προβλεπτικός ‖ *~-standing*, παλαιός ‖ *~-suffering*, πολυβασανισμένος ‖ *~-term*, μακροπρόθεσμος ‖ *~-winded*, σχοινοτενής, φλύαρος.

²**long** [loŋ] *vi ~ [for]*, λαχταρώ ‖ *~ing*, λαχτάρα.

longevity [lon'dʒevəti] *n* μακροβιότητα.

longitude [ˈlondʒitjuːd] *n* γεωγραφικό μήκος.

loo [luː] *n* τουαλέτα, αποχωρητήριο.

look [luk] *n* ματιά, βλέμμα ‖ εμφάνιση, όψη, έκφραση ‖ *πληθ.* παρουσιαστικό ‖ *vti* κοιτάζω ‖ φαίνομαι, έχω την όψη ‖ *~ about*, κοιτάζω γύρω ‖ *~ after*, φροντίζω ‖ *~ at*, κοιτάζω, εξετάζω ‖ *~ away*, γυρίζω τα μάτια αλλού ‖ *~ back*, αναπολώ, βλέπω στο νου ‖ *~ down on sb*, περιφρονώ, κοιτάζω κπ αφ' υψηλού ‖ *~ down one's nose at sth*, στραβομουτσουνιάζω περιφρονητικά για κτ ‖ *~ for*, ψάχνω ‖ *~ forward to [doing] sth*, περιμένω πώς και πώς ‖ *~ in [on sb]*, περνώ για λίγο *[από κπ]* ‖ *~ into*, εξετάζω, ερευνώ ‖ *~ on*, παρακολουθώ σα θεατής ‖ *~ out*, προσέχω, έχω το νου μου ‖ *~ out [on/over]*, *(για δωμάτιο)* βλέπω, έχω θέα ‖ *~-out*, η παρακολούθηση, τσίλιες, επαγρύπνηση, παρατηρητήριο, παρατηρητής, προοπτική ‖

~ **over**, εξετάζω στα γρήγορα, επιθεωρώ (ένα χώρο) ‖ **~-over** n εξέταση ‖ ~ **round**, κοιτάζω γύρω, γυρίζω το κεφάλι, ερευνώ (τις δυνατότητες) ‖ ~ **through**, ξανακοιτάζω, εξετάζω, διεξέρχομαι ‖ ~ **to sth**, φροντίζω, προσέχω, (για κτίριο) βλέπω ‖ ~ **to sb for sth**, υπολογίζω σε κπ για κτ ‖ ~ **up**, σηκώνω τα μάτια, καλυτερεύω ‖ ~ **sth up**, βρίσκω κτ (σε βιβλίο) ‖ ~ **sb up**, επισκέπτομαι κπ ‖ ~ **sb up and down**, εξετάζω κπ από την κορυφή ως τα νύχια.

loom [luːm] n αργαλειός ‖ vi προβάλλω, διαγράφομαι ‖ ~ **large**, κυριαρχώ.

loony [`luːni] n sl μουρλός ‖ ~**bin**, τρελλάδικο.

loop [luːp] n βρόχος, θηλειά ‖ πολεμίστρα ‖ μτφ. τρύπα, παραθυράκι.

loose [luːs] adj σκόρπιος ‖ λυμένος, ελεύθερος ‖ φαρδύς, μπόλικος ‖ χαλαρός, μπόσικος, λασκαρισμένος ‖ όχι σφιχτός, χαλαρός ‖ (για φέρσιμο) έκλυτος, ανήθικος ‖ (για ιδέες) αόριστος, ασαφής ‖ vi λύνω ‖ **be at a ~ end**, είμαι χωρίς απασχόληση ‖ **have a screw ~**, μου έχει λασκάρει μια βίδα ‖ **break ~**, λύνομαι, ελευθερώνομαι ‖ **work ~**, λασκάρω ‖ **have a ~ tongue**, είμαι αθυρόστομος ‖ **be on the ~**, είμαι εξώλης και προώλης ‖ ~**leaf notebook**, σημειωματάριο με κινητά φύλλα.

loosen [luːsn] vti λύνω / -ομαι, λασκάρω, ‖ ~ **up**, ξεσφίγγω, ξεθαρρεύω.

loot [luːt] n λεία, λάφυρα, πλιάτσικο ‖ vti λεηλατώ, κουρσεύω, διαρπάζω.

lop [lop] vt κλαδεύω, κόβω κλαδιά ‖ ~**-eared**, με κρεμαστά αυτιά ‖ ~**-sided**, μονόπαντος.

loquat [`loukwæt] n μούσμουλο.

lord [loːd] n αφέντης ‖ κύριος ‖ λόρδος ‖ **the L~**, ο Κύριος ‖ **good L~**! Κύριε των δυνάμεων! ‖ **my ~**! εξοχώτατε ‖ ~**ly**, αγέρωχος, αρχοντικός ‖ ~**ship**, (προσφ.) εξοχότητα ‖ vt ~ **it over sb**, κάνω τον αφέντη σε κπ.

lore [loː^r] n λαϊκές παραδόσεις ‖ γνώσεις.

lorgnette [loː`njet] n φασαμέν.

lorry [`lori] n φορτηγό.

lose [luːz] vti irreg χάνω ‖ ~ **to sb**, χάνω / νικιέμαι από κπ ‖ **play a losing game**, παίζω χωρίς ελπίδα επιτυχίας ‖ **be lost upon sb**, πάω χαμένος ‖ ~**r**, ηττημένος, χαμένος.

loss [los] n απώλεια ‖ ζημιά, χασούρα ‖ **be a dead ~**, είμαι εντελώς άχρηστος ‖ **be at a ~**, τα' χω χαμένα.

lot [lot] n λαχνός, κλήρος ‖ τύχη, κλήρος ‖ παρτίδα (εμπορευμάτων) ‖ κομμάτι γης ‖ **the ~**, όλα, το σύνολο ‖ **a ~ [of]**, ~**s [of]**, ένα σωρό, πολύ ‖ **a bad ~**, χαμένο κορμί ‖ **cast / throw in one's ~ with sb**, ενώνω την τύχη μου με κπ.

lotion [louʃn] n λοσιόν.

lottery [`lotəri] n λαχείο, λοταρία.

lotus [`loutəs] n λωτός.

loud [laud] adj δυνατός ‖ (χρώμα) χτυπητός, φανταχτερός ‖ adv δυνατά ‖ ~**-hailer**, τηλεβόας ‖ ~**speaker**, μεγάφωνο.

lounge [laundʒ] n σαλόνι (ξενοδοχείου) ‖ vi ραχατεύω, χαζεύω, σεργιανίζω, τεμπελιάζω ‖ ~**-chair**, πολυθρόνα ‖ ~**-suit**, ρούχα περιπάτου.

lour, lower [`lauə^r] vi σκυθρωπάζω.

louse [laus] n ψείρα.

lousy [`lauzi] adj ψειριασμένος ‖ άθλιος.

lout [laut] n άξεστος άνθρωπος.

lovable [`lʌvəbl] adj αγαπητός.

love [lʌv] n αγάπη ‖ έρωτας ‖ vt αγαπώ ‖ μου αρέσει πολύ ‖ **be in ~**, είμαι ερωτευμένος ‖ **fall in ~**, ερωτεύομαι ‖ **make ~**, κάνω έρωτα ‖ **play for ~**, παίζω για ευχαρίστηση (χωρίς χρήματα) ‖ **for the ~ of God!** για τ' όνομα του Θεού ‖ ~**-affair**, ερωτοδουλειά ‖ ~**-birds**, μτφ. τρυγονάκια, πιτσουνάκια ‖ ~**-child**, νόθος ‖ ~**-feast**, εορτή της αγάπης ‖ ~**ly**, ωραίος ‖ ~**less**, ανέραστος ‖ ~**-making**, συνουσία, ερωτοτροπία ‖ ~**-potion**, ελιξήριο του έρωτα ‖ ~**r**, εραστής ‖ ~**sick**, ερωτοτυπημένος.

loving [`lʌviŋ] adj στοργικός, τρυφερός.

¹**low** [lou] adj χαμηλός ‖ ταπεινός ‖ χυδαίος, κατώτερος ‖ (για υγεία) κακός, άσχημος ‖ adv χαμηλά, ταπεινά ‖ n χαμηλό επίπεδο ‖ **be in ~ spirits**, είμαι σε άσχημη διάθεση ‖ **lay ~**, ρίχνω κάτω ‖ **run ~**, λιγοστεύω ‖ ~**bred**, κακοαναθρεμμένος ‖ ~**-born**, ταπεινής καταγωγής ‖ ~**-cut**, ντεκολτέ ‖ ~**er**, χαμηλώνω, κατεβάζω, ρίχνω ‖ ~**ly**, ταπεινός, απλός, μέτριος.

²**low** [lou] n μουγκάνισμα ‖ vi μουγκανίζω.

loyal [`loiəl] adj πιστός ‖ ~**ist**, νομιμόφρονας ‖ ~**ty**, πίστη, νομιμοφροσύνη.

lozenge [`lozindʒ] n παστίλια.

lubber [`lʌbə^r] n κρεμαντάλας.

lubricant [`luːbrikənt] n λιπαντικό, γράσο.

lubricate [`luːbrikeit] vt λιπαίνω, γρασάρω ‖ **lubrication**, γρασάρισμα.

lucent [`luːsnt] adj διάφανος.

lucerne [luː`səːn] n τριφύλλι.

lucid [`luːsid] adj καθαρός, διαυγής,

φωτεινός, σαφής ‖ ~ity, διαύγεια.
Lucifer [`lu:sifə`] *n* Εωσφόρος.
luck [lʌk] *n* τύχη ‖ ~ily, ευτυχώς ‖ ~less, άτυχος ‖ ~y, τυχερός.
lucrative [`lu:krətiv] *adj* επικερδής.
lucre [`lu:kə`] *n* παράς, κέρδος.
ludicrous [`lu:dikrəs] *adj* γελοίος, αστείος.
lug [lʌg] *n* σύρσιμο ‖ *vt* σέρνω.
luggage [`lʌgidʒ] *n* αποσκευές ‖ ~-rack, δίχτυ αποσκευών ‖ ~-trolley, καροτσάκι ‖ ~-van, σκευοφόρος.
lugubrious [lə`gu:briəs] *adj* πένθιμος.
lukewarm [,lu:k`wo:m] *adj* χλιαρός.
lull [lʌl] *n* κάλμα, γαλήνη ‖ *vt* νανουρίζω, αποκοιμίζω, κατευνάζω.
lullaby [`lʌləbai] *n* νανούρισμα.
lumbago [lʌm`beigou] *n* ισχυαλγία.
lumber [`lʌmbə`] *n* ξυλεία ‖ παλιατζούρες ‖ *vi* κινούμαι βαριά και με θόρυβο ‖ ~man/jack, ξυλοκόπος ‖ ~mill, πριονιστήρι ‖ ~-room, αποθήκη *(με παλιατσαρίες).*
luminary [`lu:minəri] *n* αστέρι ‖ *μτφ.* φωστήρας.
luminous [`lu:minəs] *adj* φωτεινός ‖ σαφής.
lump [lʌmp] *n* κομμάτι, σβώλος ‖ καρούμπαλο ‖ *(στο λαιμό)* κόμπος ‖ μπουνταλάς ‖ *vti* σβωλιάζω ‖ ~ together, βάζω μαζί.
lunacy [`lu:nəsi] *n* παραφροσύνη.
lunar [`lu:nə`] *adj* σεληνιακός.
lunatic [`lu:nətik] *n, adj* τρελλός ‖ ~ asylum, πεπαλ. φρενοκομείο.
lunch [lʌntʃ] *n* γεύμα ‖ *vi* γευματίζω.
lung [lʌŋ] *n* πνευμόνι.
lunge [lʌndʒ] *vi* ρίχνομαι, εφορμώ.
lurch [lə:tʃ] *n* γέρσιμο, απότομη κλίση

‖ *vi* τρεκλίζω ‖ **leave sb in the** ~, αφήνω κπ στα κρύα του λουτρού.
lure [luə`] *n* δέλεαρ, θέλγητρο, έλξη ‖ δελεάζω, θέλγω, παρασύρω.
lurid [`luərid] *adj* φωτερός ‖ *μτφ.* μακάβριος, ανατριχιαστικός.
lurk [lə:k] *vi* παραμονεύω, καραδοκώ, κρύβομαι ‖ ~ing-place, κρυψώνα.
luscious [`lʌʃəs] *adj* χυμώδης, αισθησιακός.
lush [lʌʃ] *adj* πλούσιος, οργιαστικός.
lust [lʌst] *n* λαγνεία, πόθος, *μτφ.* δίψα ‖ *vi* ~ after/for sth, λαχταρώ, ποθώ κτ ‖ ~ful, λάγνος.
lustre [`lʌstə`] *n* λάμψη, στιλπνότητα ‖ αίγλη ‖ κρύσταλλο *(πολυέλαιου).*
lustrous [`lʌstrəs] *adj* στιλπνός, λαμπερός.
lusty [`lʌsti] *adj* ρωμαλέος, εύρωστος, δυνατός.
lute [lu:t] *n* λαούτο.
luxuriant [lʌg`ʒuəriənt] *adj* άφθονος, οργιώδης, πλούσιος ‖ *(για ύφος)* περίτεχνος, καταστόλιστος ‖ **luxuriance**, αφθονία, οργιώδης βλάστηση.
luxuriate [lʌg`ʒuərieit] *vi* εντρυφώ, απολαμβάνω.
luxurious [lʌg`ʒuəriəs] *adj* πολυτελής ‖ εκλεκτός, ακριβός ‖ τρυφηλός.
luxury [`lʌkʃəri] *n* πολυτέλεια, χλιδή.
lyceum [lai`siəm] *n* λύκειο, μορφωτική εταιρία, αίθουσα διαλέξεων.
lye [lai] *n* αλισίβα.
lymphatic [lim`fætik] *adj* νωθρός, λυμφατικός.
lynch [lintʃ] *vt* λυντσάρω.
lynx-eyed [`linksaid] *adj* αητομάτης.
lyre [laiə`] *n* λύρα.
lyric [`lirik] *n* λυρικό ποίημα ‖ στίχοι τραγουδιού ‖ ~al, λυρικός.

M m

ma [ma:] *n* μαμά.
mack [mæk] *n* αδιάβροχο.
macabre [mə`ka:brə] *adj* μακάβριος.
macadam [mə`kædəm] *n* σκυρόστρωμα.
macaroni [,mækə`rouni] *n* μακαρόνια.
macaroon [,mækə`ru:n] *n* ζαχαροπλ. αμυγδαλωτό, εργολάβος.
mace [meis] *n* κηρύκειο, σκήπτρο ‖ απελατίκι ‖ μοσχοκάρυδο.
machiavellian [,mækiə`veliən] *adj* μακια-

βελλικός, σατανικός.
machination [,mæki`neiʃn] *n* μηχανορραφία, ραδιουργία, δολοπλοκία.
machine [mə`ʃi:n] *n* μηχανή ‖ μηχανισμός ‖ ~-gun, πολυβόλο ‖ ~-made, μηχανοποίητος ‖ ~ry, μηχανήματα ‖ ~ tool, μηχανικό εργαλείο.
machinist [mə`ʃi:nist] *n* μηχανουργός.
mackerel [`mækrəl] *n* σκουμπρί.
mackintosh [`mækintoʃ] *n* αδιάβροχο.

mad [mæd] *adj* τρελός || ξετρελαμένος, έξαλλος || *drive* ~, τρελαίνω κπ || *go* ~, τρελαίνομαι || *like* ~, σαν τρελός || ~**den** *vt* τρελαίνω, εκνευρίζω || ~**cap**, τρελάρας || ~**house**, τρελοκομείο || ~**man** *n* τρελός || ~**ness**, τρέλα || ~**woman**, τρελή.

madam [`mædəm] *n* κυρία || αυταρχική γυναίκα || τσατσά.

Madonna [mə`dɔnə] *n* Παναγία.

madrigal [`mædrigl] *n* μαδριγάλι.

Maecenas [mai`si:nəs] *n* Μαικήνας.

maelstrom [`meilstrəm] *n* δίνη.

maenad [`mi:næd] *n* μαινάδα, στρίγγλα.

mag[azine [.mæg(ə`zi:n)] *n* περιοδικό || γεμιστήρας *(όπλου)* || αποθήκη πυρομαχικών.

maggot [`mægət] *n* κάμπια εντόμου || ~**y**, σκουληκιασμένος.

Magi [`meidʒai] *n* οι Μάγοι *(της Γραφής).*

magic [`mædʒik] *n* μαγεία || γοητεία || ~**al**, μαγικός.

magician [mə`dʒiʃn] *n* ταχυδακτυλουργός.

magisterial [.mædʒi`stiəriəl] *adj* δικαστικός || αυταρχικός, από καθέδρας.

magistrate [`mægistreit] *n* πταισματοδίκης.

magnanimous [mæg`næniməs] *adj* μεγάθυμος || **magnanimity**, μεγαθυμία.

magnate [`mægneit] *n* μεγιστάνας.

magnesia [mæg`ni:ʃə] *n* μαγνησία.

magnesium [mæg`ni:ziəm] *n* μαγνήσιο.

magnet [`mægnit] *n* μαγνήτης || ~**ic**, μαγνητικός || ~**ism**, μαγνητισμός || ~**ize**, μαγνητίζω.

magneto [mæg`ni:tou] *n* μανιατό.

magnificence [mæ`gnifisəns] *n* μεγαλοπρέπεια, λαμπρότητα || **magnificent**, μεγαλοπρεπής.

magnify [`mægnifai] *vt* μεγεθύνω, μεγαλοποιώ.

magnitude [`mægnitju:d] *n* μέγεθος, σημασία, σπουδαιότητα.

magnolia [mæg`noulia] *n* μαγνόλια.

magpie [`mægpai] *n* κίσσα, καρακάξα.

Maharaja [.ma:hə`ra:dʒə] *n* Μαχαραγιάς.

Maharanee [.ma:hə`ra:ni:] *n* Μαχαρανή.

mahogany [mə`hogəni] *n* μαόνι.

maid [meid] *n* υπηρέτρια || κοπέλα || *old* ~, γεροντοκόρη.

maiden [meidn] *n* κορίτσι, παρθένα || *adj* παρθενικός || ~**head**, παρθενικός υμένας || ~**hood**, κοριτσίστικη ηλικία || ~**ly**, σεμνός, κοριτσίστικος || ~ *name*, πατρικό όνομα (παντρεμένης) || ~ *speech*, παρθενικός λόγος.

mail [meil] *n* πανοπλία || ταχυδρομείο || *vt* ταχυδρομώ || ~**box**, ταχυδρομικό κουτί || ~**man**, US ταχυδρόμος.

maim [meim] *vt* ακρωτηριάζω, σακατεύω.

¹main [mein] *adj* κύριος || *for the* ~ *part*, κατά το πλείστον || ~**land**, ηπειρωτική χώρα || ~**stay**, στυλοβάτης, στήριγμα || ~**-stream**, δεσπόζουσα τάση || ~**ly**, κυρίως.

²main [mein] *n* κεντρικός αγωγός || *in the* ~, γενικώς || *with might and* ~, διά της βίας || ~**s**, δίκτυο *(ρεύματος, νερού, γκαζιού).*

maintain [mein`tein] *vt* [δια]τηρώ || συντηρώ, τρέφω || κρατώ || υποστηρίζω, ισχυρίζομαι.

maintenance [`meintənəns] *n* συντήρηση, [δια]τήρηση || ~ *order*, *νομ.* απόφαση διατροφής.

maisonnette [.meizə`net] *n* οικίσκος || διαμέρισμα.

maize [meiz] *n* αραποσίτι, καλαμπόκι.

majestic [mə`dʒestik] *adj* μεγαλοπρεπής.

majesty [`mædʒəsti] *n* μεγαλείο, μεγαλοπρέπεια || μεγαλειότητα.

major [`meidʒəʳ] *adj* μεγαλύτερος, μείζων, σοβαρός || *vi* ~ *in*, US ειδικεύομαι (στο Πανεπιστήμιο).

majority [mə`dʒɔrəti] *n* πλειοψηφία || πλειονότητα || ενηλικίωση.

make [meik] *n* τύπος, μάρκα || *vti irreg* κάνω || φτιάχνω || αναγκάζω || κερδίζω || καταφέρνω || ισοῦμαι || ~ *at*, προχωρώ εναντίον || ~ *for*, κατευθύνομαι, τραβώ προς, συμβάλλω εις || ~ *into*, μετατρέπω σε || ~ *of*, καταλαβαίνω, ερμηνεύω || ~ *off*, φεύγω, το σκάω || ~ *out*, φτιάχνω, ξεχωρίζω, ισχυρίζομαι, καταλαβαίνω, τα πάω || ~ *over*, μεταβιβάζω, μεταβάλλω || ~ *up*, επινοώ, συγκροτώ, σελιδοποιώ, μακιγιάρω, συμπληρώνω *(έλλειμμα)*, καλύπτω *(διαφορά)* || ~ *up for sth*, αναπληρώνω, αντισταθμίζω || ~ *up to sb*, αποζημιώνω κπ || ~ *it up with sb*, τα ξαναφτιάχνω με κπ || ~ *believe*, προσποιούμαι || ~**believe** *n* προσποίηση || ~ *do*, πετυχαίνω να επαρκέσει κτ || ~ *a name for oneself*, γίνομαι διάσημος || ~ *or break*, ή του ύψους ή του βάθους || *be a made man*, κάνω την τύχη μου, φτιάχνομαι || **made-to-measure**, επί παραγγελία || **made-up**, φτιαχτός, ψεύτικος || ~**r**, κατασκευαστής, δημιουργός || ~**shift**, πρόχειρος, προσωρινή λύση || ~**up**, μακιγιάζ, σελιδοποίηση, χαρακτήρας || ~**weight**, κατιμάς.

making [`meikiŋ] *n* κατασκευή, φτιάξιμο, έργο || *in the* ~, εν τω γίγνεσθαι, υπό κατασκευή || *have the* ~**s** *of*, είμαι από τη στόφα / την πάστα του...

maladjusted [.mælə`dʒʌstid] *adj* απροσάρμοστος.

maladroit [ˌmælə'drɔit] *adj* αδέξιος.

malady [ˈmælədi] *n* ασθένεια.

malaise [mæ'leiz] *n* αδιαθεσία.

malaria [məˈleəriə] *n* ελονοσία || ~l, ελώδης.

malcontent [ˈmælkəntənt] *adj* δυσαρεστημένος.

male [meil] *adj* ανδρικός, αρσενικός.

malediction [ˌmæliˈdikʃn] *n* κατάρα.

malevolent [məˈlevələnt] *adj* κακός, εχθρικός || **malevolence**, κακοβουλία.

malice [ˈmælis] *n* [μνησι]κακία, έχθρα.

malicious [məˈliʃəs] *adj* κακόβουλος.

malign [məˈlain] *adj* φθοροποιός || *vt* κακολογώ, διασύρω.

malignant [məˈlignənt] *adj* κακεντρεχής, μοχθηρός || *ιατρ.* κακοήθης.

malinger [məˈliŋgəʳ] *vi* κάνω τον άρρωστο || ~er, κοπανατζής.

malleable [ˈmæliəbl] *adj* εύπλαστος.

mallet [ˈmælit] *n* ξυλόσφυρα || κόπανος.

malnutrition [ˌmælnjuːˈtriʃn] *n* υποσιτισμός.

malpractice [ˌmælˈpræktis] *n* αδίκημα, αμέλεια.

malt [moːlt] *n* βύνη.

maltreat [mælˈtriːt] *vt* κακομεταχειρίζομαι || ~ment, κακομεταχείριση.

mam[m]a [məˈmaː] *n* μαμά.

mammal [ˈmæml] *n* θηλαστικό.

mammon [ˈmæmən] *n* μαμωνάς.

mammoth [ˈmæməθ] *n* μαμούθ.

mammy [ˈmæmi] *n* μαμά[κα].

man [mæn] *n* άντρας || άνθρωπος, ανθρωπότητα || *vt* επανδρώνω || ~-eater, ανθρωποφάγος || ~-ful, ανδροπρεπής || ~handle, τραβολογάω, κακοποιώ || ~hole, στόμιο (υπονόμου) || ~ly, αρρενωπός, αντρίκιος || ~power, εργατικό δυναμικό || ~servant, υπηρέτης || ~slaughter, ανθρωποκτονία εξ αμελείας.

manacle [ˈmænəkl] *n* πληθ. δεσμά, χειροπέδες || *vt* αλυσοδένω.

manage [ˈmænidʒ] *vti* διευθύνω, [δια]χειρίζομαι, κουμαντάρω || καταφέρνω || ~able, εύκολος, βολικός || ~ment, διεύθυνση, διαχείριση || ~r, διευθυντής || ~ress, διευθύντρια.

managerial [ˌmæniˈdʒiəriəl] *adj* διευθυντικός, τεχνοκρατικός.

mandarin [ˈmændərin] *n* μανδαρίνος || μανταρίνι.

mandate [ˈmændeit] *n* εντολή.

mandatory [ˈmændətri] *adj* υποχρεωτικός || εντολοδόχος.

mandolin [ˈmændəlin] *n* μαντολίνο.

mane [main] *n* χαίτη.

manganese [ˌmæŋgəˈniːz] *n* μαγγάνιο.

mange [ˈmeindʒ] *n* ψώρα *(ζώων)*.

manger [ˈmeindʒəʳ] *n* παχνί.

mangle [mæŋgl] *n* μάγγανο || ακρωτηριάζω, ξεσκίζω, πετσοκόβω || *μτφ.* κακοποιώ, κατακρεουργώ.

mangy [ˈmeindʒi] *adj* ψωριάρης, ψωραλέος.

manhood [ˈmænhud] *n* ανδρική ηλικία || ανδρισμός, λεβεντιά || *συλλογ.* όλοι οι άντρες.

mania [ˈmeiniə] *n* μανία, πάθος, τρέλα || ~c, μανιακός, παθιασμένος, τρελός || **manic-depressive**, μανιοκαταθλιπτικός.

manicure [ˈmænikjuəʳ] *n* μανικιούρ || *vt* κάνω μανικιούρ || **manicurist**, μανικουρίστα.

manifest [ˈmænifest] *n* ναυτ. δηλωτικό φορτίου || *adj* ολοφάνερος, καταφανής || *vt* δείχνω καθαρά, αποδεικνύω || επιδεικνύω || ~ oneself, εκδηλώνομαι || ~ation, εκδήλωση.

manifesto [ˌmæniˈfestou] *n* μανιφέστο.

manifold [ˈmænifould] *adj* πολλαπλός.

manikin [ˈmænikin] *n* μανεκέν || νάνος, ανθρωπάκι.

manipulate [məˈnipjuleit] *vt* χειρίζομαι || μανουβράρω, επηρεάζω || **manipulation**, μανούβρα, επιδέξιος χειρισμός.

mankind [ˌmænˈkaind] *n* ανθρωπότητα, ανθρώπινο γένος.

manlike [ˈmænlaik] *adj* ανδροπρεπής.

manna [ˈmænə] *n* μάννα (εξ ουρανού].

mannequin [ˈmænikin] *n* μανεκέν || κούκλα *(ραφτάδων)*.

manner [ˈmænəʳ] *n* τρόπος, φέρσιμο || πληθ. τρόποι, συμπεριφορά || πληθ. ήθη και έθιμα || τεχνοτροπία, είδος || **all ~ of**, κάθε είδους || **by no ~ of means**, κατά κανέναν τρόπο || **in a ~ of speaking**, τρόπος του λέγειν || **in a ~**, ως ένα σημείο || **rough-/ill-/well-ed**, με άξεστους / κακούς / καλούς τρόπους || ~ism, ιδιομορφία, μανιερισμός || ~ly, καλομαθημένος.

manoeuvre [məˈnuːvəʳ] *n* ελιγμός || μανούβρα || *στρατ.* άσκηση || *vti* μανουβράρω, πετυχαίνω με ελιγμούς.

manor [ˈmænəʳ] *n* φέουδο.

mansion [mænʃn] *n* αρχοντικό, μέγαρο.

mantel[piece] [ˈmæntl(piːs)] *n* ράφι τζακιού.

mantle [mæntl] *n* μανδύας || γυναικεία κάπα || πέπλος || *vti* καλύπτω/-ομαι.

manual [ˈmænjuəl] *adj* χειρωνακτικός || *n* εγχειρίδιο, βοήθημα.

manufacture [ˌmænjuˈfæktʃəʳ] *n* κατασκευή, παραγωγή || *vt* κατασκευάζω, παράγω || ~r, κατασκευαστής, εργοστασιάρχης.

manure [məˈnjuəʳ] *n* κοπριά, λίπασμα.

manuscript [ˈmænjuskript] *n (βραχ. MS)* χειρόγραφο.

many [ˈmeni] *n, adj, pron* πολλοί, αρκετοί ‖ *how* ~, πόσοι ‖ *as* ~ *as*, όσοι ‖ *twice as* ~, διπλάσιοι ‖ ~ *a*, πολλοί ‖ *one too* ~, ένας περισσευούμενος.

map [mæp] *n* χάρτης ‖ *vt* χαρτογραφώ ‖ ~ *out*, σχεδιάζω, χαράσσω, κανονίζω.

maple [meipl] *n* σφοντάμι.

mar [maːʳ] *vt* χαλώ, αμαυρώνω ‖ *make or* ~, ή του ύψους ή του βάθους.

marathon [ˈmærəθ ən] *adj* μαραθώνιος.

maraud [məˈroːd] *vi* λεηλατώ ‖ ~**er**, πλιατσικολόγος.

marble [maːbl] *n* μάρμαρο ‖ γλυπτό ‖ βώλος, μπίλια ‖ *adj* μαρμάρινος.

March [maːtʃ] *n* Μάρτιος.

march [maːtʃ] *n* πορεία ‖ διαδρομή ‖ εμβατήριο ‖ *vti* βαδίζω, βηματίζω, διανύω ‖ ~**ing orders**, φύλλο πορείας ‖ ~ **past**, παρελαύνω, ~-**past** *n* παρέλαση.

marchioness [ˌmaːʃəˈnes] *n* μαρκησία.

mare [meəʳ] *n* φοράδα.

margarine [ˌmaːdʒəˈriːn] *n* μαργαρίνη.

margin [ˈmaːdʒin] *n* περιθώριο ‖ ~**al**, περιθωριακός, οριακός.

marguerite [ˌmaːgəˈriːt] *n* μαργαρίτα.

marigold [ˈmærigould] *n* κατιφές.

marijuana [ˌmæriˈwaːnə] *n* μαριχουάνα.

marina [məˈriːnə] *n* μαρίνα.

marine [məˈriːn] *adj* θαλάσσιος, θαλασσινός ‖ ναυτικός ‖ *n* πεζοναύτης ‖ *tell that to the* ~*s!* αλλού αυτά!

mariner [ˈmærinəʳ] *n* ναυτικός.

marionette [ˌmæriəˈnet] *n* μαριονέττα.

marital [ˈmæritəl] *adj* συζυγικός, γαμικός.

maritime [ˈmæritaim] *adj* ναυτικός.

marjoram [ˈmaːdʒərəm] *n* μαντζουράνα.

mark [maːk] *n* σημάδι ‖ σημείο, διακριτικό ‖ στόχος ‖ *αθλ.* αφετηρία ‖ *σχολ.* βαθμός ‖ *vt* μαρκάρω ‖ σημειώνω ‖ προσέχω ‖ βαθμολογώ *(γραπτά)*, σημαδεύω ‖ διακρίνω, χαρακτηρίζω ‖ *μτφ.* σημαίνω, σημειώνω ‖ ~ *down/up*, κατεβάζω/ανεβάζω *(την τιμή)* ‖ ~ *off/out*, ξεχωρίζω, οριοθετώ ‖ ~ *out for*, επισημαίνω, ξεχωρίζω ‖ *be/fall wide of the* ~, πέφτω πολύ έξω, αστοχώ ‖ *beside the* ~, εκτός θέματος ‖ *be up to the* ~, είμαι καλός ‖ *be below the* ~, είμαι μέτριος ‖ *make one's* ~, διακρίνομαι, αποκτώ φήμη ‖ *full* ~*s*, άριστα ‖ *punctuation* ~*s*, σημεία στίξης ‖ *trade* ~, εμπορικό σήμα ‖ ~**ed**, έντονος, έκδηλος, σαφής, καταφανής ‖ ~**er**, μαρκαδόρος,

δείκτης ‖ ~**ing** *n* σημάδι, στίγμα.

market [ˈmaːkit] *n* αγορά ‖ *vt* πουλώ *(ιδ.* νέο προϊόν*)* ‖ ~**able**, εμπορεύσιμος ‖ ~-**day**, παζάρι ‖ ~ **garden**, λαχανόκηπος, περιβόλι ‖ ~-**place**, αγορά, παζάρι (το μέρος) ‖ ~**ing**, τοποθέτηση προϊόντος στην αγορά, μάρκετινγκ ‖ ~ **price**, τρέχουσα τιμή ‖ **black** ~, μαύρη αγορά ‖ **black** ~**eer**, μαυραγορίτης ‖ **Common M**~, Κοινή Αγορά.

marksman [ˈmaːksmən] *n* δεινός σκοπευτής ‖ ~**ship**, σκοπευτική δεινότητα.

marmalade [ˈmaːməleid] *n* μαρμελάδα.

maroon [məˈruːn] *adj* καστανόχρωμος ‖ *vt* εγκαταλείπω σ' έρημο νησί.

marquee [maːˈkiː] *n* μεγάλη τέντα *(τσίρκου).*

marquis, marquess [ˈmaːkwis] *n* μαρκήσιος.

marriage [ˈmæridʒ] *n* γάμος ‖ ~**able**, της παντρειάς ‖ ~ **certificate/licence**, πιστοποιητικό/άδεια γάμου.

married [ˈmærid] *adj* ~ *[to]*, παντρεμένος [με].

marrow [ˈmærou] *n* μεδούλι, μυελός ‖ ουσία ‖ κολοκύθι ‖ *to the* ~, ώς το κόκαλο.

marry [ˈmæri] *vti* παντρεύω/-ομαι.

Mars [maːz] *n* Άρης.

marsh [maːʃ] *n* έλος, βάλτος ‖ ~**y**, βαλτώδης.

marshal [ˈmaːʃl] *n* στρατάρχης ‖ αυλάρχης, τελετάρχης ‖ *US* αστυνόμος ‖ *vt* συγκεντρώνω, ταξινομώ, παρατάσσω ‖ οδηγώ *(εθιμοτυπικά).*

marsupial [maːˈsuːpiəl] *n* μαρσιποφόρο.

marten [ˈmaːtin] *n* νυφίτσα.

martial [maːʃl] *adj* στρατιωτικός ‖ μαχητικός ‖ ~ **law**, στρατιωτικός νόμος.

Martian [ˈmaːʃn] *n, adj* Άρειος.

martin [ˈmaːtin] *n* πετροχελίδονο.

martinet [ˌmaːtiˈnet] *n* άτεγκτος τηρητής της πειθαρχίας, «τραβηξιδηλος».

martyr [ˈmaːtəʳ] *n* μάρτυρας ‖ *vt* βασανίζω, τυραννώ ‖ *make a* ~ *of oneself*, γίνομαι μάρτυρας ‖ *be a* ~ *to*, βασανίζομαι από ‖ ~**dom**, μαρτύριο.

marvel [maːvl] *n* θαύμα ‖ *vi* ~ *[at]*, θαυμάζω, μου προξενεί κατάπληξη ‖ *work* ~*s*, κάνω θαύματα ‖ ~**lous**, θαυμαστός, θαυμάσιος.

Marxism [ˈmaːksizm] *n* μαρξισμός.

marxist [ˈmaːksist] *n* μαρξιστής.

marzipan [ˈmaːzipæn] *n* αμυγδαλωτό.

mascara [məˈskaːrə] *n* μάσκαρα.

mascot [ˈmæskət] *n* μασκότ.

masculine [ˈmæskjulin] *adj* αρρενωπός, ανδρικός ‖ *γραμμ.* αρσενικός.

masculinity [ˌmæskjuˈlinəti] *n* ανδρισμός.

mash [mæʃ] *n* κουρκούτι ‖ πολτός ‖ *vt* πολτοποιώ ‖ ~**ed potatoes**, πουρές.

mask [ma:sk] *n* μάσκα, προσωπίδα ‖ *vt* φορώ μάσκα, αποκρύπτω ‖ *under the* ~ *of*, υπό το προσωπείο ‖ *throw off one's* ~, φανερώνομαι.

masochism [ˈmæsəkizm] *n* μαζοχισμός ‖ **masochist**, μαζοχιστής.

mason [ˈmeisn] *n* χτίστης ‖ τέκτονας, μασόνος ‖ ~**ic** [məˈsonik] μασονικός ‖ ~**ry**, μασονισμός ‖ τοιχοποιΐα.

masquerade [ˌma:skəˈreid] *n* μασκαράτα ‖ μεταμφίεση ‖ *vi* μασκαρεύομαι, μεταμφιέζομαι.

mass [mæs] *n* μάζα, πλήθος ‖ *vti* συγκεντρώνω / -ομαι σε μάζες ‖ *adj* μαζικός ‖ ~ **execution/production**, μαζική εκτέλεση / παραγωγή ‖ ~ **media**, μέσα μαζικής επικοινωνίας.

Mass [mæs] *n* Θεία Λειτουργία ‖ *go to/hear* ~, λειτουργιέμαι.

massacre [ˈmæsəkəʳ] *n* σφαγή, μακελειό ‖ *vt* κατασφάζω.

massage [ˈmæsa:ʒ] *n* μασάζ ‖ *vt* κάνω μασάζ.

masseur [məˈsɔ:ʳ], **masseuse** [məˈsɔ:z] *n* μασέρ.

massif [mæˈsif] *n* ορεινός όγκος.

massive [ˈmæsiv] *adj* συμπαγής, ογκώδης ‖ βαρύς ‖ μαζικός.

mast [ma:st] *n* κατάρτι ‖ ιστός ‖ *at half* ~, μεσίστιος.

master [ˈma:stəʳ] *n* αφεντικό ‖ νοικοκύρης, ιδιοκτήτης ‖ καπετάνιος *(εμπορ. πλοίου)* ‖ δάσκαλος, καθηγητής ‖ μάστορας, αριστοτέχνης ‖ κύριος, κάτοχος ‖ *adj* ανώτερος, δεσπόζων ‖ *vt* κυριαρχώ, εξουσιάζω, μαθαίνω τέλεια ‖ *be one's own* ~, είμαι αφεντικό του εαυτού μου ‖ *a past* ~, ανυπέρβλητος, αριστοτέχνης ‖ *M*~ *of Arts/Science*, πτυχιούχος φιλολογίας / θετικών επιστημών ‖ *M*~ *of Ceremonies*, τελετάρχης ‖ ~**ful**, δεσποτικός, αυταρχικός ‖ ~-**key**, γενικό αντικλείδι ‖ ~**ly**, αριστοτεχνικός ‖ ~-**piece**, αριστούργημα ‖ ~**stroke**, αριστοτεχνική κίνηση / ενέργεια ‖ ~**y**, δεξιοτεχνία, μαεστρία, υπεροχή, επιβολή.

mastermind [ˈma:stəmaind] *n* οργανωτικός νους, εγκέφαλος ‖ *vt* οργανώνω, κινώ.

masticate [ˈmæstikeit] *vt* μασώ.

masturbate [ˈmæstəbeit] *vi* αυνανίζομαι.

masturbation [ˌmæstəˈbeiʃn] *n* αυνανισμός.

mat [mæt] *n* ψάθα, χαλάκι ‖ τυλιγμένη τούφα (μαλλιών) ‖ *adj* ματ, θαμπός.

matador [ˈmætədɔ:ʳ] *n* ταυρομάχος.

match [mætʃ] *n* σπίρτο ‖ αγώνας, ματς ‖ συνοικέσιο ‖ ταιριαστός αντίπαλος ‖ *vti* ταιριάζω ‖ παραβγαίνω, συναγωνίζομαι ‖ αντιπαρατάσσω ‖ κάνω προξενιό ‖ *to* ~, ασσορτί ‖ ~-**box**, σπιρτόκουτο ‖ ~**less**, απαράμιλλος ‖ ~**maker**, προξενητής ‖ ~**making**, προξενιό ‖ ~**stick**, σπιρτόξυλο.

mate [meit] *n* ταίρι ‖ σύντροφος ‖ φίλος, συνάδελφος ‖ βοηθός ‖ *εμπ. ναυτ.* αξιωματικός ‖ *vti* (για ζώα) ζευγαρώνω ‖ *mating season*, εποχή ζευγαρώματος.

material [məˈtiəriəl] *n* υλικό, ύλη ‖ ύφασμα ‖ στόφα ‖ *adj* υλικός, υλιστικός ‖ ουσιώδης, σημαντικός ‖ ~**ist**, υλιστής ‖ ~**istic**, υλιστικός ‖ ~**ize**, υλοποιούμαι, πραγματοποιούμαι ‖ ~**ization**, υλοποίηση.

maternal [məˈtə:nl] *adj* μητρικός.

maternity [məˈtə:nəti] *n* μητρότητα ‖ ~ **hospital/home**, μαιευτήριο.

matey [ˈmeiti] *adj* φιλικός, συντροφικός.

mathematics [ˌmæθəˈmætiks] *n* μαθηματικά ‖ **mathematical**, μαθηματικός ‖ **mathematician**, μαθηματικός.

maths [mæθs] *n* μαθηματικά.

matinée [ˈmætinei] *n* απογευματινή *(παράσταση)*.

matins [ˈmætins] *n* όρθρος.

matriarchal [ˌmeitriˈa:kl] *adj* μητριαρχικός ‖ **matriarchy**, μητριαρχία.

matricide [ˈmætrisaid] *n* μητροκτονία ‖ μητροκτόνος.

matrimony [ˈmætriməni] *n* γάμος, συζυγικός βίος ‖ **matrimonial**, συζυγικός.

matrix [ˈmeitriks] *n* μήτρα, καλούπι.

matron [ˈmeitrən] *n* οικονόμος (ιδρύματος) ‖ προϊσταμένη αδελφή ‖ δέσποινα ‖ ~**ly** *adj* σεβάσμιος, αξιοπρεπής, ευτραφής.

matter [ˈmætəʳ] *n* ύλη ‖ υλικό, περιεχόμενο, ουσία ‖ πύον ‖ ζήτημα, θέμα ‖ σημασία ‖ *vi* ενδιαφέρω, έχω σημασία ‖ *a* ~ *of course*, κάτι φυσικό / αυτονόητο ‖ *for that* ~, όσο γι' αυτό, όσον αφορά αυτό, άλλωστε ‖ *no* ~ *who/what/where* etc, οποιοσδήποτε / ο,τιδήποτε / οπουδήποτε ‖ *what's the* ~? τι τρέχει; τι συμβαίνει; ‖ ~-**of -course**, αυτονόητος ‖ ~-**of-fact**, θετικός, πρακτικός, πεζός.

matting [ˈmætiŋ] *n* ψάθες.

mattock [ˈmætək] *n* τσάπα, ξινάρι.

mattress [ˈmætris] *n* στρώμα.

mature [məˈtʃuəʳ] *adj* ώριμος ‖ μυαλωμένος, μεστωμένος ‖ *(γραμμάτιο)* απαιτητό ‖ *vti* ωριμάζω ‖ λήγω.

maturity [məˈtʃuərəti] *n* ωριμότητα.

maudlin [ˈmɔ:dlin] *adj* κλαψιάρικος.

maul [mɔ:l] *vt* κακοποιώ, μωλωπίζω, τραβολογάω ‖ *μτφ.* ξετινάζω.

maunder ['mo:ndə^r] vi ανοηταίνω.

mausoleum [,mo:sə'liəm] n μαυσωλείο.

mauve [mo:v] n, adj μωβ.

maverick ['mævərik] n αντιρρησίας.

mawkish ['mo:kiʃ] adj σαχλός, γλυκανάλατος.

maxim ['mæksim] n ρητό, γνωμικό.

maximize ['mæksimaiz] vt μεγιστοποιώ.

maximum ['mæksiməm] n μάξιμουμ, ανώτατο όριο.

may [mei] aux v irreg μπορώ || έχω την άδεια || ενδέχεται, ίσως να || είθε || ~be, ενδεχομένως, ίσως, πιθανώς.

May [mei] n Μάης || ~ **Day**, Πρωτομαγιά.

maybeetle ['meibi:tl] n χρυσοκάνθαρος.

mayflower ['meiflauə^r] n μουμουτζελιά.

mayfly ['meiflai] n χρυσόμυγα.

mayhem ['meihem] n αντάρα, αναστάτωση, καταστροφή.

maypole ['meipoul] n γαϊτανάκι.

mayonnaise [,meiə'neiz] n μαγιονέζα.

mayor [meə^r] n δήμαρχος.

maze [meiz] n λαβύρινθος, κυκεώνας || **be in a ~**, βρίσκομαι σε αδιέξοδο.

me [mi:] pron εμένα, με, μου.

mead [mi:d] n υδρομέλι.

meadow ['medou] n λειβάδι.

meagre ['mi:gə^r] adj ισχνός, πενιχρός, φτωχικός || ~**ness**, πενιχρότητα.

meal [mi:l] n γεύμα, φαγητό || μπλουγούρι || ~**y**, αλευρωμένος.

mean [mi:n] n μέσον || **the golden/happy ~**, ο χρυσός κανόνας || adj άθλιος, μίζερος || ταπεινός, πρόστυχος || παρακατιανός || μέτριος, χαμηλός || τσιγγούνης, μικροπρεπής || μεσαίος || vi irreg σημαίνω || εννοώ || σκοπεύω, σχεδιάζω || θέλω || ~ **mischief**, έχω κακούς σκοπούς || ~ **well by sb**, θέλω το καλό κάποιου || ~**ness**, αθλιότητα, προστυχιά, μικροπρέπεια, τσιγγουνιά.

meander [mi'ændə^r] vi σχηματίζω μαιάνδρους, μιλώ με πολλές παρεκβάσεις || ~**ing**, οφιοειδής || ~**ings**, μαίανδρος.

meaning ['mi:niŋ] n έννοια, νόημα, σημασία || adj εκφραστικός || ~**ful**, σημαντικός, γεμάτος σημασία || ~**less**, χωρίς νόημα.

means [mi:nz] n pl μέσον, τρόπος || πόροι, περιουσία, εισοδήματα || **by ~ of**, διαμέσου, με τη βοήθεια || **by all ~**, βεβαίως, ευχαρίστως || **by no ~**, καθόλου, κατά κανέναν τρόπο || **by some ~ or other**, με τον έναν ή τον άλλον τρόπο || **the end justifies the ~**, ο σκοπός αγιάζει τα μέσα || **live beyond/within one's ~**, ζω σπάταλα / μετρημένα.

meantime ['mi:ntaim] στη φρ. **in the ~**, στο μεταξύ.

meanwhile [,mi:n'wail] conj εν τω μεταξύ.

measles ['mi:zlz] n ιλαρά.

measly ['mi:zli] adj ευτελής, τιποτένιος.

measure ['meʒə^r] n μέτρο || μεζούρα || όριο || μαθημ. διαιρέτης || vti μετρώ || ~ **up to**, είμαι στο ύψος / στο ίδιο επίπεδο με || **get the ~ of sb**, ζυγιάζω, μετρώ κπ || **take ~s**, λαμβάνω μέτρα || **beyond ~**, απεριόριστος || **in great/ large ~**, ως ένα μεγάλο σημείο || **in some ~**, μέχρις ενός ορίου / σημείου || **set ~s to**, θέτω όρια εις || ~**d**, μετρημένος || ~**less**, απέραντος || ~**ment**, [κατα]μέτρηση, πληθ. μέτρα, διαστάσεις.

meat [mi:t] n κρέας || ~**ball**, κεφτές || ~**less**, νηστήσιμος || ~**y**, σαρκώδης, ζουμερός.

mechanic [mi'kænik] n τεχνίτης, μηχανικός || ~**al** adj μηχανικός || ~**s**, μηχανική.

mechanism ['mekənism] n μηχανισμός.

mechanistic [,mekə'nistik] adj μηχανιστικός.

mechanize ['mekənaiz] vt μηχανοποιώ.

medal [medl] n μετάλλιο.

medallion [mi'dæliən] n μενταγιόν.

meddle [medl] vi ανακατεύομαι || ~**r**, ανακατωσούρης || ~**some**, πολυπράγμονας.

media ['mi:diə] n pl μαζικά μέσα ενημέρωσης.

mediaeval [,medi'i:vl] adj μεσαιωνικός.

mediate ['mi:dieit] vti μεσολαβώ || **mediation**, μεσολάβηση || **mediator**, μεσολαβητής.

medic ['medik] n φοιτητής ιατρικής.

medical ['medikl] adj ιατρικός || n ιατρική εξέταση.

medicament [me'dikəmənt] n φάρμακο.

Medicare ['medikeə^r] n US ιατροφαρμακευτική περίθαλψη.

medicated ['medikeitid] adj εμποτισμένος με φάρμακο.

medicinal [mi'disinəl] adj θεραπευτικός.

medicine ['medsn] n ιατρική || φάρμακο || ~-**chest**, φαρμακείο του σπιτιού.

mediocre [,mi:di'oukə^r] adj μέτριος.

mediocrity [,mi:di'okrəti] n μετριότητα.

meditate ['mediteit] vti μελετώ, σκέπτομαι || ~ **upon**, συλλογίζομαι || διαλογίζομαι.

meditation ['mediteiʃn] n διαλογισμός, αυτοσυγκέντρωση, στοχασμός.

meditative ['meditətiv] adj στοχαστικός.

Mediterranean [,meditə'reiniən] n Μεσόγειος || adj μεσογειακός.

medium ['mi:diəm] n μέσον || μέσος όρος || φορέας || μέντιουμ || adj μεσαίος, μέτριος.

medley [`medli] *n* ποτ-πουρί, ανακάτωμα.

meek [mi:k] *adj* πράος, μαλακός, πειθήνιος.

meet [mi:t] *vti* *irreg* συναντώ/-ιέμαι, ανταμώνω || προϋπαντώ, [πάω και] υποδέχομαι || συνεδριάζω || γνωρίζω κπ || ικανοποιώ, αντιμετωπίζω, αντικρούω || ~ **with**, συναντώ τυχαία, παθαίνω, βρίσκω || ~ **sb half-way**, συμβιβάζομαι με κπ || ~**ing** *n* συνάντηση *(ιδ. αθλητική)*, συγκέντρωση, συνεδρίαση.

megacycle [`megəsaikl] *n* μεγάκυκλος.

megalomania [,megələ`meiniə] *n* μεγαλομανία || ~**c**, μεγαλομανής.

megaphone [`megəfoun] *n* μεγάφωνο.

megaton [`megətʌn] *n* μεγάτοννος.

melancholic [,melən`kolik] *adj* μελαγχολικός.

melancholy [`melənkəli] *n* μελαγχολία || *adj* κατηφής, υποχονδριακός, θλιβερός.

mêlée [`melei] *n* συμπλοκή.

mellow [`melou] *adj* απαλός, πλούσιος, γλυκός || ώριμος, μειλίχιος || ευδιάθετος, μισοπιωμένος || *vti* ωριμάζω, γλυκαίνω, απαλύνω || ~**ness**, γλύκα.

melodic [mə`lodik] *adj* μελωδικός.

melodious [mə`loudiəs] *adj* μελωδικός, αρμονικός, γλυκός.

melodrama [`melədra:mə] *n* μελόδραμα || **melodramatic**, μελοδραματικός.

melody [`melədi] *n* μελωδία.

melon [`melən] *n* πεπόνι.

melt [melt] *vti* λυώνω/-ομαι || διαλύομαι || μαλακώνω || ~ **away**, σκορπίζω || *(για χρώμα)* σβήνω σιγά-σιγά.

melting [`meltiŋ] *n* τήξη || *adj* τρυφερός, αισθηματικός || ~-**point**, σημείον τήξεως || ~-**pot**, χωνευτήρι.

member [`membə^r] *n* μέλος || **M**~ **of Parliament**, (βραχ. **MP**), βουλευτής || ~-**ship**, ιδιότητα μέλους, αριθμός μελών.

membrane [`membrein] *n* μεμβράνη.

memento [mə`mentou] *n* ενθύμιο.

memo [`memou] *n* ⇒ MEMORANDUM.

memoirs [`memwa:z] *n* *pl* απομνημονεύματα.

memorable [`memərəbl] *adj* αξιομνημόνευτος, αλησμόνητος.

memorandum [,memə`rændəm] *n* μνημόνιο, σημείωση || υπόμνημα, σημείωμα.

memorial [mi`mo:riəl] *n* μνημείο || υπόμνημα *(προς αρχές)* || *plηθ.* χρονικό || *adj* αναμνηστικός, επιμνημόσυνος.

memorize [`meməraiz] *vt* απομνημονεύω.

memory [`meməri] *n* μνήμη || ανάμνηση, θύμηση.

menace [`menəs] *n* κίνδυνος, απειλή || *vt* απειλώ.

menagerie [mə`nædʒəri] *n* θηριοτροφείο.

mend [mend] *vti* επιδιορθώνω, μπαλώνω, μαντάρω || διορθώνω/-ομαι || καλυτερεύω, βελτιώνομαι || *n* βελτίωση || **be on the** ~, πάω καλύτερα || ~**ing**, επιδιόρθωση.

mendacious [men`deiʃəs] *adj* ψευδολόγος.

menfolk [`menfouk] *n* *pl* άντρες.

menial [`mi:niəl] *adj* ταπεινός, υπηρετικός || *n* υπηρέτης, δούλα.

meningitis [,menin`dʒaitis] *n* μηνιγγίτιδα.

menopause [`menəpo:z] *n* εμμηνόπαυση.

menses [`mensi:z] *n* *pl* έμμηνα.

menstruation [,menstru`eiʃn] *n* εμμηνόρροια.

menstruate ... [combined into above]

mental [mentl] *adj* πνευματικός, διανοητικός, νοερός || ~ **home/hospital**, ψυχιατρείο || ~ **patient**, ψυχοπαθής || ~**ity** [men`tæləti] νοοτροπία, νοημοσύνη.

mention [`menʃn] *n* μνεία || *vt* μνημονεύω, αναφέρω || **don't** ~ **it**, *(απάντηση σε ευχαριστίες)* παρακαλώ.

menu [`menju:] *n* μενού.

mercantile [`mə:kəntail] *adj* εμπορικός.

mercenary [`mə:sinəri] *n* μισθοφόρος || *adj* ιδιοτελής, μισθοφορικός, μίσθαρνος.

merchandise [`mə:tʃəndaiz] *n* εμπορεύματα.

merchant [`mə:tʃnt] *n* έμπορος || *adj* εμπορικός.

merciful [`mə:sifl] *adj* σπλαχνικός.

merciless [`mə:siləs] *adj* άσπλαχνος.

mercurial [mə:`kjuəriəl] *adj* υδραργυρικός || ζωηρός || ασταθής.

mercury [`mə:kjuri] *n* υδράργυρος.

Mercury [`mə:kjuri] *n* Ερμής.

mercy [`mə:si] *n* ευσπλαχνία, οίκτος, έλεος || **at the** ~ **of**, στο έλεος του || **throw oneself on sb's** ~, αφήνομαι στο έλεος κάποιου || **with a recommendation to** ~, με ευχή να δοθεί χάρη || ~ **on us!** Κύριε ελέησον!

mere [miə^r] *adj* απλός, μόνον, τίποτα άλλο από || ~**ly**, απλώς, μόνον.

merge [mə:dʒ] *vti* εμπ. συγχωνεύω/-ομαι || γίνομαι σιγά-σιγά.

merger [`mə:dʒə^r] *n* συγχώνευση.

meridian [mə`ridiən] *n, adj* μεσημβρινός || *n* μεσουράνημα.

meringue [mə`ræŋ] *n* μαρέγγα.

merit [`merit] *n* αξία, προσόν || ουσία || *vt* αξίζω || **make a** ~ **of**, καμαρώνω για || **certificate of** ~, τιμητικό δίπλωμα || ~**ocracy**, αξιοκρατία || ~**orious**, αξιέπαινος.

mermaid [`mə:meid] *n* γοργόνα.

merriment [`merimənt] *n* ευθυμία, κέφι, γλέντι.

merry [`meri] *adj* χαρούμενος, εύθυμος || όμορφος || **make ~**, γλεντώ, διασκεδάζω || **~-go-round**, λούνα παρκ || **~-maker**, γλεντζές || **~-making**, γλέντι.

mesh [meʃ] *n* βρόχος, θηλειά *(σε δίχτυ)* || πληθ. δίχτυα || *vi* εναρμονίζομαι || μηχ. μπλοκάρω || **in ~**, *(για γρανάζια)* μπλοκαρισμένος.

mesmerize [`mezməraiz] *vt* υπνωτίζω, γοητεύω.

¹**mess** [mes] *n* βρωμισιές, ακαταστασία, μπέρδεμα || *vti* **~ up**, ανακατεύω, χαλώ || **~ about**, παίζω, σαχλαμαρίζω, ψευτοδουλεύω || **make a ~ of sth**, τα κάνω θάλασσα || **get into a ~**, μπλέκω || **~-up**, ανακάτωμα, μπέρδεμα || **~y**, βρώμικος, μπελαλίδικος.

²**mess** [mes] *n* συσσίτιο || **~ with**, συντρώγω με, ανακατεύομαι.

message [`mesidʒ] *n* παραγγελία || μήνυμα || δίδαγμα || **got the ~?** *sl* μπήκες;

messenger [`mesindʒəʳ] *n* αγγελιοφόρος.

Messiah [mə`saiə] *n* Μεσσίας.

metabolism [mi`tæbəlizm] *n* μεταβολισμός.

metal [metl] *n* μέταλλο || χαλίκι, σκύρα || *vt* σκυροστρώνω || **~lic** [mi`tælik] μεταλλικός || **~lurgy**, μεταλλουργία || **~lurgist** ή **~worker**, μεταλλουργός.

metamorphose [.metə`mo:fouz] *vt* μεταμορφώνω || **metamorphosis**, μεταμόρφωση.

metaphor [`metəfo:ʳ] *n* μεταφορά, αλληγορία || **~ical**, μεταφορικός.

metaphysics [.metə`fiziks] *n* μεταφυσική || **metaphysical**, μεταφυσικός.

mete out [mi:t aut] *vt* απονέμω, μοιράζω.

meteor [`mi:tiəʳ] *n* μετέωρο || **~ic**, μετεωρικός || **~ite**, μετεωρίτης || **~ology**, μετεωρολογία || **~ologist**, μετεωρολόγος || **~ological**, μετεωρολογικός.

meter [`mi:təʳ] *n* μετρητής.

method [`meθəd] *n* μέθοδος || **~ical**, μεθοδικός || **~ism**, Μεθοδισμός || **~ist**, Μεθοδιστής || **~ology**, μεθοδολογία.

meths [meθs] *n pl* οινόπνευμα του μπακάλη.

meticulous [mi`tikjuləs] *adj* λεπτολόγος, σχολαστικός.

metre [`mi:təʳ] *n* μέτρο.

metric [`metrik] *adj* μετρικός || **~al**, μετρικός, έμμετρος.

metronome [`metrənoum] *n* μετρονόμος.

metropolis [mə`tropəlis] *n* μητρόπολη.

metropolitan [.metrə`politən] *n* πρωτευουσιάνος || **~ bishop**, μητροπολίτης || *adj* μητροπολιτικός.

mettle [metl] *n* θάρρος, ψυχή || **put sb on his ~**, φιλοτιμάω κπ || **~some**,

ψυχωμένος, ορμητικός.

mew [mju:] *n* νιαούρισμα || *vi* νιαουρίζω.

mezzanine [`mezəni:n] *n* ημιώροφος.

miasma [mi`æzmə] *n* μίασμα.

mice [mais] *πληθ. λ.* MOUSE

mickey [`miki] στη *φρ.* **take the ~ out of sb**, δουλεύω, πειράζω κπ.

micro— [`maikrou] *prefix* μικρο— || **~be**, μικρόβιο || **~biology**, μικροβιολογία || **~biologist**, μικροβιολόγος || **~cosm**, μικρόκοσμος || **~dot**, μικροφωτογραφία || **~film**, μικροφίλμ || **~organism**, μικροοργανισμός || **~phone**, μικρόφωνο || **~scope**, μικροσκόπιο || **~scopic**, μικροσκοπικός || **~wave**, μικροκύμα.

mid [mid] *adj* μέσος, μεσαίος.

midday [.mid`dei] *n* μεσημέρι.

midden [midn] *n* κοπροσωρός.

middle [midl] *n* μέση, κέντρο || οσφύς || *adj* μεσαίος || **take a ~ course**, ακολουθώ μέση οδό || **~ age**, μέση ηλικία || **~-aged**, μεσόκοπος, μεσήλικας || **the M~ Ages**, ο Μεσαίωνας || **~-class**, μεσαία τάξη, μεσοαστικός || **~-of-the-road**, μετριοπαθής, κεντρώος || **~-sized**, μέσου/μετρίου μεγέθους.

middling [`midlin] *adj* μέτριος || *adv* μέτρια || **fair to ~**, έτσι κι έτσι, μέτρια.

midge [midʒ] *n* σκνίπα || **~t**, νάνος.

midnight [`midnait] *n* μεσάνυχτα || *adj* μεσονύκτιος.

midriff [`midrif] *n* διάφραγμα, στομάχι.

midshipman [`midʃipmən] *n* ναυτ. δόκιμος σημαιοφόρος.

midst [midst] *n* μέσον || **in the ~ of**, εν μέσω || **in our ~**, ανάμεσά μας.

midsummer [.mid`sʌməʳ] *n* μεσοκαλόκαιρο.

midway [.mid`wei] *adv* στο μέσον.

midwife [`midwaif] *n* μαμμή || **~ry** [`midwifəri] μαιευτική.

mien [mi:n] *n* όψη, ύφος.

might [mait] *n* δύναμη || *pt of* MAY || **with/by ~ and main**, διά της βίας.

mighty [`maiti] *adj* δυνατός || μέγας || *adv* πάρα πολύ || **high and ~**, μέγας και πολύς, αλαζόνας.

migraine [`mi:grein] *n* ημικρανία.

migrant [`maigrənt] *n* μετανάστης.

migrate [mai`greit] *vi* μεταναστεύω, αποδημώ || **migratory**, αποδημητικός.

mike [maik] *n* μικρόφωνο.

mild [maild] *adj* ήπιος, γλυκός, μαλακός || ελαφρός || **~ness**, ηπιότητα.

mildew [`mildju:] *n (για ψωμί)* μούχλα, *(για φυτά)* καπνιά, στάχτωμα, *(για αμπέλια)* περονόσπορος || *vti* μουχλιάζω.

mile [mail] *n* μίλι || **~age**, απόσταση σε μίλια, έξοδα κινήσεως ανά μίλι ||

~stone, ορόσημο.

milieu [`miːljə:] *n* περιβάλλον.

militant [`militənt] *adj* μαχητικός ‖ **militancy**, μαχητικότητα, αγωνιστικότητα.

militarism [`militərizm] *n* μιλιταρισμός ‖ **militarist**, στρατοκράτης.

militia [mi`liʃə] *n* πολιτοφυλακή ‖ ~**man**, πολιτοφύλακας.

milk [milk] *n* γάλα ‖ ~**bar**, γαλακτοπωλείο ‖ ~**churn**, βεδούρα ‖ ~**man**, γαλατάς ‖ ~**shake**, χτυπημένο κι αρωματισμένο κρύο γάλα ‖ ~**sop**, μαμόθρεφτο ‖ ~**y**, γαλακτώδης ‖ **the M~y Way**, ο Γαλαξίας.

mill [mil] *n* μύλος ‖ εργοστάσιο ‖ *vti* αλέθω ‖ ~ **about/around**, (για ζώα ή πλήθος) στριφογυρίζω ‖ **put sb through the** ~, παιδεύω κπ ‖ ~**er**, μυλωνάς ‖ ~-**hand**, εργάτης ‖ ~**pond**, δεξαμενή μύλου ‖ ~**stone**, μυλόπετρα ‖ **cotton-**~, βαμβακουργείο ‖ **paper-**~, εργοστάσιο χάρτου ‖ **steel-**~, χαλυβουργείο.

millboard [`milbɔ:d] *n* χαρτόνι.

millenium [mi`leniəm] *n* χιλιετία.

millepede [`milipi:d] *n* σαρανταποδαρούσα.

millet [`milit] *n* κεχρί.

milli— [mili] *prefix* χιλιο— ‖ ~**gram**, χιλιόγραμμο ‖ ~**metre**, χιλιοστόμετρο.

milliner [`milinəʳ] *n* καπελού.

million [`miljən] *n* εκατομμύριο ‖ ~**aire**, εκατομμυριούχος ‖ ~**th**, εκατομμυριοστός.

milord [mi`lɔ:d] *n* μιλόρδος.

mimeograph [`mimiougra:f] *n* πολύγραφος ‖ *vt* πολυγραφώ.

mimic [`mimik] *n* μίμος ‖ *adj* ψευτο— ‖ *vt* μιμούμαι ‖ ~**ry**, μίμηση.

mimosa [mi`mouzə] *n* μιμόζα.

minaret [.minə`ret] *n* μιναρές.

mince [mins] *n* κιμάς ‖ *vti* ψιλοκόβω, κάνω κτ κιμά ‖ μιλώ/περπατώ με νάζι ‖ **not to** ~ **matters/one's words**, για να μιλήσω έξω από τα δόντια ‖ ~ **pie**, τάρτα, πυροσκί.

mincemeat [`minsmi:t] *n* γέμιση (τάρτας, γλυκού) ‖ **make** ~ **of sb**, ξετινάζω κπ, τον κάνω σκόνη.

mincing [`minsiŋ] *adj* σκερτσόζος, επιτηδευμένος, ναζιάρικος.

¹**mind** [maind] *n* μυαλό, πνεύμα, νους, σκέψη, μνήμη, γνώμη ‖ **absence/presence of** ~, αφηρημάδα/ετοιμότητα ‖ **be of/of the same** ~ **with sb**, συμφωνώ/έχω την ίδια γνώμη με κπ ‖ **be in two** ~**s**, είμαι δίβουλος/διστακτικός ‖ **bear/keep sth in** ~, λαβαίνω υπόψη, δεν ξεχνώ κτ ‖ **bring/call sth to** ~, ξαναφέρνω στο νου μου, ξαναθυμάμαι ‖ **change one's** ~,

αλλάζω γνώμη ‖ **have sth on one's** ~, με απασχολεί κτ ‖ **have half a** ~/**have a good** ~ **to**, έτσι μου'ρχεται να ‖ **keep one's** ~ **on sth**, έχω την προσοχή μου/το νου μου σε κτ ‖ **know one's** ~, ξέρω τι θέλω ‖ **in my** ~'**s eye**, με το νου/τη φαντασία μου ‖ **make up one's** ~, αποφασίζω ‖ **put sb in** ~ **of sth**, θυμίζω κτ σε κπ ‖ **out of one's** ~; **not in one's right** ~, τρελός ‖ **set one's** ~ **on sth**, βάζω κτ στόχο ‖ **speak one's** ~, λέω εκείνο που σκέφτομαι ‖ **to one's** ~, κατά τη γνώμη μου.

²**mind** [maind] *vti* προσέχω, φροντίζω ‖ με πειράζει, με νοιάζει, έχω αντίρρηση ‖ ~ **your own business**, κοίτα τη δουλειά σου ‖ **never** ~, δεν πειράζει, μη σε νοιάζει ‖ ~**ed**, διατεθειμένος, πρόθυμος, με μυαλό, τείνων ‖ ~**ful**, επιμελής, προσεκτικός ‖ ~**less**, απρόσεκτος, αδιάφορος, ανόητος.

mine [main] *pron* δικός μου ‖ *n* ορυχείο ‖ λαγούμι ‖ νάρκη ‖ *vti* εξορύσσω ‖ ναρκοθετώ, υπονομεύω ‖ ~-**detector**, ανιχνευτής ναρκών ‖ ~-**disposal**, εξουδετέρωση νάρκης ‖ ~**r**, εργάτης ορυχείου, ναρκοθέτης ‖ ~**field**, ναρκοπέδιο ‖ ~**layer**, ναρκοθέτις ‖ ~**laying**, ναρκοθέτηση, πόντιση ναρκών.

mineral [`minərəl] *n* ορυκτό ‖ *adj* ορυκτός ‖ ~**ogy**, ορυκτολογία ‖ ~**ogist**, ορυκτολόγος, μεταλλειολόγος ‖ ~ **water**, μεταλλικό νερό.

mingle [miŋgl] *vti* ανακατεύω/-ομαι.

mingy [`mindʒi] *adj* μίζερος, μικροπρεπής, γύφτος.

mini— [mini] *prefix* μικρο— ‖ ~**bus**, μικρό λεωφορείο ‖ ~**cab**, μικρό ταξί ‖ ~**skirt**, φούστα μίνι.

miniature [`minətʃəʳ] *n* μινιατούρα, μικρογραφία ‖ *adj* μικροσκοπικός.

minimal [`miniml] *adj* ελάχιστος.

minimize [`minimaiz] *vt* ελαχιστοποιώ.

minimum [`miniməm] *n* ελάχιστο ‖ *adj* ελάχιστος, κατώτατος.

mining [`mainiŋ] *n* εξόρυξη, υπονόμευση, ναρκοθέτηση.

minion [`miniən] *n* τσιράκι.

minister [`ministəʳ] *n* υπουργός ‖ ιερέας ‖ *vi* ~ **to**, υπηρετώ, διακονώ.

ministerial [.mini`stiəriəl] *adj* υπουργικός.

ministration [.mini`streiʃn] *n* περιποίηση, φροντίδα.

ministry [`ministri] *n* υπουργείο ‖ **the** ~, το ιερατείο, ο κλήρος.

mink [miŋk] *n* βιζόν.

minor [`mainəʳ] *n* ανήλικος ‖ *adj* δευτερεύων, επουσιώδης ‖ *μουσ.* ελάσσων, μινόρε ‖ ~**ity**, ανηλικιότητα ‖ μειοψηφία.

Minotaur [`mainɔto:ʳ] *n* Μινώταυρος.

minster [`minstɔʳ] *n* καθεδρικός ναός.

minstrel [`minstrɔl] *n* τραβαδούρος, τραγουδιστής.

mint [mint] *n* μέντα, μαϊντανός || νομισματοκοπείο || *vt* κατασκευάζω νομίσματα, επινοώ (*μια λέξη*) || *in ~ condition*, ολοκαίνουργος.

minuet [.minju`et] *n* μενουέτο.

minus [`mainɔs] *n*, *prep* μείον.

minuscule [`minɔskju:l] *adj* μικροσκοπικός.

¹**minute** [`minit] *n* λεπτό || *πλ*θ. πρακτικά || *to the ~*, ακριβώς || *this ~*, αμέσως, τώρα || *~-book*, βιβλίο πρακτικών || *~-hand*, λεπτοδείκτης.

²**minute** [mai`njut] *adj* μικροσκοπικός, λεπτομερέστατος.

minutiae [mai`nju:ʃii:] *n pl* καθέκαστα.

minx [minks] *n (για κορίτσι)* σουσουράδα.

miracle [`mirɔkl] *n* θαύμα || *by a ~*, ως εκ θαύματος || *work ~s*, κάνω θαύματα.

miraculous [mi`rækjulɔs] *adj* θαυμαστός.

mirage [`mira:ʒ] *n* αντικατοπτρισμός, οφθαλμαπάτη, *μτφ.* χίμαιρα.

mire [maiɔʳ] *n* βούρκος, βόρβορος.

mirror [`mirɔʳ] *n* καθρέφτης || *vt* καθρεφτίζω.

mirth [mɔ:θ] *n* ευθυμία, κέφι.

misadventure [.misɔd`ventʃɔʳ] *n* ατύχημα, κακοτυχία, αναποδιά.

misanthrope [`misɔnθroup] *n* μισάνθρωπος.

misapplication [.misæpli`keiʃn] *n* κακή εφαρμογή ή χρήση.

misapply [.misɔ`plai] *vt* εφαρμόζω / χρησιμοποιώ κακώς.

misapprehension [.misæpri`henʃn] *n* παρανόηση, πλάνη.

misappropriate [.misɔ`prouprieit] *vt* ιδιοποιούμαι, σφετερίζομαι || **misappropriation**, κατάχρηση, ιδιοποίηση.

misbegotten [.misbi`gotn] *adj* παράλογος, τερατώδης.

misbehave [.misbi`heiv] *vi* φέρομαι άσχημα || **misbehaviour**, κακή συμπεριφορά.

miscalculate [mis`kælkjuleit] *vti* υπολογίζω κακώς || **miscalculation**, κακός υπολογισμός.

miscarriage [`miskæridʒ] *n* αποβολή *(εμβρύου)* || αποτυχία || *~ of justice*, κακοδικία.

miscarry [mis`kæri] *vi* αποβάλλω || αποτυχαίνω.

miscellaneous [.misɔ`leiniɔs] *adj* ποικίλος, ετερόκλιτος, ανάμικτος.

miscellany [mi`selɔni] *n* συλλογή.

mischance [.mis`tʃa:ns] *n* ατυχία.

mischief [`mistʃif] *n* βλάβη, κακό, ζημιά || ζαβολιά, αταξία, σκανταλιά || ζαβολιάρης, ζιζάνιο.

mischievous [`mistʃivɔs] *adj* βλαβερός, επιζήμιος || ζαβολιάρης, άτακτος.

misconception [.miskɔn`sepʃn] *n* πλάνη.

misconduct [mis`kondʌkt] *n* κακή διαγωγή, παράπτωμα.

misconstruction [.miskɔn`strʌkʃn] *n* παρερμηνεία.

misconstrue [.miskɔn`stru:] *vt* παρερμηνεύω, παρανοώ.

miscount [.mis`kaunt] *vt* μετρώ λάθος.

miscreant [`miskriɔnt] *n* αχρείος.

misdeed [mis`di:d] *n* κακή πράξη, παράπτωμα.

misdemeanour [.misdi`mi:nɔʳ] *n* πταίσμα.

misdoing [.mis`du:iŋ] *n* κακή πράξη.

miser [`maizɔ] *n* τσιγκούνης || *~ly* *adj* τσιγκούνης, σπαγγοραμμένος.

miserable [`mizɔrɔbl] *adj* δυστυχισμένος || άθλιος || εξαθλιωμένος, ελεεινός.

misery [`mizɔri] *n* δυστυχία, μιζέρια, βάσανο || κλαψούρης || *πλ*θ. βάσανα, συμφορές.

misfire [.mis`faiɔʳ] *n* αφλογιστία || ρετάρισμα || αποτυχία || *vi (για όπλο)* παθαίνω αφλογιστία, *(για μηχανή)* ρετάρω, *(για σχέδια)* αποτυχαίνω.

misfit [`misfit] *n (άνθρ.)* απροσάρμοστος.

misfortune [.mis`fo:tʃu:n] *n* ατυχία, δυστυχία, συμφορά.

misgiving [.mis`giviŋ] *n* υποψία, δυσπιστία, επιφύλαξη, ανησυχία.

misgovern [.mis`gʌvɔn] *vt* κακοδιοικώ.

misguided [.mis`gaidid] *adj* παρασυρόμενος, πλανώμενος, ανόητος.

mishandle [.mis`hændl] *vt* χειρίζομαι άσχημα.

mishap [`mishæp] *n* ατύχημα, αναποδιά.

mish-mash [`miʃmæʃ] *n* *μτφ.* σαλάτα, συνονθύλευμα.

misinform [.misin`fo:m] *vt* παραπληροφορώ.

misinterpret [.misin`tɔ:prit] *vt* παρερμηνεύω.

misjudge [.mis`dʒʌdʒ] *vt* παρεξηγώ, κρίνω λανθασμένα, υποτιμώ.

mislay [.mis`lei] *vt irreg* παρατώ, χάνω.

mislead [.mis`li:d] *vt irreg* παραπλανώ, παρασύρω || *~ing*, παραπλανητικός.

mismanage [.mis`mænidʒ] *vt* κακοδιοικώ, κακοδιαχειρίζομαι || *~ment*, κακοδιαχείριση.

misnomer [.mis`noumɔʳ] *n* εσφαλμένη ονομασία, ατυχής χαρακτηρισμός.

misogynist [mi`sodʒinist] *n* μισογύνης.

misplace [.mis`pleis] *vt* τοποθετώ λανθασμένα || χαρίζω κτ σε ανάξιο πρόσωπο.

misprint [`misprint] *n* τυπογραφικό λάθος || *vt* [mis`print] τυπώνω λανθασμένα.

mispronounce [,misprə`nauns] *vt* προφέρω λανθασμένα.

misread [,mis`ri:d] *vt* διαβάζω εσφαλμένα || παρεξηγώ.

misrepresent [,mis,repri`zent] *vt* διαστρεβλώνω, διαστρέφω || ~ation, διαστρέβλωση.

misrule [,mis`ru:l] *n* κακοδιοίκηση, αναρχία.

miss [mis] *n* δεσποινίς || αστοχία, αποτυχία || *vti* αστοχώ, χάνω || αποθυμώ, αποζητώ, μου λείπει || ~ *sth out*, παραλείπω κτ || ~ *out on sth*, δεν επωφελούμαι από κτ || *be* ~*ing*, λείπω || ~*ing*, αγνοούμενος, που λείπει.

missal [misl] *n* εκκλ. σύνοψη.

misshapen [,mis`feipn] *adj* δύσμορφος.

missile [`misail] *n* βλήμα, πύραυλος || *guided* ~, κατευθυνόμενος πύραυλος.

mission [mifn] *n* αποστολή || έργο, καθήκον || ιεραποστολή || ~*ary*, ιεραπόστολος.

misspell [,mis`spel] *vt irreg* γράφω ανορθόγραφα.

missus, missis [`misiz] *n sl* κυρά.

missy [`misi] *n sl* κοπελιά μου.

mist [mist] *n* ομίχλη || θολούρα || *vti* ~ *[over]*, θολώνω, θαμπώνω, σκεπάζομαι με ομίχλη || ~*y*, ομιχλώδης, θαμπός.

mistake [mis`teik] *n* λάθος || *vti irreg* κάνω λάθος, γελιέμαι, εκλαμβάνω λανθασμένα ως || *by* ~, κατά λάθος || *and no* ~! χωρίς συζήτηση || *there's no mistaking*, αδύνατο να κάνεις λάθος || ~*n*, λανθασμένος || ~*nly*, κατά λάθος.

mister [`mistə^r] *n* κύριος.

mistimed [mis`taimd] *adj* άκαιρος.

mistletoe [`misltou] *n* γκυ, μελάς.

mistranslate [,mistrəns`leit] *vt* κακομεταφράζω || **mistranslation**, λανθασμένη μετάφραση.

mistress [`mistris] *n* κυρία || δασκάλα || μαστόρισσα || μαιτρέσσα.

mistrust [,mis`trast] *vt* δυσπιστώ προς || ~*ful*, δύσπιστος, καχύποπτος.

misunderstand [,mis,Λndə`stænd] *vt irreg* παρανοώ || ~*ing*, παρανόηση, παρεξήγηση.

misuse [,mis`ju:s] *n* κακή χρήση, κατάχρηση || *vt* [,mis`ju:z] κακομεταχειρίζομαι.

mitigate [`mitigeit] *vt* [κατα]πραΰνω, μετριάζω, απαλύνω || **mitigation**, μετριασμός.

mitre [`maitə^r] *n* μίτρα.

mitt [mit] *n* γάντι πυγμαχίας || *sl* γροθιά || ~*en*, ψευτογάντι.

mix [miks] *n* μίγμα || *vti* αναμιγνύω/-ομαι || ~ *[with]* συναναστρέφομαι, κάνω παρέα || *get* ~*ed up in/with*, μπλέκω, ανακατεύομαι σε κτ || ~ *a salad*, φτιάχνω σαλάτα || *have* ~*ed feelings about sth*, έχω ανάμικτα αισθήματα για κτ || *be a good* ~*er*, πιάνω εύκολα φιλίες, κάνω καλή παρέα, είμαι κοινωνικός || ~*ed*, ανάμικτος, μικτός || ~*er*, μίξερ || ~*ture*, μίξη, ανάμιξη, μίγμα, κράμα.

mizzle [mizl] *vi* ψιχαλίζω.

mo [mou] *n* στιγμούλα.

moan [moun] *n* βόγγημα, βογγητό || *vti* βογγώ || λέω βογγώντας.

moat [mout] *n* τάφρος.

mob [mob] *n* όχλος || σπείρα, συμμορία || *vt (για πλήθος)* πολιορκώ, περικυκλώνω || ~ *oratory*, δημαγωγία || ~*ster*, μαφιόζος, γκάγκστερ.

mobile [`moubail] *adj* κινητός || σβέλτος || **mobility**, κινητικότητα, ευκινησία.

mobilize [`moubilaiz] *vti* κινητοποιώ/-ούμαι || επιστρατεύω || **mobilization**, κινητοποίηση, επιστράτευση.

moccasin [`mokəsin] *n* δέρμα μοκασέν || *πληθ.* μοκασίνια, τσαρούχια των Ινδιάνων.

mocha [`mokə] *n* καφές μόκα.

mock [mok] *vti* χλευάζω, περιγελώ || αψηφώ || *adj* ψεύτικος, προσποιητός || ~*ery*, γελοιοποίηση, χλεύη || *περίγελως* || κοροϊδία, παρωδία, εμπαιγμός || ~*er*, χλευαστής || ~*ing*, χλευαστικός.

mode [moud] *n* τρόπος || μόδα.

model [modl] *n* μοντέλο || ομοίωμα, υπόδειγμα || πρότυπο || πανομοιότυπο || μανεκέν || μοντελάκι || *vti* [δια]πλάθω || δουλεύω σαν μοντέλο || ~ *oneself upon sb*, παίρνω κπ ως πρότυπο || ~*ling*, πλάσιμο, η εργασία μοντέλου ή μανεκέν.

¹**moderate** [`modərət] *n* πολιτ. μετριοπαθής || *adj* μέτριος || μετριοπαθής, μετρημένος, λογικός || ~*ly*, μέτρια, μετριοπαθώς.

²**moderate** [`modəreit] *vti* μετριάζω/-ομαι.

moderation [,modə`reifn] *n* μετριοπάθεια || *all things in* ~, παν μέτρον άριστον.

modern [`modən] *adj* μοντέρνος, σύγχρονος || ~*ism*, νεωτερισμός || ~*ist*, νεωτεριστής || ~*istic*, νεωτεριστικός || ~*ize*, [εκ]συγχρονίζω || ~*ization*, εκσυγχρονισμός, εκμοντερνισμός.

modest [`modist] *adj* σεμνός, μετριόφρων || μέτριος || μετριοπαθής || ~*y*, σεμνότητα, μετριοφροσύνη, μετριοπάθεια || *in all* ~*y*, χωρίς κομπασμούς.

modicum [ˈmodikəm] *n* λιγάκι.

modify [ˈmodifai] *vt* τροποποιώ ‖ μετριάζω ‖ *γραμμ.* προσδιορίζω ‖ **modification**, τροποποίηση, μετριασμός.

modish [ˈmoudiʃ] *adj* της μόδας, μοντέρνος.

module [ˈmodjuːl] *n* σεληνάκατος.

mogul [ˈmougl] *n* μεγιστάνας.

Mohammedan [məˈhæmidən] *adj* μωαμεθανικός ‖ *n* μωαμεθανός.

moist [moist] *adj* υγρός ‖ ~**ure**, υγρασία.

moisten [moisn] *vti* υγραίνω.

molasses [məˈlæsiz] *n pl* μελάσσα.

mole [moul] *n* μώλος ‖ κρεατοελιά ‖ τυφλοπόντικας.

molecule [ˈmolikjuːl] *n* μόριο, κομματάκι ‖ **molecular**, μοριακός.

molest [moˈlest] *vt* [παρ]ενοχλώ ‖ ~**ation**, [παρ]ενόχληση.

mollify [ˈmolifai] *vt* κατευνάζω, μαλακώνω.

mollusc [ˈmoləsk] *n* μαλάκιο.,

mollycoddle [ˈmolikodl] *n* μαμόθρεφτο ‖ *vt* κανακεύω, παραχαϊδεύω.

Moloch [ˈmoulok] *n* Μολώχ.

molten [moultn] *adj* λυωτός, χυτός.

moment [ˈmoumənt] *n* στιγμή ‖ σημασία ‖ **at the** ~, για την ώρα ‖ ~**ary**, στιγμιαίος.

momentous [məˈmentəs] *adj* βαρυσήμαντος.

momentum [məˈmentəm] *n* ορμή, φόρα, κεκτημένη ταχύτητα.

monarch [ˈmonək] *n* μονάρχης ‖ ~**ism**, μοναρχισμός ‖ ~**ist**, μοναρχικός ‖ ~**y**, μοναρχία.

monastery [ˈmonəstri] *n* μοναστήρι.

monastic [məˈnæstik] *adj* μοναστικός, καλογερικός.

Monday [ˈmʌndi] *n* Δευτέρα.

monetary [ˈmʌnitri] *adj* νομισματικός.

money [ˈmʌni] *n* χρήμα, χρήματα, λεφτά ‖ **be in the** ~, κολυμπάω στο χρήμα ‖ **be coining/minting** ~, μαζεύω χρήματα με τη σέσουλα ‖ **ready** ~, μετρητά ‖ ~-**box**, κουμπαράς ‖ ~-**changer**, αργυραμοιβός, σαράφης ‖ ~-**ed**, πλούσιος ‖ ~-**grubber**, παραδόπιστος ‖ ~-**lender**, τοκογλύφος ‖ ~ **order**, ταχυδρομική επιταγή ‖ ~-**spinner**, *μτφ.* χρυσωρυχείο.

monger [ˈmʌŋgəʳ] *n* έμπορος, κάπηλος.

mongolism [ˈmongolizm] *n* μογγολισμός.

mongrel [ˈmʌŋgrəl] *n* μπάσταρδος, μιγάς ‖ κοπρόσκυλο.

monitor [ˈmonitəʳ] *n* σχολ. επιμελητής ‖ *ραδιοφ.* ελεγκτής ‖ *vt* ελέγχω.

monk [mʌŋk] *n* καλόγερος, μοναχός.

monkey [ˈmʌŋki] *n* πίθηκος, μαϊμού ‖ *vi* ~ **about with sth**, πασπατεύω κτ, παίζω

με κτ ‖ ~ **business/tricks**, βρωμοδουλιές, ζαβολιές ‖ ~-**wrench**, γαλλικό κλειδί.

monocle [ˈmonəkl] *n* μονόκλ.

mono— *prefix* μονο— ‖ ~**gamy**, μονογαμία ‖ ~**gamist**, μονόγαμος ‖ ~-**gamous**, μονογαμικός ‖ ~**gram**, μονόγραμμα ‖ ~**graph**, μονογραφία ‖ ~**lithic**, μονολιθικός ‖ ~**logue**, μονόλογος ‖ ~**mania**, μονομανία ‖ ~**plane**, μονοπλάνο ‖ ~**polize**, μονοπωλώ ‖ ~**poly**, μονοπώλιο ‖ ~**polistic**, μονοπωλιακός ‖ ~**syllable**, μονοσύλλαβο ‖ ~**syllabic**, μονολεκτικός, μονοσυλλαβικός ‖ ~**theism**, μονοθεϊσμός ‖ ~**theist**, μονοθεϊστής ‖ ~**theistic**, μονοθεϊστικός ‖ ~**tone**, μονότονη ομιλία ‖ ~**type**, μονοτυπία ‖ ~**xide**, μονοξείδιο.

monotonous [məˈnotənəs] *adj* μονότονος.

monotony [məˈnotəni] *n* μονοτονία.

monsoon [monˈsuːn] *n* μουσσώνας.

monster [ˈmonstəʳ] *n* τέρας.

monstrance [ˈmonstrəns] *n* εκκλ. αρτοφόριο.

monstrosity [monˈstrosəti] *n* τερατωδία, τερατούργημα.

monstrous [ˈmonstrəs] *adj* τερατώδης.

montage [ˈmontaːʒ] *n* μοντάζ.

month [mʌnθ] *n* μήνας ‖ ~**ly** *adv* μηνιαίως, *adj* μηνιαίος.

monument [ˈmonjumənt] *n* μνημείο ‖ ~**al** [ˌmonjuˈmentl] μνημειώδης, μνημειακός, πελώριος.

moo [muː] *n* μουγκάνισμα ‖ *vi* μουγκανίζω.

mooch [muːtʃ] *vi* ~ **about**, χαζολογάω, περιφέρομαι άσκοπα.

mood [muːd] *n* διάθεση ‖ *γραμμ.* έγκλιση ‖ ~**iness**, κακοκεφιά, ιδιοτροπία ‖ ~**ily**, κακόκεφα ‖ ~**y**, δύσθυμος, κακόκεφος, ευμετάβλητος.

moon [muːn] *n* φεγγάρι ‖ *vti* ~ **about /away**, χαζολογώ ‖ **cry for the** ~, ζητώ τα αδύνατα ‖ **promise sb the** ~, υπόσχομαι σε κπ λαγούς με πετραχήλια ‖ **once in a blue** ~, στη χάση και στη φέξη ‖ **full** ~, πανσέληνος ‖ ~**beam**, φεγγαραχτίδα ‖ ~**less**, αφέγγαρος ‖ ~**light**, φεγγαρόφωτο, φεγγαράδα ‖ ~**lit**, φεγγαρόλουστος ‖ ~**shine**, σεληνόφως, ανοησίες, μπούρδες ‖ ~**struck**, νεραϊδοπαρμένος ‖ ~**y** *adj* με διάθεση χαζολογήματος.

moor [muəʳ] *n* χερσότοπος ‖ *vt* αράζω, αγκυροβολώ ‖ ~**hen**, νερόκοττα ‖ ~**land**, ρεικότοπος ‖ ~**ings** *n pl* αγκυροβόλιο.

Moor [muəʳ] *n* Μαυριτανός ‖ ~**ish** *adj* μαυριτανικός.

moot [muːt] *vt* ανακινώ.

mop [mop] *n* πατσαβούρα || *vt* σφουγγαρίζω || σφογγίζω || ~ *up*, ξεκαθαρίζω.

mope [moup] *n* πλήξη, μελαγχολία || *vi* μελαγχολώ, πλήττω.

moped [`moupəd] *n* μοτοποδήλατο.

moquette [mə`ket] *n* μοκέττα.

moral [`morəl] *n* ηθικό δίδαγμα || *πληθ.* ήθη, ήθος || *adj* ηθικός || λογικός || ~ist, ηθικολόγος || ~ity, ηθική, ηθικότητα || ~ize, ηθικολογώ, ηθικοποιώ.

morale [mə`ra:l] *n* το ηθικό.

morass [mə`ræs] *n* έλος, βάλτος, τέλμα.

moratorium [,morə`to:riəm] *n* μορατόριο, δικαιοστάσιο, χρεωστάσιο.

morbid [`mo:bid] *adj* νοσηρός, παθολογικός || ~ness, νοσηρότητα.

mordant [`mo:dənt] *adj* δηκτικός.

more [mo:ʳ] *n, adv* περισσότερο, πιο || *adj* περισσότερος || ~ *or less,* σχεδόν, πάνω-κάτω || *all the* ~, πολύ περισσότερο || *and what's* ~, και το πιο σπουδαίο || *no* ~, όχι άλλο πια || *once* ~, άλλη μια φορά || *some* ~, λίγο ακόμη || ~over, επιπλέον, εκτός αυτού.

morello [mə`relou] *n* βύσσινο.

morgue [mo:g] *n* νεκροτομείο.

moribund [`moribʌnd] *adj* ετοιμοθάνατος.

morning [`mo:niŋ] *n* πρωί || *adj* πρωινός || *in the* ~, το πρωί || ~ *star,* αυγερινός.

moron [`mo:ron] *n (άνθρ.)* καθυστερημένος.

morose [mə`rous] *adj* δύσθυμος, κακοδιάθετος || ~ness, δυσθυμία.

morphia [`mo:fiə] *n* μορφίνη.

morphology [mo:`folədʒi] *n* μορφολογία.

Morse [mo:s] *n* [κώδικας] Μορς.

morsel [mo:sl] *n* κομματάκι, μπουκιά.

mortal [mo:tl] *adj* θνητός || θανάσιμος || θανατηφόρος || φοβερός || *n* άνθρωπος, θνητός || ~ity, θνητότητα, θνησιμότητα || ~ly, θανάσιμα.

mortar [`mo:təʳ] *n* ασβεστόλασπη || γουδί || όλμος || ~-board, πηλοφόρι.

mortgage [`mo:gidʒ] *n* υποθήκη || *vt* υποθηκεύω.

mortician [mo:`tiʃn] *n US* εργολάβος κηδειών.

mortify [`mo:tifai] *vti* ταπεινώνω/-ομαι, ντροπιάζομαι, πληγώνω/-ομαι || ~ing, ταπεινωτικός || **mortification,** ταπείνωση, γάγγραινα.

mortuary [mo:tʃəri] *n* νεκροθάλαμος.

mosaic [mou`zeiik] *n* μωσαϊκό, ψηφιδωτό || *adj* ψηφιδωτός || Μωσαϊκός.

Moslem [`mozləm] *adj* μουσουλμανικός || *n* μουσουλμάνος.

mosque [mosk] *n* τζαμί.

mosquito [mə`skitou] *n* κουνούπι.

moss [mos] *n* βρύα, μούσκλια || ~y, βρυώδης, χορταριασμένος.

most [moust] *n* το πλείστον || *adj* ο πιο, ο πλείστος, ο περισσότερος || *adv* ο πιο, παρά πολύ || *at the [very]* ~, το πολύ-πολύ, κατ' ανώτατο όριο || *for the* ~ *part,* ως επί το πλείστον || *make the* ~ *of,* επωφελούμαι, αξιοποιώ πλήρως || ~ly, κατά κανόνα, κατά βάση, ως επί το πλείστον.

motel [mou`tel] *n* μοτέλ.

moth [moθ] *n* σκώρος, πεταλουδίτσα || ~ball, ναφθαλίνη *(σε σβώλους)* || ~-eaten, σκωροφαγωμένος || ~proof, απρόσβλητος από σκώρο.

mother [`mʌðəʳ] *n* μητέρα || ~hood, μητρότητα || ~-in-law, πεθερά || ~less, ορφανός από μητέρα || ~ly, μητρικός || ~liness, μητρικότητα, μητρική στοργή || ~-of-pearl, μάργαρος, σεντέφι || M~ Superior, Ηγουμένη.

motif [mou`ti:f] *n* μους. μοτίβο.

motion [mouʃn] *n* κίνηση || πρόταση *(προς ψηφοφορία)* || *vti* κάνω νεύμα || *go through the* ~s, καμώνομαι πως κάνω κτ || ~ *pictures,* κινηματογράφος.

motivate [`moutiveit] *vt* παρακινώ || **motivation,** παρακίνηση, κίνητρο.

motive [`moutiv] *n* κίνητρο || *adj* κινητήριος.

motley [`motli] *adj* παρδαλός.

motor [`moutəʳ] *n* κινητήρας, μοτέρ || αυτοκίνητο || *vi* ταξιδεύω με αυτοκίνητο || ~-bike/cycle, μοτοσυκλέτα || ~boat, βενζινάκατος || ~car, αυτοκίνητο || ~cade, πομπή αυτοκινήτων || ~ing, αυτοκινητάδα || ~ist, αυτοκινητιστής || ~ized, μηχανοκίνητος || ~way, αυτοκινητόδρομος.

mottled [motld] *adj* διάστικτος.

motto [`motou] *n* ρητό, γνωμικό, αρχή.

mould [mould] *n* καλούπι || μούχλα || μαυρόχωμα || *vt* φτιάχνω, [δια]πλάθω || *vi* μουχλιάζω || ~er, καταρρέω, διαλύομαι, φθείρομαι || ~ing, καλούπωμα, γύψινα || ~y, μουχλιασμένος.

mound [maund] *n* ανάχωμα || σωρός.

mount [maunt] *n* όρος || *vti* ανεβαίνω || ιππεύω, καβαλλώ || στήνω, μοντάρω *(θέατρ.)* ανεβάζω έργο || ~ *up,* αυξάνομαι, συσσωρεύομαι || ~ *guard,* φρουρώ || ~ *an offensive,* εξαπολύω επίθεση.

mountain [`mauntin] *n* βουνό || ~range/-chain, οροσειρά || ~eer, ορεσίβιος, ορειβάτης || ~eering, ορειβασία || ~ous, ορεινός, βουνήσιος.

mountebank [`mauntibæŋk] *n* αγύρτης.

mourn [mo:n] *vti* πενθώ, θρηνώ || ~er, πενθών || ~ful, πένθιμος || ~ing, πένθος || ~ing band, πένθος *(ταινία)*.

mouse [maus] *n* ποντικός ‖ ~**trap**, φάκα, ποντικοπαγίδα.

moustache [mə'sta:ʃ] *n* μουστάκι.

mouth [mauθ] *n* στόμα ‖ στόμιο ‖ *vti* χάφτω ‖ εκστομίζω, μιλάω με στόμφο ‖ **by word of ~**, προφορικά ‖ **down in the ~** , κατσούφης ‖ ~**-organ**, φυσαρμόνικα ‖ ~**piece**, επιστόμιο.

movable ['mu:vəbl] *adj* κινητός.

move [mu:v] *n* κίνηση ‖ μετακίνηση, ενέργεια ‖ *vti* [μετα]κινώ/-ούμαι ‖ συγκινώ ‖ [παρα]κινώ, ωθώ ‖ προτείνω ‖ ~ **on/along/up/down**, προχωρώ ‖ ~ **[house]**, μετακομίζω, αλλάζω σπίτι ‖ ~ **heaven and earth**, κινώ γη και ουρανό ‖ ~**ment**, [μετα]κίνηση, κίνημα, ενέργεια ‖ ~**r**, εισηγητής, υποκινητής.

movie ['mu:vi] *n* φιλμ, σινεμά.

mow [mou] *vti irreg* κουρεύω *(γρασίδι)* ‖ θερίζω ‖ ~ **down**, μτφ. θερίζω ‖ ~**er**, θεριστής.

Mr ['mistəʳ] *n* κύριος.

Mrs ['misiz] *n* κυρία.

much [mʌtʃ] *adj, pron* πολύς ‖ *adv* πολύ ‖ ~ **to my surprise**, προς μεγάλη μου έκπληξη ‖ ~ **the same**, σχεδόν το ίδιο ‖ ~ **of a muchness**, σχεδόν όμοιο ‖ **as ~**, άλλο τόσο ‖ **not be up to ~**, δεν αξίζω πολλά ‖ **not ~ of a**, τίποτα σπουδαίο σαν ‖ **not think ~ of sb**, δεν έχω μεγάλη ιδέα για ‖ **without so ~ as**, χωρίς καν.

muck [mʌk] *n* βόρβορος, βρωμιά, κοπριά ‖ *vti* ~ **up**, βρωμίζω, χαλώ, ανακατώνω ‖ ~ **about**, κοπροσκυλιάζω, χαζολογάω ‖ **make a ~ of sth**, τα θαλασσώνω ‖ ~**-heap**, σωρός κοπριάς ‖ ~**-raker**, σκανδαλοθήρας.

mucus ['mju:kəs] *n* βλέννα ‖ **mucous**, βλεννώδης.

mud [mʌd] *n* λάσπη ‖ **fling/throw ~ at**, λασπολογώ ‖ ~**dy**, λασπωμένος, λασπώδης, θολός ‖ ~**-bath**, λασπόλουτρο ‖ ~**guard**, *(αυτοκ.)* φτερό ‖ ~**-slinger**, λασπολόγος, συκοφάντης ‖ ~**-slinging**, λασπολογία.

muddle [mʌdl] *n* ανακάτωμα, θαλάσσωμα, μπέρδεμα ‖ *vti* αναστατώνω, μπερδεύω, μπλέκω, θολώνω *(το μυαλό)* ‖ ~ **on/along**, προχωρώ κουτσά-στραβά ‖ ~ **through**, τα καταφέρνω κουτσά-στραβά ‖ ~**-headed**, ζαβλακωμένος.

muff [mʌf] *n* μανσόν ‖ ατζαμής, μπούφος.

muffin ['mʌfin] *n* τηγανίτα.

muffle [mʌfl] *vt* τυλίγω, κουκουλώνω ‖ σβήνω, πνίγω *(ήχο)* ‖ ~**d**, πνιχτός ‖ ~**r**, κασκόλ ‖ σουρντίνα ‖ σιλανσιέ.

mufti ['mʌfti] *n* μουφτής ‖ **in ~**, με

πολιτικά.

mug [mʌg] *n* κύπελλο, κούπα ‖ *sl* φάτσα, μούρη ‖ *sl* χαζοπούλι, κόπανος ‖ *vt sl* ληστεύω κπ *(στα σκοτεινά)* ‖ ~**up**, διαβάζω εντατικά ‖ ~**ger**, κακοποιός ‖ ~**ging**, ληστεία ‖ ~**gins**, χαζός, βλάκας ‖ ~**gy**, πνιγηρός, ζεστός και υγρός.

Muhammad [mə'hæmid] *n* Μωάμεθ ‖ ~**an**, μωαμεθανός, μωαμεθανικός.

mulatto [mju'lætou] *n* μιγάς.

mulberry ['mʌlbri] *n* μούρο, μουριά.

mule [mju:l] *n* μουλάρι ‖ *άνθρ.* πεισματάρης ‖ πασούμι ‖ ~**teer**, ημιονηγός.

mull [mʌl] *vt* ζεσταίνω [κρασί] με κανέλα ‖ ~ **over**, γυροφέρνω στο νου.

mullah ['mʌlə] *n* μουλάς.

mullet ['mʌlit] *n* κέφαλος ‖ **red ~**, μπαρμπούνι.

multi— ['mʌlti] *prefix* πολυ— ‖ ~**farious**, πολυσχιδής ‖ ~**form**, πολύμορφος ‖ ~**lateral**, πολύπλευρος.

multiple ['mʌltipl] *adj* πολλαπλός.

multiplicity [.mʌlti'plisəti] *n* πολλαπλότητα.

multiply ['mʌltiplai] *vti* πολλαπλασιάζω/-ομαι ‖ **multiplication**, πολλαπλασιασμός.

multitude ['mʌltitju:d] *n* πλήθος ‖ μάζα.

mum [mʌm] *n* μαμά ‖ ~**'s the word!** τσιμουδιά! ‖ **keep ~**, δεν βγάζω άχνα ‖ ~**my**, μούμια ‖ μαμά, μητερούλα.

mumble [mʌmbl] *vti* ψελλίζω, μουρμουρίζω ‖ μασουλώ ‖ *n* μουρμούρα.

mumps [mʌmps] *n pl* μαγουλάδες.

munch [mʌntʃ] *vt* μασουλίζω, τραγανίζω.

mundane ['mʌndein] *adj* εγκόσμιος, γήινος.

municipal [mju'nisipəl] *adj* δημοτικός.

munificence [mju'nifisəns] *n* γενναιοδωρία.

munition [mju'niʃn] *n* πολεμοφόδια, πυρομαχικά.

mural ['mjuərəl] *n* τοιχογραφία.

murder ['mə:dəʳ] *n* φόνος, δολοφονία ‖ *vt* σκοτώνω, δολοφονώ ‖ **cry blue ~**, σκούζω σαν να με σκοτώνουν ‖ ~**er**, φονιάς ‖ ~**ess**, φόνισσα ‖ ~**ous**, φονικός.

murk [mə:k] *n* ζόφος ‖ ~**y**, ζοφερός.

murmur ['mə:məʳ] *n* μουρμούρισμα ‖ κελάρυσμα ‖ παράπονο ‖ *vti* μουρμουρίζω, κελαρύζω, παραπονούμαι.

muscle ['mʌsl] *n* μυς.

muscular ['mʌskjuləʳ] *adj* μυϊκός, μυώδης.

muse [mju:z] *n* μούσα ‖ *vi* ~ **over/on**, ρεμβάζω, ονειροπολώ, συλλογίζομαι.

museum [mju:'ziəm] *n* μουσείο.

mush [mʌʃ] *n* χυλός.

mushroom ['mʌʃrum] *n* μανιτάρι ‖ *vi*

ξεφυτρώνω *(σαν μανιτάρι).*
music [ˈmjuːzik] *n* μουσική ‖ **set to ~,**
μελοποιώ ‖ **~-hall,** καμπαρέ ‖ **~-
stand,** αναλόγιο ‖ **~-stool,** ταμπουρέ.
musical [ˈmjuːzikl] *adj* μουσικός.
musician [mjuːˈziʃn] *n* μουσικός.
musk [mʌsk] *n* μόσχος ‖ **~y,** μοσχάτος,
ευωδιαστός.
musket [ˈmʌskit] *n* μουσκέτο.
Muslim [ˈmuzlim] *n* μουσουλμάνος ‖
adj μουσουλμανικός.
muslin [ˈmʌzlin] *n* μουσελίνα.
mussel [mʌsl] *n* μύδι.
must [mʌst] *n* μούστος ‖ *aux verb*
πρέπει.
mustachio [məˈstaːʃiou] *n* μουστάκα.
mustang [ˈmʌstæŋ] *n* αγριάλογο.
mustard [ˈmʌstəd] *n* μουστάρδα ‖ *as
keen as ~,* πολύ ενθουσιώδης ‖ **~-
plaster,** σιναπισμός, κατάπλασμα.
muster [ˈmʌstəʳ] *n στρατ.* συγκέντρωση
‖ *vti* συγκεντρώνω/-ομαι ‖ *pass ~,*
περνώ, κρίνομαι ικανοποιητικός.
musty [ˈmʌsti] *adj* μπαγιάτικος, που
μυρίζει μούχλα/κλεισούρα.
mutable [ˈmjuːtəbl] *adj* μεταβλητός.
mutation [mjuːˈteiʃn] *n* μεταλλαγή, μετα-
βολή, *βιολ.* μετατυπία.
mute [mjuːt] *n* μουγγός ‖ *adj* άφωνος,
βουβός ‖ *vt* σβήνω *(ήχο).*
mutilate [ˈmjuːtileit] *vti* ακρωτηριάζω,
σακατεύω ‖ **mutilation,** ακρωτηριασμός.
mutinous [ˈmjuːtinəs] *adj* στασιαστικός.

mutiny [ˈmjuːtəni] *n* στάση ‖ *vi* στασι-
άζω ‖ **mutineer,** στασιαστής.
mutt [mʌt] *n sl* κουτορνίθι.
mutter [ˈmʌtəʳ] *n* μουρμούρα ‖ *vti* μουρ-
μουρίζω, γκρινιάζω, γογγύζω.
mutton [mʌtn] *n* αρνίσιο κρέας.
mutual [ˈmjuːtʃuəl] *adj* αμοιβαίος ‖ κοι-
νός ‖ *~ aid,* αλληλοβοήθεια.
muzzle [mʌzl] *n* μουσούδι *(ζώου)* ‖
μπούκα *(τουφεκιού)* ‖ φίμωτρο ‖ *vt*
φιμώνω.
muzzy [ˈmʌzi] *adj* ζαλισμένος.
my [mai] *adj* μου.
Mycenae [maiˈsiːni] *n* Μυκήνες.
myopia [maiˈoupiə] *n* μυωπία.
myriad [ˈmiriəd] *n* μυριάδα.
myrmidon [ˈməːmidən] *n* τσιράκι.
myrrh [məːʳ] *n* σμύρνα, μύρο.
myrtle [ˈməːtl] *n* μυρτιά.
myself [maiˈself] *pron* εγώ ο ίδιος, εμέ-
να τον ίδιο, εαυτός μου.
mysterious [miˈstiəriəs] *adj* μυστηριώδης.
mystery [ˈmistəri] *n* μυστήριο.
mystic [ˈmistik] *n* μυστικιστής, μυημέ-
νος ‖ μυστηριακός, απόκρυφος ‖ **~ism,**
μυστικισμός.
mystify [ˈmistifai] *vt* φέρνω σε αμηχα-
νία ‖ **mystification,** αμηχανία.
mystique [miˈstiːk] *n* γοητεία, ανεξήγητη
έλξη.
myth [miθ] *n* μύθος ‖ **~ical,** μυθικός ‖
~ology, μυθολογία ‖ **~ological,** μυθο-
λογικός.

N n

nab [næb] *vt* τσιμπώ, συλλαμβάνω.
nacelle [næˈsel] *n* κάλαθος αερόστατου.
nacre [ˈneikəʳ] *n* μάργαρος, σεντέφι.
nadir [ˈneidiəʳ] *n* ναδίρ.
nag [næg] *n* παλιάλογο ‖ *vi ~ [at],*
γκρινιάζω διαρκώς ‖ **~ging,** γκρίνια.
nail [neil] *n* νύχι ‖ καρφί ‖ *vt* καρφώνω,
καθηλώνω ‖ *~ sb down,* δεσμεύω κπ ‖
~-brush/-file/-scissors, βούρτσα/λίμα
/ψαλιδάκι για τα νύχια ‖ **~-clippers,**
νυχοκόπτης ‖ **~-polish/-varnish,** μανόν.
naive [naiˈiv] *adj* απλοϊκός, αφελής ‖
~té [naiˈivtei] *n* αφέλεια.
naked [ˈneikid] *adj* γυμνός ‖ *stark ~,*
ολόγυμνος ‖ **~ness,** γύμνια.
namby-pamby [ˌnæmbi ˈpæmbi] *adj* νε-

ρόβραστος, σαχλός, γλυκανάλατος.
name [neim] *n* όνομα ‖ υπόληψη, φήμη
‖ *vt* ονομάζω ‖ διορίζω, προτείνω ‖
full ~, όνομα και επώνυμο ‖ *by ~,*
ονομαστικώς ‖ *in sb's ~,* επ' ονόματι
κάποιου ‖ **~sake,** συνονόματος ‖ **~less,**
ανώνυμος, ακατονόμαστος ‖ **~ly,** δη-
λαδή.
nanny [ˈnæni] *n* νταντά, παραμάνα ‖
~-goat, κατσίκα.
nap [næp] *n* υπνάκος ‖ χνούδι *[υφά-
σματος]* ‖ *catch sb ~ping,* πιάνω κπ
στον ύπνο.
napalm [ˈneipaːm] *n* ναπάλμ.
nape [neip] *n* σβέρκος.
naphtha [ˈnæfθə] *n* νάφθα, νέφτι ‖ **~lene,**

ναφθαλίνη.

napkin [`næpkin] *n* πετσέτα *(φαγητού)* ‖ πάνα *(βρέφους)*.

nappy [`næpi] *n* πάνα *(βρέφους)*.

narcissism [`na:sisizm] *n* ναρκισσισμός.

narcissus [na:`sisəs] *n* νάρκισσος.

narcotic [na:`kotik] *n* ναρκωτικό ‖ ναρκομανής.

nark [na:k] *n* χαφιές ‖ *vt* τσαντίζω.

narrate [nə`reit] *vt* αφηγούμαι.

narration [nə`reiʃn] *n* αφήγηση.

narrative [`nærətiv] *n* αφήγηση, αφήγημα ‖ *adj* αφηγηματικός.

narrator [nə`reitəʳ] *n* αφηγητής.

narrow [`nærou] *adj* στενός ‖ προσεχτικός ‖ ελάχιστος ‖ *vti* στενεύω ‖ ~ **down to**, περιορίζω ‖ **have a** ~ **escape**, τη γλυτώνω παρά τρίχα ‖ ~**ly**, επισταμένως, μόλις, παραλίγο ‖ ~-**minded**, στενόμυαλος, στενοκέφαλος ‖ ~-**mindedness**, στενοκεφαλιά ‖ ~**ness**, στενότητα.

nasal [neizl] *adj* ρινικός, της μύτης, έρρινος.

nasty [`na:sti] *adj* αηδιαστικός, βρωμο— ‖ επικίνδυνος ‖ κακός, μοχθηρός ‖ πρόστυχος.

natal [neitl] *adj* γενέθλιος.

nation [neiʃn] *n* έθνος ‖ ~-**wide**, πανεθνικός.

national [`næʃnəl] *adj* εθνικός ‖ ~**ism**, εθνικισμός ‖ ~**ist**, εθνικιστής ‖ ~**istic**, εθνικιστικός ‖ ~**ity**, εθνικότητα ‖ ~**ize**, εθνικοποιώ ‖ ~**ization**, εθνικοποίηση.

native [`neitiv] *n* ντόπιος, αυτόχθονας, ιθαγενής ‖ *adj* γενέθλιος, έμφυτος, ντόπιος.

nativity [nə`tivəti] *n* γέννηση.

natter [`nætəʳ] *vi* μουρμουρίζω, γκρινιάζω.

natty [`næti] *adj* κομψός, σβέλτος.

natural [`nætʃrəl] *adj* φυσικός ‖ φυσιολογικός ‖ έμφυτος ‖ απλός, ανεπιτήδευτος ‖ νόθος ‖ ~**ism**, νατουραλισμός ‖ ~**ist**, νατουραλιστής ‖ ~**ize**, πολιτογραφώ ‖ ~**ization**, πολιτογράφηση ‖ ~**ly**, φυσικά, εκ φύσεως.

nature [`neitʃəʳ] *n* φύση ‖ χαρακτήρας, ιδιότητα ‖ είδος ‖ **contrary to** ~, αφύσικος ‖ ~ **cure**, φυσιοθεραπεία ‖ ~-**worship**, φυσιολατρεία ‖ **good-**~**ed**, καλοσυνάτος, καλοδιάθετος.

naturism [`neitʃərizm] *n* γυμνισμός.

naturist [`neitʃərist] *n* γυμνιστής.

naught [no:t] *n* μηδέν, τίποτα ‖ ~**y**, άτακτος, κακός ‖ άσεμνος, τολμηρός.

nausea [`no:siə] *n* αηδία, αναγούλα, ναυτία.

nauseate [`no:sieit] *vt* προκαλώ αηδία / εμετό.

nauseous [`no:siəs] *adj* αηδιαστικός, εμετικός.

nautical [`no:tikl] *adj* ναυτικός.

naval [neivl] *adj* ναυτικός.

nave [neiv] *n* ο κυρίως ναός.

navel [neivl] *n* αφαλός.

navigable [`nævigəbl] *adj* πλωτός.

navigate [`nævigeit] *vt* πλέω, ταξιδεύω, κυβερνώ *(πλοίο ή αεροπλάνο)*.

navigation [ˌnævi`geiʃn] *n* ναυσιπλοΐα, ναυτιλία.

navigator [ˌnævi`geitəʳ] *n* θαλασσοπόρος ‖ ναυτίλος, πλοηγός.

navvy [`nævi] *n* σκαφτιάς.

near [niəʳ] *adj* κοντινός ‖ *(συγγενής)* στενός ‖ *adv* κοντά, πλησίον ‖ *vti* πλησιάζω ‖ ~**by**, κοντινός, κοντά ‖ ~**ly**, παραλίγο να, λίγο έλειψε να ‖ **not** ~**ly enough**, καθόλου ‖ **nowhere** ~, καθόλου ‖ ~**ness**, εγγύτητα ‖ ~-**sighted**, μύωπας, μτφ. κοντόφθαλμος.

neat [ni:t] *adj* νοικοκυρεμένος, συγυρισμένος ‖ απλός ‖ καλοφτιαγμένος, όμορφος ‖ εύστοχος ‖ ανέρωτος, σκέτος ‖ ~**ness**, νοικοκυροσύνη, απλότητα.

nebula [`nebjulə] *n* νεφέλωμα.

nebulous [`nebjuləs] *adj* νεφελώδης.

necessarily [ˌnesə`serəli] *adv* αναγκαίως.

necessary [`nesəsri] *adj* απαραίτητος, αναγκαίος ‖ *n pl* τα απαραίτητα, τα χρειώδη.

necessitate [ˌne`sesiteit] *vt* απαιτώ.

necessity [nə`sesiti] *n* ανάγκη ‖ αναγκαίο ‖ **make a virtue of** ~, κάνω την ανάγκη φιλοτιμία.

neck [nek] *n* λαιμός, σβέρκος ‖ αυχένας ‖ *vi* χαϊδολογιέμαι ‖ **break one's** ~, σκοτώνομαι ‖ **get it in the** ~, την τρώω κατακέφαλα ‖ **save one's** ~, γλυτώνω το κεφάλι μου ‖ ~ **and** ~, πλάι-πλάι ‖ ~ **or nothing**, όλα για όλα ‖ ~**lace**, περιδέραιο ‖ ~**line**, λαιμός φορέματος, ντεκολτέ ‖ ~**tie**, γραβάτα ‖ ~**wear**, είδη για το λαιμό.

née [nei] *adj* γεννηθείσα, το γένος.

need [ni:d] *n* ανάγκη, χρεία ‖ *vt* χρειάζομαι, έχω ανάγκη ‖ είναι ανάγκη να ‖ **be badly in** ~ **of**, έχω απόλυτη ανάγκη από ‖ **if** ~ **be**, στην ανάγκη ‖ ~**less**, περιττός ‖ ~**less to say**, περιττό να λεχθεί ‖ ~**y**, άπορος.

needle [ni:dl] *n* βελόνι, βελόνα ‖ *vti* τσιγκλάω *(με λόγια)* ‖ ~-**woman**, ράφτρα ‖ ~**work**, κέντημα, εργόχειρο, ραπτική.

negate [ni`geit] *vi* αρνούμαι ‖ **negation**, άρνηση.

negative [`negətiv] *n* αρνητικό *(φιλμ)*, αρνητική λέξη ‖ *adj* αρνητικός.

neglect [ni`glekt] *n* αμέλεια, παραμέληση

|| *vt* [παρ]αμελώ || ~**ful** *adj* αμελής ||
~**fulness**, αμέλεια.
negligé [`negliʒei] *adj* νεγκλιζέ, ατημέλητος.
negligence [`neglidʒəns] *n* αμέλεια, απροσεξία || **negligent**, αμελής, απρόσεκτος || **negligible**, αμελητέος.
negotiable [ni`gouʃəbl] *adj* διαπραγματεύσιμος, εμπορεύσιμος || *(δρόμος)* βατός.
negotiate [ni`gouʃieit] *vti* διαπραγματεύομαι || *εμπ.* μεταβιβάζω, εμπορεύομαι || υπερπηδώ.
negotiation [ni.gouʃi`eiʃn] *n* διαπραγμάτευση.
negotiator [ni`gouʃieitəʳ] *n* διαπραγματευτής, μεσολαβητής.
negress [`ni:grəs] *n* νέγρα, αραπίνα.
negro [`ni:grou] *n* νέγρος.
neigh [nei] *n* χρεμετισμός || *vi (για άλογο)* χρεμετίζω.
neighbour [`neibəʳ] *n* γείτονας || ~**ing**, γειτονικός || ~**hood**, γειτονιά, γειτνίαση || ~**ly** *adj* γειτονικός, φιλικός.
neither [`naiðəʳ] *adj, pron* κανείς *(από δύο)* || ~... **nor**, ούτε... ούτε.
nemesis [`neməsis] *n* νέμεση, θεία δίκη.
neo— [niə-/ni:ou-] *prefix* νεο— || ~-**colonialism**, νεοαποικιοκρατία || ~**lithic**, νεολιθικός || ~**logism**, νεολογισμός || ~**phyte**, νεοφώτιστος || ~**plasm**, νεόπλασμα, όγκος.
neon [`ni:on] *n* χημ. νέον.
nephew [`nefju:] *n* ανηψιός.
nepotism [`nepotizm] *n* νεποτισμός.
nereid [`niəriid] *n* νηρηίδα.
nerve [nə:v] *n* νεύρο || τόλμη, κουράγιο || θράσος || *vt* ~ **oneself to**, ετοιμάζομαι, οπλίζομαι να || ~ **get on one's** ~**s**, μου δίνει στα νεύρα || ~**less**, άτονος, άψυχος || ~-**racking**, εκνευριστικός, εξουθενωτικός.
nervous [`nə:vəs] *adj* νευρικός || νευρώδης || ταραγμένος, εκνευρισμένος || **have a** ~ **breakdown**, παθαίνω νευρασθένεια.
nervy [`nə:vi] *adj* νευριασμένος, νευρικός || θρασύς.
nest [nest] *n* φωλιά || *vi* κουρνιάζω || **go** ~**ing**, ψάχνω για φωλιές.
nestle [`nesl] *vi* ~ **down/up**, φωλιάζω || χώνομαι, βολεύομαι, κουλουριάζομαι.
nestling [`nesliŋ] *n* νεοσσός.
net [net] *n* δίχτυ || *adj* καθαρός, νέτος || *vt* πιάνω *(με δίχτυα)* || ~**work**, δικτυωτό, δίκτυο.
Netherlands [`neðəlændz] *n* οι Κάτω Χώρες.
netting [`netiŋ] *n* δικτυωτό.
nettle [`netl] *n* τσουκνίδα || *vt* μτφ. ερεθίζω || ~**rash**, ερεθισμός, φαγούρα.

neuralgia [njuə`rældʒə] *n* νευραλγία.
neurologist [njuə`rolədʒist] *n* νευρολόγος.
neurology [njuə`rolodʒi] *n* νευρολογία.
neurosis [njuə`rousis] *n* νεύρωση.
neurotic [njuə`rotik] *n & adj* νευρωτικός.
neuter [`nju:təʳ] *n* ουδέτερο (γένος).
neutral [`nju:trəl] *n, adj* ουδέτερος || *αυτοκ.* νεκρό σημείο || ~**ize**, ουδετεροποιώ || ~**ization**, ουδετεροποίηση, εξουδετέρωση.
neutron [`nju:tron] *n* ουδετερόνιο.
never [`nevəʳ] *adv* ποτέ || ~-**ending**, ατέλειωτος || ~-**more**, ποτέ πια || ~**theless**, παρ' όλα αυτά.
new [nju:] *adj* νέος || καινούργιος || αρχάριος, άπειρος || ~**born**, νεογέννητος || ~**comer**, νεοφερμένος || ~**fangled**, νεότευκτος || ~**ly**, νεωστί, προσφάτως || ~**ly-weds**, νιόπαντροι || ~**ness**, φρεσκάδα, απειρία.
news [nju:z] *n sing* νέα, ειδήσεις || **a piece/bit of** ~, μια είδηση || ~ **agency**, πρακτορείο ειδήσεων || ~ **agent**, πράκτορας εφημερίδων || ~**boy**, μικρός εφημεριδοπώλης || ~**cast**, δελτίο ειδήσεων || ~**caster**, δημοσιογ. εκφωνητής ειδήσεων || ~**letter**, δελτίο || ~**monger**, διαδοσίας || ~**paper**, εφημερίδα || ~**print**, δημοσιογραφικό χαρτί || ~**reel**, ταινία επικαίρων || ~**room**, γραφείο σύνταξης εφημερίδας || ~**sheet**, εφημεριδούλα || ~-**stand**, περίπτερο εφημερίδων || ~**vendor**, εφημεριδοπώλης || ~**y**, γεμάτος νέα.
newt [nju:t] *n* σαλαμάνδρα.
next [nekst] *adj* πλησιέστερος, επόμενος || προσεχής || *adv* μετά, ύστερα || ~ **to**, κοντά εις, σχεδόν || ~ **door**, πλάι || ~ **year**, του χρόνου || **the** ~ **of kin**, ο πλησιέστερος συγγενής || ~ **to one's skin**, κατάσαρκα.
nexus [`neksəs] *n* συνάφεια, πλέγμα.
nib [nib] *n* μύτη *(πένας)*.
nibble [`nibl] *vti* ~ **at**, τσιμπώ.
nice [nais] *adj* λεπτός, ωραίος, καλός, ευγενικός || δύσκολος || λεπτολόγος || ~**ty**, λεπτότητα, ακρίβεια, λεπτολογία.
niche [ni:ʃ] *n* κόγχη, γωνιά.
nick [nik] *n* χαρακιά, κοψιά || *vt* κόβω || τσιμπώ, κλέβω || **in the** ~, *sl* στη στενή || **in the** ~ **of time**, στο τσακ || **in good/poor** ~, *sl* σε καλή/κακή κατάσταση.
Nick [nik] *n* Νίκος || **Old N**~, διάβολος.
nickel [`nikl] *n* νικέλιο || *US* πεντάρα.
nickname [`nikneim] *n* παρατσούκλι, υποκοριστικό || *vt* επονομάζω, παρονομάζω.
nicotine [`nikəti:n] *n* νικοτίνη.
niece [ni:s] *n* ανηψιά.

niff [nif] *n sl* μπόχα ‖ **niffy** *adj sl* που μυρίζει άσχημα.

nifty [ˋnifti] *adj sl* φίνος.

niggard [ˋnigəd] *n* τσιγγούνης ‖ ~**ly** *adj* σπαγγοραμμένος.

nigger [ˋnigəʳ] *n* υβριστ. αράπης.

niggle [nigl] *vt* ψιλολογώ.

night [nait] *n* νύχτα ‖ **at/by** ~, [τη] νύχτα ‖ ~**-bird**, νυχτοπούλι, ξενύχτης ‖ ~**cap**, σκούφος ύπνου, ποτό πριν από την κατάκλιση ‖ ~**-dress**, νυχτικό ‖ ~**fall**, σούρουπο ‖ ~**-gown; ~y; ~ie**, νυχτικιά ‖ ~**-light**, βεγιέζα ‖ ~**-long**, ολονύκτιος ‖ ~**ly**, νυχτερινός, κάθε βράδυ/νύχτα ‖ ~**mare**, εφιάλτης ‖ ~**-marish**, εφιαλτικός ‖ ~**-shirt**, νυχτικό (ανδρών) ‖ ~**-time**, σκοτάδι ‖ ~**-watch/~ shift**, νυχτερινή σκοπιά/βάρδια ‖ ~**-watchman**, νυχτοφύλακας.

nightingale [ˋnaitiŋgeil] *n* αηδόνι.

nihilism [ˋnaiilizm] *n* μηδενισμός.

nihilist [ˋnaiilist] *n* μηδενιστής.

nihilistic [ˌnaiiˋlistik] *adj* μηδενιστικός.

nil [nil] *n* μηδέν, τίποτα.

nimble [nimbl] *adj* σβέλτος ‖ εύστροφος.

nimbus [ˋnimbəs] *n* φωτοστέφανος.

nine [nain] *n* εννέα ‖ **dressed up to the** ~**s**, ντυμένος του κουτιού ‖ ~**teen**, δεκαεννέα ‖ ~**teenth**, δέκατος ένατος ‖ ~**ty**, ενενήντα.

ninepins [ˋnainpinz] *n pl* τσούνια.

ninny [ˋnini] *n* κουτορνίθι.

nip [nip] *n* ψύχρα ‖ τσίμπημα ‖ γουλιά ‖ *vti* τσιμπώ, πιάνω, σφίγγω ‖ κόβω ‖ (για παγωνιά, κλπ.) καίω, καταστρέφω ‖ ~**pers** *n pl* τσιμπίδα, λαβή, δαγκάνα ‖ ~**py**, τσουχτερός, σβέλτος.

nipple [nipl] *n* ρώγα (μαστού).

nit [nit] *n* κόνιδα [ψείρας] ‖ ~**wit**, μπούφος.

nitre [ˋnaitəʳ] *n* χημ. νίτρο.

nitric [ˋnaitrik] *adj* νιτρικός.

nitrogen [ˋnaitrədʒən] *n* άζωτο.

no [nou] *adj* κανείς, τίποτα, καθόλου ‖ *adv* **in ~ time**, στο πι και φι ‖ ~ **one**, *pron* κανείς ‖ *adv* όχι, δεν.

nobble [nobl] *vt* βουτώ, σουφρώνω.

nobility [nouˋbiləti] *n* ευγένεια ‖ **the** ~, οι ευγενείς.

noble [noubl] *adj* ευγενής, αριστοκρατικός ‖ ~, ευγενικός, υψηλός.

nobody [ˋnoubədi] *pron* κανείς ‖ **a** ~, ένα μηδενικό, μια νούλα.

nocturnal [nokˋtəːnl] *adj* νυχτερινός.

nod [nod] *n* νόημα, [καταφατικό] νεύμα, κουτούλημα ‖ *vti* γνέφω ‖ κουτουλώ.

noddle [nodl] *n sl* κεφάλι, κούτρα.

node [noud] *n* κόμπος, ρόζος.

noise [noiz] *n* θόρυβος ‖ ~**less**, αθόρυβος.

noisome [ˋnoisəm] *adj* δύσοσμος, βλαβερός.

noisy [ˋnoizi] *adj* θορυβώδης.

nomad [ˋnoumæd] *n* νομάς ‖ ~**ic**, νομαδικός.

nominal [ˋnominl] *adj* ονομαστικός.

nominate [ˋnomineit] *vt* ~ **for**, προτείνω, υποδεικνύω ‖ ~ **to** διορίζω ‖ **nomination**, υπόδειξη, υποψηφιότητα.

nominee [ˌnomiˋniː] *n* υποψήφιος.

non [non] *prefix* α—, αν—, μη ‖ ~**-alignment**, ουδετερότητα ‖ ~**-combatant**, άμαχος ‖ ~**-commissioned officer**, υπαξιωματικός ‖ ~**-committal**, επιφυλακτικός ‖ ~**-essential**, επουσιώδης ‖ ~**-event**, αποτυχία ‖ ~**-intervention**, μη επέμβαση ‖ ~**-observance**, μη τήρηση ‖ ~**-skid**, αντιολισθητικός ‖ ~**-smoker**, μη καπνιστής ‖ ~**-stick**, που δεν κολλάει ‖ ~**-stop**, χωρίς στάση.

nonchalance [ˋnonʃələns] *n* νωχέλεια.

nonchalant [ˋnonʃələnt] *adj* νωχελικός.

nondescript [ˋnondiskript] *adj* δυσπερίγραπτος.

none [nʌn] *pron* κανένας, καθόλου ‖ ~ **but**, μόνο ‖ ~ **the less**, παρ' όλα αυτά ‖ ~ **too**, καθόλου.

nonentity [nonˋentəti] *n* μηδαμινότητα, ασήμαντος άνθρωπος, νούλα.

nonplussed [ˌnonˋplʌst] *adj* αποσβολωμένος, σε αμηχανία, σα χαμένος.

nonsense [ˋnonsəns] *n* ανοησία, κουταμάρα, βλακείες ‖ **talk** ~, λέω ανοησίες.

nonsensical [ˌnonˋsensikl] *adj* ανόητος.

noodles [nuːdlz] *n* λαζάνια.

nook [nuk] *n* γωνιά, άκρη, κόχη.

noon [nuːn] *n* μεσημέρι.

noose [nuːs] *n* θηλειά, βρόχος.

nope [noup] *interj sl* όχι.

nor [noː] *conj* ούτε.

norm [noːm] *n* νόρμα, κανόνας.

normal [ˋnoːməl] *adj* κανονικός ‖ ~**ity** [noːˋmæləti] ομαλότητα ‖ ~**ize**, ομαλοποιώ ‖ ~**ization**, ομαλοποίηση.

Norman [ˋnoːmən] *n* Νορμανδός ‖ *adj* ρωμανικός.

north [noːθ] *n* βορράς ‖ *adj* βόρειος ‖ ~**wards**, προς το βορρά.

northerly [ˋnoːðəli] *adj* βόρειος.

northern [ˋnoːðən] *adj* βορεινός, βόρειος.

Norway [ˋnoːwei] *n* Νορβηγία.

Norwegian [noːˋwiːdʒən] *n* Νορβηγός ‖ *adj* νορβηγικός.

nose [nouz] *n* μύτη ‖ *vt* ~ **one's way**, προχωρώ προσεχτικά ‖ ~ **out**, ξετρυπώνω ‖ **blow one's** ~, φυσώ τη μύτη μου ‖ **bite sb's** ~ **off**, αποπαίρνω κπ ‖ **pay through the** ~, πληρώνω ακριβά ‖ ~**bag**, ντορβάς ‖ ~**bleed**, αιμορραγία

της μύτης ǁ ~**dive**, [κάνω] κάθετη εφόρμηση ǁ ~**gay**, μπουκέτο ǁ ~**ring**, μυταριά ǁ ~**y**, περίεργος, αδιάκριτος.
nosh [noʃ] *n sl* μάσα, φαΐ ǁ ~-**up**, τσιμπούσι.
nostalgia [noˈstældʒə] *n* νοσταλγία.
nostalgic [noˈstældʒik] *adj* νοσταλγικός.
nostril [ˈnostrəl] *n* ρουθούνι.
nostrum [ˈnostrəm] *n* πανάκεια.
not [not] *adv* δεν, όχι.
notable [ˈnoutəbl] *adj* αξιόλογος, αξιοσημείωτος ǁ *n* πρόκριτος.
notary [ˈnoutəri] *n* συμβολαιογράφος.
notation [nouˈteiʃn] *n* σημειογραφία ǁ μουσ. παρασημαντική.
notch [notʃ] *n* εγκοπή, χαρακιά ǁ *vt* χαράζω ǁ ~ **up**, σημειώνω.
note [nout] *n* σημείωση ǁ σχόλιο ǁ σημείωμα ǁ γραμμάτιο ǁ νότα, τόνος ǁ διάκριση, φήμη ǁ προσοχή ǁ *vt* σημειώνω ǁ προσέχω, παρατηρώ ǁ ~**worthy**, αξιοσημείωτος.
nothing [ˈnʌθiŋ] *pron* τίποτα ǁ for ~, τζάμπα ǁ ~ *doing!* δε γίνεται τίποτα ǁ ~**ness**, ανυπαρξία.
notice [ˈnoutis] *n* αγγελία, ανακοίνωση ǁ προσοχή, αντίληψη, σημασία ǁ προθεσμία, [προ]ειδοποίηση ǁ *vt* προσέχω, αντιλαμβάνομαι, παρατηρώ ǁ *give sb* ~, ειδοποιώ κπ *(ότι απολύεται ή ότι παραιτούμαι)* ǁ ~**able**, αξιοπρόσεκτος, αισθητός, καταφανής.
notify [ˈnoutifai] *vt* ειδοποιώ, αναγγέλω, δηλώνω ǁ **notification**, ειδοποίηση, [αν]αγγελία, δήλωση.
notion [ˈnouʃn] *n* ιδέα, έννοια, αντίληψη.
notorious [nouˈtoːriəs] *adj* περιβόητος.
notoriety [ˌnoutəˈraiəti] *n* διασημότητα.
notwithstanding [ˌnotwiðˈstændiŋ] *prep* παρά ǁ *adv* παρ' όλα αυτά ǁ *conj* μολονότι, καίτοι.
nougat [ˈnuːgaː] *n* μαντολάτο.
nought [noːt] *n* μηδέν, τίποτα.
noun [naun] *n* όνομα, ουσιαστικό.
nourish [ˈnʌriʃ] *vt* τρέφω ǁ ~**ment**, τροφή, θρέψη.
novel [novl] *n* μυθιστόρημα ǁ *adj* νέος, καινοφανής ǁ ~**ist**, μυθιστοριογράφος ǁ ~**ty**, καινοτομία, νεωτερισμός.
November [nouˈvembəʳ] *n* Νοέμβριος.
novice [ˈnovis] *n* αρχάριος, πρωτάρης, μαθητευόμενος ǁ δόκιμος μοναχός.
now [nau] *adv* τώρα ǁ όμως, λοιπόν, έλα ǁ *conj* τώρα που ǁ ~ *and again*, πότε-πότε, κάθε τόσο ǁ ~...~, πότε... πότε ǁ *from* ~ *on[wards]*, από δω και πέρα, από τώρα και στο εξής ǁ

~**adays**, στην εποχή μας.
nowhere [ˈnouweəʳ] *adv* πουθενά.
noxious [ˈnokʃəs] *adj* επιβλαβής.
nozzle [nozl] *n* μπεκ.
nuance [ˈnjuːəns] *n* απόχρωση, τόνος.
nub [nʌb] *n* γρομπαλάκι.
nuclear [ˈnjuːkliəʳ] *adj* πυρηνικός.
nucleus [ˈnjuːkliəs] *n* πυρήνας.
nude [njuːd] *n* γυμνό ǁ *adj* γυμνός ǁ **nudism**, γυμνισμός ǁ **nudist**, γυμνιστής ǁ **nudity**, γύμνια.
nudge [nʌdʒ] *n* σκουντιά ǁ *vt* σκουντώ.
nuisance [ˈnjuːsəns] *n* μπελάς, φασαρία.
null [nʌl] *adj* άκυρος ǁ ~**ify**, ακυρώνω ǁ ~**ification**, ακύρωση ǁ ~**ity**, ακυρότητα.
numb [nʌm] *adj* μουδιασμένος ǁ *vi* μουδιάζω, παραλύω ǁ ~**ness**, μούδιασμα.
number [ˈnʌmbəʳ] *n* αριθμός ǁ *πληθ.* αριθμητική ǁ τεύχος ǁ συντροφιά, παρέα ǁ *vt* αριθμώ ǁ ανέρχομαι, συμποσούμαι ǁ ~ *among*, συγκαταλέγω ǁ ~**less**, αναρίθμητος.
numeral [ˈnjuːmərəl] *n* αριθμός ǁ *adj* αριθμητικός.
numerical [njuːˈmerikl] *adj* αριθμητικός.
numerous [ˈnjuːmərəs] *adj* πολυάριθμος.
numskull [ˈnʌmskʌl] *n* μπουμπούνας.
nun [nʌn] *n* καλογριά ǁ ~**nery**, γυναικείο μοναστήρι.
nuptial [ˈnʌpʃl] *adj* γαμήλιος ǁ ~**s** *n pl* γάμος.
nurse [nəːs] *n* νοσοκόμα ǁ ~**[maid]**, νταντά ǁ **[wet-]**~, τροφός, παραμάνα ǁ *vt* νοσηλεύω, περιποιούμαι *(άρρωστο)*, περιθάλπω ǁ θηλάζω, γαλουχώ, ντατεύω ǁ προσέχω, περιποιούμαι, φροντίζω ǁ *μτφ.* τρέφω ǁ ~ *a cold*, γιατρεύω κρυολόγημα ǁ **nursing home**, ιδιωτική κλινική.
nursery [ˈnəːsəri] *n* δωμάτιο των παιδιών ǁ φυτώριο ǁ ~ *school*, νηπιαγωγείο ǁ *day* ~, βρεφικός σταθμός.
nurture [ˈnəːtʃəʳ] *n* ανατροφή, καλλιέργεια ǁ ανατρέφω, καλλιεργώ.
nut [nʌt] *n* καρύδι ǁ παξιμάδι *(βίδας)* ǁ *sl* κεφάλι ǁ *be* ~**s** *about sth*, κάνω σαν τρελλός για κτ ǁ ~**crackers** *n pl* καρυοθραύστης ǁ ~**meg**, μοσχοκάρυδο ǁ ~**ty**, *sl* παλαβός.
nutrition [njuːˈtriʃn] *n* θρέψη, διατροφή.
nuzzle [nʌzl] *vti* χώνω/τρίβω τη μούρη μου.
nymph [nimf] *n* νύμφη, νεράιδα ǁ ~**et**, νυμφίδιο ǁ ~**omania** [ˌnimfəˈmeiniə] νυμφομανία ǁ ~**omaniac**, νυμφομανής.

O o

oaf [ouf] *n* μπουνταλάς ‖ ~**ish**, μπουνταλάδικος.

oak [ouk] *n* δρυς, βαλανιδιά ‖ ~**[en]**, δρύινος.

oakum [`oukəm] *n* στουπί.

oar [o:ʳ] *n* κουπί ‖ ~**sman**, κωπηλάτης ‖ ~**smanship**, κωπηλασία.

oasis [ou`eisis] *n* όαση.

oats [outs] *n pl* βρώμη ‖ **feel one's ~**, νιώθω ζωηρός ‖ **sow one's wild ~**, κάνω νεανικές τρέλλες.

oath [ouθ] *n* όρκος ‖ βλαστήμια ‖ **on ~**, ενόρκως ‖ **on my ~!** να μη σώσω! ‖ **put sb under ~**, νομ. επάγω όρκο σε κπ ‖ **swear on ~**, ορκίζομαι.

obedience [ə`bi:diəns] *n* υπακοή.

obedient [ə`bi:diənt] *adj* υπάκουος.

obeisance [ou`beisns] *n* βαθιά υπόκλιση.

obelisk [`obəlisk] *n* οβελίσκος.

obese [ou`bi:s] *adj* παχύσαρκος.

obey [ə`bei] *vti* υπακούω.

obituary [ə`bitjuəri] *n* νεκρολογία.

¹**object** [`objikt] *n* αντικείμενο ‖ πράγμα ‖ στόχος, σκοπός.

²**object** [əb`dʒekt] *vti* αντιτίθεμαι, έχω αντιρρήσεις, διαμαρτύρομαι ‖ παρατηρώ, αντιτάσσω ‖ ~**ion**, αντίρρηση, ένσταση ‖ ~**ionable**, αποδοκιμαστέος, δυσάρεστος, ενοχλητικός ‖ ~**ive**, αντικειμενικός στόχος ‖ ~**ivity**, αντικειμενικότητα ‖ ~**or**, αντιρρησίας.

obligated [`obligeitid] *adj* υποχρεωμένος.

obligation [,obli`geiʃn] *adj* υποχρέωση.

obligatory [ə`bligətri] *adj* υποχρεωτικός.

oblige [ə`blaidʒ] *vt* υποχρεώνω ‖ εξυπηρετώ ‖ **obliging** *adj* πρόθυμος, εξυπηρετικός.

oblique [ə`bli:k] *adj* πλάγιος.

obliterate [ə`blitəreit] *vt* σβήνω, εξαλείφω ‖ **obliteration**, εξάλειψη.

oblivion [ə`bliviən] *n* λήθη, λησμονιά.

oblivious [ə`bliviəs] *adj* επιλήσμων.

oblong [`obloŋ] *adj* επιμήκης, στενόμακρος.

obnoxious [əb`nokʃəs] *adj* απεχθής, δυσάρεστος, αποκρουστικός.

oboe [`oubou] *n* όμποε.

obscene [əb`si:n] *adj* αισχρός, ανήθικος.

obscenity [ə`bsenəti] *n* αισχρότητα, αισχρολογία.

obscurantism [,obskjuə`ræntizm] *n* σκοταδισμός ‖ **obscurantist**, σκοταδιστής, σκοταδιστικός.

obscure [əb`skjuəʳ] *adj* σκοτεινός, δυσ-

νόητος ‖ ταπεινός, άσημος ‖ *vt* συσκοτίζω.

obscurity [əb`skjuərəti] *n* σκοτάδι, αφάνεια.

obsequious [əb`si:kwiəs] *adj* δουλοπρεπής ‖ ~**ness**, δουλοπρέπεια.

observable [əb`zə:vəbl] *adj* τηρητέος, αισθητός, αξιοπρόσεχτος.

observance [əb`zə:vəns] *n* τήρηση, τύπος.

observant [əb`zə:vənt] *adj* παρατηρητικός ‖ τηρητής.

observation [,obzə`veiʃn] *n* παρατήρηση ‖ σχόλιο ‖ παρατηρητικότητα ‖ **be under ~**, είμαι υπό παρακολούθηση ‖ ~ **post**, παρατηρητήριο.

observatory [əb`zə:vətri] *n* αστεροσκοπείο.

observe [əb`zə:v] *vt* παρατηρώ ‖ τηρώ ‖ ~**r**, παρατηρητής, τηρητής.

obsess [əb`ses] *vt* κατατρύχω, βασανίζω (με. έμμονη ιδέα) ‖ ~**ion**, έμμονη ιδέα, πάθος ‖ ~**ive**, έμμονος, καταθλιπτικός.

obsolescent [,obsə`lesnt] *adj* σε αχρησία, πεπαλαιωμένος.

obsolete [`obsəli:t] *adj* απαρχαιωμένος.

obstacle [`obstəkl] *n* εμπόδιο.

obstetric [əb`stetrik] *adj* μαιευτικός ‖ ~**s**, μαιευτική ‖ ~**ian**, μαιευτήρας.

obstinacy [`obstinəsi] *n* ισχυρογνωμοσύνη, ξεροκεφαλιά.

obstinate [`obstinət] *adj* ισχυρογνώμων, πεισματάρης, ξεροκέφαλος.

obstreperous [əb`strepərəs] *adj* ατίθασος, θορυβώδης, φασαρίας.

obstruct [əb`strʌkt] *vt* φράσσω, κλείνω, εμποδίζω ‖ παρακωλύω ‖ ~**ion**, εμπόδιο, κωλυσιεργία, παρεμπόδιση ‖ ~**ionism**, συστηματική κωλυσιεργία ‖ ~**ive**, παρελκυστικός, κωλυσιεργός.

obtain [əb`tein] *vti* λαμβάνω, αποκτώ, εξασφαλίζω ‖ ~**able**, αποκτήσιμος.

obtrude [əb`tru:d] *vt* επιβάλλω με το ζόρι την παρουσία μου.

obtrusive [əb`trusiv] *adj* φορτικός.

obtuse [əb`tju:s] *adj* αμβλύς, στομωμένος ‖ αργόνους ‖ ~**ness**, αμβλύτητα, αμβλύνοια.

obvious [`obviəs] *adj* φανερός, πρόδηλος.

occasion [ə`keiʒn] *n* περίπτωση, περίσταση ‖ ευκαιρία ‖ λόγος, αιτία αφορμή ‖ *vt* προξενώ, γίνομαι αιτία, προκαλώ ‖ ~**al**, τυχαίος, σποραδικός ‖ ~**ally**, πότε-πότε.

occident [`oksidənt] *n* Δύση ‖ ~**al**

[ˌoksiˈdentl] *adj* δυτικός.

occult [oˈkʌlt] *adj* απόκρυφος.

occupancy [ˈokjupənsi] *n* νομή, κατοχή.

occupant [ˈokjupənt] *n* νομέας, κάτοχος, ένοικος.

occupation [ˌokjuˈpeiʃn] *n* κατοχή || κατάληψη || απασχόληση, ασχολία, επάγγελμα || ~**al**, επαγγελματικός || ~**al hazard/therapy**, επαγγελματικός κίνδυνος / εργασιοθεραπεία.

occupy [ˈokjupai] *vt* [κατ]έχω, κατοικώ || καταλαμβάνω, κατακτώ || απασχολώ.

occur [əˈkəːʳ] *vi* λαμβάνω χώραν, συμβαίνω || απαντώμαι, βρίσκομαι || ~**to**, έρχομαι στο νου || ~**rence**, συμβάν, γεγονός || ύπαρξη, εμφάνιση.

ocean [ˈouʃn] *n* ωκεανός || ~**ic** [ˌousiˈænik] *adj* ωκεάνιος.

ochre [ˈoukəʳ] *n* ώχρα.

o'clock [əˈklok] *adv* η ώρα.

octane [ˈoktein] *n* οκτάνιο.

octave [ˈoktiv] *n* οκτάβα.

October [əˈktoubəʳ] *n* Οκτώβριος.

octogenerian [ˌoktədʒiˈneəriən] *n* ογδοντάχρονος.

octopus [ˈoktəpəs] *n* χταπόδι.

ocular [ˈokjuləʳ] *adj* οφθαλμικός.

oculist [ˈokjulist] *n* οφθαλμίατρος.

odalisque [ˈoudəlisk] *n* οδαλίσκη.

odd [od] *adj* (για αριθμό) μονός, περιττός || (για πράγμα από ζευγάρι ή σειρά) παράταιρος, μοναχός || (με αριθμό) και κάτι || (για δουλειά) ακανόνιστος, άτακτος, σποραδικός || παράξενος, εκκεντρικός, ιδιόρρυθμος || ~**ity**, παραξενιά, ιδιορρυθμία, εκκεντρικότητα || ~**ment**, απομεινάρι, ρετάλι.

odds [odz] *n pl* ανισότητα || διαφορά || πιθανότητες || ~ **and ends**, μικροπράγματα, απομεινάρια || **be at** ~ **[with sb]**, διαφωνώ.

ode [oud] *n* ωδή.

odious [ˈoudiəs] *adj* απεχθής, μισητός.

odium [ˈoudiəm] *n* μίσος, απέχθεια, στίγμα.

odour [ˈoudəʳ] *n* οσμή, μυρουδιά || ~**less**, άοσμος.

of [ov, əv] *prep* (για το σχηματισμό της γενικής) του, της || για, από, περί.

off [of] *prep* [μακριά) από || *adv* (διακόπτης) κλειστός, (τροφή) μπαγιάτικος, (απεργία) τερματισμένος, (άνθρ.) φευγάτος, (για απόσταση) απομακρυσμένος.

offal [ˈofəl] *n* εντόσθια.

off-beat [ˌofˈbiːt] *adj* ανορθόδοξος, έξαλλος.

offence [əˈfens] *n* παράβαση, παράπτωμα || προσβολή || ενόχληση || επίθεση || **cause/give** ~, προσβάλλω, θίγω ||

take ~ **at sth**, θίγομαι, προσβάλλομαι από κτ.

offend [əˈfend] *vti* προσβάλλω, θίγω || ενοχλώ || ~ **against**, παραβαίνω || ~**er**, παραβάτης.

offensive [əˈfensive] *adj* προσβλητικός, υβριστικός || ενοχλητικός || επιθετικός || *n* επίθεση || **go into/take the** ~, περνώ στην επίθεση.

offer [ˈofəʳ] *n* προσφορά, πρόταση || *vti* προσφέρω / -ομαι || προβάλλω, επιχειρώ, κάνω || παρέχω, παρουσιάζω / -ομαι, προσφέρομαι || ~**ing** *n* προσφορά, αφιέρωμα.

off-hand [ˌofˈhænd] *adj* αυτοσχέδιος, πρόχειρος || απότομος, κοφτός || *adv* εκ του προχείρου || ~**ed**, απότομος || ~**edly**, απότομα.

office [ˈofis] *n* γραφείο || υπουργείο || εξουσία, αρχή || αξίωμα, θέση || καθήκοντα || *πληθ.* υπηρεσίες, βοήθεια || λειτουργία, ακολουθία || **come into** ~, αναλαμβάνω την αρχή || ~**-block**, μέγαρο με γραφεία || ~**-boy**, κλητήρας γραφείου || ~ **holder/bearer**, αξιωματούχος || ~**r**, αξιωματικός, υπάλληλος, αστυφύλακας.

official [əˈfiʃl] *n* υπάλληλος || *adj* επίσημος || ~**dom**, υπαλληλοκρατία, οι υπάλληλοι || ~**ese**, υπηρεσιακή φρασεολογία, γλώσσα της γραφειοκρατίας.

officiate [əˈfiʃieit] *vi* ιερουργώ || εκτελώ χρέη.

officious [əˈfiʃəs] *adj* (για υπάλ.) αυταρχικός, που επιδεικνύει υπερβολικό ζήλο.

offing [ˈofiŋ] στη *φρ.* **in the** ~, (για πλοίο) εν όψει, *μτφ.* εν τη γενέσει.

offprint [ˈofprint] *n* ανάτυπο.

off-putting [ˌofˈputiŋ] *adj* απωθητικός.

offset [ˈofset] *n* όφσετ || *vt* αντισταθμίζω.

offshoot [ˈofʃuːt] *n* παρακλάδι, βλαστός.

offshore [ˌofˈʃoːʳ] *adj* παράκτιος, απόγειος.

offside [ofˈsaid] *adj* ποδοσφ. οφσάιντ.

offspring [ˈofspriŋ] *n* απόγονος, βλαστός || απόγονοι.

off-stage [ˌofˈsteidʒ] *adj, adv* στα παρασκήνια.

off-white [ˌofˈwait] *adj* ξεθωριασμένος.

often [ˈofn] *adv* συχνά || **as** ~ **as**, κάθε φορά που || **as** ~ **as not; more** ~ **than not**, συχνότατα, τις περισσότερες φορές || **every so** ~, κάθε τόσο || **how** ~, κάθε πόσο.

ogle [ougl] *vi* γλυκοκοιτάζω.

ogre [ˈougəʳ] *n* δράκος.

ogress [ˈougres] *n* δράκαινα.

oil [oil] *n* λάδι || πετρέλαιο || *vt*

λαδώνω ‖ ~ **sb's palm**, λαδώνω / δωροδοκώ κπ ‖ λαδικό, λαδωτήρι ‖ ~**cloth**, μουσαμάς ‖ ~**-colours / paint(s)** λαδομπογιές ‖ ~**field**, πετρελαιοπηγή ‖ ~**-lamp**, λυχνάρι, λάμπα πετρελαίου ‖ ~**-painting**, ελαιογραφία ‖ ~**-paper**, λαδόχαρτο ‖ ~**-press**, λιοτρίβι ‖ ~**-tanker**, δεξαμενόπλοιο ‖ ~**well**, φρέαρ πετρελαίου ‖ ~**y**, λαδερός, λιπαρός, λαδωμένος, μτφ. γλυκανάλατος, γλοιώδης.

ointment [`ointmənt] *n* αλοιφή.

OK, okay [‚ou`kei] *adv* εντάξει ‖ *n* έγκριση ‖ *vt* εγκρίνω.

okra [`oukrə] *n* μπάμιες.

old [ould] *adj* ηλικίας ‖ μεγάλος, ηλικιωμένος ‖ παλιός ‖ παλαιός, μακροχρόνιος ‖ έμπειρος ‖ **how ~ are you?** πόσων χρονών είσαι; ‖ ~ **age**, γηρατειά ‖ ~**-fashioned**, ντεμοντέ ‖ ~**-fogey**, οπισθοδρομικός γέρος, γερο-τρακατρούκας ‖ ~**-time**, του παλιού καιρού ‖ **the ~**, οι γέροι.

oleander [`ouli`ændə^r] *n* ροδοδάφνη.

oligarchy [`oliga:ki] *n* ολιγαρχία.

olive [`oliv] *n* ελιά ‖ ~ **oil**, ελαιόλαδο.

Olympiad [ə`limpiæd] *n* Ολυμπιάδα.

Olympic [ə`limpik] *adj* ολυμπιακός ‖ **the O~ Games**, Ολυμπιακοί αγώνες.

omelet[te] [`omlət] *n* ομελέττα.

omen [`oumən] *n* οιωνός.

ominous [`ominəs] *adj* δυσοίωνος.

omission [ə`miʃn] *n* παράλειψη.

omit [ə`mit] *vt* παραλείπω.

omnipotence [om`nipətəns] *n* παντοδυναμία ‖ **omnipotent**, παντοδύναμος.

omniscient [om`nisiənt] *adj* πάνσοφος.

omnivorous [om`nivərəs] *adj* παμφάγος.

on [on] *prep* [πάνω] εις, περί, κατά ‖ *adv* εμπρός, συνέχεια, (ρούχο) φορεμένο, (φως) αναμμένο ‖ **and so ~**, και ούτω καθεξής ‖ ~ **and ~**, συνέχεια ‖ **what's ~?** (για TV, σινεμά, θέατρο) τι παίζει; ‖ **have sth on**, έχω κανονίσει / προγραμματίσει.

once [wʌns] *adv* άπαξ, μια φορά ‖ *conj* άπαξ και, ευθύς ως ‖ ~ **more**, άλλη μια φορά ‖ ~ **and again**, πότε-πότε ‖ ~ **upon a time**, μια φορά κι έναν καιρό ‖ **at ~**, αμέσως ‖ **all at ~**, όλοι μαζί, εντελώς ξαφνικά ‖ **for ~**, κατ' εξαίρεση.

oncoming [`onkʌmiŋ] *adj* επερχόμενος.

one [wʌn] *adj, pron* ένας, μία, ένα ‖ ~ **another**, ο ένας τον άλλον ‖ ~ **and only**, μοναδικός ‖ ~ **and the same**, ίδιος ακριβώς ‖ ~ **and all**, οι πάντες ‖ ~ **by** ~, ένας-ένας ‖ ~ **or two**, κάνα δυο ‖ **be at ~ with sb**, συμφωνώ με κπ ‖ **it's all ~ to me/him, etc.**, το

ίδιο μου / του κάνει ‖ **this / that** ~, αυτό εδώ / εκεί ‖ ~**-armed**, μονόχειρας ‖ ~**-eyed**, μονόφθαλμος ‖ ~**self**, ο ίδιος ‖ ~**-sided**, μονόπλευρος ‖ ~**-time**, τέως, πρώην ‖ ~**-track**, μονοκόμματος ‖ ~**-way**, μονόδρομος.

onion [`ʌniən] *n* κρεμμύδι.

onlooker [`onlukə^r] *n* θεατής.

only [`ounli] *adj* μοναδικός ‖ *adv, conj* μόνον.

onrush [`onrʌʃ] *n* εισροή, εφόρμηση.

onset [`onset] *n* επίθεση, έφοδος.

onslaught [`onslo:t] *n* βίαιη επίθεση.

onto [`ontu:, `ontə] *prep* πάνω εις.

onus [`ounəs] *n* νομ. βάρος (αποδείξεως).

onward [`onwəd] *adj & adv* προς τα μπρος.

ooze [u:z] *vti* στάζω, διαρρέω.

opacity [ou`pæsəti] *n* αδιαφάνεια.

opal [`oupl] *n* οπάλι.

opaque [ou`peik] *adj* αδιαφανής, θαμπός.

open [`oupən] *adj* ανοιχτός ‖ *vti* ανοίγω ‖ ~ **[up]**, αρχίζω ‖ ~ ξανοίγω / -ομαι, απλώνομαι ‖ ~ **into / on to**, (για δωμάτια) συγκοινωνώ ‖ **in the ~ air**, στο ύπαιθρο ‖ **an ~ secret**, κοινό μυστικός ‖ **be ~ to sth**, είμαι εκτεθειμένος εις ‖ **come out into the ~**, εκδηλώνομαι δημόσια ‖ **lay oneself ~ to**, εκτίθεμαι εις ‖ **an ~ city**, ανοχύρωτη πόλη ‖ ~**-air**, υπαίθριος ‖ ~**er**, ανοιχτήρι ‖ ~**-faced**, ειλικρινής ‖ ~**-handed**, ανοιχτοχέρης ‖ ~**-minded**, ανοιχτόμυαλος ‖ ~**-mouthed**, με ανοιχτό στόμα.

opening [`oupəniŋ] *n* άνοιγμα, τρύπα ‖ άνοιγμα (η διαδικασία) ‖ έναρξη, αρχή ‖ ευκαιρία, κενή θέση ‖ εναρκτήριος.

opera [`oprə] *n* όπερα ‖ ~**-house**, λυρική σκηνή, όπερα ‖ ~**-tic** [ˌopə`rætik] *adj* οπερατικός, μελοδραματικός.

operate [`opəreit] *vti* χειρίζομαι ‖ κινώ ‖ λειτουργώ ‖ ισχύω ‖ στρατ. κάνω επιχειρήσεις, χρημ.ατ. κάνω πράξεις ‖ ~ **[on sb]**, εγχειρίζω κπ ‖ **operating table / theatre**, χειρουργείο.

operation [ˌopə`reiʃn] *n* λειτουργία, εργασία, ισχύς ‖ επιχείρηση ‖ εγχείρηση ‖ χειρισμός ‖ μαθημ. πράξη ‖ **be in ~**, λειτουργώ, ισχύω ‖ **bring sth / come into ~**, θέτω κτ / τίθεμαι σε λειτουργία ή ισχύ ‖ ~**al**, λειτουργικός, έτοιμος προς χρήση.

operative [`opərətiv] *n* εργάτης, τεχνίτης ‖ *adj* χειρουργικός ‖ ουσιώδης ‖ **become ~**, αρχίζω να λειτουργώ, (νόμος) αρχίζω να ισχύω.

operator [`opəreitə^r] *n* χειριστής, τηλεφωνητής ‖ καταφερτζής.

operetta [ˌopə`retə] *n* οπερέττα.

opiate [`oupiət] n υπνωτικό, ναρκωτικό.

opinion [ə`piniən] n γνώμη, άποψη || in one's ~, κατά τη γνώμη μου || public ~, κοινή γνώμη || ~ated, πείσμονας, φανατισμένος, αδιάλλακτος.

opium [`oupiəm] n όπιο || ~-den, τεκές.

opponent [ə`pounənt] n αντίπαλος.

opportune [`ɔpətju:n] adj (χρόνος) εύθετος, κατάλληλος, (πράξη) επίκαιρος.

opportunism [.ɔpə`tju:nizəm] n οππορτουνισμός || opportunist, οππορτουνιστής.

opportunity [.ɔpə`tju:nəti] n ευκαιρία.

oppose [ə`pouz] vt αντιτίθεμαι, καταπολεμώ || αντιτάσσω, προβάλλω.

opposite [`ɔpəzit] adj αντικρυνός, απέναντι || αντίθετος || αντίστοιχος || n το αντίθετο || one's ~ number, ο ομόλογός μου.

opposition [.ɔpə`ziʃn] n αντίθεση || αντιπολίτευση || αντίσταση, αντίδραση.

oppress [ə`pres] vt καταπιέζω || καταθλίβω, βασανίζω || ~ion, καταπίεση, κατάθλιψη || ~ive, καταπιεστικός, καταθλιπτικός || ~or, καταπιεστής, τύραννος.

opt [ɔpt] vi ~ for sth, επιλέγω κτ, κάνω την εκλογή μου || ~ out, εξέρχομαι οικειοθελώς || ~ative, ευκτική.

optic[al] [`ɔptik(l)] adj οπτικός.

optician [ɔp`tiʃn] n οπτικός (ο έμπορος).

optimism [`ɔptimizəm] n αισιοδοξία.

optimist [`ɔptimist] n αισιόδοξος || ~ic, adj αισιόδοξος.

optimum [`ɔptiməm] n το βέλτιστο || adj ο καλύτερος, ο πιο ευνοϊκός.

option [`ɔpʃn] n εκλογή, επιλογή, ευχέρεια || εμπ. οψιόν, δικαίωμα επιλογής || ~al, προαιρετικός.

opulence [`ɔpjuləns] n χλιδή, πλούτος.

opus [`oupəs] n έργο.

or [ɔ:ʳ] conj ή || (με άρνηση) ούτε || ~ else, ειδάλλως, αλλοιώτικα || ~ so, περίπου || either...~, ή...ή || whether... ~, είτε...είτε.

oracle [`ɔrəkl] n μαντείο || χρησμός.

oracular [ə`rækjuləʳ] adj μαντικός, γριφώδης.

oral [ɔ:rəl] adj προφορικός || n προφορική εξέταση.

orange [`ɔrindʒ] n πορτοκάλι.

orangeade [`ɔrindʒeid] n πορτοκαλάδα.

orang-outang [ɔ:`ræŋ u:`tæŋ] n ουραγκουτάγκος.

oration [ə`reiʃn] n αγόρευση, δημιουργία.

orator [`ɔrətəʳ] n ρήτορας || ~y, ρητορική.

orb [ɔ:b] n σφαίρα, υδρόγειος.

orbit [`ɔ:bit] n τροχιά || ~al, τροχιακός.

orchard [`ɔ:tʃəd] n περιβόλι [με δέντρα].

orchestra [`ɔ:kistrə] n ορχήστρα.

orchestrate [`ɔ:kistreit] vt ενορχηστρώνω || orchestration, ενορχήστρωση.

orchid [`ɔ:kid] n ορχεοειδές.

ordain [ɔ:`dein] vt χειροτονώ || επιτάσσω.

ordeal [ɔ:`di:l] n δοκιμασία.

order [`ɔ:dəʳ] n τάξη || σειρά || (βουλή) κανονισμός || εντολή, διαταγή || εντολή, επιταγή || παραγγελία || [θρησκευτικό ή τιμητικό] τάγμα, παράσημο || αρχιτ. ρυθμός || βιολ. κατηγορία || μτφ. επίπεδο || στρατ. παράταξη || πληθ. ιερωσύνη || vt διατάσσω, παραγγέλω || ρυθμίζω, τακτοποιώ || in ~, εντάξει, σε λειτουργία || out of ~, χαλασμένος || call sb to ~, ανακαλώ κπ στην τάξη || in close/open '~, στρατ. σε πυκνή/αραιά τάξη || ~ of the day, ημερήσια διάταξη || by ~ of, κατ' εντολή του || be under sb's ~s, είμαι κάτω από τις διαταγές κάποιου || place an ~, κάνω μια παραγγελία || made to ~, επί παραγγελία || a large/tall ~, ζόρικη παραγγελία/δουλειά || postal ~, ταχυδρομική επιταγή || in ~ to/that, με το σκοπό να, για να || be in / take ~s, είμαι/γίνομαι ιερωμένος.

orderly [`ɔ:dəli] n ορντινάτσα || adj συγυρισμένος || τακτικός, μεθοδικός, πειθαρχικός || στρατ. της υπηρεσίας.

ordinal [`ɔ:dinl] n, adj τακτικός [αριθμός].

ordinance [`ɔ:dnəns] n διάταξη, διάταγμα.

ordinary [`ɔ:dnəri] adj συνηθισμένος, κανονικός, κοινός || out of the ~, εξαιρετικός.

ordination [.ɔ:di`neiʃn] n χειροτονία.

ordnance [`ɔ:dnəns] n υλικό πολέμου.

ordure [`ɔ:djuəʳ] n ακαθαρσία.

ore [ɔ:ʳ] n μετάλλευμα.

organ [`ɔ:gən] n όργανο || αρμόνιο || ~ic, οργανικός || ~ism, οργανισμός || ~ization, οργάνωση || ~ize, οργανώνω || ~izer, οργανωτής.

orgasm [`ɔ:gæzm] n οργασμός.

orgiastic [.ɔ:dʒi`æstik] adj οργιαστικός.

orgy [`ɔ:dʒi] n όργιο.

orient [`ɔ:riənt] n Ανατολή || ~al, ανατολικός, Ανατολίτης.

orientate [`ɔ:riənteit] vt προσανατολίζω || orientation, προσανατολισμός.

orifice [`ɔrəfis] n τρύπα, στόμιο.

origin [`ɔrədʒin] n αρχή, καταγωγή, προέλευση || ~al, αρχικός, πρωτότυπος, (άνθρ.) ιδιόρρυθμος || ~ality, πρωτοτυπία || ~ate, προέρχομαι, κατάγομαι, δημιουργώ, επινοώ || ~ator, δημιουργός, εφευρέτης.

ornament [`ɔ:nəmənt] n κόσμημα, στολίδι || vt στολίζω || ~al, διακοσμητικός

|| ~**ation**, διακόσμηση, στόλισμα.

ornate [o:`neit] adj πολυστόλιστος.

ornithology [.o:ni`θolədʒi] n ορνιθολογία || **ornithologist**, ορνιθολόγος.

orphan [`o:fən] n, adj ορφανός || vt ορφανεύω || ~**age**, ορφανοτροφείο.

orthodox [`o:θədoks] adj ορθόδοξος || ~**y**, ορθοδοξία.

orthography [o:`θogrəfi] n ορθογραφία.

orthopaedic [.o:θə`pi:dik] adj ορθοπεδικός || ~**s**, ορθοπεδική.

oscillate [`osileit] vti ταλαντεύω / -ομαι || **oscillation**, ταλάντευση, ταλάντωση.

oscillograph [ə`siləgra:f] n ταλαντογράφος, παλμογράφος || **oscilloscope**, ταλαντοσκόπιο, παλμοσκόπιο.

osier [`ouziə'] n λυγαριά.

osseous [`osiəs] adj οστεώδης.

ossified [`osifaid] adj απολιθωμένος, αποστεωμένος.

ostensible [o`stensəbl] adj φαινομενικός, δήθεν || **ostensibly**, δήθεν.

ostentation [.ostən`teiʃən] n επίδειξη, φιγούρα.

ostentatious [.ostən`teiʃəs] adj φανταχτερός, επιδεικτικός.

osteopath [`ostiopæθ] n χειροπράκτωρ || ~**y** [.osti`opəθi] χειροπραξία, μάλαξη.

ostracize [`ostrəsaiz] vt εξοστρακίζω.

ostracism [`ostrəsizm] n εξοστρακισμός.

ostrich [`ostritʃ] n στρουθοκάμηλος.

other [`ʌðə'] adj, pron άλλος || **every ~ day**, μέρα παρά μέρα || **the ~ day**, τις προάλλες || **each ~**, ο ένας τον άλλον, αλλήλους || ~**wise**, διαφορετικά, αλλοιώτικα, κατά τα άλλα.

otter [`otə'] n νερόκυλο || λουτρ.

ouch [auts] επιφ. πόνου ώχ!

ought [o:t] special verb οφείλω, πρέπει.

ounce [auns] n ουγγιά.

our [ouə'] adj μας || ~**s**, δικό μας || ~**selves**, εμείς οι ίδιοι.

oust [aust] vt διώχνω, εκδιώκω (ιδ. από την αρχή).

out [aut] adv έξω || ~ **with it!** εμπρός, πέσ' το! || ~ **and away**, ασυζητητί, ασύγκριτα || ~ **of**, [έξω] από || ~ **and ~**, τέλειος, τελείως || **all ~**, ανώτατος, μ' όλη τη δύναμη || **be ~**, λείπω, απεργώ, είμαι ντεμοντέ || **be ~ and about**, είμαι καλά / στο πόδι || **be ~ for**, ενδιαφέρομαι για, επιδιώκω || **be ~ lo**, προσπαθώ, το'χω σκοπό να || **the inns and ~s**, τα μέσα και τα έξω, όλα τα καθέκαστα || ~**balance**, βαρύνω περισσότερο, υπερέχω || ~**bid**, πλειοδοτώ || ~**board**, εξωλέμβιος || ~**bound**, αποπλέων || ~**brave**, αψηφώ || ~**break**, ξέσπασμα || ~**building**, βοηθητικό κτίσμα || ~**burst**, ξέσπασμα

~**cast**, απόβλητος, απόκληρος || ~**class**, ξεπερνώ, υπερτερώ || ~**come**, έκβαση, κατάληξη, αποτέλεσμα || ~**cry**, κατακραυγή || ~**dated**, ξεπερασμένος, ντεμοντέ || ~**distance**, ξεπερνώ, αφήνω πίσω [αντίπαλο] || ~**do**, νικώ, ξεπερνώ || ~**door**, υπαίθριος, εξωτερικός || ~**doors**, έξω, στο ύπαιθρο || ~**er**, εξωτερικός || ~**fit**, εφόδια, σύνεργα, εξοπλισμός || ~**fitted**, εφοδιασμένος || ~**fitter**, προμηθευτής, έμπορος ρούχων || ~**flank**, υπερφαλαγγίζω || ~**flow**, εκροή || ~**fox**, ξεπερνώ κπ στην πονηριά, φέρνω κπ καπάκι || ~**go**, δαπάνη, έξοδο || ~**going**, εξερχόμενος || ~**grow**, μεγαλώνω γρηγορότερα από, μεγαλώνω και δεν μου κάνουν [τα ρούχα μου] || ~**growth**, απόφυση, φυσική συνέπεια || ~**house**, βοηθητικό κτίσμα || ~**ing**, έξοδος, εκδρομούλα || ~**landish**, ξενόφερτος, παράξενος || ~**last**, διαρκώ / ζω περισσότερο || ~**law**, θέτω εκτός νόμου, n επικηρυγμένος, παράνομος || ~**lay**, δαπάνη, κονδύλι || ~**let**, διέξοδος || ~**line**, περίγραμμα, σιλουέττα, γενικές γραμμές, vt σκιαγραφώ, διαγράφω || ~**live**, ζω ώστε να ξεχαστεί κτ, επιζώ || ~**look**, θέα, προοπτική, πρόβλεψη, αντίληψη, νοοτροπία || ~**lying**, απόμερος || ~**manoeuvre**, κπ καπάκι || ~**march**, βαδίζω γρηγορότερα [από κπ] || ~**match**, υπερτερώ, αναδείχνομαι ανώτερος || ~**moded**, ντεμοντέ || ~**most**, ακραίος, έσχατος || ~**number**, υπερέχω αριθμητικώς || ~**of-date**, απαρχαιωμένος, ντεμοντέ || ~**of-door**, υπαίθριος || ~**of-the-way**, απόμερος, ελάχιστα γνωστός || ~**patient**, εξωτερικός ασθενής || ~**post**, προφυλακή, προκεχωρημένο φυλάκιο || ~**pouring**, ξέσπασμα, ξεχείλισμα || ~**put**, απόδοση, παραγωγή || ~**rage**, προσβολή, έγκλημα, vt προσβάλλω, σοκάρω, εξαγριώνω || ~**rageous**, εξωφρενικός, χυδαίος, αποτρόπαιος || ~**ride**, ξεφεύγω έφιππος || ~**right**, καθαρός, κατηγορηματικός, αναμφισβήτητος, adv καθαρά, απερίφραστα, μονομιάς || ~**rival**, υπερτερώ [αντίπαλου] || ~**run**, ξεπερνώ κπ στο τρέξιμο, προτρέχω || ~**sail**, πλέω γρηγορότερα || ~**set**, αρχή, ξεκίνημα || ~**shine**, επισκιάζω || ~**side**, n εξωτερικό, adj εξωτερικός, ανώτατος, adv έξω, απέξω, prep έξω από || ~**sider**, ξένος, τρίτος, απέξω, (σε κούρσα) χωρίς πιθανότητες επιτυχίας || ~**size**, υπερμεγέθης || ~**skirts**, παρυφές, περίχωρα, ακραίες συνοικίες || ~**smart**, φαίνομαι πιο έξυπνος, φέρνω κπ καπάκι || ~**spoken**, ντόμπρος, ειλικρινής || ~spread, ανοιγμένος, απλωμένος || ~standing, περίβλεπτος, διακεκριμένος, κύριος, δεσπόζων, εκκρεμής, ανεξόφλητος || ~stay, μένω περισσότερο από || ~stretched, τεντωμένος, απλωμένος || ~strip, ξεπερνώ || ~vote, πλειοψηφώ || ~ward, εξωτερικός, προς τα έξω || ~wards, προς τα έξω || ~wear, ξεφτίζω, φθείρω τελείως || ~weigh, βαρύνω / ζυγίζω περισσότερο, υπερτερώ || ~wit, φαίνομαι πιο έξυπνος, φέρνω κπ καπάκι.

ouzo [`u:zou] *n* ούζο.

oval [ouvl] *adj* ωοειδής, οβάλ.

ovary [`ouvəri] *n* ωοθήκη.

ovation [ou`veiʃn] *n* επευφημία || *give sb a standing ~*, επευφημώ κπ όρθιος.

oven [ʌvn] *n* φούρνος.

¹**over** [`ouvə'] *prep* πάνω εις || πάνω από || περισσότερο από || με, για || *adv* απέναντι || περασμένος || επιπλέον || ξανά, πάλι || ~ *and* ~ *again*, κατ' επανάληψη || ~ *and above*, επιπροσθέτως προς || *all* ~, παντού || *be* ~, έχω τελειώσει.

²**over-** *prefix* πάρα πολύ, υπερβολικά, υπέρ το δέον, αποπάνω, υπέρ || ~**abundance**, υπεραφθονία || ~**act**, το παρακάνω (σ' ένα ρόλο) || ~**all**, ολικός, συνολικός, γενικός, *n* ποδιά (μαθητή), φόρμα (εργάτη) || ~**awe**, [καταληπτώ || ~**balance**, ανατρέπω / -ομαι, χάνω την ισορροπία μου, υπερκαλύπτω || ~**bearing**, αυταρχικός, αγέρωχος, επιτακτικός || ~**bid**, πλειοδοτώ || ~**board**, από το πλοίο, στη θάλασσα || ~**burden**, παραφορτώνω || ~**cast**, συννεφιά, συννεφιασμένος || ~**charge**, υπερφόρτιση, παραγέμισμα, υπερτίμηση, *vti* υπερφορτίζω (μπαταρία), παραγεμίζω (όπλο), χρεώνω υπερβολικά, φουσκώνω (το λογαριασμό) || ~**cloud**, συννεφιάζω, σκοτεινιάζω || ~**coat**, παλτό, πανωφόρι || ~**come**, καταβάλλω, υπερνικώ || ~**confidence**, υπερβολική αυτοπεποίθηση || ~**crowd**, κατακλύζω με κόσμο, υπερπληρώ || ~**do**, υπερβάλλω, το παρακάνω, παραψήνω || ~**draft**, υπέρβαση τραπεζικού λογαριασμού || ~**draw**, υπερβαίνω (λογαριασμό), παρατραβάω || ~**dress**, ντύνω / -ομαι επιδεικτικά || ~**drive**, υπερπολλαπλασιασμένη ταχύτητα || ~**due**, υπερήμερος, καθυστερημένος || ~-**eat**, παρατρώω || ~**flow**, ξεχειλίζω, πλημμυρίζω || ~**grown**, κατάφυτος, σκεπασμένος || ~**growth**, υπερβολική βλάστηση ή τρίχοφυΐα || ~**hang**, επικρέμαμαι, απειλώ, κρέμομαι πάνω από || ~**haul**, γενική επιθεώρηση / επισκευή, εξετάζω λε-

πτομερώς || ~**head**, αποπάνω, ψηλά, *adj* εναέριος, εμπ. γενικός || ~**heads**, γενικά έξοδα || ~**hear**, ακούω τυχαία, παίρνει τ' αυτί μου || ~**joyed**, καταχαρούμενος || ~**land**, διά ξηράς || ~**lap**, επικαλύπτω || ~**load**, παραφορτώνω || ~**look**, παραβλέπω, συγχωρώ, (για κτίριο) βλέπω προς, δεσπόζω || ~**lord**, επικυρίαρχος || ~**ly**, υπερβολικά || ~**master**, κυριαρχώ, δεσπόζω || ~**night**, αποβραδύς, από τη μια μέρα στην άλλη, κατά τη διάρκεια της νύχτας, ολονύχτιος || ~**pass**, υπερνυψωμένη διάβαση || ~**pay**, ακριβοπληρώνω || ~**power**, καταβάλλω, εξουδετερώνω, ακινητοποιώ || ~**powering**, ανώτερος, συντριπτικός, ακαταμάχητος || ~**rate**, υπερτιμώ || ~**reach oneself**, παρατραβάω το σκοινί || ~**ride**, παραμερίζω, αγνοώ, υπερισχύω || ~**rule**, ανατρέπω, απορρίπτω, ακυρώ || ~**run**, κατακλύζω, μαστίζω, υπερβαίνω (το όριο) || ~**seas**, υπερπόντιος, υπερπόντιας || ~**see**, επιτηρώ, επιστατώ, επιβλέπω || ~**seer**, επιστάτης || ~**sexed**, με υπερβολική σεξουαλικότητα || ~-**sensitive**, υπερευαίσθητος || ~**shadow**, επισκιάζω || ~**shoot**, υπερακοντίζω, προχωρώ περισσότερο απ' ό,τι πρέπει || ~**sight**, αβλεψία, παράλειψη, απροσεξία, επίβλεψη || ~**sleep**, παρακοιμάμαι || ~**spill**, υπερπληθυσμός || ~**state**, υπερβάλλω, μεγαλοποιώ || ~**stay**, μένω πάρα πολύ || ~**step**, υπερβαίνω || ~**stock**, κάνω υπερβολικές προμήθειες || ~**strung**, σε υπερδιέγερση, με τεντωμένα νεύρα || ~**take**, προλαβαίνω, προσπερνώ, προφθαίνω || ~**tax**, υπερφορολογώ || ~**throw**, ανατρέπω || ~**time**, υπερωρία || ~**tone**, τόνος, απόηχος || ~**top**, υψώνομαι πάνω από, δεσπόζω || ~**ture**, μουσ. οβερτούρα, εισαγωγή, πληθ. προτάσεις, διαβήματα, βολιδοσκοπήσεις || ~**weening**, υπερφίαλος, ξιπτασμένος || ~**weight**, υπερβάλλον βάρος || ~**whelm**, κατακλύζω, καταβάλλω, τσακίζω || ~**whelming**, συντριπτικός || ~**work**, παραδουλεύω, παρακουράζω / -ομαι || ~**wrought**, παρακουρασμένος, τσακισμένος, σε υπερένταση.

overt [`ouvə:t] *adj* φανερός, ανοιχτός || ~**ly**, στα φανερά.

overture [`ouvət[ə'] *n* μουσ. εισαγωγή, οβερτούρα || πληθ. πρόταση, διάβημα, βολιδοσκόπηση.

ovum [`ouvəm] *n* βιολ. ωάριο.

owe [ou] *vt* οφείλω.

owing [`ouiŋ] *adj* οφειλόμενος || ~ *to*, εξαιτίας.

owl [aul] *n* κουκουβάγια || ~**et**, το μικρό της κουκουβάγιας || ~ish, σοβαροφανής.

¹own [oun] adj, pron. ίδιος, δικός || be on one's ~, μόνος, ανεξάρτητος, ασυναγώνιστος || come into one's ~, παίρνω ό,τι μου ανήκει, δείχνω τι αξίζω.

²own [oun] vt έχω, κατέχω, είμαι κύριος || ομολογώ, αναγνωρίζω || ~er, ιδιοκτήτης || ~ership, ιδιοκτησία ||

~erless, αδέσποτος.

ox [oks] n βόδι || ~-cart, βοϊδάμαξα, αραμπάς || ~tail, βοϊδινή ουρά.

oxide [`oksaid] n χημ. οξείδιο.

oxidize [`oksidaiz] vti οξειδώνω.

oxygen [`oksidʒən] n οξυγόνο || ~ate και ~ize, οξυγονώ.

oyster [`o:istəˀ] n στρείδι || ~bed/farm, οστρεοτροφείο.

ozone [`ouzoun] n χημ. όζον.

P p

pa [pa:] n μπαμπάς.

pace [peis] n βήμα, βηματισμός || vti βηματίζω, βαδίζω, διασχίζω || ~ off/ out, μετρώ με δρασκελιές || at a good ~, με βήμα ταχύ || go the ~, τρέχω γρήγορα, μτφ. ξοδεύω ασυλλόγιστα, σπαταλώ || keep ~ with, συμβαδίζω με || set the ~, δίνω το ρυθμό/το βήμα || ~maker, ιατρ. βηματοδότης.

pacific [pə`sifik] adj ειρηνικός.

pacifism [`pæsifizəm] n ειρηνοφιλία, πασιφισμός || pacifist, ειρηνόφιλος.

pacify [`pæsifai] vt ειρηνεύω || pacification [.pæsifi`keiʃn] ειρήνευση.

pack [pæk] n δέμα, μπόγος, φόρτωμα || κοπάδι || σωρός, τσούρμο || vti πακετάρω, αμπαλάρω, συσκευάζω/-ομαι, γεμίζω, στοιβάζω, στριμώχνω, στουπώνω || κονσερβοποιώ || send sb ~ing, διώχνω, ξαποστέλνω κπ || ~ up, τα μαζεύω, (για μηχανή) σταματώ, κακαρώνω || ~ it in, sl τα παρατάω || a ~ of cards, τράπουλα || ~-animal, υποζύγιο || ~er, συσκευαστής || ~-ice, ογκόπαγοι || ~-saddle, σαμάρι || ~-thread, σπάγγος συσκευασίας.

package [`pækidʒ] n συσκευασία || δέμα, μπόγος || vt συσκευάζω || ~ deal, συνολική συμφωνία || ~ tour, οργανωμένη εκδρομή.

packet [`pækit] n πακέτο, μικρό δέμα || sl μάτσο λεφτά.

packing [`pækiŋ] n συσκευασία || υλικά συσκευασίας || ~-case, κασόνι || ~-needle, σακοράφα.

pact [pækt] n σύμφωνο, συνθήκη.

pad [pæd] n βάτα || μαξιλαράκι || ταμπόν (σφραγίδας) || μπλοκ, καρνέ || εξέδρα (εξαπόλυσης διαστημοπλοίου)

|| sl τσαρδί || vt βάζω βάτα || ~ out, παραγεμίζω || ~ding n παραγέμισμα, βάτα, τζίβα.

paddle [pædl] n κουπί (για κανό) || κωπηλασία || πλατσούρισμα || vt κωπηλατώ || vi πλατσουρίζω.

paddy [`pædi] n αθέριστο ρύζι || sl τσαντίλα, θυμός || ~-field, ριζοχώραφο || ~-wagon, US κλούβα.

padlock [`pædlok] n λουκέτο.

padre [`pa:drei] n παπάς.

paean [`pi:ən] n παιάνας.

pagan [`peigən] n ειδωλολάτρης || ~ism, ειδωλολατρία.

page [peidʒ] n σελίδα || μικρός υπηρέτης, λακές || νεαρός ακόλουθος || vt αριθμώ σελίδες.

pageant [`pædʒənt] n φαντασμαγορική παρέλαση || ~ry, φαντασμαγορία, πομπή.

pagoda [pə`goudə] n παγόδα.

pail [peil] n κουβάς.

pain [pein] n πόνος || vt πονώ, προξενώ πόνο || a ~ in the neck, sl κακός μπελάς || on/under ~ of death, επί ποινή θανάτου || be at ~s to, καταβάλλω μεγάλη προσπάθεια να || spare no ~s, δεν φειδομαι κόπων || take great ~s over sth, προσέχω πολύ κτ || ~ed, πονεμένος, πικραμένος || ~ful, οδυνηρός || ~-killer, παυσίπονο || ~less, ανώδυνος || ~s, στενοχώριες, βάσανα, κόπος || ~staking adj πολύ προσεχτικός, επιμελής.

paint [peint] n μπογιά, χρώμα || vt μπογιατίζω, χρωματίζω || φτιασιδώνω || ζωγραφίζω || περιγράφω ζωηρά || ~er, ζωγράφος, μπογιατζής, ναυτ. παλαμάρι || ~ing n ζωγραφική, πίνακας.

pair [peəʳ] *n* ζευγάρι ‖ *vti* ζευγαρώνω ‖ ~ **off**, ταξινομώ κατά ζεύγη.

pal [pæl] *n* φίλος, βλάμης, μακαντάσης.

palace [`pælis] *n* παλάτι, ανάκτορο.

palatable [`pælətəbl] *adj* νόστιμος, ευχάριστος.

palate [`pælət] *n* ουρανίσκος, γεύση.

palatial [pə`leiʃl] *adj* ανακτορικός, μεγαλοπρεπής.

palaver [pə`la:vəʳ] *n* φλυαρία, λακριντί ‖ διαπραγμάτευση ‖ *vi* φλυαρώ.

pale [peil] *n* παλούκι ‖ *adj* χλωμός, ωχρός ‖ *vi* χλωμιάζω ‖ ~**ness**, χλωμάδα.

paleolithic [.pæliou`liθik] *adj* παλαιολιθικός.

paleontology [.pælion`tolədʒi] *n* παλαιοντολογία.

palette [`pælət] *n* παλέττα ‖ ~-**knife**, σπάτουλα ζωγραφικής / μαγειρικής.

paling [`peiliŋ] *n* περίφραξη με παλούκια.

palisade [.pæli`seid] *n* μάντρα με παλούκια.

pall [po:l] *n* σάβανο ‖ σύννεφο (καπνού), στρώμα ‖ *vi* ~ **on**, κουράζω, μπουχτίζω.

palliate [`pælieit] *vt* ανακουφίζω, ελαφρύνω.

pallid [`pælid] *adj* ωχρός, αρρωστιάρικος.

pally [`pæli] *adj* φιλικός, ανοιχτόκαρδος.

palm [pa:m] *n* παλάμη ‖ φοίνικας ‖ δάφνη ‖ ~ **sth off on sb**, πασάρω / φορτώνω κτ σε κπ ‖ **grease/oil sb's** ~, λαδώνω / δωροδοκώ κπ ‖ ~-**oil**, φοικινέλαιο ‖ P~ **Sunday**, Κυριακή των Βαΐων ‖ ~**ist**, χειρομάντης ‖ ~**istry**, χειρομαντεία.

palpable [`pælpəbl] *adj* χειροπιαστός, απτός, ολοφάνερος.

palpitate [`pælpiteit] *vi* πάλλω ‖ σπαρταρώ ‖ **palpitation** [.pælpi`teiʃn] χτυποκάρδι, σπαρτάρισμα.

palsy [`po:lzi] *n* παράλυση ‖ *vi* παραλύω.

paltry [`po:ltri] *adj* ασήμαντος.

pamper [`pæmpəʳ] *vt* κανακεύω, παραχαϊδεύω.

pamphlet [`pæmflət] *n* φυλλάδιο, μπροσούρα ‖ ~**eer**, φυλλαδιογράφος.

pan [pæn] *n* κατσαρόλα ‖ δοχείο ‖ δίσκος (ζυγαριάς) ‖ κοιλότητα ‖ *vti* κατακρίνω έντονα ‖ ~ **out**, πάω καλά, πετυχαίνω ‖ **baking-**~, ταψί ‖ **frying-**~, τηγάνι.

panacea [.pænə`siə] *n* πανάκεια.

panache [pæ`næʃ] *n* φιγούρα, κόρδωμα.

pancake [`pænkeik] *n* τηγανίτα.

pancreas [`pæŋkriəs] *n* πάγκρεας.

panda [`pændə] *n* ζωολ. πάντα.

pandemic [pæn`demik] *n* πανδημία ‖ *adj* πανδημικός.

pandemonium [.pændi`mouniəm] *n* πανδαιμόνιο.

pander [`pændəʳ] *vt* υποθάλπω, ενθαρρύνω ‖ κάνω το ρουφιάνο ‖ *n* ρουφιάνος.

pane [pein] *n* τζάμι παραθύρου.

panel [pænl] *n* φάτνωμα ‖ ταμπλώ (οργάνων) ‖ φύλλο, βολάν (σε φόρεμα) ‖ πίνακας, κατάλογος (ονομάτων) ‖ ομάδα (ομιλητών) ‖ ~**ling**, ξυλεπένδυση, μπουαζερί.

pang [pæŋ] *n* σουβλιά (πόνου, κλπ.).

panic [`pænik] *n* πανικός ‖ *vti* πανικοβάλλω / -ομαι ‖ ~-**stricken**, πανικόβλητος ‖ **panicky**, που πανικοβάλλεται εύκολα.

pannier [`pæniə] *n* κόφα, πολιτάρι.

pannikin [`pænikin] *n* καραβάνα.

panoply [`pænəpli] *n* πανοπλία.

panorama [.pænə`ra:mə] *n* πανόραμα.

panoramic [.pænə`ræmik] *adj* πανοραμικός.

pansy [`pænzi] *n* πανσές ‖ τοιούτος.

pant [pænt] *vti* ασθμαίνω, λαχανιάζω ‖ ~ **out**, λέω λαχανιαστά ‖ ~**ingly**, λαχανιασμένα.

pantheism [`pænθiizm] *n* πανθεϊσμός ‖ **pantheist**, πανθεϊστής ‖ **pantheistic**, πανθεϊστικός.

pantheon [`pænθiən] *n* πάνθεο.

panther [`pænθəʳ] *n* πάνθηρας.

panties [`pæntiz] *n* (γυναικ.] κυλότα, παιδικό παντελονάκι.

pantry [`pæntri] *n* κελάρι.

pants [pænts] *n pl* (γυναικ.) κυλότα (ανδρ.) σώβρακο, US παντελόνι.

pap [pæp] *n* χυλός, λαπάς.

papa [pə`pa:] *n* μπαμπάς.

papacy [`peipəsi] *n* παπισμός.

papal [peipl] *adj* παπικός.

paper [`peipəʳ] *n* χαρτί ‖ εφημερίδα ‖ θέμα (γραπτής εξέτασης) ‖ ανακοίνωση (σε επιστημονική εταιρία), διατριβή ‖ πληθ. ντοκουμέντα, χαρτιά, έγγραφα ‖ *vt* ταπετσάρω (τοίχους) ‖ ~**weight**, πρες-παπιέ ‖ ~**work**, γραφική εργασία.

papist [`peipist] *n* παπιστής.

papyrus [pə`paiərəs] *n* πάπυρος.

par [pa:ʳ] *n* ισοτιμία, άρτιο ‖ **above/below** ~, άνω / κάτω του αρτίου ‖ **on a** ~ **with**, ίσος προς, ομότιμος με.

parable [`pærəbl] *n* παραβολή.

parachute [`pærəʃu:t] *n* αλεξίπτωτο ‖ *vi* πέφτω / ρίχνω με αλεξίπτωτο.

para[chutist] [`pærə(ju:tist)] *n* αλεξιπτωτιστής.

parade [pə`reid] *n* παρέλαση ‖ επίδειξη ‖ *vti* παρελαύνω ‖ κάνω επίδειξη ‖ ~-**ground**, πεδίο παρελάσεων / ασκήσεων.

paradigm [`pærədaim] *n* παράδειγμα.
paradise [`pærədais] *n* παράδεισος.
paradisaic[al] [·pærədi`zaiəkl] *adj* παραδείσιος, παραδεισένιος.
paradox [`pærədoks] *n* παραδοξολογία || ~ical [·pærə`doksikl] *adj* παράδοξος.
paraffin [`pærəfin] *n* παραφίνη || ~-oil, φωτιστικό πετρέλαιο.
paragon [`pærəgən] *n* πρότυπο, υπόδειγμα.
paragraph [`pærəgra:f] *n* παράγραφος.
parallel [`pærəlel] *n & adj* παράλληλος || *vt* είμαι παράλληλος προς || παραλληλίζω, κρίνω || **draw a ~ between,** κάνω παραλληλισμό μεταξύ || ~ism, παραλληλισμός || ~ogram, παραλληλόγραμμο.
paralysis [pə`rælǝsis] *n* παράλυση.
paralytic [·pærə`litic] *n, adj* παραλυτικός.
paralyze [`pærǝlaiz] *vt* παραλύω.
paramilitary [·pærǝ`militri] *adj* παραστρατιωτικός.
paramount [`pærəmaunt] *adj* ύψιστος.
paranoia [·pærə`no:iə] *n* παράνοια || ~c, παρανοϊκός.
parapet [`pærǝpit] *n* στηθαίο *(γεφύρας).*
paraphernalia [·pærəfə`neiliə] *n pl* συμπράγκαλα.
paraphrase [`pærəfreiz] *n* παράφραση || *vt* παραφράζω.
paraplegia [·pærǝ`pli:dʒə] *n* παραπληγία.
parasite [`pærəsait] *n* παράσιτο.
parasitic [·pærǝ`sitik] *adj* παρασιτικός.
parasol [`pærǝsol] *n* παρασόλι.
paratrooper [`pærǝtru:pǝʳ] *n* αλεξιπτωτιστής.
paratroops [`pærǝtru:ps] *n pl* σώμα αλεξιπτωτιστών.
paratyphoid [·pærǝ`taifoid] *n ιατρ.* παράτυφος.
parcel [pa:sl] *n* δέμα, πακέτο || τεμάχιο || *vt* ~ **out,** μοιράζω || ~ **up,** συσκευάζω σε πακέτα || **part and ~,** αναπόσπαστο μέρος.
parch [pa:tʃ] *vt* καψαλίζω || ψήνω, καβουρντίζω, ξεραίνω.
parchment [`pa:tʃmənt] *n* περγαμηνή.
pardon [pa:dn] *n* συγγνώμη || *vt* συγχωρώ, δίνω χάρη || **[I beg your]** ~, με συγχωρείτε || **I beg your** ~? παρακαλώ, τι είπατε; || ~**able,** συγχωρητέος.
pare [peǝʳ] *vt* ξακρίζω, καθαρίζω *(μήλο)* || **parings,** ξακρίδια.
parent [`peǝrənt] *n* γονιός || ~**age,** γένος, σόι || ~**al** [pə`rentl] γονικός, πατρικός.
parenthesis [pǝ`renθǝsis] *n* παρένθεση.
parenthetic[al] [·pærən`θetik(l)] *adj* παρενθετικός || ~**ally** *adv* παρενθετικώς.
par excellence [·pa:r`eksǝlo:ns] *Fr* κατ' εξοχήν.
pariah [pǝ`raiə] *n* παρίας.
parish [`pæriʃ] *n* ενορία, κοινότητα.
parishioner [pǝ`riʃǝnǝʳ] *n* ενορίτης.
Paris [`pæris] *n* Παρίσι.
Parisian [pǝ`rizian] *n* παριζιάνος.
parity [`pærǝti] *n* ισότητα || ~ **of exchange,** συναλλαγματική ισοτιμία.
park [pa:k] *n* πάρκο, άλσος || **[car-]~,** πάρκιν || *strat.* όρχος || *vt* παρκάρω || αφήνω || ~**ing,** στάθμευση || ~**ing lot/meter,** πάρκιν / παρκόμετρο.
parley [`pa:li] *n* διαπραγμάτευση || *vi* διαπραγματεύομαι.
parliament [`pa:ləmənt] *n* Βουλή || ~**ary,** [·pa:lǝ`mentri] κοινοβουλευτικός.
parlour [`pa:lǝʳ] *n* σαλόνι || αίθουσα πελατών || ~-**maid,** σερβιτόρα || **beauty** ~, ινστιτούτο καλλονής.
parochial [pǝ`roukiəl] *adj* ενοριακός || *μτφ.* στενοκέφαλος, τοπικιστικός || ~**ism,** τοπικισμός.
parody [`pærədi] *n* παρωδία || *vt* παρωδώ.
parole [pə`roul] *n* λόγος τιμής κρατουμένου ότι δεν θα δραπετεύσει.
paroxysm [`pærəksizm] *n* παροξυσμός.
parquet [`pa:kei] *n* παρκέ.
parricide [`pærisaid] *n* πατροκτονία || πατροκτόνος.
parrot [`pærət] *n* παπαγάλος || ~-**fashion,** παπαγαλίστικα.
parry [`pæri] *n* απόκρουση || *vt* αποκρούω *(χτύπημα),* αποφεύγω *(ερώτηση).*
parsley [`pa:sli] *n* μαϊντανός.
parsnip [`pa:snip] *n βοτ.* δαυκί.
parson [pa:sn] *n* εφημέριος, παπάς.
part [pa:t] *n* μέρος || τμήμα || εξάρτημα || ρόλος || πλευρά || *vti* χωρίζω / -ομαι || ~ **from sb,** χωρίζομαι από κπ || ~ **with sth,** αποχωρίζομαι κτ || ~ **company with sb,** διαφωνώ / χωρίζω με κπ || **take** ~ **in sth,** λαμβάνω μέρος σε κτ, συμμετέχω || **play a** ~ **in sth,** παίξω ένα ρόλο σε κτ || ~, εν μέρει || **spare** ~**s,** ανταλλακτικά || ~-**owner,** συνιδιοκτήτης || ~-**singing,** πολυφωνία || ~-**song,** πολυφωνικό τραγούδι || ~-**time,** μερικός, μερικώς.
partake [pa:`teik] *vti irreg* συμμετέχω.
pareterre [pa:`teǝʳ] *n* παρτέρι.
partial [`pa:ʃǝl] *adj* μερικός || μεροληπτικός || **be ~ to sth,** μου αρέσει κτ, έχω αδυναμία σε κτ || ~**ity,** μεροληψία || ~**ity for,** αδυναμία, προτίμηση.
participate [pa:`tisipeit] *vi* συμμετέχω || **participant,** συμμετέχων || **participation,** συμμετοχή.
participle [`pa:tǝsǝpl] *n* μετοχή.
particle [`pa:tikl] *n* μόριο.
particular [pǝ`tikjulǝʳ] *n pl* λεπτομέρειες,

καθέκαστα ‖ *adj* συγκεκριμένος ‖ ιδιαίτερος, ειδικός ‖ λεπτομερής ‖ ~ *about*, λεπτολόγος, απαιτητικός ‖ ~*ity*, λεπτολογία ‖ ~*ize*, εξειδικεύω, συγκεκριμενοποιώ ‖ ~*ly*, ιδιαίτερως.

partisan [ˌpɑːtiˈzæn] *n* παρτιζάνος, αντάρτης ‖ θιασώτης ‖ *adj* μεροληπτικός, φανατικός ‖ ~*ship*, φατριασμός, κομματισμός.

partition [pɑːˈtiʃn] *n* διαίρεση, διαμελισμός ‖ χώρισμα *(ο χώρος και ο τοίχος)* ‖ *vt* ~ *off*, χωρίζω, διαιρώ *(με τοίχο ή παραβάν)*.

partitive [ˈpɑːtitiv] *adj* μεριστικός.

partner [ˈpɑːtnəʳ] *n* συνεταίρος ‖ σύντροφος *(σε παιχνίδι)*, καβαλιέρος ή ντάμα *(σε χορό)* ‖ συνένοχος, συνεργός ‖ ~*ship*, εταιρία ‖ *enter into* ~*ship with sb*, συνεταιρίζομαι με κπ.

partridge [ˈpɑːtridʒ] *n* πέρδικα.

party [ˈpɑːti] *n* πολιτ. κόμμα ‖ ομάδα, απόσπασμα ‖ παρέα, συντροφιά ‖ πάρτυ ‖ διάδικος, συμβαλλόμενος, συμμέτοχος ‖ *make up a* ~, φτιάχνομε παρέα ‖ *join a* ~, γίνομαι μέλος κόμματος ‖ ~ *machine*, κομματικός μηχανισμός ‖ ~*wall*, μεσοτοιχία ‖ *third* ~, τρίτος (μη μετέχων σε κτ).

parvenu [ˈpɑːvənjuː] *n* νεόπλουτος.

pasha [ˈpɑːʃə] *n* πασάς.

¹**pass** [pɑːs] *n (ποδοσφ.)* πάσα, *(χαρτοπ.)* πάσο ‖ άδεια *(εισόδου, κυκλοφορίας)*, δελτίο ‖ στενό, πέρασμα ‖ κατάσταση ‖ σχολ. σχεδόν καλώς ‖ *make a* ~ *at a woman*, ρίχνομαι σε μια γυναίκα ‖ *hold the* ~, φυλάω τα στενά / τη θέση ‖ κλειδί ‖ *free* ~, δελτίο ελευθέρας ‖ ~*book*, βιβλιάριο καταθέσεων ‖ ~*key*, πασπαρτού ‖ ~*word*, σύνθημα, παρασύνθημα.

²**pass** [pɑːs] *vti* περνώ ‖ διαβαίνω, προσπερνώ ‖ ξεπερνώ ‖ κυκλοφορώ ‖ συμβαίνω ‖ δίνω *(με το χέρι)* ‖ προσφέρω, λέω ‖ δίνω πάσα ‖ ~ *away*, πεθαίνω ‖ ~ *by*, παραβλέπω, αντιπαρέρχομαι ‖ ~ *for*, περνώ για, εκλαμβάνομαι ‖ ~ *into*, μπαίνω, μεταβάλλομαι εις ‖ ~ *off*, *(για γεγονός)* εξελίσσομαι, γίνομαι, *(για πόνο)* περνώ, ξεπερνώ ‖ ~ *off as*, περνώ για, παριστάνω ‖ ~ *on*, πεθαίνω, μεταβιβάζω ‖ ~ *out*, λιποθυμώ ‖ ~ *round* / *on*, περνώ από χέρι σε χέρι ‖ ~ *sb over*, παραλείπω, πηδώ κπ (σε προαγωγή) ‖ ~ *through*, περνώ ‖ ~ *up*, παραμιλώ, αφήνω να μου ξεφύγει ‖ ~*able*, διαβατός, υποφερτός, μέτριος ‖ ~*er-by*, διαβάτης, περαστικός.

passage [ˈpæsidʒ] *n* περικοπή, απόσπασμα *(βιβλίου)* ‖ πέρασμα, διάβα ‖

ταξίδι, διάπλους ‖ ~ [-*way*], διάδρομος ‖ *πληθ.* διαξιφισμοί, ανταλλαγή ύβρεων ‖ *birds of* ~, διαβατάρικα πουλιά.

passenger [ˈpæsindʒəʳ] *n* επιβάτης.

passing [ˈpɑːsiŋ] *n* πέρασμα ‖ *adj* περαστικός ‖ *in* ~, παρεπιμπτόντως.

passion [ˈpæʃn] *n* πάθος, οργή ‖ *be in/fly into a* ~, είμαι / γίνομαι εκτός εαυτού ‖ *master one's* ~*s*, δαμάζω τα πάθη μου ‖ P~ *Week*, η Μεγάλη Εβδομάδα ‖ ~*ate*, παθιασμένος, αψύς, παράφορος ‖ ~*less*, απαθής.

passive [ˈpæsiv] *adj* παθητικός ‖ απαθής ‖ ~*ness*, παθητικότητα.

Passover [ˈpɑːsouvəʳ] *n* Πάσχα *(Ιουδαίων)*.

passport [ˈpɑːspɔːt] *n* διαβατήριο.

past [pɑːst] *n* παρελθόν ‖ *adj* περασμένος ‖ *prep*, *adv* πέραν, πέρα από, περασμένος.

pasta [ˈpæstə] *n* ζυμαρικά.

paste [peist] *n* κόλλα ‖ πάστα, ζυμάρι ‖ *vt* κολλώ ‖ ξυλοφορτώνω.

pastel [pæstl] *n, adj* παστέλ.

pasteurize [ˈpæstʃəraiz] *vt* παστεριώνω.

pastiche [pæsˈtiːʃ] *n* [καλλιτεχνική] απομίμηση, συγκόλληση.

pastille [ˈpæstil] *n* παστίλια.

pastime [ˈpɑːstaim] *n* διασκέδαση, παιχνίδι, ενασχόληση για να περνάει η ώρα.

pastor [ˈpɑːstəʳ] *n* παπάς, πάστωρ ‖ ~*al*, ποιμενικός, βουκολικός ‖ ποιμαντορικός.

pastry [ˈpeistri] *n* ζύμη ‖ γλύκισμα, πάστα, γλυκό ‖ ~*-cook*, ζαχαροπλάστης.

pasture [ˈpɑːstʃəʳ] *n* βοσκή, βοσκότοπος, λειβάδι ‖ *vti* βόσκω.

pasty [ˈpeisti] *n* κρεατόπιττα ‖ *adj* αρρωστιάρικος.

pat [pæt] *n* ελαφρό χτύπημα *(με την παλάμη)* ‖ *vt* χτυπώ ελαφρά ‖ *adv* επικαίρως, στην ώρα του, στο τσάκ.

patch [pætʃ] *n* μπάλωμα ‖ κομμάτι τσιρότο ‖ λεκές, βούλα ‖ ψεύτικη ελιά ‖ πατουλιά, κομματάκι ‖ *vt* μπαλώνω ‖ ~ *up*, επιδιορθώνω πρόχειρα ‖ *not be a* ~ *on*, δεν πιάνω μπάζα μπροστά σε, δε συγκρίνομαι με ‖ ~*work*, συνονθύλευμα, προχειροδουλειά, συρραφή ‖ ~*y*, όλο μπαλώματα, άνισος ‖ ~*iness*, ανομοιομορφία.

pate [peit] *n* κεφάλι.

pâté [ˈpætei] *n* πατέ.

patent [ˈpeitənt] *n* πατέντα ‖ *vt* πατεντάρω ‖ *adj* πατενταρισμένος, καταφανής, πρωτότυπος ‖ *letters* ~, δίπλωμα ευρεσιτεχνίας ‖ ~ *leather*, λουστρίνι ‖ ~*ee*, κάτοχος προνομίου ευρεσιτεχνίας ‖ ~ly, ολοφάνερα.

paternal [pə`tə:nl] adj πατρικός ‖ ~ism, πατερναλισμός, κηδεμονία.

paternity [pə`tə:nəti] n πατρότητα.

paternoster [.pætə`nostə] n Λατιν. το πάτερ ημών.

path [pa:θ] n μονοπάτι ‖ τροχιά, πορεία ‖ ~-finder, ανιχνευτής ‖ ~less, απάτητος.

pathetic [pə`θetik] adj θλιβερός, αξιολύπητος.

pathology [pə`θolədʒi] n παθολογία ‖ **pathologist,** παθολόγος ‖ **pathological,** παθολογικός.

pathos [`peiθəs] n πάθος.

patience [`peiʃəns] n υπομονή ‖ πασέντζα ‖ **have** ~, κάνω υπομονή.

patient [`peiʃənt] n άρρωστος, νοσηλευόμενος ‖ adj υπομονητικός.

patisserie [pə`ti:səri] n ζαχαροπλαστείο.

patriarch [`peitria:k] n πατριάρχης ‖ ~al, πατριαρχικός ‖ ~ate, πατριαρχείο.

patrician [pə`triʃn] n ευπατρίδης.

patricide [`pætrisaid] n πατροκτονία ‖ πατροκτόνος.

patrimony [`pætriməni] n πατρική κληρονομιά ‖ **patrimonial,** πατρογονικός.

patriot [`pætriət] n πατριώτης ‖ ~ism, πατριωτισμός ‖ ~ic, πατριωτικός.

patrol [pə`troul] n περίπολος ‖ περιπολία ‖ vti περιπολώ.

patron [`peitrən] n πάτρων, προστάτης ‖ τακτικός πελάτης (μαγαζιού) ‖ ~ saint, πολιούχος, προστάτης άγιος.

patronage [`pætrənidʒ] n προστασία, πατρονάρισμα ‖ πελατεία (μαγαζιού).

patronize [`pætrənaiz] vt προστατεύω, υποστηρίζω, πατρονάρω (μαγαζί).

patronymic [.pætrə`nimik] n πατρωνυμικό ‖ adj πατρωνυμικός.

patten [pætn] n ξυλοπάπουτσο, τσόκαρο.

patter [`pætəʳ] n συνεχή ελαφρά χτυπήματα ‖ φλυαρία, πάρλα ‖ χτυπώ ελαφρά ‖ φλυαρώ.

pattern [`pætən] n πρότυπο, υπόδειγμα ‖ (ραπτ.) πατρόν, (μεταλ.) καλούπι ‖ (διακοσ.) σχέδιο, μοτίβο ‖ δείγμα ‖ τύπος, μορφή ‖ ~ sth upon/after, φτιάχνω κτ σύμφωνα με ‖ διακοσμώ με σχέδια.

patty [`pæti] n μπουρεκάκι, πιττάκι.

paunch [po:ntʃ] n προκοίλι ‖ ~y, κοιλαράς.

pauper [`po:pəʳ] n άπορος.

pause [po:z] n παύση, διακοπή ‖ vi παύω, σταματώ για λίγο, κοντοστέκομαι.

pave [peiv] vt [πλακο]στρώνω ‖ ~ the way, μτφ. ανοίγω το δρόμο, προετοι-

μάζω ‖ ~ment, πεζοδρόμιο.

pavilion [pə`viliən] n περίπτερο ‖ υπόστεγο, τέντα (σε γήπεδο).

paw [po:] n πόδι ζώου (με νύχια) ‖ sl χέρι ‖ vt ξύνω το χώμα ‖ πασπατεύω.

pawn [po:n] n πιόνι ‖ ενέχυρο ‖ βάζω ενέχυρο ‖ ~broker, ενεχυροδανειστής ‖ ~shop, ενεχυροδανειστήριο.

pax [pæks] n Λατιν. ειρήνη.

pay [pei] n πληρωμή, μισθός, αποδοχές ‖ vti irreg πληρώνω, εξοφλώ ‖ αποδίδω, ανταμείβω ‖ ~ back, επιστρέφω δανεικά, εκδικούμαι ‖ ~ for, πληρώνω/τιμωρούμαι για κτ ‖ ~ into, καταθέτω ‖ ~ off, εξοφλώ πλήρως, αποζημιώνω και απολύω κπ ‖ ~ out, πληρώνω, εκδικούμαι ‖ ~ up, αποπληρώνω ‖ be in sb's ~, είμαι στην υπηρεσία κάποιου, δουλεύω για κπ ‖ draw one's ~, εισπράττω το μισθό μου ‖ ~ attention, προσέχω ‖ ~ a visit, κάνω επίσκεψη ‖ ~able, πληρωτέος ‖ ~-day, ημέρα μισθοδοσίας/πληρωμών ‖ ~-load, ωφέλιμο φορτίο ‖ ~ment, πληρωμή ‖ ~-phone/-station, US τηλέφωνο για το κοινό ‖ ~roll/-sheet, μισθοδοτική κατάσταση.

pea [pi:] n μπιζέλι, αρακάς.

peace [pi:s] n ειρήνη, ησυχία, τάξη, γαλήνη ‖ give sb no ~, δεν αφήνω κπ σε ησυχία ‖ leave sb in ~, αφήνω κπ σε ησυχία ‖ make ~, συνάπτω ειρήνη ‖ make one's ~ with sb, μονιάζω με κπ ‖ ~able, ειρηνικός, φιλήσυχος ‖ ~ful, ειρηνικός, ειρηνόφιλος ‖ ~fulness, ησυχία.

peach [pi:tʃ] n ροδάκινο.

peacock [`pi:kɔk] n παγώνι.

pea-jacket [`pi:dʒækit] n ναυτ. πατατούκα.

peak [pi:k] n κορυφή ‖ αιχμή ‖ ~ed, μυτερός ‖ ~y, κακεχτικός.

peal [pi:l] n κωδωνοκρουσία.

peanut [`pi:nʌt] n αράπικο φυστίκι.

pear [peəʳ] n αχλάδι.

pearl [pə:l] n μαργαριτάρι ‖ ~y, μαργαριταρένιος, μαργαριτοειδής.

peasant [peznt] n χωρικός, χωριάτης ‖ ~ry, οι χωρικοί.

peat [pi:t] n τύρφη.

pebble [pebl] n χαλίκι, βότσαλο, πετραδάκι ‖ **pebbly,** με βότσαλα.

peck [pek] n ράμφισμα ‖ βιαστικό τυπικό φιλί ‖ vt ραμφίζω, τσιμπώ ‖ φιλώ τυπικά ή αδιάφορα.

peculiar [pi`kju:liəʳ] adj παράξενος, ιδιόρρυθμος ‖ ειδικός, ιδιαίτερος ‖ ~ to, προσιδιάζων, χαρακτηριστικός ‖ ~ity [pi.kju:li`ærəti] ιδιορρυθμία, παραξενιά, εκκεντρικότητα.

pedagogue [`pedəgog] n παιδαγωγός.

pedagogic [ˌpedə`godʒik] adj παιδαγωγικός.

pedagogy [`pedəgodʒi] n παιδαγωγική.

pedal [pedl] n πεντάλ ‖ vti πατώ πεντάλ.

pedant [`pedənt] n σχολαστικός ‖ ~ic [pi`dæntik] adj σχολαστικός ‖ ~ry, σχολαστικότητα.

peddle [pedl] vti κάνω το γυρολόγο, πουλώ στους δρόμους ‖ ~ gossip, διαδίδω κουτσομπολιά ‖ **peddler**, γυρολόγος.

pederast [`pedəræst] n παιδεραστής ‖ ~y, παιδεραστία.

pedestal [`pedistl] n βάθρο (αγάλματος).

pedestrian [pi`destrian] n πεζός.

pediatrics [ˌpi:di`ætriks] n παιδιατρική.

pediatrician [ˌpi:diə`trifn] n παιδίατρος.

pedicure [`pedikjuəʳ] n πεντικιούρ.

pedigree [`pedigri:] n γενεαλογικό δέντρο, σόι ‖ adj (ζώο) καθαρόαιμος.

pediment [`pedimənt] n αρχιτ. αέτωμα.

pedlar [`pedləʳ] n γυρολόγος.

pee [pi:] n πιπί ‖ **go for a ~**, πάω για πιπί.

peek [pi:k] n κρυφοκοίταγμα.

peek-a-boo [ˌpi:kə`bu:] excl «κούκου!» «τσά!».

peel [pi:l] n φλούδα ‖ vti ξεφλουδίζω.

peep [pi:p] n φευγαλέο βλέμμα, ματιά ‖ τιτίβισμα ‖ κρυφοκοιτάζω ‖ ~ out, προβάλλω ‖ τιτιβίζω ‖ ~ing Tom, ηδονοβλεψίας ‖ ~ers, sl μάτι.

peer [piəʳ] n ευπατρίδης ‖ ομότιμος, ισάξιος ‖ ~ at/into, κοιτάζω ερευνητικά ‖ ~less, απαράμιλλος.

peeve [pi:v] vt τσαντίζω.

peevish [`pi:vif] adj ευερέθιστος ‖ ~ness, αψιθυμία.

peg [peg] n παλούκι ‖ κρεμάστρα ‖ σκαλί (ανεμόσκαλας) ‖ πείρος (βαρελιού) ‖ vt στερεώνω (με παλούκι) ‖ μτφ. σταθεροποιώ (τιμές, κλπ.) ‖ ~ away at sth, δουλεύω μ᾽ επιμονή σε κτ ‖ ~ out, sl τα κακαρώνω, πεθαίνω.

pejorative [pə`dʒorətiv] adj υποτιμητικός.

pelican [`pelikən] n πελεκάνος.

pellet [`pelit] n σβόλος, μπαλίτσα ‖ χάπι, δισκίο ‖ σφαιρίδιο.

pelt [pelt] vti εκτοξεύω ‖ χτυπώ ‖ (για βροχή) πέφτω καταρρακτωδώς ‖ τρέχω ‖ **at full ~**, ολοταχώς.

pelvis [`pelvis] n ανατ. λεκάνη.

¹**pen** [pen] n πένα ‖ vt γράφω ‖ ~-friend, φίλος δι᾽ αλληλογραφίας ‖ ~-holder, κοντυλοφόρος ‖ ~-knife, σουγιαδάκι ‖ ~-manship, καλλιγραφία ‖ ~-name, μυθολογικό ψευδώνυμο ‖ ~-nib, μεταλλικό πενάκι ‖ ~-pusher, γραφιάς ‖ ~-and-ink, με πενάκι.

²**pen** [pen] n μαντρί, κλουβί (για κότες)

‖ vt ~ up/in, μαντρώνω (ζώα) ‖ [play-]~, πάρκο (για μωρά).

penal [`pi:nəl] adj ποινικός ‖ ~ize, ποινικοποιώ ‖ ~ization [ˌpi:nəlai`zeifn] ποινικοποίηση, τιμωρία.

penalty [`penəlti] n ποινή, τιμωρία ‖ πέναλτυ ‖ **on/under ~ of death**, επί ποινή θανάτου.

penance [`penəns] n μετάνοια, τιμωρία.

penchant [`pa:nfa:n] n προτίμηση, τάση, ροπή.

pencil [pensl] n μολύβι ‖ γράφω.

pendant [`pendənt] n κρεμαστό κόσμημα, μπρελόκ ‖ adj κρεμάμενος, εκκρεμής.

pending [`pendiŋ] adj εκκρεμής ‖ prep κατά τη διάρκεια, εν αναμονή.

pendulum [`pendjuləm] n εκκρεμές.

penetrate [`penitreit] vti [δια]τρυπώ, διαπερνώ ‖ εισδύω, εισχωρώ ‖ **penetrating** adj διεισδυτικός, διαπεραστικός ‖ **penetration**, διείσδυση.

penguin [`peŋgwin] n πιγκουίνος.

penicillin [ˌpeni`silin] n πενικιλλίνη.

peninsula [pən`insjulə] n χερσόνησος.

penis [`pi:nis] n πέος.

penitence [`penitəns] n μετάνοια.

penitent [`penitənt] adj μετανοημένος.

penitentiary [ˌpeni`tenfəri] n αναμορφωτήριο.

pennant [`penənt] n ναυτ. επισείων.

penniless [`penilis] adj απένταρος.

penny [`peni] n πένα, δεκάρα ‖ ~-pincher, τσιγγούνης.

¹**pension** [penfn] n σύνταξη ‖ ~ sb off, συνταξιοδοτώ ‖ **retire on a ~**, μπαίνω στη σύνταξη ‖ ~er, συνταξιούχος.

²**pension** [`pansiən] n πανσιόν.

pensive [`pensiv] adj σκεπτικός, περίφροντις ‖ ~ness, σκεπτικό ύφος.

pentagon [`pentəgən] n πεντάγωνο.

Pentecost [`pentikost] n Πεντηκοστή.

penthouse [`penthaus] n υπόστεγο (με γερτή στέγη) ‖ ρετιρέ.

pent-up [ˌpent`ʌp] adj (για συγκίνηση) καταπνιγόμενος.

penultimate [pen`ʌltimət] adj προτελευταίος.

penumbra [pi`nʌmbrə] n σκιόφως.

people [pi:pl] n άνθρωποι ‖ λαός ‖ ~d, κατοικημένος, γεμάτος.

pep [pep] n sl κέφι, ζωντάνια ‖ vt ~ up, ζωντανεύω, τονώνω ‖ ~ pill, χάπι αισιοδοξίας.

pepper [`pepəʳ] n πιπέρι ‖ πιπεριά ‖ vt πιπερώνω ‖ ~-pot/-box, πιπεριέρα ‖ ~y, πιπεράτος.

per [pə:ʳ] prep ανά, κατά, διά ‖ ~ cent, τοις εκατό.

perceive [pə`si:v] vt αντιλαμβάνομαι.

percentage [pə`sentidʒ] n ποσοστό.

perceptible [pə`septəbl] *adj* αντιληπτός, αισθητός ‖ **perceptibly,** αισθητά.

perception [pə`sepʃn] *n* αντίληψη, αίσθηση.

perceptive [pə`septiv] *adj* οξύνους, ευαίσθητος ‖ αισθητήριος.

perch [pə:tʃ] *n* πέρκα ‖ κούρνια ‖ *vti* κουρνιάζω.

percolate [`pə:kəleit] *vti* φιλτράρω / -ομαι ‖ **percolator,** καφετιέρα με φίλτρο.

percussion [pə:`kʌʃn] *n* κρούση ‖ *μουσ.* κρουστά *(όργανα).*

peremptory [pə`remptəri] *adj* επιτακτικός, προστακτικός, αυταρχικός.

perennial [pə`reniəl] *n* πολυετές *(φυτό)* ‖ *adj* αιώνιος, πολυετής.

¹**perfect** [`pə:fikt] *adj* τέλειος.

²**perfect** [pə`fekt] *vt* τελειοποιώ ‖ ~**ion,** τελειοποίηση, τελειότητα.

perfidious [pə`fidiəs] *adj* δολερός.

perforate [`pə:fəreit] *vt* διατρυπώ, κάνω σειρά μικρές τρύπες ‖ **perforation,** διάτρηση.

perform [pə`fo:m] *vti* εκτελώ ‖ εκπληρώ ‖ παίζω *(μουσική)* ‖ ~**er,** εκτελεστής, ηθοποιός, μουσικός.

performance [pə`fo:məns] *n* εκτέλεση, εκπλήρωση ‖ παράσταση ‖ επίδοση *(αθλητή),* προσπάθεια, επίτευγμα.

perfume [`pə:fju:m] *n* άρωμα.

perfunctory [pə`fʌŋktəri] *adj* επιπόλαιος.

pergola [`pə:gələ] *n* κρεββατίνα.

perhaps [pə`hæps] *adv* ίσως.

peril [`peril] *n* κίνδυνος ‖ ~**ous,** επικίνδυνος ‖ **at one's ~,** με ίδιο κίνδυνο.

perimeter [pə`rimitəʳ] *n* περίμετρος.

period [`piəriəd] *n* περίοδος ‖ ~**ic,** περιοδικός ‖ ~**ical,** περιοδικό.

peripheral [pə`rifərəl] *adj* περιφερειακός, περιμετρικός ‖ **periphery,** περιφέρεια.

periscope [`periskoup] *n* περισκόπιο.

perish [`periʃ] *vti* πεθαίνω, χάνομαι ‖ φθείρω / -ομαι ‖ ~**able,** φθαρτός.

peritonitis [,peritə`naitis] *n* περιτονίτιδα.

periwinkle [`periwiŋkl] *n* περικοκλάδα.

perjure [`pə:dʒəʳ] *vt* ~ **oneself,** ψευδορκώ, επιορκώ ‖ ~**r,** ψεύδορκος.

perk [pə:k] *vti* ~ **up,** ζωντανεύω ‖ ανασηκώνω ‖ ~**y,** ζωηρός, καμαρωτός, αναιδής.

perm [pə:m] *n* περμανάντ.

permanence [`pə:mənəns] *n* μονιμότητα, μόνιμη θέση.

permanent [`pə:mənent] *adj* μόνιμος.

permeate [`pə:mieit] *vti* διαπερνώ, διεισδύω, διαποτίζω ‖ **permeation,** διαπότιση.

permissible [pə`misəbl] *adj* θεμιτός, επιτρεπόμενος.

permission [pə`miʃn] *n* άδεια.

permissive [pə`misiv] *adj* ανεκτικός.

¹**permit** [`pə:mit] *n* άδεια *(των αρχών).*

²**permit** [pə`mit] *vti* επιτρέπω.

permutation [,pə:mju`teiʃn] *n* [αντι]μετάθεση, αντιμετάταξη, μεταλλαγή.

pernicious [pə`niʃəs] *adj* επιβλαβής, ολέθριος ‖ *ιατρ.* κακοήθης.

pernickety [pə`nikəti] *adj* λεπτολόγος, δύσκολος, σχολαστικός.

peroxide [pə`roksaid] *n* υπεροξείδιο ‖ ~ **of hydrogen,** οξυζενέ.

perpendicular [,pə:pən`dikjuləʳ] *adj* κάθετος, κατακόρυφος ‖ *n* κάθετος.

perpetrate [`pə:pitreit] *vt* διαπράττω.

perpetrator [`pə:pitreitəʳ] *n* δράστης.

perpetual [pə`petʃuəl] *adj* αιώνιος, αέναος, συνεχής ‖ ~**ly,** συνεχώς.

perpetuate [pə`petʃueit] *vt* διαιωνίζω.

perpetuity [,pə:pi`tju:əti] *n* διηνεκές.

perplex [pə`pleks] *vt* σαστίζω, ζαλίζω ‖ περιπλέκω, μπερδεύω ‖ ~**ity,** αμηχανία, μπέρδεμα.

perquisite [`pə:kwizit] *n* τυχερό, πρόσθετο όφελος ‖ προνόμιο.

persecute [`pə:sikju:t] *vt* διώκω.

persecution [,pə:si`kju:ʃn] *n* διωγμός.

persecutor [`pə:sikjutəʳ] *n* διώκτης.

persevere [,pə:si`viəʳ] *vi* εμμένω, επιμένω ‖ **persevering,** επίμονος, σύντονος.

Persian [`pə:ʃn] *n* Πέρσης ‖ *adj* περσικός.

persist [pə`sist] *vi* ~ **in,** επιμένω, μένω σταθερός εις ‖ ~ **with,** συνεχίζω ‖ διαρκώ, συνεχίζομαι ‖ ~**ence,** επιμονή, εμμονή, συνέχιση ‖ ~**ent,** επίμονος, εξακολουθητικός ‖ ~**ently,** επίμονα, συνεχώς.

person [`pə:sn] *n* πρόσωπο, άτομο ‖ **in ~,** αυτοπροσώπως.

persona [pə:`sounə] *n* ψυχ. προσωπικότητα.

personable [`pə:sənəbl] *adj* ευπαρουσίαστος.

personage [`pə:sənidʒ] *n* προσωπικότητα, σπουδαίο πρόσωπο.

personal [`pə:snl] *adj* προσωπικός, ιδιωτικός, ατομικός, ιδιαίτερος ‖ αυτοπρόσωπος ‖ σωματικός ‖ αδιάκριτος ‖ ανθρωπόμορφος ‖ ~**ity,** οντότητα, προσωπικότητα ‖ ~**ize,** προσωποποιώ.

personify [pə`sonifai] *vt* προσωποποιώ ‖ είμαι η προσωποποίηση ‖ **personification,** προσωποποίηση.

personnel [,pə:sə`nel] *n* προσωπικό.

perspective [pə`spektiv] *n* ζωγρ. προοπτική ‖ όψη, πλευρά ‖ σειρά, θέα, άποψη.

perspicacious [,pə:spi`keiʃəs] *adj* διορατικός, οξυδερκής.

perspicacity [,pə:spi`kæsəti] *n* διορατικότητα, οξύνοια.

perspicuous [pə`spikjuəs] *adj* εναργής,

σαφής, διαυγής.
perspiration [.pə:spə`reiʃn] *n* ιδρώτας.
perspire [pə`spaiə'] *vi* ιδρώνω.
persuade [pə`sweid] *vt* πείθω ‖ κατα-φέρνω ‖ ~**d**, πεπεισμένος.
persuasion [pə`sweiʒn] *n* πειθώ ‖ πεποίθηση ‖ πίστη, δόγμα.
persuasive [pə`sweisiv] *adj* πειστικός.
pert [pə:t] *adj* αναιδής, θρασύς ‖ ρωμα-λέος ‖ ~**ness**, αναίδεια, προπέτεια.
pertain [pə`tein] *vi* ανήκω.
pertinacious [.pə:ti`neiʃəs] *adj* επίμονος, πεισματάρης ‖ **pertinacity**, επιμονή.
pertinent [`pə:tinənt] *adj* σχετικός.
perturb [pə`tə:b] *vt* διαταράσσω.
peruse [pə`ru:z] *vt* διαβάζω, μελετώ.
pervade [pə`veid] *vt* διαποτίζω, διεισδύω παντού ‖ **pervasion**, διείσδυση, διαπό-τιση ‖ **pervasive**, διαβρωτικός, διεισδυ-τικός.
perverse [pə`və:s] *adj* διαστρεμμένος.
perversion [pə`və:ʃn], **perversity** [pə`və:səti] *n* διαστροφή.
pervert [`pə:və:t] *n* διεστραμμένος, ανώ-μαλος ‖ *vt* [pə`və:t] διαστρέφω.
pesky [`peski] *adj* μπελαλίδικος.
pessimism [`pesimizəm] *n* απαισιοδοξία.
pessimist [`pesimist] *n* απαισιόδοξος ‖ ~**ic** [.pesi`mistik] *adj* απαισιόδοξος.
pest [pest] *n* ζιζάνιο, παράσιτο ‖ πληγή, μπελάς ‖ πανούκλα.
pester [`pestə'] *vt* ενοχλώ, βασανίζω, γίνομαι τσιμπούρι σε κπ.
pesticide [`pestisaid] *n* εντομοκτόνο.
pestilence [`pestiləns] *n* λοιμός, πανού-κλα.
pestilent[ial] [`pestilənt (-`lenʃl)] *adj* λοι-μώδης ‖ φοβερά ενοχλητικός, απαί-σιος.
pestle [pesl] *n* κόπανος, γουδοχέρι ‖ *vt* κοπανίζω.
pet [pet] *n* ζωάκι *(του σπιτιού)* ‖ χαϊ-δεμένος, κανακάρης, ευνοούμενος ‖ *adj* έντονος, προσφιλής ‖ *vt* χαϊδολο-γάω ‖ ~ **name,** χαϊδευτικό [όνομα].
petal [petl] *n* πέταλο *(λουλουδιού).*
petard [pe`ta:d] *n* βαρελότο.
peter out [`pi:təraut] *vi* εξαντλούμαι σιγά-σιγά, ξεφτίζω.
Peter [`pi:tə'] *n* Πέτρος.
petition [pi`tiʃn] *n* αίτηση, αναφορά ‖ *vti* αιτούμαι, υποβάλλω αίτηση ‖ ~**er**, αιτών.
petrify [`petrifai] *vti* απολιθώνω / -ομαι.
petrifaction [.petri`fækʃn] *n* απολίθωση.
petrol [`petrol] *n* βενζίνη ‖ ~ **station,** βενζινάδικο ‖ ~ **tank,** ντεπόζιτο βεν-ζίνης.
petroleum [pi`trouliəm] *n* πετρέλαιο.
petticoat [`petikout] *n* μεσοφόρι.

pettifogging [`petifogiŋ] *adj* στρεψόδικος.
pettish [`petiʃ] *adj* δύστροπος ‖ οργι-σμένος.
petty [`peti] *adj* μικρο— ‖ μηδαμινός ‖ μικροπρεπής ‖ ~ **officer,** υπαξιωματι-κός ‖ ~ **theft / larceny,** μικροκλοπή.
petulant [`petjulənt] *adj* οργίλος.
pew [pju:] *n* στασίδι.
pewter [`pju:tə'] *n* κασσίτερος.
phalanx [`fælæŋks] *n* φάλαγγα.
phallus [`fæləs] *n* φαλλός.
phallic [`fælik] *adj* φαλλικός.
phantom [`fæntəm] *n* φάντασμα.
Pharaoh [`feərou] *n* Φαραώ.
Pharisaic[al] [.færi`seiik(l)] *adj* φαρι-σαϊκός.
Pharisee [`færisi:] *n* φαρισαίος.
pharmaceutical [.fa:mə`sju:tikl] *adj* φαρ-μακευτικός ‖ **plηθ.** φαρμακευτικά είδη.
pharmacist [`faməsist] *n* φαρμακοποιός.
pharmacy [`fa:məsi] *n* φαρμακείο ‖ φαρ-μακευτική, φαρμακολογία.
pharynx [`færiŋks] *n* φάρυγγας.
phase [feiz] *n* φάση.
pheasant [feznt] *n* φασιανός.
phenomenal [fi`nominl] *adj* φαινομενικός ‖ αισθητός ‖ απίθανος, εκπληκτικός.
phenomenon [fi`nominən] *n* φαινόμενο.
phial [`faiəl] *n* φιαλίδιο.
philander [fi`lændə'] *vi* ερωτοτροπώ ‖ ~**er**, ερωτύλος, κορτάκιας.
philanthropy [fi`lænθrəpi] *n* φιλανθρωπία ‖ **philanthropist**, φιλάνθρωπος ‖ **philan-thropic**, φιλανθρωπικός.
philately [fi`lætəli] *n* φιλοτελισμός ‖ **philatelist**, φιλοτελιστής.
Philistine [`filistain] *n* Φιλισταίος ‖ *μτφ.* ανίδεος από τέχνη.
philosopher [fi`losəfə'] *n* φιλόσοφος.
philosophy [fi`losəfi] *n* φιλοσοφία ‖ **phi-losophical** [.filə`sofikl] φιλοσοφικός.
philtre [`filtə'] *n* ερωτικό φίλτρο.
phlebitis [fli`baitis] *n* φλεβίτιδα.
phlegm [flem] *n* φλέγμα ‖ ~**atic** [fleg`m-ætik] φλεγματικός, απαθής.
phobia [`foubiə] *n* φοβία.
phoenix [`fi:niks] *n* φοίνιξ *(το πουλί).*
phone [foun] *n* τηλέφωνο ‖ *vti* τηλεφωνώ ‖ ~**-box / -booth,** τηλεφωνικός θάλαμος.
phonetic [fə`netik] *adj* φωνητικός ‖ *n pl* φωνητική, φωνητικά σύμβολα.
phon[e]y [`founi] *adj* ψεύτικος, κίβδηλος.
phonograph [`founəgra:f] *n* φωνογράφος.
phosphorus [`fosfərəs] *n* φώσφορος.
photo [`foutou] *n* φωτογραφία.
photo— [`foutou] *prefix* φωτο— ‖ ~**-copier,** φωτοτυπικό μηχάνημα ‖ ~**copy,** φωτοαντίγραφο ‖ ~**genic,** φωτο-γενής ‖ ~**graph,** φωτογραφία, φωτο-γραφίζω ‖ ~**grapher,** φωτογράφος ‖

~**graphic**, φωτογραφικός || ~**graphy**, φωτογραφική τέχνη || ~**gravure**, φωτοχαρακτική || ~**meter**, φωτόμετρο || ~**stat**, φωτοτυπία, φωτοαντίτυπο.

phrase [freiz] *n* φράση || *vt* διατυπώνω.

physical [`fizikl] *adj* φυσικός || υλικός || σωματικός.

physician [fi`ziʃn] *n* γιατρός.

physicist [`fizisist] *n* φυσικός.

physics [`fiziks] *n pl* φυσική.

physiognomy [‚fizi`onəmi] *n* φυσιογνωμία.

physiology [‚fizi`olədʒi] *n* φυσιολογία.

physiotherapy [‚fiziou`θerəpi] *n* φυσιοθεραπεία || **physiotherapist**, φυσιοθεραπευτής / -εύτρια.

physique [fi`zik] *n* κράση, σωματική διάπλαση.

pianist [`piənist] *n* πιανίστας.

piano [pi`ænou] *n* πιάνο.

pick [pik] *n* αξίνα, σκαπάνη, κασμάς || εκλογή || **the ~ of**, ό,τι καλύτερο, η αφρόκρεμα, ο ανθός || *vti* διαλέγω || δρέπω, μαζεύω || τραβώ (με τα δάχτυλα), τσιμπώ || καθαρίζω || ανοίγω (με κτ αιχμηρό) || ~ **at sth**, τσιμπολογώ κτ || ~ **at sb**, τα βάζω με κπ, τον γκρινιάζω || ~ **off**, παίρνω (με τα δάχτυλα) || ~ **on sb**, διαλέγω κπ (για τιμωρία, κλπ.) || ~ **out**, διαλέγω, ξεχωρίζω, αντιλαμβάνομαι || ~ **over**, ξεδιαλέγω || ~ **up**, (περι)μαζεύω, ψωνίζω (γυναίκα), τσιμπώ, συνέρχομαι, εντοπίζω || ~ **and choose**, διαλέγω ό,τι θέλω, ικανοποιώ τις ιδιοτροπίες μου || ~ **sb's brains**, κλέβω τις ιδέες κάποιου || ~ **sb's pocket**, κλέβω το πορτοφόλι κάποιου || ~**pocket**, πορτοφολάς || ~**up**, πικάπ, φορτωταξί, ψώνισμα, ρεπρίζ (μηχανής) || ~**me-up**, τονωτικό (ποτό) || ~**er**, (φρουτο)συλλέκτης || ~**ing**, συλλογή, μάζεμα, διαλογή, κλέψιμο, τσιμπολόγημα, *πληθ.* υπολείμματα, ξεκαθαρίδια.

pick-a-back [`pikəbæk] *και* **piggyback** [`pigibæk] *adv* στην πλάτη, στους ώμους.

picket [`pikit] *n* παλούκι, στύλος || περίπολος || ομάδα περιφρούρησης απεργίας || ομάδα απεργών ή διαδηλωτών με πανώ.

pickle [`pikl] *n* άλμη, σαλαμούρα || τουρσιά || ζιζάνιο *(παιδί)* || ~**d**, τουρσί || **be in a sad ~**, την έχω βαμμένη.

picnic [`piknik] *n* εκδρομούλα *(με φαΐ στο ύπαιθρο)*, πικνίκ || *vi* πάω πικνίκ.

pictorial [pik`to:riəl] *adj* εικονογραφημένος.

picture [`piktʃə`] *n* εικόνα, πίνακας, ζωγραφιά || προσωποποίηση || *vt* ζωγραφίζω, απεικονίζω || ~ **to oneself**, φαντάζομαι || *πληθ.* κινηματογράφος || ~**card**, χαρτοπ. φιγούρα || ~**gallery**, πινακοθήκη || ~**goer**, κινηματογραφόφιλος || ~**postcard**, καρτποστάλ.

picturesque [‚piktʃə`rəsk] *adj* γραφικός.

piddling [`pidliŋ] *adj* μηδαμινός, ασήμαντος.

pidgin [`pidʒin] *adj (για γλώσσα)* παραφθαρμένος.

pie [pai] *n* πίτα || **as easy as ~**, πανεύκολος || ~ **in the sky**, ουτοπία, όνειρο.

piece [pi:s] *n* κομμάτι, πράξη, δείγμα || νόμισμα, πούλι || *vt* συνδυάζω, συναρμολογώ, φτιάχνω κτ κομμάτι-κομμάτι || **break/pull/tear sth to ~s**, κάνω κτ κομμάτια || **come/take to ~s**, *(για μηχανή)* λύνομαι / λύνω || **go to ~s**, διαλύομαι || **by the ~**, με το κομμάτι || **of a ~**, από την ίδια πάστα, του ιδίου φυράματος || ~**meal**, κομματιαστά, λίγο-λίγο || ~**work**, *(δουλειά)* αποκοπή, με το κομμάτι.

pied [paid] *adj* παρδαλός.

pier [piə`] *n* προβλήτα, μώλος.

pierce [piəs] *vti* τρυπώ || διαπερνώ, διεισδύω ·|| [ξε]σχίζω || **piercing** *adj* διαπεραστικός.

pierrot [`piərou] *n* πιερρότος.

piety [`paiəti] *n* ευσέβεια, ευλάβεια.

piffle [`pifl] *n* ανοησίες, σαχλαμάρες || **piffling** *adj* ασήμαντος, γελοίος.

pig [pig] *n* γουρούνι || **buy a ~ in a poke**, αγοράζω γουρούνι στο σακκί || ~**farm**, χοιροστάσιο || ~**gish**, γουρουνοειδής || ~**gishness**, γουρουνιά || ~**gery**, χοιροστάσιο || ~**gy**, γουρουνάκι || ~**headed**, ξεροκέφαλος, πείσμων || ~**iron**, χελώνα (μετάλλου) || ~**let**, γουρουνόπουλο || ~**man**, χοιροτρόφος || ~**skin**, χοιρόδερμα || ~**sty** [-stai] σταύλος γουρουνιών, αχούρι, τρώγλη || ~**tail**, κοτσίδα (μαλλιών) || ~**wash**, ~swill, αποπλύματα, αποφάγια.

pigeon [`pidʒən] *n* περιστέρι || ~**hole** *n* θυρίδα, *vt* βάζω σε αρχείο.

pigment [`pigmənt] *n* χρώμα, βαφή.

pike [paik] *n* ιχθ. λούτσος || δόρυ, ακόντιο.

pilaf[f] [pi`læf], **pilau** [pi`lau] *n* πιλάφι.

pile [pail] *n* πασσαλόπηγμα, πάσσαλος || σωρός, στοίβα || μπάζα || στήλη || χνούδι, τρίχα *(βελούδου)* || *πληθ.* αιμορροΐδες, ζοχάδες || συσσωρεύω, στοιβάζω, σωριάζω || ~ **up**, αυτοκ. κάνω καραμπόλα || ~**up**, καραμπόλα.

pilfer [`pilfə`] *vt* κλέβω, σουφρώνω || ~**er**, μικρολωποδύτης.

pilgrim [`pilgrim] *n* προσκυνητής *(αγίων τόπων)* || ~**age**, προσκύνημα.

pill [pil] *n* χάπι (*ιδ.* αντισυλληπτικό) ‖ **be on the** ~, παίρνω το χάπι.

pillage [`pilidʒ] *n* λεηλασία, πλιάτσικο ‖ *vt* λεηλατώ, πλιατσικολογώ ‖ ~-**r**, πλιατσικολόγος.

pillar [`pilə`] *n* κολώνα, στύλος ‖ *μτφ.* στυλοβάτης.

pillion [`piliən] *n* πισινό κάθισμα ‖ **ride** ~, καβαλάω πίσω.

pillory [`piləri] *n* στύλος βασανισμού και διαπόμπευσης ‖ *vt* διαπομπεύω, στηλιτεύω.

pillow [`pilou] *n* μαξιλάρι ‖ ~-**case**/-**slip**, μαξιλαροθήκη.

pilot [`pailət] *n* πιλότος, πλοηγός ‖ *adj* δοκιμαστικός, πειραματικός ‖ *vt* πιλοτάρω, οδηγώ ‖ ~-**boat**, πλοηγίδα ‖ ~ **officer**, ανθυποσμηναγός.

pimp [pimp] *n* μαστρωπός ‖ *vi* κάνω το ρουφιάνο.

pimple [pimpl] *n* μπιμπίκι, σπιθούρι.

pin [pin] *n* καρφίτσα ‖ *vt* καρφιτσώνω ‖ καθηλώνω, ακινητοποιώ ‖ ~**s and needles**, μυρμηκίαση ‖ ~-**head**, χαζός ‖ ~-**money**, χαρτζιλίκι κοριτσιού ‖ ~**point**, επισημαίνω, εντοπίζω ‖ ~-**prick**, τσίμπημα καρφίτσας ‖ ~-**stripe**, με ψιλές ρίγες ‖ ~**s**, *sl* πόδια, κανιά ‖ **drawing**-~, πινέζα ‖ **safety**-~, παραμάνα.

pinafore [`pinəfo:`] *n* ριχτή ποδιά.

pince-nez [`pænsnei] *n pl* γυαλιά της μύτης.

pincers [`pinsəz] *n pl* τανάλια, δαγκάνα ‖ **pincer movement**, κυκλωτική κίνηση.

pinch [pintʃ] *n* τσιμπιά ‖ πρέζα ‖ βάσανο ‖ *vti* τσιμπώ ‖ σφίγγω, πιάνω ‖ συλλαμβάνω ‖ κλέβω ‖ ~ **and scrape**, τσιγγουνεύομαι, στερούμαι τα πάντα ‖ **where the shoe** ~**es**, πού πονάει, πού είναι ο κάλος ‖ **at a** ~, στην ανάγκη.

pine [pain] *n* πεύκο ‖ *vi* λυώνω, αδυνατίζω, μαραζώνω ‖ ~-**apple**, ανανάς ‖ ~-**cone**, κουκουνάρι ‖ ~-**needle**, πευκοβελόνα.

ping-pong [`piŋpoŋ] *n* πινγκ-πονγκ.

pinion [`piniən] *n* πηνίο, γρανάζι ‖ φτερούγα ‖ *vt* κόβω τα φτερά (πουλιού) ‖ ~ (**together**), δένω/κρατώ σφιχτά.

pink [piŋk] *n* γαρίφαλο ‖ *adj* ροζ.

pinnacle [`pinækl] *n* κορυφή ‖ *μτφ.* αποκορύφωμα.

pinny [`pini] *n* παιδική ποδιά.

pint [paint] *n* πίντα (=568 γραμ.).

pioneer [.paiə`niə`] *n* πρωτοπόρος.

pious [`paiəs] *adj* ευσεβής, ευλαβής.

pip [pip] *n* κουκούτσι ‖ κουκίδα, αστέρι (*σε επωμίδες*) ‖ κόρυζα (πουλιών) ‖ *sl* κατάθλιψη ‖ **give sb/have the** ~, φέρνω σε κπ/έχω κατάθλιψη.

pipe [paip] *n* σωλήνας ‖ αυλός, φλογέρα ‖ τσιμπούκι ‖ κελάηδημα ‖ *vti* μεταφέρω με σωλήνες ‖ παίζω (*σε φλογέρα*), σφυρίζω ‖ ~ **down**, το βουλώνω ‖ ~ **up**, αρχίζω να λαλώ ‖ ~-**r**, αυλητής, παίκτης γκάϊντας ‖ ~-**line**, αγωγός ‖ ~-**dream**, χίμαιρα ‖ **piping**, σωλήνωση, σειρήτι, λάλημα.

piquant [`pi:kənt] *adj* πικάντικος.

pique [pi:k] *n* πίκα, φούρκα ‖ *vt* πικάρω, κεντώ, θίγω ‖ κεντρίζω, διεγείρω ‖ ~ **oneself on sth**, καμαρώνω για κτ.

piquet [pi`ket] *n* πικέτο.

piracy [`paiərəsi] *n* πειρατεία, κλεψιτυπία.

pirate [`paiərət] *n* πειρατής ‖ πειρατικός σταθμός ‖ *vt* κουρσεύω, ανατυπώνω παράνομα ‖ **piratical**, πειρατικός, κλεψίτυπος.

pirouette [.piru`et] *n* πιρουέττα.

piscatorial [.piskə`to:riəl] *adj* αλιευτικός.

Pisces [`paisi:z] *n pl* αστρολ. Ιχθείς.

piss [pis] *n* κάτουρο, κατούρημα ‖ *vti* κατουρώ ‖ ~**ed**, στουπί στο μεθύσι.

pistachio [pi`sta:tʃiou] *n* φυστίκι.

pistol [pistl] *n* πιστόλι.

piston [`pistən] *n* πιστόνι, έμβολο ‖ ~ **ring**, δαχτυλίδι εμβόλου.

pit [pit] *n* λάκκος ‖ σκάμμα ‖ ορυχείο ‖ κοιλότητα, βούλα, σημάδι ‖ (*θέατρο*) πλατεία ‖ κουκούτσι ‖ *vt* ανοίγω λάκκους, σημαδεύω με βούλες.

pit-a-pat [.pitə`pæt] *adv* τακατάκ.

pitch [pitʃ] *n* πίσσα, κατράμι ‖ στέκι, πόστο ‖ (*κρίκετ*) γήπεδο ‖ σκαμπανέβασμα (*πλοίου*) ‖ τόνος, ύψος, βαθμός (*εντάσεως*) ‖ *vti* ρίχνω, πετώ ‖ πέφτω, τινάζομαι ‖ (*για πλοίο*) σκαμπανεβάζω ‖ μπήγω, στήνω ‖ δίνω ωρισμένο τόνο ‖ ~ **into**, ρίχνομαι εναντίον ‖ ~ **upon**, πέφτω επάνω, διαλέγω τυχαία ‖ ~ **a yarn**, λέω παραμύθια ‖ ~**ed battle**, μάχη εκ παρατάξεως ‖ ~-**and-toss**, στριφτό ‖ ~-**fork**, δεκριάνι.

pitcher [`pitʃə`] *n* στάμνα.

piteous [`pitiəs] *adj* θλιβερός, αξιολύπητος.

pitfall [`pitfo:l] *n* παγίδα.

pith [piθ] *n* ψίχα (*μέσα σε καλάμι*) ‖ ρώμη, σφρίγος ‖ ουσία ‖ ~**y**, ρωμαλέος, ουσιαστικός.

pitiable [`pitiəbl] *adj* αξιοθρήνητος.

pitiful [`pitifl] *adj* συμπονετικός ‖ θλιβερός, αξιοθρήνητος, οικτρός.

pitiless [`pitiləs] *adj* άσπλαχνος, ανηλεής.

pittance [`pitəns] *n* εξευτελιστικός μισθός.

pity [`piti] *n* οίκτος, λύπηση ‖ κρίμα ‖ *vt* λυπάμαι, οικτίρω ‖ ~**ing** *adj* συμπονετικός.

pivot [`pivət] *n* άξονας ‖ *μτφ*. κύριος μοχλός ‖ ~**al**, βασικός, κεντρικός.

pixy, pixie [`piksi] *n* ξωτικό.

pizzicato [,pitsi`ka:tou] *adj μουσ.* πιτσικάτο.

placard [`plæka:d] *n* πλακάτ, αφίσα.

placate [plə`keit] *vt* μαλακώνω, εξευμενίζω ‖ **placatory**, κατευναστικός.

place [pleis] *n* μέρος, τόπος, σημείο ‖ θέση ‖ σπίτι, κατοικία ‖ *vt* τοποθετώ, βάζω ‖ **in the first/second** ~, κατά πρώτο/δεύτερο λόγο ‖ **in ~ of**, αντί ‖ **in ~**, επίκαιρος, καλοβαλμένος ‖ **out of ~**, άτοπος ‖ **give** ~, ενδίδω, υποχωρώ ‖ **take** ~, λαμβάνω χώρα, συμβαίνω, γίνομαι ‖ **be ~d**, (για άλογο) έρχομαι πλασέ.

placenta [plə`sentə] *n* πλακούς.

placid [`plæsid] *adj* γαλήνιος, πράος ‖ ~**ity**, γαλήνη, πραότητα, αταραξία.

plagiarize [`pleidʒəraiz] *vt* κάνω λογοκλοπή ‖ **plagiarism**, λογοκλοπή ‖ **plagiarist**, λογοκλόπος.

plague [pleig] *n* πανούκλα ‖ *μτφ*. πληγή, μάστιγα ‖ *vt* βασανίζω, μαστίζω.

plain [plein] *n* πεδιάδα, κάμπος ‖ *adj* καθαρός, σαφής, ολοφάνερος ‖ απλός, απέριττος ‖ ασχημούτσικος ‖ άδολος, ντόμπρος ‖ μονόχρωμος ‖ ~**ness**, σαφήνεια, απλότητα, ασχήμια, ειλικρίνεια.

plaintiff [`pleintif] *n νομ.* ενάγων, μηνυτής.

plaintive [`pleintiv] *adj* παραπονιάρικος.

plait [plæt] *n* πλεξίδα, κοτσίδα ‖ *vt* πλέκω.

plan [plæn] *n* σχέδιο ‖ πλάνο, χάρτης ‖ *vt* σχεδιάζω ‖ **draw up a** ~, καταρτίζω σχέδιο ‖ ~**ner**, σχεδιαστής.

plane [plein] *n* πλάτανος ‖ αεροπλάνο ‖ *εργαλ*. πλάνη ‖ *adj* επίπεδος, οριζόντιος.

planet [`plænit] *n* πλανήτης ‖ ~**ary**, πλανητικός.

plank [plæŋk] *n* μαδέρι, χοντρή σανίδα.

plankton [`plæŋktən] *n* πλαγκτόν.

plant [pla:nt] *n* φυτό ‖ εργοστάσιο ‖ εγκάθετος, βαλτός, χαφιές ‖ *vt* φυτεύω ‖ βάζω, στυλώνω, χώνω ‖ ~**er**, καλλιεργητής ‖ ~**ation** [plæn`teiʃn] φυτεία.

plaque [pla:k] *n* αναμνηστική πλάκα ‖ πουρί (σε δόντια).

plasma [`plæzmə] *n* πλάσμα αίματος.

plaster [`pla:stə^r] *n* έμπλαστρο ‖ σοβάς ‖ *vt* βάζω έμπλαστρο ‖ σοβατίζω ‖ μπλαστρώνω ‖ **adhesive** ~, τσιρότο ‖ **sticking** ~, λευκοπλάστης ‖ ~**er**, σοβατζής.

plastic [`plæstik] *adj* πλαστικός ‖ εύπλαστος ‖ *n pl* πλαστικά είδη.

plasticine [`plæstisi:n] *n* πλαστελίνη.

plate [pleit] *n* πιάτο ‖ δίσκος ‖ *(επιτραπέζια)* σκεύη ‖ πλάκα ‖ έλασμα, λάμα, φύλλο ‖ κλισέ ‖ *vt* επενδύω *(με ελάσματα)* ‖ επιμεταλλώνω ‖ **[dental]** ~, οδοντοστοιχία ‖ **number**-~, πινακίδα με τον αριθμό αυτοκινήτου.

plateau [`plætou] *n* οροπέδιο.

platform [`plætfo:m] *n* αποβάθρα *(σιδηρ. σταθμού)* ‖ εξέδρα ‖ *πολ*. πρόγραμμα.

platinum [`plætinəm] *n* πλατίνη ‖ *adj* πλατινένιος.

platitude [`plætitju:d] *n* κοινοτοπία.

platoon [plə`tu:n] *n* διμοιρία, ουλαμός.

platter [`plætə^r] *n* πιατέλα, πινάκιο.

plausible [`plo:zəbl] *adj* αληθοφανής *(άνθρ.)* πειστικός, μαλαγάνας ‖ **plausibility** [,plo:zə`biləti] αληθοφάνεια.

¹**play** [plei] *n* παιχνίδι, διασκέδαση ‖ παίξιμο ‖ παιχνίδισμα ‖ θεατρικό έργο ‖ ελευθερία *(κινήσεως, δράσεως)* ενέργεια, δράση ‖ **be at** ~, παίζω, σχολ. έχω διάλειμμα ‖ **in** ~, στ' αστεία ‖ **a** ~ **on words**, λογοπαίγνιο ‖ **fair/foul** ~, τίμιο/ανέντιμο παιχνίδι ‖ **child's** ~, παιχνιδάκι, κτ πολύ εύκολο ‖ **give free/full** ~ **to**, αφήνω εντελώς ελεύθερο ‖ **bring into** ~, θέτω σε ενέργεια ‖ **come into** ~, μπαίνω σε δράση ‖ ~-**acting**, ηθοποιΐα ‖ ~-**bill**, πρόγραμμα θεάτρου ‖ ~-**boy**, πλαίημπόυ ‖ ~-**fellow/mate**, συμπαίκτης ‖ ~-**house**, θέατρο *(το κτίριο)* ‖ ~-**school/group**, νηπιαγωγείο ‖ ~-**thing**, παιχνιδάκι, άθυρμα ‖ ~-**time**, σχολ. διάλειμμα ‖ ~-**wright**, δραματουργός.

²**play** [plei] *vti* παίζω ‖ παιχνιδίζω ‖ ρίχνω, γυρίζω, κατευθύνω ‖ ~ **at**, παίζω *(= δεν ασχολούμαι σοβαρά με κτ)* ‖ ~ **sth down**, προσπαθώ να μειώσω τη σημασία ‖ ~ **for**, προσπαθώ να κερδίσω ‖ ~ **one off against another**, στρέφω τον έναν εναντίον του άλλου ‖ ~ **out**, παίζω μέχρι τέλους ‖ **be** ~**ed out**, είμαι ξοφλημένος/ξεπερασμένος ‖ ~ **up**, παίζω με ζωντάνια, κάνω ζαβολιές ‖ ~ **up to sb**, κολακεύω κπ ‖ ~ **sb up**, ενοχλώ, βασανίζω κπ ‖ ~ **sth up**, υπερβάλλω, παρατονίζω κτ ‖ ~ **upon sth**, προσπαθώ να εκμεταλλευτώ ‖ ~**er**, παίκτης, ηθοποιός ‖ **record**-~, πικάπ ‖ ~**ful**, παιχνιδιάρικος ‖ ~**ing**, παιχνίδι, παίξιμο ‖ ~-**ing-card**, τραπουλόχαρτο ‖ ~-**ing-field**, γήπεδο ‖ ~**let**, θεατρ. εργάκι ‖ ~-**off**, επαναληπτικός αγώνας.

plea [pli:] *n* έκκληση ‖ πρόφαση ‖ *νομ.* ένσταση, ισχυρισμός.

plead [pli:d] *vti* επικαλούμαι, προβάλλω σα δικαιολογία ‖ υπερασπίζω, συνηγορώ υπέρ ǁ *νομ.* αγορεύω ǁ ~ *with sb for sth*, κάνω έκκληση σε κπ για κτ ǁ ~*ing*, παρακλητικός, *πληθ. νομ.* προτάσεις, ισχυρισμοί.

pleasant [pleznt] *adj* ευχάριστος ǁ ~*ry*, ευθυμία, κέφι, αστειότητα.

please *vt* ευχαριστώ, προκαλώ ευχαρίστηση ǁ θέλω, μου αρέσει ǁ ~*!* παρακαλώ ǁ ~ *yourself!* όπως σας αρέσει! κάνε το κέφι σου! ǁ ~*d*, ευχαριστημένος ǁ **pleasing**, ευχάριστος.

pleasure [`pleʒə`] *n* ευχαρίστηση ǁ χαρά, ηδονή, απόλαυση ǁ *with* ~, ευχαρίστως! ǁ *take* ~ *in sth*, βρίσκω ευχαρίστηση σε κτ ǁ ~*-boat/-craft*, θαλαμηγός ǁ ~*-ground*, λούνα παρκ ǁ **pleasurable**, απολαυστικός.

pleat [pli:t] *n* πιέτα, πτυχή, *πληθ.* πλισές ǁ *vt* πτυχώνω, κάνω πλισέ.

plebeian [pli`bi:ən] *adj* πληβείος.

plebiscite [`plebisit] *n* δημοψήφισμα.

pledge [pledʒ] *n* ενέχυρο ǁ εχέγγυο ǁ δεσμευτική υπόσχεση ǁ *vt* ενεχυριάζω ǁ δεσμεύομαι, εγγυούμαι ǁ προπίνω / εγείρω πρόποση υπέρ.

plenary [`pli:nəri] *adj* πλήρης, απόλυτος ǁ ~ *session*, ολομέλεια.

plenipotentiary [.plenipə`tenʃəri] *n* πληρεξούσιος.

plentiful [`plentifl] *adj* άφθονος.

plenty [`plenti] *n* αφθονία ǁ ~ *(of)*, ένα σωρό, πολλά.

pliable [plaiəbl] *adj* εύπλαστος.

pliers [plaiəz] *n pl* πένσα.

plight [plait] *n* θέση, κατάσταση, χάλι.

plimsolls [`plimsəlz] *n pl* πάνινα παπούτσια.

plod [plod] *vti* περπατώ βαριά, σέρνομαι ǁ δουλεύω συνέχεια ǁ ~*der*, ευσυνείδητος εργάτης, σταθερός πεζοπόρος ǁ ~*ding adj* αργός και επίπονος.

plonk [ploŋk] *n sl* παλιόκρασο ǁ παφλασμός, υδούπος ǁ *vi* πέφτω με παφλασμό / γδούπο.

plop [plop] *n* παφλασμός ǁ *vi* πέφτω με παφλασμό.

plot [plot] *n* κομμάτι γης ǁ συνωμοσία ǁ πλοκή *(ιστορίας)* ǁ *vt* σχεδιάζω, αποτυπώνω ǁ συνωμοτώ ǁ ~*ter*, συνωμότης.

plough [plau] *n* αλέτρι ǁ οργώματα ǁ *vti* οργώνω ǁ *sl* κόβω, απορρίπτω (σε εξετάσεις) ǁ ~ *back*, ξαναρίχνω τα κέρδη στην επιχείρηση ǁ ~ *through*, προχωρώ με δυσκολία ǁ ~ *the sand*, *μτφ.* ματαιοπονώ ǁ ~*man*, ζευγολάτης ǁ ~*share*, υνί ǁ ~*-tail*, χερούλατα ǁ *the* P~, η Μεγάλη Άρκτος ǁ *snow-*~, εκχιονιστήρας.

ploy [ploi] *n* κόλπο, τερτίπι, τέχνασμα.

pluck [plʌk] *n* θάρρος, κουράγιο ǁ απότομο τράβηγμα ǁ *vti* μαδώ ǁ κόβω ǁ μαζεύω *(λουλούδια, φρούτα)* ǁ ~ *at*, τραβώ ǁ ~ *out/up*, ξεριζώνω ǁ ~ *up courage*, συγκεντρώνω το θάρρος μου ǁ ~*y*, τολμηρός, ψυχωμένος.

plug [plʌg] *n* τάπα, βούλωμα ǁ ηλεκτρ. βύσμα, φίσα ǁ έντονη διαφήμιση ǁ *vt* ταπώνω, βουλώνω ǁ *sl* διαφημίζω έντονα ǁ ~ *in*, βάζω στην πρίζα.

plum [plʌm] *n* δαμάσκηνο ǁ *μτφ.* λουκούμι.

plumage [`plu:midʒ] *n* πτέρωμα, φτερά.

plumb [plʌm] *n* στάθμη ǁ βολίδα, σκανταγιό ǁ *vt* σταθμίζω, βυθομετρώ ǁ *US adv* ακριβώς, εντελώς ǁ ~*-line*, νήμα της στάθμης, αλφάδι ǁ *out of* ~, μη κατακόρυφος, γερτός.

plumber [`plʌmə`] *n* υδραυλικός.

plumbing [`plʌmiŋ] *n* υδραυλικά, σωληνώσεις ǁ το επάγγελμα του υδραυλικού.

plume [plu:m] *n* φτερό ǁ *vt* ~ *oneself on sth*, καμαρώνω για κτ.

plummet [`plʌmit] *n* βαρίδι ǁ *vi* πέφτω κατακόρυφα.

plummy [`plʌmi] *adj* λαχταριστός, περιζήτητος ǁ προσποιητός.

plump [plʌmp] *adj* παχουλός ǁ κατηγορηματικός ǁ *vti* ~ *up/out*, φουσκώνω ǁ ~ *down* ρίχνω ή πέφτω βαριά ǁ ~ *for*, ξεσπαθώνω / ψηφίζω υπέρ ǁ *adv* απότομα, στα ίσια, ωμά, κοφτά.

plunder [`plʌndə`] *n* λεηλασία, διαρπαγή, πλιάτσικο ǁ *vt* λεηλατώ ǁ ~*er*, πλιατσικολόγος.

plunge [plʌndʒ] *n* βουτιά ǁ *vti* βουτώ, βυθίζω, χώνω ǁ *take the* ~, παίρνω τη μεγάλη απόφαση *(παντρεύομαι, κλπ.)*.

plural [`pluərəl] *n* πληθυντικός ǁ ~*ism*, πλουραλισμός ǁ ~*ity*, πολλαπλότητα.

plus [plʌs] *prep* συν, μαζί με ǁ *adj* θετικός.

plush[y] [`plʌʃ(i)] *adj* λουσάτος, πολυτελής.

Pluto [`plu:təu] *n* Πλούτωνας.

plutocracy [plu:`tokrəsi] *n* πλουτοκρατία.

plutocrat [`plu:təkræt] *n* πλουτοκράτης.

plutocratic [.plu:təkrætik] *adj* πλουτοκρατικός.

plutonium [plu:`touniəm] *n* πλουτώνιο.

ply [plai] *n* καπλαμάς ǁ κλωνί (σκοινιού) ǁ *vti (πλοίου)* ταξιδεύω, εκτελώ συγκοινωνία ǁ ~ *a trade*, εξασκώ επάγγελμα ǁ ~ *sb with*, φορτώνω κπ με (φαΐ, ποτό, ερωτήσεις, κλπ.).

pneumonia [nju:`mouniə] *n* πνευμονία.

poach [`poutʃ] *vi* κυνηγώ / ψαρεύω λαθραία ǁ ~*er*, λαθροθήρας ǁ ~*ed*, *(αυγό)* ποσέ.

pocket [`pokit] n τσέπη ‖ θύλακας ‖ vt βάζω στην τσέπη, τσεπώνω ‖ ~-**book**, σημειωματάριο, US (γυναικείο) τσαντάκι, πορτοφόλι ‖ ~-**knife**, σουγιαδάκι ‖ ~-**money**, χαρτζιλίκι ‖ ~**ful**, όσο χωράει μια τσέπη ‖ **air-~**, κενό αέρος.

pock-marked [`pokma:kt] adj βλογιοκομμένος.

pod [pod] n φλούδα (οσπρίων) ‖ vt ξεφλουδίζω.

podgy [`podʒi] adj κοντόχοντρος.

podium [`poudiəm] n βήμα, εξέδρα.

poem [`pouim] n ποίημα.

poet [`pouit] n ποιητής ‖ ~**ry**, ποίηση ‖ ~**ic** [pou`etik] adj ποιητικός.

pogrom [`pogrəm] n πογκρόμ, διωγμός.

poignant [`poinjənt] adj οδυνηρός, σπαραχτικός ‖ **poignancy**, πόνος.

¹**point** [point] n σημείο ‖ στιγμή ‖ άκρη, αιχμή, μύτη ‖ γραμμή (κλίμακος) ‖ πόντος ‖ πρίζα ‖ σκοπιμότητα ‖ άποψη, θέμα, ζήτημα ‖ ~ **of view**, άποψη ‖ ~ **of law**, νομικό θέμα/ζήτημα ‖ ~ **of honour**, θέμα τιμής ‖ **be on the ~ of**, είμαι έτοιμος να ‖ **carry one's ~**, επιβάλλω την άποψή μου ‖ **get/see sb's ~**, καταλαβαίνω την άποψη κάποιου ‖ **in ~ of fact**, στην πραγματικότητα ‖ **make a ~**, τονίζω, αποδεικνύω κτ ‖ **make one's ~**, αποδεικνύω την άποψή μου ‖ **miss the ~**, δεν πιάνω το νόημα ‖ **off the ~**, άσχετος, εκτός θέματος ‖ **take sb's ~**, δέχομαι την άποψη κάποιου ‖ **to the ~**, επί του θέματος ‖ **turning-~**, καμπή ‖ **up to a ~**, ως ένα σημείο ‖ **when it comes to the ~**, όταν φθάσει η κρίσιμη στιγμή ‖ **win/be beaten on ~s**, κερδίζω/χάνω στα σημεία ‖ ~-**blank**, απότομος, κατηγορηματικός, κοφτός, adv στα ίσια, κατηγορηματικά ‖ ~**er**, δείκτης, χάρακας, λαγωνικός, νύξη ‖ ~**less**, άσκοπος, χωρίς σκορ ‖ ~**sman**, σιδηροδρ. κλειδούχος.

²**point** [point] vti ~ **at/to**, δείχνω ‖ ~ **at/towards**, στρέφω προς ‖ ~ **out**, υποδεικνύω, τονίζω, επισημαίνω ‖ φτιάχνω μύτη σε κτ ‖ ~**ed**, μυτερός, αιχμηρός, καυστικός.

poise [poiz] n ισορροπία ‖ παράστημα ‖ αυτοκυριαρχία, νηφαλιότητα ‖ vti ισορροπώ ‖ κρατώ ‖ ζυγιάζομαι, αιωρούμαι.

poison [poizn] n δηλητήριο ‖ vt δηλητηριάζω, φαρμακώνω ‖ ~**er**, δηλητηριαστής ‖ ~**ous**, δηλητηριώδης.

poke [pouk] vti τσιγκλάω, κεντρίζω ‖ μπήγω, χώνω ‖ τρυπώ ‖ **[about]**, ανασκαλεύω, συδαυλίζω, σκαλίζω ‖ ~ **fun at sb**, κοροϊδεύω, περιγελώ κπ ‖ ~**r**, τσιμπίδα, μασιά, χαρτοπ. πόκερ.

poky [`pouki] adj (για χώρο) περιορισμένος, στενόχωρος.

polar [`poulə⁷] adj πολικός ‖ διαμετρικά αντίθετος ‖ ~**ize**, πολώνω ‖ ~**ization** [.poulərai`zeiʃn] πόλωση.

pole [poul] n πόλος ‖ στύλος, κοντάρι, κολώνα ‖ **be ~s apart**, είμαστε διαμετρικά αντίθετοι ‖ **be up the ~**, είμαι στριμωγμένος/παλαβός ‖ ~-**cat**, νυφίτσα ‖ ~-**jumping/-vault**, άλμα επί κοντώ ‖ ~-**star**, πολικός αστέρας.

Pole [poul] n Πολωνός ‖ **Polish**, πολωνικός.

polemic [pə`lemik] adj πολεμικός ‖ n πολεμική.

police [pə`li:s] n αστυνομία ‖ adj αστυνομικός ‖ vt αστυνομεύω ‖ ~ **constable**, αστυφύλακας ‖ ~ **court**, πταισματοδικείο ‖ ~-**magistrate**, πταισματοδίκης ‖ ~ **force**, αστυνομικό σώμα ‖ ~-**man/-officer**, αστυνομικός ‖ ~ **station**, αστυνομικό τμήμα ‖ ~ **van**, κλούβα ‖ ~-**woman**, αστυνομικίνα.

policy [`poləsi] n πολιτική, τακτική ‖ ασφαλιστήριο συμβόλαιο.

polio [`pouliou] n πολιομυελίτιδα.

polish [`poliʃ] n γυαλάδα, στιλπνότητα ‖ βερνίκι, λούστρο ‖ φινέτσα ‖ vti γυαλίζω, λουστράρω ‖ ~ **off**, τελειώνω γρήγορα, ξεμπερδεύω, καθαρίζω ‖ ~ **up**, κάνω την τελευταία επεξεργασία ‖ ~**ed**, γυαλισμένος, ραφινάτος.

politburo [`politbjuərou] n πολιτικό γραφείο (κόμματος).

polite [pə`lait] adj ευγενικός ‖ ~**ness**, ευγένεια.

political [pə`litikəl] adj πολιτικός.

politician [.polə`tiʃn] n πολιτικός.

politics [`politiks] n πολιτική.

polka [`polkə] n χορ. πόλκα.

poll [poul] n ψηφοφορία, κάλπη, εκλογικός κατάλογος ‖ vti ψηφίζω, συγκεντρώνω ψήφους ‖ ~**ing booth/station**, εκλογικό παραβάν/τμήμα ‖ **public opinion ~**, σφυγμομέτρηση της κοινής γνώμης.

pollen [`polən] n γύρη (λουλουδιών).

pollinate [`polineit] vt γονιμοποιώ.

pollute [pə`lu:t] vt μολύνω.

pollution [pə`lu:ʃn] n μόλυνση.

polo [`poulou] n πόλο ‖ ~-**neck**, ζιβάγκο.

poltroon [pol`tru:n] adj άνανδρος.

polygamist [pə`ligəmist] n πολύγαμος.

polygamy [pə`ligəmi] n πολυγαμία.

polyglot [`poliglot] n πολύγλωσσος.

polyp [`polip] n ζωολ., ιατρ. πολύπους.

polyphony [pə`lifəni] n πολυφωνία.

polysyllable [`polisiləbl] n πολυσύλλαβη λέξη.

polytechnic [.poli`teknik] n Πολυτεχνείο.

pomegranate [`pomigrænət] n ρόδι.

pomp [pomp] n πομπή, λαμπρότητα || ~ous, πομπώδης.

ponce [pons] n νταβατζής.

pond [pond] n λιμνούλα.

ponder [`pondə`] vti ~ [over], συλλογίζομαι, ζυγιάζω με το νου || ~able, σταθμητός || ~ous, βαρύς, δυσκίνητος, στριφνός, πληκτικός.

pontiff [`pontif] n ποντίφηκας.

pontifical [pon`tifikl] adj πομπώδης || παπικός || n pl ~s, αρχιερατικά άμφια.

pontificate [pon`tifikeit] vi αποφθέγγομαι.

pontoon [pon`tu:n] n πλωτό βάθρο γέφυρας || επίπεδη βάρκα || χαρτοπ. εικοσιένα.

pony [`pouni] n αλογάκι, πόνεϊ.

poodle [pu:dl] n σγουρόμαλλο σκυλάκι.

pooh-pooh [.pu:`pu:] vt ειρωνεύομαι.

pool [pu:l] n λιμνούλα, λακκούβα (με νερό) || χαρτοπ. ποτ || US μπιλιάρδο || vt συγκεντρώνω, κάνω κοινοπραξία.

poor [puə`] adj φτωχός || καημένος || ταπεινός || ανεπαρκής, λιγοστός || κακός, παρακατιανός || δειλός || be in ~ health, δεν είμαι καλά στην υγεία μου || ~ly adj αδιάθετος, adv άσχημα, φτωχικά || ~ly off, σε άσχημη οικονομική κατάσταση || ~ness, φτώχεια (του εδάφους).

pop [pop] n μπαμπάς || ξερός κρότος || γκαζόζα || (για μουσική, τέχνη) ποπ || in ~, sl αμανάτι || vti σκάζω (με ξερό κρότο) || ρίχνω, πυροβολώ || καθΟμου vντίζω καλαμπόκι || κινώ / -ούμαι γρήγορα και ξαφνικά || ~ into, πετώ, ρίχνω γρήγορα || ~ off, φεύγω, στρίβω || ~ out, πετάγομαι έξω από || ~ over / across / round / to, πετάγομαι απέναντι / στη γωνία / έως || ~ up, εμφανίζομαι ξαφνικά || ~ the question, κάνω πρόταση γάμου || ~corn, ποπκόρν || ~eyed, γουρλομάτης.

pope [poup] n παπάς || the P~, Πάπας || ~ry [`poupəri] παπισμός.

poplar [`poplə`] n λεύκα.

poplin [`poplin] n ποπλίνα.

poppa [`po:pə] n US μπαμπάς.

poppet [`popit] n (χαϊδευτικά) χρυσούλι.

poppy [`popi] n παπαρούνα || ~cock, μπούρδες, σαχλαμάρες.

populace [`popjuləs] n όχλος, μάζες.

popular [`popjulə`] adj λαϊκός || δημοφιλής || be ~ with, είμαι αγαπητός εις || ~ity, δημοτικότητα || ~ize, εκλαϊκεύω, κάνω δημοφιλή || ~ization, εκλαΐκευση.

populated [`popjuleitid] adj κατοικημένος.

population [.popju`leiʃn] n πληθυσμός.

populism [`popjulizm] n λαϊκισμός ||

populist, δημαγωγός.

populous [`popjuləs] adj πολυάνθρωπος.

porcelain [`po:səlin] n πορσελάνη.

porch [po:tʃ] n (στεγασμένη) πύλη || νάρθηκας || US βεράντα [στην πρόσοψη].

porcupine [`po:kjupain] n ακανθόχοιρος.

pore [po:`] n πόρος || ~ over / upon, διαβάζω προσεχτικά, μελετώ.

pork [po:k] n χοιρινό κρέας.

porn [po:n] n πορνογραφία.

pornography [po:`nogrəfi] n πορνογραφία || pornographer, πορνογράφος || pornographic, πορνογραφικός.

porous [`po:rəs] adj πορώδης.

porpoise [`po:pəs] n είδος δελφινιού.

porridge [`poridʒ] n χυλός, κουρκούτι.

port [po:t] n λιμάνι || μτφ. καταφύγιο || μπουκαπόρτα || (κρασί) πορτό || ~arms! στρατ. λαβή προσβολής, αρμ!

portable [`po:təbl] adj φορητός.

portal [`po:tl] n είσοδος, πύλη.

portend [po:`tend] vt προμηνύω.

portent [`po:tənt] n οιωνός.

porter [`po:tə`] n αχθοφόρος || θυρωρός.

portfolio [po:t`fouliou] n χαρτοφύλακας || χαρτοφυλάκιο || Minister without ~, υπουργός άνευ χαρτοφυλακίου.

portico [`po:tikou] n πρόναος.

portion [`po:ʃn] n τμήμα, μερίδιο || μερίδα || μοίρα, πεπρωμένο || vt ~ out, μοιράζω || ~ sth to sb, προικίζω κπ με κτ.

portly [`po:tli] adj παχύς, επιβλητικός.

portrait [`po:trit, -treit] n πορτραίτο, προσωπογραφία || ~ painter, προσωπογράφος.

portray [po:`trei] vt ζωγραφίζω || απεικονίζω || ~al, απεικόνιση, πορτραίτο.

pose [pouz] n πόζα || vti ποζάρω || παίρνω πόζες || θέτω [προς συζήτηση].

posh [poʃ] adj σικ, αριστοκρατικός, πλούσιος.

position [pə`ziʃn] n θέση || πόστο || σειρά || κατάσταση || τοποθεσία || στάση, γνώμη || vt τοποθετώ.

positive [`pozətiv] n θετικό (φωτογραφίας) || adj θετικός || κατηγορηματικός || εποικοδομητικός || πραγματικός, αληθινός.

positivism [`pozitivizm] n θετικισμός.

possess [pə`zes] vt έχω, κατέχω || κυριαρχώ, εξουσιάζω || καταλαμβάνω, πιάνω || be ~ed, είμαι δαιμονισμένος / τρελλός.

possession [pə`zeʃn] n κατοχή, κυριότητα || κτήση, κτήμα, πληθ. υπάρχοντα || be in full ~ of one's senses, έχω όλα μου τα λογικά.

possessive [pə`zesiv] adj κτητικός || δεσποτικός || ζηλότυπος.

possibility [ˌposəˈbiləti] *n* πιθανότητα, ενδεχόμενο, δυνατότητα.

possible [ˈposəbl] *adj* δυνατός, μπορετός || κατάλληλος || **possibly**, ενδεχομένως, ίσως, δυνατόν.

possum [ˈposəm] *n* στη φρ. **play ~**, κάνω την πάπια, κάνω τον ψόφιο κοριό.

post [poust] *n* θέση, πόστο || ταχυδρομείο || στύλος, κολώνα || *vt* ταχυδρομώ || **~ up**, καταχωρώ, λογιστ. ενημερώνω || τοιχοκολλώ || **keep sb ~ed**, κρατώ κπ ενήμερο || **by ~**, ταχυδρομικώς || **by return of ~**, με το ταχυδρομείο της επιστροφής, αμέσως || **~age**, ταχυδρομικά τέλη || **~al**, ταχυδρομικός || **~bag**, ταχυδρομικός σάκος || **~box**, ταχυδρομικό κουτί || **~card**, ταχυδρομικό δελτάριο || **~code**, ταχυδρομικός τομέας || **~man**, ταχυδρόμος || **~ office**, ταχυδρομικό γραφείο || **~ office box (P O box)**, ταχυδρομική θυρίδα.

post— [poust] *prefix* μετα— || **~date**, μεταχρονολογώ || **~graduate**, μεταπτυχιακός || **~humous**, μεταθανάτιος || **~ meridiem**, μετά μεσημβρίαν (*βραχυγρ. p.m.*) || **~mortem**, μεταθανάτιος, *n* νεκροψία || **~script**, υστερόγραφο || **~war**, μεταπολεμικός.

poster [ˈpoustər] *n* αφίσα || τοιχοκολλητής.

posterior [poˈstiəriər] *adj* μεταγενέστερος.

posterity [poˈsterəti] *n* απόγονοι, μεταγενέστεροι.

postern [ˈpostən] *n* παραπορτάκι.

postpone [pəˈspoun] *vt* αναβάλλω.

postulant [ˈpostjulənt] *n* υποψήφιος.

¹**postulate** [ˈpostjuleit] *vt* αξιώνω || θέτω ως αξίωμα.

²**postulate** [ˈpostjulət] *n* γεωμ. αξίωμα.

posture [ˈpostʃər] *n* θέση || πόζα, στάση || κατάσταση.

posy [ˈpouzi] *n* μπουκετάκι.

pot [pot] *n* δοχείο || γλάστρα || *vt* παστώνω || φυτεύω σε γλάστρα || **~ted**, παστωμένος, σε κιούπι, (*για βιβλίο*) κουτσουρεμένος.

potable [ˈpotəbl] *adj* πόσιμος.

potash [ˈpotæʃ] *n* ποτάσα.

potato [pəˈteitou] *n* πατάτα.

potency [ˈpoutənsi] *n* δραστικότητα, σεξουαλική ικανότητα, δύναμη.

potent [ˈpoutənt] *adj* δραστικός, ικανός, κραταιός || **~ate**, άρχοντας, ηγεμόνας.

potential [pəˈtenʃl] *n* δυναμικό || ηλεκτρ. τάση || *adj* δυνατός, ενδεχόμενος || **~ity** [pə.tenʃiˈæləti] *n* δυνατότητα, δυναμικότητα, δυναμικό.

potion [ˈpouʃn] *n* ρόφημα, δόση, φίλτρο.

pot-pourri [ˌpouˈpuəri] *n* ποτ-πουρί.

potter [ˈpotər] *n* αγγειοπλάστης || **~y**, κεραμική, είδη κεραμικής || *vti* **~ about**, ψευτοδουλεύω.

potty [ˈpoti] *adj* ασήμαντος, τιποτένιος || τρελλός, παλαβός.

pouch [pautʃ] *n* σάκος, σακούλα.

pouf[fe] [puːf] *n* πουφ, μαξιλάρι.

poulterer [ˈpoultərər] *n* πτηνοτρόφος.

poultice [ˈpoultis] *n* κατάπλασμα.

poultry [ˈpoultri] *n* πουλερικά.

pounce [pauns] *n* πήδημα, εφόρμηση || *vi* **~ on/at**, πηδώ, εφορμώ, επιπίπτω.

pound [paund] *n* λίβρα || λίρα || μάντρα || *vti* κοπανίζω, τρίβω || κοπανάω, χτυπώ.

pour [poːr] *vti* χύνω/-ομαι, ξεχύνομαι, σερβίρω.

pout [paut] *n* στραβομουτσούνιασμα || *vti* στραβομουτσουνιάζω.

poverty [ˈpovəti] *n* φτώχεια || **~-stricken**, πάμπτωχος, εξαθλιωμένος.

powder [ˈpaudər] *n* σκόνη || πούδρα || μπαρούτι || *vti* κάνω σκόνη || πουδράρω || **~y**, πουδραρισμένος, σα σκόνη.

power [ˈpauər] *n* δύναμη, ενέργεια || ικανότητα || εξουσία, επιρροή || *μαθημ.* δύναμη || **a ~ of good**, πολύ καλό || **beyond/within one's ~**, πέραν/εντός των δυνάμεών μου || **~-boat**, βενζινάκατος || **~ful**, ισχυρός, δυνατός || **~-house/-station**, εργοστάσιο ηλεκτρικής ενέργειας || **~less**, ανίσχυρος || **~-point**, πρίζα || **horse~**, ιπποδύναμη.

powwow [ˈpauwau] *n* χιουμ. διάσκεψη.

pox [poks] *n colloq* **the ~**, σύφιλη.

practicable [ˈpræktikəbl] *adj* δυνατός, εφαρμόσιμος || διαβατός.

practical [ˈpræktikl] *adj* πρακτικός || θετικός || χρήσιμος || **~ity**, πρακτικότητα.

practice [ˈpræktis] *n* πρακτική, πράξη || συνήθεια, έξη, έθιμο || άσκηση || εξάσκηση || **in ~**, στην πράξη, πρακτικά || **make a ~ of doing sth**, κάνω κτ από συνήθεια || **be in ~/out of ~**, είμαι / δεν είμαι σε φόρμα || **sharp ~**, κατεργαριά.

practise [ˈpræktis] *vt* ασκώ (*επάγγελμα*) || [εξ]ασκούμαι, γυμνάζομαι, μελετώ || εφαρμόζω στην πράξη.

practitioner [prækˈtiʃənər] *n* ελεύθερος επαγγελματίας || **general ~ (GP)**, γιατρός παθολόγος.

praetor [ˈpriːtər] *n* πραίτωρ || **~ian**, [priˈtoːriən] πραιτωριανός.

pragmatic [prægˈmætik] *adj* πρακτικός,

ρεαλιστικός, θετικός.

pragmatism [`prægmətizəm] *n* πραγματισμός, ρεαλισμός, θετικότητα || **pragmatist**, ρεαλιστής, πραγματιστής.

praise [preiz] *n* έπαινος || αίνος || *vt* επαινώ || αινώ || *sing sb's* ~*s*, ψέλνω ύμνους για κπ || ~**worthy**, αξέπαινος.

pram [præm] *n* καροτσάκι μωρού.

prance [pra:ns] *vi (άλογο)* χοροπηδώ || κορδώνομαι, καμαρώνω.

prank [præŋk] *n* ζαβολιά, φάρσα.

prattle [prætl] *n* φλυαρία, πάρλα || *vi* φλυαρώ.

prawn [pro:n] *n* καραβίδα.

pray [prei] *vti* προσεύχομαι || παρακαλώ || ~**er**, προσευχή || παράκληση || *say one's* ~*ers*, κάνω την προσευχή μου.

preach [pri:tʃ] *vti* κηρύσσω || νουθετώ || ~**er**, ιεροκήρυκας || ~**ify**, *υποτιμ.* κάνω κήρυγμα.

preamble [pri:`æmbl] *n* πρόλογος, προοίμιο, αιτιολογική έκθεση [νόμου].

prearrange [.pri:ə`reindʒ] *vt* προκαθορίζω, ρυθμίζω εκ των προτέρων || ~**ment**, προσυνεννόηση.

precarious [pri`keəriəs] *adj* επισφαλής, αβέβαιος.

precaution [pri`ko:ʃn] *n* προφύλαξη || *as a* ~, για κάθε ενδεχόμενο, καλού-κακού || ~**ary**, προφυλακτικός, προληπτικός.

precede [pri`si:d] *vti* προηγούμαι.

precedence [`presidəns] *n* προτεραιότητα, προβάδισμα || *have/take* ~ *over sb*, προηγούμαι κάποιου.

precedent [`presidənt] *n* προηγούμενο || *set/establish a* ~, δημιουργώ προηγούμενο.

precentor [pri`sentər] *n* πρωτοψάλτης.

precept [`pri:səpt] *n* δίδαγμα, παραίνεση, κανόνας || ~**or**, διδάσκαλος.

precinct [`pri:siŋkt] *n* περίβολος || *US* περιφέρεια || *πληθ.* τα πέριξ, όρια || τομέας πόλης.

preciosity [.preʃi`osəti] *n* επιτήδευση.

precious [`preʃəs] *adj* πολύτιμος, ακριβός || εξεζητημένος, επιτηδευμένος || *(ως επιτατικό)* τέλειος || *adv* πάρα πολύ || ~**ly**, πολύ.

precipice [`presəpis] *n* γκρεμός.

precipitate [prə`sipiteit] *n* ίζημα || *vt* γκρεμίζω || επισπεύδω, επιταχύνω || *χημ.* υγροποιώ || [pri`sipitət] *adj* εσπευσμένος, βιαστικός.

precipitation [prə.sipi`teiʃn] *n* επίσπευση || καθίζηση || πτώση *(βροχής, κλπ.)* || βιασύνη.

precipitous [prə`sipitəs] *adj* απόκρημνος.

précis [`preisi] *n* περίληψη, σύνοψη.

precise [pri`sais] *adj* ακριβής || ακριβολόγος, λεπτολόγος || ~**ly**, ακριβώς.

precision [pri`siʒn] *n* ακρίβεια.

preclude [pri`klu:d] *vt* εμποδίζω, αποκλείω, προλαβαίνω.

precocious [pri`kouʃəs] *adj* πρόωρος, πρώιμος || **precocity**, πρόωρη ανάπτυξη.

preconceive [.pri:kən`si:v] *vt* προκαταλαμβάνω, προδικάζω || **preconception**, προκατάληψη.

precondition [.pri:kən`diʃn] *n* προϋπόθεση.

precursor [pri:`kə:sər] *n* πρόδρομος.

predatory [`predətəri] *adj* αρπακτικός, ληστρικός.

predecease [.pri:di`si:s] *vi* προαποβιώνω.

predecessor [`pri:disesər] *n* προκάτοχος || προηγούμενος.

predestinate [pri:`destineit] *adj* προκαθορισμένος, μοιραίος.

predestination [.pri:desti`neiʃn] *n* προορισμός, μοίρα.

predestine [.pri:`destin] *vt* προορίζω.

predetermine [.pri:di`tə:min] *vt* προκαθορίζω || προδιαθέτω.

predicament [pri`dikəmənt] *n* δύσκολη θέση, δυσχέρεια, μπλέξιμο.

predicate [`predikət] *n γραμμ.* κατηγόρημα.

predict [pri`dikt] *vt* προλέγω || ~**able**, προβλέψιμος, αναμενόμενος.

predilection [.pri:di`lekʃn] *n* προτίμηση.

predispose [.pri:dis`pouz] *vt* προδιαθέτω || **predisposition**, προδιάθεση.

predominant [pri`dominənt] *adj* δεσπόζων || **predominance**, υπεροχή, επικράτηση.

predominate [pri`domineit] *vi* κυριαρχώ.

pre-eminent [.pri:`eminənt] *adj* διαπρεπής || ~**ly**, κατ' εξοχήν, προ παντός, κυρίως.

pre-empt [.pri:`empt] *vt* αποκτώ / ενεργώ πρώτος || ~**ion**, προαγορά, προληπτική ενέργεια || ~**ive**, προληπτικός.

preen [pri:n] *vt* ~ *oneself*, στολίζομαι, φτιάχνομαι || ~ *oneself on sth*, καμαρώνω για κτ.

pre-exist [.pri:ig`zist] *vi* προϋπάρχω || ~**ence**, προϋπαρξη || ~**ent**, προϋπάρχων.

prefab[ricate] [.pri:`fæbrikeit] *vt* προκατασκευάζω || *adj* προκάτ || **prefabrication**, προκατασκευή.

preface [`prefis] *n* πρόλογος || *vt* προλογίζω.

prefect [`pri:fəkt] *n σχολ.* επιμελητής || *(στη Γαλλία)* έπαρχος, νομάρχης.

prefecture [`pri:fəktjuər] *n* νομός, νομαρχία.

prefer [pri`fə:r] *vt* ~ *[to]*, προτιμώ *(από)* || προβιβάζω, προάγω.

preferable [`prefərəbl] *adj* προτιμητέος ||

preferably, κατά προτίμηση.
preference [ˈprefrəns] n προτίμηση.
preferential [ˌprefəˈrenʃəl] adj προνομιακός.
preferment [priˈfɔːmənt] n προαγωγή.
prefix [ˈpriːfiks] n πρόθεμα.
pregnancy [ˈpregnənsi] n εγκυμοσύνη.
pregnant [ˈpregnənt] adj έγκυος ‖ ~ **with**, πλήρης, μεστός.
prehistoric [ˌpriːhiˈstorik] adj προϊστορικός.
prehistory [priˈhistəri] n προϊστορία.
prejudge [ˌpriːˈdʒʌdʒ] vt προδικάζω.
prejudice [ˈpredʒudis] n πρόληψη, προκατάληψη ‖ βλάβη, ζημιά ‖ vt προδιαθέτω, επηρεάζω ‖ βλάπτω, ζημιώνω ‖ ~**d**, προκατειλημμένος.
prejudicial [ˌpredʒuˈdiʃl] adj επιβλαβής, επιζήμιος.
prelate [ˈprelət] n ιεράρχης.
preliminary [priˈliminəri] adj προκαταρκτικός, προκριματικός, προεισαγωγικός.
prelude [ˈpreljuːd] n πρελούδιο, προοίμιο, εισαγωγή.
premarital [ˌpriːˈmæritl] adj προγαμιαίος.
premeditate [ˌpriːˈmediteit] vt προμελετώ, προσχεδιάζω ‖ **premeditation**, προμελέτη.
premier [ˈpremiəʳ] n πρωθυπουργός.
première [ˈpremieəʳ] n πρεμιέρα.
premise [ˈpremis] n πρόταση (συλλογισμού) ‖ πληθ. οίκημα, κτίριο, κατάστημα ‖ εισαγωγή (εγγράφου, κλπ.).
premium [ˈpriːmiəm] n ασφάλιστρο ‖ δώρο, πριμ ‖ βραβείο ‖ επιμίσθιο ‖ χρηματ. υπερτίμηση ‖ **put a ~ on**, επιβραβεύω.
premonition [ˌpreməˈniʃn] n προαίσθημα.
prenatal [priˈneitl] adj προγενέθλιος.
preoccupation [ˌpriːokjuˈpeiʃn] n φροντίδα, απασχόληση, απορρόφηση, έγνοια.
preoccupy [priˈokjupai] vt απασχολώ.
prep [prep] n βραδινή μελέτη ‖ ~ **school**, προπαρασκευαστικό σχολείο.
preparation [ˌprepəˈreiʃn] n προπαρασκευή, προπαρασκευή ‖ παρασκεύασμα.
preparatory [priˈpærətəri] adj προπαρασκευαστικός, προκαταρκτικός ‖ ~ **to**, πριν από.
prepare [priˈpeəʳ] vti προετοιμάζω / -ομαι, προπαρασκευάζω / -ομαι ‖ ~**d**, προετοιμασμένος, διατεθειμένος, πρόθυμος ‖ ~**dness**, ετοιμότητα.
preposition [ˌprepəˈziʃn] n πρόθεση.
prepossess [ˌpriːpəˈzes] vt προδιαθέτω ευνοϊκά ‖ ~**ing**, ελκυστικός.
preposterous [priˈpostərəs] adj παράλογος, τερατώδης.
prerequisite [ˌpriːˈrekwizit] n αναγκαία

prerogative [priˈrogətiv] n προνόμιο.
presage [ˈpresidʒ] n προαίσθημα, οιωνός.
Presbyterian [ˌprezbiˈtiəriən] n, adj Πρεσβυτεριανός.
presbytery [ˈprezbitəri] n πρεσβυτέριο.
prescribe [priˈskraib] vt ορίζω, επιβάλλω.
prescription [priˈskripʃn] n συνταγή (γιατρού) ‖ εντολή.
prescriptive [priˈskriptiv] adj κανονιστικός, ρυθμιστικός.
presence [ˈprezns] n παρουσία ‖ παρουσιαστικό ‖ **in my ~**, ενώπιόν μου ‖ ~ **of mind**, ετοιμότητα (πνεύματος).
¹**present** [ˈpreznt] n δώρο ‖ ενεστώτας ‖ παρόν ‖ adj παρών ‖ ~ **company excepted**, οι παρόντες εξαιρούνται ‖ **at** ~, τώρα ‖ **for the** ~, επί του παρόντος, προς το παρόν ‖ **make a ~ of sth**, χαρίζω κτ ‖ ~**ly**, παρευθύς, τώρα.
²**present** [priˈzent] vt παρουσιάζω, εμφανίζω ‖ δωρίζω, προσφέρω ‖ ~**able**, παρουσιάσιμος, εμφανίσιμος ‖ ~**ation**, εμφάνιση, παρουσίαση, προσφορά, δώρο.
presentiment [priˈzentimənt] n αόριστο [κακό] προαίσθημα.
preservation [ˌprezəˈveiʃn] n διατήρηση, συντήρηση.
preservative [priˈzəːvətiv] n συντηρητικό.
preserve [priˈzəːv] vt διατηρώ, συντηρώ, διασώζω ‖ προστατεύω, [προ]φυλάσσω ‖ n κομπόστα, γλυκό κουταλιού ‖ περιοχή όπου απαγορεύεται το κυνήγι.
preside [priˈzaid] vi ~ **at**, προεδρεύω ‖ ~ **over**, προΐσταμαι.
presidency [ˈprezidənsi] n προεδρία.
president [ˈprezidənt] n πρόεδρος.
presidium [priˈzidiəm] n Προεδρείο.
¹**press** [pres] n πίεση, σφίξιμο ‖ πρέσα, πιεστήριο ‖ μτφ. πυρετός, άγχος ‖ πλήθος, συνωστισμός, στριμωξίδι ‖ **the** ~, τύπος (εφημερίδες, κλπ.) ‖ ~ **photographer**, φωτορεπόρτερ ‖ ~ **cutting**, απόκομμα εφημερίδας.
²**press** [pres] vti πιέζω ‖ πατώ ‖ στίβω ‖ σφίγγω ‖ σιδερώνω ‖ επείγω ‖ επιστρατεύω βίαια ‖ ~ **one's advantage**, εκμεταλλεύομαι το πλεονέχτημά μου ‖ ~ **home an attack**, συνεχίζω μια επίθεση με αμείωτη ένταση ‖ **be ~ed for**, πιέζομαι για, δεν έχω αρκετά ‖ ~ **sth upon sb**, πιέζω κπ να δεχτεί κτ ‖ ~ **down upon sb**, βαρύνω, συνθλίβω, συντρίβω ‖ ~**ing**, επείγων, πιεστικός.
pressure [ˈpreʃəʳ] n πίεση ‖ ~-**cooker**, χύτρα ταχύτητος ‖ **blood-~**, αρτηριακή πίεση.
prestige [preˈstiːʒ] n γόητρο, κύρος.
prestigious [preˈstidʒəs] adj περίβλεπτος.

presumably [pri`zju:məbli] *adv* κατά τα φαινόμενα, ίσως, ενδεχομένως.

presume [pri`zju:m] *vti* [προ]ϋποθέτω, παίρνω σα δεδομένο, θεωρώ || αποτολμώ, παίρνω το θάρρος || ~ *upon sth*, καταχρώμαι.

presumption [pri`zʌmpʃn] *n* υπόθεση, ένδειξη, τεκμήριο || έπαρση, τόλμη.

presumptive [pri`zʌmptiv] *adj* υποθετικός.

presumptuous [pri`zʌmptʃəs] *adj* προπετής, αλαζονικός.

presuppose [.pri:sə`pouz] *vt* προϋποθέτω.

pretence [pri`tens] *n* πρόσχημα, προσποίηση, πρόφαση || αξίωση.

pretend [pri`tend] *vti* παριστάνω, κάνω πως, προσποιούμαι || ~ *to*, διεκδικώ, εγείρω αξίωση εις || ~**er**, διεκδικητής, μνηστήρας (θρόνου).

pretension [pri`tenʃn] *n* αξίωση, φιλοδοξία || **make** ~**s to**, ισχυρίζομαι ότι έχω.

pretentious [pri`tenʃəs] *adj* ξιππασμένος, κούφος, εξεζητημένος || ~**ness**, οίηση.

preternatural [.pri:tə`nætʃrl] *adj* υπερφυσικός.

pretext [`pri:tekst] *n* πρόφαση.

prettify [`pritifai] *vt* ωραιοποιώ (άνοστα).

pretty [`priti] *adj* χαριτωμένος || ωραίος || σημαντικός || *adv* αρκετά || ~ *much/nearly/well*, σχεδόν, περίπου || **prettily**, χαριτωμένα || **prettiness**, χάρη.

prevail [pri`veil] *vi* επικρατώ, κυριαρχώ || ~ *over*, υπερισχύω, [υπερ]νικώ || ~ *upon sb to do sth*, πείθω κπ να κάμει κτ || ~**ing**, επικρατών.

prevalence [`prevələns] *n* επικράτηση, γενίκευση.

prevalent [`prevələnt] *adj* επικρατών.

prevaricate [pri`værikeit] *vi* υπεκφεύγω, ανακριβολογώ || **prevarication**, υπεκφυγή, ανακρίβεια, σοφιστεία.

prevent [pri`vent] *vt* αποτρέπω, προλαμβάνω || ~ *sb from doing sth*, εμποδίζω κπ να κάμει κτ || ~**able**, αποτρέψιμος || ~**ion**, πρόληψη || ~**ive**, προληπτικός.

previous [`pri:viəs] *adj* προηγούμενος || ~ *to*, προ, πριν από || ~**ly**, προηγουμένως.

prey [prei] *n* βορά, θύμα, λεία || *vi* ~ *upon*, κυνηγώ, λυμαίνομαι, βασανίζω || **be a** ~ *to*, βασανίζομαι.

price [prais] *n* τιμή || *vt* τιμολογώ, διατιμώ || τιμώ, εκτιμώ || **at a** ~, αρκετά ακριβά || **put a** ~ **on sb's head**, επικηρύσσω κπ || **beyond/above** ~, ανεκτίμητος || ~**-control**, διατίμηση || ~**less**, αμίμητος, ανεκτίμητος || ~**-list**, τιμοκατάλογος || ~**y**, ακριβός.

prick [prik] *n* τρύπημα, τσίμπημα || *vti* τρυπώ || κεντώ, τσιμπώ, πονώ || ~ *up*

one's ears, τεντώνω τ' αυτιά.

prickle [prikl] *n* αγκάθι.

prickly [`prikli] *adj* αγκαθωτός, ακανθώδης || ευερέθιστος, μυγιάγγιχτος || ~ *pear*, φραγκόσυκο, φραγκοσυκιά.

pride [praid] *n* περηφάνεια || εγωισμός, φιλότιμο || αλαζονία, έπαρση || καμάρι || *vt* ~ *oneself upon sth*, καμαρώνω για κτ || **take** ~ **in sth**, περηφανεύομαι για κτ.

priest [pri:st] *n* ιερεύς, παπάς || ~**ess**, ιέρεια || ~**hood**, ιερωσύνη, κλήρος || ~**ly** *adj* ιερατικός.

prig [prig] *n* ηθικολόγος, πουριτανός || ~**gish**, πουριτανικός, σεμνότυφος || ~**gishness**, σεμνοτυφία, πουριτανισμός.

prim [prim] *adj* περιποιημένος, σχολαστικός, τυπικός, επιτηδευμένος || ~**ness**, πάστρα, ευπρέπεια, σχολαστικότητα.

primacy [`praiməsi] *n* πρωτεία, πρωτοκαθεδρία || αρχιερατεία.

primal [praiml] *adj* αρχικός, κύριος.

primarily [`praimərəli] *adv* βασικά, κύρια.

primary [`praiməri] *adj* βασικός, πρωταρχικός || *n* US προκριματική εκλογή || ~ *education*, στοιχειώδης εκπαίδευση || ~ *school*, δημοτικό σχολείο.

primate [`praimeit] *n* αρχιεπίσκοπος.

prime [praim] *adj* πρώτος, αρχικός, πρωταρχικός || πρώτιστος, κύριος || εξαίσιος, εκλεκτός || *n* ακμή, τελειότητα || αρχή || *vt* δασκαλεύω, κατατοπίζω || ασταρώνω || ετοιμάζω, γεμίζω (όπλο, κλπ.) || ~**r**, αναγνωστικό, αλφαβητάρι, αστάρι, γόμωση (φυσίγγιου).

primeval [prai`mi:vl] *adj* αρχέγονος.

priming [`praimiŋ] *n* ασταρωμα || γέμιση, γόμωση, θρυαλλίδα.

primitive [`primitiv] *adj* πρωτόγονος.

primordial [prai`mo:diəl] *adj* αρχέγονος.

primrose [`primrouz] *n* ηράνθεμο.

primula [`primjulə] *n* πασχαλούδα.

primus [`praiməs] *n* γκαζιέρα.

prince [prins] *n* πρίγκηπας, ηγεμόνας || ~**dom**, πριγκηπάτο || ~**ss** [prin`ses] πριγκήπισσα || ~**ly**, πριγκηπικός.

principal [`prinsəpl] *n* διευθυντής (κολλεγίου) || εντολέας || δράστης, αυτουργός || τοκοφόρο κεφάλαιο || *adj* κυριότερος || ~**ly**, κυρίως || ~**ity**, πριγκηπάτο.

principle [`prinsəpl] *n* αρχή || **in** ~, κατ' αρχήν, γενικά.

print [print] *n* τυπογραφικά στοιχεία, τυπωμένη ύλη || αποτύπωμα || (για ύφασμα) εμπριμέ || γκραβούρα || *vti* τυπώνω /-ομαι, εκτυπώνω, αποτυπώνω || σταμπάρω (ύφασμα) || ~**ed matter**, έντυπα || **out of** ~, (βιβλίο) εξαντλημένο ‖ **rush into** ~, τυπώνω βιαστικά ‖ ~**able**, δημοσιεύσιμος ‖ ~**er**, τυπογράφος ‖ ~**ing**, εκτύπωση ‖ ~**ing-press**, πιεστήριο ‖ ~**ing-office**, τυπογραφείο.

prior [praiǝʳ] n ηγούμενος ‖ adj προγενέστερος ‖ ~ **to**, πριν από ‖ ~**ess**, ηγουμένη ‖ ~**ity**, προτεραιότητα.

prism [prizm] n πρίσμα ‖ ~**atic**, πρισματικός.

prison [prizn] n φυλακή ‖ ~**er**, φυλακισμένος, κρατούμενος, αιχμάλωτος ‖ **be taken** ~**er**, πιάνομαι αιχμάλωτος.

privacy [´privǝsi] n μοναξιά, [απο]μόνωση ‖ μυστικότητα.

private [´praivit] adj ιδιαίτερος, ατομικός ‖ μυστικός, εμπιστευτικός ‖ ανεπίσημος, ιδιωτικός ‖ ~ **eye**, ιδιωτικός αστυνομικός ‖ ~ **property**, ατομική ιδιοκτησία ‖ ~ **school**, ιδιωτικό σχολείο ‖ ~ **parts**, τα γεννητικά όργανα ‖ **in** ~, κατ' ιδίαν ‖ **retire into** ~ **life**, ιδιωτεύω ‖ ~ **[soldier]** απλός στρατιώτης ‖ ~**ly**, ιδιαιτέρως.

privation [prai´veiʃn] n στέρηση.

privet [´privit] n λιγούστρο.

privilege [´privilidʒ] n προνόμιο ‖ ασυλία *(βουλευτών)* ‖ ~**d**, προνομιούχος.

privy [´privi] n αποχωρητήριο ‖ ~ **to**, adj ενημερωμένος για ‖ **P~ Council**, ανακτοβούλιο, μυστικοσυμβούλιον.

prize [praiz] n βραβείο ‖ λεία ‖ vt εκτιμώ ‖ ανοίγω [με μοχλό] ‖ ~-**fighter**, επαγγελματίας πυγμάχος ‖ ~-**winner**, βραβευμένος.

pro- [prou] prefix υπέρ.

pro [prou] n επαγγελματίας *(αθλητής)* ‖ πόρνη ‖ **the** ~**s and cons**, τα υπέρ και τα κατά.

probability [ˌprobǝ´bilǝti] n πιθανότητα ‖ **in all** ~, κατά πάσαν πιθανότητα.

probable [´probǝbl] adj πιθανός ‖ **probably**, πιθανώς.

probate [´proubeit] vt νομ. επικυρώνω *(διαθήκη)*.

probation [prǝ´beiʃn] n δοκιμασία ‖ αστυνομική επιτήρηση ‖ **on** ~, υπό δοκιμή, δόκιμος ‖ ~**ary**, δοκιμαστικός ‖ ~**er** n δόκιμος, δόκιμη νοσοκόμα.

probe [proub] n καθετήρας ‖ έρευνα, ανάκριση ‖ vt καθετηριάζω ‖ διερευνώ.

probity [´proubǝti] n ακεραιότητα.

problem [´problǝm] n πρόβλημα ‖ ~**atic**, προβληματικός.

proboscis [prǝ´bosis] n προβοσκίδα.

procedure [prǝ´si:dʒǝʳ] n διαδικασία ‖ **procedural**, διαδικαστικός.

proceed [prǝ´si:d] vi προχωρώ ‖ ενεργώ [δικαστικώς] ‖ ~ **from**, προέρχομαι, απορρέω ‖ ~ **with**, συνεχίζω ‖ ~**ing**

n ενέργεια, πληθ. πρακτικά, πεπραγμένα *(συνεδρίου, κλπ.)* ‖ **proceeds** n pl προϊόν, είσπραξη.

process [´prouses] n διαδικασία, πορεία, εξέλιξη ‖ μέθοδος ‖ δίκη, κλήση ‖ vt [pra´ses] επεξεργάζομαι, κατεργάζομαι.

procession [prǝ´seʃn] n πομπή, παρέλαση ‖ λιτανεία.

proclaim [prǝ´kleim] vt [δια]κηρύσσω ‖ φανερώνω ‖ **proclamation**, διακήρυξη, προκήρυξη.

proclivity [prǝ´klivǝti] n τάση, κλίση.

proconsul [prou´konsl] n ανθύπατος.

procrastination [prouˌkræsti´neiʃn] n αναβλητικότητα.

procreate [´proukrieit] vt τεκνοποιώ.

procure [prǝ´kjuǝʳ] vt προμηθεύω ‖ ~**ment**, προμήθεια ‖ ~**r**, προαγωγός, μαστροπός.

prod [prod] vti ~ **[at]**, κεντρίζω, τσιγκλάω ‖ παρακινώ ‖ n κέντρισμα.

prodigal [´prodigl] adj σπάταλος, άσωτος ‖ ~**ity**, σπατάλη, ασωτεία.

prodigious [prǝ´didʒǝs] adj θαυμαστός, τεράστιος, πελώριος.

prodigy [´prodidʒi] n θαύμα, μτφ. τέρας.

produce [prǝ´dju:s] vti παράγω ‖ κατασκευάζω ‖ γεννώ ‖ κάνω, δημιουργώ ‖ παρουσιάζω, εμφανίζω ‖ ~**r**, παραγωγός ‖ n [´prodju:s] προϊόντα, εσοδεία.

product [´prodʌkt] n προϊόν, μαθημ. γινόμενο ‖ ~**ive** [prǝ´dʌktiv] παραγωγικός ‖ ~**ivity**, παραγωγικότητα.

production [prǝ´dʌkʃn] n παραγωγή, παρουσίαση, εμφάνιση.

profane [prǝ´fein] adj βέβηλος, βλάσφημος ‖ αμύητος ‖ vt μιαίνω.

profanity [prǝ´fænǝti] n βλαστήμια, αισχρολογία.

profess [prǝ´fes] vti προσποιούμαι, κάνω πως έχω ‖ πρεσβεύω, ομολογώ, διακηρύσσω ‖ επαγγέλομαι ‖ παριστάνω, ισχυρίζομαι πως είμαι ‖ ~**ed**, δεδηλωμένος, δήθεν ‖ ~**edly**, κατά την ιδίαν ομολογίαν ‖ ~**ion**, επάγγελμα, ομολογία, διακήρυξη ‖ ~**ional**, επαγγελματικός, n επαγγελματίας ‖ ~**ionalism**, επαγγελματισμός ‖ ~**or**, καθηγητής, οπαδός.

proffer [´profǝʳ] vt προσφέρω.

proficiency [prǝ´fiʃǝnsi] n ικανότητα, επάρκεια, μεγάλη επίδοση ‖ **proficient**, ικανός, δόκιμος, πεπειραμένος, γνώστης.

profile [´proufail] n προφίλ ‖ πορτραίτο, σύντομη βιογραφία ‖ vt σκιτσάρω προφίλ, διαγράφω.

profit [´profit] n όφελος ‖ κέρδος ‖ vti κερδίζω, επωφελούμαι ‖ **turn sth to** ~, επωφελούμαι από κτ, αξιοποιώ κτ ‖ ~**able**, επωφελής, προσοδοφόρος, επικερδής ‖ ~**eer**, κερδοσκόπος, *vi* κερδοσκοπώ ‖ ~**less**, ασύμφορος, χωρίς κέρδος.

profligate [`profligət] *adj* άσωτος.

pro forma (invoice) εμπ. προτιμολόγιο.

profound [prə`faund] *adj* βαθύς, εμβριθής ‖ απόκρυφος.

profundity [prə`fʌndəti] *n* εμβρίθεια, βάθος.

profuse [prə`fju:s] *adj* άφθονος, πολύς ‖ υπερβολικός, πλουσιοπάροχος.

profusion [prə`fju:ʒn] *n* αφθονία.

progenitor [prou`dʒenitəʳ] *n* γεννήτορας.

prognosis [prog`gnousis] *n* πρόγνωση.

programme [`prougræm] *n* πρόγραμμα ‖ *vt* προγραμματίζω.

progress [`prougres] *n* πρόοδος ‖ **in** ~, εν εξελίξει ‖ *vi* [prə`gres] προοδεύω, προχωρώ ‖ ~**ion**, *μαθημ.* πρόοδος, κίνηση ‖ ~**ive**, προοδευτικός ‖ ~**ive-ness**, προοδευτικότητα.

prohibit [prə`hibit] *vt* απαγορεύω ‖ ~**ive**, απαγορευτικός.

prohibition [.proui`biʃn] *n* απαγόρευση.

project [`prodʒekt] *n* σχέδιο, επιχείρηση, δουλειά ‖ *vti* [prə`dʒekt] σχεδιάζω ‖ προβάλλω, προεξέχω ‖ εκσφενδονίζω, εκτοξεύω ‖ *ψυχολ.* επιρρίπτω ‖ ~**ile**, βλήμα ‖ ~**ion**, προβολή, εκτόξευση ‖ ~**or**, προβολέας.

proletarian [prouli`teəriən] *n* προλετάριος ‖ *adj* προλεταριακός.

proletariat [.prouli`teəriət] *n* προλεταριάτο.

proliferate [prə`lifəreit] *vti* πολλαπλασιάζω / -ομαι, πληθύνομαι, εξαπλώνομαι ‖ **proliferation**, πολλαπλασιασμός, εξάπλωση.

prolific [prə`lifik] *adj* γόνιμος, παραγωγικός, πολυγραφότατος.

prologue [`proulog] *n* πρόλογος.

prolong [prə`loŋ] *vt* παρατείνω, προεκτείνω ‖ ~**ation**, παράταση, προέκταση ‖ ~**ed**, παρατεταμένος.

promenade [.promə`na:d] *n* περίπατος, σεργιάνι ‖ δρόμος περιπάτου ‖ *vti* βγάζω κπ / βγαίνω περίπατο.

prominence [`prominəns] *n* διάκριση, εξέχουσα θέση ‖ προεξοχή.

prominent [`prominənt] *adj* διαπρεπής, διακεκριμένος ‖ περίβλεπτος, σημαντικός ‖ προεξέχων, χαρακτηριστικός.

promiscuous [prə`miskjuəs] *adj* ετερόκλητος, ανάμικτος ‖ αδιάκριτος *(=χωρίς επιλογή)* ‖ ασύδοτος, έκδοτος ‖ **promiscuity** [.promi`skju:əti] *n* συνονθύλευμα, σεξουαλική ασυδοσία.

promise [`promis] *n* υπόσχεση ‖ επαγγελία, ελπίδα ‖ *vti* υπόσχομαι ‖ προμηνύω ‖ **promising** *adj* φέρελπις, γεμά-

τος ελπίδες.

promissory [`promisəri] *adj* υποσχετικός ‖ ~ **note**, υποσχετική, συναλλαγματική.

promontory [`proməntri] *n* ακρωτήριο.

promote [prə`mout] *vt* προάγω ‖ προβιβάζω ‖ προωθώ ‖ ~**r**, υποστηρικτής, διοργανωτής.

promotion [prə`mouʃn] *n* προαγωγή ‖ προβιβασμός ‖ προώθηση, διαφήμιση.

prompt [prompt] *adj* ταχύς, άμεσος ‖ *adv* ακριβώς ‖ *vt* παρακινώ ‖ κάνω τον υποβολέα ‖ ~-**box**, υποβολείο ‖ ~-**er**, υποβολέας ‖ ~-**ly**, αμέσως ‖ ~-**ness**, ταχύτητα, προθυμία ‖ ~**itude**, ταχύτητα, ετοιμότητα, προθυμάδα.

promulgate [`promlgeit] *vt* διακηρύσσω ‖ **promulgation**, διακήρυξη, δημοσίευση.

prone [proun] *adj* επιρρεπής ‖ πρηνής.

prong [proŋ] *n* δόντι *(πηρουνιού)*.

pronoun [`prounaun] *n* αντωνυμία.

pronounce [prə`nauns] *vti* προφέρω ‖ δηλώνω ‖ αποφαίνομαι ‖ [ανα]κηρύσσω ‖ ~**d**, έντονος, σαφής ‖ ~**ment**, διακήρυξη, ρήση.

pronunciation [prə.nʌnsi`eiʃn] *n* προφορά.

proof [pru:f] *n* απόδειξη ‖ δοκίμιο, δοκιμασία ‖ περιεκτικότητα ποτού σε οινόπνευμα ‖ *adj* αδιαπέραστος, ανθεκτικός ‖ ~-**read** *vt* διορθώνω *(δοκίμια)* ‖ ~-**reader**, διορθωτής ‖ ~-**reading**, διόρθωση.

prop [prop] *n* στύλος, στυλοβάτης, [υπο]στήριγμα ‖ *vt* ~ **[up]**, στυλώνω, [υπο]στηρίζω.

propaganda [.propə`gændə] *n* προπαγάνδα ‖ **propagandist**, προπαγανδιστής ‖ **propagandize**, προπαγανδίζω.

propagate [`propəgeit] *vti* πολλαπλασιάζομαι ‖ διαδίδω, μεταδίδω, διασπείρω ‖ **propagation**, πολλαπλασιασμός, διάδοση, διασπορά.

propel [prə`pel] *vt* προωθώ, κινώ *(προς τα εμπρός)* ‖ ~**ler**, προπέλα.

propensity [prə`pensəti] *n* τάση.

proper [`pro:pəʳ] *adj* ορθός, σωστός, κατάλληλος ‖ πρέπων, ευπρεπής ‖ καθαυτός ‖ σωστός, τέλειος ‖ ~ **to**, προσιδιάζων ‖ ~**ly**, σωστά, τελείως.

property [`propəti] *n* κυριότητα ‖ ιδιοκτησία, περιουσία ‖ κτήμα ‖ ιδιότητα ‖ **real / personal** ~, ακίνητη / κινητή περιουσία.

prophecy [`profəsi] *n* προφητεία.

prophesy [`profisai] *vt* προφητεύω.

prophet [`profit] *n* προφήτης, μάντης ‖ ~**ess**, μάντισσα ‖ ~**ic** [prə`fetik] προφητικός.

prophylactic [.profi`læktik] *n* προφυλακτικό ‖ *adj* προφυλακτικός.

propitiate [prə`piʃieit] *vt* εξευμενίζω ‖

propitiation, εξιλέωση ‖ **propitiatory**, εξιλαστήριος, εξευμενιστικός.

propitious [prǝ'piʃǝs] *adj* ευνοϊκός.

proportion [prǝ'pɔ:ʃn] *n* αναλογία ‖ μερίδιο ‖ *πληθ*. διαστάσεις ‖ **well-~ed**, συμμετρικός ‖ ~**al**, ανάλογος ‖ ~**al representation**, αναλογική *(εκλογικό σύστημα)*.

proposal [prǝ'pouzl] *n* πρόταση.

propose [prǝ'pouz] *vti* προτείνω ‖ κάνω πρόταση *(γάμου)* ‖ προτίθεμαι, σκοπεύω ‖ ~**d**, σχεδιαζόμενος, προτιθέμενος.

proposition [,prɔpǝ'ziʃn] *n* πρόταση *(ιδ.* ανήθικη) ‖ δήλωση ‖ δουλειά, πρόβλημα ‖ *vt* ρίχνομαι *(σε γυναίκα)*.

proprietor [prǝ'praiǝtǝ'] *n* ιδιοκτήτης.

propriety [prǝ'praiǝti] *n* ευπρέπεια, κοσμιότητα ‖ ορθότητα.

propulsion [prǝ'pʌlʃn] *n* [προ]ώθηση.

prosaic [prǝ'zeik] *adj* πεζός, ανιαρός.

prose [prouz] *n* πεζός λόγος.

prosecute [`prosikju:t] *vt* διώκω *(δικαστικώς)*, μηνύω ‖ **prosecutor**, μηνυτής ‖ **Public Prosecutor**, Δημόσιος Κατήγορος, Εισαγγελεύς.

prosecution [,prosi'kju:ʃn] *n* δίωξη, μήνυση ‖ κατηγορία ‖ συνέχιση.

proselyte [`proselait] *n* προσήλυτος.

proselytize [`proselitaiz] *vt* προσηλυτίζω.

prosody [`prosǝdi] *n* προσωδία.

¹**prospect** [`prospǝkt] *n* θέα, άποψη ‖ προοπτική ‖ ελπίδα, προσδοκία ‖ *πληθ.* μέλλον ‖ υποψήφιος [πελάτης, γαμπρός, κλπ.].

²**prospect** [prǝ'spekt] *vt* κάνω έρευνες ‖ ~**ive**, μελλοντικός, επίδοξος, υποψήφιος ‖ ~**or**, μεταλλοδίφης ‖ ~**us**, φυλλάδιο.

prosper [`prospǝ'] *vti* ευημερώ, ακμάζω, προκόβω ‖ ~**ity**, ευημερία ‖ ~**ous**, ακμάζων, επιτυχής.

prostate [`prosteit] *n* ανατ. προστάτης.

prostitute [`prostitju:t] *n* πόρνη ‖ *vt* εκπορνεύω.

prostitution [,prosti'tju:ʃn] *n* πορνεία.

prostrate [`prostreit] *adj* πρηνής, μπρούμυτα ‖ συντετριμμένος ‖ *vt* [pro'streit] ρίχνω χάμω ‖ συντρίβω, εκμηδενίζω.

prostration [pro'streiʃn] *n* πέσιμο μπρούμυτα, προσκύνημα ‖ τέλεια σωματική εξάντληση.

prosy [`prouzi] *adj* πεζός, σαχλός.

protagonist [pro'tægonist] *n* πρωταγωνιστής.

protean [`proutiǝn] *adj* πρωτεϊκός.

protect [prǝ'tekt] *vt* προφυλάσσω, προστατεύω ‖ ~**ion**, προστασία, άμυνα ‖ ~**ionism**, προστατευτισμός ‖ ~**ive**, προστατευτικός ‖ ~**or**, προστάτης ‖

~**orate**, προτεκτοράτο.

protégé [`protiʒei] *n* προστατευόμενος.

protein [`prouti:n] *n* πρωτεΐνη.

protest [`proutest] *n* διαμαρτυρία ‖ *vti* [prǝ'test] διαμαρτύρομαι ‖ ισχυρίζομαι ‖ ~**ant**, προτεστάντης, διαμαρτυρόμενος ‖ ~**antism**, προτεσταντισμός ‖ ~**ation**, εκδήλωση, διακήρυξη ‖ ~**er**, διαμαρτυρόμενος.

protocol [`proutǝkol] *n* πρωτόκολλο.

proton [`prouton] *n* πρωτόνιο.

prototype [`proutǝtaip] *n* αρχέτυπο, πρωτότυπο.

protract [prǝ'trækt] *vt* παρατείνω ‖ ~**ion**, παράταση ‖ ~**or**, μοιρογνωμόνιο.

protrude [prǝ'tru:d] *vi* προεξέχω.

protuberance [prǝ'tju:bǝrǝns] *n* εξόγκωμα.

proud [praud] *adj* ~ *[of]*, περήφανος [για] ‖ αγέρωχος, αλαζονικός ‖ λαμπρός.

prove [pru:v] *vti* αποδεικνύω / -ομαι.

proverb [`provǝ:b] *n* παροιμία ‖ ~**ial**, [prǝ'vǝ:biǝl] παροιμιώδης.

provide [prǝ'vaid] *vti* προνοώ, εξασφαλίζω, συντηρώ ‖ προμηθεύω, εφοδιάζω ‖ ορίζω, προβλέπω ‖ ~**d**, ή **providing**, υπό τον όρον ότι, αρκεί να, εφόσον.

providence [`providǝns] *n* [θεία] πρόνοια.

provident [`providǝnt] *adj* προνοητικός, προβλεπτικός ‖ ~**ial**, θεόσταλτος.

province [`provins] *n* επαρχία ‖ περιοχή, αρμοδιότητα.

provincial [prǝ'vinʃl] *adj* επαρχιακός ‖ επαρχιώτικος ‖ ~**ism**, επαρχιωτισμός.

provision [prǝ'viʒn] *n* πρόνοια, πρόβλεψη ‖ εφοδιασμός ‖ ποσότητα ‖ *πληθ.* εφόδια, τρόφιμα ‖ όρος, διάταξη, άρθρο ‖ *vt* εφοδιάζω, τροφοδοτώ ‖ ~**al**, προσωρινός.

proviso [prǝ'vaizou] *n* όρος, επιφύλαξη, αίρεση ‖ **provisory** *adj* υπό όρους.

provocation [,provǝ'keiʃn] *n* πρόκληση.

provocative [prǝ'vokǝtiv] *adj* προκλητικός.

provoke [prǝ'vouk] *vt* προκαλώ, ερεθίζω ‖ εξωθώ ‖ **provoking** *adj* προκλητικός.

prow [prau] *n* πλώρη.

prowess [`prauis] *n* γενναιότητα.

prowl [praul] *n* γύρα, παγανιά ‖ *vti* περιφέρομαι, τριγυρίζω ‖ **be on the** ~, έχω βγει παγανιά / στη γύρα ‖ ~**er**, τριγυριστής.

prox[imo] [`proks(imou)] *adj* προσεχής [μήνας].

proximity [pro'ksimǝti] *n* εγγύτητα.

proxy [`proksi] *n* πληρεξούσιος ‖ πληρεξούσιο ‖ πληρεξουσιότητα ‖ **by** ~, δι' αντιπροσώπου.

prude [pru:d] *n* σεμνότυφος ‖ ~**ry**, σεμνοτυφία ‖ **prudish**, *adj* σεμνότυφος.

prudence [`pru:dəns] n φρονιμάδα, σύνεση.

prudent [`pru:dənt] adj συνετός, φρόνιμος.

prune [pru:n] n ξερό δαμάσκηνο || vt κλαδεύω, καθαρίζω.

pruning [`pru:niŋ] n κλάδεμα || ~-knife/-bill/-hook, κλαδευτήρι || ~-scissors/-shears, ψαλίδα.

prurient [`pruəriənt] adj λάγνος, ασελγής.

Prussian [prʌʃn] n Πρώσος || adj πρωσικός.

pry [prai] vi ~ about/into, ψάχνω, κοιτάζω ερευνητικά || vt ανοίγω (με λοστό), αποσπώ.

psalm [sa:m] n ψαλμός || ~ist, ψαλμωδός || ~ody, ψαλμωδία, υμνωδία.

psalter [`so:ltə'] n ψαλτήρι.

pseudo— [`sju:dou] prefix ψευδο— || ~nym, ψευδώνυμο.

psyche [`saiki] n ψυχή.

psychedelic [,saikə`delik] adj παραισθησιογόνος.

psychiatry [sai`kaiətri] n ψυχιατρική || psychiatrist, ψυχίατρος.

psychic [`saikik] adj ψυχικός.

psycho— [`saikou] prefix ψυχο— || ~analysis, ψυχανάλυση || ~analyst, ψυχαναλυτής || ~analytic, ψυχαναλυτικός || ~logy, ψυχολογία || ~logist, ψυχολόγος || ~logical, ψυχολογικός || ~path, ψυχοπαθής || ~sis, ψύχωση || ~therapy, ψυχοθεραπεία || ~therapist, ψυχίατρος.

pub [pʌb] n μπαρ, μπυραρία.

puberty [`pju:bəti] n ήβη, εφηβεία.

pubic [`pju:bik] adj ηβικός.

public [`pʌblik] n [το] κοινό || adj δημόσιος, κοινός || in ~, δημόσια, στα φανερά || ~an, ταβερνιάρης || ~house, ταβέρνα || ~ nuisance, ταραξίας, αδίκημα κατά της κοινωνίας || ~ relations, δημόσιες σχέσεις || ~ school, αριστοκρατικό ιδιωτικό σχολείο || ~ spirit, πατριωτισμός || ~ utilities, υπηρεσίες κοινής ωφέλειας.

publication [,pʌbli`keiʃn] n δημοσίευση || έκδοση, δημοσίευμα.

publicist [`pʌblisist] n δημοσιολόγος.

publicity [pʌ`blisəti] n δημοσιότητα || διαφήμηση.

publicize [`pʌblisaiz] vt κοινολογώ, διαφημίζω, προπαγανδίζω.

publish [`pʌbliʃ] vt εκδίδω, δημοσιεύω || ~er, εκδότης.

puck [pʌk] n καλλικάντζαρος || ~ish, ζαβολιάρικος.

pucker [`pʌkə'] n ζάρα, σούφρα || vti ~ up, ζαρώνω, σουφρώνω.

pudding [`pudiŋ] n πουτίγκα.

puddle [pʌdl] n λακκούβα (με νερό) || λάσπη, πηλός.

pudenda [pju:`dendə] n αιδοίο.

pudgy [`pʌdʒi] adj κοντόχοντρος.

puerile [`pjuərail] adj παιδαριώδης.

¹puff [pʌf] n πνοή, τολύπη, ανάσα || μπουφάν (γλυκό) σου || ρεκλάμα || [powder-]~, πομπόν || ~-box, πουδριέρα || ~-y, φουσκωμένος.

²puff [pʌf] vti προχωρώ ξεφυσώντας || ξεφυσώ, φυσώ || εκθειάζω, ρεκλαμάρω || ~ out, φουσκώνω, σβήνω/λέω φυσώντας.

pugilist [`pju:dʒilist] n πυγμάχος.

pugnacious [pʌg`neiʃəs] adj φιλόνικος.

puke [pju:k] vt ξερνώ.

pull [pul] n τράβηγμα, ρουφηξιά || ζόρισμα || επιρροή, μέσα || vti τραβώ || έλκω || κωπηλατώ || sl ληστεύω, κλέβω || ~ about, τραβολογώ || ~ apart, κομματιάζω, σκίζω || ~ at/on, ρουφώ, τραβώ || ~ down, κατεδαφίζω, εξασθενίζω || ~ in, (για όχημα) μπαίνω, προσελκύω, τραβώ μέσα (στην αστυνομία), κερδίζω || ~ off, (για όχημα) σταματώ στην άκρη, κατορθώνω, πετυχαίνω || ~ out, (για όχημα) φεύγω, αποχωρώ || ~ over, (για όχημα) τραβώ στην άκρη || ~ round, συνεφέρνω, συνέρχομαι || ~ through, επιζώ, τα βγάζω πέρα, πετυχαίνω || ~ oneself together, επιβάλλομαι στον εαυτό μου, συνέρχομαι || ~ up, (για όχημα) σταματώ || ~ to pieces, κομματιάζω || ~ a fast one over sb, τη σκάω σε κπ || ~ a muscle, παθαίνω νευροκαβαλίκεμα || ~over, πουλόβερ || ~-out, αποχώρηση.

pullet [`pulit] n πουλάδα.

pulley [`puli] n τροχαλία, καρούλι || ~-block, παλάγκο.

pulmonary [`pʌlmənəri] adj πνευμονικός.

pulp [pʌlp] n πολτός || ~y, πολτώδης.

pulpit [`pulpit] n άμβωνας.

pulsate [pʌl`seit] vti πάλλω/-ομαι, σφύζω.

pulse [pʌls] n σφυγμός || vi πάλλομαι || feel sb's ~, εξετάζω το σφυγμό κάποιου.

pulverize [`pʌlvəraiz] vti κονιορτοποιώ/-ούμαι.

puma [`pju:mə] n ζωολ. πούμα.

pumice [`pʌmis] n ελαφρόπετρα.

pummel [pʌml] vt γρονθοκοπώ.

pump [pʌmp] n αντλία, τρόμπα || vt αντλώ, τρομπάρω || ~ up, φουσκώνω.

pumpkin [`pʌmkin] n γλυκοκολοκύθα.

pun [pʌn] n λογοπαίγνιο || ~ster, ευφυολόγος.

punch [pʌntʃ] n τρυπητήρι, ζουμπάς ||

γροθιά, μπουνιά || *(ποτό)* πόντσι || *vt* τρυπώ, ανοίγω τρύπες || χτυπώ, δίνω γροθιά || *pull one's ~es*, κρατώ το χέρι μου, δε χτυπώ δυνατά || *~line*, φράση-κλειδί || *~-up*, γροθοπατινάδα || P~, Φασουλής, Καραγκιόζης.

punctilious [pʌŋkˈtiliəs] *adj* σχολαστικός, λεπτολόγος || *~ness*, σχολαστικότητα.

punctual [ˈpʌŋktjʊəl] *adj* ακριβής, στην ώρα του || *~ity*, ακρίβεια.

punctuate [ˈpʌŋktjʃueit] *vt* βάζω σημεία στίξεως || *μτφ.* υπογραμμίζω.

punctuation [ˌpʌŋktʃuˈeiʃn] *n* στίξη.

puncture [ˈpʌŋktʃəʳ] *n* παρακέντηση, σκάσιμο σε λάστιχο || *vti* παρακεντώ || τρυπώ || ξεφουσκώνω || *have a ~*, με πιάνει λάστιχο.

pundit [ˈpʌndit] *n* χιουμ. σοφολογιότατος.

pungent [ˈpʌndʒənt] *adj* οξύς, δριμύς || πικάντικος, πιπεράτος || δηκτικός, καυστικός.

punish [ˈpʌniʃ] *vt* τιμωρώ || χτυπώ, δέρνω, μαστιγώνω || τιμώ δεόντως *(φαγητό)* || *~able*, τιμωρητέος, αξιόποινος || *~ment*, τιμωρία, ποινή.

punitive [ˈpjuːnitiv] *adj* τιμωρητικός.

punk [pʌŋk] *n* ανοησίες, βλακείες || ρεμάλι || *adj* σαχλός.

punnet [ˈpʌnit] *n* καλαθάκι.

punt [pʌnt] *n* επίπεδη βάρκα || *vti* σπρώχνω βάρκα με σταλίκι || ποντάρω.

puny [ˈpjuːni] *adj* ασήμαντος, μικροκαμωμένος, ασθενικός.

pup [pʌp] *n* κουτάβι.

pupa [ˈpjuːpə] *n* χρυσαλλίδα, νύμφη.

pupil [ˈpjuːpil] *n* μαθητής || κόρη οφθαλμού.

puppy [ˈpʌpi] *n* κουταβάκι, σκυλάκι || *~ love*, παιδικός έρωτας.

purblind [ˈpəːblaind] *adj* μισόστραβος.

purchase [ˈpəːtʃəs] *n* αγορά, ψώνισμα, ψώνιο || *vt* αγοράζω, ψωνίζω || *~r*, αγοραστής.

pure [pjuəʳ] *adj* αγνός, καθαρός.

purée [ˈpjuərei] *n* πουρές.

purgative [ˈpəːgətiv] *n* καθαρτικό || *adj* καθαρτικός, καθαρτήριος.

purgatory [ˈpəːgətri] *n* καθαρτήριο.

purge [pəːdʒ] *n* εκκαθάριση || καθαρτικό || *vt* [εκ]καθαρίζω, αποπλύνω || δίνω/παίρνω καθαρτικό.

purify [ˈpjuərifai] *vt* εξαγνίζω, καθαρίζω || *purification*, εξαγνισμός, καθαρισμός.

purist [ˈpjuərist] *n* καθαρολόγος.

puritan [ˈpjuəritan] *n* πουριτανός || *~ism*, πουριτανισμός || *~ical*, πουριτανικός.

purity [ˈpjuərəti] *n* καθαρότητα, αγνότητα.

purl [pəːl] *n* κελάρυσμα || ανάποδη

βελονιά || *vti* κελαρύζω, πλέκω ανάποδε ποδες.

purple [pəːpl] *n* βυσσινί χρώμα || *adj* πορφυρένιος, βυσσινής, κατακόκκινος.

purport [ˈpəːpoːt] *vt* σημαίνω, εμφανίζομαι.

purpose [ˈpəːpəs] *n* σκοπός || πρόθεση || *on ~*, επίτηδες, από σκοπού || *of set ~*, εκ προθέσεως || *to the ~*, εύστοχος || *to no ~*, άσκοπα || *to little/ no ~*, χωρίς (μεγάλο) αποτέλεσμα || *serve/answer one's ~*, εξυπηρετώ το σκοπό μου || *~ful*, σκόπιμος, αποφασισμένος || *~less*, άσκοπος.

purr [pəːʳ] *n* γουργούρισμα *(γάτας)* || *vi* γουργουρίζω.

purse [pəːs] *n* πορτοφόλάκι || *US* γυναικείο τσαντάκι || ταμείο || βραβείο || *vt ~ the lips*, σουφρώνω τα χείλη || *~r*, ταμίας/λογιστής πλοίου.

pursuance [pəˈsjuəns] *n* στη φρ. *in ~ of*, εις εκτέλεση || *pursuant to*, συμφώνως προς.

pursue [pəˈsjuː] *vt* καταδιώκω, κυνηγώ || συνεχίζω || επιδιώκω || *~r*, διώκτης.

pursuit [pəˈsjuːt] *n* καταδίωξη, επιδίωξη, κυνήγι || ασχολία, εργασία || *in ~ of*, σε καταδίωξη, σε αναζήτηση.

purvey [pəːˈvei] *vt* προμηθεύω || *~ for*, εφοδιάζω || *~ance*, προμήθεια, εφοδιασμός || *~or*, προμηθευτής.

purview [ˈpəːvjuː] *n* πεδίον, όρια.

pus [pʌs] *n* πύον.

¹**push** [puʃ] *n* σπρωξιά, σπρώξιμο || εντατική προσπάθεια || θελημάτικότητα || *at a ~*, στην ανάγκη || *give sb/get the ~*, απολύω κπ/απολύομαι, δίνω/τρώω κλωτσιά.

²**push** [puʃ] *vti* σπρώχνω || προωθώ || πιέζω || *~ along*, φεύγω || *~ sb around*, άγω και φέρω κπ, τον κάνω κουμάντο || *~ forward/on*, προχωρώ/συνεχίζω δραστήρια || *~ oneself forward*, αυτοπροβάλλομαι || *~ off*, φεύγω, στρίβω, ξεκινώ || *~ out, (για βάρκα)* ξανοίγομαι || *~ over*, αναποδογυρίζω, ανατρέπω || *~ oneself*, προβάλλομαι || *~ one's advantage*, εκμεταλλεύομαι το πλεονέκτημά μου || *~ one's claims*, διεκδικώ τα δικαιώματά μου || *be ~ed for sth*, είμαι ζορισμένος, πιέζομαι για κτ || *be ~ing 30, 40, 50 etc*, πλησιάζω τα 30, 40, 50 κλπ. || *~-cart*, καροτσάκι || *~-chair*, παιδικό αμαξάκι || *~er*, καταφερτζής, αρριβίστας || *~ing*, δραστήριος || *~-over*, *sl* παιχνιδάκι (=κτ πολύ εύκολο).

pussy [ˈpusi] *n* γατούλα, ψιψίνα || μουνί.

put [put] *vti* βάζω, θέτω || διατυπώνω, λέω || *~ about*, διαδίδω, *(για πλοίο)* αλλάζω πορεία ‖ ~ **across/over**, δίνω να καταλάβουν κτ, εξαπατώ ‖ ~ **aside**, παραμερίζω, βάζω στην μπάντα ‖ ~ **at**, υπολογίζω, λογαριάζω ‖ ~ **away**, αποταμιεύω, βάζω στην μπάντα, φυλάω, κλείνω μέσα *(σε φυλακή, κλπ.)*, θανατώνω *(ζώο)* ‖ ~ **back**, ρίχνω πίσω ‖ ~ **by**, βάζω στην άκρη ‖ ~ **down**, προσγειώνω/-ομαι, απιθώνω, κατεβάζω, αποθηκεύω, αποστομώνω, καταστέλλω, σημειώνω ‖ ~ **down as**, θεωρώ ‖ ~ **down for**, χρεώνω ‖ ~ **down to**, αποδίδω ‖ ~ **forth**, βγάζω *(φύλλα, κλπ.)* ‖ ~ **forward**, προτείνω, διατυπώνω, βάζω μπροστά *(ρολόι)* ‖ ~ **in/into**, αφιερώνω *(δουλειά, χρόνο, κλπ.)*, *(για πλοίο)* πιάνω, υποβάλλω *(αίτηση)*, διακόπτω ‖ ~ **off**, σαλπάρω, αναβάλλω, απωθώ, αηδιάζω, αναστατώνω, ρίχνω *(=αποκοιμίζω κπ)*, ξεφορτώνομαι ‖ ~ **on**, φορώ, προσποιούμαι, υποκρίνομαι, αυξάνω, ανεβάζω *(έργο)*, κοροϊδεύω ‖ ~ **it on**, το παρακάνω ‖ ~ **out**, βγάζω, απλώνω, σβήνω *(φως)*, τοκίζω, αναστατώνω, ενοχλώ ‖ ~ **through**, υποβάλλω, φέρω εις πέρας, συνδέω *(τηλεφωνικώς)* ‖ ~ **sb through it**, βγάζω το λάδι σε κπ ‖ ~ **together**, συγκεντρώνω, μαζεύω, συναρμολογώ ‖

~ **up**, βάζω, υψώνω, στήνω, τοιχοκολλώ, μαζεύω, προβάλλω, καταβάλλω, φιλοξενώ, μένω, ξεπετάω ‖ ~ **up for**, προτείνω, εκθέτω υποψηφιότητα για ‖ ~ **sb up to sth**, βάζω κπ να κάμει κτ ‖ ~ **up with**, ανέχομαι, υποφέρω ‖ ~ **paid to sth**, θέτω τελεία και παύλα σε κτ ‖ ~ **sb in mind of**, θυμίζω κτ σε κπ ‖ ~**-up job**, στημένη δουλειά.

putative [`pjutətiv] *adj* υποτιθέμενος.

putrefaction [.pju:tri`fækʃn] *n* σήψη.

putrid [`pju:trid] *adj* σάπιος ‖ άθλιος.

putty [`pʌti] *n* στόκος.

puzzle [`pʌzl] *n* αίνιγμα, γρίφος, σπαζοκεφαλιά ‖ *vti* περιπλέκω, φέρω σε αμηχανία, ζαλίζω ‖ ~ **out**, ξεδιαλύνω ‖ ~**ment**, αμηχανία, σάστισμα ‖ ~**r**, σπαζοκεφαλιά.

pygmy, pigmy [`pigmi] *adj* πυγμαίος.

pyjamas [pə`dʒa:məs] *n pl* πιτζάμες.

pylon [`pailən] *n* πύργος διανομής ηλεκτρικού ρεύματος.

pyramid [`pirəmid] *n* πυραμίδα.

pyre [paiə`] *n* [νεκρική] πυρά.

pyrotechnics [.pairou`tekniks] *n pl* πυροτεχνήματα, μτφ. ρητορικά εφφέ.

python [`paiθən] *n* πύθωνας.

pyx, pix [piks] *n* εκκλ. αρτοφόριο.

Q q

quack [kwæk] *n* κραυγή πάπιας ‖ τσαρλατάνος, κομπογιαννίτης ‖ *vi* κρώζω ‖ ~**ery**, τσαρλατανισμός.

quad [kwod] *βραχ. για* **quadrangle, quadruplet**.

quadrangle [`kwodræŋgl] *n* τετράπλευρο, αυλή.

quadrant [`kwodrənt] *n* ναυτ. τετράς ‖ τεταρτημόριο.

quadratic [kwo`drætik] *adj (για εξίσωση)* δευτεροβάθμιος.

quadrille [kwo`dril] *n* καντρίλια.

quadruped [`kwodruped] *n* τετράποδο.

quadruple [`kwodru:pl] *n* τετραπλάσιο ‖ *adj* τετραπλάσιος ‖ *vti* τετραπλασιάζω /-ομαι ‖ ~**t**, τετράδυμο.

quadruplicate [kwo`dru:plikət] *adj* τετραπλούς ‖ **in** ~, εις τετραπλούν.

quagmire [`kwægmaiə`] *n* τέλμα.

quail [kweil] *n* ορτύκι ‖ *vi* δειλιάζω, πτοούμαι, κιοτεύω.

quaint [kweint] *adj* γραφικός, παλαιϊκός, ιδιόρρυθμος.

quake [kweik] *n* σεισμός ‖ *vi* τρέμω.

Quaker [`kweikə`] *n* Κουάκερος.

qualification [.kwolifi`keiʃn] *n* επιφύλαξη, όρος, περιορισμός ‖ *πληθ.* προσόντα, τίτλος *(σπουδών)*.

qualified [`kwolifaid] *adj* περιορισμένος, υπό επιφύλαξη ‖ διπλωματούχος, με προσόντα.

qualify [`kwolifai] *vti* έχω τα προσόντα ‖ δικαιούμαι, έχω το δικαίωμα ‖ περιορίζω, προσδιορίζω, τροποποιώ ‖ ~ **sb as**, χαρακτηρίζω κπ ως.

qualitative [`kwolitətiv] *adj* ποιοτικός.

quality [`kwoləti] *n* ποιότητα ‖ ιδιότητα, χαρακτηριστικό.

qualm [kwa:m] *n* τύψη, ενδοιασμός.

quandary [`kwondəri] *n* δίλημμα.

quantitative [`kwontitətiv] *adj* ποσοτικός.

quantity [`kwontəti] *n* ποσότητα ‖ **an**

unknown ~, άγνωστος, αστάθμητος παράγοντας.

quantum [`kwontəm] *n* ποσοστό || φυσ. κβάντον || ~ **leap**, μτφ. άλμα.

quarantine [`kworənti:n] *n* καραντίνα, λοιμοκαθαρτήριο, απομόνωση.

quarrel [`kworəl] *n* φιλονικία, καυγάς || καυγαδίζω, διαφωνώ || **pick a** ~ *[with sb]*, βρίσκω αφορμή για καυγά || ~- **some**, φιλόνικος, εριστικός.

quarry [`kwori] *n* θήραμα, λεία || λατομείο, νταμάρι, μτφ. πλούσια πηγή || *vt* ψάχνω, αντλώ.

quart [kwo:t] *n* τέταρτο του γαλονιού.

quarter [`kwo:tər] *n* τέταρτο || συνοικία || κατεύθυνση, κύκλος || οίκτος, έλεος || *πληθ*. κατάλυμα, στρατώνας, ναυτ. θέση μάχης || *vt* κόβω στα τέσσερα, στρατωνίζω || **at close** ~**s**, από πολύ κοντά || **give no** ~, δε δείχνω λύπηση || ~-**final**, προημιτελικά || ~**ly**, τριμηνιαίος, ανά τρίμηνο || ~**master**, στρατ. αξιωματικός επιμελητείας τάγματος, ναυτ. υποναύκληρος.

quartet [kwo:`tet] *n* κουαρτέτο.

quartz [kwo:ts] *n* χαλαζίας.

quash [kwoʃ] *vt* ακυρώνω, καταργώ, καταπνίγω.

quasi- [`kweisai, -zai] *prefix* οιονεί.

quatercentenary [ˌkwotəsen`ti:nəri] *n* 400ή επέτειος.

quatrain [`kwotrein] *n* τετράστιχο.

quaver [`kweivəʳ] *n* τρέμουλο, όγδοο *(φθόγγου)* || *vi (για φωνή)* τρέμω.

quay [ki:] *n* αποβάθρα, προκυμαία.

queasy [`kwi:zi] *adj* μυγιάγγιαχτος, υπερευαίσθητος.

queen [kwi:n] *n* βασίλισσα.

queer [kwiəʳ] *adj* αλλόκοτος || ύποπτος || αδιάθετος || *sl* τοιούτος, ομοφυλόφιλος.

quell [kwel] *vt* καταπνίγω.

quench [kwentʃ] *vt* κρλ. και μτφ. σβήνω.

querulous [`kweruləs] *adj* μεμψίμοιρος, γκρινιάρικος.

query [`kwiəri] *n* ερώτημα, ερωτηματικό, απορία || *vt* διερωτώμαι, για να μάθω || σημειώνω μ' ερωτηματικό || αμφισβητώ, αμφιβάλλω.

quest [kwest] *n* αναζήτηση || **in** ~ **of**, σε αναζήτηση.

question [`kwestʃən] *n* ερώτηση / απορία, αμφισβήτηση || ζήτημα, πρόβλημα, θέμα || *vt* ερωτώ || εξετάζω, ανακρίνω || αμφισβητώ, αμφιβάλλω, διερωτώμαι || **out of the** ~, εκτός συζητήσεως || **beyond all** ~, πέραν πάσης αμφιβολίας || **call sth into** ~, αμφισβητώ κτ || ~**able**, αμφισβητήσιμος, προβληματικός || ~**er**, εξεταστής || ~**ing** *adj* ερω-

τηματικός, *n* ανάκριση || ~-**mark**, ερωτηματικό || ~**naire**, ερωτηματολόγιο.

queue [kju:] *n* ουρά, σειρά || *vi* ~ *(up)*, κάνω ουρά.

quibble [kwibl] *n* υπεκφυγή, σοφιστεία || *vi* λεπτολογώ || ~**r**, σοφιστής, στρεψόδικος.

quick [kwik] *adj* γρήγορος, ταχύς || σβέλτος, έξυπνος || *adv* γρήγορα || **cut to the** ~, πληγώνω βαθιά || ~**en** *vti* επιταχύνω / -ομαι, ζωηρεύω, ζωντανεύω, κεντρίζω || ~-**freeze**, καταψύχω || ~**ie**, προχειροδουλειά || ~**lime**, άσβηστο ασβέστι || ~**sand**, κινούμενη άμμος, βούρκος || ~**silver**, υδράργυρος || ~- **tempered**, ευέξαπτος || ~-**witted**, πανέξυπνος, σπιρτόζος.

quid [kwid] *n sl* λίρα.

quiet [kwaiət] *n* γαλήνη, ησυχία, σιγαλιά || *adj* ήσυχος || πράος, μαλακός || απλός, σοβαρός || μυστικός || *vti* ~ (και **quieten** [`kwaiətn]) ηρεμώ, [καθ]ησυχάζω || **on the** ~, στα κρυφά, στη ζούλα || **keep sth** ~, κρατώ κτ μυστικό || ~**ism**, ησυχασμός || ~**ude**, ηρεμία.

quiff [kwif] *n* αφέλεια *(μαλλιών)*.

quill [kwil] *n* φτερό, πένα || αγκάθι [σκατζόχοιρου].

quilt [kwilt] *n* πάπλωμα || *vt* καπιτονάρω.

quince [kwins] *n* κυδώνι.

quincentenary [ˌkwinsən`ti:nəri] *n* 500ή επέτειος.

quinine [kwi`ni:n] *n* κινίνη.

quintessence [kwin`tesəns] *n* πεμπτουσία.

quintet [ˌkwin`tet] *n* κουϊντέτο.

quintuplets [`kwintju:plets] *n* πεντάδυμα.

quip [kwip] *n* ευφυολόγημα, σαρκασμός || ευφυολογώ, πειράζω.

quirk [kwə:k] *n* ιδιοτροπία, καπρίτσιο.

quit [kwit] *vt* εγκαταλείπω, αφήνω || φεύγω || παραιτούμαι || σταματώ || ~**tance**, εξοφλητική απόδειξη.

quite [kwait] *adv* εντελώς, απολύτως || μάλλον, αρκετά || πραγματικά, πράγματι.

quits [kwits] *adj* πάτσι.

quiver [kwivəʳ] *n* φαρέτρα || τρεμούλα, ρίγος, σπαρτάρισμα, ανατρίχιασμα || *vti* τρέμω, τρεμουλιάζω.

quixotic [kwik`sotik] *adj* δονκιχωτικός.

quiz [kwiz] *n* διαγωνισμός γενικών γνώσεων || *vt* κάνω ερωτήσεις || ~**zical**, αινιγματικός, περιπαιχτικός.

quod [kwod] *n GB sl* ψειρού, στενή.

quoit [kwoit] *n* κρίκος || *πληθ.* παιχνίδι με κρίκους.

quorum [`kworəm] *n* απαρτία.

quota [`kwoutə] *n* μερίδιο, ποσοστό.

quotation [kwou`teiʃn] *n* περικοπή, ρητό,

απόσπασμα || εμπ. τρέχουσα τιμή || προσφορά || ~ **marks**, εισαγωγικά.

quote [kwout] *vt* παραθέτω [απόσπασμα] || [ανα]φέρω || καθορίζω, δίνω

[τιμή] || *n* απόσπασμα || πληθ. εισαγωγικά.

quotient [`kwouʃənt] *n* μαθημ. πηλίκον || **intelligence** ~ **(IQ)**, δείκτης ευφυΐας.

R r

rabbi [`ræbai] *n* ραββίνος.

rabbit [`ræbit] *n* κουνέλι || ~-**hutch**, κλουβί κουνελιών.

rabble [ræbl] *n* όχλος.

rabid [`ræbid] *adj* μτφ. λυσσασμένος.

rabies [`reibi:z] *n* ιατρ. λύσσα.

race [reis] *n* κούρσα || αυλάκι || γένος, φυλή, σόι || *vti* τρέχω, παραβγαίνω στο τρέξιμο || ~**card**, πρόγραμμα ιπποδρομιών || ~**course**, ιπποδρόμιο || ~**horse**, άλογο ιπποδρομιών || ~**meeting; the** ~**s**, ιπποδρομίες || **racing**, κούρσες.

racial [reiʃl] *adj* φυλετικός.

racism [`reisizəm] *n* ρατσισμός.

racist [`reisist] *n* ρατσιστής.

rack [ræk] *n* σχάρα, καλαμωτή || ράφι || τροχός βασανιστηρίων || *vt* βασανίζω || ~ **one's brains**, βασανίζω / στίβω το μυαλό μου || **on the** ~, σε μαρτύριο || **go to** ~ **and ruin**, καταστρέφομαι, ερειπώνομαι.

racket [`rækit] *n* ρακέτα || φασαρία, σαματάς, βουή, τρεχάλα || κομπίνα, απάτες || **kick up a** ~, κάνω φασαρία || **be in on a** ~, είμαι στο κόλπο || ~**eer** [.rækə`tiə] κομπιναδόρος, απατεώνας.

raconteur [.rækon`tə:] *n* ανεκδοτολόγος.

racy [reisi] *adj* πικάντικος, πιπεράτος || ζωηρός, ρωμαλέος.

radar [`reida:] *n* ραντάρ.

radial [`reidiəl] *adj* ακτινωτός, ράντιαλ.

radiance [`reidiəns] *n* ακτινοβολία.

radiant [`reidiənt] *adj* ακτινοβόλος || ακτινοβολών / ακτινοβολούμενος.

radiate [`reidieit] *vti* ακτινοβολώ / -ούμαι, εκπέμπω / -ομαι || απλώνομαι ακτινωτά.

radiation [.reidi`eiʃn] *n* ακτινοβολία, ραδιενέργεια.

radiator [`reidieitə] *n* [σώμα του] καλοριφέρ || ψυγείο [αυτοκινήτου].

radical [`rædikl] *n* ριζοσπάστης || μαθημ. ρίζα || *adj* ριζικός || ριζοσπαστικός || ~**ism**, ριζοσπαστισμός.

¹**radio** [`reidiou] *n* ασύρματος, ραδιόφωνο.

²**radio**— [`reidiou] *prefix* ραδιο— || ~**active**, ραδιενεργός || ~**activity**, ραδιενέργεια || ~ **beacon**, ραδιοφάρος || ~**graph**, ακτινογραφία || ~**grapher**, ακτινολόγος || ~**graphy**, ακτινολογία || ~**gram**, ραδιογραμμόφωνο || ~ **link**, ραδιοσύνδεση || ~ **station**, ραδιοφωνικός σταθμός || ~ **transmitter**, ραδιοφωνικός πομπός.

radish [`rædiʃ] *n* ραπανάκι.

radium [`reidiəm] *n* φυσ. ράδιο.

radius [`reidiəs] *n* ακτίνα *(κύκλου)*.

raffish [`ræfiʃ] *adj* μποέμικος.

raffle [ræfl] *n* λαχειοφόρος αγορά || *vt* ~ **sth off**, πουλώ κτ σε λοταρία.

raft [ra:ft] *n* σχεδία || ~**er**, καδρόνι.

rag [ræg] *n* κουρέλι || κομματάκι || *(για εφημερίδα)* λαχανοφυλλάδα || καζούρα || *vt* κάνω καζούρα, πειράζω || **glad** ~**s**, *sl* γιορτινά || **wear sth to** ~**s**, φορώ κτ ώσπου να κουρελιαστεί.

ragamuffin [`rægəmʌfin] *n* μόρτης, γυφτάκι.

rage [reidʒ] *n* λύσσα, θυμός || *vi* μαίνομαι, λυσσομανώ || **be in/fly into a** ~, είμαι / γίνομαι έξω φρενών || **have a** ~ **for**, έχω μανία με || **be all the** ~, χαλάω κόσμο, είμαι η μόδα / η μανία της στιγμής || **put sb into a** ~, εξαγριώνω κπ, κάνω κπ έξω φρενών.

ragged [`rægid] *adj* κουρελιασμένος || τραχύς, ακανόνιστος || ~**ness**, τραχύτητα, κουρέλιασμα.

raglan [`ræglən] *n, adj (μανίκι)* ρεγκλάν.

ragout [`rægu:] *n* μαγειρ. ραγκού.

ragtag and bobtail *φρ.* η σάρα και η μάρα, αλητάριοι.

raid [reid] *n* επιδρομή, καταδρομή || *vti* κάνω επιδρομή || ~**er**, καταδρομέας.

rail [reil] *n* κάγκελο || βέργα, κρεμάστρα || σιδηροτροχιά, ράγια, σιδηρόδρομος || **off the** ~**s**, εκτροχιασμένος || ~~**car**, ωτομοτρίς || ~**road/way**, σιδηρόδρομος ‖ ~ing, κιγκλίδωμα.

rain [rein] *n* βροχή ‖ *vti* βρέχω, πέφτω σα βροχή ‖ *it never* ~*s but it pours*, ενός κακού μύρια έπονται, όταν αρχίσει το κακό δεν σταματάει ‖ *it rains in sheets/buckets*, βρέχει με το τουλούμι ‖ ~ *or shine*, βρέχει-ξεβρέχει ‖ ~**bow**, ουράνιο τόξο ‖ ~**coat**, αδιάβροχο ‖ ~**drop**, στάλα ‖ ~**fall**, βροχόπτωση ‖ ~-**gauge**, βροχόμετρο ‖ ~**proof**, αδιάβροχος ‖ ~**y**, βροχερός.

raise [reiz] *n* αύξηση μισθού ‖ *vt* σηκώνω, υψώνω ‖ προκαλώ ‖ προβάλλω, εγείρω ‖ καλλιεργώ, [ανα]τρέφω ‖ μαζεύω ‖ αίρω ‖ *raise hell/the roof*, χαλώ τον κόσμο, κάνω φασαρία.

raisin [reizn] *n* σταφίδα.

rake [reik] *n* τσουγκράνα ‖ στέκα ‖ άσωτος ‖ *vti* τσουγκρανίζω ‖ ψάχνω ‖ ~ *out*, ξεσκαλίζω ‖ ~ *up*, σκαλίζω, ανασκαλεύω ‖ στρατ. γαζώνω, πολυβολώ.

rakish [`reikiʃ] *adj* έκλυτος ‖ *at a* ~ *angle*, στραβά.

rally [`ræli] *n* ράλλυ ‖ συγκέντρωση ‖ ανάρρωση ‖ ανασύνταξη, συναγερμός, συσπείρωση ‖ *vti* συνεγείρω, ανασυντάσσω/-ομαι, συγκεντρώνω/-ομαι ‖ αναζωογονώ/-ούμαι, συνέρχομαι, επιστρατεύω.

ram [ræm] *n* κριάρι ‖ έμβολο *(πλοίου, κλπ)* ‖ *vt* εμβολίζω *(πλοίο)* ‖ πατηκώνω.

ramble [ræmbl] *n* περιπλάνηση, μακρινός περίπατος ‖ *vi* περιπλανιέμαι, τριγυρίζω ‖ φλυαρώ ασυνάρτητα ‖ *(για φυτό)* θρασεύω.

ramify [`ræmifai] *vi* διακλαδίζομαι, διακλαδώνομαι ‖ **ramification**, διακλάδωση.

ramp [ræmp] *n* ράμπα ‖ ~**ant**, φουντωμένος, οργιαστικός, *(για λιοντάρι)* ανορθωμένος.

rampage [ræm`peidʒ] *vi* αφηνιάζω ‖ *be/go on the* ~, αφηνιάζω ‖ ~**ous**, αφηνιασμένος.

rampart [`ræmpa:t] *n* έπαλξη, ντάπια.

ramrod [`ræmrod] *n* στρατ. εμβολέας.

ramshackle [`ræmʃækl] *adj* σαραβαλιασμένος.

ranch [ra:ntʃ] *n* ράντσο.

rancid [`rænsid] *adj* ταγγός.

rancour [`rænkəʳ] *n* έχθρα, μνησικακία ‖ **rancorous**, μοχθηρός.

random [`rændəm] *n* τύχη ‖ *adj* τυχαίος ‖ *at* ~, στην τύχη.

randy [`rændi] *adj* λάγνος.

range [reindʒ] *n* σειρά, γραμμή ‖ πεδίον, περιοχή ‖ ακτίνα ‖ βεληνεκές *(όπλου)* ‖ διακύμανση, ποικιλία, κλίμακα ‖ εστία *(μαγειρείου)*, μεγάλη

κουζίνα ‖ *vti (για όπλο)* έχω βεληνεκές ‖ παρατάσσω ‖ περιφέρομαι, τριγυρίζω, απλώνομαι, εκτείνομαι ‖ κυμαίνομαι, ποικίλλω, κλιμακώνομαι ‖ ~**r**, καταδρομέας, λοκατζής, δασοφύλακας, έφιππος χωροφύλακας.

rank [ræŋk] *n* πιάτσα *(ταξί)* ‖ σειρά, γραμμή, στοίχος, ζυγός ‖ *στρατ.* βαθμός ‖ κοινωνική θέση, τάξη, κλάση ‖ *vti* κατατάσσω/-ομαι, έχω βαθμό ‖ *adj* ταγγός ‖ *(για βλάστηση)* πυκνός, θρασεμένος ‖ *(για κτ άσχημο)* απόλυτος, τέλειος, καθαρός ‖ *the* ~**s**, οι απλοί στρατιώτες ‖ *the* ~ *and file* οι απλοί στρατιώτες, τα απλά μέλη *(κόμματος)* ‖ *break/close* ~, λύνω/πυκνώνω τους ζυγούς ‖ *fall into* ~, ζυγίζομαι, στοιχίζομαι ‖ *pass down the* ~**s**, επιθεωρώ παρατεταγμένους άνδρες ‖ *be reduced to the* ~**s**, *(για υπαξιωματικό)* υποβιβάζομαι σε απλό στρατιώτη.

rankle [ræŋkl] *vi* μτφ. καίω, πονώ.

ransack [`rænsæk] *vt* ψάχνω καλά, κάνω άνω-κάτω ‖ διαρπάζω, λεηλατώ.

ransom [`rænsəm] *n* λύτρα, εξαγορά ‖ *vt* εξαγοράζω, ελευθερώνω έναντι λύτρων.

rant [rænt] *n* στόμφος, πομπώδη λόγια ‖ *vti* μιλώ με στόμφο, φωνάζω.

rap [ræp] *n* χτύπος ‖ *vt* χτυπώ ελαφρά ‖ ~ *out*, μιλώ κοφτά ‖ *take the* ~ *[for sth]*, μτφ. πληρώνω τη νύφη.

rapacious [rə`peiʃəs] *adj* αρπακτικός.

rape [reip] *n* βιασμός ‖ *vt* βιάζω.

rapid [`ræpid] *adj* ταχύς, ορμητικός, απότομος ‖ *n pl* καταρράχτης, ρεύμα ποταμού ‖ ~**ity** [rə`pidəti] ταχύτητα.

rapt [ræpt] *adj* συνεπαρμένος, βυθισμένος.

rapture [`ræptʃəʳ] *n* έκσταση ‖ *be in/go into* ~**s** *[over sth]*, εκστασιάζομαι, μαγεύομαι *[με κτ]* ‖ *throw sb into* ~**s**, μαγεύω κπ ‖ **rapturous**, εκστατικός.

rare [reəʳ] *adj* σπάνιος ‖ αραιός ‖ θαυμάσιος ‖ μισοψημένος ‖ ~**fy** [`reərifai] αραιώνω ‖ ~**ly**, σπανίως.

rarity [`reərəti] *n* αραιότητα, σπανιότητα ‖ κτ σπάνιο *(γεγονός ή πράγμα)*.

rascal [`ra:skl] *n* κουμάσι, κάθαρμα ‖ κατεργαράκος ‖ ~**ly**, *adj* άθλιος, αχρείος.

rash [ræʃ] *n* εξάνθημα ‖ *adj* απερίσκεπτος, ορμητικός ‖ ~**ness**, κουτουράδα, απερισκεψία.

rasher [`ræʃəʳ] *n* φέτα μπέικον.

rasp [ra:sp] *n* ράσπα, χοντρή λίμα ‖ *vti* λιμάρω ‖ μτφ. γρατσουνίζω, ενοχλώ, ερεθίζω ‖ ~ *out*, μιλώ με στριγκιά φωνή ‖ ~**ing**, στριγκός.

raspberry [`ra:zbri] *n* σμέουρο, βατόμουρο.

rat [ræt] *n* αρουραίος, ποντικός || *μτφ.* προδότης, σκεμπές || *vt* ~ **on sb**, πουλάω κπ, προδίδω κπ || **smell a ~**, κάποιο λάκκο έχει η φάβα || **the ~ race**, σκυλοκαυγάς || ~**s!** μπούρδες! || ~**ty**, τσαντισμένος.

ratch[et] [`ræt∫(it)] *n* τροχός με καστάνια.

rate [reit] *n* αναλογία, ρυθμός, βαθμός, ταχύτητα || τιμή || δημοτικός φόρος || τάξη, κατηγορία || *vti* εκτιμώ, υπολογίζω, θεωρώ || φορολογώ || *ναυτ.* ταξινομώ || **at any ~**, εν πάση περιπτώσει || ~ **of exchange**, τιμή συναλλάγματος || ~ **of interest**, επιτόκιο || **death ~~**, θνησιμότητα || **birth ~~**, γεννητικότητα.

rateable [`reitəbl] *adj* φορολογήσιμος.

rather [`ra:ðəʳ] *adv* μάλλον || **would ~**, θα προτιμούσα.

ratify [`rætifai] *vt* επικυρώ.

ratification [‚rætifi`kei∫n] *n* επικύρωση.

rating [`reitiŋ] *n* εκτίμηση, φορολογικός καταλογισμός || *ναυτ.* ταξινόμηση || κατσάδα || ακροαματικότητα.

ratio [`rei∫iou] *n* *μαθημ.* λόγος, αναλογία.

ration [ræ∫n] *n* μερίδα || *vt* περιορίζω, βάζω δελτίο σε κτ.

rational [`ræ∫nl] *adj* λογικός, ορθολογικός || ~**ism**, ορθολογισμός || ~**ist**, ορθολογιστής || ~**istic**, ορθολογιστικός || ~**ity**, λογική, λογικότητα || ~**ize**, δίνω λογική εξήγηση, οργανώνω ορθολογικά || ~**ization**, ορθολογική εξήγηση / οργάνωση.

rationale [‚ræ∫ə`na:l] *n* αιτιολογία, λογική εξήγηση, αποχρών λόγος, λογική.

rattle [rætl] *n* κρότος, κροτάλισμα, κουδούνισμα || κουβεντολόι || κουδουνίστρα μωρού, ροκάνα || *vti* κροτώ, κροταλίζω, κουδουνίζω || ~ **off**, λέω τροχάδην || ~ **away**, φλυαρώ || ~**snake**, κροταλίας || **death~~**, επιθανάτιος ρόγχος.

raucous [`ro:kəs] *adj* βραχνός, τραχύς.

ravage [`rævidʒ] *n* λεηλασία, ερήμωση || καταστροφή || *vt* λεηλατώ, ερημώνω || ρημάζω, καταστρέφω.

rave [reiv] *n* παραλήρημα || *vi* παραμιλώ, παραληρώ || μαίνομαι.

raving [`reiviŋ] *adj* παραληρών || *adv* εντελώς.

ravel [rævl] *vti* ξεφτίζω.

raven [reivn] *n* κοράκι || *adj* κορακάτος.

ravening [`rævniŋ] *adj* άγριος, λιμασμένος.

ravenous [`rævnəs] *adj* αχόρταγος, λαίμαργος, πεινασμένος, λιμασμένος.

ravine [rə`vi:n] *n* φαράγγι, λαγκάδα.

ravish [`rævi∫] *vt* συναρπάζω, γοητεύω || ~**ing**, γοητευτικός || ~**ment**, γοητεία.

raw [ro:] *adj* ωμός, άβραστος, άψητος || *μτφ.* άπειρος, αγύμναστος || ακατέργαστος *(για καιρό)* υγρός και ψυχρός || *(για τραύμα)* ανοιχτός || *(ύφος)* χοντροκομμένος, ωμός || άδικος, σκληρός || **a ~ deal**, άδικη / σκληρή μεταχείριση || **touch sb on the ~**, θίγω κπ εκεί που τον πονεί.

ray [rei] *n* ακτίνα, αχτίδα || *ιχθ.* σαλάχι.

rayon [`reiən] *n* ραιγιόν.

raze, rase [reiz] *vt* ισοπεδώνω, ανασκάπτω.

razor [`reizəʳ] *n* ξυράφι || ~ **blade**, ξυριστική λεπίδα || **safety ~**, ξυριστική μηχανή.

razzle [`ræzl] *n* ξεφάντωμα.

re [ri:] *prep* σχετικώς || *prefix* ξανά.

reach [ri:t∫] *n* άπλωμα, τέντωμα του χεριού, απόσταση || έκταση, ευθεία ποταμού || *vti* φθάνω || εκτείνομαι || έρχομαι σ' επαφή [με κπ] || ~ **out for**, απλώνω το χέρι για || **within ~**, κοντά || **out of / beyond ~**, μακριά.

react [ri`ækt] *vi* αντιδρώ || ~ **upon**, επενεργώ, επιδρώ || ~**ion**, αντίδραση || ~**ionary**, αντιδραστικός || ~**or**, αντιδραστήρας.

read [ri:d] *n* διάβασμα || *vti irreg* διαβάζω || λέω, δείχνω, διαβάζομαι || ~**able**, που διαβάζεται εύκολα ή ευχάριστα || ~**ability**, αναγνωσιμότητα || ~**er**, αναγνώστης, υφηγητής, αναγνωστικό || ~**ership**, αναγνωστικό κοινό, υφηγεσία.

readily [`redili] *adv* πρόθυμα, γρήγορα.

readiness [`redinəs] *n* ετοιμότητα, προθυμία.

reading [`ri:diŋ] *n* διάβασμα || ανάγνωση || ένδειξη *(σε όργανο)* || ερμηνεία || ~ **desk**, αναλόγιο || ~~**lamp**, πορτατίφ.

readjust [‚riə`dʒʌst] *vt* αναπροσαρμόζω || ~**ment**, αναπροσαρμογή.

ready [`redi] *adj* έτοιμος || πρόθυμος || πρόχειρος || σβέλτος, γρήγορος || **at the ~**, επί σκοπόν! έτοιμοι!

reaffirm [‚riə`fə:m] *vt* επαναβεβαιώνω.

reafforest [‚riə`forist] *vt* αναδασώνω.

real [riəl] *adj* πραγματικός || ~ **estate**, ακίνητη περιουσία || ~**ism**, ρεαλισμός || ~**ist**, ρεαλιστής || ~**istic**, ρεαλιστικός.

reality [ri`æləti] *n* πραγματικότητα *(στην τέχνη)* αλήθεια, ζωντάνια || *ιδ. πληθ.* πραγματικό γεγονός || **in ~**, στην πραγματικότητα.

realize [`riəlaiz] *vt* αντιλαμβάνομαι, κατανοώ || πραγματοποιώ || πουλώ, ρευστοποιώ || επιτυγχάνω, πιάνω [τιμή] ||

realizable, πραγματοποιήσιμος, ρευστοποιήσιμος || **realization**, συναίσθηση, πραγματοποίηση, ρευστοποίηση.

realm [relm] *n* βασίλειο.

reanimate [ri:ˈænimeit] *vt* αναζωογονώ.

reap [ri:p] *vt* θερίζω || *μτφ.* δρέπω || ~**er**, θεριστής || ~**ing-hook**, δρεπάνι.

reappear [ˌri:əˈpiəʳ] *vi* ξαναφαίνομαι || ~**ance**, επανεμφάνιση.

reappraisal [ˌri:əˈpreizl] *n* επανεκτίμηση, επανεξέταση.

rear [riəʳ] *n* νώτα, ουρά, μετόπισθεν, πίσω μέρος || *adj* πισινός || *vti* ανεγείρω || σηκώνω, ανορθώνω/-ομαι || μεγαλώνω, [ανα]τρέφω || **bring up the** ~, κλείνω την πομπή, έρχομαι τελευταίος || **fall to the** ~, μένω πίσω || ~-**admiral**, αντιναύαρχος || ~-**guard**, οπισθοφυλακή || ~-**most**, έσχατος.

rearm [ri:ˈa:m] *vti* επανεξοπλίζω/-ομαι || ~**ment**, επανεξοπλισμός.

reason [ri:zn] *n* λόγος, αίτιο, αιτία || λογική, λόγος || *vti* σκέπτομαι ορθολογικά || ~ **with sb**, προσπαθώ να πείσω κπ || ~ **sb out of/into sth**, πείθω κπ να μην κάνει/να κάνει κτ || ~ **sth out**, βρίσκω διά της λογικής || ~ **that**, ισχυρίζομαι/υποστηρίζω ότι || **by** ~ **of**, εξαιτίας || **give** ~**s**, δίνω εξηγήσεις || **bring sb to** ~, κάνω κπ να λογικευτεί || **listen to/hear** ~, παίρνω από λόγια || **in/with** ~, μέσα σε λογικά όρια || **out of all** ~, εντελώς παράλογος || **with good** ~, δικαιολογημένα || **it stands to** ~, είναι αυτονόητο/λογικό || ~**able**, λογικός, μετρημένος, μετριοπαθής.

reassure [ˌri:əˈʃuəʳ] *vt* καθησυχάζω || **reassurance**, καθησύχαση || **reassuring** *adj* καθησυχαστικός.

rebate [ˈri:beit] *n* έκπτωση.

rebel [rebl] *n* επαναστάτης, αντάρτης || *vi* [riˈbel] επαναστατώ || ~**lion**, εξέγερση, ανταρσία || ~**lious**, στασιαστικός, αντάρτικος, ανυπότακτος.

rebirth [ri:ˈbə:θ] *n* αναγέννηση.

reborn [ri:ˈbo:n] *adj* αναγεννημένος.

rebound [riˈbaund] *vi* αναπηδώ, χτυπώ και γυρίζω πίσω || [ˈri:baund] *n* **on the** ~, στον αέρα (=μετά την αναπήδηση), από αντίδραση.

rebuff [riˈbʌf] *n* προσβλητική άρνηση || *vt* αποκρούω, αρνούμαι.

rebuild [ˌri:ˈbild] *vt irreg* ξαναχτίζω.

rebuke [riˈbju:k] *n* μομφή || *vt* επιπλήττω.

rebut [riˈbʌt] *vt* αντικρούω, ανασκευάζω || ~**tal**, αντίκρουση, ανασκευή.

recall [riˈko:l] *n* ανάκληση, ανάμνηση, μνημονικό || *στρατ.* ανακλητήριο || *vt* ανακαλώ || θυμίζω, θυμάμαι, φέρνω στο νου || **past/beyond** ~, αγύριστος.

recant [riˈkænt] *vt* αποκηρύσσω || ~**ation**, αποκήρυξη, δήλωση μετάνοιας.

recapitulate [ˌri:kəˈpitjuleit] *vt* ανακεφαλαιώνω || **recapitulation**, ανακεφαλαίωση.

recapture [ˌri:ˈkæptʃəʳ] *vt* ξαναπιάνω || ξαναβρίσκω, αναπολώ.

recast [ˌri:ˈka:st] *vt irreg* ξαναφορμάρω.

recede [riˈsi:d] *vi* υποχωρώ || ξεμακραίνω.

receipt [riˈsi:t] *n* λήψη || απόδειξη (παραλαβής, κλπ.) || συνταγή (μαγειρικής) || *πληθ.* εισπράξεις || *vt* εξοφλώ.

receive [riˈsi:v] *vti* λαμβάνω, παίρνω || δέχομαι || ~**r**, παραλήπτης, [απο]δέκτης, ακουστικό (τηλεφώνου), *νομ.* σύνδικος πτωχεύσεως.

recent [ˈri:snt] *adj* πρόσφατος || ~**ly**, προσφάτως, τελευταία.

receptacle [riˈseptəkl] *n* δοχείο.

reception [riˈsepʃn] *n* λήψη (TV, ραδιοφώνου) || υποδοχή || δεξίωση || ρεσεψιόν.

receptive [riˈseptiv] *adj* δεκτικός.

receptivity [ˌrisəpˈtiviti] *n* δεκτικότητα.

recess [riˈses] *n* εσοχή, κοίλωμα || κρυφή γωνιά || διακοπές (Βουλής) || ~**ion**, υποχώρηση, *οικον.* ύφεση, κάμψη.

recherché [rəˈʃeəʃei] *adj* εξεζητημένος.

recidivism [riˈsidəvizm] *n* υποτροπή || **recidivist**, εγκληματίας καθ' υποτροπήν.

recipe [ˈresəpi] *n* συνταγή (μαγειρικής).

recipient [riˈsipiənt] *n* [παρα]λήπτης.

reciprocal [riˈsiprəkl] *adj* αμοιβαίος, ανταποδοτικός || αντίστροφος || αλληλοπαθής.

reciprocate [riˈsiprəkeit] *vti* ανταποδίδω, ανταποκρίνομαι || **reciprocation**, ανταπόδοση, ανταπόκριση.

reciprocity [ˌresiˈprɔsəti] *n* αμοιβαιότητα.

recital [riˈsaitl] *n* ρεσιτάλ || εξιστόρηση, αφήγηση.

recitation [ˌresiˈteiʃn] *n* απαγγελία || απαρίθμηση || *US* αποστήθιση.

recitative [ˌresitəˈti:v] *n* ρετσιτατίβο.

recite [riˈsait] *vti* απαγγέλλω || εξιστορώ, απαριθμώ.

reckless [ˈrekləs] *adj* παράτολμος, ασυλλόγιστος, απερίσκεπτος || ~ **of**, αδιάφορος προς.

reckon [ˈrekən] *vti* λογαριάζω, μετρώ || υπολογίζω, θεωρώ, νομίζω, πιστεύω || ~ **in**, συνυπολογίζω || ~ **up**, αθροίζω || ~ **upon**, βασίζομαι σε || ~ **with sb**, λογαριάζομαι με κπ || ~**er**, υπολογιστής || ~**ing**, υπολογισμός, λογαριασμός || **day of** ~**ing**, ημέρα εκκαθαρίσεως των λογαριασμών || **be out in one's** ~**ing**, πέφτω έξω στους λογαριασμούς μου.

reclaim [ri`kleim] *vt* αποξηραίνω, ξεχερσώνω, αξιοποιώ *(γη)* || αξιώνω την επιστροφή || **reclamation** [‚reklə`meiʃn] εγγειοβελτίωση, επανόρθωση.

recline [ri`klain] *vti* μισογέρνω, μισοξαπλώνω, ακουμπώ.

recluse [ri`klu:s] *n* ερημίτης.

recognition [‚rekəg`niʃn] *n* αναγνώριση.

recognize [`rekəgnaiz] *vt* αναγνωρίζω || ομολογώ, παραδέχομαι || **recognizable**, ευδιάκριτος, αναγνωρίσιμος.

recoil [ri`koil] *vi* αναπηδώ προς τα πίσω, οπισθοχωρώ || αρνούμαι *(με φρίκη ή αηδία)* || *n* αναπήδηση.

recollect [‚rekə`lekt] *vti* θυμάμαι || ~**ion**, μνήμη, ανάμνηση || *to the best of my* ~**ion**, απ' ό,τι θυμάμαι.

recommend [‚rekə`mend] *vt* συνιστώ || συσταίνω || συμβουλεύω || αναθέτω, εμπιστεύομαι || ~**ation**, σύσταση || εισήγηση, υπόδειξη || προσόν, προτέρημα || *nom.* ευχή.

recompense [`rekəmpəns] *n* ανταμοιβή, αποζημίωση || *vt* ανταμείβω, αποζημιώνω.

reconciliation [‚rekən‚sili`eiʃn] *n* συμφιλίωση.

reconcile [`rekənsail] *vt* συμφιλιώνω || διευθετώ, λύνω *(διαφορά)* || ~ *oneself to sth*, προσαρμόζω σε κτ, συμβιβάζομαι με κτ, αποδέχομαι κτ.

recondition [‚ri:kən`diʃn] *vt* κάνω ρεκτιφιέ, επιδιορθώνω.

reconnaisance [ri`konisəns] *n* στρατ. αναγνώριση.

reconnoitre [‚rekə`noitə`] *vti* κάνω αναγνώριση.

reconsider [‚ri:kən`sidə`] *vt* επανεξετάζω, αναθεωρώ.

reconstruct [‚ri:kən`strʌkt] *vt* ξαναχτίζω || αναπαριστώ || ~**ion**, ανοικοδόμηση, αναπαράσταση.

record [`rekəd] *n* ρεκόρ || δίσκος *(γραμμοφώνου)* || μητρώο || καταγραφή, σημείωση, γραπτή μνεία || τεκμήριο, μνημείο || αρχείο, κατάλογος, πρακτικό || *vt* [ri`ko:d] καταγράφω, αναγράφω || ηχογραφώ, εγγράφω || *on* ~, γραπτώς || *off the* ~, εμπιστευτικά, ανεπίσημα || *break the* ~, καταρρίπτω το ρεκόρ || *hold the* ~ *for sth*, έχω το ρεκόρ σε κτ || ~-**player**, πικάπ || ~**er**, πλημμελειοδίκης || **tape**-~**er**, μαγνητόφωνο || ~**ing** *n* εγγραφή.

recount [‚ri:`kaunt] *n* ξαναμέτρημα || *vt* ξαναμετρώ.

recoup [ri`ku:p] *vt* αποζημιώνω.

recourse [ri`ko:s] *n* προσφυγή, διέξοδος, καταφύγιο || *have* ~ *to*, προσφεύγω, καταφεύγω.

recover [ri`kʌvə`] *vti* ανακτώ, ξαναβρίσκω, ξαναπαίρνω, ξανακερδίζω || ~ *from*, συνέρχομαι από || [‚ri:`kʌvə`] ξανασκεπάζω || ~**able**, ανακτήσιμος || ~**y**, ανάκτηση, ανάρρωση || *past* ~**y**, ανεπανόρθωτος.

recreate [‚ri:kri`eit] *vt* αναδημιουργώ.

recreation [‚rekri`eiʃn] *n* ψυχαγωγία, αναψυχή || ~**al**, ψυχαγωγικός.

recrimination [ri‚krimi`neiʃn] *n* αντέγκληση, αλληλοκατηγορία.

recrudescence [‚ri:kru`desəns] *n* αναζωπύρωση, υποτροπή.

recruit [ri`kru:t] *n* νεοσύλλεκτος, κληρωτός || *vt* στρατολογώ || συνέρχομαι || ~**ment**, στρατολογία.

rectangle [`rektəŋgl] *n* ορθογώνιο || **rectangular** [re`ktæŋgjulə`], ορθογώνιος.

rectify [`rektifai] *vt* επανορθώνω, διορθώνω || ανακαθαίρω *(οινόπνευμα)*.

rectilinear [‚rekti`liniə`] *adj* ευθύγραμμος.

rector [`rektə`] *n* εφημέριος || ~**y**, πρεσβυτέριο.

rectum [`rectəm] *n* πρωκτός.

recuperate [ri`ku:pəreit] *vti* αναρρωνύω, ανακτώ, αποθεραπεύομαι || **recuperation**, ανάρρωση.

recur [ri`kə:`] *vi* επανεμφανίζομαι, επαναλαμβάνομαι || ~ *to*, επανέρχομαι || ~**rence**, επανάληψη, επανεμφάνιση || ~**rent**, επαναλαμβανόμενος, περιοδικός.

recycle [‚ri:`saikl] *vt* ανακυκλώνω.

red [red] *n* κόκκινο *(χρώμα)* || κόκκινος, κομμουνιστής || παθητικό, έλλειμμα || *adj* κόκκινος, ερυθρός || *be in the* ~, έχω παθητικό || *go/turn* ~, κοκκινίζω || *see* ~, γίνομαι θηρίο || *paint the town* ~, το ρίχνω έξω, ξεφαντώνω || *catch sb* ~-**handed**, πιάνω κπ επ' αυτοφώρω || *like a* ~ *rag to a bull*, σαν κόκκινο πανί σε ταύρο || **R**~ **Cross**, Ερυθρός Σταυρός || **R**~ **Crescent**, Ερυθρά Ημισέληνος || ~-**breast**, *ορνιθ.* κοκκινολαίμης || ~-**letter day**, σημαδιακή ημέρα || ~ *tape*, γραφειοκρατία || ~**den**, κοκκινίζω || ~**dish**, κοκκινωπός.

redeem [ri`di:m] *vt* εξοφλώ, εξαγοράζω || λυτρώνω, απελευθερώνω || εκπληρώνω || αντισταθμίζω, σώζω || ~**er**, λυτρωτής, (**the**) **R**~**er**, ο Σωτήρ.

redemption [ri`dempʃn] *n* εξαγορά || εκπλήρωση || λύτρωση, σωτηρία.

redeploy [‚ri:di`ploi] *vt* ανασυντάσσω, αναδιαρθρώνω || ~**ment**, ανασύνταξη, αναδιάρθρωση.

redolence [`redələns] *n* ευωδιά, άρωμα || **redolent of**, αποπνέων.

redouble [ri`dʌbl] *vti* διπλασιάζω, εντείνω / -ομαι.

redoubt [ri`daut] *n* οχυρό || ~**able**, φοβερός και τρομερός.

redress [ri`dres] *n* επανόρθωση, αποκατάσταση || *vt* επανορθώνω, αποκαθιστώ.

reduce [ri`dju:s] *vti* περιορίζω, μειώνω, αδυνατίζω || ~ *to*, περιάγω σε, φέρω, αναγκάζω.

reduction [ri`dΛkʃn] *n* μείωση || αναγωγή.

redundancy [ri`dΛndənsi] *n* απόλυση πλεοναζόντων || ~ *pay*, αποζημίωση λόγω απολύσεως.

redundant [ri`dΛndənt] *adj* περιττός, πλεονάζων, υπεράριθμος.

reed [ri:d] *n* καλάμι.

reef [ri:f] *n* ύφαλος, ξέρα || ~**er**, πατατούκα, *sl* τσιγαριλίκι.

reek [ri:k] *n* μπόχα || *vi* ~ *of*, μυρίζω, βρωμάω || ~ *with*, στάζω από.

reel [ri:l] *n* καρούλι, μασούρι, μπομπίνα || *vt* τυλίγω, ζαλίζω || ~ *off*, ξετυλίγω, *μτφ.* λέω, αραδιάζω || *vi* γυρίζω σα σβούρα || παραπαίω, τρικλίζω || ζαλίζομαι.

re-entry [.ri:`entri] *n* επάνοδος, επανείσοδος.

refectory [ri`fektəri] *n* τραπεζαρία.

refer [ri`fə:ʳ] *vti* παραπέμπω, αφορώ || αναφέρομαι || καταφεύγω || αποδίδω || ~**able**, αποδοτέος.

referee [.refə`ri:] *n* διαιτητής || *vt* διαιτητεύω.

reference [`refrəns] *n* μνεία, παραπομπή || σύσταση || σχέση, αναφορά || *in/with* ~ *to*, σχετικά με || *without* ~ *to*, άσχετα από || ~ *book*, βιβλίο που συμβουλεύεται κανείς || *term of* ~, δικαιοδοσία, αρμοδιότητα, εντολή.

referendum [refə`rendəm] *n* δημοψήφισμα.

refill [.ri:`fil] *vt* ξαναγεμίζω.

refine [ri`fain] *vti* διυλίζω/-ομαι || εκλεπτύνω, εξευγενίζω/-ομαι || ~ *upon*, βελτιώνω, ραφινάρω || ~**ment**, διύλυση, ραφινάρισμα, ευγένεια, λεπτότητα || ~**ry**, διυλιστήριο.

refit [.ri:`fit] *vt* ναυτ. επισκευάζω, επανεξοπλίζω || *n* επισκευή.

reflate [.ri:`fleit] *vt* αναθερμαίνω [την οικονομία] || **reflation**, αναθέρμανση.

reflect [ri`flekt] *vti* αντανακλώ, καθρεφτίζω || συλλογίζομαι, σκέφτομαι || ~ *upon*, θίγω, αμφισβητώ || ~**ion**, αντανάκλαση || είδωλο, εικόνα || σκέψη, στοχασμός || μομφή, ψόγος, αμφισβήτηση || *on* ~**ion**, μετά σκέψη || ~**ive**, αντανακλαστικός, στοχαστικός || ~**or**, καθρέφτης.

reflex [`ri:fleks] *n* αντανακλαστικό || *adj* αντανακλαστικός || ~**ion** ⇒ REFLECTION || ~**ive**, *γραμμ.* αυτοπαθής.

refloat [.ri:`flout] *vt* ανελκύω *(πλοίο)*.

reforest [.ri:`forist] *vt* αναδασώνω || ~**ation**, αναδάσωση.

reform [ri`fo:m] *n* μεταρρύθμιση || *vti* μεταρρυθμίζω/-ομαι, διορθώνω/-ομαι || [.ri:`fo:m] ανασχηματίζω/-ομαι || ~**ation**, μεταρρύθμιση, αναμόρφωση, ανασχηματισμός || ~**atory**, αναμορφωτήριο, *adj* αναμορφωτικός, μεταρρυθμιστικός || ~**er**, μεταρρυθμιστής.

refract [ri`frækt] *vt* διαθλώ || ~**ion**, διάθλαση || ~**ory**, ανυπότακτος, δύσκολος, επίμονος.

refrain [ri`frein] *n* ρεφραίν || ~**(from)** *vi* συγκρατούμαι, απέχω, αποφεύγω.

refresh [ri`freʃ] *vt* φρεσκάρω, ξεκουράζω, δροσίζω || ~**ing**, ζωογόνος, δροσιστικός || ~**ment**, αναψυχή, φρεσκάρισμα, ξεκούραση, αναψυκτικό || ~**ment room**, αναψυκτήριο.

refresher [ri`freʃəʳ] *n* ποτό || ~ *course*, μετεκπαίδευση, επανάληψη.

refrigerate [ri`fridʒəreit] *vt* καταψύχω || **refrigeration**, κατάψυξη || **refrigerator**, ψυγείο.

refuel [.ri:`fjuəl] *vti* ανεφοδιάζω/-ομαι σε καύσιμα.

refuge [`refju:dʒ] *n* καταφύγιο, άσυλο.

refugee [.refju`dʒi:] *n* πρόσφυγας.

refund [ri`fΛnd] *n* επιστροφή χρημάτων || *vt* επιστρέφω [χρήματα].

refurbish [.ri:`fə:biʃ] *vt* ξαναγυαλίζω.

refusal [ri`fju:zl] *n* άρνηση, αποποίηση.

¹**refuse** [`refju:s] *n* σκουπίδια, απορρίμματα || ~ *collector*, σκουπιδιάρης || ~ *dump*, σκουπιδότοπος.

²**refuse** [ri`fju:z] *vti* αρνούμαι, δε δέχομαι.

refute [ri`fju:t] *vt* αντικρούω, ανασκευάζω.

regain [ri`gein] *vt* ανακτώ || ξαναβρίσκω.

regal [ri:gl] *adj* βασιλικός, ηγεμονικός.

regale [ri`geil] *vt* ευωχώ, τέρπω.

regalia [ri`geiliə] *n pl* εμβλήματα, κοσμήματα του στέμματος.

¹**regard** [ri`ga:d] *n* σεβασμός, υπόληψη, εκτίμηση || προσοχή, έγνοια, φροντίδα || *πληθ.* χαιρετίσματα || άποψη, έποψη || *in/with* ~ *to*, από την άποψη, σε σχέση με || *have* ~ *for*, ενδιαφέρομαι για || *pay* ~ *to*, προσέχω, λαβαίνω υπόψη || *out of* ~ *for*, από σεβασμό για || ~*less of*, αδιαφορώντας για.

²**regard** [ri`ga:d] *vt* θεωρώ || λαβαίνω υπόψη || αφορώ || αντιμετωπίζω, προσβλέπω || ~**ing**; *as* ~**s**, όσον αφορά, σχετικά με.

regatta [ri`gætə] *n* λεμβοδρομία.

regency [`ri:dʒənsi] *n* αντιβασιλεία.

regenerate [ri`dʒenəreit] *vti* αναγεννώ/

-ιέμαι ‖ *adj* [ri'dʒenərət] αναγεννημένος.

regent ['ri:dʒənt] *n* αντιβασιλέας.

regicide [.redʒisaid] *n* βασιλοκτονία ‖ βασιλοκτόνος.

regime [rei'ʒi:m] *n* καθεστώς ‖ δίαιτα.

regimen ['redʒimən] *n* δίαιτα, αγωγή.

regiment ['redʒimənt] *n* σύνταγμα ‖ ~ation, αυστηρή πειθάρχηση / οργάνωση της ζωής.

regimental [.redʒi'mentl] *adj* του συντάγματος ‖ *n pl* στρατιωτική στολή.

Regina [ri'dʒainə] *n* βασίλισσα.

region ['ri:dʒən] *n* περιοχή ‖ *in the ~ of*, περίπου, γύρω από ‖ ~al, τοπικός.

register ['redʒistə'] *n* κατάλογος, μητρώο, πρωτόκολλο, ληξιαρχικό βιβλίο ‖ ληξιαρχείο ‖ *μους.* έκταση *(φωνής, οργάνου)* ‖ σύρτης, ρυθμιστής *(καπνοδόχου, κλπ.)* ‖ μετρητής ‖ ιδίωμα ‖ *vti* δηλώνω / -ομαι, εγγράφω / -ομαι, απογράφω / *(για όργανα)* σημειώνω, καταγράφω ‖ *(για άνθρ.)* δείχνω, προδίνω, μαρτυρώ ‖ στέλνω συστημένο *(γράμμα)*.

registrar [.redʒi'stra:'] *n* ληξίαρχος, αρχειοφύλακας, υπεύθυνος μητρώου / πρωτοκόλλου.

registration [.redʒi'streiʃn] *n* δήλωση, εγγραφή, καταγραφή, ληξιαρχική πράξη, κατάθεση, σύσταση *(γράμματος)*.

registry ['redʒistri] *n* ληξιαρχείο ‖ νηολόγηση.

regress [ri'gres] *vi* παλινδρομώ, υποτροπιάζω, πελατής) ‖ βασιλιά, οπισθοδρομώ ‖ ~ion, οπισθοδρόμηση ‖ ~ive, οπισθοδρομικός.

regret [ri'gret] *n* λύπη ‖ *πληθ.* συγγνώμη, τύψεις ‖ *vt* λυπάμαι για, μετανιώνω ‖ ~table, αξιοθρήνητος, θλιβερός ‖ ~ful, θλιμμένος, περίλυπος, μετανιωμένος.

regroup [.ri:'gru:p] *vti* ανασυντάσσω / -ομαι.

regular ['regjulə'] *n* τακτικός *(στρατιώτης, πελάτης)* ‖ *adj* κανονικός, τακτικός / ομαλός ‖ συμμετρικός ‖ συνηθισμένος ‖ τέλειος, σωστός ‖ ~ity, τακτικότητα, τάξη, κανονικότητα, ομαλότητα ‖ ~ize, τακτοποιώ, κανονίζω, συστηματοποιώ ‖ ~ization, τακτοποίηση, συστηματοποίηση.

regulate ['regjuleit] *vt* κανονίζω, ρυθμίζω, ρεγουλάρω ‖ **regulator,** ρεγουλαδόρος.

regulation [.regju'leiʃn] *n* ρύθμιση, ρεγουλάρισμα ‖ *πληθ.* κανονισμός.

rehabilitate [.rihə'biliteit] *vt* αποκαθιστώ, αναμορφώνω ‖ **rehabilitation,** αποκατάσταση, αναμόρφωση.

rehash [.ri:'hæʃ] *vt* διασκευάζω, ξαναδουλεύω, ξαναμαγερεύω [κτ παλιό].

rehearsal [ri'hə:sl] *n* θέατρ. πρόβα ‖

dress ~, γενική πρόβα.

rehearse [ri'hə:s] *vti* θέατρ. κάνω πρόβα.

reign [rein] *n* βασιλεία ‖ *vi ~ [over]*, βασιλεύω.

reimburse [.ri:im'bə:s] *vt* αποδίδω *(δαπάνες)*, αποζημιώνω ‖ ~ment, απόδοση, αποζημίωση.

rein [rein] *n* χαλινάρι, ηνία ‖ *vt* χαλιναγωγώ ‖ *give free ~ to*, αφήνω ελεύθερο.

reincarnate [.ri:in'ka:neit] *vti* μετεμψύχωνω / -ομαι ‖ **reincarnation,** μετεμψύχωση.

reindeer ['reindiə'] *n* τάρανδος.

reinforce [.ri:in'fo:s] *vt* ενισχύω ‖ ~ment, ενίσχυση ‖ ~d concrete, μπετόν αρμέ.

reinstate [.ri:in'steit] *vt* αποκαθιστώ, επαναφέρω ‖ ~ment, αποκατάσταση.

reinsure [.ri:in'ʃuə'] *vt* αντασφαλίζω.

reissue [.ri:'iʃu:] *vt* επανεκδίδω.

reiterate [ri:'itəreit] *vt* επαναλαμβάνω ‖ **reiteration,** επανάληψη.

reject ['ri:dʒəkt] *n* απόρριμμα, σκάρτο ‖ *vt* [ri'dʒəkt] απορρίπτω ‖ ~ion, απόρριψη.

rejoice [ri'dʒois] *vti ~ [at/over]*, χαίρομαι, αγαλλιώ, πανηγυρίζω.

rejoin [.ri:'dʒoin] *vti* ξαναβρίσκω, ξανασυναντώ, ανταπαντώ ‖ ξαναενώνω.

rejuvenate [ri:'dʒu:vəneit] *vti* ξανανιώνω ‖ **rejuvenation,** ξανάνιωμα.

rekindle [.ri:'kindl] *vti* ξανανάβω.

relapse [ri'læps] *n* υποτροπή ‖ *vi* υποτροπιάζω, ξανακυλάω, ξαναπέφτω.

relate [ri'leit] *vti* αφηγούμαι, ιστορώ ‖ συνδέω, συσχετίζω ‖ ~ *to*, αφορά, σχετίζομαι ‖ *be ~d to*, συγγενεύω με.

relation [ri'leiʃn] *n* αφήγηση, διήγηση ‖ σχέση, συνάφεια ‖ συγγενής ‖ ~ship, συγγένεια, συνάφεια, σχέση.

relative ['relətiv] *n* συγγενής ‖ *adj* σχετικός, συγκριτικός ‖ *γραμμ.* αναφορικός ‖ ~ly speaking, συγκριτικά.

relativity [.relə'tivəti] *n* σχετικότητα.

relax [ri'læks] *vti* χαλαρώνω, ηρεμώ, μαλακώνω ‖ ξεκουράζω / -ομαι ‖ ~ation, χαλάρωση, ξετέντωμα, ξεκούραση.

relay ['ri:lei] *n* αναμετάδοση ‖ ~ race, σκυταλοδρομία ‖ *vt* [.ri:'lei] ξαναβάζω, αναμεταδίδω.

release [ri'li:s] *n* απόλυση, απαλλαγή, κυκλοφορία, ανακοίνωση ‖ απολύω, απαλλάσσω, ελευθερώνω ‖ ανακοινώνω *(ειδήσεις)*, κυκλοφορώ *(δίσκο, φιλμ)* ‖ *press ~*, ανακοίνωση προς τον τύπο.

relegate ['reləgeit] *vt* παραπέμπω ‖ εξαποστέλλω, υποβιβάζω.

relent [ri'lent] *vi* κάμπτομαι, μαλακώνω ‖ ~less, άκαμπτος, αμείλικτος.

relevance [`relǝvǝns] *n* σχέση, σημασία.

relevant [`relǝvǝnt] *adj* ~ *[to]*, σχετικός [με].

reliable [ri`laiǝbl] *adj* αξιόπιστος, θετικός, σίγουρος || **reliability**, αξιοπιστία.

relic [`relik] *n* λείψανο, κειμήλιο, υπόλειμμα.

relief [ri`li:f] *n* ανακούφιση, ξαλάφρωμα || ποικιλία || βοήθεια, περίθαλψη, αρωγή || *στρατ.* ενίσχυση || αντικατάσταση *(φρουράς)*, αντικαταστάτης || ανάγλυφο || *μτφ.* τονισμός, έξαρση || *bring/throw into* ~, προβάλλω, τονίζω || ~ *fund*, ταμείο αρωγής.

relieve [ri`li:v] *vti* ανακουφίζω, βοηθώ || ξεκουράζω, ποικίλλω || αντικαθιστώ *(στην υπηρεσία)* || τονίζω, προβάλλω || ~ *sb of sth*, ξαλαφρώνω, απαλλάσσω *(από κάτι)* || απολύω || ~ *sb's mind*, καθησυχάζω κπ || ~ *one's feelings*, εκτονώνομαι, ξεθυμαίνω || ~ *oneself*, ανακουφίζομαι, κάνω το νερό μου.

religion [ri`lidʒǝn] *n* θρησκεία.

religious [ri`lidʒǝs] *adj* θρησκευτικός.

relinquish [ri`liŋkwiʃ] *vt* εγκαταλείπω || ~ *one's hold of*, αφήνω από τα χέρια μου.

reliquary [`relikwǝri] *n* λειψανοθήκη.

relish [`reliʃ] *n* νοστιμιά, καρύκευμα || νοστιμάδα || ευχαρίστηση, απόλαυση || *vt* απολαμβάνω, μου αρέσει πολύ.

relive [.ri:`liv] *vt* ξαναζώ.

relocate [.ri:lou`keit] *vti* μεταφέρω και εγκαθιστώ αλλού || **relocation**, μετεγκατάσταση.

reluctance [ri`lʌktǝns] *n* απροθυμία.

reluctant [ri`lʌktǝnt] *adj* απρόθυμος.

rely [ri`lai] *vi* ~ *[on]*, βασίζομαι [εις].

remain [ri`mein] *vi* μένω, απομένω, παραμένω || ~ *der*, υπόλοιπο || ~s *n pl* υπολείμματα, λείψανα, λείψανο.

remake [.ri:`meik] *vt irreg* ξαναφτιάχνω.

remand [ri`ma:nd] *n* προφυλάκιση || *vt* παραπέμπω σε άλλη δικάσιμο || *be ~ed in custody*, κρατούμαι ώς τη δίκη.

remark [ri`ma:k] *n* παρατήρηση, σχόλιο || *vti* παρατηρώ, λέω || ~ *upon*, σχολιάζω || *pass rude ~s about*, κάνω αγενή σχόλια για || ~*able*, αξιόλογος, αξιοσημείωτος || ~*ably*, πολύ.

remarry [.ri:`mæri] *vi* ξαναπαντρεύομαι.

remedy [`remǝdi] *n* θεραπεία, γιατρικό || *vt* θεραπεύω, γιατρεύω, διορθώνω.

remember [ri`membǝʳ] *vti* θυμάμαι || ~ *sb to sb*, διαβιβάζω χαιρετίσματα σε κπ.

remembrance [ri`membrǝns] *n* μνήμη, ανάμνηση, θύμηση || ενθύμιο || *πληθ.*

χαιρετίσματα || *to the best of my* ~, απ' ό,τι θυμάμαι.

remind [ri`maind] *vt* ~ *sb of sth*, θυμίζω κτ σε κπ || ~*er*, υπενθύμιση, υπόμνηση.

reminiscence [.remi`nisǝns] *n* αναπόληση || *πληθ.* αναμνήσεις || **reminiscent** *adj* γεμάτος αναμνήσεις || **reminiscent of**, που θυμίζει.

remiss [ri`mis] *adj* αμελής, απρόσεκτος || *be* ~ *in*, αμελώ || ~*ion* [ri`miʃn] *n* άφεση, χάρη, ύφεση.

remit [ri`mit] *vti* εμβάζω *(ποσό)* || παραπέμπω || χαρίζω *(χρέος)*, συγχωρώ *(αμαρτίες)* || ~*tance*, έμβασμα || ~*tent*, διαλείπων.

remnant [`remnǝnt] *n* υπόλειμμα, ρετάλι.

remonstrate [`remǝnstreit] *vi* διαμαρτύρομαι.

remorse [ri`mo:s] *n* τύψη || μεταμέλεια, ενδοιασμός || ~*ful*, μετανιωμένος || ~*less*, ανενδοίαστος.

remote [ri`mout] *adj* μακρυνός || απόμερος || ελάχιστος || *(για τρόπο)* ψυχρός, επιφυλακτικός || ~*ly*, ελάχιστα || ~*ness*, ψυχρότητα.

remove [ri`mu:v] *n* σχολ. προαγωγή || *vti* αφαιρώ, βγάζω, διώχνω, παίρνω, μεταφέρω || μεταθέτω, απολύω, απομακρύνω || μετακομίζω || **removal**, μετακόμιση, αφαίρεση.

remunerate [ri`mjunǝreit] *vt* αμείβω || **remuneration**, αμοιβή || **remunerative**, επικερδής.

renaissance [ri`neisǝns] *n* αναγέννηση.

rename [.ri:`neim] *vt* μετονομάζω.

rend [rend] *vt irreg* ξεσκίζω || αποσπώ βίαια.

render [`rendǝʳ] *vt* ανταποδίδω, παραδίδω || προσφέρω || καθιστώ || αποδίδω.

rendezvous [`rondivu:] *n* ραντεβού.

renegade [`renǝgeid] *n* αποστάτης || *vi* αποστατώ.

renew [`ri:`nju:] *vti* ανανεώνω / -ομαι || ~*al*, ανανέωση.

rennet [`renit] *n* πυτιά.

renounce [ri`nauns] *vt* απαρνούμαι || αποποιούμαι, παραιτούμαι από || αποκηρύσσω.

renovate [`renǝveit] *vt* ανακαινίζω || **renovation**, ανακαίνιση || **renovator**, ανακαινιστής.

renown [ri`naun] *n* φήμη || ~*ed*, φημισμένος.

rent [rent] *n* νοίκι || σκίσιμο || *vti* νοικιάζω / -ομαι.

renunciation [ri.nʌnsi`eiʃn] *n* αποκήρυξη, απάρνηση, αποποίηση.

reopen [.ri:`oupn] *vti* ξανανοίγω.

reorganize [.ri:`o:gǝnaiz] *vt* αναδιοργανώνω.

reorientate [ri:`o:rionteit] *vti* επαναπρο-
σανατολίζω / -ομαι.

rep [rep] *n* ρεπερτόριο || *εμπ.* αντιπρό-
σωπος.

repair [ri`peə[r]] *n* επισκευή || κατάσταση,
συντήρηση || *vt* επισκευάζω || επα-
νορθώ || **in good ~**, σε καλή κατά-
σταση, καλοσυντηρημένος || **put sth in
~**, επισκευάζω κτ || **~able**, επισκευά-
σιμος, επανορθώσιμος || **~er**, επιδιορ-
θωτής.

reparation [.repə`reiʃn] *n* επανόρθωση.

repartee [.repa:`ti:] *n* ετοιμολογία, εύ-
στοχη απάντηση.

repast [ri`pa:st] *n* ευωχία, γεύμα.

repatriate [ri`pætrieit] *vt* επαναπατρίζω
|| **repatriation**, επαναπατρισμός.

repay [ri`pei] *vti irreg* εξοφλώ, επι-
στρέφω χρήματα || ανταποδίδω ||
~ment, ανταπόδοση, εξόφληση.

repeal [ri`pi:l] *n* ανάκληση, ακύρωση ||
vt ανακαλώ, ακυρώνω (π.χ. νόμο).

repeat [ri`pi:t] *n* επανάληψη || επα-
ναληπτικό όπλο || *vti* επαναλαμβάνω
/ -ομαι || *εμπ.* ξαναστέλνω || (φαΐ)
προκαλώ ρέψιμο.

repel [ri`pel] *vt* αποκρούω || απωθώ,
αποτροπιάζω || **~lent** *adj* απωθητικός,
αποκρουστικός, *n* απωθητική αλοιφή.

repent [ri`pent] *vti* **~** [of] μετανοώ [για]
|| **~ance**, μετάνοια || **~ant**, μετανοών.

repercussion [.ripə`kʌʃn] *n* αντήχηση ||
πληθ. αντίκτυπος, επίπτωση.

repertoire [`repətwa:[r]] *n* ρεπερτόριο.

repertory [`repətri] *n* δραματολόγιο, ρε-
περτόριο || *μτφ.* πηγή, θησαυρός.

repetition [.repə`tiʃn] *n* επανάληψη.

replace [ri`pleis] *vt* ξαναβάζω στη θέση
του || αντικαθιστώ || **~able**, αντικατα-
στατός || **~ment**, αντικατάσταση, αντι-
καταστάτης, *πληθ.* ανταλλακτικά.

replay [.ri:`plei] *vt* ξαναπαίζω || *n* [`ri:-
plei] επαναληπτικός αγώνας.

replenish [ri`pleniʃ] *vt* ανανεώνω, συμ-
πληρώνω, εφοδιάζω / -ομαι || **~ment**,
ανανέωση, συμπλήρωμα, ανεφοδιασμός.

replete [ri`pli:t] *adj* υπερπλήρης.

replica [`replikə] *n* αντίγραφο.

reply [ri`plai] *n* απάντηση || *vti* απαντώ.

report [ri`po:t] *n* έκθεση, αναφορά, ειδη-
σεογραφία || φήμη, διάδοση || κρότος
(όπλου) || *vti* αναφέρω, λέγω, εκθέτω ||
~ sb to, καταγγέλλω κπ εις || **~ to sb**,
αναφέρομαι, παρουσιάζομαι σε κπ ||
κάνω ρεπορτάζ || **~ed speech**, γραμμ.
πλάγιος λόγος || **school** —, σχολικός
έλεγχος || **weather** —, μετεωρολογικό
δελτίο || **~age** [.repo:`ta:ʒ] ρεπορτάζ ||
~er, ρεπόρτερ.

repose [ri`pouz] *n* γαλήνη, ανάπαυση,
άνεση || *vti* ακουμπώ, αναπαύω / -ομαι
|| **~ in**, εναποθέτω.

repository [ri`pozitri] *n* αποθήκη || *μτφ.*
ταμείο, θησαυρός (γνώσεων κλπ.).

reprehend [.repri`hend] *vt* επιτιμώ.

reprehensible [.repri`hensəbl] *adj* επίμεμ-
πτος.

represent [.repri`zent] *vt* παριστάνω ||
συμβολίζω, απεικονίζω || παρουσιάζω,
εμφανίζω || εκφράζω, διατυπώνω ||
εκπροσωπώ, αντιπροσωπεύω || **~ation**,
παράσταση, απεικόνιση, αντιπροσώ-
πευση, διαμαρτυρία || **~ative** *adj* αντι-
προσωπευτικός, τυπικός, *n* αντιπρό-
σωπος.

repress [ri`pres] *vt* καταστέλλω, κατα-
πνίγω || ψυχολ. απωθώ, συγκρατώ ||
~ion, καταστολή, κατάπνιξη || ψυχολ.
απώθηση, απωθημένο ένστικτο || **~ive**,
καταπιεστικός, κατασταλτικός.

reprieve [ri`pri:v] *n* αναστολή, αναβολή
|| ανάπαυλα, διάλειμμα.

reprimand [`reprima:nd] *n* μομφή || *vt*
[.repri`ma:nd] επιπλήττω.

reprint [.ri:`print] *n* ανατύπωση, ανάτυπο
|| *vt* [.ri:`print] ανατυπώνω.

reprisal [ri`praizl] *n* αντίποινα.

reproach [ri`proutʃ] *n* ντροπή, όνειδος ||
μομφή, κατηγορία, ψόγος || *vt* κατη-
γορώ, μέμφομαι || **~ful**, επιτιμητικός.

reprobate [`reprəbeit] *n* παραλυμένος,
διεφθαρμένος || *vt* καταδικάζω, απο-
δοκιμάζω.

reproduce [.ri:prə`dju:s] *vti* αναπαράγω ||
αποδίδω || γεννώ, πολλαπλασιάζομαι,
reproduction [.ri:prə`dʌkʃn] *n* αναπαρα-
γωγή || **reproductive**, αναπαραγωγικός.

reproof [ri`pru:f] *n* μομφή.

reprove [ri`pru:v] *vt* επιτιμώ.

reptile [`reptail] *n* ερπετό.

republic [ri`pʌblik] *n* δημοκρατία || **~an**,
δημοκρατικός, ρεπουμπλικάνος.

repudiate [ri`pju:dieit] *vt* απαρνούμαι,
αποκηρύσσω || **repudiation**, αποκήρυξη.

repugnance [ri`pʌgnəns] *n* αποστροφή.

repugnant [ri`pʌgnənt] *adj* απεχθής.

repulse [ri`pʌls] *vt* απωθώ || αποκρούω.

repulsion [ri`pʌlʃn] *n* απώθηση || απέ-
χθεια.

repulsive [ri`pʌlsiv] *adj* απωθητικός, απο-
κρουστικός.

reputable [`repjutəbl] *adj* ευυπόληπτος.

reputation [.repju`teiʃn] *n* φήμη, υπό-
ληψη, όνομα || **have a ~ for**, είμαι
ονομαστός / περιβόητος για || **make a
~ for oneself**, αποκτώ φήμη.

repute [ri`pju:t] *n* όνομα, φήμη, υπόληψη
|| **be ~d**, θεωρούμαι || **~d**, θεωρού-
μενος || **~dly**, δήθεν, κατά τα λεγόμενα

του κόσμου.

request [ri`kwest] *n* αίτηση, παράκληση, αίτημα ‖ ζήτηση ‖ *vt* ζητώ, παρακαλώ ‖ *at sb's* ~, κατά παράκληση κάποιου ‖ *by/on* ~, ύστερα από αίτηση.

requiem [`rekwiəm] *n* ρέβκιεμ.

require [ri`kwaiə^r] *vt* χρειάζομαι ‖ ~ *of sb*, απαιτώ/ζητώ από κπ ‖ *be* ~*d*, υποχρεώνομαι ‖ ~*ment*, απαίτηση, αξίωση.

requisite [`rekwizit] *n* προϋπόθεση, αναγκαίος όρος ‖ *adj* απαιτούμενος, αναγκαίος.

requisition [.rekwi`ziʃn] *n* επίταξη ‖ ζήτηση, εντολή.

rescue [`reskju:] *vt* [δια]σώζω, γλυτώνω ‖ ~*r*, σωτήρας.

research [ri`sə:tʃ] *n* έρευνα, μελέτη ‖ *vi* ερευνώ ‖ ~*er*, ερευνητής.

resemblance [ri`zembləns] *n* ~ *[to/between]*, ομοιότητα [προς/μεταξύ].

resemble [ri`zembl] *vt* μοιάζω.

resent [ri`zent] *vt* φέρω βαρέως, θίγομαι από ‖ ~*ful*, μνησίκακος, πικραμένος, χολωμένος ‖ ~*ment*, μνησικακία, έχθρα.

reservation [.rezə`veiʃn] *n* επιφύλαξη ‖ εξασφάλιση, κλείσιμο (θέσεων, κλπ.).

reserve [ri`zə:v] *n* απόθεμα ‖ στρατ. εφεδρεία ‖ επιφύλαξη, επιφυλακτικότητα ‖ επιφυλασσόμενη περιοχή ‖ *vti* κρατώ (τραπέζι, δωμάτιο, κλπ.) ‖ επιφυλάσσω/-ομαι ‖ *be on the* ~ *list*, είμαι στην εφεδρεία ‖ *in* ~, ρεζέρβα ‖ ~*d*, συγκρατημένος, επιφυλακτικός ‖ *reservist*, έφεδρος.

reservoir [`rezəvwa:^r] *n* δεξαμενή.

reset [.ri:`set] *vti irreg* ξαναμοντάρω, ξαναδένω, ξαναβάζω.

resettle [.ri:`setl] *vti* εγκαθιστώ/εγκαθίσταμαι εκ νέου ‖ ~*ment*, επανεγκατάσταση.

reshuffle [.ri:`ʃʌfl] *n* ανασχηματισμός, ανακάτωμα ‖ *vt* ανασχηματίζω (κυβέρνηση) ‖ ξανανακατεύω (χαρτιά).

reside [ri`zaid] *vi* διαμένω ‖ ~ *in*, ανήκω.

residence [`rezidəns] *n* διαμονή ‖ κατοικία, σπίτι ‖ *in* ~, εγκατεστημένος.

resident [`rezidənt] *n* κάτοικος ‖ *adj* διαμένων ‖ ~*ial*, κατοικημένος.

residue [`rezidju:] *n* κατάλοιπο, κατακάθι ‖ *νομ.* υπόλοιπο.

resign [ri`zain] *vti* παραιτούμαι από ‖ αφήνω ‖ ~ *oneself to; be* ~*ed to*, αφήνομαι, αποδέχομαι, υποτάσσομαι ‖ ~*ed*, καρτερικός ‖ ~*edly*, παθητικά.

resignation [.rezi`gneiʃn] *n* παραίτηση, εγκαρτέρηση.

resilience [ri`ziliəns] *n* ελαστικότητα, ευκαμψία ‖ ανθεκτικότητα, προσαρμοστικότητα ‖ *resilient*, ελαστικός, ανθεκτικός.

resin [`rezin] *n* ρετσίνι ‖ ~*ated*, ρετσινάτος ‖ ~*ous*, ρητινώδης.

resist [ri`zist] *vti* αντιστέκομαι ‖ ~*ance*, αντίσταση ‖ ~*ant*, ανθεκτικός ‖ ~*or*, ηλεκτρ. αντίσταση.

resolute [`rezəlu:t] *adj* αποφασιστικός ‖ ~*ness*, αποφασιστικότητα.

resolution [.rezə`lu:ʃn] *n* αποφασιστικότητα ‖ απόφαση ‖ πρόταση, ψήφισμα ‖ χημ. ανάλυση.

resolve [ri`zolv] *vti* αποφασίζω ‖ ψηφίζω ‖ λύνω (διαφορές), διαλύω (αμφιβολίες) ‖ ~ *into*, αναλύω.

resonant [`rezənənt] *adj* ηχηρός ‖ αντηχών ‖ *resonance*, ηχηρότητα, αντήχηση ‖ *resonator*, ηχείο.

resort [ri`zo:t] *n* προσφυγή, χρησιμοποίηση ‖ καταφύγιο, μέσο ‖ πολυσύχναστο μέρος ‖ *vi* ~ *to*, προσφεύγω, καταφεύγω ‖ συχνάζω ‖ *holiday* ~, θέρετρο.

resound [ri`zaund] *vti* αντηχώ, αντηλαλώ ‖ ~*ing adj* ηχηρός.

resource [ri`so:s] *n* καταφύγιο, διέξοδος ‖ επινοητικότητα, εφευρετικότητα ‖ *πληθ.* πόροι ‖ ~*ful*, επινοητικός, πολυμήχανος.

respect [ri`spekt] *n* σεβασμός ‖ σχέση, άποψη ‖ *πληθ.* χαιρετίσματα ‖ *vt* σέβομαι, τιμώ ‖ *with all due* ~, με όλο τον οφειλόμενο σεβασμό ‖ *with* ~ *to*, σε σχέση με ‖ *in some/all* ~*s*, από μερικές/όλες τις απόψεις ‖ *pay one's* ~ *to*, υποβάλλω τα σέβη μου εις ‖ ~*ing*, σχετικά με ‖ ~*able*, σεβαστός, ευυπόληπτος, ευπρεπής, σημαντικός ‖ ~*ably*, καθώς πρέπει ‖ ~*ability*, ευπρέπεια, καθωσπρεπισμός ‖ ~*ful*, γεμάτος σεβασμό ‖ ~*fully*, με σεβασμό ‖ ~*ive*, σχετικός, αντίστοιχος ‖ ~*ively*, αντιστοίχως.

respiration [.respə`reiʃn] *n* αναπνοή.

respirator [`respəreitə^r] *n* αναπνευστική συσκευή/μάσκα.

respiratory [ri`spaiərətri, `respirətri] *adj* αναπνευστικός.

respire [ri`spaiə^r] *vi* αναπνέω.

respite [`respait, `respit] *n* ανάπαυλα, διακοπή ‖ αναβολή, αναστολή.

resplendent [ri`splendənt] *adj* αστραφτερός, λαμπρός.

respond [ri`spond] *vi* απαντώ, ανταποκρίνομαι ‖ ανταπαντώ, αντιδρώ ‖ επηρεάζω, αντιδρώ θετικά.

response [ri`spons] *n* απάντηση ‖ ανταπόκριση, αντίδραση ‖ εκκλ. αντίφωνο.

responsibility [ri`spɒnsə`bilǝti] *n* ευθύνη ‖ **on one's own ~,** με δική μου ευθύνη.

responsible [ri`spɒnsǝbl] *adj* υπεύθυνος ‖ αίτιος, δράστης ‖ ικανός, άξιος.

responsive [ri`spɒnsiv] *adj* απαντητικός ‖ ευαίσθητος, ευσυγκίνητος, που ανταποκρίνεται.

rest [rest] *n* ανάπαυση ‖ ακουμπιστήρι ‖ *μουσ.* παύση ‖ *vti* ξεκουράζω / -ομαι, αναπαύω / -ομαι ‖ [παρα]μένω ‖ κάθομαι, ακουμπώ ‖ **~ upon,** στηρίζομαι, βασίζομαι ‖ *it ~s with,* εναπόκειται σε ‖ **~ home,** αναπαυτήριο, οίκος ‖ *the ~,* το υπόλοιπο, οι υπόλοιποι ‖ **~ful,** ειρηνικός, ξεκουραστικός ‖ **~fulness,** ηρεμία ‖ **~less,** ανήσυχος, νευρικός, αεικίνητος ‖ **~lessness,** ανησυχία, ανυπομονησία, ταραχή.

restate [.ri:`steit] *vt* επαναδιατυπώνω.

restaurant [`restrɒnt] *n* εστιατόριο.

restitution [.resti`tju:ʃn] *n* αποκατάσταση.

restive [`restiv] *adj* ανήσυχος, νευρικός, ατίθασος, δύστροπος.

restock [.ri:`stɒk] *vt* επαναεφοδιάζω.

restoration [.restǝ`reiʃn] *n* επιστροφή, απόδοση ‖ παλινόρθωση.

restorative [ri`stɒ:rǝtiv] *n* τονωτικό, δυναμωτικό ‖ *adj* τονωτικός.

restore [ri`stɒ:ʳ] *vt* επιστρέφω, αποδίδω ‖ επαναφέρω, αποκαθιστώ ‖ παλινορθώνω ‖ επισκευάζω, αναστηλώνω, αποκαθιστώ ‖ **~r,** αναστηλωτής, ρεστορατέρ.

restrain [ri`strein] *vt* συγκρατώ ‖ **~ed,** συγκρατημένος ‖ **~t** *n* συγκράτηση, περιορισμός, χαλινός, δεσμός ‖ *without ~t,* ελεύθερα.

restrict [ri`strikt] *vt* περιορίζω ‖ **~ion,** περιορισμός ‖ **~ive,** περιοριστικός.

result [ri`zʌlt] *n* αποτέλεσμα, έκβαση ‖ *vi ~ [from],* προκύπτω, απορρέω ‖ **~ in,** καταλήγω, απολήγω ‖ **~ing** *adj* συνακόλουθος.

resume [ri`zju:m] *vt* συνεχίζω, ξαναρχίζω ‖ ξαναπαίρνω.

résumé [`rezju:mei] *n* σύνοψη ‖ βιογραφικό σημείωμα.

resumption [ri`zʌmpʃn] *n* επανάληψη, συνέχιση, ξανάρχισμα.

resurface [ri:`sǝ:fis] *vt* ξαναστρώνω *(δρόμο)* ‖ *(για υποβρύχιο)* αναδύομαι.

resurgence [ri`sǝ:dʒǝns] *n* αναζωπύρωση, ξαναζωντάνεμα ‖ **resurgent** *adj* αναζωπυρούμενος.

resurrect [.rezǝ`rekt] *vti* ανασταίνω / -ομαι ‖ αναβιώνω ‖ **~ion,** ανάσταση, αναβίωση.

resuscitate [ri`sʌsiteit] *vti* ξαναφέρνω στη ζωή, νεκρανασταίνω / -ομαι.

retail [`ri:teil] *n* λιανική πώληση ‖ *adj* λιανικός ‖ *adv* λιανικώς ‖ *vt* πουλώ λιανικώς ‖ διαδίδω *(ειδήσεις)* ‖ **~er,** λιανοπωλητής.

retain [ri`tein] *vt* [συγ]κρατώ ‖ διατηρώ ‖ προσλαμβάνω ‖ **~er,** αμοιβή *(δικηγόρου).*

retake [.ri:`teik] *vt irreg* ξαναπαίρνω.

retaliate [ri`tælieit] *vi* αντεκδικούμαι, κάνω αντίποινα ‖ **retaliation,** αντεκδίκηση, αντίποινα ‖ **relatiatory,** για αντίποινα.

retard [ri`ta:d] *vt* επιβραδύνω, καθυστερώ ‖ **~ation,** επιβράδυνση.

retch [retʃ] *n* αναγούλα, αναγούλιασμα ‖ *vi* μου έρχονται αναγούλες, αναγουλιάζω.

retention [ri`tenʃn] *n* κράτηση, επίσχεση ‖ μνημονικό.

retentive [ri`tentiv] *adj* που συγκρατεί.

rethink [.ri:`θiŋk] *vt irreg* ξανασκέφτομαι, επανεξετάζω.

reticent [`retisǝnt] *adj* λιγόλογος, επιφυλακτικός ‖ **reticence,** ολιγολογία.

retina [`retinǝ] *n* αμφιβληστροειδής.

retinue [`retinju:] *n* ακολουθία, συνοδεία.

retire [ri`taiǝʳ] *vti* αποσύρομαι ‖ αποχωρώ, παίρνω σύνταξη, αποστρατεύομαι ‖ υποχωρώ, συμπτύσσομαι ‖ **~ into oneself,** κλείνομαι στον εαυτό μου ‖ **~d,** συνταξιούχος, απόστρατος ‖ **~ment,** αποχώρηση, συνταξιοδότηση, απομόνωση ‖ **retiring** *adj* λιγομίλητος, συμπτυσσόμενος.

retort [ri`tɒ:t] *n* αντέγκληση, οξεία / έξυπνη απάντηση ‖ *vti* απαντώ έντονα / εύστοχα.

retouch [.ri:`tʌtʃ] *vt* ρετουσάρω.

retrace [ri`treis] *vt* ανατρέχω, αναπολώ ‖ ξαναγυρίζω.

retract [ri`trækt] *vti* ανακαλώ, παίρνω πίσω ‖ συμμαζεύω / -ομαι ‖ **~ion,** ανάκληση, συμμάζεμα.

retread [`ri:tred] *n* αναγομωμένο λάστιχο ‖ *vt* [.ri:`tred] αναγομώνω λάστιχο.

retreat [ri`tri:t] *n* υποχώρηση ‖ καταφύγιο, άσυλο ‖ *vi* υποχωρώ ‖ *beat a hasty ~,* το βάζω στα πόδια ‖ *make good one's ~,* υποχωρώ με τάξη.

retrench [ri`trentʃ] *vt* κάνω οικονομίες.

retrial [.ri:`traiǝl] *n* νέα δίκη.

retribution [.retri`bju:ʃn] *n* τιμωρία, ανταπόδοση.

retrieve [ri`tri:v] *vti* ξαναβρίσκω ‖ επανορθώνω ‖ αποκαθιστώ ‖ σώζω ‖ **retrieval,** ανάκτηση, επανόρθωση.

retroactive [.retrou`æktiv] *adj* αναδρομικός.

retrograde [`retrǝgreid] *adj* παλινδρομικός ‖ οπισθοδρομικός.

retrogress [ˌretrəˈgres] *vi* σημειώνω οπισθοδρόμηση ‖ **~ion**, οπισθοδρόμηση ‖ **~ive**, οπισθοδρομικός.

retrospect [ˈretrəspekt] *n* αναδρομική εξέταση ‖ **in ~**, εκ των υστέρων ‖ **~ion**, αναπόληση ‖ **~ive**, αναδρομικός.

return [riˈtɜ:n] *n* επιστροφή, επάνοδος ‖ ανταπόδοση ‖ είσπραξη, απόδοση, κέρδος ‖ έκθεση, δήλωση, στατιστική ‖ *vti* [ξανα]γυρίζω, επιστρέφω ‖ ανταποδίδω ‖ αποκρίνομαι ‖ δηλώ, αναφέρω, εκθέτω [επίσημα] ‖ αποφέρω *(κέρδος)* ‖ **by ~ of post**, με το πρώτο ταχυδρομείο ‖ **in ~ [for]**, σε ανταπόδοση ‖ **(on) sale or ~**, επί παρακαταθήκη ‖ **many happy ~s [of the day]**, χρόνια πολλά ‖ **be ~ed**, εκλέγομαι *(βουλευτής)* ‖ **~ match**, αγώνας ρεβάνς ‖ **~ [ticket]**, εισιτήριο μετ' επιστροφής ‖ **~able**, επιστρεπτέος.

reunion [ˌri:ˈju:niən] *n* συγκέντρωση, ξανασμίξιμο.

reunite [ˌri:ju:ˈnait] *vti* ξανασμίγω.

rev [rev] *n* [περι]στροφή ‖ *vti* **~ up**, μαρσάρω, φουλάρω *(μηχανή)*.

revalue [ri:ˈvælju:] *vt* επανεκτιμώ, ανατιμώ ‖ **revaluation**, ανατίμηση.

revamp [ˌri:ˈvæmp] *vt* επιδιορθώνω, ανακαινίζω, ξαναφρεσκάρω.

reveal [riˈvi:l] *vt* αποκαλύπτω.

reveille [riˈvæli] *n* στρατ. εγερτήριο.

revel [ˈrevl] *vi* γλεντοκοπώ ‖ **~ in**, απολαμβάνω έντονα ‖ **~ler**, γλεντοκόπος ‖ **~ry**, ξεφάντωμα, γλεντοκόπι.

revelation [ˌrevəˈleiʃn] *n* αποκάλυψη.

revenge [riˈvenʤ] *n* εκδίκηση ‖ *vt* **~ oneself on sb**, εκδικούμαι κπ ‖ **take ~ on sb**, εκδικούμαι κπ ‖ **get one's ~ on sb**, παίρνω την εκδίκησή μου από κπ ‖ **in ~; out of ~**, από εκδίκηση ‖ **~ful**, εκδικητικός.

revenue [ˈrevənju:] *n* πρόσοδος, έσοδο.

reverberate [riˈvɜ:bəreit] *vti* ηχώ, αντηχώ, αντανακλώ ‖ **reverberation**, αντήχηση, *πληθ.* απόηχος, επιπτώσεις.

revere [riˈviəʳ] *vt* σέβομαι, τιμώ.

reverence [ˈrevərəns] *n* σεβασμός, ευλάβεια ‖ δέσποτας.

reverend [ˈrevərənd] *adj* σεβάσμιος, αιδεσιμώτατος ‖ *n* παπάς, δεσπότης.

reverent [ˈrevərənt] *adj* ευλαβικός, γεμάτος σεβασμό ‖ **~ly**, με ευλάβεια / σεβασμό.

reverie [ˈrevəri] *n* ονειροπόληση.

revers [riˈviəʳ] *n* ρεβέρ.

reversal [riˈvɜ:sl] *n* αντιστροφή, μεταστροφή, ανατροπή *(δικαστ. απόφασης)*.

reverse [riˈvɜ:s] *n* αντίθετο, αντίστροφο ‖ ανάποδη *(πλευρά)* ‖ *αυτοκ.* όπισθεν

(ταχύτητα) ‖ ατυχία, αναποδιά ‖ *adj* αντίστροφος, ανάποδος ‖ *vti* αντιστρέφω, γυρίζω *(ανάποδα)* ‖ *νομ.* ανατρέπω, ανακαλώ, αναιρώ ‖ *αυτοκ.* κάνω όπισθεν ‖ **put a car into ~**, βάζω την όπισθεν ‖ **a ~d charge**, τηλεφ. χρέωση του καλουμένου.

reversible [riˈvɜ:səbl] *adj* αναστρεφόμενος, ακυρώσιμος, *(για ύφασμα)* ντουμπλ φας.

revert [riˈvɜ:t] *vi* επανέρχομαι ‖ ξαναγίνομαι ‖ παθαίνω υποτροπή.

review [riˈvju:] *n* επιθεώρηση ‖ ανασκόπηση ‖ κριτική *(βιβλίου)* ‖ *vti* επιθεωρώ ‖ ανασκοπώ ‖ γράφω κριτική ‖ **~er**, κριτικός *(βιβλίων)*.

revile [riˈvail] *vt* βρίζω, δυσυρώ.

revise [riˈvaiz] *vt* αναθεωρώ, επανεξετάζω ‖ κάνω επανάληψη.

revision [riˈviʒn] *n* αναθεώρηση, επανάληψη ‖ **~ism**, αναθεωρητισμός ‖ **~ist**, αναθεωρητής.

revitalize [ri:ˈvaitəlaiz] *vt* αναζωογονώ.

revival [riˈvaivl] *n* αναγέννηση, αναβίωση, αναζωογόνηση.

revive [riˈvaiv] *vti* αναβιώνω ‖ αναζωογονώ / -ούμαι ‖ συνεφέρνω, συνέρχομαι.

revocable [ˈrevəkəbl] *adj* ανακλητός.

revoke [riˈvouk] *vt* ανακαλώ.

revolt [riˈvoult] *n* εξέγερση ‖ *vti* εξεγείρω, προκαλώ φρίκη / αποτροπιασμό ‖ επαναστατώ, ξεσηκώνομαι, εξεγείρομαι ‖ **~ing**, αποτροπιαστικός.

revolution [ˌrevəˈlu:ʃn] *n* περιστροφή ‖ επανάσταση ‖ **~ary** *n* επαναστάτης, *adj* επαναστατικός ‖ **~ize** *vt* επαναστατικοποιώ.

revolve [riˈvolv] *vti* γυρίζω, περιστρέφω / -ομαι ‖ **~r**, περίστροφο.

revue [riˈvju:] *n* ρεβύ, επιθεώρηση.

revulsion [riˈvʌlʃn] *n* αποστροφή, έντονη αντίδραση ‖ μεταστροφή.

reward [riˈwo:d] *n* [αντ]αμοιβή ‖ *vt* [αντ]αμείβω.

reword [ˌri:ˈwo:d] *vt* διατυπώνω εκ νέου.

rewrite [ˌri:ˈrait] *vt* ξαναγράφω.

rhapsody [ˈræpsədi] *n* ραψωδία.

rhetoric [ˈretərik] *n* ρητορική ‖ ρητορεία, στόμφος ‖ **~al** [riˈtorikl] ρητορικός, στομφώδης.

rheumatic [ru:ˈmætic] *n* ρευματικός *(άρρωστος)* ‖ *adj* ρευματικός ‖ *πληθ.* ρευματόπονοι.

rheumatism [ˈru:mətizəm] *n* ρευματισμός.

Rhine [rain] *n* Ρήνος.

rhino[ceros] [ˈrainou(sərəs)] *n* ρινόκερως.

Rhodes [ˈroudz] *n* Ρόδος.

rhododendron [ˌroudəˈdendrən] *n* ροδόδενδρο.

rhombus [ˈrombəs] *n* ρόμβος.

rhubarb [ˈruːbaːb] *n* ραβέντι.

rhyme [raim] *n* ρίμα, ομοιοκαταληξία || ποίημα, στίχος || *vti* ομοιοκαταληκτώ || ~ster, στιχοπλόκος, ριμαδόρος.

rhythm [riðm] *n* μέτρο, ρυθμός || ~ic[al], ρυθμικός.

rib [rib] *n* πλευρό, παΐδι || νεύρο *(φύλλου)*, ράβδωση, ρυτίδωση *(σε άμμο)* || *vt US* πειράζω κπ.

ribald [ˈribəld] *adj* αισχρός, πρόστυχος, σόκιν || ~ry, αισχρολογία.

ribbon [ˈribən] *n* κορδέλα, ταινία || λουρίδα.

rice [rais] *n* ρύζι.

rich [ritʃ] *adj* πλούσιος || *(γη)* γόνιμος || *(φαΐ)* λιπαρός || *(ήχος)* βαθύς || ~es, *n pl* πλούτη || ~ness, πλούτος, αφθονία, γονιμότητα.

rick [rik] *n* θημωνιά || *vt* θημωνιάζω.

rickets [ˈrikits] *n* ραχίτις, ραχιτισμός.

rickety [ˈrikəti] *adj* ξεχαρβαλωμένος.

rickshaw [ˈrikʃoː] *n* δίτροχο αμαξάκι συρόμενο από άνθρωπο.

ricochet [ˈrikəʃei] *n* εποστρακισμός || *vti* εποστρακίζω / -ομαι, αναπηδώ.

rid [rid] *vt irreg* απαλλάσσω || *be/get ~ of*, απαλλάσσομαι, ξεφορτώνομαι.

riddance [ˈridəns] *n* απαλλαγή || *good ~!* στον αγύριστο!

ridden [ridn] *(ως β΄ συνθετικό)* κυριαρχούμενος από.

riddle [ridl] *n* γρίφος, αίνιγμα || κόσκινο || *vt* κοσκινίζω || ~ *with*, κάνω κόσκινο με *(σφαίρες, κλπ.)*.

ride [raid] *n* διαδρομή, βόλτα *(με άλογο, ποδήλατο, κλπ.)* || *take sb for a ~*, τη σκάω σε κπ, πιάνω κπ κορόιδο || *vti irreg* καβαλικεύω || πάω καβάλα || ταξιδεύω || *(για πλοίο)* διασχίζω || πλέω || ~r, αναβάτης, καβαλάρης, *νομ.* πρόσθετος όρος σε έγγραφο.

ridge [ridʒ] *n* κορφογραμμή *(βουνού)*, ράχη *(μύτης)*, κορφιάς *(στέγης)*, κορυφή *(κύματος)*, ζάρα *(επιφάνειας)*.

ridicule [ˈridikjuːl] *n* γελοιοποίηση, σαρκασμός || *vt* σαρκάζω, περιγελώ.

ridiculous [riˈdikjuləs] *adj* γελοίος.

riding [ˈraidiŋ] *n* ιππασία.

rife [raif] *adj* διαδεδομένος || *be ~ with*, βρίθω, είμαι γεμάτος.

riff-raff [ˈrifræf] *n* συρφετός, αλητάριο.

rifle [raifl] *n* τουφέκι, καραμπίνα || *vt* ψάχνω, διαρπάζω, αδειάζω || ~-range, πεδίο βολής, σκοπευτήριο || ~man, τυφεκιοφόρος.

rift [rift] *n* σχισμή, χαραμάδα || ρήξη.

rig [rig] *n* ξάρτια *(πλοίου)* || εφόδια || *vti* στήνω *(δουλειά)*, κάνω μανούβρες / λαθροχειρίες || εξοπλίζω, αρματώνω *(πλοίο)* || ~ *out*, εφοδιάζω,

ντύνω || ~ *up*, ντύνω, μοντάρω, φτιάχνω πρόχειρα || ~ging, ξάρτια.

¹**right** [rait] *n* δίκαιο, σωστό, καλό || δικαίωμα || *πολιτ.* δεξιά || *vt* διορθώνω, ισιώνω || *stand on one's ~s*, διεκδικώ τα δικαιώματά μου || *be in the ~*, έχω το δίκιο με το μέρος μου || *put/set to ~s*, διορθώνω / αποκαθιστώ κτ || *by ~[s]*, δικαιωματικώς, νομίμως || *by ~ of*, δικαίω, με το δικαίωμα || *in one's own ~*, δικαιωματικά || ~ *of way*, προτεραιότητα.

²**right** [rait] *adj* σωστός || ορθός || ακριβής || κατάλληλος || δεξιός || *adv* δεξιά || ίσια || ακριβώς || εντελώς || σωστά, καλά || *be ~*, έχω δίκιο || *all ~!/~ you are!/~ oh!* εντάξει! σύμφωνοι! || *be in one's ~ mind*, είμαι στα λογικά μου || ~ *now*, επί τόπου || ~ *away/off*, αμέσως || ~ *angle*, ορθή γωνία || ~*-hand man*, *μτφ.* δεξί χέρι || ~*-hand drive*, με δεξί τιμόνι || ~*-winger*, *πολιτ.* δεξιός.

righteous [ˈraitʃəs] *adj* ενάρετος, δίκαιος || δικαιολογημένος || ~ness, δικαιοσύνη, εντιμότητα, αρετή.

rightful [ˈraitfl] *adj* νόμιμος || δίκαιος || δικαιολογημένος.

rigid [ˈridʒid] *adj* άκαμπτος, αλύγιστος || αυστηρός || ~ity [riˈdʒideti] *n* ακαμψία, αυστηρότητα.

rigmarole [ˈrigməroul] *n* ασυναρτησία.

rigorous [ˈrigərəs] *adj* άκαμπτος, αυστηρός || τραχύς.

rigour [ˈrigəʳ] *n* ακαμψία, αυστηρότητα || τραχύτητα, κακουχία || δριμύτητα.

rile [rail] *vt* τσαντίζω.

rim [rim] *n* ζάντα *(τροχού)* || σκελετός *(γυαλών)*.

rind [raind] *n* φλούδα *(τυριού, πεπονιού, κλπ.)*.

¹**ring** [riŋ] *n* δαχτυλίδι || κρίκος, στεφάνι, δακτύλιος, κύκλος || σπείρα, συμμορία || παλαίστρα, ρινγκ || *vti* περικυκλώνω, διαγράφω κύκλους || *make /run/dance ~s round sb*, είμαι πολύ ανώτερος / πιο σβέλτος από κπ || ~*-finger*, παράμεσος [δάκτυλος] || ~*-leader*, αρχηγός ανταρσίας / συμμορίας || ~*-road*, δακτύλιος [δρόμος].

²**ring** [riŋ] *n* ήχος, τόνος || κουδούνισμα || τηλεφώνημα || *vti irreg (για κουδούνι)* κτυπώ, σημαίνω || ηχώ, αντηχώ, βουίζω || ~ *with*, πάλλομαι από || ~ *up*, τηλεφωνώ || ~ *off*, κλείνω το τηλέφωνο || *give sb a ~*, τηλεφωνώ σε κπ.

ringlet [ˈriŋlət] *n* μπούκλα, βόστρυχος.

rink [riŋk] *n* αίθουσα πατινάζ.

rinse [rins] *n* ξέπλυμα || *vt* ξεπλένω,

ξεβγάζω *(με νερό)*.

riot [raiət] *n* ταραχή, στάση, οχλοκρατική εκδήλωση ‖ *vi* οχλαγωγώ, χαλώ τον κόσμο ‖ πανηγυρίζω ‖ ~ *in*, οργιάζω ‖ *a ~ of*, μτφ. όργιο ‖ *be a* ~, μτφ. χαλάω κόσμο ‖ *run* ~, οργιάζω, *(για άνθρ.)* αποχαλινώνομαι, *(για φυτά)* φουντώνω, θρασεύω ‖ ~*er*, ταραχοποιός ‖ ~*ous*, οχλαγωγικός.

rip [rip] *n* σκίσιμο ‖ *vti* σκίζω, ξεσκίζω /-ομαι ‖ ~ *off*, αποσπώ βίαια.

ripe [raip] *adj* ώριμος ‖ ~*ness*, ωριμότητα ‖ ~*n*, ωριμάζω.

riposte [ri`post] *n* έξυπνη ανταπάντηση.

ripple [ripl] *n* κυματισμός, ρυτίδωση *(νερού)* ‖ *vti* κυματίζω ελαφρά, ρυτιδώνω.

rise *n* ύψωμα ‖ [αν]ύψωση, αύξηση ‖ πηγή ‖ ανέβασμα *(ιδ. ψαριού)*, άνοδος ‖ ανατολή ‖ *vti irreg* ανατέλλω ‖ σηκώνομαι ‖ ανασταίνομαι ‖ υψώνομαι, ανεβαίνω ‖ ανηφορίζω ‖ ανέρχομαι ‖ έρχομαι στην επιφάνεια ‖ *get a* ~ *in salary*, παίρνω αύξηση μισθού ‖ *take / get a* ~ *out of sb*, τσαντίζω κπ ‖ *give* ~ *to*, προκαλώ, δημιουργώ ‖ ~ *to the occasion*, φαίνομαι αντάξιος των περιστάσεων ‖ ~ *[up] against*, εξεγείρομαι εναντίον ‖ ~ *to fame*, γίνομαι διάσημος ‖ *rising n* εξέγερση.

risk [risk] *n* κίνδυνος ‖ *vt* διακινδυνεύω ‖ *run / take* ~*s*, είμαι ριψοκίνδυνος ‖ *run / take the* ~ *of*, διακινδυνεύω να ‖ *at* ~, σε κίνδυνο ‖ *at one's own* ~, υπό ίδιον κίνδυνο ‖ ~ *one's neck*, ριψοκινδυνεύω τη ζωή μου.

risqué [`ri:skei] *adj* σκαμπρόζικος.

rissole [`risoul] *n* κροκέτα.

rite [rait] *n* τελετή, ιεροτελεστία.

ritual [`ritʃuəl] *n* τυπικό, τελετουργικό, ιεροτελεστία ‖ *adj* τελετουργικός, θρησκευτικός ‖ ~*ism*, τυπολατρία ‖ ~*ist*, τυπολάτρης ‖ ~*istic*, μυσταγωγικός.

rival [raivl] *n* αντίζηλος, ανταγωνιστής, αντίπαλος ‖ *vt* συναγωνίζομαι, ανταγωνίζομαι ‖ ~*ry*, αντιζηλία, ανταγωνισμός, άμιλλα.

river [`rivə'] *n* ποτάμι, ποταμός ‖ *sell sb down the* ~, πουλάω κπ, προδίδω κπ ‖ ~*side*, ακροποταμιά.

rivet [`rivit] *n* πλατυκέφαλο καρφί, πιρτσίνι ‖ *vt* καρφώνω, μτφ. προσηλώνω.

road [roud] *n* δρόμος ‖ *take to the* ~, το ρίχνω στην αλητεία ‖ ~*-block*, οδόφραγμα, μπλόκο ‖ ~*-hog*, κακός οδηγός ‖ ~*-house*, μοτέλ ‖ ~*-metal*, χαλίκι δρόμων ‖ ~*-sense*, αίσθημα κυκλοφορίας ‖ ~*-sign*, ταμπέλα δρόμου ‖ ~*side*, το πλάι του δρόμου ‖ ~*way*, κατάστρωμα δρόμου ‖ ~*worthy*,

(για όχημα) κατάλληλος να κυκλοφορήσει.

roam [roum] *vi* τριγυρίζω, περιπλανιέμαι.

roar [ro:'] *n* βρυχηθμός ‖ μουγκρητό, βουητό ‖ *vti* βρυχιέμαι ‖ μουγκρίζω, ουρλιάζω ‖ ~ *out*, λέω ουρλιάζοντας ‖ ~*ing adj* βρυχώμενος, φουρτουνιασμένος, μτφ. πολύ καλός, γερός.

roast [roust] *n* ψητό, ψήσιμο ‖ *adj* ψητός, ψημένος ‖ *vti* ψήνω ‖ ξεροψήνω /-ομαι ‖ καβουρντίζω ‖ ~*er*, ψήστης, ψηστιέρα, καβουρντιστήρι ‖ ~*ing n* ψήσιμο, μτφ. κατσάδα.

rob [rob] *vti* ~ *sb of sth*, ληστεύω κπ ‖ αποστερώ ‖ ~*ber*, ληστής ‖ ~*bery*, ληστεία.

robe [roub] *n* ρόμπα ‖ τήβεννος, ράσο, εσθήτα ‖ *vt* ενδύω.

¹**rock** [rok] *n* βράχος ‖ πέτρωμα ‖ σκληρή καραμέλα ‖ *on the* ~*s, (για ποτό)* μόνο με πάγο ‖ ~*-bottom*, πάτος, κατώτατος ‖ ~*-ery*, ~*-garden*, βραχόκηπος ‖ ~*-salmon*, σκυλόψαρο ‖ ~*-salt*, ορυκτό αλάτι ‖ ~*y*, βραχώδης, ετοιμόρροπος.

²**rock** [rok] *vti* λικνίζω /-ομαι ‖ ~*ing-chair*, κουνιστή πολυθρόνα ‖ ~*ing-horse*, παιδικό ξύλινο αλογάκι ‖ ~*'n roll*, ροκ-εντ-ρολ ‖ ~*er*, ροκάς, *sl* μυαλό.

rocket [`rokit] *n* ρουκέτα, πύραυλος ‖ φωτοβολίδα ‖ *sl* κατσάδα ‖ ~ *base / range*, βάση / πεδίο εκτόξευσης πυραύλων ‖ ~*ry*, πυραυλική.

rod [rod] *n* ράβδος, μοχλός, βέργα.

rodent [`roudənt] *n* τρωκτικό.

roe [rou] *n* αυγοτάραχο *(ψαριών)*.

roger [`rodʒə'] *στον* ασύρμ. ελήφθη!

rogue [roug] *n* παλιάνθρωπος, κάθαρμα ‖ μασκαράς, κατεργάρης ‖ ~*ry*, παλιανθρωπιά, ζαβολιά.

roguish [`rougiʃ] *adj* ζαβολιάρικος, πειραχτικός.

roisterer [`roistərə'] *n* γλεντοκόπος.

role [roul] *n* ρόλος.

roll [roul] *n* ρόλος, κύλινδρος, ρολό, τόπι ‖ κύλισμα, κούνημα ‖ [συνεχής κυλιστός] ήχος ‖ κατάλογος *(ονομάτων)* ‖ *vti* κυλώ, τσουλάω, περνώ ‖ τυλίγω, στρίβω, στριφογυρίζω ‖ στρώνω, απλώνω ‖ [συγ]κυλιέμαι ‖ κουνώ, κουνιέμαι ‖ ~ *in / up*, καταφθάνω ‖ *be* ~*ing in*, μτφ. κολυμπάω εις ‖ *call the* ~, φωνάζω κατάλογο ‖ ~*-call*, ονομαστικό προσκλητήριο, εκφώνηση καταλόγου ‖ ~ *and pitch, (για πλοίο)* κλυδωνίζομαι ‖ ~*ing-pin*, μπλάστρης *(για ζύμη)* ‖ ~*er*, κύλινδρος, ροδίτσα *(πολυθρόνας)*, μπικουτί ‖ ~*er-skate*, τροχοπέδιλα.

rollicking [`rolikiŋ] *adj* γλεντζέδικος.

roly-poly [,rouli-`pouli] *n* μπουλούκος.

Roman [`roumən] *n* Ρωμαίος ‖ *adj* ρωμαϊκός.

romance [rəu`mæns] *n* ρομάντζο ‖ ειδύλλιο ‖ μυστηριώδες θέλγητρο ‖ *μουσ.* ρομάντζα ‖ μύθος ‖ *vt* μυθιστορηματοποιώ.

Romance [rəu`mæns] *adj* ρωμανικός.

romantic [rə`mæntik] *n, adj* ρομαντικός ‖ ~**ism**, ρομαντισμός ‖ ~**ize**, το ρίχνω στον ρομαντισμό.

romp [romp] *n* φασαρία, θορυβώδη παιχνίδια ‖ *vi* παίζω με θόρυβο, κάνω φασαρία ‖ πετυχαίνω χωρίς προσπάθεια ‖ ~**ers**, ποδιά *(παιδιών)*, φόρμα.

roof [ru:f] *n* σκέπη, στέγη, *μτφ.* οροφή ‖ *vt* στεγάζω, σκεπάζω ‖ **raise the ~**, κάνω σαματά, βάζω τις φωνές ‖ ~**garden**, κήπος σε ταράτσα ‖ ~**less**, χωρίς στέγη.

rook [ruk] *n* κοράκι ‖ *(στο σκάκι)* πύργος ‖ *vt* κλέβω, γδύνω ‖ ~**ery**, κορακοφωλιά.

room [ru:m] *n* δωμάτιο ‖ *πληθ.* διαμέρισμα ‖ χώρος ‖ περιθώριο ‖ ~ **with** *vi* συγκατοικώ ‖ ~**y**, ευρύχωρος.

roost [ru:st] *n* κούρνια ‖ *vi* κουρνιάζω ‖ ~**er**, κόκορας.

¹**root** [ru:t] *n* ρίζα ‖ *μτφ.* αιτία ‖ *vti* ριζώνω, πιάνω ρίζες ‖ *μτφ.* καθηλώνω, καρφώνω ‖ ~ **out**, ξερριζώνω, εξολοθρεύω ‖ ~ **take/strike** ~, πιάνω ρίζα ‖ ~ **and branch**, ολοκληρωτικά, από τη ρίζα.

²**root** [ru:t] *vti* ~ **about [for sth]**, ψάχνω, ανασκαλεύω ‖ ~, **rootle** [ru:tl] *(γουρούνι)* ψάχνω με το ρύγχος ‖ ~ **out**, ξετρυπώνω.

rope [roup] *n* σκοινί ‖ πλεξούδα *(σκόρδα, κλπ.)* ‖ *vt* δένω ‖ ~ **off**, χωρίζω με σκοινί ‖ ~ **sb in**, μπλέκω/τυλίγω κπ *(σε μια δουλειά)* ‖ **know/show sb /learn the ~s**, ξέρω/δείχνω σε κπ/μαθαίνω τα μυστικά μιας δουλειάς ‖ **give sb ~**, αφήνω σε κπ ελευθερία ενεργείας ‖ ~-**dancer/-walker**, σχοινοβάτης ‖ ~-**ladder**, ανεμόσκαλα.

rosary [`rouzəri] *n* κομπολόι, κομποσκοίνι *(για προσευχές)*.

rose [rouz] *n* τριαντάφυλλο, τριανταφυλλιά ‖ *(χρώμα)* ροζ ‖ ροζέτα ‖ **a bed of ~s**, *μτφ.* εύκολη ζωή ‖ **not all ~s**, δεν είναι όλα ρόδινα ‖ **gather life's ~s**, τρυγώ τις χαρές της ζωής ‖ ~**leaf**, ροδοπέταλο ‖ ~-**water**, ροδόσταμο ‖ ~-**window**, ροζέτα.

rosemary [`rouzmeri] *n* δεντρολίβανο.

rosette [rou`zet] *n* ροζέτα.

rosin [`rozin] *n* κολοφώνιο.

rostrum [`rostrəm] *n* βήμα *(ομιλητή)*.

rosy [`rouzi] *adj* ρόδινος.

rot [rot] *n* σαπίλα, σήψη, αποσύνθεση ‖ **[dry]** ~, σαράκι ‖ **[tommy-]**~, βλακείες, τρίχες ‖ *vi* σαπίζω.

rotary [`routəri] *adj* περιστροφικός ‖ ροταριανός.

rotate [rou`teit] *vti* περιστρέφω/-ομαι, εναλλάσσω/-ομαι.

rotation [rou`teiʃn] *n* περιστροφή ‖ περιτροπή, εναλλαγή.

rote [rout] *n* στη *φρ.* **by** ~, απέξω, παπαγαλίστικα.

rotisserie [rou`ti:səri] *n* ψησταριά.

rotten [rotn] *adj* σάπιος ‖ χαλασμένος, διεφθαρμένος ‖ άσχημος, βρωμο—.

rotund [rou`tʌnd] *n* ολοστρόγγυλος.

rouble [ru:bl] *n* ρούβλι.

rough [rʌf] *adj* τραχύς, χοντρός ‖ *(θάλασσα)* φουρτουνιασμένος ‖ ανώμαλος, ακατέργαστος ‖ βίαιος, βάναυσος, άξεστος, σκληρός ‖ πρόχειρος ‖ *adv* τραχειά, σκληρά ‖ *vt* ~ **sth up**, χαλώ, τραχύνω ‖ ~ **sb up**, κακοποιώ κπ ‖ ~ **sth out**, σκιαγραφώ ‖ ~ **it**, περνώ λίγο πρωτόγονα, κάνω χωρίς ανέσεις ‖ **give sb a** ~ **time**, μεταχειρίζομαι κπ σκληρά ‖ **have a** ~ **time**, περνώ άσχημα, ταλαιπωρούμαι ‖ **it is** ~ **on sb**, είναι σκληρό/δοκιμασία για κπ ‖ **cut up** ~, αγριεύω, εξαγριώνομαι ‖ **live** ~, ζω αλήτικα ‖ **sleep** ~, κοιμάμαι όπου τύχει ‖ **in** ~, σε πρόχειρη /αδούλευτη μορφή ‖ ~**cast**, χοντρός σουβάς ‖ ~-**and-tumble**, μαλαβράσι, βίαιος, τυχοδιωκτικός ‖ ~-**and-ready**, πρόχειρος, τσαπατσούλικος ‖ ~**en**, αγριεύω, τραχύνω/-ομαι ‖ ~-**hewn**, χοντροπελεκημένος ‖ ~ **house** φασαρία, καυγάς ‖ ~ **luck**, κακοτυχιά ‖ ~**neck**, καυγατζής, αληταράς ‖ ~**shod**, πεταλωμένος με χοντρά καρφιά ‖ ~-**spoken**, άξεστος, χυδαιολόγος.

roughage [`rʌfidʒ] *n* πίτουρα.

roulette [ru:`let] *n* ρουλέτα.

round [raund] *n* κτ στρογγυλό ‖ συρτός *(χορός)* ‖ γύρος, περιοδεία, βόλτα, κύκλος ‖ *adj* στρογγυλός ‖ *adv* γύρω ‖ *prep* γύρω από/εις ‖ *vti* στρογγυλεύω ‖ παίρνω *(στροφή)* ‖ ~ **off**, ολοκληρώνω, στρογγυλεύω ‖ ~ **out**, στρογγυλεύω, παχαίνω ‖ ~ **up**, συγκεντρώνω, μαζεύω ‖ ~ **upon sb**, γυρίζω και επιτίθεμαι σε κπ ‖ **all the year** ~, ολοχρονίς ‖ **go** ~ **to sb**, επισκέπτομαι κπ ‖ **show sb** ~, γυρίζω κπ *(σ' ένα μέρος)* ‖ **go the** ~**s**, κάνω το γύρο μου ‖ **go** ~ **the bend**, τρελαίνομαι ‖ ~-**the-clock**, όλο το 24ωρο, εικοσιτετράωρος ‖ ~**ly**, ίσια, καθαρά ‖ ~**ness**, στρογγυλάδα || ~sman, διανομέας (μαγαζιού).

roundabout [ˈraundəbaut] n αλογάκια (σε λούνα-παρκ) || κυκλική διασταύρωση δρόμων || adj περιφραστικός, κυκλικός.

rouse [rauz] vt ξυπνώ κπ || διεγείρω, εξάπτω, ξεσηκώνω.

rout [raut] n φυγή, πανωλεθρία || vt κατατροπώνω || ~ sb out of, τραβώ/ ξεπετάω κπ από.

route [ru:t] n πορεία, δρόμος, διαδρομή.

routine [ru:ˈti:n] n ρουτίνα.

rove [rouv] vti περιπλανιέμαι, περιφέρω, στρέφω εδώ κι εκεί.

¹row [rou] n σειρά, γραμμή || κωπηλασία || vti κωπηλατώ || ~ing-boat, βάρκα με κουπιά || ~er, κωπηλάτης.

²row [rau] n φασαρία, σαματάς || καυγάς || vti καυγαδίζω || κατσαδιάζω || ~dy, θορυβοποιός, καυγατζής, ταραχώδης.

royal [ˈroiəl] adj βασιλικός || ηγεμονικός || ~ist, βασιλόφρονας || ~ty, βασιλικό αξίωμα, βασιλική οικογένεια, πληθ. συγγραφικά δικαιώματα.

rub [rʌb] n τρίψιμο || δυσκολία, μτφ. κόμπος || vti τρίβω/-ομαι || ~ along, τα φέρνω βόλτα || ~ along with sb, τα πάω καλά με κπ || ~ down, τρίβω γερά || ~ in, χώνω (διά τριβής) || ~ off, τρίβω, ξεγδέρνω, ξεφτίζω || ~ out, σβήνω || ~ up, γυαλίζω || ~ sb up the right/wrong way, μαλακώνω/ερεθίζω κπ.

rubber [ˈrʌbəʳ] n λάστιχο, καουτσούκ || γομολάστιχα || US sl προφυλακτικό || πληθ. γαλότσες || ~-stamp, εγκρίνω ανεξέταστα.

rubbish [ˈrʌbiʃ] n σκουπίδια || ανοησίες || talk ~, λέω σαχλαμάρες || ~-bin/ -cart, ντενεκές/κάρο των σκουπιδιών.

rubble [ˈrʌbl] n χαλάσματα, μπάζα.

ruby [ˈru:bi] n ρουμπίνι.

ruck [rʌk] n ζάρα, πυχή || κοσμάκης || vti ζαρώνω, τσαλακώνω/-ομαι.

rucksack [ˈrʌksæk] n σακίδιο.

ructions [ˈrʌkʃənz] n pl φασαρίες, καυγάς.

rudder [ˈrʌdəʳ] n πηδάλιο.

ruddy [ˈrʌdi] adj ροδοκόκκινος || (αντί του bloody) αναθεματισμένος, βρωμο—.

rude [ru:d] adj αγενής, αγροίκος || τραχύς, ακατέργαστος πρωτόγονος || απότομος || ~ness, αγένεια, τραχύτητα, βιαιότητα.

rudiment [ˈru:dimənt] n υποτυπώδης μορφή || πληθ. στοιχεία, πρώτες γνώσεις.

rue [ru:] n απήγανος || vt μετανιώνω || ~ful, μετανιωμένος, θλιμμένος.

ruff [rʌf] n τραχηλιά, περιλαίμιο.

ruffian [ˈrʌfiən] n κακοποιός, μαχαιροβγάλτης, παλιάνθρωπος.

ruffle [ˈrʌfl] n ανακάτωμα || [ανα]ταραχή, εκνευρισμός || ρυτίδωση || τραχηλιά || vti ανακατεύω || αναστατώνω /-ομαι, πειράζομαι || ρυτιδώνω.

rug [rʌg] n χαλάκι, κιλίμι || χράμι, κουβέρτα.

rugged [ˈrʌgid] adj ανώμαλος, πετρώδης, βραχώδης || (πρόσωπο) αδρός, αυλακωμένος || (άνθρ.) τραχύς αλλά καλόκαρδος || ~ness, τραχύτητα.

ruin [ˈru:in] n καταστροφή || ερείπιο, συντρίμμι || vt καταστρέφω || ~ation, όλεθρος, ρήμαγμα || ~ous, ολέθριος, καταστροφικός.

rule [ru:l] n ρίγα, χάρακας || κανόνας || συνήθεια || πληθ. κανονισμός εξουσία, κυριαρχία, αρχή || vti ριγώνω, χαρακώνω || ~ [over], κυβερνώ || εξουσιάζω || αποφαίνομαι, ορίζω, βγάζω απόφαση || ~r, κυβερνήτης, χάρακας.

ruling [ˈru:liŋ] n απόφαση (ιδ. δικαστή) || adj κυβερνών, άρχων || δεσπόζων.

rum [rʌm] n ρούμι || adj αλλόκοτος, παράξενος.

rumba [ˈrʌmbə] n ρούμπα (χορός).

rumble [ˈrʌmbl] n υπόκωφη βροντή, βουή || μπουμπούνισμα || γουργουρητό || vti βροντώ υπόκωφα || μπουμπουνίζω || γουργουρίζω.

rumbustious [rʌmˈbʌstiəs] adj θορυβώδης.

ruminant [ˈru:minənt] n μηρυκαστικό.

ruminate [ˈru:mineit] vi (ζώο) μηρυκάζω, αναχαράζω || (άνθρ.) αναμασώ, ξανασκέπτομαι || rumination, σκέψεις, μηρυκασμός || ruminative, στοχαστικός.

rummage [ˈrʌmidʒ] n ψάξιμο, έρευνα || φθαρμένα παλιοπράγματα || vti ψάχνω, ανασκαλεύω || ερευνώ.

rummy [ˈrʌmi] n ραμί || adj αλλόκοτος.

rumour [ˈru:məʳ] n φήμη, διάδοση || it is ~ed, διαδίδεται || ~-monger, διαδοσίας, σπερμολόγος.

rump [rʌmp] n γλουτοί, καπούλια || απομεινάρι || ~ steak, κόντρα φιλέτο.

rumple [ˈrʌmpl] vt τσαλακώνω (φόρεμα) || ανακατώνω (μαλλιά).

rumpus [ˈrʌmpəs] n φασαρία, σαματάς, καυγάς || kick up/make a ~, κάνω καυγά/φασαρία.

¹run [rʌn] n τρέξιμο || διαδρομή, βόλτα (με όχημα) || (αδιάκοπη) σειρά || το ελεύθερο (να μπαίνω, να χρησιμοποιώ) || τάση, κατεύθυνση || μαντρί || at a ~, τρέχοντας || on the ~, σε φυγή, σε διαρκή κίνηση || break into a ~, αρχίζω να τρέχω || in the long ~, μακροπροθέσμως || the common ~, συνηθισμένος.

²run [rʌn] vti irreg τρέχω, κινούμαι,

(πλοίο) πλέω, *(τραίνο)* κάνω δρομολόγιο ‖ πέφτω/ρίχνω πάνω σε ‖ μεταφέρω, πηγαίνω ‖ εκθέτω υποψηφιότητα ‖ διευθύνω ‖ λειτουργώ ‖ διατρέχω, [δια]περνώ ‖ γίνομαι, περιέχομαι σε ωρισμένη κατάσταση ‖ εκτείνομαι, απλώνομαι, διαρκώ ‖ ρέπω, έχω την τάση να είμαι ‖ *(για αφήγηση)* λέω ‖ *(για πλεχτό)* ξεπλέκομαι, χαλώ ‖ ~ **across**, βρίσκω/συναντώ τυχαία ‖ ~ **after**, κυνηγώ ‖ ~ **against sb**, έχω κπ ως αντίπαλο *(ιδ. σε εκλογές)* ‖ ~ **along**, φεύγω ‖ ~ **at sb**, ορμώ εναντίον κάποιου ‖ ~ **away**, φεύγω, στρίβω, το σκάω ‖ ~ **away with sb**, απάγομαι με κπ, αφηνιάζω, ξεφεύγω από κάθε έλεγχο ‖ ~ **away with sth**, βουτάω, κλέβω κτ ‖ ~ **away with the idea/notion**, βαυκαλίζομαι με την ιδέα οτι ‖ ~ **back [over sth]**, ξανατυλίγω, ξαναγυρίζω, ξαναφέρνω στο νου ‖ ~ **down**, *(για όχημα)* χτυπώ [και ρίχνω κάτω], *(για ρολόι)* ξεκουρδίζομαι, *(για μπαταρία)* αδειάζω, *(για άνθρ.)* εξαντλούμαι ‖ ~ **sb down**, κακολογώ, διασύρω κπ, πιάνω [ύστερα από καταδίωξη] ‖ ~ **sth down**, κόβω *(την ένταση, τη δουλειά, κλπ.)* ‖ ~ **in**, στρώνω *(μηχανή)*, ρίχνω κπ μέσα *(στη φυλακή)* ‖ ~ **into**, τρακάρω, ρίχνω/πέφτω πάνω σε, δημιουργώ *(χρέη)*, *(για ποσό)* ανέρχομαι ‖ ~ **off with sth**, κλέβω, το σκάω με κτ ‖ ~ **sth off**, αδειάζω, γράφω ή τυπώνω γρήγορα ‖ ~ **on**, μιλώ συνέχεια, περιστρέφομαι εις, συνεχίζομαι, *(για χρόνο)* περνώ ‖ ~ **out**, *(για παλίρροια)* υποχωρώ, *(για προθεσμία)* λήγω, *(για εφόδια)* τελειώνω, εξαντλούμαι ‖ ~ **out on sb**, παρατάω κπ ‖ ~ **over**, ξεχειλίζω, πετάγομαι γρήγορα, διαβάζω στα πεταχτά, *(για όχημα)* πατώ, κόβω, χτυπώ ‖ ~ **round to**, πετάγομαι, πάω γρήγορα ‖ ~ **through**, τρυπώ, διαπερνώ, εξετάζω γρήγορα, εξαντλώ *(εφόδια)* ‖ ~ **to**, *(για ποσό)* ανέρχομαι, φθάνω, ρέπω προς ‖ ~ **up**, υψώνω, φτιάχνω στα γρήγορα, σκαρώνω, προσθέτω, ανεβάζω *(λογαριασμό)*, *(για τιμή)* ανεβαίνω ‖ ~ **up against**, πέφτω επάνω εις, βρίσκω ‖ ~ **up to**, *(για ποσό)* ανέρχομαι ‖ ~ **upon sth**, *(για σκέψεις)* γυρίζω ‖ ~ **sb hard/close**, συναγωνίζομαι κπ με επιτυχία ‖ ~ **sb off his feet/legs**, ξεποδαριάζω κπ ‖ ~ **errands/messages**,

κάνω θελήματα ‖ ~ **arms/liquor**, κάνω λαθρεμπόριο όπλων/ποτών ‖ ~ **a blockade**, διασπώ έναν αποκλεισμό ‖ **cut and ~**, το βάζω στα πόδια.

runaway [ˋrʌnəwei] *n* δραπέτης, φυγάς.

rung [rʌŋ] *n* σκαλί *(κινητής σκάλας)*.

runner [ˋrʌnəʳ] *n* δρομέας ‖ *(ως β΄ συνθ.)* λαθρέμπορος ‖ *n* λαθρέμπορος ‖ παραβλάσταρο ‖ στενό, μακρύ χαλί *(για σκάλα)* ‖ ~-**up**, επιλαχών *(σε αγώνα)*.

running [ˋrʌniŋ] *n* τρέξιμο ‖ *adj* τρεχούμενος, τρέχων, ρέων ‖ πυορροών ‖ συνεχής, αδιάκοπος ‖ κινητός ‖ *(μετά από χρονική φράση)* συνέχεια ‖ ~-**board**, μαρσπιέ *(αυτοκινήτου)* ‖ ~-**costs**, τρέχοντα έξοδα, έξοδα λειτουργίας ‖ ~-**in**, ροντάρισμα, στρώσιμο *(μηχανής)* ‖ ~ **mate**, συνυποψήφιος *(για το μικρότερο από δύο αξιώματα)*.

runny [ˋrʌni] *adj* ρευστός, που τρέχει.

runt [rʌnt] *n* κοντοστούμπης.

runway [ˋrʌnwei] *n* διάδρομος *(αεροδρομίου)*.

rupee [ruːˋpiː] *n* ρουπία.

rupture [ˋrʌptʃəʳ] *n* ρήξη ‖ *ιατρ.* κήλη ‖ *vti* διακόπτω, διαρρηγνύω/-ομαι.

rural [ˋruərəl] *adj* αγροτικός.

ruse [ruːz] *n* πανουργία, κόλπο.

rush [rʌʃ] *n* ψαθί, βούρλο ‖ τρεχάλα, ορμή, βιασύνη ‖ συρροή, συνωστισμός ‖ αιφνίδια μεγάλη ζήτηση ‖ *vti* ορμώ, σπεύδω, μεταφέρω βιαστικά ‖ καταλαμβάνω εξ εφόδου ‖ αναγκάζω κπ ν' αποφασίσει βιαστικά ‖ ~ **to conclusions**, σπεύδω να βγάλω συμπεράσματα.

rusk [rʌsk] *n* παξιμάδι.

russet [ˋrʌsit] *adj* κοκκινωπός.

Russian [ˋrʌʃn] *n* Ρώσος ‖ *adj* ρωσικός.

rust [rʌst] *n* σκουριά ‖ *vti* σκουριάζω ‖ ~-**less**, ανοξείδωτος ‖ ~-**y**, σκουριασμένος.

rustic [ˋrʌstik] *n* χωριάτης ‖ *adj* αγροτικός, χωριάτικος ‖ χοντροφτιαγμένος.

rustle [ˋrʌsl] *n* θρόισμα, φρου-φρου ‖ *vti* θροΐζω ‖ τρίζω.

rut [rʌt] *n* βαρβατίλα *(ζώου)* ‖ αυλάκι, ροδιά ‖ ρουτίνα ‖ **be in/get into a ~**, είμαι/πέφτω στη ρουτίνα ‖ ~-**ted**, αυλακωμένος.

ruthless [ˋruːθləs] *adj* ανηλεής, άσπλαχνος, σκληρός.

rye [rai] *n* σίκαλη ‖ ουίσκυ [από σίκαλη].

S s

Sabbath [`sæbəθ], *n* Σάββατο *(των Ιουδαίων)*, Κυριακή *(των Χριστιανών)*.

sabbatical [sə`bætikl] *adj* σαββατικός ‖ ~ year/leave, άδεια απουσίας *(σε καθηγητή Πανεπιστημίου, για έρευνα, κλπ.)*.

sable [seibl] *n (γούνα)* ζιμπελίν.

sabot [`sæbou] *n* τσόκαρο.

sabre [`seibə᾿] *n* σπάθη ιππικού.

sac [sæk] *n* ανατ. κύστη, θύλακας.

saccharin [`sækərin] *n* σακχαρίνη.

sachet [`sæʃei] *n* σακουλάκι.

sack [sæk] *n* σακί, τσουβάλι ‖ *(φόρεμα)* σάκος ‖ λεηλασία ‖ *vt* λεηλατώ, διαγουμίζω ‖ απολύω *(υπάλληλο)* ‖ *give sb/get the ~*, δίνω σε κπ/μου δίνουν τα παπούτσια στο χέρι.

sacrament [`sækrəmənt] *n* εκκλ. μυστήριο ‖ *the Holy S~*, τα άχραντα μυστήρια ‖ ~al [sækrə`mentl] μυσταγωγικός, καθαγιασμένος.

sacred [`seikrid] *adj* ιερός ‖ θρησκευτικός ‖ ~ cow, ταμπού ‖ ~ness, ιερότητα.

sacrifice [`sækrifais] *n* θυσία ‖ πώληση με ζημιά ‖ *vti* θυσιάζω ‖ **sacrificial** [ˌsækri`fiʃl] θυσιαστήριο.

sacrilege [`sækrilidʒ] *n* ιεροσυλία ‖ **sacrilegious**, ιερόσυλος.

sacristan [`sækristən] *n* νεωκόρος.

sacristy [`sækristi] *n* σκευοφυλάκιο.

sacrosanct [`sækrousæŋkt] *adj* ιερός και απαράβιαστος.

sad [sæd] *adj* θλιμμένος, λυπημένος, περίλυπος ‖ λυπηρός, θλιβερός ‖ αξιοθρήνητος, οικτρός ‖ ~den, λυπώ, θλίβω/-ομαι ‖ ~ness, θλίψη.

saddle [sædl] *n* σέλλα, σαμάρι ‖ ράχη *(ζώου)* ‖ αυχένας *(βουνού)* ‖ *vt* σελλώνω, σαμαρώνω ‖ ~ *sb with sth*, φορτώνω κτ σε κπ ‖ *in the* ~, έφιππος, μτφ. σε θέση ισχύος, καβάλα ‖ ~r, σαμαράς ‖ ~bag, δισάκι.

sadism [`seidizəm] *n* σαδισμός ‖ **sadist**, σαδιστής.

sadistic [sə`distik] *adj* σαδιστικός.

safari [sə`fa:ri] *n* σαφάρι.

safe [seif] *n* χρηματοκιβώτιο ‖ φανάρι *(για τρόφιμα)* ‖ *adj* ασφαλής, σίγουρος, ακίνδυνος ‖ ασφαλισμένος, προφυλαγμένος ‖ προσεκτικός, σώφρων ‖ ~ *and sound,* σώος και αβλαβής ‖ *to be on the ~ side*, καλού-κακού ‖ *be ~ to*, είναι βέβαιο ότι ‖ ~-deposit,

θησαυροφυλάκιο/θυρίδα σε τράπεζα ‖ ~guard, εγγύηση, προστασία, *vt* προστατεύω, περιφρουρώ, διασφαλίζω ‖ ~keeping, φύλαξη.

safety [`seifti] *n* ασφάλεια ‖ ~-belt, ζώνη ασφαλείας ‖ ~-pin, παραμάνα ‖ ~ razor, ξυριστική μηχανή ‖ ~-valve, βαλβίδα ασφαλείας.

saffron [`sæfrən] *n* κρόκος, ζαφορά.

sag [sæg] *n* βαθούλωμα, κρέμασμα, χαλάρωση ‖ *vi* βαθουλώνω *[στη μέση]*, υποχωρώ ‖ κρεμάω, κρεμιέμαι χαλαρά.

saga [`sa:gə] *n* έπος, σάγκα.

sagacious [sə`geiʃəs] *adj* οξυδερκής, νοήμων ‖ **sagacity** [sə`gæsəti] οξύνοια, νοημοσύνη.

sage [seidʒ] *n* φασκομηλιά ‖ *adj* σοφός.

sail [seil] *n* ιστίο, πανί ‖ πλους ‖ ιστιοφόρο πλοίο ‖ *vti* πλέω ‖ αποπλέω, ταξιδεύω ‖ διαπλέω ‖ κάνω ιστιοπλοΐα ‖ αρμενίζω, γλιστρώ, κινούμαι απαλά ‖ *in full* ~, πλησίστιος ‖ *under* ~, αρμενίζοντας ‖ *set* ~, κάνω πανιά.

sailor [`seilə᾿] *n* ναύτης, ναυτικός ‖ *be a bad/good* ~, με πιάνει/δεν με πιάνει η θάλασσα.

saint [seint] *n* άγιος ‖ ~hood; ~liness, αγιότητα ‖ ~ly, σαν άγιος.

sake [seik] *n* χάρη ‖ *for one's* ~, για χάρη μου, για το καλό μου ‖ *for God's* ~, για τ᾿ όνομα του Θεού!

salacious [sə`leiʃəs] *adj* λάγνος, αισχρός.

salad [`sæləd] *n* σαλάτα.

salary [`sæləri] *n* μισθός ‖ **salaried**, έμμισθος, μισθωτός.

sale [seil] *n* πώληση, πούλημα ‖ *πληθ.* εκπτώσεις, ξεπούλημα, δημοπρασία ‖ *for/on* ~, πωλούμενος ‖ ~s department, τμήμα πωλήσεων ‖ ~sman, πωλητής ‖ ~smanship, η τεχνική των πωλήσεων ‖ ~swoman, πωλήτρια.

salient [`seiliənt] *adj* προεξέχων, περίοπτος ‖ σημαντικός.

saline [`seilain] *n* καθαρτικό άλας ‖ *adj* αλατούχος, αλμυρός.

saliva [sə`laivə] *n* σάλιο.

sallow [`sælou] *adj* ωχρός, κιτρινιάρικος ‖ ~ed, κιτρινιασμένος.

sally [`sæli] *n* έξοδος *(πολιορκουμένων)*, εξόρμηση ‖ ευφυολόγημα ‖ *vi* επιχειρώ έξοδο ‖ ~ *out*, βγαίνω, πάω περίπατο.

salmon [`sæmən] *n* σολομός.

salon [`sælən] *n* ζωγρ. σαλόνι ‖ κομμωτή-

ριο ‖ *beauty* ~, ινστιτούτο καλλονής.
saloon [sə`lu:n] *n* αίθουσα, σαλόνι
(πλοίου, κλπ.) ‖ ~ *car*, αυτοκίνητο
σεντάν.
salt [so:lt] *n* αλάτι ‖ *μτφ.* άλας ‖ *πληθ.*
καθαρτικό ‖ *adj* αλατισμένος ‖ *vt*
αλατίζω ‖ ~ *[down]*, παστώνω ‖ ~
away, αποταμιεύω ‖ *not worth his* ~,
χαραμοφάης ‖ *take sth with a grain of*
~, δεν πολυπιστεύω κτ ‖ ~-*cellar*,
αλατιέρα ‖ ~-*pan*, αλυκή ‖ ~-*works*,
αλατωρυχείο, αλυκή ‖ ~-y, αλμυρός.
salubrious [sə`lu:briəs] *adj* υγιεινός.
salutary [`sæljutri] *adj* ωφέλιμος.
salutation [.sælju`teifn] *n* χαιρετισμός.
salute [sə`lu:t] *n* στρατ. χαιρετισμός ‖
stand at the ~, μένω σε στάση χαιρε-
τισμού ‖ *take the* ~, είμαι το τιμώμε-
νο πρόσωπο σε παρέλαση.
salvage [`sælvidʒ] *n* διάσωση, ναυαγιαί-
ρεση ‖ ναυαγοσωστικά ‖ *vt* διασώζω.
salvation [sæl`veifn] *n* σωτηρία.
salve [sælv] *n* αλοιφή (για πληγές),
βάλσαμο ‖ *vt* γλυκαίνω (πόνους).
salver [`sælvəʳ] *n* δίσκος, τάσι.
salvo [`sælvou] *n* ομοβροντία.
same [seim] *adj, pron* ίδιος, όμοιος ‖
all/just the ~, παρ' όλα αυτά ‖ *the*
~ *to you*, (σε ευχές) παρομοίως, επί-
σης ‖ ~*ness*, ομοιότητα.
samovar [`sæmouvɑ:ʳ] *n* σαμοβάρι.
sample [sa:mpl] *n* δείγμα ‖ *vt* δοκιμάζω,
μτφ. γεύομαι ‖ ~-r, κέντημα (του
τοίχου).
sanatorium [.sænə`to:riəm] *n* σανατόριο.
sanctify [`sæŋktifai] *vt* [καθ]αγιάζω ‖
καθιερώνω.
sanctimonious [.sæŋkti`mouniəs] *adj* ψευ-
τοθεοφοβούμενος, υποκριτικός, φαρι-
σαϊκός.
sanction [`sæŋkfn] *n* έγκριση ‖ καθιέ-
ρωση ‖ κύρωση ‖ *vt* εγκρίνω ‖ καθιε-
ρώνω ‖ κυρώνω.
sanctity [`sæŋktiti] *n* αγιότητα, ιερότητα.
sanctuary [`sæŋktfuəri] *n* άδυτο, ιερό ‖
άσυλο, καταφύγιο.
sanctum [`sæŋktəm] *n* ιερό, άδυτο.
sand [sænd] *n* άμμος ‖ *πληθ.* αμμουδιά
‖ ~*bank*, σύρτη, μπάγκος (στη θά-
λασσα) ‖ ~-*bar*, φράγμα άμμου ‖ ~-
bath, αμμόλουτρο ‖ ~-*dune*, αμμό-
λοφος ‖ ~-*glass*, ρολόι με άμμο ‖ ~-
paper, γυαλόχαρτο ‖ ~-*pit*, σκάμμα
άμμου ‖ ~-*stone*, αμμόπετρα, ψαμμίτης
‖ ~*storm*, αμμοθύελλα ‖ ~-y, αμμώδης,
(για μαλλιά), ξανθόξανθος.
sandal [`sændl] *n* πέδιλο, σανδάλι.
sandwich [`sænwidʒ] *n* σάντουιτς ‖ *vt*
στριμώχνω.
sane [sein] *n* λογικός, υγιής (στο νου).

sanguine [`sæŋgwin] *adj* αισιόδοξος ‖
αιματώδης.
sanitary [`sænitri] *adj* υγιεινός ‖ υγειο-
νομικός.
sanitation [.sæni`teifn] *n* υγιεινή, αποχέ-
τευση.
sanity [`sænəti] *n* λογική, υγεία (του
νου).
¹**sap** [sæp] *n* στρατ. λαγούμι ‖ *vt* υπο-
σκάπτω, υπονομεύω ‖ ~*per*, σκαπανέ-
ας, λαγουμιτζής.
²**sap** [sæp] *n* χυμός (δέντρου) ‖ *μτφ.*
σφρίγος ‖ ~*ling*, δενδρύλιο ‖ ~*py*,
χυμώδης ‖ ~*wood*, σώφλουδα.
sapphire [`sæfaiəʳ] *n* σάπφειρος, ζαφείρι
‖ *adj* ζαφειρένιος.
Saracen [`særəsən] *n* Σαρακηνός.
sarcasm [`sa:kæzm] *n* σαρκασμός.
sarcastic [sa:`kæstik] *adj* σαρκαστικός.
sardine [sa:`di:n] *n* σαρδέλα.
sardonic [sa:`donik] *adj* σαρδόνιος.
sash [sæʃ] *n* πλατιά ζώνη, λουρίδα από
ύφασμα.
Satan [seitn] *n* Σατανάς.
satanic [sə`tænik] *adj* σατανικός.
satchel [`sætʃl] *n* σχολική τσάντα.
satellite [`sætəlait] *n* δορυφόρος.
satiate [`seifieit] *vi* παραχορταίνω.
satiety [sə`taiəti] *n* κορεσμός.
satin [`sætin] *n* σατέν.
satire [`sætaiəʳ] *n* σάτιρα.
satirical [sə`tirikl] *adj* σατιρικός.
satirist [`sætərist] *n* σατιρικός.
satirize [`sætəraiz] *vt* σατιρίζω.
satisfaction [.sæti`sfækʃn] *n* ικανοποίηση
‖ επανόρθωση, αποζημίωση.
satisfactory [.sætis`fæktəri] *adj* ικανοποιη-
τικός.
satisfy [`sætisfai] *vt* ικανοποιώ ‖ πείθω
‖ ~ *the examiners*, περνώ με σχεδόν
καλώς.
satrap [`sætrəp] *n* σατράπης.
saturate [`sætfureit] *vt* χημ. κορεννύω ‖
διαποτίζω ‖ *saturation*, κορεσμός.
Saturday [`sætədi] *n* Σάββατο.
Saturn [`sætən] *n* Κρόνος ‖ ~*alia*,
[.sætə`neiliə] σατουρνάλια, όργια.
satyr [`sætər] *n* σάτυρος.
sauce [so:s] *n* σάλτσα ‖ χαριτωμένη
αναίδεια ‖ ~*pan*, κατσαρόλα ‖ ~-*r*,
πιατάκι ‖ *flying* ~*r*, ιπτάμενος δίσκος.
saucy [`so:si] *adj* αναιδής, τσαχπίνικος.
sauna [`saunə] *n* ατμόλουτρο, σάουνα.
saunter [`so:ntəʳ] *n* σουλάτσο, βόλτα ‖
vi σεργιανίζω, περιδιαβάζω, σουλατσά-
ρω ‖ ~*er*, περιπατητής.
sausage [`sosidʒ] *n* λουκάνικο ‖ ~-*roll*,
πιροσκί.
savage [`sævidʒ] *n* άγριος, πρωτόγονος
‖ *adj* άγριος, απολίτιστος ‖ σκληρός

‖ εξαγριωμένος ‖ *vt (για ζώα)* δαγκώνω, στραπατσάρω ‖ ~**ry**, αγριότητα, σκληρότητα.

savanna[h] [sə`vænə] *n* σαβάννα.

¹**save** [seiv], **saving** [`seiviŋ] *prep* εκτός, πλην.

²**save** [seiv] *vti* σώζω, γλυτώνω ‖ ~ **up**, αποταμιεύω, φυλάω ‖ ~**r**, σωτήρας.

saving [`seiviŋ] *n* σωτηρία, εξοικονόμηση ‖ *πληθ.* αποταμιεύσεις ‖ *adj* σωτήριος ‖ ~ **clause**, επιφύλαξη, όρος ασφαλείας ‖ ~**s bank**, ταμιευτήριο ‖ ~**s account**, λογαριασμός ταμιευτηρίου.

saviour [`seiviə^r] *n* λυτρωτής, Σωτήρας.

savory [`seivəri] *n* θρούμπη.

savour [`seivə^r] *n* νοστιμάδα, γεύση, άρωμα ‖ *vti* γεύομαι, απολαμβάνω ‖ ~ **of**, έχω γεύση / μυρουδιά, προδίδω, δείχνω ‖ ~**y**, νόστιμος, πικάντικος.

savvy [`sævi] *n sl* νιονιό ‖ ~ **?** μπήκες (=κατάλαβες);

saw [so:] *n* πριόνι ‖ *vt* πριονίζω ‖ ~ **off**, κόβω με πριόνι ‖ ~ **up**, τεμαχίζω με πριόνι ‖ ~**dust**, πριονίδι.

Saxon [sæksn] *n* Σάξωνας.

saxophone [`sæksəfoun] *n* σαξόφωνο.

say [sei] *n* λόγος, κουβέντα ‖ *vti irreg* λέω ‖ **have one's** ~, λέω το λόγο μου ‖ **that is to** ~, δηλαδή ‖ **there is no** ~**ing**, δεν μπορεί να πει κανείς ‖ **it goes without** ~**ing**, δε θέλει συζήτηση, είναι αναμφισβήτητο ‖ ~**ing**, ρητό.

scab [skæb] *n* ψώρα ‖ κρούστα πληγής ‖ απεργοσπάστης, προδότης ‖ ~**by**, ψωριάρης.

scabbard [`skæbəd] *n* θηκάρι.

scabies [`skeibi:z] *n* ψώρα.

scabrous [`skeibrəs] *adj* σκαμπρόζικος.

scaffold [`skæfould] *n* σκαλωσιά ‖ ικρίωμα, κρεμάλα ‖ ~**ing**, σκαλωσιά.

scald [sko:ld] *n* ζεμάτισμα, έγκαυμα *(από καυτό υγρό)* ‖ *vt* ζεματίζω ‖ ξεθερμίζω ‖ ζεσταίνω πολύ.

¹**scale** [skeil] *n* λέπι ‖ φλούδα *(σκουριάς, μπογιάς, κλπ.)* ‖ δίσκος *(ζυγαριάς)* ‖ *πληθ.* ζυγαριά, πλάστιγγα ‖ *vti* ξελεπιάζω, καθαρίζω ‖ ζυγίζω.

²**scale** [skeil] *n* κλίμακα ‖ *vti* αναρριχώμαι, σκαρφαλώνω ‖ ~ **up/down**, αυξάνω / μειώνω κατά την αυτή κλίμακα ‖ **draw to** ~, σχεδιάζω υπό κλίμακα ‖ **on a small / large** ~, σε μικρή / μεγάλη κλίμακα.

scallywag [`skæliwæg] *n* αστειολ. αλιτήριος.

scalp [skælp] *n* τριχωτό μέρος της κεφαλής ‖ *vt* γδέρνω το κρανίο.

scalpel [`skælpəl] *n* νυστέρι.

scamp [skæmp] *n* τιποτένιος, μασκαράς, ζαβολιάρης ‖ *vt* ψευτοφτιάχνω (δουλειά).

scamper [`skæmpə^r] *n* τρεχάλα ‖ *vi* τρέχω τρομαγμένα *(σαν ποντικός)*.

scampi [`skæmpi] *n* γαρίδες, καραβίδες.

scan [skæn] *vti* ψάχνω / εξετάζω με τα μάτια ‖ ρίχνω βιαστική ματιά ‖ ανιχνεύω.

scandal [skændl] *n* σκάνδαλο ‖ κουτσομπολιό ‖ ~**ize**, σκανδαλίζω ‖ ~**monger**, σκανδαλοθήρας ‖ ~**mongering**, σκανδαλοθηρία ‖ ~**ous**, σκανδαλώδης.

Scandinavian [ˌskændi`neiviən] *n* Σκανδιναβός ‖ *adj* σκανδιναβικός.

scant [skænt] *adj* ανεπαρκής, πολύ λίγος ‖ *vt* τσιγγουνεύομαι ‖ ~**y**, λιγοστός ‖ ~**ily**, ανεπαρκώς ‖ ~**iness**, ανεπάρκεια.

scapegoat [`skeipgout] *n* αποδιοπομπαίος τράγος, εξιλαστήριο θύμα.

scar [ska:^r] *n* ουλή, σημάδι ‖ *vti* σημαδεύω ‖ ~ **over**, επουλώνομαι.

scarab [`skærəb] *n* σκαραβαίος.

scarce [skeəs] *adj* σπάνιος ‖ **make oneself** ~, εξαφανίζομαι ‖ ~**ly**, μόλις και μετά βίας, σχεδόν καθόλου.

scarcity [`skeəsəti] *n* σπάνις.

scare [skeə^r] *n* φόβος, τρόμος, πανικός ‖ *vt* φοβίζω, τρομάζω ‖ ~ **sb stiff**, πανικοβάλλω κπ ‖ **raise a** ~, δημιουργώ πανικό ‖ ~ **headline**, δημοσιογρ. πηχυαίος τίτλος ‖ ~**crow**, σκιάχτρο ‖ ~**monger**, διαδοσίας.

scary [`skeəri] *adj* τρομαχτικός, που τρομάζει κπ.

scarf [ska:f] *n* κασκόλ, φουλάρι.

scarlet [`ska:lət] *n* άλικο *(χρώμα)* ‖ *adj* άλικος, κατακόκκινος ‖ ~ **fever**, οστρακιά.

scarp [ska:p] *n* γκρεμός.

scathing [`skeiðiŋ] *adj* καυστικός, δηκτικός.

scatter [`skætə^r] *vti* [δια]σκορπίζω / -ομαι ‖ ~**brain[ed]**, ελαφρόμυαλος.

scatty [`skæti] *adj* μουρλός, παλαβός.

scavenger [`skævindʒə^r] *n* σκουπιδιάρης, ζώο ή όρνιο που τρώει ψοφίμια.

scenario [si`na:riou] *n* σενάριο.

scene [si:n] *n* σκηνή ‖ τόπος, θέατρο *(ενός γεγονότος)* ‖ επεισόδιο ‖ θέα, εικόνα, τοπίο, εντύπωση ‖ σκηνικό ‖ **make a** ~, δημιουργώ σκηνή / επεισόδιο ‖ **behind the** ~**s**, στα παρασκήνια ‖ ~**painter**, σκηνογράφος ‖ ~**shifter**, μηχανικός θεάτρου ‖ ~**ry** [`si:nəri] τοπίο, θέα, *θέατρ.* σκηνικά.

scenic [`si:nik] *adj* σκηνικός, θεατρικός ‖ γραφικός ‖ του τοπίου.

scent [sent] *n* ευωδία, μυρουδιά ‖ άρωμα ‖ ίχνος, ντορός *(ζώου)* ‖ *(ιδ. για σκυλί)* όσφρηση ‖ *vt* αρωματίζω ‖

μυρίζω, οσφραίνομαι || *be on the* ~, είμαι στα ίχνη || *be off the* ~, έχω χάσει τα ίχνη || *throw sb off the* ~, κάνω κπ να χάσει τα ίχνη μου || ~**less**, άοσμος.

sceptic [ˈskeptik] *n* σκεπτικιστής || ~**al**, σκεπτικιστικός || ~**ism**, σκεπτικισμός.

sceptre [ˈseptəʳ] *n* σκήπτρο.

schedule [ˈʃedjuːl, *US* ˈskedʒul] *n* πρόγραμμα, χρονοδιάγραμμα || *vt* προγραμματίζω || *on* ~, στην ώρα του || *behind* ~, καθυστερημένος || *according to* ~, σύμφωνα με το πρόγραμμα.

schematic [skiˈmætik] *adj* σχηματικός, γραφικός || ~**ally**, σχηματικά.

scheme [skiːm] *n* σχέδιο, διάγραμμα || μηχανορραφία, δολοπλοκία || συνδυασμός, [διά]ταξη || *vti* μηχανορραφώ, σχεδιάζω || ~**r**, δολοπλόκος || **scheming** *n* ραδιουργίες, κομπίνες, *adj* ραδιούργος, μηχανορράφος.

scherzo [ˈskeətsou] *n* μουσ. σκέρτσο.

schism [sizəm] *n* σχίσμα.

schizophrenia [ˌskitsouˈfriːniə] *n* σχιζοφρένεια || **schizophrenic** [-ˈfrenik] *adj* σχιζοφρενής, σχιζοφρενικός.

scholar [ˈskoləʳ] *n* σοφός, μελετητής || υπότροφος || γραμματισμένος || ~**ly**, λόγιος, δόκιμος || ~**ship**, σοφία, ευρυμάθεια, υποτροφία.

scholastic [skəˈlæstik] *adj* εκπαιδευτικός, σχολικός || σχολαστικός, δασκαλίστικος.

scholasticism [skəˈlæstisizm] *n* σχολαστικισμός.

school [skuːl] *n* σχολείο || σχολή || κοπάδι *(ψάρια)* || *vt* διαπαιδαγωγώ, γυμνάζω, μορφώνω, μαθαίνω || ~ *board*, *US* σχολική εφορία || ~**boy**, μαθητής || ~**girl**, μαθήτρια || ~**fellow/mate**, συμμαθητής || ~**master**, δάσκαλος || ~**mistress**, δασκάλα || ~**ing** *n* εκπαίδευση, σπουδές, μόρφωση, γύμνασμα.

schooner [ˈskuːnəʳ] *n* σκούνα.

sciatica [saiˈætikə] *n* ισχιαλγία.

science [saiəns] *n* επιστήμη || τεχνική.

scientific [ˌsaiənˈtifik] *adj* επιστημονικός.

scientist [ˈsaiəntist] *n* επιστήμονας.

scimitar [ˈsimitəʳ] *n* γιαταγάνι.

scintilla [sinˈtilə] *n* σπινθήρας, κόκκος.

scintillate [ˈsintileit] *vi* σπινθηροβολώ.

scion [saiən] *n* βλαστός, γόνος.

scissors [ˈsizəz] *n* ψαλίδι.

sclerosis [skləˈrousis] *n* σκλήρωση.

scoff [skof] *n* χλευασμός || περίγελως || *sl* φαΐ || *vi* ~ *at*, λοιδωρώ, χλευάζω, κοροϊδεύω || *vt sl* χάφτω.

scold [skould] *vti* κατσαδιάζω, γκρινιάζω.

sconce [skons] *n* απλίκα.

scoop [skuːp] *n* σέσουλα, κοντόχερο

φτυάρι || κουταλιά, φτυαριά || δημοσιογραφική ή εμπορική επιτυχία, 'λαυράκι' || *vt* κοιλώνω, κουφώνω || πετυχαίνω [καλή δουλειά] || ~ *out/up*, φτυαρίζω, αδειάζω (με τη σέσουλα) || *at one* ~, μονοκοπανιά.

scooter [ˈskuːtəʳ] *n* βέσπα || πατίνι.

scope [skoup] *n* περιθώριο, ευκαιρία, ορίζοντας, πεδίο δράσεως.

scorch [skoːtʃ] *n* κάψιμο, καψάλισμα || *vti* καίω/-ομαι, καψαλίζω || ξεραίνω || τρέχω σαν τρελλός || ~**ed earth policy**, στρατ. τακτική ερήμωσης των πάντων || ~**er**, πολύ ζεστή ημέρα, κάψα || ~**ing**, καυτός.

score [skoːʳ] *n* σκορ || μουσ. παρτιτούρα || εικοσάδα || ρωγμή, χαρακιά, εγκοπή || λογαριασμός || λόγος, αιτία || *vti* χαρακώνω, αυλακώνω, σημαδεύω || αθλ. κερδίζω || ~ *out*, διαγράφω || ~ *sth up against sb*, χρεώνω κτ σε κπ || *settle old* ~**s**, κανονίζω παλιούς λογαριασμούς || ~**s of**, ένα σωρό || ~**r**, σκορέρ.

scorn [skoːn] *n* περιφρόνηση, χλευασμός || περίγελως || περιφρονώ ή θεωρώ ανάξιο, απαξιώ να || ~**ful**, περιφρονητικός.

scorpion [ˈskoːpiən] *n* σκορπιός.

Scot [skot] *n* Σκώτος, Σκωτσέζος.

Scotch [skotʃ] *adj* σκωτσέζικος || *n* ουΐσκι.

scot-free [ˌskotˈfriː] *adj* ατιμώρητος, σώος.

Scots [skots] *adj* σκωτικός || ~**man**, Σκωτσέζος || ~**woman**, Σκωτσέζα.

Scottish [ˈskotiʃ] *adj* σκωτσέζικος.

scoundrel [ˈskaundrəl] *n* αχρείος, μασκαράς, παλιάνθρωπος.

¹**scour** [skauəʳ] *n* τρίψιμο, καθάρισμα, γυάλισμα, πλύσιμο || *vti* τρίβω || γυαλίζω, καθαρίζω || ξεπλένω || ~ *off/away*, βγάζω τρίβοντας || ~**er**, σύρμα καθαρισμού.

²**scour** [skauəʳ] *vti* [δια]τρέχω, ψάχνω παντού.

scourge [skəːdʒ] *n* μτφ. μάστιγα, πληγή || *vt* μαστιγώνω, βασανίζω, τιμωρώ.

scout [skaut] *n* ανιχνευτής || περιπολικό της οδικής βοήθειας || κυνηγός ταλέντων || *vi* ~ *about*, ανιχνεύω, ψάχνω, κάνω αναγνώριση || *Boy S*~, πρόσκοπος || *Girl S*~, *US* οδηγός, προσκοπίνα.

scowl [skaul] *n* κατσούφιασμα, βλοσυρό ύφος || *vi* στραβοκοιτάζω, κοιτάζω βλοσυρά.

scrabble [ˈsræbl] *vi* ~ *(about)* ψάχνω ψαχουλευτά.

scraggy [ˈskrægi] *adj* κοκκαλιάρης.

scramble [skræmbl] *n* σκαρφάλωμα ‖ σπρωξίδι ‖ *vti* σκαρφαλώνω ‖ ~ *[for sth]*, αγωνίζομαι, παλεύω, σπρώχνομαι ‖ ~*d eggs*, αυγά σφουγγάτο.

scrap [skræp] *n* κομματάκι, θρύψαλο ‖ απορρίμματα ‖ *πληθ.* υπολείμματα, απομεινάρια, αποφάγια ‖ απόκομμα *(εφημερίδας)* ‖ καυγάς ‖ *vti* πετώ κτ *(ως άχρηστο)* ‖ καυγαδίζω, τσακώνομαι ‖ *not care a* ~, δε μου καίγεται καρφί ‖ *throw sth on the* ~-*heap*, πετάω κτ στα σκουπίδια ‖ ~-*book*, άλμπουμ *(με αποκόμματα)* ‖ ~*py*, ετερόκλητος, ασύνδετος.

scrape [skreip] *n* τρίψιμο, ξύσιμο, γρατσούνισμα, γδάρσιμο ‖ μπλέξιμο, δύσκολη θέση ‖ *vti* ξύνω, τρίβω, καθαρίζω ‖ γρατσουνίζω ‖ ~ *along*, περνώ ξυστά, μτφ. φυτοζωώ, μόλις τα βγάζω πέρα ‖ ~ *through*, μόλις και μετά βίας περνώ ‖ ~ *together*, μαζεύω με πολλή δυσκολία ‖ ~-r, ξυστήρι ‖ **scrapings** *n pl* ξέσματα.

scratch [skrætʃ] *n* γρατσούνισμα ‖ νυχιά, ξέγδαρμα ‖ ξύσιμο ‖ *adj* ετερόκλητος, πρόχειρος, αυτοσχέδιος ‖ *vti* γρατσουνίζω, [ξε]γδέρνω ‖ ξύνω ‖ τρίζω ‖ αποσύρω/-ομαι *(από διαγωνισμό κλπ.)* ‖ σκαλίζω, βρίσκω *(σκαλίζοντας)* ‖ ~ *out*, διαγράφω, σβήνω ‖ ~ *up/together*, μαζεύω με δυσκολία ‖ *start from* ~, αρχίζω από το μηδέν/το τίποτα ‖ *be up to* ~, είμαι στο ύψος των περιστάσεων ‖ ~*y*, πρόχειρος, απρόσεχτος, (για πένα) που τρίζει.

scrawl [skro:l] *n* ορνιθοσκαλίσματα, βιαστικό γράψιμο/σημείωμα ‖ *vt* κακογράφω, γράφω βιαστικά.

scrawny [`skro:ni] *adj* κοκκαλιάρικος.

scream [skri:m] *n* κραυγή, σκουξιά ‖ *vti* σκούζω, ουρλιάζω, ξεφωνίζω, στριγγλίζω.

scree [skri:] *n* σάρα.

screech [skri:tʃ] *n* κραυγή, στριγγλιά, τσίριγμα ‖ *vti* στριγγλίζω, τσιρίζω.

screen [skri:n] *n* παραπέτασμα, παραβάν ‖ οθόνη ‖ κόσκινο ‖ *vti* προστατεύω, συγκαλύπτω, κρύβω ‖ χωρίζω *(με παραβάν)* ‖ κοσκινίζω ‖ εξετάζω, περνώ από κόσκινο.

screw [skru:] *n* βίδα ‖ έλικας, προπέλα ‖ στρίψιμο, σφίξιμο, πίεση ‖ χάρτινο χωνάκι ‖ *vti* βιδώνω ‖ στρίβω, στίβω ‖ *sl* κανονίζω *(γυναίκα)* ‖ *have a* ~ *loose*, μου'χει στρίψει ‖ *put the* ~*s on sb*, ασκώ πίεση σε κπ ‖ ~ *up one's face/eyes*, στραβώνω το πρόσωπο, ζαρώνω τα μάτια ‖ ~*y*, λοξός, παλαβός.

scribble [skribl] *n* ορνιθοσκαλίσματα, βιαστικό γράψιμο ‖ *vt* γράφω βια-

στικά ‖ ~-r, γραφιάς.

scribe [skraib] *n* γραφέας, *(στους Ιουδαίους)* γραμματέας.

scrimmage [`skrimidʒ] *n* συμπλοκή, αναμπουμπούλα, στριμωξίδι, σπρωξίδι.

script [skript] *n* γραφή ‖ σενάριο ‖ ~-*writer*, σεναριογράφος.

scripture [`skriptʃəʳ] *n* Γραφή ‖ *πληθ.* η Αγία Γραφή.

scroll [skroul] *n* ρόλος περγαμηνής.

scrounge [skraundʒ] *vti* κάνω τράκα, σουφρώνω ‖ ~r, τρακαδόρος, σελέμης.

scrub [skrʌb] *n* χαμόκλαδο ‖ θαμνότοπος ‖ ~*by*, γεμάτος θάμνους κι αγκάθια ‖ κατσιασμένος ‖ *(γένια)* άγριος ‖ άθλιος.

scrub [strʌb] *n* τρίψιμο ‖ *vti* τρίβω, καθαρίζω *(με βούρτσα)* ‖ αγνοώ, ακυρώνω *(π.χ. διαταγή)*.

scruff [skrʌf] *n* δέρμα *(του σβέρκου)* ‖ ~*y*, λέτσος, βρώμικος.

scrumptious [`skrʌmpʃəs] *adj* πεντανόστιμος.

scruple [skru:pl] *n* ενδοιασμός, δισταγμός.

scrupulous [`skru:pjuləs] *adj* ευσυνείδητος, σχολαστικός.

scrutinize [`skru:tinaiz] *vt* εξετάζω προσεκτικά, διερευνώ, περιεργάζομαι.

scrutiny [`skru:tini] *n* εξονυχιστική έρευνα ‖ νέα καταμέτρηση [ψήφων].

scud [skʌd] *vi* γλιστρώ, τρέχω αθόρυβα.

scuff [skʌf] *vti* περπατώ σέρνοντας τα πόδια ‖ λυώνω, χαλώ.

scuffle [skʌfl] *n* συμπλοκή, καυγάς ‖ *vi* συμπλέκομαι.

scullery [`skʌləri] *n* λάντζα.

sculpt [skʌlpt] *vt* σκαλίζω, φιλοτεχνώ γλυπτό ‖ ~*or*, γλύπτης ‖ ~*ress*, γλύπτρια.

sculptural [`skʌlptʃərl] *adj* γλυπτός, γλυπτικός, πλαστικός, αγαλματένιος.

sculpture [`skʌlptʃəʳ] *n* γλυπτική ‖ γλυπτό ‖ *vt* φιλοτεχνώ [γλυπτό].

scum [skʌm] *n* απόβρασμα.

scupper [`skʌpəʳ] *vt* βουλιάζω [πλοίο].

scurf [skə:f] *n* πιτυρίδα ‖ ~*y*, κασίδης.

scurrilous [`skʌriləs] *adj* υβριστικός, χυδαίος ‖ **scurrility** [skə`riləti] *n* υβρεολόγιο, βρισιά, χυδαιότητα.

scurry [`skʌri] *n* τρεχάλα, φυγή ‖ στρόβιλος ‖ *vi* τρέχω, σπεύδω.

scurvy [`skə:vi] *n* σκορβούτο ‖ *adj* άτιμος, πρόστυχος, χυδαίος.

scuttle [skʌtl] *n* φυγή, τρεχάλα ‖ φινιστρίνι ‖ ~ *(off/away)* *vti* το βάζω στα πόδια, τρέπομαι σε φυγή ‖ βουλιάζω [πλοίο].

scythe [saið] *n* δρεπάνι.

sea [si:] *n* θάλασσα, ωκεανός ‖ *adj*

θαλασσινός ‖ *go to* ~, γίνομαι ναυτικός ‖ *put to* ~, σαλπάρω ‖ *be at* ~, είμαι πελαγωμένος, τα'χω χαμένα *by* ~, διά θαλάσσης ‖ *the high* ~s, τ'ανοιχτά, το πέλαγος ‖ ~ *bed*, πάτος της θάλασσας ‖ ~-*bird*, θαλασσοπούλι ‖ ~*board*, αιγιαλός ‖ ~-*dog*, φώκια, σκυλόψαρο, μτφ. θαλασσόλυκος ‖ ~-*faring*, ναυτικός ‖ ~*food*, θαλασσινά ‖ ~ *front*, παραλία [πόλης] ‖ ~-*going*, ποντοπόρος ‖ ~*gull*, γλάρος ‖ ~-*horse*, ιππόκαμπος ‖ ~-*level*, επιφάνεια της θάλασσης ‖ ~-*man*, ναύτης, ναυτικός, θαλασσινός ‖ ~*port*, πόρτο, λιμάνι ‖ ~*scape*, θαλασσογραφία ‖ ~*shore*, ακτή ‖ ~*sick*, ναυτιών ~*sickness*, ναυτία ‖ ~*side*, παραλία, ακτή ‖ ~-*urchin*, αχινός ‖ ~-*way*, απόνερα, θαλασσία οδός ‖ ~*weed*, φύκι ‖ ~*worthy*, *(για πλοίο)* ικανό να πλεύσει.

seal [si:l] *n* φώκια ‖ σφραγίδα ‖ *vt* σφραγίζω, κλείνω *(φάκελο)* ‖ ~*ing-wax*, βουλοκέρι.

seam [si:m] *n* ραφή ‖ ένωση, αρμός ‖ φλέβα *(μετάλλου)* ‖ ουλή, ρυτίδα ‖ ~*less*, χωρίς ραφή ‖ ~*stress*, ράφτρα ‖ ~*y*, άσχημος.

sear [siəʳ] *vt* καυτηριάζω *(πληγή)* ‖ καίω *(με πυρακτωμένο σίδερο)*.

search [sə:tʃ] *n* έρευνα, αναζήτηση ‖ ερευνώ, ψάχνω ‖ ~ *out/for*, [ανα]ζητώ ‖ *in* ~ *of*, σε αναζήτηση ‖ ~*light*, προβολέας ‖ ~-*party*, ομάδα έρευνας / αναζήτησης ‖ ~-*warrant*, ένταλμα έρευνας ‖ ~*ing*, διεισδυτικός, ερευνητικός.

season [si:zn] *n* εποχή ‖ περίοδος ‖ *vti* ψήνω, σκληραίνω, εθίζω ‖ καρυκεύω, νοστιμίζω ‖ απαλύνω ‖ *in due* ~, εν καιρώ ‖ ~[-*ticket*], εισιτήριο διαρκείας ‖ ~*able*, της εποχής, επίκαιρος, έγκαιρος ‖ ~*al*, εποχιακός.

seat [si:t] *n* κάθισμα, θέση ‖ κέντρο, έδρα, εστία ‖ πάτος *(καθίσματος)*, καβάλος *(παντελονιού)* ‖ *(στη Βουλή)* έδρα ‖ τρόπος καθίσματος ‖ *vt* καθίζω ‖ χωράω, έχω θέσεις για.

secateurs [`sekətə:z] *n pl* ψαλίδα *(του κήπου)*.

secede [si`si:d] *vi* αποσχίζομαι, αποσκιρτώ.

secession [si`seʃn] *n* απόσχιση, αποσκίρτιση.

seclude [si`klu:d] *vt* απομονώνω ‖ ~*d*, απομονωμένος, παράμερος, ήσυχος.

seclusion [si`klu:ʒn] *n* [απο]μόνωση, μοναξιά.

¹**second** [`sekənd] *adj* δεύτερος ‖ ~ *to none*, κατώτερος κανενός ‖ ~ *thoughts*, ωριμότερες σκέψεις ‖ ~ *in command*, υπαρχηγός ‖ S~ *Coming*, Δευτέρα Παρουσία ‖ ~ *ballot*, επαναληπτική ψηφοφορία ‖ ~ *childhood*, ξεμωράματα ‖ ~ *lieutenant*, ανθυπολοχαγός ‖ ~ *sight*, διόραση ‖ ~-*class*, δευτέρας κατηγορίας / θέσεως ‖ ~-*hand*, μεταχειρισμένος ‖ ~-*rate*, παρακατιανός.

²**second** [`sekənd] *n* δεύτερος ‖ *πληθ.* είδη δεύτερης διαλογής ‖ *(σε εξετάσεις)* λίαν καλώς ‖ *(σε μονομαχία)* μάρτυρας ‖ δευτερόλεπτο ‖ ~-*hand*, δείκτης δευτερολέπτων ‖ *vt* [si`kond] υποστηρίζω *(πρόταση)*, σιγοντάρω ‖ *στρατ.* αποσπώ ‖ ~*ment*, απόσπαση.

secondary [`sekəndri] *adj* δευτερεύων, *(εκπαίδευση)* μέση.

secrecy [`si:krəsi] *n* εχεμύθεια, μυστικότητα.

secret [`si:krət] *n* μυστικό ‖ *adj* κρυφός, μυστικός ‖ *an open* ~, κοινό μυστικό ‖ *keep a* ~, κρατώ ένα μυστικό ‖ *make no* ~ *of*, δεν κρύβω ‖ *in* ~, εμπιστευτικά.

secreterial [,sekrə`teəriəl] *adj* (του) γραμματέως ‖ ~ *school*, σχολή γραμματέων.

secretariat [,sekrə`teəriæt] *n* γραμματεία.

secretary [`sekrətri] *n* γραμματέας ‖ *MB* υπουργός ‖ S~-*General*, Γενικός Γραμματέας.

secrete [si`kri:t] *vt* εκκρίνω *(υγρό)* ‖ αποκρύπτω.

secretion [si`kri:ʃn] *n* έκκριση ‖ απόκρυψη.

secretive [`si:krətiv] *adj* κρυψίνους ‖ ~*ness*, κρυψίνοια.

sect [sekt] *n* αίρεση ‖ ~*arian* [-`teəriən] φατριαστικός, σεχταριστής ‖ ~*arianism*, σεχταρισμός.

section [`sekʃn] *n* τμήμα, τομέας, τομή ‖ παράγραφος ‖ ~*al*, τμηματικός, συντεχνιακός, τοπικιστικός ‖ ~*alism*, τοπικισμός.

sector [`sektəʳ] *n* τομέας.

secular [`sekjuləʳ] *adj* κοσμικός, λαϊκός, εγκόσμιος ‖ ~*ism*, λαϊκισμός, αντικληρικισμός ‖ ~*ize*, κοσμικοποιώ.

secure [si`kjuəʳ] *adj* ασφαλής ‖ βέβαιος, σίγουρος ‖ *vt* σιγουρεύω, στερεώνω ‖ ασφαλίζω ‖ εξασφαλίζω.

security [si`kjuərəti] *n* ασφάλεια ‖ εγγύηση ‖ *πληθ.* τίτλοι, αξίες, χρεώγραφα ‖ *public* ~, δημόσια ασφάλεια ‖ *social* ~, κοινωνικές ασφαλίσεις ‖ *stand* ~ *for sb*, εγγυούμαι για κπ.

sedan [si`dæn] *n* λιμουζίνα ‖ ατομικό φορείο.

sedate [si`deit] *adj* ήρεμος, γαλήνιος, νηφάλιος, σοβαρός ‖ ~*ness*, ηρεμία.

sedation [si`deiʃn] *n* νάρκωση.

sedative [ˈsedətiv] *n* ηρεμιστικό ‖ *adj* καταπραϋντικός.
sedentary [ˈsedəntri] *adj* καθιστικός.
sedge [sedʒ] *n* σπαθόχορτο.
sediment [ˈsedimənt] *n* ίζημα, κατακάθι.
sedition [siˈdiʃn] *n* στάση, αντ αρσία.
seditious [siˈdiʃəs] *adj* στασιαστικός.
seduce [siˈdjuːs] *vt* παρασύρω, δελεάζω, εκμαυλίζω ‖ αποπλανώ, ξελογιάζω ‖ ~r, ξελογιαστής, διαφθορέας.
seduction [siˈdʌkʃn] *n* αποπλάνηση, ξελόγιασμα ‖ θέλγητρο, γοητεία.
seductive [siˈdʌktiv] *adj* δελεαστικός, σαγηνευτικός.
sedulous [ˈsedjuləs] *adj* επιμελής, φιλόπονος, επίμονος.
see [siː] *n* επισκοπική έδρα ‖ *vti irreg* βλέπω ‖ καταλαβαίνω ‖ συναντώ ‖ φροντίζω ‖ φαντάζομαι ‖ ~ *about*, ασχολούμαι, φροντίζω ‖ ~ *sb back /out*, συνοδεύω κπ πίσω / μέχρις έξω ‖ ~ *sb off*, ξεπροβοδίζω κπ ‖ ~ *through sb*, καταλαβαίνω κπ, δεν με ξεγελάει ‖ ~ *to*, φροντίζω για ‖ ~ *stars*, βλέπω τον ουρανό σφοντύλι ‖ ~ *the last of sb*, δεν ξαναβλέπω κπ στα μάτια μου ‖ ~ *the sights*, επισκέπτομαι τ᾽ αξιοθέατα ‖ ~*ing that*, μιας και, επειδή ‖ ~ *you* (*soon*); *be* ~*ing you*, ωρεβουάρ.
seed [siːd] *n* σπόρος ‖ σπέρμα ‖ σπειρί ‖ κουκούτσι ‖ *vti* (για φυτό) βγάζω σπόρους ‖ σπέρνω ‖ *run/go to* ~, (*φυτό*) ξεσποριάζω, (*άνθρ.*) ρέβω ‖ ~-*bed*, φυτώριο ‖ ~-*oil*, σπορέλαιο ‖ ~*less*, χωρίς κουκούτσια ‖ ~*ling*, φυτάδι ‖ ~*y*, *μτφ.* απάδετος, φθαρμένος.
seek [siːk] *vt irreg* [ανα]ζητώ, γυρεύω, ψάχνω ‖ ~ *for*, επιζητώ, επιδιώκω.
seem [siːm] *vi* φαίνομαι ‖ ~*ing* *adj* φαινομενικός ‖ ~*ingly*, φαινομενικά.
seemly [ˈsiːmli] *adj* κόσμιος, ευπρεπής.
seep [siːp] *vi* διαποτίζω, στάζω, περνώ.
seer [siːəʳ] *n* μάντης, προφήτης.
seasaw [ˈsiːsoː] *n* τραμπάλα ‖ *vi* τραμπαλίζομαι.
seethe [siːð] *vi* ~ *with*, *μτφ.* βράζω, κοχλάζω από, είμαι γεμάτος από.
segment [ˈsegmənt] *n* τμήμα, τεμάχιο.
segregate [ˈsegrigeit] *vt* [δια]χωρίζω, απομονώνω ‖ **segregation**, διαχωρισμός.
seismic [ˈsaizmik] *adj* σεισμικός.
seismograph [ˈsaizməgraːf] *n* σεισμογράφος ‖ **seismology** [saizˈmolədʒi] σεισμολογία ‖ **seismologist**, σεισμολόγος.
seize [siːz] *vti* συλλαμβάνω, πιάνω ‖ καταλαμβάνω, κυριεύω ‖ κατάσχω ‖ ~ *upon*, απ άζω, δράττομαι.
seizure [ˈsiːʒəʳ] *n* σύλληψη ‖ κατάληψη ‖ κατάσχεση ‖ *ιατρ.* προσβολή.
seldom [ˈseldəm] *adv* σπάνια.

select [siˈlekt] *vt* διαλέγω, επιλέγω ‖ *adj* εκλεκτός ‖ ~*ion*, εκλογή, επιλογή ‖ συλλογή, ποικιλία ‖ ~*ive*, εκλεκτικός, επιλεκτικός ‖ ~*ively*, κατ᾽ επιλογή.
self [self] *n* εαυτός ‖ άτομο, εγώ ‖ ίδιος ‖ *prefix* αυτο— ‖ ~-*absorbed*, εγωπαθής ‖ ~-*abuse*, αυνανισμός ‖ ~-*acting*, αυτόματος ‖ ~-*appointed*, αυτόκλητος ‖ ~-*assertive*, αυταρχικός ‖ ~-*assurance*, αυτοπεποίθηση ‖ ~-*centred*, εγωκεντρικός ‖ ~-*collected*, ψύχραιμος ‖ ~-*command*, αυτοκυριαρχία ‖ ~-*complacent*, αυτάρεσκος ‖ ~-*confidence*, αυτοπεποίθηση ‖ ~-*conscious*, άτολμος, αμήχανος ‖ ~-*control*, αυτοκυριαρχία ‖ ~-*defence*, αυτοάμυνα ‖ ~-*denial*, αυταπάρνηση ‖ ~-*determination*, αυτοδιάθεση ‖ ~-*educated*, αυτοδίδακτος ‖ ~-*effacing*, σεμνός ‖ ~-*evident*, αυταπόδεικτος ‖ ~-*examination*, αυτοέλεγχος ‖ ~-*important*, εγωιστής, φαντασμένος ‖ ~-*indulgence*, τρυφηλότητα ‖ ~-*interest*, ιδιοτέλεια ‖ ~-*made*, αυτοδημιούργητος ‖ ~-*opinionated*, ξεροκέφαλος, πεισματάρης ‖ ~-*pity*, μεμψιμοιρία ‖ ~-*possessed*, ατάραχος ‖ ~-*possession*, αυτοκυριαρχία ‖ ~-*preservation*, αυτοσυντήρηση ‖ ~-*reliance*, αυτοδυναμία ‖ ~-*respect*, αυτοσεβασμός ‖ ~-*rule*, αυτοδιοίκηση ‖ ~-*satisfied*, αυτάρεσκος ‖ ~-*seeking*, συμφεροντολογικός ‖ ~-*service*, αυτοεξυπηρέτηση ‖ ~-*sown*, αυτοφυής ‖ ~-*starter*, αυτοκ. μίζα ‖ ~-*styled*, αυτοκαλούμενος ‖ ~-*sufficiency*, αυτάρκεια ‖ ~-*sufficient*, αυτάρκης ‖ ~-*will*, επιμονή, ισχυρογνωμοσύνη ‖ ~-*willed*, πεισματάρης, ισχυρογνώμων.
selfish [ˈselfiʃ] *adj* ιδιοτελής.
sell [sel] *vti irreg* πουλώ / -ιέμαι ‖ ~ *off*, πουλώ σε χαμηλές τιμές, ξεκάνω ‖ ~ *out*, ξεπουλώ ‖ ~ *oneself*, προβάλλομαι, δείχνω τις ικανότητές μου ‖ *be sold on sth*, πιστεύω κτ, γίνομαι οπαδός [μιας ιδέας] ‖ ~*er*, πωλητής.
selvage, selvedge [ˈselvidʒ] *n* ούγια.
semantic [səˈmæntik] *adj* σημασιολογικός ‖ ~*s*, σημαντική.
semblance [ˈsembləns] *n* ομοιότητα.
semen [ˈsiːmən] *n* σπέρμα.
semester [siˈmestəʳ] *n* σχόλ. εξάμηνο.
semi— [semi] *prefix* ημι— ‖ ~-*automatic*, ημιαυτόματος ‖ ~-*circle*, ημικύκλιο ‖ ~-*circular*, ημικυκλικός ‖ ~-*colon*, άνω τελεία ‖ ~-*final*, ημιτελικός ‖ ~-*official*, ημιεπίσημος ‖ ~*breve*, μουσ. ολόκληρη νότα.
seminal [ˈseminl] *adj* σπερματικός ‖ *μτφ.* γονιμοποιός, δημιουργικός.
seminar [ˈseminaːʳ] *n* σεμινάριο ‖ ~*y*,

ιεροδιδασκαλείο.

Semitic [si`mitik] adj σημιτικός.

senate [`senət] n σύγκλητος ‖ γερουσία.

senator [`senətə`] n γερουσιαστής.

send [send] vti irreg στέλνω ‖ προκαλώ, κάνω ‖ ~ **away**, διώχνω ‖ ~ **down**, ρίχνω (τιμές) ‖ ~ **for**, στέλνω για κπ / κτ ‖ ~ **in**, υποβάλλω ‖ ~ **sb off**, ξεπροβοδίζω κπ ‖ ~ **sth off**, εξαποστέλλω ‖ ~ **on**, στέλνω μπροστά ‖ ~ **out/forth**, εκπέμπω, εκβάλλω ‖ ~ **up**, ανεβάζω, παρωδώ, διακωμωδώ ‖ ~**er**, αποστολέας.

senile [`si:nail] adj γεροντικός, ξεμωραμένος.

senility [si`niləti] n γεροντική άνοια.

senior [`si:niə`] adj πρεσβύτερος ‖ παλαιότερος, αρχαιότερος ‖ ~**ity**, τα πρεσβεία, αρχαιότητα (βαθμού).

sensation [sen`seiʃn] n αίσθηση, αίσθημα, εντύπωση ‖ **cause a** ~, προκαλώ αίσθηση ‖ ~**al**, εντυπωσιακός, πολύκροτος ‖ ~**alism**, δημοσιογρ. κιτρινισμός.

sense n αίσθηση ‖ πληθ. τα λογικά ‖ αίσθημα, συναίσθηση, συνείδηση ‖ λογική ‖ έννοια, νόημα, σημασία ‖ vt [διαισθάνομαι, έχω το αίσθημα ‖ **be in one's** ~**s**, είμαι στα λογικά μου ‖ **be out of one's** ~**s**, έχω χάσει τα λογικά μου ‖ **take leave of one's** ~**s**, μου στρίβει ‖ **have the** ~ **to**, έχω την εξυπνάδα να ‖ **talk** ~, μιλώ λογικά ‖ **common** ~, κοινή λογική ‖ **make** ~, έχω νόημα ‖ ~**less**, παράλογος, αναίσθητος.

sensibility [ˌsensə`biləti] n ευαισθησία, αίσθημα, αισθαντικότητα.

sensible [`sensəbl] adj λογικός ‖ αισθητός.

sensitive [`sensətiv] adj ευαίσθητος ‖ εύθικτος, ευπαθής ‖ **sensitivity**, ευαισθησία.

sensitize [`sensətaiz] vt ευαισθητοποιώ.

sensory [`sensəri] adj αισθητήριος.

sensual [`senʃuəl] adj αισθησιακός, φιλήδονος ‖ ~**ism**, φιληδονία.

sensuous [`senʃuəs] adj αισθησιακός.

sentence [`sentəns] n γραμμ. πρόταση ‖ νομ. απόφαση (καταδικαστική), ποινή ‖ vt καταδικάζω ‖ **pass** ~ **on sb**, επιβάλλω ποινή σε κπ ‖ **serve one's** ~, εκτίω την ποινή μου.

sentiment [`sentimənt] n [συν]αίσθημα, συναισθηματισμός ‖ άποψη, γνώμη ‖ ~**al**, [συν]αισθηματικός ‖ ~**alist**, αισθηματίας ‖ ~**ality**, αισθηματολογία ‖ ~**alize**, αισθηματολογώ.

sentinel [`sentinəl] n φρουρός.

sentry [`sentri] n φρουρός, σκοπός ‖ ~-

box, σκοπιά ‖ **be on** ~-**go**, είμαι σκοπιά (υπηρεσία).

separable [`sepərəbl] adj ευδιαχώριστος.

¹**separate** [`seprət] adj χωριστός, ιδιαίτερος.

²**separate** [`sepəreit] vti χωρίζω / -ομαι.

separation [ˌsepə`reiʃn] n χωρισμός.

September [sə`ptembə`] n Σεπτέμβριος.

septic [`septik] adj σηπτικός.

septuagenarian [ˌseptjuədʒi`neəriən] n εβδομηντάρης.

sepulchre [`sepəlkə`] n τάφος, κιβούρι.

sequel [`si:kwəl] n συνέπεια, επακόλουθο ‖ συνέχεια.

sequence [`si:kwəns] n τάξη, σειρά, διαδοχή, αλληλουχία.

sequestrate [`si:kwestreit] vt κατάσχω.

seraglio [sə`ra:liou] n σεράι.

seraph [`serəf] n σεραφείμ.

serenade [ˌserə`neid] n σερενάτα.

serene [si`ri:n] adj αίθριος, γαλήνιος.

serenity [si`renəti] n αιθρία, γαλήνη.

serf [sə:f] n δουλοπάροικος.

sergeant [`sa:dʒənt] n λοχίας, ενωματάρχης, αρχιφύλακας.

serial [`siəriəl] n σήριαλ ‖ adj τμηματικός ‖ ~**ize**, δημοσιεύω σε συνέχειες.

sericulture [ˌseri`kʌltʃə`] n σηροτροφία.

series [`siəri:z] n σειρά.

serious [`siəriəs] adj σοβαρός ‖ ~**ness**, σοβαρότητα.

sermon [`sə:mən] n κήρυγμα, ομιλία ‖ ~**ize**, νουθετώ, κάνω κήρυγμα.

serpent [`sə:pənt] n όφις ‖ ~**ine**, φιδίσιος.

serum [`siərəm] n ιατρ. ορός.

servant [`sə:vənt] n υπηρέτης ‖ **civil** ~, δημόσιος υπάλληλος.

serve [sə:v] vti υπηρετώ ‖ εξυπηρετώ ‖ βοηθώ ‖ σερβίρω ‖ χρησιμεύω ‖ εκτελώ (υπηρεσία) ‖ νομ. κοινοποιώ, επιδίδω ‖ **it** ~**s you right**, καλά να πάθεις! ‖ ~ **out/up**, σερβίρω, μοιράζω ‖ **serving** n σερβίρισμα, μερίδα.

service [`sə:vis] n υπηρεσία ‖ εξυπηρέτηση, εκδούλευση ‖ Θεία Λειτουργία ‖ σερβίτσιο ‖ νομ. επίδοση, κοινοποίηση ‖ σέρβις ‖ vt κάνω σέρβις ‖ **be of** ~ **to sb**, φαίνομαι χρήσιμος σε κπ ‖ **do sb a** ~, προσφέρω υπηρεσία σε κπ ‖ **do one's military** ~, κάνω τη θητεία μου ‖ **be on active** ~, είμαι εν ενεργεία ‖ ~**able**, χρήσιμος.

serviette [ˌsə:vi`et] n πετσέτα φαγητού.

servile [`sə:vail] adj δουλικός, δουλοπρεπής.

servitude [`sə:vitju:d] n δουλεία.

sesame [`sesəmi] n σουσάμι.

session [`seʃn] n συνεδρίαση, σύνοδος.

¹**set** [set] n σειρά, σετ ‖ κύκλος, συν-

τροφιά, ομάδα, κόσμος ‖ *ραδιοφ.*, *TV* συσκευή, δέκτης ‖ κατευθυνση, ρεύμα ‖ στάση, διαμόρφωση, φόρμα ‖ *(στο τέννις)* γύρος, σετ ‖ *(σε θέατρο)* σκηνικό ‖ *κηπουρ.* φυτάδι, καταβολάδα, βολβός ‖ μιζ-αν-πλι, χτένισμα ‖ *adj* αποφασισμένος ‖ υποχρεωτικός ‖ καθορισμένος, άκαμπτος ‖ ακίνητος, καρφωμένος ‖ έτοιμος ‖ στερεότυπος.

²**set** [set] *vti irreg* βάζω, θέτω ‖ προξενώ, κάνω ‖ αναθέτω, ορίζω ‖ δύω ‖ κινούμαι, στρέφομαι ‖ δένω *(κοσμήματα)* ‖ *(για ρούχα)* πέφτω, εφαρμόζω ‖ *(για άνθη, γλυκά)* δένω ‖ ~ *about sth*, καταπιάνομαι με κτ ‖ ~ *about sb*, ρίχνομαι / επιτίθεμαι σε κπ ‖ ~ *sth about*, διαδίδω κτ ‖ ~ *against*, στρέφω εναντίον ‖ ~ *aside / apart*, θέτω κατά μέρος, *νομ.* απορρίπτω ‖ ~ *back*, κοστίζω, ρίχνω πίσω, ανακόπτω ‖ ~ *down*, κατεβάζω *(επιβάτες)*, αποδίδω, σημειώνω, γράφω, θεωρώ ‖ ~ *forth*, ξεκινώ, εκθέτω ‖ ~ *in*, αρχίζω για καλά ‖ ~ *off*, ξεκινώ, αναδεικνύω, τονίζω, προβάλλω, αντισταθμίζω, συμψηφίζω ‖ ~ *on*, ρίχνομαι, επιτίθεμαι ‖ ~ *out*, ξεκινώ, εκθέτω ‖ ~ *to*, στρώνομαι *(στη δουλειά, κλπ.)*, έρχομαι στα χέρια ‖ ~ *up*, τοποθετώ, στήνω, ιδρύω, οργανώνω, σχηματίζω, προκαλώ ‖ ~ *sb up*, αποκαθιστώ την υγεία κάποιου, βοηθώ κπ να αρχίσει δουλειά ‖ *be well* ~ *up with*, είμαι καλά εφοδιασμένος με ‖ *be* ~ *upon doing sth*, είμαι αποφασισμένος να κάμω κτ ‖ ~ *right*, διορθώνω ‖ ~ *[up] type*, στοιχειοθετώ ‖ ~*back*, ατυχία, αναποδιά ‖ ~*up*, οργάνωση ‖ ~*square*, γωνία, ορθογώνιο ‖ ~*ter*, σέτερ *(ράτσα σκυλιών)*, τοποθετών ‖ ~*ting* *n* δέσιμο *(κοσμήματος, λουλουδιού)*, σκηνικό, περιβάλλον, δύση.

settle [setl] *n* πάγκος ‖ *vti* εγκαθιστώ, εγκαθίσταμαι, αποικώ ‖ κουρνιάζω, [κατα]κάθομαι ‖ τακτοποιώ / -ούμαι ‖ κανονίζω, ρυθμίζω, λύνω, εξοφλώ ‖ καταπραύνω, καθησυχάζω ‖ καταστα λάζω, κατακαθίζω, κατακάθομαι, στρώνω ‖ βουλιάζω ‖ ~ *down*, στρώνω / -ομαι, βολεύομαι, κανολκάθομαι, ησυχάζω, ηρεμώ, φρονιμεύω, νοικοκυρεύομαι ‖ ~ *for sth*, δέχομαι, συμβιβάζομαι ‖ ~ *in*, τακτοποιούμαι σε νέο σπίτι ‖ ~ *sth upon sb*, *νομ.* μεταβιβάζω, γράφω ‖ ~ *upon sth*, διαλέγω, καθορίζω ‖ ~ *[up] with sb*, πληρώνω, εξοφλώ, λογαριάζομαι με κπ ‖ ~*d*, σταθερός, μόνιμος, εξοφλημένος ‖ ~*ment*, εγκατάσταση, εποικισμός, καταυλισμός, εξόφληση, διακανονισμός,

συμβιβασμός, ρύθμιση, συμφωνία, διευθέτηση, *νομ.* σύσταση ‖ ~*r*, άποικος.

seven [sevn] *adj* επτά ‖ ~*fold*, επταπλάσιος, επταπλασίως ‖ ~*teen*, δεκαεπτά ‖ ~*teenth*, δέκατος έβδομος ‖ ~*ty*, εβδομήντα ‖ ~*tieth*, εβδομηκοστός.

sever [ˈsevəʳ] *vti* κόβω / -ομαι, [απο]χωρίζω ‖ διακόπτω, διαρρηγνύω.

several [ˈsevrəl] *adj* πολλοί, διάφοροι ‖ διαφορετικός, χωριστός ‖ ~*ly*, χωριστά.

severe [siˈviəʳ] *adj* αυστηρός ‖ σοβαρός ‖ δριμύς, σφοδρός, σκληρός ‖ *(για ύφος)* λιτός, απέριττος ‖ ~*ly*, αυστηρά, σοβαρά.

severity [səˈverəti] *n* αυστηρότητα, σοβαρότητα, δριμύτητα.

sew [sou] *vti irreg* ράβω.

sewage [ˈsju:idʒ] *n* βρωμόνερα.

sewer [ˈsju:əʳ] *n* υπόνομος, οχετός ‖ ~*age* [ˈsju:əridʒ] *n* αποχέτευση.

sex [seks] *n* φύλο ‖ σεξ, γεννετήσια ορμή ‖ *have* ~ *with*, κάνω έρωτα με ‖ ~*less*, ουδέτερος, χωρίς φύλο ‖ ~*y*, σέξυ, ελκυστικός σεξουαλικά ‖ ~*ual*, σεξουαλικός ‖ ~*uality* [ˌseksʃuˈæləti] *n* σεξουαλικότητα.

sexagenarian [ˌseksədʒiˈneəriən] *n* εξηντάρης.

sextant [ˈsekstənt] *n* ναυτ. εξάς.

sextet [seksˈtet] *n* σεξτέτο.

sexton [ˈsekstən] *n* νεωκόρος.

shabby [ˈʃæbi] *adj* φθαρμένος, κουρελιάρικος, σαραβαλιασμένος, παλιός ‖ *(άνθρ.)* πρόστυχος, αχρείος, τιποτένιος, άθλιος.

shack [ʃæk] *n* καλυβόσπιτο, καλύβι.

shackle [ʃækl] *n pl* δεσμά ‖ *vt* αλυσοδένω.

shade [ʃeid] *n* σκιά, ίσκιος ‖ απόχρωση, τόνος ‖ λιγουλάκι ‖ αλεξίφωτο, σκίαστρο ‖ *vti* σκιάζω ‖ βάζω σκιά σε σκίτσο ‖ αλλάζω βαθμηδόν απόχρωση ‖ *lamp-*~, αμπαζούρ ‖ **shading** *n* σκίαση, φωτοσκίαση, απόχρωση.

shadow [ˈʃædou] *n* ίσκιος, σκιά, σκοτεινιά ‖ μαυρίλα, γύρος *(στα μάτια)* ‖ ίχνος ‖ *adj* σκιώδης ‖ *vt* [επι]σκιάζω ‖ παρακολουθώ κπ παντού ‖ *be worn to a* ~, γίνομαι πετσί και κόκκαλο ‖ ~*y*, σκιερός, αόριστος, ασαφής, θαμπός.

shady [ˈʃeidi] *adj* σκιερός ‖ ύποπτος, σκοτεινός, αμφίβολης εντιμότητας.

shaft [ʃɑ:ft] *n* ακόντιο, βέλος ‖ αχτίδα *(φωτός)*, αστραπή *(κεραυνού)* ‖ λαβή, στυλιάρι ‖ κορμός *(κολώνας)* ‖ φρέαρ *(ορυχείου, ασανσέρ, κλπ.)* ‖ άξονας.

shaggy [ˈʃægi] *adj* μαλλιαρός, δασύτριχος.

shah [ʃa:] *n* σάχης.

shake *n* κούνημα, τίναγμα, τρεμούλα || ποτό || στιγμή || *vti irreg* κουνώ, τινάζω, σείω || τρέμω || τραντάζω, [συγ]κλονίζω || ~ *down*, στρώνω (σε δουλειά) || ~ *off*, ξεφεύγω από, ξεφορτώνομαι, γλυτώνω από || ~ *out*, σκορπίζω, απλώνω || ~ *up*, ανακατεύω (κουνώντας), αναφουφουλιάζω (μαξιλάρι), ταρακουνώ, αναδιοργανώνω || *be all of a* ~, τρέμω ολόκληρος || *in two* ~*s*, σε μια στιγμή || *no great* ~*s*, τίποτα σπουδαίο.

shaky [ˈʃeiki] *adj* τρεμάμενος, κλονιζόμενος || ασταθής, ετοιμόρροπος || επισφαλής, αναξιόπιστος || **shakiness**, αστάθεια.

shall [ʃæl] *v aux* βοηθητικό για το σχηματισμό του μέλλοντα.

shallow [ˈʃælou] *adj* ρηχός || επιπόλαιος.

sham *n* υποκρισία, ψευτιά, απάτη || ψεύτης || *adj* ψεύτικος, υποκριτικός || *vti* προσποιούμαι, υποκρίνομαι.

shamble [ʃæmbl] *vi* περπατώ σέρνοντας τα πόδια.

shambles [ʃæmblz] *n pl* σφαγείο || μακελειό || χάος, κυκεώνας.

shame [ʃeim] *n* ντροπή, αίσχος || κρίμα || *vt* ντροπιάζω || ~ *sb into doing sth*, φέρνω κπ στο φιλότιμο να κάμει κτ || *for* ~! ντροπή! || ~ *on you!* ντροπή σου! || *what a* ~! τι κρίμα! || ~*faced*, ντροπαλός, ντροπιασμένος || ~*ful*, επαίσχυντος || ~*less*, αναίσχυντος, ξεδιάντροπος || ~*lessness*, ξεδιαντροπιά.

shammy [ˈʃæmi] *n* πετσί σαμουά.

shampoo [ʃæmˈpu:] *n* λούσιμο.

shandy [ˈʃændi] *n* μπύρα με λεμονάδα.

shank [ʃæŋk] *n* κνήμη, γάμπα || στέλεχος, μίσχος, κορμός (βίδας, κλπ.).

shanty [ˈʃænti] *n* παράγκα.

shape [ʃeip] *n* σχήμα, μορφή || φόρμα, κατάσταση || φιγούρα, σιλουέτα || *vti* διαμορφώνω/-ομαι, πλάθω, δίνω σχήμα σε κτ || προχωρώ, εξελίσσομαι || *knock sth out of* ~, στραπατσάρω κτ || *in any* ~ *or form*, οποιασδήποτε μορφής || *be in good/bad* ~, είμαι/δεν είμαι σε φόρμα || *keep in* ~, διατηρώ τη φόρμα μου || ~*less*, άμορφος || ~*ly adj* καλοφτιαγμένος, τορνευτός.

shard [ʃa:d] *n* θραύσμα αγγείου.

share [ʃeɒʳ] *n* μερίδιο, μερίδα, συνεισφορά || μετοχή || υνί || *vti* μοιράζω/-ομαι || συμμερίζομαι, συμμετέχω || *the lion's* ~, η μερίδα του λέοντος || *go* ~*s* [*with sb in sth*], μοιράζομαι [κτ με κπ] || *have one's full* ~ *of sth*, έχω πλούσιο μερίδιο σε κτ || *take a* ~ *in sth*, συμμετέχω σε κτ || ~-

cropper, κολίγος || ~*holder*, μέτοχος || *legal* ~, νόμιμη μοίρα.

shark [ʃa:k] *n* καρχαρίας, σκυλόψαρο.

sharp [ʃa:p] *adj* κοφτερός, μυτερός || οξύς (νους) || έξυπνος, οξύνους || (λόγια) αυστηρός, δηκτικός, σκληρός || (γεύση) δριμύς, πικάντικος || (αισθήσεις) οξύς || (φωτογραφία) έντονος, καθαρός || (άνθρ.) πονηρός, ανέντιμος, κατεργάρης || (κλίση, στροφή) απότομος || *μους.* με δίεση || *adv* ακριβώς || απότομα || γρήγορα, σβέλτα || φάλτσα || ~*en vt* τροχίζω, ακονίζω, οξύνω || ~*ener*, ξύστρα, ακόνι || ~*er*, απατεώνας || ~*ness*, οξύτητα, σαφήνεια, σφοδρότητα, αυστηρότητα || ~*shooter*, δεινός σκοπευτής || ~*ly*, κοφτερά, απότομα, ζωηρά.

shatter [ˈʃætəʳ] *vti* θρυμματίζω/-ομαι, γίνομαι κομμάτια.

shave [ʃeiv] *n* ξύρισμα || *vti iregg* ξυρίζω/-ομαι || ψαύω, περνώ ξυστά || ~ *off*, κόβω || *have a close/narrow* ~, τη γλυτώνω παρά τρίχα || ~*r*, ηλεκτρική ξυριστική μηχανή || **shaven**, ξυρισμένος || **shavings** *n pl* πριονίδια, ροκανίδια, ρινίσματα.

shawl [ʃo:l] *n* σάλι, μαντήλα.

she [ʃi:] *pron* αυτή || *prefix* θήλυ.

sheaf [ʃi:f] *n* χερόβολο, δεμάτι, δέσμη.

shear [ʃiəʳ] *vt irreg* κουρεύω (πρόβατα).

shears [ʃiəz] *n pl* ψαλίδι (για κούρεμα ζώων).

sheath [ʃi:θ] *n* θήκη, θηκάρι || περίβλημα, περικάλυμμα || *adj* εφαρμοστός.

sheathe [ʃi:ð] *vt* βάζω σε θήκη || επενδύω.

shed [ʃed] *n* υπόστεγο, καλύβα, παράγκα || *vt irreg* χύνω (αίμα, δάκρυα) || αποβάλλω, χάνω, ρίχνω (φύλλα, δέρμα) || *blood*~, αιματοχυσία.

sheen [ʃi:n] *n* γυαλάδα, λαμπόκπημα.

sheep [ʃi:p] *n* πρόβατο || ~*-dog*, τσοπανόσκυλο || ~*-fold*, μαντρί || ~*-skin*, προβιά || ~*ish*, αδέξιος, ντροπαλός, αμήχανος.

sheer [ʃiəʳ] *adj* καθαρός, ολοσχερής || απότομος, κατακόρυφος || *adv* απότομα, κατακόρυφα || *vi* (για πλοίο) παρεκκλίνω της πορείας μου, λοξοδρομώ.

sheet [ʃi:t] *n* σεντόνι || φύλλο (χαρτιού, κλπ.) || στρώμα (νερού, πάγου) || ~ *anchor*, *μτφ.* άγκυρα σωτηρίας.

sheik[h] [ʃeik] *n* σεΐχης || ~*dom*, σεϊχάτο.

shelf [ʃelf] *n* ράφι || προεξοχή || υφαλοκρηπίδα.

shell [ʃel] *n* όστρακο, κέλυφος, τσόφλι, καβούκι || σκελετός, κουφάρι (πλοίου, κτιρίου) || βλήμα, οβίδα || *vti* ξεφλουδίζω / -ομαι ‖ βομβαρδίζω ‖ *sl* ~ **out**, ξηλώνομαι *(πληρώνω)* ‖ **come out of one's** ~, βγαίνω από το καβούκι μου ‖ ~**fish**, θαλασσινά.

shelter ['ʃeltə'] *n* καταφύγιο, άσυλο, σκέπαστρο ‖ *vti* προφυλάσσω / -ομαι, προστατεύω, δίνω άσυλο ‖ **take** ~, προφυλάσσομαι.

shelve [ʃelv] *vti* βάζω στο ράφι / στο χρονοντούλαπο ‖ *(για έδαφος)* κατηφορίζω.

shepherd ['ʃepəd] *n* τσοπάνης, ποιμένας ‖ *vt* ποιμαίνω, οδηγώ ‖ ~**ess** [.ʃepə'des] τσοπάνα.

sherbet ['ʃəːbət] *n* σερμπέτι.

sheriff ['ʃerif] *n* σερίφης.

sherry ['ʃeri] *n* σέρυ.

shield [ʃiːld] *n* ασπίδα ‖ *vt* προστατεύω, προφυλάσσω ‖ **wind**~, *US* παρμπρίζ.

shift [ʃift] *n* μετατόπιση, μεταβολή ‖ βάρδια ‖ μέσο, τρόπος ‖ αλλαγή ταχυτήτων ‖ *vti* μετατοπίζω / -ομαι, μετακινώ / -ούμαι ‖ αλλάζω *(θέση ή κατεύθυνση)* ‖ ~ **for oneself**, τα καταφέρνω μόνος μου ‖ **make** ~, τα βολεύω ‖ ~**less**, ανίκανος, νωθρός ‖ ~**y**, ανειλικρινής, ύπουλος.

shilling ['ʃiliŋ] *n* σελίνι.

shilly-shally ['ʃili'ʃæli] *vi* διστάζω, κλωθογυρίζω.

shimmer ['ʃimə'] *n* λαμπύρισμα, μαρμαρυγή ‖ *vi* λαμπυρίζω, σπιθοβολώ, τρεμοφέγγω.

shin [ʃin] *n* καλάμι *(της κνήμης)* ‖ ~**bone**, κνημιαίο οστούν ‖ *vi* ~ **up**, σκαρφαλώνω.

shindy ['ʃindi] *n* καυγάς, φασαρία ‖ **kick up a** ~, στήνω καυγά, κάνω φασαρία.

shine [ʃain] *n* γυάλισμα, γυαλάδα ‖ *vti irreg* λάμπω ‖ διαπρέπω.

shiny ['ʃaini] *adj* γυαλιστερός, γυαλισμένος.

shingle [ʃiŋgl] *n* βότσαλο ‖ κούρεμα α-λα-γκαρσόν ‖ πινακίδα ‖ *πληθ. ιατρ.* έρπης ζωστήρ.

ship [ʃip] *n* πλοίο ‖ σκάφος ‖ αερόπλοιο, διαστημόπλοιο ‖ *vti* φορτώνω, στέλνω, μεταφέρω ‖ μπαρκάρω ‖ ~'s **articles / papers**, ναυτιλιακά έγγραφα ‖ ~**breaker**, εργολάβος διαλύσεως πλοίων ‖ ~**broker**, ναυλομεσίτης, ναυτικός πράκτορας ‖ ~**builder**, ναυπηγός ‖ ~**building**, ναυπηγική ‖ ~'s **chandler**, τροφοδότης πλοίων ‖ ~**load**, καραβιά ‖ ~**owner**, πλοιοκτήτης, εφοπλιστής ‖ ~**per**, φορτωτής, ναυλωτής, αποστολέας ‖ ~**ping**, ναυτιλία ‖ ~**ping-agent**, ναυτικός πράκτορας ‖ ~**ping-office**, ναυτικό γραφείο ‖ ~**shape** *adj* εντάξει, συγυρισμένος ‖ ~**wreck**, ναυάγιο,

ναυαγώ ‖ ~**yard**, ναυπηγείο.

shire [ʃaiə'] [ως β' συνθ., ʃə'] *n* κομητεία.

shirk [ʃəːk] *vt* αποφεύγω *(δουλειά)* ‖ ~**er**, φυγόπονος, κοπανατζής.

shirt [ʃəːt] *n* πουκάμισο ‖ μπλούζα ‖ **be in one's** ~**-sleeves**, είμαι με το πουκάμισο *(χωρίς σακάκι)* ‖ ~**y**, τσαντίλας, ζοχαδιακός.

shish kebab [.ʃiʃkə'bæb] *n* σουβλάκι, σισκεμπάπ.

shit [ʃit] *n sl* σκατά ‖ τρίχες, αηδίες ‖ ποταπός, σκατάς ‖ *vi* χέζω.

shiver ['ʃivə'] *n* ρίγος, τρεμούλα, τουρτούρισμα ‖ *πληθ.* θρύψαλα ‖ *vi* ριγώ, τρέμω, τουρτουρίζω ‖ *vti* θρυμματίζω / -ομαι ‖ **give sb / get the** ~**s**, φέρνω σε κπ / με πιάνει ρίγος.

shoal [ʃoul] *n* ύφαλος, ξέρα ‖ κοπάδι *(ψαριών)*.

shock [ʃok] *n* δόνηση, τράνταγμα, κρούση ‖ ηλεκτροπληξία ‖ συγκλονισμός, πλήγμα ‖ άγρια φουντωτά μαλλιά ‖ *vt* συγκλονίζω, καταπλήσσω ‖ σοκάρω, σκανδαλίζω ‖ ~ **absorber**, αμορτισέρ ‖ ~ **wave**, κύμα εκρήξεως ‖ ~ **treatment / therapy**, ηλεκτροσόκ ‖ ~**ing**, σκανδαλιστικός, τρομερός, απαίσιος.

shoddy ['ʃodi] *adj* σκάρτος.

shoe [ʃuː] *n* παπούτσι ‖ *vt irreg* ποδαίνω, πεταλώνω ‖ **be in another man's** ~**s**, είμαι στη θέση άλλου ‖ ~**horn**, κόκκαλο για τα παπούτσια ‖ ~**lace / string**, κορδόνι παπουτσιών ‖ ~**maker**, υποδηματοποιός ‖ **horse**~, πέταλο.

shoot [ʃuːt] *n* βλαστάρι *(φυτού)* ‖ *vti* πυροβολώ, ρίχνω, σκοτώνω ‖ κινώ / -ούμαι απότομα ‖ κυνηγώ *(για πόνο)* τρυπώ, σουβλίζω *(για φυτά)* πετώ βλαστάρια *(για φιλμ)* κινηματογραφώ, τραβώ ‖ ~ **away**, πυροβολώ συνέχεια ‖ ~ **down**, καταρρίπτω *(με όπλο)* ‖ ~ **to kill**, βαρώ στο ψαχνό ‖ ~ **off**, κόβω *(με οβίδα)*.

shooting ['ʃuːtiŋ] *n* πυροβολισμός ‖ κυνήγι ‖ ~**-gallery**, σκοπευτήριο ‖ ~**-range**, πεδίο βολής ‖ ~ **star**, διάττων αστέρας.

shop [ʃop] *n* μαγαζί, κατάστημα, εργαστήρι ‖ *vi* κάνω ψώνια, αγοράζω ‖ **all over the** ~, άνω-κάτω, παντού ‖ ~ **around**, γυρίζω τα μαγαζιά ‖ **go** ~**ping**, πάω για ψώνια ‖ **keep a** ~, έχω μαγαζί ‖ **set up** ~, ανοίγω μαγαζί ‖ **shut up** ~, κλείνω το μαγαζί, παύω να κάνω μια δουλειά ‖ **talk** ~, κουβεντιάζω επαγγελματικά ‖ ~**per**, αγοραστής, πελάτης ‖ ~**ping**, αγορές, ψώνια ‖ ~**front**, προθήκη, μόστρα ‖ ~ **assistant**, υπάλληλος *(μαγαζιού)* ‖ ~**keeper**, καταστηματάρχης || ~lift, κλέβω σε μαγαζί || ~-lifter, κλέφτης μαγαζιών || ~-steward, συνδικαλιστικό στέλεχος || ~ window, βιτρίνα.

shore [ʃoːʳ] n ακτή, όχθη || υποστήριγμα || vt ~ up, στυλώνω, υποστηρίζω.

short [ʃoːt] adj βραχύς, σύντομος || κοντός || λειψός, λιποβαρής || απότομος, κοφτός || adv απότομα || λειψά || be ~ with sb, φέρομαι απότομα σε κπ || be taken ~, με πιάνει απότομο κόψιμο || take sb up/cut sb ~, διακόπτω κπ απότομα || be in ~ supply, (για εμπόρευμα) σπανίζω || come/fall ~, υστερώ, υπολείπομαι || go ~, στερούμαι || run ~, λιγοστεύω || have a ~ temper, είμαι ευέξαπτος || for ~, για συντομία || ~ cut, συντομότερος τρόπος / δρόμος || ~-change, δίνω λειψά ρέστα || ~-circuit, βραχυκύκλωμα || ~-lived, βραχύβιος, σύντομος || ~ memory, αδύνατη μνήμη || ~ sight, μυωπία || ~-sighted, μύωπας || ~-tempered, ευέξαπτος || ~-winded, ασθματικός.

shortage [ˈʃoːtidʒ] n έλλειψη.

shortcoming [ˈʃoːtkʌmiŋ] n ελάττωμα, αδυναμία.

shorten [ˈʃoːtn] vti κονταίνω, μικραίνω.

shorthand [ˈʃoːthænd] n στενογραφία || ~ typist, στενοδακτυλογράφος.

shorts [ʃoːts] n pl σορτς.

shot [ʃot] n πυροβολισμός, τουφεκιά, πιστολιά || βλήμα, σφαίρα, σκάγια || σκοπευτής || βολή, ριξιά, εικασία, προσπάθεια || μερίδιο || US ένεση || κινημ. πλάνο, σκηνή || be off like a ~, φεύγω σα βολίδα || a ~ in the dark, εικασία στα τυφλά || a long ~, τολμηρή εικασία || a big ~, μέγας και πολύς || have a ~ at sth, κάνω μια προσπάθεια σε κτ.

should [ʃud] n aux θα'πρεπε || θα + παρατατικός.

shoulder [ˈʃouldəʳ] n ώμος || σπάλα (αρνιού) || έρεισμα (δρόμου) || vt επωμίζομαι, φορτώνομαι || talk to sb straight from the ~, μιλώ σε κπ έξω από τα δόντια || ~-blade, ωμοπλάτη || ~-strap, αορτή, επωμίδα.

shout [ʃaut] n κραυγή || vti κραυγάζω, φωνάζω || give a ~, βγάζω μια κραυγή || ~ at sb, βάζω τις φωνές σε κπ || ~ down, γιουχαΐζω || ~ for help, φωνάζω βοήθεια || ~ing n φωνές, κραυγές.

shove [ʃʌv] vti σπρώχνω || ~ off, κάνω αβάρα, φεύγω, στρίβω.

shovel [ʃʌvl] n φτυάρι, φαράσι.

¹show [ʃou] n έκθεση || θέαμα || παράσταση || εμφάνιση, εντύπωση || δείξιμο || δουλειά, υπόθεση || επίδειξη, φιγούρα || επίφαση, προσποίηση || make a good/poor ~, κάνω καλή/κακή εμφάνιση ή εντύπωση || steal the ~, μτφ. κλέβω την παράσταση || give the ~ away, προδίνω τη δουλειά, τα βγάζω στη φόρα || run/boss the ~, είμαι τ' αφεντικό, κάνω κουμάντο || make a ~ of, κάνω τάχα πως... || for ~, για φιγούρα || ~-boat, πλωτό θέατρο || ~biz, ~ business επιχείρηση θεαμάτων || ~-case, βιτρίνα || ~-down, αποφασιστική αναμέτρηση || ~man, θεατρίνος || ~-room, έκθεση (ο χώρος) || ~y, φανταχτερός, φιγουράτος.

²show [ʃou] vti irreg δείχνω || οδηγώ, συνοδεύω || εκθέτω || (φιλμ) προβάλλω, παίζω || αποκαλύπτω, αφήνω να φανεί || φαίνομαι || ~ off, επιδεικνύω, κάνω επίδειξη / φιγούρα || ~ up, αποκαλύπτω, κάνω την εμφάνισή μου, ξεχωρίζω || ~ oneself, κάνω την εμφάνισή μου || ~ sb to the door, βγάζω κπ έξω || ~ sb over/round, γυρίζω κπ κάπου, του δείχνω κτ || ~ one's hand, φανερώνω τις προθέσεις μου || ~ing n εκδήλωση, εμφάνιση || ~-off n επιδειξίας.

shower [ʃauəʳ] n μπόρα || ντους || μτφ. βροχή, πλήθος, σωρός || vti ~ sb with sth, μτφ. κατακλύζω, πνίγω κπ με κτ || ~ [down] upon sb, πέφτω βροχηδόν || ~y, βροχερός.

shrapnel [ˈʃræpnəl] n σράπνελ.

shred [ʃred] n κομματάκι || μτφ. ίχνος || tear sth up to ~s, κομματιάζω κτ.

shrew [ʃruː] n μέγαιρα, στρίγγλα || ~ish adj δύστροπος, στρίγγλος.

shrewd [ʃruːd] adj έξυπνος, καπάτσος, πονηρός || ~ness, εξυπνάδα, καπατσοσύνη.

shriek [ʃriːk] n στριγγλιά, σκούξιμο || vti στριγγλίζω, σκληρίζω, σκούζω.

shrill [ʃril] adj στριγγός, διαπεραστικός.

shrimp [ʃrimp] n γαρίδα.

shrine [ʃrain] n λειψανοθήκη || προσκυνητάρι || ναός, ιερός τόπος.

shrink [ʃriŋk] vti irreg μικραίνω, μαζεύω, συρρικνώνομαι, μπαίνω || ~ from/back, αποφεύγω, διστάζω, δεν αποτολμώ, κάνω πίσω || ~age, μπάσιμο (υφάσματος), συρρίκνωση.

shrivel [ʃrivl] vti ζαρώνω, ξεραίνω/-ομαι, μαραίνομαι.

shroud [ʃraud] n σάβανο || πέπλος || πληθ. ξάρτια || vt σαβανώνω, τυλίγω, κρύβω.

shrub [ʃrʌb] n θάμνος || ~bery, λόγγος.

shrug [ʃrʌg] n σήκωμα των ώμων || vt σηκώνω τους ώμους (αδιάφορα) || ~

off, απορρίπτω.

shuck [ʃʌk] *n* φλούδα ‖ ~**s!** *US* ανοησίες!

shudder [`ʃʌdə^r] *n* ρίγος, φρικίαση ‖ τρέμω, ριγώ, φρικιώ, ανατριχιάζω ‖ *it gives me the* ~**s,** μου φέρνει ρίγος.

shuffle [ʃʌfl] *n* συρτό περπάτημα ‖ ανακάτωμα *(τράπουλας)* ‖ *(κυβερνητικός)* ανασχηματισμός ‖ τέχνασμα, υπεκφυγή ‖ *vti* σέρνω τα πόδια ‖ ανακατεύω *(χαρτιά, κλπ.)* ‖ κάνω κτ ανέμελα ‖ τα στρίβω.

shun [ʃʌn] *vt* αποφεύγω.

shunt [ʃʌnt] *vt* παραμερίζω, κάνω στην μπάντα ‖ μετακινώ *(ιδ. τραίνο)* ‖ μεταστρέφω *(συζήτηση).*

shut [ʃʌt] *vti irreg* κλείνω, πιάνω, μαγγώνω ‖ ~ *down,* κλείνω, παύω να λειτουργώ ‖ ~ *in,* περιβάλλω, εγκλείω ‖ ~ *off,* κλείνω, κόβω *(νερό, φως)* ‖ ~ *out,* κλείνω έξω, αποκλείω ‖ ~ *up,* κλειδώνω, ασφαλίζω, το βουλώνω.

shutter [`ʃʌtə^r] *n* παντζούρι ‖ φωτογράφ- κτης ‖ *put up the* ~**s,** κλείνω το μαγαζί.

shuttle [ʃʌtl] *n* σαΐτα *(αργαλειού)* ‖ *vi* πηγαινοέρχομαι *(σα σαΐτα).*

shy [ʃai] *adj* δειλός, ντροπαλός, άτολμος ‖ *n* βολή, ριξιά ‖ *vti* ρίχνω, πετώ ‖ ~ *at,* κωλώνω, κοντοστέκομαι *(από φόβο)* ‖ ~**ness,** ατολμία, συστολή ‖ ~**ster,** κατεργάρης, λοβιτουρατζής.

sibilant [`sibələnt] *adj* συριστικός.

sick [sik] *adj* άρρωστος ‖ με τάση για εμετό ‖ αηδιασμένος ‖ *be ~ of,* είμαι αηδιασμένος από ‖ *be ~ for,* νοσταλγώ πολύ ‖ *fall ~,* αρρωσταίνω ‖ ~**-bay,** αναρρωτήριο *(πλοίου)* ‖ ~**-bed,** κρεββάτι του πόνου ‖ ~**-benefit/ -pay,** επίδομα ασθενείας ‖ ~**-headache,** ημικρανία ‖ ~**-leave,** αναρρωτική άδεια ‖ ~**-ish,** λιγάκι άρρωστος ‖ ~**ness,** αρρώστεια, αηδία, ναυτία.

sicken [`sikən] *vti* αρρωσταίνω ‖ αηδιάζω ‖ ~ *of sth,* μπουχτίζω ‖ ~**ing,** αηδιαστικός.

sickle [sikl] *n* δρεπάνι ‖ *the hammer and* ~, το σφυροδρέπανο.

sickly [`sikli] *adj* αρρωστιάρικος, φιλάσθενος, κακεχτικός ‖ νοσηρός, αηδιαστικός ‖ σαχλός.

side [said] *n* πλευρά ‖ πλευρό ‖ μεριά ‖ παράταξη ‖ όψη, άποψη ‖ σόι ‖ *vi* ~ *with,* συντάσσομαι με, παίρνω το μέρος ‖ ~ *by* ~, πλάι-πλάι ‖ *by the* ~ *of,* στο πλάι, σε σύγκριση με ‖ *on the* ~, συμπληρωματικά, στα κρυφά, στη ζούλα ‖ *be on sb's* ~, είμαι με το μέρος κάποιου ‖ *change* ~**s,** αλλάζω παράταξη / κόμμα ‖ *off* ~, ποδόσφ.

οφσάιτ ‖ *put on* ~, κάνω το σπουδαίο ‖ ~**-board,** μπουφές ‖ ~**-burns/boards,** φαβορίτες ‖ ~**-car,** καλάθι *(μοτοσυ- κλέττας)* ‖ ~**-dish,** δευτερεύον φαΐ ‖ ~**-effect,** παρενέργεια ‖ ~ *issue,* δευ- τερεύον θέμα ‖ ~**-long,** λοξός ‖ ~**-road,** πάροδος ‖ ~**-saddle,** γυναικεία σέλλα ‖ ~**-slip,** ντεραπάρισμα ‖ ~**-step** *n* βήμα στο πλάι, *vti* παραμερίζω ‖ ~**-track,** παρακαμπτήριος γραμμή ‖ ~**-walk,** πεζοδρόμιο ‖ ~**ways,** λοξά, με το πλάι.

sidle [saidl] *vi* προχωρώ λοξά / δειλά.

siege [si:dʒ] *n* πολιορκία.

siesta [si`estə] *n* μεσημεριανός ύπνος.

sieve [si:v] *n* κόσκινο, κρισάρα ‖ κοσκι- νίζω.

sift [sift] *vt* κοσκινίζω, κρισαρίζω ‖ *mtp.* εξετάζω με προσοχή.

sigh [sai] *n* αναστεναγμός ‖ *vi* ανα- στενάζω.

sight [sait] *n* όραση ‖ θέα ‖ αξιοθέατο ‖ θέαμα *(= γελοία εμφάνιση)* ‖ σκό- πευση, στόχαστρο, κλισιοσκόπιο ‖ *(με αόρ. άρθρ.)* ένα σωρό ‖ *vt* βλέπω, διακρίνω ‖ σκοπεύω, σημαδεύω ‖ *keep* ~ *of; keep in* ~, δεν χάνω από τα μάτια μου ‖ *lose* ~ *of,* δε βλέπω ‖ *at the* ~ *of,* βλέποντας ‖ *at/on* ~, επί τη εμφανίσει ‖ *at first* ~, εκ πρώτης όψεως, με την πρώτη ματιά ‖ *be with- in* ~ *of,* βλέπω, φαίνομαι ‖ *be out of* ~, χάνομαι *(από τα μάτια)* ‖ *come into* ~, εμφανίζομαι ‖ *go out of* ~, εξαφανίζομαι ‖ *catch* ~ *of,* παίρνει το μάτι μου ‖ *know sb by* ~, γνωρίζω κπ εξ όψεως ‖ *see the* ~**s,** επισκέπτομαι τα αξιοθέατα ‖ ~**seeing** *n* επίσκεψη αξιοθεάτων ‖ ~**seer,** περιηγητής ‖ ~**ing** *n* σκόπευση ‖ ~**less,** αόμματος ‖ ~**ly,** θελκτικός.

sign [sain] *n* σημείο, νεύμα ‖ σύμβολο ‖ πινακίδα, σήμα, ταμπέλα ‖ σημάδι, ίχνος, ένδειξη ‖ *vti* κάνω σήμα / νόη- μα ‖ υπογράφω ‖ ~ *on/up,* προσλαμ- βάνω / -ομαι εγγράφως ‖ ~**post,** πινακί- δα της τροχαίας ‖ ~ *painter,* επιγρα- φοποιός ‖ ~ *language,* γλώσσα με νεύματα ‖ ~ *and counter~,* σύνθημα και παρασύνθημα.

signal [`signəl] *n* σήμα, σινιάλο, σύνθη- μα ‖ *vti* κάνω σήμα / σινιάλο ‖ *adj* μοναδικός, εξαιρετικός.

signatory [`signətri] *n* υπογράφων, συμ- βαλλόμενος.

signature [`signətʃə^r] *n* υπογραφή ‖ τυπο- γραφικό φύλλο.

signet [`signit] *n* σφραγιδόλιθος.

significance [sig`nifikəns] *n* σημασία, σπουδαιότητα.

significant [sig`nifikənt] *adj* σημαντικός.

signify [`signifai] *vti* σημαίνω, φανερώνω || έχω σημασία || εκδηλώνω.

silence [`sailəns] *n* σιωπή, σιγή, σιγαλιά || *vt* επιβάλλω σιγή, αναγκάζω κπ να σιωπήσει.

silent [`sailənt] *adj* σιωπηλός || αθόρυβος || άφωνος, μη προφερόμενος.

silhouette [ˌsiluː`et] *n* σιλουέττα || *vt* σκιαγραφώ.

silk [silk] *n* μετάξι || *adj* μεταξωτός || ~en; ~y, μεταξινος, απαλός.

sill [sil] *n* περβάζι.

silly [`sili] *adj* ανόητος || *n* χαζός.

silt [silt] *n* ιλύς, βούρκος [ποταμού].

silver [`silvəʳ] *n* άργυρος, ασήμι || αργυρά σκεύη/νομίσματα || *adj* ασημένιος || ~-plated, επάργυρος || ~smith, αργυροχόος || ~ware, ασημικά || ~y, αργυρόηχος.

similar [`similəʳ] *adj* ~ [to], όμοιος [με], παρόμοιος || ~ity, ομοιότητα.

simile [`siməli] *n* γραμμ. παρομοίωση.

simmer [`siməʳ] *vti* σιγοβράζω || υποβόσκω || ~ down, καλμάρω.

simper [`simpəʳ] *n* χαζός || ναζιάρικο χαμόγελο || *vi* χαμογελώ χαζά.

simple [simpl] *adj* απλός, λιτός || απλοϊκός, αφελής || καθαρός, σκέτος || *pure and* ~, απλά και καθαρά, ασυζητητί || ~-minded, απονήρευτος, απλοϊκός.

simpleton [`simpltən] *n* χαζός.

simplicity [sim`plisəti] *n* απλότητα, αφέλεια.

simplify [`simplifai] *vt* απλοποιώ, απλουστεύω || **simplification**, απλοποίηση.

simply [`simpli] *adv* απλά || μόνον, απλώς || απλούστατα, τελείως.

simulate [`simjuleit] *vt* υποκρίνομαι, προσποιούμαι, απομιμούμαι.

simultaneous [ˌsiməl`teiniəs] *adj* ταυτόχρονος.

sin [sin] *n* αμαρτία, αμάρτημα, κρίμα || *vi* αμαρτάνω || ~ **against**, προσβάλλω, παραβαίνω || **deadly/mortal** ~, θανάσιμο αμάρτημα || **the original** ~, το προπατορικό αμάρτημα || ~**ful**, αμαρτωλός || ~**less**, αναμάρτητος || ~**ner**, αμαρτωλός.

since [sins] *prep* από || *conj* (χρον.) αφότου, από τότε που, (αιτιολ.) μιας και || *adv* έκτοτε, πριν.

sincere [sin`siəʳ] *adj* ειλικρινής.

sincerity [sin`serati] *n* ειλικρίνεια.

sinecure [`sainikjuəʳ] *n* αργομισθία.

sinew [`sinjuː] *n* νεύρο, τένων.

sing [siŋ] *vti* irreg τραγουδώ || κελαηδώ || ψάλλω, εξυμνώ || σφυρίζω || ~ **out for**, ζητώ φωναχτά || ~ **sb's praises**, ανεβάζω κπ στα ουράνια || ~**er**, τρα-

γουδιστής || ~**ing** *n* τραγούδι || ~**ing master**, καθηγητής της ωδικής.

singe [sindʒ] *vti* καψαλίζω, τσουρουφλίζω/-ομαι || *n* ελαφρό κάψιμο.

single [siŋgl] *n* απλό εισιτήριο || *adj* μόνος, μοναδικός || μονός || άγαμος, ανύπαντρος || *vt* ~ **out**, ξεχωρίζω || ~-**breasted**, (σακάκι) μονόπετο || ~-**combat**, μονομαχία || ~-**handed**, μόνος, χωρίς βοήθεια άλλου || ~-**minded**, αφοσιωμένος || ~-**ness**, μοναδικότητα, αγαμία || **singly**, ένας-ένας.

singlet [`siŋglət] *n* φανελάκι.

singsong [`siŋsoŋ] *n* ομαδικό τραγούδι || **in a** ~, μονότονα, τραγουδιστά.

singular [`siŋgjuləʳ] *n* ενικός || *adj* μοναδικός, εξαίρετος, σπάνιος || ιδιόμορφος || ~**ity** [ˌsiŋgjuˈlærəti] μοναδικότητα, ιδιομορφία || ~**ize**, ξεχωρίζω.

sinister [`sinistəʳ] *adj* δυσοίωνος || μοχθηρός, απαίσιος, απειλητικός.

sink [siŋk] *n* νεροχύτης || βόθρος, οχετός || *vti* irreg βυθίζω/-ομαι, βουλιάζω || παθαίνω καθίζηση || χαμηλώνω, πέφτω || σωριάζομαι, γέρνω || εξασθενίζω, ξεπέφτω || παραμερίζω || αποσβήνω (χρέος) || ~ **in/into**, εισχωρώ, χώνομαι, διαποτίζω || ~**ing fund**, χρεωλυτικό κεφάλαιο || a ~**ing feeling**, παράλυση, λίγωμα (από φόβο ή πείνα) || ~**er**, βαρίδι της πετονιάς.

Sino [`sainou] *prefix* Κινεζο— || ~**logy**, σινολογία || ~**logist**, σινολόγος.

sinuous [`sinjuəs] *adj* ελικοειδής.

sip [sip] *n* γουλιά, ρουφηξιά || *vti* αργοπίνω, ρουφώ.

siphon [`saifən] *n* σιφόνι || *vti* ~ **out/off**, μεταγγίζω.

sir [sɜːʳ] *n* σερ || κύριος.

siren [`saiərən] *n* σειρήνα.

sirloin [`sɜːloin] *n* κόντρα φιλέτο.

sissy [`sisi] *n* θηλυπρεπής άνδρας, 'αδελφή'.

sister [`sistəʳ] *n* αδελφή || μοναχή, καλογριά || νοσοκόμα, προϊσταμένη || *adj* του αυτού είδους || ~-**in-law**, κουνιάδα || ~**ly**, αδελφικός || ~**hood**, αδελφότητα || **half**-~, ετεροθαλής αδερφή.

sit [sit] *vti* irreg κάθομαι || καθίζω || συνεδριάζω || ιππεύω || (για πουλιά) κουρνιάζω || (για κότα) κλωσσώ || (για ρούχα) εφαρμόζω, πέφτω || ~ **back**, κάθομαι αναπαυτικά, παραμένω άπρακτος/αδρανής || ~ **down under**, ανέχομαι αδιαμαρτύρητα || ~ **in**, κάνω κατάληψη (εργοστασίου, κλπ.) || ~ **in on**, παρευρίσκομαι ως παρατηρητής (σε συνεδρίαση) || ~ **on**, είμαι μέλος (επιτροπής), παραμελώ κτ || ~ **out**, μένω μέχρι τέλους, μένω απέξω (=

δεν συμμετέχω) ‖ ~ **up,** ξαγρυπνώ, κοιμάμαι αργά, ανακάθομαι ‖ ~**ter,** κλώσσα, μοντέλο *(ζωγράφου)*, εύκολος στόχος ‖ ~**ting** *n* συνεδρίαση, ποζάρισμα, καθισιά, κλώσσημα ‖ ~**ting-room,** καθιστικό.

site [sait] *n* θέση, τοποθεσία.

situated [`sitʃueitid] *adj* κείμενος, ευρισκόμενος ‖ *be ~,* κείμαι, ευρίσκομαι.

situation [.sitʃu`eiʃn] *n* θέση ‖ τοποθεσία ‖ κατάσταση ‖ δουλειά.

six [siks] *adj* έξι ‖ *at ~es and sevens,* άνω-κάτω, κουλουβάχατα ‖ ~**fold,** εξαπλάσιος, εξαπλασίως ‖ ~**teen,** δεκάξι ‖ ~**teenth,** δέκατος έκτος ‖ ~**ty,** εξήντα ‖ ~**tieth,** εξηκοστός ‖ *the* ~**ties,** η δεκαετία του '60.

size [saiz] *n* μέγεθος, διάσταση, μπόι ‖ νούμερο *(ρούχων, παπουτσιών, κλπ.)* ‖ *vt ~ up,* μτφ. ζυγίζω ‖ ~**able,** αρκετά μεγάλος.

sizzle [sizl] *n* τσιτσίρισμα ‖ *vi* τσιτσιρίζω.

skate [skeit] *ους.* παγοπέδιλο, πατίνι ‖ *ιχθ.* σαλάχι ‖ *vi* πατινάρω ‖ ~ *over /round,* παρακάμπτω, *(δυσκολία, πρόβλημα)* ‖ ~**r,** παγοδρόμος, πατινέρ ‖ **skating,** παγοδρομία, πατινάζ ‖ **skating rink,** παγοδρόμιο, αίθουσα πατινάζ.

skein [skein] *n* κουβάρι, κούκλα *(νήματος).*

skeleton [`skelitn] *n* σκελετός ‖ κουφάρι, σκαρί ‖ ~ *key,* πασπαρτού.

skep [skep] *n* πανέρι, καφάσι.

sketch [sketʃ] *n* σκαρίφημα, σχέδιο, σκίτσο ‖ *θεατρ.* σκετς ‖ γενικό διάγραμμα ‖ *vti* σκιτσάρω, σχεδιάζω ‖ ~ *out,* διατυπώνω σε γενικές γραμμές ‖ ~**er,** σκιτσογράφος, σχεδιαστής ‖ ~**y,** πρόχειρος, στοιχειώδης, ατελής ‖ ~**iness,** προχειρότητα.

skew [skju:] *adj* λοξός, στραβός ‖ *on the* ~, *skew-whiff,* λοξά, στραβά.

skewer [skju:ə] *n* σουβλάκι *(για κρέας)* ‖ *vt* περνώ σε σούβλα, σουβλίζω.

ski [ski:] *n* σκι ‖ *vi* κάνω σκι ‖ ~**er,** σκιέρ ‖ ~-**lift,** τελεφερίκ για σκιέρ.

skid [skid] *n* ντεραπάρισμα ‖ *vi* ντεραπάρω, γλιστρώ.

skiff [skif] *n* ελαφριά ατομική βάρκα.

skilful [`skilfəl] *adj* επιδέξιος.

skill [skil] *n* επιδεξιότητα ‖ ~**ed,** ειδικευμένος.

skillet [`skilit] *n* μαρμίτα ‖ *US* τηγάνι.

skim [skim] *vti* ξαφρίζω *(υγρό),* αποβουτυρώνω *(γάλα)* ‖ περνώ ξυστά ‖ ~ *through,* διαβάζω στα πεταχτά ‖ ~**med milk,** αποβουτυρωμένο γάλα ‖ ~**mer,** τρυπητή κουτάλα, ξαφριστήρι.

skimp [skimp] *vti* τσιγκουνεύομαι, κάνω

οικονομίες ‖ ~**y,** τσιγκουνεμένος, τσουρούτικος, σφιχτοχέρης.

skin [skin] *n* πετσί, δέρμα, επιδερμίδα ‖ τομάρι *(ζώου)* ‖ ασκί, τουλούμι ‖ πέτσα *(σαλαμιού, γάλακτος, κλπ.),* φλούδα *(φρούτου, φυτού)* ‖ *vti* γδέρνω *(ζώο)* ‖ μτφ. γδέρνω, μαδώ, εξαπατώ κπ ‖ ~ *over, (για πληγή)* κλείνω, κάνω πέτσα, επουλώνομαι ‖ ~ *and bone,* πετσί και κόκαλο ‖ *next to the* ~, κατάσαρκα ‖ *save one's* ~, γλυτώνω το τομάρι μου ‖ *keep one's eyes* ~**ned,** έχω τα μάτια μου δεκατέσσερα ‖ ~-**deep,** επιφανειακός, ξώπετσος ‖ ~**flint,** σπαγγοραμμένος, τσιγκούνης ‖ ~ *game,* απάτη, παπάς *(παιχνίδι)* ‖ ~-**graft,** μεταμόσχευση δέρματος ‖ ~**head,** νεαρός ταραχοποιός ‖ ~**ny,** κοκκαλιάρικος ‖ ~-**tight,** εφαρμοστός ‖ *thick*-~**ned,** χοντρόπετσος, αναίσθητος ‖ *thin*-~**ned,** ευαίσθητος, εύθικτος.

skint [skint] *adj sl* μπατίρης, αδέκαρος.

skip [skip] *n* πήδημα, σκίρτημα ‖ *vti* πηδώ ανάλαφρα, χοροπηδώ ‖ μτφ. πηδώ, παραλείπω ‖ πετάγομαι ‖ ~-**ping-rope,** σκοινάκι.

skipper [`skipər] *n* καραβοκύρης ‖ αρχηγός ομάδας.

skirmish [`skə:miʃ] *n* αψιμαχία ‖ *vi* αψιμαχώ ‖ ~**er,** ακροβολιστής.

skirt [skə:t] *n* φούστα ‖ *vti* περιτρέχω, φέρνω γύρω ‖ ~**ing-board,** σοβατεπί.

skit [skit] *n* σατιρικό σκετς, νούμερο.

skittish [`skitiʃ] *n (για γυναίκα)* φιλάρεσκη, ναζιάρα ‖ ~**ness,** φιλαρέσκεια.

skittle [skitl] *n* τσούνι ‖ *beer and* ~**s,** ψυχαγωγία, γλέντι.

skivvy [`skivi] *n* δουλικό.

skulduggery [skʌl`dʌgəri] *n* κατεργαριά, απάτη, ματσαράγκα.

skulk [skʌlk] *vi* λουφάζω.

skull [skʌl] *n* κρανίο.

skunk [skʌŋk] *n* είδος ασβού ‖ *sl* παλιοτόμαρο.

sky [skai] *n* ουρανός ‖ *praise sb to the skies,* ανεβάζω κπ στα ουράνια ‖ ~**lark,** κορυδαλλός ‖ ~-**light,** φεγγίτης ‖ ~-**line,** γραμμή του ορίζοντα ‖ ~-**rocket,** *(για τιμές)* ανεβαίνω στα ύψη ‖ ~-**scraper,** ουρανοξύστης ‖ ~**wards,** προς τον ουρανό.

slab [slæb] *n* πλάκα ‖ χοντρή φέτα.

slack [slæk] *adj* χαλαρός, μπόσικος ‖ άτονος, νωθρός ‖ οκνηρός, αργοκίνητος ‖ *n* κοιλιά *(σκοινιού),* μπόσικο ‖ κεσάτια, απραξία ‖ *πληθ.* σπορ παντελόνι ‖ *vi* παραμελώ, τεμπελιάζω ‖ ~ *off,* λασκάρω *(σκοινί)* ‖ ~ *up,* κόβω ταχύτητα ‖ ~**en** *vti* ελαττώνω /-ομαι, κόβω, εξασθενώ, χαλαρώνω, λασκάρω, ξεσφίγγω ǁ ~**ness**, χαλαρότητα, νωθρότητα, οκνηρία, απραξία, αναδουλειά.

slag [slæg] *n* σκωρία *(μεταλλεύματος)*.

slake [sleik] *vt* σβήνω *(δίψα, ασβέστη)*.

slam [slæm] *vti* κλείνω με πάταγο ǁ πετώ με ορμή ǁ *n* απότομο κλείσιμο.

slander [`slændə`] *n* δυσφήμηση, συκοφαντία ǁ *vt* δυσφημώ, συκοφαντώ ǁ ~**er**, συκοφάντης ǁ ~**ous**, συκοφαντικός.

slang [slæŋ] *n* αργκό.

slant [slænt] *n* κλίση ǁ [προκατειλημμένη] άποψη ǁ *vti* γέρνω, κλίνω ǁ διαστρέφω ǁ *on the* ~, λοξά ǁ ~**wise**, λοξός, λοξά.

slap [slæp] *n* μπάτσος, σκαμπίλι, χαστούκι ǁ *vt* μπατσίζω, χαστουκίζω, ραπίζω ǁ ~ *down*, πετώ κάτω με ορμή ǁ *adv* στα ίσια ǁ ~-**bang**, βίαια, ορμητικά, απότομα ǁ ~-**dash**, φουριόζος, τσαπατσούλης, *adv* τσαπατσούλικα, φουριόζικα ǁ ~-**happy**, ανέμελος ǁ ~**stick**, χοντροκομμένη φάρσα ǁ ~-**up**, *sl* *(γεύμα)* ακριβός και καλός.

slash [slæʃ] *vti* [πετσο]κόβω ǁ χτυπώ ǁ μαστιγώνω ǁ *mtf.* περικόπτω, ψαλιδίζω δραστικά ǁ *n* κόψιμο, κοψιά, καμτσικιά ǁ ~-**ed**, *(με ρούχα)* σχιστός.

slate [sleit] *n* σχιστόλιθος ǁ πλάκα ǁ *vt* πλακοστρώνω ǁ κριτικάρω αυστηρά ǁ *US* προτείνω ως υποψήφιο ǁ *a clean* ~, καθαρό μητρώο ǁ *sweep the* ~ *clean*, *mtf.* σβήνω τα παλιά ǁ ~-**coloured**, γκριζόμαυρος ǁ **slating**, αυστηρή επίκριση.

slattern [`slætən] *n* *(για γυναίκα)* βρωμιάρα, γύφτισσα ǁ ~**ly** *adj* απεριποίητος, βρώμικος.

slaughter [`slo:tə`] *n* σφάξιμο ǁ σφαγή, μακελειό ǁ *vt* σφάζω ǁ ~-**house**, σφαγείο ǁ ~**er**, σφαγέας, μακελάρης.

Slav [slæv] *n* Σλάβος ǁ *adj* σλαβικός.

slave [sleiv] *n* σκλάβος, δούλος ǁ *vi* ~ *[away at sth]*, δουλεύω σα ραγιάς ǁ ~-**driver**, επιστάτης δούλων, σκληρό αφεντικό ǁ ~**ry**, δουλεία, σκλαβιά ǁ ~-**ship**, δουλεμπορικό πλοίο ǁ ~-**trade/ -traffic**, δουλεμπόριο ǁ **slavish**, δουλικός.

slaver [`slævə`] *n* σάλιο ǁ *vi* τρέχουν τα σάλια μου.

Slavonic [slə`vonik] *adj* σλαβικός.

slay [slei] *vt* *irreg* σκοτώνω.

sleazy [`sli:zi] *adj* βρώμικος, απεριποίητος.

sled [sled], **sledge** [sledʒ] *n* έλκηθρο.

sledge[-hammer] [`sledʒ(-hæmə)] *n* βαριά *(γύφτου)*.

sleek [sli:k] *adj* στιλπνός, λείος ǁ *(τρό-*

πος) μελιστάλαχτος, γλοιώδης.

sleep [sli:p] *n* ύπνος ǁ *vti irreg* κοιμάμαι ǁ κοιμίζω ǁ ~ *around*, πλαγιάζω μ' όποιον τύχει ǁ ~ *sth off*, γιατρεύω κτ με τον ύπνο ǁ ~ *on sth*, αναβάλλω απόφαση ως την επομένη ǁ ~ *through sth*, δεν ξυπνώ ενώ γίνεται κτ ǁ ~ *with sb*, κάνω έρωτα με κπ ǁ ~ *like a log/top*, κοιμάμαι σαν κούτσουρο ǁ *go to* ~, αποκοιμιέμαι ǁ *get to* ~, καταφέρνω να κοιμηθώ ǁ *not have a wink of* ~, δεν κλείνω μάτι ǁ *have one's* ~ *out*, χορταίνω τον ύπνο μου ǁ *put sb to* ~, αποκοιμίζω κπ ǁ ~**less**, άυπνος ǁ ~**lessness**, αϋπνία ǁ ~-**walker**, υπνοβάτης.

sleeper [`sli:pə`] *n* κοιμώμενος, που κοιμάται ǁ κουκέτα, βαγκόν-λι ǁ τραβέρσα *(σιδηρ. γραμμής)*.

sleeping [`sli:piŋ] *adj* κοιμισμένος ǁ του ύπνου ǁ για ύπνο ǁ ~-**bag**, υπνόσακος ǁ ~-**car**, βαγκόν-λι ǁ ~-**draught/pill**, υπνωτικό ǁ ~ *partner*, ετερόρρυθμος εταίρος ǁ ~ *sickness*, ασθένεια του ύπνου.

sleepy [`sli:pi] *adj* νυσταλέος, νυσταγμένος ǁ *(για μέρος)* [απο]κοιμισμένος ǁ *(για φρούτα)* παραγινωμένος ǁ ~-**head**, κοιμήσης ǁ **sleepiness**, νύστα.

sleet [sli:t] *n* χιονόνερο ǁ *it is* ~**ing**, ρίχνει χιονόνερο ǁ ~**y**, με χιονόνερο.

sleeve [sli:v] *n* μανίκι ǁ θήκη *(δίσκου)* ǁ *αεροπ.* ανεμοδείκτης ǁ *have sth up one's* ~, έχω κρυφή ιδέα/κρυφό σχέδιο ǁ ~**less**, αμάνικος.

sleigh [slei] *n* έλκηθρο.

sleight [slait] *φρ.* ~ *of hand*, ταχυδακτυλουργία.

slender [`slendə`] *adj* λεπτός ǁ λυγερός ǁ λιγοστός, πενιχρός ǁ ~**ness**, λεπτότητα, λυγεράδα.

sleuth [slu:θ] *n* ντέτεκτιβ ǁ *vi* ενεργώ σα ντέτεκτιβ.

slice [slais] *n* φέτα, κομμάτι ǁ μερίδιο ǁ *αθλ.* φάλτσο χτύπημα ǁ *vt* κόβω φέτες, τεμαχίζω ǁ χτυπώ τη μπάλα με φάλτσο.

slick [slik] *adj* γλιστερός, λείος ǁ επιδέξιος ǁ *(city)* ~**er**, μαλαγάνας, κομπιναδόρος ǁ *oil* ~, κηλίδα πετρελαίου.

slide [slaid] *n* γλίστρημα, ολίσθηση ǁ τσουλήθρα ǁ διαφάνεια, σλάιντ ǁ *vti irreg* γλιστρώ, ολισθαίνω ǁ *let things* ~, αφήνω τα πράγματα κι όπου βγουν ǁ ~ *over sth*, μόλις που θίγω, παρακάμπτω ǁ ~-**rule**, λογαριθμικός κανόνας.

slight [slait] *n* προσβολή, ταπείνωση, μείωση ǁ *vt* προσβάλλω, ταπεινώνω, μειώνω ǁ *adj* λεπτός, αδύνατος, λεπτοκαμωμένος ‖ μικρός, ασήμαντος, ελαφρός ‖ **not in the ~est**, καθόλου ‖ **~ing** adj προσβλητικός, μειωτικός ‖ **~ly**, λίγο, ελαφρώς ‖ **~ness**, λεπτότητα.

slim [slim] adj λεπτός, αδύνατος, λυγερός ‖ πενιχρός, ελάχιστος ‖ vi αδυνατίζω ‖ **grow/get ~**, αδυνατίζω ‖ **keep ~**, διατηρώ τη σιλουέττα μου ‖ **be on a ~ming diet**, κάνω δίαιτα αδυνατίσματος ‖ **~ness**, λυγεράδα.

slime [slaim] n λάσπη, βούρκος ‖ γλοιώδες υγρό.

slimy [`slaimi] adj γλιτσιασμένος, γλοιώδης.

sling [sliŋ] n σφεντόνα ‖ ποτό ‖ κούνια (για χέρι σε γύψο) ‖ λουρί (σακιδίου), αορτήρας (όπλου), ζωστήρα (ξίφους) ‖ θηλειά (για ανύψωση) ‖ vti irreg εκσφενδονίζω, πετώ ‖ αναρτώ, κρεμώ ‖ **~ mud at sb**, λασπολογώ ‖ **~ sb out**, πετώ κπ έξω ‖ **mud-~er**, λασπολόγος.

slink [sliŋk] vti irreg κινούμαι κρυφά/στη ζούλα.

¹**slip** [slip] n γλίστρημα, ολίσθημα, παράπτημα ‖ **[pillow-]~**, μαξιλαροθήκη ‖ **[gym-]~**, αμάνικη ποδιά μαθήτριας ‖ παραφυάδα, κεντί ‖ πληθ. ναυπηγ. σκαριά ‖ **~-cover**, σκέπασμα επίπλων ‖ **~-knot**, βρόχος, συρτοθηλειά ‖ **~-over**, αμάνικο πουλόβερ ‖ **~-road**, δρόμος εξόδου προς ή από αυτοκινητόδρομο ‖ **~-up**, σφάλμα, γκάφα ‖ **~way**, ναυπηγική κλίνη.

²**slip** [slip] vti γλιστρώ ‖ ξεγλιστρώ ‖ κινούμαι κρυφά ή αθόρυβα ‖ **~ on sth; ~ into sth**, φορώ κτ στα γρήγορα ‖ **~ off sth; ~ out of sth**, βγάζω κτ γρήγορα ‖ **~ one's mind**, ξεχνώ ‖ **~ up**, κάνω λάθος/γκάφα.

slipper [`slipə'] n παντόφλα.

slippery [`slipəri] adj γλιστερός, ολισθηρός ‖ (άνθρ.) πονηρός.

slipshod [`slipʃod] adj πρόχειρος, κακοφτιαγμένος.

slit [slit] n σχισμή, χαραμάδα ‖ adj σχιστός ‖ vti irreg σκίζω/-ομαι.

slither [`sliðə'] vi γλιστρώ ‖ έρπω (σα φίδι) ‖ **~y**, γλιστερός.

sliver [`slivə'] n σκλήθρα, πελεκούδι ‖ λεπτή μακρουλή φέτα.

slobber [`slobə'] n σάλια ‖ μτφ. σαλαγρίσματα ‖ vti τρέχουν τα σάλια μου ‖ γεμίζω σάλια, σαλιαρίζω ‖ **~ over sb**, πολυχαϊδεύω κπ.

sloe [slou] n [αγριο]κορόμηλο.

slog [slog] vti κοπανάω ‖ δουλεύω σκληρά ‖ βαδίζω σταθερά ‖ **~ger**, δουλευταράς.

slogan [`slougən] n σύνθημα.

slop [slop] n νερόπλυμα ‖ βρωμόνερα (ρούχα) ετοιματζίδικα ‖ στρωσίδια ‖ vti χύνω ‖ (για υγρό) χύνομαι, ξεχειλίζω ‖ πασαλείφω ‖ πλατσαρίζω, τσαλαβουτώ ‖ **~ over sb**, αναλύομαι σε αισθηματολογίες, σαλιαρίζω ‖ **~-pail**, βούτα (αποχωρητηρίου).

slope [sloup] n πλαγιά ‖ κλίση (εδάφους) ‖ στρατ. θέση όπλου «επ' ώμου» ‖ vti κλίνω, γέρνω, κατηφορίζω ‖ φέρω όπλο επ' ώμου ‖ **sloping** adj κατηφορικός.

sloppy [`slopi] adj πρόχειρος, τσαπατσούλικος ‖ γλυκανάλατος, σαχλός ‖ (για τροφή) ζουμερός ‖ (για δρόμο) λασπερός, με νερά ‖ (για τραπέζι) βρεγμένος (από χυμένα ποτά) ‖ **sloppiness**, τσαπατσουλιά, σαχλή αισθηματολογία.

slosh [sloʃ] vti κοπανάω ‖ **~ about**, πλατσουρίζω, τσαλαβουτώ ‖ **~ sth about**, περιχύνω.

slot [slot] n σχισμή, χαραμάδα ‖ εγκοπή, εντομή, αυλακιά ‖ θεσούλα ‖ vt χώνω, βάζω, τοποθετώ.

sloth [slouθ] n νωθρότητα, οκνηρία ‖ **~ful**, νωθρός.

slouch [slautʃ] n βαρύ, συρτό βήμα ‖ vi κοπροσκυλιάζω.

¹**slough** [slau] n τέλμα, βάτος.

²**slough** [slʌf] n φιδοπουκάμισο.

slovenly [slʌvnli] adj απεριποίητος, τσαπατσούλικος, ατημέλητος.

slow [slou] adj αργός, βραδύς ‖ κουτός, αργονούντος ‖ adv αργά ‖ vti **~up/down**, επιβραδύνω ‖ **be ~**, (για ρολόι) πάω πίσω ‖ **be ~ to**, αργώ να ‖ **go ~**, επιβραδύνω τη δουλειά ‖ **~coach**, αργοκίνητος, αργονούντος άνθρωπος ‖ **~ness**, βραδύτητα, βραδύνοια ‖ **go-~**; **~-down**, επιβράδυνση της παραγωγής ‖ **~-worm**, σαμιαμίδι.

sludge [slʌdʒ] n λάσπη, βούρκος, μισολυωμένο χιόνι ‖ απόβλητα υπονόμου ‖ καμένα λάδια.

slug [slʌg] n γυμνοσάλιαγκας ‖ **~gish**, αργοκίνητος, νωθρός, βραδύς.

sluice [slu:s] n υδροφράκτης, βάνα ‖ vt ξεπλένω ‖ **~ [out]**, αδειάζω, ξεχύνομαι.

slum [slʌm] n φτωχομαχαλάς.

slumber [`slʌmbə'] n (ιδ. πληθ.) ύπνος ‖ vi κοιμάμαι ήσυχα ‖ **~ous**, νυσταλέος, μισοκοιμισμένος.

slump [slʌmp] n οικονομική κρίση, απότομη πτώση (τιμών) ‖ vi σωριάζομαι, πέφτω απότομα.

slur [slə:'] n μτφ. μουτζούρα, στίγμα, κηλίδα ‖ κακή άρθρωση, μπέρδεμα (λόγων) ‖ θολή εκτύπωση ‖ μους.

σύζευξη || *vti* τρώγω τα λόγια μου || μπερδεύω *(γράμματα, τυπωμένες αράδες)* || *mous*. ενώνω δύο φθόγγους || ~ *over*, θίγω επιτροχάδην.

slush [slʌʃ] *n* χιονόλασπη || *μτφ.* σαχλός συναισθηματισμός, σιρόπια || ~*y*, λασπερός, *μτφ.* γλυκανάλατος.

slut [slʌt] *n* απεριποίητη γυναίκα, γύφτισσα || σκρόφα || ~*tish*, απεριποίητος, τσαπατσούλικος.

sly [slai] *adj* πονηρός, πανούργος, ύπουλος || ζαβολιάρικος, τσαχπίνικος || *a* ~ *dog*, κρυφή σουπιά || ~*ness*, πονηριά, τσαχπινιά.

smack [smæk] *n* πλατάγισμα *(χειλιών)*, στράκα *(μαστιγίου)* || χαστούκι, μπάτσος || χτύπημα || ελαφρή γεύση, ίχνος, δόση, χροιά || *adv* ακριβώς, ίσια || *vt* χαστουκίζω || *vi* ~ *of*, έχω μια γεύση / οσμή από, όζω, μυρίζω || *get a* ~ *in the eye*, τρώω μια στο μάτι, *μτφ.* mou`ρχεται κατραπακιά || *have a* ~ *at sth*, δοκιμάζω να κάμω κτ || ~*er*, σκαστό φιλί || ~*ing n* ξύλα.

small [smɔ:l] *adj* μικρός || ασήμαντος || περιορισμένος || μικροπρεπής || λίγος, καθόλου || *look/feel* ~, νιώθω γελοίος / ταπεινωμένος || *in a* ~ *way*, μέτρια, σε μικρή κλίμακα || ~ *change*, ψιλά || ~ *talk*, ψιλοκουβέντα || ~ *arms*, ελαφρά όπλα || ~*holder*, μικροϊδιοκτήτης || ~*holding*, μικρό αγρόκτημα, κλήρος || ~*-minded*, στενόμυαλος, ταπεινός || ~*-ness*, μικρότητα || ~*pox*, βλογιά || ~*-time*, παρακατιανός.

smarmy [`sma:mi] *adj* υποκριτικός, κόλακας.

smart [sma:t] *n* τσούξιμο *(ματιών)*, πόνος, αγωνία || *adj* τσουχτερός, δυνατός || σβέλτος, ζωηρός || *US* έξυπνος, δραστήριος || κομψός, ωραίος, μοντέρνος || *vti* τσούζω, πονώ, υποφέρω || ~ *en for sth*, πληρώνω για κτ || ~*en [oneself] up*, καλλωπίζω / -ομαι, κομψαίνω || *look* ~! κάνε γρήγορα! || ~*ness*, εξυπνάδα, κομψότητα, γρηγοράδα.

smash [smæʃ] *n* σύγκρουση, συντριβή || χρεωκοπία, κραχ || χτύπημα || *vti* συντρίβω, κομματιάζω / -ομαι || προσκρούω με ορμή, χτυπώ || εκμηδενίζω, διαλύω || χρεωκοπώ || ~*er*, βίαιο χτύπημα, πλήγμα, μτφ. κι καταπληκτικό πράγμα, όμορφη γυναίκα || ~*ing adj* περίφημος, καταπληκτικός.

smattering [`smætəriŋ] *n* πασάλειμμα, ψευτογνώσεις.

smear [smiə'] *n* μουτζούρα, κηλίδα || *vti* [πασ]αλείφω / -ομαι || μουτζουρώνω / -ομαι, μουτζαλώνω || *μτφ.* δυσφημώ,

κατασπιλώνω, κηλιδώνω || ~ *campaign*, δυσφημιστική εκστρατεία.

smell [smel] *n* όσφρηση || μυρουδιά, οσμή || δυσοσμία || *vti irreg* μυρίζω / -ομαι || ~*ing salts*, αμμωνία με λεβάντα || ~*y*, δύσοσμος.

smelt [smelt] *vt* λυώνω μέταλλα || ~*ing works*, χυτήριο.

smile [smail] *n* χαμόγελο || *vi* χαμογελώ || εκφράζω με χαμόγελο.

smirch [smə:tʃ] *n* κηλίδα || *vt* κηλιδώνω.

smirk [smə:k] *n* χαζό χαμόγελο || *vi* χαμογελάω χαζά ή αυτάρεσκα.

smite [smait] *vti irreg* χτυπώ, τύπτω || πλήττω.

smith [smiθ] *n* σιδεράς || *black*~, γύφτος || *gold*~, χρυσοχόος || ~*y*, σιδηρουργείο.

smithereens [,smiðə`ri:nz] *n pl* θρύψαλα, σμπαράλια.

smock [smok] *n* φόρμα, μπλούζα.

smog [smog] *n* νέφος, αιθαλομίχλη.

smoke [smouk] *n* καπνός || κάπνισμα || *vti* καπνίζω || ~*-bomb*, καπνογόνος βόμβα || ~*er*, καπνιστής, βαγόνι καπνιζόντων || ~*er's throat*, φαρυγγίτιδα καπνιστών || ~*less*, άκαπνος, καθαρός || *smoky adj* που καπνίζει, γεμάτος καπνός.

smooth [smu:ð] *adj* λείος, ομαλός, στρωτός || απαλός || γλυκόπιοτος || γλυκομίλητος, ήρεμος, ευγενικός || *vti* λειαίνω, ισιώνω, στρώνω, πλανίζω || γαληνεύω, ηρεμώ || ~ *down/over/away*, εξομαλύνω || ~*ness*, ομαλότητα, γλυκύτητα, γλυκοπρισία.

smother [`smʌðə'] *vt* πνίγω, προκαλώ ασφυξία || σβήνω || καταπνίγω.

smoulder [`smouldə'] *vi* σιγοκαίω, κρυφοκαίω, υποβόσκω.

smudge [smʌdʒ] *n* μουτζαλιά, μουτζούρα || *vt* μουτζαλώνω, μουτζουρώνω.

smug [smʌg] *adj* ανόητα αυτάρεσκος || ~*ness*, αυταρέσκεια, μακαριότητα.

smuggle [smʌgl] *vt* κάνω λαθρεμπόριο, περνώ λαθραία || ~*r*, λαθρέμπορος.

smut [smʌt] *n* λεκές, μουτζούρα || καπνιά *(φυτών)* || αισχρολογίες, βρωμιές || *vt* μουτζουρώνω, λεκιάζω || ~*ty adj* μουτζουρωμένος, λερός, αισχρός, σόκιν.

snack [snæk] *n* μεζές, κολατσιό.

snag [snæg] *n* εμπόδιο, δυσκολία, *μτφ.* κόμπος.

snail [sneil] *n* σαλιγκάρι || *at a* ~*'s pace*, με βήμα χελώνας.

snake [sneik] *n* φίδι || *vi* προχωρώ σα φίδι || ~*-bite*, δάγκωμα φιδιού || ~*-charmer*, γητευτής φιδιών.

snap [snæp] *n* βούτηγμα, άρπαγμα ||

κρότος, κρακ ‖ μπισκοτάκι ‖ ελατή-
ριο, σούστα *(βαλίτσας, κλπ.)* ‖ *put
some ~ into it!* κάνε γρήγορα! ‖ *adj*
αιφνιδιαστικός, γρήγορος ‖ *vti* αρπά-
ζω ‖ σπάζω, κόβομαι ‖ κροταλίζω,
ανοίγω / κλείνω με κρακ ‖ μιλώ από-
τομα / κοφτά ‖ τραβώ φωτογραφία ‖ *~
at sb,* αγριομιλάω σε κπ ‖ *~ into it,*
αρχίζω κτ μ' ενεργητικότητα ‖ *cold
~,* απότομη ψύχρα ‖ *(ginger / brandy)
~,* μπισκοτάκι ‖ *~py,* νευρώδης,
ζωηρός, ζωντανός, σβέλτος ‖ *~pish,*
οξύθυμος, απότομος.
snare [sneə^r] *n* παγίδα, βρόχος, δίχτυ ‖
μτφ. δόλωμα ‖ *vt* παγιδεύω, πιάνω
στα βρόχια.
snarl [sna:l] *n* γρύλισμα ‖ *vi* γρυλίζω ‖
μπλέκω / -ομαι, μπερδεύομαι.
snatch [snætʃ] *n* άρπαγμα, βούτηγμα ‖
διάστημα ‖ κομμάτι, απόσπασμα ‖ *vti*
αρπάζω, βουτώ ‖ *μτφ.* κλέβω.
sneak [sni:k] *n* μαρτυριάρης ‖ ύπουλος
άνθρωπος ‖ *vti* κινούμαι κρυφά / ύπο-
πτα ‖ *~ on sb,* προδίνω, μαρτυρώ κπ
‖ *σχολ. sl* σουφρώνω, κλέβω ‖ *~ing,*
κρυφός, ανομολόγητος ‖ *~ers,* πάνινα
ή λαστιχένια παπούτσια ‖ *~y,* ύπου-
λος, κρυφός ‖ *~thief,* λωποδυτάκος.
sneer [sniə^r] *n* χλευασμός, σαρκασμός ‖
vi χλευάζω, σαρκάζω.
sneeze [sni:z] *n* φτάρνισμα ‖ *vi* φταρνί-
ζομαι.
snick [snik] *n* χαρακιά, κοψιά.
snicker [`snikə^r] *n* χαχάνισμα ‖ *vi* χα-
χανίζω.
sniff [snif] *n* εισπνοή, ρουφηξιά, σου-
σούνισμα ‖ *vti* ρουφώ με τη μύτη,
εισπνέω ‖ σουσουνίζω.
snigger [`snigə^r] *n* χαχανητό, κρυφόγε-
λο ‖ *vi* χαχανίζω, κρυφογελώ, γελώ
νευρικά.
snip [snip] *n* ψαλίδισμα, ψαλιδιά ‖ από-
κομμα ‖ *vt* ψαλιδίζω, κόβω.
sniper [`snaipə^r] *n* ελεύθερος σκοπευτής.
snippet [snipit] *n* κομματάκι, ειδησούλα.
snivel [snivl] *vi* μυξοκλαίω, κλαψουρίζω
‖ *~ler,* κλαψιάρης.
snob [snob] *n* σνομπ ‖ *~bery,* σνο-
μπισμός ‖ *~bish,* ψωροπερήφανος.
snood [snu:d] *n* φιλές *(μαλλιών).*
snook [snu:k] στη φρ. *cock a ~ at sb,*
κοροϊδεύω κπ *(με τον αντίχειρα στη
μύτη και τα δάχτυλα απλωμένα).*
snooker [`snu:kə^r] *n* είδος μπιλιάρδου.
snoop [snu:p] *vi* *~ around,* κατασκο-
πεύω, παραφυλάω ‖ *~ into,* χώνω τη
μύτη μου σε ‖ *~er,* αδιάκριτος.
snooty [`snu:ti] *adj* ψηλομύτης.
snooze [snu:z] *n* υπνάκος ‖ *vi* κοιμάμαι
λίγο, λαγοκοιμάμαι.

snore [sno:^r] *n* ροχάλισμα ‖ *vi* ροχαλίζω.
snort [sno:t] *n* φρούμασμα, ξεφύσημα ‖
vi φρουμάζω, ρουθουνίζω, ξεφυσώ ‖
γελάω κοροϊδευτικά.
snot [snot] *n* μύξα ‖ *~ty,* μυξιάρικος,
ψηλομύτης.
snout [snaut] *n* ρύγχος, μουσούδα,
μούτρο.
snow [snou] *n* χιόνι ‖ *vti* χιονίζει ‖
πέφτω βροχηδόν, κατακλύζω ‖ *~ball*
n χιονόμπαλα, *vti* παίζω χιονοπόλεμο,
αυξάνομαι γρήγορα ‖ *~-blind,* τυφλω-
μένος (από το χιόνι) ‖ *~-bound,* απο-
κλεισμένος από χιόνι ‖ *~-capped /
-clad,* χιονοσκεπής ‖ *~-drift,* χιονοστι-
βάδα ‖ *~-fall,* χιονόπτωση ‖ *~-flake,*
νιφάδα χιονιού ‖ *~-man,* χιονάνθρωπος
‖ *~-plough,* εκχιονιστήρας ‖ *~-shoe,*
χιονοπέδιλο ‖ *~-storm,* χιονοθύελλα ‖
~-white, χιονάτος, κατάλευκος ‖ *~y,*
χιονοσκεπής, χιονάτος, του χιονιού.
snub [snʌb] *n* προσβολή, απότομο φέρ-
σιμο, ταπεινωτική αποποίηση ‖ *vt*
αποπαίρνω, φέρνομαι απότομα, σνο-
μπάρω ‖ *~-nosed adj* πλατσομύτης.
snuff [snʌf] *n* ταμπάκος *(σκόνη)* ‖ *vti*
κόβω την κάφτρα *(κεριού)* ‖ *~ out,*
σβήνω ‖ *~ it,* πεθαίνω ‖ *~ers,* ψαλίδι
(για την κάφτρα).
snuffle [snʌfl] *n* σουσούνισμα ‖ *vi* σου-
σουνίζω.
snug [snʌg] *adj* αναπαυτικός, ζεστός,
άνετος, βολικός, εφαρμοστός ‖ *~ness,*
άνεση, χουζούρι, ζεστασιά.
snuggle [snʌgl] *vti* μαζεύω / -ομαι [κοντά
σε κπ], χώνω / -ομαι, σφίγγω / -ομαι
[πάνω σε κπ].
so [sou] *adv* τόσο ‖ έτσι, αυτό, το ‖ το
ίδιο ‖ *conj* κι έτσι, γι' αυτό, επο-
μένως, λοιπόν ‖ *~ far,* μέχρις εδώ /
τώρα ‖ *~ long as,* εφόσον, αρκεί να ‖
~ long, αντίο ‖ *~ much,* τόσο ‖ *~
many,* τόσοι ‖ *~ much ~ that,* σε τέ-
τοιο σημείο που ‖ *~ much for,* αυτά
για ‖ *~ that,* ούτως ώστε ‖ *~ as to,*
ώστε να ‖ *~ what?* και λοιπόν; ‖ *~
to speak / say,* τρόπος του λέγειν ‖ *and
~ on,* και ούτω καθεξής ‖ *or ~,* περί-
που ‖ *~-called,* δήθεν.
soak [souk] *n* μούσκεμα, μούλιασμα ‖
vti διαποτίζω / -ομαι, μουσκεύω, μου-
λιάζω ‖ φορολογώ βαριά, γδέρνω ‖
μπεκρουλιάζω ‖ *~ up,* απορροφώ ‖ *be
~ed to the skin,* είμαι βρεγμένος ώς
το κόκκαλο ‖ *in ~,* στο μούσκιο ‖
old ~, μπεκρουλιακας.
soap [soup] *n* σαπούνι ‖ *vt* σαπουνίζω
‖ *~-bubble,* σαπουνόφουσκα ‖ *~
(-opera),* γλυκανάλατο σήριαλ ‖ *~-
powder,* σαπούνι-σκόνη ‖ *~-suds,* σα-

πουνάδες || ~y, γαλίφικος.

soar [so:ʳ] *vi* πετώ, υψώνομαι πολύ, ανεβαίνω σε ύψη.

sob [sob] *n* λυγμός, αναφυλλητό || *vi* κλαίω με λυγμούς || λέω μ' αναφυλλητά.

sober [`soubəʳ] *adj* νηφάλιος, αμέθυστος || σοβαρός || *vti* ~ *[down]*, σοβαρεύω, φρονιμεύω || ~ *up*, ξεμεθάω, συνεφέρνω, συνέρχομαι.

sobriety [sə`braiəti] *n* σοβαρότητα, νηφαλιότητα, εγκράτεια.

sobriquet [`soubrikei] *n* παρατσούκλι.

soccer [`sokəʳ] *n* ποδόσφαιρο.

sociable [`souʃəbl] *adj* κοινωνικός, ομιλητικός.

social [souʃl] *adj* κοινωνικός || S~ Democrat, σοσιαλδημοκράτης || ~ security, κοινωνική ασφάλιση || ~ worker, κοινωνικός λειτουργός || ~ism, σοσιαλισμός || ~ist, σοσιαλιστής || ~ize, κοινωνικοποιώ || ~ite, κοσμικός άνθρωπος.

society [sə`saiəti] *n* κοινωνία || υψηλή κοινωνία || συντροφιά, παρέα || εταιρία, οργάνωση.

sociology [.sousi`olədʒi] *n* κοινωνιολογία || **sociologist**, κοινωνιολόγος || **sociological**, κοινωνιολογικός.

sock [sok] *n* κοντή κάλτσα || *sl* χτύπημα || *vt* χτυπώ, κοπανάω || *pull up one's ~s*, εντείνω τις προσπάθειές μου || *put a ~ in it!* βούλωσ' το!

socket [`sokit] *n* κόγχη *(ματιού)*, ντουί *(λάμπας)*, πρίζα, κοίλωμα.

sod [sod] *n* χορταριασμένο χώμα || δύσκολη δουλειά || *(βρισιά)* κόπανος || ~omite, αρσενοκοίτης || ~omy, σοδομία, παρά φύσιν ασέλγεια.

soda [`soudə] *n* σόδα || ~-fountain, αναψυκτήριο || ~-water, αεριούχο νερό.

sodden [sodn] *adj* βρεγμένος, μουσκεμένος || [drink-]~, αποκτηνωμένος [από το πιοτό].

sodium [`soudiəm] *n* χημ. νάτριο.

sofa [`soufə] *n* καναπές.

soft [soft] *adj* μαλακός, απαλός || πλαδαρός, μαλθακός || χαζός, λωλός || θαμπός || *have a ~ spot for sb*, έχω αδυναμία σε κπ || ~en *vti* μαλακώνω || ~-boiled, (αυγό) μελάτο || ~ drink, αναψυκτικό || ~ drug, μαλακό ναρκωτικό || ~-headed, χαζός || ~-hearted, συμπονετικός || ~ness, απαλότητα || ~-pedal, μετριάζω || ~ soap, κολακείες, μαλαγανιές || ~-soap, *vt* κολακεύω || ~-spoken, γλυκομίλητος || ~y *n* χαζός, ξεκούτης.

soggy [`sogi] *adj* πολύ υγρός, λασπερός.

soil [soil] *n* έδαφος, γη, χώμα || *vti*

λερώνω / -ομαι.

sojourn [`sodʒən] *n* διαμονή || *vi* παρεπιδημώ.

solace [`solis] *n* παρηγορία, ανακούφιση || *vt* παρηγορώ, ανακουφίζω.

solar [`souləʳ] *adj* ηλιακός.

solder [`souldəʳ] *n* καλάι || *vt* συγκολλώ.

soldier [`souldʒəʳ] *n* στρατιώτης, στρατιωτικός || *vi* υπηρετώ ως στρατιώτης || ~ *on*, μτφ. συνεχίζω τολμηρά / αποφασιστικά || ~ *of fortune*, μισθοφόρος, τυχοδιώκτης || ~ly *adj* στρατιωτικός, ως στρατιώτης || ~y *n* τα στρατά, φανταριά.

sole [soul] *n* ιχθ. γλώσσα || σόλα || *vt* σολιάζω || *adj* μόνος, μοναδικός, αποκλειστικός.

solecism [`solisizəm] *n* σολοικισμός.

solemn [`soləm] *adj* επίσημος || σοβαρός || ~ity [sə`lemnəti] επισημότητα, ιεροτελεστία || ~ize [`soləmnaiz] *vt* τελώ μ' επισημότητα, εορτάζω, πανηγυρίζω.

solicit [sə`lisit] *vti* ζητώ || *(για πόρνη)* ψωνίζω πελάτες || ~or, δικηγόρος || ~ous, ενδιαφερόμενος, περιποιητικός.

solid [`solid] *n* στερεό σώμα || *adj* στερεός || συμπαγής || ατόφιος, ακέραιος || γερός || ομόφωνος, σύσσωμος || ολόκληρος, αδιάκοπος, συνεχής || ~ity [sə`lidəti] στερεότητα, αντοχή, εγκυρότητα || ~arity [.soli`dærəti] αλληλεγγύη || ~ify, στερεοποιώ / -ούμαι.

soliloquy [sə`liləkwi] *n* μονόλογος.

solitaire [.soli`teəʳ] *n* μονόπετρο || πασιέντζα.

solitary [`solitri] *adj* μοναχικός || απόμερος, απομονωμένος || μοναδικός || ~ *confinement*, απομόνωση.

solitude [`solitju:d] *n* απομόνωση, μοναξιά || ερημιά.

solo [`soulou] *n* μουσ. σόλο || ~ist, σολίστ.

solstice [`solstis] *n* ηλιοστάσιο.

soluble [`soljubl] *adj* διαλυτός.

solution [sə`lu:ʃn] *n* λύση || διάλυση || διάλυμα.

solve [solv] *vt* λύνω *(αίνιγμα)*.

solvent [`solvənt] *n* διαλυτικό || *adj* διαλυτικός || αξιόχρεος || **solvency**, το αξιόχρεο.

sombre [`sombəʳ] *adj* σκούρος, σκοτεινός || σοβαρός || ~ness, μελαγχολία, σοβαρότητα.

some [sʌm] *adj*, *pron* μερικό, μερικοί || λίγο, λίγοι, αρκετοί || κάποιος || κάπου, περίπου || ~body; ~one, κάποιος || ~how, οπωσδήποτε || ~place, *US* κάπου || ~thing, κάτι || ~time, κάποτε, κάποια μέρα || ~times, πότε-

πότε, μερικές φορές || ~way US οπωσδήποτε || ~where, κάπου.

somersault [`sʌməso:lt] n τούμπα || vi παίρνω τούμπα.

somnabulism [som`næbjulizm] n υπνοβασία || somnabulist, υπνοβάτης.

somnolent [`somnələnt] adj νυσταλέος.

son [sʌn] n γιος || ~-in-law, γαμπρός.

sonata [sə`na:tə] n σονάτα.

song [soŋ] n τραγούδι || κελάηδημα || ποίημα || for a ~, σχεδόν τζάμπα || make a ~ and dance about sth, χαλάω τον κόσμο για κτ || ~bird, ωδικό πτηνό || ~ster, τραγουδιστής || ~stress [`soŋstris] τραγουδίστρια.

sonic [`sonik] adj ηχητικός.

sonnet [`sonit] n σονέτο.

sonny [`sʌni] n (προσαγορευτικά) παλληκάρι μου, μικρέ μου.

sonorous [`sonərəs] adj ηχηρός || βαρύγδουπος.

soon [su:n] adv σύντομα, σε λίγο || νωρίς || how ~, σε πόση ώρα || as ~ as, αμέσως μόλις || no ~er... than, πριν καλά-καλά... και || ~er or later, αργά ή γρήγορα || would just as ~, δεν με πειράζει να, το ίδιο μου κάνει να || ~er than, προτιμότερο από || as ~ as not, προτιμότερα, καλύτερα || no ~er said than done, αμ' έπος αμ' έργον, το γοργό και χάρη έχει.

soot [sut] n καπνιά, κάπνα, φούμος || ~y, γεμάτος καπνιά.

soothsayer [`su:θseiə'] n μάντης.

soothe [su:ð] vt καλμάρω, καταπραϋνω.

soothing [`su:ðiŋ] adj καταπραϋντικός, κατευναστικός.

sop [sop] n παπάρα || δώρο (για δωροδοκία) || vt παπαριάζω || ~ up, μαζεύω (υγρό) || ~ping, πολύ βρεγμένος || ~py, γλυκανάλατος.

sophism [`sofizm] n σόφισμα, σοφιστεία || sophist, σοφιστής.

sophisticated [sə`fistikeitid] adj ραφινάτος || τεχν. περίπλοκος, υπερμοντέρνος || λεπτός, φίνος || sophistication, εκζήτηση, περιπλοκότητα.

sophistry [`sofistri] n σοφιστεία, σοφιστική.

sophomore [`sofəmo:] n US δευτεροετής φοιτητής.

soporific [ˌsopə`rifik] n υπνωτικό || adj υπνωτικός.

sorbet [`so:bei, `so:bət] n σερμπέτι.

sorcerer [`so:sərə'] n μάγος || sorceress, μάγισσα || sorcery, μαγεία, μάγια.

sordid [`so:did] adj άθλιος, βρώμικος || ποταπός, πρόστυχος || ~ness, βρωμιά, αθλιότητα, χυδαιότητα.

sore [so:'] n έλκος, πληγή || adj πονε-

μένος, πληγιασμένος || πικραμένος || χολωμένος || ~ly, πολύ, σκληρά || ~ness, πόνος, χόλιασμα, πίκρα.

sorrow [`sorou] n λύπη, θλίψη || vi θλίβομαι, θρηνώ || ~ful, θλιμμένος, λυπητερός.

sorry [`sori] adj λυπημένος || αξιολύπητος || be ~, λυπάμαι.

sort [so:t] n είδος || vti ~ (out), ξεχωρίζω ξεδιαλέγω, ταξινομώ || of a ~; of ~s, δήθεν, ψευτο- || ~ of, κάπως, κατά κάποιο τρόπο || a good ~, καλός τύπος || out of ~s, αδιάθετος || ~er, ταξινόμος.

sortie [`so:ti] n στρατ. έξοδος.

sot [sot] n κτήνος (από το ποτό).

soul [soul] n ψυχή || νεκρός || άνθρωπος || προσωποποίηση || All ~s' day, ψυχοσάββατο || ~-destroying, ψυχοφθόρος || ~-searching, ενδοσκόπηση || ~-stirring, συγκλονιστικός || ~ful, παθιασμένος || ~less, άψυχος.

¹sound [saund] n ήχος || πορθμός || ~ barrier, φράγμα του ήχου || ~ effects, ηχητικά εφφέ || ~ film, ομιλούσα ταινία || ~proof, ηχομονωτικός || ~-proofed, με ηχομόνωση || ~track, ηχητική ζώνη ταινίας || ~wave, ηχητικό κύμα.

²sound [saund] adj υγιής, γερός || βάσιμος, ορθός, φρόνιμος || (για ύπνο) βαθύς || a ~ mind in a ~ body, νους υγιής εν σώματι υγιεί || ~ly, γερά ολοκληρωτικά, βαθειά || ~ness, ορθότητα, υγεία.

³sound [saund] vti ηχώ, σημαίνω || φαίνομαι (στ' αυτί) || ναυτ. βυθομετρώ || ~ sb out [on sth], βολιδοσκοπώ κπ [για κτ] || ~ing, βυθομέτρηση, βολιδοσκόπηση.

soup [su:p] n σούπα || in the ~, σε δύσκολη θέση, μπλεγμένος.

sour [`sauə'] adj ξινός, ξινισμένος || (άνθρ.) ανάποδος, γκρινιάρης || turn ~, ξινίζω || ~ness, ξινίλα, στριφνότητα.

source [so:s] n πηγή.

souse [saus] vt καταβρέχω || παστώνω, βάζω σε άλμη || ~d, sl σουρωμένος.

south [sauθ] n νότος, νοτιά || adj νότιος || adv νότια.

southern [`sʌðən] adj νότιος || ~er, νότιος, κάτοικος του νότου.

souvenir [ˌsu:və`niə'] n ενθύμιο.

sovereign [`sovrin] n άρχοντας, ηγεμόνας || χρυσή λίρα || adj ύπατος, υπέρτατος || ανεξάρτητος || ~ty, εθνική κυριαρχία.

soviet [`souviət] n συμβούλιο, σοβιέτ || the S~ Union, η Σοβιετική Ένωση.

¹**sow** [sau] *n* γουρούνα.

²**sow** [sou] *vti irreg* σπέρνω || ~**er**, σποράς.

soya [soiə] *n* σόγια.

spa [spa:] *n* λουτρόπολη, ιαματική πηγή.

space [speis] *n* χώρος || διάστημα || κενό || απόσταση || θέση, τόπος || περίοδος || *vt* ~ **sth out**, αραιώνω κτ *(τοπικά ή χρονικά)* || ~ **flight**, διαστημική πτήση || **single/double spacing**, μονό / διπλό διάστημα.

spacious [ˈspeiʃəs] *adj* ευρύχωρος.

spade [speid] *n* φτυάρι, τσάπα || χαρτοπ. μπαστούνι, πίκα || *vt* ~ **up**, σκάβω *(με τσάπα)* || **call a** ~ **a** ~, λέω τα σύκα-σύκα || ~**ful**, φτυαριά || ~**work**, προκαταρκτική χοντροδουλειά.

spaghetti [spəˈgeti] *n* μακαρόνια.

Spain [spein] *n* Ισπανία.

span [spæn] *n* σπιθαμή || απόσταση, άνοιγμα *(χεριών, φτερών, αψίδας)* || διάρκεια *(ζωής)* || *vt* ζευγνύω, καλύπτω || μετρώ *(με σπιθαμές)*.

spangle [ˈspæŋgl] *n* πούλια.

Spaniard [ˈspæniəd] *n* Ισπανός.

spaniel [ˈspæniəl] *n (σκυλί)* σπάνιελ.

Spanish [ˈspæniʃ] *adj* ισπανικός.

spank [spæŋk] *n* ξύλο *(στον πισινό)* || *vt* δέρνω *[παιδί στον πισινό]*.

spanner [ˈspænəʳ] *n* γαλλικό κλειδί.

spar [spa:] *vi* προπονούμαι στην πυγμαχία || λογομαχώ.

spare [speəʳ] *n* ανταλλακτικό || *adj* διαθέσιμος, περίσσιος, εφεδρικός || λιτός || ξεχαριανός || *vti* φείδομαι, λυπάμαι, γλυτώνω || διαθέτω, δίνω || ~ **sb's feelings**, αποφεύγω να πληγώσω κπ || **enough and to** ~, υπεραρκετός || **sparing of**, φειδωλός || ~ **parts**, ανταλλακτικά || ~ **wheel**, ρεζέρβα || ~**ness**, αδυναμία, λιτότητα.

spark [spa:k] *n* σπινθήρας, σπίθα || *vti* σπιθοβολώ, πετώ σπίθες || ~ **off**, προκαλώ, είμαι έναυσμα για || ~**ing-plug**, τεχν. μπουζί.

sparkle [spa:kl] *n* σπινθηροβόλημα, λάμψη, σπίθα || *vi* σπινθηροβολώ, σπιθίζω || **sparkling** *adj* σπινθηροβόλος.

sparrow [ˈspærou] *n* σπουργίτι.

sparse [spa:s] *adj* αραιός, σποραδικός || ~**ly**, αραιά || ~**ness**, σπάνις, αραιότητα.

Spartan [spa:tn] *adj* σπαρτιατικός, λιτός.

spasm [ˈspæzəm] *n* σπασμός, σύσπαση || κρίση, παροξυσμός || ~**odic**, σπασμωδικός.

spastic [ˈspæstik] *adj* σπαστικός.

spat [spæt] *n* γκέτα || καυγαδάκι.

spate [speit] *n* πλημμύρα.

spatial [ˈspeiʃl] *adj* διαστημικός, του χώρου.

spatter [ˈspætəʳ] *n* πιτσίλισμα || ψιχάλα || *vti* πιτσιλίζω || πέφτω / χτυπώ στάλα-στάλα.

spatula [ˈspætjulə] *n* σπάτουλα.

spawn [spo:n] *n* αυγά / γόνος ψαριών || *vti (για ψάρι)* γεννώ || μτφ. γεννοβολώ.

speak [spi:k] *vti irreg* μιλώ || προφέρω, λέγω || βγάζω λόγο, αγορεύω || ~ **for sb**, μιλώ υπέρ κάποιου / για λογαριασμό του || ~ **to sth**, επιβεβαιώνω κτ || ~ **up**, μιλώ δυνατότερα || **nothing to** ~ **of**, τίποτα άξιο λόγου || ~**s volumes for**, λέει πολλά για || **so to** ~, ούτως ειπείν || ~ **one's mind**, λέω τη γνώμη μου || ~ **well for**, δείχνω, φανερώνω || ~**er**, ομιλητής, ρήτορας, μεγάφωνο || S~**er**, *GB* Πρόεδρος της Βουλής.

spear [spiəʳ] *n* δόρυ, ακόντιο, λόγχη, καμάκι || *vt* λογχίζω, καμακώνω || ~**head** *n* αιχμή *(δόρατος, επίθεσης)*, *vt* αποτελώ την αιχμή.

spearmint [ˈspiəmint] *n* δυόσμος.

special [ˈspeʃl] *adj* ειδικός, ιδιαίτερος, ξεχωριστός || ~**ist**, *n* ειδικός || ~**ity**, ειδικότητα, ιδιαίτερο χαρακτηριστικό || ~**ize [in]**, ειδικεύομαι *[εις]* || ~**ization**, ειδίκευση || ~**ly**, ειδικώς.

species [ˈspi:ʃi:z] *n* γένος, είδος, τύπος.

specific [spəˈsifik] *adj* ειδικός, ιδιάζων, ειδοποιός || συγκεκριμένος, ρητός, σαφής || ~ **gravity/weight**, ειδικό βάρος || ~**ally**, ειδικά, συγκεκριμένα.

specification [ˌspesifiˈkeiʃn] *n* [εξ]ειδίκευση || πληθ. τεχνική περιγραφή, προδιαγραφές, χαρακτηριστικά.

specify [ˈspesifai] *vt* [καθ]ορίζω, προδιαγράφω, αναφέρω λεπτομερώς.

specimen [ˈspesimən] *n* δείγμα || *(άνθρ.)* τύπος.

specious [ˈspi:ʃəs] *adj* απατηλός, εύσχημος, κατ' επίφαση σωστός.

speck [spek] *n* κηλίδα || μόριο || ψήγμα || στίγμα, κουκίδα || ~**less**, ακηλίδωτος.

speckle [spekl] *n* πιτσίλα, σημαδάκι, στίγμα || ~**d**, πιτσιλωτός, διάστικτος.

specs [speks] *n pl* ματογυάλια.

spectacle [ˈspektəkl] *n* θέαμα || πληθ. γυαλιά || **make a** ~ **of oneself**, γίνομαι θέαμα, γελοιοποιούμαι || ~**d**, διοπτροφόρος.

spectacular [spekˈtækjuləʳ] *adj* θεαματικός.

spectator [spekˈteitəʳ] *n* θεατής.

spectral [ˈspektrəl] *adj* φασματικός || σα φάντασμα.

spectre [ˈspektəʳ] *n* φάσμα || φάντασμα.

spectrum [ˈspektrəm] *n* φυσ. φάσμα.

speculate [ˈspekjuleit] *vi* διαλογίζομαι, κάνω σκέψεις / υποθέσεις || κερδοσκοπώ, σπεκουλάρω || **speculation**, διαλογισμός, σκέψη, εικοτολογία, υπόθεση || κερδοσκοπία || **on spec,** στην τύχη, στα κουτουρού.

speculative [`spekjulətiv] *adj* θεωρητικός, υποθετικός, αναπόδεικτος || κερδοσκοπικός.

speech [spi:tʃ] *n* μιλιά, λαλιά / ομιλία || λόγος, αγόρευση || **~less,** άφωνος || **~lessness,** βουβαμάρα || **~ify,** ρητορεύω, βγάζω δεκάρικους.

speed [spi:d] *n* ταχύτητα, σπουδή, γρηγοράδα || *vti irreg* σπεύδω, τρέχω || **~ up,** επιταχύνω || **at full/top ~,** ολοταχώς || **pick up ~,** αναπτύσσω ταχύτητα || **more haste less ~,** σπεύδε βραδέως || **~boat,** ταχύπλοη βενζινάκατος || **~-cop,** τροχαίος πολισμάνος || **~ing** *n* υπερβολική ταχύτητα || **~-limit,** όριο ταχύτητας || **~ merchant,** τρελλός οδηγός || **~ometer** [spi:`domitə'] *n* ταχύμετρο, κοντέρ || **~way,** US αυτοκινητόδρομος.

spelaeology [.spili`olodʒi] *n* σπηλαιολογία || **spelaeologist,** σπηλαιολόγος.

spell [spel] *n* ξόρκι, μάγια || γοητεία, μαγεία || (*χρόνι.*) περίοδος || *vti* αντικαθιστώ κπ (*στη δουλειά*) || σημαίνω, συλλαβίζω, ορθογραφώ || **~ out,** εξηγώ καθαρά || **be under a ~,** μου`χουν κάνει μάγια || **break the ~,** λύνω τα μάγια || **~binder,** μάγος (*του λόγου*) || **~bound,** [σα] μαγεμένος.

spend [spend] *vti irreg* ξοδεύω || δαπανώ || διαθέτω, αφιερώνω, περνώ [χρόνο] || **spent,** εξαντλημένος, χρησιμοποιημένος || **~er,** άνθρωπος που ξοδεύει.

sperm [spə:m] *n* σπέρμα.

spew [spju:] *vti* ξερνώ.

sphere [sfiə'] *n* σφαίρα || τομέας, κύκλος, περιοχή δράσεως.

spherical [`sferikl] *adj* σφαιρικός.

sphinx [sfiŋks] *n* σφίγγα.

spice [spais] *n* μπαχαρικό, καρύκευμα || *μτφ.* νοστιμιά || ίχνος, δόση || *vt* καρυκεύω, νοστιμεύω || **spicy,** πικάντικος.

spick [spik] στη *φρ.* **~ and span,** πεντακάθαρος, άψογος, στην τρίχα, του κουτιού.

spider [`spaidə'] *n* αράχνη.

spigot [`spigət] *n* πείρος (*βαρελιού*), κάνουλα.

spike [spaik] *n* ακίδα, μύτη, καρφί (*σε αθλητ. παπούτσια*), μυτερό τακούνι.

spill [spil] *n* πτώση, τούμπα || *vti irreg* χύνω / -ομαι || (*για άλογο, όχημα*) ρίχνω κάτω, πετώ, αδειάζω || **~over,** ξεχείλισμα, πλεόνασμα.

spin [spin] *n* σπινάρισμα, στρίψιμο, σβούρισμα || βόλτα (*με όχημα*) || *vti*

irreg γνέθω, κλώθω || υφαίνω || στρίβω, στροβιλίζω, σβουρίζω || γυρίζω απότομα, κινούμαι ταχέως || **~ out,** παρατείνω, τραβώ κτ σε μάκρος || **~ a yarn,** αφηγούμαι ιστορίες || **in a flat ~,** σε πανικό.

spinach [`spinidʒ, -tʃ] *n* σπανάκι.

spinal [`spainəl] *adj* σπονδυλικός || **~ column,** σπονδυλική στήλη.

spindle [spindl] *n* αδράχτι || **spindly,** ψηλόλιγνος.

spinster [`spinstə'] *n* γεροντοκόρη.

spiral [spaiərəl] *n* σπείρα, έλιξ || *adj* ελικοειδής || *vi* κινούμαι / ανεβαίνω ελικοειδώς.

spire [spaiə'] *n* οβελίσκος.

spirit [`spirit] *n* πνεύμα || φάντασμα || προσωπικότητα || κουράγιο, ψυχή, καρδιά || *πληθ.* διάθεση, κέφι || οινόπνευμα || *vt* **~ off/away,** εξαφανίζω μυστηριωδώς / γρήγορα || **the Holy S~,** το Άγιο Πνεύμα || **take sth in the wrong ~,** παρεξηγώ κτ, παίρνω κτ στραβά || **that's the ~!** έτσι μπράβο! || **be in high ~s,** έχω κέφια || **be in low/poor ~s; be out of ~s,** έχω ακεφιές || **~ed,** τολμηρός, νευρώδης, πνευματώδης, ζωηρός || **~less,** άψυχος, άτολμος, άκεφος || **~-lamp/-stove,** λάμπα / καμινέτο οινοπνεύματος || **~uous,** οινοπνευματώδης.

spiritual [`spiritjuəl] *n* νέγρικο θρησκευτικό τραγούδι || *adj* πνευματικός, ψυχικός, άυλος || **~ism,** πνευματισμός || **~ist,** πνευματιστής || **~ly,** πνευματικά.

spit [spit] *n* σούβλα || φτύσιμο, σάλιο || *vt irreg* φτύνω || **~ out,** βγάζω φτύνοντας, πετώ (*=λέω απότομα*) || ψιχαλίζω || **the ~ting image of; the dead ~ of,** φτυστός, ολόιδιος.

spite [spait] *n* πείσμα, κακία, έχθρα || **out of ~,** από πείσμα || **in ~ of,** παρά || **~ful,** μοχθηρός, κακεντρεχής || **~fully,** πεισματικά.

spittle [spitl] *n* φτύμα, ροχάλα, σάλιο.

spittoon [spi`tu:n] *n* πτυελοδοχείο.

spiv [spiv] *n sl* κομπιναδόρος, αεριτζής.

splash [splæʃ] *n* πιτσίλα || κηλίδα (*χρώματος*) || παφλασμός || λίγη σόδα || *vti* πιτσιλίζω, πετώ (*νερά*) || τσαλαβουτώ, πέφτω με παφλασμό || **~ one's money about,** σκορπώ τα λεφτά μου || **make a ~,** κάνω μπάμ / εντύπωση || **~-down,** προσθαλάσσωση διαστημοπλοίου.

spleen [spli:n] *n* σπλήνα || *μτφ.* οργή, μελαγχολία, κακοκεφιά.

splendid [`splendid] *adj* λαμπρός, έξοχος.

splendour [`splendə'] *n* λαμπρότητα || *πληθ.* μεγαλείο.

splenetic [spli`netik] *adj* κακοδιάθετος,

δύστροπος, οργίλος, χολερικός.
splice [splais] *vt* ματίζω, συγκολλώ.
splint [splint] *n* χειρουργ. νάρθηκας.
splinter [`splintə'`] *n* σκλήθρα, αγκίδα, θραύσμα || *vti* ~ **off**, κάνω/γίνομαι κομμάτια.
split [split] *n* σκίσιμο, σκάσιμο *(δέρματος)*, ρωγμή || διάσπαση *(κόμματος)* || μικρό μπουκάλι *(μπύρας, κλπ.)* || *vti irreg* σκίζω/-ομαι || ~ *[up/into]*, διασπώ, διαιρώ, μοιράζω || *let's* ~, ας το διαλύσουμε τώρα *(παρέα, πάρτυ, κλπ.)* || ~ *the cost*, μοιράζομαι τα έξοδα || ~ *hairs*, ψιλολογώ || ~ *one's sides with laughter*, λύνομαι στα γέλια || *a* ~*ting headache*, εξουθενωτικός πονοκέφαλος || ~ *personality*, διχασμένη προσωπικότητα.
splotch [splotʃ], **splodge** [splodʒ] *n* πασάλειμμα, πιτσίλισμα.
splurge [splə:dʒ] *n* φιγούρα || *vi* κάνω φιγούρα.
splutter [`splʌtə'`] *vti* ψελλίζω, τραυλίζω || τσιρίζω, ρετάρω || πιτσιλίζω, πετώ σάλια *(μιλώντας).*
spoil [spoil] *n pl* λεία, λάφυρα || κέρδη, ωφελήματα || *vti irreg* χαλώ, καταστρέφω || παραχαϊδεύω, χαλώ, κακομαθαίνω.
spoke [spouk] *n* αχτίνα *(τροχού).*
spokesman [`spouksmən`] *n* εκπρόσωπος.
sponge [spʌndʒ] *n* σπόγγος, σφουγγάρι || *vti* σφογγίζω || ~ *out*, σβήνω || ~ *up*, μαζεύω με σφουγγάρι || ~ *on/off sb*, ζω σε βάρος κάποιου, κάνω τράκα από κπ || ~*r*, τρακαδόρος, σελέμης, παράσιτο || *spongy*, πορώδης, ελαστικός.
sponsor [`sponsə'`] *n (ραδιόφ./TV)* ανάδοχος, εγγυητής || *vt* αναδέχομαι, εγγυούμαι.
spontaneity [ˌspontə`nei:əti`] *n* αυθορμητισμός.
spontaneous [spon`teiniəs`] *adj* αυθόρμητος || ~*ness*, αυθορμητισμός.
spoof [spu:f] *n* απάτη || *vt* ξεγελώ.
spook [spu:k] *n* στοιχειό || ~*y*, στοιχειωμένος.
spool [spu:l] *n* μπομπίνα, καρούλι.
spoon [spu:n] *n* κουτάλι || *vt* ~ *out/up*, σερβίρω.
spoor [spuə'] *n* αχνάρι *(άγριου ζώου).*
sporadic [spə`rædik`] *adj* σποραδικός || ~*ally*, σποραδικά.
sport [spo:t] *n* σπορ, αθλοπαιδιά, άθλημα, αγώνισμα || παιχνίδι, αστεϊσμός || άνθρωπος με αθλητική νοοτροπία || *πληθ.* αθλητικοί αγώνες || *vti* παίζω, διασκεδάζω || φορώ επιδεικτικά, κοτσάρω || *make* ~ *of*, γελώ με, κοροϊδεύω

|| ~*ive*, παιχνιδιάρης, ευτράπελος || ~*ing*, φίλαθλος, ριψοκίνδυνος || ~*s car*, αυτοκίνητο σπορ || ~*s-editor*, αθλητικός συντάκτης.
spot [spot] *n* κηλίδα, βούλα, λεκές || στάλα, σταγόνα, μικρή ποσότητα || διαφημιστική σφήνα || τόπος, μέρος, θέση, σημείο || *vti* κηλιδώνω, λεκιάζω || διακρίνω || *it's* ~*ing*, ψιχαλίζει || *on the* ~, επί τόπου || *knock* ~*s off sb*, νικώ κπ εύκολα || *put sb on the* ~, στριμώχνω κπ, τον φέρνω σε δύσκολη θέση || ~ *check*, αιφνιδιαστικός έλεγχος, αιφνιδιασμός || ~ *cash*, πληρωμή με την παράδοση || ~ *prices*, τιμές τοις μετρητοίς || ~*less*, πεντακάθαρος || ~*light*, προβολέας || ~ *on*, πολύ σωστός || ~*ted*, διάστικτος, πιτσιλωτός || ~*ty*, λεκιασμένος, πιτσιλωτός.
spouse [spaus] *n νομ.* (ο/η) σύζυγος.
spout [spaut] *n* σούελο || χοάνη, στόμιο || κρουνός *(νερού)* || *(για υγρό)* αναπηδώ, εκτινάσσω/-ομαι || *up the* ~, σε κακά χάλια, *sl* αμανάτι, έγκυος.
sprain [sprein] *n* στραμπούλισμα, εξάρθρωση || *vt* στραμπουλίζω, εξαρθρώνω.
sprat [spræt] *n ιχθ.* γαύρος.
sprawl [spro:l] *n* άπλωμα, ξάπλωμα, ξάπλα || *vi* ξαπλώνω/-ομαι φαρδύς-πλατύς || *(για πόλη)* απλώνομαι χωρίς σχέδιο || *go* ~*ing*, πέφτω φαρδύς-πλατύς.
spray [sprei] *n* κλωνάρι || αλισάχνη, μπουχός || ψεκασμός, σπρέι || ψεκαστήρι, βαποριζατέρ || *vt* ψεκάζω, ραντίζω || ~*er*, ψεκαστήρι.
spread [spred] *n* εξάπλωση, διάδοση || άνοιγμα, πλάτος || άλλυμα || *(για τροφή)* κρέμα || *vti irreg* απλώνω/-ομαι || μεταδίδω/-ομαι, διαδίδω/-ομαι || κλιμακώνω/-ομαι || ~ *oneself*, απλώνομαι φαρδιά-πλατιά || ~ *the table*, στρώνω το τραπέζι || ~ *with*, σκεπάζω, αλείφω || ~*-eagle*, απλώνομαι με χέρια και πόδια ανοιγμένα.
spree [spri:] *n* γλέντι, ξεφάντωμα || *have a* ~; *go out on a* ~, το ρίχνω έξω.
sprig [sprig] *n* κλαδάκι.
sprightly [`spraitli`] *adj* σβέλτος, ζωηρός.
spring [spriŋ] *n* άνοιξη || πήδημα, άλμα || πηγή, προέλευση || ελαστικότητα || ελατήριο, σούστα || *vti irreg* [ανα]πηδώ, [ανα]τινάσσομαι || ~ *at sb*, ορμώ/πηδώ εναντίον κάποιου || ~ *from*, προέρχομαι, ξεφυτρώνω || ~ *up*, ξεπετάγομαι, φυτρώνω || ~ *sth on sb*, αιφνιδιάζω κπ με κτ || αποδεσμεύω *(μηχανισμό)*, ανατινάσσω || *(για ξύλο)* ραγίζω, σκεβρώνω, σπάζω || ~ *a surprise on sb*,

κάνω έκπληξη ‖ ~ *a leak*, *(για πλοίο)* κάνω νερά ‖ ~-**balance**, κανταράκι ‖ ~-**bed**, κρεββάτι με σομιέ ‖ ~-**board**, σανίδα καταδύσεων ‖ ~-**clean**, καθαρίζω απ' άκρη σ' άκρη ‖ ~-**cleaning**, γενικό καθάρισμα *(σπιτιού)* ‖ ~**less**, χωρίς σούστες ‖ ~-**like** [σαν] ανοιξιάτικος ‖ ~**time/tide**, εποχή της άνοιξης.

sprinkle [spriŋkl] vti ραντίζω, καταβρέχω ‖ σκορπίζω ‖ ~**r**, καταβρεχτήρι, αγιαστούρα ‖ *a sprinkling of*, λίγο, λίγοι.

sprint [sprint] n σπριντ, φουλάρισμα *(στο τρέξιμο)* ‖ vi τρέχω ολοταχώς.

sprite [sprait] n ξωτικό, δαιμόνιο.

sprocket [`sprokit] n δόντι *(τροχού)* ‖ ~-**wheel**, οδοντωτός τροχός *(με καδένα)*.

sprout [spraut] n βλαστάρι ‖ vti ~ *[up]*, ξεπετώ / -ιέμαι, βλαστάνω, αναπτύσσομαι.

spruce [spru:s] n έλατο ‖ adj κομψός, καλοντυμένος, περιποιημένος ‖ vti ~ *sb/oneself [up]*, ευπρεπίζω / -ομαι, φτιάχνομαι.

spry [sprai] adj σβέλτος, ζωηρός.

spume [spju:m] n αφρός.

spunk [spʌŋk] n θάρρος, λεβεντιά ‖ ~**y**, ψυχωμένος.

spur [spə:ʳ] n σπιρούνι ‖ μτφ. κέντρισμα, κίνητρο, ελατήριο ‖ vti σπηρουνιάζω ‖ κεντρίζω ‖ *on the ~ of the moment*, ξαφνικά, στη στιγμή.

spurious [`spjuəriəs] adj νόθος, κίβδηλος.

spurn [spə:n] vt αποκρούω περιφρονητικά.

spurt [spə:t] n ανάβλυση, αναπήδηση ‖ ξέσπασμα, έκρηξη ‖ φορτσάρισμα, φουλάρισμα, εντατική προσπάθεια ‖ vi *(για υγρό, φλόγα, κλπ.)* ξεπετάγομαι, αναβλύζω ορμητικά ‖ μτφ. φουλάρω, φορτσάρω ‖ *put on a ~*, βάζω τα δυνατά μου, φορτσάρω.

sputnik [`sputnik] n σπούτνικ.

sputter [`spʌtəʳ] vti τσιρίζω ‖ ~ *out*, σβήνω τσιρίζοντας.

sputum [`spjutəm] n ιατρ. πτύελο.

spy [spai] n κατάσκοπος ‖ vti διακρίνω, ανακαλύπτω ‖ ~ *on sb*, κατασκοπεύω κπ ‖ ~ *into sth*, προσπαθώ να ανακαλύψω κτ ‖ ~**glass**, κανοκιάλι ‖ ~**hole**, τρύπα παρακολούθησης, μάτι.

squab [skwob] n πιτσούνι.

squabble [skwobl] n καυγαδάκι ‖ vi καυγαδίζω.

squad [skwod] n ουλαμός, ομάδα ‖ *firing ~*, εκτελεστικό απόσπασμα.

squadron [`skwodrən] n επιλαρχία *(τανκς)*, ίλη *(ιππικού)*, μοίρα *(ναυτ., αεροπ.)* ‖ ~ **leader**, επισμηναγός.

squalid [`skwolid] adj βρώμικος, άθλιος.

squall [skwo:l] n σκουξιά, στριγγλιά ‖ ριπή *(ανέμου, βροχής)*, σπιλιάδα, μπουρίνι ‖ vi σκούζω, στριγγλίζω ‖ *look out for ~s!* τα μάτια σου τέσσερα!

squalor [`skwoləʳ] n βρώμα, αθλιότητα.

squander [`skwondəʳ] vt σπαταλώ, διασπαθίζω ‖ ~**er**, σπάταλος.

square [skweəʳ] n τετράγωνο ‖ πλατεία, αυλή ‖ εργαλ. γνώμονας, ορθογώνιο ‖ adj τετράγωνος, τετραγωνικός ‖ ρητός κατηγορηματικός ‖ ευθύς, δίκαιος, έντιμος ‖ adv ίσια ‖ ξεκάθαρα, τίμια ‖ κατάντικρυ ‖ vti τετραγωνίζω ‖ ~ *sth off*, χωρίζω σε τετράγωνα ‖ ~ *up with sb*, λογαριάζομαι με κπ ‖ ~ *sth with*, εναρμονίζω με ‖ ~ *up to sb*, παίρνω θέση μάχης ‖ *a ~ meal*, χορταστικό φαΐ ‖ *play ~*, παίζω τίμια ‖ *back to ~ one*, πίσω πάλι από την αρχή ‖ ~ *the circle*, επιχειρώ τα αδύνατα ‖ *on the ~*, τίμια, ντόμπρα, καθαρά.

squash [skwoʃ] n κολοκυθάκια ‖ χυμός φρούτων ‖ συνωστισμός, στριμωξίδι ‖ σύνθλιψη, ζούλισμα ‖ vti στίβω, συνθλίβω, ζουλώ / -ιέμαι ‖ στριμώχνω / -ομαι, συνωστίζομαι ‖ αποστομώνω ‖ καταστέλλω, καταπνίγω ‖ ~**y**, χυμώδης, ζουμερός.

squat [skwot] adj κοντόχοντρος, πλατσουκωτός ‖ vi κάθομαι *(ιδ. οκλαδόν)* ‖ *(για ζώο)* ζαρώνω, μαζεύομαι ‖ κάνω κατοχή *(σε άδειο κτίριο)* ‖ ~**ter**, τρωγλοδύτης.

squawk [skwo:k] n κραυγή ‖ vi κρώζω.

squeak [skwi:k] n σκούξιμο *(ποντικού)*, τρίξιμο *(πόρτας)* ‖ vti στριγγλίζω, σκληρίζω, τσιρίζω ‖ ~ *out*, ξεφωνίζω, λέω τσιριχτά ‖ ~**y**, που τρίζει / τσιρίζει.

squeal [skwi:l] n στρίγγλισμα, στριγγλιά ‖ vi στριγγλίζω, σκληρίζω, σκούζω ‖ sl μαρτυρώ ‖ ~**er**, καταδότης.

squeamish [`skwi:miʃ] adj υπερευαίσθητος, που έχει αναγούλες, σιχασιάρης ‖ σεμνότυφος.

squeeze [skwi:z] n στίψιμο, ζούληγμα, σφίξιμο ‖ συνωστισμός, στρίμωγμα, στριμωξίδι ‖ vti σφίγγω, [συμ]πιέζω, ζουλώ / -ιέμαι ‖ στίβω / -ομαι ‖ στριμώχνω / -ομαι ‖ *a close/narrow/tight ~*, παρά τρίχα [διάσωση] ‖ ~**r**, στίφτης.

squelch [skweltʃ] n πλατσούρισμα, *(ήχος)* πλατς-πλουτς ‖ vti πλατσουρίζω.

squib [skwib] n τρακατρούκα, κροτίδα ‖ σάτιρα.

squid [skwid] n ιχθ. καλαμαράκι.

squiffy [`skwifi] adj λίγο πιωμένος.

squiggle [skwigl] n καλλικαντζούρα.

squint [skwint] n αλληθώρισμα, στραβισμός ‖ *vt* αλληθωρίζω ‖ ~-**eyed,** γκαβός, αλλήθωρος.

squire [skwaiə'] *n* προύχοντας χωριού.

squirm [skwə:m] *vi* στριφογυρίζω, νιώθω δυσφορία/αμηχανία.

squirrel [skwirəl] *n* σκίουρος.

squirt [skwə:t] *n* πίδακας *(υγρού)* ‖ *vti (υγρό)* εκτοξεύω/-ομαι.

stab [stæb] *n* μαχαιριά ‖ σουβλιά ‖ δοκιμή, απόπειρα ‖ *vt* μαχαιρώνω.

stability [stə'biləti] *n* σταθερότητα.

stabilize [`steibəlaiz] *vti* σταθεροποιώ ‖ ~**r,** σταθεροποιητής, ζυγοσταθμιστής ‖ **stabilization,** σταθεροποίηση.

stable [steibl] *n* σταύλος ‖ *vt* σταυλίζω ‖ *adj* σταθερός.

staccato [stə'ka:tou] *μουσ.* κοφτά, στακάτο.

stack [stæk] *n* θημωνιά ‖ στήλη, στοίβα ‖ δέσμη καμινάδων ‖ *vti* θημωνιάζω, στοιβάζω ‖ ~ **the cards,** φτιάχνω τα χαρτιά.

stadium [`steidiəm] *n* στάδιο.

staff [sta:f] *n* προσωπικό ‖ *στρατ.* επιτελείο ‖ ραβδί, ράβδος, γκλίτσα, πατερίτσα, κοντάρι ‖ *μουσ.* πεντάγραμμο ‖ *vt* επανδρώνω.

stag [stæg] *n* αρσενικό ελάφι ‖ ~ **party,** αντρομάζεμα.

stage [steidʒ] *n* σκηνή *(θεάτρου)* ‖ φάση, στάδιο, βαθμίδα ‖ τμήμα διαδρομής ‖ σκαλωσιά, εξέδρα ‖ *vti* ανεβάζω *(έργο)* ‖ *(για έργο)* κάνω για το θέατρο ‖ οργανώνω, σκηνοθετώ ‖ ~ **a comeback,** επανεμφανίζομαι επί σκηνής ‖ **an old** ~**r,** *μτφ.* παλιά καραβάνα/ καραμπίνα ‖ **staging** *n* σκαλωσιά, ικρίωμα, ανέβασμα *(έργου).*

stagger [`stægə'] *n* τρίκλισμα ‖ *πληθ.* ίλιγγος, ζάλη ‖ *vti* τρεκλίζω, παραπατώ ‖ ζαλίζω, καταπλήσσω, συγκλονίζω ‖ κλιμακώνω.

stagnant [`stægnənt] *adj* στάσιμος, λιμνάζον.

stagnate [stə'gneit] *vi* λιμνάζω.

stagy [`steidʒi] *adj* θεατρινίστικος.

staid [steid] *adj* σοβαρός, συντηρητικός.

stain [stein] *n* κηλίδα, λεκές ‖ μπογιά ‖ *vti* κηλιδώνω, λεκιάζω ‖ βάφω ‖ ~**less,** ακηλίδωτος, *(ατσάλι)* ανοξείδωτος ‖ ~**ed glass,** βιτρώ.

stair [steə'] *n* σκαλοπάτι ‖ *πληθ.* σκάλα ‖ ~**case/way,** σκάλα *(με κάγκελα).*

stake [steik] *n* παλούκι, πάσσαλος, πυρά *(μαρτυρίου)* ‖ *(σε τυχερό παιχνίδι)* μίζα, ποντάρισμα, στοίχημα ‖ συμφέρον, μερίδιο ‖ *vt* στηρίζω με πασσάλους ‖ ~ **off/out,** χωρίζω/ οριοθετώ με πασσάλους ‖ ~ **[on],** στοιχηματίζω [για] ‖ **go to/die on the** ~, πεθαίνω

επί της πυράς ‖ **be at** ~, διακυβεύομαι.

stalactite [`stælәktait] *n* σταλακτίτης.

stalagmite [`stæləgmait] *n* σταλαγμίτης.

stale [steil] *adj* μπαγιάτικος ‖ *vi* μπαγιατεύω ‖ ~**ness,** μπαγιάτεμα ‖ ~**mate,** αδιέξοδο, *(σκάκι)* ματ.

stalk [sto:k] *n* μίσχος, κοτσάνι ‖ *vti* προχωρώ αμείλικτα/αγέρωχα ‖ πλησιάζω [θήραμα] αθόρυβα, παραφυλάω αθέατος.

stall [sto:l] *n* πάγκος, υπαίθριο μαγαζί, περίπτερο ‖ χώρισμα σταύλου ‖ **finger**~, *ιατρ.* δακτυλήθρα ‖ *πληθ.* καθίσματα κοντά στη σκηνή *(θεάτρου)* ‖ *vti* σταυλίζω ‖ μπλοκάρω, σταματώ ‖ χρονοτριβώ, καθυστερώ.

stallion [`stæliən] *n* βαρβάτο άλογο.

stalwart [`sto:lwət] *n* πρωτοπαλίκαρο, ηρακλής ‖ *adj* ρωμαλέος ‖ πιστός, ακλόνητος.

stamina [`stæminə] *n* ζωτικότητα, αντοχή, σφρίγος.

stammer [`stæmə'] *n* τραύλισμα, βραδυγλωσσία ‖ *vti* τραυλίζω ‖ ~ **out** ψελλίζω ‖ ~**er,** τραυλός, βραδύγλωσσος.

stamp [stæmp] *n* γραμματόσημο, χαρτόσημο ‖ στάμπα, σφραγίδα, αποτύπωμα ‖ καλούπι ‖ χτύπημα του ποδιού ‖ *vti* χτυπώ κάτω τα πόδια ‖ χαρτοσημαίνω, γραμματοσημαίνω ‖ σταμπάρω, μαρκάρω, σφραγίζω ‖ αποτυπώνω/-ομαι, εκτυπώνω/-ομαι ‖ ~ **out,** σβήνω, εξαλείφω.

stampede [stæm'pi:d] *n* πανικός, φευγιό ‖ *vti* τρέπομαι σε άτακτη φυγή ‖ πανικοβάλλω/-ομαι.

stance [stæns] *n* στάση, θέση.

[1]**stand** [stænd] *n* στάση, σταμάτημα ‖ στάση, θέση ‖ στήριγμα, βάση, βάθρο ‖ πάγκος, υπαίθριο μαγαζί, περίπτερο *(σε έκθεση)* ‖ εξέδρα *(σε γήπεδο)* ‖ σταθμός *(οχημάτων)* ‖ *US* θέση εξεταζόμενου μάρτυρα ‖ **take one's** ~, παίρνω θέση.

[2]**stand** [stænd] *vti irreg* στέκομαι, είμαι όρθιος ‖ ~ **[up],** σηκώνομαι όρθιος ‖ στήνω κπ/κτ όρθιο ‖ βρίσκομαι, έχω ‖ ανέχομαι, υποφέρω ‖ ~ **sb sth,** κερνώ κπ κτ ‖ ~, παραμερίζω ‖ ~ **back,** στέκω/τραβιέμαι πίσω, βρίσκομαι σε απόσταση ‖ ~ **by,** παραμένω απαθής θεατής, παραμένω σε επιφυλακή/ετοιμότητα, παραστέκομαι σε κπ, υποστηρίζω, μένω πιστός εις, τηρώ ‖ ~ **down,** αποσύρομαι, αποχωρώ ‖ ~ **for,** σημαίνω, αντιπροσωπεύω, συμβολίζω, είμαι υπέρ, υποστηρίζω, είμαι υποψήφιος ‖ ~ **in for sb,** αντικαθιστώ κπ ‖ ~ **in with sb,** μοιράζομαι μια

δαπάνη με κπ || ~ *off*, μένω παράμερα, απομακρύνομαι || ~ *out*, ξεχωρίζω, συνεχίζω ν' αντιστέκομαι || ~ *over*, εποπτεύω, παρακολουθώ, παραμένω σε εκκρεμότητα || ~ *to*, παραμένω σε επιφυλακή / σε συναγερμό || ~ *sb up*, στήνω κπ (σε ραντεβού) || ~ *up for*, υπερασπίζω, υποστηρίζω || ~ *up to*, αντέχω || ~ *[well] with sb*, τα πηγαίνω [καλά] με κπ || ~ *alone*, ξεχωρίζω, είμαι ασυναγώνιστος || ~ *a good/poor chance*, έχω πολλές / λίγες πιθανότητες || ~ *clear of*, δεν ακουμπώ, δεν έχω επαφή με || ~ *trial*, περνώ από δίκη || ~ *to win/lose*, πρόκειται να κερδίσω / να χάσω ||~*by*, ετοιμότητα, επιφυλακή, εφεδρεία, υποστηρικτής || ~ *-in*, αντικαταστάτης || ~ *offish*, ψυχρός, επιφυλακτικός || ~ *offishness*, επιφυλακτικότητα || ~ *-up*, όρθιος, στο πόδι.

standard [`stændəd] *n* λάβαρο, σημαία || υπόδειγμα, επίπεδο, στάθμη, μέτρο || *adj* κανονικός, συνηθισμένος || πρότυπος, κλασσικός || *be up to/below* ~, είμαι / δεν είμαι ικανοποιητικός || ~ *bearer*, σημαιοφόρος || ~ *lamp*, λαμπατέρ || ~ *ize*, τυποποιώ || ~ *ization* [.stændədai`zeiʃn] τυποποίηση.

standing [`stændiŋ] *n* διάρκεια || υπόληψη, [κοινωνική] θέση || *adj* όρθιος, στεκάμενος || μόνιμος, σταθερός, αμετάβλητος || *of long* ~, μακροχρόνιος || ~ *orders*, κανονισμός.

stanza [`stænzə] *n* στροφή *(ποιήματος)*.

¹**staple** [steipl] *n* καρφίτσα, συνδετήρας || *vt* συνδέω || ~*r*, συνδετήρας του χεριού.

²**staple** [steipl] *n* κύριο προϊόν, κύριο θέμα, βασικό υλικό || *adj* βασικός.

star [sta:] *n* αστέρι, άστρο || σταρ || *vti* διακοσμώ με αστέρια || πρωταγωνιστώ || *see* ~, βλέπω τον ουρανό σφοντύλι || *under the* ~*s*, στο ύπαιθρο || *the S~s and Stripes*, η αστερόεσσα *[σημαία των ΗΠΑ]* || ~*board*, δεξιά πλευρά πλοίου ή αεροπλάνου || ~*dom*, καλλιτεχνικό στερέωμα || ~*-gazer*, αστρολόγος, αστρονόμος, φαντασιοκόπος || ~*less*, άναστρος || ~*let*, στάρλετ || ~*ry*, έναστρος || ~*ry-eyed*, ονειροπαρμένος.

starch [sta:tʃ] *n* άμυλο || κόλλα *(του κολλαρίσματος)* || *vt* κολλαρίζω || ~*y*, αμυλούχος, *μτφ.* τυπικός.

stare [steəʳ] *n* βλέμμα, επίμονη ματιά || *vti* ατενίζω, κοιτάζω επίμονα, καρφώνω τα μάτια.

stark [sta:k] *adj* έρημος και γυμνός, αυστηρός, λιτός || καθαρός, τέλειος ||

adv εντελώς || ~ *naked*, ολόγυμνος.

starling [`sta:liŋ] *n* ψαρόνι.

start [sta:t] *n* αρχή, ξεκίνημα || πλεονέκτημα *(στο ξεκίνημα)* || ξάφνιασμα, [ανα]τίναγμα || *vti* αρχίζω || ξεκινώ || κάνω αρχή σε κτ *(on sth)* || πετάγομαι, ανασκιρτώ, αναπηδώ, τινάζομαι || *(για σανίδες)* ξεκολλώ || προκαλώ, προξενώ, βάζω εμπρός || ~ *back*, ξεκινώ για την επιστροφή || ~ *in on sth*, αρχίζω να κάνω κτ || ~ *off*, ξεκινώ || ~ *out*, ξεκινώ, κάνω τα πρώτα βήματα [σε κτ] || ~ *up*, αναπηδώ, βάζω μπρος || *to* ~ *with*, εν πρώτοις, στην αρχή || ~*er*, αυτοκ. μίζα, το πρώτο πιάτο [σε γεύμα], *αθλ.* αφέτης || ~*ing gate/post*, αφετηρία || ~*ing point*, σημείο εκκίνησης.

startle [`sta:tl] *vt* ξαφνιάζω, τρομάζω, αιφνιδιάζω || *startling adj* εντυπωσιακός.

starve [sta:v] *vti* λιμοκτονώ, πεθαίνω της πείνας || *starvation*, λιμοκτονία.

state [steit] *n* κατάσταση || κράτος, πολιτεία || θέση, τάξη || επισημότητα || *adj* κρατικός || *vt* δηλώνω, εκθέτω || *be in/get into a* ~, είμαι / γίνομαι έξαλλος || *lie in* ~, *(για νεκρό)* εκτίθεμαι σε προσκύνημα || ~*craft*, η τέχνη της πολιτικής || ~*liness*, μεγαλοπρέπεια, επισημότητα, αρχοντιά || ~*less*, άπατρις, χωρίς υπηκοότητα || ~*ly* *adj* μεγαλοπρεπής, αρχοντικός || ~*room*, καμπίνα πολυτελείας.

statement [`steitmənt] *n* δήλωση, έκθεση, ανακοίνωση || κατάθεση *(σε δικαστήριο)* || *εμπ.* κατάσταση, αντίγραφο λογαριασμού.

statesman [`steitsmən] *n* πολιτικός άνδρας || ~*like*, πολιτικά οξυδερκής || ~*ship*, επιστήμη της πολιτικής, πολιτική ικανότητα.

static [`stætik] *adj* στατικός || ~*s*, στατική, παράσιτα.

station [steiʃn] *n* σταθμός || *στρατ.* βάση || κοινωνική θέση || *vt* τοποθετώ || ~*ary*, στάσιμος, ακίνητος || ~*er*, χαρτοπώλης || ~*ery*, γραφική ύλη || ~*-master*, σταθμάρχης || ~*-wagon*, στέισον-βάγκον.

statistical [stə`tistikl] *adj* στατιστικός.

statistician [.stæti`stiʃn] *n* στατιστικολόγος.

statistics [stə`tistiks] *n* στατιστική.

statuary [`stætʃuəri] *n* αγαλματοποιία.

statue [`stætʃu:] *n* άγαλμα || ~*tte*, αγαλματίδιο || ~*sque*, αγαλματένιος.

stature [`stætʃəʳ] *n* ανάστημα.

status [`steitəs] *n* κατάσταση || *(κοινωνική)* θέση.

statute [`stætʃu:t] *n* νομοθέτημα, θέσπισμα, ψήφισμα || ~-**book**, κώδικας νόμων || ~ **law**, γραπτό δίκαιο || **statutory**, νομοθετημένος, θεσμοθετημένος.

staunch [stɔːntʃ] adj πιστός, αφοσιωμένος.

stave [steiv] n πεντάγραμμο || vti irreg ~ **in**, τρυπώ, σπάζω || ~ **off**, απομακρύνω.

stay [stei] n διαμονή, παραμονή || nom. αναστολή, αναβολή || στήριγμα, αποκούμπι || στύλος || πληθ. κορσές || vti [παρα]μένω || αναχαιτίζω || nom. αναστέλλω, αναβάλλω || ικανοποιώ προσωρινά || αντέχω, κρατώ || σταματώ || ~ **up**, ξαγρυπνώ, μένω αργά το βράδυ || ~-**at-home**, μτφ. σπιτόγατος.

stead [sted] n θέση || **stand sb in good** ~, εξυπηρετώ κπ.

steadfast [ˈstedfaːst] adj σταθερός, ακλόνητος, απτόητος || ~**ness**, σταθερότητα.

steady [ˈstedi] adj στερεός || σταθερός || επιμελής || n γκόμενος, γκόμενα || vti στερεώνω, σταθεροποιώ/-ούμαι || **go** ~, τα'χω φτιάξει με κπ || **steadily**, σταθερά || **steadiness**, σταθερότητα.

steak [steik] n μπριτζόλα, φιλέτο.

steal [stiːl] vti irreg κλέβω || παίρνω κλεφτά || κινούμαι κλεφτά.

stealth [stelθ] στη φρ. **by** ~, στα κρυφά || ~**ily**, κλεφτά, κρυφά || ~**y**, κρυφός, φευγαλέος, κλεφτός.

steam [stiːm] n ατμός, αχνός || vti βγάζω ατμούς, αχνίζω || κάνω κτ χρησιμοποιώντας ατμό || ~ **up**, θολώνω από ατμούς || **be/get** ~**ed up**, γίνομαι μπαρούτι || **get up** ~, βάζω όλα τα δυνατά μου, μτφ. μπαρουτιάζω || **let off** ~, ξεθυμαίνω || **run out of** ~, χάνω την ορμή μου || **get up/raise** ~, ανεβάζω την πίεση ατμομηχανής || **full** ~ **ahead!** ναυτ. πρόσω ολοταχώς! || ~**boat/ship**, ατμόπλοιο || ~-**engine**, ατμομηχανή || ~-**heat**, ατμοθέρμανση || ~-**roller**, ατμοκίνητος οδοστρωτήρας || ~**y** adj γεμάτος ατμούς, μτφ. ερωτικός.

steel [stiːl] n ατσάλι || σπαθί || vt ατσαλώνω || ~-**plated**, θωρακισμένος || ~ **wool**, σύρμα για τις κατσαρόλες || ~**y**, ατσαλένιος || ~**yard**, καντάρι.

steep [stiːp] adj απότομος, απόκρημνος, κατηφορικός || υπερβολικός, εξωφρενικός || vti μουσκεύω, βάζω (σε υγρό) || μτφ. εμποτίζω, διαποτίζω || ~**en**, κατηφορίζω || ~**ish**, λίγο απότομος, υπερβολικός || ~**ly**, απότομα || ~**ness**, κατηφοριά, ανηφοριά, κλίση.

steeple [stiːpl] n οβελίσκος καμπαναριού || ~**chase** αθλ. ανώμαλος δρόμος.

steer [stiəʳ] vti πηδαλιουχώ, διευθύνω,

οδηγώ || ~**ing gear**, μηχανισμός πηδαλιουχήσεως.

stele [ˈstiːli] n στήλη.

stellar [ˈsteləʳ] adj αστρικός.

stem [stem] n μίσχος (λουλουδιού), πόδι (ποτηριού), ρίζα (λέξεως) || vi προέρχομαι || vt συγκρατώ, αναχαιτίζω, φράζω, πάω κόντρα.

stench [stentʃ] n βρώμα, μπόχα.

stencil [stensl] n μεμβράνη πολυγράφου || vt πολυγραφώ.

stenography [stɔˈnɔgrəfi] n στενογραφία || **stenographer**, US στενογράφος.

stentorian [stɔnˈtɔːriən] adj στεντόρειος.

step [step] n βήμα, βηματισμός || (ήχος) βήμα || ενέργεια, μέτρο || σκαλοπάτι, πάτημα || vti βηματίζω, βαδίζω || ~ **aside**, παραμερίζω || ~ **down**, παραιτούμαι [χάριν άλλου] || ~ **in**, παρεμβαίνω || ~ **off**, μετράω με βήματα || ~ **out**, ανοίγω το βήμα, το ρίχνω έξω || ~ **up**, ντύνω, ανεβάζω, ζωηρεύω || ~ **this way**, περάστε απ' δω || **retrace one's** ~**s**, γυρίζω από τον ίδιο δρόμο || **watch one's** ~, προσέχω τα βήματά μου / τις ενέργειές μου || **take** ~**s**, λαμβάνω μέτρα || **be in/keep with**, συμβαδίζω με || **fall out of** ~; **break** ~, χάνω το βήμα μου || ~-**ladder**, μικρή πτυσσόμενη σκάλα || ~**son**, προγονός || ~**daughter**, προγονή || ~-**brother/sister**, ετεροθαλής αδερφός /αδερφή || ~**father**, πατριός || ~**mother**, μητρυιά.

steppe [step] n στέππα.

stereo [ˈsteriou] pref στερεο— || ~**phonic**, στερεοφωνικός || ~**scope**, στερεοσκόπιο || ~**type**, στερεοτυπία, κλισέ, στερεότυπη φράση || ~**typed**, στερεότυπος.

sterile [ˈsterail] adj στείρος, άγονος || αποστειρωμένος || **sterility**, στειρότητα.

sterilize [ˈsterilaiz] vt [απο]στειρώνω || **sterilization**, [απο]στείρωση.

sterling [ˈstɔːliŋ] n στερλίνα || adj γνήσιος.

stern [stɔːn] n πρύμνη || adj αυστηρός, βλοσυρός || ~**ness**, αυστηρότητα.

stethoscope [ˈsteθɔskoup] n στηθοσκόπιο.

stevedore [ˈstiːvədɔːʳ] n λιμενεργάτης.

stew [stjuː] n γιαχνί || vti σιγοψήνω/-ομαι, σιγοβράζω || ~ **in one's own juice**, μτφ. βράζω στο ζουμί μου || **be in a** ~, είμαι ανάστατος || ~**ed**, μεθυσμένος.

steward [ˈstjuːəd] n καμαρότος (πλοίου) || οικονόμος, διαχειριστής || επιμελητής /επόπτης (συγκεντρώσεως), οργανωτής (χορού).

¹**stick** [stik] n κλαρί, βέργα || μπαστούνι,

ραβδί || κομμάτι || μτφ. *(άνθρ.)* στυλιάρι || **the big ~**, απειλή προσφυγής στη βία || **out in the ~s**, μακριά από πόλεις / πολιτισμό, στην ύπαιθρο || **get hold of the wrong end of the ~**, τα έχω θαλασσωμένα, δεν ξέρω τι μου γίνεται.

²**stick** [stik] *vti irreg* κολλώ || μπήγω / -ομαι || χώνω / -ομαι || ανέχομαι, αντέχω || **~ around**, δεν απομακρύνομαι, μένω κοντά || **~ at**, αφοσιώνομαι, κολλώ || **~ down**, αφήνω κάτω, σημειώνω, γράφω, κολλώ || **~ on**, μένω επάνω εις, επικολλώ || **~ out**, βγάζω έξω, προεξέχω || **~ out for**, επιμένω για, ζητώ || **~ to**, επιμένω, εμμένω, μένω πιστός σε || **~ together**, παραμένομε ενωμένοι || **~ up**, υψώνομαι, ξεπροβάλλω || **~ up for**, υπερασπίζω, υποστηρίζω || **~ up a bank**, ληστεύω μια τράπεζα || **~ with**, παραμένω πιστός εις || **be / get stuck with**, φορτώνομαι κπ / κτ, δεν μπορώ να ξεφορτωθώ κπ / κτ || **~ at nothing**, δε διστάζω μπροστά σε τίποτα || **~ it out**, αντέχω / κρατώ μέχρι τέλους || **~ to it!** κουράγιο! μην εγκαταλείπεις! || **~ up your hands!** ψηλά τα χέρια! || **~-in-the-mud**, οπισθοδρομικός || **~ing-plaster**, λευκοπλάστης || **~-up**, ληστεία.

sticker [`stikə`] *n* τοιχοκολλητής || δουλευταράς || μτφ. βδέλλα, τσιμπούρι || αυτοκόλλητη ετικέτα.

stickler [`stiklə`] *n* που απαιτεί / επιμένει.

sticky [`stiki] *adj* κολλώδης, γλοιώδης || δύσκολος, δύστροπος, στριμμένος || **be on a ~ wicket**, τα 'χω σκούρα || **come to a ~ end**, έχω άσχημο τέλος || **have a ~ time**, περνάω δύσκολες ώρες.

stiff [stif] *adj* άκαμπτος, αλύγιστος, δύσκαμπτος || ψυχρός, ακατάδεχτος, τυπικός || δύσκολος || σφιχτός, σκληρός || δυνατός, υπερβολικός || *adv* πάρα πολύ || **~en** *vti* γίνομαι άκαμπτος, πιάνομαι *(στο σώμα)*, σκληραίνω || **~ening**, κόλλα *(υφασμάτων)*, καναβάτσο || **~-necked**, σκληροτράχηλος, ξεροκέφαλος || **~ness**, ακαμψία, ψυχρότητα.

stifle [staifl] *vti* [κατα]πνίγω.

stigma [`stigmə] *n* στίγμα || **~tize**, στιγματίζω.

still [stil] *n* αποστακτήρας || *adj* γαλήνιος, ήσυχος || *vt* γαληνεύω, καθησυχάζω || *adv* ακόμη || *conj* ωστόσο, παρ' όλα αυτά || **~born**, θνησιγενής || **~ life**, ζωγραφ. νεκρή φύση || **~ness**, ησυχία, γαλήνη, ηρεμία.

stilt [stilt] *n* ξυλοπόδαρο || **~ed**, επιτηδευμένος, εξεζητημένος, δύσκαμπτος.

stimulant [`stimjulənt] *n* διεγερτικό.

stimulate [`stimjuleit] *vt* διεγείρω, ερεθίζω, κεντρίζω, παρακινώ || **stimulating** *adj* διεγερτικός, ενθαρρυντικός.

stimulus [`stimjuləs] *n* διεγερτικό, ερέθισμα, κέντρισμα, ώθηση.

sting [stiŋ] *n* κεντρί *(σφήκας, τσουκνίδας)* || κέντρισμα, τσίμπημα || τσούξιμο, οξύς πόνος || *vti irreg* κεντρίζω, τσιμπώ || τσούζω, πονώ, καίω || μτφ. μαδώ κπ, γδέρνω κπ || **~er**, τσουχτερό χτύπημα.

stingy [`stindʒi] *adj* τσιγκούνης, σφιχτοχέρης || **stinginess**, τσιγκουνιά.

stink [stiŋk] *n* βρώμα || *vti irreg* βρωμάω || **~ out**, φλομώνω, διώχνω με τη βρώμα || **~ of money**, κολυμπάω στο χρήμα || **kick up a ~**, κάνω φασαρία || **~er**, βρωμιάρης, παντασχισμα, μτφ. παλούκι, μανίκι || **~ing** *adj* βρωμο—, απαίσιος.

stint [stint] *n* νόρμα, καθήκον || *vti* τσιγκουνεύομαι, στερώ, δίνω με το σταγονόμετρο || **without ~**, απεριόριστα, αλόγαριαστα.

stipulate [`stipjuleit] *vti* συνομολογώ, ορίζω / συμφωνώ ρητώς || **~ for**, βάζω όρο || **stipulation** [ˌstipjuˈleiʃn] όρος.

stir [stə:ʳ] *n* ταραχή, έξαψη, συγκίνηση || *vti* κινώ / -ούμαι, σαλεύω || ανακατεύω, αναδεύω || υποκινώ, κεντρίζω, προκαλώ, συγκινώ || **not ~ an eyelid / a finger**, δεν μου καίγεται καρφί / δεν κουνάω το μικρό μου δαχτυλάκι || **~ring**, συναρπαστικός, συνταρακτικός.

stirrup [`stirəp] *n* αναβολέας.

stitch [stitʃ] *n* βελονιά, πόντος || σουβλιά πόνου || *vt* ράβω || **drop a ~**, μου φεύγει ένας πόντος || **take up a ~**, πιάνω έναν πόντο || **not have a ~ on**, είμαι ολόγυμνος || **have sb in ~es**, κάνω κπ να λυθεί στα γέλια.

stoat [stout] *n* ζωολ. ερμίνα.

stock [stok] *n* απόθεμα, στοκ || ζώα, κοπάδι || χρεώγραφα, αξίες, τίτλοι || γενιά, σόι || ζωμός, κονσομέ || κοντάκι *(όπλου)*, λαβή *(μαστιγίου)* || κούτσουρο || σκαριά *(ναυπηγείου)* || *vt* εφοδιάζω, γεμίζω, στοκάρω || *adj* συνηθισμένος || **take ~**, κάνω απογραφή || **take ~ of sb/sth**, εξετάζω, ζυγιάζω κπ / κτ || **~s and stones**, άψυχα πράγματα || **~broker**, χρηματιστής || **~-breeder**, κτηνοτρόφος || **~-car**, βαγόνι ζώων || **~-cube**, κύβος ζωμού || **S-Exchange**, χρηματιστήριο || **~-farmer**, κτηνοτρόφος || **~-fish**, ψάρι ξεραμένο στον αέρα || **~-jobber**, χρηματιστής || **~-holder**, μέτοχος || **~-list**, δελτίο τιμών χρηματιστηρίου || **~-market**, χρηματιστήριο αξιών ‖ ~-in-trade, συνηθισμένο ρεπερτόριο, διαρκής παρακαταθήκη ‖ ~-still, εντελώς ακίνητος ‖ ~-taking, απογραφή ‖ laughing-~, περίγελως.

stockade [stoˋkeid] *n* πασσαλόπηγμα.

stocking [ˋstokiŋ] *n* γυναικεία κάλτσα.

stocky [ˋstoki] *adj* κοντόχοντρος.

stodgy [ˋstodʒi] *adj (για φαΐ, βιβλίο)* δύσπεπτος ‖ *(για άνθρ.)* ανιαρός, βαρύς, δυσκίνητος.

stoic [stoik] *n* στωικός ‖ ~al, στωικός ‖ ~ism [ˋstouisizm] στωικισμός, στωική φιλοσοφία.

stoke [stouk] *vti* τροφοδοτώ [φωτιά] ‖ την ταρατσώνω ‖ ~r, θερμαστής.

stole [stoul] *n* πετραχήλι.

stolid [ˋstolid] *adj* φλεγματικός, απαθής ‖ ~ity [stəˋlidati], ~ness, φλέγμα, απάθεια.

stomach [ˋstomək] *n* στομάχι, κοιλιά ‖ όρεξη, διάθεση, θάρρος ‖ *vt* ανέχομαι, χωνεύω ‖ **have no ~ for**, δεν αντέχω ‖ **turn sb's ~**, γυρίζω τα σωθικά κάποιου, προκαλώ αηδία ‖ **on an empty ~**, με άδειο στομάχι ‖ ~-ache, στομαχόπονος.

stone [stoun] *n* πέτρα ‖ πετράδι ‖ κουκούτσι ‖ στόουν *(μονάδα βάρους = 6,25 κιλά)* ‖ *vt* λιθοβολώ ‖ ξεκουκουτσιάζω ‖ **leave no ~ unturned**, κινώ γη και ουρανό ‖ **within a ~'s throw of**, πολύ κοντά εις ‖ ~-cold, ξυλιασμένος ‖ ~-dead, τέζα ‖ ~-deaf, θεόκουφος ‖ ~-mason, χτίστης ‖ ~-wall *vti* (στη Βουλή) κωλυσιεργώ ‖ ~-less, χωρίς κουκούτσι.

stony [ˋstouni] *adj* πετρώδης ‖ *μτφ.* παγερός, σκληρός ‖ ~-broke, πανί με πανί.

stooge [stuːdʒ] *n* ανδρείκελο.

stool [stuːl] *n* σκαμνί ‖ *ιατρ.* κόπρανα ‖ ~-pigeon, *μτφ.* κράχτης, χαφιές, δόλωμα.

stoop [stuːp] *n* σκύψιμο, καμπούριασμα ‖ *vti* σκύβω, γέρνω ‖ ~ **to sth**, ξεπέφτω, καταδέχομαι.

stop [stop] *n* σταμάτημα ‖ στάση ‖ σφήνα, τάκος ‖ *vti* σταματώ ‖ εμποδίζω ‖ διακόπτω, κόβω ‖ παραμένω ‖ ταπώνω, βουλώνω, κλείνω, *(δόντι)* σφραγίζω ‖ ~ **off/over**, διακόπτω [ένα ταξίδι για λίγο], σταματώ ‖ ~ **up**, μένω αργά, ξαγρυπνώ ‖ ~ **dead/short**, σταματώ απότομα ‖ **bring sth to a ~**, σταματώ κτ ‖ **put a ~ to sth**, θέτω τέρμα σε κτ ‖ **pull out all the ~s**, βάζω τα μεγάλα μέσα / όλα τα δυνατά μου ‖ ~-cock, απομονωτικός κρουνός ‖ ~-gap, προσωρινή λύση ‖ ~-over, διακοπή ταξιδίου, προσωρινή παραμονή ‖ ~-page [ˋstopidʒ] σταμάτημα, διακοπή, στάση, παύση, απόφραξη, βούλωμα ‖ ~-ping *n* σφράγιση *(δοντιού)* ‖ ~-press, επί του πιεστηρίου ‖ ~-per, τάπα.

storage [ˋstoridʒ] *n* [εν]αποθήκευση.

store [stoːʳ] *n* απόθεμα ‖ *πληθ.* υλικά, εφόδια ‖ αποθήκη ‖ μαγαζί, κατάστημα ‖ *vt* αποθηκεύω ‖ εφοδιάζω, γεμίζω ‖ ~ **[up]**, εναποθηκεύω, συγκεντρώνω, μαζεύω ‖ **in ~**, μελλοντικός ‖ **have in ~**, επιφυλάσσω ‖ **put great/little ~ by sth**, αποδίδω μεγάλη/μικρή σημασία σε κτ ‖ ~-room/-house, αποθήκη ‖ ~-keeper, καταστηματάρχης, αποθηκάριος ‖ **department ~**, πολυκατάστημα ‖ **general ~[s]**, *(σε χωριό)* μαγαζί γενικού εμπορίου.

storey [ˋstori] *n* όροφος.

storied [ˋstorid] *adj* χιλιοτραγουδισμένος.

stork [stoːk] *n* λελέκι, πελαργός.

storm [stoːm] *n* θύελλα ‖ καταιγίδα ‖ *στρατ.* έφοδος ‖ *vti* καταλαμβάνω εξ εφόδου ‖ ~ **[at]**, μαίνομαι, λυσσομανώ [εναντίον] ‖ **bring a ~ about one's ears**, *μτφ.* ξεσηκώνω θύελλα ‖ **take by ~**, καταλαμβάνω εξ εφόδου ‖ **a ~ in a teacup**, πολύ κακό για το τίποτε ‖ ~-bound, *ναυτ.* ποδισμένος ‖ ~-lantern, φανός θυέλλης ‖ ~-tossed, θαλασσοδαρμένος ‖ ~-troops, μονάδες καταδρομών ‖ ~-trooper, λοκατζής ‖ ~-y, θυελλώδης.

story [ˋstori] *n* ιστορία ‖ ~-teller, αφηγητής, παραμυθάς.

stout [staut] *adj* γερός, χοντρός, ανθεκτικός ‖ *(άνθρ.)* εύσωμος, παχύς ‖ ρωμαλέος, θαρραλέος, αποφασιστικός ‖ *n* μαύρη μπύρα ‖ ~-ness, αποφασιστικότητα, αντοχή, παλικαριά.

stove [stouv] *n* θερμάστρα, σόμπα ‖ ~-pipe, μπουρί.

stow [stou] *vt ναυτ.* στοιβάζω ‖ τακτοποιώ, φυλάω ‖ ~ **with**, γεμίζω με ‖ ~-away, λαθρεπιβάτης.

straddle [strædl] *vti* κάθομαι ή στέκομαι με τα πόδια ανοιχτά/δρασκελιστά.

strafe [straːf] *vt* σφυροκοπώ ‖ κατσαδιάζω άγρια.

straggle [strægl] *vi* απλώνομαι άτακτα /ακανόνιστα ‖ ξεκόβω, μένω πίσω *(σε πορεία)* ‖ ~-r, βραδυπορών, ξεκομμένος.

straight [streit] *n* ευθεία ‖ *χαρτοπ.* κέντα ‖ *adj* ευθύς, ίσιος ‖ κάθετος ‖ *(για ποτό)* σκέτο ‖ τακτοποιημένος, συγυρισμένος ‖ τίμιος, ειλικρινής, ακέραιος ‖ *adv* ίσια, κατευθείαν ‖ ~ **off/a-way**, αμέσως, αυτοστιγμεί ‖ ~ **out**, αδίστακτα ‖ **go ~**, ζω τίμια, μπαίνω στον ίσιο δρόμο, διορθώνομαι ‖ *keep a ~ face*, κρατιέμαι να μη γελάσω ‖ *put the record ~*, βάζω τα πράγματα στη θέση τους ‖ ~*en*, ισιώνω, τακτοποιώ, σιάζω ‖ ~*forward*, ειλικρινής, τίμιος, απλός, ευθύς, καθαρός.

strain [strein] *n* τέντωμα, τάση, πίεση ‖ ένταση, κούραση, ζόρισμα ‖ υπερένταση, υπερκόπωση ‖ τόνος, ύφος ‖ [κληρονομική] τάση, ροπή, κλίση ‖ *ιατρ.* εξάρθρωση ‖ *πληθ.* ήχοι, μελωδία, μουσική ‖ *vti* τεντώνω / -ομαι, τεζάρω ‖ εντείνω, υπερτείνω ‖ καταπονώ, κουράζω, ζορίζω ‖ στραμπουλίζω, εξαρθρώνω ‖ βιάζω, διαστρέφω, παρατραβάω ‖ σουρώνω, στραγγίζω ‖ ~ *at*, αγωνίζομαι, προσπαθώ ‖ ~ *after*, επιδιώκω, κυνηγώ ‖ *be under ~*, περνώ δοκιμασία, ζορίζομαι πολύ ‖ *suffer from over~*, πάσχω από υπερκόπωση ‖ ~*ed*, τεταμένος, βεβιασμένος, καταπονημένος, στραγγιγμένος.

strait *n (γεωγρ.)* στενό ‖ *πληθ.* δυσκολίες, στενοχώριες ‖ ~-*jacket*, ζουρλομανδύας ‖ ~-*laced*, πουριτανικός.

strand *n* ακτή ‖ νήμα ‖ κλωνί ‖ πλεξούδα *(μαλλιών)* ‖ *vti* εξοκέλλω, *μτφ.* ξεμένω ‖ ~*ed*, ξεμεινεσμένος, ξεπεσμένος, μόνος κι έρημος.

strange [streindʒ] *adj* παράξενος ‖ ~ *to sth*, ασυνήθιστος, άμαθος ‖ ~*r*, ξένος, άγνωστος ‖ *be no ~r to sth*, κτ δεν μου είναι άγνωστο, ξέρω από κτ.

strangle [stræŋgl] *vt* στραγγαλίζω, πνίγω ‖ ~*hold*, ασφυκτική λαβή.

strangulation [ˌstræŋguˈleiʃn] *n* στραγγαλισμός.

strap [stræp] *n* λουρί, ιμάντας ‖ *vt* δένω, σφίγγω *(με λουρί)* ‖ δέρνω *(με λουρίδα)* ‖ ~*ping*, ψηλός, γεροδεμένος.

stratagem [ˈstrætədʒəm] *n* στρατήγημα.

strategic[al] [strəˈtiːdʒik(l)] *adj* στρατηγικός.

strategy [ˈstrætədʒi] *n* στρατηγική.

stratify [ˈstrætifai] *vti* χωρίζω / -ομαι σε στρώματα ‖ *stratification*, διάστρωση.

stratum [ˈstraːtəm] *n* στρώμα *(γεωλογικό ή κοινωνικό)*.

straw [strɔː] *n* άχυρο ‖ καλαμιά ‖ καλαμάκι ‖ *adj* αχυρένιος ‖ *catch at a ~; clutch at ~s*, αρπάζομαι απ᾽ όπου βρω ‖ *a ~ vote*, δειγματοληπτική ψηφοφορία ‖ *man of ~*, αχυράνθρωπος, ανδρείκελο ‖ *not care a ~*, δεν δίνω φράγκο ‖ *not worth a ~*, δεν αξίζει τίποτα ‖ *the last ~*, η τελευταία σταγόνα [που κάνει το ποτήρι να ξεχειλίσει] ‖ ~*berry*, φράουλα ‖ ~-*coloured*, κιτρινωπός.

stray [strei] *vi* ξεστρατίζω, παραστρατώ,

ξεκόβω ‖ *adj* αδέσποτος, σκόρπιος.

streak [striːk] *n* γραμμή, λωρίδα, ρίγα ‖ φλέβα *(μεταλλεύματος)* ‖ δόση, τάση ‖ *vti* ριγώνω, σχηματίζω ραβδώσεις ‖ φεύγω σαν αστραπή ‖ τρέχω γυμνός ‖ *a ~ of good luck*, ρέντα ‖ ~*y*, ριγωτός.

stream [striːm] *n* χείμαρρος ‖ ποτάμι, ρεύμα ‖ ροή ‖ *vi* κυλώ, τρέχω, ρέω ‖ κυματίζω ‖ ~-*line*, οργανώνω πιο αποδοτικά ‖ ~-*lined*, αεροδυναμικός, αποδοτικός, εκσυγχρονισμένος.

street [striːt] *n* δρόμος, οδός ‖ ~*s ahead*, σκάλες καλύτερος ‖ *not in the same ~ as*, όχι τόσο καλός όσο ‖ *[not] up my ~*, [όχι] της ειδικότητάς μου ‖ *the man in the ~*, ο κοινός / απλός άνθρωπος ‖ ~-*car*, *US* τραμ ‖ ~-*door*, εξώθυρα ‖ ~-*walker*, γυναίκα του πεζοδρομίου.

strength [streŋθ] *n* δύναμη, ισχύς, αριθμός ‖ *get back one's ~*, ξαναβρίσκω τις δυνάμεις μου ‖ ~*en*, δυναμώνω, ενισχύω / -ομαι.

strenuous [ˈstrenjuəs] *adj (για δουλειά)* σκληρός, κουραστικός ‖ *(προσπάθεια)* επίπονος, σύντονος ‖ *(άνθρ.)* δραστήριος ‖ ~*ness*, επιμονή, ένταση, δραστηριότητα.

streptomycin [ˌstreptouˈmaisin] *n* στρεπτομυκίνη.

stress [stres] *n* τόνος, έμφαση ‖ πίεση, ζόρι, ένταση, άγχος, στρες ‖ *vt* τονίζω, υπογραμμίζω.

stretch [stretʃ] *n* τέντωμα, άπλωμα ‖ έκταση ‖ περίοδος ‖ ευθεία ‖ *vti* τεντώνω, απλώνω ‖ παρατεντώνω, παραβιάζω / υπερβαίνω τα όρια ‖ εντείνω, χρησιμοποιώ πλήρως ‖ εκτείνομαι, απλώνομαι ‖ ~ *[oneself] out*, ξαπλώνω / -ομαι ‖ ~ *one's legs*, ξεμουδιάζω περπατώντας ‖ ~ *a point*, κάνω εξαίρεση, παραβιάζω τον κανόνα ‖ *be fully ~ed*, αποδίδω το μάξιμουμ ‖ *at full ~*, στο μάξιμουμ της απόδοσης ‖ *at a ~*, συνέχεια, χωρίς διακοπή ‖ *by a ~ of language*, βιάζοντας λίγο᾽ τη γλώσσα ‖ *by no ~ of the imagination*, μ᾽ όση φαντασία κι αν βάλει κανείς ‖ ~*er*, φορείο ‖ ~-*er-bearer*, τραυματιοφορέας.

strew [struː] *vt irreg* σκορπίζω ‖ στρώνω.

stricken [strikn] *adj* πληγείς, προσβεβλημένος, πάσχων.

strict [strikt] *adj* αυστηρός ‖ *in ~ confidence*, υπό αυστηράν εχεμύθεια ‖ *be ~ with sb*, είμαι αυστηρός σε κπ ‖ *in the ~ sense of the word*, με την αυστηρή σημασία της λέξης ‖ ~*ness*, αυστηρότητα.

stricture [`striktʃə`] *n* επίκριση, μομφή.

stride [straid] *n* δρασκελιά ‖ *vti* βαδίζω με δρασκελιές ‖ καβαλικεύω ‖ *make great ~s*, κάνω μεγάλη πρόοδο ‖ *take sth in one's ~*, κάνω κτ εύκολα.

strident [`straidnt] *adj* στριγγός, οξύς.

strife [straif] *n* διαμάχη, σύγκρουση.

strike [straik] *n* απεργία ‖ αερ. χτύπημα ‖ *vti irreg* χτυπώ ‖ ηχώ ‖ φαίνομαι (= κάνω ορισμένη εντύπωση) ‖ ανακαλύπτω, βρίσκω, πέφτω πάνω εις ‖ τραβώ προς ‖ χαμηλώνω ‖ πετυχαίνω ‖ φυτεύω ‖ ~ *down*, ρίχνω κάτω ‖ ~ *off*, διαγράφω, κόβω [με χτύπημα] ‖ ~ *out*, σβήνω, διαγράφω, κολυμπώ με απλωτές, χτυπώ στα στραβά, τραβώ προς ‖ ~ *up*, ανακρούω, παιανίζω ‖ ~ *upon*, βρίσκω ξαφνικά ‖ ~ *a bargain*, κλείνω συμφωνία ‖ ~ *an attitude*, παίρνω πόζα ‖ ~ *fear / terror into sb*, γεμίζω κπ φόβο / τρόμο ‖ ~ *camp*, λύνω μια κατασκήνωση ‖ ~ *a flag*, υποστέλλω μια σημαία ‖ ~ *root*, πιάνω ρίζες ‖ ~ *sb blind / dead*, τυφλώνω / σκοτώνω κπ ‖ *be on ~*, απεργώ ‖ *go on ~*, κατεβαίνω σε απεργία ‖ ~-*breaker*, απεργοσπάστης ‖ ~-*fund*, απεργιακό ταμείο ‖ ~-*pay*, επίδομα απεργίας ‖ ~-*r*, απεργός ‖ *striking*, που χτυπάει, εντυπωσιακός, χτυπητός.

string [striŋ] *n* σπάγγος, κορδόνι, σκοινί ‖ χορδή ‖ σειρά, ορμαθός, πλεξούδα ‖ *vti irreg* περνώ χορδή ‖ ορμαθιάζω ‖ κρεμώ σε σκοινί ‖ ~ *sb along*, κοροϊδεύω κπ με υποσχέσεις ‖ ~ *out*, αραιώνω (στη σειρά), παρατάσσω / -ομαι ‖ *be strung up*, είμαι σε υπερδιέγερση / υπερένταση ‖ *be highly strung*, είμαι νευρωτικός ‖ ~ *up*, απαγχονίζω.

stringent [`strindʒənt] *adj* αυστηρός, σκληρός ‖ *stringency*, αυστηρότητα.

strip [strip] *n* λουρίδα, ταινία ‖ *vti* αφαιρώ ‖ βγάζω (ρούχα) ‖ γυμνώνω ‖ ~ *down* λύνω (μηχανή) ‖ ~-*tease*, στριπτίζ ‖ ~-*per*, στριπτιζέζ ‖ *comic ~*, κόμικς ‖ ~ *lighting*, φωτισμός με ράβδους φθορίου.

stripe [straip] *n* ρίγα, ράβδωση, λουρίδα ‖ στρατ. γαλόνι, «σαρδέλα» ‖ ~-*d*, ριγωτός ‖ *stripy*, ριγέ.

stripling [`striplin] *n* νεανίσκος.

strive [straiv] *vi irreg* προσπαθώ, αγωνίζομαι, παλεύω.

stroke [strouk] *n* χτύπημα ‖ αθλ. κίνηση ‖ ιατρ. αποπληξία, εγκεφαλικό συμφόρηση ‖ χάδι, χάιδεμα ‖ *vt* χαϊδεύω ‖ *a ~ of luck*, τύχη, εύνοια της τύχης ‖ *at one ~*, με την πρώτη, μονοκοπανιά ‖ *on the ~*, (για ώρα) ακριβώς ‖

sun~, ηλίαση.

stroll [stroul] *n* περίπατος, βόλτα, σουλάτσο ‖ *vi* κάνω βόλτα ‖ ~-*er*, περιπατητής.

strong [stroŋ] *adj* δυνατός, ισχυρός ‖ γερός ‖ έντονος ‖ *be going ~*, κρατιέμαι καλά ‖ *go it rather ~*, το παρακάνω λίγο, τα παραλέω ‖ *[a battalion] 900 ~*, *[τάγμα]* δυνάμεως 900 ανδρών ‖ ~-*arm*, βίαιος, εκφοβιστικός ‖ ~-*box*, κάσα, χρηματοφυλάκιο ‖ ~-*hold*, προπύργιο ‖ ~ *language*, έντονη γλώσσα ‖ ~-*minded*, θελημστικός, αποφασιστικός.

strop [strop] *n* λουρί (για τρόχισμα ξυραφιού).

structure [`strʌktʃə`] *n* οικοδόμημα ‖ κατασκευή, δόμηση, διάρθρωση, δομή ‖ *structural*, δομικός, οργανικός.

struggle [strʌgl] *n* αγώνας ‖ *vi* αγωνίζομαι, παλεύω.

strum [strʌm] *vt* γρατσουνίζω *(κιθάρα)*, κοπανάω *(πιάνο)*.

strut [strʌt] *n* κορδοπερπάτημα ‖ *vi* περπατώ καμαρωτά, κορδοπερπατώ.

strychnine [`strikni:n] *n* στρυχνίνη.

stub [stʌb] *n* απομεινάρι ‖ στέλεχος *(επιταγής)* ‖ *vt* χτυπώ ‖ ~ *out*, σβήνω.

stubble [stʌbl] *n* καλαμιά *(θερισμένου χωραφιού)* ‖ γένια *(λίγων ημερών)*.

stubborn [`stʌbən] *adj* επίμονος, πείσμων, πεισματάρης ‖ ~-*ness*, πείσμα, επιμονή.

stubby [`stʌbi] *adj* κοντόχοντρος.

stucco [`stakou] *n* στόκος ‖ *vt* στοκάρω.

stuck-up [`stʌk-ʌp] *adj* ψηλομύτης, φαντασμένος.

stud [stʌd] *n* κουμπί κολλάρου ‖ πλατυκέφαλο καρφί ‖ ~-*ded with*, διάστικτος με ‖ ~-*farm*, ιπποτροφείο.

student [`stju:dənt] *n* φοιτητής, σπουδαστής.

studio [`stu:diou] *n* στούντιο.

studious [`stju:diəs] *adj* επιμελής, φιλομαθής, μελετηρός ‖ εξεζητημένος, μελετημένος.

study [`stʌdi] *n* μελέτη ‖ σπουδή ‖ γραφείο *(στο σπίτι)* ‖ *vti* σπουδάζω μελετώ, εξετάζω ‖ ασχολούμαι, φροντίζω για ‖ *be in a brown ~*, έχω πέσει σε συλλογή, ρεμβάζω ‖ *studied*, μελετημένος, σκόπιμος.

stuff *n* υλικό ‖ στόφα, ύφασμα ‖ πράμα ‖ *vt* παραγεμίζω, φουσκώνω ‖ ταριχεύω, βαλσαμώνω ‖ παρατρώω ‖ ~ *[up]*, βουλώνω, κλείνω ‖ ~ *and nonsense!* μπούρδες! ‖ *know one's ~*, ξέρω τη δουλειά μου ‖ *a ~ed shirt*, φουσκωμένος διάνος, φαντασμένος ‖ *get ~ed!* παράτα με! άντε χάσου! ‖ ~*ing*, μαγειρ. γέμιση ‖ *knock the ~ing out of sb,* ξεφουσκώνω κπ, (για αρρώστεια) εξαντλώ.

stuffy [ˈstʌfi] *adj* αποπνικτικός, χωρίς αερισμό || *(άνθρ.)* τυπικός, βαρύς || εύθικτος, μυγιάγγιαχτος || στενοκέφαλος, ακοινώνητος.

stultify [ˈstʌltifai] *vt* ρεζιλεύω, ματαιώνω, αχρηστεύω.

stumble [stʌmbl] *n* παράπτωμα, σκόνταμα || *vi* σκοντάφτω || τρικλίζω, παραπατώ || *(σε ομιλία)* κομπιάζω.

stump [stʌmp] *n* [ριζίμιο] κούτσουρο || απομεινάρι, κολοβό κομμάτι, στέλεχος || *vti* περπατώ βαριά και άχαρα || γυρίζω βγάζοντας λόγους || ~y, κοντόχοντρος.

stun [stʌn] *vt* ρίχνω κπ αναίσθητο || ζαλίζω, καταπλήσσω || ~ned, κατάπληκτος || ~ning *adj* καταπληκτικός.

stunt [stʌnt] *n* κόλπο, πυροτέχνημα || άθλος, κατόρθωμα || *vt* κατσιάζω || ~ed, κατσιασμένος.

stupefy [ˈstjuːpifai] *vt* αποβλακώνω || ζαλίζω, καταπλήσσω, αφήνω κπ άναυδο || **stupefaction** [ˌstjuːpiˈfækʃn] *n* αποβλάκωση, κατάπληξη.

stupendous [stjuːˈpendəs] *adj* φοβερός, τεράστιος, καταπληκτικός.

stupid [ˈstjuːpid] *n* χαζός || *adj* ανόητος, ηλίθιος || ~ity [stjuːˈpidəti] *n* ανοησία, ηλιθιότητα.

stupor [ˈstjuːpəˈ] *n* χαύνωση, νάρκη.

sturdy [ˈstəːdi] *adj* γεροδεμένος, ρωμαλέος, σθεναρός.

sturgeon [ˈstəːdʒən] *n* ιχθ. μουρούνα.

stutter [ˈstʌtəˈ] *n* τραύλισμα || *vi* τραυλίζω || ~er, τραυλός.

sty [stai] *n* χοιροστάσιο || ιατρ. κριθαράκι.

style [stail] *n* στυλ, ύφος, τεχνοτροπία || τρόπος || μοντέλο || τίτλος, προσηγορία || *βοτ.* στύλος, ύπερος || *vt* προσαγορεύω || σχεδιάζω || **self~d**, αυτοαποκαλούμενος || **stylish**, μοντέρνος, κομψός, σικ || **stylist**, στυλίστας, σχεδιαστής || **hair-stylist**, κομμωτής κυριών.

stylize [ˈstailaiz] *vt* στυλιζάρω.

stylus [ˈstailəs] *n* βελόνα *(γραμμοφώνου).*

styptic [ˈstiptik] *n* στυπτικό || *adj* στυπτικός.

suave [swaːv] *adj* αβρός, μειλίχιος.

sub [sʌb] *n* προκαταβολή || υποβρύχιο || *prefix* υπο— || **~committee**, υποεπιτροπή || **~divide**, υποδιαιρώ || **~heading**, υπότιτλος.

subaltern [ˈsʌbltən] *n* κατώτερος αξιωματικός.

subconscious [ˌsʌbˈkonʃəs] *n* το υποσυνείδητο || *adj* υποσυνείδητος.

subcontinent [ˌsʌbˈkontinənt] *n* μικρή ήπειρος.

subcutaneous [ˌsʌbkjuˈteiniəs] *adj* υποδόριος *(ένεση).*

subdue [səbˈdjuː] *vt* [καθ]υποτάσσω || απαλύνω, χαμηλώνω *(φως, φωνή).*

subfusc [ˈsʌbˈfʌsk] *adj* υποτονικός, ασήμαντος || σκούρος.

subhuman [ˌsʌbˈhjuːmən] *adj* υπανθρώπινος, ζωώδης.

¹**subject** [ˈsʌbdʒikt] *n* υπήκοος || θέμα, υπόθεση || πρόσωπο, άτομο || υποκείμενο || *σχολ.* μάθημα || *adj* υποκείμενος, υποτελής || **be ~ to**, υπόκειμαι || **~ to**, υπό τον όρον ότι || **change the ~**, αλλάζω θέμα || **~matter**, περιεχόμενο *(βιβλίων, πίνακα, κλπ.).*

²**subject** [səbˈdʒekt] *vi* ~ **to**, υποτάσσω || υποβάλλω, εκθέτω || **~ion**, υποταγή || **bring into ~ion**, υποτάσσω, υποδουλώνω || **~ive** *adj* υποκειμενικός || **~ivity** [ˌsʌbdʒekˈtivəti] *n* υποκειμενικότητα.

subjugate [ˈsʌbdʒuːgeit] *vt* υποτάσσω, υποδουλώνω || **subjugation**, υποταγή.

subjunctive [səbˈdʒʌŋktiv] *n* υποτακτική.

sublease [ˈsʌbˈliːs] *n* υπενοικίαση, υπεκμίσθωση || *vt* υπενοικιάζω.

sublet [ˈsʌbˈlet] *vt irreg* υπενοικιάζω.

sublieutenant [ˈsʌblefˈtenənt] *n* ανθυποπλοίαρχος.

sublime [səˈblaim] *adj* θείος, υπέροχος || ανήκουστος || ειρων. μακάριος.

submarine [ˌsʌbməˈriːn] *n* υποβρύχιο || *adj* υποβρύχιος.

submerge [səbˈməːdʒ] *vti* χώνω/-ομαι στο νερό || *(για γη)* κατακλύζω/-ομαι || *(για υποβρύχιο)* καταδύομαι || **~nce**, κατάδυση, πλημμύρα.

submission [səbˈmiʃn] *n* υποταγή || υπακοή, σέβας || *νομ.* άποψη, ισχυρισμός.

submissive [səbˈmisiv] *adj* υπάκουος, ταπεινός, πειθαρχικός || **~ness**, υποτακτικότητα, πραότητα.

submit [səbˈmit] *vti* υποβάλλω || *νομ.* ισχυρίζομαι || ~ **to**, υποκύπτω, δέχομαι αδιαμαρτύρητα, παραδίδομαι.

subnormal [ˌsʌbˈnoːml] *adj* κάτω του φυσιολογικού.

subordinate [səˈboːdinət] *n* υφιστάμενος || δευτερεύων, κατώτερος || *vt* [səˈboːdineit] υποτάσσω || **subordination** [səˌboːdiˈneiʃn] *n* υποταγή, υποτέλεια, υπαγωγή.

suborn [səˈboːn] *vt* εξαγοράζω, δωροδοκώ.

subpoena [səˈpiːnə] *n* νομ. κλήση || *vt* κλητεύω.

subscribe [səbˈskraib] *vti* συνεισφέρω || ~ **for**, προεγγράφομαι για || ~ **to,**

προσυπογράφω, επιδοκιμάζω, εγγράφομαι συνδρομητής εις || ~r, συνδρομητής.

subscription [səb`skripʃn] n συνεισφορά || προεγγραφή || προσυπογραφή, επιδοκιμασία || συνδρομή || *take out a ~*, εγγράφομαι συνδρομητής.

subsequent [`sʌbsikwənt] adj μεταγενέστερος, επακόλουθος || ~ *to*, μετά από || ~ly, μετά ταύτα, μεταγενεστέρως.

subservient [səb`sə:viənt] adj δουλοπρεπής, δουλικός || υποβοηθητικός.

subside [səb`said] vi βουλιάζω, παθαίνω καθίζηση || υποχωρώ || κοπάζω, πέφτω || ~nce, καθίζηση, υποχώρηση.

subsidiary [səb`sidiəri] n θυγατρική εταιρία || adj επικουρικός, εξαρτημένος.

subsidize [`sʌbsidaiz] vt επιδοτώ.

subsidy [`sʌbsədi] n επιδότηση.

subsist [səb`sist] vi ~ *[on]*, ζω, τρέφομαι, συντηρούμαι με || ~ence, συντήρηση.

subsoil [səb`soil] n υπέδαφος.

substance [`sʌbstəns] n ουσία || περιεχόμενο, έννοια || περιουσία || στερεότητα, αντοχή.

substantial [səb`stænʃl] adj ουσιώδης, ουσιαστικός || σημαντικός || γερός, στέρεος || εύπορος, πλούσιος || πραγματικός, υπαρκτός.

substantiate [səb`stænʃieit] vt τεκμηριώνω || **substantiation**, τεκμηρίωση.

substantive [`sʌbstəntiv] n γραμμ. ουσιαστικό, όνομα || adj αυθύπαρκτος, πραγματικός.

substitute [`sʌbstitju:t] n αντικαταστάτης, αναπληρωτής || υποκατάστατο || vti ~ *for*, αντικαθιστώ, υποκαθιστώ.

substitution [.sʌbsti`tju:ʃn] n αντικατάσταση, υποκατάσταση.

substratum [.sʌb`stra:təm] n υπόστρωμα.

substructure [.sʌb`strʌktʃəʳ] n υποδομή || βάση, θεμέλιο.

subterfuge [`sʌbtəfju:dʒ] n τέχνασμα, πρόσχημα, υπεκφυγή.

subterranean [.sʌbtə`reiniən] adj υπόγειος.

subtitle [`sʌbtaitl] n υπότιτλος.

subtle [sʌtl] adj λεπτός || ραφιναρισμένος, περίπλοκος, έξυπνος || οξυδερκής, ευαίσθητος || ~ty [`sʌtlti] λεπτότητα, φινέτσα || subtly, λεπτά, έξυπνα.

subtract [səb`trækt] vt αφαιρώ || ~ion [səb`trækʃn] n αφαίρεση.

subtropical [.sʌb`tropikl] adj μεσοτροπικός.

suburb [`sʌbə:b] n προάστειο || ~an [sə`bə:bən] των προαστείων, μικροαστικός || ~ia [sə`bə:biə] μικροαστισμός.

subvention [səb`venʃn] n επίδομα.

subversive [səb`və:siv] adj ανατρεπτικός || **subversion**, υπονόμευση, ανατροπή.

subvert [səb`və:t] vt υπονομεύω, ανατρέπω.

subway [.sʌb`wei] n υπόγεια διάβαση || υπόγειος σιδηρόδρομος.

sub-zero [.sʌb`ziərou] adj κάτω του μηδενός.

succeed [sə`ksi:d] vti ~ *[in]*, πετυχαίνω || ~ *to*, διαδέχομαι.

success [sə`kses] n επιτυχία || ~ful, επιτυχής || ~ion, διαδοχή, εναλλαγή, κληρονομία || ~ive, διαδοχικός, αλλεπάλληλος || ~or, διάδοχος || *right of* ~ion, κληρονομικό δικαίωμα || ~ion duties, φόροι κληρονομίας || in ~ion, συνέχεια, διαδοχικά.

succinct [sə`ksiŋkt] adj περιεκτικός, λακωνικός || ~ness, συντομία, περιεκτικότητα.

succulent [`sʌkjulənt] adj χυμώδης, σαρκώδης.

succumb [sə`kʌm] vi ~ *[to]*, υποκύπτω.

such [sʌtʃ] adj τέτοιος || τόσος || pron or adj αυτός, εκείνος, τέτοιος, όσος || ~ *as*, όπως, σαν || ~ *as it is*, στην κατάσταση που είναι || ~ *as to*, τέτοιος που να || ~ *that*, τέτοιος που || as ~, σαν τέτοιος || ~-and-~, τάδε || ~like, παρόμοιος.

suck [sʌk] n γλείψιμο, βύζαγμα || vti ρουφάω || βυζαίνω || γλείφω, πιπιλίζω || ~er, αναρροφητής, ριζοβλάσταρο, colloq κορόιδο.

suckle [sʌkl] vt θηλάζω || **suckling** n βυζανιάρικο, (ζώο) νεογνό, του γάλακτος.

suction [`sʌkʃn] n αναρρόφηση.

sudden [sʌdn] adj ξαφνικός, απότομος || *all of a* ~, εντελώς ξαφνικά || ~ly, ξαφνικά, απροσδόκητα || ~ness, ξαφνικότητα, αιφνιδιασμός.

suds [sʌdz] n pl σαπουνάδες.

sue [su:] vti ~ *for*, ζητώ, εκλιπαρώ || νομ. ενάγω, κάνω αγωγή για.

suede [sweid] n (δέρμα) καστόρι.

suet [`su:it] n μπόλια, στέαρ.

suffer [`sʌfəʳ] vti υποφέρω || δοκιμάζομαι || υφίσταμαι, παθαίνω || ~er, πάσχων, που υποφέρει || ~ing n βάσανα, πόνος || **fellow**-~er, ομοιοπαθής.

suffice [sə`fais] vti [επ]αρκώ.

sufficiency [sə`fiʃənsi] n επάρκεια.

sufficient [sə`fiʃənt] adj αρκετός, επαρκής.

suffix [`sʌfiks] n γραμμ. πρόσφυμα.

suffocate [`sʌfəkeit] vti πνίγω /-ομαι, ασφυκτιώ || **suffocation**, ασφυξία.

suffrage [`sʌfridʒ] n ψήφος, δικαίωμα ψήφου, ψηφοφορία.

suffragette [.sʌfrə`dʒet] n σουφραζέτα.

suffuse [sə`fju:z] vt διαχέω, πλημμυρίζω.

sugar [ˈʃugəʳ] n ζάχαρη ‖ vt ζαχαρώνω ‖ ~-**beet**, ζαχαρότευτλο ‖ ~-**cane**, ζαχαροκάλαμο ‖ ~-**coated**, με περίβλημα από ζάχαρη ‖ ~-**y**, ζαχαρένιος, γλυκερός.

suggest [səˈdʒest] vti προτείνω ‖ υπαινίσσομαι, υπονοώ ‖ υποβάλλω (ιδέα) ‖ ~**ion**, πρόταση, εισήγηση, υπόδειξη, ιδέα, ίχνος, τόνος, νύξη, υποβολή ‖ ~**ive**, υποβλητικός, υπαινικτικός, συγκεκαλυμμένα σκανδαλιστικός.

suicide [ˈsuisaid] n αυτοκτονία ‖ αυτόχειρας ‖ **suicidal**, αυτοκαταστροφικός.

suit [su:t] n κοστούμι ‖ χαρτοπ. χρώμα ‖ νομ. δίκη ‖ vti ικανοποιώ, εξυπηρετώ, βολεύω ‖ πάω, ταιριάζω ‖ προσαρμόζω ‖ **follow** ~, κάνω το ίδιο (όπως και οι άλλοι) ‖ **be** ~ **ed to/for**, είμαι κατάλληλος για ‖ ~ **oneself**, κάνω το κέφι μου / του κεφαλιού μου ‖ ~**able**, κατάλληλος, βολικός ‖ ~**ability**, καταλληλότητα ‖ ~**case**, βαλίτσα ‖ ~**ing** n εμπ. ύφασμα για κοστούμι ‖ ~**or**, μνηστήρας, θαυμαστής, νομ. ενάγων.

suite [swi:t] n σουίτα (ξενοδοχείου) ‖ μουσ. σουίτα ‖ συνοδεία, ακολουθία (ηγεμόνα) ‖ πλήρης επίπλωση.

sulk [sʌlk] n pl κακοκεφιές, κατσουφιάσματα ‖ vi κατσουφιάζω, κρατώ μούτρα ‖ **be in the** ~**s; have the** ~**s**, έχω τις κακές μου ‖ ~**y**, κατσουφιασμένος, μουτρωμένος, κακόκεφος.

sullen [ˈsʌlən] adj σκυθρωπός, βαρύς, αμίλητος ‖ σκοτεινός, μελαγχολικός ‖ ~**ness**, βλοσυρότητα.

sully [ˈsʌli] vt κηλιδώνω.

sulphate [ˈsʌlfeit] n θειικό άλας.

sulphur [ˈsʌlfəʳ] n χημ. θείο, θειάφι ‖ ~**ic**, θειϊκός ‖ ~**ous**, θειούχος.

sultan [ˈsʌltən] n σουλτάνος ‖ ~**a** [sʌlˈtɑːnə] σουλτάνα, (σταφίδα) σουλτανίνα ‖ ~**ate**, σουλτανάτο.

sultry [ˈsʌltri] adj αποπνικτικός, πνιγηρός, υγρός και ζεστός.

sum [sʌm] n άθροισμα, σύνολο ‖ ποσό ‖ αριθμ. πρόβλημα ‖ vti ~ **up**, αθροίζω ‖ συνοψίζω, ανακεφαλαιώνω ‖ μτφ. ζυγιάζω, μορφώνω γνώμη ‖ ~**ming up**, ανακεφαλαίωση, σύνοψη ‖ ~**marily**, συνοπτικά, περιληπτικά ‖ ~**marize**, συνοψίζω ‖ ~**mary** adj συνοπτικός, σύντομος, n περίληψη ‖ ~**mation** [sʌˈmeiʃn] σωρευτικό αποτέλεσμα, σύνολο, άθροισμα, νομ. αγόρευση.

summer [ˈsʌməʳ] n καλοκαίρι ‖ vi ξεκαλοκαιριάζω ‖ **Indian** ~, γαϊδουροκαλόκαιρο ‖ ~-**house**, περίπτερο κήπου ‖ ~-**time**, καλοκαίρι ‖ ~ **time**, θερινή ώρα.

summit [ˈsʌmit] n κορυφή ‖ αποκορύφωμα ‖ ~ **[meeting]**, διάσκεψη κορυφής.

summon [ˈsʌmən] vt [συγ]καλώ ‖ ~ **up**, συγκεντρώνω ‖ n pl ~**s**, κλήση, κλήτευση, πρόσκληση, vt κλητεύω.

sump [sʌmp] n αυτοκ. κάρτερ.

sumptuous [ˈsʌmptjuəs] adj πολυτελής, πανάκριβος ‖ ~**ness**, πολυτέλεια, πλούτος.

sun [sʌn] n ήλιος ‖ λιακάδα ‖ ~**bathe**, κάνω ηλιοθεραπεία ‖ ~**bathing**, ηλιόλουτρο ‖ ~**beam**, ηλιαχτίδα ‖ ~-**blind**, παντζούρι, στορ ‖ ~**burn**, μαύρισμα / έγκαυμα από τον ήλιο ‖ ~**dial**, ηλιακό ρολόγι ‖ ~**down**, δύση, ηλιοβασίλεμα ‖ ~-**drenched**, ηλιόλουστος ‖ ~**flower**, ήλιος, ηλιοτρόπιο ‖ ~-**glasses**, γυαλιά (του ήλιου) ‖ ~**less**, ανήλιαγος ‖ ~-**light**, ηλιοφώς ‖ ~-**lit**, ηλιοφώτιστος, ηλιόλουστος ‖ ~**lounge / porch**, λιακωτό, τζαμωτή βεράντα ‖ ~**ny**, ηλιόλουστος, χαρούμενος ‖ ~-**ray**, ηλιαχτίδα ‖ ~**rise**, ανατολή του ήλιου ‖ ~**set**, δύση, ηλιοβασίλεμα ‖ ~**shade**, σκίαστρο, τέντα (μαγαζιού) ‖ ~**shine**, λιακάδα ‖ ~**spot**, κηλίδα του ήλιου ‖ ~**stroke**, ηλίαση ‖ ~-**tan**, μαύρισμα (στον ήλιο) ‖ ~-**trap**, απάγκιο, ηλιόλουστη γωνιά ‖ ~-**up**, ανατολή.

sundae [ˈsʌndei] n παγωτό με φρούτα και σιρόπι.

Sunday [ˈsʌndi] n Κυριακή ‖ **one's best**, τα γιορτινά ρούχα ‖ **a month of** ~**s**, χρόνια και ζαμάνια.

sundries [ˈsʌndriz] n pl εμπ. διάφορα.

sundry [ˈsʌndri] adj διάφορος ‖ **all and** ~, όλοι ανεξαιρέτως.

super [ˈsuːpəʳ] adj απίθανος, έξοχος ‖ prefix υπερ— ‖ ~-**abundance**, υπεραφθονία ‖ ~-**abundant**, υπεράφθονος ‖ ~**annuated**, υπέργηρος ‖ ~**annuation**, συνταξιοδότηση λόγω γήρατος ‖ ~-**human**, υπεράνθρωπος ‖ ~-**man**, υπεράνθρωπος ‖ ~**natural**, υπερφυσικός ‖ ~**sonic**, υπερηχητικός.

superb [suˈpəːb] adj έξοχος, θαυμάσιος.

supercilious [ˌsuːpəˈsilios] adj υπεροπτικός, [περιφρονητικά] αγέρωχος.

superficial [ˌsuːpəˈfiʃl] adj επιφανειακός, επιπόλαιος ‖ ~**ity**, επιπολαιότητα.

superfine [ˈsuːpəfain] adj λεπτότατος.

superfluous [suːˈpəːfluəs] adj περιττός, πλεοναστικός ‖ **superfluity** [ˌsuːpəˈfluəti] n πλεονασμός, περίσσεια.

superintend [ˌsuːpərinˈtend] vt εποπτεύω, επιστατώ ‖ ~**ence**, επιστασία, επίβλεψη ‖ ~**ent**, επιστάτης, εργοδηγός, επιθεωρητής.

superior [səˈpiəriəʳ] n ανώτερος ‖ adj ~

to, ανώτερος από, υπεροπτικός || *Mother S~,* Ηγουμένη || *~ity,* ανωτερότητα.

superlative [su:`pə:lətiv] *n* υπερθετικός || υπερβολή || *adj* έξοχος.

supermarket [`su:pəma:kit] *n* υπεραγορά, σουπερμάρκετ.

supersede [su:pə`si:d] *vt* αντικαθιστώ, εκτοπίζω, παραγκωνίζω.

superstition [su:pə`stiʃn] *n* πρόληψη, δεισιδαιμονία || **superstitious,** προληπτικός.

superstructure [su:pə`strʌktʃəʳ] *n* εποικοδόμημα.

supertax [`su:pətæks] *n* πρόσθετος φόρος.

supervene [su:pə`vi:n] *vi* επισυμβαίνω.

supervise [`su:pəvaiz] *vt* επιστατώ, επιβλέπω, εποπτεύω || **supervisor,** επόπτης, επιστάτης.

supervision [su:pə`viʒn] *n* εποπτεία, επίβλεψη, επιτήρηση, επιθεώρηση.

supine [`su:pain] *adj* ύπτιος || ράθυμος.

supper [`sʌpəʳ] *n* δείπνο.

supplant [sə`pla:nt] *vt* αντικαθιστώ || υποσκελίζω, παραγκωνίζω || *~er,* αντικαταστάτης.

supple [sʌpl] *adj* εύκαμπτος, ευλύγιστος || *~ness,* ευλυγισία, ευελιξία.

supplement [`sʌpləmənt] *n* συμπλήρωμα || παράρτημα || *vt* συμπληρώνω || *~ary,* συμπληρωματικός.

supplicant [`sʌplikənt] *n* ικέτης.

supplicate [`sʌplikeit] *vti* ικετεύω, εκλιπαρώ || **supplication,** ικεσία.

supply [sə`plai] *n* προμήθεια, απόθεμα, εφοδιασμός || αναπληρωτής, αντικαταστάτης || *πληθ.* εφόδια, είδη, πιστώσεις || *vt* προμηθεύω, εφοδιάζω, τροφοδοτώ || **supplier,** προμηθευτής.

support [sə`po:t] *n* [υπο]στήριγμα, υποστήριξη || συντήρηση, διατροφή || *vt* [υπο]στηρίζω, [υπο]βοηθώ, κρατώ || συντηρώ, διατρέφω || *means of ~,* μέσα συντήρησης || *price ~s,* US επιδοτήσεις τιμών [αγροτικών προϊόντων] || *~able,* υποφερτός || *~er,* υποστηρικτής, οπαδός.

suppose [sə`pouz] *vt* υποθέτω || νομίζω, φαντάζομαι, πιστεύω || *be ~d to,* θεωρούμαι, είμαι υποχρεωμένος, *αρνητ.* δεν επιτρέπεται || *~d,* υποτιθέμενος, δήθεν || *~dly,* υποθετικά, δήθεν || **supposing,** εάν, υποτεθείσθω || **supposition** [sapə`ziʃn] *n* [προ]υπόθεση.

suppository [sə`pozitri] *n* υπόθετο.

suppress [sə`pres] *vt* καταπνίγω || *ψυχ.* απωθώ, καταπιέζω || σταματώ, παύω, εξαναγκάζω, συγκαλύπτω *(σκάνδαλο),* αποσιωπώ *(την αλήθεια)* || *~ion,* κατάπνιξη, καταστολή, συγκάλυψη, παύση, εξαφάνιση || *~ive,* κατασταλτικός ||

~or, καταπιεστής.

supranational [su:prə`næʃənl] *adj* υπερεθνικός.

supremacy [sə`preməsi] *n* υπεροχή, ανωτερότητα || *have ~ over sb,* υπερέχω κάποιου.

supreme [sə`pri:m] *adj* υπέρτατος, ανώτατος || *~ly,* εξαιρετικά.

surcharge [`sə:tʃa:dʒ] *n* προσαύξηση, υπερτίμημα || υπερφόρτωση.

sure [ʃuəʳ] *adj* σίγουρος, βέβαιος || αξιόπιστος || *adv* σίγουρα, βεβαίως, ασφαλώς || *make ~,* βεβαιώνομαι, σιγουρεύομαι || *be ~ to; be ~ and,* κοίτα να || *to be ~,* πράγματι, ομολογουμένως || *for sure,* στα σίγουρα, μετά βεβαιότητος || *as ~ as fate/as my name is...,* χωρίς καμιά αμφιβολία || *~-footed,* με σίγουρο πόδι || *~ness,* σιγουριά, βεβαιότητα || *~ty* [`ʃo:rəti] *n* ασφάλεια, εγγύηση, εγγυητής || *stand ~ty for sb,* μπαίνω εγγυητής για κπ.

surely [`ʃuəli] *adv* σίγουρα, σταθερά || δε φαντάζομαι να || *(απάντηση σε παράκληση, ιδ. US)* βεβαίως, μετά χαράς.

surf [sə:f] *n* αφρός, κύμα || *~ing n* κυματοδρομία.

surface [`sə:fis] *n* επιφάνεια || *adj* επιφανειακός, επιπόλαιος || *vti* στρώνω *(δρόμο)* || *(για υποβρύχιο)* αναδύομαι.

surfeit [`sə:fit] *n* πληθώρα, κορεσμός, φούσκωμα || *vti* παραχορταίνω, μπουχτίζω.

surge [sə:dʒ] *n* *μτφ.* κύμα || φουσκοθαλασσιά || *vi* ξεχύνομαι σε κύματα, πλημμυρίζω.

surgeon [`sə:dʒən] *n* χειρούργος.

surgery [`sə:dʒəri] *n* χειρουργική || ιατρείο.

surgical [`sə:dʒikl] *adj* χειρουργικός.

surly [`sə:li] *adj* κατσούφης, στριμμένος, αγροίκος.

surmise [sə`maiz] *vti* εικάζω, μαντεύω, υποθέτω || *n* [`sə:maiz] εικασία, υπόθεση.

surmount [sə`maunt] *vt* υπερνικώ *(εμπόδιο).*

surname [`sə:neim] *n* επώνυμο || *vt* επονομάζω.

surpass [sə`pa:s] *vt* ξεπερνώ || *~ing adj* αξεπέραστος.

surplus [`sə:pləs] *n* πλεόνασμα, περίσσευμα || *adj* πλεονάζων.

surprise [sə`praiz] *n* έκπληξη || *adj* αιφνιδιαστικός || *vt* εκπλήττω || αιφνιδιάζω || *take sb by ~,* αιφνιδιάζω κπ, καταλαμβάνω εξ απίνης || *~d,* έκπληκτος || **surprising** *adj* εκπληκτικός.

surrealism [sə`riəlizm] *n* σουρεαλισμός ||

surrealist, σουρεαλιστής ‖ **surrealistic** [sə.riə`listik] *adj* σουρεαλιστικός.

surrender [sə`rendə^r] *n* παράδοση, εγκατάλειψη, εκχώρηση ‖ *vti* παραδίδω/ -ομαι ‖ εκχωρώ, παραχωρώ, παραιτούμαι από.

surreptitious [.sʌrəp`tiʃəs] *adj* κρυφός.

surrogate [`sʌrəgeit] *n* τοποτηρητής, αντικαταστάτης.

surtax [`sɔ:tæks] *n* πρόσθετος φόρος.

surveillance [sɔ:`veiləns] *n* επιτήρηση.

survey [`sɔ:vei] *n* επισκόπηση, ανασκόπηση, εξέταση ‖ επιθεώρηση, αξιολόγηση, εκτίμηση ‖ χωρογράφηση, τοπογράφηση ‖ *vt* [sə`vei] επισκοπώ, κατοπτεύω ‖ εξετάζω, ανασκοπώ ‖ επιθεωρώ, αξιολογώ, εκτιμώ ‖ τοπογραφώ, χωρομετρώ ‖ ~or, τοπογράφος, επιθεωρητής, εκτιμητής.

survival [sə`vaivl] *n* επιβίωση ‖ υπόλειμμα.

survive [sə`vaiv] *vti* επιζώ, επιβιώ.

survivor [sə`vaivə^r] *n* επιζών.

susceptibility [sə`septə`biləti] *n* ευαισθησία ‖ ευπάθεια ‖ δεκτικότητα ‖ *πληθ.* ευαίσθητα σημεία.

susceptible [sə`septəbl] *adj* ευαίσθητος, συναισθηματικός, ευεπηρέαστος ‖ ~ **to,** επιρρεπής εις, ευάλωτος, ευπαθής ‖ ~ **of,** [επι]δεκτικός.

suspect [sə`spekt] *vt* ~ *[sb of sth]*, υποπτεύομαι, υποψιάζομαι ‖ αμφιβάλλω για ‖ *n, adj* [`sʌspəkt] ύποπτος.

suspend [sə`spend] *vt* αναρτώ, κρεμώ ‖ αναβάλλω, αναστέλλω ‖ θέτω σε διαθεσιμότητα ‖ ~**ed sentence,** καταδίκη με αναστολή ‖ ~**ers,** τιράντες, ζαρτιέρες ‖ ~**er belt,** ζώνη με ζαρτιέρες.

suspense [sə`spens] *n* αβεβαιότητα, εκκρεμότητα, αγωνία.

suspension [sə`spenʃn] *n* αιώρηση, ανάρτηση *(ιδ. αυτοκινήτου)* ‖ αναστολή, αναβολή, [θέση σε] αργία.

suspicion [sə`spiʃn] *n* υποψία, υπόνοια ‖ ίχνος ‖ **fall under** ~, γίνομαι ύποπτος.

suspicious [sə`spiʃəs] *adj* ύποπτος ‖ καχύποπτος, δύσπιστος.

sustain [sə`stein] *vt* [συγ]κρατώ, βαστάζω, στηρίζω ‖ συντηρώ, διατηρώ, κρατώ ‖ υφίσταμαι, παθαίνω ‖ *νομ.* δέχομαι *(ένσταση, κλπ.).*

sustenance [`sʌstinəns] *n* συντήρηση, θρεπτική αξία, τροφή.

swab, swob [swob] *n* πατσαβούρα, μάκτρο, ξέστρο ‖ *vt* σφογγίζω, σφουγγαρίζω.

swaddle [swodl] *vt* φασκιώνω *(μωρό).*

swagger [`swægə^r] *n* κομπασμός, καμάρωμα ‖ *vi* κορδώνομαι, κομπορρημονώ ‖ ~**er,** φανφαρόνος.

swallow [`swolou] *n* χελιδόνι ‖ *vti* καταπίνω, καταβροχθίζω, χάφτω.

swamp [swomp] *n* έλος, βάλτος ‖ *vti* πλημμυρίζω, γεμίζω νερό, *μτφ.* πνίγω, κατακλύζω ‖ ~**y,** ελώδης.

swan [swon] *n* κύκνος ‖ *vi* ~ **off/a-round,** τριγυρίζω αργόσχολος ‖ ~-**song,** κύκνειο άσμα.

swank [swæŋk] *n* επίδειξη, φιγούρα ‖ φιγουρατζής ‖ *vi* επιδεικνύομαι, κορδώνομαι, κάνω φιγούρα ‖ ~**y,** φιγουράτος, σνομπ.

swarm [swo:m] *n* σμήνος ‖ πλήθος ‖ *vi* συρρέω, συγκεντρώνομαι [κατά μάζες] ‖ ~ **with,** βρίθω από ‖ ~ **up,** σκαρφαλώνω.

swarthy [`swo:ði] *adj* μελαψός.

swashbuckler [`swoʃbaklə^r] *n* νταής.

swastika [`swostikə] *n* σβάστικα.

swat [swot] *vt* χτυπώ ‖ ~**ter** *n* μυγοσκοτώστρα.

swathe [sweið] *vt* τυλίγω, επιδένω.

sway [swei] *n* λίκνισμα, κούνημα ‖ εξουσία, κυριαρχία, επιβολή ‖ *vti* λικνίζω/-ομαι, ταλαντεύομαι, κουνώ/ -ιέμαι ‖ εξουσιάζω, επηρεάζω αποφασιστικά.

swear [sweə^r] *vti irreg* ορκίζω/-ομαι ‖ βλαστημώ, βρίζω ‖ ~ **by sth,** ορκίζομαι σε κτ ‖ ~ **sb in,** ορκίζω κπ [πριν αναλάβει καθήκοντα] ‖ ~ **off sth,** ορκίζομαι να κόψω κτ ‖ ~ **to sth,** παίρνω όρκο για κτ ‖ **sworn evidence,** ένορκη κατάθεση ‖ ~ **like a trooper,** βλαστημάω σα βαρκάρης ‖ ~-**word,** βρισιά, βλαστήμια.

sweat [swet] *n* ιδρώτας ‖ σκληρή δουλειά, ξεθέωμα ‖ υγρασία *(τοίχου)* ‖ *vti* ιδρώνω ‖ βγάζω το λάδι στη σκληρή δουλειά ‖ **be in a** ~, είμαι καταϊδρωμένος/ **be in a cold** ~, μ' έχει περιλούσει κρύος ιδρώτας ‖ **be all of a** ~, είμαι μουσκίδι ‖ **an old** ~, *μτφ.* παλιά καραβάνα ‖ ~ **blood,** *μτφ.* φτύνω αίμα ‖ ~**ed labour,** σκληρή κακοπληρωμένη δουλειά ‖ ~**y,** ιδρωμένος, σκυλίσιος.

¹sweep [swi:p] *n* σκούπισμα, καθάρισμα, σάρωμα ‖ πλατειά κυκλική κίνηση ‖ πλατειά απαλή καμπύλη *(δρόμου, ποταμού)* ‖ ~**stake,** αμοιβαίο ιπποδρομιακό στοίχημα ‖ **chimney-**~, καπνοδοχοκαθαριστής.

²sweep [swi:p] *vti irreg* σαρώνω ‖ σκουπίζω ‖ καθαρίζω ‖ σημειώνω σαρωτική νίκη ‖ παρασύρω ‖ κινούμαι μεγαλόπρεπα ‖ εγγίζω ανάλαφρα ‖ απλώνομαι κυκλικά ‖ ~ **all before one,** τα σαρώνω/κερδίζω όλα ‖ **be swept off one's feet,** ενθουσιάζομαι, παρασύρομαι ‖ ~**er,** καθαριστής ‖

~ing adj ευρύτατος, σαρωτικός, περιεκτικότατος, ορμητικός, φιγουράτος, κυκλικός ‖ **~ings n pl** σαρίδια, σκουπίδια.

sweet [swi:t] n καραμέλα ‖ γλυκό ‖ γλύκα ‖ αγαπούλα ‖ adj γλυκός ‖ μυρωμένος, μυρωδάτος, δροσερός ‖ ευχάριστος, χαριτωμένος ‖ **be ~ on sb**, είμαι τσιμπημένος με κπ ‖ **at one's own ~ will**, κατά το κέφι μου ‖ **~bread**, γλυκάδια ζώου ‖ **~en** vti γλυκαίνω ‖ **~ening** adj γλυκαντικός ‖ **~heart**, αγαπημένος, αγαπημένη ‖ **~ie**, γλύκα μου ‖ **~meat**, κουρέτο, καραμέλα, ζαχαρωτό, φρουί γκλασέ ‖ **~ness**, γλυκύτητα.

swell [swel] n φουσκοθαλασσιά ‖ βαθμιαία αύξηση ήχου ‖ adj μοντέρνος, σικ ‖ θαυμάσιος, φίνος ‖ vti φουσκώνω, πρήζομαι ‖ **~ing n** πρήξιμο.

sweltering [`sweltəriŋ] adj, adv πολύ ζεστός.

swerve [swə:v] n λοξοδρόμημα, στραβοτιμονιά ‖ vti παρεκκλίνω, λοξοδρομώ, στρίβω απότομα.

swift n πετροχελίδονο ‖ adj ταχύς ‖ **~ness**, ταχύτητα.

swig [swig] n γερή ρουφηξιά ‖ vt πίνω, ρουφώ ‖ **~ off**, πίνω μονορρούφι.

swill [swil] n πλύσιμο ‖ ξέπλυμα ‖ vti πίνω, λαίμαργα, κοπανώ ‖ **~ out**, ξεπλένω.

swim [swim] n κολύμπι ‖ vti irreg κολυμπώ ‖ ιλιγγιώ, στριφογυρίζω ‖ **~ with the stream**, πάω με το ρεύμα ‖ **be in/out of the ~**, είμαι μέσα στα/έξω από τα πράγματα ‖ **~mer**, κολυμβητής ‖ **~ming suit/trunks**, γυναικείο/ανδρικό μαγιό ‖ **~ming-pool**, πισίνα.

swindle [swindl] n απάτη, κοροϊδία ‖ vti κοροϊδεύω, εξαπατώ ‖ **~r**, απατεώνας.

swine [swain] n χοίρος ‖ γουρούνι ‖ **swinish**, γουρουνίσιος.

swing [swiŋ] n κούνια, τραμπάλα ‖ κούνημα, αιώρηση, παλινδρόμηση ‖ μεταστροφή ‖ έντονος ρυθμός ‖ (χορός) σουιγκ ‖ vti irreg κουνώ/-ιέμαι ‖ παίρνω στροφή, γυρίζω απότομα ‖ χορεύω σουιγκ ‖ **~ round**, γυρίζω απότομα ‖ **get into the ~ of sth**, εξοικειώνομαι με κτ ‖ **~ing**, πεταχτός ‖ γλεντζέδικος, μοντέρνος ‖ παλινδρομικός.

swingeing [`swindʒiŋ] adj κολοσσιαίος, τρομερός.

swipe [swaip] n χτύπημα ‖ vt χτυπώ.

swirl [swə:l] n δίνη, στρόβιλος ‖ vti στροβιλίζω/-ομαι.

swish [swiʃ] n σφύριγμα, θρόισμα ‖ adj σικ, ακριβός ‖ vti κινώ/-ιέμαι (με ήχο σφυρίγματος) ‖ (για φόρεμα) φουρφουρίζω, θροΐζω, (για νερό) κελαρύζω.

switch [switʃ] n ηλεκτρ. διακόπτης, σιδηροδρ. κλειδί ‖ βέργα ‖ ψεύτικη κοτσίδα, ποστίς ‖ μετατροπή ‖ vti χτυπώ με βέργα ‖ βουτάω ‖ μεταφέρω με συρμό ‖ **~ on/off**, ανοίγω/κλείνω (με διακόπτη) ‖ **~ sb on**, διεγείρω κπ ‖ **~ (over) to**, αλλάζω ξαφνικά, μεταπηδώ ‖ **~back**, τραινάκι σε λούναπαρκ που ανεβοκατεβαίνει ‖ **~board**, ταμπλό (με διακόπτες), τηλεφ. μεταλλάκτης ‖ **~man**, US κλειδούχος.

swivel [swivl] n στροφέας ‖ prefix περιστρεφόμενος ‖ vti περιστρέφω/-ομαι, στριφογυρίζω.

swoon [swu:n] n λιποθυμία ‖ vi λιποθυμώ.

swoop [swu:p] n βουτιά, βούτηγμα, άρπαγμα ‖ vi ~ **down [on]**, εφορμώ, επιπίπτω.

swop, **swap** [swop] n τράμπα, ανταλλαγή ‖ vti κάνω τράμπα, ανταλλάσσω.

sword [so:d] n ξίφος, σπαθί ‖ **~-cut**, σπαθιά, σημάδι από σπαθί ‖ **~-dance**, χορός των σπαθιών ‖ **~fish**, ιχθ. ξιφίας ‖ **~-play**, ξιφασκία, ξιφομαχία ‖ **~sman**, ξιφομάχος ‖ **~smanship**, ξιφομαχική δεινότητα.

swot [swot] n σπασίλας ‖ εντατική μελέτη ‖ vi σπάω στο διάβασμα.

sycamore [`sikəmo:ʳ] n συκομουριά.

sycophant [`sikəfænt] n τσανακογλείφτης ‖ **~ic** [,sikə`fæntik] adj δουλοπρεπής.

syllable [`siləbl] n συλλαβή.

syllabus [`siləbəs] n πρόγραμμα [μαθημάτων σε σχολείο], περίληψη σπουδών.

sylph [silf] n συλφίδα.

symbol [`simbl] n σύμβολο ‖ **~ic[al]** [sim`bolik(l)] συμβολικός ‖ **~ize**, συμβολίζω ‖ **~ism**, συμβολισμός.

symmetric[al] [si`metrik(l)] adj συμμετρικός.

symmetry [`simətri] n συμμετρία.

sympathetic [,simpə`θetik] adj συμπονετικός, φιλικός, ευμενής.

sympathize [`simpəθaiz] vi ~ **with sb**, συμμερίζομαι, συμπονώ, λυπάμαι ‖ **~r**, πολιτ. συμπαθών.

sympathy [`simpəθi] n συλλυπητήρια ‖ συμπόνια, οίκτος ‖ κατανόηση, συμπάθεια ‖ **πληθ.** ευαισθησία, προτίμηση ‖ **in ~ with**, σύμφωνος, αλληλέγγυος.

symphony [`simfəni] n μουσ. συμφωνία ‖ **symphonic** [sim`fonik] adj συμφωνικός.

symposium [sim`pouziəm] n συμπόσιο (=πνευματική διάσκεψη).

symptom [`simptəm] n σύμπτωμα ‖ **~atic**,

συμπτωματικός.
synagogue [`sinəgog] *n* συναγωγή.
synchronize [`siŋkrənaiz] *vti* συγχρονίζω
/-ομαι ‖ **synchronization,** συγχρονισμός.
syndicalism [`sindikəlizəm] *n* συνδικαλισμός ‖ **syndicalist,** συνδικαλιστής.
syndicate [`sindikət] *n* συνδικάτο.
syndrome [`sindroum] *n* σύνδρομο.
synod [`sinəd] *n* εκκλ. σύνοδος.
synonym [`sinənim] *n* συνώνυμο.
synonymous [si`noniməs] *adj* συνώνυμος.
synopsis [si`nopsis] *n* σύνοψη ‖ **synoptic,**

συνοπτικός.
syntactic [sin`tæktik] *adj* συντακτικός.
syntax [`sintæks] *n* σύνταξη.
synthesis [`sinθəsis] *n* σύνθεση.
synthetic [sin`θetik] *adj* συνθετικός.
syphilis [`sifilis] *n* σύφιλη.
syphilitic [ˌsifə`litik] *n* συφιλιδικός.
syringe [si`rindʒ] *n* σύριγγα, σερβιτσάλι.
syrup [`sirəp] *n* σιρόπι.
system [`sistəm] *n* σύστημα ‖ ~**atic,**
συστηματικός ‖ ~**atize,** συστηματοποιώ
‖ ~**atization,** συστηματοποίηση.

T t

tab [tæb] *n* θηλίτσα ‖ ετικέτα, μάρκα ‖
τσεκάρισμα, λογαριασμός ‖ **keep** ~**s
on sth,** ελέγχω / παρακολουθώ κτ.
tabby[-cat] [`tæbi] *n* γάτα [με ραβδώσεις].
tabernacle [`tæbənækl] *n* σκήνωμα ‖
ναός ‖ αρτοφόριο.
table [teibl] *n* τραπέζι ‖ πίνακας ‖ δέλτος, πλάκα ‖ *vt* κατεθέτω στη Βουλή
προς συζήτηση ‖ συνοψίζω σε πίνακα
‖ **lay / clear the** ~, στρώνω / σηκώνω
το τραπέζι ‖ ~-**cloth,** τραπεζομάντηλο
‖ ~-**linen,** πετσέτες και τραπεζομάντηλα ‖ ~-**mat,** σου-πλά ‖ ~-**spoon,**
κουτάλα σερβιρίσματος ‖ ~ **tennis,**
πιγκ-πογκ ‖ ~-**ware,** επιτραπέζια σκεύη
‖ ~ **wine,** επιτραπέζιο κρασί.
tableau [`tæblou] *n* εικόνα, ταμπλώ-βιβάν.
tablet [`tæblət] *n* ταμπλέτα, χάπι ‖
αναθηματική πλάκα ‖ σημειωματάριο.
tabloid [`tæbloid] *n* λαϊκή εφημερίδα
μικρού σχήματος.
taboo [tə`bu:] *n* ταμπού, απαγόρευση ‖
adj απαγορευμένος ‖ *vt* απαγορεύω.
tabor [`teibəᵣ] *n* ντέφι, νταούλι.
tabular [`tæbjuləᵣ] *adj* συνοπτικός, υπό
μορφή πίνακος.
tabulate [`tæbjuleit] *vt* ταξινομώ σε πίνακες.
tacit [`tæsit] *adj* σιωπηρός, υπονοούμενος.
taciturn [`tæsitə:n] *adj* λιγόλογος, λιγομίλητος ‖ ~**ity,** σιωπηλότητα.
tack [tæk] *n* πινέζα, καρφάκι, κοσκινόπροκα ‖ τρύπωμα, βελονιά ‖ ναυτ.
πορεία ‖ *vt* καρφώνω, καρφιτσώνω ‖

τρυπώνω, ράβω πρόχειρα ‖ κολλώ,
προσθέτω ‖ *ναυτ.* προχωρώ με ζιγκζαγκ ‖ ~**y,** κολλώδης, κακόγουστος.
tackle [`tækl] *n* σύνεργα ‖ παλάγκο,
βίντζι ‖ *αθλ.* άγριο μαρκάρισμα ‖ *vti*
μαρκάρω άγρια ‖ βουτάω, αρπάζω ‖
καταπιάνομαι με ‖ ~ **sb about / over
sth,** ρίχνομαι σε κπ για κτ.
tact [tækt] *n* τακτ, διακριτικότητα ‖
~**ful,** διακριτικός, με τακτ ‖ ~**less,**
αδιάκριτος, χωρίς τακτ.
tactic [`tæktik] *n* τακτική ‖ ~**al,** τακτικός ‖ ~**ian,** ειδικός στην τακτική.
tadpole [`tædpoul] *n* γυρίνος.
taffeta [`tæfitə] *n* ταφτάς.
tag [tæg] *n* ετικέτα *(που κρέμεται)* ‖
συνηθισμένη φράση ‖ *(παιχνίδι)* αμπάριζα, κυνηγητό ‖ *vti* δένω ετικέτα ‖
~ **along / behind / after,** ακολουθώ κατά
πόδας ‖ ~ **on,** προσδένω, στερεώνω ‖
~ **together,** συρράπτω, συγκολλώ.
tail [teil] *n* ουρά ‖ παρακολουθών ‖
πληθ. φράκο ‖ *vti* [παρ]ακολουθώ στενά ‖ ~ **off / away,** ελαττώνομαι βαθμηδόν, ξεμένω πίσω.
tailor [`teiləᵣ] *n* ράφτης ‖ *vt* ράβω, φτιάχνω ‖ ~**ed for sth,** ειδικά φτιαγμένος
για κτ.
taint [teint] *n* μόλυνση, μίασμα ‖ κηλίδα
‖ ίχνος ‖ *vti* μολύνω / -ομαι.
take [teik] *vti irreg* παίρνω ‖ καταλαμβάνω ‖ δέχομαι, ανέχομαι ‖ θεωρώ,
εκλαμβάνω ‖ εισπράττω *(για χρόνο)*
απαιτώ, χρειάζομαι ‖ ~ **sb / sth somewhere,** πηγαίνω κπ / κτ κάπου ‖ ~
after, μοιάζω με ‖ ~ **apart / to pieces,**
διαλύω *(μηχανή)* ‖ ~ **away,** παίρνω

από, αφαιρώ || ~ **back**, ξαναπαίρνω, ξαναπηγαίνω, ξαναγυρίζω || ~ **down**, κατεβάζω, γκρεμίζω, γράφω (καθ' υπαγόρευση) || ~ **for**, θεωρώ, εκλαμβάνω || ~ **in**, μπάζω, περιλαμβάνω, αντιλαμβάνομαι, ξεγελώ, εξαπατώ || ~ **off**, αφαιρώ, βγάζω, παίρνω από, πηγαίνω εις, (για αεροπλάνο) απογειώνομαι || ~ **on**, αναλαμβάνω, προσλαμβάνω (υπαλλήλους), τα βάζω με κπ (ως αντίπαλος), παίρνω (έκφραση, επιβάτες), πιάνω (= έχω επιτυχία), γίνομαι έξω φρενών || ~ **out**, αφαιρώ, βγάζω || ~ **it out of sb**, εξαντλώ κπ || ~ **it out on sb**, ξεσπώ / ξεθυμαίνω σε κπ || ~ **over**, αναλαμβάνω (τη διεύθυνση, τη διοίκηση) || ~ **to**, επιδίδομαι, το ρίχνω εις, καταφεύγω || ~ **to sb**, παίρνω με καλό μάτι, μου αρέσει || ~ **to flight/ to one's heels**, το βάζω στα πόδια || ~ **up**, μαζεύω (από χάμω), καταλαμβάνω (χώρο), απασχολώ (χρόνο), [αρχίζω να] απασχολούμαι || ~ **sth up with sb**, συζητώ κτ με κπ || ~ **up with sb**, πιάνω φιλίες / σχέσεις με κπ || ~ **sb up short/sharp**, διακόπτω (ομιλητή) και τον διορθώνω || ~ **sth upon one-self**, αναλαμβάνω την ευθύνη, παίρνω πάνω μου || ~**off**, απογείωση, απομίμηση || ~**-over**, ανάληψη, κατάληψη, εξαγορά (εταιρίας) || **takings** n pl εισπράξεις.

talc [tælk] n σκόνη ταλκ.

tale [teil] n ιστορία, διήγημα || αφήγηση || διάδοση || παραμύθι || **tell** ~**s**, προδίδω, κουτσομπολεύω || ~**-teller / -bearer**, μαρτυριάρης, κουτσομπόλης.

talent [ˈtælənt] n ταλέντο || τάλαντο || ~**ed**, ταλαντούχος || ~ **scout**, κυνηγός ταλέντων.

talisman [ˈtælizmən] n φυλαχτό.

talk [to:k] n συνομιλία, συζήτηση || ομιλία, διάλεξη || διάδοση, λόγια || vti μιλώ || κουβεντιάζω, συζητώ || **about**, μιλώ για || ~ **at sb**, μιλώ σε κπ (χωρίς να προσέχω τι λέει) || ~ **away**, συνεχίζω να κουβεντιάζω || ~ **back to sb**, αντιμιλώ σε κπ || ~ **sb down**, αναγκάζω κπ να σωπάσει (μιλώντας δυνατότερα απ' αυτόν) || ~ **down to sb**, μιλώ σε κπ αφ' υψηλού || ~ **sb into/out of doing sth**, πείθω κπ να κάμει / να μην κάμει κτ || ~ **sb over /round**, καταφέρνω κπ να συμφωνήσει μαζί μου || ~ **sth over**, συζητώ κτ λεπτομερώς || ~ **to sb**, μιλώ αυστηρά σε κπ || ~ **big**, κομπορρημονώ, λέω μεγάλα λόγια || **get oneself ~ed about**, γίνομαι αντικείμενο κουτσομπολιού || ~**ative**, ομιλητικός || ~**er**, ομιλητής,

φλύαρος, φαφλατάς.

tall [to:l] adj ψηλός || παράλογος, απίθανος || **a ~ order**, δύσκολη δουλειά || **a ~ story**, απίθανη ιστορία, αρλούμπα || ~**ish**, ψηλούτσικος.

tallow [ˈtælou] n ξύγκι, ζωικό λίπος.

tally [ˈtæli] vi συμφωνώ με, αντιστοιχώ.

talon [ˈtælən] n νύχι (όρνιου).

tambourine [ˌtæmbəˈri:n] n ντέφι.

tame [teim] adj ήμερος || άβουλος, πειθήνιος || ανιαρός, σαχλός || vt δαμάζω, εξημερώνω || ~**r**, δαμαστής || ~**ly**, ήμερα, δειλά, πειθήνια.

tamp [tæmp] vt στουπώνω, πατικώνω.

tamper [ˈtæmpər] vi ~ **with**, χαλώ (μαστορεύοντας), ανακατεύομαι με.

tan [tæn] n μαύρισμα (στον ήλιο), μελαψό (χρώμα) || vti βυρσοδεψώ, κατεργάζομαι (δέρμα) || μαυρίζω (στον ήλιο) || ~ **sb's hide**, ξυλοφορτώνω κπ, του αργάζω το τομάρι || ~**ner**, βυρσοδέψης || ~**nery**, βυρσοδεψείο.

tang [tæŋ] n αψιά μυρουδιά / γεύση.

tangent [ˈtændʒənt] n γεωμ. εφαπτομένη || **go off at a ~**, αλλάζω απότομα θέμα.

tangerine [ˌtændʒəˈri:n] n μανταρίνι.

tangible [ˈtændʒəbl] adj απτός, χειροπιαστός || **tangibly**, απτά, χειροπιαστά.

tangle [ˈtæŋgl] n μπλέξιμο, μπέρδεμα, ανακάτωμα || vti μπερδεύω / -ομαι, μπλέκω / -ομαι.

tango [ˈtæŋgou] n ταγκό.

tank [tæŋk] n ντεπόζιτο, δεξαμενή || στρατ. τανκ || ~**er**, ναυτ. τάνκερ || **petrol**~, ρεζερβουάρ βενζίνης.

tankard [ˈtæŋkəd] n κούπα, μεταλλικό κύπελλο.

tantalize [ˈtæntəlaiz] vt βασανίζω.

tantamount [ˈtæntəmaunt] adj ισοδύναμος || **be ~ to**, ισοδυναμώ με.

tantrum [ˈtæntrəm] n θυμός, μπουρίνι.

tap [tæp] n βρύση, κάνουλα, πείρος (βαρελιού) || ελαφρό χτύπημα || πληθ. στρατ. US σιωπητήριο || vti παγιδεύω (τηλέφωνο) || χτυπώ ελαφρά || αντλώ, τραβώ, παίρνω (πληροφορίες, κλπ.) || ~ **sb for sth**, κάνω τράκα σε κπ || ~**room**, καπηλειό || ~**-dancing**, κλακέτες.

tape [teip] n ταινία || κορδέλα || vt μαγνητογραφώ || **breast the ~**, κόβω το νήμα (στο τέρμα), νικώ || ~**-measure**, μετροταινία || ~**-recorder**, μαγνητόφωνο || ~**worm**, ιατρ. ταινία || **insulating ~**, μονωτική ταινία.

taper [ˈteipər] n λαμπάδα, κερί || vti λεπτύνω / -ομαι στην άκρη (σαν κώνος).

tapestry [ˈtæpistri] n τάπητας τοίχου,

ταπετσαρία.

tar [ta:ʳ] *n* πίσσα, κατράμι ‖ *vt* πισσώνω ‖ ~ry, πισσωμένος.

tarantula [təˈræntjulə] *n* ταραντούλη (=μαλλιαρή φαρμακερή αράχνη).

tarboosh [ta:ˈbu:ʃ] *n* φέσι.

tardy [ˈta:di] *adj* βραδύς, καθυστερημένος, όψιμος.

tare [teəʳ] *n* τάρα, απόβαρο ‖ *βοτ.* ήρα.

target [ˈta:git] *n* στόχος.

tariff [ˈtærif] *n* δασμολόγιο ‖ τιμολόγιο, διατίμηση, ταρίφα.

tarmac [ˈta:mæk] *n* ασφαλτικό σκυρόδεμα ‖ *αεροπ.* διάδρομος προσγειώσεως.

tarnish [ˈta:niʃ] *vti (για μέταλλα)* μαυρίζω, θαμπώνω ‖ *μτφ.* αμαυρώνω, κηλιδώνω.

tarpaulin [ta:ˈpo:lin] *n* μουσαμάς.

tarry [ˈtæri] *vi* αργώ, χρονίζω, καθυστερώ.

tart [ta:t] *n* τάρτα ‖ *sl* κοκότα, τσούλα ‖ *adj* δριμύς, αψύς, ξινός ‖ οξύς, καυστικός, τσουγκρερός ‖ *vt* ~ *sth/sb up,* στολίζω φανταχτερά.

tartar [ˈta:təʳ] *n* πουρί, τρυγία ‖ Τάρταρος ‖ *μτφ.* τούρκος.

task [ta:sk] *n* καθήκον ‖ δουλειά ‖ *vt* καταπονώ, κουράζω ‖ *set sb a* ~, αναθέτω μια δουλειά σε κπ ‖ *take sb to* ~, κατσαδιάζω κπ.

tassel [tæsl] *n* θύσανος, φούντα.

taste [teist] *n* γεύση ‖ γούστο, καλαισθησία ‖ λιγουλάκι, ένα δείγμα, μια ιδέα ‖ *vti* γεύομαι ‖ έχω/δίνω γεύση ‖ δοκιμάζω (με τη γεύση) ‖ απολαμβάνω ‖ *develop a* ~ *for sth,* μου αρέσει σιγά-σιγά κτ ‖ *have a* ~ *for sth,* μου αρέσει κτ ‖ *there is no accounting for* ~s, περί ορέξεως ουδείς λόγος ‖ ~**ful**, νόστιμος ‖ ~**less**, άνοστος, ακαλαίσθητος ‖ **tasty**, νόστιμος *(= εύγευστος)* ‖ ~**r**, δοκιμαστής.

tatter [ˈtætəʳ] *n* κουρέλι ‖ ~**ed**, κουρελιασμένος.

tattle [tætl] *n* φλυαρία, κουτσομπολιό ‖ *vti* φλυαρώ, κουτσομπολεύω ‖ ~**r**, κουτσομπόλης.

tatoo [təˈtu:] *n* ταμπούρλο *(=συνεχές χτύπημα)* ‖ *στρατ.* ανακλητικό ‖ λαμπαδηφορία ‖ τατουάζ ‖ *vt* κάνω τατουάζ.

taunt [to:nt] *n* σαρκασμός, λοιδωρία ‖ *vt* λοιδωρώ, χλευάζω, προκαλώ κπ με κοροϊδίες ‖ ~**ing** *adj* χλευαστικός.

Taurus [ˈto:rəs] *n αστρολ.* Ταύρος.

taut [to:t] *adj* τεταμένος, τεντωμένος.

tautology [to:ˈtolədʒi] *n* ταυτολογία.

tavern [ˈtævən] *n* ταβέρνα.

tawdry [ˈto:dri] *adj* φανταχτερός, κακό-

γουστος.

tax [tæks] *n* φόρος ‖ καταπόνηση, δοκιμασία ‖ φορολογώ ‖ θέτω σε δοκιμασία ‖ ~ *sb with sth,* επιρρίπτω κτ σε κπ ‖ ~**able**, φορολογήσιμος ‖ ~**ation** [tækˈseiʃn] φορολογία ‖ ~**collector**, φοροεισπράκτορας ‖ ~ **evasion**, φοροδιαφυγή ‖ ~**-free**, αφορολόγητος ‖ ~**payer**, φορολογούμενος.

taxi [ˈtæksi] *n* ταξί ‖ ~**meter**, ταξίμετρο ‖ ~ **rank**, πιάτσα, σταθμός ταξί.

tea [ti:] *n* τσάι ‖ *not my cup of* ~, δεν είναι του γούστου μου ‖ ~**bag**, φακελάκι με τσάι ‖ ~**break**, διάλειμμα για τσάι ‖ ~**caddy**, κουτί του τσαγιού ‖ ~**cake**, κουλουράκι-βούτημα ‖ ~**garden**, υπαίθριο τεϊοπωλείο ‖ ~**house**, τεϊοπωλείο ‖ ~**pot**, τσαγιέρα ‖ ~**room**, ζαχαροπλαστείο, τεϊοπωλείο ‖ ~**-set/-service**, σερβίτσιο του τσαγιού ‖ ~**spoon**, κουταλάκι ‖ ~**-things**, σερβίτσιο του τσαγιού ‖ ~**urn**, σαμοβάρι ‖ ~**-wagon/-trolley**, κινητό τραπεζάκι του τσαγιού.

teach [ti:tʃ] *vti irreg* διδάσκω, μαθαίνω ‖ ~**able**, διδάξιμος ‖ ~**er**, δάσκαλος ‖ ~**ing**, διδασκαλία, *πληθ.* διδάγματα ‖ ~**-yourself**, αυτοδιδασκαλία.

team [ti:m] *n αθλ.* ομάδα ‖ *(ζώα)* ζευγάρι ‖ *vi* ~ *up with sb,* συνεργάζομαι, προσπαθώ από κοινού με κπ ‖ ~**spirit**, ομαδικό πνεύμα ‖ ~**ster**, ζευγολάτης, *US* φορτηγατζής.

[1]**tear** [tiəʳ] *n* δάκρυ ‖ *burst into* ~s, ξεσπώ σε δάκρυα ‖ *check one's* ~s, συγκρατώ τα δάκρυά μου ‖ *be moved to* ~s, συγκινούμαι μέχρι δακρύων ‖ *shed* ~s, χύνω δάκρυα ‖ ~**-drop**, δάκρυ ‖ ~**-gas**, δακρυγόνο [αέριο] ‖ ~**ful**, δακρυσμένος ‖ ~**less**, στεγνός, αδάκρυτος.

[2]**tear** [teəʳ] *n* σχίσιμο ‖ *vti irreg* σχίζω/-ομαι ‖ αποσπώ/τραβώ βίαια, ξεριζώνω ‖ ορμώ, τρέχω ‖ ~ *sth open,* ανοίγω κτ σχίζοντάς το ‖ ~ *down,* κατεδαφίζω, γκρεμίζω ‖ ~ *from,* βουτάω από ‖ ~ *oneself away,* ξεκολλώ ‖ ~**away** *n* νεαρός κακοποιός.

tease [ti:z] *n* πειραχτήρι ‖ *vt* πειράζω, ενοχλώ, τυραννώ ‖ ~**r**, πειραχτήρι, σπαζοκεφαλιά.

teat [ti:t] *n* ρώγα *(μαστού).*

technical [ˈteknikl] *adj* τεχνικός ‖ ~**ity** [ˌtekniˈkæləti] τεχνική λεπτομέρεια.

technician [tekˈniʃn] *n* τεχνικός.

technique [tekˈni:k] *n* τεχνική.

technocracy [tekˈnokrəsi] *n* τεχνοκρατία.

technocrat [ˈteknəkræt] *n* τεχνοκράτης.

technology [tekˈnolədʒi] *n* τεχνολογία ‖ **technological**, τεχνολογικός.

teddy bear [ˈtedi beəʳ] *n* κούκλα-αρκουδάκι.

Te Deum [teiˈdeiəm, ti: ˈdiːəm] *Λατ.* δοξολογία.

tedious [ˈtiːdiəs] *adj* ανιαρός, πληκτικός.

tedium [ˈtiːdiəm] *n* πλήξη, μονοτονία.

tee [tiː] *n (γκολφ)* υψωματάκι ǁ *vti* ~ **up**, κανονίζω, οργανώνω ǁ **to a** ~, στην εντέλεια.

teem [tiːm] *vi* αφθονώ ǁ ~ **with**, βρίθω ǁ ~ *[down]*, *(για βροχή)* πέφτω καταρρακτωδώς.

teenager [ˈtiːneidʒəʳ] *n* νεαρός *(από 13-19 ετών)*.

teens [tiːnz] *n pl* εφηβική ηλικία.

teeter [ˈtiːtəʳ] *vi* παραπαίω, ταλαντεύομαι.

teethe [tiːð] *vi (για μωρά)* βγάζω δόντια.

teetotal [tiːˈtoutl] *adj* αντιαλκοολικός ǁ ~ler, άνθρωπος που δεν πίνει οινοπνευματώδη.

telecaster [ˈtelikɑːstəʳ] *n* τηλεπαρουσιαστής.

telecommunications [ˌtelikəˌmjuːniˈkeiʃnz] *n pl* τηλεπικοινωνίες.

telegram [ˈteligræm] *n* τηλεγράφημα.

telegraph [ˈteligrɑːf] *n* τηλέγραφος ǁ *vt* τηλεγραφώ ǁ ~-**pole/-post**, τηλεγραφοκολώνα.

telegraphese [ˌteligrɑːˈfiːz] *n* τηλεγραφικό στυλ.

telegraphic [ˌteliˈgræfik] *adj* τηλεγραφικός ǁ ~ally, τηλεγραφικώς.

telegraphy [tiˈlegrəfi] *n* τηλεγραφία.

telemetry [tiˈlemətri] *n* τηλεμετρία.

teleology [ˌteliˈolədʒi] *n* τελεολογία.

telepathy [tiˈlepəθi] *n* τηλεπάθεια.

telephone [ˈteləfoun] *n* τηλέφωνο ǁ *vti* τηλεφωνώ ǁ ~ **booth/book**, τηλεφωνικός θάλαμος / κατάλογος ǁ ~ **exchange**, τηλεφωνικό κέντρο.

telephonist [tiˈlefənist] *n* τηλεφωνητής.

telephony [tiˈlefoni] *n* τηλεφωνία.

telephoto [ˌteliˈfoutou] *adj* τηλεφωτογραφικός ǁ ~ **lens**, τηλεφακός ǁ ~**graph**, τηλεφωτογραφία ǁ ~**graphy**, τηλεφωτογραφία (=η τεχνική).

teleprinter [ˈteliprintəʳ] *n* τηλέτυπο.

telescope [ˈteləskoup] *n* τηλεσκόπιο ǁ *vti* συμπτύσσω / -ομαι, γίνομαι φυσαρμόνικα.

telescopic [ˌteləˈskopik] *adj* τηλεσκοπικός ǁ πτυσσόμενος.

televise [ˈteləvaiz] *vt* μεταδίδω τηλεοπτικώς.

television [ˈteliviʒn] *n* τηλεόραση.

telex [ˈteleks] *n* τέλεξ.

tell [tel] *vti irreg* λέγω ǁ πληροφορώ, αφηγούμαι ǁ παραγγέλω, διατάσσω ǁ [ανα]γνωρίζω, ξεχωρίζω ǁ ~ **off**, κατσαδιάζω ǁ ~ *[on sb]*, μαρτυράω, προ-

δίδω κπ ǁ ~ **upon**, έχω επίδραση, φαίνομαι ǁ ~ **me another!** αλλού αυτά! ǁ **you can never** ~, δεν μπορεί να ᾽σαι ποτέ σίγουρος, δεν ξέρεις τι γίνεται καμιά φορά ǁ **all told**, συνολικά ǁ ~-**tale**, μαρτυριάρης, αποκαλυπτικός ǁ ~**ing**, εντυπωσιακός, αποτελεσματικός, εύστοχος.

telly [ˈteli] *n* τηλεόραση.

temerity [tiˈmerəti] *n* αποκοτιά, τόλμη.

temper [ˈtempəʳ] *n* διάθεση, χαρακτήρας ǁ *vti* ψήνω, βάφω *(μέταλλα)* ǁ απαλύνω, μετριάζω ǁ **be in a** ~, έχω τις κακές μου, είμαι όλο νεύρα ǁ **be in a good/bad** ~, είμαι σε καλή / κακή διάθεση ǁ **fly into a** ~, γίνομαι έξω φρενών ǁ **keep/lose one's** ~, διατηρώ / χάνω την ψυχραιμία μου ǁ ~**ament**, ιδιοσυγκρασία, ταμπεραμέντο ǁ ~**amental** [ˌtemprəˈmentl] άστατος, θερμόαιμος, ιδιόρρυθμος ǁ ~**amentally**, εκ φύσεως.

temperance [ˈtempərəns] *n* εγκράτεια, μετριοπάθεια, αποχή από οινοπνευματώδη.

temperate [ˈtempərət] *adj* εγκρατής ǁ *(κλίμα)* εύκρατος, ήπιος.

temperature [ˈtemprətʃəʳ] *n* θερμοκρασία ǁ πυρετός ǁ **run a** ~, κάνω πυρετό ǁ **take sb's** ~, θερμομετρώ κπ.

tempest [ˈtempist] *n* τρικυμία, θύελλα ǁ ~**uous** [temˈpestʃuəs] *adj* θυελλώδης.

temple [ˈtempl] *n* κρόταφος ǁ ναός.

tempo [ˈtempou] *n* χρόνος, ρυθμός.

temporal [ˈtempərəl] *adj* χρονικός ǁ κοσμικός.

temporary [ˈtemprəri] *adj* προσωρινός ǁ **temporarily**, προσωρινά.

temporize [ˈtempəraiz] *vi* χρονοτριβώ, προσπαθώ να κερδίσω χρόνο, καιροσκοπώ.

tempt [tempt] *vt* βάζω σε πειρασμό ǁ παραπλανώ, παρασύρω, ξεγελώ ǁ ~**ing** *adj* ελκυστικός, γοητευτικός ǁ ~**ress**, ξεμυαλίστρα.

temptation [tempˈteiʃn] *n* πειρασμός ǁ **give way/yield to** ~, ενδίδω στον πειρασμό ǁ **put** ~ **in sb's way**, βάζω κπ σε πειρασμό.

ten [ten] *adj* δέκα ǁ ~**th**, δέκατος ǁ ~**fold**, δεκαπλάσιος.

tenable [ˈtenəbl] *adj* που μπορεί να υποστηριχθεί / να κρατηθεί.

tenacious [təˈneiʃəs] *adj* ανυποχώρητος, πεισματικός, επίμονος ǁ **be** ~ **of sth**, επιμένω σε κτ, κολλάω πάνω σε κτ.

tenacity [təˈnæsəti] *n* πείσμα, εμμονή, προσκόλληση ǁ δύναμη *(μνήμης)*.

tenancy [ˈtenənsi] *n* μίσθωση.

tenant [ˈtenənt] *n* μισθωτής, ενοικιαστής

|| ~ry, ένοικοι, κολλήγοι.

tend [tend] *vt* φροντίζω, περιποιούμαι || *vi* τείνω, κλίνω || ~ency, τάση, κλίση.

tendentious [ten'denʃəs] *adj* υποβολιμαίος, μεροληπτικός.

tender ['tendə'] *adj* τρυφερός || *vti* προσφέρω || ~ *for*, κάνω προσφορά || ~-hearted, πονόψυχος || ~-loin, ψαρονέφρι, μπον φιλέ || ~ness, τρυφερότητα.

tendon ['tendən] *n* τένοντας.

tendril ['tendril] *n* ψαλίδα *(κλήματος)*.

tenement ['tenəmənt] *n* λαϊκή πολυκατοικία.

tenet ['tenət] *n* ρητό, αξίωμα, αρχή.

tenner ['tenə'] *n* δεκάλιρο.

tennis ['tenis] *n* τέννις || ~-court, γήπεδο τέννις.

tenor ['tenə'] *n* τενόρος || γενική κατεύθυνση.

tenpins ['tenpinz] *n pl* τσούνια.

tense [tens] *n* γραμμ. χρόνος || *adj* τεταμένος, τεντωμένος, σε υπερένταση || *vti* τεντώνω || *be* ~*d up*, είμαι σε υπερένταση || ~ness, υπερένταση.

tension ['tenʃn] *n* τέντωμα, τεζάρισμα || ένταση || ηλεκτρ. τάση, βολτάζ.

tensity ['tensəti] *n* [υπερ]ένταση.

tent [tent] *n* τέντα, σκηνή.

tentacle ['tentəkl] *n* πλόκαμος, κεραία.

tentative ['tentətiv] *adj* δοκιμαστικός.

tenterhooks ['tentəhuks] στη *φρ. on* ~, σ' αγωνία, σ' αναμμένα κάρβουνα.

tenuous ['tenjuəs] *adj* λεπτός *(ιστός αράχνης)* || *(για απόδειξη)* ισχνός.

tenure ['tenjuə'] *n* διάρκεια, χρόνος || ~ *of office*, θητεία.

tepid ['tepid] *adj* χλιαρός || ~ness *(και* ~ity), χλιαρότητα.

tercentenary [.tə:sen'ti:nəri] *n* 300ή επέτειος.

term [tə:m] *n* προθεσμία, περίοδος || σχολ. τρίμηνο || όρος, έκφραση, λέξη || πληθ. όροι, συμφωνίες || λόγια, τρόπος, σχέσεις || *vt* ορίζω, καλώ, ονομάζω || *come to* ~*s with sb/sth*, καταλήγω σε συμφωνία με κπ, παραδέχομαι κτ, συμβιβάζομαι με κτ || *in* ~*s of*, από την άποψη || *contradiction in* ~*s*, αντίφαση εξ ορισμού || *be on good/bad* ~*s with sb*, έχω καλές/κακές σχέσεις με κπ || *be on speaking* ~*s with sb*, μιλιέμαι με κπ || *short-* ~, βραχυπρόθεσμος || *long-* ~, μακροπρόθεσμος.

termagant ['tə:məgənt] *n* μέγαιρα.

terminal ['tə:minəl] *n* τέρμα, τελικός σταθμός || *adj* ακραίος, τελικός || σχολ. τριμηνιαίος.

terminate ['tə:mineit] *vti* τερματίζω/

-ομαι.

termination [.tə:mi'neiʃn] *n* τερματισμός, λήξη || διακοπή || κατάληξη.

terminology [.tə:mi'nolədʒi] *n* ορολογία.

terminus ['tə:minəs] *n* τέρμα.

termite ['tə:mait] *n* τερμίτης.

terrace ['terəs] *n* ταράτσα || πεζούλα *(σε πλαγιά)* || σειρά ομοιόμορφων σπιτιών ενωμένων μαζί τους || ~d, πεζουλωτός, *(για σπίτια)* ενωμένος.

terracotta [.terə'kotə] *n* τερακότα.

terrain [tə'rein] *n* έδαφος, τεραίν.

terrestrial [tə'restriəl] *n* γήινος, επίγειος || χερσαίος, στεριανός.

terrible ['terəbl] *adj* τρομερός || **terribly** *adv* τρομερά, πάρα πολύ.

terrier ['teriə'] *n (σκυλί)* τεριέ.

terrific [tə'rifik] *adj* τρομαχτικός || καταπληκτικός, θαυμάσιος.

terrify ['terifai] *vt* τρομοκρατώ, φοβίζω.

territorial [.teri'tɔriəl] *adj* εδαφικός, τοπικός || ~ *waters*, χωρικά ύδατα || *the* ~ *army*, η εθνοφυλακή || *n* εθνοφρουρός.

territory ['teritri] *n* έδαφος, περιοχή.

terror ['terə'] *n* τρόμος, φρίκη || *in* ~, έντρομος || *strike* ~ *into sb*, γεμίζω κπ τρόμο || *have a* ~ *of sth*, τρέμω κτ || ~-stricken, τρομοκρατημένος || ~ism, τρομοκρατία || ~ist, τρομοκράτης || ~ize, τρομοκρατώ.

terse [tə:s] *n* λιτός, ξηρός, λακωνικός || ~ness, λακωνικότητα.

tertian ['tə:ʃn] *adj* τριταίος.

tertiary ['tə:ʃəri] *adj* τριτογενής, τριτογόνος, τριτοβάθμιος.

terylene ['terəli:n] *n* τερυλίνη.

tessellated ['tesəleitid] *adj* ψηφιδωτός.

test [test] *n* δοκιμή, δοκιμασία, εξέταση, τεστ || *vt* ελέγχω, δοκιμάζω, εξετάζω || *adj* δοκιμαστικός || *put sth to the* ~, θέτω κτ σε δοκιμασία || *undergo a* ~, περνώ από τεστ || ~ *case*, νομ. προηγούμενο, υπόθεση που δημιουργεί νομολογία || ~ *flight*, δοκιμαστική πτήση || ~ *match*, διεθνής συνάντηση κρίκετ || ~ *pilot*, πιλότος δοκιμών || ~-tube, πειραματικός σωλήνας || *driving* ~, εξετάσεις για δίπλωμα οδηγού.

testament ['testəmənt] *n* διαθήκη.

testator [tə'steitə'] *n* διαθέτης.

testicle ['testikl] *n* όρχις.

testify ['testifai] *vti* καταθέτω, βεβαιώνω || μαρτυρώ.

testimonial [.testi'mouniəl] *n* πιστοποιητικό, βεβαίωση || δώρο.

testimony ['testiməni] *n* μαρτυρία, κατάθεση, βεβαίωση.

testy ['testi] *adj* ευέξαπτος, ευερέθιστος.

tetanus [ˈtetənəs] *n* ιατρ. τέτανος.

tetchy [ˈtetʃi] *adj* στριμμένος, ευέξαπτος.

tether [ˈteðəʳ] *n* σκοινί *(για το δέσιμο ζώου)* || *vt* δένω || **be at the end of one's ~**, είμαι στο έσχατο όριο της αντοχής μου.

Teuton [tjuːtn] *n* Τεύτονας.

text [tekst] *n* κείμενο || **~book**, εγχειρίδιο || **~ual** [ˈtekstʃuəl] του κειμένου, αυτούσιος.

textile [ˈtekstail] *n* ύφασμα, υφαντό.

texture [ˈtekstʃəʳ] *n* ύφανση || υφή, σύσταση.

than [ðæn] *conj* από || παρά, ή.

thank [θæŋk] *vt* ευχαριστώ || *n pl* ευχαριστίες || **~s to**, χάρη σε || **~ful**, ευγνώμονας || **~fulness**, ευγνωμοσύνη || **~less**, αγνώμονας, άχαρος.

that [ðæt] *adj, pron* εκείνος, αυτός εκεί || *rel pron* ο οποίος || *conj* ότι, να || ώστε || **~ is**, δηλαδή || **at ~**, και μάλιστα || **and all ~**, και τα λοιπά || **after ~**, έπειτα || **for all ~**, παρ' όλα αυτά || **like ~**, έτσι.

thatch [θætʃ] *n* αχυροσκεπή.

thaw [θoː] *vti* λιώνω, ξεπαγώνω || *μτφ.* γίνομαι διαχυτικός.

the [ðiː, ðə] *def art* ο, η, το || **~ more ~ merrier**, όσο περισσότεροι τόσο το καλύτερο.

theatre [ˈθiətəʳ] *n* θέατρο || **~-goer**, θεατρόφιλος || **operating ~**, χειρουργείο.

theatrical [θiˈætrikl] *adj* θεατρικός || θεατρινίστικος.

theft [θeft] *n* κλοπή.

their [ðeəʳ] *poss adj* τους || **~s**, δικός τους.

theism [ˈθiːzəm] *n* θεϊσμός.

them [ðem] *pers pron* αυτούς, τους || **~selves**, αυτοί οι ίδιοι, αυτούς τους ίδιους, τους εαυτού τους.

theme [θiːm] *n* θέμα || **~ song**, μοτίβο || **thematic** [θiˈmætik] *adj* θεματικός.

then [ðen] *adv* τότε || μετά, έπειτα, εν συνεχεία || λοιπόν, σε τέτοια περίπτωση || κι ακόμη || **since ~**, από τότε || **now ~**, λοιπόν.

theocracy [θiˈokrəsi] *n* θεοκρατία.

theologian [ˌθiəˈloudʒən] *n* θεολόγος || **theological**, θεολογικός.

theology [θiˈolədʒi] *n* θεολογία.

theorem [ˈθiərəm] *n* θεώρημα.

theoretic[al] [θiəˈretik(l)] *adj* θεωρητικός.

theorist [ˈθiərist] *n* θεωρητικός.

theorize [ˈθiəraiz] *vt* θεωρητικολογώ.

theory [ˈθiəri] *n* θεωρία || **in ~**, θεωρητικά.

theosophy [θiˈosəfi] *n* θεοσοφία.

therapeutic[al] [ˌθerəˈpjuːtik(l)] *adj* θεραπευτικός.

therapist [ˈθerəpist] *n* θεραπευτής.

therapy [ˈθerəpi] *n* θεραπεία.

there [ðeəʳ] *adv* εκεί || ορίστε || **~ is/are**, υπάρχει/υπάρχουν || **~ is no + gerund**, αδύνατο να || **get ~**, πετυχαίνω το σκοπό μου || **over ~**, εκεί πέρα || **then and ~**, επί τόπου, εκεί και τότε || **~about[s]**, εκεί κοντά/γύρω || **~fore**, άρα, επομένως, συνεπώς.

therm [θɜːm] *n* θερμίδα.

thermal [θɜːml] *adj* θερμικός, θερμαντικός.

thermo— [ˈθɜːmou] *prefix* θερμο— || **~dynamics**, θερμοδυναμική || **~meter**, θερμόμετρο || **~nuclear**, θερμοπυρηνικός || **~stat**, θερμοστάτης || **~static**, θερμοστατικός.

thermos [ˈθɜːmos] *n* θέρμος.

thesaurus [θiˈsoːrəs] *n (εγκυκλοπαιδικός)* θησαυρός.

thesis [ˈθiːsis] *n* θέση, διατριβή.

they [ðei] *pers pron* αυτοί, αυτές, αυτά.

thick [θik] *n* το παχύ τμήμα *(ενός πράγματος)* || *adj* χοντρός, παχύς || πυκνός || παχύρρευστος || *(φωνή)* βραχνός, κλεισμένος || κουτός, χοντροκέφαλος || *adv* παχιά, πυκνά || **they are as ~ as thieves**, είναι αχώριστοι, είναι τάτσι-μίτσι-κότσι || **it's a bit ~**, αυτό παραπάει/παραείναι || **lay it on ~**, τα παραλέω || **give sb a ~ ear**, πρίζω κπ στο ξύλο || **in the ~ of it**, *μτφ.* καταμεσής || **through ~ and thin**, κάτω από οποιεσδήποτε συνθήκες || **~en** *vti* χοντραίνω, πυκνώνω, περιπλέκομαι || **~ness**, πάχος, πυκνότητα, στρώμα.

thicket [ˈθikət] *n* λόχμη, σύδεντρο.

thief [θiːf] *n* κλέφτης.

thieve [θiːv] *vti* κλέβω || **~ry**, κλεψιά.

thigh [θai] *n* μηρός, μπούτι.

thimble [θimbl] *n* δαχτυλήθρα.

thin [θin] *n* λεπτός, ψιλός || ισχνός, αδύνατος, λιγνός || αραιός || *(για υγρά)* νερουλός, αραιός, αδύνατος || *μτφ.* φτωχός, άνευ σημασίας || *adv* λεπτά, αραιά || *vti* λεπταίνω, αδυνατίζω, αραιώνω || **~ly**, αραιά || **~ness**, λεπτότητα, ισχνότητα, αραιότητα, λεπτό στρώμα.

thing [θiŋ] *n* πράγμα || πλάσμα || ζήτημα, θέμα, κατάσταση || **be seeing ~s**, έχω παραισθήσεις || **know a ~ or two**, κάτι ξέρω κι εγώ || **taking one ~ with another**, συνολικά, λαβαίνοντας όλα υπόψη || **it was a near ~**, λίγο έλειψε να, μόλις και μετά βίας || **have a ~ about sth**, έχω μανία με κτ.

think [θiŋk] *n* σκέψη, διαλογισμός || *vti irreg* σκέπτομαι, συλλογίζομαι || νομίζω, ‖ φαντάζομαι, περιμένω ‖ *(με can't, couldn't)* καταλαβαίνω ‖ ~ *about*, σκέπτομαι, εξετάζω ‖ ~ *of*, σκέπτομαι, γυροφέρνω στο μυαλό, λαβαίνω υπόψη ‖ ~ *better of sth*, σκέπτομαι κτ καλύτερα [και δεν το κάνω] ‖ ~ *nothing of*, δε λογαριάζω καθόλου, δεν το΄χω σε τίποτα ‖ ~ *well/little of sb*, έχω/δεν έχω κπ σε υπόληψη ‖ ~ *out*, μελετώ προσεχτικά ‖ ~ *over*, ξανασκέπτομαι ‖ ~ *up*, επινοώ, σκαρώνω, βρίσκω ‖ ~*able*, νοητός ‖ ~*er*, στοχαστής ‖ ~*ing* η σκέψη, adj σκεπτόμενος.

third [θə:d] adj τρίτος ‖ ~*ly*, κατά τρίτον λόγον ‖ ~*party*, τρίτος ‖ ~*rate*, παρακατιανός, τρίτης κατηγορίας.

thirst [θə:st] η δίψα ‖ vi ~ *[for]*, διψώ [για] ‖ ~*y*, διψασμένος ‖ *be* ~*y*, διψώ ‖ ~*ily*, διψασμένα, αχόρταγα.

thirteen [.θə:`ti:n] adj δεκατρία ‖ ~*th*, δέκατος τρίτος.

thirtieth [`θə:tiəθ] adj τριακοστός.

thirty [`θə:ti] adj τριάντα.

this [ðis] adj, pron αυτός ‖ adv τόσο ‖ *like* ~, έτσι, ως εξής ‖ *what's all* ~? τι συμβαίνει εδώ;

thistle [θisl] η γαϊδουράγκαθο.

thong [θοη] λουρί.

thorn [θο:n] η αγκάθι ‖ *a* ~ *in the flesh*, μαράζι ‖ ~*y*, ακανθώδης, αγκαθωτός.

thorough [`θلrə] adj εξονυχιστικός, διεξοδικός, λεπτομερής, τέλειος ‖ προσεχτικός, επιμελέστατος ‖ ~*bred*, καθαρόαιμος, φαρί ‖ ~*fare*, οδός, δίοδος ‖ ~*going*, πλήρης, τέλειος ‖ ~*ly*, τέλεια, ολοκληρωτικά ‖ ~*ness*, επιμέλεια, τελειότητα, διεξοδικότητα.

though [ðou] conj αν και, μολονότι ‖ παρ' όλα αυτά.

thought [θο:t] η σκέψη ‖ *a penny for your* ~s, πες μου τι σκέφτεσαι ‖ *give sth a* ~, σκέφτομαι κτ, το μελετώ ‖ *collect one's* ~s, συγκεντρώνω τις σκέψεις μου ‖ *have second* ~s *about sth*, ξανασκέφτομαι κτ [κι αλλάζω γνώμη] ‖ *on second* ~s, ύστερα από ωριμότερη σκέψη ‖ ~*ful*, σκεπτικός, στοχαστικός ‖ ~*fulness*, περίσκεψη, φροντίδα, αβρότητα ‖ ~*less*, ασυλλόγιστος, επιπόλαιος ‖ ~*lessly*, ασυλλόγιστα ‖ ~*lessness*, επιπολαιότητα, απερισκεψία ‖ ~*reader*, άνθρωπος με τηλεπαθητικές ικανότητες ‖ ~ *transference*, μετάβίβαση σκέψεων, τηλεπάθεια.

thousand [.θauzənd] adj, η χίλια ‖ ~*th*, χιλιοστός ‖ ~*fold*, χιλιαπλάσιος, χιλιάκις.

thrash [θræʃ] vti χτυπώ ‖ ραβδίζω,

δέρνω ‖ νικώ, κατατροπώνω ‖ αλωνίζω ‖ ~ *about*, χτυπιέμαι, σφαδάζω ‖ ~ *out*, ξεδιαλύνω, εξονυχίζω ‖ ~*ing* η δάρσιμο, ξύλο.

thread [θred] η κλωστή, νήμα ‖ ειρμός ‖ λεπτή γραμμή ‖ σπείρωμα/βόλτες βίδας ‖ vt βελονιάζω, περνώ σε κλωστή ‖ διαγραμμίζω ‖ ~ *one's way through*, περνώ με ελιγμούς μέσα από ‖ ~*bare*, ξεφτισμένος, μτφ. κοινότοπος, τετριμμένος ‖ ~*like*, νηματοειδής.

threat [θret] η απειλή, φοβέρα ‖ ~*en* vt απειλώ, φοβερίζω ‖ ~*ening* adj απειλητικός.

three [θri:] η, adj τρία ‖ ~*-figure*, τριψήφιος ‖ ~*fold*, τριπλάσιος, τριπλάσια.

thresh vti αλωνίζω ‖ ~*ing-floor/-machine*, αλώνι, αλωνιστική μηχανή.

threshold [`θreʃhould] η κατώφλι.

thrice [θrais] adv τρις.

thrift [θrift] η οικονομία, φειδώ ‖ ~*y*, οικονόμος, φειδωλός ‖ ~*less*, σπάταλος.

thrill [θril] η ρίγος, ανατριχίλα, συγκίνηση ‖ vti προκαλώ/δοκιμάζω ρίγη συγκινήσεως ‖ ~*er*, φιλμ αγωνίας.

thrive [θraiv] vti irreg ευδοκιμώ, αναπτύσσομαι ‖ ευημερώ, ευτυχώ.

throat [θrout] η λαιμός, λαρύγγι ‖ *clear one's* ~, ξεροβήχω ‖ *force sth down sb's* ~, επιβάλλω κτ με το ζόρι σε κπ ‖ *have a sore* ~, έχω πονόλαιμο ‖ ~*y*, βραχνός, λαρυγγικός.

throb [θrob] η παλμός, χτύπημα ‖ vi πάλλομαι, σφύζω, χτυπώ γρήγορα.

throes [θrouz] η pl ωδίνες, πόνοι ‖ *be in the* ~ *of*, είμαι στη μέση [μιας δοκιμασίας].

thrombosis [θrom`bousis] η θρόμβωση.

throne [θroun] η θρόνος.

throng [θroη] η πλήθος, κοσμοσυρροή ‖ vti συναστίζομαι, συρρέω.

throttle [θrotl] η ρυθμιστική βαλβίδα ‖ vti στραγγαλίζω, πνίγω ‖ αυτοκ. κόβω το γκάζι ‖ *with the* ~ *full open*, με το γκάζι πατημένο τέρμα ‖ *mixture* ~, πεταλούδα του καρμπυρατέρ.

through [θru:] prep, adv διαμέσου, απ' άκρη σ' άκρη, από πλευρά σε πλευρά, απ' την αρχή ως το τέλος ‖ καθ' όλη τη διάρκεια ‖ διαμέσου, με τη βοήθεια ‖ τέλειως ‖ ως το τέλος ‖ *(στο τηλέφ.)* συνδεδεμένος ‖ κατ' ευθείαν ‖ *all* ~, όλο τον καιρό ‖ ~ *and* ~, πέρα ως πέρα ‖ *be* ~ *with sb*, τέλειωσα ‖ *go* ~ *with sth*, συνεχίζω κτ ως το τέλος ‖ *get* ~ *to sb*, συνδέομαι [τηλεφωνικά] με κπ ‖ *put sb* ~ *to sb*, συνδέω κπ με κπ ‖ ~*out* [θru: aut] παντού, καθ' ολοκληρίαν.

throw [θrou] *n* ρίξιμο, βολή, ριξιά || *vti irreg* ρίχνω, πετώ || *(για ζώα)* γεννώ || ~ **about**, σκορπίζω || ~ **away**, πετώ, χαραμίζω || ~ **in**, δίνω κτ επιπλέον [χωρίς πρόσθετη πληρωμή] || ~ **oneself into sth**, ρίχνομαι σε κτ || ~ **off**, ξεφορτώνομαι, ξεφεύγω || ~ **sth off**, φτιάχνω μ' ευκολία, σκαρώνω || ~ **out**, ρίχνω, πετώ, αμολάω *(δήθεν τυχαία)*, φτιάχνω, κατασκευάζω, μπερδεύω || ~ **over**, εγκαταλείπω || ~ **together**, μαζεύω βιαστικά, φέρω [ανθρώπους] σ' επαφή || ~ **up**, ξερνώ, παρατάω || ~ **a fit**, με πιάνει υστερία || ~ **a party**, κάνω πάρτυ || ~ **in one's hand**, εγκαταλείπω την προσπάθεια || ~ **in the towel/sponge**, εγκαταλείπω τον αγώνα || ~ **oneself upon sb/sth**, εμπιστεύομαι την τύχη μου εις, καταφεύγω εις || **be ~n back upon**, χρησιμοποιώ, βάζω χέρι εις || ~ **away**, φείγβολάν, *adj* για πέταμα.

thru [θru:] *US* ⇒ THROUGH

thrum [θrʌm] *vti* παίζω/χτυπώ με τα δάχτυλα.

thrush [θrʌʃ] *n* τσίχλα || *ιατρ.* άφθα.

thrust [θrʌst] *n* επίθεση, σπρώξιμο || *τεχν.* ώθηση, πίεση || *vti irreg* σπρώχνω || μπήγω, χώνω.

thud [θʌd] *n* γδούπος || *vti* χτυπώ/πέφτω με γδούπο.

thug [θʌg] *n* φονιάς, μαχαιροβγάλτης, τραμπούκος.

thumb [θʌm] *n* αντίχειρας || *vt* φυλλομετρώ || τσακίζω [τη σελίδα βιβλίου] || ~ **a lift**, κάνω ωτοστόπ || ~ **one's nose at sb**, κοροϊδεύω κπ (με τον αντίχειρα στη μύτη) || **rule of** ~, εμπειρική μέθοδος || ~-**mark**, δαχτυλιά.

thump [θʌmp] *n* γδούπος || χτύπημα, γροθιά || *vti* χτυπώ δυνατά, γρονθοκοπώ || ~**ing** *adj* μεγάλος, πελώριος.

thunder [ˈθʌndəʳ] *n* βροντή, κεραυνός || *vti* βροντώ, μπουμπουνίζω || ~ **against**, επιτίθεμαι με βιαιότητα, εξαπολύω μύδρους || ~**ing** *adj* βίαιος, πελώριος || ~**ous**, θυελλώδης, εκκωφαντικός, βροντώδης.

Thursday [ˈθɜːzdi] *n* Πέμπτη.

thus [ðʌs] *adv* έτσι, τοιουτοτρόπως.

thwart [θwɔːt] *vt* χαλώ, εμποδίζω.

thyme [taim] *n* θυμάρι, θρούμπη.

thyroid [ˈθairoid] *n* θυρεοειδής.

tiara [tiˈaːrə] *n* τιάρα.

tic [tik] *n* τικ, νευρική σύσπαση.

¹**tick** [tik] *n* τικ-τακ || στιγμή || σημάδι, σημείο || *vti (για ρολόι)* κάνω τικ-τακ || ~ **over**, *μηχ.* δουλεύω στο ραλαντί || ~ **off**, σημαδεύω, μαρκάρω.

²**tick** [tik] *n* τσιμπούρι || στρωματόπανο || βερεσές.

ticker [ˈtikəʳ] *n* τηλετυπωτής || ρολόι || *sl* καρδιά.

ticket [ˈtikit] *n* εισιτήριο || ετικέτα *(τιμών, κλπ.)* || κλήση τροχαίας || *US* το ψηφοδέλτιο/πρόγραμμα ενός κόμματος || δίπλωμα *(πιλότου, καπετάνιου)* || **that's the** ~, αυτό είναι το σωστό/ό,τι πρέπει.

tickle [tikl] *vti* γαργαλάω || ευχαριστώ, κολακεύω || προκαλώ/έχω φαγούρα || **ticklish**, που γαργαλιέται εύκολα, *(για πρόβλημα)* δύσκολος, λεπτός.

tidal [taidl] *adj* παλιρροϊκός.

tiddler [ˈtidləʳ] *n* ψαράκι || πιτσιρίκι.

tide [taid] *n* παλίρροια || *μτφ.* τάση, ρεύμα, κύμα || *vt* ~ **over**, ξεπερνώ.

tidings [ˈtaidiŋz] *n pl* νέα, μαντάτα.

tidy [ˈtaidi] *adj* περιποιημένος, καθαρός, συγυρισμένος || σημαντικός, αρκετά μεγάλος || *vti* ~ **[up]**, συγυρίζω, τακτοποιώ, ευπρεπίζω || **tidiness**, νοικοκυροσύνη, τάξη.

tie [tai] *n* δεσμός || γραβάτα || ισοπαλία || *μουσ.* σύνδεσμος || *vti* δένω || ~ **down to**, δεσμεύω, καθηλώνω || ~ **in with sth**, συνδέομαι, έχω σχέση με || ~ **on**, κρεμώ || ~ **up**, ακινητοποιώ, οριστικοποιώ, δεσμεύω || ~ **[with/for]**, ισοψηφώ, έρχομαι ισοπαλία.

tier [tiəʳ] *n* κερκίδα, βαθμίδα, σειρά.

tiff [tif] *n* καυγαδάκι.

tiger [ˈtaigəʳ] *n* τίγρη || ~**ish**, τιγροειδής, σκληρός || **tigress**, θηλυκή τίγρη.

tight [tait] *adj* σφιχτός, σφιγμένος || στριμωγμένος || *(ιδ. ως β΄ συνθετικό)* στεγανός || τσιγκούνης || μεθυσμένος || τεντωμένος, τεζαρισμένος || *(για ρούχα)* στενός || *(για χρήμα)* δυσεύρετος, που σπανίζει || **be in a** ~ **spot**, είμαι σε δύσκολη θέση || ~**en** *vti* σφίγγω/-ομαι || ~**en one's belt**, *μτφ.* σφίγγω τη λουρίδα || ~-**fisted**, σφιχτοχέρης, τσιγκούνης || ~-**laced**, *μτφ.* σεμνότυφος || ~-**lipped**, βλοσυρός || ~**ly**, σφιχτά, γερά || ~**ness**, σφίξιμο.

tights [taits] *n pl* καλτσόν.

tile [tail] *n* κεραμίδι, πλακάκι || **be out on the** ~**s**, το'χω ρίξει έξω, ασωτεύω.

till [til] *conj* ώσπου να, έως ότου || *prep* έως, μέχρις, ως || *vt* καλλιεργώ *(γη)* || *n* συρτάρι ταμείου || ~**er**, καλλιεργητής, δοιάκι *(πηδαλίου).*

tilt [tilt] *n* κλίση, γέρσιμο || επίθεση || *vti* γέρνω || **[at] full** ~, ολοταχώς, με δύναμη.

timber [ˈtimbəʳ] *n* ξυλεία.

time [taim] *n* χρόνος || ώρα || καιρός, εποχή || φορά || *μουσ.* ρυθμός || *vt* κανονίζω [το χρόνο] ‖ ρυθμίζω, χρονομετρώ ‖ *all in good ~*, το καθετί στην ώρα του ‖ *at the same ~*, ταυτοχρόνως ‖ *at a ~*, τη φορά ‖ *~ and again*, κατ' επανάληψη ‖ *at all ~s*, πάντοτε ‖ *at my ~ of life*, στην ηλικία μου ‖ *at the best of ~s*, στην καλύτερη περίπτωση ‖ *behind the ~s*, καθυστερημένος ‖ *have the ~ of one's life*, περνώ περίφημα/αξέχαστα ‖ *in ~*, εγκαίρως, με τον καιρό ‖ *many a ~*, πολλές φορές ‖ *~ bomb*, ωρολογιακή βόμβα ‖ *~-card/-sheet*, φύλλο παρουσίας (σε εργοστάσιο) ‖ *~-limit*, προθεσμία, χρονικό όριο ‖ *~-saving*, που εξοικονομεί χρόνο ‖ *~-server*, καιροσκόπος ‖ *~-serving*, καιροσκοπικός ‖ *~-signal*, σήμα της ώρας ‖ *~-switch*, χρονοδιακόπτης ‖ *~-table*, χρονοδιάγραμμα ‖ *~-worn*, παλιωμένος.

timely [ˈtaimli] *adj* επίκαιρος, έγκαιρος.

timid [ˈtimid] *adj* δειλός, συνεσταλμένος.

timorous [ˈtimərəs] *adj* ψοφοδεής.

tin [tin] *n* κονσέρβα ‖ κασσίτερος, καλάι, τενεκές ‖ *vt* κονσερβάρω ‖ κασσιτερώνω, γανώνω ‖ *~ foil*, ασημόχαρτο ‖ *~-opener*, ανοιχτήρι ‖ *~-smith*, φαναρτζής ‖ *~ny*, τενεκεδένιος.

tincture [ˈtiŋktʃəʳ] *n* βάμμα (ιωδίου) ‖ *vt* χρωματίζω, δίνω χροιά ‖ *~ of*, μτφ. μυρουδιά, πασάλειμμα (γνώσεων).

tinder [ˈtindəʳ] *n* ίσκα, φιτίλι ‖ *~-box*, τσακμάκι.

tinge [tindʒ] *n* τόνος, χροιά ‖ *vt* βάφω ελαφρά.

tingle [ˈtiŋgl] *n* μυρμηκίαση, φαγούρα, τσούξιμο ‖ *vi (για το δέρμα)* μυρμηκιάζω, καίω, τρώω.

tinker [ˈtiŋkəʳ] *n* μαστόρεμα ‖ γανωματής ‖ *vi* μαστορεύω, ψευτοδιορθώνω, σκαλίζω ‖ *not care/give a ~'s cuss*, δε δίνω δεκάρα.

tinkle [ˈtiŋkl] *n* κουδούνισμα ‖ *vti* κουδουνίζω.

tinsel [ˈtinsl] *n* πούλιες, λαμέ κλωστές/ ταινίες ‖ *μτφ.* ψεύτικη λαμπρότητα ‖ *~ly adj* φανταχτερός.

tint [tint] *n* τόνος, απόχρωση ‖ *vt* χρωματίζω ελαφά, δίνω τόνο/απόχρωση.

tiny [ˈtaini] *adj* μικροσκοπικός.

tip [tip] *n* άκρη ‖ σκουπιδότοπος, χωματερή ‖ σωρός *(απορριμμάτων)* ‖ *μτφ.* τρώγλη, κοτέτσι ‖ πουρμπουάρ ‖ πληροφορία *(ιδ. για ιπποδρομίες)* ‖ *vti* φιλοδωρώ ‖ δίνω πληροφορία ‖ κλίνω, γέρνω ‖ αγγίζω ‖ *~ off*, προειδοποιώ μυστικά ‖ *~ out*, αδειάζω ‖ *~ over*, αναποδογυρίζω, ανατρέπω ‖ *have sth on the ~ of one's*

tongue, έχω κτ στην άκρη της γλώσσας μου ‖ *~ the scale*, κάνω να γείρει η ζυγαριά ‖ *on ~-toe*, ακροποδητί, στα νύχια ‖ *~-ster*, πληροφοριοδότης *(σε ιππόδρομο)*.

tipple [tipl] *n* ποτό ‖ *vti* κουτσοπίνω ‖ *~r*, μπέκρος.

tipsy [ˈtipsi] *adj* μεθυσμένος, ζαλισμένος.

tirade [taiˈreid] *n* εξάψαλμος, βρισίδι.

[1]**tire** [taiəʳ] *n* US λάστιχο *(αυτοκινήτου)*.

[2]**tire** [taiəʳ] *vti* κουράζω/-ομαι ‖ *~d of*, βαριεστημένος ‖ *~d out*, ξεθεωμένος ‖ *~less*, ακούραστος, άοκνος ‖ *~d*, κουρασμένος ‖ *~ tiring*, κουραστικός, βαρετός ‖ *~some*, βαρετός, πληκτικός.

tissue [ˈtiʃu:] *n* λεπτό ύφασμα/χαρτί ‖ φυτ. ιστός ‖ *μτφ.* πλέγμα.

tit [tit] *n* ρώγα *(στήθους)*, βυζί ‖ *~ for tat*, ένα σου κι ένα μου, οφθαλμόν αντί οφθαλμού.

titan [taitn] *n* τιτάνας.

titbit [ˈtitbit] *n* μεζές, κομμάτι κομματάκι.

tithe [taið] *n (φόρος)* δεκάτη.

titillate [ˈtitileit] *vt* γαργαλάω ‖ διεγείρω ‖ **titillation** [ˌtitiˈleiʃn] γαργάλισμα, διέγερση.

titivate [ˈtitiveit] *vti* στολίζω/-ομαι, φτιάχνομαι.

title [taitl] *n* τίτλος ‖ δικαίωμα ‖ *~d*, τιτλούχος ‖ *~-deed*, τίτλος κυριότητος ‖ *~-page*, σελίδα του εσωφύλλου ‖ *~-role*, θέατρ. ομώνυμος ρόλος.

titter [ˈtitəʳ] *n* πνιχτό γέλιο ‖ *vi* κρυφογελώ.

titular [ˈtitjuləʳ] *adj* κατ' όνομα μόνον.

tizzy [ˈtizi] *n* στη φρ. *be in a ~*, είμαι σαστισμένος.

to [tu:] *prep* προς, εις ‖ έως, μέχρι ‖ από ‖ *(με απαρέμφατο)* να, για να ‖ *adv* κλειστός.

toad [toud] *n* βάτραχος, μπράσκα, φρύνος.

toady [ˈtoudi] *n* τσανακογλείφτης ‖ *vt* κολακεύω ταπεινά, γλείφω κπ.

toast [toust] *n* φρυγανιά ‖ πρόποση ‖ *vti* φρυγανίζω, πυρώνομαι ‖ προπίνω, εγείρω πρόποση ‖ *~er*, ηλεκτρική φρυγανιέρα.

tobacco [təˈbækou] *n* καπνός ‖ *~nist*, καπνοπώλης.

toboggan [təˈbogən] *n* τομπόγκαν, έλκηθρο.

tocsin [ˈtoksin] *n* συναγερμός.

today [təˈdei] *n* σήμερα.

toddle [todl] *vi (για μωρά)* στρατουλίζω ‖ πηγαίνω ‖ *~ off*, φεύγω ‖ *~r*, μωρό *(που μόλις περπατάει)*.

to-do [təˈdu:] *n* φασαρία.

toe [tou] *n* δάχτυλο ποδιού ‖ *vt ~ the line*, πειθαρχώ, υποτάσσομαι.

toffee [`tofi] n καραμέλα βουτύρου.

tog [tog] n pl ρούχα || vt ~ **oneself up/out**, στολίζομαι, καλοντύνομαι.

toga [`tougə] n τήβεννος.

together [tə`geðə'] adv μαζί || συνέχεια, χωρίς διακοπή.

toil [toil] vi μοχθώ, δουλεύω σκληρά || ~**er**, δουλευτής || ~**some**, κοπώδης.

toilet [`toilət] n τουαλέτα || αποχωρητήριο || ~**-paper**, χαρτί τουαλέτας.

toils [toilz] n pl βρόχια.

token [`toukən] n τεκμήριο, δείγμα, ένδειξη || κουπόνι || adj ενδεικτικός, συμβολικός || ~ **strike**, προειδοποιητική απεργία.

tolerable [`tolərəbl] adj υποφερτός, καλούτσικος || **tolerably**, καλούτσικα, αρκετά.

tolerance [`tolərəns] n ανοχή, ανεκτικότητα || **tolerant**, ανεκτικός.

tolerate [`toləreit] vt ανέχομαι, υποφέρω.

toll [toul] n διόδια || μτφ. φόρος αίματος || πένθημα κωδωνοκρουσία || vti (για καμπάνα) χτυπώ πένθιμα || ~**gate**, σταθμός διοδίων || ~**-road**, δρόμος με διόδια.

tomato [tə`ma:tou] n τομάτα.

tomboy [`tomboi] n αγορόκοριτσο.

tomcat [`tomkæt] n γάτος.

tomfool [.tom`fu:l] n κουτεντές || ~**ery**, χαζομάρες.

tommy-gun [`tomi-gʌn] n τόμμιγκαν.

tommy-rot [`tomi-rot] n βλακείες.

tomorrow [tə`morou] adv, n αύριο.

tomtom [`tomtom] n ταμ-ταμ.

ton [tʌn] n τόννος || ~**s of**, πολύ.

tonal [tounl] adj τονικός.

tonality [təu`næləti] n τονικότητα.

tone [toun] n τόνος || ήχος || απόχρωση || vti χρωματίζω, δίνω τόνο || ~ **down**, μετριάζω/-ομαι, απαλύνω || ~ **in [with]**, (για χρώματα) εναρμονίζομαι με.

tongs [tonz] n τσιμπίδα, λαβίδα.

tongue [tʌŋ] n γλώσσα || ~**-tied**, σιωπηλός || ~**-twister**, δυσκολοπρόφερτη λέξη.

tonic [`tonik] n τονωτικό, δυναμωτικό || adj τονωτικός.

tonight [tə`nait] n, adv απόψε.

tonnage [`tʌnidʒ] n τονάζ, χωρητικότητα.

tonsil [tonsl] n αμυγδαλή.

tonsillitis [.tonsi`laitis] n αμυγδαλίτιδα.

too [tu:] adv επίσης || και μάλιστα || πάρα πολύ.

tool [tu:l] n εργαλείο || μτφ. όργανο.

toot [tu:t] n κορνάρισμα || vti κορνάρω.

tooth [tu:θ] n (pl teeth/ti:θ/) n δόντι || cut one's teeth, (για μωρό) βγάζω δόντια || escape by the skin of one's teeth,

γλυτώνω παρά τρίχα || have a sweet ~, μ' αρέσουν τα γλυκά || lie in one's teeth, ψεύδομαι ασύστολα || in the teeth of, σε πείσμα || ~-ache, πονόδοντος || ~-brush, οδοντόβουρτσα || ~-paste, οδοντόπαστα || ~-pick, οδοντογλυφίδα || ~-less, ξεδοντιάρης || ~-ed, οδοντωτός || bad ~, χαλασμένο δόντι.

¹**top** [top] n κορυφή || ανώτατο σημείο || άνω επιφάνεια, άνω όροφος (λεωφορείου) || adj κορυφαίος || vt έχω στην κορυφή, σκεπάζω την κορυφή || φτάνω στην κορυφή || υπερβαίνω, ξεπερνώ || ~ **up**, ξεχειλίζω, γεμίζω ώς επάνω || **at the** ~ **of one's voice**, μ' όλη μου τη δύναμη || **blow one's** ~, γίνομαι έξω φρενών || **feel on** ~ **of the world**, νιώθω πανευτυχής || **from** ~ **to bottom/toe**, από την κορφή ώς τα νύχια || **get on** ~ **of sth**, υπερνικώ κτ || **go over the** ~, παίρνω τη μεγάλη απόφαση || **on** ~ **of that**, κι αποπάνω, επιπλέον || **to** ~ **it all**, σαν επιστέγασμα, σαν να μην έφταναν όλα αυτά || ~-**coat**, παλτό || ~ **dog**, νικητής (στη ζωή) || ~ **drawer**, μτφ. αριστοκρατία || ~-**dressing**, λίπανση επιφανείας || ~-**flight/-notch**, πρώτης τάξεως || ~ **hat**, ημίψηλο || ~-**heavy**, βαρύς στην κορυφή || ~-**most**, ανώτατος || ~**mast**, ναυτ. αρμπουρέτο || ~-**ranking**, κορυφαίος, ανώτατος || ~ **secret**, απόρρητο μυστικό || ~-**less**, τόπλες (μαγιό, φόρεμα).

²**top** [top] n σβούρα || **sleep like a** ~, κοιμάμαι σα μολύβι.

topaz [`toupæz] n τοπάζι.

topi [`toupi:] n κάσκα του ήλιου.

topic [`topik] n θέμα [συζητήσεως] || ~**al**, επίκαιρος.

topography [tə`pogrəfi] n τοπογραφία.

topper [`topə'] n ημίψηλο.

topping [`topiŋ] n επικάλυψη || adj έξοχος.

topple [topl] vti γέρνω και πέφτω, σωριάζομαι, γκρεμίζω/-ομαι.

topsy-turvy [.topsi `tə:vi] adj, adv άνω-κάτω.

toque [touk] n (γυναικεία) τόκα.

torch [to:tʃ] n πυρσός, δαυλός, δαυλί, λαμπάδα || κλεφτοφάναρο || **hand on the** ~, μεταβιβάζω τη δάδα στους επιγενόμενους || **carry a** ~ **for sb**, έχω σεβντά για κπ || ~**light**, φως πυρσών || ~-**race**, λαμπαδηδρομία.

torment [`to:ment] n μαρτύριο, βάσανο || vt [to:`ment] βασανίζω || ~**or**, βασανιστής.

tornado [to:`neidou] n σίφουνας, ανεμοστρόβιλος, λαίλαπας.

torpedo [to:'pi:dou] *n* τορπίλη ‖ *vt* τορπιλίζω ‖ ~-**boat**, τορπιλοβόλο.

torpid [`to:pid] *adj* χαυνωμένος, ληθαργικός.

torrent [`torənt] *n* χείμαρρος ‖ ~**ial** [tɔ`renʃl] χειμαρρώδης, καταρρακτώδης.

torrid [`torid] *adj* φλογερός, καυτός ‖ *the* ~ **zone**, η διακεκαυμένη ζώνη.

torsion [to:ʃn] *n* στρίψιμο, συστροφή.

torso [`to:sou] *n* κορμός.

tortoise [`to:təs] *n* χελώνα.

tortuous [`to:tʃuəs] *adj* ελικοειδής ‖ *μτφ.* στριφνός, ύπουλος.

torture [`to:tʃə'] *n* βασανιστήριο ‖ *vt* βασανίζω ‖ ~**r**, βασανιστής.

Tory [`tori] *n* συντηρητικός ‖ ~**ism**, συντηρητισμός.

toss [tos] *n* τίναγμα, ρίξιμο ‖ *vti* ρίχνω, πετώ, τινάζω ‖ ~ *for sth*, παίζω κορώνα-γράμματα ‖ κλυδωνίζω/-ομαι, στριφογυρίζω ‖ ~ *off*, πίνω, φτιάχνω στα γρήγορα.

tot [tot] *n* μπόμπιρας, πιτσιρικάκι ‖ *vti* ~ *up*, αθροίζω, συμποσούμαι.

total [toutl] *n* σύνολο ‖ *adj* ολικός ‖ *vti* ανέρχομαι, συμποσούμαι ‖ ~**ity**, ολότητα ‖ ~**itarian**, ολοκληρωτικός ‖ ~**itarianism**, ολοκληρωτισμός.

tote [tout] *vt* κουβαλώ (ιδ. όπλο).

totem [`toutəm] *n* τοτέμ.

totter [`totə'] *vi* παραπαίω, τρεκλίζω ‖ κλονίζομαι ‖ ~**y**, ασταθής.

touch [tʌtʃ] *n* αφή ‖ άγγιγμα ‖ ελαφρό χτύπημα ‖ ύφος, τόνος, τεχνοτροπία, 'χέρι' ‖ επαφή, επικοινωνία ‖ *vti* αγγίζω ‖ συγκινώ ‖ θίγω, προσβάλλω ‖ θίγω, αφορώ, έχω σχέση ‖ *(παθ. φωνή)* πειράζομαι, βλάπτομαι ‖ *(ιδ. αρνητικά)* συγκρίνομαι, παραβάλλομαι ‖ ~ *at*, *(για πλοίο)* προσεγγίζω, πιάνω ‖ ~ *down*, αεροπ. προσγειώνομαι ‖ ~ *sb for*, *sl* κάνω τράκα σε κπ ‖ ~ *off*, πυροδοτώ, προκαλώ, αποτελώ έναυσμα ‖ ~ *upon*, θίγω [θέμα] δι' ολίγων ‖ ~ *up*, κάνω μικροδιορθώσεις, ρετουσάρω ‖ ~ *sb to the quick*, θίγω κπ πολύ, τον τσούζω ‖ ~ *sb on a tender spot*, θίγω κπ σ' ένα ευαίσθητο σημείο ‖ ~ *bottom*, πατώνω ‖ ~ *the spot*, είναι ό,τι πρέπει ‖ ~ *wood*, χτυπώ ξύλο (για ξόρκι) ‖ ~**ed**, είμαι πειραγμένος *(στο μυαλό)* ‖ *be a soft/an easy* ~, είμαι βολικός για τράκα ‖ *at a* ~, στο παραμικρό άγγιγμα ‖ *a* ~ *of*, λίγο, ένας τόνος ‖ *a near* ~, παρά τρίχα ‖ *be in* ~/*out of* ~ *with sb*, έχω/δεν έχω επαφή με κπ ‖ *get in* ~ *with sb*, έρχομαι σ' επαφή με κπ ‖ *put sb in* ~ *with sb*, φέρνω κπ σ' επαφή με κπ ‖ *keep*

in/*lose* ~ *with sb*, διατηρώ/χάνω την επαφή μου με κπ ‖ ~-*and*-*go*, εξαιρετικά αμφίβολος ‖ ~-*down*, προσγείωση ‖ ~*stone*, λυδία λίθος ‖ ~-*type*, δακτυλογραφώ με τυφλό σύστημα ‖ ~*ing*, συγκινητικός, σχετικά με ‖ ~*y*, ευθίκτος, μυγιάγγιαχτος ‖ ~*iness*, ευθιξία.

tough [tʌf] *adj* σκληρός ‖ αυθεντικός, γερός ‖ ψημένος, σκληραγωγημένος ‖ δύσκολος, ζόρικος, επίπονος ‖ *a* ~ *customer*, ζόρικος τύπος ‖ ~ *luck*, ατυχία! ‖ ~*en*, σκληρύνω/-ομαι ‖ ~[*ie*], κακοποιός, κουτσαβάκης ‖ ~*ness*, σκληρότητα, αντοχή.

tour [tuə'] *n* τουρ, περιήγηση, γύρος, ταξίδι ‖ *vti* γυρίζω, περιοδεύω ‖ *conducted* ~, ξενάγηση ‖ *package* ~, οργανωμένη εκδρομή *(μ' όλα τα έξοδα πληρωμένα)* ‖ ~*ing*, περιοδεύων, τουριστικός ‖ ~*ism*, τουρισμός ‖ ~*ist*, τουρίστας ‖ ~*isty adj* τουριστικός.

tournament [`to:nəmənt] *n* τουρνουά ‖ κονταροχτύπημα.

tousle [tauzl] *vt* ανακατώνω (μαλλιά).

tout [taut] *n* κράχτης ‖ *vi* ~ *for*, κάνω τον κράχτη για.

tow [tou] *n* ρουμούλκηση ‖ στουπί ‖ *vt* ρουμουλκώ ‖ ~*ing*-*line*/-*rope*, ρουμούλκα.

towards [tə`wo:dz] *prep* προς ‖ προς την κατεύθυνση ‖ κοντά ‖ έναντι ‖ για [το σκοπό].

towel [`tauəl] *n* πετσέτα ‖ *vt* σφογγίζω ‖ ~*ling n* πετσετόπανο.

tower [`tauə'] *n* πύργος ‖ *vi* πυργώνομαι, υψώνομαι, δεσπόζω ‖ ~*ing*, πανύψηλος, τεράστιος ‖ ~-*block*, πολυκατοικία-πύργος ‖ *church* ~, κωδωνοστάσι ‖ *control* ~, *(αεροπ.)* πύργος ελέγχου ‖ *water* ~, υδραγωγείο.

town [taun] *n* πόλη, πολιτεία ‖ *paint the* ~ *red*, το ρίχνω έξω, καίγεται το πελεκούδι ‖ *the talk of the* ~, θέμα γενικής συζητήσεως ‖ *man about* ~, κοσμικός τύπος ‖ ~ *council*, δημοτικό συμβούλιο ‖ ~ *councillor*, δημοτικός σύμβουλος ‖ ~ *hall*, δημαρχείο ‖ ~ *planning*, σχέδιο πόλεως ‖ ~*sfolk*/ ~*speople*, αστοί ‖ *down*~, *US* κέντρο της πόλης.

toxic [`toksik] *adj* τοξικός, δηλητηριώδης ‖ ~*ity* [tok`sisəti] τοξικότητα ‖ ~*ology*, τοξικολογία ‖ ~*ologist*, τοξικολόγος.

toxin [`toksin] *n* τοξίνη.

toy [toi] *n* παιχνίδι ‖ *vi* ~ *with*, παίζω με κτ.

trace [treis] *n* ίχνος, αχνάρι, υπόλειμμα, σημάδι ‖ *vti* σχεδιάζω, χαράσσω, καθορίζω ‖ ανευρίσκω *(ίχνη)*, ανακαλύπτω ‖ ~ **back to,** ανατρέχω, οφείλομαι, ανάγω / -ομαι, εντοπίζω, εξιχνιάζω ‖ ~**r,** τροχιοδεικτικό βλήμα ‖ ~**able,** ανιχνεύσιμος ‖ **tracing** n αντιγραφή, ξεσήκωμα.

trachea [trə'kiə] n ανατ. τραχεία.

trachoma [trə'koumə] n ιατρ. τράχωμα.

track [træk] n ίχνος, πατημασιά, διάβα ‖ τροχιά ‖ μονοπάτι ‖ σιδηροδρ. γραμμή ‖ ερπύστρια (τρακτέρ) ‖ αθλ. πίστα ‖ κανάλι εγγραφής (σε ταινία) ‖ vt παρακολουθώ, ιχνηλατώ ‖ ~ **down,** ανακαλύπτω, εντοπίζω ‖ ~ **out,** διαπιστώνω, ανιχνεύω ‖ **a one-~ mind,** μονοκόμματο μυαλό ‖ **cover up one's ~s,** συγκαλύπτω τα ίχνη μου ‖ **in one's ~s,** επί τόπου ‖ **keep / lose ~ of,** παρακολουθώ / χάνω τα ίχνη κάποιου ‖ **make ~s,** φεύγω βιαστικά, παίρνω δρόμο ‖ **make ~s for,** τραβώ για ‖ **on the ~,** επί τα ίχνη ‖ **off the ~,** εκτός θέματος, λάθος κατεύθυνση ‖ **throw sb off the ~,** κάνω κπ να χάσει τα ίχνη μου ‖ **the beaten ~,** η πεπατημένη ‖ ~**er,** κυνηγός, ιχνηλάτης ‖ ~**less,** απάτητος, αδιάβατος.

tract [trækt] n φυλλάδιο, μπροσούρα ‖ σύστημα ‖ έκταση, περιοχή.

tractable ['træktəbl] adj μαλακός, υπάκουος.

traction ['trækʃn] n έλξη, κίνηση.

tractor ['træktəʳ] n τρακτέρ.

trade [treid] n εμπόριο ‖ δουλειά, επάγγελμα ‖ vti εμπορεύομαι ‖ ~ **sth for sth,** ανταλλάσσω κτ, κάνω τράμπα ‖ ~ **upon,** εκμεταλλεύομαι ‖ **by ~,** κατά το επάγγελμα ‖ ~ **mark,** εμπορικό σήμα ‖ ~ **name,** φίρμα, επωνυμία ‖ ~ **price,** χονδρική τιμή ‖ ~**r,** έμπορος ‖ ~**speople / ~sfolk,** εμπορευόμενοι, εμπορικός κόσμος, επαγγελματίες ‖ ~**sman,** λιανέμπορος, μαγαζάτορας ‖ ~ **union,** συνδικάτο ‖ ~**-unionism,** συνδικαλισμός ‖ ~**-unionist,** συνδικαλιστής.

tradition [trə'diʃn] n παράδοση ‖ ~**al,** παραδοσιακός ‖ ~**ally,** κατά παράδοση ‖ ~**alism,** λατρεία των παραδόσεων ‖ ~**alist,** λάτρης των παραδόσεων.

traffic ['træfik] n κυκλοφορία, κίνηση ‖ συναλλαγή, [παράνομο] εμπόριο ‖ vi ~ **in,** κάνω εμπόριο εις ‖ ~ **jam,** κυκλοφοριακή συμφόρηση ‖ ~**ker,** έμπορος (ναρκωτικών) ‖ ~ **lights,** φώτα τροχαίας.

tragedy ['trædʒədi] n τραγωδία.

tragedian [trə'dʒi:diən] n τραγωδός.

tragic ['trædʒik] adj τραγικός ‖ ~**ally,** τραγικά.

tragi-comic [,trædʒi'komik] adj ιλαρο-

τραγικός.

trail [treil] n γραμμή, ίχνος ‖ μονοπάτι ‖ vti παρακολουθώ, ακολουθώ τα ίχνη ‖ ρυμουλκώ, σέρνω / -ομαι, τραβώ ‖ *(για άνθρ.)* περπατώ κουρασμένα, σέρνομαι ‖ *(για φυτό)* απλώνομαι ‖ ~**er,** ρυμούλκα, τροχόσπιτο, αναρριχητικό φυτό.

train [trein] n τραίνο ‖ ακολουθία, πομπή ‖ σειρά, ειρμός, αλληλουχία ‖ ουρά *(φορέματος)* ‖ vti [εκ]γυμνάζω / -ομαι, εκπαιδεύω / -ομαι ‖ κατευθύνω *(αναρριχητικό φυτό)* ‖ ~ **upon,** σκοπεύω, στρέφω *(όπλο)* ‖ ~**ee,** εκγυμναζόμενος, εκπαιδευόμενος ‖ ~**er,** εκγυμναστής, εκπαιδευτής, προπονητής.

training ['treiniŋ] n εκγύμναση, εκπαίδευση, άσκηση, προπόνηση ‖ **be in ~,** είμαι σε φόρμα ‖ **be out of ~,** δεν είμαι σε φόρμα ‖ **go into ~,** προπονούμαι, εκγυμνάζομαι ‖ ~ **college,** παιδαγωγική ακαδημία.

traipse [treips] vi τριγυρίζω κουρασμένα.

trait [treit] n γνώρισμα, χαρακτηριστικό.

traitor ['treitəʳ] n προδότης ‖ ~**ous,** προδοτικός.

trajectory [trə'dʒektəri] n τροχιά.

tram [træm] n ~ **[car],** τραμ.

trammel ['træml] vt παρεμποδίζω ‖ n pl ~**s,** δεσμά, περιορισμοί.

tramp [træmp] n αλήτης ‖ sl πόρνη ‖ βάδισμα, ποδοβολητό ‖ πεζοπορία, μακρινός περίπατος ‖ vti βηματίζω βαριά ‖ πεζοπορώ.

trample ['træmpl] n ποδοβολητό ‖ vti ~ **down,** ποδοπατώ, καταπατώ ‖ ~ **on,** πατώ βαριά, θίγω, προσβάλλω ‖ ~ **about,** τριγυρίζω *(βαρυπερπατώντας).*

trampoline ['træmpəli:n] n τραμπολίνο.

trance [tra:ns] n έκσταση, καταληψία, ύπνωση ‖ **send sb into a ~,** υπνωτίζω κπ.

tranquil ['træŋkwil] adj ήρεμος, γαλήνιος ‖ ~**ity,** ηρεμία, γαλήνη ‖ ~**ize,** ηρεμώ, καλμάρω ‖ ~**izer,** ηρεμιστικό.

transact [træn'zækt] vt διεκπεραιώνω ‖ ~**ion,** διεκπεραίωση, διεξαγωγή, εμπορική πράξη, συναλλαγή.

transatlantic [,trænzət'læntik] adj υπερατλαντικός.

transcend [træn'send] vt υπερβαίνω ‖ ~**ence,** υπερβατικότητα ‖ ~**ent,** υπερβατικός ‖ ~**ental,** υπερφυσικός ‖ ~**entalism,** υπερβατισμός.

transcript ['trænskript] n αντίγραφο ‖ ~**ion,** μεταγραφή, αντιγραφή.

transfer ['trænsfə:] n μεταφορά, μετάθεση ‖ vom. μεταβίβαση ‖ αθλ. μεταγραφή ‖ vti [træns'fə:] μεταφέρω / -ομαι ‖ αλλάζω *(τραίνο)* ‖ μεταθέτω, μετατίθεμαι || *νομ*. μεταβιβάζω || ~**able,** μεταβιβάσιμος, μεταθέσιμος || ~**ence,** μεταφορά, μετάθεση, μεταβίβαση.

transfigure [træns'figə^r] *vt* μεταμορφώνω || **transfiguration,** μεταμόρφωση.

transfix [træns'fiks] *vt* διατρυπώ, καρφώνω || *μτφ*. καθηλώνω.

transform [træns'fɔ:m] *vt* μεταμορφώνω || ~ *into,* μεταβάλλω σε || ~**ation,** μεταμόρφωση, μετατροπή || ~**er,** μετασχηματιστής.

transfuse [træns'fju:z] *vt* μεταγγίζω *(αίμα)* || **transfusion,** μετάγγιση.

transgress [trænz'gres] *vt* παραβιάζω, καταπατώ, παραβαίνω || ~**ion,** παράβαση, παρανομία || ~**or,** παραβάτης.

transient ['trænziənt] *adj* παροδικός, εφήμερος, φευγαλέος.

transistor [trænz'istə^r] *n* τρανζίστορ || ~**ized,** εφοδιασμένο με τρανζίστορ.

transit ['trænsit] *n* διαμετακόμιση, διέλευση, τράνζιτο.

transition [trænz'iʃn] *n* μετάβαση, μετάπτωση, μεταβολή || ~**al,** μεταβατικός.

transitive ['trænsətiv] *adj γραμμ*. μεταβατικό *(ρήμα).*

transitory ['trænsitri] *adj* εφήμερος, παροδικός.

translate [trænz'leit] *vt* μεταφράζω || ερμηνεύω || **translation,** μετάφραση || **translator,** μεταφραστής.

transmission [trænz'miʃn] *n* μεταβίβαση, μετάδοση || *ραδιοφ*. εκπομπή || *αυτοκ*. κιβώτιο ταχυτήτων.

transmit [trænz'mit] *vt* μεταβιβάζω, διαβιβάζω, μεταδίδω || ~**ter,** *ραδιοφ*. πομπός.

transparence [træns'pærəns] *n* διαφάνεια || **transparency,** σλάιντ, διαφάνεια.

transparent [træn'spærənt] *adj* διάφανος, διαφανής, διαυγής.

transpire [træn'spaiə^r] *vti* αποπνέω || *(μυστικό)* διαρρέω.

transplant [træns'pla:nt] *vti* μεταφυτεύω /-ομαι || μεταμοσχεύω || *n* ['trænspla:nt] μεταμόσχευση || ~**ation,** μεταφύτευση.

transport ['tra:nspɔ:t] *n* μεταφορά || μεταφορικό μέσο || *vt* [tra:n'spɔ:t] μεταφέρω || εκτοπίζω *(κατάδικο)* || *be* ~*ed with joy,* παραληρώ από χαρά || ~**ation,** μεταφορά, εξορία *(καταδίκου).*

transpose [træn'spouz] *vt* μετατοπίζω, αλληλομεταθέτω.

transship [træn'ʃip] *vt* μεταφορτώνω.

transvestite [trænz'vestait] *n* τραβεστί.

trap [træp] *n* παγίδα || *υδραυλ*. σιφόνι || δίτροχο μόνιππο || *shut your* ~*!* *sl* βούλωσ' το! || ~**[-door],** καταπακτή.

trapeze [trə'pi:z] *n γυμναστ*. τραπέζιο.

trappings ['træpiŋz] *n pl μτφ*. στολίδια, μπιχλιμπίδια, λιλιά.

traps [træps] *n pl sl* πράγματα, αποσκευές.

trash [træʃ] *n* σκύβαλα, *US* σκουπίδια || ~**-can,** σκουπιδοτενεκές || ~**y,** τιποτένιος.

trauma ['trɔ:mə] *n ψυχιατρ*. τραύμα || ~**tic** [trɔ:'mætik] τραυματικός.

travel [trævl] *n* ταξίδι || *μηχ*. διαδρομή || *vti* ταξιδεύω || κινούμαι || διατρέχω, περνώ, επισκοπώ || περιοδεύω, γυρίζω σαν πλασιέ || ~ *agency,* ταξιδιωτικό γραφείο || ~ *agent,* ταξιδιωτικός πράκτορας || ~**ler,** ταξιδιώτης, πλασιέ || ~ *sickness,* ναυτία || ~**-worn,** λυωμένος από τα ταξίδια || ~**ogue,** οδοιπορικό.

travesty ['trævəsti] *n* παρωδία.

trawl [trɔ:l] *n* τράτα || *vti* ψαρεύω με τράτα || ~**er,** μηχανότρατα.

tray [trei] *n* δίσκος.

treacherous ['tretʃərəs] *adj* ύπουλος, δόλιος || **treachery,** δολιότητα, απιστία, προδοσία.

treacle [tri:kl] *n* σιρόπι || **treacly,** γλυκερός, σιροπάτος.

tread [tred] *n* βήμα, πατημασιά || σκαλοπάτι || πέλμα [ελαστικού] || *vti irreg* βαδίζω, βηματίζω, περπατώ || πατώ, τσαλαπατώ.

treason [tri:zn] *n* προδοσία || ~**ous;** ~**able,** προδοτικός.

treasure ['treʒə^r] *n* θησαυρός || *vt* ~ *[up],* φυλάω σα θησαυρό || θεωρώ κτ πολύτιμο || ~**r,** ταμίας *(συλλόγου).*

treasury ['treʒəri] *n* ταμείο || θησαυροφυλάκιο || *μτφ*. θησαυρός || *the* **T**~, υπουργείο Οικονομικών.

treat [tri:t] *n* απόλαυση, χαρά || κέρασμα, τρατάρισμα || *vti* μεταχειρίζομαι, φέρομαι || πραγματεύομαι *(θέμα)* || θεωρώ || κουράρω, θεραπεύω || επεξεργάζομαι || ~ *sb to sth,* κερνώ, τρατάρω κπ κτ || ~**ment,** μεταχείριση, κούρα, πραγμάτευση.

treatise ['tri:tiz] *n* πραγματεία.

treaty ['tri:ti] *n* συνθήκη || συμφωνία, σύμβαση.

treble [trebl] *n μουσ*. σοπράνο || *adj* τριπλάσιος || *vti* τριπλασιάζω /-ομαι.

tree [tri:] *n* δέντρο || ~**less,** άδενδρος.

trefoil ['trefoil] *n* τριφύλλι.

trek [trek] *n* μακρινό επίπονο ταξίδι.

trellis ['trelis] *n* καφασωτό *(για αναρρίχηση φυτών).*

tremble [trembl] *n* τρεμούλα, τρεμούλιασμα || *vi* τρέμω || ριγώ || δονούμαι.

tremendous [trə'mendəs] *adj* τρομερός || φοβερός, καταπληκτικός.

tremor ['tremə^r] *n* τρεμούλιασμα, δό-

νηση, ρίγος.
tremulous [`tremjuləs] *adj* τρεμάμενος.
trench [trentʃ] *n* χαντάκι, χαράκωμα, τάφρος ‖ ~-**coat**, τρέντς-κοτ, αδιάβροχο.
trenchant [`trentʃənt] *adj (εργαλείο)* κοφτερός, αιχμηρός ‖ *μτφ.* απότομος, οξύς, δηκτικός.
trend [trend] *n* ροπή, τάση, γενική κατεύθυνση ‖ *vi* τείνω, κατευθύνομαι ‖ *set the* ~, δίνω τη γραμμή, λανσάρω μόδα ‖ ~**y**, μοντέρνος.
trepidation [ˌtrepi`deiʃn] *n* ταραχή.
trespass [`trespəs] *n* καταπάτηση ‖ αμάρτημα ‖ *vi* ~ *on*, καταπατώ *(ιδ. κτήμα)* ‖ καταχρώμαι, κάνω κατάχρηση.
tress [tres] *n* βόστρυχος ‖ πλεξούδα.
trestle [tresl] *n* τρίποδο, καβαλέτο.
triad [`traiæd] *n* τριάδα.
trial [`traiəl] *n* δίκη ‖ δοκιμή, δοκιμασία ‖ βάσανο ‖ *adj* δοκιμαστικός ‖ *be/go on* ~, δικάζομαι ‖ *stand* ~, περνώ από δίκη ‖ *bring sb to/put sb on* ~, παραπέμπω κπ σε δίκη.
triangle [`traiæŋgl] *n* τρίγωνο ‖ *the eternal* ~, το Ιγενικό τρίγωνο.
triangular [trai`æŋgjuləʳ] *adj* τριγωνικός, τριμερής.
tribal [traibl] *adj* φυλετικός.
tribe [traib] *n* φυλή ‖ *υποτιμ.* φάρα, κλίκα.
tribulation [ˌtribju`leiʃn] *n* δοκιμασία ‖ *πληθ.* δεινά.
tribunal [trai`bju:nəl] *n* δικαστήριο.
tribune [`tribju:n] *n* βήμα *(ρήτορα)*.
tributary [`tribjutəri] *n* παραπόταμος.
tribute [`tribju:t] *n* φόρος υποτελείας ‖ φόρος τιμής ‖ *pay* ~ *to*, αποτίω φόρο τιμής εις.
trice [trais] *n* στη *φρ. in a* ~, στο άγιε-σβήσε.
trick [trik] *n* κόλπο ‖ κατεργαριά, απάτη ‖ ζαβολιά ‖ τρυκ, ταχυδακτυλουργία ‖ *χαρτοπ.* χαρτωσιά, λεβέ ‖ *vt* εξαπατώ, ξεγελώ ‖ ~**ery**, απάτη, τέχνασμα ‖ ~**ster**, απατεώνας, κολπατζής, κατεργάρης ‖ ~**y**, πονηρός, έξυπνος ‖ *play a dirty* ~ *on sb*, σκαρώνω βρωμοδουλειά. σε κπ ‖ *do the* ~, φέρνω αποτέλεσμα, πετυχαίνω.
trickle [trikl] *n* στάλα, σταγόνα, λεπτή ροή ‖ *vti* στάζω, σταλάζω, κυλώ, ρέω.
tricycle [`traisikl] *n* τρίκυκλο.
trident [`traidənt] *n* τρίαινα.
trifle [traifl] *n* πραγματάκι, ασήμαντο πράγμα ‖ μικροποσό ‖ *vi* ~ *with*, παίζω με ‖ ~ *away*, σπαταλώ, χάνω άσκοπα ‖ *a* ~, λιγουλάκι ‖ **trifling** *adj* ασήμαντος.
trigger [`trigəʳ] *n* σκανδάλη *(όπλου)* ‖

vt ~ *sth off*, προκαλώ, αποτελώ έναυσμα για.
trigonometry [ˌtrigə`nomətri] *n* τριγωνομετρία.
trilateral [ˌtrai`lætərl] *adj* τρίπλευρος ‖ τριμερής *(συμφωνία κλπ.)*.
trilby [`trilbi] *n* ρεπούμπλικα.
trill [tril] *n* τρίλια, λαρυγγισμός ‖ *vi* κάνω τρίλιες, *(για πουλί)* κελαηδώ.
trillion [`triliən] *n US* τρισεκατομμύριο, *GB* πεντάκις εκατομμύριο.
trilogy [`trilədʒi] *n* τριλογία.
trim [trim] *n* ετοιμότητα, τάξη ‖ *adj* περιποιημένος, φροντισμένος ‖ *vti* περιποιούμαι, φτιάχνω, ξακρίζω, κουρεύω, ψαλιδίζω (τις άκρες) ‖ ~ *sth with*, στολίζω, γαρνίρω με ‖ *ναυτ.* ισοσταθμίζω *(φορτίο πλοίου)* ‖ ~**mings**, γαρνιρίσματα.
trinity [`triniti] *n* τριάδα.
trinket [`triŋkit] *n* μπιχλιμπίδι.
trip [trip] *n* ταξίδι, εκδρομούλα, βόλτα ‖ σκόνταμα, *μτφ.* παραπάτημα, λάθος ‖ *sl* μαστούρωμα ‖ *vti* αλαφροπατώ, τρέχω ανάλαφρα ‖ ~ *over sth*, σκοντάφτω σε κτ ‖ ~ *up*, σκοντάφτω, βάζω τρικλοποδιά ‖ ~ *out*, *sl* μαστουρώνω ‖ ~**per**, εκδρομέας ‖ ~**ping**, ανάλαφρος, πεταχτός.
tripartite [ˌtrai`pa:tait] *adj* τριμερής.
tripe [traip] *n* πατσάς ‖ *sl* μπούρδες.
triple [tripl] *adj* τριπλός ‖ *vti* τριπλασιάζω / -ομαι.
triplets [`tripləts] *n* τρίδυμα.
triplicate [`triplikeit] *vt* τριπλασιάζω ‖ *adj* [`triplikət] τριπλός.
tripod [`traipod] *n* τρίποδο.
triptych [`triptik] *n* τρίπτυχο.
trisect [trai`sekt] *vt* τριχοτομώ.
trite [trait] *adj* κοινότοπος, τετριμμένος.
triumph [`traiʌmf] *n* θρίαμβος ‖ *vi* ~ *[over sb]*, θριαμβεύω *[πάνω σε κπ]* ‖ ~**al** [trai`ʌmfl] *adj* θριαμβικός ‖ ~**ant** [trai`ʌmfnt] *adj* θριαμβευτικός.
trivet [`trivit] *n* σιδεροστιά.
trivial [`triviəl] *adj* ασήμαντος ‖ τετριμμένος ‖ μονότονος ‖ *(άνθρ.)* επιπόλαιος, ελαφρός ‖ ~**ity** [ˌtrivi`æləti] κοινοτοπία, ασημαντότητα ‖ ~**ize**, εκχυδαΐζω, ευτελίζω.
troglodyte [`troglədait] *n* τρωγλοδύτης.
troika [`troikə] *n* τρόικα, τριανδρία.
Trojan [`troudʒən] *adj* Τρωικός ‖ *the* ~ *horse*, ο Δούρειος ίππος.
trolley [`troli] *n* τραπεζάκι με ρόδες ‖ καροτσάκι ‖ βαγονέτο ‖ τρολλές.
trollop [`troləp] *n* τσούλα, γύναιο.
trombone [trom`boun] *n* τρομπόνι.
troop [tru:p] *n* μπουλούκι, τσούρμο, κοπάδι, ομάδα ‖ *πληθ.* στρατιώτες,

247 **tuck**

στρατεύματα || *vti* πάω μπουλούκι || ~**er**, στρατιώτης του ιππικού/των τανκς, έφιππος αστυνομικός || *swear like a* ~**er**, βρίζω σα βαρκάρης.
trophy [`trofi] *n* τρόπαιο, έπαθλο.
tropic [`tropik] *n* τροπικός || *the* ~**s**, οι τροπικοί || ~**al** *adj* τροπικός.
trot [trot] *n* τροχασμός, τριπόδισμα, τροχάδην || *vti* (άλογο) τριποδίζω, τροχάζω || πάω [τροχάδην], τρέχω με μικρά βήματα, αστειολ. ξεφουρνίζω || *keep sb on the* ~, κρατώ κπ διαρκώς σε κίνηση || *on the* ~, το'να κοντά στ' άλλο, στο τάκα-τάκα || *break into a* ~, αρχίζω τροχάδην || ~**ters**, ποδαράκια αρνίσια ή χοιρινά.
troubadour [`tru:bədo:ʳ] *n* τροβαδούρος.
trouble [trʌbl] *n* φασαρία, σκοτούρα || πρόβλημα, μπελάς || ταλαιπωρία, ενόχληση || πάθηση, αρρώστεια || *vti* στενοχωρώ, βασανίζω, ενοχλώ || ανησυχώ, ταράζω || σκοτίζομαι, μπαίνω στον κόπο || *ask/look for* ~, πάω γυρεύοντας φασαρία || *be in* ~, έχω φασαρίες/μπελάδες/μπλεξίματα || *get into* ~, μπλέκω σε φασαρίες || *get a girl into* ~, καθιστώ έγκυο μια κοπέλλα || *put sb to the* ~ *of*, βάζω κπ στον κόπο/στη φασαρία να || *fish in* ~**d waters**, ψαρεύω σε θολά νερά || ~**maker**, ταραχοποιός || ~**shooter**, ειρηνοποιός, συμβιβαστής || ~**some**, οχληρός, ενοχλητικός, μπελαλίδικος.
trough [trof] *n* σκαφίδι (για ζύμωμα) || σκάφη (για πότισμα ζώων) γούρνα.
trounce [trauns] *vt* κατσαδιάζω, ξυλοφορτώνω, νικώ.
troupe [tru:p] *n* θίασος.
trousers [`trauzəz] *n pl* παντελόνι.
trousseau [`tru:sou] *n* προικιά.
trout [traut] *n* πέστροφα.
trove [trouv] *n* θησαυρός.
trowel [`trauəl] *n* μυστρί.
truant [truənt] *n* σκασιάρχης || *play* ~, κάνω σκασιαρχείο.
truce [tru:s] *n* ανακωχή.
truck [trʌk] *n* φορτηγό (αυτοκ. ή βαγόνι) || καρότσι (αχθοφόρου).
truckle-bed [`trʌklbed] *n* ράντζο (με ρόδες).
truculent [`trʌkjulənt] *adj* άγριος, επιθετικός.
trudge [trʌdʒ] *n* οδοιπορία || *vi* περπατώ με κόπο, σέρνομαι.
true [tru:] *adj* αληθινός, πιστός, ακριβής || *adv* αληθινά, σωστά || ~**-blue**, πιστός, αφοσιωμένος || ~**-born**, γνήσιος.
truffle [trʌfl] *n* τρούφα.,
truism [`tru:izm] *n* κοινοτοπία.
truly [`tru:li] *adv* ειλικρινά, αληθινά.

trump [trʌmp] *n* χαρτοπ. ατού || *vti* παίζω ατού || ~ *up*, σκαρώνω, μηχανεύομαι.
trumpet [`trʌmpit] *n* τρουμπέτα, κορνέτα, σάλπιγγα || *vti* σαλπίζω, διαλαλώ || (για ελέφαντα) φωνάζω || *blow one's own* ~, αυτοδιαφημίζομαι, παινεύομαι || ~**-call**, σάλπισμα || ~**er**, σαλπιγκτής, τρομπετίστας.
truncate [trʌŋ`keit] *vt* κολοβώνω, κουτσουρώνω, περικόπτω || ~**d**, κόλουρος.
truncheon [`trʌntʃən] *n* γκλομπ.
trundle [trʌndl] *vt* κυλώ, τσουλάω.
trunk [trʌŋk] *n* κορμός (δέντρου ή σώματος) || μπαούλο, κασέλα || προβοσκίδα (ελέφαντα) || πληθ. μαγιό (ανδρικό) || ~**-call**, υπεραστικό τηλεφώνημα || ~**-road**, οδική αρτηρία.
truss [trʌs] *n* δεμάτι, χειρόβολο || ιατρ. κηλεπίδεσμος || αντιστήριγμα (γεφυριού) || *vt* δένω [πισθάγκωνα] || στηρίζω (γεφύρι, οροφή).
trust [trʌst] *n* εμπιστοσύνη || πίστη || οικον. τραστ || νομ. καταπίστευμα || *vti* εμπιστεύομαι || πιστεύω, ελπίζω, ευελπιστώ || ~ *in sb*, έχω εμπιστοσύνη σε κπ || ~ *to sb*, βασίζομαι σε κπ || ~ *sb with sth*, αναθέτω κτ σε κπ || *on* ~, ανεξέταστα, ανεξέλεγκτα || ~**ful**; ~**ing** *adjs* γεμάτος εμπιστοσύνη || ~**worthy**, αξιόπιστος, άξιος εμπιστοσύνης.
trustee [trʌ`sti:] *n* θεματοφύλακας, καταπιστευματοδόχος, επίτροπος || *board of* ~**s**, Διοικητικό Συμβούλιο (ιδρύματος) || ~**ship**, επιτροπεία, κηδεμονία.
truth [tru:θ] *n* αλήθεια || ~**ful**, φιλαλήθης || ~**fully**, ειλικρινά, πιστά || ~**fulness**, ειλικρίνεια, πιστότητα.
try [trai] *n* δοκιμή, απόπειρα, προσπάθεια || *vti* προσπαθώ || δοκιμάζω, κάνω δοκιμή || κουράζω, δοκιμάζω, θέτω υπό δοκιμασία || δικάζω || ~ *on*, προβάρω, δοκιμάζω || ~ *out*, δοκιμάζω κτ στην πράξη || ~**ing** *adj* δύσκολος, κουραστικός, επίπονος || ~**-on**, δοκιμή, πρόβα, απάτη || ~**-out**, προκαταρκτική δοκιμή || *tried adj* δοκιμασμένος.
tub [tʌb] *n* μπανιέρα || βούτα || *sl* σκυλοπνίχτης, παλιοκάραβο || ~**by**, βαρελοειδής.
tuba [`tju:bə] *n* μουσ. τούμπα.
tube [tju:b] *n* σωλήνας || σωληνάρι || *GB* υπόγειος (σιδηρόδρομος), μετρό.
tuberculosis [tju:ˌbə:kju`lousis] *n* φυματίωση || **tubercular**, φυματικός.
tubing [`tju:biŋ] *n* σωλήνωση.
tubular [`tju:bjulə] *adj* σωληνωτός.
tuck [tʌk] *n* πιέτα, σούρα, πτυχή ||

σχολ. λιχουδιές, φαγώσιμα ‖ *vti* σουρώνω ‖ χώνω ‖ ανασκουμπώνω ‖ ~ *in/into*, πέφτω με τα μούτρα στο φαΐ ‖ ~-*shop*, σχολική καντίνα, γλυκατζίδικο.

Tuesday [ˈtjuːzdi] *n* Τρίτη.

tuft [tʌft] *n* φούντα, λοφίο, τούφα ‖ ~*ed*, φουντωτός, θυσανωτός.

tug [tʌg] *n* [απότομο] τράβηγμα ‖ *vti* τραβώ, σέρνω ‖ ~[-*boat*], ρυμουλκό.

tuition [tjuːˈiʃn] *n* διδασκαλία ‖ ~ *fees*, δίδακτρα.

tulip [ˈtjuːlip] *n* τουλίπα.

tulle [tjuːl] *n* τούλι.

tumble [tʌmbl] *n* τούμπα, πέσιμο ‖ *vti* πέφτω, παίρνω τούμπα, κατρακυλώ, σωριάζομαι, πετώ, τινάζω ‖ καταρρέω ‖ ~ *to sth*, μπαίνω στο νόημα.

tumbler [ˈtʌmbləʳ] *n* σαλτιμπάγκος ‖ κούπα.

tummy [ˈtʌmi] *n* κοιλιά, στομάχι ‖ ~-*ache*, κοιλόπονος.

tumour [ˈtjuːməʳ] *n* ιατρ. όγκος.

tumult [ˈtjuːmʌlt] *n* θόρυβος, σαματάς, σάλος ‖ αναταραχή, θύελλα *(αισθημάτων)*.

tumultuous [ˌtjuːˈmʌltjuəs] *adj* θορυβώδης, ταραχώδης, θυελλώδης.

tumulus [ˈtjuːmjuləs] *n* τύμβος.

tundra [ˈtʌndrə] *n* γεωγρ. τούντρα.

tune [tjuːn] *n* μελωδία, σκοπός ‖ αρμονία, τόνος ‖ *vti* κουρδίζω *(πιάνο)* ‖ ρυθμίζω *(μηχανή)* ‖ ~ *in [to]*, πιάνω ραδιοφ. σταθμό ‖ *change one's* ~, αλλάζω τόνο / τροπάρι ‖ *in* ~, στο σωστό τόνο, εναρμονισμένος ‖ *out of* ~, παράφωνα, σε δυσαρμονία ‖ *to the* ~ *of*, μέχρι του ποσού ‖ ~*ful*, μελωδικός ‖ ~*r*, κουρντιστής.

tunic [ˈtjuːnik] *n* χιτώνιο ‖ τουνίκ.

tunnel [tʌnl] *n* τούνελ, σήραγγα.

tunny [ˈtʌni] *n* ιχθ. τόννος.

tuppence [ˈtʌpəns] *n* δυο πένες.

turban [ˈtɜːbən] *n* τουρμπάνι, σαρίκι.

turbid [ˈtɜːbid] *adj* θολός.

turbine [ˈtɜːbain] *n* τουρμπίνα, στρόβιλος.

turbulence [ˈtɜːbjuləns] *n* [ανα]ταραχή, σάλος, στρόβιλος.

turbulent [ˈtɜːbjulənt] *adj* φουρτουνιασμένος, βίαιος, ταραχώδης, θυελλώδης.

turd [tɜːd] *n* σβουνιά, κουράδα.

tureen [tjuˈriːn] *n* σουπιέρα, σαλτσιέρα.

turf [tɜːf] *n* χλόη ‖ *the* ~, ιππόδρομος ‖ ~ *accountant*, πράκτορας ιπποδρομιακών στοιχημάτων.

turgid [ˈtɜːdʒid] *adj* πρησμένος, φουσκωμένος ‖ πομπώδης.

Turk [tɜːk] *n* Τούρκος ‖ σκανταλιάρης, κατεργαράκος ‖ ~*ish*, τούρκικος.

turkey [ˈtɜːki] *n* γαλοπούλα.

turmoil [ˈtɜːmoil] *n* αναστάτωση, φασαρία, ταραχή, σάλος.

turn [tɜːn] *n* στροφή, περιστροφή, μεταστροφή ‖ σειρά ‖ τρομάρα, σοκ ‖ σύντομη βόλτα / απασχόληση ‖ *vti* γυρίζω ‖ [περιστρέφω / -ομαι] γίνομαι ‖ *(για ηλικία)* περνώ ‖ φτιάχνω, τορνάρω, φορμάρω ‖ ~ *about*, κάνω μεταβολή ‖ ~ *against*, στρέφω / -ομαι εναντίον ‖ ~ *away*, αποστρέφω, διώχνω ‖ ~ *back*, γυρίζω πίσω ‖ ~ *down*, χαμηλώνω *(την ένταση ραδιοφ.)*, απορρίπτω, γυρίζω προς τα κάτω ‖ ~ *in*, γυρίζω προς τα μέσα, πλαγιάζω, παραδίδω *(ιδ. σε αρμόδιους ή στην αστυνομία)* ‖ ~ *in on oneself*, κλείνομαι στον εαυτό μου ‖ ~ *inside out*, αναποδογυρίζω ‖ ~ *off*, στρίβω, κλείνω *(διακόπτη)*, απωθώ ‖ ~ *sth on*, ανοίγω *(διακόπτη)* ‖ ~ *sb on*, ερεθίζω, διεγείρω / -ομαι ‖ ~ *on sb*, στρέφομαι εναντίον, επιτίθεμαι σε κπ ‖ ~ *on sth*, εξαρτιέμαι από ‖ ~ *out*, διώχνω, πετάω κπ έξω· αδειάζω, καθαρίζω *(συρτάρια)* βγαίνω, πάω σε συγκέντρωση· βγαίνω, καταλήγω, αποδεικνύομαι· παράγω, βγάζω ‖ ~ *over*, αναποδογυρίζω / -ομαι, παραδίδω, κάνω τζίρο ‖ ~ *to*, στρέφομαι στη δουλειά ‖ ~ *to sb*, στρέφομαι σε κπ *(για βοήθεια)* ‖ ~ *up*, εμφανίζομαι, παρουσιάζομαι, ανασηκώνω, ξεχώνω, βρίσκομαι *(ιδ. κατά τύχη)* ‖ ~ *a deaf ear*, κάνω τον κουφό ‖ ~ *one's hand to sth*, τα καταφέρνω σε κτ ‖ ~ *sb's brain*, τρελλαίνω ‖ ~ *one's head*, παίρνω τα μυαλά μου αέρα ‖ ~ *of mind*, φυσική διάθεση / κλίση ‖ ~ *and* ~ *about*; *by* ~*s*; *in* ~, εκ περιτροπής, με τη σειρά ‖ *do sb a good* ~, κάνω καλό σε κπ ‖ *done to a* ~, ψημένο στην εντέλεια ‖ ~-*coat*, αποστάτης ‖ ~-*er*, τορναδόρος ‖ ~-*key*, δεσμοφύλακας ‖ ~*out*, προσέλευση *(σε συγκέντρωση)*, παραγωγή ‖ ~*over*, τζίρος, αλλαγή φρουράς, σκαλτσούνι, τούμπα ‖ ~-*pike*, πύλη διοδίων ‖ ~-*stile*, περιστροφική είσοδος.

turning [ˈtɜːniŋ] *n* στροφή, διακλάδωση ‖ ~-*point*, καμπή, αποφασιστικό σημείο.

turnip [ˈtɜːnip] *n* γογγύλι.

turpentine [ˈtɜːpəntain] *n* νέφτι.

turquoise [ˈtɜːkwoiz] *n* τουρκουάζ.

turret [ˈtʌrit] *n* πυργίσκος.

turtle [tɜːtl] *n* θαλασσινή χελώνα ‖ ~-*dove*, τρυγόνι ‖ ~-*necked*, ζιβάγκο.

tusk [tʌsk] *n* χαυλιόδοντας.

tussle [tʌsl] *n* τσακωμός, καυγάς.

tutelage [ˈtjuːtəlidʒ] *n* κηδεμονία.

tutor [ˈtjuːtəʳ] *n* ιδιαίτερος καθηγητής, προγυμναστής || *vt* προγυμνάζω *(μαθητές)* || ~**ial** [tjuːˈtɔːrɪəl] *adj* προπαρασκευαστικός, *n* φροντιστήριο.

tuxedo [tʌkˈsiːdou] *n US* σμόκιν.

twaddle [ˈtwodl] *n* ανοησίες || *vi* ανοηταίνω.

twang [twæŋ] *n* έρρινος ομιλία || *vti* ηχώ γρατζουνιστά / έρρινα.

tweak [twiːk] *n* τσιμπιά || *vt* τσιμπώ, στρίβω.

tweezers [ˈtwiːzəz] *n pl* τσιμπιδάκι.

twelfth [twelfθ] *adj* δωδέκατος.

twelve [twelv] *n, adj* δώδεκα.

twenty [ˈtwenti] *n, adj* είκοσι || **twentieth**, εικοστός.

twice [twais] *adv* δις, δυο φορές.

twiddle [twidl] *vti* παίζω, στριφογυρίζω.

twig [twig] *n* κλαδί, κλαράκι, κλωναράκι || *vti GB* καταλαβαίνω, μυρίζομαι.

twilight [ˈtwailait] *n* λυκόφως.

twin [twin] *n* δίδυμος.

twine [twain] *n* σπάγγος || πλέκω / -ομαι.

twinge [twindʒ] *n* σουβλιά [πόνου].

twinkle [ˈtwiŋkl] *n* σπίθισμα, φευγαλέα λάμψη || *vi* σπιθίζω, λάμπω φευγαλέα.

twirl [twɜːl] *n* στριφογύρισμα, στροβίλισμα || *vti* στριφογυρίζω, στροβιλίζω / -ομαι.

twist [twist] *n* στρίψιμο || στροφή, κουλούρα, σπείρα || διαστροφή || *(χορός)* τουίστ || *vti* στρίβω, τυλίγω, πλέκω || συστρέφω, στριφογυρίζω, στραμπουλίζω || διαστρεβλώνω || χορεύω τουίστ ||

~**er**, κατεργάρης, δύσκολο πρόβλημα.

twit [twit] *n* χαζός.

twitch [twitʃ] *n* νευρικό τικ, σύσπαση || απότομα τράβηγμα || *vti* συσπώ / -ώμαι || τραβώ απότομα.

twitter [ˈtwitəʳ] *n* τιτίβισμα || *vi* τιτιβίζω || **be all of a** ~, τρέμω ολόκληρος *(από υπερδιέγερση)*.

two [tuː] *n, adj* δύο || ~**-edged**, δίκοπος || ~**-faced**, διπρόσωπος || ~**-fold**, διπλάσιος, διπλάσια || ~**-seater**, διθέσιο || ~**-way**, διπλής κατευθύνσεως.

tycoon [taiˈkuːn] *n* μεγιστάνας του πλούτου.

type [taip] *n* τύπος || τυπογραφικά στοιχεία || *vti* δακτυλογραφώ || ~**script**, δακτυλογραφημένο κείμενο || ~**setter**, στοιχειοθέτης || ~**writer**, γραφομηχανή.

typhoid [ˈtaifoid] *n* τυφοειδής.

typhoon [taiˈfuːn] *n* τυφώνας.

typhus [ˈtaifəs] *n* τύφος.

typical [ˈtipikl] *adj* χαρακτηριστικός.

typify [ˈtipifai] *vt* συμβολίζω, χαρακτηρίζω.

typist [ˈtaipist] *n* δακτυλογράφος.

typography [taiˈpogrəfi] *n* τυπογραφία || **typographer**, τυπογράφος || **typographic**, τυπογραφικός.

tyrannical [tiˈrænikl] *adj* τυραννικός.

tyrannize [ˈtirənaiz] *vt* τυραννώ.

tyranny [ˈtirəni] *n* τυραννία.

tyrant [ˈtairənt] *n* τύραννος.

tyre [taiəʳ] *n* ελαστικό *(αυτοκινήτου)*.

tzar [zaːʳ] *n* τσάρος || ~**ina**, τσαρίνα.

U u

ubiquitous [juːˈbikwitəs] *adj* πανταχού παρών.

udder [ˈʌdəʳ] *n* μαστάρι *(ζώου)*.

uglify [ˈʌglifai] *vt* ασχημίζω.

ugliness [ˈʌglines] *n* ασχήμια.

ugly [ˈʌgli] *adj* άσχημος.

ulcer [ˈʌlsəʳ] *n ιατρ.* έλκος.

ulterior [ʌlˈtiəriəʳ] *adj* απώτερος, κρυφός, υστερόβουλος.

ultimate [ˈʌltimət] *adj* ύστατος, έσχατος, τελικός || ~**ly**, τελικά, σε έσχατη ανάλυση.

ultimatum [ˌʌltiˈmeitəm] *n* τελεσίγραφο.

ultimo [ˈʌltimou] *adj (βραχ.* ult) παρελθόντος [μηνός].

ultra [ˈʌltrə] *prefix* υπέρ— || ~**marine**, λουλακί, βαθύ μπλε || ~**sonic**, υπερηχητικός || ~**violet**, υπεριώδης.

ululate [ˈjuːljuleit] *vi* ολολύζω.

ululation [ˌjuːljuˈleiʃn] *n* ολολυγμός.

umbilical [ʌmˈbilikl] *adj* ~ **[cord]**, ομφάλιος [λώρος].

umbrage [ˈʌmbridʒ] στη *φρ.* **take** ~ **[at sth]**, πειράζομαι, προσβάλλομαι [από κτ].

umbrella [ʌmˈbrelə] *n* ομπρέλλα.

umpire [ˈʌmpaiəʳ] *n* διαιτητής, κριτής || *vti* [επι]διαιτητεύω.

umpteen [ˈʌmptiːn] *adj* χιλιάδες, ένα σωρό, άπειροι || ~**th**, πολλοστός.

un— [ʌn] *prefix (αρνητικό ή στερητικό πρόθεμα)* α—, ξε—.
unabashed [ˈʌnəˈbæʃt] *adj* ατάραχος, απτόητος.
unabated [ˌʌnəˈbeitid] *adj* αμείωτος.
unable [ʌnˈeibl] *adj* ανίκανος.
unabridged [ˌʌnəˈbridʒd] *adj* πλήρης, χωρίς περικοπές.
unacceptable [ˌʌnəkˈseptəbl] *adj* απαράδεκτος.
unaccompanied [ˌʌnəˈkʌmpənid] *adj* ασυνόδευτος.
unaccountable [ˌʌnəˈkauntəbl] *adj* ανεξήγητος.
unaccustomed [ˌʌnəˈkʌstəmd] *adj* ασυνήθιστος || ασυνήθης.
unadorned [ˌʌnəˈdoːnd] *adj* αστόλιστος.
unadulterated [ˌʌnəˈdʌltəreitid] *adj* ανόθευτος, καθαρός, αγνός.
unadvisable [ˌʌnədˈvaizəbl] *adj* ασύμφορος, μη σκόπιμος.
unaffected [ˌʌnəˈfektid] *adj* ανεπιτήδευτος || ανεπηρέαστος.
unaided [ʌnˈeidid] *adj* αβοήθητος.
unalienable [ʌnˈeiliənəbl] *adj* απαράγραπτος.
unalterable [ˌʌnˈoːltərəbl] *adj* αμετάβλητος.
unambiguous [ˌʌnæmˈbigjuəs] *adj* απερίφραστος, σαφής, ξεκάθαρος.
un-American [ˌʌnəˈmerikən] *adj* αντιαμερικανικός.
unanimity [ˌjuːnəˈniməti] *n* ομοφωνία.
unanimous [juːˈnæniməs] *adj* ομόφωνος.
unannounced [ˌʌnəˈnaunst] *adj* απροειδοποίητος, χωρίς να αναγγελθεί.
unanswerable [ʌnˈaːnsərəbl] *adj* αναπάντητος.
unappeased [ˌʌnəˈpiːzd] *adj* ακόρεστος.
unapproachable [ˌʌnəˈprəutʃəbl] *adj* απλησίαστος.
unarmed [ʌnˈaːmd] *adj* άοπλος.
unashamed [ˌʌnəˈʃeimd] *adj* αναίσχυντος.
unasked [ˌʌnəˈskt] *adj* απρόσκλητος.
unassailable [ˌʌnəˈseiləbl] *adj* απρόσβλητος, ακαταμάχητος.
unassuming [ˌʌnəˈsjuːmiŋ] *adj* απλός.
unattainable [ˌʌnəˈteinəbl] *adj* ανέφικτος.
unauthorized [ˌʌnˈoːθəraizd] *adj* χωρίς άδεια.
unavailable [ˌʌnəˈveiləbl] *adj* δυσεύρετος.
unavailing [ˌʌnəˈveiliŋ] *adj* ανώφελος.
unavoidable [ˌʌnəˈvoidəbl] *adj* αναπόφευκτος.
unaware [ˌʌnəˈweər] *adj* αγνοών || be ~ of, αγνοώ || ~s, εξαπίνης, εξ απροσεξίας.
unbacked [ˌʌnˈbækt] *adj* ανυποστήρικτος.
unbaked [ˌʌnˈbeikt] *adj* άψητος.
unbalanced [ʌnˈbælənst] *adj* ανισόρρο-

πος.
unbar [ˌʌnˈbaːr] *vt* ξαμπαρώνω, ανοίγω.
unbearable [ʌnˈbeərəbl] *adj* ανυπόφορος.
unbeatable [ʌnˈbiːtəbl] *adj* ανίκητος.
unbeaten [ʌnˈbiːtn] *adj* αχτύπητος, ανίκητος.
unbecoming [ˌʌnbiˈkʌmiŋ] *adj* ανάρμοστος || αταίριαστος.
unbelief [ˌʌnbiˈliːf] *adj* απιστία, δυσπιστία.
unbend [ʌnˈbend] *vti irreg* χαλαρώνω / -ομαι.
unbiased [ʌnˈbaiəst] *adj* αμερόληπτος, απροκατάληπτος.
unbidden [ʌnˈbidn] *adj* αυτόβουλος.
unbind [ʌnˈbaind] *vt irreg* λύνω.
unblushing [ˌʌnˈblʌʃiŋ] *adj* ανερυθρίαστος.
unborn [ʌnˈboːn] *adj* αγέννητος.
unbosom [ʌnˈbuzəm] *vt ~ oneself to sb*, ανοίγω την καρδιά μου σε κπ.
unbounded [ʌnˈbaundid] *adj* απεριόριστος.
unbridled [ʌnˈbraidld] *adj* αχαλίνωτος.
unbroken [ʌnˈbroukn] *adj* αδιατάρακτος, αδάμαστος.
unbuckle [ʌnˈbʌkl] *vt* ξεκουμπώνω.
unbuttoned [ʌnˈbʌtnd] *adj* ξεκούμπωτος || μτφ. άνετος, χωρίς τυπικότητες.
uncalculated [ˌʌnˈkælkjuleitid] *adj* ανυπολόγιστος.
uncalled-for [ʌnˈkoːld-foːr] *adj* αδικαιολόγητος, απρόκλητος, περιττός.
uncanny [ʌnˈkæni] *adj* μυστηριώδης, αφύσικος, απόκοσμος.
uncared-for [ʌnˈkeəd-foːr] *adj* παραμελημένος.
unceasing [ʌnˈsiːsiŋ] *adj* ακατάπαυστος.
unceremonious [ˌʌnˌseriˈmouniəs] *adj* απλός, απότομος, χωρίς τύπους.
uncertain [ʌnˈsəːtn] *adj* αβέβαιος || ~ty, αβεβαιότητα.
unchain [ʌnˈtʃein] *vt* λύνω, ελευθερώνω.
unchangeable [ʌnˈtʃeindʒəbl] *adj* αμετάβλητος.
uncharitable [ʌnˈtʃæritəbl] *adj* αυστηρός.
uncharted [ʌnˈtʃaːtid] *adj* ανεξερεύνητος.
unchecked [ʌnˈtʃekt] *adj* ασυγκράτητος.
uncivil [ʌnˈsivil] *adj* αγενής.
unclaimed [ʌnˈkleimd] *adj* αζήτητος.
uncle [ˈʌŋkl] *n* θείος.
unclean [ʌnˈkliːn] *adj* ακάθαρτος.
unclench [ʌnˈklentʃ] *vt* ξεσφίγγω.
unclouded [ʌnˈklaudid] *adj* ανέφελος.
uncomfortable [ʌnˈkʌmfətəbl] *adj* άβολος, μη άνετος || ενοχλητικός, δυσάρεστος.
uncommitted [ˌʌnkəˈmitid] *adj* αδέσμευτος.
uncommon [ʌnˈkomən] *adj* ασυνήθης.
uncomplaining [ˌʌnkəmˈpleiniŋ] *adj* καρτερικός, αγόγγυστος.

uncompromising [ʌn`komprəmaiziŋ] *adj* αδιάλλακτος, ανυποχώρητος, ανένδοτος.

unconcern [.ʌnkən`sə:n] *n* αδιαφορία, αναμελιά || ~ed, αμέτοχος, αδιάφορος, αμέριμνος.

unconditional [.ʌnkən`diʃnl] *adj* ανεπιφύλακτος, κατηγορηματικός, άνευ όρων.

unconfirmed [.ʌnkəm`fə:md] *adj* ανεπιβεβαίωτος.

unconscious [ʌn`konʃəs] *adj* αναίσθητος, ασυναίσθητος, αθέλητος || the ~, το ασυνείδητο || ~ness, αναισθησία.

unconsidered [.ʌnkən`sidəd] *adj* απερίσκεπτος.

unconstitutional [.ʌnkonsti`tju:ʃnl] *adj* αντισυνταγματικός.

unconventional [.ʌnkən`venʃnl] *adj* μη συμβατικός, πρωτότυπος.

uncork [ʌn`ko:k] *vt* ξεβουλώνω *(μπουκάλι)*.

uncouth [ʌn`ku:θ] *adj* άξεστος.

uncover [ʌn`kʌvə^r] *vt* ξεσκεπάζω.

uncritical [ʌn`kritikl] *adj* αβασάνιστος, επιπόλαιος.

unction [`ʌŋkʃn] *n* εκκλ. χρίσμα, ευχέλαιο.

unctuous [`ʌŋktʃuəs] *adj* μτφ. γλοιώδης.

uncultured [.ʌn`kʌltʃəd] *adj* ακαλλιέργητος.

uncut [ʌn`kʌt] *adj* άκοπος.

undated [ʌn`deitid] *adj* αχρονολόγητος.

undaunted [ʌn`do:ntid] *adj* απτόητος.

undecided [.ʌndi`saidid] *adj* αναποφάσιστος.

undeclared [.ʌndi`kleəd] *adj* αδήλωτος *(εμπόρευμα)* || ακήρυκτος *(πόλεμος)*.

undefended [.ʌndi`fendid] *adj* ανυπεράσπιστος.

undemonstrative [.ʌndi`monstrətiv] *adj* επιφυλακτικός, μη εκδηλωτικός.

undeniable [.ʌndi`naiəbl] *adj* αναντίρρητος.

under [`ʌndə^r] *prep* κάτω από || *prefix* υπο— || ~act, θέατρ. παίζω υποτονικά || ~belly, υπογάστριο || ~bid, μειοδοτώ || ~clothes, εσώρρουχα || ~cover, μυστικός || ~current, μτφ. λανθάνουσα τάση || ~cut, φιλέτο || ~developed, υποανάπτυκτος || ~dog, ο αδύνατος, ο ηττημένος της ζωής || ~done, όχι καλά ψημένος || ~estimate, υποτιμώ || ~fed, υποσιτιζόμενος || ~foot, καταγής, κάτω από τα πόδια || ~garment, εσώρρουχο || ~go, υφίσταμαι, παθαίνω || ~graduate, φοιτητής || ~growth, χαμόκλαδα || ~hand, ύπουλος, μπαμπέσικος || ~lie, αποτελώ τη βάση, βρίσκομαι κάτω από || ~line, υπογραμμίζω || ~ling, τσιράκι || ~lying, βαθύτερος || ~manned, με ελλιπές πλήρωμα / προσωπικό || ~mentioned, κά-τωθι || ~mine, υπονομεύω, φθείρω || ~neath, κάτω από, κάτωθεν || ~nourished, υποσιτιζόμενος || ~paid, κακοπληρωμένος || ~pants, σώβρακο || ~pass, υπόγεια διάβαση || ~pin, υποστηρίζω, στυλώνω || ~populated, αραιοκατοικημένος || ~privileged, μη προνομιούχος || ~rate, υποτιμώ || ~score, υπογραμμίζω || ~secretary, υφυπουργός || ~sign, υπογράφω || ~sized, κατασιασμένος, κάτω του κανονικού μεγέθους || ~staffed, με ανεπαρκές προσωπικό || ~statement, ευφημισμός || ~study, *(θέατρ.)* αντικαταστάτης, αντικαθιστώ ηθοποιό || ~tone, χαμηλός τόνος, υπόστρωμα, απόχρωση || ~tow, αντιμάμαλο || ~value, υποτιμώ || ~water, υποβρύχιος || ~wear, εσώρρουχα || ~world, υπόκοσμος, ο κάτω κόσμος || ~write, ασφαλίζω, εγγυώμαι.

underground [`ʌndəground] *n* υπέδαφος || υπόγειος σιδηρόδρομος || παρανομία || *adj* υπόγειος || κρυφός, μυστικός, παράνομος || *adv* υπογείως, σε παρανομία.

understand [.ʌndə`stænd] *vti irreg* εννοώ, καταλαβαίνω || αντιλαμβάνομαι, νομίζω, συνάγω, συμπεραίνω || υπονοώ, εξυπακούω || ~ing, κατανόηση, συνενόηση, συμφωνία, αντίληψη, όρος, κατανοών || on the ~ing that, με τον όρο ότι.

undertake [.ʌndə`teik] *vti irreg* αναλαμβάνω || επιχειρώ || υπόσχομαι, εγγυώμαι || ~r, νεκροθάφτης || undertaking, επιχείρηση, εγχείρημα, εγγύηση, υπόσχεση.

undeserved [.ʌndi`zə:vd] *adj* άδικος.

undesigned [.ʌndi`zaind] *adj* αθέλητος, απροσχεδίαστος.

undesirable [.ʌndi`zaiərəbl] *adj* ανεπιθύμητος.

undeterred [.ʌndi`tə:d] *adj* απτόητος.

undeveloped [.ʌndi`velopt] *adj* αναξιοποίητος, καθυστερημένος.

undies [`ʌndiz] *n pl* γυναικεία εσώρρουχα.

undignified [ʌn`dignifaid] *adj* αναξιοπρεπής.

undiluted [.ʌndai`lju:tid] *adj* ανόθευτος.

undiminished [.ʌndi`miniʃt] *adj* αμείωτος.

undiscerning [.ʌndi`sə:niŋ] *adj* άκριτος.

undisciplined [ʌn`disiplind] *adj* απειθάρχητος.

undisclosed [.ʌndi`sklouzd] *adj* αφανέρωτος.

undivided [.ʌndi`vaidid] *adj* αδιαίρετος.

undo [ʌn`du:] *vt irreg* λύνω || χαλώ || καταστρέφω || ~ing, η λύσιμο, καταστροφή.

undoubted [ʌn`dautid] *adj* αναμφίβολος.

undreamt-of [ʌnˈdremt-ɒv] adj αδιανόητος.

undress [ʌnˈdres] vt ξεντύνομαι.

undrinkable [ʌnˈdriŋkəbl] adj που δεν πίνεται.

undue [ʌnˈdjuː] adj υπερβολικός, ανάρμοστος, υπέρμετρος.

undulate [ˈʌndjuleit] vi κυματίζω.

undying [ʌnˈdaiŋ] adj αιώνιος, αθάνατος.

unearth [ʌnˈɔːθ] vt ξεθάβω, ξετρυπώνω ‖ ~ly, υπερφυσικός, μακάβριος, παράλογος.

uneasy [ʌnˈiːzi] adj ανήσυχος.

uneatable [ʌnˈiːtəbl] adj που δεν τρώγεται.

uneaten [ʌnˈiːtn] adj αφάγωτος.

uneconomical [ˌʌnikəˈnɒmikl] adj αντιοικονομικός, ασύμφορος.

unedited [ʌnˈeditid] adj αυτούσιος, ανέκδοτος.

uneducated [ʌnˈedjukeitid] adj αμόρφωτος.

unemployed [ˌʌnimˈplɔid] adj άνεργος.

unemployment [ˌʌnimˈplɔimənt] n ανεργία.

unending [ʌnˈendiŋ] adj ατέλειωτος.

un-English [ʌnˈiŋgliʃ] adj μη αγγλοπρεπής.

unenlightened [ˌʌninˈlaitnd] adj αδιαφώτιστος, απληροφόρητος, αμαθής.

unenviable [ʌnˈenviəbl] adj καθόλου επίζηλος.

unequal [ʌnˈiːkwəl] adj άνισος ‖ **be ~ to [doing] sth**, δεν είμαι σε θέση να κάμω κτ ‖ ~led, απαράμιλλος.

unequivocal [ˌʌniˈkwivəkl] adj κατηγορηματικός, σαφής.

unerring [ʌnˈeriŋ] adj αλάθητος.

unethical [ʌnˈeθikl] adj ανέντιμος.

uneven [unˈiːvn] adj ανώμαλος, άνισος.

uneventful [ʌniˈventfl] adj ήσυχος, αδιατάρακτος.

unexampled [ˌʌnigˈzaːmpld] adj ασύγκριτος, μοναδικός.

unexceptionable [ˌʌnikˈsepʃənəbl] adj άψογος, ανεπίληπτος.

unexpected [ˌʌnikˈspektid] adj απροσδόκητος.

unfading [ʌnˈfeidiŋ] adj αμάραντος.

unfailing [ʌnˈfeiliŋ] adj αμείωτος, αδιάπτωτος, ανεξάντλητος.

unfair [ʌnˈfeəʳ] adj άδικος, αθέμιτος.

unfaithful [ʌnˈfeiθfl] adj άπιστος.

unfaltering [ʌnˈfɔːltəriŋ] adj ακλόνητος.

unfamiliar [ˌʌnfəˈmiliəʳ] adj ~ to, άγνωστος ‖ ~ with, μη εξοικειωμένος.

unfathomable [ʌnˈfæðəməbl] adj ανεξιχνίαστος.

unfeeling [ʌnˈfiːliŋ] adj αναίσθητος, σκληρός.

unfeigned [ʌnˈfeind] adj ανυπόκριτος.

unfettered [ʌnˈfetəd] adj αδέσμευτος, αχαλίνωτος.

unfinished [ʌnˈfiniʃt] adj ημιτελής.

unfit [ʌnˈfit] adj ακατάλληλος.

unflagging [ʌnˈflægiŋ] adj αδιάπτωτος.

unflappable [ʌnˈflæpəbl] adj ατάραχος.

unfledged [ʌnˈfledʒd] adj (για πουλί) αμάλλιαγος, μτφ. νέος, άπειρος.

unflinching [ʌnˈflintʃiŋ] adj ακλόνητος.

unfold [ʌnˈfould] vti ξεδιπλώνω, ξετυλίγω/-ομαι, απλώνω/-ομαι.

unforeseen [ˌʌnfɔːˈsiːn] adj απρόβλεπτος.

unforgettable [ˌʌnfəˈgetəbl] adj αξέχαστος, αλησμόνητος.

unforgivable [ˌʌnfəˈgivəbl] adj ασυγχώρητος.

unforgiving [ˌʌnfəˈgiviŋ] adj μνησίκακος.

unfortunate [ʌnˈfɔːtʃunət] adj ατυχής.

unfounded [ʌnˈfaundid] adj αβάσιμος.

unfrequented [ˌʌnfriˈkwentid] adj ασύχναστος, ερημικός.

unfriendly [ʌnˈfrendli] adj μη φιλικός.

unfurl [ʌnˈfɔːl] vti ξεδιπλώνω/-ομαι.

unfurnished [ʌnˈfɔːniʃt] adj χωρίς έπιπλα.

ungainly [ʌnˈgeinli] adj άχαρος, άγαρμπος.

ungenerous [ʌnˈdʒenərəs] adj μικρόψυχος.

ungodly [ʌnˈgodli] adj ασεβής, αθεόφοβος ‖ εξωφρενικός, παράλογος.

ungracious [ʌnˈgreiʃəs] adj αγενής, άχαρος.

ungrateful [ʌnˈgreitfl] adj αγνώμων, άχαρος.

ungrounded [ʌnˈgraundid] adj αβάσιμος.

ungrudging [ʌnˈgrʌdʒiŋ] adj αγόγγυστος, ατσιγκούνευτος.

unguarded [ʌnˈgaːdid] adj αφρούρητος, απρόσεχτος.

unguent [ˈʌngwənt] n αλοιφή.

unhallowed [ʌnˈhæloud] adj ανίερος.

unhampered [ʌnˈhæmpəd] adj ανεμπόδιστος.

unhappy [ʌnˈhæpi] adj δυστυχής.

unharmed [ʌnˈhaːmd] adj σώος, άθικτος.

unhealthy [ʌnˈhelθi] adj ανθυγιεινός.

unheard-of [ʌnˈhɔːd-ɒv] adj ανήκουστος.

unholy [ʌnˈhouli] adj ανόσιος ‖ παράλογος.

unhoped-for [ʌnˈhoupt-fɔː] adj ανέλπιστος.

unicorn [ˈjuːnikɔːn] n μονόκερως.

unidentified [ˌʌnaiˈdentifaid] adj μη αναγνωρισθείς, αγνώστου ταυτότητος.

uniform [ˈjuːnifɔːm] adj ομοιόμορφος ‖ n στολή ‖ ~ed, ενστολος ‖ ~ity, [ˌjuːniˈfɔːmati] ομοιομορφία.

unify [ˈjuːnifai] vt ενοποιώ.

unilateral [ˌjuːniˈlætərl] adj μονομερής.

unimaginable [ˌʌniˈmædʒinəbl] adj αφάντάστος, ακατανόητος.

unimaginative [ˌʌni`mædʒinətiv] *adj* πεζός.

unimpaired [ˌʌnim`peəd] *adj* ακμαίος.

unimpeachable [ˌʌnim` pi:tʃəbl] *adj* άψογος.

unimportant [ˌʌnim` po:tənt] *adj* ασήμαντος.

uninformed [ˌʌnin`fo:md] *adj* απληροφόρητος.

uninhabitable [ˌʌnin`hæbitəbl] *adj* μη κατοικήσιμος.

uninhabited [ˌʌnin`hæbitid] *adj* ακατοίκητος.

uninspired [ˌʌnin`spaiəd] *adj* βαρετός.

uninsured [ˌʌnin`ʃuəd] *adj* ανασφάλιστος.

unintended [ˌʌnin` tended] *adj* ακούσιος.

uninterested [ʌn`intristid] *adj* αδιάφορος.

uninteresting [ʌn`intristiŋ] *adj* πληκτικός.

uninterrupted [ˌʌnintəˈrʌptid] *adj* αδιάκοπος.

uninvited [ˌʌnin`vaitid] *adj* απρόσκλητος.

union [`ju:niən] *n* ένωση || γάμος || σύλλογος, ομοσπονδία, σωματείο.

unique [ju:`ni:k] *adj* μοναδικός.

unison [`ju:nisn] *n* αρμονία || *in* ~, ομοφώνως.

unit [`ju:nit] *n* μονάδα.

unite [ju:`nait] *vti* ενώνω / -ομαι || ~**d**, ενωμένος, κοινός.

unity [`ju:nəti] *n* ενότητα || ενιαίο σύνολο || σύμπνοια, αρμονία.

universal [ˌju:ni`və:sl] *adj* παγκόσμιος || πάγκοινος, γενικός, καθολικός || ~**ity**, παγκοσμιότητα, καθολικότητα.

universe [`ju:nivə:s] *n* σύμπαν.

university [ˌju:ni`və:səti] *n* πανεπιστήμιο.

unjust [ʌn`dʒʌst] *adj* άδικος.

unkempt [ʌn`kempt] *adj* ατημέλητος, αχτένιστος.

unkind [ʌn`kaind] *adj* σκληρός, άστοργος || ~**ness**, σκληρότητα, κακότητα.

unknowingly [ʌn`nouiŋli] *adv* εν αγνοία, ασυναισθήτως.

unknown [ʌn`noun] *adj* άγνωστος.

unlawful [ʌn`lo:fl] *adj* παράνομος, αθέμιτος.

unlearn [ˌʌn`lə:n] *vt irreg* ξεμαθαίνω.

unleash [ʌn`li:ʃ] *vt* ξαμολάω, εξαπολύω.

unleavened [ˌʌn`levənd] *adj* άζυμος.

unless [ʌn`les] *conj* εκτός εάν, αν δεν.

unlettered [ˌʌn`letəd] *adj* αγράμματος.

unlike [ʌn`laik] *adj, prep* διαφορετικός από, αντίθετα από || ~**ly**, απίθανος.

unload [ʌn`loud] *vti* ξεφορτώνω.

unlooked-for [ʌn`lukt-fo:] *adj* αναπάντεχος.

unloose [ʌn`lu:s] *vt* εξαπολύω, ελευθερώνω.

unlovable [ʌn`lʌvəbl] *adj* απωθητικός.

unlucky [ʌn`lʌki] *adj* άτυχος.

unmake [ˌʌn`meik] *vt irreg* χαλώ, καταστρέφω κπ.

unman [ˌʌn`mæn] *vt* παραλύω, τσακίζω [το ηθικό] || ~**ned**, μη επανδρωμένος, χωρίς πλήρωμα || φοβισμένος, τσακισμένος.

unmannered [ʌn`mænəd] *adj* αγενής.

unmarketable [ˌʌn`ma:kitəbl] *adj* δυσκολοπούλητος.

unmask [ʌn`ma:sk] *vti* ξεμασκαρεύω / -ομαι, ξεσκεπάζω.

unmatched [ʌn`mætʃt] *adj* ασύγκριτος.

unmentionable [ʌn`menʃənəbl] *adj* ανομολόγητος, ακατονόμαστος.

unmerciful [ʌn`mə:sifl] *adj* ανοικτίρμων.

unmistakable [ˌʌnmis`teikəbl] *adj* ολοφάνερος, αναμφισβήτητος.

unmitigated [ʌn`mitigeitid] *adj* τέλειος.

unmixed [ʌn`mikst] *adj* αμιγής.

unmoved [ʌn`mu:vd] *adj* ασυγκίνητος.

unnamed [ʌn`neimd] *adj* ανώνυμος.

unnatural [ʌn`nætʃərl] *adj* αφύσικος.

unnecessary [ʌn`nesəsri] *adj* περιττός.

unnerve [ʌn`nə:v] *vt* παραλύω.

unnoticed [ʌn`noutist] *adj* απαρατήρητος.

unobtainable [ˌʌnəb`teinəbl] *adj* δυσεύρετος, ανεπίτευκτος.

unobtrusive [ʌnəb`tru:siv] *adj* διακριτικός.

unofficial [ˌʌnə`fiʃl] *adj* ανεπίσημος.

unorthodox [ʌn`o:θədoks] *adj* ανορθόδοξος.

unpack [ʌn`pæk] *vt* ξεπακετάρω.

unpaid [ʌn`peid] *adj* απλήρωτος, άμισθος.

unpardonable [ʌn`pa:dənəbl] *adj* ασυγχώρητος.

unpleasant [ʌn`plezənt] *adj* δυσάρεστος.

unpopular [ʌn`popjuləʳ] *adj* αντιδημοτικός.

unpractical [ʌn`præktikl] *adj* ανεφάρμοστος, ασύμφορος, μη πρακτικός.

unprecedented [ʌn`presidentid] *adj* πρωτοφανής, χωρίς προηγούμενο.

unpredictable [ˌʌnpri`diktəbl] *adj* απρόβλεπτος, ανερμάτιστος, εξωφρενικός.

unprejudiced [ʌn`predʒudist] *adj* αμερόληπτος.

unpremeditated [ˌʌn ˌpri:`mediteid] *adj* απρομελέτητος.

unprepared [ˌʌnpri`peəd] *adj* ανέτοιμος.

unprepossessing [ˌʌnpripə`zesiŋ] *adj* αντιπαθητικός, ασυμπαθής.

unpretentious [ˌʌnpri`tenʃəs] *adj* απλός.

unprincipled [ʌn`prinsəpld] *adj* αδίστακτος.

unprintable [ʌn`printəbl] *adj* που δεν μπορεί να τυπωθεί, άσεμνος.

unprivileged [ʌn`privilidʒd] *adj* μη προνομιούχος.

unproductive [ˌʌnprə`dʌktiv] *adj* άγονος,

άκαρπος, στείρος.

unprofessional [ˌʌnprəˈfeʃənl] *adj* αντιεπαγγελματικός.

unprofitable [ʌnˈprofitəbl] *adj* ασύμφορος.

unpromising [ʌnˈpromisiŋ] *adj* απογοητευτικός.

unprompted [ʌnˈpromptid] *adj* αυθόρμητος.

unpropitious [ˌʌnprəˈpiʃəs] *adj* δυσμενής.

unprotected [ˌʌnprəˈtektid] *adj* απροστάτευτος, ακάλυπτος.

unprovided [ˌʌnprəˈvaidid] *adj* ~ **with**, χωρίς || ~ **for**, χωρίς πόρους.

unprovoked [ˌʌnprəˈvoukt] *adj* απρόκλητος.

unpunished [ʌnˈpʌniʃt] *adj* ατιμώρητος.

unqualified [ʌnˈkwolifaid] *adj* αναρμόδιος || χωρίς προσόντα || ανεπιφύλακτος.

unquestionable [ʌnˈkwestʃənəbl] *adj* βέβαιος, αναμφισβήτητος.

unquestioning [ʌnˈkwestʃəniŋ] *adj* μτφ. τυφλός, ανεξέταστος.

unravel [ʌnˈrævl] *vti* λύνω, ξεμπερδεύω.

unread [ʌnˈred] *adj* αδιάβαστος.

unreadable [ʌnˈriːdəbl] *adj* που δε διαβάζεται.

unready [ʌnˈredi] *adj* ανέτοιμος.

unreal [ʌnˈriəl] *adj* φανταστικός, πλασματικός, ανύπαρκτος.

unreasonable [ʌnˈriːzənəbl] *adj* εξωφρενικός, παράλογος.

unrecognizable [ʌnˈrekəgnaizəbl] *adj* αγνώριστος.

unrecognized [ʌnˈrekəgnaized] *adj* παραγνωρισμένος.

unrehearsed [ˌʌnriˈhəːst] *adj* αυτοσχέδιος.

unrelated [ˌʌnriˈleitid] *adj* άσχετος.

unrelenting [ˌʌnriˈlentiŋ] *adj* άκαμπτος, αδυσώπητος, αδιάκοπος.

unreliable [ˌʌnriˈlaiəbl] *adj* αναξιόπιστος.

unrelieved [ˌʌnriˈliːvd] *adj* μονότονος.

unremarkable [ˌʌnriˈmaːkəbl] *adj* μέτριος.

unremitting [ˌʌnriˈmitiŋ] *adj* σύντονος, αδιάλειπτος, συνεχής.

unrequited [ˌʌnriˈkwaitid] *adj* ανανταπόδοτος.

unreserved [ˌʌnriˈzəːvd] *adj* ανεπιφύλακτος.

unresolved [ˌʌnriˈsolvd] *adj* άλυτος, αδιάλυτος.

unresponsive [ˌʌnriˈsponsiv] *adj* απαθής, αδιάφορος.

unrest [ʌnˈrest] *n* αναταραχή.

unrestrained [ˌʌnriˈstreind] *adj* αχαλίνωτος, ασυγκράτητος.

unrestricted [ˌʌnriˈstriktid] *adj* απεριόριστος.

unripe [ʌnˈraip] *adj* άγουρος.

unruffled [ʌnˈrʌfld] *adj* ατάραχος, ήρεμος.

unruly [ʌnˈruːli] *adj* ανυπότακτος.

unsaid [ʌnˈsed] *adj* ανείπωτος.

unsatisfied [ʌnˈsætisfaid] *adj* ανικανοποίητος.

unsavoury [ʌnˈseivəri] *adj* ανούσιος, μτφ. σκοτεινός, βρόμικος.

unscathed [ʌnˈskeiðd] *adj* άθικτος, σώος.

unscientific [ˌʌnsaiənˈtifik] *adj* αντιεπιστημονικός.

unscrupulous [ʌnˈskruːpjuləs] *adj* ασυνείδητος, αδίστακτος.

unseasoned [ʌnˈsiːzənd] *adj* άψητος, ακαρύκευτος, μτφ. αμάθητος.

unseemly [ʌnˈsiːmli] *adj* απρεπής, άτοπος.

unseen [ʌnˈsiːn] *adj* αθέατος.

unselfish [ʌnˈselfiʃ] *adj* ανιδιοτελής.

unsettle [ʌnˈsetl] *vt* κλονίζω, ταράσσω.

unshakeable [ʌnˈʃeikəbl] *adj* ακλόνητος.

unshaven [ʌnˈʃeivn] *adj* αξύριστος.

unsheathe [ʌnˈʃiːð] *vt* ξιφουλκώ.

unsightly [ʌnˈsaitli] *adj* άσχημος.

unskilled [ʌnˈskild] *adj* ανειδίκευτος.

unsociable [ʌnˈsouʃəbl] *adj* ακοινώνητος.

unsolicited [ˌʌnsəˈlisitid] *adj* αυτόκλητος.

unsophisticated [ˌʌnsəˈfistikeitid] *adj* απλοϊκός, άμαθος, αθώος.

unsound [ʌnˈsaund] *adj* μη υγιής, σφαλερός, σαθρός.

unsparing [ʌnˈspeəriŋ] *adj* αφειδώλευτος.

unspeakable [ʌnˈspiːkəbl] *adj* ανείπωτος.

unspecified [ʌnˈspesifaid] *adj* απροσδιόριστος.

unspoilt [ʌnˈspoilt] *adj* απείραχτος, αχάλαστος.

unstable [ʌnˈsteibl] *adj* άστατος, ασταθής.

unstinted [ʌnˈstintid] *adj* αφειδώλευτος.

unstrung [ʌnˈstrʌŋ] *adj* με σπασμένα νεύρα.

unstuck [ʌnˈstʌk] *adj* ξεκολλημένος.

unstudied [ʌnˈstʌdid] *adj* ανεπιτήδευτος.

unsubstantiated [ˌʌnsəbˈstænʃiˈeitid] *adj* αβάσιμος, αναπόδεικτος.

unsuccessful [ˌʌnsəˈksefl] *adj* ανεπιτυχής.

unsuitable [ʌnˈsjuːtəbl] *adj* ακατάλληλος.

unsure [ʌnˈʃuəʳ] *adj* αβέβαιος.

unsuspected [ˌʌnsəˈspektid] *adj* ανύποπτος.

unsuspicious [ˌʌnsəˈspiʃəs] *adj* που δεν γεννά υποψίες.

unswayed [ʌnˈsweid] *adj* ανεπηρέαστος.

unswerving [ʌnˈswəːviŋ] *adj* σταθερός, απαρέγκλιτος.

unsympathetic [ˌʌnsimpəˈθetik] *adj* άπονος, αδιάφορος, αντιπαθητικός.

unsystematic [ˌʌnsistəˈmætik] *adj* ασυστηματοποίητος.

untaught [ʌnˈtoːt] *adj* αδίδαχτος.

untenable [ʌnˈtenəbl] *adj* αβάσιμος.

unthinkable [ʌnˈθiŋkəbl] *adj* αδιανόητος.

unthinking [ʌnˈθiŋkiŋ] *adj* απερίσκεπτος.

unthought-of [ʌnˈθoːt-ov] *adj* αδιανόητος, απροσδόκητος, απίθανος.

untidy [ʌn`taidi] *adj* ακατάστατος.

until [ʌn`til] *conj, prep* έως, μέχρι[ς].

untimely [ʌn`taimli] *adj* άκαιρος, πρόωρος.

untiring [ʌn`taiəriŋ] *adj* ακούραστος.

untold [ˌʌn`tould] *adj* ανείπωτος.

untouchable [ʌn`tʌtʃəbl] *n* παρίας || *adj* άθικτος.

untraceable [ʌn`treisəbl] *adj* ανεξιχνίαστος.

untried [ʌn`traid] *adj* αδοκίμαστος.

untrodden [ʌn`trodn] *adj* απάτητος.

untrue [ʌn`tru:] *adj* αναληθής.

untruth [ʌn`tru:θ] *n* αναλήθεια.

untutored [ʌn`tju:təd] *adj* αδίδαχτος.

¹unused [ʌn`ju:zd] *adj* αχρησιμοποίητος.

²unused [ʌn`ju:st] *adj* ~ *to*, ασυνήθιστος.

unusual [ʌn`ju:ʒl] *adj* ασυνήθης.

unvaried [ʌn`veərid] *adj* μονότονος.

unvarnished [ʌn`va:niʃt] *adj* αλουστράριστος || *mtφ.* απλός, αφτιασίδωτος.

unveil [ʌn`veil] *vti* αποκαλύπτω || ~*ing* *n* αποκαλυπτήρια.

unverifiable [ʌn`verifaiəbl] *adj* ανεπαλήθευτος.

unverified [ʌn`verifaid] *adj* ανεπιβεβαίωτος.

unversed [ʌn`və:st] *adj* αμύητος, άπειρος.

unwanted [ʌn`wontid] *adj* ανεπιθύμητος, περιττός.

unwarranted [ʌn`worəntid] *adj* απρόκλητος, αδικαιολόγητος.

unwary [ʌn`weəri] *adj* απρόσεχτος, ξένοιαστος.

unwashed [ʌn`woʃt] *adj* άπλυτος.

unwavering [ʌn`weivəriŋ] *adj* ακλόνητος.

unwearied [ʌn`wiərid] *adj* ακάματος.

unwelcome [ʌn`welkəm] *adj* ανεπιθύμητος.

unwell [ʌn`wel] *adj* αδιάθετος.

unwholesome [ˌʌn`houlsəm] *adj* ανθυγιεινός.

unwieldy [ʌn`wi:ldi] *adj* δυσκίνητος, άβολος.

unwilling [ʌn`wiliŋ] *adj* απρόθυμος.

unwind [ʌn`waind] *vti irreg* ξετυλίγω, χαλαρώνω.

unwise [ʌn`waiz] *adj* ανόητος, άφρων.

unwitting [ʌn`witiŋ] *adj* χωρίς επίγνωση / πρόθεση || ~*ly*, αθέλητα.

unworkable [ʌn`wə:kəbl] *adj* ανεφάρμοστος.

unworthy [ʌn`wə:ði] *adj* ανάξιος.

unwritten [ʌn`ritn] *adj* άγραφος.

unyielding [ʌn`ji:ldiŋ] *adj* σκληρός, ανένδοτος.

unzip [ʌn`zip] *vt* ανοίγω φερμουάρ.

up [ʌp] *adv* επάνω, όρθιος, εν δράσει || ψηλά || κοντά || τελείως, εντελώς || δυνατότερα || προς τα πάνω || *be* ~

and about, είμαι όρθιος / στο πόδι / καλά || *be* ~ *against*, αντιμετωπίζω || *be* ~ *before*, προσάγομαι *(σε δικαστήριο)* || *be* ~ *for*, δικάζομαι, είμαι υπό μελέτη || *be* ~ *to*, σκαρώνω, ετοιμάζω, είμαι άξιος για || *what's up?* τί τρέχει; || ~*s and downs*, σκαμπανεβάσματα || ~*-and-coming adj* ανερχόμενος, με μέλλον.

upbraid [ʌp`breid] *vt* επιτιμώ.

upbringing [ʌp`briŋiŋ] *n* ανατροφή.

upcoming [ʌp`kʌmiŋ] *adj* προσεχής.

upcountry [ʌp`kʌntri] *adv* στην ενδοχώρα.

update [ʌp`deit] *vt* εκσυγχρονίζω.

upgrade [ʌp`greid] *vt* αναβαθμίζω || *n* [`ʌpgreid] *on the* ~, σε άνοδο.

upheaval [ʌp`hi:vl] *n* αναστάτωση.

uphill [`ʌphil] *adj* ανηφορικός || *adv* ανηφορικά.

uphold [ʌp`hould] *vt irreg* υποστηρίζω || τηρώ, κρατώ || επικυρώ.

upholster [ʌp`houlstə^r] *vt* ταπετσάρω || ~*er*, ταπετσέρης || ~*y*, ταπετσαρία.

upkeep [`ʌpki:p] *n* συντήρηση.

upland [`ʌplənd] *n* υψίπεδο.

uplift [ʌp`lift] *vt* υψώνω, βελτιώνω.

upon [ə`pon] *prep* επάνω, εις || *once* ~ *a time*, μια φορά κι έναν καιρό.

upper [`ʌpə^r] *adj* άνω, ανώτερος, ψηλότερος || *have/get the* ~ *hand*, βρίσκομαι σε πλεονεκτική θέση || *be (down) on one's* ~*s, sl* είμαι μπατίρης.

uppish [`ʌpiʃ] *adj* ξιππασμένος, σνομπ.

upright [`ʌprait] *adj* όρθιος || ευθύς, ακέραιος, έντιμος.

uprising [`ʌpraiziŋ] *n* εξέγερση.

uproar [`ʌpro:<sup>r</sup>] *n* οχλοβοή, φασαρία, οχλαγωγία || ~*ious* [ʌp`ro:riəs] *adj* θορυβώδης.

uproot [ˌʌp`ru:t] *vt* ξεριζώνω.

upset [ˌʌp`set] *vti irreg* ανατρέπω, αναποδογυρίζω || χαλώ || αναστατώνω || *n* [`ʌpset] ταραχή, αναστάτωση || ~*ting* *adj* ανησυχητικός.

upshot [`ʌpʃot] *n* έκβαση, αποτέλεσμα, κατάληξη.

upside-down [ˌʌpsaid`daun] *adv* ανάποδα, άνω-κάτω.

upstage [ˌʌp`steidʒ] *vt* επισκιάζω κπ || *adv* στο βάθος της σκηνής.

upstairs [ˌʌp`steəz] *adv, adj* στο πάνω πάτωμα.

upstanding [ˌʌp`stændiŋ] *adj* στητός, γερός.

upstart [`ʌpsta:t] *n* νεόπλουτος.

upstream [ˌʌp`stri:m] *adv* κόντρα στο ρεύμα.

upsurge [`ʌpsə:dʒ] *n* *mtφ.* κύματα, φούσκωμα.

uptake [`ʌpteik] στις φρ. **be quick/slow on the ~,** είμαι σβέλτος στο μυαλό/αργονόητος.
uptight [ˌʌp`tait] adj σφιγμένος, τσιτωμένος, σε υπερένταση.
up-to-date [ˌʌptə`deit] adj μοντέρνος, σύγχρονος ‖ ενημερωμένος.
upturn [`ʌptɜːn] n βελτίωση.
upward [`ʌpwəd] adj ανοδικός ‖ adv ~[s], προς τα πάνω.
uranium [juˈreiniəm] n ουράνιο.
urban [`ɜːbən] adj αστικός ‖ ~ize, αστικοποιώ ‖ ~ization, αστικοποίηση.
urbane [ɜːˈbein] adj αβρός, ραφινάτος, ευγενικός.
urchin [`ɜːtʃin] n σκανταλιάρικο παιδί ‖ **street-~,** χαμίνι ‖ **sea-~,** αλητάκος.
urge [ɜːdʒ] vt παροτρύνω, παρακινώ, προτρέπω ‖ n παρόρμηση.
urgent [`ɜːdʒənt] adj επείγων, άμεσος ‖ επίμονος, πιεστικός ‖ ~ly, επειγόντως ‖ **urgency,** κατεπείγουσα ανάγκη.
uric [`juərik] adj ουρικός.
urinal [`juərinl] n ουροδοχείο ‖ ουρητήριο.
urinate [`juərineit] vi ουρώ.
urine [`juərin] n ούρα.
urn [ɜːn] n υδρία ‖ σαμοβάρι.
us [ʌs] pron εμάς, μας.
usage [`juːzidʒ] n μεταχείριση ‖ έθιμο, συνήθεια, πρακτική ‖ γλωσσ. χρήση.
¹**use** [juːs] n χρήση, χρησιμοποίηση ‖ σκοπός ‖ όφελος, αξία, χρησιμότητα ‖ **come into ~,** αρχίζω να χρησιμοποιούμαι ‖ **go out of ~,** παύω να χρησιμοποιούμαι ‖ **make good ~ of,** επωφελούμαι από ‖ **have no ~ for,** δεν συμπαθώ ‖ **of ~,** χρήσιμος ‖ **it's no ~,** δεν ωφελεί ‖ **what's the ~ of,** τι

ωφελεί ‖ ~**d,** συνηθισμένος ‖ ~**d to,** συνήθιζα να ‖ **get ~d to,** εξοικειώνομαι, συνηθίζω ‖ ~**ful,** χρήσιμος ‖ ~**less,** άχρηστος ‖ ~**fulness,** χρησιμότητα.
²**use** [juːz] vt χρησιμοποιώ ‖ μεταχειρίζομαι ‖ ~ **up,** εξαντλώ, καταναλίσκω ‖ ~**d,** χρησιμοποιημένος, μεταχειρισμένος ‖ **user** n χρήστης.
usher [`ʌʃəˊ] n ταξιθέτης ‖ vt οδηγώ ‖ ~ **in,** εισάγω ‖ ~**ette,** ταξιθέτρια.
usual [`juːʒl] adj συνήθης, συνηθισμένος ‖ **as ~,** ως συνήθως ‖ **as is ~,** όπως συνηθίζεται ‖ ~**ly,** συνήθως.
usurer [`juːʒərəˊ] n τοκογλύφος.
usurious [juːˈzjuəriəs] adj τοκογλυφικός.
usurp [juːˈzɜːp] vt σφετερίζομαι ‖ ~**er,** σφετεριστής ‖ ~**ation,** σφετερισμός.
usury [`juːʒəri] n τοκογλυφία.
utensil [juːˈtensl] n σκεύος.
U-turn [`juːtɜːn] n στροφή 180 μοιρών.
uterus [`juːtərəs] n μήτρα.
utilitarian [juːtiliˈteəriən] n ωφελιμιστής ‖ adj ωφελιμιστικός.
utility [juːˈtiləti] n χρησιμότητα ‖ ωφέλεια ‖ πληθ. χρειώδη.
utilize [`juːtilaiz] vt χρησιμοποιώ ‖ **utilization,** χρησιμοποίηση.
utmost [`ʌtmoust] adj μέγιστος, ύψιστος, έσχατος, υπέρτατος ‖ n άκρον άωτον, έπακρον.
utopia [juːˈtoupiə] n ουτοπία ‖ ~**n** adj ουτοπικός.
utter [`ʌtəˊ] adj τέλειος, απόλυτος, ολοσχερής ‖ vt λέω ‖ εκστομίζω, βγάζω ‖ ~**ance,** λόγος, έκφραση, προφορά ‖ ~**most,** υπέρτατος ‖ ~**ly,** εντελώς, ολοσχερώς.
uxorious [ʌkˈsoːriəs] adj γυναικόδουλος.

V v

vacancy [`veikənsi] n κενόν ‖ κενό δωμάτιο ‖ κενή θέση.
vacant [`veikənt] adj (χώρος) κενός, (νους) αφηρημένος, (βλέμμα) ανέκφραστος.
vacate [vəˈkeit] vt εκκενώνω, αδειάζω.
vacation [vəˈkeiʃn] n διακοπές.
vaccinate [`væksineit] vt εμβολιάζω ‖ **vaccination,** εμβόλιο, εμβολιασμός.
vaccine [`væksiːn] n εμβόλιο, βατσίνα.

vacillate [`væsileit] vt [αμφι]ταλαντεύομαι ‖ **vacillation,** [αμφι]ταλάντευση.
vacuous [`vækjuəs] adj ανέκφραστος.
vacuum [`vækjuəm] n κενό ‖ ~-**cleaner,** ηλεκτρική σκούπα ‖ ~-**flask,** θερμός.
vagabond [`vægəbond] n αλήτης ‖ adj πλανόδιος.
vagary [`veigəri] n ιδιοτροπία, λόξα.
vagina [vəˈdʒainə] n κόλπος (γυναίκας) ‖ ~**l,** κολπικός.

vagrant [ˈveigrənt] *n* αλήτης, πλάνης || *adj* πλανόδιος, περιπλανώμενος || **vagrancy**, αλητεία, περιπλάνηση.

vague [veig] *adj* ασαφής, αόριστος || **~ly**, αορίστως || **~ness**, αοριστία.

vain [vein] *adj* μάταιος || ματαιόδοξος || **in ~**, του κάκου || **~glorious**, κενόδοξος || **~glory**, ματαιοδοξία || **~ly**, ματαίως, ξιππασμένα.

vale [veil] *n* κοιλάδα.

valet [ˈvælit] *n* καμαριέρης.

valetudinarian [ˌvæli.tjuːdiˈneəriən] *n* υποχονδριακός, φιλάσθενος.

valiant [ˈvæliənt] *adj* γενναίος.

valid [ˈvælid] *adj* έγκυρος || ισχύων || βάσιμος || **~ity** [vəˈlidəti] εγκυρότητα.

valise [vəˈliːz] *n* βαλίτσα.

valley [ˈvæli] *n* κοιλάδα, λαγκάδι.

valour [ˈvælər] *n* ανδρεία, πολεμική αρετή.

valuable [ˈvæljuəbl] *adj* πολύτιμος || *n pl* τιμαλφή.

valuation [ˌvæljuˈeiʃn] *n* εκτίμηση, αξία.

value [ˈvæljuː] *n* αξία || νόημα, τιμή, τόνος || *vt* λογαριάζω, εκτιμώ, υπολογίζω την αξία || **~d**, προσφιλής, || **~-added tax (VAT)**, φόρος προστιθέμενης αξίας (ΦΠΑ).

valve [vælv] *n* βαλβίδα || *ραδιοφ.* λυχνία.

vamp [væmp] *n* ψιδι *(παπουτσιού)* || μοιραία ξελογιάστρα γυναίκα.

vampire [ˈvæmpaiər] *n* βρυκόλακας, αιματορουφήχτρα || **~ bat**, νυχτερίδα που πίνει αίμα, βάμπιρος.

van [væn] *n* καμιόνι, κλειστό φορτηγό, σκευοφόρος || τροχόσπιτο || προφυλακή || **~guard**, εμπροσθοφυλακή, πρωτοπορία.

vandal [ˈvændl] *n* βάνδαλος || **~ism**, βανδαλισμός.

vane [vein] *n* ανεμοδείκτης.

vanilla [vəˈnilə] *n* βανίλια.

vanish [ˈvæniʃ] *vi* εξαφανίζομαι, χάνομαι || **~ into thin air**, *μτφ.* γίνομαι καπνός.

vanity [ˈvænəti] *n* ματαιότητα || ματαιοδοξία, εγωισμός || **~ bag / case**, γυναικείο τσαντάκι με τα είδη καλλωπισμού.

vanquish [ˈvæŋkwiʃ] *vt* νικώ.

vantage [ˈvæntidʒ] *n* πλεονέκτημα.

vapid [ˈvæpid] *adj* ανούσιος, σαχλός.

vaporize [ˈveipəraiz] *vti* αεροποιώ / -ούμαι, εξατμίζω / -ομαι || **vaporization**, αεροποίηση, εξάτμιση.

vapour [ˈveipər] *n* ατμός, αχνός || νεφελώδης ιδέα || **~-bath**, ατμόλουτρο.

variable [ˈveəriəbl] *adj* μεταβλητός, ευμετάβλητος, ασταθής || **~ness**, μεταβλητικότητα.

variance [ˈveəriəns] *n* διαφωνία || **at ~**, σε διάσταση / αντίθεση || **set at ~**, ενσπείρω διχόνοια.

variant [ˈveəriənt] *n* παραλλαγή || *adj* παραλλάσσων, διαφορετικός.

variation [ˌveəriˈeiʃn] *n* απόκλιση, μεταβολή || παραλλαγή.

varicose [ˈværikous] *adj* στη *φρ.* **~ veins**, κιρσοώδεις φλέβες, κιρσοί.

varied [ˈveərid] *adj* ποικίλος, διάφορος.

variegated [ˈveərigeitid] *adj* ποικιλόχρωμος, διάστικτος, παρδαλός || **variegation** [ˌveəriˈgeiʃn] *n* ποικιλοχρωμία.

variety [vəˈraiəti] *n* ποικιλία || είδος || βαριετέ.

various [ˈveəriəs] *adj* διάφορος, ποικίλος, πολλοί και διάφοροι.

varnish [ˈvaːniʃ] *n* βερνίκι || λούστρο || *vt* βερνικώνω, λουστράρω, βάφω.

vary [ˈveəri] *vti* ποικίλλω, παραλλάσσω, διαφέρω.

vascular [ˈvæskjulər] *adj* αγγειακός.

vase [vaːz] *n* βάζο.

vasectomy [vəˈsektəmi] *n* αγγειεκτομή.

vaseline [ˈvæsəliːn] *n* βαζελίνη.

vassal [ˈvæsl] *n* υποτελής.

vast [vaːst] *adj* απέραντος, αχανής, τεράστιος || **~ness**, απεραντοσύνη.

vat [væt] *n* μεγάλο καδί, βούτα.

Vatican [ˈvætikən] *n* Βατικανό.

vaudeville [ˈvoːdəvil] *n US* βαριετέ.

vault [voːlt] *n* κελλάρι, υπόγειο || θόλος || άλμα || *vti* πηδώ || **~ed**, θολωτό || **~ing-horse**, εφαλτήριο.

vaunt [voːnt] *vti* κομπάζω, εκθειάζω.

veal [viːl] *n* μοσχάρι *(κρέας)*.

veer [viər] *vi* αλλάζω κατεύθυνση, γυρίζω.

vegetable [ˈvedʒtəbl] *n* φυτό, λαχανικό || *adj* φυτικός.

vegetarian [ˌvedʒiˈteəriən] *n* χορτοφάγος, φυτοφάγος || **~ism**, χορτοφαγία.

vegetate [ˈvedʒiteit] *vi* φυτοζωώ, *μτφ.* μουχλιάζω.

vegetation [ˌvedʒiˈteiʃn] *n* βλάστηση.

vehemence [ˈviːəməns] *n* βιαιότητα, σφοδρότητα.

vehement [ˈviːəmənt] *adj* βίαιος, σφοδρός.

vehicle [ˈviːikl] *n* όχημα || *μτφ.* μέσον, φορέας.

veil [veil] *n* πέπλος || *vt* καλύπτω, αποσιωπώ, σκεπάζω || **take the ~**, γίνομαι καλογριά.

vein [vein] *n* φλέβα || νεύρο *(φύλλου)*.

vellum [ˈveləm] *n* περγαμηνή.

velocity [viˈlosəti] *n* ταχύτητα.

velour [vəˈluər] *n* μάλλινο βελούδο.

velvet [ˈvelvit] *n* βελούδο || **~een**, φέλπα.

venal [ˈviːnəl] *adj* αργυρώνητος.

vend [vend] *vt* *νομ.* πωλώ || **~ee**, αγοραστής ‖ ~or, πωλητής ‖ ~ing machine, αυτόματος πωλητής.

vendetta [ven`detə] n βεντέτα.

veneer [vi`niə^r] n καπλαμάς ‖ μτφ. λούστρο, πασάλειμμα ‖ vt καπλαμάρω, επιστρώνω.

venerable [`venərəbl] adj σεβάσμιος, σεβαστός ‖ αιδεσιμότατος ‖ όσιος.

venerate [`venəreit] vt σέβομαι.

venereal [və`niəriəl] adj αφροδίσιος.

Venetian [və`ni:ʃn] adj ενετικός ‖ ~ blind, παντζούρι, γρίλια.

vengeance [`vendʒəns] n εκδίκηση ‖ take ~ on sb, εκδικούμαι κπ ‖ with a ~, μετά μανίας.

vengeful [`vendʒfl] adj εκδικητικός.

venial [`vi:niəl] adj (πταίσμα) ελαφρός.

venison [`venisn] n κρέας ελαφιού.

venom [`venəm] n δηλητήριο, μτφ. φαρμάκι ‖ ~ous, δηλητηριώδης.

vent [vent] n τρύπα, διέξοδος ‖ vt ~ sth on sb, ξεθυμαίνω σε κπ για κτ ‖ give ~ to, δίνω διέξοδο εις, ξεθυμαίνω.

ventilate [`ventileit] vt αερίζω ‖ βγάζω στη φόρα ‖ ventilation, εξαερισμός ‖ ventilator, ανεμιστήρας, εξαεριστήρας, βεντιλατέρ.

ventriloquism [ven`triləkwism] n εγγαστριμυθία ‖ ventriloquist, εγγαστρίμυθος.

venture [`ventʃə^r] n τόλμημα, εγχείρημα ‖ εμπ. επιχείρηση, δουλειά ‖ vti διακινδυνεύω, ριψοκινδυνεύω, τολμώ ‖ αποτολμώ, παίρνω το θάρρος ‖ ~some, ριψοκίνδυνος.

Venus [`vi:nəs] n Αφροδίτη.

veracious [və`reiʃəs] adj φιλαλήθης, αληθής ‖ veracity [və`ræsəti] n αλήθεια, φιλαλήθεια.

verandah [və`rændə] n βεράντα.

verb [və:b] n ρήμα.

verbal [və:bl] adj ρηματικός ‖ λεκτικός ‖ προφορικός ‖ κατά λέξη ‖ ~lism, βερμπαλισμός, λογοκοπία ‖ ~ly, προφορικά, αυτολεξεί.

verbatim [və`beitim] adv αυτολεξεί.

verbiage [və:`biidʒ] n απεραντολογία.

verbose [və:`bous] adj φλύαρος, απεραντολόγος ‖ verbosity [və:`bosəti] n πολυλογία, απεραντολογία.

verdict [və:dikt] n νομ. ετυμηγορία ‖ κρίση, γνώμη.

verdigris [`və:digris] n οξείδωση (χαλκού).

verge [və:dʒ] n άκρον ‖ χείλος ‖ vi ~ upon, εγγίζω τα όρια ‖ be on the ~ of, είμαι στο χείλος, κοντεύω να.

verger [`və:dʒə^r] n νεωκόρος.

verify [`verifai] vt επαληθεύω ‖ επιβεβαιώνω ‖ verifiable, εξακριβώσιμος ‖ verification, επαλήθευση, επιβεβαίωση.

verisimilitude [.verisi`militju:d] n αληθοφάνεια, πιθανότητα.

veritable [`veritəbl] adj αληθινός.

verity [`verəti] n αλήθεια.

vermicelli [.və:mi`seli] n φιδές.

vermiform [`və:mifo:m] adj σκωληκοειδής.

vermilion [və`miliən] adj κατακόκκινος.

vermin [`və:min] n βλαβερά ζώα ‖ ζωύφια ‖ παράσιτα ‖ ~ous, γεμάτος ζωύφια.

vermouth [`və:məθ] n βερμούτ.

vernacular [və`nækjulə^r] n καθομιλουμένη (γλώσσα), τοπολαλιά.

versatile [`və:sətail] adj πολύπλευρος, πολυμήχανος, πολυγράφος, γόνιμος ‖ versatility [.və:sə`tiləti] n πολυμέρεια, γονιμότητα, πολυγραφότητα, πολλαπλή χρησιμότητα.

verse [və:s] n στίχος, ποίηση, στροφή ‖ ~d, μυημένος, πεπειραμένος.

versify [`və:sifai] vt στιχουργώ ‖ versifier, στιχοπλόκος, στιχουργός.

version [`və:ʃn] n ερμηνεία, εκδοχή ‖ μετάφραση.

versus [`və:səs] prep εναντίον, κατά.

vertebra [`və:tibrə] n σπόνδυλος ‖ ~l, σπονδυλικός ‖ ~te [-breit] σπονδυλωτός.

vertex [`və:teks] n αποκορύφωμα.

vertical [`və:tikl] adj κατακόρυφος, κάθετος.

vertigo [`və:tigou] n ίλιγγος.

verve [və:v] n ζωντάνια, σφρίγος, οίστρος.

very [`veri] adj ακριβής ‖ ίδιος, αυτός ούτος ‖ και μόνο ‖ adv πολύ.

vespers [`vespəz] n pl Εσπερινός.

vessel [vesl] n σκάφος, πλοίο ‖ σκεύος, δοχείο, αγγείο.

vest [vest] n γιλέκο ‖ εσωτερική φανέλα ‖ vt περιβάλλω (με εξουσία) ‖ ~ed rights/interests, κεκτημένα δικαιώματα/συμφέροντα.

vestibule [`vestibju:l] n προθάλαμος.

vestige [`vestidʒ] n ίχνος, υπόλειμμα.

vestigial [ve`stidʒiəl] adj υποτυπώδης.

vestment [`vestmənt] n άμφιο.

vestry [`vestri] n σκευοφυλάκιο.

vet [vet] n κτηνίατρος ‖ εξετάζω λεπτομερώς.

vetch [vetʃ] n βίκος.

veteran [`vetərən] n βετεράνος, παλαίμαχος.

veterinary [`vetrinəri] adj κτηνιατρικός.

veto [`vi:tou] n βέτο, αρνησικυρία ‖ vt προβάλλω βέτο, απαγορεύω.

vex [veks] vt εξοργίζω, θυμώνω ‖ ~ed question, επίμαχο θέμα ‖ ~ation, εκνευρισμός, ενόχληση ‖ ~atious, εκνευριστικός, ενοχλητικός.

via [vaiə] *prep* διαμέσου, μέσω.

viable [`vaiəbl] *adj* βιώσιμος ‖ **viability** [,vaiə`biləti] *n* βιωσιμότητα.

viaduct [`vaiədʌkt] *n* οδογέφυρα.

vial [vaiəl] *n* φιαλίδιο.

vibrant [`vaibrənt] *adj* παλλόμενος.

vibrate [vai`breit] *vti* πάλλω/-ομαι, δονώ/-ούμαι.

vibration [vai`breiʃn] *n* δόνηση, κραδασμός ‖ παλμός ‖ **vibrator**, δονητής.

vicar [`vikəʳ] *n* εφημέριος ‖ εκκλ. αντιπρόσωπος ‖ **~age** [`vikəridʒ] κατοικία/θέση εφημερίου.

vicarious [vi`keəriəs] *adj (εξουσία)* δοτή ‖ υποκατάστατος ‖ **~ly**, δι' αντιπροσώπου.

¹**vice** [vais] *n* μέγγενη ‖ ακολασία, βίτσιο, κουσούρι, ελάττωμα.

²**vice** [vais] *prep, prefix* αντι—, υπό— ‖ **~-consul**, υποπρόξενος ‖ **~-president**, αντιπρόεδρος ‖ **~roy**, αντιβασιλέας.

vice versa [,vaisi`vɔ:sə] *adv* αντιστρόφως.

vicinity [vi`sinəti] *n* εγγύτητα, γειτνίαση ‖ γειτονιά.

vicious [`viʃəs] *adj* ακόλαστος, φαύλος, αισχρός ‖ κακός, μοχθηρός ‖ *(για επιχείρημα)* εσφαλμένος ‖ **~ circle**, φαύλος κύκλος.

vicissitude [vi`sisitju:d] *n* μεταστροφή.

victim [`viktim] *n* θύμα ‖ **~ize**, μεταχειρίζομαι κπ ως εξιλαστήριο θύμα ‖ **~ization**, διωγμός, κατατρεγμός.

victor [`viktəʳ] *n* νικητής ‖ **~y**, νίκη ‖ **~ious** [vik`tɔ:riəs] *adj* νικηφόρος.

Victorian [vi`ktɔ:riən] *adj* Βικτωριανός.

video [`vidiou] *n* βίντεο.

vie [vai] *vi* αμιλλώμαι, συναγωνίζομαι.

view [vju:] *n* όψη ‖ θέα, εικόνα ‖ όραση, μάτια ‖ άποψη, γνώμη, αντίληψη ‖ *vt* βλέπω ‖ εξετάζω, επιθεωρώ ‖ **at first ~**, εκ πρώτης όψεως ‖ **in ~ of**, λαβαίνοντας υπόψη, εν όψει ‖ **in full ~**, μπροστά μας ‖ **on ~**, εκτεθειμένος, σε θέα ‖ **come in ~ of**, αντικρύζω ‖ **come into ~**, ξεπροβάλλω ‖ **pass from ~**, εξαφανίζομαι ‖ **in my ~**, κατά την άποψή μου ‖ **have sth in ~**, επιδιώκω κτ ‖ **with a ~ to**, με σκοπό να ‖ **~er**, θεατής.

vigil [`vidʒil] *n* αγρύπνια, ξενύχτι, νυχτέρι ‖ εκκλ. ολονυχτία ‖ **~ance**, επαγρύπνηση ‖ **~ant**, άγρυπνος ‖ **~ante** [,vidʒi`lænti] μέλος επιτροπής επαγρυπνήσεως.

vignette [vi`njet] *n* βινιέτα.

vigorous [`vigərəs] *adj* ρωμαλέος.

vigour [`vigəʳ] *n* ρώμη, σφρίγος, ενεργητικότητα.

vile [vail] *adj* ποταπός, αχρείος, πρό-

στυχος ‖ απαίσιος, πολύ άσχημος ‖ **~ness**, ποταπότητα.

vilify [`vilifai] *vt* διασύρω, κακολογώ ‖ **vilification**, διασυρμός, δυσφήμηση.

villa [`vilə] *n* βίλλα, έπαυλη.

village [`vilidʒ] *n* χωριό ‖ **~r**, χωρικός.

villain [`vilən] *n* ο κακός *(σε φιλμ)* ‖ μασκαράς, κατεργάρης ‖ **~ous**, άθλιος ‖ **~y**, αθλιότητα.

vim [vim] *n* ζωντάνια.

vinaigrette [,vini`gret] *n* λαδόξιδο.

vindicate [`vindikeit] *vt* διεκδικώ ‖ δικαιολογώ ‖ δικαιώνω ‖ **vindication**, διεκδίκηση, δικαίωση, υπεράσπιση.

vindictive [vin`diktiv] *adj* εκδικητικός.

vine [vain] *n* κλήμα.

vineyard [`vinjəd] *n* αμπέλι.

vinegar [`vinigəʳ] *n* ξίδι.

vintage [`vintidʒ] *n* τρύγος ‖ κρασί ποιότητας.

vinyl [`vinil] *n* βινύλιο.

viola [vi`oulə] *n* βοτ., μους. βιόλα.

violate [`vaiəleit] *vt* βεβηλώνω ‖ παραβαίνω ‖ βιάζω ‖ **violation** [,vaiə`leiʃn] βεβήλωση, παραβίαση, βιασμός.

violence [`vaiələns] *n* βία ‖ βιαιότητα, σφοδρότητα ‖ **do ~ to**, [παρα]βιάζω.

violent [`vaiələnt] *adj* βίαιος, σφοδρός.

violet [`vaiələt] *n* βιολέτα, μενεξές.

violin [,vaiə`lin] *n* βιολί ‖ **~ist**, βιολιστής.

violoncello [,vaiələn`tʃelou] *n* βιολοντσέλο ‖ **violoncellist**, βιολοντσελίστας.

viper [`vaipəʳ] *n* οχιά.

virago [vi`ra:gou] *n* μέγαιρα.

virgin [`vɔ:dʒin] *n* παρθένος ‖ *adj* παρθενικός ‖ **~ity** [vɔ:`dʒinəti] παρθενία, παρθενικότητα ‖ **~al**, παρθενικός.

Virgo [`vɔ:rgou] *n* αστρολ. Παρθένος.

virile [`virail] *adj* ανδρικός, αρρενωπός.

virility [vi`riləti] *n* ανδρικότητα, αρρενωπότητα, ανδρική σεξουαλική ικανότητα.

virtual [`vɔ:tʃuəl] *adj* πραγματικός, ουσιαστικός, κατ' ουσίαν ‖ **~ly**, ουσιαστικά.

virtue [`vɔ:tʃu:] *n* αρετή ‖ προσόν, προτέρημα ‖ ιδιότητα ‖ **by/in ~ of**, λόγω, επί τη βάσει.

virtuosity [,vɔ:tʃu`osəti] *n* δεξιοτεχνία.

virtuoso [,vɔ:tʃu`ouzou] *n* βιρτουόζος, δεξιοτέχνης.

virtuous [`vɔ:tʃuəs] *adj* ενάρετος.

virulence [`virjuləns] *n* τοξικότητα, βιαιότητα ‖ **virulent**, τοξικός, μοχθηρός, φαρμακερός.

virus [`vaiərəs] *n* ιός, μικρόβιο ‖ μίασμα.

visa [`vizə] *n* βίζα, θεώρηση ‖ *vt* θεωρώ.

visage [`vizidʒ] *n* πρόσωπο, μορφή, όψη.

vis-a-vis [,vi:z-a-`vi:] *prep* έναντι, σε

σχέση με.

viscera [`visərə] *n pl* σωθικά, σπλάχνα.

viscount [`vaikaunt] *n* υποκόμης || ~ess, υποκόμησσα.

visible [`vizəbl] *adj* ορατός || **visibility** [.vizə`biləti] ορατότητα.

vision [`viʒən] *n* όραση || ενόραση || οξυδέρκεια, διορατικότητα || όραμα, οπτασία || ~ary, ονειροπόλος, οραματιστής, ουτοπιστής.

visit [`vizit] *n* επίσκεψη || *vti* επισκέπτομαι || μένω || **pay a** ~ **to sb**, κάνω επίσκεψη σε κπ || ~ing, επίσκεψη || ~ing-card, επισκεπτήριο || ~or, επισκέπτης || ~ation [.vizi`teiʃn] επίσκεψη, επιθεώρηση, τιμωρία, θεία δίκη.

visor [`vaizər] *n* γείσο.

vista [`vistə] *n* θέα, προοπτική.

visual [`viʒuəl] *adj* οπτικός || ~ize, φέρνω στο νου μου, φαντάζομαι, οραματίζομαι.

vital [vaitl] *adj* ζωτικός, ζωικός || ~ **statistics**, δημογραφική στατιστική, σωματικές αναλογίες || ~s, ζωτικά όργανα || ~ism, βιταλισμός || ~ity, ζωτικότητα, σφρίγος || ~ize, ζωογονώ, εμψυχώνω.

vitamin [`vitəmin] *n* βιταμίνη.

vitiate [`viʃieit] *vt* μολύνω, χαλώ || καταστρέφω, ακυρώ.

vitriol [`vitriəl] *n* βιτριόλι || **blue** ~, γαλαζόπετρα || ~ic, *μτφ.* φαρμακερός.

vituperate [vi`tju:pəreit] *vt* λοιδορώ, κατακρίνω βίαια || **vituperation**, λοιδορία, κατάκριση || **vituperative** [vi`tju:pərətiv] υβριστικός.

vivace [vi`va:tʃei] *adv μους.* ζωηρά.

vivacious [vi`veiʃəs] *adj* ζωηρός, κεφάτος.

vivacity [vi`væsəti] *n* ζωηρότητα, ζωντάνια.

vivid [`vivid] *adj* ζωηρός, έντονος || ~ness, ζωηρότητα.

vivisection [vivi`sekʃn] *n* ζωοτομία.

vixen [viksn] *n* αλεπού || στρίγγλα.

viz [viz] *(συνήθ. διαβάζεται* [`neimli]) *adv* δηλαδή.

vizier [vi`ziər] *n* βεζίρης.

vocabulary [və`kæbjuləri] *n* λεξιλόγιο.

vocal [voukl] *adj* φωνητικός || **make sb** ~, κάνω κπ να μιλήσει || **become** ~, γίνομαι ομιλητικός || ~ist, τραγουδιστής || ~ize, τραγουδώ, αρθρώνω.

vocation [vou`keiʃn] *n* αποστολή, κλίση || επάγγελμα, τέχνη || ~al, επαγγελματικός.

vocative [`vokətiv] *n* κλητική *(πτώση)*.

vociferate [və`sifəreit] *vti* φωνασκώ, κραυγάζω || **vociferous** [ve`sifərəs] *adj* θορυβώδης, κραυγαλέος.

vodka [`vodkə] *n* βότκα.

vogue [`voug] *n* μόδα, συρμός, δημοτικότητα || **be in/come into** ~, είμαι / γίνομαι της μόδας || **go out of** ~, γίνομαι ντεμοντέ || **be all the** ~, είμαι η τελευταία λέξη της μόδας.

voice [vois] *n* φωνή || γνώμη || *vt* εκφράζω || **give** ~ **to one's feelings**, εκδηλώνω τα αισθήματά μου || **at the top of one's** ~, μ' όλη τη δύναμη της φωνής μου || **have a** ~ **in sth**, έχω γνώμη / μου πέφτει λόγος σε κτ || ~less, άφωνος.

void [void] *n* κενό || *adj* κενός || *νομ.* **[null and]** ~, άκυρος || ~ **of**, εστερημένος, χωρίς.

volatile [`volətail] *adj* άστατος.

volcano [vol`keinou] *n* ηφαίστειο || **volcanic**, ηφαιστειώδης, *μτφ.* εκρηκτικός.

volition [və`liʃn] *n* βούληση, θέληση.

volley [`voli] *n* ομοβροντία || *μτφ.* χείμαρρος || *(τέννις)* βολέ || ~ball, βόλεϊ.

volt [volt] *n* βολτ || ~age, [`voultidʒ] τάση.

volte-face [.volt`fa:s] *n* στροφή 180 μοιρών, πλήρης μεταστροφή.

voluble [`voljubl] *adj* ευφραδής, ρέων, φλύαρος || **volubility**, πολυλογία.

volume [`volju:m] *n* τόμος || όγκος || ένταση *(ήχου)* || *μτφ.* σωρός || **voluminous**, ογκώδης, πολύτομος, πολυγράφος.

voluntary [`volantri] *adj* αυθόρμητος, εθελοντικός || εκούσιος, θεληματικός.

volunteer [.volən`tiər] *n* εθελοντής || *vti* προσφέρω / -ομαι εθελοντικώς.

voluptuary [və`lʌptʃuəri] *n* φιλήδονος.

voluptuous [və`lʌptʃuəs] *adj* φιλήδονος, αισθησιακός, ηδυπαθής || ~ness, ηδυπάθεια.

vomit [`vomit] *vti* ξερνώ.

voracious [və`reiʃəs] *adj* αδηφάγος, αχόρταγος || **voracity** [və`ræsəti] *n* αδηφαγία.

vortex [`vo:teks] *n* δίνη, στρόβιλος.

votary [`voutəri] *n* λάτρης, πιστός, θιασώτης.

vote [vout] *n* ψήφος || *vti* ψηφίζω || εγκρίνω || αναγνωρίζω ομοφώνως || **put sth to the** ~, θέτω κτ σε ψηφοφορία || ~ **down**, καταψηφίζω || ~r, ψηφοφόρος.

votive [`voutiv] *adj* αναθηματικός.

voucher [`vautʃər] *n* κουπόνι, απόδειξη.

vouchsafe [vautʃ`seif] *vt* καταδέχομαι.

vow [vau] *n* όρκος, υπόσχεση, τάμα || *vt* ορκίζομαι.

vowel [`vauəl] *n* φωνήεν.

voyage [`voiidʒ] *n* ταξίδι, πλους || *vi* ταξιδεύω || ~r, ταξιδευτής, επιβάτης.

voyeur [vwa`jə:r] *n* ηδονοβλεψίας.

vulcanize [`vʌlkənaiz] *vt* βουλκανιζάρω.

vulgar [`vʌlgər] *adj* χυδαίος, κακόγου-

στος ‖ κοινός, συνήθως ‖ ~**ism**, χυδαία έκφραση ‖ ~**ity**, χυδαιότητα, χοντροκοπιά ‖ ~**ize**, εκχυδαΐζω.
vulnerable [ˈvʌlnərəbl] *adj* τρωτός, ευπρόσ-

βλητος.
vulture [ˈvʌltʃəʳ] *n* γύπας, όρνιο.
vulva [ˈvʌlvə] *n* αιδοίο.

wad [wod] *n* στουπί ‖ μάτσο ‖ *vt* στουπώνω ‖ καπιτονάρω ‖ ~**ding**, βάτα.
waddle [wodl] *vi* περπατώ σαν πάπια.
wade [weid] *vi* βαδίζω στο νερό, τσαλαβουτώ, τσαλαπατώ.
wafer [ˈweifəʳ] *n* γκοφρέτα ‖ άρτος μεταλήψεως.
waffle [wofl] *n* λόγια του αέρα, φλυαρία ‖ *vi* φλυαρώ, ανοηταίνω.
waft [woft] *n* πνοή *(ανέμου)*, κύμα *(ευωδίας)* ‖ *vt* μεταφέρω απαλά.
wag [wæg] *n* κούνημα ‖ *vti* κουνώ/ -ιέμαι.
wage [weidʒ] *n (συνήθ. πληθ.)* μισθός, μεροκάματο ‖ *vt* διεξάγω, κάνω ‖ ~**earner**, μισθοσυντήρητος.
wager [ˈweidʒəʳ] *n* στοίχημα ‖ *vt* στοιχηματίζω ‖ *make/lay a ~*, βάζω στοίχημα.
waggon [ˈwægən] *n* κάρο ‖ φορτηγό βαγόνι.
waif [weif] *n* αδέσποτος, άστεγος.
wail [weil] *n* θρήνος, γόος, κραυγή ‖ *vti* θρηνώ, κλαίω, σκούζω, στριγγλίζω.
wainscot [ˈweinskot] *n* μπουαζερί.
waist [weist] *n* μέση, οσφύς ‖ ~**coat**, γιλέκο ‖ ~**line**, περίμετρος της μέσης.
wait [weit] *n* αναμονή, στάση ‖ *vti – [for]*, περιμένω ‖ *~ up for sb*, ξαγρυπνώ περιμένοντας κπ ‖ *~ upon sb*, υπηρετώ κπ ‖ *~ at/on*, κάνω χρέη σερβιτόρου ‖ *lie in ~ for sb*, στήνω καρτέρι σε κπ ‖ *keep sb ~ing*, κάνω κπ να περιμένει ‖ ~**er**, σερβιτόρος ‖ ~**ress**, σερβιτόρα ‖ ~**ing-room**, αίθουσα αναμονής.
waive [weiv] *vt* παραιτούμαι από, παραμερίζω ‖ ~**r**, παραίτηση.
wake [weik] *n* απόνερα *(πλοίου)* ‖ ξενύχτι νεκρού ‖ *vti irreg* ξυπνώ, αφυπνίζω/-ομαι ‖ ζωντανεύω, δραστηριοποιούμαι/-ούμαι ‖ *in the ~ of*, αμέσως κατόπι, μαζί ‖ *~ to find oneself*, βρίσκομαι από τη μια στιγμή στην άλλη ‖ *~ up to sth*, αρχίζω να αντιλαμβά-

νομαι / συνειδητοποιώ ‖ ~**ful**, άγρυπνος ‖ **waking**, αγρύπνια, εγρήγορση, ξύπνιο.
walk [woːk] *n* περίπατος, βόλτα ‖ βάδισμα, περπάτημα ‖ πεζοπορία ‖ δρόμος ‖ *vi* περπατώ, πάω με τα πόδια ‖ συνοδεύω ‖ *~ of life*, επάγγελμα, κοινωνική θέση ‖ *~ about*, σουλατσάρω ‖ *~ away from sb/with sth*, κερδίζω εύκολα ‖ *~ off with sth*, βουτάω κτ ‖ *~ out*, απεργώ ‖ *~ out with sb*, βγαίνω/ τα᾽ χω ψήσει με κπ ‖ *~ up*, πλησιάζω ‖ *~ sb off his feet*, ξεποδαριάζω κπ ‖ *~ the boards*, είμαι ηθοποιός ‖ *~ the plank*, με ρίχνουν στη θάλασσα ‖ *~ the streets*, κάνω πεζοδρόμιο ‖ *go for/take a ~*, πάω περίπατο ‖ ~**er**, περιπατητής ‖ ~**ing**, περίπατος, για περπάτημα ‖ ~**-out**, απεργία ‖ ~**-over**, εύκολη νίκη ‖ ~**ie-talkie**, φορητό ραδιοτηλέφωνο.
wall [woːl] *n* τοίχος ‖ τείχος ‖ *vt* κλείνω με τοίχο ‖ *drive sb to the ~*, φέρνω κπ σε δύσκολη θέση, στριμώχνω κπ ‖ *see through a brick ~*, είμαι τετραπέρατος ‖ ~**flower**, αγριοβιολέτα ‖ ~**-painting**, τοιχογραφία ‖ ~**paper**, ταπετσαρία.
wallet [ˈwolit] *n* πορτοφόλι.
wallop [ˈwoləp] *n* δυνατό χτύπημα ‖ *vt* κοπανάω ‖ ~**ing** *n* ξύλο, *adj* πελώριος.
wallow [ˈwolou] *vi* συγκυλιέμαι ‖ *be ~ing in money*, κολυμπάω στο χρήμα.
walnut [ˈwolnʌt] *n* καρύδι ‖ καρυδιά.
walrus [ˈwolrəs] *n* θαλάσσιος ίππος.
waltz [wols] *n* βαλς ‖ *vi* χορεύω βαλς.
wan [won] *n* ωχρός, χλωμός.
wand [wond] *n* ράβδος, μπαγκέτα.
wander [ˈwondəʳ] *vti* περιπλανιέμαι, τριγυρίζω ‖ ξεστρατίζω, αφαιρούμαι ‖ ~**er**, ταξιδευτής, περιπλανώμενος ‖ ~**ing** *adj* πλανόδιος, ασυνάρτητος ‖ ~**ings** *n pl* περιπλανήσεις, παραλήρημα ‖ ~**lust**, μανία για ταξίδια.

wane [wein] *vi* φθίνω, εξασθενίζω || **on the ~**, *(για φεγγάρι)* στη χάση, μτφ. σε παρακμή.

wangle [ˈwæŋgl] *n* κόλπο, κομπίνα || *vt* καταφέρνω.

want [wont] *n* έλλειψη || ανάγκη, φτώχεια || ανάγκη, απαίτηση || *vti* θέλω || ζητώ, χρειάζομαι || επιθυμώ || στερούμαι || *(ως απρόσ.)* θέλει, λείπει || **be ~ing**, λείπω || **be ~ing in**, υπολείπομαι, δεν έχω || **~ for nothing**, δεν στερούμαι / δε μου λείπει τίποτα || **be in ~ of**, έχω ανάγκη || **for ~ of**, ελλείψει.

wanton [ˈwontən] *adj* λάγνος || άστατος, παιχνιδιάρικος || άφθονος, οργιώδης || αναίτιος, άσκοπος, απρόκλητος || *n* έκλυτη γυναίκα || *vi* παιχνιδίζω, οργιάζω.

war [woːʳ] *n* πόλεμος || *vi* πολεμώ, μάχομαι || **make ~ on**, κάνω πόλεμο εναντίον || **be at ~ with sb**, έχω πόλεμο με κπ || **the cold ~**, ο ψυχρός πόλεμος || **~fare**, πόλεμος, εχθροπραξίες, μάχες || **~-fever**, πολεμική ψύχωση || **~head**, κεφαλή (πυραύλου) || **~horse**, παλαίμαχος || **~like**, πολεμοχαρής, αρειμάνιος, πολεμικός || **~lord**, πολέμαρχος || **~monger**, πολεμοκάπηλος || **W~ Office**, Υπουργείο Στρατιωτικών || **~ship**, πολεμικό πλοίο || **~time**, περίοδος πολέμου.

warble [ˈwoːbl] *n* τιτίβισμα || κελάρυσμα || *vi* τιτιβίζω, κελαηδώ || κελαρύζω.

ward [woːd] *n* κηδεμονία || κηδεμονευόμενος || εκλογική περιφέρεια στην συνοικίας || θάλαμος *(νοσοκομείου, φυλακής)* || *vt* **~ off**, αποκρούω, αποτρέπω.

warden [ˈwoːdən] *n* φύλακας, επιστάτης || διευθυντής || *US* δεσμοφύλακας || **church ~**, επίτροπος, νεωκόρος || **traffic ~**, τροχονόμος *(για τη στάθμευση)*.

warder [ˈwoːdəʳ] *n* *GB* δεσμοφύλακας || **wardress**, γυναίκα δεσμοφύλακας.

wardrobe [ˈwoːdroub] *n* γκαρνταρόμπα.

ware [weəʳ] *n* είδη, προϊόντα || *πληθ.* εμπορεύματα || **~house**, αποθήκη.

warm [woːm] *adj* ζεστός || *(για ίχνη)* φρέσκος || μτφ. θερμός, ενθουσιώδης || *vti* ζεσταίνω || *n* ζέστα, πύρα || **make things ~ for sb**, κάνω τη ζωή δύσκολη σε κπ || **~th**, ζεστασιά, ζέστη, θερμότητα, θαλπωρή.

warn [woːn] *vt* **~** *[of / against]*, προειδοποιώ || **~ing**, προειδοποίηση, μάθημα, παράδειγμα || προειδοποιητικός.

warp [woːp] *n* σκέβρωμα || στημόνι || *vti* σκεβρώνω, στραβώνω, διαστρέφω / -ομαι.

warrant [ˈworənt] *n* ένταλμα || δικαίωμα, εξουσιοδότηση, δικαιολογία || *vt* δικαιολογώ || εγγυώμαι, διαβεβαιώνω || **~ officer**, ανθυπασπιστής || **search ~**, ένταλμα ερεύνης || **~or**, εγγυητής || **~y**, εγγύηση, δικαίωμα.

warren [ˈworən] *n* λαβύρινθος.

warrior [ˈwoːriəʳ] *n* πολεμιστής.

wart [woːt] *n* κρεατοελιά.

wary [ˈweəri] *adj* επιφυλακτικός, προσεχτικός || **warily**, προσεχτικά.

wash [woʃ] *n* πλύσιμο || πλύση, μπουγάδα || νερόλυμα, απόπλυμα, απόνερα *(πλοίου)* || *vti* πλένω / -ομαι || βρέχω, παρασύρω, εκβράζω || **~ away**, καθαρίζω *(πλένοντας)* || **~ down**, συνοδεύω [φαγητό] με ποτό || **~ off / out**, καθαρίζω, ξεπλένω || **~ up**, εκβράζω, *(για πιάτα)* πλένω || **be / feel ~ed out**, είμαι / νιώθω σμπαραλιασμένος || **be all ~ed up**, είμαι τελείως κατεστραμμένος || **~able**, που μπορεί να πλυθεί || **~-basin**, νιπτήρας || **~board**, σανίδα της μπουγάδας || **~er**, πλυντήριο, πλύστρα || **~house**, πλυσταριό || **~-out**, φιάσκο, αποτυχία || **~room**, *US* τουαλέτα || **~-stand**, νιπτήρας || **~-tub**, σκάφη || **~y**, αδύνατος, νερουλός, ξεπλυμένος, σαχλός.

washing [ˈwoʃiŋ] *n* πλύσιμο || πλύση, μπουγάδα || **~-day**, μέρα πλύσης || **~-machine**, πλυντήριο *(ρούχων)*.

wasp [wosp] *n* σφήκα || **~ish**, απότομος, δύστροπος.

wastage [ˈweistidʒ] *n* απώλεια, φύρα.

waste [weist] *n* σπατάλη || απορρίμματα, σκάρτα || έρημες εκτάσεις || *adj* έρημος, χέρσος || σκάρτος, για πέταμα || *vti* φθίνω, εξαντλώ / -ούμαι || ερημώνω, καταστρέφω || **~ sth on sb**, χαραμίζω, σπαταλώ κτ σε κπ || **lay ~**, ερημώνω || **run / go to ~**, πάω στράφι || **~ful**, σπάταλος, πολυδάπανος || **~-paper basket**, κάλαθος των αχρήστων.

wastrel [ˈweistrəl] *n* σκορποχέρης.

watch [wotʃ] *n* ρολόι || επαγρύπνηση, φύλαξη || *(σε πλοίο)* βάρδια || *vti* παρακολουθώ, βλέπω || προσέχω || **~ out for sth**, προσέχω μη φανεί κτ || **~ over**, φυλάω, προσέχω || **be on the ~ for sth**, προσέχω για κτ || **keep ~ over sth**, φυλάω, προσέχω κτ || **~-dog**, μαντρόσκυλο, μτφ. κέρβερος, φύλακας || **~ful**, άγρυπνος, προσεκτικός || **~fulness**, επαγρύπνηση || **~man**, φύλακας || **~-tower**, παρατηρητήριο, βίγλα.

water [ˈwoːtəʳ] *n* νερό || παλίρροια || *vti* ποτίζω || **~ down**, νερώνω || **make one's mouth ~**, τρέχουν τα σάλια μου || **by ~**, διά θαλάσσης || **make ~**, κάνω το νερό μου, *(πλοίο)* μπάζω νερά || *spend money like* ~, ξοδεύω με τη σέσουλα || *of the first* ~, πρώτης ποιότητας || ~-**bird**, νεροπούλι || ~ **cannon**, αντλία || ~ **cart**, νερουλάδικο || ~ **closet**, τουαλέττα || ~-**colour**, υδατογραφία || ~**course**, νεροσυρμή, κοίτη, χείμαρρος || ~**fall**, καταρράκτης || ~**front**, προκυμαία, παραλία *(σε πόλη)* || ~ **ice**, γρανίτα || ~-**lily**, νούφαρο || ~-**line**, ίσαλος *(πλοίου)* || ~-**main**, κεντρικός αγωγός υδρεύσεως || ~-**melon**, καρπούζι || ~-**mill**, νερόμυλος || ~-**nymph**, νεράιδα || ~-**power**, υδραυλική ενέργεια || ~**proof**, υδατοστεγής, αδιάβροχος || ~**shed**, γραμμή διαχωρισμού των υδάτων || ~**side**, ακροποταμιά || ~-**skiing**, θαλάσσιο σκι || ~ **supply**, ύδρευση || ~**tight**, αδιάβροχος || ~-**tower**, πύργος διανομής νερού || ~**way**, υδάτινος δρόμος || ~**works**, μηχανοστάσιο υδρεύσεως, ουροποιητικό σύστημα || ~**y**, νερουλός, ξεπλυμένος.

watt [wɒt] *n* βατ.

wattle [wɒtl] *n* καλαμωτή || μιμόζα || λειρί *(κόκορα)*.

wave [weiv] *n* κύμα || κούνημα *(του χεριού)*, γνέψιμο || κατσάρωμα *(μαλλιών)* || *vti* κυματίζω, ανεμίζω || κουνώ, γνέφω || κατσαρώνω || ~ *sth aside*, παραμερίζω, απορρίπτω κτ || **wavy**, κυματιστός, κατσαρός.

waver [`weivə^r] *vi* [αμφι]ταλαντεύομαι, κυμαίνομαι || παραπαίω || τρεμουλιάζω.

wax [wæks] *n* κερί || *vt* κερώνω, παρκετάρω || *vi* γίνομαι, *(φεγγάρι)* γεμίζω || **sealing** ~, βουλοκέρι.

way [wei] *n* δρόμος || τρόπος, φέρσιμο, συνήθεια || άποψη || κατάσταση || *be in sb's* ~, εμποδίζω κπ με την παρουσία μου || *by the* ~, παρεμπιπτόντως, με την ευκαιρία || *by* ~ *of*, μέσω, σαν, υπό τη μορφή || *by a long* ~, κατά πολύ || *give* ~ *to*, υποχωρώ || *go out of one's* ~, μτφ. κάνω ειδική προσπάθεια || *have it both* ~s, τα θέλω όλα δικά μου || *in a small* ~, σε μικρή κλίμακα || *in the family* ~, έγκυος || *make* ~, προχωρώ || *make one's* ~ *to*, πηγαίνω εις || *make* ~ *for*, ανοίγω δρόμο για || *[down] one's* ~, στα μέρη μου, στη γειτονιά μου || *one* ~ *or another*, είτ' έτσι είτ' αλλιώς || *on the* ~, καθ' οδόν || *out of the* ~, ασυνήθης, εξαιρετικός || *pay one's* ~, βγάζω/έχω τα έξοδά μου || *right of* ~, προτεραιότητα || *this/that* ~, απ' εδώ/εκεί || *the other* ~, από την άλλη μεριά || ~**bill**, φορτωτική ||

~**farer**, οδοιπόρος || ~**lay**, παραφυλάω, στήνω καρτέρι || ~**side**, κράσπεδο, το πλάι του δρόμου, *adj* παρόδιος || ~**ward**, δύστροπος, ιδιότροπος, πεισματάρης.

we [wi:] *pron* εμείς.

weak [wi:k] *adj* αδύνατος, ασθενής || *the* ~*er sex*, το ασθενές φύλο || ~**en**, αδυνατίζω, εξασθενίζω || ~-**headed**, κουτός || ~-**hearted**, άτολμος || ~**ling** *n* ανθρωπάκι, φοβιτσιάρικο πλάσμα || ~**ness**, αδυναμία.

wealth [welθ] *n* πλούτος || ~**y**, πλούσιος.

wean [wi:n] *vt* ξεκόβω [μωρό].

weapon [`wepən] *n* όπλο.

wear [weə^r] *n* χρήση, φόρεμα || αντοχή || φθορά (από τη χρήση) || *εμπ.* είδη ρουχισμού || *vti irreg* φορώ, φέρω επάνω μου || φθείρω/-ομαι, τρίβω/-ομαι, λυώνω || αντέχω, κρατώ/-ιέμαι || ~ *away/down*, φθείρω/-ομαι διά της τριβής || ~ *off*, εξαφανίζομαι *(διά της τριβής)* || ~ *out*, φθείρω/-ομαι εντελώς, εξαντλούμαι || ~ *on/away*, *(για χρόνο)* περνώ σιγά || *the worse for* ~, φθαρμένος || ~ *and tear*, *[φυσιολογική]* φθορά από τη χρήση || ~**ing** *adj* κουραστικός.

weary [wiəri] *adj* κουρασμένος || κουραστικός || ~ *of*, βαρεστημένος || *vti* ~ *of*, βαριέμαι || **weariness**, κούραση || **wearisome**, βαρετός.

weasel [wi:zl] *n* νυφίτσα, κουνάβι.

weather [`weðə^r] *n* καιρός || *vti* ξεπερνώ *(κρίση)* || *ναυτ.* καβαντζάρω || αποσυνθέτω, ξεθωριάζω || *be/feel under the* ~, είμαι/νιώθω άκεφος || *make heavy* ~ *of sth*, κανω κτ βουνό || ~-**beaten**, ανεμοδαρμένος || ~-**bound**, *ναυτ.* ποδισμένος || ~ **bulletin**, μετεωρολογικό δελτίο || ~**cock/vane**, ανεμοδείχτης || ~ **forecast**, δελτίο καιρού || ~-**glass**, βαρόμετρο || ~-**man**, μετεωρολόγος || ~ **station**, μετεωρολογικός σταθμός.

weave [wi:v] *n* ύφανση || *vti irreg* υφαίνω || πλέκω || ελίσσομαι, περνώ με ζίγκ-ζαγκ || ~**r**, υφαντής.

web [web] *n* ιστός || πλέγμα || νηκτική μεμβράνη || ~**bing**, φάσα, ούγια.

wed [wed] *vti* παντρεύω/-ομαι || συνταιριάζω || ~**lock**, γάμος.

wedding [`wedin] *n* γάμος || ~ **breakfast**, γαμήλια δεξίωση || ~-**cake**, γαμήλια τούρτα || ~-**dress**, νυφικό || ~ **party**, οι καλεσμένοι στο γάμο || ~-**ring**, βέρα.

wedge [wedʒ] *n* σφήνα, τάκος || *vt* σφηνώνω, τακώνω.

Wednesday [`wenzdi] *n* Τετάρτη.

wee [wi:] *adj* μικροσκοπικός || *a* ~ *bit*,

λιγουλάκι || *the ~ folk*, τα νεραϊδικά.

wee-wee [ˈwiːwiː] *n* πιπί || *do a ~*, κάνω πιπί.

weed [wiːd] *n* αγριόχορτο, αγριοβότανο, ζιζάνιο || *vt* βοτανίζω || *~ out*, μτφ. ξερριζώνω, ξεσκαρτάρω || *~-killer*, ζιζανιοκτόνο || *~y*, χορταριασμένος, μτφ. ξερακιανός, ψιλόλιγνος || *widow's ~s*, πέπλα χηρείας.

week [wiːk] *n* εβδομάδα || *~day*, καθημερινή || *~end*, Σαββατοκύριακο || *~ly* *adj* εβδομαδιαίος, *adv* εβδομαδιαίως *n* εβδομαδιαίο περιοδικό.

weeny [ˈwiːni] *adj* μικροσκοπικός.

weep [wiːp] *vti irreg* κλαίω, χύνω δάκρυα || *~ing willow*, κλαίουσα [ιτιά].

weevil [ˈwiːvl] *n* μαμούνι.

weft [weft] *n* υφάδι.

weigh [wei] *vti* ζυγίζω || μτφ. σταθμίζω || *~ down*, λυγίζω [κάτω από το βάρος] || *~ on sb*, βαραίνω, βασανίζω κπ || *~ up*, λογαριάζω, ζυγίζω || *~ with sb*, επηρεάζω, έχω βαρύτητα για κπ || *~ anchor*, σηκώνω άγκυρα || *~ing machine*, μεγάλη / αυτόματη ζυγαριά.

weight [weit] *n* βάρος || ζύγι, βαρίδι || βαρύτητα, σημασία, σπουδαιότητα || *vt* βαραίνω, γέρνω || *put on/gain ~*, παίρνω βάρος, παχαίνω || *lose ~*, χάνω βάρος, αδυνατίζω || *throw one's ~ about*, φέρομαι σατραπικά || *~less*, αβαρής, χωρίς βάρος || *~y*, λόξας.

weird [wiəd] *adj* αλλόκοτος || υπερφυσικός, απόκοσμος || *~ie*, άνθρωπος εκκεντρικός.

welcome [ˈwelkəm] *n* υποδοχή || *adj* ευπρόσδεκτος || *interj* καλώς ήλθες! || *vt* καλωσορίζω, υποδέχομαι || *be ~ to do sth*, είμαι ελεύθερος να κάνω κτ || *make sb ~*, καλοδέχομαι κπ.

weld [weld] *vti* συγκολλώ / -ούμαι || *~er*, οξυγονοκολλητής.

welfare [ˈwelfeəʳ]. *n* ευημερία, ευτυχία || κοινωνική πρόνοια.

¹**well** [wel] *n* πηγάδι, φρέαρ || πηγή || φρεάτιο, ασανσέρ, κλιμακοστάσιο, φωταγωγός || *vi ~ out*, κυλώ || *~ over*, πλημμυρίζω, ξεχειλίζω || *~ up*, αναβλύζω.

²**well** [wel] *adv* καλά || ευτυχώς || προσεχτικά || κάλλιστα || πιθανότατα, φυσικά || *adj* καλός, φρόνιμος, σωστός || *interj* λοιπόν, (έκπληξης) μπα, αδύνατο || *as ~*, επίσης || *as ~ as*, καθώς και || *be ~ off*, είμαι εύπορος / ευκατάστατος || *be ~ up in a subject*, είμαι μπασμένος σ' ένα θέμα, το κατέχω || *just as ~*, ευτυχώς, καλύτερα, καλά που || *may / might just as ~*, κάλλιστα,

σε τέτοια περίπτωση || *pretty ~*, σχεδόν.

³**well** [wel] *prefix* καλώς, ευ— || *~-balanced*, λογικός, ισορροπημένος || *~-being*, ευημερία, ευεξία, καλό || *~-born*, από καλή οικογένεια || *~-bred*, καλοαναθρεμμένος || *~-conducted*, που διεξάγεται καλά || *~-connected*, με καλές σχέσεις || *~-disposed*, ευνοϊκά διατεθειμένος || *~-doing*, αγαθοεργία || *~-founded*, βάσιμος || *~-groomed*, καλοπεριποιημένος || *~-grounded*, βάσιμος, με καλές γνώσεις || *~-heeled*, παραλής || *~-informed*, καλά πληροφορημένος || *~-intentioned*, καλοπροαίρετος || *~-knit*, σφιχτοδεμένος || *~-known*, πασίγνωστος || *~-marked*, σαφής, έντονος || *~-meaning*, καλοπροαίρετος || *~-nigh*, σχεδόν || *~-read*, πολυδιαβασμένος, μορφωμένος || *~-spoken*, γλυκομίλητος || *~-timed*, επίκαιρος || *~-to-do*, εύπορος || *~-tried*, δοκιμασμένος || *~-turned*, καλοδιατυπωμένος || *~-wisher*, καλοθελητής || *~-worn*, τετριμμένος.

wellington [ˈwelɪŋtən] *n* μπότα ως το γόνατο από καουτσούκ.

Welsh [welʃ] *n* Ουαλλός || *adj* ουαλλικός.

welt [welt] *n* βουρδουλιά.

welter [ˈweltəʳ] *n* πανσπερμία, ανακάτεμα || αναταραχή, σύγχυση, μπέρδεμα || *vi* συγκυλιέμαι || *~-weight*, ημιβαρέων βαρών (στο μποξ).

wench [wentʃ] *n* κοπελιά.

west [west] *n* δύση || *adj* δυτικός || *adv* δυτικά || *~erly*, δυτικός || *~ward[s]*, δυτικός, προς τα δυτικά.

western [ˈwestən] *n* γουέστερν, καουμποϊστικο φιλμ || *adj* δυτικός || *~ize* *vt* εκδυτικοποιώ || *~most*, δυτικότατος.

wet [wet] *n* βροχή || υγρασία || *adj* υγρός, βρεγμένος || βροχερός || *vt irreg* βρέχω, υγραίνω, μουσκεύω.

whack [wæk] *n* χτύπημα || δοκιμή, απόπειρα || μερτικό || *vt* χτυπώ || *~ing n* ξύλο.

whale [weil] *n* φάλαινα || *~r*, φαλαινοθηρικό.

wharf [wɔːf] *n* αποβάθρα, προκυμαία, προβλήτα.

what [wɔt] *adj, pron* τι || ό,τι, εκείνο που, όλα όσα || *~... for*, για ποιο λόγο / σκοπό || *~... like*, τι λογής || *~... with... and*, κάτι με... κάτι με || *so ~?* και τι μ' αυτό; ε, και; || *~-for*, τιμωρία || *~not* n κόσμημα, εταζέρα || *~[so]ever*, ο,τιδήποτε.

wheat [wiːt] *n* στάρι || *~en*, σταρένιος.

wheedle [ˈwiːdl] *vt* καλοπιάνω, καταφέρνω με καλοπιάσματα.

wheel [wi:l] n ο τροχός || τιμόνι || στρατ. κλίση, στροφή || vt κυλώ, σπρώχνω *(καροτσάκι)* || περιστρέφω / -ομαι, [στριφο]γυρίζω || στρατ. **right / left** ~! κλίνατ' επί δεξιά / επ' αριστερά!

wheeze [wi:z] n σουσούνισμα, λαχάνιασμα, αγκομάχημα || vti σουσουνίζω, ξεφυσώ || **wheezy**, ασθματικός.

whelp [welp] n κουτάβι || αλητάκι.

when [wen] adv πότε || όταν, που || conj όταν, αφού, οπότε και || **whence**, από πού / όπου || ~**ever**, οποτεδήποτε, κάθε φορά που.

where [weə'] adv πού || όπου || ~**abouts**, πού κοντά, διαμονή || ~**by**, με το οποίο || ~**fore**, αιτία, λόγος, για τον οποίο λόγο || ~**in**, σε τι, στο οποίο || ~**of**, από / εις / για το οποίο || ~**on**, πάνω σε τι, πάνω στο οποίο || ~**soever**, οπουδήποτε || ~**to**, σε τι, στο οποίο || ~**upon**, και τότε, μετά το οποίο || ~**ver**, οπουδήποτε, όπου κι αν || ~**with**, μ' αυτό με το οποίο.

wherry [`weri] n μαούνα.

whet [wet] vt τροχίζω, ακονίζω || ~**stone**, ακονόπετρα.

whether [`weðə'] conj εάν, κατά πόσον || ~**... or [not]**, είτε... είτε [όχι].

whey [wei] n τυρόγαλο.

which [witʃ] adj pron ποιος, τι || ο οποίος, που || ~**ever**, οποιοσδήποτε.

whiff [wif] n ελαφριά πνοή *(ανέμου)*, ρουφηξιά *(καπνού)*, μυρουδιά || πουράκι || vt φυσώ ή ρουφώ ελαφρά.

while [wail] n [χρονικό] διάστημα, ώρα, χρόνος || conj ενώ || αν και, μολονότι || vi ~ **away**, περνώ, σκοτώνω την ώρα || **once in a** ~, πότε-πότε || **worth one's** ~, που ν' αξίζει τον κόπο μου.

whilst [wailst] conj ενώ.

whim [wim] n ιδιοτροπία, καπρίτσιο.

whimper [`wimpə'] n κλαψούρισμα || vti κλαψουρίζω.

whimsical [`wimzikl] adj ιδιόρρυθμος.

whims[e]y [`wimzi] n καπρίτσιο, παραξενιά, ιδιοτροπία, λόξα.

whine [wain] n κλαψούρισμα, τσίριγμα || vti κλαψουρίζω, τσιρίζω.

whinny [`wini] n χλιμίντρισμα || vi χλιμιντρίζω, χρεμετίζω.

whip [wip] n μαστίγιο || είδος κρέμας || κοινοβ. υπεύθυνος της κοινοβουλευτικής ομάδας || vti μαστιγώνω || δέρνω, νικώ || κινώ / -ούμαι απότομα και γρήγορα || ~ **round**, κάνω έρανο || ~ **up**, ερεθίζω, δυναμώνω *(αισθήματα)* || ~**ping** n μαστίγωση || ~**per-snapper**, αντράκι, μαγκάκι.

whirr [wə:'] n βόμβος *(έλικα)* || vi βομβώ, φτεροκοπώ.

whirl [wə:l] n δίνη, στρόβιλος, ίλιγγος || vti στροβιλίζω / -ομαι, στριφογυρίζω || κινώ / -ούμαι. ιλιγγιωδώς || ~**pool**, δίνη, ρουφήχτρα || ~**wind**, ανεμοστρόβιλος.

whisk [wisk] n χτυπητήρι *(αυγών)* || μυγοσκοτώστρα || ελαφρά κίνηση, τίναγμα || vti κινώ γρήγορα *(στον αέρα)* || ~ **off / away**, μεταφέρω γρήγορα, διώχνω *(με γρήγορη κίνηση)* || ~**er**, φαβορίτα, μουστάκι *(γάτας, ποντικού)*.

whisky [`wiski] n ουίσκι.

whisper [`wispə'] n ψίθυρος || θρόισμα || κελάρυσμα || vti ψιθυρίζω, θροΐζω, κελαρύζω || ~**er**, ψιθυριστής, διαδοσίας || ~**ing campaign**, εκστρατεία ψιθύρων, διαδόσεις.

whist [wist] n χαρτοπ. ουίστ.

whistle [wisl] n σφυρίχτρα || σφύριγμα, κελάδημα || vti σφυρίζω || **wet one's** ~, βρέχω το λαρύγγι μου.

whit [wit] στη φρ. **not a** ~, ούτε κόκκος, καθόλου.

white [wait] n άσπρο *(χρώμα)* || λευκός *(άνθρωπος)* || ασπράδι *(αυγού)* || adj άσπρος, λευκός || ~**n**, ασπρίζω, λευκαίνω || ~**bait**, μαρίδα, γόνος || ~**caps**, κυματάκια, προβατάκια της θάλασσας || ~**collar**, υπαλληλικός, γραφικός (=σε γραφείο) || ~ **lead**, στουπέτσι || ~**livered**, φοβιτσιάρης, δειλός || ~ **lie**, αθώο ψεματάκι || ~**ning**, λεύκανση, λευκαντικό || ~ **paper**, λευκή βίβλος || ~ **slave traffic**, εμπόριο λευκής σαρκός || ~**wash**, ασβέστι, ασβεστόλαμα, ασπρίζω, μτφ. εξωραΐζω.

whither [`wiðə'] adv προς τα που.

Whitsun [witsn] n *(επίσης* **Whit Sunday)** Πεντηκοστή.

whittle [witl] vti λαξεύω, πελεκώ, λιανίζω || φτιάχνω *(λιανίζοντας)* || ~ **down / away**, περικόπτω, περιορίζω, λεπταίνω.

whiz [wiz] n σφύριγμα *(σφαίρας)* || vi σφυρίζω || ~**-kid**, παιδί-θαύμα.

who [hu:] αιτιατ. **whom** [hu:m], γεν. **whose** [hu:z] pron ποιος || ο οποίος || όποιος, εκείνος που || ~**ever**, οιοσδήποτε, οποιοσδήποτε.

whole [houl] n όλο, σύνολο || adj ολόκληρος, όλος, πλήρης || γερός, άθικτος, σώος || **as a** ~, σα σύνολο, συνολικά || **on the** ~, γενικά || ~**hearted[ly]**, ανεπιφύλακτος, μ' όλη μου την καρδιά || ~**meal**, ακοσκίνιστο αλεύρι || ~**sale**, χονδρεμπόριο, χονδρικός, γενικός || ~**saler**, χονδρέμπορος || ~**some**, υγιεινός, ωφέλιμος.

wholly [`houli] adv τελείως, ολοκληρωτικά, εξολοκλήρου.

whoop [hu:p] n ξεφωνητό || vi ξεφωνίζω

|| ~**ing-cough**, κοκκύτης.

whop [wop] *vt sl* δέρνω, κοπανάω || ~**ping** *adj* πελώριος.

whore [hoːʳ] *n* πόρνη || *vi* γυρίζω με πουτάνες || **whoring**, πορνεία, ακολασία.

whose [huːz] *pron* ποιανού, τίνος || του οποίου.

why [wai] *adv* γιατί; || γιατί, που || *interj (έκπληξης)* μπα! για κοίτα! *(διαμαρτυρίας)* μα.

wick [wik] *n* φιτίλι.

wicked [wikid] *adj* κακός, άσχημος, κακοήθης || μοχθηρός || πονηρός, κατεργάρης || ~**ness**, κακία, μοχθηρία, κακοήθεια.

wicker [ˈwikəʳ] *n* λυγαριά || *adj* πλεχτός || ~**work**, καλαθοπλεχτική, πλεχτά.

wicket [ˈwikit] *n* γκισές || πορτούλα, παραπόρτι.

wide [waid] *adj* πλατύς, φαρδύς || μεγάλος, απέραντος || ορθάνοιχτος || ακρινός || *adv* μακριά, πλατιά, εντελώς, πολύ || ~**n** *vti* πλαταίνω, φαρδαίνω.

widow [ˈwidou] *n* χήρα || ~**er**, χήρος || ~**ed**, *adj* χήρα, χήρος || ~**hood**, χηρεία.

width [width] *n* πλάτος, φάρδος || ευρύτητα.

wield [wiːld] *vt* κρατώ, χειρίζομαι, ασκώ.

wife [waif] *n* σύζυγος, γυναίκα || ~**ly**, συζυγικός.

wig [wig] *n* περούκα.

wiggle [wigl] *vi* κουνιέμαι νευρικά *(πέρα-δώθε)*.

wild [waild] *adj* άγριος || μανιασμένος, έξαλλος, τρελλός || απερίγραπτος || απειθάρχητος, αχαλίνωτος, έκλυτος || απερίσκεπτος, εξωφρενικός, ασυλλόγιστος || **the** ~**s**, ανεξερεύνητη περιοχή, ζούγκλα || ~**fire**, υγρό πυρ || ~**ness**, αγριάδα, εξαλλοσύνη.

wilderness [ˈwildənəs] *n* έρημος, αγριότοπος, ερημιά || απεραντοσύνη.

wile [wail] *n* πονηρία, πανουργία, τέχνασμα.

wilful [ˈwilfəl] *adj* ξεροκέφαλος, πεισματάρης || *(πράξη)* προμελετημένος, εσκεμμένος, θεληματικός || ~**ness**, πείσμα, ξεροκεφαλιά.

will [wil] *v aux* θα || θέλω || κληροδοτώ || *n* βούληση, θέληση || θέλημα, επιθυμία || διαθήκη || διάθεση || **at** ~, κατά βούληση || **with a** ~, με ενθουσιασμό || ~**power**, θέληση.

willies [ˈwiliz] *n pl sl* πλάκωμα στην ψυχή, τρομάρα.

willing [ˈwiliŋ] *adj* πρόθυμος || ~**ness**, προθυμία.

willow [ˈwilou] *n* ιτιά || ~**y**, λυγερός.

willy-nilly [ˌwili-ˈnili] *adj* εκών-άκων.

wilt [wilt] *vti* μαραίνω / -ομαι.

wily [ˈwaili] *adj* πανούργος, πονηρός.

win [win] *n* νίκη || *vti irreg* κερδίζω || ~ **hands down**, κερδίζω με μεγάλη ευκολία || ~ **sb over**, παίρνω κτ με το μέρος μου || ~**ner**, νικητής || ~**ning** *adj* ελκυστικός || ~**nings** *n pl* κέρδη || ~**ning-post**, τέρμα.

wince [wins] *vi* κάνω σύσπαση / μορφασμό.

winch [wintʃ] *n* βίντσι, βαρούλκο.

¹wind [wind] *n* άνεμος, αέρας || αναπνοή || ιατρ. αέρια, φούσκωμα || *vt* μυρίζομαι || λαχανιάζω || παίρνω ανάσα || **break** ~, βγάζω αέρα || **bring up** ~, ρεύομαι || **get** ~ **of sth**, παίρνω κτ μυρουδιά || **get one's second** ~, ξαναβρίσκω την αναπνοή μου || **get/have the** ~ **up**, πάει η ψυχή μου στην κούλουρη || **put the** ~ **up sb**, τρομάζω κπ || **run/go like the** ~, τρέχω/πάω σα σίφουνας || **throw caution to the** ~**s**, αφήνω κατά μέρος κάθε προφύλαξη || **talk to the** ~, άδικα χάνω τα λόγια μου || **take the** ~ **out of sb's sails**, κόβω τον αέρα κάποιου || **there is something in the** ~, κάτι μαγειρεύεται, κάτι τρέχει || ~**-bag**, αερολόγος, φαφλατάς || ~**break**, ανεμοφράκτης || ~**-cheater**, εφαρμοστή εξωτερική φανέλα || ~**fall**, χαμάδα *(φρούτο)*, μτφ. κελεπούρι || ~**-flower**, ανεμώνη || ~**-gauge**, ανεμόμετρο || ~**[-instrument]**, πνευστό μουσικό όργανο || ~**lass**, βαρούλκο, εργάτης άγκυρας || ~**-mill**, ανεμόμυλος || ~**-pipe**, τραχεία, λαρύγγι || ~**-screen**, παρμπρίζ || ~**-screen wiper**, καθαριστήρας του παρμπρίζ || ~**-sock**, ανεμοδούρι || ~**-swept**, ανεμοδαρμένος || ~**ward**, προσήνεμος || ~**y**, ανεμόδαρτος, με αέρα, φαφλατάδικος, *sl* τρομαγμένος.

²wind [waind] *vti irreg* προχωρώ / κινούμαι ελικοειδώς || τυλίγω || γυρίζω || ~ **[up]**, κουρδίζω || ~ **sth up**, τερματίζω / -ομαι, τελειώνω, κλείνω, εμπ. εκκαθαρίζω *(εταιρία)* || ~ **sb round one's little finger**, παίζω κπ στα δάχτυλα || ~ **sth off**, ξετυλίγω || ~**ing sheet**, νεκροσέντονο.

window [ˈwindou] *n* παράθυρο || βιτρίνα *(μαγαζιού)* || ~ **dress a** ~, στολίζω μια βιτρίνα || **go** ~**-shopping**, πάω να κοιτάξω τις βιτρίνες || ~**-box**, ζαρντινιέρα || ~**-pane**, τζάμι || ~**-sill**, περβάζι.

wine [wain] *n* κρασί || *vt* ~ **and dine sb**, τραπεζώνω κπ.

wing [wiŋ] *n* φτερούγα, φτερό || πτέρυγα *(κτιρίου)* || *πληθ.* παρασκήνια *(θεάτρου)* || **clip sb's** ~**s**, κόβω / ψαλιδίζω τα φτερά κάποιου || *lend sb* ~*s*, δίνω φτερά σε κπ || *shoot a bird on the* ~, χτυπώ ένα πουλί στον αέρα || *(για πουλιά)* take ~, σηκώνω φτερό || ~*ed*, φτερωτός ||~*less*, άπτερος || *right* /*left* ~*er*, πολιτ. δεξιός/αριστερός.

wink [wiŋk] *n* ανοιγοκλείσιμο του ματιού || νόημα με το μάτι || ελάχιστος χρόνος || *vti* ~ *[at]*, κλείνω το μάτι [σε κτ] || ~ *at sth*, κλείνω τα μάτια σε κτ || *have forty* ~*s*, τον κλέβω λίγο || *not to have a* ~ *of sleep*, δεν κοιμάμαι καθόλου, δεν κλείνω μάτι || ~*ers*, αυτοκ. φλας.

winnow [ˈwinou] *vt* λιχνίζω.

winsome [ˈwinsəm] *adj* ελκυστικός, θελκτικός.

winter [ˈwintəʳ] *n* χειμώνας || *vi* ξεχειμωνιάζω || ~-*garden*, σέρρα.

wintry [ˈwintri] *adj* χειμωνιάτικος || *μτφ.* παγερός.

wipe [waip] *n* σφούγγισμα, σκούπισμα || *vti* σφουγγίζω, σκουπίζω || ~ *away*, αφαιρώ *(σφουγγίζοντας)* || ~ *off*, σβήνω || ~ *out*, σκουπίζω, εξαλείφω, σβήνω, εξολοθρεύω || ~ *up*, καθαρίζω *(σφουγγίζοντας)* || ~ *the slate clean*, σβήνω τα παλιά || ~*r*, καθαριστής.

wire [waiəʳ] *n* σύρμα || τηλεγράφημα || *vti* δένω με σύρμα || βάζω καλώδια || τηλεγραφώ || *by* ~, τηλεγραφικώς || ~-*tapping*, παγίδευση τηλεφώνου || ~-*wool*, σύρμα για τις κατσαρόλες || ~-*worm*, κάμπια || *wiring*, καλωδίωση || *wiry*, νευρώδης, σκληρός, σα σύρμα.

wireless [ˈwaiələs] *n* ασύρματος || ραδιόφωνο.

wisdom [ˈwizdəm] *n* σοφία || φρόνηση || ~-*tooth*, φρονιμίτης.

wise [waiz] *adj* σοφός || σώφρων || φρόνιμος || *be/get* ~ *to sth*, παίρνω κτ χαμπάρι || *put sb* ~ *to sth*, ενημερώνω κπ για κτ || *be none the* ~*r*, δεν μου έγινε μάθημα || ~*crack*, ευφυολόγημα.

wish [wiʃ] *n* ευχή || επιθυμία, λαχτάρα || *vti* θέλω || επιθυμώ || εύχομαι, μακάρι || λαχταρώ || κάνω ευχή || *I* ~ *I were*, μακάρι να ήμουν || ~*ful thinking*, ευσεβής πόθος.

wishy-washy [ˈwiʃi-woʃi] *adj* νερουλός, ανούσιος.

wisp [wisp] *n* χερόβολο || τούφα, τσουλούφι || τολύπη *(καπνού)*.

wisteria [wiˈstiəriə] *n* γλυσίνα.

wistful [wistfl] *adj* παραπονεμένος.

wit [wit] *n* αντίληψη, μυαλό, εξυπνάδα || πνεύμα, χιούμορ || *be at one's* ~*s' end*, τα έχω χαμένα || *be out of one's* ~*s*, είμαι τρελλός || *collect one's* ~*s*,

συγκεντρώνομαι, μαζεύω το μυαλό μου || *have a ready* ~, παίρνω με την πρώτη || *keep one's* ~*s about one*, έχω τα μάτια μου τέσσερα || *live by one's* ~*s*, ζω με την καπατσοσύνη μου || ~*ty*, πνευματώδης || ~*ticism*, ευφυολόγημα.

witch [witʃ] *n* μάγισσα || ~*ery*, μαγεία.

with [wið, wiθ] *prep* με, μαζί || από || εις, για || παρά || *be* ~ *sb*, συμφωνώ με κπ, παρακολουθώ κπ.

withdraw [wiðˈdrɔː] *vti irreg* αποσύρω/ -ομαι || ανακαλώ || ~*al*, αποχώρηση, ανάκληση, ανάληψη || ~*n*, αποτραβηγμένος, ακοινώνητος.

wither [ˈwiðəʳ] *vti* μαραίνω/-ομαι, ξεραίνω/-ομαι || *μτφ.* κεραυνοβολώ, παραλύω.

withhold [wiθˈhould] *vt irreg* αποκρύπτω, αρνούμαι, κατακρατώ.

within [wiðˈin] *prep* εντός, μέσα εις || *adv* μέσα.

without [wiˈðaut] *prep* χωρίς || *adv* απέξω.

withstand [wiðˈstænd] *vt irreg* αντίσταμαι, αντέχω.

witness [ˈwitnəs] *n* μάρτυρας || κατάθεση, μαρτυρία || *vti* παρίσταμαι σε κτ || είμαι μάρτυρας *(σε συμβόλαιο)* || μαρτυρώ || ~ *to sth*, βεβαιώνω, καταθέτω || *bear* ~ *to sth*, βεβαιώ κτ || ~-*box*, θέση όπου στέκεται ο εξεταζόμενος μάρτυρας || *eye*-~, αυτόπτης μάρτυρας.

wizard [ˈwizəd] *n* μάγος.

wizened [ˈwiznd] *adj* ρυτιδωμένος, ζαρωμένος.

wobble [wobl] *vti* κουνώ/-ιέμαι πέρα-δώθε, ταλαντεύομαι || ~*r*, *μτφ.* παλάντζας || *wobbly*, ταλαντευόμενος, ασταθής.

woe [wou] *n* συμφορά, θλίψη, πόνος || ουαί, αλλοίμονο || ~*ful*, θλιβερός.

wolf [wulf] *n* λύκος || *vt* ~ *down*, καταβροχθίζω || *a* ~ *in sheep's clothing*, λύκος ντυμένος πρόβατο || *keep the* ~ *from the door*, κρατώ την πείνα έξω από το σπίτι || ~-*cub*, λυκόπουλο || ~-*hound*, λυκόσκυλο.

woman [ˈwumən] *n* γυναίκα || *women's Lib*, κίνημα απελευθέρωσης των γυναικών || ~-*hater*, μισογύνης || ~-*hood*, οι γυναίκες, γυναικεία φύση || ~-*ish*, γυναίκειος || ~-*ize*, κυνηγώ τις γυναίκες, είμαι γυναικάς || ~-*izer*, γυναικάς || ~-*kind*, το γυναικείο φύλο, οι γυναίκες || ~-*ly adj* γυναικείος.

womb [wuːm] *n* ανατ. μήτρα.

wonder [ˈwʌndəʳ] *n* απορία, κατάπληξη, θαυμασμός || θαύμα || *vti* ~ *at/about*, απορώ, διερωτώμαι || *no* ~, δεν είναι απορίας άξιον, είναι φυσικό ‖ *a nine days' ~*, τρίμερο θάμα ‖ *it's a ~ that*, είναι θαύμα που ‖ *work ~s*, κάνω θαύματα ‖ *~ful*, θαυμάσιος ‖ *~ing adj* ερωτηματικός, έκπληκτος.

wonky [ˈwoŋki] *adj* ξεχαρβαλωμένος.

wont [wount] *n* συνήθειο ‖ *adj* συνηθισμένος ‖ *be ~ to*, συνηθίζω να ‖ *~ed*, συνηθισμένος.

woo [wu:] *vt* κορτάρω, κυνηγώ ‖ *~er*, μνηστήρας, ερωτευμένος.

wood [wu:d] *n* ξύλο, συνήθ. πληθ. δάσος, άλσος ‖ *touch ~*! *(για ξόρκι)* χτύπα ξύλο! ‖ *~bine*, άγριο αγιόκλημα ‖ *~cock*, μπεκάτσα ‖ *~cut*, ξυλογραφία ‖ *~cutter*, ξυλοκόπος ‖ *~ed*, δασωμένος ‖ *~land*, δασώδης έκταση ‖ *~man*, ξυλοκόπος, δασοφύλακας ‖ *~pecker*, δρυοκολάπτης ‖ *~pigeon*, φάσσα ‖ *~pile*, τρακάδα καυσόξυλα ‖ *~-pulp*, ξυλοπολτός ‖ *~wind*, ξύλινο πνευστό όργανο ‖ *~work*, ξυλουργική, ξυλεπένδυση ‖ *~y*, δασωμένος, από ξύλο.

wooden [wu:dn] *adj* ξύλινος ‖ αδέξιος, δύσκαμπτος ‖ *~-headed*, χοντροκέφαλος.

woof [wu:f] *n* υφάδι.

wool [wul] *n* μαλλί ‖ *dyed-in-the-~*, βαμμένος, φανατικός ‖ *pull the ~ over sb's eyes*, ξεγελώ κπ, του τη σκάω ‖ *~-gathering*, αφηρημάδα, ονειροπόληση ‖ *~len*, μάλλινος ‖ *~lens*, τα μάλλινα ‖ *~ly*, μάλλινος, μαλλιαρός, χνουδωτός, ασαφής, συγκεχυμένος ‖ *~lies*, τα μάλλινα.

word [wə:d] *n* λέξη ‖ λόγος ‖ υπόσχεση ‖ μήνυμα, παραγγελία ‖ σύνθημα ‖ *vt* διατυπώνω *(με λόγια)* ‖ *a play on ~s*, λογοπαίγνιο ‖ *be as good as one's ~*, κάνω ό,τι υπόσχομαι ‖ *big/fine/idle ~s*, παχιά / ωραία / κούφια λόγια ‖ *by ~ of mouth*, προφορικά ‖ *for ~s*, απερίγραπτα ‖ *give one's ~*, δίνω το λόγο μου ‖ *have a ~ with sb*, μιλώ με κπ ‖ *have ~s with sb*, λογοφέρνω με κπ ‖ *keep/break one's ~*, τηρώ / παραβαίνω το λόγο μου ‖ *in so many ~s*, καθαρά, μ' αυτά τα λόγια ‖ *in the full sense of the ~*, στην κυριολεξία ‖ *put in a good ~ for sb*, λέω έναν καλό λόγο για κπ ‖ *suiting the action to the ~*, άμ' έπος άμ' έργον ‖ *take sb at his ~*, παίρνω κπ τοις μετρητοίς ‖ *take sb's ~ for it*, στηρίζομαι στο λόγο κάποιου ‖ *~ing*, διατύπωση ‖ *~less*, βουβός ‖ *~y*, φλύαρος, πολυλογάδικος.

work [wə:k] *n* δουλειά ‖ εργασία ‖ έργο ‖ πληθ. μηχανισμός, εργοστάσιο,

στρατ. έργα ‖ *vti* δουλεύω, εργάζομαι ‖ λειτουργώ ‖ δρω, φέρνω αποτέλεσμα, επενεργώ ‖ κινώ / -ούμαι σιγά-σιγά [και φτάνω σε ορισμένη κατάσταση] ‖ συσπώμαι ‖ *~ away [at sth]*, συνεχίζω να δουλεύω [σε κτ] ‖ *~ in / into*, χώνομαι, διεισδύω, μπάζω ‖ *~ off*, ξεκαθαρίζω, ξεφορτώνομαι ‖ *~ out*, λύνω / -ομαι, εξελίσσομαι, επινοώ, βρίσκω, λογαριάζω ‖ *~ up*, μεγαλώνω, αναπτύσσω, ανέρχομαι σιγά-σιγά, διεγείρω, εξάπτω / -ομαι βαθμηδόν ‖ *~ upon*, επηρεάζω ‖ *be at ~ on sth*, δουλεύω σε κτ ‖ *be in ~*, έχω δουλειά ‖ *be out of ~*, είμαι άνεργος ‖ *make hard ~ of sth*, κάνω μια δουλειά βουνό ‖ *make short ~ of sth*, τελειώνω κτ στα γρήγορα ‖ *set to ~ on sth*, αρχίζω τη δουλειά σε κτ ‖ *~able*, κατεργάσιμος, εκμεταλλεύσιμος ‖ *~day*, εργάσιμη ημέρα ‖ *~er*, εργάτης ‖ *~force*, εργατική δύναμη ‖ *~house*, *GB* πτωχοκομείο, *US* αναμορφωτήριο ‖ *~ing*, εργαζόμενος, λειτουργία, χειρισμός ‖ *~man*, εργάτης, τεχνίτης ‖ *~manship*, μαστοριά, τέχνη ‖ *~out*, δοκιμή, άσκηση ‖ *~people*, οι εργαζόμενοι ‖ *~room*, δωμάτιο εργασίας ‖ *~shop*, εργαστήρι ‖ *~-shy*, τεμπέλης, κοπανατζής.

world [wə:ld] *n* κόσμος ‖ *a ~ of*, πάρα πολύ ‖ *be all the ~ to sb*, είμαι το παν σε κπ ‖ *be/feel on top of the ~*, είμαι πανευτυχής / νιώθω περίφημα ‖ *make a noise in the ~*, πετυχαίνω στη ζωή, ακούγομαι ‖ *make one's way in the ~*, τραβώ μπροστά, διακρίνομαι ‖ *for the ~*, για τίποτα στον κόσμο ‖ *for all the ~ like sb*, ολόιδιος με κπ ‖ *out of this ~*, έξοχος, θεσπέσιος ‖ *~-famous*, πασίγνωστος ‖ *~ war*, παγκόσμιος πόλεμος ‖ *~-weary*, κουρασμένος από τη ζωή ‖ *~-wide*, παγκόσμιος ‖ *~-wise*, με πείρα του κόσμου ‖ *~ly*, υλικός.

worm [wə:m] *n* σκουλήκι ‖ σπείρα *(βίδας)* ‖ *vt* ξεσκουληκιάζω ‖ *~ sth out of sb*, εκμαιεύω κτ από κπ ‖ *~ one's way into*, χώνομαι ‖ *~-eaten*, σκουληκοφαγωμένος ‖ *~y*, σκουληκιασμένος ‖ *~wood*, αγριαψιθιά, μτφ. πίκρα, φαρμάκι.

worrisome [ˈwʌrisəm] *adj* ενοχλητικός.

worry [ˈwʌri] *n* ανησυχία, σκοτούρα, μπελάς ‖ *vti* *~ [about/over sth]*, στενοχωρώ / -ούμαι ‖ ανησυχώ ‖ ενοχλώ ‖ *~ing*, ενοχλητικός, στενόχωρος ‖ *worried*, στενοχωρημένος.

worse [wə:s] *adj* χειρότερος ‖ *adj* χειρότερα ‖ *~n vti* χειροτερεύω, επιδεινώνω / -ομαι.

worship [ˈwɔ:ʃip] *n* λατρεία || *(σε προσφωνήσεις)* εντιμότατος || *vt* λατρεύω || ~**per**, λάτρης, πιστός.

worst [wɔ:st] *adj, adv* χείριστος, ο χειρότερος || το χειρότερο || *at [the]* ~, στη χειρότερη περίπτωση || *at one's* ~, στο χειρότερό μου σημείο || *if the* ~ *comes to the* ~, αν τα πράγματα φτάσουν στο απροχώρητο || *get the* ~ *of it*, νικιέμαι || *do one's* ~, κανω το χειρότερο που μπορώ.

worsted [ˈwustid] *n* μαλλί πενιέ.

worth [wɔ:θ] *n* αξία || *adj* αξίζων || *be* ~, αξίζω || *for all one is* ~, μ' όλη μου τη δύναμη || *for what it's* ~, με κάθε επιφύλαξη || ~**less**, ευτελής, ανάξιος || ~**while**, που αξίζει τον κόπο.

worthy [ˈwɔ:ði] *adj* άξιος || έντιμος || *n* προύχοντας, προεστός.

would [wud] *v aux* θα + παρατατικός || συνήθιζα να || επέμενα να || ~ *you like?* θέλεις, θα 'θελες να; || ~**-be**, *adj* επίδοξος, υποψήφιος.

wound [wu:nd] *n* τραύμα, πληγή || πλήγωμα || *vt* πληγώνω, τραυματίζω.

wrangle [ˈræŋgl] *n* λογομαχία || *vi* λογομαχώ, λογοφέρνω || ~**r**, καυγατζής.

wrap [ræp] *vti* τυλίγω / -ομαι || ~ *up a business deal*, κλείνω μια δουλειά || *be* ~**ped up in**, είμαι τυλιγμενος με, *μτφ.* είμαι απορροφημένος από || ~**per**, κάλυμμα || ~**ping**, περιτύλιξη, χαρτί περιτύλιξης.

wrath [rɔθ] *n* οργή.

wreak [ri:k] *vt* ξεσπώ, ξεθυμαίνω.

wreath [ri:θ] *n* στεφάνι || δαχτυλίδι [καπνού], τολύπη.

wreathe [ri:ð] *vti* τυλίγω / -ομαι.

wreck [rek] *n* ναυάγιο, καταστροφή, ναυαγισμένο πλοίο || *μτφ.* ερείπιο || *vt* ναυαγώ || *be a nervous* ~, είμαι ερείπιο / σμπαραλιασμένος || ~**age**, συντρίμματα || ~**er**, κατεδαφιστής, ναυαγοσώστης.

wrench [rentʃ] *n* απότομο στρίψιμο / τράβηγμα, στραμπούληγμα || σπαραγμός || γαλλικό κλειδί || *vt* στραμπουλίζω || αποσπώ || στρίβω.

wrest [rest] *vt* αποσπώ βίαια || δια-

στρέφω.

wrestle [resl] *vi* παλεύω.

wretch [retʃ] *n* φουκαράς, ταλαίπωρος || κατεργάρης || αχρείος.

wretched [ˈretʃid] *adj* άθλιος || δυστυχισμένος || αξιοθρήνητος || ~**ness**, αθλιότητα.

wrick [rik] *n* ελαφρό στραμπούλημα || στραμπουλίζω ελαφρά.

wriggle [rigl] *n* στριφογύρισμα || *vti* στριφογυρίζω, συστρέφομαι, ξεγλιστρώ.

wring [riŋ] *n* στρίψιμο, στίψιμο, σφίξιμο || *vt irreg* σφίγγω, στρίβω, συστρέφω || ~ *sth out of*, στίβω, στραγγίζω, αποσπώ.

wrinkle [riŋkl] *n* ρυτίδα, ζάρα || *vti* ρυτιδώνω, ζαρώνω, τσαλακώνω.

wrist [rist] *n* καρπός του χεριού || ~**band**, μανικέτι, λουράκι || ~**-watch**, ρολόι του χεριού.

writ [rit] *n* ένταλμα, κλήση.

write [rait] *vti irreg* γράφω || συγγράφω || ~ *down*, σημειώνω || ~ *in for*, κάνω αίτηση για || ~ *off*, γράφω στα γρήγορα || διαγράφω, ξεγράφω || ~ *off for sth*, γράφω για να μου στείλουν κτ || ~ *out*, γράφω πλήρως || ~ *up*, ενημερώνω, καθαρογράφω, γράφω επαινετικά || ~**r**, συγγραφέας || ~**-off**, διαγραφή, άχρηστος || ~**-up**, επαινετική κριτική.

writhe [raið] *vi* σφαδάζω, σπαρταράω.

writing [raitiŋ] *n* γράψιμο, γραφή || ~**-desk**, γραφείο *(έπιπλο)* || ~**s**, γραπτά.

wrong [rɔŋ] *n* κακό, αδικία || *adj* κακός, άδικος || λαθεμένος, εσφαλμένος, ακατάλληλος || χαλασμένος || *adv* λάθος, στραβά || *be in the* ~, έχω άδικο || *go* ~, αποτυχαίνω, χαλώ, στραβώνω || *put sb in the* ~, ρίχνω το φταίξιμο σε κπ || ~**doer**, δράστης, παραβάτης, κακοποιός || ~**doing**, αδικία, παρανομία, κακή πράξη || ~**ful**, άδικος, παράνομος || ~**-headed**, στραβοκέφαλος || ~**ly**, λανθασμένα, άδικα.

wrought iron [ˌrɔ:tˈaiən] *n* σφυρήλατος σίδηρος.

wry [rai] *adj* στραβός, πικρόχολος, ειρωνικός.

X x

xenophobe [`zenəfoub] *n* μισόξενος.
xenophobia [ˌzenə`foubiə] *n* ξενοφοβία.
Xerox [`ziərɒks] *n* φωταντίγραφο ‖ *vt* βγάζω φωτοαντίγραφα.
Xerxes [`zə:ksiz] *n* Ξέρξης.

Xmas [`krisməs] *n* Χριστούγεννα.
X-ray [`eks rei] *n* ακτινογραφία ‖ *vt* ακτινογραφώ.
xylonite [`zailənait] *n* χημ. σελουλόιντ.
xylophone [`zailəfoun] *n* ξυλόφωνο.

Y y

yacht [jɒt] *n* γιωτ, κότερο, θαλαμηγός ‖ ~-**club**, ιστιοπλοϊκός όμιλος ‖ ~**ing** *n* ιστιοπλοΐα, γιώτιν.
yam [jæm] *n* γλυκοπατάτα.
yammer [`jæmə`] *vi* γκρινιάζω, κλαψουρίζω ‖ φλυαρώ ‖ ανοηταίνω.
yank [jæŋk] *vt* τραβώ απότομα.
Yank[ee] [`jæŋk(i:)] *n* Αμερικανός, Γιάγκης.
yap [jæp] *n* γαύγισμα (ιδ. μικρού σκυλιού) ‖ *vi* γαυγίζω ‖ *sl* σαχλαμαρίζω, φωνάζω.
yard [ja:d] *n* αυλή, προαύλιο ‖ **the Yard**, Σκώτλαντ Γιαρδ ‖ γιάρδα ‖ ~**stick**, μέτρο συγκρίσεως.
yarn [ja:n] *n* νήμα, κλωστή ‖ ιστορία, αφήγημα ‖ **spin a** ~, λέω ιστορίες.
yashmak [`jæʃmæk] *n* φερετζές.
yawn [jɒ:n] *n* χασμουρητό ‖ *vi* χασμουριέμαι ‖ χαίνω, χάσκω.
yea[h] [ja:] *adj* ναι, ναίσκε.
year [jiə`] *n* έτος, χρόνος ‖ ~ **in** ~ **out**, χρόνος μπαίνει, χρόνος βγαίνει ‖ **all the** ~ **round**, ολοχρονίς ‖ ~**ly** *adj* ετήσιος *adv* ετησίως.
yearling [`jiəliŋ] *n* χρονιάρικο (ζώο).
yearn [jə:n] *vi* ~ **[after/for]**, λαχταρώ, ποθώ διακαώς ‖ ~**ing**, λαχτάρα, καϋμός.
yeast [ji:st] *n* προζύμι, μαγιά.
yell [jel] *n* σκούξιμο, κραυγή, ούρλιασμα ‖ *vti* σκούζω, ουρλιάζω.
yellow [`jelou] *n* κίτρινο (χρώμα) ‖ *adj* κίτρινος, δειλός ‖ *vti* κιτρινίζω ‖ ~**ish**, κιτρινωπός ‖ ~**ness**, κιτρινίλα.

yelp [jelp] *n* κραυγή, γαύγισμα ‖ *vi* κραυγάζω, γαυγίζω.
yen [jen] *n* γιέν.
yeoman [`joumən] *n* αγρότης μικροκτηματίας ‖ εθελοντής του ιππικού.
yes [jes] *adv* ναι.
yesterday [`jestədi] *n & adv* χθες.
yet [jet] *adv* ακόμα ‖ ώς τώρα ‖ κι όμως ‖ *conj* κι ωστόσο, αλλά.
yield [ji:ld] *n* παραγωγή, σοδειά, απόδοση, κέρδος ‖ *vti* αποδίδω, αποφέρω ‖ ενδίδω, υποχωρώ, υποκύπτω ‖ παραδίδω ‖ ~**ing** *adj* υποχωρητικός.
yippee [`jipi:] (επιφ. ενθουσ.) γιούπι!
yippy, yippie [jipi] *n* γίπυ.
yodel [`joudl] *n* τυρολέζικο τραγούδι.
yoga [`jougə] *n* γιόγκα.
yogi [`jougi] *n* γιόγκι.
yogurt, yoghut, yohgourt [`jo:gət] *n* γιαούρτι.
yoke [jouk] *n* κρλ. και μτφ. ζυγός ‖ ζευγάρι βόδια ‖ λαιμαριά ‖ *vt* ζεύω.
yokel [joukl] *n* μπουρτζόβλαχος.
yolk [jouk] *n* κρόκος (αυγού).
yonder [`jondə`] *adv* εκεί πέρα.
yore [jo:`] *n* στη φρ. **of** ~, παλιά, άλλοτε.
you [ju:] *pron* εσύ, εσείς, εσένα, εσάς.
young [jʌŋ] *adj* νέος, νεαρός ‖ *n* μικρό (ζώου) ‖ ~**ster**, νεαρός.
your [jo:`] *adj* σου, σας ‖ ~**s**, δικό σου ‖ ~**self**, εσύ ο ίδιος, τον εαυτό σου.
youth [ju:θ] *n* νέος ‖ νεότητα ‖ νιάτα, νεολαία ‖ ~**ful**, νεανικός.
yowl [jaul] *vi* ουρλιάζω, σκούζω.
yoyo [`joujou] *n* γιογιό.

Z z

zany [`zeini] *adj* χαζός.
zeal [zi:l] *n* ζήλος, ενθουσιασμός ‖ ~**ous**, ενθουσιώδης, ένθερμος, φλογερός ‖ ~**ot**, ζηλωτής, φανατικός ‖ ~**otry**, φανατισμός, πάθος.
zebra [`zi:brə] *n* ζέβρα ‖ ~ **crossing**, διάβαση πεζών.
zenith [`zeniθ] *n* ζενίθ, αποκορύφωμα.
zephyr [`zefəʳ] *n* ζέφυρος.
zero [`ziərou] *n* μηδέν.
zest [zest] *n* κέφι ‖ νοστιμάδα.
zig-zag [`zigzæg] *n* ζιγκ-ζάγκ ‖ *vi* πηγαίνω με ζιγκ-ζαγκ.
zinc [ziŋk] *n* ψευδάργυρος, τσίγκος.
zinnia [`ziniə] *n* ζίννια.
Zion [zaiən] *n* Σιών ‖ ~**ism**, σιωνισμός ‖ ~**ist**, σιωνιστής.

zip [zip] *n* σφύριγμα ‖ φερμουάρ ‖ *vt* σφυρίζω ‖ ανοίγω/κλείνω με φερμουάρ ‖ ~**per**, **zip-fastener**, φερμουάρ ‖ ~ **code**, *US* ταχυδρομικός τομέας.
zither [`ziðəʳ] *n* τσίτερ.
zodiac [`zoudiək] *n* ζωδιακός κύκλος.
zone [zoun] *n* ζώνη.
zoo [zu:] *n* ζωολογικός κήπος.
zoology [zou`olədgi] *n* ζωολογία ‖ **zoolodgical**, ζωολογικός ‖ **zoologist**, ζωολόγος.
zoom [zu:m] *n* βόμβος, βούισμα ‖ *vi* βουίζω, βομβώ ‖ ανεβαίνω κατακόρυφα ‖ ~ **lens**, φακός μεταβλητής εστιακής αποστάσεως, ζουμ.
zucchini [zu`ki:ni] *n* κολοκυθάκια.

IRREGULAR VERBS

infinitive	Past Tense	Past Participle
abide	abided, abode* [ə`boud]	abided, abode* [ə`boud]
arise	arose [ə`rouz]	arisen [ə`rizn]
awake	awoke [ə`wouk]	awoken [ə`woukən]
be	was [wəz, woz] *pl* were [wəːʳ]	been [biːn]
bear	bore [boːʳ]	borne [boːn]
beat	beat [biːt]	beaten [biːtn]
become	became [bi`keim]	become [bi`kʌm]
befall	befell [bi`fel]	befallen [bi`foːlən]
beget	begot [bi`got]	begotten [bi`gotn]
begin	began [bi`gæn]	begun [bi`gʌn]
behold	beheld [bi`held]	beheld [bi`held]
bereave	bereaved [bi`riːvd]	bereaved [bi`riːvd]
	bereft [bi`reft]	bereft [bi`reft]
beseech	besought [bi`soːt]	besought [bi`soːt]
	beseeched [bisiːtʃt]	beseeched [bi`siːtʃt]
beset	beset [bi`set]	beset [bi`set]
bespeak	bespoke [bi`spouk]	bespoke, bespoken
		[bi`spoukn]
bet	bet [bet]	bet [bet]
¹bid	bid [bid]	bid [bid]
²bid	bade [beid]	bidden [`bidn]
bind	bound [baund]	bound [baund]
bite	bit [bit]	bitten [`bitn]
bleed	bled [bled]	bled [bled]
bless	blessed [blest]	blessed, blest* [blest]
blow	blew [bluː]	blown [`bloun]
		blowed* [`bloud]
break	broke [brouk]	broken [`broukn]
breed	bred [bred]	bred [bred]
bring	brought [broːt]	brought [broːt]
broadcast	broadcast [`broːdkaːst]	broadcast [`broːdkaːst]
browbeat	browbeat [`braubiːt]	browbeaten [`braubiːtn]
build	built [bilt]	built [bilt]
burn	burnt, burned [bəːnd]	burnt, burned [`bəːnd]
burst	burst [bəːst]	burst [bəːst]
buy	bought [boːt]	bought [boːt]
cast	cast [kaːst]	cast [kaːst]
catch	caught [koːt]	caught [koːt]
choose	chose [tʃouz]	chosen [tʃouzn]
cleave	cleaved, clove [klouv]	cleaved, clove [klouv]
	cleft [kleft]	cleft [cleft]
cling	clung [klʌŋ]	clung [klʌŋ]
come	came [keim]	come [kʌm]
cost	cost [kost]	cost [kost]
creep	crept [krept]	crept [krept]
cut	cut [kʌt]	cut [kʌt]
deal	dealt [delt]	dealt [delt]

dig	dug [dʌg]	dug [dʌg]
do	did [did]	done [dʌn]
draw	drew [dru:]	drawn [drɔ:n]
dream	dreamt [dremt]	dreamt [dremt]
	dreamed [dri:md]	dreamed [dri:md]
drink	drank [dræŋk]	drunk [drʌŋk]
drive	drove [drouv]	driven [ˈdrivn]
dwell	dwelt [dwelt]	dwelt [dwelt]
eat	ate [et, US eit]	eaten [ˈi:tn]
fall	fell [fel]	fallen [ˈfɔ:lən]
feed	fed [fed]	fed [fed]
feel	felt [felt]	felt [felt]
fight	fought [fɔ:t]	fought [fɔ:t]
find	found [faund]	found [faund]
flee	fled [fled]	fled [fled]
fling	flung [flʌŋ]	flung [flʌŋ]
fly	flew [flu:]	flown [floun]
forbid	forbade [fəˈbæd] US [fəˈbeid]	forbidden [fəˈbidn]
	forbad [fəˈbæd]	
forecast	forecast [ˈfɔ:ka:st]	forecast [ˈfɔ:ka:st]
	forecasted [ˈfɔ:ka:stid]	forecasted [ˈfɔ:ka:stid]
foresee	foresaw [fɔ:ˈsɔ:]	foreseen [fɔ:ˈsi:n]
foretell	foretold [fɔ:ˈtould]	foretold [fɔ:ˈtould]
forget	forgot [fəˈgot]	forgotten [fəˈgotn]
forgive	forgave [fəˈgeiv]	forgiven [fəˈgivn]
forsake	forsook [fəˈsuk]	forsaken [fəˈseikn]
freeze	froze [frouz]	frozen [ˈfrouzn]
gainsay	gainsaid [ˌgeinˈsed]	gainsaid [ˌgeinˈsed]
get	got [got]	got [got] US gotten [ˈgotn]
gird	girded [ˈgə:did]	girded [ˈgə:did]
	girt [gə:t]	girt [gə:t]
give	gave [geiv]	given [ˈgivn]
go	went [went]	gone [gon]
grind	ground [graund]	ground [graund]
grow	grew [gru:]	grown [groun]
hamstring	hamstringed [-striŋd]	hamstringed [-striŋd]
	hamstrung	hamstrung [-strʌŋ]
hang	hung [hʌŋ]	hung [hʌŋ]
	hanged* [ˈhæŋd]	hanged* [ˈhæŋd]
have	had [hæd]	had [hæd]
hear	heard [hə:d]	heard [hə:d]
heave	heaved [ˈhi:vd]	heaved [ˈhi:vd]
	hove [houv]	hove [houv]
hew	hewed [hju:d]	hewed [hju:d]
		hewn [hju:n]
hide	hid [hid]	hidden [ˈhidn]
hit	hit [hit]	hit [hit]
hold	held [held]	held [held]
hurt	hurt [hə:t]	hurt [hə:t]
interweave	interwove [-ˈwouv]	interwoven [-ˈwouvn]
keep	kept [kept]	kept [kept]
kneel	knelt [nelt]	knelt [nelt]
	(esp US) kneeled	(esp US) kneeled [ni:ld]
knit	knitted [ˈnitid]	knitted [ˈnitid]
	knit* [nit]	knit* [nit]
know	knew [nju:]	known [noun]
lay	laid [leid]	laid [leid]
lead	led [led]	led [led]
lean	leant [lent]	leant [lent]
	leaned [li:nd]	leaned [li:nd]

leap	leapt [lept]	leapt [lept]
	leaped [li:pt]	leaped [li:pt]
learn	learnt [lə:nt]	learnt [lə:nt]
	learned [lə:nd]	learned [lə:nd]
leave	left [left]	left [left]
lend	lent [lent]	lent [lent]
let	let [let]	let [let]
lie	lay [lei]	lain [lein]
light	lit [lit]	lit [lit]
loose	lost [lost]	lost [lost]
make	made [meid]	made [meid]
may	might [mait]	--
mean	meant [ment]	meant [ment]
meet	met [met]	met [met]
mislead	misled [misled]	misled [misled]
misread	misread [mis`red]	misread [mis`red]
misspell	misspelt [mis`spelt]	misspelt [mis`spelt]
	misspelled [-`speld]	misspelled [-`speld]
mistake	mistook [mis`tuk]	mistaken [mis`teikən]
misunderstand	misunderstood	misunderstood [-`stud]
mow	mowed [moud]	mown [moun],
		mowed [moud]
outshine	outshone [aut`ʃon]	outshone [aut`ʃon]
overbid	overbid [‚ouvə`bid]	overbid [‚ouvə`bid]
overcome	overcame [-`keim]	overcome [-`kʌm]
overdo	overdid [-`did]	overdone [-`dʌn]
overdraw	overdrew [-`dru:]	overdrawn [-`dro:n]
overeat	overate [‚ouvə`et]	overeaten [-`i:tn]
overfly	overflew [-`flu:]	overflown [-`floun]
overhang	overhung [-`hʌŋ]	overhung [-`hʌŋ]
overhear	overheard [-`hə:d]	overheard [-`hə:d]
override	overrode [-`roud]	overriden [-`ridn]
overrun	overran [-`ræn]	overrun [-`rʌn]
oversee	oversaw [-`so:]	overseen [-`si:n]
overshoot	overshot [-`ʃot]	overshot [-`ʃot]
oversleep	overslept [-`slept]	overslept [-`slept]
overtake	overtook [-`tuk]	overtaken [-`teikən]
overthrow	overthrew [-`θru:]	overthrown [-`θroun]
partake	partook [-`tuk]	partaken [-`teikən]
pay	paid [peid]	paid [peid]
prepay	prepaid [‚pri:`peid]	prepaid [‚pri:`peid]
prove	proved [pru:vd]	proved, (US) proven [`pru:vn]
put	put [put]	put [put]
quit	quit [kwit]	quit [kwit]
	quitted [kwitid]	quitted [kwitid]
read	read [red]	read [red]
rebuild	rebuilt [‚ri:`bilt]	rebuilt [‚ri:`bilt]
recast	recast [‚ri:`ka:st]	recast [‚ri:`ka:st]
remake	remade [‚ri:`meid]	remade [‚ri:`meid]
rend	rent [rent]	rent [rent]
repay	repaid [ri`peid]	repaid [ri`peid]
reset	reset [‚ri:`set]	reset [‚ri:`set]
retake	retook [‚ri:`tuk]	retaken [‚ri:`teikən]
rewrite	rewrote [‚ri:`rout]	rewritten [‚ri:`ritn]
rid	rid [rid]	rid [rid]
ride	rode [roud]	ridden [ridn]
ring	rang [ræŋ]	rung [rʌŋ]
rise	rose [rouz]	risen [`rizn]
run	ran [ræn]	run [rʌn]
saw	sawed [so:d]	sawn [so:n] (US) sawed

say	said [sed]	said [sed]
see	saw [so:]	seen [si:n]
seek	sought [so:t]	sought [so:t]
sell	sold [sould]	sold [sould]
send	sent [sent]	sent [sent]
set	set [set]	set [set]
sew	sewed [soud]	sewn [sown], sewed
shake	shook [ʃuk]	shaken ['ʃeikən]
shear	sheared [ʃiə:d]	shorn [ʃɔ:n], sheared
shed	shed [ʃed]	shed [ʃed]
shine	shone [ʃon]	shone [ʃon, *US* ʃoun]
	shined* [ʃaind]	shined* [ʃaind]
shoe	shod [ʃod]	shod [ʃod]
shoot	shot [ʃot]	shot [ʃot]
show	showed [ʃoud]	shown [ʃoun]
shrink	shrank [ʃræŋk]	shrunk [ʃrʌŋk]
shut	shut [ʃʌt]	shut [ʃʌt]
sing	sang [sæŋ]	sung [sʌŋ]
sink	sank [sæŋk]	sunk [sʌŋk]
sit	sat [sæt]	sat [sæt]
slay	slew [slu:]	slain [slein]
sleep	slept [slept]	slept [slept]
slide	slid [slid]	slid [slid]
sling	slung [slʌŋ]	slung [slʌŋ]
slink	slunk [slʌŋk]	slunk [slʌŋk]
slit	slit [slit]	slit [slit]
smell	smelt [smelt]	smelt [smelt]
	smelled [smeld]	smelled [smeld]
smite	smote [smout]	smitten ['smitn]
sow	sowed [soud]	sown [soun], sowed [soud]
speak	spoke [spouk]	spoken ['spoukən]
speed	sped [sped]	sped [sped]
	speeded ['spi:did]	speeded ['spi:did]
spell	spelt [spelt]	spelt [spelt]
	spelled [speld]	spelled [speld]
spend	spent [spent]	spent [spent]
spill	spilt [spilt]	spilt [spilt]
	spilled [spild]	spilled [spild]
spin	spun [spʌn]	spun [spʌn]
spit	spat [spæt]	spat [spæt]
	(esp US) spit	*(esp US)* spit
split	split [split]	split [split]
spoil	spoilt [spoilt]	spoilt [spoilt]
	spoiled [spoild]	spoiled [spoild]
spread	spread [spred]	spread [spred]
spring	sprang [præŋ]	sprung [sprʌŋ]
stand	stood [stud]	stood [stud]
stave	staved, stove [stouv]	staved, stove [stouv]
steal	stole [stoul]	stolen ['stolən]
stick	stuck [stʌk]	stuck [stʌk]
sting	stung [stʌŋ]	stung [stʌŋ]
stink	stank [stæŋk]	stunk [stʌŋk]
	stunk [stʌŋk]	
strew	strewed [stru:d]	strewed, strewn ['stru:n]
stride	strode [stroud]	stridden ['stridn]
strike	struck [strʌk]	struck [strʌk]
string	strung [strʌŋ]	strung [strʌŋ]
strive	strove [strouv]	striven ['strivn]
sublet	sublet [ˌsʌb'let]	sublet [ˌsʌb'let]
swear	swore [swo:ʳ]	sworn [swo:n]

sweep	swept [swept]	swept [swept]
swell	swelled [sweld]	swelled, swollen [`swoulən]
swim	swam [swæm]	swum [swʌm]
swing	swung [swʌŋ]	swung [swʌŋ]
take	took [tuk]	taken [`teikən]
teach	taught [to:t]	taught [to:t]
tear	tore [to:ʳ]	torn [to:n]
tell	told [tould]	told [tould]
think	thought [θo:t]	thought [θo:t]
thrive	thrived [θraivd]	thrived [θraivd]
	throve [θrouv]	*(arch)* thriven [`θrivn]
throw	threw [θru:]	thrown [θroun]
thrust	thrust [θrʌst]	thrust [θrʌst]
tread	trod [trod]	trodden [`trodn], trod [trod]
unbend	unbent [ˌʌn`bent]	unbent [ˌʌn`bent]
unbind	unbound [ˌʌn`baund]	unbound [ˌʌn`baund]
underbid	underbid [ˌʌndə`bid]	underbid [ˌʌndə`bid]
undercut	undercut [ˌʌndə`kʌt]	undercut [ˌʌndə`kʌt]
undergo	underwent [-`went]	undergone [ˌʌndə`gon]
underlie	underlay [ˌʌndə`lei]	underlain [ˌʌdə`lein]
understand	understood [-`stud]	understood [-`stud]
undertake	undertook [-`tuk]	undertaken [-`teikn]
underwrite	underwrote [-`rout]	underwritten [-`ritn]
undo	undid [ʌn`did]	undone [ʌn`dʌn]
unwind	unwound [ˌʌn`waund]	unwound [ˌʌn`waund]
uphold	upheld [ˌʌp`held]	upheld [ˌʌp`held]
upset	upset [ˌʌp`set]	upset [ˌʌp`set]
wake	woke [wouk]	woken [`woukən]
	(arch) waked [`waikid]	*(arch)* waked [`waikid]
waylay	waylaid [ˌwei`leid]	waylaid [ˌwei`leid]
wear	wore [wo:ʳ]	worn [wo:n]
weave	wove [wouv]	woven [`wouvən]
	weaved [wi:vd]	weaved [wi:vd]
wed	wedded [`wedid], wed	wedded [`wedid], wed
weep	wept [wept]	wept [wept]
wet	wet, wetted [`wetid]	wet, wetted [`wetid]
win	won [won]	won [won]
wind	wound [waund]	wound [waund]
withdraw	withdrew [wið`dru:]	withdrawn [wið`dro:n]
withhold	withheld [wið`held]	withheld [wið`held]
withstand	withstood [wið`stud]	withstood [wið`stud]
wring	wrung [rʌŋ]	wrung [rʌŋ]
write	wrote [rout]	written [`ritn]

Οι τύποι που σημειώνονται με αστερίσκο έχουν διαφορετική σημασία από την κύρια σημασία του ρήματος, π.χ. ***abode**

GREEK - ENGLISH DICTIONARY

Α α

¹**α-** (πριν από φωνήεν **αν—**) *αρνητικό μόριο* il—, im—, in—, ir—, —less.

²**α** *interj* ah, oh.

αβαθμολόγητος *adj* unmarked.

άβαθος *adj* shallow, not deep.

άβαλτος *adj* unworn ‖ unplanted ‖ not placed.

αβανιά *nf* slander.

αβάντα *nf* help, advantage.

αβανταδόρος *nm* helper.

αβαράρω *vti ναυτ.* shove off.

αβάρετος *adj* indefatigable, tireless ‖ not struck *or* beaten.

αβαρία *nf ναυτ.* damage, average.

αβασάνιστος *adj* without suffering ‖ uncritical, rash, hasty.

αβασίλευτος *adj πολιτ.* without a king ‖ (*ήλιος*) not set.

αβάσιμος *adj* unfounded, groundless.

αβάσταχτος *adj* unbearable ‖ impetuous, impatient.

άβατος *adj* untrodden, inaccessible, impassable.

άβαφος *adj* unpainted ‖ undyed ‖ without make-up.

αβάπτιστος *adj* unbaptized, not christened.

αββαείο *nn* abbey.

αββάς *nm* abbot.

άβγαλτος *adj* (*ρούχα*) not taken off ‖ (*ήλιος*) not risen ‖ (*αθώως*) inexperienced, innocent.

αβδέλλα *nf* ⇒ ΒΔΕΛΛΑ

αβγατίζω *vti* increase, expand.

αβγό *nn* ⇒ ΑΥΓΟ

αβγολέμονο *nn* egg and lemon sauce *or* soup.

αβέβαιος *adj* doubtful, uncertain, undecided.

αβεβαιότητα *nf* doubtfulness, uncertainty, suspense.

αβεβαίωτος *adj* (*πληροφορία*) unconfirmed ‖ (*φόρος*) not assessed.

αβέρτα *adv* freely, right and left.

αβίαστος *adj* unhurried ‖ unconstrained ‖ easy, effortless, unaffected ‖ intact.

αβίζο *nn* στη φρ. **παίρνω ~**, get wise to sth, see through sb.

αβιταμίνωση *nf* vitamin deficiency.

αβίωτος *adj* unbearable.

άβλαβος *adj* harmless, inoffensive ‖ unhurt.

αβλεψία *nf* oversight, inadvertence.

αβοήθητος *adj* unhelped, unaided, single-handed ‖ helpless.

αβόλευτος *adj* inconvenient.

άβολος *adj* inconvenient, awkward, uncomfortable.

αβουλία *nf* irresolution, lack of will.

άβουλος *adj* irresolute ‖ weak-willed, spineless.

αβούλωτος *adj* unsealed, unstopped, uncorked, unclogged.

άβραστος *adj* unboiled, uncooked ‖ undercooked.

άβρεχτος *adj* dry, not wet.

αβρός *adj* courteous, tactful.

αβρότητα *nf* courtesy.

αβροφροσύνη *nf* amiability, civility.

αβύθιστος *adj* unsinkable ‖ afloat.

αβυσσαλέος *adj* abysmal ‖ infernal.

άβυσσος *nf* abyss, chasm, gulf.

αγαθά *nn pl* goods, possessions.

αγαθιάρης *nm, adj* simpleton, naïve.

αγαθό *nn* possession, commodity.

αγαθοεργία *nf* charity, good work.

αγαθοεργός *adj* charitable ‖ *n* well-doer.

αγαθόπιστος *adj* gullible, credulous.

αγαθός *adj* good, decent ‖ silly, simple-minded, gullible, credulous.

αγάλι[α] *adv* slowly, gradually.

αγαλλίαση *nf* exultation, elation.

αγάλλομαι *vi* exult, rejoice, be jubilant.

άγαλμα *nn* statue.

αγαλματένιος *adj* statuesque.

αγαλματίδιο *nn* statuette.

αγαμία *nf* celibacy.

άγαμος *adj* single, unmarried.

αγανάχτηση *nf* indignation, anger.

αγαναχτισμένος *adj* indignant.

αγαναχτώ *vti* be indignant, be angry, make sb angry.

άγανο *nn* (*κριθάρι, κλπ.*) beard, awn.

αγάπη *nf* love ‖ affection ‖ love-affair ‖ (*χριστιαν.*) charity.

αγαπημένος *adj* dear, darling, beloved ‖ favourite.

αγαπητικιά *nf* mistress.

αγαπητικός

αγαπητικός *nm* lover, sweetheart || *(ντα-βατζής)* pimp.

αγαπητός *adj* dear.

αγαπώ *vt* love, fall in love || *(μ' αρέσει)* like, be keen on.

άγαρμπος *adj* graceless || ungainly.

αγγαρεία *nf* forced labour, chore, drudgery || *στρατ.* fatigue.

αγγαρεύω *vt* impose task on.

αγγείο *nn* vase, vessel, pot.

αγγειό *nn* chamber-pot.

αγγειοπλάστης *nm* potter.

αγγειοπλαστική *nf* pottery.

αγγελία *nf* announcement || *εμπ.* advertisement || message.

αγγελικός *adj* angelic.

αγγελιοφόρος *nm* messenger.

άγγελμα *nn* news.

άγγελος *nm* angel || messenger.

αγγελτήριο *nn* notice, card.

άγγιγμα *nn* touch, feel.

άγγιχτος *adj* intact.

αγγίζω *vt* touch || hurt.

Αγγλία *nf* England.

αγγλικός *adj* English.

Άγγλος *nm* Englishman.

αγγουράκι *nn* gherkin.

αγγούρι *nn* cucumber.

αγελάδα *nf* cow.

αγελαδάρης *nm* cowherd.

αγελαίος *adj* gregarious, herd || vulgar.

αγέλαστος *adj* unsmiling || undeceived.

αγέλη *nf* flock, herd, pack || ~δόν *adv* gregariously, in a herd.

αγέμιστος *adj* empty, not filled.

αγένεια *nf* impoliteness, rudeness.

αγένειος *adj* beardless.

αγενής *adj* rude, impolite.

αγέννητος *adj* unborn.

αγέραστος *adj* ageless, not aged.

αγέρωχος *adj* arrogant, haughty.

άγευστος *adj* tasteless.

αγεφύρωτος *adj* unbridgeable.

άγημα *nn* party, force.

αγιάζι *nn* cold || hoarfrost.

αγιάζω *vti* become a saint || bless, hallow, sprinkle || *φρ. ο σκοπός ~ει τα μέσα*, the end justifies the means.

αγιασμός *nm* holy water || asperges.

αγιάτρευτος *adj* incurable, uncured.

αγίνωτος *adj* undone || *(φρούτο)* unripe, *(φαΐ)* not cooked enough.

Αγιοβασίλης *nm* Santa Claus, Father Christmas.

αγιογράφος *nm* icon-painter.

αγιόκλημα *nn* honeysuckle.

Άγιον Όρος *nn* Mount Athos.

άγιος *adj* holy, saint ▣ *nm* saint.

αγιοσύνη *nf* holiness, saintliness.

αγκαζάρω *vt* engage || reserve, book.

αγκαζέ *Fr* engaged || reserved || arm-in-arm.

αγκαθερός *adj* thorny, prickly, spiny.

αγκάθι *nn* thorn, prickle || thistle.

αγκαθωτός *adj* thorny, prickly, spiny || *φρ.* ~ό *σύρμα*, barbed wire.

αγκαλιά *nf* arms, bosom || armful.

αγκαλιάζω *vt* hug, embrace, take in one's arms.

αγκάλιασμα *nn* hug, embrace.

αγκίδ-α *(και αγκίθα)* *nf* splinter.

αγκινάρα *nf* artichoke.

αγκίστρι *nn* fish-hook.

άγκιστρο *nn* hook, crook.

αγκιστρώνω *vt* hook.

αγκομαχώ *vi* pant, fight for breath.

αγκράφα *nf* clasp, buckle.

αγκριώνω *vti* hitch, cling.

αγκύλες *nf pl* brackets.

αγκυλώνω *vt* prick || sting, hurt.

αγκυλωτός *adj* hooked, bent || ~ *σταυρός*, swastika.

άγκυρα *nf* anchor || ~ *σωτηρίας*, sheet anchor || *ρίχνω/σηκώνω* ~, cast/weigh anchor.

αγκυροβόλιο *nn* anchorage, moorage || mooring place.

αγκυροβολώ *vi* anchor, moor, drop anchor.

αγκωνάρι *nn* corner-stone || *μτφ.* pillar.

αγκώνας *nm* elbow.

άγλυκος *adj* not sweet.

αγναντεύω *vt* scan, see from a distance, survey.

αγνεία *nf* chastity, virginity.

άγνοια *nf* ignorance || *φρ. τελώ εν αγνοία*, be unaware/ignorant || *εν αγνοία κάποιου*, without sb's knowledge.

αγνός *adj* chaste, virgin || pure.

αγνο-ώ *vt* ignore || be ignorant/unaware of, not know || ~ούμενος, missing.

αγνωμοσύνη *nf* ingratitude, ungratefulness.

αγνώμων *adj* ungrateful.

αγνώριστος *adj* unrecognizable.

άγνωστος *adj* unknown, unidentified || obscure || strange, unfamiliar ▣ *nm* stranger.

αγόγγυστος *adj* uncomplaining, ungrudging, patient.

άγονος *adj* infertile, barren || *μτφ.* fruitless, vain, unproductive.

αγορά *nf* market || purchase || *φιλανθρωπική* ~, charity bazaar.

αγοράζω *vt* buy, purchase.

αγοραίος *adj* market || *μτφ.* common, vulgar.

αγορανομία *nf* market regulations/police, price control service.

αγοραπωλησία *nf* buying and selling,

transaction.

αγοραστής nm (nf αγοράστρια) buyer, purchaser, shopper.

αγόρευση nf speech, address || νομ. pleading.

αγορεύω vi make a speech, harangue || speechify || νομ. plead.

αγορητής nm speaker.

αγόρι nn boy, lad.

αγοροκόριτσο nn tomboy.

αγουροξυπνώ vti wake prematurely.

άγουρος adj green, unripe.

αγράμματος adj illiterate, ignorant.

αγραμματοσύνη nf illiteracy, ignorance.

αγράμπελη nf clematis, woodbine.

άγραφος adj unwritten || blank.

αγρεύω vt λόγ. hunt for.

αγριάδα nf ferocity || βοτ. weed.

αγριάνθρωπος nm savage || wild-looking man || bully || unsociable man.

αγριεύω vti bully, scare, frighten || make/get angry || make rough.

αγρικώ vi hear, understand.

αγρίμι nn wild beast || μτφ. unsociable person.

αγριοκοιτάζω vt scowl, glare, glower.

άγριος adj wild, savage || fierce || harsh, rough || ◉ nm savage.

αγριότητα nf wildness, savagery || fierceness, ferocity || pl excesses, atrocities.

αγριόχορτα nn pl weeds || wild herbs.

αγριωπός adj scowling, glowering.

αγροικία nf farmhouse, farmstead.

αγροίκος adj rude, uncouth, coarse.

αγρόκτημα nn farm.

αγρονόμος nm agronomist.

αγρός nm field.

αγρότης nm farmer, peasant.

αγροτικός adj agricultural || agrarian || rural, rustic.

αγροφυλακή nf country police.

αγροφύλακας nm field guard, rural constable.

αγρυπνία nf vigil.

αγρύπνια nf sleeplessness.

άγρυπνος adj sleepless, wakeful || watchful, alert, on one's guard.

αγρυπνώ vi be sleepless, lie awake || watch over, be vigilant, be on one's guard.

αγυάλιστος adj unpolished, unvarnished.

αγύμναστος adj untrained.

αγύρευτος adj unclaimed, unsought.

αγύριστος adj not toured || not returned || not reversed || obstinate, pigheaded || φρ. στον ~o! to hell! good riddance!

αγυρτεία nf quackery, humbug.

αγύρτης nm quack, charlatan.

αγχιστεία nf affinity, relationship by marriage.

αγχόνη nf gallows.

άγχος nn strain, stress, anguish, angst.

αγωγή nf education, upbringing || ιατρ. treatment || νομ. action.

αγώγι nn carriage, fare.

αγωγιάτης nm mule-driver.

αγωγιμότητα nf θερμ., ηλεκτρ. conductivity || μαγν. conductance.

αγωγός nm conductor || wire, lead || pipeline || duct, conduit.

αγώνας nm struggle, fight || αθλ. game, match, contest, event, race || A~, (ελλην. ιστ.) the 1821 War of Independence.

αγωνία nf agony, anguish, anxiety || suspense.

αγωνίζομαι vi struggle, fight, wrestle || endeavour, try hard.

αγώνισμα nn contest, event.

αγωνιστής nm fighter || war veteran.

αγωνιώ vi be in agony/anguish || be anxious, worry.

αγωνιώδης adj agonized || desperate.

αδαής adj ignorant, unfamiliar.

αδάκρυτος adj tearless || unlamented.

αδαμάντινος adj diamond || μτφ. sterling.

αδαμαντοστόλιστος adj set with diamonds.

αδαμαντωρυχείο nn diamond mine/field.

αδάμαστος adj indomitable, untamed.

αδαμιαίος adj stark naked.

αδάπανος adj inexpensive || free.

άδαρτος adj unbeaten.

αδασμολόγητος adj duty-free.

άδεια nf permission || leave || permit, licence || ναυτ. clearance.

αδειάζω vti empty || pour out || evacuate, fall vacant || unload, discharge, run down || have spare time.

αδειανός adj empty, vacant.

άδειος adj empty, vacant.

αδέκαρος adj penniless, broke.

αδέκαστος adj incorruptible, impartial.

αδελφή nf sister || nurse || υβριστ. sissy.

αδέλφια nn pl brothers and sisters.

αδελφικός adj brotherly, sisterly, fraternal.

αδελφοκτονία nf fratricide.

αδελφοκτόνος nm fratricide || adj fratricidal.

αδελφοποιτός nm blood brother.

αδελφός nm brother.

αδελφοσύνη nf brotherhood.

αδελφότητα nf fraternity || guild, society.

αδελφώνω vt fraternize.

αδένας nm gland.

αδέντρος adj treeless.

αδέξιος adj awkward, clumsy.

αδεξιότητα nf awkwardness, clumsiness.

αδερφός κλπ. ⇒ ΑΔΕΛΦΟΣ, κλπ.

αδέσμευτος adj under no obligation || fancy-free || πολ. non-aligned, uncommitted.

αδέσποτ·ος adj masterless, stray || ~η φήμη, idle rumour.

άδετος adj untied, loose, free || unbound.

άδηλ·ος adj uncertain, doubtful || ~οι πόροι, invisible income.

αδήλωτος adj unregistered || undeclared.

αδημονία nf anxiety, impatience.

αδημονώ vi be anxious/restless/impatient, fret || look forward to.

αδήριτος adj dire.

Άδης nm Hades, hell, the underworld.

αδηφάγος adj voracious, greedy.

αδιάβαστος adj unread || (μαθητής) unprepared.

αδιάβατος adj impassable, impenetrable.

αδιάβλητος adj irreproachable.

αδιάβροχο nn raincoat, mackintosh.

αδιαθεσία nf indisposition, ailment.

αδιάθετος adj indisposed, unwell || (εμπορεύματα) unsold || νομ. intestate.

αδιαθετώ vi be unwell, feel faint.

αδιαίρετος adj undivided, indivisible.

αδιάκοπος adj uninterrupted, continuous.

αδιακρισία nf indiscretion, tactlessness.

αδιάκριτος adj indiscreet, tactless || indiscriminate, promiscuous || indistinct, imperceptible.

αδιακρίτως adv indiscriminately, irrespective[ly].

αδιάλειπτος ⇒ ΑΔΙΑΚΟΠΟΣ

αδιάλλακτος adj uncompromising, intransigent || implacable, intolerant ● nm diehard, hardliner.

αδιαλλαξία nf intransigence, intolerance.

αδιάλυτος adj insoluble || undissolved.

αδιαμαρτύρητος adj uncomplaining, resigned || εμπ. unprotested.

αδιαμφισβήτητος ⇒ ΑΔΙΑΦΙΛΟΝΙΚΗΤΟΣ

αδιανέμητος adj undistributed.

αδιανόητος adj inconceivable.

αδιαντροπιά nf shamelessness.

αδιάντροπος adj shameless, insolent, brazen.

αδιαπέραστος adj impenetrable.

αδιαπραγμάτευτος adj unnegotiable.

αδιάπτωτος adj undiminished, unfailing.

αδιάρρηκτος adj not broken into || unbreakable, indissoluble.

αδιάσειστος adj irrefutable.

αδιάσπαστος adj unbreakable || inseparable || uninterrupted.

αδιατάρα·κτος (και ~χτος) adj undisturbed.

αδιάφθορος adj incorruptible.

αδιαφιλονίκητος adj unquestionable, indisputable, conclusive.

αδιαφορία nf indifference, apathy.

αδιάφορος adj indifferent, apathetic.

αδιαφορώ vi be indifferent to, be uninterested in, not care about.

αδιάψευστος adj undeniable, irrefutable.

αδίδα·κτο (και ~χτο) nn unseen || ~ς, adj untaught.

αδιέξοδο nn stalemate, deadlock || blind alley.

αδιερεύνητος adj unexplored.

αδιευκρίνιστος adj unclarified.

άδικα adv wrongly, in vain.

αδικαιολόγητος adj unjustifiable, inexcusable || unjustified || undue.

αδίκαστος adj not brought to trial.

αδίκημα nn offence, wrongdoing.

αδικία nf injustice || abuse.

άδικο nn wrong || έχω ~, be wrong.

άδικος adj unjust, unfair.

αδικώ vt be unfair/unjust [to sb].

αδίκως adv unjustly, in vain, wrongly.

αδιόρατος adj imperceptible.

αδιόρθωτος adj incorrigible || (γραπτά) uncorrected, unmarked.

αδίστα·κτος (και ~χτος) adj unhesitating, unscrupulous, ruthless.

αδίωκτος adj unprosecuted.

αδόκητος adj sudden, unexpected.

αδοκίμαστος adj untried, untested.

άδολος adj guileless.

άδοξος adj inglorious.

αδούλευτος adj rough, unwrought || uncultivated.

αδούλωτος adj unconquerable.

αδράνεια nf inertia || inertness, inactivity, apathy.

αδρανής adj inert, inactive.

αδρανώ vi be inert/inactive.

αδράχνω vt grip, grasp, clutch.

αδράχτι nn spindle.

Αδριατική nf Adriatic.

αδρός adj (αμοιβή) handsome.

αδυναμία nf weakness, feebleness || thinness || failing.

αδύναμος adj weak, feeble.

αδυνατίζω vti slim, lose weight, make sb/grow thin || become weaker || abate.

αδυνάτισμα nn slimming.

αδύνατος adj weak, feeble || thin || impossible.

αδυνατώ vi cannot, be unable to.

αδυσώπητος adj implacable, inexorable.

άδυτο nn sanctuary, sanctum.

αεί adv ever || νυν και ~, now and for ever.

αειθαλής adj evergreen.

αεικίνητος adj always moving, restless.

αείμνηστος adj of blessed memory || (για νεκρό) dear departed.

αέναος adj perpetual, endless.

αεραγήματα *nn pl* airborne troops.
αεραγωγός *nm* air-duct, air-shaft.
αεράκι *nn* breeze.
αεράμυνα *nf* air defence || *παθητική* ~, civil defence.
αέρας *nm* air || wind || *αυτοκ.* choke || *εμπ.* goodwill.
αεράτος *adj* breezy, cheery.
αεργία *nf* idleness.
άεργος *adj* idle || unemployed.
αερίζω *vt* air, ventilate.
αερικό *nn* elf, fairy.
αέρινος *adj* etherial.
αέριο *nn* gas.
αεριούχος *adj* gassy || *(ποτό)* fizzy.
αεριόφως *nn* gas || gaslight.
αερισμός *nm* airing, ventilation.
αεριστήρας *nm* ventilator, fan.
αεριωθούμενο *nn* jet.
αεροβατώ *vi* daydream.
αεροβόλο *nn* popgun, airgun.
αεροδρόμιο *nn* airfield, airport.
αερόθερμο *nn* fan heater.
αερόλιθος *nm* meteorite.
αερολιμένας *nm* airport, air terminal.
αερολογία *nf* drivel, hot air, gas.
αερολόγος *nm* gasbag, windbag.
αερολογώ *vt* drivel, gas.
αερομαχία *nf* air fight/combat.
αεροναυπηγική *nf* aircraft-building.
αεροναυπηγός *nm* aircraft-builder.
αεροπειρατεία *nf* hi[gh]jacking.
αεροπειρατής *nm* hi[gh]jacker.
αεροπλάνο *nn* aeroplane, plane, airplane, aircraft.
αεροπλανοφόρο *nn* aircraft carrier.
αερόπλοιο *nn* airship.
αεροπορία *nf* aviation || *στρατ.* air force.
αεροπορικός *adj* air, aviation.
αεροπόρος *nm* airman, aviator.
αεροσκάφος *nn* aircraft.
αερόστατο *nn* balloon.
αεροσυνοδός *nf* air hostess.
αερόψυκτος *adj* air-cooled.
αετίσιος *adj* aquiline.
αετόπουλο *nn* eaglet.
αετός *nm* eagle || kite.
αέτωμα *nn* gable, pediment.
αζήτητος *adj* unclaimed || not in demand || unsolicited.
άζυμος *adj* unleavened.
άζωτο *nn* azote, nitrogen.
αηδία *nf* disgust, revulsion || *pl* nonsense, rubbish, rot.
αηδιάζω *vti* disgust, be/get disgusted, sicken, make one sick.
αηδιαστικός *adj* disgusting.
αηδόνι *nn* nightingale.
αήττητος *adj* unbeaten || unbeatable.

άηχος *adj* soundless, silent || unvoiced.
αθανασία *nf* immortality.
αθάνατος *adj* immortal.
αθέατος *adj* invisible, unseen.
αθεΐα *nf* atheism.
αθεϊστικός *adj* atheistic.
άθελα *adv* unwittingly.
αθέλητος *adj* involuntary, unintentional.
αθέμιτος *adj* unfair, unlawful.
άθεος *nm* atheist.
αθεράπευτος *adj* incurable.
αθέρας *nm* cutting edge || *μτφ.* pick, flower.
αθέτηση *nf* breach, violation.
αθετώ *vt* break, violate.
Αθηνά *nf* Athena.
Αθήνα *nf* Athens.
αθηναϊκός *adj* Athenian.
Αθηναίος *nm* Athenian.
αθίγγανος *nm* gypsy.
άθικτος *adj* untouched || intact.
άθλημα *nn* sport, game.
άθληση *nf* physical exercises.
αθλητής *nm* (*f* αθλήτρια) athlete.
αθλητικός *adj* athletic.
αθλητισμός *nm* athletics, sports.
άθλιος *adj* miserable, wretched, mean || ◉ *nm* wretch, rascal.
αθλιότητα *nf* misery, wretchedness.
άθλ-ος *nm* feat, exploit || *φρ.* οι ~οι του Ηρακλή, the labours of Hercules.
αθόρυβος *adj* noiseless, quiet.
άθραυστος *adj* unbreakable || unbroken.
αθρήνητος *adj* unlamented.
άθρησκος *adj* irreligious.
αθροίζω *vt* add [up].
άθροιση *nf* addition.
άθροισμα *nn* sum.
αθροιστικός *adj* cumulative, adding.
αθρόος *adj* numerous || in great numbers.
αθυμία *nf* dejection.
άθυρμα *nn* plaything.
αθυρόστομος *adj* foul-mouthed.
αθώος *adj* innocent, not guilty || artless, naive || inoffensive, harmless.
αθωότητα *nf* innocence.
αθωώνω *vt* acquit, exonerate, clear.
αθώωση *nf* acquittal.
Αϊ (*βραχ.* της λ. Άγιος) St.
Αιγαίο *nn* the Aegean [Sea].
αιγιαλός ⇒ ΓΙΑΛΟΣ
αιγίδα *nf* auspices, aegis.
αίγλη *nf* glamour, prestige, splendour.
αιγοβοσκός *nm* goatherd.
Αιγόκερως *nm* Capricorn.
Αιγύπτιος *nm* Egyptian.
Αίγυπτος *nf* Egypt.
αιδεσιμότατος *nm* Reverend.
αιδοίο *nn* pudenda.
αιδώς *nf* decency.

αιθέρας *nm* ether || air, sky.
αιθέριος *adj* etherial, airy.
Αιθιοπία *nf* Ethiopia.
αίθουσα *nf* hall, room.
αίθριος *adj* clear, fair.
αίμα *nn* blood.
αιματηρός *adj* bloody.
αιματοβαμμένος *adj* bloodstained.
αιματοκύλισμα *nn* massacre.
αιματοκυλώ *vt* butcher, slaughter.
αιματοχυσία *nf* bloodshed.
αιμοβόρος *adj* cruel, bloodthirsty.
αιμοδοσία *nf* blood donation.
αιμοδότης *nm* blood donor.
αιμομειξία *nf* incest.
αιμόπτυση *nf* spitting of blood.
αιμορραγία *nf* hæmorrhage.
αιμοσφαίριο *nn* [blood] cell.
αίνιγμα *nn* riddle, puzzle, enigma.
αινιγματικός *adj* enigmatic, cryptic.
αίρεση *nf* heresy || *voμ.* clause.
αιρετικός *adj* heretical ◉ *nm* heretic.
αιρετός *adj* elected.
αίρω *vt* *λόγ.* remove, raise, lift.
αισθάνομαι *vt* feel || be conscious.
αισθαντικός *adj* sensitive, feeling.
αισθαντικότητα *nf* sensitivity.
αίσθημα *nn* feeling, sentiment || love-affair.
αισθηματίας *nm* sentimentalist.
αισθηματικός *adj* sentimental || love.
αισθημα·τισμός *nm* (και *nf* ~τολογία) sentimentalism.
αίσθηση *nf* sense || feel || sensation.
αισθησιακός *adj* sensual, sensuous.
αισθητική *nf* aesthetics || *ινστιτούτο* ~ς, beauty parlour.
αισθητικός *adj* aesthetic ◉ *nmf* beautician.
αισθητός *adj* tangible || perceptible || serious, marked.
αισιοδοξία *nf* optimism.
αισιόδοξος *adj* optimistic ◉ *nm* optimist.
αισιοδοξώ *vi* be optimistic/hopeful.
αίσιος *adj* happy || auspicious.
αίσχος *nn* shame, disgrace.
αισχροκέρδεια *nf* profiteering.
αισχρολογία *nf* obscenity, smut, filth.
αισχρολόγος *adj* ribald, foul-mouthed.
αισχρολογώ *vi* talk smut.
αισχρός *adj* obscene, filthy, smutty || outrageous, infamous.
αισχρότητα *nf* obscenity.
αίτημα *nn* demand, request.
αίτηση *nf* application || petition, request.
αιτία *nf* cause, reason, occasion || *είμαι* ~ *για* κτ, be responsible for sth.
αιτίαση *nf* reproach || complaint.
αιτιατική *nf* accusative [case].
αίτιο *nn* cause, reason.

αιτιολογία *nf* reasoning, rationale.
αιτιολογικό *nn* reasons, grounds.
αιτιολογικός *adj* causative.
αιτιολογώ *vt* justify || explain away, give reasons for.
αίτιος *nm* [person] responsible for.
αιτούμαι *vi* request, petition, beg.
αιτώ *vt* ask, demand, apply.
αιτών *nm* applicant, petitioner.
αίφνης *adv* suddenly, all at once || for instance.
αιφνιδιάζω *vt* startle, surprise.
αιφνιδιαστικός *adj* surprise, snap.
αιφνίδιος *adj* sudden, unexpected.
αιχμαλωσία *nf* captivity.
αιχμαλωτίζω *vt* take sb prisoner || captivate, capture.
αιχμάλωτος *nm* prisoner, captive.
αιχμή *nf* point || peak.
αιχμηρός *adj* pointed.
αιώνας *nm* age, century || era || *μτφ.* eternity.
αιώνιος *adj* eternal || perpetual.
αιωνιότητα *nf* eternity.
αιωνόβιος *adj* age-old.
αιώρηση *nf* swing[ing], suspension.
αιωρούμαι *vi* be suspended || swing, dangle || hover.
ακαδημαϊκός *adj* academic ◉ *nm* academician.
Ακαδημία *nf* Academy.
ακαθάριστος *adj* not cleaned || *εμπ.* gross.
ακαθαρσία *nf* impurity || dirt, filth, mess || *pl* refuse, litter.
ακάθαρτος *adj* unclean, impure || dirty.
ακάθεκτος *adj* impetuous, unbridled, unchecked.
ακαθοδήγητος *adj* untutored.
ακαθόριστος *adj* vague, indistinct || indefinable, indeterminate.
άκαιρος *adj* untimely, inopportune.
ακαίρως *adv* out of time/season.
ακακία *nf* acacia.
άκακος *adj* harmless, inoffensive.
ακαλαισθησία *nf* lack of taste, bad taste, inelegance.
ακαλαίσθητος *adj* tasteless, vulgar.
ακαλλιέργητος *adj* uncultivated.
ακάλυπτ·ος *adj* not covered || ~η *επιταγή*, bad/dud cheque.
ακαμάτης *nm* lazybones.
ακάματος *adj* tireless, sterile.
άκαμπτος *adj* rigid, stiff || inflexible, uncompromising, adamant.
ακαμψία *nf* rigidity, stiffness || inflexibility.
ακανθώδης *adj* thorny, prickly.
ακανόνιστος *adj* irregular, uneven.
άκαρδος *adj* heartless, unfeeling.

ακαριαίος adj instantaneous.

άκαρπος adj fruitless, sterile.

ακατάβλητος adj indomitable.

ακατάδεχτος adj stuck-up, haughty.

ακαταδίωκτος adj unpursued ‖ νομ. unprosecuted.

ακαταλαβίστικος adj incomprehensible.

ακατάληπτ·ος adj unintelligible ‖ ~η ομιλία, gibberish.

ακατάλληλος adj unsuitable, unfit ‖ inconvenient, awkward.

ακαταλόγιστος adj not responsible ‖ insane.

ακατάλυτος adj indestructible.

ακαταμάχητος adj irrefutable ‖ irresistible, overpowering.

ακαταμέτρητος adj uncounted ‖ innumerable.

ακατανόητος adj inconceivable, incomprehensible, inexplicable.

ακατάπαυστος adj ceaseless, unceasing, uninterrupted, incessant.

ακαταπόνητος adj indefatigable.

ακατάρτιστος adj unprepared, ignorant.

ακαταστασία nf disorder, confusion, untidiness.

ακατάστατος adj disorderly, untidy ‖ irregular ‖ unsettled.

ακατάσχετος adj irrepressible, violent ‖ νομ. unseizable.

ακατατόπιστος adj uninformed.

ακαταχώρητος adj unregistered, not recorded.

ακατέργαστος adj raw, rough, crude.

ακατοίκητος adj uninhabited ‖ uninhabitable.

ακατονόμαστος adj unmentionable.

ακατόρθωτος adj unfeasible ‖ unattainable, impossible.

άκατος nf ship's boat.

άκαυτος adj unburnt.

ακένωτος adj λόγ. inexhaustible.

ακέραιος adj integral, whole ‖ upright, honest ‖ ~ αριθμός, integer.

ακεραιότητα nf integrity ‖ honesty, uprightness.

ακέφαλος adj headless.

ακεφιά nf low spirits, gloom.

άκεφος adj low-spirited, gloomy, down in the mouth/dumps.

ακηλίδωτος adj spotless, unblemished.

ακήρυχτος adj undeclared.

ακίδα nf spike, point, barb.

ακιδωτός adj barbed, spiky.

ακίνδυνος adj safe, not dangerous, harmless.

ακινησία nf immobility.

ακίνητο nn real estate, property, νομ. realty.

ακινητοποιώ vt immobilize, overpower ‖

(χρήματα) lock up, tie up ‖ (όχημα) bring/come to a standstill.

ακίνητος adj still, motionless ‖ immovable, immobile.

ακλάδευτος adj unpruned.

άκλαυτος adj unlamented.

ακλείδωτος adj unlocked.

άκληρος adj heirless ‖ without issue.

άκλιτος adj indeclinable.

ακλόνητος adj unshakeable ‖ unswerving ‖ irrefutable.

ακμάζω vi flourish, prosper, thrive.

ακμαίος adj flourishing, thriving, prosperous, booming ‖ (άνθρ.) vigorous, robust.

ακμή nf acme, height, peak, heyday ‖ prosperity ‖ point, edge ‖ ιατρ. acne.

ακοή nf hearing.

ακοίμητος adj sleepless, wakeful ‖ μτφ. vigilant, watchful.

ακοινώνητος adj unsociable ‖ not having taken communion.

κολασία nf debauch, vice, dissipation.

ακόλαστος adj debauched, dissolute, lecherous, loose.

ακολουθία nf retinue, following, train ‖ θρησκ. service.

ακόλουθος adj following ◙ nm attendant ‖ διπλ. attaché.

ακολουθώ vt follow.

ακολούθως adv then, next ‖ ως ~, in the following way.

ακόμη adv still, yet, only ‖ even.

ακομπανιαμέντο nn accompaniment.

ακομπανιάρω vt accompany ‖ μτφ. second.

άκομψος adj inelegant, in poor taste.

ακόνι nn grindstone, hone, whetstone.

ακονίζω vt grind, whet, sharpen.

ακόντιο nn javelin.

άκοπος adj uncut ‖ μτφ. easy, effortless.

ακόρεστος insatiable, unquenchable ‖ greedy.

ακορντεόν nn accordeon.

άκοσμος adj improper, indecorous.

ακουαρέλα nf water-colour.

ακουαφόρτε nn nitric acid.

ακουμπιστήρι nn rest.

ακουμπώ vti lean, rest, put ‖ touch.

ακούμπωτος adj unbuttoned.

ακούνητος adj still, immovable.

ακούραστος adj tireless, indefatigable.

ακούρδιστος adj unwound ‖ out of tune.

ακούσιος adj involuntary ‖ unintentional.

ακουστική nf acoustics.

ακουστικό nn earpiece ‖ receiver ‖ ιατρ. stethoscope.

ακουστικός adj auditory ‖ acoustic.

ακουστικότητα nf audibility.
ακουστός adj audible || famous.
ακούω vti hear || listen.
ακράδαντος adj unshakeable, firm.
ακραίος adj extreme, borderline, terminal, marginal.
ακραιφνής adj pure, true-blue.
ακράτεια nf incontinence || intemperance.
ακράτητος adj impetuous, violent.
άκρη nf point, tip || end, extremity || edge, border, side || *βάζω κτ στην ~*, put sth away/by || *βρίσκω την ~ σε κτ*, get to the bottom of sth.
ακριβαίνω vti increase the price, mark up || go up, become dearer.
ακρίβεια nf high price[s] || accuracy, precision, exactness || punctuality.
ακριβής adj accurate, precise, exact || punctual.
ακριβοπληρώνω vt pay dear[ly].
ακριβός adj dear || expensive, costly || precious, beloved.
ακριβώς adv exactly, precisely, just.
ακρίδα nf grasshopper.
ακριτομυθία nf indiscretion.
ακριτόμυθος adj indiscreet.
άκριτος adj thoughtless, unwise.
άκρ·ο nn end, extreme, extremity, edge || *άνθρωπος των ~ων*, extremist || *φέρνω κπ στα ~α*, push sb too far || *φτάνω στα ~α*, go to extremes.
ακροαματική διαδικασία *νομ.* hearing.
ακροαματικότητα nf rating[s].
ακρόαση nf audience || audition || *ιατρ.* auscultation || hearing.
ακροατήριο nn audience, listeners.
ακροατής nm listener, hearer || auditor.
ακροβασία nf acrobatics, rope-walking.
ακροβάτης nm acrobat.
ακροβολισμός nm skirmish.
ακροβολιστής nm skirmisher.
ακρογιάλι nn beach, seashore, coast.
ακρογωνιαίος λίθος nm cornerstone.
ακροποδητί adv on tiptoe.
ακρόπολη nf citadel, acropolis.
άκρος adj utmost, extreme.
ακροστιχίδα nf acrostic.
ακρότητα nf extremity, excess.
άκρως adv extremely.
ακρωτηριάζω vt maim, mutilate || *ιατρ.* amputate.
ακρωτηριασμός nm mutilation || *ιατρ.* amputation.
ακρωτήριο nn cape, headland, promontory.
ακταιωρός nf patrol boat.
ακτή nf coast[line], shore, seaside || beach.
ακτήμονας nm landless peasant.
ακτίνα nf ray, beam || radius, range ||

(τροχού) spoke.
ακτινοβολία nf radiance, beaming || *φυσ.* radiation.
ακτινοβόλος adj radiant, beaming, shining, radiating.
ακτινοβολώ vti radiate, beam, shine.
ακτινογραφία nf X-ray, radiograph.
ακτινολόγος nm radiographer, radiologist.
ακτινοσκόπηση nf X-ray examination.
ακτινοσκοπώ vt X-ray.
ακτινωτός adj radial, spoke.
ακτοπλοΐα nf coastal shipping/navigation.
ακτοπλοϊκός adj coasting, coastal.
ακτοφυλακή nf coastguard.
ακυβερνησία nf anarchy.
ακυβέρνητος adj without government || *(λαός)* ungovernable || *(πλοίο)* adrift.
ακύμαντος adj calm || uneventful.
άκυρος adj invalid, null and void.
ακυρότητα nf nullity, invalidity.
ακυρώνω vt annul, nullify, invalidate || cancel.
ακύρωση nf annulment, nullification.
ακυρώσιμος adj voidable.
Ακυρωτικό nn Court of Cassation, Supreme Court.
αλάβαστρο nn alabaster.
αλάδωτος adj not oiled || unbaptized || unbribed.
αλαζονεία nf arrogance.
αλαζονικός adj arrogant.
αλάθητο nn infallibility.
αλάθητος adj infallible.
αλαλαγμός nm yelling, screaming, wild shouting.
αλαλάζω vi yell, scream, shout wildly.
άλαλος adj mute, dumb || speechless, silent || stunned, dazed.
αλαμπουρνέζικα nn pl gobbledygook.
αλάνθαστος adj infallible, unfailing.
αλάνι nn urchin, street-arab.
αλανιάρ·ης *(nf ~α)* nm bum, vagabond || gadabout || *(γυν.)* slut.
αλάργα adv far away/off.
αλαργινός adj distant.
αλάτι *(λόγ. άλας)* nm salt.
αλατιέρα nf salt-cellar.
αλατίζω vt salt, add/put salt.
αλατισμένος adj salt[ed].
αλατόνερο nn brine.
αλατοποιείο nn salt works.
αλαφιάζω vti panic.
αλαφιασμένος adj panicky, in alarm.
αλαφράδα nf lightness || frivolity.
αλαφραίνω vti lighten, be relieved.
αλαφροΐσκιωτος adj moonstruck.
αλαφρόμυαλος adj frivolous, giddy, harebrained.
αλαφροπατώ vi trip, walk lightly.

αλαφρόπετρα *nf* pumice.
αλαφροπόδης *adj* light-footed.
αλαφρός *adj* ⇒ ΕΛΑΦΡΟΣ.
αλαφροχέρης *adj* light-fingered.
αλαφρώνω *vt* lighten, relieve, ease.
Αλβανία *nf* Albania.
Αλβανός *nm* Albanian.
άλγεβρα *nf* algebra.
αλγεβρικός *adj* algebraic.
αλγεινός *adj* painful.
αλέγρος *adj* cheerful, breezy, chirpy, lively, jaunty.
αλέθω *vt* grind, mill.
αλείβω *vt* spread || smear, dab, daub || *εκκλ.* anoint.
αλέκιαστος *adj* spotless.
Αλέξανδρος *nm* Alexander.
αλεξικέραυνο *nn* lightning-rod.
αλεξιπτωτιστής *nm* parachutist.
αλεξίπτωτο *nn* parachute.
αλεξίσφαιρος *adj* bullet-proof.
αλεπού *nf* fox.
άλεσμα *nn* grist || grinding.
αλεσμένος *adj* ground.
αλέτρι *nn* plough.
αλεύρι *nn* flour, meal.
αλευρόκολλα *nf* starch-paste.
αλευρόμυλος *nm* flour mill.
αλευροποιΐα *nf* flour industry.
αλευρώνω *vt* flour.
αλήθεια *nf* truth ▣ *interj* by the way, incidentally.
αληθεύω *vi* be true, come true.
αληθιν-ός *adj* true, real || ~ά, truly, really, in fact.
αληθοφάνεια *nf* plausibility.
αληθοφανής *adj* plausible, specious.
αλησμόνητος *adj* unforgettable, memorable.
αλητεία *nf* hooliganism || *νομ.* vagrancy.
αλητεύω *vi* wander aimlessly, bum around.
αλήτης *nm* bum, hooligan || tramp.
αλί *interj* alas, woe.
αλιεία *nf* fishing, fishery.
αλιεύω *vt* fish.
Αλίκη *nf* Alice.
άλικος *adj* scarlet, carmine.
αλίμονο *interj* alas.
αλιτήριος *nm* rogue, scamp.
αλκαλικός *adj* alkaline.
άλκιμος *adj* lusty, sturdy.
αλκοόλ *nn* alcohol, spirits || ~ικός, alcoholic || ~ισμός, alcoholism.
αλλά *conj* but, yet, however.
αλλαγή *nf* change || alteration, modification.
αλλάζω *vti* change || exchange, swap, barter || alter, modify || disguise.
αλλαντικά *nn pl* cooked pork meats,

sausages.
αλλαξιά *nf* change [of clothes] || barter, swap.
αλλαχού *adv* λόγ. elsewhere.
αλλεπάλληλος *adj* successive, repeated, following one another.
αλλεργία *nf* allergy.
αλλεργικός *adj* allergic.
αλληγορία *nf* allegory.
αλληγορικός *adj* allegorical.
αλληθωρίζω *vi* squint, be cross-eyed.
αλλήθωρος *adj* cross-eyed, squint-eyed.
αλληλεγγύη *nf* solidarity.
αλληλένδετος *adj* interlinked, interdependent.
αλληλεξάρτηση *nf* interdependence.
αλληλεπίδραση *nf* interaction, interplay.
αλληλοαπάγομαι *vi* elope.
αλληλοβοήθεια *nf* mutual help.
αλληλογραφία *nf* correspondence, letter-writing || mail.
αλληλογράφος *nm* letter-writer.
αλληλογραφώ *vi* correspond, exchange letters.
αλληλοδιάδοχος *adj* successive, consecutive || alternate.
αλληλοπαθής *adj* reciprocal || *γραμμ.* reflexive.
αλληλοσπαραγμός *nm* killing one another.
αλληλοσυγκρουόμενος *adj* conflicting.
αλληλούϊα *interj* hallelujah.
αλληλοϋποστηρίζομαι *vi* stick/hang together, back one another.
αλλήλους *refl pron* one another.
αλληλουχία *nf* sequence || coherence. ·
αλλήλόχρεος λογαριασμός *εμπ.* debit and credit account.
αλλιγάτορας *nm* alligator.
αλλιώς (και αλλιώτικα) *adv* or else, otherwise || δεν μπορώ να κάνω ~, I can't help it.
αλλιώτικος *adj* different, unlike.
αλλοδαπή *nf* abroad.
αλλοδαπός *nm* alien, foreigner ▣ *adj* foreign, alien.
αλλόδοξος *adj* heterodox, non-Orthodox.
άλλοθι *nn* alibi.
αλλοιώνω *vti* fake, falsify || spoil, go bad || change, alter.
αλλόκοτος *adj* queer, odd, strange.
αλλοπρόσαλλος *adj* whimsical, fickle.
άλλος *adj, pron* other || more || another, different || else || next.
άλλοτε *adv* some other time || sometimes || once, formerly.
αλλοτινός *adj* former, bygone.
αλλοτριώνω *vt* alienate.
αλλοτρίωση *nf* alienation.
αλλού *adv* else, elsewhere.

αλλούθε *adv* another way.

αλλόφρ·ονας *(και* ~ων) *adj* frantic, wild, mad.

αλλοφροσύνη *nf* frenzy, madness.

άλλως *adv* else, otherwise || in other words || *ούτως ή* ~, anyway.

άλλωστε *adv* besides, moreover, in addition, for that matter.

άλμα *nn* jump, leap, spring.

αλματώδης *adj* swift, rapid.

αλματωδώς *adv* by leaps and bounds.

άλμη *nf* brine, pickle.

αλμπάνης *nm* farrier || *μτφ.* quack.

άλμπουμ *nn* album || sketch-book.

άλμπουρο *nn* mast.

αλμύρα *nf* saltiness.

αλμυρός *adj* salty, briny || costly, high-priced, expensive.

αλογάκι *nn* pony.

αλογάριαστος *adj* free, generous, lavish || incalculable || not settled.

αλογατάκι *nn εντομ.* daddy-long-legs.

αλογατάρης *nm* horse-dealer.

άλογο *nm* horse || *(σκάκι)* knight || *(ιπποδύναμη)* horsepower.

αλογόκριτος *adj* uncensored.

αλογόμυγα *nf* gadfly.

αλογο[ν]ουρά *nf* horsetail, *(κοντή)* bobtail || *(χτένισμα)* ponytail.

άλογος *adj* irrational.

αλοιφή *nf* ointment || polish.

αλουμίνιο *nn* aluminium.

Άλπεις *nf pl* the Alps.

αλπινιστής *nm* alpinist.

άλσος *nn* grove.

αλσύλλιο *nn* coppice, copse.

αλτ *interj* halt.

αλτήρας *nm* dumb-bell.

άλτης *nm* jumper.

αλτρουισμός *nm* altruism.

αλτρουιστής *nm* altruist.

[α]λυγαριά *nf* osier, wicker.

αλύγιστος *adj* stiff, inflexible || indomitable.

αλυκή *nf* salt-pan, salt-pit.

αλύπητος *adj* pitiless, merciless, cruel.

αλυσίδα *nf* chain || *μτφ.* series.

άλυτος *adj* unsolved || insoluble || not loose.

αλυχτώ *vti* bark.

άλφα *nn* alpha || *ξαναρχίζω από το* ~, start from scratch || ~-~, A1, tip-top.

αλφαβήτα *nf* alphabet, abc.

αλφαβητάρι *nn* primer, abc-book.

αλφαβητικός *adj* alphabetical.

αλφάδι *nn* spirit-level, plumb-line.

αλφαδιάζω *vt* check level of.

αλφαμίτης *nm* military policeman (MP).

αλχημεία *nf* alchemy.

αλχημιστής *nm* alchemist.

αλώνι *nn* threshing-floor.

αλωνίζω *vt* thresh.

άλωση *nf* capture, fall || ´Αλωση, the fall of Constantinople.

άμα *conj* when, as soon as.

αμάδα *nf* quoit.

αμαζόνα *nf* amazon.

αμάθεια *nf* ignorance, illiteracy.

αμαθής *adj* ignorant, uneducated.

αμάθητος *(και* άμαθος) *adj* unused || inexperienced, green || not learned.

αμακιγιάριστος *adj* without make-up.

αμάλλιαγος *adj* unfledged.

αμάν *interj* gosh, boy, for heavens' sake.

αμανάτι *nn* pawn.

αμάνικος *adj* sleeveless.

άμαξα *nf* coach, waggon.

αμαξάκι *nn (μόνιππο)* buggy, horse-cab || *(παιδικό)* pram || *(αναπηρικό)* invalid's chair.

αμαξάς *nm* coachman, carter.

αμάξι *nn* car, lorry, truck, van.

αμαξιά *nf* truckload, cartload.

αμαξοστάσιο *nn* coach-house, depot.

αμαξοστοιχία *nf* train.

αμάξωμα *nn* car body, coachwork.

αμάραντος *adj* undying, unfading ◙ *nm βοτ.* amaranth.

αμαρτάνω *vi* sin, commit a sin.

αμάρτημα *nn* sin || error.

αμαρτία *nf* sin || *είναι* ~να, it's a pity/shame to...

αμαρτωλός *adj* sinful ◙ *nm* sinner.

αμαχητί *adv* without a fight/blow.

άμαχος *adj* non-combatant.

αμβλύς *adj* blunt || obtuse.

άμβλωση *nf* abortion.

άμβωνας *nm* pulpit.

αμέθυστος *adj* not drunk, sober ◙ *nm* amethyst.

αμείβω *vt* reward, recompense.

αμείλικτος *adj* pitiless, relentless, implacable, inexorable.

αμείωτος *adj* unimpaired || undiminished.

αμέλεια *nf* negligence, carelessness, neglect.

αμελέτητος *adj* unprepared || not well planned || unpremeditated.

αμελής *adj* negligent, neglectful, remiss.

αμελητέος *adj* negligible.

αμελητί *adv* promptly, without fail.

αμελώ *vt* neglect.

άμεμπτος *adj* irreproachable, impeccable, faultless.

Αμερικάνος *nm* Greek who lives or lived in America || American.

Αμερικανός *nm* American.

Αμερική *nf* America.

αμεριμνησία *nf* abandon, unconcern, insouciance.

αμέριμνος adj carefree, unconcerned, nonchalant, happy-go-lucky.

αμέριστος adj complete, unreserved, full.

αμερόληπτος adj impartial, unbiased, fair.

αμεροληψία nf impartiality, fairness.

άμεσος adj direct || immediate, prompt, imminent || personal.

αμεσότητα nf directness, immediacy, urgency, promptness.

αμέσως adv directly || immediately, promptly, right off/away || ~ μόλις, as soon as.

αμετάβατος adj intransitive.

αμεταβίβαστος adj non-transferable.

αμετάβλητος adj unchangeable, invariable.

αμετακίνητος adj unshakeable, firm || irremovable.

αμετάκλητος adj irrevocable, irreversible.

αμετανόητος adj unrepentant.

αμετάπειστος adj unconvinced || stubborn, adamant.

αμεταχείριστος adj unused.

αμέτοχος adj not participating, uninvolved.

αμέτρητος adj countless, innumerable || incalculable.

αμετροέπεια nf insolence, immodesty.

άμετρος adj boundless, inordinate || immeasurable, incalculable.

αμήν nn amen.

αμηχανία nf embarrassment, bewilderment, perplexity, helplessness.

αμήχανος adj embarrassed, helpless.

αμίαντος nm amiantus, asbestos.

αμιγής adj pure, unmixed.

αμίλητος adj speechless, silent || sullen, sulky || aloof.

άμιλλα nf rivalry, competition.

αμίμητος adj inimitable.

άμισθος adj unpaid || (θέση) honorary.

αμμοθύελλα nf sandstorm.

αμμοκονία nf mortar, plaster.

αμμόλουτρο nn sandbath.

αμμόλοφος nm dune.

άμμος nmf sand.

αμμουδιά nf sandy beach/shore, sands.

αμμοχάλικο nn grit, aggregate.

αμμώδης adj sandy.

αμμωνία nf ammonia.

αμνημόνευτος adj immemorial || not mentioned.

αμνησία nf amnesia, forgetfulness.

αμνηστεύω vt amnesty, pardon.

αμνηστία nf amnesty.

αμνός nm lamb.

αμοιβάδα nf amoeba.

αμοιβαίος adj mutual, reciprocal.

αμοιβαιότητα nf mutuality, reciprocity.

αμοιβή nf reward, recompense || wages, pay, consideration.

άμοιρος adj unfortunate, poor, hapless || devoid.

αμόκ nn amock, amuck || παθαίνω ~, run amock.

αμολάω vt slacken, loosen || let go || unleash || let slip, let drop.

αμολό[γ]ητος adj indescribable.

αμόλυντος adj pure, chaste || unpolluted.

αμόνι nn anvil.

αμόρε nn love, flame.

αμορτισέρ nn shock absorber.

άμορφος adj shapeless, formless.

αμόρφωτος adj uneducated.

άμουσος adj unmusical || uncultured, philistine.

αμπαζούρ nn lampshade.

αμπαλάρω vt pack up, bundle up.

αμπάλωτος adj not mended.

αμπάρα nf bar, bolt.

αμπάρι nn large trunk || (πλοίου) hold.

αμπάριζα nf (παιδικό παιχνίδι) prisoner's bars.

αμπαρώνω vt bar, bolt.

αμπέλι nn vineyard.

αμπελοκαλλιεργητής nm vine-grower.

αμπελοφάσουλο nn string bean.

αμπελόφυλλο nn vine leaf.

αμπελόφυτος adj overgrown with vines.

αμπελώνας nm vineyard.

αμπέχονο nn army tunic.

αμπογιάτιστος adj unpainted.

άμποτε interj may, if only.

αμπούλα nf ampoule.

αμπραγιάζ nn clutch.

αμπραγιάρω vi engage the clutch.

αμπρί nn shelter || στρατ. dugout, bunker.

άμπωτη nf ebb-tide.

αμυαλιά nf folly.

άμυαλος adj foolish, hare-brained, giddy.

αμυγδαλάτο nn almond-cake.

αμυγδαλάτος adj almond-shaped || made with almonds.

αμυγδαλές nf pl tonsils.

αμυγδαλιά nf almond-tree.

αμυγδαλίτιδα nf tonsilitis.

αμύγδαλο nn almond.

αμυγδαλωτό nn macaroon.

αμυγδαλωτός adj almond-shaped.

αμυδρός adj faint, dim, vague.

αμύητος adj uninitiated, profane || ignorant ◙ nm layman.

αμύθητος adj fabulous.

άμυλο nn starch.

αμυλούχος adj starchy.

άμυνα nf defence, protection.

αμύνομαι vti fight in defence of, defend oneself, hold one's ground.

αμυντικός adj defensive.

αμυχή nf scratch.

άμφια *nn pl* vestments.

αμφιβάλλω *vi* doubt, question, have doubts, feel dubious of/about.

αμφίβιο *nn* amphibian.

αμφίβιος *adj* amphibious.

αμφιβληστροειδής *nm* retina.

αμφιβολία *nf* doubt, uncertainty, misgiving.

αμφίβολος *adj* doubtful, questionable, dubious, uncertain.

αμφίγνωμος *adj* in two minds.

αμφίεση *nf* dress, clothes, attire.

αμφιθέατρο *nn* amphitheatre.

αμφίκοιλος *adj* biconcave.

αμφίκυρτος *adj* biconvex.

αμφιλεγόμενος *adj* controversial.

αμφιρρέπω *vi* waver, vacillate.

αμφίρροπος *adj* irresolute, wavering || undecided, in the balance.

αμφισβήτηση *nf* dispute, contest, controversy || doubt.

αμφισβητήσιμος *adj* questionable.

αμφισβητίας *nm* dissenter.

αμφισβητώ *vt* question, doubt, dispute, challenge.

αμφίστομος *adj* two-edged.

αμφιταλαντεύομαι *vi* waver, vacillate, shilly-shally.

αμφιταλάντευση *nf* wavering, vacillation.

αμφιτρύωνας *nm* host.

αμφορέας *nm* urn.

αμφότεροι *adj* λόγ. both.

άμωμος *adj* immaculate, faultless.

αν *conj* if, whether || ~ **και,** though || **εκτός** ~, unless || ~ **δεν,** unless.

ανά *prep* by, per.

αναβαθμίζω *vt* upgrade.

ανάβαθος *adj* shallow.

αναβάλλω *vt* postpone, put off, adjourn, hold over, delay.

ανάβαση *nf* climb, ascent.

αναβατήρας *nm* stirrup || lift.

αναβάτης *nm* rider || jockey.

αναβιώνω *vt* revive, resurrect.

αναβίωση *nf* revival, resurgence.

αναβλητικός *adj* procrastinating, dilatory.

αναβλύζω *vti* gush, spout, spurt, well out/up.

αναβολέας *nm* stirrup.

αναβολή *nf* delay, postponement.

αναβρασμός *nm* turmoil, agitation, unrest.

αναβροχιά *nf* drought.

ανάβω *vti* light, set fire to, catch fire || *(φως)* turn on || *(θυμώνω)* anger, flare up, blow up.

αναγαλλιάζω *vi* rejoice, be thrilled.

αναγγελία *nf* announcement, notice, news || ~ *θυέλλης,* gale warning.

αναγγέλλω *vt* announce, advertise.

αναγελώ *vt* laugh at, sneer, scoff.

αναγέννηση *nf* revival, rebirth || Renaissance.

αναγεννώ *vti* revive || regenerate.

αναγκάζω *vt* oblige, make, force, compel, impel.

αναγκαία *nn pl* necessities, necessaries.

αναγκαίος *adj* necessary, essential, requisite.

αναγκαιότητα *nf* necessity.

αναγκαστικός *adj* compulsory, obligatory, coercive, forced.

ανάγκη *nf* necessity || need, want || emergency, urgency, contingency || *είναι* ~ *να,* must, need.

ανάγλυφο *nn* bas-relief.

ανάγλυφος *adj* embossed, relief.

αναγνωρίζω *vt* recognize, know, tell || identify || acknowledge, admit, own || *στρατ.* reconnoitre.

αναγνώριση *nf* recognition || acknowledgement, admission || *στρατ.* reconnaissance.

ανάγνωση *nf* reading.

ανάγνωσμα *nn* reading-text, passage || reader.

αναγνωσματάριο (και αναγνωστικό) *nn* reading-book, reader.

αναγνωστήριο *nn* reading-room.

αναγνώστης *nm* reader.

αναγομώνω *vt* retread, recondition.

αναγόμωση *nf* retreading.

αναγόρευση *nf* election, nomination.

αναγορεύω *vt* nominate, acclaim, vote.

αναγούλα *nf* nausea.

αναγουλιάζω *vti* make sb/feel sick, nauseate, turn one's stomach.

αναγραφή *nf* entry, record, inscription || writing, insertion.

αναγράφω *vt* enter, inscribe || record, register || list, specify.

ανάγω *vt* μαθ. reduce.

αναγωγή *nf* reduction, reference.

ανάγωγος *adj* ill-bred, ill-mannered || *μαθ.* irreducible.

αναδασμός *nm* land redistribution.

αναδασώνω *vt* reforest.

αναδάσωση *nf* reforestation.

ανάδειξη *nf* success || election, appointment, elevation.

αναδείχνω *vt* elect, appoint, elevate || make known, set off || *(αναδείχνομαι)* become known, distinguish oneself, earn a name, work one's way up [*or* to the top].

αναδεξιμιά *nf* goddaughter.

αναδεξιμιός *nm* godson.

αναδεύω *vt* stir, agitate, budge.

αναδημιουργία *nf* recreation, regenera-

tion.
αναδημιουργώ vt recreate.
αναδημοσίευση nf reprint.
αναδημοσιεύω vt republish.
αναδιαρθρώνω vt restructure.
αναδιάρθρωση nf restructuring.
αναδίνω vti emit, give off, send out.
αναδιοργανώνω vt reorganize.
αναδιοργάνωση nf reorganization.
αναδιφώ vt rummage, scrutinize, search for / through, hunt for.
αναδουλειά nf unemployment ‖ εμπ. slack business, stagnation.
ανάδοχος nmf godfather, godmother, pl godparents ‖ sponsor ‖ concessionaire.
αναδρομή nf going back ‖ flashback.
αναδρομικός adj retroactive, retrospective.
αναδρομικότητα nf retroactivity.
αναδύομαι vi emerge ‖ surface.
ανάδυση nf emergence ‖ surfacing.
ανάερος adj light, ethereal.
αναζήτηση nf pursuit, quest, search.
αναζητώ vt look for, search out for, hunt for ‖ pursue ‖ long for.
αναζωογόνηση nf revival, reanimation ‖ enlivening, rekindling.
αναζωογονώ vt revive, revitalize, reanimate ‖ rekindle, enliven, invigorate.
αναζωπύρωση nf resurgence, recrudescence, rekindling.
αναζωπυρώνω vt rekindle, boost.
αναθαρρεύω vi take heart / courage.
ανάθεμα nn anathema, excommunication.
⊡ interj damn! hang!
αναθεματίζω vt excommunicate ‖ curse.
αναθεματισμένος adj damned, confounded, bloody, blasted, accursed.
αναθέτω vt entrust, commission, assign, charge, ask ‖ dedicate.
αναθεώρηση nf revision ‖ review.
αναθεωρητής nm reviser, πολ. revisionist.
αναθεωρητισμός nm revisionism.
αναθεωρώ vt revise ‖ reconsider ‖ review.
ανάθημα nn votive offering.
αναθηματικός adj votive, dedicatory.
αναθρέφω vt bring up, rear, raise ‖ breed.
αναθυμίαση nf exhalation, pl vapours, fumes ‖ (δυσοσμία) stink, stench.
αναίδεια nf impudence, cheek, insolence.
αναιδής adj impudent, insolent, cheeky.
αναίμακτος adj bloodless.
αναιμία nf anaemia.
αναιμικός adj anaemic.
αναίρεση nf cassation, appeal, reversal ‖ refutation ‖ νομ. manslaughter.
αναιρέσιμος adj reversible ‖ refutable.
αναιρώ vt refute ‖ retract, take back ‖ νομ. reverse, annul, quash.
αναισθησία nf insensitivity, callousness ‖

ιατρ. anaesthesia ‖ unconsciousness.
αναισθησιολόγος nm anaesthetist.
αναισθητικό nn anaesthetic.
αναίσθητος adj unconscious ‖ insensitive, callous, unfeeling, thick-skinned.
αναισχυντία nf shamelessness.
αναίσχυντος adj shameless, brazen.
αναίτιος adj wanton, unprovoked ‖ blameless, innocent.
ανακαινίζω vt renovate, do up / over.
ανακαίνιση nf renovation ‖ restoration.
ανακαινιστής nm restorer ‖ innovator.
ανακαλύπτω vt discover, find [out], unearth ‖ come upon / across ‖ invent.
ανακάλυψη nf discovery ‖ invention.
ανακαλώ vt recall ‖ repeal, cancel, call off ‖ retract, take back.
ανάκαμψη nf οικον. recovery.
ανάκατα adv in confusion, pell-mell.
ανακαταλαμβάνω vt recapture.
ανακατανέμω vt redistribute.
ανακατασκευάζω vt rebuild, reconstruct.
ανακατάταξη nf πολ. realignment ‖ στρατ. re-enlistment.
ανακάτεμα nn (ανάμιξη) mixing, mingling, blending, stirring ‖ (σύγχιση) confusion, disorder ‖ (μπέρδεμα) mess, mix-up, tangle ‖ (στομαχιού) nausea.
ανακατεύω vt stir, shuffle ‖ mix, mingle, blend ‖ confuse, mix up, tangle ‖ meddle, intervene, interfere ‖ (στομάχι) turn ‖ (ανακατεύομαι) get involved / mixed up / entangled.
ανάκατος adj confused, tangled ‖ mixed, mingled, blended ‖ (μαλλιά) dishevelled.
ανακατωσούρ·ης nm (nf ~α) busybody, trouble-maker, meddler, mischief-maker.
ανακατωσούρα nf confusion ‖ tangle ‖ mischief.
ανακεφαλαιώνω vt recapitulate, sum up.
ανακήρυξη nf nomination ‖ declaration.
ανακηρύσσω vt nominate ‖ proclaim, declare, acclaim.
ανακίνηση nf stirring ‖ revival.
ανακινώ vt stir, shake ‖ (θέμα) revive.
ανακλαστικά nn pl reflexes.
ανάκληση nf recall ‖ repeal, cancellation ‖ retraction, withdrawal.
ανακλητήριο nn στρατ. recall.
ανακλητός adj revocable, reversible.
ανάκλιντρο nn sofa, couch, settee.
ανακοινωθέν nn communiqué, bulletin.
ανακοινώνω vt announce, make known ‖ inform, notify, report.
ανακοίνωση nf announcement, statement ‖ notice ‖ δημοσιογρ. press release.
ανακολουθία nf inconsistency.
ανακόλουθος adj inconsistent.
ανακοπή nf ιατρ. failure ‖ νομ. caveat.
ανακουφίζω vt relieve, alleviate ‖ lighten,

mitigate ‖ soothe, comfort.
ανακούφιση nf relief.
ανακρίβεια nf inaccuracy.
ανακριβής adj inaccurate, inexact.
ανακρίνω vt examine, question, interrogate ‖ (εξαντλητικά) grill.
ανακριτής nm examining judge.
ανακρούω vt (μουσική) play, strike up ‖ ~ πρύμναν, tack about, retreat.
ανάκτηση nf recovery.
ανακτορικός adj royal, court, palace.
ανάκτορο nn palace.
ανακτώ vt regain, recover, retrieve ‖ στρατ. recapture, take back.
ανακύκληση nf recycling.
ανακύπτω vi emerge, rise, come up.
ανακωχή nf armistice, truce.
αναλαμβάνω vti undertake ‖ engage ‖ take over ‖ assume, take on ‖ recover.
αναλαμπή nf flash, glimmer, glint.
ανάλατος adj unsalted ‖ insipid.
ανάλαφρος adj light, breezy, airy.
αναλγησία nf heartlessness ‖ ιατρ. analgesia.
αναλγητικός adj analgesic, pain-killing.
αναλήθεια nf untruth, falsehood.
αναληθής adj untrue, false.
ανάληψη nf undertaking, assumption ‖ (χρημάτων) withdrawal ‖ εκκλ. the Ascension.
αναλλοίωτος adj unalterable, immutable.
αναλογία nf analogy ‖ proportion ‖ share ‖ ratio, rate ‖ quota.
αναλογίζομαι vi think of, reflect on ‖ weigh up, consider.
αναλογική nf proportional representation.
αναλογικός adj proportional.
ανάλογος adj proportional, analogous.
αναλογώ vi correspond to ‖ fall to one's share.
αναλόγως adv accordingly ‖ ~ με, in accordance with.
ανάλυση nf analysis ‖ breakdown.
αναλυτής nm analyst.
αναλυτικός adj analytical, detailed.
αναλυτός adj melted ‖ runny, thin.
αναλύω vt analyze ‖ itemize, break down, resolve ‖ set out, examine ‖ melt, dissolve.
αναλφαβητισμός nm illiteracy.
αναλφάβητος adj illiterate.
αναλώνω vt spend, use up ‖ dedicate.
αναμαλλιά-ρης (και ~σμένος) adj tousle-headed, dishevelled.
αναμασώ vt chew over ‖ rehash.
αναμειγνύω vt ⇒ ΑΝΑΚΑΤΕΥΩ
ανάμειξη nf mixing, blending, mingling ‖ intervention, interference.
ανάμεικτος adj mixed, blended, assorted.
ανάμελος adj carefree, nonchalant.

αναμένω vti expect, await.
ανάμεσα adv between, among ‖ through.
αναμεταδίνω vt relay, broadcast.
αναμετάδοση nf rediffusion, relay.
αναμεταδότης nm transmitter mast.
αναμεταξύ prep between, among ‖ στο ~, in the meanwhile/meantime.
αναμέτρηση nf confrontation.
αναμετρώ vt weigh up, consider.
αναμηρυκάζω vt ruminate, chew over.
αναμισθώνω vt renew a lease.
αναμίσθωση nf renewal of a lease.
άναμμα nn lighting ‖ (μηχανής) ignition ‖ (φωτός) turning on ‖ (έξαψη) excitement.
αναμμένος adj on ‖ live ‖ alight, burning.
ανάμνηση nf recollection, memory, remembrance ‖ souvenir, memento.
αναμνηστικός adj commemorative, memorial.
αναμονή nf wait[ing], expectation.
αναμορφώνω vt reform ‖ rehabilitate ‖ change radically.
αναμόρφωση nf rehabilitation.
αναμορφωτής nm reformer, innovator.
αναμορφωτήριο nn (για ενηλίκους) rehabilitation camp/centre ‖ (για ανηλίκους) reformatory, approved school.
αναμοχλεύω vt stir up, rake up.
αναμπουμπούλα nf hullabaloo.
αναμφίβολ-ος adj undoubtful, unquestionable ‖ -ºως, undoubtedly, no doubt, doubtless.
αναμφισβήτητος adj indisputable.
ανανάς nm pineapple.
ανανδρία nf cowardice.
άνανδρος nm coward ▣ adj cowardly.
ανανεώνω vt renew.
ανανέωση nf renewal.
ανανήφω vi come round ‖ sober up ‖ reform, mend one's ways.
αναντικατάστατος adj irreplaceable.
αναντίρρητ-ος adj undeniable, unquestionable ‖ -ºως, admittedly.
αναντιστοιχία nf discrepancy.
αναξιόπιστος adj unreliable.
αναξιοποίητος adj undeveloped.
αναξιοπρέπεια nf indignity.
αναξιοπρεπής adj undignified.
ανάξιος adj unworthy ‖ unfit, incompetent ‖ ~ λόγου, insignificant.
αναξιόχρεος adj insolvent.
αναπαλλοτρίωτος adj unalienable.
αναπαμός nm let-up, breather.
αναπάντεχος adj unexpected, sudden.
αναπάντητος adj unanswered, unacknowledged ‖ unanswerable.
αναπαράγω vt reproduce.
αναπαραγωγή nf reproduction.
αναπαραγωγικός adj reproductive.

αναπαράσταση *nf* representation, image || re-enactment, reconstruction.

αναπαριστώ *vt* re-enact || represent, depict || take off, imitate.

ανάπαυλα *nf* break, rest, let-up.

ανάπαυση *nf* rest, peace, repose || relaxation || *στρατ.* [stand] easy!

αναπαυτήριο *nn* retreat, resting place.

αναπαυτικός *adj* comfortable, restful.

αναπαύω *vt* rest, relax || comfort.

αναπαύομαι *vi* rest, relax, lie down || die, pass away.

αναπέμπω *vt* refer back || offer || give off.

αναπήδημα *nn* start, bound, bounce.

αναπηδώ *vi* jump up, start up, *(προς τα πίσω)* recoil || bounce, rebound.

αναπηρία *nf* infirmity, disability.

ανάπηρος *adj* invalid, disabled || crippled ◉ *nm* cripple, invalid.

αναπλάθω *vt* reshape || transform.

αναπληρωματικός *adj* alternate || *(δικαστής)* surrogate || *(μέλος)* non-voting || *(ηθοποιός)* stand-in || ~*ές εκλογές*, by-elections.

αναπληρώνω *vt* replace, substitute for, act for || make up for.

αναπλήρωση *nf* replacement, substitution.

αναπληρωτής *nm* substitute ◉ *adj* assistant, acting, deputy, alternate.

αναπνευστικός *adj* respiratory, breathing.

αναπνέω *vti* breathe, inhale || *μτφ.* be relieved, breathe again.

αναπνοή *nf* breath || *με κομμένη* ~, with bated breath.

ανάποδα *adv* backwards, upside-down, inside out, the wrong way/side.

ανάποδη *nf* reverse, wrong side.

αναποδιά *nf* setback, reverse, bad luck || *(χαρακτήρα)* peevishness.

αναποδογυρίζω *vt* overturn, upset, knock over, *(βάρκα)* capsize, *(τσέπη)* turn inside out.

ανάποδος *adj* reverse || *(δύσκολος)* stiff, bothersome || *(άνθρ.)* crabbed, cantankerous.

αναπόδραστος *adj* inescapable, unavoidable, inevitable.

αναπόληση *nf* reminiscence, contemplation, recollection.

αναπολώ *vt* recollect, muse over, recall, contemplate, call/bring to mind.

αναπόσπαστος *adj* integral, inseparable.

αναποτελεσματικός *adj* ineffectual.

αναπότρεπτος *adj* inevitable.

αναποφασιστικότητα *nf* irresolution.

αναποφάσιστος *adj* irresolute, undecided.

αναπόφευκτος *adj* unavoidable, certain, inevitable, inescapable.

αναπροσανατολισμός *nm* reorientation.

αναπροσαρμογή *nf* readjustment.

αναπροσαρμόζω *vt* readjust.

αναπτερώνω *vt* boost, raise.

αναπτήρας *nm* lighter.

ανάπτυξη *nf* development, growth || expansion || exposition || *στρατ.* deployment.

αναπτύσσω *vt* develop || grow, expand || explain, give an account of || *στρατ.* deploy || ~ *ταχύτητα*, put on speed || ~ *δράση*, be very active.

άναρθρος *adj* inarticulate || without joints.

αναρίθμητος *adj* innumerable.

ανάριος *adj* sparse, scanty, scattered, infrequent, few and far between.

αναρμόδιος *adj* incompetent.

αναρμοδιότητα *nf* incompetence.

ανάρμοστος *adj* improper, unbecoming.

ανάρπαστος *adj* εμπ. snapped up.

αναρρίχηση *nf* climb[ing], scaling.

αναρριχητικός *adj* *(φυτό)* creeping, climbing.

αναρριχιέμαι *vi* climb, *(φυτό)* trail, creep.

αναρρόφηση *nf* suction, intake, sucking.

αναρρώνω *vi* recover, recuperate.

ανάρρωση *nf* recovery, convalescence.

αναρρωτήριο *nn* convalescent ward/ home, infirmary.

αναρρωτικ·ός *adj* convalescent || ~*ή άδεια*, sick leave.

ανάρτηση *nf* suspension || hanging up.

αναρτώ *vt* suspend, hang up.

αναρχία *nf* anarchy.

αναρχικός *adj* anarchic ◉ *nm* anarchist.

αναρωτιέμαι *vi* wonder, ask oneself.

ανάσα *nf* breath || *μτφ.* let-up, breather.

ανασαίνω *vi* breathe || have a breather.

ανασηκών·ω *vt* lift up, raise, *(γιακά)* turn up, *(ποδιά)* tuck up, *(μανίκι)* roll up, *(βαρέλι)* tip up || ~*ομαι vi* sit up, draw oneself up.

ανασκάβω *vt* dig up || raze.

ανασκαλεύω *vt* poke, rake [up].

ανασκαφή *nf* excavation.

ανάσκελα *adv* on one's back.

ανασκευάζω *vt* refute, disprove.

ανασκευή *nf* refutation, disproof.

ανασκιρτώ *vi* start, leap.

ανασκόπηση *nf* review, survey.

ανασκοπώ *vt* review, survey, go over.

ανασκουμπώνομαι *vi* roll up one's sleeves || *μτφ.* set to.

ανασκουμπώνω *vt* roll up, tuck up.

ανασταίν·ω *vt* resurrect, resuscitate || revive, restore to life || raise || ~*ομαι*, rise.

ανασταλτικό *nn* inhibition.

ανασταλτικός *adj* inhibitive || suspensive.

ανάσταση *nf* resurrection || Easter ||

μτφ. revival.

ανάστατος *adj* upset, agitated, flustered ‖ astir, excited.

αναστατώνω *vt* upset, put out/off, fluster ‖ disarrange, turn upside-down ‖ disrupt.

αναστάτωση *nf* commotion, flurry, agitation ‖ confusion, disruption, chaos ‖ trouble, bother ‖ upheaval.

αναστέλλω *vt* suspend, discontinue, stop ‖ call off ‖ *ψυχολ.* inhibit.

αναστεναγμός *nm* sigh.

αναστενάζω *vi* sigh.

αναστηλώνω *vt* restore, repair.

αναστήλωση *nf* restoration.

ανάστημα *nn* stature, height.

αναστολή *nf* suspension ‖ *νομ.* respite, reprieve ‖ *ψυχολ.* inhibition.

αναστρέφω *vt* invert, turn back/over.

ανασυγκρότηση *nf* reconstruction.

ανασυγκροτώ *vt* reconstruct, reorganize.

ανασυνδέω *vt* reconnect ‖ renew, resume.

ανασύνθεση *nf* restructure.

ανασύνταξη *nf* reorganization.

ανασυντάσσω *vt* reorganize, restructure ‖ *στρατ.* rally, regroup.

ανασυσταίνω *vt* re-establish, set up again, reform.

ανασφάλεια *nf* insecurity.

ανασφαλής *adj* insecure.

ανασφάλιστος *adj* not insured.

ανάσχεση *nf* checking, curbing ‖ *αεροπ.* interception ‖ *πολ.* containment.

ανασχηματίζω *vt* reform ‖ *πολ.* reshuffle.

ανασχηματισμός *nm* reshuffle, shake-up.

αναταράζω *vt* agitate, disturb, shake.

αναταραχή *nf* disturbance, agitation, commotion, upheaval.

ανάταση *nf* uplift, raising.

ανατέλλω *vi* (*ήλιος*) rise, come up ‖ dawn.

ανατέμνω *vt* dissect.

ανατίμηση *nf* rise in price ‖ revaluation.

ανατιμώ *vt* put up the price ‖ *εμπ.* mark up ‖ (*τιμή*) go up ‖ (*νόμισμα*) revalue.

ανατινάζ·ω *vt* blow up, blast ‖ ~*ομαι* start up, jump up.

ανατίναξη *nf* blasting, blowing up.

ανατοκισμός *nm* compound interest.

ανατολή *nf* sunrise ‖ east ‖ Orient.

ανατολικός *adj* east[ern] ‖ oriental.

ανατολίτικος *adj* oriental.

ανατομία *nf* anatomy.

ανατομικός *adj* anatomical.

ανατόμος *nm* anatomist ‖ *μτφ.* explorer.

ανατρεπόμενο *nn* tip-lorry, tip-truck.

ανατρεπτικός *adj* subversive, seditious.

ανατρέπω *vt* turn/tip over, capsize ‖ blow over/down, knock over/down ‖ overthrow, subvert, upset ‖ overcome ‖ *νομ.* quash, reverse ‖ (*επιχείρημα*) refute.

ανατρέφω ⇒ ΑΝΑΘΡΕΦΩ

ανατρέχω *vi* go/date/trace back to.

ανατριχιάζω *vi* shiver, shudder.

ανατριχιαστικός *adj* hair-raising, lurid.

ανατριχίλα *nf* shiver, shudder.

ανατροπή *nf* overthrow ‖ overturning ‖ repeal, reversal ‖ refutation.

ανατροφή *nf* upbringing ‖ breeding.

ανατροφοδότηση *nf* feedback.

ανάτυπο *nn* offprint.

ανατυπώνω *vt* reprint.

ανατύπωση *nf* reprint, impression.

άναυδος *adj* dazed, stunned, speechless, bowled over, dumbfounded.

αναφαίνομαι *vi* appear, emerge.

αναφαίρετος *adj* inalienable.

αναφανδόν *adv* openly.

αναφέρω *vt* mention, name ‖ report ‖ tell, relate, describe ‖ cite, quote ‖ refer to ‖ concern.

αναφλέγω *vt* kindle, ignite, set on fire.

ανάφλεξη *nf* ignition.

αναφορά *nf* mention ‖ report, petition, account ‖ *στρατ.* dispatch.

αναφορικ·ός *adj* relative ‖ ~*ά με*, in/with relation to, in/with regard to, regarding, referring to, as regards.

αναφροδισία *nf* frigidity.

αναφυλλητό *nn* sob[bing].

αναφώνηση *nf* exclamation, cry.

αναφωνώ *vi* exclaim, cry out.

αναχαιτίζω *vt* check, curb, stop, contain, arrest ‖ *αεροπ.* intercept.

αναχαίτιση *nf* curbing ‖ interception.

αναχρονισμός *nm* anachronism.

αναχρονιστικός *adj* anachronistic.

ανάχωμα *nn* dyke, dam, mound.

αναχώρηση *nf* departure, setting out.

αναχωρώ *vi* depart, set out, start.

αναψοκοκκινίζω *vi* blush, flush.

αναψυκτήριο *nn* refreshment room, (*ΗΠΑ*) soda fountain.

αναψυκτικό *nn* refreshment.

αναψυχή *nf* recreation, distraction.

ανδραγάθημα *nn* feat, exploit.

ανδραγαθία *nf* valour, gallantry.

ανδράποδο *nn* slave.

Ανδρέας *nm* Andrew.

ανδρεία *nf* bravery.

ανδρείκελ·ο *nn* dummy ‖ *μτφ.* puppet, stooge ‖ *κυβέρνηση* ~*ων*, puppet government.

ανδρείος *adj* brave, gallant.

ανδριάντας *nm* statue.

ανδρικός *adj* men's ‖ male, virile.

ανδρισμός *nm* manhood, virility.

ανδρόγυνο *nn* man and wife, married

couple.

ανδροπρεπής adj manly, manful.

ανδρώνομαι vi reach manhood || μτφ. stand on one's feet.

ανεβάζω vt take/bring up || (τιμή) put up || (θέατρ.) put on.

ανεβαίνω vti climb, go up, ascend || mount, board, get on || (ζύμη) rise.

ανέβασμα nn climb[ing], going up, putting up, mounting.

ανεβοκατεβάζω vt bring/take/put up and down.

ανεβοκατεβαίνω vi go up and down.

ανεβοκατέβασμα nn going up and down, fluctuation.

ανέγγιχτος adj intact, untouched || brand new || impervious to.

ανεγείρω vt erect, put up, build.

ανέγερση nf erection, construction.

ανεδαφικός adj unrealistic.

ανειδίκευτος adj unskilled.

ανειλικρίνεια nf insincerity, deceit.

ανειλικρινής adj insincere, shifty.

ανείπωτος adj untold, unspeakable.

ανειρήνευτος adj ceaseless.

ανέκαθεν adv always, all along.

ανεκδήλωτος adj unrevealed.

ανεκδιήγητος adj indescribable || queer, rum.

ανέκδοτο nn anecdote, story.

ανέκδοτος adj unpublished.

ανέκκλητος adj irrevocable || irreversible.

ανεκμετάλλευτος adj unexploited.

ανεκπλήρωτος adj unfulfilled, unrealized.

ανεκτέλεστος adj unexecuted || (μουσική) unperformed || (σκοπός) unrealized.

ανεκτικός adj tolerant, indulgent, permissive.

ανεκτικότητα nf tolerance, permissiveness.

ανεκτίμητος adj priceless, invaluable, inestimable || not estimated.

ανεκτός adj tolerable, passable || permissible.

ανέκφραστος adj inexpressible, ineffable || expressionless, vacant, blank.

ανελαστικός adj unelastic.

ανελέητος adj pitiless, cruel, ruthless.

ανελεύθερος adj illiberal, despotic.

ανέλιξη nf evolution.

ανέλκυση nf (πλοίου) refloating.

ανελκυστήρας nm lift, (ΗΠΑ) elevator.

ανελκύω vt (πλοίο) refloat, salvage.

ανελλιπής adj unfailing, regular.

ανέλπιστος adj unexpected, unforeseen, unhoped-for.

ανέμελος adj carefree, easy-going, casual, debonair.

ανέμη nf spinning-wheel.

ανεμίζω vt wave || flap, flutter.

ανεμιστήρας nm fan, ventilator.

ανεμοβλογιά nf chicken-pox.

ανεμόδαρτος adj bleak, wind-swept.

ανεμοδεί·κτης (και ~χτης) nm vane, weather-cock || αεροπ. wind-sock, wind-sleeve.

ανεμοθύελλα nf windstorm.

ανεμόμυλος nm windmill.

ανεμοπορία nf gliding.

ανεμόπτερο nn glider, sailplane.

άνεμος nm wind.

ανεμόσκαλα nf rope-ladder.

ανεμοστρόβιλος nm whirlwind, tornado.

ανεμότρατα nf dragnet || drifter.

ανεμπόδιστος adj free, unhindered.

ανεμώνα nf anemone.

ανενδοίαστος adj unhesitating.

ανένδοτος adj adamant || unrelenting.

ανενεργός adj inoperative.

ανενόχλητος adj undisturbed.

ανέντιμος adj dishonest, crooked.

ανεξαιρέτως adv without exception.

ανεξακρίβωτος adj unconfirmed.

ανεξάντλητος adj inexhaustible, unfailing || boundless, unlimited.

ανεξαρτησία nf independence.

ανεξάρτητ·ος adj independent || ~α από, despite, over and above, regardless of.

ανεξέλεγκτος adj unverified || uncontrolled || unchecked, unexamined.

ανεξερεύνητος adj unexplored, unfathomable.

ανεξεταστέος adj (μαθητής) referred.

ανεξέταστος adj unexamined.

ανεξήγητος adj inexplicable, unaccountable.

ανεξιθρησκία nf religious freedom.

ανεξίκακος adj forbearing, forgiving.

ανεξίτηλος adj indelible.

ανεξιχνίαστος adj inscrutable || unfathomable || (μυστήριο) impenetrable, (έγκλημα) insoluble.

ανέξοδος adj inexpensive || free.

ανεξοικείωτος adj unused, unaccustomed.

ανεξόφλητος adj outstanding, unreceipted, unsettled, unpaid.

ανεπάγγελτος adj without a trade.

ανεπαίσθητος adj imperceptible.

ανεπανάληπτος adj unique, unprecedented, unparalleled.

ανεπανόρθωτος adj irreparable.

ανεπάρκεια nf insufficiency, scarcity.

ανεπαρκής adj insufficient, inadequate || (διανοητικά) deficient.

ανέπαφος adj intact, untouched.

ανεπηρέαστος adj uninfluenced, unaffected, unswayed || unbiased, unprejudiced.

ανεπιβεβαίωτος adj unconfirmed.

ανεπίδεκτος adj unreceptive, not susceptible of.

ανεπίδοτος *adj* undelivered.
ανεπιεικής *adj* harsh, inclement.
ανεπιθύμητος *adj* undesirable.
ανεπίκαιρος *adj* untimely, inopportune.
ανεπικύρωτος *adj* unratified || uncertified || unauthenticated || unconfirmed.
ανεπίληπτος *adj* (*ήθος*) impeccable || (*διαγωγή*) unexceptionable.
ανεπίσημος *adj* unofficial.
ανεπιστρεπτί *adv* irrevocably, for good.
ανεπίτευκτος *adj* unattained || unattainable.
ανεπιτήδειος *adj* inept, clumsy.
ανεπιτήδευτος *adj* unaffected, artless.
ανεπιτήρητος *adj* unsupervised.
ανεπίτρεπτος *adj* inadmissible.
ανεπιτυχής *adj* unsuccessful.
ανεπιφύλακτος *adj* unconditional, unqualified, unreserved, full.
ανεπρόκοπος *nm* good-for-nothing.
ανέραστος *adj* unloved, loveless.
ανεργία *nf* unemployment.
άνεργος *adj* unemployed || idle.
ανέρχομαι *vi* ascend, go up, climb || amount, run to, add up to, total.
ανέρωτος *adj* unadulterated || neat.
άνεση *nf* comfort, convenience, *pl* amenities || ease || leisure.
ανέτοιμος *adj* unprepared, unready.
άνετος *adj* comfortable, easy, leisurely.
άνευ *prep* without.
ανεύθυνος *adj* irresponsible, unaccountable.
ανευθυνότητα *nf* irresponsibility.
ανευλαβής *adj* irreverent, impious.
ανεύρεση *nf* λόγ. discovery, finding.
ανεφάρμοστος *adj* unworkable, impracticable, inapplicable || not applied.
ανέφελος *adj* cloudless || unclouded.
ανέφικτος *adj* impossible, unattainable.
ανεφοδιάζω *vt* supply, provision, restock.
ανεφοδιασμός *nm* supply.
ανέχεια *nf* poverty, distress, want.
ανέχομαι *vt* tolerate, bear, put up with, stand, suffer.
ανήθικος *adj* immoral, obscene.
ανηθικότητα *nf* immorality.
άνηθος *nm* dill.
ανήκουστος *adj* unheard of, unprecedented, incredible.
ανήκω *vi* belong to, pertain to.
ανηλεής *adj* pitiless, ruthless.
ανήλιαγος *adj* sunless || unsunned.
ανηλικιότητα *nf* minority, being under age.
ανήλικος *nm* minor ▣ *adj* juvenile, under age.
ανήμερα *adv* on the same day.
ανήμερ-ος *adj* wild, fierce || *γίνομαι θεριό* ~*ο*, blow one's top.

ανήμπορος *adj* ailing || helpless || unequal to.
ανήξερ-ος *adj* unknowing, ignorant || *κάνω τον* ~*ο*, sham ignorance.
ανησυχητικός *adj* alarming.
ανησυχία *nf* alarm, anxiety.
ανήσυχος *adj* alarmed, anxious, uneasy, worried, preoccupied.
ανησυχώ *vti* disturb, trouble || take alarm, be anxious / worried / concerned.
ανηφοριά *nf* ascent, uphill, steepness.
ανηφορίζω *vi* go uphill, rise.
ανηφορικός *adj* steep, rising, uphill.
ανήφορος *nm* ⇒ ΑΝΗΦΟΡΙΑ
ανθεκτικός *adj* durable, tough, stout, resistant, long-lasting, wearing well.
ανθηρός *adj* blooming || flourishing.
άνθηση *nf* flower[ing] || flourishing.
ανθίζω *vi* bloom, blossom, flower || *μτφ.* flourish, thrive, prosper.
ανθόγαλο *nn* cream.
ανθοδέσμη *nf* nosegay, bouquet.
ανθοδοχείο *nn* vase.
ανθοκόμος *nm* florist.
ανθοκομία *nf* floriculture.
ανθολογία *nf* anthology.
ανθοπωλείο *nn* florist's, flower shop.
ανθοπώλης *nm* florist.
άνθος *nn* flower, (*δέντρου*) bloom, blossom || *μτφ.* flower, pick, prime.
ανθότυρο *nn* cream cheese.
ανθρακαποθήκη *nf* coal cellar / yard.
άνθρακας *nm* coal, charcoal.
ανθρακικός *adj* carbonic.
ανθρακίτης *nm* anthracite.
ανθρακωρυχείο *nn* coal-mine, colliery.
ανθρακωρύχος *nm* coalminer, collier.
ανθρωπεύω *vt* civilize, lick into shape || *vi* become civilized.
ανθρωπιά *nf* compassion || civility.
ανθρώπινος *adj* human.
ανθρωπινός *adj* humane, decent, civil.
ανθρωπισμός *nm* humanism.
ανθρωπιστής *nm* humanist || humanitarian.
ανθρωπιστικός *adj* humanistic.
ανθρωποθάλασσα *nf* huge crowd.
ανθρωποθυσία *nf* human sacrifice.
ανθρωποκτονία *nf* homicide, murder || ~ *εξ αμελείας*, manslaughter.
ανθρωπολογία *nf* anthropology.
ανθρωπολόγος *nm* anthropologist.
άνθρωπος *nm* man, person, chap, individual || *pl* people.
ανθρωπότητα *nf* mankind, humanity, human race.
ανθρωποφαγία *nf* cannibalism.
ανθρωποφάγος *nm* cannibal, man-eater.
ανθυγιεινός *adj* unhealthy, unwholesome.

ανθυπασπιστής *nm* warrant officer.
ανθυπολοχαγός *nm* second lieutenant.
ανθυποπλοίαρχος *nm* sublieutenant.
ανθυποσμηναγός *nm* pilot officer.
ανία *nf* boredom, tedium.
ανιαρός *adj* boring, dull, tedious.
ανίατος *adj* incurable.
ανίδεος *adj* ignorant ‖ unsuspecting.
ανιδιοτέλεια *nf* unselfishness, altruism.
ανιδιοτελής *adj* unselfish, disinterested.
ανίερος *adj* sacrilegious, ungodly.
ανικανοποίητος *adj* unsatisfied.
ανίκανος *adj* unable, incapable ‖ incompetent, inefficient ‖ *σεξουαλ.* impotent ‖ *στρατ.* ineffective.
ανικανότητα *nf* inability ‖ incompetence ‖ impotence ‖ ineffectiveness.
ανίκητος *adj* unbeaten ‖ unbeatable, invincible, unconquerable.
ανιόντες *nm pl* line of ascent, ascendants.
ανισορροπία *nf* imbalance ‖ unbalance.
ανισόρροπος *adj* unbalanced ‖ barmy, batty.
άνισος *adj* unequal ‖ unfair.
ανισότητα *nf* inequality ‖ unfairness.
ανιστορώ *vt* relate, recount.
ανίσχυρος *adj* powerless, impotent ‖ *νομ.* null and void, invalid.
ανίσως *conj* if.
άνιπτος *adj* unwashed.
ανίχνευση *nf* detection ‖ tracking, trailing ‖ *στρατ.* scouting, reconnaissance.
ανιχνευτής *nm* detector ‖ scout.
ανιχνεύω *vt* detect ‖ trace, track ‖ scan, search ‖ *στρατ.* scout.
ανίψια *nn pl* nephews and nieces.
ανοδικός *adj* upward ‖ *ηλεκτρ.* anodic.
άνοδος *nf* ascension, going up, rising, increase ‖ *ηλεκτρ.* anode.
ανοησί·α *nf* foolishness, stupidity ‖ *pl* ~ες, nonsense, rubbish.
ανόητος *adj* foolish, stupid, silly, daft ▣ *nm* fool.
ανόθευτος *adj* pure, unadulterated.
άνοιγμα *nn* opening, aperture.
ανοίγω *vti* open [up/out] ‖ *(φως, κλπ.)* turn on, switch on.
ανοικοδόμηση *nf* reconstruction.
ανοικοδομώ *vt* reconstruct, rebuild.
ανοικοκύρευτος *adj* untidy, disorganized.
ανοικονόμητος *adj* unwieldy ‖ ungainly ‖ unbearable.
άνοιξη *nf* spring.
ανοιξιάτικος *adj* spring.
ανοιχτήρι *nn* opener.
ανοιχτόκαρδος *adj* open-hearted.
ανοιχτόμυαλος *adj* broad-minded.
ανοιχτός *adj* open ‖ overt ‖ *(χρώμα)* light ‖ *(φως, κλπ.)* on.
ανοιχτοχέρης *adj* generous.

ανοιχτόχρωμος *adj* light-coloured.
ανομβρία *nf* drought.
ανόμημα *nn* sin, offence.
ανομία *nf* lawlessness ‖ offence.
ανομοιόμορφος *adj* dissimilar ‖ unequal.
ανόμοιος *adj* different, unlike.
ανομοιότητα *nf* difference, dissimilarity.
άνομος *adj* illegal, lawless.
ανοξείδωτος *adj* stainless, rustless.
ανόργανος *adj* inorganic.
ανοργάνωτος *adj* unorganized.
ανόργωτος *adj* unploughed.
ανορεξία *nf* lack/loss of appetite ‖ low spirits, listlessness.
ανόρεχτος *adj* with no appetite ‖ low-spirited ‖ half-hearted.
ανορθογραφία *nf* misspelling ‖ *μτφ.* jarring note, eyesore.
ανορθόδοξος *adj* unorthodox ‖ off-beat.
ανορθών·ω *vt* lift up, restore, rear ‖ ~ομαι, straighten oneself up ‖ *οικον.* recover.
ανόρθωση *nf* rearing ‖ recovery.
ανόρυξη *nf* excavation.
ανοσία *nf* immunity.
ανόσιος *adj* sacrilegious, unholy.
ανοσιούργημα *nn* sacrilege.
άνοστος *adj* tasteless ‖ insipid.
ανούσιος *adj* insipid, dull.
ανοχή *nf* tolerance ‖ *μηχ.* margin, clearance ‖ *οίκος* ~ς, brothel.
ανοχύρωτος *adj* unfortified.
ανταγωνίζομαι *vt* compete, rival ‖ antagonize, oppose.
ανταγωνισμός *nm* competition, rivalry ‖ opposition.
ανταγωνιστής *nm* competitor ‖ opponent.
ανταγωνιστικός *adj* competitive.
ανταγωνιστικότητα *nf* competitiveness.
ανταλλαγή *nf* exchange ‖ barter, swap.
αντάλλαγμα *nn* exchange, return.
ανταλλακτικό *nn* spare/replacement part.
ανταλλάσσω *vt* exchange ‖ barter, swap.
αντάμα *adv* together.
ανταμείβω *vt* reward, recompense.
ανταμοιβή *nf* reward, return.
ανταμώνω *vt* meet, join ‖ fall in with.
αντάμωση *nf* meeting.
αντανάκλαση *nf* reflection.
αντανακλαστικό *nn* reflex.
αντανακλαστικός *adj* reflective, reflecting.
αντανακλώ *vt* reflect.
αντάξιος *adj* worthy of, equal to, up to.
ανταπαίτηση *nf* counterclaim.
ανταπάντηση *nf* retort, repartee.
ανταπαντώ *vt* retort, reply.
ανταπεργία *nf* lockout.
ανταπόδειξη *nf* counter-evidence.
ανταποδίδω *vt* return, repay, reciprocate.
ανταπόδοση *nf* return, reciprocation, re-

taliation, retribution.

ανταποκρίνομαι *vi* correspond, tally ‖ reciprocate ‖ be equal to, come/be up to.

ανταπόκριση *nf* correspondence ‖ response ‖ *(τραίνου)* connection.

ανταποκριτής *nm* correspondent, reporter.

αντάρα *nf* mist, fog ‖ storm ‖ uproar.

ανταρκτική *nf* the Antarctic.

ανταρσία *nf* mutiny, sedition, insubordination, revolt, rebellion.

αντάρτης *nm* guerilla, partisan, rebel.

αντάρτικος *adj* partisan ‖ rebellious.

αντασφάλεια *nf* reinsurance.

ανταύγεια *nf* glow, brilliance, shimmer.

άντε *interj* go ‖ indeed!

αντέγκληση *nf* recrimination.

αντεθνικός *adj* unpatriotic.

αντεισήγηση *nf* counter-proposal.

αντεκδίκηση *nf* reprisal, retaliation.

αντεκδικούμαι *vt* revenge, retaliate.

αντένα *nf* antenna, aerial.

αντενεργώ *vi* counteract.

αντεπανάσταση *nf* counterrevolution.

αντεπαναστάτης *nm* counterrevolutionary.

αντεπεξέρχομαι *vi* cope, manage, be up to, be equal to.

αντεπίθεση *nf* counterattack.

αντεπιστημονικός *adj* unscientific.

αντεραστής *nm* rival [in love].

αντεργατικός *adj* anti-labour, anti-union.

αντέρεισμα *nn* buttress.

άντερο *nn* intestine.

αντέφεση *nf* counter-appeal.

αντέχω *vt* bear, stand, endure ‖ hold out ‖ withstand ‖ last, wear.

αντζούγια *nf* anchovy.

αντηλιά *nf* glare.

αντήχηση *nf* echo, reverberation.

αντηχώ *vi* echo, reverberate ‖ ring, resound ‖ cling, jangle.

αντί *prep* instead of, for, as ◼ *nn* beam ◼ *prefix* counter—, anti—.

αντιαεροπορικός *adj* antiaircraft.

αντιαρματικός *adj* antitank.

αντιβαίνω *vt* be contrary/opposed to, go/be against, clash with.

αντιβαλλιστικός *adj* antiballistic.

αντίβαρο *nn* counterweight.

αντιβασιλεία *nf* regency.

αντιβασιλέας *nm* regent, viceroy.

αντιβασιλικός *adj* antiroyalist.

αντιβασίλισσα *nf* vicereine, vicequeen.

αντιβιοτικό *nn* antibiotic.

αντιγνωμία *nf* dissent.

αντιγραφέας *nm* copyist.

αντιγραφή *nf* copying, transcription ‖ *σχολ.* cheating.

αντίγραφο *nn* copy ‖ fake, transcript, model ‖ replica, reproduction.

αντιγράφω *vt* copy [out], transcribe ‖ duplicate, reproduce ‖ *σχολ.* cheat.

αντιδημοτικός *adj* unpopular.

αντίδι *nn* chicory, endive.

αντίδικος *nm* litigant, opposing party.

αντίδοτο *nn* antidote.

αντίδραση *nf* reaction ‖ opposition.

αντιδραστήρας *nm* reactor.

αντιδραστικός *nm*, *adj* reactionary.

αντιδρώ *vi* react, respond ‖ counteract.

αντίδωρο *nn* εκκλ. holy bread.

αντιεπαγγελματικός *adj* unprofessional.

αντιεπιστημονικός *adj* unscientific.

αντιζηλία *nf* rivalry.

αντίζηλος *nm* rival.

αντιθαμπωτικός *adj* antiglow.

αντίθεση *nf* antithesis, opposition, antagonism ‖ contrast, clash.

αντίθετα *adv* on the contrary ‖ ~ από/με, unlike, contrary to, as opposed to, in contrast to/with.

αντίθετο *nn* opposite, contrary.

αντίθετος *adj* opposite, contrary ‖ *είμαι* ~ με, be opposed to.

αντίκα *nf* antique, curio.

αντικαγκελάριος *nm* vice-chancellor.

αντικαθεστωτικός *nm* dissenter.

αντικαθιστώ *vt* substitute for, replace, deputy for ‖ supplant ‖ relieve.

αντικαθρεφτίζω *vt* reflect, mirror.

αντικανονικός *adj* irregular, wrong.

αντικαταβολή *nf* στη φρ. επί ~, cash on delivery.

αντικατασκοπεία *nf* counter-espionage.

αντικατασταίνω *vt* ⇒ ΑΝΤΙΚΑΘΙΣΤΩ

αντικατάσταση *nf* substitution, replacement.

αντικαταστάτης *nm* substitute, supply ‖ deputy ‖ *(σκοπού)* relief ‖ *(ηθοποιού)* understudy.

αντικατοπτρισμός *nm* mirage, reflection.

αντίκειμαι *vi* be contrary/opposed to.

αντικειμενικός *adj* objective, dispassionate ‖ impartial, unbiased.

αντικειμενικότητα *nf* objectivity.

αντικείμενο *nn* object ‖ article, thing ‖ topic, subject.

αντικίνητρο *nn* disincentive.

αντικλείδι *nn* passkey, master-key.

αντίκλητος *nm* attorney.

αντικοινωνικός *adj* antisocial, unsocial.

αντικομμουνισμός *nm* anticommunism.

αντικονφορμιστής *nm* non-conformist.

αντικρίζω *vt* see, face ‖ come in view of, come into view.

αντικρινός *adj* opposite, facing.

αντικριστά *adv* opposite/facing each other.

αντικρούω *vt* refute, confute, meet.

αντίκρυ *adv* facing, opposite, across the

way.

αντικρυστής *nm* χρημ. stock-jobber.

αντίκτυπος *nm* impact, repercussion, effect.

αντικυκλώνας *nm* high, anticyclone.

αντιλαϊκός *adj* unpopular || anti-popular.

αντίλαλος *nm* reverberation, echo.

αντιλαλώ ⇒ ΑΝΤΗΧΩ

αντιλαμβάνομαι *vti* understand, grasp || make out, sense || realize, be aware || notice, see, hear.

αντιλέγω *vi* contradict, object.

αντιληπτός *adj* perceptible || audible || discernible || comprehensible.

αντίληψη *nf* perception, conception, understanding || view, opinion || quickness of mind.

αντιλογία *nf* contradiction.

αντιλόπη *nf* antelope.

αντιμάμαλο *nn* undertow, backwash.

αντιμάχομαι *vti* fight/struggle against.

αντιμαχόμενος *adj* ambivalent, warring.

αντιμεθαύριο *adv* in three days.

αντίμετρο *nn* reprisal, retaliation.

αντιμετωπίζω *vt* confront, face || cope with, be equal to, meet.

αντιμετώπιση *nf* coping with, facing.

αντιμέτωπος *adj* facing, confronting || έρχομαι ~, come face to face.

αντιμιλώ *vi* contradict, answer back.

αντιμισθία *nf* pay, salary, fee.

αντιμόνιο *nn* antimony.

αντιναύαρχος *nm* vice-admiral.

αντινομία *nf* contradiction, paradox.

αντίξοος *adj* adverse, unfavourable.

αντίο *nn* good-bye, cheerio, bye-bye.

αντιοικονομικός *adj* uneconomical.

αντιολισθητικός *adj* antiskid, non-skid.

αντιπάθεια *nf* dislike, aversion.

αντιπαθητικός *adj* antipathetic, disagreeable, unlikeable || detestable.

αντιπαθώ *vt* dislike, take a dislike to, not care for, have no use for.

αντιπαλεύω *vt* wrestle, contend.

αντίπαλος *nm* opponent, adversary || rival, competitor || enemy.

αντιπαραβάλλω *vt* check up on, compare.

αντιπαραθέτω *vt* juxtapose.

αντιπαρασιτικός *adj* antistatic.

αντιπαράσταση *nf* cross-examination || φέρνω κπ σε ~ με, confront sb with.

αντιπαρατάσσω *vt* line up, marshal, array.

αντιπαρέρχομαι *vt* escape || ignore, pass over, take no notice of, dismiss.

αντιπατριωτικός *adj* unpatriotic.

αντίπερα *adv* across, on the other side.

αντιπερισπασμός *nm* diversion.

αντιπληθωριστικός *adj* deflationary.

αντιπλοίαρχος *nm* πολεμ. ναυτ. lieutenant commander || εμπ. ναυτ. first mate.

αντιποίηση *nf* usurpation, encroachment.

αντίποινα *nn pl* reprisals, retaliation.

αντιπολίτευση *nf* opposition.

αντίπραξη *nf* opposition || competition.

αντιπρόεδρος *nm* vice-president, vice-chairman.

αντιπρόπερσι *adv* three years ago.

αντιπροσωπεία *nf* delegation, deputation || Εθνική Α~ , National Assembly.

αντιπροσώπευση *nf* representation.

αντιπροσωπευτικός *adj* representative.

αντιπροσωπεύω *vt* represent, stand for.

αντιπρόσωπος *nm* representative || proxy.

αντιπρόταση *nf* counter-proposal.

αντιπροτείνω *vt* propose/offer in return.

αντιπροχθές *adv* three days ago.

αντιπρύτανης *nm* vice-rector.

αντιπτέραρχος *nm* ΗΠΑ Air Marshal.

αντιπυρετικός *adj* antipyretic.

αντίρρηση *nf* objection.

αντιρρησίας *nm* objector, dissenter.

αντίρροπο *nn* counterweight.

αντίρροπος *adj* opposite, counterbalancing.

αντισεισμικός *adj* antiseismic.

αντισημιτισμός *nm* anti-Semitism.

αντισηπτικ·ό *nn* (*adj* ~ός) antiseptic.

αντισμήναρχος *nm* wing commander.

αντισταθμίζω *vt* counterbalance || make up for || set off, offset.

αντιστάθμισμα *nn* compensation, offset.

αντισταθμιστικός *adj* countervailing.

αντίσταση *nf* resistance || opposition.

αντιστέκομαι *vi* resist || defy, stand up to.

αντιστήριγμα *nn* support, prop, buttress.

αντίστιξη *nf* counterpoint.

αντιστοιχία *nf* correspondence.

αντίστοιχ·ος *adj* corresponding, equivalent, respective || ~ως, respectively.

αντιστοιχώ *vi* correspond, tally.

αντιστρατεύομαι *vti* conflict/clash with, go against, be opposed to.

αντιστράτηγος *nm* lieutenant-general.

αντιστρέφω *vt* invert || reverse || twist.

αντιστροφή *nf* inversion || reversal.

αντίστροφ·ος *adj* inverse, reverse, opposite || ~η μέτρηση, count-down || ~ως, vice versa.

αντιστύλι *nn* mainstay, prop.

αντισυλληπτικό *nn* contraceptive.

αντισυνταγματάρχης *nm* lieutenant-colonel.

αντισυνταγματικός *adj* unconstitutional.

αντίσωμα *nn* ιατρ. antibody.

αντισφαίριση *nf* lawn tennis.

αντιτάσσω *vt* oppose, object || ~ άρνηση, refuse || ~ βέτο, veto.

αντιτείνω *vti* object.

αντιτετανικός *adj* antitetanic.

αντιτίθεμαι *vi* object, be opposed to.
αντίτιμο *nn* price || ~ *εισιτηρίου*, fare.
αντιτορπιλλικό *nn* destroyer.
αντίτυπο *nn* copy.
αντίφαση *nf* contradiction, inconsistency.
αντιφάσκω *vi* contradict oneself.
αντιφασιστικός *adj* antifascist.
αντιφατικός *adj* contradictory, inconsistent, conflicting.
αντιφεγγιά *nf* glow, gleam.
αντίχειρας *nm* thumb.
αντίχριστος *nm* the Antichrist.
αντιψυκτικό *nn* antifreeze.
αντλία *nf* pump.
αντλώ *vt* pump, tap, draw [on] || *μτφ.* derive.
αντοχή *nf* resistance, stamina, endurance, *(υλικά)* strength, *(ρούχα)* wear.
αντράκλα *nf* purslane.
άντρας *nm* man || husband.
αντρειωμένος *adj* brave, fearless.
αντρειοσύνη *nf* bravery, gallantry.
αντρίκειος *adj* manly, manlike, virile.
άντρο *nn* den, lair || retreat.
αντρογυναίκα *nf* virago, masculine woman.
αντρόγυνο *nn* ⇒ ΑΝΔΡΟΓΥΝΟ
αντροπαρέα *nf* stag-party.
άντυτος *adj* not dressed.
αντωνυμία *nf* pronoun.
ανυδρία *nf* drought, aridity.
άνυδρος *adj* dry, arid, parched.
ανυπακοή *nf* disobedience, insubordination.
ανυπάκουος *adj* disobedient, insubordinate.
ανύπαντρος *adj* unmarried, single ▣ *nm* bachelor.
ανύπαρκτος *adj* non-existent.
ανυπαρξία *nf* nothingness, non-existence.
ανυπεράσπιστος *adj* defenceless || unprotected.
ανυπέρβλητος *adj* insurmountable || unrivalled, unequalled.
ανυπερθέτως *adv* without fail.
ανυπόγραφος *adj* unsigned.
ανυπόκριτος *adj* unfeigned, undisguised.
ανυπόληπτος *adj* disreputable.
ανυποληψία *nf* disrepute, discredit.
ανυπολόγιστος *adj* incalculable, inestimable.
ανυπομονησία *nf* impatience || eagerness.
ανυπόμονος *adj* impatient || eager.
ανυπομονώ *vi* be impatient || be eager /anxious, look forward to.
ανύποπτος *adj* unsuspected || unsuspecting, unsuspicious.
ανυπόστατος *adj* unreal || unfounded.
ανυποστήριχτος *adj* untenable.
ανυπότακτος *adj* unruly, intractable ▣

nm *στρατ.* draft-dodger.
ανυποταξία *nf* *στρατ.* draft evasion.
ανυπόφορος *adj* unbearable, intolerable.
ανυποχώρητος *adj* uncompromising.
ανυποψίαστος *adj* unsuspecting.
ανυστερόβουλος *adj* disinterested, selfless.
ανυφαντής *nm* (*nf* ανυφάντρα) weaver.
ανυψών-ω *vt* raise, lift up, hoist, elevate || ~ομαι, rise, climb.
ανύψωση *nf* rise, hoisting, ascent.
άνω *adv* over, above, upper || ~ *ποταμών*, preposterous || ~ *τελεία*, semicolon.
ανώδυνος *adj* painless.
άνω-κάτω *adv* upset, in a fluster || upside-down, topsy-turvy, at sixes and sevens, in a mess.
ανωμαλία *nf* anomaly, irregularity, unevenness || abnormality.
ανώμαλος *adj* irregular, uneven, rugged || abnormal || anomalous || *αθλ.* ~ *δρόμος*, cross-country race.
ανωνυμία *nf* anonymity.
ανώνυμος *adj* anonymous, unnamed.
ανώριμος *adj* unripe || immature.
ανώτατος *adj* highest, top || supreme || maximum || ~ *άρχοντας*, sovereign.
ανώτερ-ος *adj* high, higher || superior || upper || ~*α βία*, force majeure.
ανωτερότητα *nf* superiority || nobility.
ανωτέρω *adv* above.
ανώφελα *adv* uselessly, in vain.
ανώφελος *adj* useless, vain.
άξαφνα *adv* suddenly.
αξεδιάλυτος *adj* insoluble || inextricable.
άξενος *adj* inhospitable, forbidding.
αξεπέραστος *adj* insuperable, unrivalled.
αξεσουάρ *nn* accessory.
άξεστος *adj* uncouth, coarse, rude.
αξετίμητος *adj* invaluable, priceless.
αξέχαστος *adj* unforgettable.
αξία *nf* value, worth || price || merit || *pl* securities, stock.
αξιαγάπητος *adj* lovable.
αξιέπαινος *adj* praiseworthy.
αξίζω *vi* be worth, deserve, merit.
αξίνα *nf* pickaxe, mattock.
αξιοδάκρυτος *adj* pitiable, deplorable.
αξιοζήλευτος *adj* enviable.
αξιοθαύμαστος *adj* admirable.
αξιοθέατα *nn pl* sights.
αξιοθρήνητος *adj* sad, sorry, deplorable.
αξιοκατάκριτος *adj* blameworthy.
αξιοκαταφρόνητος *adj* despicable.
αξιοκρατία *nf* meritocracy.
αξιολάτρευτος *adj* adorable.
αξιολόγηση *nf* appreciation.
αξιόλογος *adj* remarkable, major.
αξιολύπητος ⇒ ΑΞΙΟΔΑΚΡΥΤΟΣ
αξιόμαχος *adj* well-trained, effective.

αξιομνημόνευτος *adj* memorable.
αξιοπαρατήρητος *adj* striking, noteworthy.
αξιοπερίεργος *adj* uncommon, curious.
αξιοπιστία *nf* credibility.
αξιόπιστος *adj* credible, reliable.
αξιοποίηση *nf* development || exploitation || turning to account.
αξιόποινος *adj* punishable, criminal.
αξιοποιώ *vt* develop || exploit || utilize, turn to advantage / account.
αξιοπρέπεια *nf* dignity, self-respect.
αξιοπρεπής *adj* dignified.
αξιοπρόσεχτος *adj* remarkable, noticeable.
άξιος *adj* deserving, worthy of || capable, fit.
αξιοσέβαστος *adj* venerable.
αξιοσημείωτος ⇒ ΑΞΙΟΠΡΟΣΕΧΤΟΣ
αξιότιμος *adj* honourable.
αξιόχρεος *adj* solvent.
αξίωμα *nn* office, dignity || maxim, tenet || axiom, postulate.
αξιωματικός *nm* officer || εμπ. ναυτ. mate.
αξιωματούχος *nm* dignitary, official.
αξιών·ω *vt* demand, claim || ~ομαι vi be fortunate, manage, be able to.
αξίωση *nf* demand, claim.
αξόδευτος *adj* unsold || unspent.
άξονας *nm* axis || μηχ. axle, hub || μτφ. pivot, hub, keystone.
αξούριστος *adj* not shaved, unshaven.
άοκνος *adj* tireless, assiduous.
αόμματος *adj* blind.
άοπλος *adj* unarmed.
αόρατος *adj* invisible, unseen.
αοριστία *nf* vagueness, ambiguity.
αοριστολογίες *nf pl* generalities.
αοριστολογώ *vi* be vague about.
αόριστος *adj* vague, indefinite, dim 🔲 *nm* aorist, preterite.
αορτή *nf* ιατρ. aorta.
αορτήρας *nm* strap, shoulder-belt.
άοσμος *adj* scentless, odourless.
απαγγελία *nf* recitation.
απαγγέλλω *vt* recite || ~ *κατηγορία εναντίον κάποιου*, charge sb.
απαγκιστρώνω *vt* unhook || disengage.
απαγκίστρωση *nf* disengagement, extrication.
απαγόρευση *nf* prohibition || restriction || ban || embargo || ~ *της κυκλοφορίας*, curfew.
απαγορευτικός *adj* prohibitive.
απαγορεύω *vt* prohibit, forbid, bar || embargo || ban || νομ. incapacitate.
απαγχονίζω *vt* hang.
απαγχονισμός *nm* hanging.
απάγω *vt* kidnap || abduct || elope.
απαγωγέας *nm* kidnapper, abductor.
απαγωγή *nf* kidnapping, abduction.

απαθανατίζω *vt* immortalize.
απάθεια *nf* apathy, indifference || composure.
απαθής *adj* apathetic, indifferent || cool.
απαίδευτος *adj* uneducated.
απαισιοδοξία *nf* pessimism, gloom.
απαισιόδοξος *adj* pessimistic, gloomy.
απαίσιος *adj* awful, ghastly, horrible.
απαίτηση *nf* demand, claim || pretension || *pl* requirements.
απαιτητικός *adj* demanding, exacting || hard to please || fussy.
απαιτητός *adj* due.
απαιτούμενος *adj* requisite, necessary.
απαιτώ *vt* demand, claim || require, call for || *(για χρόνο)* take.
άπαιχτος *adj* θεάτρ. unperformed.
απαλάμη *nf* palm.
απαλείφω *vt* delete, take / cross out.
απαλλαγή *nf (αθώωση)* acquittal, *(εξαίρεση)* exemption, *(από υποχρέωση)* release, discharge, *(από καθήκοντα)* dismissal, discharge, *(από δεινά)* deliverance.
απαλλαγμένος *adj* free from, clear of.
απαλλάσσω *vt (εξαιρώ)* exempt, excuse || *(από υποχρέωση)* release, discharge, relieve || *(από κόπο)* save, spare || *(από δεινά)* deliver, free || *(αθωώνω)* acquit, clear.
απαλλοτριώνω *vt* expropriate.
απαλλοτρίωση *nf* expropriation.
απαλός *adj* soft, smooth || gentle || *(χρώμα)* pale, light.
απαλότητα *nf* softness || gentleness.
απαλύνω *vt* soften, tone down || temper, alleviate, ease.
απαμβλύνω *vt* dull, blunt, ease.
απάνεμος *adj* lee[ward].
απάνθισμα *nn* selection, anthology.
απανθρακώνω *vt* char, burn up / down.
απανθρωπία *nf* inhumanity, cruelty.
απάνθρωπος *adj* inhuman, cruel, savage.
άπαντα *nn pl* complete works.
απαντέχω *vti* hope for, expect, wait.
απάντηση *nf* answer, reply, response.
απαντοχή *nf* hope, expectation.
απαντώ *vt* answer, reply || meet with, come across / upon.
απάνω ⇒ ΕΠΑΝΩ
απανωτ·ός *adj* successive || ~ά *adv* running, in succession.
άπαξ *adv* once || ~ *και διά παντός*, once and for all.
απαξάπαντες *pl* one and all.
απαξία *nf* demerit.
απαξιώ[νω] *vi* not deign, scorn.
απαράβατος *adj* inviolable || inviolate.
απαραβίαστος *adj* intact, inviolable.
απαράγραπτος *adj* inalienable.

απαράδε·κτος (και ~χτος) adj unacceptable || inadmissible || impossible.

απαραίτητ·ος adj indispensable, necessary, essential || τα ~α, necessaries.

απαράλλαχτος adj identical.

απαράμιλλος adj unrivalled, rare, incomparable.

απαράσκευος adj unprepared.

απαρατήρητος adj unobserved, unnoticed.

απαρέγκλιτος adj unswerving, undeviating.

απαρέμφατο nn infinitive.

απαρηγόρητος adj inconsolable.

απαρίθμηση nf enumeration.

απαριθμώ vt enumerate, count, recite.

απάρνηση nf renunciation.

απαρνούμαι vt renounce, disown, deny.

απαρτία nf quorum.

απαρτίζ·ω vt compose, make up, constitute, form || vi ~ομαι, consist of.

απαρχαιωμένος adj antiquated, obsolete.

απαρχή nf outset || μτφ. threshold.

απασχολημένος adj busy, engaged, at work || preoccupied.

απασχόληση nf employment, job, work || occupation || distraction || preoccupation.

απασχολώ vt employ, occupy, engage || detain, take up one's time || bother, trouble || disturb, interrupt.

απατεώνας nm cheat, crook, fraud.

απάτη nf fraud, trick, deceit, hoax, sharp practice || illusion.

απατηλός adj deceptive || illusive || false || fraudulent, deceitful.

απάτητος adj untrodden, pathless.

άπατος adj bottomless.

απατώ vt deceive, delude, cheat, defraud || play false.

απαυδισμένος adj fed up.

απαυτώνω vt χυδ. screw.

άπαχος adj lean, fatless, thin.

απεγνωσμένος adj desperate, frantic.

απέθαντος adj immortal, undying.

απεθνικοποιώ vt denationalize.

απειθάρχητος (και απείθαρχος) adj undisciplined, unruly, insubordinate.

απειθαρχία nf disobedience, insubordination.

απειθαρχώ vi disobey.

απείθεια nf disobedience.

απειθής adj disobedient.

απεικονίζω vt represent, depict, portray.

απεικόνιση nf representation, depiction, portrayal.

απειλή nf threat, menace.

απειλητικός adj threatening, sinister.

απειλώ vt threaten.

απειράριθμος adj countless, innumerable.

απείραχτος adj intact || unteased.

απειρία nf inexperience || infinitude.

άπειρο nn infinity.

απειροελάχιστος adj infinitesimal.

άπειρος adj inexperienced || infinite.

απεκδύομαι vt στη φρ. ~ πάσης ευθύνης, I wash my hands of it.

απέκκριση nf excretion.

απελαθείς adj deportee.

απέλαση nf deportation.

απελαύνω vt deport, expel.

απελευθερώνω vt free, set free, liberate.

απελευθέρωση nf liberation || freeing, emancipation.

απελευθερωτής nm liberator.

απελευθερωτικός adj liberating, liberation.

απελπίζομαι vi despair [of].

απελπίζω vt drive to despair.

απελπισία nf despair, hopelessness.

απελπισμένος adj desperate, in/of despair.

απελπιστικός adj hopeless, desperate.

απέναντι adv opposite, facing, across the way || towards.

απεναντίας adv on the contrary.

απένταρος adj penniless, broke.

απέξω nn exterior ▣ adv out, outside || ξέρω κτ ~ κι ανακατωτά, know sth inside out/by heart || λέω ~ - ~, hint at.

απέραντος adj vast, immense, boundless.

απεραντοσύνη nf vastness, infinity.

απέραστος adj impassable.

απεργία nf strike, walkout.

απεργός nm striker.

απεργοσπάστης nm blackleg, sl scab.

απεργώ vi strike, be/go on strike.

απερίγραπτος adj untold, indescribable.

απεριόριστος adj unlimited, boundless.

απερίποιητος adj neglected, uncared-for.

απερίσκεπτος adj rash, thoughtless, imprudent, wild, ill-advised.

απερισκεψία nf imprudence, rashness.

απερίσπαστος adj undistracted.

απέριττος adj simple, plain, unadorned.

απερίφραστος adj unequivocal, explicit.

απέρχομαι vi leave, go away.

απεσταλμένος nm envoy, emissary, delegate || δημοσιογρ. correspondent.

απευθείας adv straight, direct[ly].

απευθύνομαι vi apply, be intended for, address, appeal, write/speak/go to.

απευθύνω vt address, direct.

απευκταίος adj undesirable.

απεχθάνομαι vt detest, loathe.

απέχθεια nf aversion, abhorrence.

απεχθής adj repugnant, repulsive.

απέχω vi be far, be at a distance || keep out of, refrain || πολ. abstain.

απηνής adj relentless || unrelenting.

απήχηση *nf* impression, sensation, effect.
απηχώ *vt* echo, be the mouthpiece of.
άπιαστος *adj* at large, elusive.
απίδι *nn* pear.
απίθανος *adj* unlikely, improbable || fantastic.
απιθώνω *vt* put/lay/stick down.
απίστευτος *adj* unbelievable.
απιστία *nf* unfaithfulness, infidelity || disloyalty, perfidy || *νομ*. malpractice.
απίστομα *adv* on one's face/stomach.
άπιστος *adj* unfaithful, false || unbelieving || treacherous ● *nm* infidel, nonbeliever.
απιστώ *vi* be unfaithful/false.
άπλα *nf* spaciousness, roominess.
απλανής *adj* blank, vacant || (*άστρα*) fixed.
άπλετος *adj* abundant.
απληροφόρητος *adj* uninformed.
απλήρωτος *adj* unpaid || (*επιταγή*) bounced.
απλησίαστος *adj* unapproachable || prohibitive || aloof.
απληστία *nf* greed, avidity.
άπληστος *adj* greedy, avid.
απλοϊκός *adj* naive, simple.
απλοϊκότητα *nf* naiveté, simplicity.
απλοποίηση *nf* simplification.
απλοποιώ *vt* simplify.
απλός *adj* simple, plain, ordinary, mere || (*εισιτήριο*) single.
απλότητα *nf* simplicity, plainness.
απλούστατα *adv* [very] simply.
απλοχέρης *adj* generous, open-handed.
απλοχεριά *nf* generosity, largesse.
απλόχωρος *adj* roomy, spacious.
άπλυτος *adj* unwashed, dirty.
άπλωμα *nn* spreading out, stretching, hanging out, unfolding.
απλών-ω (*και* ~ομαι) *vt* spread, stretch /open out, unfold || extend || sprawl out, straggle, spill || (*ρούχα*) hang out || (*χρώμα*) run.
απλώς *adv* simply, merely, only.
απλωτός *adj* outstretched, outspread.
άπνοια *nf* dead calm.
από *prep* from, by, of, since, for, out of, through, with, off, than.
αποβάθρα *nf* wharf, pier || platform.
αποβαίνω *vi* end in, prove.
αποβάλλω *vt* shed || expel || miscarry.
απόβαρο *nn* tare, deadweight.
απόβαση *nf* landing, disembarkation.
αποβιβάζ-ω *vt* land, disembark || (*από όχημα*) put/set down || ~ομαι *vi* get off.
αποβίβαση *nf* landing, disembarkation.
αποβλακώνω *vt* stupefy, make stupid.
αποβλέπω *vi* aim, have sth in view || be

calculated || be after.
απόβλητα *nn pl* waste, sewage, effluent.
απόβλητος *adj* outcast, pariah.
αποβολή *nf* *σχολ*. expulsion || *γυν*. miscarriage.
αποβραδίς *adv* last night, overnight.
απόβρασμα *nn* scum.
απογαλακτισμός *nm* weaning.
απόγειο *nn* apogee || *μτφ*. zenith.
απόγειος *adj* ιδ. ~αύρα, land breeze.
απογειώνομαι *vi* αεροπ. take off.
απογείωση *nf* αεροπ. take-off.
απογεμίζω *vt* fill up.
απόγευμα *nn* afternoon.
απογίνομαι *vi* become of.
απόγνωση *nf* despair, desperation.
απογοήτευση *nf* disappointment, disillusionment, let-down.
απογοητευτικός *adj* disappointing.
απογοητεύω *vt* disappoint, let down, disillusion, discourage.
απόγονος *nm* descendant.
απογραφή *nf* census || stock-taking.
απογυμνώνω *vt* strip, lay bare, divest.
αποδεικνύω ⇒ ΑΠΟΔΕΙΧΝΩ
αποδεικτικό *nn* testimonial, certificate.
απόδειξη *nf* proof || demonstration || evidence || receipt, ticket.
αποδείχνω *vt* prove, establish, evidence, attest, turn out || demonstrate.
αποδεκατίζω *vt* decimate.
αποδέκτης *nm* acceptor || receiver.
αποδεκτός *adj* acceptable || admissible.
αποδελτιώνω *vt* index.
αποδεσμεύω *vt* release || unleash.
αποδέχομαι *vt* accept, agree, accede.
αποδημητικός *adj* migratory.
αποδημία *nf* [e]migration.
απόδημος *nm* emigrant.
αποδημώ *vi* emigrate.
αποδί-δω (*και* ~νω) *vt* attribute, impute || give, render, convey || attach, assign || (*δαπάνες*) reimburse, return, pay back || (*αποφέρω*) yield.
αποδιοπομπαίος τράγος, *φρ*. scapegoat.
αποδιοργανώνω *vt* disorganize, disrupt.
αποδιώχνω *vt* dismiss, chase/turn away.
αποδοκιμάζω *vt* disapprove of, frown upon, condemn || (*αποκηρύσσω*) disavow || (*ομιλητή*) shout down, boo.
αποδοκιμασία *nf* disapproval || *pl* catcalls, shouting, booing.
απόδοση *nf* attribution || rendering || reimbursement || yield, return || *μηχ*. performance, output.
αποδοτέος *adj* attributable.
αποδοτικός *adj* efficient, profitable.
αποδοτικότητα *nf* efficiency, profitability || capacity || (*γης*) yield.
αποδοχές *nf pl* pay, salary, wages.

αποδοχή nf acceptance.
απόδραση nf escape.
αποδυναμώνω vt weaken, sap.
αποδύομαι vi throw oneself into.
αποδυτήριο nn changing-room, cloak-room || αθλ. locker-room.
αποζημιώνω vt compensate, indemnify, make good || make it up, make amends.
αποζημίωση nf indemnification, indemnity, compensation || νομ. damages || (βουλευτή) allowance.
αποζητώ vt yearn for, long for, miss.
απόηχος nm echo || overtone.
αποθαρρυμένος adj discouraged.
αποθάρρυνση nf discouragement, dejection.
αποθαρρύνω vt discourage, daunt.
αποθαυμάζω vt admire.
απόθεμα nn reserve, supply, stock, store || γεωλ. deposit.
αποθεματικό nn reserve [fund].
αποθέτω vt deposit || put down.
αποθεώνω vt cheer frantically, praise to the skies || glorify.
αποθέωση nf apotheosis, frantic cheering, rousing reception.
αποθεωτικός adj ecstatic, triumphant.
αποθήκευση nf storing, storage.
αποθηκεύω vt store [up].
αποθήκη nf store, storehouse, warehouse || shed || barn || stockyard.
αποθηλασμός nm weaning.
αποθηριώνω vt infuriate, enrage.
αποθησαυρίζω vt hoard up || μτφ. treasure.
αποθρασύνση nf insolence, audacity.
αποθρασύν·ω vt make bold/insolent || ~ομαι vi grow bold/insolent.
αποθυμώ vt miss, wish for.
αποικία nf colony.
αποικιακός adj colonial.
αποικίζω vt colonize, settle.
αποικιοκρατία nf colonialism.
αποικιοκράτης nm colonialist.
αποικισμός nm colonization.
άποικος nm settler.
αποκαθιστώ ⇒ ΑΠΟΚΑΤΑΣΤΑΙΝΩ
αποκαλυπτήρια nn pl unveiling || unmasking.
αποκαλυπτικός adj revealing.
αποκαλύπτω vt reveal, disclose, divulge, blurt out || expose, unmask || unveil.
αποκάλυψη nf revelation, disclosure || discovery || unmasking || unveiling.
αποκαλώ vt call, name.
αποκαμωμένος adj exhausted, tired out.
αποκάνω vi get tired of, be fed up with.
αποκαρδιών·ω vt dishearten || ~ομαι vi lose heart, be discouraged.

αποκαρδίωση nf discouragement.
αποκαρδιωτικός adj disheartening, disappointing.
αποκάρωμα nn torpor.
αποκατασταίνω vt restore, reinstate || resettle, re-establish, provide for, rehabilitate || marry || make amends for.
αποκατάσταση nf restoration, reinstatement || resettlement, re-establishment, rehabilitation || marriage || reparation, νομ. restitution.
αποκάτω adv below, under.
αποκεί adv from there, that way.
απόκειται impers v is up to, depends on.
απόκεντρος adj out of the way.
αποκεντρώνω vt decentralize.
αποκέντρωση nf decentralization.
αποκεφαλίζω vt behead.
αποκεφαλισμός nm beheading.
αποκήρυξη nf renunciation, recantation || repudiation.
αποκηρύσσω vt renounce, recant || repudiate, disavow.
αποκλεισμένος adj blocked || surrounded.
αποκλεισμός nm blockade || exclusion, disqualification.
αποκλειστικός adj exclusive.
αποκλείω vt exclude || bar, disqualify || rule out, preclude || blockade || block up, ring about/off, rope off || αποκλείεται να, it's impossible to || αποκλείεται! no way! it's out of the question!
απόκληρος nm outcast, pariah.
αποκληρώνω vt disinherit.
αποκλήρωση nf disinheritance.
αποκλιμάκωση nf de-escalation.
αποκλίνω vi incline || deviate, diverge.
απόκλιση nf divergence, deviation.
αποκόβω vt finish cutting || cut off, cut away || wean || break away.
αποκοιμιέμαι vi fall asleep, drop off.
αποκοιμίζω vt put to sleep || lull.
αποκοιμισμένος adj asleep.
αποκολλώ vt unstick, detach.
αποκομίζω vt carry off || obtain.
απόκομμα nn scrap, cutting, clipping.
αποκοπή nf cutting off || weaning || κατ᾽, by the job/piece.
αποκορύφωμα nn zenith, culmination, climax, height || highlight, heyday.
αποκορυφών·ω vt bring to a head || ~ομαι, culminate, reach a climax/peak.
απόκοσμος adj uncanny, eerie, weird.
αποκοτιά nf foolhardiness.
αποκούμπι nn prop, stay, rest.
απόκρημνος adj steep, abrupt, craggy.
αποκριά nf carnival.

αποκρίνομαι *vt* answer, reply.

απόκριση *nf* answer, reply, response.

απόκρουση *nf* repulse ‖ refutation.

αποκρουστικός *adj* repulsive, repellent.

αποκρούω *vt* repulse, repel, drive back, ward off, beat off ‖ reject, turn down ‖ refute, rebut ‖ disclaim.

αποκρύβω *vt* dissimulate, conceal.

αποκρυπτογράφηση *nf* decoding, deciphering.

αποκρυπτογραφώ *vt* decode, decipher.

αποκρυσταλλώνω *vt* crystallize.

απόκρυφος *adj* occult ‖ cryptic ‖ intimate.

απόκρυψη *nf* concealment.

απόκτημα *nn* acquisition, addition.

αποκτηνώνω *vt* brutalize.

αποκτήνωση *nt* brutalization.

απόκτηση *nf* acquisition, acquirement.

αποκτώ *vt* acquire, get, obtain.

απολαβή *nf* profit, gain ‖ *pl* earnings.

απολαμβάνω *vt* enjoy, relish, savour.

απόλαυση *nf* enjoyment, relish ‖ pleasure, delight, treat, luxury.

απολαυστικός *adj* enjoyable, delightful.

απολαύω *vt* enjoy, take pleasure in.

απολείπω *vt* lack, be in need of.

απολίθωμα *nn* fossil.

απολιθωμένος *adj* fossilized, petrified.

απολίτιστος *adj* uncivilized.

απολογητής *nm* advocate ‖ apologist.

απολογητικός *adj* apologetic.

απολογία *nf* defence, plea.

απολογισμός *nm* account, report, review.

απολογούμαι *vi* defend oneself, excuse oneself, apologize.

απολυμαίνω *vt* disinfect.

απολύμανση *nf* disinfection.

απολυμαντικό *nn* disinfectant.

απόλυση *nf* release ‖ dismissal, discharge.

απολυταρχία *nf* despotism, autocracy.

απολυταρχικός *adj* authoritarian.

απολυτήριο *nn* σχολ. school certificate ‖ στρατ. discharge papers ‖ (από φυλακή) release papers.

απόλυτος *adj* absolute ‖ full, complete, utter ‖ unconditional.

απολυτός *adj* loose.

απολυτρώνω *vt* deliver, redeem.

απολύτρωση *nf* deliverance, redemption.

απολύτως *adv* quite, fully, absolutely, utterly, completely.

απολύω *vt* let loose, release, free ‖ dismiss, fire, sack ‖ στρατ. demob.

απόμακρος *adj* remote.

απομάκρυνση *nf* removal, taking/going away ‖ departure, lapse.

απομακρύν-ω *vt* remove, take/send away ‖ estrange, alienate ‖ ~ομαι *vi* go away, move off.

απομακρυσμένος *adj* faraway, remote.

απόμαχος *nm* veteran.

απομεινάρι *nn* remnant, rump, stub, stump ‖ *pl* scraps, leavings, leftovers.

απομένω *vi* remain, be/have left.

απόμερος *adj* out-of-the-way, secluded.

απομέσα *adv* inside, inwardly.

απομίμηση *nf* imitation, take-off ‖ copy, fake, forgery.

απομιμούμαι *vt* imitate, take off, simulate, copy ‖ fake, forge.

απομνημονεύματα *nn pl* memoirs.

απομνημόνευση *nf* memorizing ‖ (σε κομπιούτερ) storage.

απομνημονεύω *vt* memorize, commit to memory, learn by heart.

απομονωμένος *adj* isolated, secluded.

απομονών-ω *vt* isolate, cut/shut off ‖ τεχν. insulate ‖ ~ομαι *vi* withdraw into oneself.

απομόνωση *nf* isolation, seclusion ‖ (φυλακή) solitary confinement, incommunicado ‖ υγ. quarantine.

απομονωτήριο *nn* isolation ward ‖ (σε φυλακή) solitary confinement cell.

απομονωτικός *adj, nm* isolationist.

απομονωτισμός *nm* isolationism.

απομυζώ *vt* suck [dry].

απομυθοποιώ *vt* demystify.

απονεκρώνω *vt* deaden.

απονέμω *vt* bestow, award, confer.

απονενοημένος *adj* desperate.

απόνερα *nn pl* (πλοίου) wake.

απονήρευτος *adj* naive, artless, candid.

απονιά *nf* heartlessness.

απονομή *nf* bestowal.

άπονος *adj* heartless, unfeeling.

αποξένωση *nf* alienation.

αποξενώνω *vt* estrange, alienate.

αποξήρανση *nf* draining, drying.

απόξω ⇒ ΑΠΕΞΩ

αποπαίρνω *vt* tell off, bully.

αποπάνω *adv* on top [of], over, above, overhead.

απόπατος *nm* privy, latrine.

απόπειρα *nf* attempt, try, go.

αποπειρώμαι *vi* attempt, try.

αποπέμπω *vt* send/turn away, dismiss.

αποπεράτωση *nf* completion.

αποπερατώνω *vt* complete, finish.

αποπίσω *adv* behind, after.

αποπλάνηση *nf* seduction.

αποπλανώ *vt* seduce.

αποπλέω *vi* [set] sail, put to sea, put off.

αποπληξία *nf* apoplexy, stroke.

αποπληρώνω *vt* pay up, settle up.

απόπλυμα *nn* wash, dishwater, slops.

αποπνέω *vt* exhale, give off, send out.

αποπνικτικός *adj* suffocating, choking ‖ stuffy, sultry.

απόπνοια *nf* exhalation.
αποποίηση *nf* refusal.
αποποιούμαι *vt* refuse, decline.
αποπομπή *nf* expulsion, ousting, dismissal.
αποπροσανατολίζ-ω *vt* disorientate ‖ ~ομαι, lose one's bearings.
αποπροσανατολισμός *nm* disorientation.
απορημένος *adj* baffled, puzzled, wondering.
απόρθητος *adj* impregnable.
απορία *nf* poverty ‖ question, query ‖ wonder, puzzlement.
άπορος *adj* poor, needy ◙ *nm* pauper.
απορρέω *vi* rise, spring, emanate.
απόρρητον *nn* secret, secrecy, privacy.
απόρρητος *adj* confidential, secret.
απορρίμματα *nn pl* litter, refuse, trash, rubbish, scraps, dumps.
απορρίπτω *vt* reject, turn down, refuse ‖ *σχολ.* fail ‖ *νομ.* dismiss, overrule.
απορρίχνω *vt (για έγκυο)* miscarry.
απόρριψη *nf* rejection, failure ‖ dismissal ‖ jettison, tipping.
απόρροια *nf* result, outcome, consequence.
απορρόφηση *nf* absorption ‖ sucking up.
απορροφημένος *adj* absorbed, engrossed, immersed, wrapped up in.
απορροφητήρας *nm* kitchen-hood.
απορροφώ *vt* absorb, suck up, soak up ‖ immerse, engross.
απορρυπαντικό *nn* detergent.
απορώ *vi* wonder, marvel, be puzzled/perplexed/bewildered.
αποσαφηνίζω *vt* clarify, make clear.
απόσβεση *nf* *οικον.* amortization ‖ *λογιστ.* depreciation.
αποσβολώνω *vt* stun, daze, stagger.
αποσείω *vt* shake off.
αποσιωπητικά *nn pl* dots [to mark omission].
αποσιωπώ *vt* hush up, conceal, keep back, pass in silence.
αποσκευές *nf pl* luggage, baggage.
αποσκίρτηση *nf* defection, desertion.
αποσκιρτώ *vi* defect, break away.
αποσκλήρυνση *nf* water-softening.
αποσκοπώ *vi* aim, be driving/getting at ‖ be intended/meant for.
αποσμητικό *nn* deodorant.
αποσοβώ *vt* avert, ward off, prevent.
απόσπαση *nf* detachment.
απόσπασμα *nn* passage, extract, excerpt ‖ *στρατ.* detachment, party ‖ *εκτελεστικό* ~, firing squad.
αποσπασματικός *adj* fragmentary.
αποσπερίτης *nm* evening star.
αποσπώ *vt* detach ‖ extract ‖ divert, distract, take off ‖ *(με κόλπα)* cajole/wheedle out of ‖ *(βίαια)* tear off/out, wrench, wrest ‖ *(ξεκόβω)* break away

‖ *στρατ.* detach, detail, second ‖ *είμαι αποσπασμένος,* be on secondment.
απόσταγμα *nn* extract, essence, oil ‖ *μτφ.* quintessence.
αποσταίνω *vi* be/get tired.
απόσταξη *nf* distillation.
απόσταση *nf* distance ‖ space ‖ range.
αποστασία *nf* defection, apostasy.
αποστάτης *nn* defector, renegade.
αποστατώ *vi* defect, go over.
αποστειρώνω *vt* sterilize ‖ pasteurize.
αποστείρωση *nf* sterilization.
αποστέλλω *vt* send off, dispatch, consign.
αποστερ-ώ *vt* deprive ‖ ~ούμαι, lose, forefeit, be deprived of.
αποστηθίζω *vt* learn by heart, get off, memorize, know by rote.
απόστημα *nn* abscess.
αποστολέας *nm* sender, consignor.
αποστολή *nf* forwarding, dispatching ‖ shipment, consignment ‖ delegation, mission ‖ expedition ‖ mission, vocation, calling.
αποστολικός *adj* apostolic.
απόστολος *nm* apostle.
αποστομώνω *vt* silence.
αποστραγγίζω *vt (γη)* drain.
αποστρακίζομαι *vi* ricochet.
αποστρατεία *nf* retirement, discharge.
αποστράτευση *nf* discharge.
αποστρατεύω *vt* demob, demobilize ‖ pension off.
απόστρατος *nm* retired officer ‖ veteran.
αποστρέφομαι *vi* detest, hate, abhor.
αποστρέφω *vt* avert, turn away.
αποστροφή *nf* aversion, abhorrence.
απόστροφος *nf* apostrophe.
αποσυμφόρηση *nf* decongestion.
αποσύνδεση *nf* disconnection.
αποσυνδέω *vt* disconnect, disengage.
αποσύνθεση *nf* decomposition, decay ‖ disorganisation.
αποσυνθέτω *vt* decompose, rot ‖ disintegrate, disorganize, break down.
αποσύρ-ω *vt* withdraw ‖ take back, recall ‖ ~ομαι, retire, retreat, withdraw.
αποσφραγίζω *vt* unseal, open.
αποσχίζομαι *vi* secede, break away.
απότακτος *adj* cashiered.
αποταμίευση *nf* saving up.
αποταμιεύω *vt* save [up], set/put by.
αποτάσσω *vt* cashier, discharge.
αποτείν-ω *vt* address ‖ ~ομαι, ask, apply, speak ‖ be meant for.
αποτελειώνω *vt* complete, finish [off].
αποτέλεσμα *nn* result, effect ‖ consequence ‖ outcome, upshot.
αποτελεσματικός *adj* effective, efficient.
αποτελματώνομαι *vi* stagnate, get bogged down.

αποτελμάτωση *nf* stagnation.
αποτελώ-ώ *vt* compose, constitute, make up, form, be ‖ ~ούμαι *vi* consist of.
αποτεφρώνω *vt* cremate, burn to ashes.
αποτίμηση *nf* appraisal, assessment.
αποτιμώ *vt* appraise, assess, evaluate.
αποτινάζω *vt* shake off, throw off.
αποτίω φόρο τιμής *φρ.* pay tribute to.
αποτολμώ *vt* dare, presume, venture.
απότομος *adj* abrupt ‖ sudden, sharp ‖ rude, brusque, gruff ‖ steep.
αποτοξίνωση *nf* detoxification.
αποτραβηγμένος *adj* withdrawn, unsociable.
αποτραβιέμαι *vi* withdraw, step aside.
αποτρέπω *vt* dissuade, deter ‖ avert, prevent, ward off, stave off.
αποτρίχωση *nf* depilation.
αποτριχωτικό *nn* hair-remover.
αποτρόπαιος *adj* outrageous, hideous.
αποτροπή *nf* averting.
αποτροπιασμός *nm* repugnance, revulsion.
αποτροπιαστικός *adj* repulsive.
αποτρώγω *vt* finish eating, eat up.
αποτσίγαρο *nn* butt, cigarette-stub.
αποτύπωμα *nn* print, stamp, imprint.
αποτυπώνω *vt* impress, [im]print, stamp.
αποτυχαίνω *vi* fail, miss, not succeed, fall flat/through, not come off.
αποτυχημένος *adj* failed, unsuccessful ▣ *nm* failure, washout.
αποτυχία *nf* failure, miss ‖ flop.
απουσία *nf* absence ‖ lack.
απουσιάζω *vi* be absent, not attend.
απουσιολόγιο *nn* attendance register.
αποφάγια *nn pl* scraps, leftovers.
αποφαίνομαι *vi νομ.* rule, pronounce.
απόφαση *nf* decision, resolution ‖ νομ. ruling, decree, judgement, verdict.
αποφασίζω *vi* decide, resolve, make up one's mind, pass a resolution ‖ νομ. rule, decree.
αποφασισμένος *adj* decided, determined, resolved, bent on, set on.
αποφασιστικός *adj* decisive, resolute.
αποφασιστικότητα *nf* resolution, decisiveness.
αποφατικός *adj* negative.
αποφέρω *vt* yield, return, bring in.
αποφεύγω *vt* avoid ‖ evade, dodge, shirk ‖ shun ‖ refrain from.
απόφθεγμα *nn* maxim, motto.
αποφθεγματικός *adj* aphoristic.
αποφοίτηση *nf* graduation, school-leaving.
απόφοιτος *nmf* graduate.
αποφοιτώ *vi* graduate, leave school.
αποφόρι *nn* a cast-off garment.
απόφραξη *nf* stoppage, blockage.
αποφυγή *nf* avoidance, evasion.

αποφυλακίζω *vt* release from prison.
αποφυλακιστήριο *nn* release papers.
αποχαιρετισμός *nm* farewell, leave-taking.
αποχαιρετιστήριος *adj* farewell, parting.
αποχαιρετώ *vt* take one's leave, say goodbye ‖ send off, see off.
αποχαλινώνομαι *vi* run riot, run wild.
αποχαλώ *vt* ruin/spoil completely.
αποχαρακτηρίζω *vt* declassify.
αποχαυνώνω *vt* enervate.
αποχαύνωση *nf* torpor, languor.
αποχέτευση *nf* drains, drainage.
απόχη *nf* net.
αποχή *nf* abstention ‖ abstinence.
απόχρεμψη *nf* expectoration.
αποχρωματίζω *vt* discolour.
απόχρωση *nf* shade, tint, hue, nuance.
αποχώρηση *nf* retirement ‖ exit ‖ withdrawal, pull-out, walk-out.
αποχωρητήριο *nn* loo, toilet, washroom.
αποχωρίζ-ω *vt* separate, disconnect ‖ ~ομαι, part [with/from].
αποχωρισμός *nm* separation, parting.
αποχωρώ *vi* leave ‖ retire, withdraw, pull/walk out ‖ break away.
απόψε *adv* this evening, tonight.
άποψη *nf* view ‖ [point of] view, aspect, opinion, angle.
αποψινός *adj* this evening's.
απόψυξη *nf* defrosting.
απραγματοποίητος *adj* unfulfilled, unrealized ‖ unrealizable.
άπρακτος *adj* empty-handed ‖ inactive, idle.
απραξία *nf* inaction, idleness ‖ εμπ. stagnation, slack times.
απρέπεια *nf* impropriety, indecency.
άπρεπος *adj* improper, unbecoming.
Απρίλης *nm* April.
απρόβλεπτος *adj* unforeseen, sudden.
απροειδοποίητος *adj* unwarned, unannounced ‖ uninformed.
απροετοίμαστος *adj* unprepared.
απροθυμία *nf* unwillingness, reluctance.
απρόθυμος *adj* unwilling, reluctant.
απροίκιστος *adj* portionless ‖ ungifted.
απροκάλυπτος *adj* open, outspoken, flat.
απροκατάληπτος *adj* unbiased.
απρόκλητος *adj* unprovoked.
απρομελέτητος *adj* unpremeditated.
απρονοησία *nf* imprudence, improvidence.
απρόοπτος *adj* unexpected.
απροπαράσκευος *adj* unprepared.
απροπόνητος *adj* untrained.
απροσάρμοστος *adj* maladjusted.
απρόσβλητος *adj* unassailable.
απροσγείωτος *adj* unrealistic, romantic.
απροσδιόριστος *adj* indefinite, unspecified.
απροσδόκητος *adj* unexpected, sudden.
απροσεξία *nf* inattention, carelessness,

oversight || **από** ~, inadvertently.

απρόσεχτος adj careless, inattentive.

απρόσιτος adj inaccessible.

απρόσκλητος adj uninvited, unsolicited, unasked.

απρόσκοπτ·ος adj unhindered, free || ~**α**, adv smoothly, without a hitch.

απροσπέλαστος adj impenetrable.

απροσποίητος adj unaffected, unfeigned.

απροστάτευτος adj unprotected, unprovided for || defenceless.

απρόσφορος adj unfavourable, unsuitable, unfit.

απροσχεδίαστος adj not planned in advance.

απροσχημάτιστος adj blunt, flat, unceremonious.

απρόσωπος adj impersonal.

απροφύλαχτος adj off one's guard || undefended, unguarded.

άπταιστος adj fluent, perfect.

απτόητος adj undeterred, undaunted.

απτός adj tangible, palpable.

απύθμενος adj bottomless, abysmal.

απύραυλος adj missile-free.

άπω adv far.

απωθημένα nn pl repressed emotions.

απωθητικός adj unlikeable, off-putting.

απωθώ vt drive back || repulse, repel, put off || ψυχ. repress.

απώλεια nf loss, waste || death || στρατ. pl casualties.

απών (f **απούσα** n **απόν**) adj absent, missing.

απώτατος adj farthest, remotest.

απώτερος adj farther, ulterior.

άρα conj therefore, consequently.

Άραβας nm Arab.

Αραβία nf Arabia.

αραβίδα nf rifle, carbine.

αραβικός adj Arabian, Arabic.

αραβούργημα nn arabesque.

άραγε conj I wonder.

αραγμένος adj at anchor.

αράδα nf line, rank, row ▣ adv continuously || **της** ~**ς**, cheap, common.

αραδιάζω vt line up || heap up, reel off.

αράζω vi anchor, moor || park oneself.

αράθυμος adj testy, tetchy, irascible.

αραιός adj thin, loose || watery || scanty, sparse || rare, infrequent, occasional.

αραιώνω vti thin out, space out, string out || water down, dilute || make/get thin, become rarer.

αρακάς nm fresh peas.

αραμπάς nm ox-cart.

αραξοβόλι nn anchorage || μτφ. haven.

αράπης nm negro || dark-skinned person || bogey.

αραποσίτι nn corn, maize.

αράχνη nf spider || cobweb.

αραχνοΰφαντος adj gossamer, flimsy.

Αρβανίτης nm Albanian.

αρβανίτικος adj Albanian.

αρβύλα nf army boot.

αργά adv slow[ly] || late.

αργαλειός nm loom.

αργαστήρι nn workshop.

αργητα nf delay.

αργία nf idleness || holiday || (ποινή) suspension.

άργιλος nm clay.

αργκό nf slang, jargon.

αργοκίνητος adj slow-moving, sluggish.

αργομισθία nf sinecure.

αργοναύτης nm argonaut.

αργοπορώ vi be long/slow/late, linger, delay, fall/lag behind.

αργός adj slow || idle.

αργόστροφος adj slow on the uptake.

αργόσχολος adj idle, leisured.

αργότερα adv later on, afterwards.

αργυραμοιβός nm money-changer.

αργύρια nn pl silver pieces.

αργυρόηχος adj silvery.

άργυρος nm silver.

αργυρώνητος adj venal, corrupted.

αργώ vi be late/slow/long, delay || be idle/closed.

άρδευση nf irrigation, watering.

αρδεύω vt irrigate, water.

άρδην adv radically, utterly.

αρειμάνιος adj bellicose, blustering.

Άρειος Πάγος Supreme Court of Appeal.

αρεοπαγίτης nm Supreme Court Judge.

αρές-μάρες nf pl hogwash, hot air.

αρεστός adj likeable, pleasing.

αρέσω vti please, delight || (μου αρέσει) like, fancy, care for, go for.

αρετή nf virtue, merit.

αρετσίνωτος adj unresinated.

αρθρίτιδα nf arthritis, gout.

άρθρο nn article, term, clause.

αρθρογράφος nm leader writer.

άρθρωση nf joint || articulation.

αρθρώνω vt articulate, utter.

αρθρωτός adj articulated, jointed.

αρίθμηση nf numbering, count.

αριθμητής nm μαθ. numerator || adding-machine.

αριθμητική nf arithmetic.

αριθμητικός adj arithmetical, numerical.

αριθμομηχανή nf calculator.

αριθμός nm number, figure, digit.

αριθμώ vt number, enumerate, count, (σελίδες) page.

άριος adj Aryan.

άριστα adv very well || excellent, full marks, first class.

αριστείο nn medal, prize.

αριστεριστής *nm* leftist.
αριστερ-ός *adj* left, left-hand ◘ *nm* left-winger ‖ η ∼ά, the left.
αριστεύω *vi* excel.
αριστοκράτης *nm* aristocrat.
αριστοκρατία *nf* aristocracy, nobs, swells.
αριστοκρατικός *adj* aristocratic, distinguished, posh.
άριστος *adj* best, excellent, first rate.
Αριστοτέλης *nm* Aristotle.
αριστοτέχνημα *nn* masterpiece.
αριστοτέχνης *nm* master craftsman ‖ past master.
αριστοτεχνικός *adj* masterly.
αριστούργημα *nn* masterpiece.
αριστουργηματικός *adj* masterly.
αριστούχος *adj* brilliant.
αρκετά *adv* enough ‖ fairly, pretty, quite, sufficiently.
αρκετός *adj* enough, sufficient, adequate ‖ several, quite a few/a bit.
αρκούδα *nf* bear.
αρκουδάκι *nn* bear cub.
αρκούμαι *vi* make do with, confine oneself to, be content with.
αρκτικός *adj* arctic.
άρκτος *nf* bear.
αρκώ *vi* be enough/sufficient ‖ *αρκεί να*, provided, so long as.
αρλεκίνος *nm* harlequin.
αρλούμπα *nf* nonsense, bosh, trash.
άρμα *nn* chariot ‖ tank.
αρμάθα *nf* (*σύκα*) string.
αρμαθιάζω *vt* string.
αρμάρι *nn* drawer, cupboard, wardrobe.
αρματοδρομία *nf* chariot race.
αρματώνω *vt* arm ‖ (*πλοίο*) equip, rig, fit out.
αρματωσιά *nf* arms ‖ suit of armour ‖ rigging.
αρμέγω *vt* milk.
άρμενο *nn* sail ‖ *pl* rigging.
Αρμένης *nm* Armenian.
αρμενίζω *vi* sail ‖ wander.
άρμη *nf* pickling-brine.
αρμόδιος *adj* competent, qualified ‖ responsible.
αρμοδιότητα *nf* competence, responsibility, domain.
αρμόζω *vi* become, fit, suit.
αρμονία *nf* harmony, concord.
αρμόνικα *nf* harmonica.
αρμονικός *adj* harmonious.
αρμόνιο *nn* harmonium, organ.
αρμός *nm* joint ‖ gap.
αρμοστής *nm* commissioner, governor ‖ *Ύπατος* ∼, High Commissioner.
αρμύρα *nf* saltiness, brine.
αρμυρός *adj* ⇒ ΑΛΜΥΡΟΣ
 αρνάκι *nn* lamb.

άρνηση *nf* refusal, rebuff ‖ denial ‖ disclaimer.
αρνησικυρία *nf* veto.
αρνητικός *adj* negative.
αρνί *nn* lamb, sheep ‖ (*κρέας*) mutton.
αρνούμαι *vt* refuse ‖ deny ‖ reject, turn down ‖ repudiate, disavow.
άρον-άρον *adv* in a hurry ‖ willy-nilly.
αρουραίος *nm* rat, field-mouse.
άρπα *nf* harp.
αρπάγη *nf* hook, grab, grapnel.
αρπαγή *nf* snatch, grip, grab, seizing ‖ plunder, looting ‖ carrying off.
αρπάζ-ω *vt* catch, take ‖ clutch, grab, grip, grasp, seize ‖ snatch, tear [off], twitch ‖ carry off ‖ bag, steal, filch ‖ loot, plunder ‖ get slightly burnt, catch fire ‖ ∼ομαι *vi* fight, have a set-to, come to blows ‖ flare up, lose one's temper ‖ *τις* ∼, get a licking, catch it.
αρπακτικός *adj* grasping ‖ predatory.
αρραβώνας *nm* engagement ‖ (*καπάρο*) deposit, pledge ‖ (*δακτυλίδι*) engagement ring.
αρραβωνιάζω *vt* engage, betroth.
αρραβωνιάσματα *nn pl* engagement.
αρραβωνιαστικ-ός *nm* fiancé (*nf* ∼ιά, fiancée).
αρρενωπός *adj* manly, virile, masculine.
άρρηκτος *adj* unbreakable, indissoluble.
αρρυθμία *nf* arrhythmia.
αρρωσταίνω *vi* fall ill/sick, be taken ill ‖ *vt* sicken, make sick.
αρρωστημένος *adj* diseased, sick.
αρρωστιάρικος *adj* sickly, unhealthy.
άρρωστος *adj* sick, ill, unwell, invalid ◘ *nm* patient.
αρσενικό *nn* arsenic.
αρσενικός *adj* male ‖ masculine.
αρσενοκοίτης *nm* pederast.
άρση *nf* removal, lifting.
αρτεσιανός *adj* artesian.
αρτηρία *nf* artery.
αρτηριακός *adj* arterial.
αρτιμελής *adj* sound in limb.
άρτιο *nm* par, face value.
άρτιος *adj* whole, complete ‖ even.
αρτιότητα *nf* perfection ‖ parity.
αρτίστα *nf* showgirl.
αρτίστας *nm* artist.
αρτισύστατος *adj* new, newly set up.
αρτοποιείο *nn* baker's, bakery.
αρτοποιός *nm* baker.
άρτος *nm* bread ‖ *εκκλ.* wafer.
αρχάγγελος *nm* archangel.
αρχαϊκός *adj* archaic.
αρχαιολογία *nf* archeology.
αρχαιολογικός *adj* archeological.
αρχαιολόγος *nm* archeologist.

αρχαίος adj, nm ancient.

αρχαιότητα nf antiquity, ancient times || (σε υπηρεσία) seniority.

αρχαιρεσία nf election[s].

αρχάριος nm beginner, novice, tyro || apprentice ◘ adj new.

αρχέγονος adj primeval, primordial.

αρχείο nn record office/room || pl archives, files, records.

αρχειοθήκη nf filing cabinet.

αρχειοφύλακας nm filing clerk, registrar.

αρχέτυπο nn archetype.

αρχή nf beginning, start, outset || principle, motto || μτφ. dawn, threshold || (πηγή) origin, root, source || (εξουσία) authority, power, office || pl (στοιχεία) elements, rudiments || κατ' ~ν, in principle || από θέμα ~ς, on principle || στην ~, at first, at the outset || κάνω την ~, lead off, be the first to.

αρχηγείο nn headquarters || supreme command.

αρχηγία nf leadership, command.

αρχηγός nm leader, chief, commander, (ομάδας) captain.

αρχίατρος nm chief medical officer.

αρχιεπίσκοπος nm archbishop.

αρχιεργάτης nm foreman.

αρχιερέας nm prelate, bishop.

αρχίζω vti begin, start, commence || enter into/upon, embark upon || initiate, set about, set in || open, set up, break/burst into, take to, take up.

αρχικελευστής nm chief petty officer.

αρχικός adj original, initial, first.

αρχιλογιστής nm chief accountant.

αρχιμάγειρος nm chief/head cook.

αρχιμανδρίτης nm archimandrite.

αρχιμουσικός nm conductor, bandmaster.

αρχιναύαρχος nm fleet admiral.

αρχινώ ⇒ ΑΡΧΙΖΩ

αρχιπέλαγος nn archipelago.

αρχιστράτηγος nm commander-in-chief.

αρχισυντάκτης nm editor-in-chief.

αρχιτέκτονας nm architect.

αρχιτεκτονική nf architecture.

αρχιτεκτονικός adj architectural.

αρχιφύλακας nm sergeant, chief warden.

αρχιχρονιά nf New Year's Day.

αρχομανία nf lust for power.

αρχόμενος adj incipient.

άρχοντας nm lord, nobleman, aristocrat, dignitary, elder, rich man.

αρχοντιά nf distinction, nobility.

αρχοντικό nn mansion, palace.

αρχοντικός adj aristocratic, distinguished, noble, lordly.

αρχόντισσα nf [grand old] lady.

αρχοντολόι nn gentry, gentlefolk.

άρχουσα τάξη nf ruling class.

αρωγή nf help, aid, assistance.

άρωμα nn scent, perfume, aroma || (σε τροφή) spice, flavour.

αρωματίζω vt scent, perfume || flavour.

αρωματικός adj scented, perfumed, aromatic || fragrant, sweet-smelling.

αρωματοπωλείο nn perfume shop.

ας προτρεπτικό let, may, if only.

ασάλευτος adj stock-still.

ασανσέρ nn lift, elevator.

ασάφεια nf vagueness, obscurity.

ασαφής adj vague, ambiguous, equivocal || obscure.

ασβέστης nm lime, whitewash.

ασβεστώνω vt whitewash.

άσβηστος adj unquenchable, undying.

ασβός nm badger.

ασέβεια nf irreverence, disrespect.

ασεβής adj irreverent, disrespectful.

ασέλγεια nf lewdness, indecent assault, lechery.

ασελγής adj lewd, lecherous.

ασελγώ vi assault sexually.

άσεμνος adj indecent, obscene.

ασήμαντος adj insignificant, unimportant, trifling, small, petty, minor, trivial.

ασημένιος adj silver.

ασήμι nn silver.

ασημικά nn pl silverware.

άσημος adj obscure, unknown, insignificant.

ασθένεια nf disease, illness.

ασθενής adj sick, ill, unwell || weak, feeble ◘ nm patient.

ασθενικός adj sickly, frail, ailing.

ασθενοφόρο nn ambulance.

ασθενώ vi be sick/ill, fall ill, be taken ill.

άσθμα nn asthma.

ασθμαίνω vi pant, puff, gasp, wheeze, be out of breath.

ασθματικός adj puffy, wheezy || asthmatic.

Ασία nf Asia || Μικρά ~, Asia Minor.

Ασιάτης nm Asian.

ασιτία nf starvation.

ασκεπής adj bareheaded.

ασκέρι nn crowd || troops.

άσκημος, κλπ. ⇒ ΑΣΧΗΜΟΣ

άσκηση nf exercise || drill, practice || manœuvre || exertion, use || performance.

ασκητεύω vi be an ascetic.

ασκητής nm ascetic, hermit.

ασκί nm skin[bag], goatskin.

ασκίαστος adj unshaded || unmarred.

ασκίαχτος adj unafraid, fearless.

άσκοπος adj aimless, pointless, meaningless, useless, vain, idle.

ασκούμενος nm trainee.

ασκώ *vt* exercise ‖ train, drill, practise ‖ exert, employ ‖ perform.
ασοβάτιστος *adj* unplastered.
ασορτί *adv* to match.
άσος *nm* ace, crack, past master.
ασουλούπωτος *adj* hulking, gawky.
ασούρωτος *adj* unstrained ‖ unpleated ‖ sober.
άσοφος *adj* unwise.
ασπάζομαι *vt* kiss ‖ *μτφ.* adopt, agree to.
ασπάλαθος *nm* prickly broom.
ασπάλακας *nm* mole, dormouse.
ασπασμός *nm* kiss, hug.
ασπίδα *nf* shield, buckler.
άσπιλος *adj* unblemished, spotless.
ασπιρίνη *nf* aspirin.
ασπλαχνία *nf* heartlessness.
άσπλαχνος *adj* heartless, cruel, pitiless.
άσπονδος *adj* implacable.
ασπούδαστος *adj* unschooled, untaught.
ασπράδα *nf* whiteness.
ασπράδι *nn* white.
ασπρίζω *vti* turn/go white ‖ *(τοίχο)* whitewash ‖ *(ρούχα)* bleach, whiten.
ασπρίλα *nf* whiteness.
άσπρισμα *nn* whitewashing, bleaching, turning white.
ασπρολούλουδο *nn* daisy.
ασπρομάλλης *adj* whitehaired.
ασπροντυμένος *adj* dressed in white.
ασπροπρόσωπ-ος *στη φρ. βγάζω κπ ~ο*, be a credit to sb, do sb credit.
ασπρόρουχα *nn pl* linen, underwear.
άσπρος *adj* white.
ασπρουλιάρικος *adj* whitish.
αστάθεια *nf* instability, inconstancy.
ασταθής *adj* unstable, unsteady.
αστάθμητος *adj* imponderable.
αστακός *nm* lobster.
ασταμάτητα *adv* unceasingly, non-stop.
ασταμάτητος *adj* continuous, uninterrupted, unceasing, unremitting.
άστατος *adj* volatile, unsettled, fickle, flighty, erratic, capricious.
άστεγος *adj* homeless.
αστειεύομαι *vi* jest, joke, kid, banter.
αστεί·ο *nn* joke, jest, fun, pleasantry ‖ *λέω ~α*, crack a joke ‖ *κάνω ~α*, play a joke on sb ‖ *στ᾽ ~α*, for fun, in jest ‖ *σηκώνω ~α*, can see/take a joke.
αστείος *adj* funny ‖ laughable.
αστείρευτος *adj* inexhaustible.
αστεϊσμός *nn* jesting, joking.
αστέρας *(και ου αστέρι, άστρο) nm* star.
αστερίας *nm* starfish.
αστερίσκος *nm* asterisk.
αστερισμός *nm* constellation, galaxy.
αστερόεσσα *nf* the Stars and Stripes.

αστεροσκοπείο *nn* observatory.
αστεφάνωτος *adj* uncrowned ‖ unwedded.
αστήριχτος *adj* unsupported ‖ untenable.
αστιγματισμός *nm* astigmatism.
αστικός *adj* urban ‖ civil, civic ‖ bourgeois.
αστικοποιούμαι *vi* become a bourgeois.
αστοίχειωτος *adj* unhaunted.
αστοιχείωτος *adj* illiterate, ignorant.
αστόλιστος *adj* plain, unadorned.
άστοργος *adj* unloving.
αστός *nm* townsman ‖ bourgeois.
αστόχαστος *adj* thoughtless, imprudent.
αστοχία *nf* miss, failure.
άστοχος *adj* unsuccessful ‖ untimely ‖ unwise, thoughtless.
αστοχώ *vi* fail, miss, fall wide of the mark.
αστράγαλος *nm* ankle ‖ *pl παιχν.* fivestones.
αστραπή *nf* lightning, flash, glint.
αστραπιαί·ος *adj* lightning ‖ *adv ~α*, in/like a flash.
αστραπόβροντα *nn pl* lightning and thunder.
αστραφτερός *adj* bright, flashy, shiny.
αστράφτω *vi* lighten ‖ flash, glitter, sparkle, glint.
αστρικός *adj* stellar, sidereal.
αστρίτης *nm (φίδι)* asp.
άστρο ⇒ ΑΣΤΕΡΑΣ
αστρολογία *nf* astrology.
αστρολόγος *nm* astrologer.
αστροναύτης *nm* astronaut.
αστροναυτική *nf* astronautics.
αστρονομία *nf* astronomy.
αστρονομικός *adj* astronomical.
αστρονόμος *nm* astronomer.
αστροπελέκι *nn* thunderbolt.
αστρόσπαρτος *adj* starry, star-studded.
αστροφεγγιά *nf* starlight.
αστυνομεύω *vt* police.
αστυνομία *nf* police, constabulary.
αστυνομικός *adj* police ▣ *nm* policeman, policewoman, constable.
αστυνόμος *nm* police captain.
αστυφύλακας *nm* police constable/officer, *sl* cop, copper.
ασυγκίνητος *adj* unmoved, untouched, apathetic, cold[-hearted].
ασυγκράτητος *adj* unrestrained, uncontrollable, irrepressible.
ασύγκριτος *adj* incomparable.
ασυγυρισιά *nf* untidiness.
ασυγύριστος *adj* untidy, disorderly.
ασυγχώρητος *adj* inexcusable.
ασυδοσία *nf* immunity ‖ *(στο σεξ)* promiscuity.
ασύδοτος *adj* immune ‖ promiscuous.
ασυζητητί *adv* by far, indisputably, no

question about it.
ασύλητος *adj* unlooted.
ασυλία *nf* immunity.
ασύλληπτος *adj* uncaught, at large ‖ inconceivable.
άσυλο *nn* asylum ‖ home.
ασυμβίβαστος *adj* incompatible, intransigent.
ασυμμετρία *nf* asymmetry.
ασύμμετρος *adj* assymetrical.
ασυμπλήρωτος *adj* blank ‖ incomplete.
ασυμφιλίωτος *adj* irreconciled.
ασύμφορος *adj* unprofitable, disadvantageous.
ασυμφωνία *nf* disagreement, discrepancy.
ασυναγώνιστος *adj* unrivalled, unequalled.
ασυναίσθητος *adj* unconscious, instinctive.
ασυναρμολόγητος *adj* unassembled.
ασυναρτησ·ία *nf* incoherence ‖ *pl* ~ιες, ravings, rigmarole, gibberish.
ασυνάρτητος *adj* incoherent.
ασυνείδητο *nn* ψυχ. unconscious.
ασυνείδητος *adj* unscrupulous.
ασυνέπεια *nf* inconsistency.
ασυνεπής *adj* inconsistent ‖ unreliable.
ασύνετος *adj* unwise, imprudent.
ασυνήθιστος *adj* unusual, unconventional, uncommon ‖ unused, unaccustomed.
ασυννέφιαστος *adj* cloudless ‖ unclouded.
ασυνόδευτος *adj* unaccompanied.
ασυντόνιστος *adj* uncoordinated.
ασυρματιστής *adj* radio operator.
ασύρματος *nm, adj* wireless.
ασύστατος *adj* unfounded.
ασυστηματοποίητος *adj* unsystematic.
ασύστολος *adj* shameless, brazen.
ασύχναστος *adj* unfrequented.
άσφαιρος *adj* blank.
ασφάλεια *nf* safety ‖ security ‖ insurance ‖ surety, guarantee ‖ ηλεκτρ. fuse.
ασφαλής *adj* safe, sure, certain, secure ‖ reliable.
ασφαλίζω *vt* insure, underwrite ‖ provide for, secure, ensure.
ασφάλιση *nf* insurance, security.
ασφαλιστήριο συμβόλαιο, insurance policy.
ασφαλιστής *nm* insurer.
ασφαλιστικός *adj* insurance ‖ safety.
ασφάλιστρο *nn* premium.
άσφαλτος *nf* asphalt ‖ asphalted road.
ασφαλώς *adv* safely ‖ certainly, sure[ly], of course, by all means.
ασφόδελος *nm* daffodil.
ασφυκτικ·ός *adj* stifling, suffocating ‖ ~ά γεμάτος, jam-packed.
ασφυκτιώ *vi* choke, stifle.
ασφυξία *nf* suffocation, asphyxia.
άσχετος *adj* irrelevant, unrelated ‖ *ασχέ-*

τως με/από, irrespective of, regardless.
ασχημαίνω (και ασχημίζω) *vti* make/ become ugly.
ασχημάτιστος *adj* unformed, shapeless.
ασχήμια *nf* ugliness, plainness, bad looks ‖ impropriety.
ασχημονώ *vi* misbehave, behave indecently.
άσχημος *adj* plain, ugly, unsightly ‖ bad, wicked, nasty.
ασχολία *nf* occupation, job, pursuit.
ασχολίαστος *adj* not annotated ‖ not commented on.
ασχολούμαι *vi* be busy, occupy oneself, go in for, take up ‖ be involved, concern oneself ‖ one's job is, be in, deal in ‖ deal with.
ασώματος *adj* bodiless, disembodied.
ασωτεύω *vi* be dissolute.
ασωτία *nf* debauch, dissipation.
άσωτος *adj* prodigal, dissolute.
αταίριαστος *adj* incompatible, incongruous, dissimilar ‖ unbecoming.
ατακτοποίητος *adj* untidy, unsettled.
άτακτος *adj* unruly, undisciplined, naughty ‖ irregular, disorderly.
ατακτώ *vi* misbehave, be naughty.
αταξία *nf* mischief, prank, monkey trick ‖ disorder, confusion.
αταξικός *adj* classless.
αταραξία *nf* composure, calm[ness], equanimity, aplomb, coolness.
ατάραχος *adj* calm, cool, composed.
ατασθαλία *nf* irregularity, foul play.
άταφος *adj* unburied.
άτεγκτος *adj* unbending, rigorous.
άτεκνος *adj* childless, sterile.
ατέλεια *nf* defect, imperfection, deficiency, fault ‖ [tax-]exemption.
ατελείωτος *adj* endless, perpetual.
ατελείωτος *adj* unfinished, incomplete.
ατελεύτητος *adj* interminable, endless.
ατελής *adj* imperfect, incomplete ‖ defective ‖ tax-free, duty-free.
ατελιέ *nn* studio.
ατελώνιστος *adj* bonded, in bond.
ατενής *adj (βλέμμα)* fixed, blank.
ατενίζω *vt* stare, gaze, look intently.
άτεχνος *adj* crude, inartistic.
ατζαμής *nm* bungler, clumsy oaf.
ατζαμίστικος *adj* clumsy, amateurish.
ατζαμοσύνη *nf* clumsiness, bad job.
ατημέλητος *adj* slovenly, unkempt.
άτι *nn* steed, charger.
ατίθασος *adj* wild, unruly ‖ rebellious.
ατιμάζω *vt* rape, ravish ‖ dishonour, disgrace, be a discredit to.
ατίμητος *adj* priceless, invaluable.
ατιμία *nf* dishonesty, infamy, outrage ‖ dishonour, disgrace.

άτιμος adj dishonourable, disgraceful, infamous.
ατιμωρησία nf impunity.
ατιμωρητί adv with impunity.
ατιμώρητος adj unpunished, scot-free.
ατίμωση nf dishonour, disgrace.
ατιμωτικός adj disgraceful, infamous.
ατλάζι nn satin.
Ατλαντικός nm the Atlantic.
άτλας (και άτλαντας) nm atlas.
ατμάκατος nf motor-launch.
ατμοκίνητος adj steam-driven.
ατμολέβητας nm steam-boiler.
ατμόλουτρο nn steam-bath, sauna.
ατμομηχανή nf steam-engine.
ατμοπλοΐα nf shipping line/company.
ατμόπλοιο nn steamship, steamer.
ατμός nm steam, vapour.
ατμόσφαιρα nf atmosphere, air.
ατμοσφαιρικός adj atmospheric.
άτοκος adj interest-free.
ατολμία nf timidity, shyness.
άτολμος adj timid, shy, diffident || faint-hearted, weak-spirited.
ατομικισμός nm individualism.
ατομικιστής nm individualist.
ατομικιστικός adj individualistic.
ατομικός adj individual, personal || a-tomic.
ατομικότητα nf individuality, personality.
άτομο nn individual, person || φυσ. atom.
ατονία nf languor, weakness.
άτονος adj languid, weak, faint || unaccented, unstressed.
ατονώ vi flag || fall into disuse.
ατόπημα nn slip, impropriety.
άτοπος adj improper, inappropriate.
ατού nn trump || μτφ. asset.
ατόφιος adj solid, pure || exactly like.
ατράνταχτος adj solid, unshakeable.
ατρόμητος adj fearless, intrepid.
ατροφικός adj atrophied, emaciated.
ατροφώ vi atrophy.
άτρωτος adj invulnerable.
ατσαλάκωτος adj unwrinkled || prim.
ατσαλένιος adj steel || steely.
ατσάλι nn steel.
ατσαλ·ιά (και ~ωσύνη) nf untidiness, slovenliness.
άτσαλος adj slovenly, slipshod, clumsy.
ατσίγγανος nm gypsy.
ατσίδας nm smart, sharp-witted man.
Αττική nf Attica.
ατύλιχτος adj unwrapped.
άτυπος adj informal, without a fixed agenda.
ατύχημα nn accident, crash.
ατυχία nf misfortune, setback || bad luck.

άτυχος adj unlucky, unfortunate.
ατυχώ vi be unlucky/unfortunate.
ατυχώς adv unluckily, unfortunately.
αυγερινός nm morning star.
αυγή nf dawn, daybreak.
αυγό nn egg.
αυγοθήκη nf egg-cup.
αυγολέμονο nn egg and lemon sauce.
αυγοτάραχο nn fish-roe.
Αύγουστος nm August.
αυθάδεια nf insolence, cheek.
αυθάδης adj cheeky, insolent.
αυθαδιάζω vi be cheeky/impertinent.
αυθαιρεσία adj arbitrariness.
αυθαίρετος adj arbitrary.
αυθεντία nf authority.
αυθεντικός adj authentic, genuine, true || authoritative.
αυθεντικότητα nf authenticity.
αυθημερόν adv on the same day.
αυθορμητισμός nm spontaneity.
αυθόρμητος adj spontaneous, impulsive || unprompted, voluntary.
αυθύπαρκτος adj εκκλ. self-existent.
αυθυποβολή nf autosuggestion.
αυθωρεί adv instantly.
αυλαία nf curtain.
αυλάκι nn ditch, dike || furrow.
αυλακιά nf furrow || groove || rut.
αυλακώνω vt furrow || rut.
αυλακωτός adj grooved, fluted.
αυλή nf yard, courtyard || [royal] Court.
αυλητής nm flute-player, flutist.
αυλικός nm courtier.
αυλοκόλακας nm toady.
αυλόπορτα nf gate.
άυλος adj immaterial, intangible || incorporeal.
αυλός nm flute, pipe, reed.
αυνανίζομαι vi masturbate.
αυνανισμός nm masturbation.
αυξάν·ω vti increase, raise || ~ομαι, increase, rise, grow, go up.
αύξηση nf increase, rise, growth, augment-[ation].
αυξομείωση nf fluctuation.
αϋπνία nf insomnia, sleeplessness.
άυπνος adj sleepless, wakeful.
αύρα nf breeze.
αυριανός adj of tomorrow || future.
αύριο adv tomorrow.
αυστηρός adj severe, strict, stern, harsh, austere, rigorous, stringent.
αυστηρότητα nf severity, strictness, harshness || austerity.
Αυστραλία nf Australia.
Αυστραλ·ός (και adj ~ιανός) nm Australian.
Αυστρία nf Austria.
Αυστριακός nm, adj Austrian.

αυταπάρνηση nf self-denial, unselfishness, altruism.

αυταπάτη nf delusion, self-deception, illusion.

αυταπατώμαι vi delude oneself.

αυταπόδεικτος adj self-evident.

αυταρέσκεια nf self-complacency.

αυτάρεσκος adj self-complacent, self-satisfied, smug.

αυτάρκεια nf self-sufficiency.

αυτάρκης adj self-sufficient.

αυταρχικός adj despotic, autocratic, authoritarian, peremptory, bossy.

αυταρχικότητα nf despotism, autocracy, high-handedness.

αυτεξούσιος adj free, independent.

αυτεπάγγελτος adj νομ. Λατ. ex officio.

αυτή pron she || this ◙ adj same.

αυτί nn ear.

αυτό pron it || this ◙ adj same.

αυτοάμυνα nf self-defence.

αυτοαπασχολούμενος adj self-employed.

αυτοβιογραφία nf autobiography.

αυτόβουλος adj unsolicited, unbidden.

αυτόγραφο nn autograph.

αυτοδημιούργητος adj self-made.

αυτοδιάθεση nf self-determination.

αυτοδιαχείριση nf self-management.

αυτοδίδακτος adj self-taught.

αυτοδικαίως adv by right[s], νομ. Λατ. ipso jure.

αυτοδικώ vi take the law into one's own hands.

αυτοδιοίκηση nf self-government, self-rule || τοπική ~, local government.

αυτοέλεγχος nm self-control, self-examination.

αυτοεξόριστος adj self-exiled.

αυτοεξυπηρέτηση nf self-service.

αυτοθαυμασμός nm self-admiration.

αυτοθυσία nf self-sacrifice.

αυτοϊκανοποίηση nf self-satisfaction.

αυτοκαλούμενος adj self-styled.

αυτοκινητάδα nf joyride, drive.

αυτοκινητιστής nm motorist.

αυτοκίνητο nn car, automobile.

αυτοκινητοδρομία nf motor racing, rally.

αυτοκινητόδρομος nm motorway, speedway, freeway.

αυτόκλητος adj self-appointed, self-invited, unsolicited, self-styled.

αυτοκόλλητο nn sticker.

αυτοκόλλητος adj self-sticking.

αυτοκράτειρα nf empress.

αυτοκράτορας nm emperor.

αυτοκρατορία nf empire.

αυτοκρατορικός adj imperial.

αυτοκριτική nf self-criticism.

αυτοκτονία nf suicide.

αυτοκτονώ vi commit suicide, kill one-self, take one's own life.

αυτοκυβέρνηση nf self-government.

αυτοκυβέρνητος adj self-governed.

αυτοκυριαρχία nf self-control, self-possession, composure.

αυτολεξεί adv word for word, verbatim.

αυτοματισμός nm automation.

αυτόματο nn automaton || automatic.

αυτόματος adj automatic[al].

αυτόμολος nm defector.

αυτομολώ vi defect, go over.

αυτονόητος adj obvious, self-explanatory.

αυτονομία nf autonomy, self-rule.

αυτονομιστής nm separatist, autonomist.

αυτόνομος adj autonomous.

αυτοπαθής adj reflexive.

αυτοπεποίθηση nf self-confidence, self-assurance.

αυτοπροβολή nf self-assertion.

αυτοπροσώπως adv in person, personally.

αυτόπτης [μάρτυρας] nm eyewitness.

αυτός pron he || this ◙ adj same.

αυτοσεβασμός nm self-respect.

αυτοσκοπός nm an end in itself.

αυτοστιγμεί adv instantly, at once, in no time, straightaway.

αυτοσυγκεντρώνομαι vi concentrate.

αυτοσυντήρηση nf self-preservation.

αυτοσυντήρητος adj self-supporting.

αυτοσυστήνομαι vi introduce oneself.

αυτοσχεδιάζω vt improvise.

αυτοσχεδιασμός nf improvisation.

αυτοσχέδιος adj improvised, extempore, impromptu, off-hand.

αυτοτελής adj independent.

αυτοτιτλοφορούμενος adj self-styled.

αυτουργός nm perpetrator, principal.

αυτούσιος adj self-same.

αυτόφωρ-ος adj flagrant || επ᾽ ᴗω, in the act, red-handed.

αυτόχειρας nm suicide.

αυτόχθ-ων (και ~ονας) adj indigenous, native, aboriginal.

αυτοψία nf autopsy || νομ. on-the-spot inspection.

αυχένας nm nape || col, pass, saddle.

αφάγωτος adj not eaten || not spent.

αφαίμαξη nf bleeding, blood-letting.

αφαίρεση nf subtraction || abstraction || taking off, removal, elimination.

αφαιρ-ώ vt subtract, deduct, take off || eliminate, delete || remove, detach, pull out || steal, abstract || ~ούμαι, be absent-minded.

αφαλός nm navel || μτφ. focal point.

αφάνα nf broom.

αφάνεια nf obscurity, oblivion || νομ. presumption of death.

αφανέρωτος adj undisclosed, unrevealed.

αφανής adj obscure, unknown || presumed dead.

αφανίζω *vt* annihilate, ruin, destroy, ravage.

αφανισμός *nm* havoc, annihilation.

αφάνταστος *adj* unimaginable, unthinkable.

άφαντος στη φρ. *γίνομαι* ~, vanish into thin air.

αφασία *nf* speechlessness.

αφέγγαρος *adj* moonless.

άφεγγος *adj* dark.

αφειδώς *adv* unsparingly, lavishly.

αφέλεια *nf* naivety || *(μαλλιών)* forelock, quiff.

αφελής *adj* ingenuous, naive, gullible.

αφενός *adv* on the one hand.

αφέντης *nm* lord, master || boss.

αφεντικό *nn* boss, owner, proprietor.

αφερέγγυος *adj* insolvent.

αφερεγγυότητα *(συγκοιν.)* terminal.

άφεση *nf* remission.

αφετέρου *adv* on the other hand.

αφετηρία *nf* starting point/post/line || *(συγκοιν.)* terminal.

αφέτης *nm αθλ.* starter.

άφευκτος *adj* unavoidable, inevitable, inescapable.

αφεύκτως *adv* without fail, inevitably.

αφέψημα *nn* herb tea, tisane.

αφή *nf* touch, feel.

αφήγημα *nn* story, narrative.

αφηγηματικός *adj* narrative.

αφήγηση *nf* narration, account.

αφηγητής *nm* narrator, storyteller.

αφηγούμαι *vt* narrate, relate, tell.

αφηνιάζω *vi* bolt || run amok/wild || become furious, see red.

αφήνω *vt* leave, abandon || let, allow, permit || let go [of], release || put down.

αφηρημάδα *nf* absent-mindedness.

αφηρημένος *adj* absent-minded, preoccupied || abstract.

άφθα *nf* mouth-ulcer, *ιατρ.* aphtha.

άφθαρτος *adj* imperishable || undying || not worn out.

άφθαστος *adj* unattainable || unequalled, unrivalled, past master in.

αφθονία *nf* abundance, plenty.

άφθονος *adj* abundant, plentiful, profuse, ample, copious.

αφθονώ *vi* abound in, be abundant, teem with, be in abundance.

αφιέρωμα *nn* offering, tribute.

αφιερώνω *vt* offer || dedicate, devote, consecrate || *(χρόνο)* put into.

αφιέρωση *nf* dedication.

αφικνούμαι *vi λόγ.* arrive.

αφιλοκερδής *adj* disinterested.

αφιλόξενος *adj* inhospitable.

αφιλόστοργος *adj* unloving.

αφιλότιμος *adj* mean, shameless.

άφιξη *nf* arrival.

αφιόνι *nn* opium.

αφιονίζω *vt* drug || *μτφ.* fanaticize.

αφιππεύω *vi* alight, dismount.

αφίσσα *nf* poster, bill.

αφισσοκολλητής *nm* bill-sticker.

αφκιασίδωτος *adj* without make-up || *μτφ.* plain, unvarnished.

άφλεκτος *adj* non-inflammable.

άφοβος *adj* fearless, intrepid.

αφομοιώνω *vt* assimilate, digest.

αφομοίωση *nf* assimilation.

αφοπλίζω *vt* disarm || *(βόμβα)* diffuse.

αφοπλισμός *nm* disarmament.

αφοπλιστικός *adj* disarming.

αφόρετος *adj* unworn, new.

αφόρητος *adj* intolerable, unbearable.

αφορίζω *vt* excommunicate.

αφορισμός *nm* excommunication || maxim, aphorism.

αφορμή *nf* cause, reason || motive.

αφορμίζω *vi* fester.

αφορολόγητος *adj* tax-free, tax-exempt.

αφορ-ώ *vti* concern, regard || *καθόσον* ~*ά*, as to, regarding, concerning, as regards || *φρ.* δεν με ~*ά*, it has nothing to do with me.

αφοσιωμένος *adj* devoted, dedicated || absorbed, intent || attached, staunch.

αφοσιώνομαι *vi* dedicate/devote oneself to || apply/address oneself to.

αφοσίωση *nf* devotion, dedication, attachment.

αφότου *conj* since, ever since.

αφού *conj* when, after || since.

αφουγκράζομαι *vti* listen attentively [to] || eavesdrop.

άφραγκος *adj* penniless, broke.

αφράτος *adj* soft, plump.

άφραχτος *adj* unfenced.

αφρίζω *vi* foam, froth || lather.

αφρικάνικος *adj* African.

Αφρικανός *nm* African.

Αφρική *nf* Africa.

αφροδισιακός *adj* aphrodisiac.

αφροδισιολόγος *nm* VD specialist.

αφροδίσια *nn pl* venereal diseases (VD).

Αφροδίτη *nf* Aphrodite || Venus.

αφροκοπώ *vi* foam, froth.

αφρόκρεμα *nf* cream, flower, pick.

αφρολέξ *nn* foam-rubber.

αφρόλουτρο *nn* bubble-bath.

αφρόντιστος *adj* neglected, uncared-for.

αφρός *nm* spume, foam, froth, lather.

αφροσύνη *nf* folly, stupidity.

άφρων *adj* unwise, imprudent.

άφτιαστος *adj* not made/done/tidied/built.

αφυδάτωση *nf* dehydration.
αφύλαχτος *adj* unguarded.
αφυπηρετώ *vi* get one's discharge.
αφυπνίζω *vt* wake up ‖ awaken.
αφύπνιση *nf* awakening.
αφύσικος *adj* unnatural, affected.
άφωνος *adj* speechless, tongue-tied, mute, silent ‖ unvoiced.
αχαΐρευτος *adj* wretched ◙ *nm* good-for-nothing.
αχαλίνωτος *adj* unbridled, unrestrained, uninhibited, wild, unchecked, runaway.
αχαμνά *nn pl* groin, testicles.
αχαμνός *adj* skinny, scraggy.
αχανής *adj* vast, immense, boundless.
αχάραγα *adv* before dawn.
αχαρακτήριστος *adj* scandalous, outrageous.
αχαριστία *nf* ingratitude.
αχάριστος *adj* ungrateful.
άχαρος *adj* ungainly, gawky, awkward, plain ‖ thankless, unenviable.
αχάτης *nm* agate.
αχειραφέτητος *adj* not emancipated.
αχερώνας *nm* ⇒ ΑΧΥΡΩΝΑΣ
αχηβάδα *nf* clam.
αχθοφόρος *nm* porter.
Αχιλλέας *nm* Achilles.
αχινός *nm* sea-urchin.
αχλάδι *nn* pear.
αχλαδιά *nf* pear-tree.
αχλή *nf* haze, mist.
άχνα *nf* light breath/mist ‖ *μη βγάζεις ~*, don't breathe a word.
αχνάρι *nn* footprint ‖ pattern.
άχνη *nf* vapour ‖ *(ζάχαρη)* powdered sugar.
αχνίζω *vi* steam, reek with.
αχνιστός *adj* steaming hot.
αχνογελώ *vi* smile faintly.
αχνός *adj* faint, thin, pale ◙ *nm* vapour, steam, haze, mist.
αχολογώ *vi* echo, ring, resound.

αχόρταγος *adj* greedy, insatiable.
αχός *nm* noise, hum.
αχούρι *nn* stable, stall ‖ *μτφ.* hole.
αχρείαστος *adj* unneeded.
αχρείος *adj* vile, infamous ◙ *nm* villain, rogue, scoundrel.
αχρειότητα *nf* baseness, villainy.
αχρησία *nf* disuse.
αχρησιμοποίητος *adj* unused.
αχρηστεύω *vt* render useless, put out of use, incapacitate.
άχρηστ·ος *adj* useless ‖ *καλάθι ~ων*, waste-paper basket, litter-bin.
αχρονολόγητος *adj* undated.
άχρονος *adj* timeless.
αχρωματοψία *nf* colour-blindness.
άχρωμος *adj* colourless ‖ flat.
αχτένιστος *adj* unkempt, dishevelled.
άχτι *nn* grudge ‖ *βγάζω τ' ~ μου σε κπ*, take it out on sb.
αχτίδα *nf* ray, beam, shaft.
αχτίνα *nf* radius ‖ *μτφ.* range ‖ *(ποδηλάτου)* spoke.
άχυρο *nn* straw, chaff.
αχυρώνας *nm* hayloft, barn.
αχώνευτος *adj* undigested ‖ unlikeable.
αχώριστος *adj* inseparable.
αψε-σβύσε *στη φρ. στο ~*, in a jiffy.
αψεγάδιαστος *adj* faultless, unblemished.
άψητος *adj* raw ‖ underdone ‖ *(άνθρ.)* green.
αψηφώ *vt* defy, disdain, ignore.
αψίδα *nf* arch.
αψιδωτός *adj* arched.
αψίθυμος *adj* irascible, testy.
αψιμαχία *nf* skirmish, brush, spat.
άψογος *adj* faultless, irreproachable.
αψύς *adj* sharp, tart ‖ testy.
αψυχολόγητος *adj* ill-considered, impolitic.
άψυχος *adj* lifeless, inanimate.
άωτο *στη φρ. το άκρον ~*, the height of, the limit.

B β

Βαβέλ *nf* Babel.
βαβούρα *nf* din, hubbub.
Βαβυλωνία *nf* bedlam, chaos, Babel.
βάβω *nf* grandma.
βαγένι *nn* cask, wine-barrel.
βάγια *nn pl* bay-leaves ‖ *nf* nurse.
βαγκονλί *nn* sleeper, sleeping-car.
βαγκόν-ρεστωράν *nn* diner, dining-car.

βαγόνι *nn* waggon, van, carriage, coach, car.
βάδην *adv* at a walking pace.
βαδίζω *vi* walk, go, tramp, step ‖ *(περήφανα)* stride, strut ‖ *(άνετα)* amble ‖ *στρατ.* march.
βάδισμα *nn* walk, gait, step, tramp.
βαζελίνη *nf* vaseline.

βάζο nn vase ‖ jar, jam-pot.

βάζω vt put, set, place, lay, apply ‖ (φορώ) put on, wear ‖ ~ μπρος, start, launch, get sth going ‖ ~ κπ να κάμει κτ, have/get sth done, get sb to do sth ‖ τα ~ με κπ, take sb on, take it out on sb, pick at sb, blame sb ‖ ~ κπ μπροστά, tell sb off ‖ βάλθηκα να, set oneself to, set to work to ‖ το ~ για, be going, be off to ‖ ~ τα δυνατά μου, do one's best.

βαθαίνω vti deepen, make/get deeper.

βαθιά adv deep ‖ deeply, profoundly.

βαθμηδόν adv gradually, by degrees.

βαθμιαίος adj gradual.

βαθμίδα nf step, rung ‖ level, grade.

βαθμολογία nf grade, marks ‖ αθλ. score.

βαθμολογώ vt mark papers ‖ rate, rank.

βαθμός nm degree, point, extent ‖ σχολ. mark, grade ‖ στρατ. rank.

βάθος nn depth ‖ bottom, far end, back ‖ (φόντο) background ‖ κατά ~, at bottom, basically.

βαθούλωμα nn hollow, cavity, pit.

βαθουλώνω vti hollow out, sag, become hollow.

βάθρ-ο nn pedestal ‖ μτφ. basis, foundation ‖ pillar ‖ εκ ~ων, radically.

βαθύπλουτος adj immensely rich.

βαθυπράσινος adj dark green.

βαθύς adj deep ‖ μτφ. profound ‖ (σκούρος) dark ‖ (ζωηρός) keen.

βαθυστόχαστος adj profound.

βαθύτητα nf depth ‖ profundity.

βαθυτυπία nf rotogravure.

βαθύφωνος adj deep-voiced ◘ nm bass.

βακαλάος nm cod.

βάκιλλος nm bacillus.

βακτηρία nf cane ‖ crutch.

βακτηρίδιο nn bacterium.

βακχικός adj bacchanalian.

Βάκχος nm Bacchus.

βαλανίδι nn acorn, oak-gall.

βαλανιδιά nf oak[-tree].

βαλάντιο nn purse.

βαλαντώνω vi languish, pine.

βαλβίδα nf valve.

βαλβολίνη nf gear lubrication oil.

βαλές nm knave, jack.

βαλίτσα nf [suit]case, handbag.

Βαλκάνια nn pl Balkans.

βαλκανικός adj Balkan.

βαλκανιονίκης nm Balkan Games medallist.

βαλλιστικός adj ballistic.

βάλλ-ω vi attack ‖ fire, shoot ‖ ~ομαι, be under fire.

βαλς nn waltz.

βάλσαμο nn balm, balsam.

βαλσαμώνω vt balm, embalm ‖ (πουλιά) stuff.

Βαλτική nf Baltic.

βάλτος nm swamp, bog, marsh, mire.

βαλτός adj set on. φρ. είμαι ~, be a plant.

βαλτώδης adj boggy, marshy, swampy.

βαλτώνω vi get bogged down.

βαμβακερός adj cotton.

βαμβάκι nn cotton ‖ φαρμ. cotton-wool.

βαμβακ-όλαδο nn cotton-seed oil ‖ ~ομηχανή, nf cotton-gin ‖ ~οπαραγωγός, nm cotton grower ‖ ~όπιττα, nf cotton cake ‖ ~όσπορος, nm cotton seed ‖ ~οφυτεία, nf cotton plantation.

βαμβακουργείο nn cotton mill/factory.

βάμμα nn tincture ‖ ~ ιωδίου, tincture of iodine.

βαμμένος adj dyed, painted, (μαλλιά) tinted ‖ μτφ. fanatical.

βάνα nf sluice valve.

βάναυσος adj crude ‖ coarse, rude.

βανδαλισμός nm vandalism.

βάνδαλος nm vandal.

βανίλια nf vanilla.

βάνω ⇒ ΒΑΖΩ

βαπόρι nn steamboat, steamship.

βάραθρο nn precipice, gulf, chasm.

βαραίνω (και βαρύνω) vti weigh down /on ‖ lie heavy on ‖ put on weight ‖ weight with, carry weight ‖ (για δαπάνη) bear, be chargeable to, be on sb ‖ (για ευθύνη) devolve upon.

βαρβαρικός adj barbaric.

βάρβαρος adj barbaric, barbarous ◘ nm barbarian.

βαρβαρότητα nf barbarity, savagery.

βαρβατεύω vi be in heat, rut.

βαρβάτος adj virile ‖ (για ζώα) on heat ‖ μτφ. sl big, top-notch, first-rate.

βαργεστώ vi be tired/weary.

βάρδια nf στρατ. guard, duty ‖ ναυτ. watch ‖ εργοστ. shift.

βάρδος nm bard, poet.

βαρέλα nf barrel ‖ fat woman.

βαρελάκι nn keg.

βαρέλι nn barrel, cask, (πίσσας) drum.

βαρελότο nn squib, cracker, firework.

βαρετός adj boring, tiresome.

βαρηκοΐα nf weak hearing.

βαρήκοος adj hard of hearing.

βαριά nf sledge-hammer ◘ adv heavily, gravely, seriously, soundly.

βαρίδι nn plummet ‖ sinker ‖ weight.

βαριέμαι vti pall on sb ‖ be/get tired.

βαριετέ nn variety, music-hall.

βάρκα nf boat, dinghy.

βαρκάδα nf boat trip. φρ. πάω ~, go boating.

βαρκάρης nm boatman, ferryman.

βαρκαρόλα *nf* barcarole.

βαρομετρικός *adj* barometric.

βαρόμετρο *nn* barometre, weather-glass.

βάρος *nn* weight || *μτφ.* load, burden || *φυσ.* gravity || εις ~, at the expense [of].

βαρούλκο *nn* winch, windlass.

βαρύγδουπος *adj* sonorous.

βαρυεστημένος *adj* tired, bored, jaded.

βαρύθυμος *adj* sullen, down-hearted.

βαρύκοος, κλπ. ⇒ ΒΑΡΗΚΟΟΣ

βαρύνω ⇒ ΒΑΡΑΙΝΩ

βαρυπενθώ *vi* be in deep mourning.

βαρυποινίτης *nm* long-term convict.

βαρύς *adj* heavy || *μτφ.* weighty, harsh, deep, serious, severe, grave, (*φαΐ*) rich.

βαρυσήμαντος *adj* weighty, momentous.

βαρύτητα *nf* gravity, gravitation || *μτφ.* weight, seriousness, stress.

βαρύτιμος *adj* precious, valuable.

βαρώ *vt* beat, thrash || hit, shoot, hurt || strike, sound, blow, ring.

βαρών·ος *nm* baron || ~η *nf* baroness.

βασανίζω *vt* torture, torment || trouble, worry, prey || examine closely || ~ *το μυαλό μου*, rack one's brains.

βασανιστήριο *nn* torture, torment.

βασανιστής *nm* torturer, tormentor.

βασανιστικός *adj* racking, excruciating.

βάσανο *nn* torment, torture || pain, anguish, suffering || worry, trouble.

βάση *nf* base || basis, grounds || foundation, groundwork || foot, bottom || *σχολ.* pass.

βασίζ·ω *vt* base, ground || ~ομαι, be founded, rely, count.

βασικ·ός *adj* basic, essential, fundamental || chief || *τα* ~*ά*, the basics, the nuts and bolts.

βασιλεία *nf* reign || monarchy.

βασίλειο *nn* kingdom, realm.

βασιλεύω *vi* reign || prevail || (*ήλιος*) set || *ζω και* ~, be alive and kicking.

βασιλιάς *nm* king.

βασιλική *nf* basilica.

βασιλικός *adj* royal ◉ *nm* royalist || *βοτ.* basil.

βασίλισσα *nf* queen.

βασιλοκτονία *nf* regicide.

βασιλόπιττα *nf* New Year's cake.

βασιλοπούλα *nf* princess.

βασιλόπουλο *nm* prince.

βασιλόφρονας *nm* royalist.

βάσιμος *adj* sound, well-founded, reliable.

βασκανία *nf* evil eye, spell.

βαστώ (*και* βαστάζω) *vti* carry, bear, support, hold || (*συγκρατώ*) check, restrain || (*ανέχομαι*) stand, put up with || (*διαρκώ*) last, wear || (*φροντίζω*)

look after, keep || (*κατάγομαι*) come from, be descended from.

βατ *nn* watt.

βάτα *nf* pad[ding], wad.

Βατερλώ *nn* Waterloo.

βατεύω *vt* cover, mount || *vi* mate.

Βατικανό *nn* Vatican.

βατόμουρο *nn* blackberry.

βάτος *nm* bramble, briar.

βατραχάνθρωπος *nm* frogman.

βατραχοπέδιλο *nn* flipper.

βάτραχος *nm* frog, toad.

βατσίνα *nf* vaccine.

βαυκαλίζω *vt* lull, delude.

βαφείο *nn* dyer's, dye-house.

βαφή *nf* painting, dyeing || (*το υλικό*) paint, dye, varnish.

βαφτίζω *vt* baptize, christen || stand/be godfather or godmother to sb || call, nickname, dub, name after.

βάφτιση *nf* baptism, christening.

βαφτισιμιά *nf* goddaughter.

βαφτισιμιός *nm* godson.

βάφτισμα *nn* baptism, christening.

βαφτιστήρι *nn* godchild.

βαφτιστικός, κλπ. ⇒ ΒΑΦΤΙΣΙΜΙΟΣ

βάφω *vt* dye, tint || make up || paint, colour, polish, varnish || *την έχω βαμμένη*, be in the soup/in a fix.

βάψιμο *nn* painting, dyeing, make-up.

βγάζω *vt* take off, take out, let out, pull out, put out || (*απαλλάσσω από*) save, help || (*στίβω*) extract, press, squeeze || (*αναδίδω*) send out, give off || (*εμφανίζω*) sprout || (*παράγω*) produce, turn out || (*κερδίζω*) make, earn, pull in/down || (*εξαρθρώνω*) dislocate, sprain || (*ονομάζω*) [nick]name, call, dub || (*αποδείχνω*) make out, prove, show || (*προσφέρω*) treat, offer || (*δημοσιεύω*) publish || (*καταλαβαίνω*) make out, make of, read || (*τελειώνω*) finish || (*εκλέγω*) elect || get off scot-free || ~ *το λάδι σε κπ*, make sb sweat || ~ *λόγο*, make a speech || ~ *το λαρύγγι μου*, shout oneself hoarse.

βγαίνω *vi* go out, get out, come out, be out || (*εμφανίζομαι*) rise, appear, come up || (*ξεκολλάω*) come off || (*εκλέγομαι*) be elected, be returned || (*επαρκώ*) be enough || (*αποδείχνομαι*) turn out || (*οδηγώ*) go, lead || (*αφοδεύω*) evacuate, defecate, pass || (*συναγωνίζομαι*) match || ~ *από τα ρούχα μου*, be bowled over || ~ *λάδι*, get off scot-free || ~ *στο σφυρί*, come under the hammer || ~ *από τα όρια*, go too far, overstep the mark.

βδέλλα *nf* leech || bloodsucker.

βδελυγμία *nf* detestation, abomination,

aversion, disgust.

βδελυρός *adj* detestable.

βδομάδα *nf* week.

βδομαδιάτικος *adj* weekly.

βέβαιος *adj* certain, sure.

βεβαιότητ·α *nf* certainty || *μετά ~ος*, for certain/sure.

βεβαιών·ω *vt* affirm, testify to, bear witness to || (*επιβεβαιώνω*) confirm || (*διαβεβαιώνω*) assure || (*πιστοποιώ*) certify, attest || *~ομαι*, make sure, satisfy oneself.

βεβαίως *adv* certainly, sure[ly], by all means, of course, absolutely.

βεβαίωση *nf* (*η πράξη*) affirmation, testimony, attestation, confirmation || (*το έγγραφο*) certificate, testimonial, (*ένορκη*) affidavit.

βέβηλος *adj* sacrilegious, profane.

βεβηλώνω *vt* desecrate, defile.

βεβήλωση *nf* desecration, sacrilege.

βεβιασμένος *adj* hasty || forced.

βεγγαλικά *nn pl* fireworks.

βεζίρης *nm* vizier.

βελάδα *nf* frock-coat.

βελάζω *vi* bleat.

βελανίδι ⇒ ΒΑΛΑΝΙΔΙ

βελγικός *adj* Belgian.

Βέλγιο *nn* Belgium.

Βέλγος *nm* Belgian.

βεληνεκές *nn* range.

βέλο *nn* veil.

βελόνα *nf* needle || (*γραμμόφωνου*) stylus.

βελονιά *nf* stitch.

βελονιάζω *vt* thread a needle.

βελονισμός *nm* acupuncture.

βέλος *nn* arrow, bolt.

βελούδινος *adj* velvet || *μτφ.* velvety.

βελούδο *nn* velvet.

βέλτιστ·ος *adj στη φρ. το μη χείρον ~ον*, choose the lesser evil.

βελτιώνω *vt* improve, better.

βελτίωση *nf* improvement, betterment.

Βενεζουέλα *nf* Venezuela.

Βενετία *nf* Venice.

Βενετός *nm* Venetian.

βενζινάδικο *nn* petrol/gas station.

βενζινάκατος *nf* motorboat.

βενζίνη *nf* petrol, *ΗΠΑ* gas[oline].

βεντάλια *nf* fan.

βεντέτα *nf* star || vendetta.

βεντιλατέρ *nn* fan, ventilator || *λουρί του ~*, fan belt.

βεντούζα *nf* cupping.

βέρα *nf* wedding-ring.

βεραμάν *nn* pea-green.

βεράντα *nf* veranda[h], sun-parlour.

βέργα *nf* stick, twitch, rod, twig, cane || (*κρεμάστρας*) rail.

βερεσέδια *nn pl* [shopping] debts.

βερεσές *nm* credit, trust, tick.

βερίκοκο *nn* apricot.

βερμούτ *nn* vermouth.

βερμπαλισμός *nm* verbiage, verbosity.

βερνίκι *nn* varnish, polish || *μτφ.* veneer.

Βερολίνο *nn* Berlin.

βέρος *adj* true, genuine, native-born, 100%, true-blue.

βεστιάριο *nn* wardrobe, cloak-room.

βετεράνος *nm* veteran.

βέτο *nn* veto || *προβάλλω ~*, veto.

βήμα *nn* step, pace, tread, stride || (*ο ήχος*) footfall || (*ομιλητή*) tribune.

βηματίζω *vi* step, pace, walk, tread, tramp, stride, plod, trudge, shuffle.

βηματισμός *nm* tramp, trudge, tread.

βηματοδότης *nm* pacemaker.

βήχας *nm* cough.

βήχω *vi* cough.

βία *nf* force, violence, coercion || haste, hurry || *ανωτέρα ~*, an act of God || *μόλις και μετά ~ς*, hardly, with difficulty.

βιάζομαι *vi* hurry [up], be in a haste/in a hurry, hasten.

βιάζω *vt* force, compel || hurry, rush, urge || *σεξουαλ.* rape || *μτφ.* strain.

βιαιοπραγία *nf* physical assault.

βιαιοπραγώ *vi* do violence, assault.

βίαιος *adj* violent, fierce, vehement.

βιαιότητα *nf* violence, vehemence.

βιασμός *nm* rape.

βιαστής *nm* rapist.

βιαστικός *adj* hasty, hurried || rash || urgent.

βιασύνη *nf* hurry, haste || rashness.

βιβλιάριο *nn* booklet, (*επιταγών*) cheque book, (*καταθέσεων*) passbook, *στρατ.* paybook.

βιβλικός *adj* biblical.

βιβλίο *nn* book.

βιβλιογραφία *nf* bibliography.

βιβλιοδεσία *nf* bookbinding.

βιβλιοθηκάριος *nm* librarian.

βιβλιοθήκη *nf* library || (*έπιπλο*) bookcase.

βιβλιοκρισία *nf* book review.

βιβλιοπωλείο *nn* bookshop, bookseller's.

βιβλιοπώλης *nm* bookseller.

βιβλιοφάγος *nm* bookworm.

Βίβλος *nf* Bible || *πολ.* Paper, Book.

βίγλα *nf* look-out post, watch-tower || (*παρατηρητής*) look-out, sentry.

βιγόνια *nf* begonia.

βίδα *nf* screw || *μτφ.* whim.

βιδέλο *nn* calf || (*κρέας*) veal.

βιδώνω *vt* screw, bolt.

Βιεννέζος *nm* Viennese.

Βιέννη *nf* Vienna.

βίζα *nf* visa.

βίζιτα *nf* visit || visitor.

βιζόν *nn* mink.

βίκος *nm* vetch, tare.

βίλα *nf* villa.

βινιέτα *nf* vignette.

βίντσι *nn* winch, windlass, hoist.

βιογραφία *nf* biography.

βιογράφος *nm* biographer.

βιόλα *nf* viola.

βιολέτα *nf* violet.

βιολί *nn* violin, fiddle || *αλλάζω* ~, change one's tune, sing another tune.

βιολιτζής *nm* fiddler.

βιολιστής *nm* violinist.

βιολογία *nf* biology.

βιολογικός *adj* biological.

βιολόγος *nm* biologist.

βιολοντσελίστας *nm* cellist.

βιολοντσέλο *nm* [violon]cello.

βιομηχανία *nf* industry, manufacture.

βιομηχανικός *adj* industrial, manfactured || industrialized.

βιομήχανος *nm* industrialist, manufacturer.

βιοπαλαιστής *nm* bread-winner.

βιοπαλεύω *vi* toil for a living.

βιοπορισμός *nm* livelihood.

βιοποριστικ-ός *adj* bread-winning || ~*ά μέσα*, means of livelihood.

βιος *nn* property.

βίος *nm* life.

βιοτέχνης *nm* tradesman, artisan.

βιοτεχνία *nf* small industry, craft.

βιοτικό επίπεδο, standard of living.

βίρα *ναυτ.* heave to/up/in!

βιταμίνη *nf* vitamin.

βιτρίνα *nf* shopwindow || (*σε μουσείο*) showcase || (*στο σπίτι*) china-cabinet.

βιτριόλι *nn* vitriol.

βιτρώ *nn* stained-glass window.

βίτσα *nf* whip, lash, cane.

βιτσίζω *vt* whip, lash.

βίτσιο *nn* vice.

βιτσιόζος *adj* vicious.

βίωμα *nn* experience.

βιώσιμος *adj* viable.

βιωσιμότητα *nf* viability.

βλαβερός *adj* harmful || injurious, detrimental || obnoxious.

βλάβη *nf* harm, damage, injury, prejudice || *μηχ.* breakdown || *ηλεκτρ.* failure.

βλάκας *nm* fool, ass, halfwit.

βλακεί-α *nf* folly, foolishness, stupidity || *pl* ~ες, rubbish, nonsense, trash.

βλακώδης *adj* fatuous, idiotic.

βλαμμένος *adj* potty, cranky, crazy.

βλάπτω *vt* harm, damage, be bad for, prejudice, hurt || (*αδικώ*) wrong.

βλασταίνω *vi* sprout, shoot, grow, spring

up || (*φυτρώνω*) germinate.

βλαστάρι *nn* offshoot, sprout || scion.

βλαστήμια *nf* oath, curse, expletive.

βλάστημος *adj* blasphemous, profane.

βλαστημώ *vti* blaspheme || curse, swear || (*μετανιώνω*) rue.

βλάστηση *nf* germination || vegetation.

βλαστός ⇒ ΒΛΑΣΤΑΡΙ

βλάφτω *vt* ⇒ ΒΛΑΠΤΩ

βλάχος *nm* shepherd, *μτφ.* clodhopper, boor.

βλέμμα *nn* look, glance || (*επίμονο*) gaze, stare.

βλέννα *nf* mucus.

βλεννόρροια *nf* gonorrhoea.

βλέπω *vt* see, look [at], watch || (*έχω θέα*) face, command, look out on/over.

βλεφαρίδα *nf* eyelash.

βλεφαρίζω *vi* blink, bat.

βλέφαρο *nn* eyelid.

βλέψη *nf* aim, intention || aspiration, design, ambition, pretension.

βλήμα *nn* missile, projectile, shell, bullet || *sl μτφ.* crank, weirdie.

βλίτ-ο *nn* wild spinach || *τρώω* ~*α*, be daft/a sucker.

βλογιά *nf* smallpox.

βλογιοκομμένος *adj* pock-marked.

βλογώ ⇒ ΕΥΛΟΓΩ

βλοσυρός *adj* stern, grim, sullen, unsmiling, scowling, glowering.

βόας *nm* boa constrictor.

βόγκημα (*και* βογκητό) *nn* groan, moan.

βογκώ *vi* moan, groan.

βόδι *nn* ox, bullock || *μτφ.* blockhead, nitwit.

βοδιν-ός *adj* ox ◙ *nn* ~ό, beef.

βοή (*και* βουή) *nf* buzz, hum || (*φασαρία*) din, uproar, hubbub || roar, rumble, boom || noise, drone || *διά* ~ς, by acclamation.

βοήθεια *nf* help, aid, assistance || alms, charity || rescue || relief.

βοήθημα *nn* aid, assistance, relief || dole, subsidy || reference book.

βοηθητικός *adj* auxiliary, ancillary ◙ *nm στρατ.* non-combatant.

βοηθός *nm* help[er], assistant, aid.

βοηθώ *vt* help, aid, assist, be of help to sb || relieve || rescue.

βόθρος *nm* cesspool, [cess]pit, tank.

βοϊδάμαξα *nf* ox-cart.

βολάν *nn* steering-wheel || *ποδηλ.* handlebars || *ραπτ.* frill, flounce.

βολβός *nm* bulb || eyeball.

βόλεϊ *nn* volleyball.

βολετό *adj* possible, convenient, feasible.

βολεύω *vt* put, arrange || accommodate, put up, put away, fix up, settle down || (*με βολεύει*) suit, be convenient, do well ‖ (τα καταφέρνω) manage, make do, get along, shift.

βολή nf comfort, convenience ‖ shot, fire ‖ απόσταση ~ς, firing range.

βόλι nn bullet.

βολίδα nf sounding-lead ‖ bullet ‖ φεύγω σα ~, leave like a shot ‖ περνώ σα ~, flash/shoot by.

βολιδοσκόπηση nf sounding, feeler, overture.

βολιδοσκοπώ vt sound [out], feel [out], put out feelers.

βολικ·ός adj handy, convenient, suitable ‖ άνθρ. easy-going, accommodating, compliant ‖ μου' ρχονται όλα ~ά, land on one's feet.

βολοδέρνω vi knock about.

βόλος nm clod, lump ‖ marble.

βόλτα nf walk, stroll, airing ‖ (ταξιδάκι) jaunt, outing ‖ (γύρος) round, (περιστροφή) revolution, (βίδας) thread, (σκοινιού) coil ‖ τα φέρνω ~, scrape along, manage ‖ φέρνω κπ ~, coax, cajole sb ‖ παίρνω την απάνω/κάτω ~, take a turn for the better/worse ‖ κόβω βόλτες, stroll about, walk up and down, hang around.

βολτάζ nn voltage.

βόμβα nf bomb ‖ μτφ. bombshell.

βομβαρδίζω vt bomb, bombard ‖ μτφ. assail.

βομβαρδισμός nm bombing, shelling, bombardment.

βομβαρδιστικό nn bomber.

βομβητής nm buzzer.

βόμβος nm buzz, drone, whirr.

βόμβυκας nm cocoon, silkworm.

βομβώ vi buzz, drone, hum, whirr.

βορά nf prey, victim.

βόρβορος nm muck, sludge, mud.

βόρειος adj north[ern] ⊙ nm Northerner.

βοριάς nm north ‖ north wind.

βορινός adj north[ern].

βορράς nm north.

βοσκή nf pasture, grass.

βοσκοπούλα nf shepherd girl.

βοσκόπουλο nn young shepherd.

βοσκός nm shepherd, herdsman.

βοσκοτόπι nn grassland, pasturage.

βόσκω vti graze, pasture, browse.

βόστρυχος nm tress, ringlet, lock, curl.

βοτάνι nn herb ‖ weed.

βοτανίζω vt weed [out].

βοτανική nf botany.

βοτανικός adj botanic[al].

βότανο nn herb ‖ weed.

βοτανολόγος nm botanist.

βότκα nf vodka.

βότσαλο nn pebble, shingle.

βουβαίν·ω vt strike dumb, stun, daze ‖ silence ‖ ~ομαι, fall silent.

βουβάλι nn bull, buffalo.

βουβαμάρα nf dumbness, speechlessness.

βουβός adj dumb, speechless ‖ silent ‖ θέατρ. ~ ρόλος, walk-on part.

βουβώνα nf groin.

βουβωνικός adj bubonic.

Βουδαπέστη nf Budapest.

Βούδας nm Buddha.

βουδισμός nm Buddhism.

βουδιστής nm Buddhist.

βουή (και βουητό) ⇒ ΒΟΗ

βουΐζω vi (έντομα) buzz, hum ‖ (αερ.) drone ‖ (αυτιά) sing ‖ (δυνατά) boom, howl.

βουκέντρα nf goad.

βούκινο nn conch, horn ‖ κάνω κτ ~, cry sth from the housetops.

βουκολικός adj bucolic, pastoral.

Βουκουρέστι nn Bucharest.

βούλα nf spot ‖ seal, stamp.

Βουλγαρία nf Bulgaria.

Βούλγαρος nm Bulgarian.

βούλευμα nn bill, order, decree.

βουλευτής nm MB Member of Parliament (MP), ΗΠΑ representative.

βουλευτικός adj parliamentary.

βουλή nf will ‖ Parliament [House].

βούληση nf will, volition.

βουλιάζω vti sink, go down, founder ‖ collapse, cave in ‖ go bankrupt/bust.

βουλιμία nf greed ‖ gluttony.

βουλκανιζατέρ nn vulcanizer.

βουλκανιζάρω vt vulcanize.

βουλοκέρι nn sealing-wax.

βουλώνω vti stop, bung, clog, plug ‖ seal ‖ βούλωσ' το! shut up! dry up! belt up!

βουναλάκι nn hillock, knoll.

βουνίσιος adj mountain[ous].

βουνό nn mountain ‖ ~κορφή, mountain-top ‖ ~πλαγιά, mountain-side.

βούρδουλας nm whip, lash.

βουρδουλιά nf lash ‖ welt, whip-cut.

βούρκος nm mire, muck, mud, slime.

βουρκώνω vi become muddy ‖ become misty, mist, blur, fill with tears.

βουρλίζω vt enrage, infuriate, madden.

βούρλο nn bulrush, rush.

βούρτσα nf brush.

βουρτσιά nf brush-stroke.

βουρτσίζω vt brush ‖ (άλογο) curry.

βούρτσισμα nn brushing.

βουστάσι nn dairy-farm ‖ cowshed.

βούτηγμα nn dipping, diving, plunge ‖ grabbing ‖ stealing.

βουτηγμένος adj deep in, steeped ‖ dunked, dripping, bathed.

βουτήματα nn pl biscuits, teacakes,

scones.
βουτηχτής *nm* diver.
βουτιά *nf* plunge, dive, dip, ducking || snatch, grab, stealing.
βούτυρο *nn* butter.
βουτυρόπαιδο *nn* milksop.
βουτώ *vti* dive, plunge, dip, duck, dunk || (*αδράχνω*) grab, grasp, grip || (*αποσπώ*) snatch, tear, snap || (*κλέβω*) steal, filch, bag.
βραβείο *nn* prize, award || trophy.
βραβευμένος *adj* prize-winning ◉ *nm* prize-winner.
βράβευση *nf* reward, prize-giving.
βραβεύω *vt* reward || award a prize.
βραγιά *nf* patch, bed, plot.
βράγχια *nn pl* gills.
βραδάκι *nm* early evening.
βραδιά *nf* evening.
βραδιάζ-ω *vi* get/be dark || ~ομαι, be overtaken by night.
βραδινός *adj* evening.
βράδυ *nn* evening.
βραδύγλωσσος *adj* stammerer.
βραδυκίνητος *adj* slow-moving, sluggish.
βραδύνω *vi* slow down || delay, be late, take long.
βραδυπορώ *vi* go slowly || fall behind, straggle.
βραδύς *adj* slow, slack, sluggish.
βραδότητα *nf* slowness || delay.
βραδυφλεγής *adj* delayed-action.
Βραζιλία *nf* Brazil.
Βραζιλιανός *nm* Brazilian.
βράζω *vti* boil || cook || simmer, stew.
βράκα *nf* breeches.
βρακί *nn* trousers, pants || underpants, *γυναικ.* panties.
βράση *nf* boil || simmer.
βραστός *adj* boiled || boiling hot.
βραχιόλι *nn* bracelet.
βραχίονας *nm* arm.
βραχμάνος *nm* Brahman.
βραχνάδα *nf* hoarseness.
βραχνάς *nm* nightmare.
βραχνιάζω *vti* make/get hoarse.
βραχνός *adj* hoarse, husky.
βραχόκηπος *nm* rock garden.
βράχος *nm* rock, cliff, crag || boulder.
βραχύβιος *adj* short-lived.
βραχυγραφία *nf* abbreviation.
βραχυκύκλωμα *nn* short circuit.
βραχυπρόθεσμος *adj* short-term.
βραχύς *adj* short, brief.
βραχώδης *adj* rocky, craggy.
βρεγμένος *adj* wet || soaked, drenched.
βρέξιμο *nn* wetting, soaking.
Βρετανία *nf* Britain.
βρετανικός *adj* British.
Βρετανός *nm* British.

βρεφικός *adj* infantile || ~ σταθμός, day nursery, crèche.
βρεφοκομείο *nn* baby home, public nursery.
βρεφοκτονία *nf* infanticide.
βρέφος *nn* infant, baby.
βρέχω *vti* wet, damp || water, sprinkle || wash || *απρόσ.* it rains, it is raining.
βρίζω *vt* insult, call sb names, run down, vilify || swear, curse.
βρίθω *vi* teem, swarm, crawl, abound, be full of, be rife with.
βρισιά *nf* insult, abuse, invective.
βρίσκω *vt* find || (*εντοπίζω*) locate, spot || (*αντιμετωπίζω*) meet with || (*ανακαλύπτω*) find out, discover || (*επινοώ*) think out, work out, invent || (*ξαφνικά*) strike upon, hit on || (*τυχαία*) come across/upon || (*αποκτώ*) come by || (*υπολογίζω*) reckon, calculate || *τα* ~ *σκούρα*, find it tough going || *τα* ~ *με κπ*, make it up with sb.
βρογχικός *adj* bronchial.
βρογχίτιδα *nf* bronchitis.
βρόμα. *nf* dirt, filth || stench, stink || (*γυναίκα*) bitch, slut || (*άντρας*) skunk.
βρομερός *adj* dirty, filthy, foul || stinking || nasty, obscene.
βρομιά *nf* dirt, filth, muck || litter, mess || obscenity, smut.
βρομιάρης *nm* skunk, rascal.
βρομίζω *vt* dirty, foul, soil, muck up.
βρόμικος *adj* dirty, shabby, grimy, filthy || obscene, smutty.
βρομισιά *nf* mess, dirt.
βρομόστομος *adj* foul-mouthed.
βρομώ *vi* give off a stench || reek of.
βροντερός *adj* thunderous, loud.
βροντή *nf* thunder || rumble, boom.
βρόντημα *nn* knock, bang.
βρόντ-ος *nm* crash, bang || thump, thud || *στο* ~*ο*, in vain.
βροντοφωνάζω *vti* thunder out.
βροντώ *vti* thunder, boom || knock, pound, bang, slam || clang, clank.
βροντώδης *adj* thunderous.
βροχερός *adj* rainy, wet.
βροχή *nf* rain || *μτφ.* shower.
βρόχι *nn* net, snare.
βροχόνερο *nn* rainwater.
βροχόπτωση *nf* rainfall.
βρόχος *nm* noose.
βρυκόλακας *nm* vampire.
Βρυξέλλες *nf pl* Brussels.
βρύση *nf* spring, source || fountain, pump || tap, *ΗΠΑ* faucet.
βρυσομάνα *nf* fountain-head.
βρυχηθμός *nm* roar[ing].
βρυχιέμαι *vi* roar.
βρώμα, βρώμικος, κλπ ⇒ ΒΡΟΜΑ, ΒΡΟΜΙ

κος, κλπ.

βρώμη *nf* oats.
βρώσιμος *adj* edible.
βυζαίνω *vti* (η μάνα) nurse, suckle, give breast to || (το μωρό) suck.
βυζανιάρικο *nn* suckling.
βυζαντινός *adj, nm* Byzantine.
βυζί *nn* breast, *sl* boob, tit.
βυθίζω *vt* sink, founder || dip, immerse, plunge || run/stick/drive into.
βύθιση *nf* sinking, immersion.
βύθισμα *nn* ναυτ. draught.
βυθισμένος *adj* sunk[en], immersed, plunged, absorbed, engrossed, lost.
βυθοκόρος *nm* dredge[r].

βυθομέτρηση *nf* sounding.
βυθομετρώ *vt* fathom, take the soundings.
βυθός *nm* bottom, [sea]bed.
βύνη *nf* malt.
βυρσοδεψείο *nn* tannery.
βυρσοδέψης *nm* tanner.
βύσμα *nn* plug, stopper.
βύσσινο *nn* morello, cherry.
βυσσοδομώ *vt* scheme, plot.
βυτίο *nn* barrel, cask || water-cart.
βυτιοφόρο *nn* tank-truck || water-wagon.
βώλος ⇒ ΒΟΛΟΣ
βωμολοχία *nf* obscenity, smut, filth.
βωμός *nm* altar.
βωξίτης *nm* bauxite.

Γ γ

γαβάθα *nf* bowl.
γαβγίζω *vti* bark, yelp, yap.
γάβγισμα *nn* bark[ing].
γαβριάς *nm* guttersnipe.
γάγγλιο *nn* ganglion.
γάγγραινα *nf* gangrene.
γάζα *nf* gauze.
γαζί *nn* stitch, sewing.
γαζία *nf* musk-tree, acacia.
γαζώνω *vt* sew || μτφ. rake, riddle.
γαϊάνθρακας *nm* coal.
γαΐδ·άρα (και ~ούρα) *nf* she-ass.
γάιδαρος *nm* donkey, ass || μτφ. boor, lout.
γαϊδουράγκαθο *nn* thistle.
γαϊδούρι ⇒ ΓΑΪΔΑΡΟΣ
γαϊδουριά *nf* boorishness.
γαιοκτήμονας *nm* landowner.
γαϊτανάκι *nn* maypole-dance.
γαϊτάνι *nn* braid.
γάλα *nn* milk || (φυτού) latex.
γαλάζιος *adj* blue, azure.
γαλαζοαίματος *adj* blue-blooded.
γαλαζόπετρα *nf* turquoise || copper sulphate.
γαλαζωπός *adj* bluish.
γαλακτερός *adj* milky.
γαλακτοκομείο *nn* dairy[-farm].
γαλακτοκομικός *adj* dairy.
γαλακτομπούρικο *nn* custard-filled pastry.
γαλακτοπωλείο *nn* dairy.
γαλακτοτροφία *nf* milk diet.
γαλάκτωμα *nn* emulsion.
γαλανομάτης *adj* blue-eyed.

γαλανός *adj* blue, azure.
γαλαντόμος *adj* gallant, generous.
γαλαξίας *nm* galaxy, the Milky Way.
γαλαρία *nf* gallery.
γαλατάδικο *nn* dairy, milkbar.
γαλατάς *nm* milkman.
γαλβανίζω *vt* galvanize.
γαλέος *nm* small dogfish.
γαλέρα *nf* galley.
γαλέτα *nf* ship-biscuit, hardtack.
γαληνεύω *vti* calm down, relax.
γαλήνη *nf* calm, quiet || cool.
γαλήνιος *adj* calm, quiet || cool.
γαληνότατος *adj* [most] serene.
γαλιάντρα *nf* skylark || μτφ. talkative.
Γαλιλαία *nf* Galilee.
γαλίφης *nm* flatterer, sycophant.
γαλιφιά *nf* cajolery, coaxing, blarney.
Γαλλία *nf* France.
γαλλικός *adj* French.
Γάλλος *nm* Frenchman.
γαλονάς *nm* brass hat, top brass.
γαλόνι *nn* braid || pip, stripe || gallon.
γαλοπούλα *nf* turkey[-hen].
γάλος *nm* turkey[-cock].
γαλότσες *nf pl* galoshes, rubbers.
γαλουχώ *vt* suckle, nurse || nurture.
γαμήλιος *adj* bridal, wedding.
γάμος *nm* wedding, marriage.
γάμπα *nf* leg || calf.
γαμπρός *nm* bridegroom || son-in-law, brother-in-law || eligible bachelor.
γαμψός *adj* crooked, hooked.
γαμώ *vt* χυδ. fuck, screw.

γανιάζω *vi* be covered with fur / verdigris || get parched, get dry.

γάντζος *nm* hook, crook.

γαντζών·ω *vt* hook, hitch || ~ομαι, hang / hold on to, catch.

γάντι *nn* glove || mitt, mitten.

γανώνω *vt* tin, tin-plate.

γανωτής *nm* tinker, pewterer.

γαργαλιστικός *adj* ticklish || tempting.

γαργαλώ *vt* tickle, titillate || tempt.

γαργάρα *nf* gargle.

γάργαρος *adj* clear, limpid || gurgling.

γαρδένια *nf* gardenia.

γαρίδα *nf* shrimp, prawn.

γαρμπής *nm* sou'wester.

γαρνίρισμα *nn* garnish, dressing.

γαρνίρω *vt* (*ρούχα*) trim || (*φαΐ*) dress, garnish, (*ποτό*) lace || *μτφ.* adorn, embellish.

γαρνιτούρα *nf* trimming, garnish, garniture || *μτφ.* embellishment, embroidery.

γαρύφαλο *nn* carnation || *μαγειρ.* clove.

γάστρα *nf* flower-pot.

γαστρικός *adj* gastric.

γαστρίτιδα *nf* gastritis.

γαστρονομικός *adj* gastronomic.

γαστροσκόπηση *nf* gastroscopy.

γάτα *nf* (*και nn* γατί) cat.

γατάκι *nn* kitten.

γάτος *nm* tomcat, puss.

γαυγίζω ⇒ ΓΑΒΓΙΖΩ

γαύρος *nm* anchovy.

γδάρσιμο *nn* scratch || skinning.

γδέρνω *vt* skin, flay || (*ξεγδέρνω*) scratch, scrape || *μτφ.* rook, fleece, skin.

γδικιωμός *nm* revenge.

γδούπος *nm* thump, thud, flop.

γδύνω *vt* undress || take off, strip naked || *μτφ.* skin, fleece, rook.

γδυτός *adj* naked, bare.

γεγονός *nn* incident, happening, event || fact, certainty || *τετελεσμένο* ~, an accomplished fact.

γέενα πυρός, hellfire.

γεια *interj* bye-bye || hullo || ~ *χαρά*, hi, farewell, good-bye || *αφήνω* ~, bid farewell || ~ *σου!* bless you! your health!

γείσο *nn* eaves || visor, eyeshade.

γείτονας *nm* neighbour.

γειτονεύω *vi* be close, be in the vicinity, adjoin, border on.

γειτονιά *nf* neighbourhood, vicinity || (*συνοικία*) quarter.

γειτονικός *adj* neighbouring, adjacent || neighbourly.

γειτόνισσα *nf* neighbour.

γειώνω *vt* ηλεκτρ. ground.

γείωση *nf* grounding.

γελάδα, κλπ. ⇒ ΑΓΕΛΑΔΑ

γελαστός *adj* smiling, laughing || cheerful, jovial.

γελέκο *nn* waistcoat.

γέλιο *nn* laugh[ing], laughter || chuckle, guffaw, giggle, sneer.

γελοιογραφία *nf* cartoon, caricature.

γελοιογράφος *nm* cartoonist.

γελοιοποίηση *nf* ridicule, mockery.

γελοιοποιώ *vt* ridicule, make a fool, pour scorn on.

γελοίος *adj* laughable, ridiculous, absurd.

γελ·ώ *vti* laugh || chuckle, guffaw, snigger, giggle, titter || (*ξεγελώ*) deceive, cheat, fool, take in || (*κοροϊδεύω*) mock, laugh at, make fun of || ~ιέμαι *vi* be deceived / mistaken, delude oneself.

γελωτοποιός *nm* clown, buffoon, fool.

γεμάτος *adj* full, filled || loaded, fraught || spread, littered, strewn || plump, stout.

γεμίζω *vti* fill, stuff || (*όπλο*) load, (*μπαταρία*) charge || *μτφ.* infuse || cover with, break out in || (*παχαίνω*) plump out || fill out || (*φεγγάρι*) wax.

γέμιση *nf* filling, loading, stuffing.

γεμιστός *adj* filled, stuffed.

γενάκι *nn* (*μυτερό*) goatee.

Γενάρης *nm* January.

γενάτος *adj* bearded.

γενεά *nf* generation.

γενεαλογία *nf* genealogy.

γενέθλια *nn pl* birthday.

γενέθλιος *adj* birthday || native.

γενειάδα *nf* long beard.

γενειοφόρος *adj* bearded.

γένεση *nf* origin, creation.

γενέτειρα *nf* birthplace, native town, home.

γενετήσιος *adj* sex, sexual.

γενετική *nf* genetics.

γένι *nn* beard || (*σταχιού*) awn.

γενιά *nf* family, stock || nation, race || generation.

γενίκευση *nf* generalization || prevalence.

γενικεύ·ω *vt* generalize, put into general use || ~ομαι, spread, prevail, become general / the rule.

γενική *nf* genitive.

γενικ·ός *adj* general || universal, sweeping || *adv* ~ώς, generally, as a rule.

γενικότητα *nf* generality.

γενίτσαρος *nm* janissary.

γέννα *nf* childbirth, delivery || seed, issue, spawn.

γενναιοδωρία *nf* generosity, liberality.

γενναιόδωρος *adj* generous, liberal, free, lavish, handsome.

γενναιόκαρδος *adj* stout-hearted.

γενναίος *adj* brave, fearless, gallant || generous, liberal, handsome.

γενναιότητα *nf* bravery.

γενναιό-φρων (και ~φρονας) *adj* high-minded.

γενναιοφροσύνη *nf* magnanimity.

γενναιοψυχία *nf* bravery, gallantry.

γενναιόψυχος *adj* brave, courageous.

γέννημα *nn* creature || *pl* crops, grain || ~-θρέμμα, born and bred, a native of.

γεννημένος *adj* born.

γέννηση *nf* birth.

γεννητικά όργανα *nn pl* genitals.

γεννητικότητα *nf* birthrate.

γεννήτορας *nm* father, progenitor.

γεννήτρια *nf* generator.

γεννοβολώ *vt* breed, spawn, generate.

γεννώ *vti* bear, give birth to, be delivered of || beget, bring about, breed || (αυγά) lay || (ζώα) breed, have young.

γενοκτονία *nf* genocide.

γένος *nn* family, stock || nation, people, kind, species || breed || gender.

γεράκι *nn* hawk, falcon.

γεράματα *nn pl* old age.

γεράνι *nn* geranium.

γερανός *nm* crane || derrick, hoist.

γερασμένος *adj* aged.

γερατιά *nn pl* old age.

Γερμανία *nf* Germany.

Γερμαν-ός *nm* (και ~ικός *adj*) German.

γέρνω *vti* bend, bow, stoop, weigh down, flag || lean, tilt, slant || slope.

γερνώ *vti* age, grow old.

γεροδεμένος *adj* strongly-built, sturdy.

γεροντάκι *nn* dear/little old man.

γέροντας *nm* old man.

γεροντικός *adj* old, old-age.

γερόντισσα *nf* old woman.

γεροντοκόρη *nf* old maid, spinster.

γεροντοκρατία *nf* gerontocracy.

γεροντολογία *nf* gerontology.

γεροντοπαλίκαρο *nn* bachelor.

γεροντόπαχα *nn pl* middle-age[d] spread.

γέρος *nm* old man.

γερός *adj* healthy, fit, sound, sturdy, robust || strong, stout, tough || good, whole, fast.

γερούνδιο *nn* gerund.

γερουσία *nf* senate || old folks.

γερουσιαστής *nm* senator.

γέρσιμο *nn* droop, stoop[ing], tilting, sloping.

γερτός *adj* leaning, stooping, drooping, aslant, bending.

γεύμα *nn* meal, dinner, lunch.

γευματίζω *vt* have lunch/dinner, lunch, dine, be at lunch.

γεύομαι *vt* taste, savour || sample.

γεύση *nf* taste, flavour, tang || palate.

γευστικός *adj* tasty, savoury.

γέφυρα *nf* bridge.

γεφυροπλάστιγγα *nf* weigh-bridge.

γεφυροποιός *nm* bridge builder.

γεφυρώνω *vt* bridge.

γεωγραφία *nf* geography.

γεωγραφικός *adj* geographic[al].

γεωγράφος *nm* geographer.

γεωλογία *nf* geology.

γεωλόγος *nm* geologist.

γεωμετρία *nf* geometry.

γεωμετρικός *adj* geometric[al].

γεωπονία *nf* agriculture, agronomy.

γεωπόνος *nm* agriculturalist.

γεωργία *nf* agriculture, farming.

γεωργικός *adj* agricultural.

γεωργός *nm* farmer.

γεώτρηση *nf* drilling, boring.

γεωτρύπανο *nn* drill, [oil] rig.

γεωφυσική *nf* geophysics.

γη *nf* earth || ground, soil, land.

γηγενής *adj* native, indigenous.

γήινος *adj* earth[y], earthly || terrestrial.

γήλοφος *nm* hillock, knoll.

γήπεδ-ο *nn.* ground, [playing] field || court || course || ~ούχος ομάδα, home team.

γηραλέος *adj* aged, elderly.

γηρατειά *nn pl* (και γήρας *nn*) old age.

γηριατρική *nf* geriatrics.

γηροκομείο *nn* old people's home.

γητεύω *vt* charm, bewitch.

για *prep, adverbial particle, conj* for || just || of course || ~... ~, either... or || ~ να, to, so as to, in order to, so that || ~ καλά, for good.

γιαγιά *nf* granny, grandmother.

Γιάγκης *nm* Yankee.

γιακάς *nm* collar.

γιαλός *nm* seashore, beach.

γιαννάκι *nn στρατ.* tyro, rookie.

γιαούρτι *nn* yogurt, yoghourt.

γιαπί *nn* skeleton building.

γιάρδα *nf* yard.

γιαρμάς *nm* yellow peach.

γιασεμί *nn* jasmine.

γιαταγάνι *nn* yataghan.

γιατί *adv* why, what for ◼ *conj* because.

γιατρειά *nf* cure, healing || remedy.

γιατρεύω *vt* cure, heal || nurse, treat.

γιατρικό *nn* remedy, medicine, cure.

γιατρίνα *nf* lady doctor || doctor's wife.

γιατροκομώ *vt* nurse.

γιατρός *nm* doctor, physician.

γιαχνί *nn* ragout, casserole.

γιαχνιστός *adj* stewed.

Γιβραλτάρ *nn* Gibraltar.

γίγαντας *nm* giant.

γιγαντιαίος *adj* giant, gigantic.

γίδα *nf* goat.

γίδι *nn* goat, kid.

γιδίσιος *adj* goat['s].

γιδόστρατα *nf* goat-track.
γιλέκο *nn* waistcoat, vest.
γινάτι *nn* spite || obstinacy.
γίνομαι *vi* become, be, get, go, grow, turn || change into, be made into || be created, come into being/existence || (*αναπτύσσομαι*) grow, be produced || (*ωριμάζω*) ripen, be in season || (*συμβαίνω*) happen, take place, pass off, be done || (*απογίνομαι*) become of, get to || (*απρόσωπο*) be [possible], may.
γινόμενο *nn* μαθ. product.
γινωμένος *adj* ripe || cooked, done, ready.
γιογιό *nn* yoyo.
γιόγκα *nf* yoga.
γιόκας *nm* [darling] son.
γιομάτος ⇒ ΓΕΜΑΤΟΣ
γιορτάζω *vt* celebrate, keep, observe.
γιόρτασμα *nn* celebration.
γιορταστικός *adj* festive.
γιορτή *nf* celebration, feast, festivity, fête || holiday || feast-day.
γιορτινά *nn pl* one's Sunday best.
γιορτινός *adj* festive.
γιος *nm* son.
γιουβαρλάκια *nn pl* meatballs with rice.
γιουβέτσι *nn* roast lamb with pasta.
Γιουγκοσλαβία *nf* Yugoslavia.
Γιουγκοσλάβος *nm* Yugoslav.
γιούλι *nn* violet.
γιούπι *interj* yippee!
γιουρούσι *nn* assault, sortie.
γιουσουρούμ[ι] *nn* flea market.
γιούχα *interj* out! down! boo!
γιουχαΐζω *vt* hoot, boo, hiss, jeer.
γιουχάισμα *nn* boo[ing], hoot[ing], cat-call[ing] jeer[ing].
γιοφύρι *nn* bridge.
γιρλάντα *nf* garland, festoon.
γιωτ *nn* yacht.
γιώτα *nn* iota.
γκαβός *adj* cross-eyed.
γκάγκστερ *nm* gangster, mobster.
γκαζάδικο *nn* [oil-]tanker.
γκάζι *nn* gas || αυτοκ. accelerator.
γκαζιέρα *nf* primus stove.
γκαζόζα *nf* pop, fizzy drink.
γκαζόν *nn* lawn, grass.
γκάιντα *nf* bagpipe[s].
γκαλερί *nf* gallery.
γκάλοπ *nn* [opinion] poll.
γκαμήλα *nf* camel.
γκάμα *nf* gamut, range.
γκαμπαρντίνα *nf* gabardine.
γκαράζ *nn* garage.
γκαρδιακός *adj* hearty, cordial, true.
γκαρίζω *vi* bray || άνθρ. bawl, holler.
γκαρνταρόμπα *nf* wardrobe || cloakroom.
γκαρσόνι *nn* waiter.

γκαρσονιέρα *nf* bachelor's flat || love-nest.
γκαστρωμένη *adj* pregnant || (ζώο) with young.
γκαστρών·ω *vt* make pregnant, get sb with child || ~ομαι, become pregnant || μτφ. pester, plague.
γκάφα *nf* blunder.
γκαφατζής *nm* blunderer.
γκέισα *nf* geisha.
γκέμι *nn* bridle, rein.
γκέτα *nf* gaiter, puttee || spat.
γκέτο *nn* ghetto.
γκι *nn* mistletoe.
γκιλοτίνα *nf* guillotine.
γκινέα *nf* guinea.
γκίνια *nf* bad luck.
γκιόσα *nf* υβριστ. old cow.
γκισές *nm* wicket, counter.
γκλάβα *nf* noddle, nut.
γκλίτσα *nf* shepherd's crook.
γκιώνης *nm* howlet.
γκογκ *nn* gong.
γκολ *nn* goal.
γκόλφ *nn* golf.
γκόλφι *nn* amulet.
γκόμενα *nf* lay, steady.
γκουβερνάντα *nf* governess, nurse.
γκραβούρα *nf* engraving.
γκρεμίζ·ω *vt* demolish, pull down || topple, bring down, overthrow || blow down, break down || ~ομαι, collapse, crumble.
γκρέμισμα *nn* demolition, overthrow, collapse, fall || *pl* ruins, débris.
γκρεμός *nm* precipice || chasm || drop.
γκρι *adj* grey, gray.
γκριζομάλλης *adj* grey-haired.
γκριζόμαυρος *adj* slate-coloured.
γκρίζος *adj* grey.
γκριμάτσα *nf* grimace, grin.
γκρίνια *nf* grumble, nag[ging], whining.
γκρινιάζω *vti* grumble, nag, carp, bitch, whine || complain.
γκρινιάρης *nm* grumbler.
γκρινιάρικος *adj* nagging, carping.
γκρουμ *nn* bell-boy.
γκρουπ *nn* group.
γλάρος *nm* [sea-]gull.
γλαρώνω *vi* doze off, feel sleepy.
γλάστρα *nf* flower-pot.
γλαύκωμα *nn* glaucoma.
γλαφυρός *adj* fluent, smooth, lively.
γλειφιτζούρι *nn* lolly.
γλείφω *vt* lick, lap up || μτφ. toady to, suck up to, fawn upon.
γλεντζές *nm* merry-maker, fun-lover, reveller, roisterer.
γλέντι *nn* merry-making, high jinks, fun || spree, revelry.

γλεντώ *vti* have fun, make merry, live it up.
γλιστερός *adj* slippery, slimy.
γλίστρημα *nn* slip, slide.
γλιστρώ *vi* slip, slide, glide, steal ‖ be slippery.
γλίσχρος *adj* paltry, meagre.
γλίτσα *nf* slime, sludge.
γλιτώνω *vti* ⇒ ΓΛΥΤΩΝΩ
γλοιώδης *adj* clammy, slimy ‖ sticky, greasy ‖ *μτφ.* oily, unctuous.
γλόμπος *nm* bulb.
γλουτός *nm* buttock.
γλύκα *nf* sweetness ‖ sweet[ie].
γλυκάδια *nn pl* sweetbreads.
γλυκαίνω *vti* sweeten, make/become sweet ‖ *(καιρός)* get milder ‖ *(πόνος)* alleviate.
γλυκανάλατος *adj* insipid, mawkish.
γλυκάνισο *nn* anise, aniseed.
γλυκαντικός *adj* sweetening.
γλυκερίνη *nf* glycerine.
γλυκερός *adj* sugary, treacly.
γλύκισμα *nn* pastry, cake.
γλυκό *nn* jam, dessert, cake, sweet.
γλυκόηχος *adj* melodious, tuneful.
γλυκοθωρώ *vt* regard lovingly, make eyes at.
γλυκολέμονο *nn* lime.
γλυκόλογα *nn pl* sweet words/nothings.
γλυκομίλητος *adj* mealy-mouthed.
γλυκοπατάτα *nf* sweet potato, yam.
γλυκόρριζα *nf* liquorice.
γλυκός *adj* sweet, *(καιρός)* mild, *(χρώμα)* mellow, *(αέρας)* gentle, *(φωνή)* soft.
γλυκούτσικος *adj* sweetish.
γλυκοφιλώ *vt* kiss lovingly.
γλυκοχαιρετώ *vt* greet affably.
γλυκοχάραμα *nn* early dawn.
γλυκύς ⇒ ΓΛΥΚΟΣ
γλυκύτητα *nf* sweetness, mildness, softness, gentleness.
γλύπτης *nm* sculptor.
γλυπτική *nf* sculpture.
γλυπτ·ό *nn* sculpture ‖ ~ός, sculpted.
γλύπτρια *nf* sculptress.
γλυτώνω *vti* save, rescue, deliver, escape ‖ get rid of, shake off.
γλυφίζω *vi* be brackish.
γλυφός *adj* brackish, briny.
γλώσσα *nf* language ‖ tongue ‖ *ιχθ.* sole.
γλωσσαμύντορας *nm* purist.
γλωσσάρι *nn* glossary.
γλωσσάς *nm* gossip.
γλωσσοδέτης στη φρ. *παθαίνω* ~η, be tongue-tied.
γλωσσοκοπάνα *nf* chatterbox.
γλωσσολογία *nf* linguistics.
γλωσσολόγος *nm* linguist.

γλωσσομαθής *nm* polyglot, linguist.
γνάθος *nm* jawbone.
γνέθω *vt* spin.
γνεύω *vi* beckon, motion, sign ‖ nod ‖ wave ‖ wink.
γνήσιος *adj* genuine, true, authentic, real ‖ true-born, legitimate.
γνησιότητα *nf* genuineness, authenticity, legitimacy.
γνοιάζομαι *vi* care about/for.
γνωμάτευση *nf* [expert] opinion.
γνωματεύω *vi* pronounce, give one's considered opinion.
γνώμη *nf* opinion, view ‖ *κατά τη ~ μου*, in my opinion, to my mind ‖ *αλλάζω ~*, change one's mind ‖ *η κοινή ~*, public opinion.
γνωμικό *nn* saying, maxim.
γνωμοδότηση *nf* opinion.
γνωμοδοτικός *adj* consultative, advisory.
γνωμοδοτώ *vi* give expert opinion.
γνώμονας *nm* rule, motto ‖ protractor.
γνωρίζω *vt* know ‖ recognize, tell ‖ let know, inform ‖ be acquainted, meet, fall in with, introduce ‖ go through, experience ‖ discover.
γνωριμία *nf* acquaintance.
γνώριμος *adj* familiar ◉ *nm* acquaintance.
γνώρισμα *nn* characteristic, trait.
γνώσ·η *nf* knowledge, insight ‖ *pl* learning ‖ *εν* ~*ει*, knowing ‖ *τελώ/είμαι εν* ~*ει*, be aware of.
γνώστης *nm* expert, judge, versed.
γνωστικός *adj* sensible.
γνωστοποίηση *nf* notification, announcement.
γνωστοποιώ *vt* notify, inform, report, advise, make known.
γνωστός *adj* known, noted ‖ familiar ◉ *nm* acquaintance.
γόβα *nf* court shoe.
γογγύζω *vi* complain, grumble.
γογγύλι *nn* turnip.
γοερός *adj* wailing, heart-rending.
γόης *nm* charmer, lady-killer.
γόησσα *nf* enchantress, vamp.
γοητεία *nf* charm, fascination, spell, glamour.
γοητευτικός *adj* charming, fascinating, ravishing.
γοητεύω *vt* charm, bewitch, captivate, fascinate, enchant, ravish.
γόητρο *nn* prestige.
γόμα *nf* gum, glue ‖ rubber.
γομολάστιχα *nf* rubber, eraser.
γόμωση *nf* charge, primer, load.
γόνατο *nn* knee ‖ *pl* lap.
γονατίζω *vti* kneel, drop on/to one's knee ‖ bring sb down to his knees.

γονάτισμα *nn* kneeling.
γονατιστός *adj* on one's knees.
γόνδολα *nf* gondola.
γονδολιέρης *nm* gondolier.
γονείς *nm pl* parents.
γονίδιο *nn* gene.
γονικός *adj* paternal, parental.
γονιμοποίηση *nf* insemination.
γονιμοποιώ *vt* inseminate, fertilize ‖ (*με γύρη*) pollinate.
γόνιμος *adj* prolific, fertile, fecund.
γονιμότητα *nf* fertility, versatility, fecundity.
γονιός *nm* father.
γόνος *nm* offspring ‖ (*ψαριών*) spawn, fry ‖ (*σπέρμα*) seed, sperm, semen.
γονυκλινής *adj* on one's knees.
γονυκλισία *nf* genuflexion, kneeling.
γόος *nm* [be]wailing, lamentation.
γόπα *nf (τσιγάρου)* fag-end, butt ‖ *ιχθ.* kind of fish.
γοργοκίνητος *adj* fast-moving, swift.
γοργόνα *nf* Gorgon ‖ mermaid.
γοργός *adj* swift, fast, brisk.
γόρδιος δεσμός, the Gordian knot.
γορίλλας *nm* gorilla.
γοτθικός *adj* Gothic.
γούβα *nf* pit, hollow, cavity, pot-hole.
γουδί *nn* mortar.
γουδοχέρι *nn* pestle.
γουλιά *nf* sip, draught, mouthful.
γούνα *nf* fur, fur coat.
γουναράς *nm* furrier.
γουναρικό *nn* fur.
γουργουρητό *nn* gargle ‖ rumble.
γουργουρίζω *vi* gurgle, gargle ‖ (*στομάχι*) rumble ‖ (*περιστέρι*) coo, (*γάτα*) purr.
γούρι *nn* [good] luck.
γούρικος *adj* lucky.
γουρλής *στη φρ. είμαι ~*, bring luck.
γουρλομάτης *adj* pop-eyed.
γουρλώνω *vt* pop, goggle, stare.
γούρνα *nf* basin, trough.
γουρούνα *nf* sow.
γουρουνάκι *nm* piglet, piggy.
γουρούνι *nn* pig, hog, swine.
γουστάρω *vt* like, care for.
γουστέρα *nf* lizard.
γούστο *nn* [good] taste ‖ fun.
γουστόζικος *adj* funny.
γοφός *nm* hip[-joint], haunch.
γραβάτα *nf* necktie, tie.
γράιγος *nm* north-easter.
γραικύλος *nm* Greekling.
γράμμα *nn* letter ‖ *ξέρω ~τα*, know how to read and write ‖ *κατά ~*, to the letter.
γραμμάριο *nn* gram.
γραμματέας *nm* secretary ‖ clerk.

γραμματεία *nf* secretariat, secretary's office ‖ (*αξίωμα*) secretaryship.
γραμματική *nf* grammar.
γραμματικός *adj* grammatical ▣ *nm* secretary.
γραμμάτιο *nn* note, bill.
γραμματοκιβώτιο *nn* letter-box.
γραμματοσημαίνω *vt* stamp.
γραμματόσημο *nn* stamp.
γραμμένος *adj* written.
γραμμή *nf* line, row ‖ *στη ~*, in a line ‖ *πρώτης ~ς*, first-class.
γραμμικός *adj* linear.
γραμμόφωνο *nn* gramophone, record-player.
γρανάζι *nn* gear, pinion, cogwheel.
γρανίτα *nf* water-ice.
γρανίτης *nm* granite.
γραπώνω *vt* collar, seize, nip.
γρασάρω *vt* grease, lubricate.
γρασίδι *nn* grass.
γράσο *nn* grease, lubricant.
γρατσουνιά *nf* scratch, scrape, nick.
γρατσουνίζω *vt* scratch, scrape, nick ‖ (*όργανο*) rasp, strum, twang.
γραφέας *nm* clerk.
γραφείο *nn* desk ‖ bureau, office, (*στο σπίτι*) study ‖ *pl* premises.
γραφειοκράτης *nm* bureaucrat.
γραφειοκρατία *nf* bureaucracy.
γραφειοκρατικός *adj* bureaucratic.
γραφή *nf* writing, hand, script ‖ letter, message ‖ *pl* the Bible.
γραφιάς *nm* penpusher, scribbler, clerk.
γραφικός *adj* writing ‖ graph ‖ clerical ‖ graphic, picturesque, colourful, scenic.
γραφικότητα *nf* picturesqueness.
γραφίστας *nm* graphic artist.
γραφολογία *nf* graphology.
γραφομηχανή *nf* typewriter.
γραφτά *nn pl* writings ‖ *σχολ.* papers.
γραφτό *nn* destiny, fate.
γραφτός *adj* written, in writing.
γράφω *vti* write, (*στα πεταχτά*) dash off ‖ type ‖ (*εγγράφω*) enroll, enter for.
γράψιμο *nn* hand[writing].
γρηγοράδα *nf* quickness, briskness.
γρήγορα *adv* quick[ly], fast, promptly, rapidly ‖ *κάνε ~!* be quick! hurry up!
γρήγορος *adj* quick, fast, brisk, swift, prompt ‖ hasty, cursory ‖ nimble, alert.
γριά *nf* old woman.
γρικώ *vt* listen, hear, understand.
γρίλια *nf* grille ‖ Venetian blind.
γριούλα *nf* dear/little old woman.
γρίπη *nf* flu, grippe.
γρίφος *nm* riddle, puzzle.
γριφώδης *adj* cryptic, enigmatic.
γροθιά *nf* fist ‖ (*χτύπημα*) punch, blow.

γροντθοκόπημα nn punch-up.
γροντθοκοπώ vt punch, pummel, pound, strike with one's fists.
γρόμπος nm lump, clot, knob.
γρόσσα nf gross.
γρουσουζεύω vt jinx, hoodoo.
γρουσουζιά nf jinx, rotten luck.
γρουσούζης nm jinx, hoodoo.
γρυλίζω vi grunt || growl, snarl.
γρύλος nm cricket || (αυτοκ.) jack.
γυάλα nf glass jar || fish-bowl.
γυαλάδα nf shine, sheen, gloss.
γυαλάδικο nn (εργοστ.) glassworks || (μαγαζί) glassware shop.
γυαλάκιας nm bespectacled man.
γυαλί nn glass || pl spectacles, glasses || φοράω τα ~ά σε κπ, outwit sb, run rings round sb || τα κάνω ~ά-καρφιά, smash up everything.
γυαλίζω vti shine, shimmer, glisten || polish, gloss || burnish, furbish.
γυαλικά nn pl glassware, china.
γυάλινος adj glass || glassy || glazed.
γυάλισμα nn shine, polish.
γυαλιστερός adj shining, shiny, glossy.
γυαλόχαρτο nn sandpaper.
γυάρδα nf yard.
γυλιός nm rucksack, knapsack.
γυμνάζ·ω vt train, drill, school || ~ομαι, exercise, practise.
γυμνάσια nn pl drill, exercises || manœuvres.
γυμνασιάρχης nm principal, headmaster.
γυμνάσιο nn secondary school, high school.
γύμνασμα nn drill, exercise.
γυμναστήριο nn gymnasium.
γυμναστής nm gym master.
γυμναστική nf gymnastics, exercises.
γύμνια nf nakedness, nudity.
γυμνισμός nm nudism, naturism.
γυμνιστ·ής nm nudist || κατασκήνωση ~ών, nudist camp/colony.
γυμνό nn nude.
γυμνός adj nude, naked, bare.
γυμνοσάλιαγκας nm slug.
γυμνώνω vt undress, strip, take off one's clothes || (ληστεύω) plunder, rob, fleece, skin.
γυναίκα nf woman || wife.
γυναικαδέλφη nf sister-in-law.
γυναικάδελφος nm brother-in-law.
γυναικάκι nn bit of skirt || female.
γυναικάκιας nm womanizer.
γυναικάρα nf buxom woman.
γυναικάς nm woman chaser.

γυναικείος adj womanly, feminine, woman's.
γυναικοδουλειά nf woman's work, love affair.
γυναικολόγος nf gynaecologist.
γυναικολόι nn womenfolk.
γυναικόπαιδα nn pl women and children.
γυναικοπαρέα nf hen-party.
γυναικωτός adj womanish, effeminate.
γύναιο nn female, slut.
γύπας nm vulture.
γύρα nf stroll, round.
γυρεύω vt ask [for sth/of sb] || seek, look for || want, demand || try, attempt || aim at, be driving/getting at || do, have business.
γύρη nf pollen.
γυρίζω vti turn, swing round, revolve || (στρέφω) point, level, train on || (αλλάζω) change, shift || (περιφέρομαι) go about, stroll, loaf, wander, show/take round || (επιστρέφω) return, give/go/come back || (ρούχα) reverse || (φιλμ) shoot.
γύρισμα nn turn || loafing.
γυρισμός nm return.
γυρνώ ⇒ ΓΥΡΙΖΩ
γυρολόγος nm pedlar, hawker.
γύρος nm round || circle, circumference || stroll, walk || tour || detour || (περιστροφή) revolution, (γύρισμα) turn, (σταδίου) lap || (καπέλου) brim, (φούστας) hem || (μαγειρ.) doner kebab.
γυροφέρνω vt hang around || turn over.
γύρω adv round, about, (χρον.) circa ▣ adj surrounding.
γυφταριό nn filthy place, mess || riff-raff.
γυφτιά nf filthiness, untidiness || meanness, stinginess.
γύφτικο nn blacksmith's.
γύφτικος adj gypsy || μτφ. filthy, mean.
γύφτισσα nf gipsy woman.
γυφτοπούλα nf gipsy-girl.
γύφτος nm gipsy, gypsy || blacksmith || μτφ. niggardly/mean person.
γυψάς nm plasterer.
γύψινος adj plaster.
γύψος nm plaster || ιατρ. cast.
γυψοσανίδα nf plaster-board.
γωβιός nm gudgeon.
γωνία nf corner || γεωμ. angle || εργαλ. set-square, T-square || (ψωμιού) heel.
γωνιά nf fireplace, fireside || corner, nook, alcove, niche || retreat.
γωνιακός adj corner.
γωνιώδης adj angular.

Δ δ

δα *μόριο* just, certainly, that, so ‖ *όχι* ~, certainly not ‖ *τόσο* ~, that short/little, so high.

Δαβίδ *nm* David.

δαγκάνα *nf* pincer, claw, nippers.

δάγκωμα *nn* bite, sting, nip.

δαγκωνιά *nf* bite ‖ morsel.

δαγκώνω *vt* bite ‖ (*σφήκα*) sting ‖ (*κάβουρας*) nip ‖ *μτφ.* wound, hurt.

δάδα *nf* torch.

δαδί *nn* resinous wood ‖ firebrand.

δαίδαλος *nm* maze, labyrinth.

δαιδαλώδης *adj* mazy, intricate.

δαίμονας *nm* demon, devil, fiend ‖ genius.

δαιμονίζω *vt* infuriate, drive mad.

δαιμονικό *nn* imp, evil spirit.

δαιμονικός *adj* demoniacal.

δαιμόνι·ο *nn* demon, devil ‖ *μτφ.* genius, acumen ‖ *με πιάνουν τα* ~*α*, be infuriated ‖ *καινά* ~*α*, novel subversive ideas.

δαιμόνιος *adj* ingenious ‖ *είμαι* ~ *σε κτ*, have a genius for sth.

δαιμονισμένος *adj* possessed ‖ *μτφ.* maddening ‖ *σα* ~, like blazes.

δαιμονιώδης *adj* frantic, frenzied.

δαιμονολογία *nf* demonology.

δάκρυ *nn* tear, teardrop.

δακρύβρεχτος *adj* tear-stained ‖ *υποτιμ.* mawkish.

δακρυγόνα *nn pl* tear-gas.

δακρύζω *vi* shed tears, have tears in one's eyes, weep.

δακρυσμένος *adj* tearful, tear-stained.

δακτυλήθρα, κλπ. ⇒ ΔΑΧΤΥΛΗΘΡΑ

δακτυλογράφηση *nf* typing.

δακτυλογράφος *nfm* typist.

δακτυλογραφ·ώ *vt* type ‖ ~*ημένο κείμενο*, typescript.

δακτυλοδεικτούμενος *adj* notorious.

δάκτυλος *nm* dactyl ‖ finger.

δαμάζω *vt* (*άνθρ.*) discipline, subdue ‖ (*άλογο*) break in ‖ (*λιοντάρι*) tame ‖ *μτφ.* master, conquer.

δαμαλισμός *nm* vaccination.

δαμάσκηνο *nn* plum, (*ξερό*) prune.

δαμασκηνός *adj* damask.

δαμαστής *nm* tamer.

δαμιτζάνα *nf* demijohn.

δανδής *nm* dandy, fop.

δανείζ·ω *vt* lend, loan ‖ ~*ομαι*, borrow, have the loan of.

δανεικ·ός *adj* borrowed, on loan, lent ‖ τα ~*ά*, loan, borrowed money.

δάνειο *nn* loan.

δανεισμός *nm* borrowing, lending.

δανειστής *nm* lender, creditor.

δανειστικός *adj* lending.

Δανία *nf* Denmark.

δανικός *adj* Danish.

Δανός *nm* Dane.

δαντέλα *nf* lace.

δαντελωτός *adj* indented.

δαπάνη *nf* expense, expenditure, charge, outlay, cost.

δαπανηρός *adj* expensive, costly.

δαπανώ *vt* spend, expend ‖ use, consume.

δάπεδο *nn* floor, ground.

δαρβινισμός *nm* Darwinism.

δάρσιμο *nn* beating, thrashing, caning, trouncing, flogging.

δαρτός *nm* (*βροχή*) pelting, driving.

δασάρχης *nm* [chief] forester.

δασικός *adj* forest.

δασκάλα *nf* schoolmistress, [lady] teacher, instructress.

δασκαλεύω *vt* instruct, coach, prime, put sb up to.

δασκαλίστικος *adj* scholastic, pedantic.

δάσκαλος *nm* [school]master, instructor, teacher, tutor.

δασμολογικός *adj* customs, tariff.

δασμολόγιο *nn* tariff.

δασμολογώ *vt* rate, assess.

δασμός *nm* duty, tariff.

δασοκομία *nf* forestry.

δασοκόμος *nm* forester, forest guard.

δάσος *nn* forest, wood.

δασοφύλακας *nm* forest guard.

δασοφυλακή *nf* forest service.

δασύλλιο *nn* grove, wood.

δασύς *adj* thick, dense.

δασύτριχος *adj* hairy, shaggy.

δασύφυλλος *adj* leafy.

δασώδης *adj* wooded.

δαυλός *nm* torch, [fire]brand.

δάφνη *nf* laurel, bay.

δαχτυλήθρα *nf* thimble.

δαχτυλιά *nf* finger-mark ‖ thimbleful.

δαχτυλιδένιος *adj* (*μέση*) slim, wasp-waisted.

δαχτυλίδι *nn* ring.

δαχτυλικός *adj* digital, finger.

δάχτυλ·ο *nn* digit, (*χεριού*) finger, (*ποδιού*) toe ‖ *παίζω κτ στα* ~*α*, have sth at one's fingertips ‖ *περπατώ στα* ~*α*, walk on tiptoe.

δεδηλωμένος *adj* avowed, self-confessed.
δεδομέν·ο *nn* fact || ~ου ότι, seeing/ given that || θεωρώ κτ σα ~ο, take sth for granted || *pl* ~α, data.
δέηση *nf* entreaty || prayer.
δείγμα *nn* sample, specimen || token, mark || sign, indication || cross-section.
δειγματοληπτικός *adj* test, sampling.
δειγματοληψία *nf* sampling.
δειγματολόγιο *nn* sample/pattern book.
δεικτικός *adj* demonstrative.
δείλι *nn* afternoon.
δειλία *nf* cowardice || shyness.
δειλιάζω *vi* show cowardice, lose heart || wince, shrink back, jib, shy, flinch.
δειλινό *nn* afternoon.
δειλός *adj* cowardly, faint-hearted || shy, timid ● *nm* coward.
δεινά *nn pl* suffering, trials.
δείνας *nm* so-and-so.
δεινοπάθημα *nn* ordeal, trial.
δεινοπαθώ *vi* suffer, go through, have a hard/rough/thin time.
δεινός *adj* keen, stiff, humiliating || excellent, accomplished, masterly.
δεινόσαυρος *nm* dinosaur.
δεινότητα *nf* skill, talent, ability.
δείπνο *nn* dinner, supper.
δειπνώ *vi* sup, have supper, dine.
δεισιδαίμονας *adj* superstitious.
δεισιδαιμονία *nf* superstition.
δείχνω *vti* (φανερώνω) show, manifest, produce, register, suggest || (σημαίνω) denote, signify || (έχω όψη) look, appear, seem || (αποδείχνω) prove, evince, reveal, be a sign of || (υποδεικνύω) point [out/to], indicate.
δείχτης *nm* index, finger, forefinger, indicator || needle, hand || ~ ευφυΐας, intelligence quotient (IQ).
δέκα *adj* ten.
δεκαδικός *adj* decimal.
δεκαεννέα *adj* nineteen.
δεκαεξασέλιδο *nn* τυπογρ. signature.
δεκαέξι *adj* sixteen.
δεκαετηρίδα *nf* tenth anniversary.
δεκαετία *nf* decade.
δεκαεφτά *adj* seventeen.
δεκαήμερο *nn* ten-day period.
δεκαμελής *adj* ten-member.
δεκανέας *nm* corporal.
δεκανίκι *nn* crutch.
δεκαοχτώ *adj* eighteen.
δεκαπενθήμερο *nn* fortnight || *adj* ~ς, fortnightly.
δεκαπέντε *adj* fifteen.
δεκαπλασιάζω *vt* multiply by ten.
δεκαπλάσιος *adj* tenfold.
δεκάρα *nf* dime || δε δίνω ~, I don't care a damn/hang.

δεκατέσσερα *adj* fourteen.
δέκατος *adj* tenth.
δεκατρία *adj* thirteen.
δεκάχρονος *adj* ten-year-old.
δεκάωρος *adj* ten-hour.
Δεκέμβρης *nm* December.
δέκτης *nm* receiver || tuner.
δεκτικός *adj* receptive, susceptible.
δεκτικότητα *nf* susceptibility.
δεκτός *adj* acceptable, accepted, admissible || γίνομαι ~, meet with acceptance, be received/admitted.
δελεάζω *vt* tempt, lure, entice.
δέλεαρ *nn* lure, bait.
δελεαστικός *adj* tempting, alluring.
δέλτα *nn* delta.
δελτάριο *nn* card.
δελτίο *nn* card, pass || bulletin, newsletter || form, note, coupon || βάζω ~, (στο ψωμί, κλπ.) ration (bread, etc.).
δέλτος *nf* tablet, table.
Δελφοί *nm pl* Delphi.
δελφίνι *nn* dolphin.
Δελχί *nn* Delhi.
δέμα *nn* parcel, bundle, (μικρό) packet, (μπάλα) bale, package.
δεμάτι *nn* sheaf, bundle, (ξύλα) faggot.
δεν *adv* not, no.
δενδροκομία *nf* arboriculture.
δενδρύλλιο *nn* sapling.
δέντρο *nn* tree.
δεντρογαλιά *nf* tree-snake.
δεντρολίβανο *nn* rosemary.
δεντροπερίβολο *nn* orchard.
δεντροφυτεία *nf* plantation.
δεντροφυτεμένος *adj* wooded, tree-clad.
δένω *vt* tie, bind, clasp, do up, truss up || fasten, shackle, buckle || (ζώο) tether, (κόσμημα) set, (πληγή) dress, (μηχανή) assemble, (πλοίο) lay up, (μάτια) blindfold || (πήζω) set, thicken.
δεξαμενή *nf* tank, reservoir, cistern || basin || ναυτ. lock, dock.
δεξαμενόπλοιο *nn* tanker.
δεξιός *adj* right, right-hand || right-wing ● *nm* right-winger.
δεξιόστροφος *adj* clockwise.
δεξιοτέχνης *nm* expert, virtuoso, master hand ● *adj* gifted, skilful, masterly.
δεξιοτεχνία *nf* skill, mastery.
δεξιότητα *nf* skilfulness.
δεξιώνομαι *vt* entertain, wine and dine, hold a reception [for sb].
δεξίωση *nf* reception.
δέον *nn, adj* necessary || τα ~τα, greeting, respects.
δεοντολογία *nf* ethics.
δεοντολογικός *adj* ethical.
δεόντως *adv* duly.
δέος *nn* awe.

δερβίσης nm dervish.
δέρμα nn skin ‖ hide ‖ leather.
δερματικός adj skin.
δερμάτινος adj leather.
δερματόδετος adj leather-bound.
δερματολόγος nm dermatologist.
δέρνω vt beat, thrash, cane ‖ afflict.
δέσιμο nn tying, binding, setting, dressing ‖ είμαι για ~, be barmy/nuts.
δεσμά nn pl shackles, fetters, chains, bonds, trammels.
δέσμευση nf commitment, engagement, obligation, pledge ‖ τραπεζ. blocking.
δεσμευτικός adj binding.
δεσμεύ-ω vt bind, tie down, pledge, τραπεζ. block ‖ ~ομαι vi engage, commit oneself.
δέσμη nf bunch, bundle, wad ‖ beam.
δεσμίδα nf ream ‖ pack ‖ packet.
δέσμιος nm captive, prisoner, in chains.
δεσμός nm bond, tie ‖ attachment, affair, close acquaintance.
δεσμοφύλακας nm jailer, gaoler ‖ prison guard, warder, (γυν.) wardress.
δεσμώτης nm prisoner.
δεσπόζω vi dominate, override ‖ rise/tower above, loom large, be uppermost.
δέσποινα nf matron.
δεσποινίδα (και δεσποινίς) nf Miss, young lady.
δεσποτεία nf despotism.
δεσπότης nm despot, tyrant ‖ bishop.
δεσποτικός adj despotic ‖ episcopal.
Δευτέρα nf Monday.
δευτερεύων adj secondary, minor.
δευτερόλεπτο nn second.
δευτερολογία nf rejoinder.
δεύτερος adj second ‖ inferior.
δευτερότοκος adj second-born.
δευτερώνω vti do/happen again.
δεφτέρι nn [account-]book.
δέχομαι vti accept ‖ admit, assume, grant ‖ agree, settle for, come to terms with ‖ receive, entertain ‖ bear, tolerate, stand ‖ get, suffer.
δήθεν adv, adj alleged[ly], seeming[ly], ‖ so-called ‖ as if.
δηκτικός adj biting, cutting.
δηλαδή adv namely, that is.
δηλητηριάζω vt poison ‖ μτφ. embitter.
δηλητηρίαση nf poisoning.
δηλητήριο nn poison, venom.
δηλητηριώδης adj poisonous, venomous.
δηλώνω vt state, declare ‖ notify, report, register ‖ mean, signify, stand for.
δήλωση nf statement, declaration ‖ report, registration.
δημαγωγία nf demagogy.
δημαγωγικός adj demagogic.
δημαγωγός nm demagogue.

δημαρχείο nn town hall.
δημαρχία nf town hall ‖ mayoralty.
δημαρχιακός adj mayoral.
δήμαρχος nm mayor.
δημεγέρτης nm rabble-rouser.
δήμευση nf confiscation, seizure.
δημεύω vt confiscate, seize.
δημηγορώ vi speechify.
δημητριακά nn pl grain, cereals ‖ crops.
δήμιος nm executioner, hangman.
δημιούργημα nn creation, creature ‖ brainchild, handiwork.
δημιουργία nf creation.
δημιουργικός adj creative, seminal.
δημιουργικότητα nf creativity.
δημιουργός nm creator, maker.
δημιουργώ vt create, make ‖ cause, give rise to, occasion ‖ found, build up.
δημογραφικός adj demographic, vital.
δημοδιδάσκαλος nm primary school teacher.
δημοκράτης nm democrat, republican.
δημοκρατία nf democracy ‖ republic.
δημοκρατικός adj democratic, republican.
δημοπρασία nf auction.
δημοπρατώ vt sell by auction.
δήμος nm municipality.
δημοσιά nf highway.
δημοσίευμα nn publication.
δημοσίευση nf publication ‖ promulgation.
δημοσιεύω vt publish, (νόμο) promulgate.
δημόσιο nn the state.
δημοσιογραφία nf journalism.
δημοσιογραφικός adj journalistic, press.
δημοσιογράφος nm journalist, reporter.
δημοσιονομία nf public finance.
δημοσιονομικός adj financial, fiscal.
δημόσιος adj public ‖ state, government.
δημοσιότητα nf publicity, limelight.
δημοσκόπηση nf opinion poll.
δημότης nm registered in.
δημοτική nf demotic.
δημοτικός adj municipal, town ‖ folk.
δημοτικότητα nf popularity.
δημοτολόγιο nn municipal roll.
δημοφιλής adj popular.
δημοψήφισμα nn plebiscite, referendum.
διά ⇒ ΓΙΑ
διάβα nn passage.
διαβάζω vti read ‖ study ‖ coach, instruct.
διαβαθμίζω vt graduate, grade.
διαβαίνω vi go by/across, pass.
διαβάλλω vt slander, calumniate.
διάβαση nf pass, passage, crossing.
διάβασμα nn reading, study.
διαβασμένος adj well-read, knowledgeable.
διαβατήριο nn passport.

διαβάτης *nm* passer-by.
διαβατικός *adj* transient, transitory.
διαβεβαιώνω *vt* assure, warrant.
διαβεβαίωση *nf* assurance.
διάβημα *nn* step, démarche, representation.
διαβήτης *nm* [a pair of] compasses ‖ *ιατρ.* diabetes.
διαβητικός *adj* diabetic.
διαβιβάζω *vt* transmit, forward, send on ‖ communicate, convey.
διαβίβαση *nf* transmission ‖ *στρατ. pl* Signals Corps.
διαβιβαστής *nm* signalman.
διαβίωση *nf* living.
διαβλέπω *vt* discern, detect, foresee.
διαβλητός *adj* open to misinterpretation.
διαβόητος *adj* notorious.
διαβολάκι *nn* imp.
διαβολεμένος *adj* devilish.
διαβολή *nf* calumny, insinuation.
διαβολιά *nf* shrewdness ‖ prank, mischief.
διαβολικός *adj* diabolical, devilish ‖ infernal.
διάβολ·ος *nm* devil, Satan ‖ *στο ~ο!* to hell! blast you! ‖ *να πάρει ο ~ος!* blast [it]! damn [it]!
διαβουλεύομαι *vi* consult, deliberate.
διαβούλευση *nf* consultation, deliberation.
διαβούλιο *nn* conclave.
διαβρώνω *vt* erode, corrode ‖ infiltrate.
διάβρωση *nf* erosion, corrosion ‖ infiltration.
διαβρωτικός *adj* erosive, corrosive.
διάγγελμα *nn* proclamation.
διάγνωση *nf* diagnosis ‖ *κάνω ~*, diagnose.
διαγουμίζω *vt (λογοτ.)* ⇒ ΛΕΗΛΑΤΩ
διάγραμμα *nn* drawing, diagram, chart, graph ‖ outline, sketch.
διαγραφή *nf* cancellation, deletion.
διαγράφ·ω *vt* cancel, write off, cross out ‖ describe, outline, depict ‖ draw ‖ *~ομαι vi* appear, be outlined, loom.
διαγωγή *nf* behaviour, conduct.
διαγωνίζομαι *vi* compete.
διαγωνιζόμενος *nm* candidate.
διαγώνιος *nf, adj* diagonal.
διαγώνισμα *nn* competition, examination.
διαδεδομένος *adj* rife, wide-spread, frequent.
διαδέχομαι *vt* succeed ‖ give way to.
διαδηλώνω *vti* demonstrate ‖ show, manifest, affirm.
διαδήλωση *nf* demo[nstration].
διαδηλωτής *nm* demonstrator.
διάδημα *nn* diadem.
διαδίδ·ω *vt* spread, propagate ‖ divulge, bandy, put / get about ‖ *~ομαι*, be rumoured.

διαδικασία *nf* process ‖ procedure, proceedings.
διάδικος *nm* party [to a suit], litigant.
διαδοσίας *nm* newsmonger.
διάδοση *nf* diffusion, spread ‖ rumour.
διαδοχή *nf* succession ‖ sequence.
διαδοχικός *adj* successive.
διάδοχος *nm* heir, successor ‖ *(θρόνου)* crown prince.
διαδραματίζομαι *vi* take place, happen.
διαδρομή *nf* distance, course, passage ‖ travel, run, route ‖ *τεχν.* stroke.
διάδρομος *nm* corridor, passage ‖ *(σπιτιού)* hallway, *(σε θέατρο)* gangway, *(σε αεροδρόμιο)* runway, tarmac, *(στη Βουλή)* lobby.
διαζευγμένος *adj* divorced.
διαζευκτικός *adj* alternative.
διάζευξη *nf* divorce, separation.
διαζύγιο *nn* divorce.
διάζωμα *nn* frieze ‖ landing.
διάθεση *nf* disposal ‖ disposition, mood ‖ *στη ~ σας*, at your disposal.
διαθέσιμος *adj* available ‖ spare, free.
διαθεσιμότητα *nf* suspension ‖ *θέτω σε ~*, suspend, *(αξιωμ.)* put on half-pay.
διαθέτης *nm* testator.
διαθέτω *vt (κληροδοτώ)* leave, bequeath, make over ‖ *(πουλώ)* dispose of ‖ *(χρησιμοποιώ)* use, employ ‖ *(δίνω)* spare ‖ *(παραχωρώ)* allot, allocate, earmark, put up.
διαθήκη *nf* will, testament.
διάθλαση *nf* refraction.
διαίρεση *nf* division ‖ split, dissension.
διαιρετέος *nm* dividend.
διαιρέτης *nm* divisor.
διαιρετός *adj* divisible.
διαιρώ *vt* divide, split.
διαισθάνομαι *vti* sense, forebode.
διαίσθηση *nf* intuition, flair.
δίαιτα *nf* diet, regimen.
διαιτησία *nf* arbitration ‖ refereeing.
διαιτητής *nm* arbitrator ‖ referee.
διαιτολόγιο *nn* diet.
διαιτολόγος *nm* dietician, nutrician.
διαιωνίζω *vt* perpetuate.
διαιώνιση *nf* perpetuation.
διακαής *adj* fervent, ardent ‖ fond.
διακανονίζω *vt* settle, arrange.
διακανονισμός *nm* settlement.
διακατέχω *vt* be in possession of.
διάκειμαι *vi* be disposed.
διακεκαυμένη ζώνη, torrid zone.
διακεκριμένος *adj* eminent, distinguished ‖ distinct, separate.
διάκενο *nn* gap, void.
διακήρυξη *nf* declaration, proclamation ‖ profession.
διακηρύσσω *vt* declare, proclaim, an-

nounce.

διακινδυνεύω *vti* venture, take risks/ chances ‖ endanger, jeopardize, risk.

διακίνηση *nf* trading, *(ναρκωτικών)* trafficking ‖ transport.

διακινώ *vt* trade, traffic in.

διακλαδίζομαι *vi* branch off, ramify.

διακλάδωση *nf* fork, branch, ramification.

διακοινοτικός *adj* intercommunal.

διακοίνωση *nf* διπλ. note.

διακονεύω *vti* beg, go about begging.

διακονιά *nf* beggary.

διακονιάρης *nm* beggar.

διάκονος *nm* deacon.

διακοπή *nf* interruption, stoppage ‖ *(διάλειμμα)* break, let-up ‖ *pl* holidays, vacations ‖ δικαστ. recess.

διακόπτης *nm* switch.

διακόπτω *vt* interrupt, break [off/down /in] ‖ discontinue, cut off, stop [off /over], *(συνεδρίαση)* adjourn.

διακορεύω *vt* deflower.

διάκος *nm* deacon.

διακόσ[ι]οι *adj* two hundred.

διακόσμηση *nf* decoration ‖ window-dressing.

διακοσμητής *nm* decorator, window-dresser.

διακοσμητική *nf* decorative arts.

διακοσμητικός *adj* decorative ‖ ornamental.

διάκοσμος *nm* decor[ation].

διακοσμώ *vt* decorate.

διακρίν·ω *vt* distinguish, discern, detect, make out, see, hear ‖ *(ξεχωρίζω)* differentiate, spot ‖ *(χαρακτηρίζω)* characterize, mark out/off ‖ ~ομαι, distinguish oneself, excel, make one's mark, become well-known.

διάκριση *nf* distinction, differentiation ‖ discrimination ‖ discretion.

διακριτικό *nn* sign, badge ‖ *pl* insignia.

διακριτικός *adj* distinctive, characteristic ‖ discreet, tactful ‖ unobtrusive, inconspicuous ‖ *(χρώμα)* quiet.

διακριτικότητα *nf* discretion.

διακυβεύ·ω *vt* stake, risk, gamble ‖ ~ομαι, be at stake.

διακυμαίνομαι *vi* fluctuate.

διακύμανση *nf* fluctuation ‖ variance.

διακωμώδηση *nf* travesty, mockery.

διακωμωδώ *vt* parody, mock, ridicule, caricature, send up.

διαλαλώ *vt* cry, trumpet forth, *(εμπορεύματα)* puff, *(μυστικό)* tell everybody, *(φήμη)* spread.

διάλεγμα *nn* choice, selection.

διαλεγμένος *adj* select, hand-picked.

διαλέγω *vt* pick, choose, select, decide/

fix/settle on ‖ *(ξεδιαλέγω)* sort [out], pick out ‖ *(επιλέγω)* mark out for, elect, single out, pick on.

διάλειμμα *nn* interval, interlude, break.

διαλείπων *adj* intermittent.

διαλεκτική *nf* dialectics.

διαλεκτικός *adj* dialectical.

διάλεκτος *nf* dialect.

διάλεξη *nf* lecture.

διαλευκαίνω *vt* clear up, shed light on, solve.

διαλεχτός *adj* choice, select.

διαλλακτικός *adj* conciliatory.

διαλογή *nf* selection, *(σε ψηφοφορία)* count, scrutiny.

διαλογίζομαι *vi* meditate, ponder.

διαλογισμός *nm* meditation, reflection.

διάλογος *nm* dialogue.

διάλυμα *nn* solution.

διαλυμένος *adj* broken, in pieces ‖ exhausted.

διάλυση *nf* solution, dissolution ‖ liquidation ‖ break-up, taking apart.

διαλυτικό *nn* solvent, dilutant.

διαλύ·ω *vt* dissolve, melt [away], break off, cry off, liquidate ‖ disperse, break up, scatter, dispel ‖ disrupt, disorganize ‖ smash, shatter ‖ take to pieces, dismantle, break down ‖ *(νικώ)* beat sb hollow ‖ ~ομαι, be done for, be exhausted.

διαμαντένιος *adj* diamond.

διαμάντι *nn* diamond.

διαμαρτύρηση *nf* protest.

διαμαρτυρία *nf* protest, representation.

διαμαρτύρομαι *vi* protest.

διαμαρτυρόμενος *nm* protestant.

διαμάχη *nf* strife, dispute ‖ controversy, quarrel.

διαμελίζω *vt* dismember ‖ cut up, carve ‖ partition.

διαμελισμός *nm* dismemberment, partition.

διαμένω *vi* stay, live, dwell.

διαμέρισμα *nn* *(σπιτιού)* flat, apartment[s], rooms ‖ *(χώρας)* department, *(πόλης)* ward.

διάμεσο *nn* interval, gap.

διάμεσος *adj* intervening ‖ intermediary.

διαμέσου *prep* via, through.

διαμετακομιστικός *adj* transport, transit.

διαμέτρημα *nn* calibre, bore.

διαμετρικός *adj* diametrical.

διάμετρος *nf* diameter.

διαμιάς *adv* at once, at one go.

διαμοιράζω *vt* share out, divide.

διαμονή *nf* stay, residence.

διαμορφώνω *vt* shape, mould, fashion.

διαμόρφωση *nf* moulding, *(εδάφους)* lie.

διαμορφωτικός *adj* formative.

διαμφισβητώ *vt* contest, dispute, question.
διανέμω *vt* distribute, give out ‖ serve out, issue ‖ *ταχυδρ.* deliver.
διανθίζω *vt* embellish.
διανόηση *nf* intelligentsia.
διανοητής *nm* thinker.
διανοητικός *adj* mental, intellectual.
διάνοια *nf* intellect ‖ genius.
διανοίγω *vt* open up, cut.
διανομέας *nm* distributor ‖ postman.
διανομή *nf* distribution ‖ ~ *με δελτίο*, rationing.
διανοούμαι *vi* conceive, think.
διανοουμενίστικος *adj* highbrow.
διανοούμενος *nm* intellectual.
διάνος *nm* turkey-cock.
διανυκτερεύω *vi* stay overnight, (*μαγαζί*) be open all night.
διανύω *vt* cover, travel.
διαξιφισμός *nm* sparring, passages.
διαπαιδαγώγηση *nf* education ‖ indoctrination.
διαπαιδαγωγώ *vt* educate, school, train.
διαπαντός *adv* for ever, for good.
διαπεραστικός *adj* shrill, piercing, penetrating, (*βροχή*) drenching, (*κρύο*) biting, (*ματιά*) searching.
διαπερνώ *vt* penetrate, pierce ‖ run/drive through ‖ soak through.
διαπιστευμένος *adj* accredited.
διαπιστευτήρια *nn pl* credentials.
διαπιστώνω *vt* ascertain, find out ‖ make sure, satisfy oneself.
διαπίστωση *nf* discovery ‖ *pl* findings.
διαπλάθω *vt* fashion, mould, shape.
διαπλανητικός *adj* interplanetary, space.
διάπλατα *adv* wide.
διαπλάτυνση *nf* widening.
διαπλέω *vt* sail across/over.
διαπληκτίζομαι *vt* squabble, wrangle.
διαπληκτισμός *nm* squabble, wrangle.
διάπλους *nm* crossing.
διαπνέομαι *vi* be animated by.
διαπομπεύω *vt* pillory.
διαποτίζω *vt* impregnate, steep in.
διαπραγματεύομαι *vt* negotiate ‖ treat.
διαπραγμάτευση *nf* negotiation ‖ treatment.
διάπραξη *nf* perpetration.
διαπράττω *vt* commit.
διάρκεια *nf* duration, term ‖ *κατά τη* ~, during ‖ *εισιτήριο* ─*ς*, season ticket.
διαρκής *adj* continuous, lasting.
διαρκώ *vi* last, endure, continue.
διαρκώς *adv* continually, constantly.
διαρπάζω *vt* loot, plunder, sack.
διαρρέω *vi* leak [out], filter.
διαρρηγνύω *vt* burgle, break in/into.
διαρρήκτης *nm* burglar.

διάρρηξη *nf* burglary, break-in.
διαρροή *nf* leak[age], escape.
διάρροια *nf* diarrhoea, runs.
διασάλευση *nf* disturbance.
διασαλεύω *vt* disturb.
διασαλπίζω *vt* trumpet forth.
διασαφηνίζω *vt* clarify.
διασάφηση *nf* clarification ‖ (*τελων.*) entry, declaration, clearance.
διάσειση *nf* concussion.
διάσημα *nn pl* insignia.
διάσημος *adj* famous, celebrated.
διασημότητα *nf* fame ‖ celebrity.
διασκεδάζω *vti* divert, entertain, amuse /enjoy oneself, have fun ‖ laugh away.
διασκέδαση *nf* amusement, fun, pastime, entertainment, distraction, diversion.
διασκεδαστικός *adj* amusing, funny.
διασκελισμός *nm* stride ‖ enjambment.
διασκέπτομαι *vi* confer, deliberate.
διασκευάζω *vt* adapt, arrange.
διασκευή *nf* adaptation, arrangement.
διάσκεψη *nf* conference, meeting.
διασκορπίζω *vt* scatter, disperse, dispel ‖ litter ‖ squander, waste.
διασπαθίζω *vt* waste, squander.
διάσπαση *nf* split ‖ *φυσ.* fission.
διασπαστικός *adj* disruptive.
διασπείρω *vt* spread, propagate.
διασπορά *nf* spreading ‖ diaspora.
διασπώ *vt* disrupt, split.
διάσταση *nf* dimension, extent ‖ *pl* proportions ‖ (*διαφωνία*) estrangement.
διασταυρώνω *vt* cross, crossbreed.
διασταύρωση *nf* crossing, intersection, crossroads ‖ *γενετ.* cross.
διαστέλλω *vt* expand ‖ dilate ‖ distend ‖ discriminate, differentiate.
διάστημα *nn* interval, space, distance, period ‖ *κατά* ─*τα*, at intervals, on and off ‖ *κατά το* ~, during, in the course of.
διαστημόπλοιο *nn* spacecraft.
διάστικτος *adj* dotted, studded.
διαστολή *nf* dilation, expansion.
διαστρεβλώνω *vt* twist, distort, warp.
διαστρέφω *vt* ⇒ ΔΙΑΣΤΡΕΒΛΩΝΩ
διαστροφή *nf* distortion ‖ perversion.
διασυμμαχικός *adj* inter-allied.
διασυρμός *nm* vilification.
διασύρω *vt* vilify, malign, disparage, run down, drag through the mire.
διασχίζω *vt* cross, go across.
διασώζω *vt* rescue, salvage ‖ preserve.
διάσωση *nf* rescue, salvage.
διαταγή *nf* order, command.
διάταγμα *nn* decree.
διατάζω *vt* order, command, direct.
διατακτική *nf* voucher, warrant.
διατακτικό *nn* purview.

διάταξη *nf* arrangement, layout, order || provision, term, clause.

διατάραξη *nf* disturbance, disorder.

διαταράσσω *vt* disturb, upset.

διατεθειμένος *adj* inclined, prepared.

διατείνομαι *vi* maintain, assert, make out, contend, pretend.

διατελώ *vi* be.

διατήρηση *nf* maintenance, preservation, conservation.

διατηρητέος *adj* preservable.

διατηρώ *vt* keep, retain || maintain, preserve, conserve.

διατί ⇒ ΓΙΑΤΙ

διατίμηση *nf* price control, tariff.

διατομή *nf* cross-section.

διατρανώνω *vt* manifest, proclaim.

διατρέξαντα *nn pl* happenings, events.

διατρέφω *vt* feed, nourish || (*οικογένεια*) support, keep.

διατρέχω *vt* run across/over/through.

διάτρηση *nf* perforation || boring.

διάτρητος *adj* perforated || riddled.

διατριβή *nf* dissertation, treatise.

διατροφή *nf* feeding, nourishment || diet || board, food || (*οικογένειας*) keep, support || *νομ.* alimony, maintenance.

διατρυπώ *vt* perforate, punch, riddle, bore, drill || pierce, drive/run through.

διάττοντας *nm* shooting star.

διατυμπανίζω *vt* trumpet forth, proclaim, spread, (*μυστικό*) publish.

διατυπώνω *vt* formulate || express.

διατύπωση *nf* wording, phrasing, expression || formality.

διαύγεια *nf* clarity, limpidity.

διαυγής *adj* lucid, clear, limpid.

διαφαίνομαι *vi* emerge.

διαφάνεια *nf* transparency || slide.

διαφανής *adj* transparent.

διαφεντεύω *vt* champion || manage.

διαφέρω *vi* be unlike/different, differ.

διαφεύγω *vi* escape, get away, flee.

διαφημίζω *vt* advertise, publicize.

διαφήμιση *nf* advertisement, publicity.

διαφημιστικός *adj* advertising, publicity.

διαφθείρω *vt* corrupt, bribe || seduce.

διαφθορά *nf* corruption, depravity, bribery || seduction || vice, debauchery.

διαφθορέας *nm* seducer, corruptor.

διαφθορείο *nn* den of vice.

διαφιλονικώ *vt* contest, dispute.

διαφορά *nf* difference, discrepancy || dispute, disagreement.

διαφορετικά *adv* otherwise || *conj* or else.

διαφορετικός *adj* different, unlike.

διαφορικό *nn* differential [gear].

διάφορο *nn* interest, profit, gain.

διάφορος *adj* various, diverse || several ||

miscellaneous, sundry.

διάφραγμα *nn* diaphragm, midriff.

διαφυγή *nf* escape, leak[age].

διαφύλαξη *nf* preservation.

διαφυλάσσω *vt* preserve, safeguard.

διαφωνία *nf* disagreement || dispute.

διαφωνώ *vi* disagree, dissent, differ.

διαφωνών *nm* dissenter.

διαφωτίζω *vt* enlighten || elucidate.

διαφώτιση *nf* enlightenment || *πολ.* propaganda.

διαφωτισμός *nm* enlightenment.

διαφωτιστής *nm* propagandist.

διαφωτιστικός *adj* enlightening.

διαχειρίζομαι *vt* manage, administer.

διαχείριση *nf* management, administration, conduct.

διαχειριστής *nm* manager, administrator, trustee.

διαχειριστικός *adj* administrative.

διαχέω *vt* diffuse.

διαχυτικός *adj* effusive, expansive.

διαχυτικότητα *nf* effusiveness.

διάχυτος *adj* diffuse[d], general.

διαχωρίζω *vt* separate, dissociate.

διαχώρισμα *nn* partition, screen.

διαχωρισμός *nm* segregation, separation.

διαχωριστικός *adj* dividing.

διαψεύδω *vt* deny, contradict || belie, disappoint.

διάψευση *nf* disclaimer || disappointment.

διγαμία *nf* bigamy.

δίγαμος *adj* bigamous || *nm* bigamist.

δίγλωσσος *adj* bilingual.

δίδαγμα *nn* moral lesson, teaching.

διδακτέα ύλη, curriculum, syllabus.

διδακτήριο *nn* school building.

διδακτικός *adj* instructive, teaching.

διδάκτορας *nm* doctor.

διδακτορία *nf* doctorate.

διδακτορικός *adj* doctoral.

δίδακτρα *nn pl* tuition fees.

διδασκαλείο *nn* Teachers' College.

διδασκαλία *nf* teaching, instruction.

διδάσκαλος ⇒ ΔΑΣΚΑΛΟΣ

διδάσκω *vt* teach, instruct.

δίδυμος *adj* twin.

δίδω ⇒ ΔΙΝΩ

διεγείρω *vt* excite, stimulate, rouse.

διέγερση *nf* stimulation.

διεγερτικό *nn* stimulant, stimulus.

διεθνής *adj* international, world.

διεθνοποιώ *vt* internationalize.

διείσδυση *nf* penetration, infiltration.

διεισδυτικός *adj* penetrating, searching.

διεισδύω *vi* penetrate, infiltrate.

διεκδίκηση *nf* claim, demand || contest.

διεκδικητής *nm* contender, claimant.

διεκδικώ *vt* claim, vindicate || contend, contest, dispute.

διεκπεραιώνω *vt* transact, dispatch.
διεκπεραίωση *nf* transaction.
διέλευση *nf* transit, passing.
διένεξη *nf* dispute.
διενεργώ *vt* hold || effect.
διεξάγω *vt* hold, conduct, engage in, wage, carry out.
διεξαγωγή *nf* conduct.
διεξοδικός *adj* extensive, thorough, exhaustive, detailed.
διέξοδ·ος *nf* outlet, channel || way out, alternative || *δίνω ~ο*, give vent to.
διέπω *vt* govern, rule.
διερεύνηση *nf* examination.
διερευνητικός *adj* exploratory.
διερευνώ *vt* investigate, explore, look into, probe.
διερμηνέας *nm* interpreter.
διερμηνεύω *vt* express, give voice to.
διέρχομαι *vi* go/pass through.
διερωτώμαι *vi* wonder.
δίεση *nf* sharp.
διεσπαρμένος *adj* scattered, strewn.
διεστραμμένος *adj* perverse || warped.
διετής *adj* biennial || second-year.
διετία *nf* two-year period.
διευθέτηση *nf* settlement.
διευθετώ *vt* settle.
διεύθυνση *nf* address || direction, management || course.
διευθυντής *nm* director, manager.
διευθύν·ω *vt* manage, run || *μουσ.* conduct || *sl* boss || *(κατευθύνω)* direct, steer, point, level || *~ομαι*, make for, go.
διευκόλυνση *nf* accommodation || facility.
διευκολύνω *vt* accommodate, facilitate, make easy.
διευκρινίζω *vt* clarify, elucidate, explain.
διευκρίνιση *nf* clarification || explanation.
διεύρυνση *nf* expansion.
διευρύνω *vt* expand, extend, increase, broaden, widen, enlarge.
διεφθαρμένος *adj* corrupt.
διήγημα *nn* short story.
διηγηματικός *adj* narrative.
διηγηματογράφος *nm* short story writer.
διήγηση *nf* narration, narrative.
διηγούμαι *vt* narrate, relate, tell.
διήθηση *nf* filtering, straining.
διήμερος *adj* two-day.
διηπειρωτικός *adj* intercontinental.
διθέσιος *adj* two-seater.
διθύραμβος *nm* dithyramb || lavish praise.
διιστάμενος *adj* discordant, divergent.
δικάζ·ω *vt* try, judge, hear || *~ομαι*, be/go on trial, stand trial.
δίκαιο *nn* law.
δικαιοδοσία *nf* jurisdiction, competence, authority, terms of reference.

δικαιολόγηση *nf* justification, excuse.
δικαιολογητικά *nn pl* supporting documents || *(δαπανών)* vouchers.
δικαιολογημένος *adj* justified, justifiable, excusable || rightful.
δικαιολογία *nf* excuse, pretext.
δικαιολογώ *vt* justify, give reasons for, warrant || excuse.
δικαιοπραξία *nf* legal transaction.
δίκαιος *adj* just, fair.
δικαιοστάσιο *nn* moratorium.
δικαιοσύνη *nf* justice.
δικαιούμαι *vi* be entitled to, qualify for.
δικαιούχος *nm* beneficiary.
δικαίωμα *nn* right.
δικαιωματικός *adj* rightful.
δικαιώνω *vt* justify, vindicate.
δικανικός *adj* forensic.
δίκαννο *nn* shotgun.
δικαστήριο *nn* [law-]court || tribunal.
δικαστής *nm* judge, magistrate.
δικαστικός *adj* judicial, juridical.
δίκη *nf* trial, [law-]suit.
δικηγορία *nf* law practice, the Bar.
δικηγορικός *adj* lawyer's.
δικηγόρος *nm* lawyer, *ΗΠΑ* attorney [-at-law] || solicitor, barrister || counsel.
δικηγορώ *vi* practise law.
δίκιο *nn* right || *έχω ~*, be right.
δικινητήριος *adj* two-engined.
δικλ[ε]ίδα *nf* valve.
δίκλινο *nn* double-/twin-bed room.
δικογραφία *nf* brief.
δικολαβίστικος *adj* pettifogging.
δικολάβος *nm μτφ.* casuist, quibler.
δικονομία *nf* [legal] procedure.
δικονομικός *adj* procedural.
δίκοπος *adj* two-edged, double-edged.
δικ-ός *adj* own: *είναι ~ό μου*, it's mine.
δικράνι *nn* pitchfork.
δικτάτορας *nm* dictator.
δικτατορία *nf* dictatorship.
δικτατορικός *adj* dictatorial || tyrannical.
δικτατορίσκος *nm* little tin god.
δίκτυο *nn* network.
δικτυωτό *nn* netting, mesh.
δίκυκλο *nn* bike.
δίλημμα *nn* dilemma.
διμερής *adj* bipartite, bilateral.
διμηνία *nf* two-month period.
διμηνιαίος *adj* bimonthly.
διμοιρία *nf* platoon.
δίνη *nf* eddy, swirl, whirlpool, maelstrom, vortex.
δίνω *vt* give, pass, let have || hand over || issue || offer || pay || yield, bring in || produce || deliver || assign, set || *δίνε του!* beat it! off with you! || *μου τη δίνει*, it turns me on.

διογκώνω *vt* inflate, swell.
διόγκωση *nf* inflation, swelling.
διόδια *nn pl* toll, *ΗΠΑ* turnpike.
δίοδος *nf* passage, thoroughfare.
διοίκηση *nf* administration, management || *στρατ.* command.
διοικητής *nm* manager || commander, governor.
διοικητικός *adj* managerial, administrative.
διοικώ *vt* administer || manage, be in charge of || govern, rule || *στρατ.* command.
διολισθαίνω *vi* slide.
διολίσθηση *nf* sliding.
διόλου *adv* not at all, by no means.
διομολογήσεις *nf pl* capitulations.
διοξείδιο *nn* dioxide.
διοπτροφόρος *adj* bespectacled.
διορατικός *adj* far-sighted, perceptive.
διορατικότητα *nf* perspicacity, vision.
διοργάνωση *nf* organization, getting up.
διοργανωτής *nm* organizer.
διόρθωμα *nn* repair.
διορθών-ω *vt* repair, mend, fix, restore || set right, redress, correct || ~ομαι, mend one's ways, reform.
διόρθωση *nf* repair, righting, reparation, correction || proof-reading.
διορθωτής *nm τυπογρ.* proof-reader.
διορθωτικός *adj* corrective, adjusting.
διορίζω *vt* appoint, nominate.
διορισμός *nm* appointment.
διόρυξη *nf* tunnelling.
διότι *conj* for, because.
διουρητικός *adj* diuretic.
διοχετεύω *vt* channel, canalize || convey, transmit.
δίπλα *nf* fold, pleat ◙ *adv* beside, next to, close by.
διπλανός *adj* next, adjacent, adjoining.
διπλαρώνω *vt* accost, waylay.
διπλασιάζω *vt* double, redouble.
διπλάσιος *adj* double, twofold, twice as.
διπλός *adj* double || dual.
διπλότυπος *adj* duplicate.
δίπλωμα *nn* folding || certificate, diploma || *πανεπιστ.* degree.
διπλωμάτης *nm* diplomat || *μτφ.* diplomatist.
διπλωματία *nf* diplomacy.
διπλωματικός *adj* diplomatic.
διπλωματούχος *nm* degree-holder || certificated, qualified.
διπλώνω *vt* fold, wrap up, roll up || double [up], curl up.
δίποδο *nn* biped.
δίπορτος *adj* two-door.
δίπρακτος *adj* two-act.
διπροσωπία *nf* duplicity.

διπρόσωπος *adj* double-faced, deceitful, devious.
δίπτυχο *nn* diptych.
δισάκι *nn* saddle-bag.
δισέγγονος *nm* great-grandson.
δισεκατομμύριο *nn ΗΠΑ* billion, *ΜΒ* milliard.
δισεκατομμυριούχος *nm* multimillionaire.
δισεκατονταετηρίδα *nf* bicentenary.
δίσεκτος χρόνος, leap year.
δισκίο *nn* tablet, pill, pellet.
δισκοβόλος *nm* discus thrower.
δισκοθήκη *nf* record library.
δισκοπότηρο *nn* chalice.
δισκοπάθεια *nf* slipped disc.
δίσκος *nm* tray || disc, disk || *αθλ.* discus || *μουσ.* record || *εκκλ.* plate || (ζυγαριάς) pan, scale || *αυτοκ.* clutch-plate || *ιπτάμενος* ~, flying saucer.
δισκόφρενο *nn* disc-brake.
δισταγμός *nm* hesitation.
διστάζω *vi* hesitate.
διστακτικός *adj* hesitant, irresolute, hesitating.
διστακτικότητα *nf* irresolution, hesitation.
δίστιχο *nn* couplet.
δίστομος *adj (μαχαίρι)* double-edged.
δίτροχος *adj* two-wheeled.
διυλίζω *vt* refine, distil, filter || *μτφ.* scrutinize.
διύλιση *nf* distillation.
διυλιστήριο *nn* refinery, distillery.
δίφθογγος *nf* diphthong.
διφορούμενος *adj* ambiguous, equivocal, ambivalent.
διχάζω *vt* divide, split, disunite.
διχάλα *nf* fork || crotch.
διχαλωτός *adj* forked.
διχασμός *nm* division, disunity, split.
διχογνωμία *nf* dissent, disagreement.
διχόνοια *nf* dissension, division, dispute.
διχοτόμηση *nf* partition, bisection.
διχοτομώ *vt* partition || *γεωμ.* bisect.
δίχρονος *adj* two-year || (μηχανή) two-stroke.
δίχτυ *nn* net, (αποσκευών) rack, (αράχνης) web || *μτφ.* snare, meshes, toils.
δίχως *prep* without, with no.
δίψα *nf* thirst.
διψασμένος *adj* thirsty || eager.
διψήφιος *adj* two-digit, two-figure.
διψομανής *adj* dipsomaniac.
διψώ *vi* be thirsty || *μτφ.* thirst, long, hunger.
διωγμός *nm* persecution, pogrom.
διωδία *nf* duet.
διώκτης *nm* persecutor.
διώκω *vt* persecute || (δικαστ.) prosecute, sue.
δίωξη *nf* persecution || prosecution.

διώξιμο nn dismissal ‖ expulsion.
δίωρος adj two-hour.
διώροφος adj two-storeyed.
διώρυγα nf canal.
διώχνω vt dismiss, fire, sack ‖ turn out /away, kick out ‖ bundle off, send off ‖ banish ‖ evict, deport, expel, oust.
δόγα nf stave.
δόγης nm doge.
δογκιχωτικός adj quixotic.
δόγμα nn dogma, doctrine ‖ creed, denomination ‖ rule, principle.
δογματίζω vi pontificate.
δογματικός adj dogmatic, doctrinaire.
δογματισμός nm dogmatism.
δοθέντος ότι conj seeing/given that.
δοθιήνας nm ιατρ. boil.
δοιάκι nn tiller.
δόκανο nn trap, snare.
δοκάρι nn beam, rafter.
δοκιμάζω vti try, test ‖ taste, feel, sample ‖ (προβάρω) try on ‖ attempt, seek ‖ have, experience, suffer.
δοκιμασία nf test, trial ‖ hardship, ordeal.
δοκιμασμένος adj tried ‖ hard-hit.
δοκιμαστής nm tester.
δοκιμαστικός adj experimental, tentative ‖ test, trial, pilot.
δοκιμή nf attempt, try, go ‖ test[ing], trial ‖ experiment, try-out ‖ (πρόβα) try-on.
δοκίμιο nn essay ‖ pl proofs.
δοκιμιογράφος nm essayist.
δόκιμος adj accomplished, skilful ▣ nm novice, apprentice, midshipman, cadet.
δοκός nf beam, rafter.
δόκτορας nm doctor.
δολάριο nn dollar.
δόλιος (και δολερός) adj deceitful, treacherous, νομ. fraudulent.
δολιότητα nf deceit, treachery.
δολιοφθορά nf sabotage.
δολοπλοκία nf machination, intrigue.
δολοπλόκος adj scheming ▣ nm schemer.
δολοπλοκώ vt machinate, scheme.
δόλος nm fraud, deceit ‖ νομ. intention.
δολοφονία nf murder, assassination.
δολοφονικός adj murderous.
δολοφόνος nm murderer, killer, assasssin.
δολοφονώ vt murder, kill.
δόλωμα nn bait ‖ μτφ. decoy.
δολώνω vt bait.
δομή nf structure, fabric.
δομικός adj structural ‖ ~ά υλικά, building materials.
Δον Ζουάν, Don Juan, lady-killer.
δόνηση nf vibration ‖ tremor.
δονητής nm vibrator.
Δον Κιχώτης, Don Quixote.

δονκιχωτικός adj quixotic.
δόντι nn tooth, (φιδιού) fang, (ελέφαντα) tusk, (πηρουνιού) prong, (γρανα-ζιού) cog ‖ dent.
δοντιά nf tooth-mark.
δον-ώ vti vibrate ‖ ~ούμαι, shake, quake, vibrate.
δόξα nf glory, fame, kudos.
δοξάζ-ω vt praise, glorify ‖ ~ομαι vi win glory/fame, be glorified.
δοξάρι nn bow, fiddlestick.
δοξασία nf belief, prejudice.
δοξολογία nf Te Deum.
δοξολογώ vt glorify, praise.
δόρυ nn spear.
δορυφόρος nm satellite.
δόση nf dose ‖ instalment ‖ (ίχνος) streak, spice ‖ portion, part.
δοσίματα nn pl taxes, rates, duties.
δοσοληψία nf business, pl dealings.
δοσολογία nf dosage.
δότης nm giver, donor.
δοτική nf dative.
δούκας nm duke.
δουκικός adj ducal, duchy.
δούκισσα nf duchess.
δούλα nf skivvy.
δουλεία nf slavery ‖ νομ. servitude.
δουλειά nf work, task ‖ business, affair ‖ employment ‖ job, occupation, profession.
δούλεμα nn working, polishing ‖ μτφ. kidding, leg-pulling.
δουλεμπορικό nn slave ship.
δουλεμπόριο nn slave trade.
δουλέμπορος nm slaver, slave-trader.
δουλευτάρης nm keen worker.
δουλεύω vt work, be busy, labour ‖ (λειτουργώ) operate, work, function, run ‖ (επεξεργάζομαι) work, elaborate ‖ (κοροϊδεύω) kid, pull sb's leg ‖ (ξεγελώ) have, hoax, take sb for a ride.
δούλεψη nf employment, pay ‖ labour.
δουλικό nn skivvy.
δουλικός adj servile, obsequious.
δουλικότητα nf servility.
δουλοπαροικία nf serfdom.
δουλοπάροικος nm serf, bondsman.
δούλος nm slave ‖ servant.
δουλοφροσύνη nf obsequiousness.
Δούναβης nm Danube.
δούναι και λαβείν εμπ. debit and credit ‖ μτφ. dealings.
Δούρειος 'Ιππος, Trojan Horse.
δοχείο nn pot, vessel, receptacle, can ‖ chamber-pot.
δραγάτης nm field guard.
δραγουμάνος nm dragoman.
δράκα nf handful.

δράκαινα *nf* ogress.
δράκοντας *nm* ogre, dragon.
δρακόντειος *adj* draconian.
δράκος *nm* ogre, dragon ‖ killer.
δράμα *nn* drama, play ‖ tragedy.
δραματικός *adj* dramatic, tragic.
δραματοποίηση *nf* dramatization.
δραματουργία *nf* play-writing.
δραματουργός *nm* playwright, dramatist.
δράμι *nn* dram.
δραπέτευση *nf* escape, getaway.
δραπετεύω *vi* escape, get away.
δραπέτης *nm* fugitive, runaway.
δράση *nf* action, activity, agency ‖ *άμεση* ~, flying squad.
δρασκελιά *nf* stride.
δρασκελίζω *vt* stride.
δρασκελιστά *adv* astride.
δραστηριοποιώ *vt* call into action, activate, make active, pep up.
δραστήριος *adj* active, energetic, vigorous, efficient.
δραστηριότητα *nf* activity, energy, efficiency.
δράστης *nm* perpetrator, culprit.
δραστικός *adj* drastic, potent, effective.
δραστικότητα *nf* efficacy, potency.
δραχμή *nf* drachma.
δρεπάνι *nn* scythe, sickle.
δρέπω *vt* reap, win.
δριμύς *adj* sharp, bitter, severe, harsh ‖ *μτφ.* cutting, biting, stinging.
δριμύτητα *nf* sharpness, bitterness.
δρομάδα *nf* dromedary.
δρομάκι *nn* lane, path, alley, track.
δρομέας *nm* runner, racer.
δρομέως *adv* hastily, hurriedly.
δρομολόγιο *nn* timetable ‖ itinerary.
δρόμ·ος *nm* road, street ‖ way, course, route ‖ trip, race, distance ‖ *κόβω* ~*ο*, take a short cut ‖ *παίρνω* ~*ο*, run off, get the sack ‖ *μένω στο* ~*ο*, lose one's all ‖ *γυναίκα του* ~*ου*, tart, street-walker.
δροσερός *adj* cool, fresh.
δροσιά *nf* cool[ness], freshness ‖ (*δρόσος*) dew ‖ (*ψύχρα*) chill.
δροσίζω *vti* cool, freshen up, chill, refresh.
δροσιστικός *adj* cooling, refreshing.
δρόσος *nf* dew.
δροσοσταλίδα *nf* dewdrop.
δρύινος *adj* oak.
δρυμός *nm* forest, woodland ‖ *εθνικός* ~, national park/preserve.
δρυοκολάπτης *nm* woodpecker.
δρυς *nf* oak.
δρω *vi* act, be active in, fight ‖ take action, take effect.
δυαδικός *adj* dual.

δυαδισμός *nm* dualism.
δύναμη *nf* power, faculty ‖ power, force, might ‖ energy, strength.
δυναμική *nf* dynamics.
δυναμικό *nn* potential ‖ *εργατικό* ~, manpower, work force, labour.
δυναμικός *adj* dynamic, energetic, forceful, high-powered.
δυναμικότητα *nf* capability, potentiality.
δυναμισμός *nm* dynamism, drive.
δυναμίτης *nm* dynamite.
δυναμό *nn* dynamo, generator.
δυνάμωμα *nn* strengthening.
δυναμώνω *vti* strengthen, invigorate, get/make stronger ‖ reinforce, intensify.
δυναμωτικό *nn* tonic, restorative.
δυναμωτικός *adj* strengthening, bracing ‖ tonic, restorative.
δυναστεία *nf* dynasty.
δυναστεύω *vt* oppress, tyrannize over.
δυνάστης *nm* tyrant.
δυναστικός *adj* dynastic.
δυνατ·ός *adj* strong ‖ powerful, mighty, forceful ‖ loud, heavy, intense, tough, stiff, bitter ‖ possible, feasible, practicable ‖ *βάζω τα* ~*ά μου*, do one's best ‖ *κάνω τ' αδύνατα* ~*ά*, do one's utmost.
δυνατότητα *nf* possibility.
δυνητικός *adj* potential.
δύο (*και δυο*) *adj* two.
δυοσμαρίνι *nn* rosemary.
δυόσμος *nm* mint.
δυσανάγνωστος *adj* illegible.
δυσαναλογία *nf* disproportion.
δυσανάλογος *adj* disproportionate.
δυσαναπλήρωτος *adj* irreplaceable.
δυσανασχέτηση *nf* indignation, annoyance.
δυσανασχετώ *vi* be indignant/angered.
δυσαρέσκεια *nf* displeasure, discontent.
δυσαρεστημένος *adj* displeased, discontented, dissatisfied, disaffected.
δυσάρεστος *adj* disagreeable, unpleasant ‖ offensive, objectionable ‖ regrettable ‖ uncomfortable.
δυσαρεστώ *vt* displease, dissatisfy.
δυσαρμονία *nf* discord, dissonance, variance, (*χρωμάτων*) clash, (*γνωμών*) conflict.
δυσβάσταχτος *adj* hard to bear.
δύσβατος *adj* inaccessible ‖ rough.
δυσδιάκριτος *adj* hard to discern.
δυσεντερία *nf* dysentery.
δυσεξήγητος *adj* hard to explain.
δυσεπίλυτος *adj* hard to solve.
δυσεύρετος *adj* scarce, hard to find.
δύση *nf* west ‖ setting, sunset ‖ *μτφ.* decline, wane.
δυσθυμία *nf* dejection, low spirits.

δύσθυμος adj dejected, low-spirited, moody.

δύσκαμπτος adj stiff, rigid.

δυσκαμψία nf stiffness, rigidity.

δυσκίνητος adj slow, sluggish.

δυσκοίλιος adj constipated.

δυσκοιλιότητα nf constipation.

δυσκολεύ·ω vti make difficult, complicate || ~ομαι, find it hard/difficult to, have difficulty in, have trouble to.

δυσκολία nf difficulty, trouble.

δύσκολος adj difficult, hard, tough, exacting || ticklish || choosey, fussy, particular.

δυσμένεια nf disfavour, disgrace.

δυσμενής adj unfavourable, adverse.

δύσμοιρος adj hapless, luckless.

δυσμορφία nf ugliness, deformity.

δύσμορφος adj ugly, misshapen.

δυσνόητος adj abstruse, obscure.

δυσοίωνος adj ominous || gloomy.

δυσοσμία nf stench, stink.

δύσοσμος adj stinking, smelly.

δυσπερίγραπτος adj indescribable.

δύσπεπτος adj hard to digest.

δυσπεψία nf indigestion, dyspepsia.

δυσπιστία nf mistrust, distrust.

δύσπιστος adj mistrustful, distrustful, suspicious, wary, incredulous.

δυσπιστώ vt mistrust, distrust.

δύσπνοια nf laborious breathing.

δυσπραγία nf recession, slump.

δυσπροσάρμοστος adj maladjusted.

δυσπρόσιτος adj inaccessible.

δυστοκία nf μτφ. irresolution.

δυστροπία nf peevishness.

δύστροπος adj peevish, bad-tempered, wayward, cantankerous.

δυστροπώ vi be reluctant/sticky.

δυστύχημα nn accident, crash || misfortune.

δυστυχής adj unfortunate, unhappy.

δυστυχία nf misery, unhappiness, misfortune || woe.

δύστυχος (και δυστυχισμένος) adj miserable, poor, wretched, pathetic.

δυστυχώ vi fall/live in misery, be badly off, be reduced to poverty.

δυστυχώς adv unfortunately, I'm afraid.

δυσφήμιση nf defamation, slander, libel.

δυσφημιστής nm detractor.

δυσφημιστικός adj defamatory.

δυσφημώ vt defame, libel.

δυσφορία nf malaise, discomfort || discontent || annoyance.

δυσφορώ vi be discontented || fret.

δυσχεραίνω vt make difficult, obstruct.

δυσχέρεια nf difficulty, predicament, obstacle.

δυσχερής adj difficult, hard.

δύσχρηστος adj awkward, unwieldy.

δυσχρωματοψία nf colour-blindness.

δυσωδία nf stench, foul smell.

δύτης nm diver.

δυτικός adj west[ern] || occidental ◉ nm Westerner.

δύω vi set, go down.

δώδεκα adj twelve.

δωδεκάδα nf dozen.

δωδεκαδάκτυλο nn ανατ. dyodenum.

δωδεκάμηνο nn twelve-month period.

Δωδεκάνησα nn pl the Dodecanese.

δωδέκατος adj twelfth.

δωδεκάωρο nn twelve-hour period.

δωδεκάωρος adj twelve-hour.

δώμα nn chamber, quarters.

δωμάτιο nn room.

δωρεά nf donation, gift.

δωρεάν adv free, gratis.

δωρεοδόχος nm beneficiary.

δωρητής nm giver, donor.

δωρίζω vt donate, make a gift of, present, give away [free].

δωρικός adj Dorian, Doric.

δώρο nn gift, present || talent || bribe || bonus, premium.

δωροδοκία nf bribery, corruption.

δωροδοκώ vt bribe, corrupt.

δωροληψία nf bribery, venality.

δωσιδικία nf jurisdiction.

δωσίλογος nm quisling ◉ adj answerable.

E ε

ε! interj hey, you there!

εάν conj if, whether.

εαυτ·ός pron oneself || εκτός ~ού, beside oneself.

εαυτούλης nm number one.

έβγα nn end, exit || edge ◉ (προστ. του

ρ. βγαίνω) come out! go out!
εβδομάδα ⇒ ΒΛΟΜΑΛΛ
εβδομηκοστός adj seventieth.
εβδομήντα adj seventy.
εβδομηντάχρονα nn pl seventieth anniversary.
έβδομος adj seventh.
εβένινος adj ebony, ebony-black.
έβενος nm ebony[-tree].
εβίβα interj cheers!
εβραϊκός adj Hebrew, Jewish.
Εβραίος nm Hebrew, Jew.
έγγαμος adj married.
εγγαστρίμυθος nm ventriloquist.
εγγεγραμμένος adj registered, enrolled.
εγγειοβελτιωτικός adj [land] reclamation.
έγγειος adj land[ed].
εγγίζω vt touch || ~ τα όρια, border on, verge upon.
έγγιστα adv ως ~, approximately.
Εγγλέζικα nn pl English.
εγγλέζικος adj English.
Εγγλέζος nm Englishman.
εγγονή nf granddaughter.
εγγόνι nn grandchild.
εγγονός nm grandson.
εγγράμματος adj literate, educated.
εγγραφή nf registration || σχολ. enrollment || λογιστ. entry || (σε δάνειο, κλπ.) subscription || (ηχογράφηση) recording || (επιγραφή) inscription.
έγγραφο nn document, deed || pl records, papers.
έγγραφος adj written, in writing || (απόδειξη) documentary.
εγγράφ·ω vt enroll, register || subscribe || inscribe || record || ~ομαι, enrol, sign up, enter for.
εγγράφως adv in writing.
εγγύηση nf guarantee, security, surety || (του πωλητή) warranty || δικαστ. bail.
εγγυητής nm guarantor, warrantor, guarantee.
εγγυητικό nn bond, certificate of warranty.
εγγυοδοσία nf bond.
εγγυούμαι vti guarantee, stand security/bail for || μτφ. guarantee, warrant, vouch, answer/engage for.
εγγύτερος adj nearer, closer.
εγγύτητα nf closeness, proximity.
έγερση nf waking, getting up || ~ αγωγής, filing a suit || ~ πρόποσης, making a toast.
εγερτήριο nn στρατ. reveille.
εγκάθειρκτος adj imprisoned.
εγκαθίδρυση nf establishment.
εγκαθιδρύω vt set up.
εγκαθίσταμαι vi be installed, settle down, put up, make one's home.

εγκαθιστώ vt install, set up || appoint, instate || (φως, νερό, γκάζι) lay on, put in.
εγκαίνια nn pl inauguration || (σπιτιού) house-warming || (κτιρίου) topping-out || (ναού) consecration.
εγκαινιάζω vt inaugurate || (ναό) consecrate || (μεγάλο κτίριο) top out.
εγκαινίαση nf inauguration, start.
έγκαιρος adj timely, prompt.
εγκαίρως adv in [good] time.
εγκάρδιος adj cordial, warm[-hearted].
εγκαρδιότητα nf cordiality, warmth.
εγκαρδιώνω vt cheer up, encourage.
εγκαρδιωτικός adj heartening.
εγκάρσιος adj cross, transverse.
εγκαρτέρηση nf resignation.
έγκατα nn pl depths, bowels.
εγκαταλειμένος adj deserted, abandoned, derelict.
εγκαταλείπω vt abandon, give up || desert, fail.
εγκατάλειψη nf abandonment, giving up || desertion.
εγκατάσταση nf installation.
έγκαυμα nn burn, scald.
έγκειται vi impers lies, is, consists in.
εγκεκριμένος adj approved, licensed.
εγκεφαλικός adj brain, cerebral.
εγκέφαλος nm brain || μτφ. mastermind, brains.
έγκλειστος adj confined ◘ nm internee.
έγκλημα nn crime, outrage, felony.
εγκληματίας nm criminal, offender.
εγκληματικός adj criminal, felonious.
εγκληματικότητα nf crime, criminality, delinquency.
εγκληματολογία nf criminology.
εγκληματώ vi commit a crime, offend against, break the law.
έγκληση nf νομ. indictment.
εγκλιματίζω vt acclimatize.
εγκλιματισμός nm acclimatization.
έγκλιση nf γραμμ. mood.
εγκλιτικός adj modal.
εγκλωβίζω vt encircle, hem in.
εγκόλπιο nn manual.
εγκολπώνομαι vt embrace, adopt, espouse.
εγκοπή nf notch, groove.
εγκόσμιος adj mundane, worldly.
εγκράτεια nf abstinence, self-restraint || temperance || continence.
εγκρατής adj abstemious, temperate.
εγκρίνω vt approve of, agree/consent to, subscribe to || ratify || authorize.
έγκριση nf approval, consent, assent || ratification || authorization.
εγκριτικός adj approbatory.
έγκριτος adj reputable, esteemed ◘ nm

pl notables.
εγκύκλιος *nf* circular.
εγκυκλοπαίδεια *nf* encyclopedia.
εγκυκλοπαιδικός *adj* encyclopedic.
εγκυμονώ *vti* be pregnant with.
εγκυμοσύνη *nf* pregnancy.
έγκυος *adj* pregnant.
έγκυρος *adj* valid, authoritative.
εγκυρότητα *nf* validity, authenticity.
εγκωμιάζω *vt* praise, commend.
εγκωμιαστικός *adj* complimentary.
εγκώμιο *nn* praise, eulogy.
έγνοια *nf* worry, trouble, anxiety, preoccupation || care, concern.
εγρήγορση *nf* vigilance, alertness.
εγχείρημα *nn* venture, undertaking || attempt.
εγχείρηση *nf* operation, surgery.
εγχειρίδιο *nn* dagger || manual, companion, text-book.
εγχειρίζω *vt* operate [on sb], perform an operation || hand, deliver.
έγχορδος *adj* stringed.
έγχρωμος *adj* colour[ed].
εγχώριος *adj* domestic, home, native.
εγώ *pron* I ▣ *nn* ego, self.
εγωισμός *nm* egoism, selfishness || egotism, vanity.
εγωιστής *nm* egoist, egotist.
εγωιστικός *adj* egoistic[al] || selfish, vain.
εγωκεντρικός *adj* egocentric, self-centred.
εγωκεντρισμός *nm* egomania, egocentrism.
εγωπαθής *adj* egomaniac.
εδαφιαίος *adj* very low.
εδαφικός *adj* territorial.
εδάφιο *nn* section, paragraph.
εδαφολογικός *adj* territorial.
έδαφος *nn* ground || soil, land || territory.
Εδέμ *nf* Eden.
έδεσμα *nn* dish, food.
έδρα *nf* chair, bench, desk || seat || headquarters || anus || side, facet.
εδραιώνω *vt* strengthen, consolidate.
έδρανο *nn* bench, stool.
εδρεύω *vi* reside, be based.
εδώ *adv* here || that's where.
εδωδά *adv* right here.
εδώδιμα *nn pl* groceries.
εδωδιμοπωλείο *nn* grocery.
εδώλιο *nn* seat || *δικαστ.* dock, bar.
εθελόδουλος *adj* servile.
εθελοντής *nm* volunteer.
εθελοντικός *adj* voluntary.
εθελοτυφλώ *vi* pretend not to see.
εθίζω *vt* addict, habituate.
εθιμικός *adj* customary.
έθιμο *nn* custom, practice.
εθιμοτυπία *nf* etiquette, ceremony, for-

mality.
εθιμοτυπικός *adj* formal, ceremonial.
εθισμός *nm* addiction.
εθνάρχης *nm* ethnarch.
εθνικισμός *nm* nationalism.
εθνικιστής *nm* nationalist, chauvinist.
εθνικιστικός *adj* nationalistic.
εθνικοποίηση *nf* nationalization.
εθνικοποιώ *vt* nationalize.
εθνικός *adj* national ▣ *nm* pagan.
εθνικοσοσιαλισμός *nm* nazism.
εθνικότητα *nf* nationality.
εθνολογία *nf* ethnology.
έθνος *nn* nation.
εθνοσυνέλευση *nf* national assembly.
εθνότητα *nf* nation.
εθνοφρουρά *nf* home/national guard, militia, *MB* Territorial Army.
εθνοφρουρός *nm* militiaman, guardsman.
εθνοφύλακας *nm* militiaman.
εθνοφυλακή ⇒ ΕΘΝΟΦΡΟΥΡΑ
ειδάλλως *adv* or else, otherwise.
ειδεχθής *adj* hideous, heinous.
ειδήμονας *nm* expert, connoisseur.
ειδησεογραφία *nf* [news] reporting.
ειδησεογραφικός *adj* news.
είδηση *nf* [an item of] news || message || knowledge, idea, notice.
ειδικευμένος *adj* specialized, skilled.
ειδίκευση *nf* specialization.
ειδικεύ·ω *vt* specify || ~ομαι *vi* specialize, *ΗΠΑ* major.
ειδικός *nm* expert, specialist ▣ *adj* special, particular, specific, ad hoc.
ειδικότητα *nf* speciality, specialty.
ειδοποίηση *nf* notice, notification, warning, tip-off || *εμπ.* advice.
ειδοποιητήριο *nn* note, notice.
ειδοποιός *adj* specific.
ειδοποιώ *vt* notify, inform, let know, send word, *(κρυφά)* tip off, *εμπ.* advise.
είδος *nn* kind || sort, manner || species, form || *εμπ.* item, article, commodity, *pl* goods, ware[s], materials, gear, tackle.
ειδυλλιακός *adj* idyllic.
ειδύλλιο *nn* idyll, romance.
είδωλο *nn* idol || reflection || image.
ειδωλολάτρης *nm* idolater, heathen, pagan.
ειδωλολατρία *nf* paganism, idolatry.
ειδωλολατρικός *adj* pagan, heathen.
είθε *μόριο* may, wish, would.
εικάζω *vt* conjecture, presume.
εικασία *nf* guess[work], conjecture.
εικαστικές τέχνες *nf pl* plastic arts.
εικόνα *nf* picture || image || *εκκλ.* icon || *θεατρ.* scene || *λογοτ.* imagery.
εικονίζω *vt* depict, represent.
εικονικός *adj* pictorial || fictitious, bogus, sham, mock || feigned, simulated.
εικονικότητα *nf* fictitiousness.

εικόνισμα *nn* icon.

εικονογραφημένος *adj* illustrated, pictorial.

εικονογράφηση *nf* illustration.

εικονογραφώ *vt* illustrate.

εικονοκλάστης *nm* iconoclast.

εικονομαχία *nf* iconoclasm.

εικονοστάσι *nn* (*σε εκκλ.*) iconostasis, icon screen || (*σε σπίτι*) icon stand, family altar.

εικοσάδα *nf* score.

εικοσαετής *adj* twenty-year.

εικοσαετία *nf* twenty-year period.

εικοσαήμερο *nn* twenty-day period.

εικοσάμηνο *nn* twenty-month period.

εικοσαπλάσιος *adj* twentyfold.

είκοσι *adj* twenty.

εικοστός *adj* twentieth.

ειλικρίνεια *nf* sincerity, frankness, candour.

ειλικρινής *adj* sincere, frank, outspoken, candid, honest.

είλωτας *nm* helot || slave.

είμαι *vi & aux* be.

ειμαρμένη *nf* fate, destiny.

είναι *nn* being.

ειρήνευση *nf* pacification.

ειρηνευτικός *adj* peace-keeping, conciliatory.

ειρηνεύω *vti* pacify, bring peace to || make one's peace.

ειρήνη *nf* peace, pax.

ειρηνικός *adj* peaceful, pacific.

ειρηνιστής *nm* pacifist.

ειρηνοδίκης *nm* magistrate, justice of the peace.

ειρηνοποιός *nm* peace-maker.

ειρηνόφιλος *nm* pacifist ▣ *adj* peace-loving.

ειρκτή *nf* imprisonment.

ειρμός *nm* coherence, train.

είρωνας *nm* ironist.

ειρωνεία *nf* irony.

ειρωνεύομαι *vt* be ironic/sarcastic, speak ironically.

ειρωνικός *adj* ironic[al], sarcastic.

εισαγγελέας *nm* Public Prosecutor, *ΗΠΑ* District Attorney.

εισαγγελία *nf* Public Prosecutor's Office.

εισάγω *vt* import || introduce, initiate || admit, show into || insert, put in.

εισαγωγέας *nm* importer.

εισαγωγή *nf* introduction || initiation || insertion || admission || *εμπ.* import, *μουσ.* overture, *μηχ.* intake, induction.

εισαγωγικά *nn pl* quotation marks, inverted commas.

εισαγωγικός *adj* introductory.

εισακούω *vt* hear, grant.

εισβάλλω *vi* invade, overrun || burst into.

εισβολέας *nm* invader.

εισβολή *nf* invasion, irruption.

εισδοχή *nf* admission, entrance, entry.

εισδύω *vi* slip/steal into.

εισέρχομαι ⇒ ΜΠΑΙΝΩ

εισήγηση *nf* suggestion, recommendation, (*νομοσχεδίου*) proposal.

εισηγητής *nm* mover || sponsor ||court reporter || advocate.

εισηγητικός *adj* introductory.

εισηγούμαι *vt* propose, recommend, suggest || (*σε επιτροπή*) move.

εισιτήριο *nn* ticket || (*ναύλος*) fare.

εισόδημα *nn* income, means || revenue.

εισοδηματίας *nm* person living on unearned income, *γαλλ.* rentier.

είσοδος *nf* entrance, admission, admittance, entry, gateway, way in, (*σκεπαστή*) porch, (*σε τούννελ*) mouth, (*μηχ.*) input, intake, (*αρχή*) beginning, accession.

εισορμώ *vi* burst/rush in.

εισπλέω *vi* sail/steam in.

εισπνέω *vi* breathe in, inhale.

εισπνοή *nf* inhalation.

εισπρακτέος *adj* (*φόρος*) due, (*εμπορ.*) receivable.

εισπράκτορας *nm* collector || conductor.

είσπραξη *nf* collection || (*από πωλήσεις*) receipts, returns, takings || gate[-money], box-office.

εισπράττω *vt* collect, recover.

εισρέω *vi* flow/pour in.

εισροή *nf* inflow, influx.

εισφέρω *vt* contribute.

εισφορά *nf* contribution, share, charge.

εισχωρώ *vi* penetrate, steal/slip in, sink in, infiltrate.

είτε... είτε, *conj* either... or, whether... or.

εκ (*πριν από φωνήεν εξ*) *prep λόγ.* from, by, out of.

εκατό *adj* a hundred.

εκατόμβη *nf* hecatomb.

εκατομμύριο *adj* million.

εκατομμυριοστός *adj* millionth.

εκατομμυριούχος *nm* millionaire.

εκατονταετηρίδα *nf* centenary, hundredth anniversary.

εκατονταετία *nf* century.

εκατονταπλάσιος *adj* hundredfold.

εκατοστόμετρο *nn* centimetre.

εκατοστός *adj* hundredth.

εκατοχρονίτης *nm* centenarian.

εκατόχρονα ⇒ ΕΚΑΤΟΝΤΑΕΤΗΡΙΔΑ

εκβαθύνω *vt* deepen, dredge.

εκβάλλω *vti* flow/empty into || cast up.

έκβαση *nf* outcome, result, issue.

εκβιάζω *vt* blackmail, extort.

εκβιασμός *nm* blackmail, extortion.
εκβιαστής *nm* blackmailer.
εκβιομηχανίζω *vi* industrialize.
εκβιομηχάνιση *nf* industrialization.
εκβολή *nf* mouth, estuary.
εκβράζω *vt* wash up/ashore.
εκβραχισμός *nm* rock-blasting.
εκγυμνάζω *vt* train, drill, exercise.
εκγύμναση *nf* training.
έκδηλος *adj* evident, manifest.
εκδηλών-ω *vt* display, show, manifest, evince || ~ομαι *vi* come out for/against, break out.
εκδήλωση *nf* demonstration, manifestation, display, expression || sign, outbreak.
εκδηλωτικός *adj* demonstrative, effusive || expressive, indicative.
εκδίδ-ω *vt* publish, issue || draw, make out || *νομ.* extradite || ~ομαι, come out, *(γυναίκα)* prostitute oneself.
εκδικάζω *vt* judge, try, hear.
εκδίκαση *nf* hearing, trial.
εκδίκηση *nf* revenge, vengeance.
εκδικητής *nm* avenger.
εκδικητικός *adj* revengeful, vindictive.
εκδικητικότητα *nf* vindictiveness.
εκδικούμαι *vti* avenge, revenge oneself.
εκδιώκω *vt* expel, oust, drive out.
εκδορά *nf* *ιατρ.* scratch || skinning.
έκδοση *nf* publication, issue, edition || *(συναλλαγματικής)* drawing, *(επιταγής)* making out || *νομ.* extradition.
εκδοτήριο *nn* ticket office.
εκδότης *nm* publisher, editor || drawer.
εκδοτικός *adj* publishing || issuing.
εκδούλευση *nf* service, good turn.
εκδοχή *nf* version, interpretation.
εκδράμω *vi* go on a trip.
εκδρομέας *nm* day-tripper, excursionist.
εκδρομή *nf* excursion, trip, outing, jaunt, *(μακρινή)* tour.
εκδρομικός *adj* excursion, travelling.
εκεί *adv* there || that's where || ~ που, just as.
εκείνος *pron* that.
εκεχειρία *nf* truce, ceasefire.
έκζεμα *nn* eczema.
εκζήτηση *nf* affectation, mannerism.
έκθαμβος *adj* stunned, dazed.
εκθαμβωτικός *adj* dazzling.
εκθειάζω *vt* praise, extol.
έκθεμα *nn* exhibit || *νομ.* list.
έκθεση *nf* *εμπ.* exhibition, display, exposition, show || *(παιδιού)* exposure, abandonment || *σχολ.* composition, essay.
εκθέτης *nm* exhibitor || *μαθ.* exponent.
έκθετος *adj* exposed.
εκθέτω *vt* expound, set out/forth, report

|| *εμπ.* exhibit, display, show || *(παιδί)* expose, abandon || compromise, lay oneself open to.
έκθλιψη *nf* *γραμμ.* elision.
εκθρονίζω *vt* depose, dethrone.
εκθρόνιση *nf* deposition, dethronement.
εκκαθαρίζω *vt* *οικον.* liquidate, wind up || *στρατ.* mop up || *πολ.* purge.
εκκαθάριση *nf* liquidation, winding up, settlement || mopping up || purge || combing out, screening out.
εκκαθαριστής *nm* administrator, *(πτωχεύσεως)* receiver.
εκκαθαριστικός *adj* mopping-up, screening-out.
εκκεντρικός *adj* eccentric, off-beat.
εκκεντρικότητα *nf* eccentricity, oddity.
εκκενώνω *vt* vacate || evacuate || clear out.
εκκένωση *nf* evacuation || *(ηλεκτρ.)* discharge || clearing out.
εκκίνηση *nf* setting out, start, departure.
εκκλησάρης *nm* verger.
έκκληση *nf* appeal, plea.
εκκλησία *nf* church || Mass, service.
εκκλησιάζομαι *vi* go to church.
εκκλησίασμα *nn* congregation.
εκκλησιασμός *nm* church-going.
εκκλησιαστικός *adj* church, ecclesiastical.
εκκοκκίζω *vt* gin || shell || husk.
εκκοκκιστήριο *nn* ginning house.
εκκολαπτήριο *nn* hatchery || incubator.
εκκολάπτω *vt* incubate, hatch.
εκκόλαψη *nf* incubation.
εκκρεμής *adj* pending, outstanding.
εκκρεμές *nn* pendulum.
εκκρεμότητα *nf* suspense, abeyance.
εκκρεμώ *vi* be pending.
έκκριση *nf* excretion, secretion.
εκκωφαντικός *adj* deafening.
εκλαΐκευση *nf* popularization.
εκλαϊκεύω *vt* popularize.
εκλαμβάνω *vt* take/mistake for.
εκλαμπρότατος *nm* Excellency.
εκλέγω *vt* elect || select, choose.
έκλειψη *nf* eclipse.
εκλεκτικός *adj* eclectic || choosey, discriminating.
εκλέκτορας *nm* elector.
εκλεκτός *adj* choice, select || excellent || distinguished, eminent.
εκλέξιμος *adj* eligible.
εκλεπτυσμένος *adj* refined.
εκλιπαρώ *vt* beg, entreat, implore.
εκλογέας *nm* elector, voter, constituent.
εκλογή *nf* choice, selection || election.
εκλογικός *adj* electoral, polling.
εκλόγιμος *adj* eligible.
εκλογιμότητα *nf* eligibility.
έκλυση *nf* emission, release || loosening

|| depravity, laxity.

έκλυτος adj loose, dissolute, wanton.

εκμαγείο nn cast, mask, mould.

εκμάθηση nf learning.

εκμαυλίζω vt seduce, corrupt, prostitute.

εκμαυλισμός nm corruption, prostitution.

εκμαυλιστής nm seducer, corruptor.

εκμεταλλεύομαι vt exploit || make use of || take advantage of, trade on.

εκμετάλλευση nf exploitation.

εκμηδενίζω vt annihilate, wipe out, crush.

εκμηδένιση nf annihilation.

εκμισθώνω vt let, hire, farm out, lease.

εκμίσθωση nf lease, let, hire.

εκμισθωτής nm lessor.

εκμυστηρεύομαι vt confide to, tell in confidence.

εκμυστήρευση nf confidence.

εκναυλωτής nm charterer, freighterer.

εκνευρίζω vt exasperate, annoy, get on one's nerves, irritate.

εκνευρισμένος adj nervy, on edge, in a fluster, nervous.

εκνευρισμός nm vexation, exasperation.

εκνευριστικός adj exasperating, maddening.

εκούσιος adj voluntary.

εκπαιδευόμενος nm trainee.

εκπαίδευση nf education || training.

εκπαιδευτήριο nn school, institute.

εκπαιδευτής nm instructor.

εκπαιδευτικός nm educator, educationist ▣ adj educational, training.

εκπαιδεύω vt educate, train, instruct.

εκπατρισμένος adj, nm expatriate.

εκπέμπω vt send out, radiate || (ραδιοφ.) transmit, broadcast, be on the air.

εκπίπτω vti deduct, allow.

εκπλειστηριάζω vt auction off.

εκπλειστηρίασμα nn auction proceeds.

εκπλειστηριασμός nm auction.

εκπληκτικός adj astonishing, amazing.

έκπληκτος adj surprised, astonished.

έκπληξη nf surprise, astonishment.

εκπληρώνω vt perform, fulfil, realize, carry out, accomplish, achieve.

εκπλήρωση nf performance, fulfilment, discharge, achievement.

εκπλήσσω vt surprise, astonish, startle.

εκπνέω vt breathe out || die || expire.

εκπνοή nf breathing out || dying || expiration, expiry.

εκποίηση nf sale, clearance.

εκποιώ vt sell off, dispose of.

εκπολιτίζω vt civilize.

εκπολιτιστικός adj civilizing, cultural.

εκπομπή nf emission || (ραδιοφ.) broadcast, transmission, programme.

εκπονώ vt labour over, hammer out, elaborate.

εκπορεύομαι vi emanate, originate.

εκπορθώ vt conquer, take by storm.

εκπορνεύω vt prostitute.

εκπρόθεσμος adj overdue, behind time, late.

εκπροσώπηση nf representation.

εκπρόσωπος nm delegate, representative || πολ. spokesman.

εκπροσωπώ vt represent, deputize for, stand / act for.

έκπτωση nf discount, rebate || (από δικαίωμα) forfeiture, (από βαθμό) degradation || (τιμής) reduction, εμπ. pl sales.

εκπυρσοκρότηση nf report, detonation.

εκπυρσοκροτώ vi detonate, go off.

εκρήγνυμαι vi explode, burst out || (ηφαίστειο) erupt.

εκρηκτικός adj explosive.

έκρηξη nf explosion, burst, blast, (ηφαιστείου) eruption || μτφ. outbreak, outburst.

έκρυθμος adj not normal, unsettled.

εκσκαφέας nm excavator || dredger.

εκσκαφή nf excavation.

έκσταση nf ecstasy, rapture || θρησκ. trance.

εκστασιάζομαι vi go into ecstasies.

εκστατικός adj ecstatic || stunned.

εκστομίζω vt utter.

εκστρατεία nf campaign, expedition.

εκστρατευτικός adj expeditionary.

εκστρατεύω vi campaign, go to war.

εκσυγχρονίζω vt modernize, update.

εκσυγχρονισμός nm modernization.

εκσφενδονίζ·ω vt fling, hurl, launch, send flying || ~ομαι, (υγρά) spurt, spout.

έκτακτος adj extraordinary || special, extra || exceptional, rare.

εκτάριο nn hectare.

έκταση nf area, extent || stretch, land || μτφ. range || παίρνω ~, spread.

εκταφή nf exhumation.

εκτεθειμένος adj on view/show, displayed || exposed || μτφ. compromised.

εκτείνω vt stretch [out], extend || ~ομαι vi stretch, extend, (κείμενο) run.

εκτέλεση nf execution || performance.

εκτελεστής nm executioner || (διαθήκης) executor, administrator || performer.

εκτελεστικός adj executive.

εκτελεστός adj enforceable, executory.

εκτελώ vt execute || perform || accomplish, fulfil, do.

εκτελωνίζω vt clear [through the customs].

εκτελωνισμός nm clearance.

εκτελωνιστής nm customs broker.

εκτενής adj extensive, lengthy.

εκτεταμένος adj extensive.
εκτίμηση nf estimation, esteem, regard ||
valuation, assessment, appraisal.
εκτιμητής nm evaluator, assessor.
εκτιμώ vt esteem, look up to || appre-
ciate, value || assess, estimate.
εκτινάσσω ⇒ ΕΚΣΦΕΝΔΟΝΙΖΩ
εκτίναξη nf fling, spurt.
εκτίω ποινή, serve time, do a term.
εκτονών-ω vt (βόμβα) defuse || unbend
|| ~ομαι, relax, ease off.
εκτόνωση nf relaxation.
εκτόξευση nf launch[ing], hurling.
εκτοξεύω vt launch, hurl, pelt.
εκτοπίζω vt displace || supplant, super-
sede || dislodge || exile, banish.
εκτόπιση nf displacement || substitution
|| dislodgement || banishment, exile.
εκτόπισμα nn displacement, draw.
εκτοπισμένος nm deportee, exiled.
έκτος adj sixth.
εκτός prep out of || except, but || except
for, apart from ◉ adv out, outside,
without.
έκτοτε adv [ever] since.
εκτραχηλίζομαι vi run riot/wild.
εκτράχυνση nf aggravation, worsening.
εκτραχύνομαι vi be aggravated/embit-
tered, grow worse/acrimonious.
εκτρέπ-ω vt divert || ~ομαι, deviate/
depart from.
εκτρέφω vt breed, raise.
εκτροπή nf diversion, deviation.
έκτροπα nn pl outrages, rioting.
εκτροχιάζ-ω vt derail || ~ομαι, be de-
railed, jump the rails, μτφ. run riot.
εκτροχιασμός nm derailment, misconduct.
έκτρωμα nn abortion, freak, monstrosity.
εκτρωματικός adj freakish, monstrous.
έκτρωση nf abortion.
εκτυπώνω vt print.
εκτύπωση nf printing, impression.
εκτυφλωτικός adj blinding, dazzling.
εκφοβίζω vt intimidate, scare.
εκφοβισμός nm intimidation.
εκφοβιστικός adj intimidating.
εκφόρτωση nf unloading.
εκφορτωτής nm porter, stevedore.
εκφράζω vt express, voice.
έκφραση nf expression.
εκφραστικός adj expressive.
εκφραστικότητα nf expressiveness.
εκφυλίζω vt degenerate, decay.
εκφυλισμός nm degeneration.
εκφυλιστικός adj degenerative.
έκφυλος adj, nm degenerate.
εκφώνηση nf roll-call || announcement
|| (λόγου) delivery.
εκφωνητής nm announcer || (ραδιοφ.)
newsreader, (τηλεόρ.) newscaster.

εκφωνώ vt announce || (ονόματα) call
over || (λόγο) deliver.
εκχέρσωσή nf (γης) reclamation.
εκχιονιστήρας nm snow-plough.
εκχριστιανίζω vt christianize.
εκχυδαΐζω vt vulgarize.
εκχύλισμα nn extract.
εκχύμωση nf ιατρ. bruise.
εκχώρηση nf transfer || concession.
εκχωρητής nm grantor, assignor.
εκχωρώ vt assign, make over, cede.
εκών-άκων adv willy-nilly.
έλα, come [on/along]!
ελαιογραφία nf oil painting.
ελαιόλαδο nn olive oil.
ελαιουργείο nn oil-mill.
ελαιουργία nf oil-industry.
ελαιώνας nm olive grove.
έλασμα nn lamina, sheet, plate.
ελάσσων adj less[er] || (μους.) minor.
ελαστικό nn rubber || αυτοκ. tyre.
ελαστικός adj elastic || compliant.
ελαστικότητα nf elasticity || compliance.
ελατήριο nn spring || (εμβόλου) ring ||
μτφ. motive, cause.
ελάτι nn (και nm έλατος) fir, spruce.
ελάττωμα nn fault, failing, shortcoming
|| defect, flaw.
ελαττωματικός adj faulty, defective.
ελαττών-ω vt diminish, decrease, reduce
|| alleviate || ~ομαι, run low, fall/drop
off, decline, lessen.
ελάττωση nf decrease, reduction, dim-
inution, cutback || alleviation.
ελάφι nn deer, (κρέας) venison.
ελαφίνα nf doe.
ελαφροκοιμάμαι vi sleep lightly.
ελαφρόμυαλος adj frivolous, feather-
brained, scatter-brained.
ελαφρόπετρα nf pumice [stone].
ελαφρός adj light || gentle, faint || mild,
weak || slight, trivial, frivolous.
ελαφρότητα nf lightness, gentleness ||
frivolity, flippancy, levity.
ελάφρυνση nf lightening, relief.
ελαφρυντικά nn pl extenuating circum-
stances.
ελαφρυντικός adj lightening || extenu-
ating, mitigating.
ελαφρύνω (και ελαφρώνω) vt lighten ||
mitigate, extenuate || relieve, alleviate.
ελαχιστοποιώ vt minimize.
ελάχιστος adj minimal, minimum || least
|| slightest, faintest.
Ελβετία nf Switzerland.
Ελβετός nm Swiss.
ελεγεία nf elegy.
ελεγειακός adj elegiac, sad.
ελεγκτής nm controller, inspector, (φο-
ρολ.) assessor, (λογιστ.) auditor, (τεχν.)

regulator, control.

έλεγχος *nm* control ‖ examination, inspection, check[ing] ‖ test[ing], *(σχολ.)* report, *(λογιστ.)* audit, *(κοινοβ.)* question.

ελέγχω *vt* control, check, examine, test, tick off ‖ criticize, censure.

ελεεινολογώ *vt* deplore.

ελεεινός *adj* mean, vile ‖ deplorable, miserable ‖ wretched, shabby.

ελεημοσύνη *nf* charity, alms, handout.

ελεήμων *adj* charitable.

Ελένη *nf* Helen.

έλεος *nn* pity, mercy ‖ charity.

ελευθερία *nf* freedom, liberty.

ελευθεριάζω *vi* take liberties [with sb].

ελευθέριος *adj* liberal, learned ‖ loose.

ελευθεριότητα *nf* liberality ‖ looseness.

ελεύθερος *adj* free, at liberty ‖ available, vacant ‖ single ‖ loose.

ελευθερόστομος *adj* frank, outspoken ‖ loose-tongued.

ελευθεροτυπία *nf* freedom of the press.

ελευθερόφρ·ων *(και ~ονας) nm* freethinker.

ελευθερώνω *vt* free, set free/at liberty ‖ liberate, deliver ‖ release, let loose.

ελευθερωτής *nm* liberator, deliverer.

έλευση *nf* arrival, coming ‖ advent.

ελέφαντας *nm* elephant.

ελεφαντόδοντο *nn* tusk ‖ ivory.

ελεφαντοστούν *nn* ivory.

ελεώ *vt* give charity ‖ have mercy/pity on sb.

ελιά *n* olive ‖ olive-tree ‖ *(κρεατοελιά)* wart, beauty spot ‖ *(αδένας)* gland.

ελιγμός *nm* manœuvre ‖ evasion ‖ zigzag, twist.

έλικας *nm* screw, propeller ‖ helix ‖ coil ‖ tendril.

ελικοειδής *adj* winding ‖ spiral.

ελικόπτερο *nn* helicopter.

ελιξήριο *nn* elixir.

ελίσσομαι *vi* be flexible ‖ meander, wind/thread one's way ‖ coil.

ελίτ *nn* élite.

έλκηθρο *nn* sled, sledge, sleigh.

έλκος *nn* ulcer ‖ sore.

ελκυστήρας *nm* tractor.

ελκυστικός *adj* attractive, engaging.

ελκύω *vt* appeal, attract.

Ελλάδα *nf* Greece.

έλλειμμα *nn* deficit, shortage.

ελλειπτικός *adj* elliptical.

έλλειψη *nf* lack, shortage, want, deficiency ‖ *pl* failings ‖ *από ~*, for want/lack of ‖ *έχω ~*, be out of.

Έλληνας *nm (και nf Ελληνίδα)* Greek.

ελληνικός *adj* Greek.

ελληνισμός *nm* Hellenism, the Greeks.

ελληνιστής *nm* Hellenist.

ελληνιστικός *adj* Hellenistic.

ελληνόφωνος *adj* Greek-speaking.

ελιμενίζω *vt* moor, bring into port.

ελλιπής *adj* insufficient.

έλξη *nf* pull, traction ‖ attraction, appeal, charm.

ελονοσία *nf* malaria.

έλος *nn* marsh, swamp, fen.

ελπίδα *nf* hope, expectation, anticipation ‖ prospect ‖ hopeful.

ελπιδοφόρος *adj* promising, hopeful.

ελπίζω *vt* hope [for], trust, anticipate.

ελώδης *adj* marshy, swampy ‖ *~ πυρετός*, malaria.

εμαγέ *adj* enamel.

εμάς *(και μας) pron* us.

εμείς *pron* we.

εμβαδόν *nn* area.

εμβάζω *vt* remit.

εμβαθύνω *vi* go into deeply, fathom.

εμβαλωματικός *adj* patchwork.

έμβασμα *nn* remittance, transfer.

εμβατήριο *nn* μουσ. march.

εμβέλεια *nf* range.

έμβιος *adj* living.

έμβλημα *nn* emblem, badge, symbol ‖ coat of arms, insignia ‖ *(ρητό)* motto.

εμβολιάζω *vt* vaccinate, inoculate ‖ graft.

εμβολιασμός *nm* vaccination ‖ grafting.

εμβόλιο *nn* vaccine.

έμβολο *nn* piston ‖ ram.

εμβρίθεια *nf* profundity.

εμβριθής *adj* profound.

έμβρυο *nn* embryo, foetus.

εμβρυώδης *adj* embryonic, seminal.

εμένα *(και μένα) pron* me.

εμετικό *nn* emetic.

εμετικός *adj* nauseating, disgusting.

εμετός *nm* vomit, sickness.

εμιγκρές *nm* emigré, expatriate.

εμιράτο *nn* emirate.

εμίρης *nm* emir.

εμμένω *vi* persist in, persevere, stand firm in, stick to, hold to.

έμμεσος *adj* indirect, oblique.

έμμετρος *adj* verse.

έμμηνα *nn pl* menses, period.

εμμηνόπαυση *nf* menopause.

εμμηνόρροια *nf* menstruation.

έμμισθος *adj* salaried, paid.

εμμονή *nf* persistence, perseverance.

έμμονος *adj* obsessive, fixed ‖ persistent.

έμορφος, κλπ ⇒ ΟΜΟΡΦΟΣ

έμπα *nn* entrance, mouth ‖ beginning ▣ *imper* come/go in!

εμπάθεια *nf* malice, animosity.

εμπαθής *adj* malicious.

εμπαιγμός *nm* travesty ‖ mockery, sneer.

εμπαίζω *vt* laugh at, make fun of, sneer at ‖ fool, delude.

εμπεδώνω *vt* consolidate.

εμπέδωση *nf* consolidation.

εμπειρία *nf* experience.

εμπειρικός *adj* empirical.

εμπειρογνώμονας *nm* expert, specialist.

έμπειρος *adj* experienced, skilled.

εμπεριστατωμένος *adj* thorough, detailed.

εμπιστεύομαι *vt* trust, entrust, confide.

εμπιστευτικός *adj* confidential.

έμπιστος *nm* confidant ▣ *adj* trustworthy, trusty.

εμπιστοσύνη *nf* confidence, trust.

έμπλαστρο *nn* plaster.

εμπλοκή *nf* hitch, snag, entanglement.

εμπλουτίζω *vt* enrich.

έμπνευση *nf* inspiration ‖ brainwave, idea.

εμπνευσμένος *adj* inspired.

εμπνέω *vt* inspire ‖ command, cause ‖ fill.

εμποδίζω *vt* prevent, keep, stop ‖ hinder, hamper, trammel, impede.

εμπόδιο *nn* obstacle, impediment, hindrance, stumbling-block ‖ *αθλ*. hurdle.

εμπόλεμος *nm, adj* belligerent.

εμπόρευμα *nn* commodity, article ‖ *pl* goods, merchandise.

εμπορευματοποίηση *nf* commercialization.

εμπορεύομαι *vti* trade in, deal in ‖ commercialize, *υποτιμ.* prostitute.

εμπορευόμενος *nm* tradesman.

εμπορεύσιμος *adj* marketable.

εμπορία *nf* trading, *(για ναρκωτικά)* trafficking.

εμπορικό *nn* store, drapery shop.

εμπορικός *adj* business, commercial, mercantile, merchant, shopping.

εμπόριο *nn* trade, commerce, business, *(παράνομο)* trafficking.

εμποροπανήγυρη *nf* trade fair.

έμπορος *nm* merchant, trader.

εμποροϋπάλληλος *nm* shop-assistant.

εμπρησμός *nm* arson.

εμπρηστής *nm* arsonist ‖ *μτφ.* firebrand.

εμπρηστικός *adj* fire, incendiary ‖ *μτφ.* inflammatory.

εμπριμέ *nn* print.

εμπρόθεσμος *adj* in due time.

εμπρός *(και μπροστά) adv* forward, before, in front ‖ ago, before ‖ compared, beside ‖ *βάζω* ~, start, set sth going.

εμπροσθοφυλακή *nf* vanguard.

έμπυο *nn* pus, matter.

εμπύρετος *adj* feverish.

εμφανής *adj* obvious, manifest, apparent ‖ visible, clear.

εμφανίζομαι *vi* appear, turn up, show up ‖ emerge, come into view, bob/crop/spring up.

εμφανίζω *vt* reveal, show, produce ‖ *(φιλμ)* develop.

εμφάνιση *nf* appearance, presentation ‖ apparition ‖ aspect, looks, get-up ‖ *(φιλμ)* development.

εμφανίσιμος *adj* presentable.

έμφαση *nf* stress, emphasis.

εμφατικός *adj* emphatic.

εμφιαλώνω *vt* bottle.

έμφραγμα *nn* heart attack.

έμφραξη *nt* obstruction ‖ *ιατρ.* filling, stopping.

εμφύλιος *adj* civil.

εμφυσώ *vt* infuse, instil.

έμφυτος *adj* inborn, inherent.

έμψυχος *adj* living, animate.

εμψυχώνω *vt* encourage, animate, cheer up, put new life into.

εν *prep* *λόγ.* in, at.

εναγκαλισμός *nm* hug, embrace.

εναγόμενος *nm* *νομ.* defendant.

ενάγω *vt* *νομ.* sue, bring action.

ενάγων *nm* plaintiff.

εναγώνιος *adj* anguished.

εναέριος *adj* air, aerial.

εναλλαγή *nf* interchange, alternation.

εναλλακτικός *adj* alternate.

εναλλάξ *adv* in turn, alternatively.

εναλλασσόμενος *adj* alternating.

εναλλάσσω *vt* interchange, alternate, rotate ‖ ~ομαι, take turns at.

ενάμισι *adj* one and a half.

έναντι *adv* opposite, across, on the other side ‖ against ‖ beside, compared to.

ενάντια *adv* against, versus, contrary to.

εναντίον *nn* contrary ▣ *adv, prep* against, versus, contrary to.

ενάντιος *adj* contrary, adverse, opposed ‖ unfavourable.

εναντιότητα *nf* adversity.

εναντιώνομαι *vt* oppose, be opposed to, be/go against, object to.

εναντίωση *nf* opposition, objection.

εναποθέτω *vt* deposit ‖ entrust.

εναποθηκεύω *vt* store up, warehouse.

εναπόκειται *v impers* it is up to, it rests with.

ενάργεια *nf* vividness, lucidity.

ενάρετος *adj* virtuous.

εναρκτήριος *adj* inaugural, opening.

εναρμονίζω *vt* harmonize, be in keeping/tune/harmony with.

εναρμόνιση *nf* harmonization.

έναρξη *nf* beginning, opening, start.

ένας *(μία, ένα) adj* one ▣ *indef art* a, an.

ενάσκηση *nf* exercise.

έναστρος adj starry, starlit.
ενασχόληση nf activity, occupation, pastime, hobby.
ενατένιση nf stare, gazing.
ένατος adj ninth.
έναυσμα nn μτφ. spark.
ενδεδειγμένος adj advisable || fit.
ένδεια nf want, destitution, poverty.
ενδείκνυται v impers it is advisable.
ενδεικτικό nn school certificate.
ενδεικτικός adj indicative || symptomatic, a sign of || characteristic, typical.
ένδειξη nf indication, sign, clue || mark, token || (σε όργανο) reading.
ένδεκα adj eleven.
ενδέκατος adj eleventh.
ενδέχεται v impers may, it is possible/likely.
ενδεχόμενο nn eventuality, contingency, emergency, possibility.
ενδεχόμενος adj eventual, potential, possible.
ενδημικός adj endemic.
ενδιάμεσος adj intemediary, interim 🔳 nm go-between, middleman.
ενδιαφέρομαι vi take an interest in, be interested in, care for/about.
ενδιαφερόμενος adj, nm interested, concerned.
ενδιαφέρον nm interest, attention || care, concern.
ενδιαφέρω vti interest, mind, matter, concern, care.
ενδιαφέρων adj interesting.
ενδίδω vt give in/way, yield.
ένδικος adj judicial, legal.
ενδοδερμικός adj hypodermic.
ενδοιασμός nm scruple, qualm, compunction || hesitation, demur.
ενδομυϊκός adj intramuscular.
ενδόμυχος adj innermost, inward.
ενδομύχως adv inwardly.
ένδοξος adj glorious, famous.
ενδοσκόπηση nf introspection, ιατρ. endoscopy.
ενδοστρέφεια nf introversion.
ενδοστρεφής adj introversive, introverted 🔳 nm introvert.
ενδότατος adj innermost.
ενδοτικός adj compliant || concessive.
ενδοτικότητα nf compliance.
ενδοφλέβιος adj intravenous.
ενδοχώρα nf hinterland, up-country.
ένδυμα nn dress, garment, article of clothing || pl clothes, wear.
ενδυμασία nf dress, costume.
ενδυματολόγος nm dress designer.
ενέδρα nf ambush.
ενεδρεύω vt ambush, waylay, lurk.
ένεκα adv because of, owing to.

ενενηκοστός adj ninetieth.
ενενήντα adj ninety.
ενέργεια nf μηχ., φυσ. energy, power || (πράξη) act, step, action, activity, pl doings || (επενέργεια) effect || (εντέρων) movement.
ενεργητικό nn assets, μτφ. credit.
ενεργητικότητα nf energy, push, drive.
ενεργοποιώ vt activate, call into action.
ενεργός adj active, effective.
ενεργούμενο nn pawn, puppet, cat's-paw.
ενεργώ vt act, take action/steps, make a move || effect, work.
ένεση nf injection, shot.
ενεστώτας nm present tense.
ενέχομαι vi be implicated/involved.
ενεχυριάζω vt pawn, pledge.
ενέχυρο nn pawn.
ενεχυροδανειστήριο nn pawnshop.
ενεχυροδανειστής nm pawnbroker.
ένζυμο nn enzyme.
ενηλικιότητα nf majority.
ενηλικιώνομαι vi come of age.
ενηλικίωση nf coming of age.
ενήλικος nm adult, grown-up.
ενήμερος adj aware, informed.
ενημερωμένος adj informed, up to date.
ενημερώνω vt inform, acquaint, put up to, brief, bring up to date.
ενημέρωση nf information, updating.
ενημερωτικός adj informative.
ενθάδε κείται, φρ. here lies.
ενθάρρυνση nf encouragement.
ενθαρρυντικός adj encouraging, cheering, heartening || stimulating.
ενθαρρύνω vt encourage, hearten, cheer up, buck up.
ένθερμος adj fervent, ardent.
ένθετο nn inset.
ενθουσιάζ·ω vt fill with enthusiasm || ~ομαι vi be enthusiastic over, fall for.
ενθουσιασμός nm enthusiasm, zest.
ενθουσιώδης adj enthusiastic, rousing.
ενθρονίζ·ω vt enthrone, put on the throne || ~ομαι vi come to/ascend the throne.
ενθρόνιση nf enthronement.
ενθυμήματα nn pl memorabilia.
ενθύμιο nn keepsake, souvenir, memento, remembrance.
ενθύμιση nf remembrance, reminder.
ενιαίος adj united, unified || uniform, flat.
ενικός nm singular.
ενίοτε adv occasionally.
ενίσταμαι vi object.
ενίσχυση nf (ηθική) encouragement, boost || (οικονομική) assistance, aid || (υποστήριξη) support, backing, propping || στρατ. reinforcement || ηλεκτρ.

amplification.

ενισχυτής nm supporter || μηχ. amplifier.

ενισχυτικός adj reinforcing.

ενισχύω vt (ηθικά) buck up, boost || (οικονομικά) help, assist, aid || (υποστηρίζω) support, back, prop, corroborate || στρατ. reinforce || τεχν. amplify.

εννέα adj nine.

εννεαπλάσιος adj ninefold.

εννιά adj nine.

εννιακόσια adj nine hundred.

έννοια nf meaning, sense || notion, idea || construction, interpretation || significance || ⇒ ΕΓΝΟΙΑ

εννοιολογικός adj semantic.

έννομος adj legitimate || η ~ τάξη, law and order.

εννοώ vt mean, signify || understand || εννοείται! of course!

ενοικιάζω vt let out, hire out, ΗΠΑ rent out || rent, hire, lease || farm out.

ενοικιαστής nm tenant.

ενοίκιο nn rent.

ένοικος nm tenant || inmate.

ένοπλος adj armed.

ενοποίηση nf unification, integration.

ενοποιώ vt unify, integrate.

ενόραση nf vision, intuition.

ενόργανος adj organic || instrumental.

ενορία nf parish.

ενορίτης nm parishioner.

ένορκος nm juror, pl jury ◙ adj sworn, on/under oath.

ενορχηστρώνω vt orchestrate.

ενότητα nf unity, cohesion.

ενοχή nf guilt || νομ. contract.

ενοχικός adj contractual.

ενόχλημα nn trouble, complaint.

ενόχληση nf annoyance, nuisance, inconvenience, bother, vexation.

ενοχλητικός adj annoying, troublesome, bothersome, vexatious, offensive.

ενοχλώ vt annoy, trouble, bother, inconvenience, disturb.

ενοχοποίηση nf incrimination.

ενοχοποιητικός adj incriminating, compromising.

ενοχοποιώ vt incriminate, implicate.

ένοχος adj guilty.

ενσαρκώνω vt incarnate, personify.

ενσάρκωση nf incarnation, personification, embodiment.

ένσημο nn stamp.

ενσκήπτω vt swoop down on, burst in.

ενσπείρω vt sow, spread, raise.

ενσταλάζω vt instil, infuse, inculcate.

ενσταντανέ nn snapshot.

ένσταση nf νομ. objection, exception.

ενστερνίζομαι vt μτφ. embrace, espouse, adopt.

ένστικτο nn instinct, urge.

ενστικτώδης adj instinctive, impulsive.

ενσυνείδητος adj conscious.

ενσωματώνω nf embody, incorporate.

ενσωμάτωση nf incorporation.

ένταλμα nn χρημ. order, voucher || δικαστ. writ, warrant.

εντάξει adv all right! O.K.

ένταξη nf accession.

ένταση nf intensity, heightening || tension || strain, stress || (ήχου) volume, (φωνής) pitch, (ανέμου) force, (προσπάθειας) strenuousness.

εντατικός adj intensive, crash.

ενταφιάζω vt bury, inter.

ενταφιασμός nm interment, burial.

εντείνω vt intensify, strain.

έντεκα adj eleven.

εντέλεια nf perfection.

εντελώς adv quite, entirely, completely, thoroughly, perfectly.

εντερικός adj intestinal.

έντερο nn intestine, pl bowels.

εντεύθεν adv hence.

εντευκτήριο nn parlour, lounge || club, meeting-place.

έντεχνος adj artistic, skilful.

έντιμος adj honest, honourable.

εντιμότητα nf honesty.

εντοιχίζω vt wall up/in.

έντοκος adj interest-bearing, at interest.

εντολέας nm principal, assignor.

εντολή nf commandment || command, order, commision || mandate || instruction.

εντολοδότης nm principal || client.

εντολοδόχος nm agent, assignee.

έντομο nn insect.

εντομοκτόνο nn insecticide.

εντομολόγος nm entomologist.

έντονος adj intense, acute, keen, sharp, profound, pronounced, strong.

εντοπίζω vt localize || locate, detect, track down || centre, settle.

εντός prep, adv inside, in, within.

εντόσθια nn pl entrails, innards, offal.

εντριβή nf rub, massage || liniment.

έντρομος adj scared, frightened.

εντρυφώ vi indulge.

έντυπο nn form || periodical || printed matter.

έντυπος adj printed.

εντυπώνω vt imprint, impress, stamp.

εντύπωση nf impression || sensation.

εντυπωσιάζω vt impress, make an impression on.

εντυπωσιακός adj impressive, arresting, striking, startling, sensational.

ενυδρείο nn aquarium.

ενυδρίδα nf otter.

ενυπόγραφος *adj* signed.
ενυπόθηκος *adj* mortgaged, [on] mortgage.
ενώ *conj* while ‖ since ‖ so long as.
ενωμένος *adj* united.
ενωμοτάρχης *nm* [police-]sergeant.
ενώνω *vt* unite ‖ join, combine.
ενώπιον *adv* before, in front of.
ενωρίς *adv* early.
ένωση *nf* union ‖ joining, connection, combination ‖ association, society.
ενωτικό *nn* hyphen.
ενωτικός *adj* joining, uniting, connecting.
εξ *prep* ⇒ ΕΚ
εξαγγελία *nf* announcement.
εξαγγέλλω *vt* announce.
εξαγνίζω *vt* purify, chasten.
εξαγνισμός *nm* purification, expiation.
εξαγόμενο *nn* μαθ. product, result.
εξαγορά *nf* bribery ‖ buying off/out ‖ (εγκλήματος) atonement, expiation.
εξαγοράζω *vt* bribe, buy off ‖ (μερίδιο) buy out ‖ (δούλο) ransom, redeem ‖ (έγκλημα) expiate, atone for.
εξαγριών·ω *vt* infuriate, anger ‖ ~ομαι, see red, blow one's top.
εξάγω *vt* εμπορ. export ‖ (βγάζω) extract, pull/get/take out, extricate ‖ (συμπεραίνω) infer, conclude.
εξαγωγέας *nm* exporter ‖ extractor.
εξαγωγή *nf* export[ation] ‖ extraction, extrication ‖ τεχν. exhaust.
εξαγωγικός *adj* export.
εξάγωνο *nn* hexagon.
εξαδέλφη *nf* cousin.
εξάδελφος *nm* cousin.
εξαερίζω *vt* air, ventilate.
εξαερισμός *nn* airing, ventilation.
εξαεριστήρας *nm* ventilator ‖ vent-pipe, vent-hole, air-duct.
εξαερώνω *vt* take the air out ‖ vaporize.
εξαέρωση *nf* vaporization, gasification.
εξαετία *nf* six-year period.
εξαήμερος *adj* six-day.
εξαθλιωμένος *adj* shabby, wretched.
εξαθλιώνω *vt* reduce to poverty ‖ degrade.
εξαθλίωση *nf* poverty ‖ degradation.
εξαίρεση *nf* exception ‖ exemption.
εξαιρετικός *adj* exceptional, extraordinary, singular ‖ excellent, first-class ‖ extreme, excessive.
εξαίρετος *adj* excellent, distinguished.
εξαίρω *vt* praise ‖ stress.
εξαιρώ *vt* except, exclude, leave out ‖ exempt ‖ (ένορκο) challenge.
εξαιτίας *prep* because of, on account of.
εξακολούθηση *nf* continuation, prolongation, pursuance, persistence.
εξακολουθητικός *adj* continuous, sustained, persistent.
εξακολουθώ *vi* continue, keep/go on ‖ keep up, sustain ‖ pursue ‖ persist.
εξακοντίζω ⇒ ΕΚΣΦΕΝΔΟΝΙΖΩ
εξακόσια *adj* six hundred.
εξακριβώνω *vt* ascertain, find out.
εξακρίβωση *nf* ascertainment, verification.
εξακύλινδρος *adj* six-cylinder.
εξαλείφω *vt* efface, obliterate, wipe out /off, remove, wear off/away.
εξάλειψη *nf* effacement, obliteration, wiping out ‖ (υποθήκης) redemption.
έξαλλος *adj* frantic, wild, mad.
εξάλλου *adv* besides, moreover, in addition, on the other hand.
εξάμβλωμα *nn* abortion ‖ monstrosity.
εξαμβλωματικός *adj* freakish, monstrous.
εξαμελής *adj* six-member.
εξαμερικανίζω *vt* Americanize.
εξαμηνιαίος *adj* half-yearly.
εξάμηνο *nn* semester, half a year.
εξαναγκάζω *vt* force, compel, oblige.
εξαναγκασμός *nm* constraint, compulsion.
εξαναγκαστικός *adj* compulsory.
εξανδραποδίζω *vt* enslave.
εξανεμίζ·ω *vt* squander ‖ ~ομαι *vi* be wasted, go up in smoke.
εξάνθημα *nn* rash.
εξάντας *nm* sextant.
εξάντληση *nf* exhaustion.
εξαντλητικός *adj* exhausting ‖ exhaustive.
εξαντλ·ώ *vt* exhaust, use up ‖ ~ούμαι, be exhausted, be worn out, run out, sell/go out.
εξάπαντος *adv* without fail.
εξαπάτηση *nf* deceit, deception.
εξαπατώ *vt* deceive, delude, cheat, swindle, fool.
εξαπίνης *adv* unawares.
εξαπλασιάζω *vt* multiply by six.
εξαπλάσιος *adj* sixfold.
εξάπλευρος *adj* six-sided.
εξαπλώνω *vt* spread.
εξάπλωση *nf* spreading, proliferation.
εξαποδώ *nm* the Devil.
εξαπόλυση *nf* launching.
εξαπολύω *vt* launch, mount ‖ hurl ‖ unleash, let loose.
εξαποστέλλω *vt* dispatch, send/bundle/pack off ‖ get rid of, send packing.
εξάπτω *vt* excite, rouse, kindle.
εξαργυρώνω *vt* cash, realize.
εξαρθρώνω *vt* sprain, twist, dislocate ‖ μτφ. disrupt, break up, disorganise.
εξάρθρωση *nf* sprain ‖ disruption.
έξαρση *nf* exaltation, euphoria.
εξάρτημα *nn* part, component, fixture, fitting ‖ μτφ. appendage.
εξάρτηση *nf* dependence.

εξάρτιση *nf* gear, rigging.

εξάρτυση *nf* kit.

εξαρτ·ώ *vti* make dependent ‖ ~ώμαι, depend on, turn on, be based on.

εξαρχής *adv* from the beginning/outset.

εξασθένιση *nf* weakening.

εξασθενώ *vti* weaken ‖ abate.

εξάσκηση *nf* practice, drill.

εξασκ·ώ *vt* exercise, train, school ‖ practise, profess ‖ exert ‖ ~ούμαι, practise, exercise.

εξασφαλίζω *vt* secure, ensure.

εξασφάλιση *nf* securing.

εξασφαλισμένος *adj* secure.

εξατμίζω *vti* evaporate.

εξάτμιση *nf* evaporation ‖ αυτοκ. exhaust [pipe].

εξατομικεύω *vt* individualize.

εξαφανίζ·ω *vt* hide ‖ destroy, suppress ‖ ~ομαι, disappear, vanish.

εξαφάνιση *nf* disappearance.

έξαφνα *adv* suddenly, all at once.

εξαχρειωμένος *adj* depraved.

εξαχρειώνω *vt* corrupt, deprave.

εξαχρείωση *nf* corruption, depravity.

εξάψαλμος *nm* μτφ. tirade.

έξαψη *nf* excitement, heat.

εξάωρος *adj* six-hour.

εξαώροφος *adj* six-storeyed.

εξεγείρ·ω *vt* rouse, incite ‖ ~ομαι, rise up, rebel, revolt.

εξέγερση *nf* rising, uprising, revolt, insurrection.

εξέδρα *nf* stand, grandstand, bandstand, podium, launching-pad.

εξεζητημένος *adj* affected, recherché, stilted.

εξελιγμένος *adj* modern, civilized.

εξελικτικός *adj* evolutionary.

εξέλιξη *nf* development, progress, evolution.

εξελίσσ·ω *vt* develop ‖ ~ομαι, develop, evolve, grow to be ‖ shape, go/pass off, turn out.

εξεπίτηδες *adv* intentionally, on purpose.

εξερεθίζω *vt* incense, vex, irritate.

εξερεύνηση *nf* exploration.

εξερευνητής *nm* explorer.

εξερευνώ *vt* explore.

εξέρχομαι *vi* go/come out.

εξετάζω *vt* examine, question, interrogate ‖ look into, check ‖ scrutinize, probe.

εξέταση *nf* examination, test ‖ inquiry, questioning ‖ scrutiny, checking.

εξεταστής *nm* examiner.

εξεταστικός *adj* examining, searching.

εξέταστρα *nn pl* examination fees.

εξευγενίζω *vt* ennoble, uplift.

εξευμενίζω *vt* mollify, placate.

εξεύρεση *nf* finding out, discovery.

εξευρωπαΐζω *vt* westernize.

εξευτελίζω *vt* humiliate, cheapen ‖ dishonour ‖ degrade, debase.

εξευτελισμός *nm* humiliation, dishonour.

εξευτελιστικός *adj* humiliating, degrading ‖ (τιμή) knockdown ‖ (μισθός) minimal.

εξέχω *vi* stick/stand/jut out, project, protrude.

εξέχων *adj* prominent, eminent.

έξη *nf* habit.

εξήγηση *nf* explanation, interpretation.

εξηγώ *vt* explain, account for.

εξηκοστός *adj* sixtieth.

εξηλεκτρισμός *nm* electrification.

εξηλεκτρίζω *vt* electrify.

εξημερώνω *vt* tame, domesticate.

εξημμένος *adj* hot-headed.

εξήντα *adj* sixty.

εξηνταβελόνης *nm* miser.

εξής *adj* following ‖ ως ~, as follows.

έξι *adj* six.

εξιδανίκευση *nf* idealization.

εξιδανικεύω *vt* idealize.

εξίδρωση *nf* perspiration.

εξιλασμός *nm* expiation.

εξιλαστήριος *adj* expiatory.

εξιλεών·ω *vt* propitiate ‖ ~ομαι, expiate/atone for.

εξιλέωση *nf* expiation.

εξιλεωτικός *adj* expiatory.

εξισλαμισμός *nm* Islamization.

εξισορρόπηση *nf* balance.

εξισορροπητής *nm* equalizer.

εξισορροπώ *vt* counterbalance, equalize.

εξίσου *adv* equally.

εξιστόρηση *nf* narration.

εξιστορώ *vt* narrate, recount.

εξισώνω *vt* equate, level.

εξίσωση *nf* equation.

εξιτήριο *nn* discharge note.

εξιχνιάζω *vt* track down, trace back, probe, solve, get to the bottom of.

εξιχνίαση *nf* solution.

εξοβελίζω *vt* eliminate, remove.

εξοβελισμός *nm* elimination.

εξόγκωμα *nn* bulge, swelling.

εξογκώνω *vt* bulge, swell, inflate ‖ μτφ. puff up/out.

εξόγκωση *nf* inflation, swelling.

έξοδο *nn* expense, cost, expenditure.

έξοδος *nf* going out, exit, way out, issue ‖ (πλήθος) exodus, (πύλη) gate, τεχν. outlet.

εξοικειών·ω *vt* accustom to, familiarize with ‖ ~ομαι, get used/accustomed to.

εξοικείωση *nf* familiarity, familiarization.

εξοικονόμηση *nf* saving ‖ accommodation.

εξοικονομώ vt save [up], economize ‖ help, give ‖ find, scrape together.

εξοκέλλω vt run aground.

εξολόθρευση nf extermination.

εξολοθρεύω vt exterminate.

εξομάλυνση nf smoothing out, regularization.

εξομαλύνω vt smooth out/away.

εξομοιώνω vt equate, class.

εξομοίωση nf equation.

εξομολόγηση nf confession ‖ declaration.

εξομολογητήριο nn confessional.

εξομολογητής nm confessor.

εξομολογ·ώ vt confess ‖ ~ούμαι vi admit, own, (έρωτα) declare oneself.

εξόν adv except [for], besides ‖ ~ κι αν, unless.

εξοντώνω vt exterminate, kill.

εξόντωση nf extermination.

εξοντωτικός adj destructive, murderous, cut-throat, virulent.

εξονυχίζω vt probe, scrutinize.

εξονυχιστικός adj close, thorough.

εξοπλίζω vt arm ‖ supply, equip.

εξοπλισμός nm armament, arms ‖ equipment, gear, (πλοίου) rigging.

εξοργίζω vt anger, incense.

εξοργιστικός adj exasperating.

εξορία nf exile, banishment.

εξορίζω vt exile, banish.

εξόριστος nm exile ▣ adj exiled.

εξορκίζω vt exorcize ‖ exhort.

εξορκισμός nm exorcism ‖ exhortation.

εξορκιστής nm exorcist.

εξόρμηση nf campaign ‖ sally, dash, rush.

εξορμώ vi launch a campaign ‖ dash, rush ‖ sally out.

εξόρυξη nf mining.

εξορύσσω vt mine.

εξοστρακίζω vt ostracize.

εξοστρακισμός nm ostracism.

εξουδετερώνω vt neutralize ‖ counteract ‖ eliminate, dispose of, overpower ‖ (βόμβα) defuse.

εξουδετέρωση nf neutralization ‖ counteraction ‖ elimination ‖ overpowering ‖ disposal.

εξουθενώνω vt exhaust ‖ overwhelm, overpower, annihilate, crush.

εξουθένωση nf exhaustion.

εξουθενωτικός adj overwhelming ‖ devastating.

εξουσία nf power, office, authority ‖ (κυριαρχία) sway, hold, rule.

εξουσιάζω vt dominate, rule.

εξουσιαστής nm master, ruler.

εξουσιοδότηση nf authorization, power of attorney, power[s].

εξουσιοδοτώ vt authorize, empower.

εξόφθαλμος adj obvious, self-evident.

εξόφληση nf payment, settlement, discharge.

εξοφλώ vt repay, settle, pay [up/off], (απόδειξη) receipt ‖ μτφ. discharge.

εξοχή nf country[side] ‖ κατ' ~ν, preeminently.

εξοχικός adj country, rural.

έξοχος adj excellent, exquisite, gorgeous, fantastic, superb.

εξοχότατος nm (τίτλος) Excellency.

έξπρές adj express.

εξπρεσιονισμός nm expressionism.

έξτρα adj, adv extra, additional.

εξτρεμισμός nm extremism.

εξτρεμιστής nm extremist.

εξτρεμιστικός adj extremist.

εξυβρίζω vt insult, abuse.

εξύβριση nf insult, abuse.

εξυβριστικός adj abusive, insulting.

εξυγιαίνω vt make healthy, restore.

εξυμνώ vt glorify, extol, laud.

εξυπακούεται v impers it is understood/implied/implicit.

εξυπακουόμενος adj implicit.

εξυπηρέτηση nf service, favour.

εξυπηρετικός adj helpful.

εξυπηρετώ vt serve, be of help, do a favour, attend to ‖ further, promote.

εξυπνάδα nf intelligence, cleverness ‖ witticism, wisecrack.

εξυπνάκιας nm smart aleck.

έξυπνος adj smart, clever, intelligent, quick[-witted].

εξυφαίνω vt hatch, engineer.

εξυψώνω vt elevate, uplift, raise.

εξύψωση nf uplift.

έξω nn, adj, adv out, outside ‖ abroad.

εξώγαμος adj illegitimate.

εξώδικος adj extrajudicial ‖ unofficial.

εξωδίκως adv out of court ‖ unofficially, informally.

εξώθυρα nf front-door, street-door.

εξωθώ vt drive, goad, impel, compel ‖ prompt, egg on, incite, instigate.

εξωκοινοβουλευτικός adj extraparliamentary.

εξωλέμβιος adj outboard.

εξώλης και προώλης, rotten through and through.

έξωμος adj low-necked, off-the-shoulder.

εξωμότης nm renegade.

εξώνω vt νομ. evict.

εξώπορτα nf gate, street-door.

εξωραΐζω vt smarten up ‖ μτφ. whitewash.

έξωση nf eviction ‖ (βασιλιά) dethroning.

εξώστης nm balcony, (θεάτρου) gallery.

εξωστρέφεια nf extroversion.

εξωστρεφής nm, adj extrovert.

εξωσυζυγικός adj extramarital.
εξωτερίκευση nf manifestation, expression.
εξωτερικεύω vt manifest, express, show, reveal.
εξωτερικό nn exterior, aspect, looks || abroad, overseas.
εξωτερικός adj foreign || out, outside, outer, external, exterior, outward.
εξωτικό nn fairy, elf, imp.
εξωτικός adj exotic.
εξωφρενικός adj unreasonable, absurd.
εξωφρενισμός nm absurdity.
έξω φρενών, beside oneself, wild.
εξώφυλλο nn cover.
εορτάζω vt celebrate, observe.
εορτή ⇒ ΓΙΟΡΤΗ
εορτολόγιο nn calendar of feasts.
επαγγελία nf promise.
επαγγέλλομαι vti promise || profess, practise || make oneself out.
επάγγελμα nn profession, trade.
επαγγελματίας nm tradesman, professional.
επαγγελματικός adj professional, occupational.
επαγγελματισμός nm professionalism.
επαγρύπνηση nf vigilance, alertness.
επαγρυπνώ vi be vigilant, watch over, be on the alert.
επάγω όρκο, νομ. put sb on his oath.
επαγωγή nf induction || inference.
επαγωγικός adj inductive.
έπαθλο nn prize, award, trophy.
επαινετικός adj appreciative, complimentary, flattering, favourable.
επαινετός adj commendable.
έπαινος nm praise.
επαινώ vt praise, commend.
επαίσχυντος adj disgraceful, shameful.
επαιτεία nf begging.
επαίτης nm beggar.
επαιτώ vt beg, go about begging.
επακόλουθο nn consequence, outcome.
επακόλουθος adj ensuing, consequent.
επακολουθώ vi follow, ensue.
επακριβώς adv precisely.
έπακρο nn στη φρ. στο ~, exceedingly.
επάκτιος adj coast[al].
επάλειψη nf coating || rubbing.
επαλήθευση nf verification.
επαληθεύ·ω vt verify, confirm, check [up] || ~ομαι, come true, be realized.
επάλληλος adj successive.
έπαλξη nf rampart || μτφ. bastion.
επαμφοτερίζω vi waver, vaccilate.
επαναβεβαιώνω vt reaffirm.
επαναβλέπω vt see again.
επανακτώ vt recover, regain.
επαναλαμβανόμενος adj repeated, recurring.

επαναλαμβάν·ω vt repeat || revise || resume || ~ομαι, recur.
επανάληψη nt resumption || repeat, repetition, reiteration, recurrence || (φιλμ) rerun || revision, review.
επαναπατρίζω vt repatriate.
επαναπατρισμός nm repatriation.
επαναπαύομαι vi rely, be content with.
επανάσταση nf revolution.
επαναστάτης nm revolutionary, rebel.
επαναστατικοποιώ vt revolutionize.
επαναστατικός adj revolutionary, rebellious.
επαναστατώ vi revolt, rebel.
επανασυνδέω vt resume, reconnect.
επαναφέρω vt bring back || restore, reinstate.
επανδρώνω vt man || staff.
επάνδρωση nf manning, staffing.
επανεκδίδω vt re-issue, republish.
επανέκδοση nf re-issue, republication.
επανεκλέγω vt re-elect.
επανεκλογή nf re-election.
επανεκτίμηση nf reappraisal.
επανεκτιμώ vt re-assess, reappraise.
επανεμφανίζομαι vi reappear.
επανεμφάνιση nf reappearance.
επανεξάγω vt re-export.
επανεξετάζω vt re-examine, reconsider.
επανεξέταση nf re-examination.
επανεξοπλίζω vt rearm.
επανεξοπλισμός nm rearmament.
επανέρχομαι vi return, go / come back || (θέμα) be brought back || recur, revert.
επανιδείν στη φρ. εις το ~, till we meet again.
επανιδρύω vt re-establish.
επάνοδος nf return.
επανορθώνω vt redress, retrieve, right || (αποζημιώνω) indemnify, make good / amends.
επανόρθωση nf redress, reparation.
επανορθωτικός adj remedial, correctional.
επάνω adv up, upstairs, above, over || at, against, on, upon || top || ~ που, just as.
επανωφόρι nn overcoat.
επαξίως adv worthily, on one's merits.
επάρατος adj accursed.
επάργυρος adj silver-plated.
επάρκεια nf sufficiency, adequacy.
επαρκής adj sufficient, adequate, enough.
επαρκώ vi be sufficient / enough || be adequate, be up to.
έπαρση nf hoisting || arrogance.
επαρχία nf province.
επαρχιακός adj provincial.
επαρχιώτης nm provincial.
έπαυλη nf cottage, villa.

επαυξάνω *vt* increase, add to || enlarge || enhance.

επαφή *nf* contact, touch.

επαχθής *adj* oppressive, burdensome.

επείγει *v impers* it's urgent.

επείγομαι *vi* be in a hurry.

επειγόντως *adv* urgently, in a hurry.

επείγων *adj* urgent.

επειδή *conj* because.

επεισοδιακός *adj* eventful.

επεισόδιο *nn* incident, episode, event, happening || scene, row || *pl* riots, clashes.

έπειτα *adv* then, next, afterwards || besides || ~ *από*, after.

επέκταση *nf* expansion, extension.

επεκτατικός *adj* expansionist.

επεκτατισμός *nm* expansionism.

επεκτείν·ω *vt* extend || ~ομαι, expand, spread, enlarge upon.

επέλαση *nf* charge.

επεμβαίνω *vi* intervene, interfere || (σε συζήτηση) butt in, break in on.

επέμβαση *nf* intervention, interference.

επεμβατισμός *nm* interventionism.

επένδυση *nf* coating, casing, lining || οικον. investment.

επενδυτής *nm* investor.

επενδύω *vt* οικον. invest || τεχν. coat, dress, line, plate.

επενέργεια *nf* action, effect.

επενεργώ *vi* act upon, react.

επεξεργάζομαι *vt* elaborate, work out || τεχν. process.

επεξεργασία *nf* elaboration, processing.

επεξηγηματικός *adj* explanatory.

επεξήγηση *nf* explanation.

επεξηγώ *vt* explain, clarify.

επέπρωτο *v impers* was to, was destined to.

επερχόμενος *adj* oncoming.

επερώτηση *nf* question, challenge.

έπεται *v. impers* it follows.

επέτειος *nf* anniversary.

επετηρίδα *nf* seniority, στρατ. list.

επευφημία *nf* cheer[ing], applause, ovation.

επευφημώ *vt* cheer, applaud, acclaim.

επήκοον στη *φρ.* εις ~, within earshot, in sb's hearing.

επηρεάζω *vt* affect, influence, weigh with sb, sway.

επήρεια *nf* influence, effect.

επηρμένος *adj* conceited.

επί *prep* on, upon, over, for || μαθ. by.

επίατρος *nm* surgeon-major.

επιβάλλομαι *vi* assert oneself, command respect, compel recognition.

επιβάλλω *vt* impose, [en]force, inflict, establish, press upon.

επιβάρυνση *nf* charge.

επιβαρυντικός *adj* aggravating.

επιβαρύνω *vt* aggravate || burden.

επιβάτης *nm* passenger.

επιβατικό *nn* passenger car.

επιβεβαιώνω *vt* confirm, corroborate, bear out.

επιβεβαίωση *nf* confirmation.

επιβεβλημένος *adj* imperative.

επιβήτορας *nm* stud, stallion.

επιβιβάζ·ω *vt* put aboard || ~ομαι, go aboard, board, embark.

επιβίβαση *nf* boarding, embarkation.

επιβιώνω *vi* survive, outlive.

επιβίωση *nf* survival.

επιβλαβής *adj* harmful.

επιβλέπω *vt* supervise, superintend, oversee || watch over, keep an eye on || (σ' εξετάσεις) invigilate.

επίβλεψη *nf* supervision, watch, invigilation.

επιβλητικός *adj* imposing.

επιβοηθώ *vt* succour.

επιβολή *nf* imposition || dominance.

επιβουλεύομαι *vt* scheme, have designs on || make an attempt on.

επιβουλή *nf* scheming, design[ing], conspiracy || attempt.

επίβουλος *adj* perfidious, insidious.

επιβράβευση *nf* reward, recompense.

επιβραβεύω *vt* reward, recompense.

επιβράδυνση *nf* slow-down, go-slow, retardation, delay.

επιβραδύνω *vt* slow down, go slow, retard, delay.

επιγαμία *nf* intermarriage.

επίγειος *adj* earthly, terrestrial.

επίγνωση *nf* awareness, consciousness.

επιγονατίδα *nf* knee-cap.

επίγονος *nm* descendant, *pl* posterity.

επίγραμμα *nn* epigram.

επιγραμματικός *adj* epigrammatic.

επιγραφή *nf* inscription || sign[post], signboard.

επιδαψιλεύω *vt* lavish, shower, bestow, be unsparing of.

επιδεικνύω *vt* display, demonstrate, exhibit, show [off].

επιδεικτικός *adj* showy, flashy.

επιδεινώνω *vt* aggravate, worsen, make worse, deteriorate.

επιδείνωση *nf* aggravation, deterioration.

επίδειξη *nf* exhibition, display, demonstration, show || ostentation, swank.

επιδειξίας *nm* show-off || ιατρ. exhibitionist.

επιδειξιμανία *nf* exhibitionism.

επιδείχνω ⇒ ΕΠΙΔΕΙΚΝΥΩ

επιδεκτικός *adj* susceptible.

επιδένω *vt* dress, bandage.

επιδέξιος adj skilful, deft.
επιδεξιότητα nf skill, deftness.
επιδερμίδα nf skin.
επίδεση nf dressing, bandaging.
επίδεσμος nm bandage.
επιδέχομαι vt allow/admit of, brook.
επιδημία nf epidemic.
επιδίδ-ω vt hand, give ‖ δικαστ. serve ‖ ~ομαι, go in for, take up, devote oneself to.
επιδικάζω vt adjudicate ‖ award.
επιδίκαση nf adjudication ‖ award.
επίδικος adj Λατ. sub judice ‖ at issue, in question.
επιδιορθώνω vt repair, mend, fix.
επιδιόρθωση nf repair, mend, fixing.
επιδιορθωτής nm repairer.
επιδιώκω vt be after, be getting at, aim at ‖ aspire, pursue.
επιδίωξη nf aim, pursuit, objective.
επιδοκιμάζω vt approve of ‖ cheer.
επιδοκιμασία nf approval ‖ applause, cheer[ing].
επιδοκιμαστικός adj approving.
επίδομα nn allowance, benefit.
επίδοξος adj would-be, aspiring.
επιδόρπιο nn dessert.
επίδοση nf record, performance ‖ δικαστ. service ‖ ταχυδρ. delivery ‖ διπλ. presentation.
επιδοτήριο nn writ of service.
επιδότηση nf subsidy, support.
επιδοτώ vt subsidize.
επίδραση nf influence, impact, effect.
επιδρομέας nm invader.
επιδρομή nf raid.
επιδρώ vt act on, influence, affect.
επιείκεια nf leniency, indulgence.
επιεικής adj lenient, indulgent.
επίζηλος adj enviable.
επιζήμιος adj detrimental, prejudicial.
επιζητώ vt seek, pursue.
επιζώ vi outlive, survive.
επίθεση nf attack, offensive ‖ aggression ‖ onslaught, assault.
επιθετικός adj offensive, aggressive.
επιθετικότητα nf aggressiveness.
επίθετο nn adjective ‖ surname.
επιθέτω vt apply, affix.
επιθεώρηση nf inspection ‖ survey ‖ (περιοδικό) review ‖ (θέατρο) revue.
επιθεωρητής nm inspector.
επιθεωρώ vt inspect, review, survey.
επιθυμητός adj desirable ‖ desired.
επιθυμία nf desire, wish ‖ longing.
επιθυμώ vt desire, want, wish.
επίκαιρα nn pl newsreel, newsfilm.
επίκαιρος adj timely, opportune ‖ suitable.
επικαλούμαι vt invoke, appeal to.

επικαρπία nf enjoyment ‖ νομ. usufruct.
επίκειμαι vi be imminent.
επικείμενος adj imminent.
επίκεντρο nn epicentre, focal point.
επικερδής adj profitable, lucrative.
επικεφαλής adv at the head.
επικεφαλίδα nf heading, headline.
επικήδειος adj funeral.
επικηρύσσω vt put a price on sb's head.
επικηρυγμένος nm outlaw.
επικίνδυνος adj dangerous.
επίκληση nf invocation, appeal.
επικλινής adj sloping, inclining.
επικοινωνία nf communication, communion.
επικοινωνώ vi communicate, commune, be in touch/contact with.
επικολλώ vt affix, stick on.
επικός adj epic.
επικούρειος adj epicurean.
επικουρικός adj auxiliary, subsidiary ‖ supplementary.
επικράτεια nf state, dominion.
επικρατέστερος adj prevalent, predominant.
επικράτηση nf prevalence, predominance ‖ win, victory.
επικρατώ vi prevail, be prevalent, predominate ‖ win, get the better of ‖ be.
επικρατών adj prevalent.
επικρεμάμενος adj overhanging, impending.
επικρίνω vt criticize ‖ blame.
επίκριση nf criticism, censure.
επικριτής nm critic.
επικριτικός adj critical, censorious.
επικροτώ vt approve, be all for, applaud.
επίκτητος adj acquired.
επικυριαρχία nf suzerainty.
επικυρίαρχος nm overlord.
επικυρώνω vt ratify, attest ‖ confirm.
επικύρωση nf ratification, attestation, sanction ‖ confirmation.
επιλαμβάνομαι vi take in hand, see to.
επιλαρχία nf squadron.
επίλαρχος nm cavalry major.
επιλαχών nm runner-up.
επιλεγόμενος adj nicknamed.
επιλέγω vt choose, select, pick.
επίλεκτος adj select, choice.
επιληπτικός nm, adj epileptic.
επιλήσμων adj forgetful.
επιληψία nf epilepsy.
επιλήψιμος adj reprehensible.
επιλογή nf selection, choice ‖ alternative, option.
επίλογος nm epilogue.
επιλοχίας nm sergeant major.
επίλυση nf settlement, solution.
επιλύω vt resolve, settle.
επίμαχος adj controversial ‖ disputed.

επιμειξία *nf* intermarriage || cross-breeding.

επιμέλεια *nf* custody || attention, application || industry, diligence.

επιμελημένος *adj* well-done, studied.

επιμελής *adj* hard-working, industrious, attentive, steady.

επιμελητεία *nf* στρατ. logistics.

επιμελητήριο *nn* chamber.

επιμελητής *nm* guardian || *(σχολ.)* monitor, prefect.

επιμελούμαι *vt* attend to, see to, look after, take care.

επίμεμπτος *adj* reproachable.

επιμένω *vi* insist on, persist in.

επιμερίζω *vt* apportion, allocate, distribute, share out.

επιμερισμός *nm* allocation.

επιμεριστικός *adj* distributive.

επίμετρο *nn* addendum, appendix || εις ~, in addition.

επιμήκης *adj* oblong.

επιμηκύνω *vt* elongate, lengthen.

επιμίσθιο *nn* bonus.

επιμνημόσυνος *adj* memorial.

επιμονή *nf* insistence, persistence.

επίμονος *adj* insistent, persistent, fixed || stubborn.

επιμόρφωση *nf* further education, training.

επίμοχθος *adj* laborious, arduous.

επιμύθιο *nn* moral.

επίνειο *nn* seaport, haven.

επινεφρίδια *nn pl* suprarenal glands.

επινίκια *nn pl* victory celebration.

επινίκιος *adj* victorious.

επινόηση *nf* device, contrivance || invention.

επινοητικός *adj* inventive, ingenious.

επινοητικότητα *nf* inventiveness.

επινοώ *vt* invent, devise, contrive, think up, fabricate.

επιορκία *nf* perjury.

επίορκος *nm* perjurer.

επιούσιος *nm* daily bread.

επίπεδο *nn* plane, level, standard.

επίπεδος *adj* level, flat, even.

επίπλαστος *adj* feigned, false, artificial.

επιπλέον *adv* in addition, besides, moreover ◘ *adj* additional, extra.

επιπλέω *vi* float, be afloat.

επίπληξη *nf* reprimand, rebuke.

επιπλήττω *vt* scold, reprimand, rebuke.

έπιπλο *nn* piece of furniture || *pl* furniture.

επιπλοκή *nf* complication.

επιπλοποιείο *nn* cabinet-maker's.

επιπλοποιός *nm* cabinet-maker.

επιπλοπωλείο *nn* furniture-shop.

επίπλωση *nf* furnishings, fittings, set of furniture, suite.

επιπόλαιος *adj* frivolous || superficial.

επιπολαιότητα *nf* frivolity || superficiality.

επίπονος *adj* laborious, hard, strenuous.

επιπρόσθετος *adj* additional, extra.

επίπτωση *nf* repercussion, effect.

επιρρεπής *adj* inclined, prone to.

επίρρημα *nn* adverb.

επιρρηματικός *adj* adverbial.

επιρροή *nf* influence, pull.

επισείω *vt* brandish || threaten.

επισημαίνω *vt* stress, underscore, point out, mark.

επισήμανση *nf* pointing out, stressing, marking.

επισημοποιώ *vt* make official.

επίσημος *adj* official, solemn, formal.

επισημότητα *nf* formality, solemnity.

επίσης *adv* also, too, as well.

επισιτισμός *nm* provisioning.

επισκεπτήριο *nn* visiting-card || visit.

επισκέπτης *nm* visitor, guest.

επισκέπτομαι *vt* visit, call [on/at].

επισκευάζω ⇒ ΕΠΙΔΙΟΡΘΩΝΩ

επισκευή *nf* repair.

επίσκεψη *nf* visit, call.

επισκιάζω *vt* overshadow, cloud over, mar || excel, outshine, surpass.

επισκοπή *nf* diocese.

επισκόπηση *nf* survey, review.

επίσκοπος *nm* bishop.

επισκοπώ *vt* review, survey.

επισμηναγός *nm* squadron leader.

επισμηνίας *nm* flight sergeant.

επισπεύδω *vt* hasten, precipitate, hurry over, bring forward, accelerate.

επίσπευση *nf* precipitation.

επιστάμενος *adj* close, careful, thorough.

επισταμένως *adv* closely.

επιστασία *nf* supervision.

επιστάτης *nm* supervisor, overseer, superintendent || warden || foreman.

επιστατώ *vi* supervise, oversee.

επιστέγασμα *nn* crown[ing].

επιστήθιος *adj* close, bosom.

επιστήμη *nf* science || discipline.

επιστήμονας *nm* scientist.

επιστημονικός *adj* scientific.

επιστολή *nf* letter.

επιστολογράφος *nm* letter-writer.

επιστόμιο *nn* mouthpiece || muzzle.

επιστράτευση *nf* mobilization.

επιστρατεύω *vt* mobilize, call up/forth.

επιστρέφω *vi* return, come/go back || *vt* give back, pay back, return.

επιστροφή *nf* return.

επίστρωση *nf* coating.

επισυνάπτω *vt* attach || enclose.

επισύρω *vt* draw || cause, incur.

επισφαλής *adj* precarious, unsafe, bad.

επισφραγίζω *vt* seal ‖ crown.
επίσχεση *nf* retention ‖ attachment.
επισωρεύω *vt* accumulate, heap/pile up.
επιταγή *nf* cheque ‖ command.
επιτακτικός *adj* commanding, overbearing, peremptory, imperative.
επίταξη *nf* requisition.
επίταση *nf* intensification.
επιτάσσω *vt* requisition ‖ order.
επιτατικός *adj* intensive.
επιτάχυνση *nf* acceleration.
επιταχύνω *vti* accelerate, speed up, quicken, step up, precipitate.
επιτείνω *vt* intensify, heighten.
επιτελάρχης *nm* chief of staff.
επιτελείο *nn* staff.
επιτέλεση *nf* performance.
επιτελής *nm* staff officer.
επιτελικός *adj* staff.
επιτέλους *adv* at last, at length.
επιτελώ *vt* perform, do, accomplish.
επιτετραμμένος *nm* chargé d'affaires.
επίτευγμα *nn* achievement.
επίτευξη *nf* attainment.
επιτήδειος *adj* skilful ‖ shrewd.
επιτηδειότητα *nf* skill ‖ shrewdness.
επίτηδες *adv* intentionally, on purpose.
επιτηδευματίας *nm* tradesman, professional.
επιτηδευμένος *adj* affected, studied.
επιτήδευση *nf* affectation.
επιτήρηση *nf* surveillance, supervision ‖ (σε εξετάσεις) invigilation.
επιτηρητής *nm* supervisor ‖ invigilator.
επιτηρώ *vt* supervise ‖ invigilate ‖ keep an eye on, keep under surveillance.
επιτίθεμαι *vt* attack.
επιτίμηση *nf* rebuke, scolding.
επιτιμητικός *adj* reproachful.
επίτιμος *adj* honorary.
επιτιμώ *vt* rebuke, scold.
επιτόκιο *nn* rate of interest.
επιτομή *nf* epitome ‖ abridgement.
επίτομος *adj* abridged.
επιτόπιος *adj* on-the-spot.
επιτραπέζιος *adj* table.
επιτρεπτός *adj* permissible, admissible.
επιτρέπω *vt* permit, allow, let.
επιτροπάτο *nn* commissariat.
επιτροπεία *nf* trusteeship ‖ tutelage.
επιτροπεύω *vt* be a trustee/guardian.
επιτροπή *nf* committee, commission ‖ deputation.
επίτροπος *nf (ανηλίκου)* guardian ‖ *(κληρονομίας)* trustee ‖ *(εκκλησίας)* churchwarden ‖ *(λαϊκός)* commissar ‖ *(στρατοδικείου)* judge-advocate.
επιτροχάδην *adv* hastily, cursorily.
επιτύμβιος *adj* tomb.
επιτυγχάνω ⇒ ΠΕΤΥΧΑΙΝΩ

επιτυχημένος *adj* successful.
επιτυχής *adj* successful ‖ apt.
επιτυχία *nf* success, hit.
επιφάνεια *nf* surface, top.
Επιφάν[ε]ια *nn pl* Epiphany.
επιφανειακός *adj* superficial.
επιφανής *adj* eminent, illustrious.
επίφαση *nf* gloss, veneer, show ‖ κατ' ~, on the surface.
επιφέρω *vt* bring about, effect, adduce.
επίφοβος *adj* formidable.
επιφορτίζω *vt* charge, entrust, assign.
επιφυλακή *nf* standby ‖ σε ~, on the alert ‖ βάζω σε ~, alert.
επιφυλακτικός *adj* cautious, reserved.
επιφυλακτικότητα *nf* reserve, caution.
επιφύλαξη *nf* cautiousness, reserve ‖ νομ. protest.
επιφυλάσσ-ω *vt* have in store for ‖ ~ομαι *vi* reserve [the right to], be reserved.
επιφυλλίδα *nf* serial.
επιφυλλιδογράφος *nm* serial writer.
επιφώνημα *nn* exclamation, interjection.
επιφωνηματικός *adj* exclamatory.
επιχαίρω *vi* gloat over.
επίχειρα *nn pl* deserts.
επιχείρημα *nn* argument ‖ venture.
επιχειρηματίας *nm* businessman.
επιχειρηματικός *adj* business ‖ enterprising.
επιχειρηματολογία *nf* reasoning.
επιχειρηματολογώ *vi* argue.
επιχείρηση *nf* firm, company ‖ business, concern ‖ venture, undertaking ‖ στρατ. operation.
επιχειρώ *vt* attempt, undertake.
επιχορήγημα *nn* allowance.
επιχορήγηση *nf* subsidy, allowance.
επιχορηγώ *vt* subsidize.
επίχρισμα *nn* coat ‖ veneer.
επίχρυσος *adj* gilt, gold-plated.
επιχρυσώνω *vt* gold-plate.
επιχωμάτωση *nf* landfill.
εποικίζω *vt* settle, colonize.
εποικισμός *nm* settlement.
εποικοδόμημα *nn* superstructure.
εποικοδομητικός *adj* constructive.
έποικος *nm* settler, colonist.
εποικώ *vt* settle, colonize.
έπομαι *vi* follow, come after.
επόμενος *adj* next, following.
επομένως *adv* consequently, therefore.
επονείδιστος *adj* ignominious, disgraceful.
επονομάζω *vt* call, nickname.
εποποιΐα *nf* epic ‖ μτφ. great achievement/deed.
εποπτεία *nf* supervision.
επόπτης *nm* supervisor, *(γραμμών)* linesman, *(σε εξετάσεις)* invigilator, *(σε*

συγκέντρωση) steward.
έπος nn epic.
επουλώνω vti heal up, skin over.
επούλωση nf healing, cicatrization.
επουράνιος adj celestial, heavenly.
επουσιώδης adj non-essential, minor.
εποφθαλμιώ vt covet.
εποχή nf season || age, era, epoch || time[s], period.
εποχι[α]κός adj seasonal.
έποψη nf view, aspect, sense.
επτά adj seven.
επταετία nf seven-year period.
επτακόσια adj seven hundred.
επταμελής adj seven-member.
Επτάνησ-ος nf (και nn pl ~α) the Ionian Islands.
επταπλασιάζω vt multiply by seven.
επταπλάσιος adj sevenfold.
επωάζω vt hatch, incubate.
επώαση nf incubation, brooding.
επωαστήριο nn hatchery || incubator.
επωδός nf refrain.
επώδυνος adj painful.
επωμίδα nf epaulet.
επωμίζομαι vt shoulder.
επωνυμία nf name || title.
επώνυμο nn family name.
επωφελής adj advantageous, profitable.
επωφελούμαι vi profit by, take advantage of, turn to account, capitalize on.
εραλδικός adj heraldic.
έρανος nm collection for charity.
ερασιτέχνης nm amateur.
ερασιτεχνικός adj amateurish.
ερασιτεχνισμός nm amateurism.
εραστής nm lover.
εργάζομαι vi work, function.
εργαζόμενος nm working man.
εργαλείο nn tool || instrument.
εργαλειοθήκη nf tool-bag.
εργασία nf work, labour || business, occupation, profession, trade, job, employment || (μαστοριά) craftsmanship || pl (συνέλευσης) proceedings.
εργασιακός adj labour.
εργάσιμος adj work, working.
εργασιοθεραπεία nf occupational therapy.
εργαστήριο nn laboratory.
εργάτης nm workman, worker, labourer, hand || τεχν. windlass.
εργατιά nf working class, workers.
εργατικός adj labour, working || hard-working, industrious || πολ. labourite.
εργατικότητα nf industry, hard work.
εργατώρα nf man-hour.
εργένης nm bachelor.
έργο nn work || deed || job, undertaking || (θέατρ.) play, (κινημ.) film.
εργοδηγός nm foreman.

εργοδότης nm employer, boss.
εργολαβία nf contract work.
εργολαβικός adj contracting.
εργολάβος nm contractor.
εργοστασιάρχης nm factory owner.
εργοστάσιο nn factory, mill, works.
εργοτάξιο nn work-site.
εργόχειρο nn handiwork, handicraft || (κέντημα) needlework, embroidery.
ερεθίζω vt exasperate, annoy || irritate || provoke || excite, stimulate.
ερέθισμα nn irritation || incentive.
ερεθισμός nm irritation || excitation.
ερεθιστικός adj irritating || exciting.
ερείπιο nn ruin || pl rubble, débris.
ερειπωμένος adj derelict, dilapidated.
ερειπώνομαι vi fall into ruins, crumble.
ερείπωση nf dereliction, disrepair.
έρεισμα nn prop, support || footing, foothold.
έρευνα nf search || research || inquiry, investigation || survey.
ερευνητής nm researcher || investigator.
ερευνητικός adj searching, inquiring.
ερευνώ vt search || research || investigate || scan, scrutinize || prospect.
ερήμην adv by default, in absentia.
ερημητήριο nn hermitage, retreat.
ερημιά nf solitude || wilderness.
ερημικός adj solitary, secluded || deserted, desolate.
ερημίτης nm hermit, recluse.
ερημοδικώ vi default.
ερημονήσι nn desert island.
έρημος nf desert, wasteland ◙ adj desolate, desert[ed] || miserable, wretched.
ερημότοπος nm wilderness.
ερημώνω vt devastate, lay waste, desolate || plunder || depopulate.
ερήμωση nf devastation || depopulation.
έριδα nf dispute, squabble.
Ερινύες nf pl the Furies.
έριο nn λόγ. wool.
εριοβιομηχανία nf wool industry.
εριουργείο nn wool-mill.
εριστικός adj quarrelsome, combative.
ερίφιο nn kid.
έρμα nn ballast || μτφ. principles.
έρμαιο nn prey, adrift.
ερμάρι nn cupboard || drawer.
ερμαφρόδιτος adj bisexual.
ερμηνεία nf interpretation, explanation || translation.
ερμηνευτής nm interpreter.
ερμηνευτικός adj interpretative.
ερμηνεύω vt interpret, construe || explain, make of || translate.
Ερμής nm Hermes || αστρον. Mercury.
ερμητικός adj hermetic[al].
ερμίνα nf ermine.

έρμος adj poor, miserable.
ερπετό nn reptile.
έρπης nm ιατρ. shingles.
ερπύστρια nf track, caterpillar.
ερπυστριοφόρος adj tracklaying.
έρπω vi creep, crawl.
έρρινος adj nasal.
ερτζιανός adj Herzian.
ερυθρόδερμος nm Red Indian.
ερυθρός adj red.
έρχομαι vi come, arrive || fit, sit, suit || (καιρός) set in || μου έρχεται να, I feel like || ~ στα χέρια, come to blows.
ερχόμενος adj coming || following, next.
ερχομός nm coming, arrival.
ερωδιός nm heron.
ερωμένη nf mistress.
ερωμένος nm lover.
έρωτας nm love.
ερωτευμένος adj in love ◉ nm lover, love-bird.
ερωτεύομαι vt fall in love [with], fall for [sb].
ερώτημα nn question, query.
ερωτηματικό nn interrogation mark.
ερωτηματικός adj interrogative, questioning.
ερωτηματολόγιο nn questionnaire.
ερώτηση nf question.
ερωτιάρης nm amorous person.
ερωτιάρικος adj amorous.
ερωτικός adj love, erotic, amorous.
ερωτισμός nm eroticism.
ερωτοδουλειά nf love-affair.
ερωτομανής nm sex-maniac.
ερωτοτροπία nf flirtation.
ερωτοτροπώ vi flirt, court.
ερωτοχτυπημένος adj lovelorn.
ερωτύλος nm skirt-chaser.
ερωτώ vt ask, inquire.
εσκαμπώ nn stool.
εσκεμμένος adj calculated, wilful.
Εσκιμώος nm Eskimo.
εσοδεία ⇒ ΣΟΔΕΙΑ
έσοδο nn income, yield, revenue, receipt.
εσοχή nf niche, recess, alcove.
εσπέρα nf evening.
εσπεράντο nf Esperanto.
εσπεριδοειδή nn pl citrus trees/fruit.
εσπερινός nm vespers, evensong.
εσπευσμένος adj hasty.
εσταυρωμένος nm crucifix.
εστεμμένος adj crowned.
εστία nf hearth, fireplace, home || (κέντρο) focus, breeding-ground || furnace, plate.
εστιακός adj focal.
εστιάτορας nm restaurant-keeper.
εστιατόριο nn restaurant.
έστω, be it, let it be || even.

εσφαλμένος adj wrong, mistaken.
εσχατιά nf end || pl confines, limits.
εσχατολογικός adj eschatological.
έσχατος adj last, latest, ultimate || utmost, extreme.
εσώβρακο nn briefs, trunks, [under]pants.
εσώκλειστος adj enclosed.
εσωκλείω vt enclose.
εσώρουχο nn undergarment || pl underwear, underclothes, (γυν.) undies.
εσωστρέφεια nf introversion.
εσωστρεφής nm, adj introvert.
εσώτατος adj innermost.
εσωτερικό nn interior, inside.
εσωτερικός adj internal, inside, interior, inner, inward || domestic, home.
εταζέρα nf shelf.
εταίρα nf prostitute.
εταιρ[ε]ία nf company, firm, partnership || society, association || fellowship.
εταιρικό nn memorandum of association.
εταιρικός adj company.
εταίρος nm partner, associate || fellow, member.
ετεροβαρής adj one-sided.
ετεροθαλής adj half-, step-.
ετερόκλητος adj scrappy, disparate, motley, scratch.
ετερόρρυθμος adj sleeping, silent.
έτερος adj other.
ετερόφυλος adj heterosexual.
ετήσιος adj annual, yearly || one-year.
ετικέτα nf etiquette || label, tag, docket, tab, ticket.
ετοιμάζω vt prepare, get ready || ετοιμαζόμουν να, I was just about to.
ετοιμασία nf preparation.
ετοιματζίδικα nn pl ready-made clothes.
ετοιμοθάνατος adj dying, moribund.
ετοιμολογία nf repartee, readiness of wit.
ετοιμόλογος adj quick-witted.
ετοιμοπόλεμος adj ready for war.
ετοιμόρροπος adj dilapidated, rickety, shaky, groggy.
έτοιμος adj ready, prepared, about to, on the point of || (ρούχα) pl ready-made.
ετοιμότητα nf readiness || presence of mind, ready wit.
έτος nn year.
έτσι adv so, in this way || (εμφατ.) this is how ◉ conj therefore.
ετυμηγορία nf verdict.
ετυμολογία nf etymology.
ετυμολογικός adj etymological.
ευαγγελικός adj evangelic[al].
Ευαγγέλιο nn Gospel.
ευαγγελισμός nm Annunciation.
ευαγγελιστής nm evangelist.

ευαγής *adj* benevolent, charitable.
ευάερος *adj* airy, well-aired.
ευαισθησία *nf* sensitivity.
ευαισθητοποίηση *nf* sensitization.
ευαισθητοποιώ *vt* sensitize.
ευαίσθητος *adj* sensitive, delicate || touchy, thin-skinned.
ευάλωτος *adj* susceptible || corruptible.
ευανάγνωστος *adj* legible, readable.
ευαρέσκεια *nf* gratification.
ευαρεστούμαι *vi* be pleased, be good enough to, be willing.
Εύβοια *nf* Euboea.
εύγε *interj* bravo! well done! || hear, hear!
ευγένεια *nf* politeness || nobility.
ευγενής *adj* polite, courteous, civil || high, noble, lofty ▣ *nm* nobleman.
εύγευστος *adj* tasty.
ευγλωττία *nf* eloquence.
εύγλωττος *adj* eloquent.
ευγνώμων *adj* grateful, thankful.
ευγνωμονώ *vt* be grateful to.
ευγνωμοσύνη *nf* gratitude.
ευδαιμονία *nf* bliss, felicity.
ευδαιμονισμός *nm* eudemonism.
ευδαιμονώ *vi* be happy || thrive.
ευδιαθεσία *nf* good humour/temper, high spirits.
ευδιάθετος *adj* cheerful, in high spirits, good-tempered.
ευδιάκριτος *adj* distinct, clear.
ευδόκιμος *adj* successful.
ευδοκιμώ *vi* succeed || thrive, prosper.
ευδοκώ *vi* deign.
εύελπις *nm* army cadet.
ευελπιστώ *vi* hope, be hopeful.
ευέξαπτος *adj* irascible, quick-tempered.
ευεξήγητος *adj* easy to explain.
ευεξία *nf* well-being || prosperity.
ευεργεσία *nf* kindness, beneficence.
ευεργέτημα *nn* benefit.
ευεργέτης *nm* benefactor.
ευεργετικός *adj* beneficial.
ευεργέτρια *nf* benefactress.
ευεργετώ *vt* befriend, be generous to.
ευερέθιστος *adj* testy, irritable.
εύζωνας *nm* evzone.
ευήθεια *nf* credulity.
ευήλιος *adj* sunny.
ευημερία *nf* prosperity, affluence.
ευημερώ *vi* prosper, thrive, do well.
ευθανασία *nf* euthanasia, mercy killing.
ευθαρσής *adj* bold, courageous.
ευθεία *nf* straight [line] || κατ’ ~ν, straight, right, direct[ly].
εύθετος *adj* due, opportune.
εύθικτος *adj* touchy, sensitive.
ευθιξία *nf* touchiness.
εύθραυστος *adj* fragile || frail.

ευθυγραμμίζ·ω *vt* align || ~ομαι, fall into line, *μτφ.* toe the line.
ευθυγράμμιση *nf* alignment.
ευθυκρισία *nf* sound judgement.
ευθυμία *nf* gaiety, merriment.
ευθυμογράφος *nm* humorous writer.
εύθυμος *adj* merry, cheerful, gay.
ευθύνη *nf* responsibility, liability.
ευθύνομαι *vi* be responsible, be accountable, answer for, be to blame for.
ευθύς *adj* direct, straight || forthright, straightforward ▣ *adv* directly || ~ ως, as soon as.
ευθυτενής *adj* erect, upright.
ευθύτητα *nf* straightforwardness.
ευκαιρία *nf* opportunity, occasion, chance, [free] time || εμπ. bargain.
εύκαιρος *adj* free, spare.
ευκαιρώ *vi* have time, be free.
ευκάλυπτος *nm* eucalyptus:
εύκαμπτος *adj* flexible, pliable.
ευκαμψία *nf* flexibility.
ευκατάστατος *adj* well-off, well-to-do.
ευκαταφρόνητος *adj* negligible.
ευκινησία *nf* agility, nimbleness.
ευκίνητος *adj* agile, nimble, mobile.
ευκοίλιος *adj* laxative.
ευκοιλιότητα *nf* diarrhoea.
ευκολία *nf* ease, easiness, facility || favour, help || convenience.
ευκολοεπηρέαστος *adj* impressionable.
ευκολομεταχείριστος *adj* easy to use.
ευκολοπλησίαστος *adj* easy of access.
εύκολος *adj* easy || υποτιμ. facile.
ευκολύνω *vt* facilitate || lend.
εύκρατος *adj* mild, temperate.
ευκρινής *adj* clear, distinct.
ευκταίος *adj* desirable.
ευλάβεια *nf* piety.
ευλαβής *adj* pious, devout.
εύληπτος *adj* easy to take.
ευλογημένος *adj* blessed.
ευλογία *nf* blesing || μτφ. boon.
ευλογιά *nf* smallpox.
εύλογος *adj* just, justifiable, good.
ευλογοφανής *adj* plausible, likely.
ευλογώ *vt* bless || praise.
ευλυγισία *nf* flexibility.
ευλύγιστος *adj* flexible.
ευμάρεια *nf* opulence.
ευμεγέθης *adj* sizeable.
ευμένεια *nf* favour, goodwill.
ευμενής *adj* favourable, propitious.
ευμετάβλητος *adj* changeable, fickle.
ευνόητος *adj* obvious.
εύνοια *nf* favour, grace.
ευνοϊκός *adj* favourable, propitious.
ευνοιοκρατία *nf* favouritism.
ευνοούμενος *adj* favourite, favoured.
ευνουχίζω *vt* castrate, geld.

ευνουχισμός *nm* castration, gelding.
ευνούχος *nm* eunuch.
ευνοώ *vt* favour, be for, be in favour of || do good.
ευοδώνομαι *vi* be on the right track, succeed, come off.
ευόδωση *nf* success.
ευοίωνος *adj* auspicious.
εύοσμος *adj* fragrant.
ευπάθεια *nf* liability to, sensitivity.
ευπαθής *adj* sensitive, frail, delicate.
ευπαρουσίαστος *adj* presentable.
ευπατρίδης *nm* peer, patrician.
ευπείθεια *nf* docility.
ευπειθής *adj* docile, biddable, persuadable.
εύπεπτος *adj* easy to digest.
εύπιστος *adj* credulous, gullible.
εύπλαστος *adj* malleable, ductile.
εύπορος *adj* prosperous, well-off.
ευπορώ *vi* be well off.
ευπρέπεια *nf* decency, propriety.
ευπρεπής *adj* decent, seemly.
ευπρεπίζω *vt* tidy/spruce up, trim.
ευπροσάρμοστος *adj* adaptable.
ευπρόσβλητος *adj* vulnerable.
ευπρόσδεκτος *adj* welcome.
ευπροσήγορος *adj* affable.
εύρεση *nf* finding, recovery.
ευρεσιτεχνία *nf* patent.
ευρετήριο *nn* index.
εύρηκα *interj* eureka!
εύρημα *nn* lucky find || brainwave.
ευρίσκω ⇒ ΒΡΙΣΚΩ
εύρος *nn* width, breadth || σιδηρ. gauge.
ευρυμάθεια *nf* erudition, learning.
ευρύνω *vt* broaden, widen.
ευρύς *adj* broad, wide.
ευρύτατ·ος *adj* sweeping, far-reaching || ~α, *adv* widely.
ευρύτητα *nf* breadth.
ευρυχωρία *nf* spaciousness.
ευρύχωρος *adj* spacious, roomy, ample.
ευρωπαϊκός *adj* European.
Ευρωπαίος *nm* European.
Ευρώπη *nf* Europe.
ευρωστία *nf* vigour, robustness.
εύρωστος *adj* robust, lusty.
εύσαρκος *adj* portly, fleshy.
ευσεβάστως *adv* respectfully.
ευσέβεια *nf* piety.
ευσεβής *adj* pious, devout.
εύσημο *nn* distinction of merit.
ευσπλαχνία *nf* mercy, compassion.
ευσπλαχνίζομαι *vt* take pity on, sympathize with, have mercy on.
ευσπλαχνικός *adj* compassionate.
ευστάθεια *nf* stability.
ευσταθώ *vi* be valid, hold water.
ευστοχία *nf* accuracy, (λόγου) felicity.

εύστοχος *adj* well-aimed || μτφ. pointed, accurate, telling.
ευστοχώ *vi* hit the bull's eye.
ευστροφία *nf* nimbleness.
εύστροφος *adj* quick-witted, nimble.
ευσυνειδησία *nf* conscientiousness.
ευσυνείδητος *adj* conscientious.
εύσχημος *adj* specious.
εύσωμος *adj* stout, robust.
ευτέλεια *nf* worthlessness || meanness.
ευτελής *adj* worthless || mean, cheap.
ευτελίζω *vt* trivialize.
ευτελισμός *nm* trivialization.
ευτράπελος *adj* facetious, jocular.
ευτραφής *adj* portly, stout.
ευτύχημα *nn* good/lucky thing.
ευτυχ·ής (και ~ισμένος) *adj* happy || delighted.
ευτυχία *nf* happiness, bliss.
ευτυχώ *vi* be happy.
ευτυχώς *adv* happily, fortunately.
ευυπόληπτος *adj* respectable, reputable.
ευφάνταστος *adj* imaginative.
ευφημισμ·ός *nm* euphemism || κατ' ~όν, euphemistically.
εύφημος *adj* complimentary.
εύφλεκτος *adj* inflammable.
ευφορία *nf* euphoria, ebullience || (γονιμότητα) fertility.
εύφορος *adj* fertile, fruitful.
ευφράδεια *nf* fluency, eloquence.
ευφραδής *adj* fluent, glib.
ευφραίν·ω *vt* delight, make glad || ~ομαι, take delight, be delighted, rejoice.
ευφροσύνη *nf* elation, delight.
ευφρόσυνος *adj* glad, exhilarating, joyous, happy.
ευφυής *adj* intelligent, bright.
ευφυΐα *nf* intelligence || δείκτης ~ς, intelligence quotient (IQ).
ευφυολόγημα *nn* witticism, quip || joke.
ευφυολόγος *adj* witty, jocular.
ευφυολογώ *vi* quip || crack a joke.
ευφωνία *nf* euphony.
ευχαριστημένος *adj* pleased, content[ed].
ευχαριστήριος *adj* of thanks.
ευχαρίστηση *nf* pleasure, content[ment].
ευχαριστία *nf* thanks || Εκκλ. Eucarist.
ευχάριστος *adj* pleasant, agreeable.
ευχαριστώ *vt* thank || please, delight.
ευχαρίστως *adv* gladly, with pleasure.
ευχέρεια *nf* ease, facility || discretion.
ευχερής *adj* easy, facile.
ευχετήριος *adj* of greetings.
ευχή *nf* wish || prayer || να πάρ' η ~! blast it! dash it!
εύχομαι *vi* wish || pray.
εύχρηστος *adj* handy, easy to use || (λέξεις) in current use.
εύχυμος *adj* juicy, succulent.

ευψυχία *nf* courage, spirit.
εύψυχος *adj* courageous, brave.
ευωδιά *nf* fragrance, scent.
ευωδιάζω *vi* smell sweetly.
ευωδιαστός *adj* fragrant, sweet-smelling.
ευωχία *nf* repast, feast.
ευωχούμαι *vi* regale oneself on.
εφαλτήριο *nn* vaulting-horse.
εφάμιλλος *adj* a match for, on a par with, as good as, comparable.
εφάπαξ *nm* lump sum || gratuity.
εφάπτομαι *vi* adjoin.
εφαπτομένη *nf γεωμ.* tangent.
εφαρμογή *nf* fit, hang || application, implementation, enforcement.
εφαρμόζω *vti* (*ρούχα*) hang, fit || apply, implement, enforce.
εφαρμόσιμος *adj* practicable, applicable.
εφαρμοστής *nm* fitter.
εφαρμοστός *adj* close-fitting.
εφεδρεία *nf* reserve.
εφεδρικός *adj* reserve, spare, standby.
έφεδρος *nm* reservist.
εφεκτικός *adj* cautious, guarded, sceptical.
εφεξής *adv* henceforth || *από τώρα και ~*, from now on.
έφεση *nf* aptitude, bent || *νομ.* appeal.
εφεσιβάλλω *vt* lodge an appeal [against].
εφετείο *nn* court of appeal.
εφέτης *nm* appeal court judge.
εφετινός *adj* this year's.
εφέτος *adv* this year.
εφεύρεση *nf* invention || device.
εφευρέτης *nm* inventor.
εφευρετικός *adj* inventive.
εφευρετικότητα *nf* inventiveness.
εφευρίσκω *vt* invent || make/trump up.
εφηβεία *nf* puberty, adolescence, teens.
εφηβικός *adj* adolescent.
έφηβος *nm* adolescent, teenager.
εφημερεύω *vi* be on duty.
εφημερίδα *nf* [news]paper.
εφημεριδοπώλης *nm* newsvendor.
εφημεριδούλα *nf* news-sheet.
εφημέριος *nm* vicar, parson, parish priest.
εφήμερος *adj* ephemeral, fleeting.
εφησυχάζω *vi* relax, rely on.
εφιάλτης *nm* nightmare.

εφιαλτικός *adj* nightmarish.
εφίδρωση *nf* sweating.
εφικτός *adj* feasible, possible.
έφιππος *adj* on horseback.
εφοδιάζω *vt* supply, furnish, provide, equip, fit out.
εφοδιασμός *nm* supply.
εφόδιο *nn* (*ιδ. πληθ.*) equipment, supplies, provisions.
εφοδιοπομπή *nf* convoy.
έφοδος *nf* assault, charge.
εφοπλιστής *nm* shipowner.
εφορία *nf* revenue department, tax office || school board.
εφοριακός *adj* tax ▣ *nm* tax collector/inspector.
εφορευτικ·ός *adj* supervisory || *πολ. ~ή επιτροπή*, returning board.
εφόρμηση *nf* charge, onset.
εφορμώ *vi* assault, rush/run at, pounce upon, swoop down on.
έφορος *nm* tax inspector, director of taxes || (*μουσείου, κλπ.*) curator.
εφόσον *conj* as long as, provided.
εφτά *adj* ⇒ ΕΠΤΑ
εφφέ *nn* effect, stir.
εχέγγυο *nn* guarantee, pledge.
εχεμύθεια *nf* secrecy, discretion || *υπό ~*, in confidence.
εχέμυθος *adj* discreet, secretive.
εχθές *adv* yesterday.
έχθρα *nf* enmity, hostiliy.
εχθρεύομαι *vt* hate.
έχθρητα *nf* enmity, hatred.
εχθρικός *adj* enemy, hostile.
εχθροπραξίες *nf pl* hostilities.
εχθρός *nm* enemy, foe.
εχθρότητα *nf* enmity, malice.
εχιδνα *nf* viper, adder.
έχω *vt, v aux* have, have got || bear, entertain, nurse, cherish || wear.
ενές *adv* yesterday evening.
εωθινός *adj* morning.
έως *adv* (*χρον.*) till, until, up to, by, before || (*τοπ.*) as far as, to, up to || (*μέτρηση*) up to, about, as much/many as.
Εωσφόρος *nm* Lucifer, Satan.

Z ζ

ζαβλακωμένος *adj* stupefied, dazed.

ζαβολιά *nf* cheating, trickery, foul play

|| mischief, prank.
ζαβολιάρης nm cheat, mischief-maker ⊡ adj mischievous.
ζαβός adj clumsy, stupid.
ζαγάρι nn bloodhound || scoundrel.
ζακέτα nf jacket, cardigan.
Ζάκυνθος nf Zante.
ζαλάδες nf pl fits of dizziness, worries, cares.
ζάλη (και ζαλάδα) nf dizziness.
ζαλίζ·ω vt make dizzy || go to one's head || daze, stun || pester, bother || ~ομαι, feel dizzy.
ζαλισμένος adj dizzy, giddy || dazed || muddled || confused.
ζαμπάκι nn daffodil.
ζαμπόν nn ham.
ζάντα nf wheel-rim.
ζάμπλουτος adj fabulously rich.
ζάρα nf wrinkle, crease, line.
ζαργάνα nf garnfish.
ζαρζαβατικά nn pl vegetables.
ζάρι nn dice.
ζαριά nf a throw of the dice.
ζαρκάδι nn roebuck.
ζαρντινιέρα nf flower-stand, window-box.
ζαρτιέρα nf suspender[-belt].
ζαρωματιά nf wrinkle, crease.
ζαρώνω vti wrinkle, crease, crumple, crinkle || μτφ. cringe, cower, crouch.
ζαφείρι nn sapphire.
ζαφορά nf saffron, crocus.
ζαχαράτο nn bonbon, sweet.
ζαχαρένιος adj made of sugar.
ζάχαρη nf sugar.
ζαχαριέρα nf sugar-bowl, sugar-basin.
ζαχαρίνη nf saccharin.
ζάχαρο nn diabetes.
ζαχαροκάλαμο nn sugar-cane.
ζαχαροπλαστείο nn cake-shop, confectioner's, patisserie.
ζαχαροπλάστης nm confectioner, pastry-cook.
ζαχαροπλαστική nf pastry-making.
ζαχαρότευτλο nn sugar-beet.
ζαχάρωμα nn sugaring || pl petting.
ζαχαρώνω vti sugar || μτφ. pet, canoodle.
ζαχαρωτά nn pl sweets, bonbons.
ζέβρα nf zebra.
ζελατίνη nf gelatin, celluloid.
ζελές nm jelly.
ζεματίζω vt scald || μτφ. sting.
ζεματιστός adj scalding/scorching hot.
ζεμπερέκι nn hasp, latch.
ζεμπίλι nn basket.
ζενίθ nn zenith, peak.
ζερβός adj left-handed.
ζερό nn zero, nought.

ζέρσεϊ nn jersey.
ζέση nf zeal, zest, enthusiasm.
ζεσταίνω vt warm up, heat up.
ζέσταμα nn warming, heating.
ζεστασιά nf warmth || fervour.
ζέστη nf heat, warmth || κάνει ~, it's hot/warm.
ζεστός adj warm, hot.
ζευγαράκι nn couple, pair of lovers.
ζευγάρι nn couple, pair.
ζευγάρωμα nn pairing off || (ζώων) mating.
ζευγαρώνω vti pair off || (ζώα) mate.
ζευγάς nm ploughman.
ζεύγλα nf yoke.
ζεύγμα nn zeugma || pontoon bridge.
ζεύξη nf yoking || harnessing || bridging || τεχν. coupling.
Ζεύς nm Zeus, Jupiter.
ζεύω vt yoke, harness.
ζέφυρος nm zephyr.
ζέψιμο nm yoking, harnessing.
Ζηλανδία nf [New] Zealand.
Ζηλανδός nm [New] Zealander.
ζήλεια nf jealousy || envy.
ζηλεμένος adj coveted, enviable.
ζηλευτός adj enviable || μτφ. excellent.
ζηλιάρης adj jealous || envious.
ζήλος nm zeal, zest, fervour.
ζηλοτυπία nf jealousy.
ζηλότυπος adj jealous, possessive.
ζηλόφθονος adj envious.
ζηλωτής nm zealot.
ζημιά nf damage || prejudice, harm || εμπ. loss.
ζημιάρης adj mischievous.
ζημιών·ω vt damage || hurt, do harm, be detrimental to || ~ομαι, lose, be out-of-pocket.
ζην nn στη φρ. τα προς το ~, livelihood, living.
ζήση nf λαϊκ. life.
ζήτημα nm matter, case, question, point.
ζήτηση nf demand.
ζητιανεύω vti be/go begging || cadge.
ζητιανιά nf begging, beggary || cadging.
ζητιάνος nm beggar || cadger.
ζήτω interj hurrah, long live, three cheers for.
ζητώ vt ask, demand, request || look for, seek || call for, claim.
ζητωκραυγάζω vti hurrah, cheer, acclaim.
ζητωκραυγή nf cheer[ing], acclamation.
ζιβάγκο adj polo-neck.
ζιγκλέρ nn αυτοκ. jet.
ζιγκολό nn gigolo.
ζιζάνιο nn weed || μτφ. imp, mischief-maker || (διχόνοια) mischief.
ζιζανιοκτόνο nn weedkiller.·

ζικ-ζάκ *nn, adv* zigzag.

ζίου-ζίτσου *nn* jiu-jitsu.

ζόρι *nn* strain, stress || difficulty, crux || *με το* ~, by force, against one's will.

ζορίζ·ω *vt* force, press, push || ~ομαι, be fully stretched, find it heavy going.

ζόρικος *adj* tough, sticky || tricky, difficult.

ζόρισμα *nn* pressure.

ζορμπάς *nm* bully, trouble-maker.

ζούγκλα *nf* jungle.

ζούδι *nn* living thing, creature.

ζουζούνι *nn* insect.

ζουζουνίζω *vi* hum, buzz.

ζούλα *nf* στη φρ. στη ~, on the sly, on the quiet || on the side.

ζουλάπι *nn* wild animal.

ζούληγμα *nn* squeezing.

ζουλώ *vt* squeeze, squash, press.

ζουμερός *adj* juicy, succulent || (φαΐ) sloppy || μτφ. meaningful.

ζουμί *nn* (φρούτου) juice, (δέντρου) sap || (φαΐ) slop || (κέρδος) dough || μτφ. gist.

ζουμπούλι *nn* hyacinth, harebell.

ζουνάρι *nn* belt, sash.

ζουρλαίν·ω *vt* drive mad || ~ομαι, go mad/nuts.

ζουρλαμάρα *nf* madness, folly.

ζούρλια *nf* madness, mad thing/act.

ζουρλομανδύας *nm* straitjacket.

ζουρλοπαντιέρα *nf* madcap, screwball.

ζουρλός *adj* mad, crazy, nuts.

ζουρνάς *nm* [a kind of] clarinet.

ζοφερός *adj* murky || μτφ. gloomy, bleak.

ζοχάδες *nf pl* piles, haemorrhoids || μτφ. έχω ~, be in the sulks.

ζοχαδιάζ·ω *vt* get sb's goat || ~ομαι, get mad/ratty.

ζοχαδιακός *adj* μτφ. choleric, shirty.

ζυγαριά *adj* scales, balance, (μεγάλη) weighing-machine.

ζύγι *nn* weighing || weight.

ζυγιάζ·ω *vt* weigh || balance || ~ομαι, be poised, hover.

ζυγίζω *vt* weigh || μτφ. weigh up || (βαρύνω) carry weight.

ζύγιση *nf* weighing || στρατ. dressing.

ζυγογέφυρα *nf* weigh-bridge.

ζυγολόγιο *nn* weight note/list.

ζυγός *nm* yoke || στρατ. rank, file || αστρολ. Libra ◘ *adj* even.

ζυγοσταθμίζω *vt* balance || (πλοίο) trim.

ζυγώνω *vi* draw/get near.

ζυθοποιείο *nn* brewery.

ζυθοπωλείο *nn* pub.

ζύθος *nm* beer, ale.

ζυμάρι *nn* dough, paste.

ζυμαρικά *nn pl* pasta.

ζύμη *nf* yeast || dough, paste.

ζυμώνω *vt* knead.

ζύμωση *nf* fermentation || μτφ. agitation.

ζω *vi* live, exist, be alive || survive, pull/live through || stay, live.

ζωγραφιά *nf* picture, painting.

ζωγραφίζω *vt* paint || depict, portray.

ζωγραφική *nf* painting.

ζωγραφιστός *adj* painted.

ζωγράφος *nm* painter, artist.

ζωδιακός κύκλος, zodiac.

ζώδιο *nn* sign of the zodiac.

ζωεμπόριο *nn* cattle trade.

ζωέμπορος *nm* cattle dealer.

ζωή *nf* life || life style || lifetime || living, livelihood.

ζωηράδα *nf* liveliness, briskness.

ζωηρεύω *vti* liven up, become/make lively or animated || step up, ginger up, jazz up.

ζωηρός *adj* lively || (περιγραφή) vivid, (χρώμα) bright, (συζήτηση) heated || (άνθρ.) spry, (πεταχτός) frisky, coquettish || (ταχύς) brisk, quick || (εύθυμος) gay, cheery, perky.

ζωηρότητα *nf* liveliness, vividness.

ζωικός *adj* vital, life || animal.

ζωμός *nm* broth, soup.

ζωνάρι *nn* belt, sash, girdle.

ζώνη *nf* belt, sash || cordon || zone, area.

ζωντανά *nn pl* cattle, livestock.

ζωντάνεμα *nn* revival.

ζωντανεύω *vti* revive, bring/come back to life || enliven, liven up, jazz up.

ζωντάνια *nf* liveliness, vividness, vivacity || infml vim, pep, ginger, kick.

ζωντανός *adj* animate, living, alive || lively, vivacious.

ζωντόβολο *nn* μτφ. blockhead.

ζωντοχήρ·α *nf* (και *nm* ~ος) divorcee.

ζώνω *vt* belt, buckle on || (περιζώνω) surround, hem in, close in upon.

ζώο *nn* animal, beast || (άνθρ.) blockhead, brute, ΗΠΑ jackass.

ζωογόνηση *nf* animation.

ζωογόνος *adj* life-giving || bracing, refreshing.

ζωογονώ *vt* refresh, brace up.

ζωοκλέφτης *nm* cattle-thief.

ζωολογία *nf* zoology.

ζωολογικός *adj* zoological || ~ κήπος, zoo.

ζωοπανήγυρη *nf* cattle fair/show.

ζωοτομία *nf* vivisection.

ζωοτομώ *vt* vivisect.

ζωοτροφείο *nn* cattle farm || (θηρίων) menagerie.

ζωοτροφή *nf* cattle feed, fodder.

ζωοτρόφος *nm* cattleman.

ζωοφάγος *nm* meat-eater ▣ *adj* carnivorous.
ζωόφιλος *adj* animal-loving.
ζωοφόρος *nf* αρχιτ. frieze.
ζώσιμο *nn* girdling, encircling.
ζωστήρας *nm* belt, strap.

ζωτικός *adj* vital || (*άνθρ*.) energetic, dynamic.
ζωτικότητα *nf* vitality, stamina || energy, dynamism.
ζωύφιο *nn* bug, animalcule.
ζωώδης *adj* animal, beastly, bestial.

Η η

η *def art* f the.
ή *conj* or || ή ... ή, either ... or.
ήβη *nf* puberty || *ανατ*. pubis.
ηβικός *adj* pubic.
ηγεμόνας *nm* prince, sovereign.
ηγεμονεύω *vt* rule, reign.
ηγεμονία *nf* hegemony, domination || (*χώρα*) principality || (*αξίωμα*) princedom.
ηγεμονικός *adj* princely, regal.
ηγεμονίσκος *nm* petty prince.
Ηγερία *nf* muse.
ηγεσία *nf* leadership, command.
ηγέτης *nm* leader, commander.
ηγετικός *adj* leading, leader's.
ηγήτορας *nm* commander.
ηγούμαι *vt* lead, head, be at the head of, be in command of.
ηγουμενείο *nn* abbot's quarters.
ηγουμέν·η (*και* ~ισσα) *nf* abbess, Mother Superior.
ηγούμενος *nm* abbot, prior.
ηγουμενοσυμβούλιο *nn* monastery board.
ήδη *adv* already, by now/then.
ηδονή *nf* pleasure, delight.
ηδονίζομαι *vi* take delight in, revel.
ηδονικός *adj* sensual, voluptuous.
ηδονισμός *nm* hedonism.
ηδονοβλεψίας *nm* peeping Tom, voyeur.
ηδυπάθεια *nf* voluptuousness, sensuality.
ηδυπαθής *adj* voluptuous, licentious.
ηδύποτο *nn* liqueur.
ηθική *nf* ethics, morality, moral law || (*ήθος*) morals.
ηθικό *nn* morale.
ηθικολογία *nf* moralizing.
ηθικολογικός *adj* moralistic.
ηθικολόγος *nm* moralist, prig.
ηθικολογώ *vi* moralize.
ηθικοποίηση *nf* moral edification.
ηθικοποιώ *vt* edify.
ηθικός *adj* ethical || moral || virtuous || ~ αυτουργός, accessory before the fact,

instigator.
ηθικότητα *nf* virtuousness.
ηθοπλαστικός *adj* uplifting, edifying.
ηθοποιΐα *nf* acting || characterization.
ηθοποιός *nm* actor || *nf* actress.
ήθος *nn* morals || manners.
ηλεκτρίζω *vt* electrify.
ηλεκτρικό *nn* electricity.
ηλεκτρικός *adj* electric[al].
ηλεκτρισμένος *adj* electrified, live.
ηλεκτρισμός *nm* electricity.
ήλεκτρο *nn* amber.
ηλεκτρόδιο *nn* electrode.
ηλεκτροδυναμική *nf* electrodynamics.
ηλεκτροθεραπεία *nf* electrotherapy.
ηλεκτροκίνηση *nf* electrification.
ηλεκτροκίνητος *adj* electrified, power driven.
ηλεκτροκόλληση *nf* electric welding.
ηλεκτρολογία *nf* electrology.
ηλεκτρολογικός *adj* electrical.
ηλεκτρολόγος *nm* electrician.
ηλεκτρονική *nf* electronics.
ηλεκτρονικός *adj* electronic || ~ εγκέφαλος, computer.
ηλεκτρόνιο *nn* electron.
ηλεκτροπαραγωγή *nf* electricity output.
ηλεκτροπληξία *nf* electrocution.
ηλεκτροσόκ *nn* electric shock, electroshock.
ηλεκτροτεχνίτης *nm* electric fitter.
ηλεκτροφόρος *adj* electric, live.
ηλεκτρόφωνο *adj* record-player.
ηλεκτροφωτίζω *vt* supply with electricity.
ηλιακός *adj* sun, solar.
ηλιαχτίδα *nf* sunbeam, sunray.
ηλίαση *nf* sunstroke.
ηλίθιος *adj* idiotic, imbecile, stupid ▣ *nm* idiot.
ηλιθιότητα *nf* idiocy, stupidity.
ηλικία *nf* age || *στρατ*. class.
ηλικιωμένος *adj* elderly ▣ *nm* old man.
ηλικιώνομαι *vi* grow old, age.

ηλιοβασίλεμα *nn* sunset.
ηλιοθεραπεία *nf* sunbathing.
ηλιοκαμένος *adj* suntanned || sunburnt.
ηλιόλουστος *adj* sunny, sundrenched.
ηλιόλουτρο *nn* sunbathing.
ήλιος *nm* sun || sunflower.
ηλιοστάσιο *nn* solstice.
ηλιόφως *nn* sunlight.
ηλιοφώτιστος *adj* sunlit, sunny.
ηλιόχαρος *adj* sunny.
ηλιοψημένος *adj* sunbaked, sunburnt || suntanned || *μτφ.* weather-beaten.
ημεδαπός *adj* domestic, native ◙ *nm* national.
ημέρα *nf* day, daytime.
ημεράδα *nf* tameness.
ημερεύω *vti* break in, tame, domesticate || calm down || become sociable.
ημερήσιος *adj* day, daily.
ημερίδα *nf* meeting.
ημεροδείκτης *nm* almanac, calendar.
ημερολογιακός *adj* calendar.
ημερολόγιο *nn* calendar, almanac || journal || *ναυτ.* log[-book] || *εμπ.* daybook || *(προσωπικό)* diary.
ημερομηνία *nf* date.
ημερομίσθιο *nn* wage, a day's pay/work.
ημερονύκτιο *nn* 24-hour period.
ήμερος *adj* tame, domesticated.
ημέρωμα *nn* taming.
ημερώνω ⇒ ΗΜΕΡΕΥΩ
ημέτερος *nm* follower, *ΗΠΑ pl* the boys.
ημι— *prefix* half—, semi—.
ημιάγριος *adj* semi-savage.
ημιαπασχόληση *nf* part-time job.
ημιανάπαυση *nf* (*στρατ. παράγγ.*) at ease!
ημιαργία *nf* half-holiday.
ημιαυτόματος *adj* semi-automatic.
ημίγυμνος *adj* half-naked.
ημιεπίσημος *adj* semi-official.
ημίθεος *nm* demigod.
ημικόσμος *nm* demimonde.
ημικρανία *nf* migraine.
ημικυκλικός *adj* semicircular.
ημικύκλιο *nn* semicircle.
ημιμάθεια *nf* little learning.
ημίμετρο *nn* half measure.
ημιμόνιμος *adj* semipermanent.
ημιονηγός *nm* muleteer.
ημιπληγία *nf* stroke.
ημιπολύτιμος *adj* semi-precious.
ημισέληνος *nf* half-moon, crescent.
ημισφαιρικός *adj* hemispherical.
ημισφαίριο *nn* hemisphere.
ήμισυ *nn* half || *το έτερό μου ~*, my better half.
ημιτελικός *adj αθλ.* semifinal.
ημιφορτηγό *nn* (*κλειστό*) van, (*ανοιχτό*)

pick-up, truck.
ημίφως *nn* half-light, twilight.
ημιχρόνιο *nn* half-time.
ημίψηλο *nn* silk/top hat, topper.
ημίωρο *nn* half-hour.
ημίωρος *adj* half-hourly, half an hour's.
ημιώροφος *nm* entresol, mezzanine.
ημπορώ ⇒ ΜΠΟΡΩ
ηνία *nn pl* reins.
ηνίοχος *nm* charioteer.
ηνωμένος *adj* united.
ήξεις-αφήξεις *nn pl* shilly-shallying.
ηξεύρω ⇒ ΞΕΡΩ
ηπατίτιδα *nf* hepatitis.
ήπειρος *nf* continent.
ηπειρωτικός *adj* continental || mainland.
ήπιος *adj* mild, gentle, genial.
ηπιότητα *nf* mildness, clemency.
ήρα *nf* tare.
ηράκλειος *adj* Herculean.
Ηρακλής *nm* Hercules.
ηρεμία *nf* peace, quiet, calm || composure, placidity.
ηρεμιστικό *nn* tranquillizer, sedative.
ήρεμος *adj* peaceful, quiet, calm, tranquil || composed, placid.
ηρεμώ *vti* calm [down], grow calm, compose oneself, settle down.
Ηρώδης *nm* Herod.
ήρωας *nm* hero.
ηρωίδα *nf* heroine.
ηρωικός *adj* heroic, gallant.
ηρωίνη *nf* heroin.
ηρωινομανής *nm* heroin addict.
ηρωισμός *nm* heroism.
ηρώο *nn* war-memorial.
ηρωολατρεία *nf* hero-worship.
ηρωοποιώ *vt* make a hero of sb.
ήσκα *nf* tinder.
ήσκιος ⇒ ΙΣΚΙΟΣ
ησυχάζω *vti* quiet/settle down || calm down, grow calm || lie down, rest, have peace/quiet.
ησυχαστήριο *nn* retreat || hermitage.
ησυχία *nf* peace, quiet, rest, silence.
ήσυχος *adj* quiet, calm, peaceful || composed, unruffled || uneventful, unexciting.
ήτοι *μόριο* that is, namely.
ήττα *nf* defeat.
ηττημένος *adj* loser, defeated.
ηττοπάθεια *nf* defeatism.
ηττοπαθής *adj, nm* defeatist.
ηττώμαι *vi* lose [to sb], be beaten/defeated/vanquished.
ηφαίστειο *nn* volcano.
ηφαιστειογενής *adj* volcanic.
ηχείο *nn* resonator.
ηχηρός *adj* loud, resonant, sonorous, ringing || *μτφ.* high-sounding.

ηχηρότητα *nf* resonance, volume.
ηχητικός *adj* sound, acoustic.
ηχογράφηση *nf* recording.
ηχογραφώ *vt* record.
ηχολήπτης *nm* sound engineer.

ηχομόνωση *nf* sound-proofing.
ηχομονωτικός *adj* sound-proof.
ήχος *nm* sound.
ηχώ *nf* echo ▣ *vi* sound.
ηώς *nf* dawn ‖ *μυθ*. Aurora.

Θ θ

θα *μόριο* shall, will, should, would.
θάβω *vt* bury.
θαλάμη *nf* (*όπλου*) chamber.
θαλαμηγός *nf* yacht, pleasure-boat.
θαλαμηπόλος *nm* valet, manservant ‖ (*πλοίου*) steward ▣ *nf* chamber-maid ‖ stewardess.
θαλάμι *nn* (*χταποδιού*) nest.
θαλαμίσκος *nm* cabin ‖ (*διαστημόπλοιου*) module.
θάλαμος *nm* chamber ‖ cabin, room ‖ (*νοσοκομείου, φυλακής*) ward, (*τηλεφ*.) booth, (*ραδιοφ*.) studio, (*στρατώνα*) barrack-room.
θαλαμοφύλακας *nm* στρατ. billet orderly.
θάλασσα *nf* sea ‖ *φρ*. *τα έκανα* ~, I made a mess of it.
θαλασσινά *nn pl* sea-food, shellfish.
θαλασσινός *adj* sea, marine, seafaring.
θαλασσογραφία *nf* seascape.
θαλασσοδάνειο *nn* bottomry, bad risk loan.
θαλασσοδάρτος *adj* sea-tossed.
θαλασσοδέρνω *vi* toss about on the sea.
θαλασσόλυκος *nm* old salt, sea-dog.
θαλασσόνερο *nn* seawater.
θαλασσοπνίγομαι *vi* drown at sea, risk one's life at sea.
θαλασσοπόρος *nm* navigator, seafarer.
θαλασσοπούλι *nn* sea-bird.
θαλασσοταραχή *nf* rough seas.
θαλασσοχελώνα *nf* turtle.
θαλάσσωμα *nn* mess-up, muddle.
θαλασσώνω *vt* mess up, muddle, make a mess/muddle of sth.
θαλερός *adj* (*δέντρο*) leafy, verdant, (*γέρος*) hale and hearty.
θαλπωρή *nf* warmth, comfort.
θάμβος *nn* wonder, awe, daze.
θάμνος *nm* bush, shrub, scrub.
θαμνότοπος *nm* heath.
θαμνώδης *adj* bushy, shrubby.
θαμνώνας *nm* thicket, coppice.
θαμπάδα *nf* dimness, blur, haziness.

θαμπός *adj* hazy, filmy, blurred, dim, tarnished, opaque.
θάμπος *nn* dazzle ‖ daze, awe.
θαμποφέγγω *vi* light dimly/faintly.
θαμποχάραμα *nn* dawn.
θαμπώνω *vti* dazzle ‖ daze, stun, amaze ‖ mist [over], tarnish, blur.
θαμώνας *nm* patron, habitué.
θανάσιμος *adj* mortal, deadly.
θανατηφόρος *adj* fatal, mortal.
θανατικό *nn* deadly epidemic.
θάνατος *nm* death.
θανατώνω *vt* put to death, execute ‖ (*ζώο*) kill, put away ‖ (*πονώ*) finish off, cut to the quick.
θανάτωση *nf* execution, killing.
θανή *nf* death, funeral.
θαρραλέος *adj* courageous, hardy, plucky.
θαρρετός *adj* bold.
θαρρεύω *vi* become bold.
θάρρος *nn* courage, spirit, pluck.
θαρρώ *vi* think, believe, seem.
θαύμα *nn* wonder, marvel, miracle, prodigy.
θαυμάζω *vt* admire ‖ marvel at.
θαυμάσιος *adj* wonderful, marvellous.
θαυμασμός *nm* admiration.
θαυμαστής *nm* admirer, fan.
θαυμαστικό *nn* exclamation mark.
θαυμαστός *adj* miraculous, wondrous.
θαυματοποιός *nm* magician, conjurer.
θαυματουργός *adj* wonder-working.
θαυματουργώ *vi* do miracles ‖ *μτφ*. work wonders/miracles.
θάψιμο *nn* burial, burying.
θέα *nf* view ‖ *στη* ~, at the sight of ‖ *έχω* ~ *προς*, look out on/over.
θεά *nf* goddess.
θέαμα *nn* spectacle, sight ‖ show.
θεαματικός *adj* spectacular.
θεαματικότητα *nf* τηλεόρ. rating[s].
θεάρεστος *adj* pious, good.
θεατής *nm* spectator, τηλεόρ. viewer, *θέατρ*. *pl* audience, house ‖ onlooker.

θεατός adj visible.
θεατρικός adj theatrical, dramatic, drama, stage.
θεατρινισμός nm play-acting, pl histrionics.
θεατρινίστικος adj histrionic, theatrical, stagy.
θεατρίνα nf actress.
θεατρίνος nm actor.
θέατρο nn theatre, playhouse, stage || show || scene || play-acting || audience, house.
θεατρόφιλος nm theatre-loving, stage-struck.
θεία nf aunt.
θειάφι nn sulphur.
θειαφίζω vt treat with sulphur.
θειικός adj sulphate.
θεϊκός adj holy, divine, sublime.
θείος nm uncle ▣ adj divine, sublime, exquisite.
θείτσα nf auntie.
θειώδης adj sulphurous.
θέλγητρο nn charm, attraction, allurement, fascination, pl delights.
θέλγω vt attract, delight.
θέλημα nn will, wish || errand.
θεληματικός adj voluntary || intentional || determined, decisive.
θεληματικότητα nf determination.
θέληση nf will, wish || intention || willpower, volition || consent.
θελκτικός adj charming, engaging.
θέλω vt want, wish, like, desire || intend, mean || will (would) || demand, call for || require, need || look for, seek || try, attempt || owe || expect || claim || deserve || θέλοντας και μη, willy-nilly || τα 'θελες και τα 'παθες, it serves you right.
θέμα nn subject, topic, theme || matter, question, point || item, issue, consideration || μουσ. theme, motif || γλωσσ. stem || σχολ. paper, question || έρχομαι στο ~, come to the point || δημιουργώ ~, make a fuss, raise a stink.
θεματικός adj thematic.
θεματοφύλακας nm guardian, trustee.
θεμελιακός adj fundamental.
θεμέλιο nn foundation.
θεμέλιος adj foundation.
θεμελιώδης adj fundamental.
θεμελιώνω vt found, lay the foundations.
θεμελίωση nf founding.
θεμελιωτής nm founder.
θεμιτός adj legitimate.
θεόγυμνος adj stark naked.
θεόκουφος adj stone-deaf.
θεοκρατικός adj theocratic.

θεολογία nf theology, divinity.
θεολογικός adj theological.
θεολόγος nm theologian.
θεομηνία nf disaster, calamity.
θεομπαίχτης nm hypocrite.
θεονήστικος adj famished, starving.
θεοπάλαβος adj raving mad.
θεόπεμπτος adj god-sent, providential.
θεοποίηση nf deification.
θεοποιώ vt deify, make a god of.
θεόρατος adj huge, enormous.
θεός nm god, God || ~ φυλάξοι! God forbid! || Θεού θέλοντος, God willing.
θεοσκότεινος adj pitch-dark.
θεοσοφία nf theosophy.
θεόσταλτος adj god-sent.
θεόστραβος adj stone-blind.
θεότητα nf deity, divinity.
Θεοτόκος nf Mother of God, Virgin Mary.
θεότρελλος adj crazy.
Θεοφάνεια nn pl Epiphany.
Θεοφιλέστατος nm [His] Grace.
θεοφοβούμενος adj god-fearing.
θεόφτωχος ⇒ ΠΑΜΠΤΩΧΟΣ
θεραπαινίδα nf maidservant.
θεραπεία nf therapy, treatment, cure || recovery, healing || remedy.
θεραπεύσιμος adj curable.
θεραπευτήριο nn infirmary.
θεραπευτής nm therapist.
θεραπευτική nf therapeutics.
θεραπευτικός adj therapeutical.
θεραπεύω vt treat, cure || heal, remedy || (ανάγκη) satisfy.
θεράπων nm servant || ~ ιατρός, doctor in attendance.
θέρετρο nn summer resort.
θεριεύω vi grow fast/big || flare up.
θερίζω vt reap, cut || mow [down].
θερινός adj summer.
θεριό nn wild beast || γίνομαι ~, see red.
θεριστής nm harvester.
θερμαίνω vt heat, warm [up].
θέρμανση nf heating.
θερμαντικός adj heating, calorific.
θερμαστής nm stoker.
θερμάστρα nf stove, heater.
θέρμη nf warmth, zeal, fervour.
θερμίδα nf calorie.
θερμικός adj thermal, caloric.
θερμόαιμος adj hot-blooded, hot-headed || βιολ. warm-blooded.
θερμοηλεκτρικός adj thermo-electric.
θερμοκέφαλος adj hot-headed.
θερμοκήπιο nn hothouse || μτφ. hotbed.
θερμοκρασία nf temperature.
θερμόμετρο nn thermometer.
θερμομετρώ vt take sb's temperature.

θερμομόνωση *nf* thermal insulation.
θερμοπαρακαλώ *vt* implore.
θερμοπηγή *nf* thermal spring.
θερμοπίδακας *nm* geyser.
θερμοπληξία *nf* heat-stroke.
Θερμοπύλες *nf pl* Thermopylae.
θερμοπυρηνικός *adj* thermonuclear.
θερμός *nn* thermos ◙ *adj* warm, hot.
θερμοσίφωνας *nm* heater.
θερμοστάτης *nm* thermostat.
θερμότητα *nf* warmth, heat.
θερμοφόρα *nf* hot-water bottle.
θέρος *nm* harvest ◙ *nn* summer.
θέση *nf* site, location, spot ‖ place, position ‖ seat ‖ (*χώρος*) room, space ‖ (*άποψη*) view, stand ‖ (*κατάσταση*) plight, position ‖ (*κοινων. θέση*) station, rank ‖ (*δουλειά*) job, post, vacancy ‖ (*διδακτορία*) thesis, dissertation ‖ (*ταξιδιού*) class.
θεσιθήρας *nm* job-chaser.
θέσμια *nn pl* customs, tradition[s].
θεσμικός *adj* institutional.
θεσμοθετώ *vt* legislate, enact.
θεσμός *nm* institution.
θεσούλα *nf* niche, cushy job.
θεσπέσιος *adj* divine, exquisite.
θεσπίζω *vt* enact, decree, lay down.
θέσπιση *nf* enactment.
θέσπισμα *nn* decree, statute, law.
Θεσσαλία *nf* Thessaly.
Θεσσαλονίκη *nf* Thessalonica, Salonica.
θετικισμός *nm* positivism.
θετικιστής *nm* positivist.
θετικός *adj* affirmative, positive ‖ practical.
θετικότητα *nf* positiveness.
θετός *adj* adopted, (*γονέας*) adoptive ‖ foster.
θέτω *vt* put, place, lay, set.
θεωρείο *nn* gallery, box.
θεώρημα *nn* theorem.
θεώρηση *nf* visa ‖ attestation.
θεωρητικός *adj* theoretical, pure ◙ *nm* theoretician.
θεωρία *nf* theory, doctrine ‖ looks.
θεωρούμενος *adj* alleged, supposed.
θεωρώ *vt* regard, think, consider ‖ (*διαβατήριο*) visa, (*έγγραφο*) initial, counter-sign.
θηκάρι *nn* scabbard, sheath.
θήκη *nf* case, kit, box ‖ (*πιστολιού*) holster, (*δίσκου*) sleeve, (*ξίφους*) sheath.
θηλάζω *vti* nurse, suckle ‖ suck.
θηλασμός *nm* nursing, suckle ‖ suck.
θηλαστικό *nn* mammal.
θήλαστρο *nn* feeding-bottle.
θηλή *nf* (*στήθους*) nipple, teat.
θηλιά *nf* eyelet, mesh, tab, stitch ‖ loop, noose, slip-knot.

θήλυ *nn* female.
θηλυκό *nn* woman, *υποτιμ.* female, (*ζώο*) she ‖ *γραμμ.* feminine.
θηλυκός *adj* female ‖ feminine.
θηλυκότητα *nf* femininity.
θηλυκώνω *vt* clasp ‖ dovetail.
θηλυπρέπεια *nf* effeminacy.
θηλυπρεπής *adj* effeminate.
θημωνιά *nf* stack, rick, cock.
θημωνιάζω *vt* stack.
θήραμα *nn* game, quarry.
θηρίο *nn* wild beast ‖ big man, giant.
θηριοδαμαστής *nm* tamer.
θηριοτροφείο *nn* menagerie.
θηριώδης *adj* ferocious ‖ ravenous.
θηριωδία *nf* ferocity, atrocity.
θησαυρίζω *vi* hoard up, amass wealth.
θησαυρός *nm* treasure.
θησαυροφυλάκιο *nn* treasury ‖ (*τράπεζας*) vault, strong-room ‖ safe.
θητεία *nf* military service ‖ term/tenure of office.
θιασάρχης *nm* actor-manager ‖ impresario.
θίασος *nm* company, troupe.
θιασώτης *nm* partisan, supporter, advocate, enthusiast, devotee, fan.
Θιβέτ *nn* Tibet.
θίγω *vt* touch ‖ (*θέμα*) broach, raise ‖ (*προσβάλλω*) offend, hurt sb's feelings.
θλάση *nf* fracture ‖ rupture.
θλιβερός *adj* sad, melancholy, painful ‖ sorrowful, mournful ‖ pitiable, regrettable.
θλίβω *vt* sadden, distress, grieve.
θλιμμένος *adj* sad, sorrowful, unhappy.
θλίψη *nf* sadness, sorrow, grief.
θνησιγενής *adj* still-born ‖ short-lived.
θνησιμότητα *nf* mortality, death-rate.
θνητός *adj* mortal.
θόλος *nm* dome, cupola, canopy.
θολός *adj* turbid, muddy ‖ hazy, dull, blurred, dim ‖ confused.
θολούρα *nf* turbidity ‖ blur, slur ‖ dullness, haziness ‖ confusion.
θολώνω *vti* make/become turbid, dim, blur, mist/steam up.
θολωτός *adj* domed, vaulted.
θορυβοποιός *nm* rowdy/noisy person ‖ (*σε συγκέντρωση*) heckler.
θόρυβος *nm* noise ‖ din, tumult, uproar ‖ patter, clatter, tinkle.
θορυβώ *vi* make noise ‖ *vt μτφ.* alarm, trouble, cause sb anxiety.
θορυβώδης *adj* noisy, uproarious.
θούριος *nm* war-song, battle-song.
θράκα *nm* glowing embers.
Θράκη *nf* Thrace.
θρανίο *nn* desk, form.
θρασεύω *vi* run riot.

Θρασίμι *nn* carcass || *μτφ.* coward.
Θρασομανώ *vi* run riot, spread fast.
Θράσος *nn* cheek, nerve, impudence.
Θρασύδειλος *nm* cowardly bully.
Θρασύς *adj* impudent, cheeky.
Θρασύτητα ⇒ ΘΡΑΣΟΣ
Θραύση *nf* στη *φρ.* κάνω ~, sweep the board, make havoc [of].
Θραύσμα *nn* fragment, splinter.
Θρεμμένος *adj* well-fed, fattened.
Θρεπτικός *adj* nourishing, nutritious.
Θρεφτάρι *nn* fatling.
Θρέφω *vt* nourish || (*οικογ.*) keep, support || (*πληγή*) heal up, skin over.
Θρέψη *nf* nutrition.
Θρηνητικός *adj* plaintive.
Θρηνολογώ *vi* wail, lament, bemoan.
Θρήνος *nm* wail[ing], lamentation.
Θρηνώ *vi* wail, lament, mourn.
Θρησκεία *nf* religion.
Θρήσκευμα *nn* faith, creed, religion.
Θρησκευτικός *adj* religious, sacred.
Θρησκόληπτος *adj, nm* religious zealot.
Θρησκοληψία *nf* religious mania.
Θρήσκος *adj* devout, churchy.
Θριαμβευτής *nm* conquering hero, victor.
Θριαμβευτικός *adj* triumphant, triumphal.
Θριαμβεύω *vi* triumph || excel, prevail.
Θριαμβικός *adj* triumphant, triumphal.
Θριαμβολογία *nf* bragging, boasting, crowing.
Θριαμβολογώ *vi* brag, gloat, crow, exult.
Θρίαμβος *nm* triumph, victory.
Θροΐζω *vi* rustle, swish.
Θρόισμα *nn* rustling, whisper.
Θρόμβος *nm* clot, bead || thrombus.
Θρόμβωση *nf* thrombosis.
Θρονί *nn* seat, throne.
Θρονιάζ·ω *vt* instal || ~ομαι, instal/plant oneself, settle down.
Θρόνος *nm* throne.
Θρούμπη *nf* savory.
Θροφή ⇒ ΤΡΟΦΗ
Θρυαλλίδα *nf* wick, fuse || time-bomb.
Θρυλικός *adj* legendary.
Θρύλος *nm* legend.
Θρυμματίζω *vt* fragment, smash, shatter, crumble.
Θρύψαλο *nn* crumb, fragment, piece, bit || *pl* shivers, smithereens.
Θυγατέρα *nf* daughter.
Θυγατρικός *adj* daughterly || *εμπ.* subsidiary, affiliated.
Θύελλα *nf* storm, tempest.

Θυελλώδης *adj* stormy, tempestuous || (*χειροκρ.*) thunderous.
Θύλακας *nm* pocket.
Θύμα *nn* victim || casualty.
Θυμάμαι *vt* remember, recollect.
Θυμάρι *nn* thyme.
Θυμηδία *nf* hilarity, guffaws.
Θύμηση *nf* memory || recollection.
Θυμητικό *nn* memory.
Θυμίαμα *nn* incense || *μτφ.* flattery.
Θυμιατήρι *nn* censer, incensory.
Θυμιατίζω *vt* incense || *μτφ.* flatter.
Θυμιατό ⇒ ΘΥΜΙΑΤΗΡΙ
Θυμίζω *vt* remind, put in mind.
Θυμός *nm* anger, temper.
Θυμώδης *adj* irascible, hot-tempered.
Θυμωμένος *adj* angry, cross, furious.
Θυμώνω *vti* anger, make/get angry, be cross, get mad.
Θύρα *nf* door || κεκλεισμένων των θυρών, in camera.
Θυρεός *nm* escutcheon, coat of arms.
Θυρίδα *nf* wicket || box-/ticket-office window || (*σε τράπεζα*) safe-deposit box, (*ταχυδρ.*) Post Office Box, (*γραφείου*) pigeon-hole.
Θυρωρείο *nn* porter's lodge.
Θυρωρός *nm* porter, doorman, (*πολυκατ.*) caretaker, janitor.
Θύσανος *nm* tuft, crest.
Θυσαν·οειδής (και ~ωτός) *adj* tufted.
Θυσία *nf* sacrifice.
Θυσιάζω *vt* sacrifice.
Θυσιαστήριο *nn* altar.
Θυσιαστήριος *adj* sacrificial.
Θύτης *nm* sacrificer || persecutor.
Θώκος *nm* chair || office.
Θωμάς *nm* Thomas || άπιστος ~, doubting Thomas.
Θωπεία *nf* caress.
Θωπεύω *vt* caress, stroke.
Θώρακας *nm* chest, (*ανατ.*) thorax || (*πολεμιστή*) breastplate, armour || *μτφ.* shield.
Θωρακίζω *vt* armour, plate || *μτφ.* shield.
Θωρακικός *adj* chest.
Θωράκιση *nf* armouring, plating, arming, shielding.
Θωρακισμένος *adj* armoured, iron-clad, steel-plated, shielded.
Θωρηκτό *nn* battleship, warship.
Θωριά *nf* looks || complexion.
Θωρώ *vt* see, look, stare, eye.

I ι

Ιάβα *nf* Java.

Ιακώβ *nm* Jacob.

ιαματικ·ός *adj* healing || ~ές πηγές, spa, hot springs.

Ιανουάριος *nm* January.

Ιάπωνας *nm* Japanese.

Ιαπωνία *nf* Japan.

ιαπωνικός *adj* Japanese.

Ιάσονας *nm* Jason.

ιατρείο *nn* surgery, consulting room.

ιατρική *nf* medicine.

ιατρικός *adj* medical.

ιατροδικαστής *nm* forensic surgeon.

ιατροδικαστική *nf* forensic medicine.

ιατρός *nm* doctor.

ιαχή *nf* acclamation, cheer, shout.

ιβίσκος *nm* hibiscus.

ίγγλα *nf* girth.

ιγμορίτιδα *nf* sinusitis.

ιδανικό *nn* ideal.

ιδανικός *adj* ideal.

ιδέα *nf* idea, notion, concept || suggestion || view, opinion.

ιδεαλισμός *nm* idealism.

ιδεαλιστής *nm* idealist.

ιδεαλιστικός *adj* idealistic.

ιδεόγραμμα *nn* ideogram, ideograph.

ιδεοληψία *nf* obsession, fixation.

ιδεολογία *nf* ideology.

ιδεολογικός *adj* ideological.

ιδεολόγος *nm* idealist || ideologist.

ιδεώδες *nn* ideal.

ιδεώδης *adj* ideal.

ιδιαίτερα *nn pl* personal affairs, ins and outs ◙ *adv* in particular.

ιδιαίτερος *nm* private secretary ◙ *adj* particular, peculiar, especial || private, personal.

ιδιαιτέρως *adv* particularly, especially || privately, in private.

ιδιοκτησία *nf* property, ownership.

ιδιοκτήτης *nm* owner, proprietor || landlord.

ιδιόκτητος *adj* privately-owned, of one's own.

ιδιομορφία *nf* peculiarity, oddity.

ιδιόμορφος *adj* peculiar, odd.

ιδιοποίηση *nf* appropriation.

ιδιοποιούμαι *vt* [mis]appropriate, embezzle.

ιδιορρυθμία *nf* peculiarity, oddity.

ιδιόρρυθμος *adj* peculiar, odd.

ίδιος *adj* oneself, own || same, alike,

similar || in person.

ιδιοσκεύασμα *nn* patent medicine.

ιδιοσυγκρασία *nf* idiosyncracy, temperament.

ιδιοσυστασία *nf* constitution.

ιδιοτέλεια *nf* selfishness, self-interest.

ιδιοτελής *adj* selfish, self-seeking.

ιδιότητα *nf* property, quality || trait, characteristic || capacity.

ιδιοτροπία *nf* caprice, whim, fancy || eccentricity, oddity || surliness.

ιδιότροπος *adj* capricious, eccentric, odd || grumpy, surly, sour-tempered.

ιδιότυπος *adj* peculiar, odd.

ιδιοφυής *adj* gifted, ingenious.

ιδιοφυΐα *nf* genius, talent.

ιδιόχειρ·ος *adj* with one's own hand || ~ως, in person, by hand.

ιδίωμα *nn* idiom, dialect || property, virtue || habit.

ιδιωματικός *adj* idiomatic.

ιδιωματισμός *nm* idiom.

ιδιωτεύω *vi* go into retirement.

ιδιώτης *nm* civilian, individual.

ιδιωτικός *adj* personal, private.

ιδού *adv* behold! here/there is!

ιδροκοπώ *vi* sweat profusely.

ίδρυμα *nn* establishment, institution, foundation.

ίδρυση *nf* establishment, founding.

ιδρυτής *nm* founder.

ιδρυτικός *adj* founding.

ιδρύω *vt* found, set up, establish.

ίδρωμα *nn* sweating.

ιδρωμένος *adj* sweaty, in a sweat.

ιδρώνω *vti* sweat, perspire.

ιδρώτας *nm* sweat || μτφ. toil.

ιεραποστολή *nf* mission.

ιεραπόστολος *nm* missionary.

ιεράρχης *nm* prelate.

ιεραρχία *nf* prelacy || hierarchy.

ιεραρχικός *adj* hierarchical.

ιεραρχώ *vt* form/have one's own scale of values.

ιερατείο *nn* clergy.

ιερατική σχολή, seminary.

ιερέας *nm* priest || clergyman.

ιέρεια *nf* priestess.

ιερεμιάδα *nf* Jeremiad.

ιερό *nn* sanctuary.

ιερογλυφικός *adj* hieroglyphic.

ιεροδιάκονος *nm* deacon.

ιεροδιδασκαλείο *nn* seminary.

ιερόδουλος *nf* prostitute.
ιεροεξεταστής *nm* inquisitor.
ιεροκήρυκας *nm* preacher.
ιεροκρυφίως *adv* on the quiet.
ιερομάρτυρας *nm* holy martyr.
ιερομόναχος *nm* priest-monk.
ιερός *adj* holy, sacred.
ιεροσπουδαστής *nm* seminarian.
ιεροσυλία *nf* sacrilege.
ιερόσυλος *adj* sacrilegious.
ιεροτελεστία *nf* rite, ritual.
ιερότητα *nf* holiness, sanctity.
ιερουργώ *vi* officiate.
ιεροψάλτης *nm* cantor.
ιερωμένος *nm* clergyman.
ιερωσύνη *nf* priesthood, holy orders.
Ιεχωβάς *nm* Jehovah.
ίζημα *nn* deposit, sediment.
ιησουΐτης *nm* Jesuit, *μτφ.* hypocrite.
Ιησούς *nm* Jesus.
ιθαγένεια *nf* nationality, citizenship.
ιθαγενής *adj, nm* native.
ιθύνοντες *nm pl* rulers.
ιθύνων νους, mastermind.
ικανοποιημένος *adj* satisfied, pleased.
ικανοποίηση *nf* satisfaction.
ικανοποιητικός *adj* satisfying, satisfactory.
ικανοποιώ *vt* satisfy, meet.
ικανός *adj* able, capable, efficient, competent ‖ potent ‖ *στρατ.* able-bodied.
ικανότητα *nf* ability, capacity, capability, competence.
ίκαρος *nm* air cadet.
ικεσία *nf* entreaty.
ικετευτικός *adj* imploring.
ικετεύω *vt* implore, entreat ‖ exhort.
ικέτης *nm* suppliant.
ικμάδα *nf* sap ‖ vigour, vitality.
ικρίωμα *nn* scaffold.
ίκτερος *nm* jauntice.
ιλαρά *nf* measles.
ιλαρότητα *nf* hilarity.
ιλαροτραγικός *adj* tragicomic.
ιλαροτραγωδία *nf* tragicomedy.
ίλαρχος *nm* cavalry captain.
ίλη *nf* squadron.
Ιλιάδα *nf* Iliad.
ιλιγγιώδης *adj* dizzy, giddy ‖ *(ταχύτητα)* breakneck.
ίλιγγος *nm* dizziness, vertigo ‖ *μτφ.* amazement ‖ whirl, swirl.
Ιμαλάια *nn pl* Himalayas.
ιμάντας *nm* belt.
ιματιοθήκη *nf* wardrobe ‖ locker[room].
ιματιοφυλάκιο *nn* cloakroom, vestiary.
ιματισμός *nm* clothing, wear, clothes.
ιμπεριαλισμός *nm* imperialism.
ιμπεριαλιστής *nm* imperialist.
ιμπεριαλιστικός *adj* imperialistic.
ιμπρεσάριος *nm* impresario.

ιμπρεσιονισμός *nm* impressionism.
ιμπρεσιονιστής *nm* impressionist.
ίνα *nf* fibre ‖ string.
ίνδαλμα *nn* idol.
Ινδία *nf* India.
Ινδιάνος *nm* Red Indian.
Ινδός *nm* Indian ‖ *(ποταμός)* Indus.
ινκόγκνιτο *nn* incognito.
ινσουλίνη *nf* insulin.
ινστιτούτο *nn* institute.
ιντερμέδιο *nn* interlude.
ίντριγκα *nf* intrigue.
ίντσα *nf* inch.
Ιόνιο *nn* Ionian Sea.
Ιορδανία *nf* Jordan.
ιός *nm* virus.
ιουδαϊκός *adj* Judaic, Jewish.
Ιουδαίος *nm* Jew.
ιουδαϊσμός *nm* Judaism.
Ιούλιος *nm* July.
Ιούνιος *nm* June.
ιππάριο *nn* pony.
ιππασία *nf* riding.
ιππέας *nm* horseman, rider.
ιππευτικός *adj* riding, equestrian.
ιππεύω *vti* ride.
ιππικό *nn* cavalry, horse.
ιπποδρομία *nf* [horse-]race.
ιπποδρομιάκιας *nm* horsy person.
ιπποδρόμιο *nn* *(και nm* ιππόδρομος*)* racecource.
ιπποδύναμη *nf* horsepower.
ιππόκαμπος *nm* sea-horse, hippocampus.
ιπποκομία *nf* horse-grooming.
ιπποκόμος *nm* groom, ostler.
ιπποπόταμος *nm* hippopotamus.
ίππος *nm* horse ‖ horsepower ‖ *(στο σκάκι)* knight.
ιπποσκευή *nf* harness.
ιππότης *nm* knight.
ιπποτικός *adj* knightly, chivalrous.
ιπποτισμός *nm* chivalry.
ιπποτροφείο *nn* stud-farm.
ιπτάμενος *adj* flying.
ίριδα *nf* rainbow ‖ iris.
ιριδισμός *nm* iridescence.
Ιρλανδία *nf* Ireland.
ιρλανδικός *adj* Irish.
Ιρλανδός *nm* Irishman.
ίσαλος *nf* *(και τα* ίσαλα*)* water-line.
ίσαμε *adv* up to, till, until, by ‖ about.
ισάξιος *adj* equal, equivalent.
ισημερία *nf* equinox.
ισημερινός *nm* equator.
ισθμός *nm* isthmus.
ίσια *adv* equally ‖ straight, direct[ly], right ‖ smack, plump.
ίσιος *adj* equal, even ‖ smooth, level ‖ straight ‖ frank, outspoken.
ισιώνω *(και* ισιάζω*) vt* straighten up,

right, put straight.
ίσκα nf tinder.
ισκιερός adj shady.
ίσκιος nm shade, shadow.
ισκιώνω vt shade.
ισλαμικός adj islamic.
Ισλανδία nf Iceland.
ισόβιος adj lifelong, [for] life.
ισοβιότητα nf permanence.
ισοβίτης nm lifer.
ισόγειο nn groundfloor.
ισοδύναμος adj equivalent.
ισοδυναμώ vi be equivalent || be tanta-mount to, amount to.
ισοζυγίζω vti balance, hover.
ισοζύγιο nn balance.
ισολογισμός nm balance [sheet].
ίσον adv αριθμ. equals.
ισοπαλία nf draw, ΗΠΑ tie || **φέρνω ~**, tie with, draw a match.
ισόπαλος adj level.
ισοπεδώνω vt level, flatten, raze to the ground.
ισοπέδωση nf levelling.
ισοπολιτεία nf equality before the law.
ισορροπημένος adj well-balanced, (άνθρ.) level-headed, sensible.
ισορροπία nf balance, equilibrium.
ισορροπιστής nm ropewalker.
ισόρροπος adj balanced, harmonious.
ισορροπώ vti balance, poise.
ίσος ⇒ ΙΣΙΟΣ
ισότητα nf equality, parity, par.
ισοτιμία nf parity.
ισότιμος adj equivalent.
ισοφαρίζω vt counterbalance, (πλοίο) trim || αθλ. equalize, draw level, tie.
ισοφάριση nf counterbalance || αθλ. equalization.
ισοψηφώ vi gain equal votes.
Ισπανία nf Spain.
ισπανικός adj Spanish.
Ισπανός nm Spaniard.
Ισραήλ nn Israel.
ισραηλινός adj Israeli.
Ισραηλίτης nm Israelite, Jew.
ιστίο nn sail.
ιστιοδρομία nf sailing.
ιστιοπλοϊκός adj sailing, yacht[ing].
ιστιοπλοΐα nf sailing, yacht racing.
ιστιοπλόος nm yachtsman.
ιστιοφόρο nn sailing boat.
ιστόρημα nn narrative.
ιστορία nf history || story, tale || busi-ness, affair || pl fuss, trouble.
ιστορικό nn background || (αρρώστου)

case-history.
ιστορικός nm historian 🔲 adj historic.
ιστοριοδίφης nm history researcher.
ιστορώ vt narrate, tell.
ιστός nm ανατ. tissue || (αράχνης) cob-web || (πλοίου) mast.
ισχαιμία nf ischemia.
ισχιαλγία nf sciatica.
ισχίο nn hip, haunch.
ισχναίνω vi slim, grow thin/lean.
ισχναντικός adj slimming.
ισχνός adj lean, thin, skinny || (πενι-χρός) slender, meagre, scanty, poor.
ισχνότητα nf leanness || slenderness.
ισχυρίζομαι vi maintain, claim, make out, argue || profess, pretend || νομ. plead.
ισχυρισμός nm assertion, allegation.
ισχυρογνώμων adj headstrong, stubborn.
ισχυρογνωμοσύνη nf stubbornness, obsti-nacy.
ισχυροποιώ vt strengthen, reinforce.
ισχυρός adj strong, tough, powerful || stiff, stout, loud || νομ. valid.
ισχύς nf strength || power, force || νομ. validity.
ισχύω vi be in force, be operative/ef-fective, have effect || stand, be good for, be valid || apply, go for.
ίσως adv maybe, perhaps, possibly, prob-ably || may, might.
Ιταλία nf Italy.
ιταλικός adj Italian.
Ιταλός nm Italian.
ιταμός adj insolent.
ιταμότητα nf insolence.
ιτιά nf willow [tree].
ιχθυαγορά nf fish market.
ιχθύες nm pl αστρολ. Pisces.
ιχθυοπωλείο nn fish shop, fishmonger's.
ιχθυοπώλης nm fishmonger.
ιχθυόσκαλα nf fish-wharf.
ιχθυοτροφείο nn fishery, fish-farm.
ιχθυοτροφία nf pisciculture.
ιχθύς nm fish.
ιχνογράφημα nn drawing, sketch.
ιχνογραφία nf pencil drawing.
ιχνογραφώ vt draw, design, sketch.
ίχνος nn print, track, trail || clue, trace, mark || vestige.
Ιώβ nm Job.
ιωβηλαίο nn jubilee.
ιώδιο nn iodine.
Ιωνία nf Ionia.
ιωνικός adj Ionic.

K κ

κάβα *nf* [wine-]cellar.
καβάκι *nn* poplar-tree.
καβάλα *nf* ride, riding || pickaback || astride || είμαι ~, have the upper hand.
καβαλάρης *nm* rider, horseman.
καβαλαρία *nf* cavalry, horse.
καβάλες *nf pl* (παιχνίδι) leap-frog.
καβαλέτο *nn* easel.
καβαλιέρος *nm* escort, partner.
καβαλικευτά *adv* astride.
καβαλικεύω ⇒ ΚΑΒΑΛΩ
καβαλίνα *nf* dung.
καβαλιστικός *adj* cabalistic, esoteric.
καβάλος *nm* seat, fork.
καβαλώ *vt* get on, mount || straddle, sit astride || *sl* screw || μτφ. dominate.
καβαντζάρω *vti* ναυτ. weather || μτφ. turn the corner.
καβγαδάκι *nn* tiff, scrap.
καβγαδίζω *vi* quarrel, squabble.
καβγάς *nm* quarrel, wrangle, squabble, row || fight, brawl, bust-up.
καβγατζής *nm* brawler.
κάβος *nm* cape, headland.
καβούκι *nn* shell.
κάβουρας *nm* crab || εργαλ. monkey wrench.
καβουρδίζω *vt* roast, brown, parch.
καβούρι *nn* crab.
καγκελαρία *nf* chancellery.
καγκελάριος *nm* chancellor.
κάγκελο *nn* rail, bar, (σκάλας) baluster || *pl* railing, balustrade.
καγκουρώ *nf* kangaroo.
καγχάζω *vi* chuckle, guffaw.
καγχασμός *nm* chuckle, guffaw.
καδένα *nf* chain.
κάδος *nm* bucket.
κάδρο *nn* frame || framed picture.
καδρόνι *nn* rafter, beam.
καζαμίας *nm* almanac.
καζανάκι *nn* toilet cistern.
καζάνι *nn* cauldron || boiler.
καζάντι *nn* gain, profit.
καζίνο *nn* casino.
κάζο *nn* reverse || flop, washout.
καζούρα *nf* ragging.
καημένος *adj* poor || burnt, scalded.
καημός *nm* longing || the blues.
καθαγιάζω *vt* hallow, sanctify.
καθαίρεση *nf* cashiering, unfrocking.
καθαιρώ *vt* (αξιωματικό) cashier, (επί-

σκοπο) dethrone, (παπά) unfrock.
καθαρεύουσα *nf* purist Greek.
καθαρευουσιάνος *nm* purist.
καθαρίζω *vt* clean, clear, mop up || (φρούτα) peel, shell || (σκοτώνω) do in, bump off.
καθαριότητα *nf* cleanliness, cleanness.
καθάρισμα *nn* cleaning, clearing.
καθαριστήριο *nn* dry-cleaner's.
καθαρίστρια *nf* [office-]cleaner.
κάθαρμα *nn* scum, creep, villain.
καθαρόαιμος *adj* (άλογο) thoroughbred.
καθαρόγραμμος *adj* clean-cut, clear-cut.
καθαρογράφω *vt* write out/neatly || engross.
καθαρός *adj* clean, clear, neat, tidy || plain, distinct, lucid, explicit || pure.
καθαρότητα *nf* clearness, purity.
κάθαρση *nf* expiation, catharsis.
καθάρσιο *nn* purgative.
καθαρτήριο *nn* (και *adj* ~ς) purgatory.
καθαρτικό *nn* purge, purgative.
καθαυτό *adj* genuine, proper.
κάθε *pron* each, every.
καθέδρα *nf* chair.
καθεδρικός ναός, cathedral.
κάθειρξη *nf* imprisonment.
καθέκαστα *nn pl* details, particulars.
καθέλκυση *nf* launching.
καθελκύω *vt* launch.
καθένας (*f* καθεμιά, *n* καθένα) *pron* each, every, everybody, everyone || anyone, anybody.
καθεξής *adv* στη φρ. και ούτω ~, and so on, and so forth.
καθεστώς *nn* regime.
καθετή *nf* fishing-line.
καθετήρας *nm* probe, catheter.
καθετηριάζω *vt* probe, catheterize.
καθετηρίαση *nf* probing.
καθετί *pron* everything.
κάθετος *adj* vertical, at right angles, perpendicular ▣ *nf* stroke.
καθηγητής *nm* (γυμνασίου) teacher, master || (πανεπιστημίου) professor.
καθηγήτρια *nf* mistress || professor.
καθήκον *nn* duty, task.
καθηλώνω *vt* pin/nail down, fix || immobilize, transfix || (μισθούς) freeze.
καθήλωση *nf* fixing, freeze.
καθημερινή *nf* week-day.
καθημερινός *adj* daily, everyday.
καθημερινότητα *nf* daily routine.

καθησυχάζω *vti* calm down, quieten, reassure, soothe.

καθησυχαστικός *adj* reassuring, soothing.

κάθιδρος *adj* bathed in sweat.

καθιερωμένος *adj* established, standard.

καθιερώνω *vt* establish, sanction.

καθιέρωση *nf* establishment.

καθίζηση *nf* subsidence.

καθίζω *vti* sit, make sb sit || (*πλοίο*) run/go aground.

καθίκι *nn* jerry, chamber-pot || (*βρισιά*) vile person, skunk.

καθισιά *nf* sitting.

καθισιό *nn* idleness, loafing.

κάθισμα *nn* sitting || seat, stool, chair.

καθιστικό *nn* sitting-room.

καθιστικός *adj* sedentary.

καθιστώ *vt* render, make.

καθοδήγηση *nf* guidance, lead[ing].

καθοδηγητής *nm* instructor.

καθοδηγώ *vt* guide, lead, instruct, direct.

καθοδικός *adj* downward.

κάθοδος *nf* descent, way down.

Καθολικισμός *nm* Catholicism.

καθολικό *nn* λογιστ. ledger.

καθολικός *nm* Catholic ▣ *adj* catholic || general, universal.

καθολικότητα *nf* universality.

καθόλου *adv* not at all, by no means.

κάθομαι *vi* sit || settle, subside, (*πλοίο*) run aground || be idle, be out of work.

καθομιλουμένη *nf* vernacular, demotic.

καθορίζω *vt* determine, fix, decide on || define.

καθορισμένος *adj* definite, fixed.

καθορισμός *nm* determination, fixing.

καθοριστικός *adj* decisive.

καθόσον *adv* as far as.

καθότι *adv* because.

καθούμενα *nn pl* στη φρ. στα καλά ~, unprovoked, wanton, just like that.

καθρέφτης *nm* mirror, looking-glass.

καθρεφτίζω *vt* mirror, reflect.

καθρέφτισμα *nn* reflection.

καθυποτάσσω *vt* subjugate, harness.

καθυστερημένος *adj* late, belated, delayed, overdue || backward, retarded.

καθυστέρηση *nf* delay || backwardness.

καθυστερούμενα *nn pl* arrears, backlog.

καθυστερώ *vti* delay, be late, be overdue, detain, retard.

καθώς *adv* as, such as || while.

καθωσπρέπει *adj* decent, proper.

και *conj* and, too, also, as well || all || και ... και, both ... and, whether ... or || ακόμα ~, even || αν ~, though.

καΐκι *nn* caique.

καϊμάκι *nn* cream.

καινός *adj* new, novel.

καινοτομία *nf* novelty, innovation.

καινοτόμος *nm* innovator.

καινοτομώ *vi* innovate, pioneer.

καινούργιος *adj* new, fresh.

καινουργώνω *vt* redo, do up.

καιρικός *adj* weather.

καίριος *adj* crucial, vital || fatal, telling || timely, opportune.

καιρός *nm* weather || season || time, days.

καιροσκοπικός *adj* opportunistic.

καιροσκοπισμός *nm* opportunism.

καιροσκόπος *nm* opportunist, time-server.

καιροσκοπώ *vi* temporize, bide one's time, wait for the cat to jump.

καιροφυλακτώ *vi* lurk, lie in wait.

Καίσαρας *nm* Caesar.

καισαρικός *adj* Caesarean.

καΐσι *nn* apricot.

καίτοι *conj* [al]though.

καίω *vti* burn, set/be on fire || scald, blister, scorch || (*φυτά*) blight, nip || (*νεκρό*) cremate || (*για δέρμα*) tingle || (*για μάτια*) smart.

κακάβι *nn* cauldron.

κακαβιά *nf* bouillabaisse.

κακάο *nn* cocoa.

κακαρίζω *vi* cackle, cluck.

κακαρώνω *vi* peg out, conk out.

κακέκτυπο *nn* bad copy, misprint.

κακεντρέχεια *nf* malice, malevolence.

κακεντρεχής *adj* malicious, malevolent.

κακεχτικός *adj* peaky, sick-looking.

κακία *nf* wickedness, malice.

κακίζω *vt* reproach, blame.

κακιώνω *vi* sulk || turn nasty.

κακο— *prefix* ill—, mis—, badly—.

κακό *nn* evil, ill, wrong, harm.

κακοαναθρεμμένος *adj* ill-bred.

κακοβάζω *vi* think the worst.

κακοβουλία *nf* malice, malevolence.

κακόβουλος *adj* malicious, malevolent.

κακογλωσσιά *nf* backbiting.

κακόγλωσσος *adj* catty.

κακόγουστος *adj* vulgar, gaudy.

κακογράφω *vt* scribble, scrawl.

κακοδαιμονία *nf* ill-luck, misfortune.

κακοδιάθετος *adj* out of sorts.

κακοδικία *nf* mistrial.

κακοδιοίκηση *nf* mismanagement.

κακόζηλος *adj* inelegant.

κακοήθεια *nf* wickedness, vileness.

κακοήθης *adj* wicked, malicious, vile || ιατρ. malignant.

κακόηχος *adj* ill-sounding, jarring.

κακοθελητής *nm* ill-wisher.

κακοκαιρία *nf* bad weather.

κακοκαρδίζω *vt* displease, grieve.

κακοκέφαλος *adj* stubborn || foolish.

κακοκεφιά *nf* sulks, low spirits.

κακόκεφος adj moody, low-spirited.
κακολογώ vt run down, slander.
κακομαθαίνω vt spoil || get into bad habits.
κακομαθημένος adj spoilt || ill-bred.
κακομεταχειρίζομαι vt ill-treat.
κακομεταχείριση nf ill-treatment.
κακομοίρης adj poor, wretched.
κακομοιριά nf misery, poverty.
κακομοιριασμένος adj shabby.
κακομούτσουνος adj ugly.
κακοντυμενος adj badly-dressed.
κακόπαιδο nn wicked boy.
κακοπαίρνω vt take amiss.
κακοπερνώ vi live in poverty, have a bad time.
κακοπιστία nf bad faith, deceit.
κακόπιστος adj untrustworthy, deceitful.
κακοποίηση nf manhandling.
κακοποιός nm criminal.
κακοποιώ vt manhandle, rough up || (γυναίκα) molest, rape || (γλώσσα) mangle.
κακορίζικος adj ill-fated, wretched.
κακός adj bad, wicked, foul, nasty, naughty || evil, harmful.
κακοσμία nf bad smell, stench.
κακοσυνηθίζω ⇒ ΚΑΚΟΜΑΘΑΙΝΩ
κακοτεχνία nf poor workmanship.
κακότητα nf malevolence.
κακοτοπιά nf μτφ. pitfall.
κακότροπος adj cross-grained, sour.
κακοτυχία nf adversity, setback, misfortune || bad luck.
κακότυχος adj unlucky, unfortunate.
κακούργημα nn crime || νομ. felony.
κακουργιοδικείο nn criminal court, jury.
κακούργος nm, adj criminal.
κακουχία nf hardship, trial.
κακοφαίνεται v impers take it amiss, feel injured.
κακόφημος adj disreputable, of ill repute.
κακοφτιάχνω vt make badly, bungle, botch up.
κακοφωνία nf cacophony.
κακοφωτισμένος adj poorly-lighted.
κακόψυχος adj ill-natured, malicious.
κάκωση nf injury, bruise.
καλά adv well, rightly.
καλαθάκι nn punnet.
καλάθι nn basket || αθλ. βάζω ~, shoot a basket.
καλαθιά nf basketful.
καλαθοπλεκτική nf wickerwork.
καλαθόσφαιρα nf basket-ball.
καλάι nn tin, pewter.
καλαισθησία nf good taste.
καλαίσθητος adj tasteful, in good taste.
καλαμάκι nn straw.
καλαμαράς nm pen-pusher.

καλαμάρι nn inkpot || ιχθ. squid.
καλαμένιος adj reed, straw, cane.
καλάμι nn reed, cane, straw || fishing-rod || (ποδιού) shin.
καλαμιά nf stubble.
καλαμιώνας nm reed-bed.
καλαμοπόδαρος adj spindle-legged.
καλαμοσκεπή nf thatch, reed roof.
καλαμόφυτος adj reedy.
καλαμπόκι nn maize, [Indian] corn.
καλαμπούρι nn joke, pun.
καλαμπουρίζω vi pun, crack a joke.
καλαμπουρτζής nm punster, wag.
καλαμωτή nf mat.
κάλαντα nn pl carols.
καλαντάρι nn calendar.
καλαπόδι nn last, shoe-tree.
καλαρέσω vi like, take/warm to.
καλάρω vi drop the nets.
καλατζής nm tinker.
καλαφατίζω vt caulk.
καλειδοσκόπιο nn kaleidoscope.
καλέμι nn chisel.
κάλεσμα nn call, invitation.
καλεσμένος adj guest, visitor.
καλή nf right side.
καλημέρα nf good morning.
καλημερίζω vt say good morning.
καληνύχτα nf good night.
καληνυχτίζω vt say good night.
καλησπέρα nf good evening.
καλησπερίζω vt say good evening.
καλιακούδα nf jackdaw.
καλιγώνω vt shoe.
καλικάντζαρος nm goblin, gnome.
κάλιο nn potassium.
καλλίγραμμος adj shapely.
καλλιγραφία nf penmanship, calligraphy.
καλλιγράφος nm calligrapher.
καλλιέπεια nf elegance.
καλλιέργεια nf cultivation.
καλλιεργήσιμος adj arable.
καλλιεργητής nm cultivator, farmer.
καλλιεργητικός adj farming.
καλλιεργώ vt cultivate, farm.
κάλλιο adv better, rather, sooner.
καλλιόπη nf στρατ. latrine.
καλλιστεία nn pl beauty contest.
καλλιτέχνημα nn work of art.
καλλιτέχνης nm artist.
καλλιτεχνία nf artistry.
καλλιτεχνικός adj artistic.
καλλονή nf beauty.
κάλλος nn beauty, looks.
καλλυντικά nn pl cosmetics.
καλλωπίζ·ω vt give a face-lift to, smarten up || ~ομαι, make one's toilet.
καλλωπισμός nm toilet, decoration.
καλλωπιστικός adj ornamental || beautifying.

κάλμα *nf* calm, lull, quiet.
καλμάρω *vti* calm down, soothe || abate, subside.
καλντερίμι *nn* cobbled road.
καλό *nn* good.
καλοαναθρεμμένος *adj* well-bred.
καλοβλέπω *vti* see well || like.
καλόβολος *adj* accommodating.
καλογερεύω *vi* be/become a monk.
καλόγερος *nm* monk || *ιατρ.* boil.
καλόγουστος *adj* tasteful, in good taste.
καλόγρια *nf* nun.
καλοδέχομαι *vt* welcome.
καλοδεχούμενος *adj* welcome.
καλοδιάθετος *adj* good-tempered.
καλοδιατυπωμένος *adj* well-worded.
καλοδουλεμένος *adj* well-made.
καλοεξετάζω *vt* examine closely.
καλοζώ *vi* live well, be well off.
καλοζωία *nf* well-being.
καλοήθης *adj ιατρ.* benign.
καλοθελητής *nm* well-wisher.
καλοθρεμμένος *adj* fat, well-fed.
καλοθυμάμαι *vt* remember well.
καλοκάγαθος *adj* kindly.
καλοκαίρι *nn* summer.
καλοκαιρία *nf* fair weather.
καλοκαιριάτικος *adj* summer.
καλοκαμωμένος *adj* well-made, attractive.
καλοκαρδίζω *vt* cheer, please.
καλόκαρδος *adj* good-hearted.
καλομαθημένος *adj* well-bred || spoilt.
καλομιλώ *vt* speak well.
καλοντυμένος *adj* well-dressed.
καλοπαντρεύω *vt* marry well.
καλοπερασάκιας *nm* good-liver.
καλοπερνώ *vi* have it easy, have a good time.
καλοπιάνω *vt* coax, cajole.
καλόπιασμα *nn* cajolery.
καλόπιστ·ος *adj* trustworthy, bona fide || ~α *adv* in good faith.
καλοπροαίρετος *adj* well-intentioned.
καλορίζικος *adj* lucky.
καλοριφέρ *nn* central heating || (*το σώμα*) radiator || (*αυτοκ.*) heater.
κάλος *nm* corn, bunion.
καλός *adj* good || *nm* goodie.
καλοσκέφτομαι *vt* think over.
καλοστεκούμενος *adj* well-preserved.
καλοσυγυρισμένος *adj* tidy.
καλοσυνάτος *adj* kindly, genial.
καλοσυνεύω *vi* clear up, improve.
καλοσύνη *nf* kindness, goodness || fair weather.
καλότυχος *adj* happy, lucky, fortunate.
καλούπι *nn* mould.
καλούπωμα *nn* casting, *οικοδ.* casing.
καλούτσικος *adj* goodish, fair.
καλοφαγάς *nm* gourmand || gourmet.

καλοφτιάχνω *vt* make/do well.
καλοψήνω *vt* cook well.
καλόψυχος *adj* kind-hearted.
καλπάζω *vi* gallop, canter.
καλπασμός *nm* gallop, canter.
κάλπη *nf* ballot-box.
κάλπικος *adj* false, forged, faked.
καλπονοθεία *nf* electoral fraud.
κάλτσα *nf* stocking, (*ανδρ.*) sock.
καλτσοδέτα *nf* garter.
καλτσόν *nn pl* tights.
καλύβα *nf* cabin, hut, shack.
κάλυκας *nm* calyx || (*σφαίρας*) casing.
καλυκοποιείο *nn* munitions factory.
κάλυμμα *nn* cover[ing].
καλύπτω *vt* cover [up].
καλυτέρευση *nf* betterment, improvement.
καλυτερεύω *vti* improve, better.
καλύτερ·ος *adj* better || *ο* ~*ος*, the best || ~*α να*, had better, would sooner.
κάλυψη *nf* cover, coverage.
κάλφας *nm* apprentice.
καλώ *vt* call || send for || ask, invite.
καλώδιο *nn* cable, flex.
καλώς *adv* well.
καλωσορίζω *vt* welcome.
καλωσύνη ⇒ ΚΑΛΟΣΥΝΗ
κάμα *nn* knife, dagger.
καμάκι *nn* gaff, harpoon || gigolo.
κάμαρα *nf* room.
καμάρα *nf* arch.
καμάρι *nn* pride, boast || gem.
καμαριέρα *nf* chamber-maid.
καμαριέρης *nm* valet.
καμαρίνι *nn* dressing room.
καμαρότος *nm* steward || *nf* stewardess.
καμαρώνω *vt* look admiringly at || be vain [about], boast || take a pride in.
καμαρωτός *adj* proud, vain.
καματεύω *vt* till, plough.
κάματος *nm* weariness, fatigue.
καμβάς *nm* canvass.
καμέλια *nf* camelia.
κάμερα *nf* cine-camera.
καμήλα *nf* camel.
καμηλιέρης *nm* camel-driver.
καμηλό *nn* (*ύφασμα*) camel-hair, duffel.
καμηλοπάρδαλη *nf* giraffe.
καμιά ⇒ ΚΑΝΕΙΣ
καμικάζι *nm μτφ.* speed-merchant.
καμινάδα *nf* chimney[-stack/-pot].
καμινέτο *nn* spirit/gas stove.
καμίνι *nn* furnace, oven || kiln.
καμιόνι *nn* van, truck.
καμουτσί *nn* horse-whip, riding-crop.
καμουφλάζ *nn* camouflage, disguise.
καμουφλάρω *vt* camouflage.
καμπάνα *nf* bell || reprimand.
καμπαναριό *nn* bell-tower, belfry.
καμπάνια *nf* campaign, drive.

καμπανιστός *adj* ringing, clarion.
καμπανίτης *nm* champagne.
καμπανούλα *nf* bluebell, harebell.
καμπαρέ *nn* cabaret.
καμπαρντίνα *nf* gabardine.
καμπή *nf* bend, curve || *μτφ.* turning-point.
κάμπια *nf* caterpillar, larva, grub.
καμπίνα *nf* cabin, booth || *αεροπ.* cock-pit.
καμπινές *nm* loo, lavatory, toilet.
κάμπος *nm* plain.
κάμποσος *pron* quite some, quite a few, several, enough.
καμποτίνος *nm* charlatan.
κάμποτο *nn* calico.
καμπούρα *nf* hump, hunch.
καμπούρης *nm* humpback, hunchback ⊙ *adj* humpbacked, hunchbacked.
καμπουριάζω *vi* stoop, arch one's back.
καμπουρωτός *adj* stooping, crooked.
κάμπτομαι *vi* relent, give in.
κάμπτω *vt* bend, bow.
καμπύλη *nf* curve.
καμφορά *nf* camphor.
κάμψη *nf* bending || *μτφ.* decline.
καμώματα *nn pl* antics || airs and graces || play-acting || doings.
καμώνομαι *vi* pretend, sham || shut up.
καν *conj* even || either ... or || *χωρίς* ~, without so much as.
κανάγιας *nm* scoundrel, ruffian.
Καναδάς *nm* Canada.
Καναδ-έζος (*και* ~ός) *nm* Canadian.
κανα-δυό *adj* a couple, one or two.
κανακάρης *nm* darling son, spoilt child.
κανακεύω *vt* coddle, pamper.
κανάλι *nn* canal, channel.
κανατές *nm* couch, sofa, settee.
καναρίνι *nn* canary.
κανάτα *nf* jug.
κανάτι *nn* jug, pot.
κανείς (*f* καμιά, *n* κανένα) *adj, pron* a, some, any, no, somebody, anybody, nobody || one.
κανέλα *nf* cinnamon.
κανελόνια *nn pl* cannelloni.
κάνθαρος *nm* beetle, scarab.
κανιά *nn pl* legs, shanks, pins.
κανιβαλισμός *nm* cannibalism.
κανίβαλος *nm* cannibal.
κάνιστρο *nn* basket || hamper.
κανναβάτσο *nn* canvas, burlap.
κάνναβις *nf* hemp, cannabis.
κανναβούρι *nn* hempseed, birdseed.
κάννη *nf* barrel.
κανό *nn* canoe.
κανόνας *nm* rule || ruler || *εκκλ.* canon || *οικον.* standard.
κανόνι *nn* cannon, gun || (*για κτ καλό*)

swell, posh || *ρίχνω* ~, go bust.
κανονιά *nf* gunshot, cannon-shot.
κανονίδι *nn* gunfire.
κανονίζω *vt* (*ρυθμίζω*) regulate, adjust, set || (*διευθετώ*) settle, sort out || (*ορίζω*) arrange || (*οργανώνω*) organize, plan out, tee up || (*εκδικούμαι*) fix, settle || (*δωροδοκώ*) fix || (*σκοτώνω*) bump off, plug || knock off.
κανονικός *adj* regular, even || formal, proper || ordinary, normal || canon.
κανονιοβολισμός *nm* salvo || gunfire.
κανονιοβολώ *vt* bombard, shell.
κανονιοφόρος *nf* gunboat.
κανονισμός *nm* regulations, rules.
κάνουλα *nf* tap, *ΗΠΑ* faucet.
καντάδα *nf* serenade.
κανταράκι *nn* spring balance.
καντάρι *nn* steelyard || hundredweight.
καντάτα *nf* cantata.
καντήλα *nf* (votive) lamp || blister.
καντηλανάφτης *nm* verger.
καντηλέρι *nn* candlestick.
καντήλι *nn* hanging oil-lamp.
καντίνα *nf* canteen, *σχολ.* tuck-shop.
κάντιο *nn* barley-sugar.
καντράν *nn* dial.
κάνω *vt* do || make || make believe, pretend || *τί κάνετε;* how are you?
καουμπόης *nm* cowboy.
καούρα *nf* heartburn.
καουτσούκ *nn* rubber.
κάπα *nf* cape.
καπάκι *nn* lid, top, cap, cover, flap.
κάπαρο *nn* earnest-money, deposit.
καπαρώνω *vt* engage, book.
καπάτσος *adj* shrewd, smart, sharp.
καπατσοσύνη *nf* shrewdness.
κάπελας *nm* wine merchant || barman.
καπελάς *nm* hatter.
καπελιέρα *nf* hatbox.
καπέλο *nn* hat.
καπελού *nf* milliner.
καπετάν *nm* captain || ~ *φασαρίας*, a holy terror.
καπετάνιος *nm* captain, chief.
καπηλεία *nf* trading [on], mongering.
καπηλειό *nn* taproom, wineshop.
καπηλεύομαι *vt* trade [upon sth].
καπίκι *nn* kope[c]k || *χαρτοπ.* point.
καπιστράτα *nf* headstall.
καπίστρι *nn* halter, bridle, rein.
καπιστρώνω *vt* bridle, harness.
καπιτονάρω *vt* wad, quilt.
καπιταλισμός *nm* capitalism.
καπιταλιστής *nm* capitalist.
καπιταλιστικός *adj* capitalistic.
καπλαμάς *nm* veneer.
καπνέμπορος *nm* tobacco dealer.
καπνιά (*και* κάπνα) *nf* soot.

καπνίζω *vti* smoke || soot, fume.
κάπνισμα *nn* smoking.
καπνιστήριο *nn* smoking-room.
καπνιστής *nm* smoker.
καπνιστός *adj* smoked, smoke-cured.
καπνοβιομηχανία *nf* tobacco industry.
καπνογόνος *adj* smoky.
καπνοδόχος *nf* chimney[-stack].
καπνοδοχοκαθαριστής *nm* chimney-sweep.
καπνοπαραγωγός *nm* tobacco-grower.
καπνοπωλείο *nn* tobacconist's.
καπνοπώλης *nm* tobacconist.
καπνός *nm* smoke, fume || tobacco.
καπνοσακκούλα *nf* tobacco pouch.
καπνοφυτεία *nf* tobacco plantation.
καπό *nn* αυτοκ. bonnet, ΗΠΑ hood.
κάποιος *pron* someone, somebody || ένας ~, a certain.
καπότα *nf* condom, ΗΠΑ rubber.
κάποτε *adv* once, formerly || sometime || occasionally, sometimes.
κάπου *adv* somewhere || about, or so || occasionally.
καπούλια *nn pl* rump, buttocks.
κάππαρη *nf* caper.
καπρίτσιο *nn* caprice, whim, fancy.
καπριτσιόζος *adj* capricious.
κάπρος *nm* boar.
κάπως *adv* somehow, somewhat.
καραβάνα *nf* pannikin, mess-tin.
καραβανάς *nm* brass hat.
καραβάνι *nn* caravan.
καράβι *nn* boat, ship, vessel.
καραβίδα *nf* crayfish.
καραβοκύρης *nm* ship-master, skipper.
καραβόπανο *nn* canvas.
καραγκιόζης *nm* Punch || buffoon || puppet-show.
καραγκιοζιλίκια *nn pl* antics, capers.
καραδοκώ *vi* be on the look-out for.
καρακάξα *nf* magpie.
καραμέλα *nf* caramel, candy.
καραμελάδικο *nn* candy-shop.
καραμούζα *nf* trumpet, horn.
καραμπίνα *nf* carbine.
καραμπόλα *nf* (μπιλιάρδου) cannon || αυτοκ. pile-up.
καραντίνα *nf* quarantine.
καραούλι *nn* look-out post || sentry.
καράτε *nn* karate.
καράτι *nn* carat.
καρατομώ *vt* behead.
καράφα *nf* carafe, decanter.
καραφάκι *nn* small measure.
καράφλα *nf* baldness || bald pate.
καραφλός *adj* bald.
καραφλαίνω *vi* grow bald, get thin on top.
καρβέλι *nn* loaf.
καρβουνιάρης *nm* coal merchant.

καρβουνιάρικο *nn* coal yard.
κάρβουνο *nn* coal.
καργάρω *vt* fill up || tighten.
κάργας *nm* bully.
κάρδαμο *nn* cress.
καρδαμώνω *vti* fortify, invigorate.
καρδάρα *nf* milk-tub.
καρδερίνα *nf* goldfinch.
καρδιά *nf* heart.
καρδιακός *adj* cardiac, heart.
καρδινάλιος *nm* cardinal.
καρδιογράφημα *nn* cardiogram.
καρδιολόγος *nm* cardiologist.
καρδιοπάθεια *nf* heart condition.
καρδιοπαθής *adj* having a weak heart.
καρδιοχτύπι *nn* heartbeat.
καρδιοχτυπώ *vi* feel anxious || ache for.
καρέ *nn* square || (τραπεζιού) centre-piece || χαρτοπ. four of a kind || (φιλμ) still || άνθρ. party of four || (ντεκολτέ) low neckline || πολ. ναυτ. quarter-deck, messroom.
καρέκλα *nf* chair.
καριέρα *nf* career.
καρικατούρα *nf* caricature.
καρικώνω *vt* mend, darn.
καρίνα *nf* (πλοίου) keel.
καριοφίλι *nn* flintlock.
καρκινοβατώ *vi* go very slow || make no progress.
καρκινολόγος *adv* cancer specialist.
καρκινοπαθής *nm* cancer patient.
καρκίνος *nm* cancer.
καρκίνωμα *nn* cancerous growth.
καρμανιόλα *nf* guillotine.
καρμίρης *nm* miser, skinflint.
καρμπόν *nn* carbon paper.
καρμπυρατέρ *nn* carburettor.
καρναβάλι *nn* carnival.
καρνέ *nn* notebook, cheque-book.
κάρο *nn* cart.
καρό *nn* check || χαρτοπ. diamond.
καροσερί *nn* αυτοκ. body.
καρότο *nn* carrot.
καρότσα *nf* coach || αυτοκ. body.
καροτσάκι *nn* (μωρού) pram || (ανάπηρου) wheel-chair || (κηπουρού) barrow, handcart || (αποσκευών) trolley.
καροτσιέρης *nm* carter, coachman.
καρούλα *nf* blister.
καρούλι *nn* bobbin, reel || caster.
καρούμπαλο *nn* bump || βοτ. cone.
καρπαζιά *nf* clout.
καρπαζώνω *vt* clout.
καρπερός *adj* fertile, fruitful.
καρπίζω *vi* fruit, give fruit.
καρπός *nm* fruit || (χεριού) wrist.
καρπούζι *nn* water-melon.
καρποφορία *nf* crop.
καρποφόρος *adj* fruitful || profitable.

καρποφορώ *vi* give/bear fruit.
καρπώνομαι *vti* profit by, enjoy.
κάρτα *nf* card, postcard.
καρτέλα *nf* file/index card.
καρτελοθήκη *nf* card file.
κάρτερ *nn* αυτοκ. oil-sump.
καρτερεύω *vi* endure, have patience.
καρτέρι *nn* ambush, lurking-place.
καρτερία *nf* fortitude, resignation.
καρτερικός *adj* resigned.
καρτερώ *vti* wait [for] || be patient.
καρτ-ποστάλ *nf* postcard.
καρύδα *nf* coconut.
καρύδι *nn* nut, walnut || ~ *του λαιμού*, Adam's apple.
καρυδιά *nf* walnut-tree.
καρυδόπιτα *nf* nut-cake.
καρυδότσουφλο *nn* walnut shell || *(πλοίο)* cockleshell.
καρυδώνω *vt* wring the neck of.
καρύκευμα *nn* spice, dressing.
καρυκεύω *vt* spice, season, flavour, dress.
καρυοθραύστης *nm* nutcrackers.
καρυοφύλλι *nn* βοτ. clove.
καρφάκι *nn* tack.
καρφί *nn* nail, rivet, stud || *κάθομαι στα ~ά*, be on tenterhooks.
καρφίτσα *nf* pin || brooch || paperclip.
καρφιτσώνω *vt* pin, tack || clip, staple.
καρφώνω *vt* nail, pin, fix || μτφ. fasten, rivet || *(καταδίδω)* betray, tell on.
καρχαρίας *nm* shark.
καρωτίδα *nf* ανατ. carotid.
κάσα *nf* case, box || *(φέρετρο)* coffin, *ΗΠΑ* casket || *(χρηματ.)* strongbox.
κασάτο *nn* Neapolitan ice.
κασέλα *nf* chest, trunk.
κασέρι *nn* kind of hard cheese.
κασετίνα *nf* casket jewel-box, pencil-box.
κάσκα *nf* helmet.
κασκαρίκα *nf* fiasco, practical joke.
κασκέτο *nn* cap.
κασκόλ *nn* scarf.
κασκορσές *nm* camisole.
κασμάς *nm* pickaxe.
κασμίρι *nn* cashmere.
κασόνι *nn* box, packing-case.
κασσίτερος *nm* tin, pewter.
κάστα *nf* caste.
καστανάς *nm* chestnut-seller.
καστανιά *nf* chestnut-tree.
καστανιέτες *nf pl* castanets.
κάστανο *nn* chestnut.
καστανός *adj* brown, chestnut.
καστανόχωμα *nn* mould.
καστέλι *nn* castle.
κάστορας *nm* castor, beaver.
καστορέλαιο *nn* castor-oil.
καστόρι *nn* buckskin, suède.
κάστρο *nn* castle.

κατά *prep* against || towards, near || during, in || by || according to.
κατάβαθα *adv* deep down.
καταβάλλω *vt* defeat, beat, overpower || pay down, reimburse.
κατάβαση *nf* descent.
καταβεβλημένος *adj* run down, haggard.
καταβόθρα *nf* swallow-hole || μτφ. glutton.
καταβολάδα *nf* layer.
καταβολιάζω *vt* layer.
καταβρεχτήρι *nn* sprinkler, watering-can.
καταβρέχω *vt* sprinkle, soak.
καταβροχθίζω *vt* swallow up, devour, gobble up || μτφ. engulf, eat up.
καταβύθιση *nf* sinking.
καταγάλανος *adj* deep blue.
καταγγελία *nf* complaint, charge || denunciation.
καταγγέλω *vt* bring a charge, lodge a complaint || denounce.
καταγέλαστος *adj* ridiculous.
καταγής *adv* to/on the ground.
καταγίνομαι *vi* be engaged in, go in for, be busy with, see to, do.
κατάγλυκος *adj* very/too sweet.
κάταγμα *nn* fracture.
καταγοητεύω *vt* enchant.
κατάγομαι *vi* come from.
καταγράφω *vt* record, register, make a list.
κατάγυμνος *adj* stark naked.
καταγωγή *nf* descent, origin, stock.
καταγώγιο *nn* den, dive.
καταδεικνύω *vt* prove, demonstrate.
καταδέχομαι *vi* deign, condescend.
καταδεχτικός *adj* condescending || affable.
καταδίδω *vt* inform on, denounce, σχολ. tell on, *sl* squeal on.
καταδικάζω *vt* condemn, sentence, doom.
καταδίκη *nf* conviction, sentence || condemnation || damnation.
κατάδικος *nm* convict.
καταδιωκτικό *nn* pursuit plane, fighter.
καταδιώκω *vt* pursue, chase, dog || persecute, hound, harry.
καταδίωξη *nf* pursuit, chase || hounding.
καταδολιεύομαι *vt* defraud.
κατάδοση *nf* denunciation.
καταδότης *nm* informer.
καταδρομέας *nm* ranger, commando.
καταδρομή *nf* raid.
καταδρομικό *nn* cruiser.
καταδυνάστευση *nf* tyranny.
καταδυναστεύω *vt* oppress.
καταδύομαι *vi* dive, submerge.
κατάδυση *nf* dive, submergence.
καταζητώ *vt* want, hunt/search for.
κατάθεση *nf* account, deposit || νομ. testimony, evidence, deposition.

καταθέτης nm depositor.
καταθέτω vt deposit, pay into || (όπλα) lay down || κοινοβ. table || (σήμα) register || νομ. lodge, file || δικαστ. testify, give evidence.
καταθλίβω vt distress, grieve.
καταθλιπτικός adj oppressive, depressing.
κατάθλιψη nf depression.
καταθορυβώ vt alarm.
καταιγίδα nf thunderstorm, cloudburst.
καταιγισμός nm shower, hail, volley.
καταιγιστικό πυρ, running fire.
καταϊδρωμένος adj all of a sweat.
καταισχύνη nf disgrace.
κατακάθαρος adj quite clear/clean.
κατακάθια nn pl dregs.
κατακάθομαι vi settle down.
κατακαίνουργος adj brand new.
κατακαίω vt burn completely.
κατακαλόκαιρο nn high summer.
κατάκαρδα adv to heart.
κατακεραυνώνω vt wither, crush.
κατακερματίζω vt cut up, splinter off.
κατακέφαλα adv head first || right on the head.
κατακεφαλιά nf clout on the head.
κατακίτρινος adj deep yellow, very pale.
κατακλέβω vt steal one's last penny.
κατακλείδα nf conclusion.
κατάκλειστος adj shut up.
κατάκλιση nf going to bed, lying down.
κατακλύζω vt flood || overrun.
κατακλυσμιαίος adj diluvial, torrential.
κατακλυσμός nm flood, cataclysm, deluge, downpour.
κατακόβω vt cut up, hack to pieces.
κατάκοιτος adj bed-ridden.
κατακοκκινίζω vi flush, go red/purple.
κατακόκκινος adj crimson, purple.
κατακόμβη nf catacomb.
κατάκοπος adj very tired, tired out.
κατακόρυφο nn height, zenith, climax.
κατακόρυφος adj vertical.
κατάκορφα adv on/at the top.
κατακουρασμένος adj dog-tired.
κατακρατώ vt detain illegally.
κατακραυγή nf outcry.
κατακρεουργώ vt hack to pieces || μτφ. butcher, mangle, murder.
κατακρίνω vt criticize, blame || condemn.
κατακριτέος adj blameworthy.
κατάκτηση nf conquest.
κατακτητής nm conqueror.
κατακτώ vt conquer, take.
κατακυρώνω vt award, knock down.
καταλαβαίνω vt understand || appreciate || realize, work out, make out.
καταλαγιάζω vi settle [down].
καταλαλιά nf malicious gossip.
καταλαμβάνω vt take, seize, capture ||

take up, occupy || catch, surprise || overcome.
καταλεπτώς adv in great detail.
κατάλευκος adj snow-white.
καταλήγω vi end in/up, turn out, conclude || get/grow/come to.
κατάληξη nf outcome, upshot || γραμμ. ending, termination.
καταληπτός adj intelligible.
καταληστεύω vt plunder || fleece, soak.
κατάληψη nf taking, conquest, occupation || takeover.
καταληψία nf trance, catalepsy.
κατάλληλος adj fit, suitable, right, proper || favourable, opportune.
καταλληλότητα nf suitability, fitness.
καταλογίζω vt impute, put down to.
κατάλογος nm catalogue, list || σχολ. register || τηλεφ. directory || (φαγητών) menu, bill of fare || (ενόρκων, ομιλητών) panel.
κατάλοιπο nn remnant, pl left-overs.
κατάλυμα nn accommodation.
καταλυπώ vt distress, grieve.
κατάλυση nf abolition, overthrow.
καταλύτης nm catalyst.
καταλυτικός adj catalytic.
καταλύω vt abolish, overthrow, disrupt || stay, put up, find lodgings.
κατάματα adv straight in the eye.
κατάμαυρος adj jet-black.
καταμερίζω vt allot, allocate, divide.
καταμερισμός nm division, allocation.
καταμεσήμερο nn high noon.
καταμεσίς adv right in the middle.
κατάμεστος adj jam-packed.
καταμέτρηση nf counting, survey.
καταμετρώ vt count, survey.
κατάμονος adj all alone.
κατάμουτρα adv to/in sb's face.
καταναγκασμός nm coercion, force.
καταναγκαστικά έργα, forced labour.
καταναλώνω vt consume, use up.
κατανάλωση nf consumption.
καταναλωτής nm consumer.
καταναλωτικός adj consumer.
καταναλωτισμός nm consumerism.
κατανέμω vt allot, allocate.
κατανεύω vi nod, assent.
κατανικώ vt overcome, defeat.
κατανόηση nf comprehension, understanding.
κατανοητός adj understandable || γίνομαι ~, make oneself understood.
κατανομή nf division, allocation.
κατανοώ vt understand, comprehend.
κατάντημα nn plight, sorry state.
κατάντικρυ adv right opposite.
κατανϲροπιάζω vt shame, bring shame on.

καταντώ *vti* reduce, make, drive ‖ end up.

κατανυκτικός *adj* devout.

κατάνυξη *nf* devoutness, exaltation.

κατάξερος *adj* bone-dry, dead, parched.

καταξεσκίζω *vt* tear up, tear to pieces.

καταξιωμένος *adj* recognized.

καταξοδεύω *vt* squander, waste.

καταπακτή *nf* trap-door.

καταπάνω *adv* on, at, against.

καταπάτηση *nf* trespass, land-grabbing.

καταπατητής *nm* trespasser, land-grabber.

καταπατώ *vt* trespass, grab ‖ break, infringe on ‖ trample down.

κατάπαυση *nf* cessation, end.

καταπαύω *vt* cease, end, stop.

καταπέλτης *nm* catapult.

καταπέφτω *vi* fall, collapse ‖ drop.

καταπιάνομαι *vi* undertake, set about.

καταπιέζω *vt* oppress, tyrannize.

καταπίεση *nf* oppression, tyranny.

καταπιεστής *nm* oppressor, tyrant.

καταπιεστικός *adj* oppressive.

καταπίνω *vt* swallow, get sth down.

καταπίστευμα *nn* trust.

καταπιστευματοδόχος *nm* trustee.

κατάπλασμα *nn* poultice.

καταπλέω *vi* sail into [harbour].

καταπληκτικός *adj* amazing, stunning, fantastic.

κατάπληκτος *adj* amazed, dazed.

κατάπληξη *nf* amazement, astonishment.

καταπλήσσω *vt* amaze, astonish, stun.

καταπνίγω *vt* stifle, suppress ‖ put down.

καταπόδι *adv* on/at sb's heels.

καταπολεμώ *vt* fight against, oppose.

καταποντίζω *vt* sink, engulf, founder.

καταπονώ *vt* tire/wear out, tax, strain.

καταπράσινος *adj* green all over.

καταπραϋντικός *adj* soothing.

καταπραΰνω *vt* soothe ‖ relieve.

καταπρόσωπο *adv* to/in sb's face.

καταπτοώ *vt* intimidate.

κατάπτυστος *adj* despicable.

κατάπτωση *nf* depression ‖ degradation, decadence ‖ exhaustion.

καταπώς *adv* according to what, as.

κατάρα *nf* curse.

καταραμένος *adj* cursed, damned.

κατάργηση *nf* abolition.

καταργώ *vt* abolish, do away with ‖ *νομ.* quash, annul, repeal.

καταριέμαι *vt* curse.

καταρράκτης *nm* waterfall, cascade ‖ *ιατρ.* cataract.

καταρρακτώδης *adj* torrential.

καταρρακώνω *vt* bring shame upon.

κατάρρευση *nf* collapse, breakdown.

καταρρέω *vi* collapse, fall down/in.

καταρρίπτω *vt* (*αεροπλάνο*) down, shoot down ‖ (*ρεκόρ*) break, smash ‖ *μτφ.* demolish.

κατάρριψη *nf* downing ‖ breaking ‖ demolition.

καταρροή *nf* cold in the head.

κατάρρους *nm* catarrh.

κατάρτι *nn* mast.

καταρτίζω *vt* form, set up ‖ make out, draw up ‖ instruct, coach.

κατάρτιση *nf* formation, setting up ‖ preparation ‖ grounding.

κατάσαρκα *adv* next to one's skin.

κατάσβεση *nf* putting out/down.

κατασιγάζω *vt* silence ‖ *μτφ.* abate, subside.

κατασκευάζω *vt* make, manufacture, produce, turn out ‖ build ‖ *μτφ.* make up, fabricate.

κατασκευαστής *nm* maker, manufacturer.

κατασκευή *nf* make, making, manufacture, construction ‖ structure ‖ fabrication.

κατασκηνώνω *vi* camp, encamp.

κατασκήνωση *nf* camp[ing].

κατασκονισμένος *adj* covered in dust.

κατασκοπεύω *vt* spy [on sb].

κατασκοπεία *nf* espionage, spying.

κατάσκοπος *nm* spy.

κατασκότεινος *adj* pitch-dark.

κατασκοτώνομαι *vi* slave away, lean over backwards.

κατάσπαρτος *adj* studded.

κατασπαταλώ *vt* squander, waste.

κατασπιλώνω *vt* smear.

κάτασπρος *adj* snow-white.

κατασταλαγμα *nn* deposit, dregs.

κατασταλάζω *vi* settle [down/on] ‖ (*υγρό*) filter.

κατασταλτικός *adj* repressive.

κατάσταση *nf* condition, state ‖ status ‖ position, situation ‖ list.

καταστατικό *nn* articles of association.

καταστατικός χάρτης, charter, constitution.

καταστέλλω *vt* quell, stifle, put down.

κατάστηθα *adv* right on/in the chest.

κατάστημα *nn* shop, store.

καταστηματάρχης *nm* shopkeeper.

κατάστιχο *nn* [account-]book.

καταστολή *nf* suppression.

καταστόλιστος *adj* ornate, florid.

καταστρατήγηση *nf* circumvention.

καταστρατηγώ *vt* circumvent.

καταστρεπτικός *adj* destructive.

καταστρέφω *vt* destroy, ruin.

καταστροφή *nf* destruction, disaster, ruin, calamity.

κατάστρωμα *nn* deck ‖ roadway.

καταστρώνω *vt* lay/map out, draw up.

κατασυγκινώ *vt* move deeply.
κατασυκοφαντώ *vt* vilify.
κατασυντρίβω *vt* smash, shatter.
κατασφάζω *vt* massacre, butcher.
κατάσχεση *nf* seizure, attachment, distraint, foreclosure.
κατάσχω *vt* seize, attach, distrain.
κατάταξη *nf* classification || σχολ. enrolment || στρατ. enlistment.
καταταράζω *vt* shock, upset badly.
κατατάσσ·ω *vt* class, classify || ~ομαι, enlist, join up.
κατατείνω *vi* aim at, be designed to.
κατάτμηση *nf* parcelling out.
κατατομή *nf* profile || section.
κατατοπίζω *vt* keep sb informed, put sb in the picture, put sb up to.
κατατόπιση *nf* information.
κατατοπισμένος *adj* knowledgeable, well-informed, versed in.
κατατοπιστικός *adj* enlightening.
κατατρεγμός *nm* persecution.
κατατρέχω *vt* persecute, harass.
κατατρίβω *vt* fritter/waste away.
κατατρομάζω *vt* scare, frighten, terrify.
κατατροπώνω *vt* rout || beat sb hollow.
κατατρυπώ *vt* prick all over.
κατατρύχω *vt* obsess.
κατατρώγω *vt* consume, devour, eat/gnaw away || squander, waste.
καταυγάζω *vt* light up.
καταυλίζομαι *vi* στρατ. bivouac.
καταυλισμός *nm* bivouac, billeting.
καταφανής *adj* evident, manifest.
κατάφαση *nf* affirmation.
καταφατικός *adj* affirmative, positive.
καταφέρνω *vt* manage, succeed in || get [round sb], persuade || cajole.
καταφέρομαι *vi* inveigh, attack.
καταφερτζής *nm* cajoler, flatterer || hustler, go-getter.
καταφεύγω *vi* take refuge in || resort to.
καταφθάνω *vi* roll up, arrive.
κατάφορτος *adj* fraught, weighed down, loaded.
καταφρόνεση *nf* contempt.
καταφρονώ ⇒ ΠΕΡΙΦΡΟΝΩ
καταφύγιο *nn* shelter, refuge, retreat.
κατάφυτος *adj* overgrown, wooded.
κατάφωρος *adj* flagrant, blatant, rank.
καταχαίρομαι *vi* be delighted.
κατάχαμα *adv* right on the ground.
καταχαρούμενος *adj* jubilant, overjoyed.
καταχειροκροτώ *vt* cheer wildly.
καταχθόνιος *adj* infernal.
κατάχλωμος *adj* ghastly, very pale.
καταχνιά *nf* fog, mist || haze.
καταχραστής *nm* embezzler.
καταχρεώνομαι *vi* be/get deep in debt.
κατάχρεος *adj* deep in debt.

κατάχρηση *nf* abuse, misuse || debauchery || embezzlement.
κατάχρυσος *adj* solid gold.
καταχρώμαι *vt* embezzle || abuse.
καταχωνιάζω *vt* hide, bury deep.
καταχωρίζω *vt* insert, register, enter.
καταχώρηση *nf* entry, insertion.
καταψηφίζω *vt* vote against/down/out.
καταψυγμένος *adj* frozen.
κατάψυξη *nf* deep freeze, freezer.
καταψύχω *vt* deep-freeze.
κατεβάζω *vt* get/put/take down || lower, reduce.
κατεβαίνω *vi* get/come/go down || get off, dismount.
κατέβασμα *nn* descent, getting down/off.
κατεδαφίζω *vt* pull down, demolish.
κατεδάφιση *nf* demolition.
κατειλημμένος *adj* engaged, occupied, taken.
κατεξοχή *adv* par excellence || chief, main.
κατεπειγόντως *adv* urgently.
κατεπείγων *adj* urgent, pressing.
κατεργάζομαι *vt* treat, process.
κατεργάρης *nm* trickster, rogue.
κατεργαριά *nf* cunning, deception, trick.
κατεργάρικος *adj* cunning, crafty, roguish.
κατεργασία *nf* process, treatment.
κάτεργο *nn* galley || μτφ. sweat-shop.
κατέρχομαι *vi* go/come down, descend.
κατεστημένο *nn* establishment.
κατευθείαν *adv* straight, direct[ly].
κατεύθυνση *nf* direction || drift, trend.
κατευθύν·ω *vt* direct, guide, govern || turn, point, aim || ~ομαι, head, make for.
κατευνάζω *vt* appease, calm || alleviate.
κατευνασμός *nm* appeasement.
κατευόδιο *nn* farewell, send-off.
κατευοδώνω *vt* see/send sb off, bid farewell.
κατέχ·ω *vt* possess, have, occupy || know well || ~ομαι, be obsessed/dominated.
κατηγορηματικός *adj* categorical, explicit.
κατηγορητήριο *nn* indictment.
κατηγορία *nf* category, class || νομ. indictment, accusation, count.
κατήγορος *nm* accuser || δημόσιος ~, public prosecutor.
κατηγορούμενο *nn* predicate.
κατηγορούμενος *nm* accused, prisoner.
κατηγορώ *vt* accuse, charge || blame.
κατής *nm* Τουρκ. cadi, sl beak.
κατήφεια *nf* gloom, dejection.
κατηφής *adj* gloomy, dejected.
κατηφοριά *nf* descent, slope.
κατηφορίζω *vi* slope down, go downhill.
κατηφορικός *adj* sloping, downward.

κατήφορ·ος nm descent, slope ‖ παίρνω τον ~ο, go to the bad, go downhill.
κατήχηση nf catechism ‖ indoctrination.
κατηχητικό nn Sunday School.
κάτι pron something, anything ‖ adj some, such ‖ adv a little.
κατιμάς nm makeweight.
κατιόντες nm pl descendants.
κάτισχνος adj emaciated, scraggy, gaunt.
κατισχύω vi prevail.
κατιφές nm marigold.
κατοικήσιμος adj inhabitable.
κατοικία nf house, residence, dwelling ‖ νομ. domicile.
κατοικίδιος adj domestic.
κάτοικος nm inhabitant, dweller ‖ pl population.
κατοικώ vti inhabit, dwell ‖ stay, live ‖ νομ. be domiciled.
κατολισθαίνω vi slide, glide, subside.
κατολίσθηση nf landslide ‖ gliding, sliding.
κατονομάζω vt name, specify.
κατόπιν adv after, behind ‖ then, next, afterwards ‖ following.
κατοπινός adj following.
κάτοπτρο nn lens, mirror.
κατόρθωμα nn exploit, feat, deed ‖ achievement.
κατορθώνω vt be able to, manage, succeed in ‖ achieve, accomplish.
κατορθωτός adj attainable, feasible.
κατούρημα nn urination, sl pee, piss.
κάτουρο nn urine.
κατουρώ vti urinate, pass water, wet, sl pee, piss.
κατοχή nf occupation ‖ possession.
κάτοχος nm possessor, holder, master.
κατοχυρώνω vt secure, safeguard, consolidate.
κατοχύρωση nf consolidation.
κατρακύλα nf tumble.
κατρακυλώ vti tumble down.
κατράμι nn tar, pitch.
κατραπακιά nf smack, clout, wallop.
κατσαβίδι nn screw-driver.
κατσάδα nf scolding, telling-off.
κατσαδιάζω vt tick off, tell off, scold.
κατσαρίδα nf cockroach.
κατσαρόλα nf saucepan, pot.
κατσαρομάλλης adj curly-haired.
κατσαρός adj wavy, curly, frizzy.
κατσαρώνω vt wave, curl, frizz.
κατσιάζω vti stunt, get stunted.
κατσιασμένος adj stunted, undersized.
κατσίκα nf [nanny-]goat ‖ (γυν.) bitch.
κατσικάκι nn kid.
κατσικίσιος adj goat, kid.
κατσικόδρομος nm goat-track.
κατσικοπόδαρος nm devil ‖ Jonah.

κατσούφης adj gloomy, moody.
κατσουφιάζω vi sulk, grow moody.
κατσουφιά nf sulks, glumness.
κάτω adv down, under, below, beneath ‖ less ‖ lower.
κατώγι nn basement.
κάτωθι adv below, following.
κατώτατος adj lowest, minimum.
κατώτερος adj lower, smaller, inferior ▣ nm subordinate.
κατωτέρω adv below, further down.
κατωτερότητα nf inferiority.
κατωφέρεια nf declivity.
κατώφλι nn doorstep, threshold.
κάτωχρος adj pallid, ghastly [pale].
καυγάς, κλπ. ⇒ ΚΑΒΓΑΣ
καύκαλο nn skull, shell.
καϋμός ⇒ ΚΑΗΜΟΣ
καυσαέριο nn exhaust gas, pl fumes.
καύση nf combustion ‖ (νεκρού) cremation.
καύσιμα nn pl fuel.
καύσιμος adj combustible.
καυσόξυλα nn pl firewood.
καυστήρας nm burner ‖ cautery.
καυστικός adj caustic ‖ scathing.
καύσωνας nm heatwave.
καυτερός adj hot, scorching.
καυτηριάζω vt cauterize, sear ‖ μτφ. castigate.
καυτηριασμός nm cauterization.
καυτήρι nn cautery ‖ styptic pencil.
καυτός adj hot, burning, scorching.
καύτρα nf snuff.
καύχημα nn pride, boast, glory.
καυχησιάρης nm boaster, braggart.
καυχησιολογία nf bragging, big talk.
καυχιέμαι vi boast, brag, swagger.
καφάσι nn crate.
καφασωτό nn trellis.
καφασωτός adj latticed.
καφεΐνη nf caffeine.
καφενείο nn café, coffee shop.
καφές nm coffee.
καφετερία nf cafeteria.
καφετζής nm café owner.
καφετιέρα nf coffee pot.
κάφρος nm savage.
καχεκτικός adj sickly.
καχεξία nf sickliness.
καχύποπτος adj suspicious, distrustful.
καχυποψία nf suspicion, distrust.
κάψα nf extreme heat.
καψάλα nf charred wood/area.
καψαλίζω vt toast, singe, parch.
καψερός adj poor.
κάψουλα nf capsule.
καψούλι nn cap, detonator.
καψώνω vi feel too hot.
κβάντα nn pl quantum.

κέδρος (adj κέδρινος) nm cedar.
κέικ nn cake.
κείμαι vi lie, be situated/located.
κείμενο nn text.
κειμήλιο nn relic, heirloom, memento.
κεκτημένος adj vested.
κελάηδημα nn singing, [bird-]song.
κελαηδώ vi sing, warble, chirp.
κελάρι nn cellar, pantry.
κελαρύζω vi babble, burble, purl.
κελεπούρι nn godsend, windfall, bargain.
κελευστής nm petty officer.
κελί nn cell.
κέλυφος nn shell.
κενό nn void, emptiness, blank || ~ αέρος, air pocket.
κενοδοξία nf vanity, vainglory.
κενόδοξος adj vain, snobbish.
κενός adj empty, vacant, blank.
κενοτάφιο nn cenotaph.
κέντα nf χαρτοπ. straight.
Κένταυρος nm Centaur.
κέντημα nn embroidery, needlework.
κεντητός adj embroidered.
κεντρί nn sting, dart || spur.
κεντρίζω vt sting || prick || goad, prod || μτφ. provoke, pique, nettle.
κεντρικός adj central.
κέντρισμα nn prick, sting, spur.
κέντρο nn centre || middle || downtown.
κεντρομόλος adj centripetal.
κεντρόφυγος adj centrifugal.
κεντρώνω vt graft.
κεντρώος nm, adj πολιτ. centrist.
κεντώ vt embroider.
κένωση nf evacuation.
κεραία nf aerial, antenna || (εντόμου) horn, (ζώου) tentacle.
κεραμίδι nn tile.
κεραμική nf ceramics.
κεραμικός adj ceramic.
κεραμοποιείο nn tile works.
κέρας nn horn || στρατ. wing, flank.
κεράσι nn cherry.
κερασιά nf cherry[-tree].
κέρασμα nn treat, tip.
κερατάς nm cuckold.
κέρατο nn horn, antler.
κερατώνω vt cuckold, two-time.
κεραυνοβόλος adj lightning || ~ έρωτας, love at first sight.
κεραυνοβολώ vt strike with lightning || μτφ. wither, crush.
κεραυνόπληκτος adj thunderstruck || μτφ. stunned, dazed.
κεραυνός nm thunder[bolt].
κερδίζω vt earn, win, gain || profit.
κέρδος nn profit, gain, return || pl earnings, (από παιγνίδι) winnings.
κερδοσκοπία nf speculation.

κερδοσκόπος nm speculator, profiteer.
κερδοσκοπώ vi speculate, profiteer.
κερδοφόρος adj profitable.
κερένιος adj wax, waxen.
κερήθρα nf honeycomb.
κερί nn candle || beewax, wax.
κερκίδα nf tier, row of seats.
κέρμα nn coin, piece.
κερνώ vt stand, treat, offer, buy.
κερόχαρτο nn waxpaper.
κερώνω vt wax, polish || vi turn pale.
κεσάτια nn pl business stagnation.
κετσάπ nn ketchup.
κεφάλαιο nn capital, funds || (βιβλίου) chapter || νομ. count, head || (πλεονέκτημα) asset.
κεφαλαιοκράτης nm capitalist.
κεφαλαιοκρατία nf capitalism.
κεφαλαιοποιώ vt capitalize.
κεφαλαίος adj capital.
κεφαλαιουχικός adj capital.
κεφαλαιούχος nm financier, capitalist.
κεφαλαιώδης adj fundamental, utmost.
κεφαλαλγία nf headache.
κεφαλάρι nn headwaters.
κεφάλας adj, nm big-headed [man].
κεφαλή nf head, (τραπεζιού) top.
κεφάλι nn head, top.
κεφαλιά nf header.
κεφαλίδα nf heading.
κεφαλόδεσμος nm headband.
κεφαλόπονος nm headache.
κέφαλος nm [striped grey] mullet.
κεφαλόσκαλο nn landing, top of the stairs.
κεφαλοχώρι nn large village.
κεφάτος adj cheerful, high-spirited.
κέφι nn high spirits, cheerfulness, merriment || mood.
κεφισμένος adj mellow, tipsy.
κεφτές nm meatball.
κεχρί nn millet, birdseed.
κεχριμπάρι nn amber.
κηδεία nf funeral.
κηδεμόνας nm guardian, trustee.
κηδεμονία nf guardianship, tutelage.
κηδεύω vt bury.
κηλεπίδεσμος nm truss.
κήλη nf hernia, rupture.
κηλίδα nf spot, blot, stain.
κηλιδώνω vt stain, spot, blot, tarnish.
κήπος nm garden.
κηπουρικ·ή nf (και adj ~ός) gardening.
κηπουρός nm gardener.
κηρήθρα nf honeycomb.
κηροπήγιο nn candlestick.
κήρυγμα nn sermon, preaching.
κήρυκας nm village crier || auctioneer || messenger || preacher || champion.
κήρυξη nf declaration.

κηρύσσω *vt* declare, proclaim.
κήτος *nn* sea monster.
κηφήνας *nm* drone.
κιάλια *nn pl* binoculars, glasses.
κίβδηλος *adj* forged, faked, counterfeit || μτφ. false, phoney.
κιβούρι *nn* coffin.
κιβώτιο *nn* box, case, chest.
κιβωτός *nf* ark.
κιγκαλερία *nf* ironmongery.
κιγκλίδα *nf* rail, bar, baluster.
κιγκλίδωμα *nn* railing, rails.
κιθάρα *nf* guitar.
κιθαριστής *nm* guitar-player.
κιλίμι *nn* handmade rug.
κιλλίβαντας *nm* gun-carriage.
κιλό *nn* kilo[gramme].
κιλοβάτ *nn* kilowatt.
κιλότα *nf* (*γυν.*) panties || (*ιππασίας*) riding-breeches, (*γκολφ*) plus-fours.
κιμάς *nm* hash[ed] meat, mince[meat].
κιμονό *nn* kimono.
κιμωλία *nf* chalk.
Κίνα *nf* China.
κίναιδος *nm* homosexual, pansy.
κινδυνεύω *vti* risk, be in danger [of] || endanger, jeopardize.
κίνδυνος *nm* danger, risk, jeopardy || peril, hazard; distress, emergency.
κινέζ·ικος *adj* (*και nm* ~ος) Chinese.
κίνημα *nn* movement || στρατ. coup.
κινηματίας *nm* mutineer.
κινηματογράφηση *nf* filming, shooting.
κινηματογραφικός *adj* film, cine-, cinema[tic], movie, screen.
κινηματογραφιστής *nm* film-maker.
κινηματογράφος *nm* cinema, movies, pictures.
κινηματογραφόφιλος *nm* movie-goer.
κινηματογραφώ *vt* film, shoot.
κινηματοθέατρο *nn* cinema.
κίνηση *nf* move, movement, motion || gesture || business || traffic || activity.
κινητά *nn pl* chattels, movables.
κινητήρας *nm* motor, engine.
κινητήριος *adj* driving.
κινητικότητα *nf* mobility.
κινητοποίηση *nf* rally, mobilization.
κινητοποιώ *vt* mobilize, summon up.
κινητός *adj* mobile, movable.
κίνητρο *nn* motive, motivation, incentive, inducement.
κινίνη *nf* quinine.
κιν·ώ *vti* move || set out, start || drive, operate || rouse, excite || ~ούμαι, act, make for, go at.
κιόλας *adv* already || into the bárgain.
κίονας *nm* pillar, column.
κιονόκρανο *nn* capital.
κιόσκι *nn* kiosk, pavilion

κιοτεύω *vi* balk.
κιοτής *nm* coward.
κιούγκι *nn* water-pipe.
κιούπι *nn* jar.
κίρρωση *nf* cirrhosis.
κιρσός *nm* varix, varicose veins.
κίσσα *nf* magpie.
κισσός *nm* ivy.
κιτάπι *nn* book.
κιτρινιάρης *adj* sickly-looking.
κιτρινίζω *vti* yellow, turn yellow.
κιτρινολούλουδο *nn* primrose.
κίτρινος *adj* yellow || pale.
κιτρινωπός *adj* yellowish, pale.
κίτρο *nn* citron.
κλαβιέ *nn* keyboard.
κλαγγή *nf* clash, clang.
κλαδάκι *nn* sprig, twig.
κλάδεμα *nn* pruning.
κλαδευτήρ·α *nf* (*και nn* ~ι) pruning-hook, bill, billhook.
κλαδεύω *vt* prune, trim.
κλαδί *nn* branch, twig.
κλάδος *nm* branch, bough, fork.
κλαίουσα *nf* weeping willow.
κλαί·ω *vti* weep, cry, shed tears || mourn, lament || ~γομαι, complain.
κλακ *nn* opera-hat.
κλάκα *nf* claque.
κλακέτες *nf pl* tap-dance.
κλάμα *nn* weeping, sobbing, tears.
κλαμένος *adj* in tears, tear-stained.
κλάξον *nn* horn.
κλαρί *nn* branch, stick, twig.
κλαρίνο *nn* clarinet.
κλασέρ *nn* file, filing cabinet.
κλάση *nf* class, status.
κλασικός *adj* classic.
κλάσμα *nn* fraction.
κλασματικός *adj* fractional.
κλάψα *nf* whining, snivelling.
κλαψιάρης *nm* crybaby, sniveller.
κλαψιάρικος *adj* whining, maudlin.
κλαψουρίζω *vi* blubber, snivel, whimper.
κλέβω *vt* steal, rob, thieve || (*απάγω*) kidnap, abduct || (*απατώ*) cheat.
κλειδαράς *nm* locksmith.
κλειδαριά *nf* lock.
κλειδαρότρυπα *nf* keyhole.
κλειδί *nn* key || τεχν. spanner, wrench.
κλειδοκύμβαλο *nn* piano.
κλειδούχος *nm* key-holder, switchman.
κλειδωνιά *nf* lock.
κλειδώνω *vt* lock.
κλείδωση *nf* ανατ. joint, knuckle.
κλείνω *vt* close, shut || lock, bolt, bar || stop, plug || conclude, wind up.
κλείσιμο *nn* closing, locking, stopping.
κλειστός *adj* closed, shut || exclusive, select || uncommunicative.

κλειστοφοβία *nf* claustrophobia.
κλεπταποδόχος *nm* dealer in stolen goods.
κλεπτομανής *nm* kleptomaniac.
κλεφτά *adv* stealthily, furtively.
κλέφτης *nm* thief, robber.
κλεφτός *adj* stealthy, furtive.
κλεφτοφάναρο *nn* electric torch.
κλεψιά *nf* theft.
κλεψιτυπία *nf* pirating.
κλεψίτυπο *nn* pirated copy/edition.
κλεψίτυπος *adj* pirated.
κλεψύδρα *nf* clepsydra, sandglass.
κλήδονας *nm* βοτ. ivy || fortune telling.
κλήμα *nn* vine.
κληματαριά *nf* vine-arbour, bower.
κληματόφυλλο *nn* vine leaf.
κλήριγκ *nn* clearing.
κληρικός *nm* clergyman.
κληροδοσία *nf* bequest.
κληροδότημα *nn* legacy, bequest.
κληροδοτώ *vt* bequeath.
κληρονομιά *nf* inheritance, estate.
κληρονομικός *adj* hereditary.
κληρονομικότητα *nf* heredity.
κληρονόμος *nm* heir, *nf* heiress.
κληρονομώ *vt* leave || inherit from.
κλήρος *nm* clergy || lot || share.
κληρών·ω *vt* draw/cast lots || ~ομαι, be drawn.
κλήρωση *nf* draw.
κληρωτίδα *nf* lottery-urn.
κληρωτός *nm* recruit, conscript.
κλήση *nf* call || summons || (*της τροχαίας*) ticket.
κλήτευση *nf* summons, subpoena.
κλητεύω *vt* νομ. subpoena.
κλητήρας *nm* usher, errand-boy, δικαστ. process-server, bailiff.
κλητική *nf* vocative [case].
κλίβανος *nm* furnace, incinerator, oven.
κλίκα *nf* clique, faction.
κλίμα *nn* climate.
κλίμακα *nf* scale, ladder.
κλιμάκιο *nn* στρατ. echelon.
κλιμακοστάσιο *nn* stairwell.
κλιμακτήριος *nf* climacteric.
κλιμακώνω *vt* escalate || space out.
κλιμάκωση *nf* escalation || spreading.
κλιμακωτός *adj* step-like, terraced.
κλιματισμός *nm* air-conditioning.
κλιματολογικός *adj* climatological.
κλινάμαξα *nf* sleeper, sleeping-car.
κλίνη *nf* bed.
κλινήρης *adj* laid up || bedridden.
κλινική *nf* clinic, nursing home.
κλινικός *adj* clinical.
κλινοσκεπάσματα *nn pl* blankets.
κλινοστρωμνή *nf* bedding, mattress.
κλίνω *vt* incline, bow || γραμμ. decline,

inflect.
κλισέ *nn* cliché || τυπογρ. plate.
κλίση *nf* inclination, bent, tendency || slope, incline || γραμμ. declension.
κλοιός *nm* στρατ. pincer movement.
κλομπ *nn* baton, club, truncheon.
κλονίζ·ω *vt* shake, unsettle || ~ομαι, wobble, topple, waver.
κλονισμός *nm* breakdown.
κλόουν *nm* clown.
κλοπή *nf* theft, stealing, shoplifting.
κλοπιμαία *nn pl* stolen goods.
κλου *nn* highlight.
κλούβα *nf* black Maria, ΗΠΑ paddy-wagon.
κλουβί *nn* cage || safe.
κλουβιάζω *vi* addle.
κλούβιος *adj* addled, bad.
κλυδωνίζομαι *vi* toss about, pitch and roll.
κλύσμα *nn* enema.
κλωθογυρίζω *vi* hang/linger about || *vt* turn over [in one's mind].
κλώθω *vt* spin.
κλωναράκι *nn* sprig.
κλωνάρι *nn* branch, shoot.
κλώσα *nf* brood hen.
κλωσόπουλο *nn* chick.
κλωστή *nf* thread, yarn.
κλωστήριο *nn* spinning-mill.
κλωστοϋφαντουργός *nm* mill-hand.
κλωσώ *vt* brood, sit on, hatch.
κλωτσηδόν *adv* with kicks.
κλωτσιά *nf* kick.
κλωτσοσκούφι *nn* plaything, sport, toy.
κλωτσώ *vt* kick, boot || μτφ. kick/jib at.
κνήμη *nf* shank, leg.
κοάζω *vi* croak.
κοβάλτιο *nn* cobalt.
κόβω *vti* cut, chop, carve || (*σταματώ*) cut off, stop || (*τεμαχίζω*) cut up || (*αποκόπτω*) cut off/away, tear off || (*περικόπτω*) cut down/back, pare down || (*παραλείπω*) delete, cut out || (*διακόπτω*) give up, cut out || (*απορρίπτω*) fail || (*στρίβω*) turn || (*μαζεύω*) pick, gather || (*με όχημα*) run over || (*αδυνατίζω*) abate, fade, slacken.
κογκλάβιο *nn* conclave.
κογκρέσο *nn* congress.
κοζάκος *nm* Cossack.
κοθώνι *nn* bumpkin || raw recruit.
κοιλάδα *nf* valley.
κοιλαίνω *vt* hollow out.
κοιλαράς *nm* pot-bellied man.
κοιλιά *nf* belly || paunch || tummy.
κοιλιακός *adj* abdominal.
κοιλόπονος *nm* stomach-ache.
κοιλοπονώ *vi* be in labour.

κοίλος adj hollow.
κοιλότητα nf cavity, hollow.
κοίλωμα nn recess, hollow, cavity.
κοιμάμαι vi sleep, be asleep.
Κοίμηση nf the Assumption.
κοιμήσης nm sleepy-head.
κοιμητήρι nn cemetery.
κοιμίζω vt put to bed.
κοιμισμένος adj sleeping, asleep ▣ nm
sleepy-head.
κοινά nn pl public affairs, politics.
κοινό nn public.
κοινόβιο nn commune.
κοινοβουλευτικός adj parliamentary.
κοινοβούλιο nn parliament.
κοινολογώ vt divulge, publicize.
κοινοποίηση nf notification, νομ. serving.
κοινοποιώ vt notify || νομ. serve.
κοινοπραξία nf co-operative.
κοινός adj public || common || com-
monplace, usual || shared, mutual, joint.
κοινοτάρχης nm village head.
κοινότητα nf community, commune.
κοινοτικός adj communal.
κοινοτοπία adj commonplace, truism.
κοινότυπος adj trite, stereotyped.
κοινόχρηστα nn pl shared upkeep ex-
penses.
κοινωνία nf society.
κοινωνικός adj social || sociable.
κοινωνικότητα nf sociability.
κοινωνιολογία nf sociology.
κοινωνιολογικός adj sociological.
κοινωνιολόγος nm sociologist.
κοινωνός nm participant.
κοινωνώ vti administer/receive holy com-
munion || commune.
κοίταγμα nn look, glance || care.
κοιτάζω (και κοιτάω) vt look [at], see,
eye, stare/gaze [at] || examine, look
into || care, see to, look after.
κοίτασμα nn deposit.
κοίτη nf bed.
κοιτίδα nf cradle, birthplace.
κοιτώνας nm bedroom, dormitory.
κόκα nf coke.
κοκαΐνη nf cocaine, coke.
κοκαλιάρης adj bony, skinny, scraggy.
κοκάλινος adj horn, bone.
κόκαλο nn bone.
κοκαλώνω vti be ossified || be chilled to
the bone || be stunned/dazed.
κοκάρι nn seed onions.
κοκέτα nf coquette.
κοκεταρία nf coquetry, stylishness.
κοκέτ·ης nm coquet.
κοκίτης nm whooping cough.
κοκκινάδα nf redness, blush.
κοκκινάδι nn lipstick, rouge.
κοκκινέλι nn red resinated wine.

κοκκινίζω vti redden || blush, go/turn
red || (φαΐ) brown, (με σίδερο) scorch.
κοκκινιστός adj μαγειρ. braised.
κοκκινογούλι nn beetroot.
κοκκινολαίμης nm ορνιθ. robin.
κοκκινομάλλης adj red-haired ▣ nm
redhead.
κόκκινος adj red || ruddy, blushing.
Κοκκινοσκουφίτσα nf Little Red Riding
Hood.
κοκκινωπός adj reddish, russet.
κόκκος nm grain, speck.
κοκκύτης nm whooping cough.
κοκό nn sweet, candy.
κοκοράκι nn cockerel.
κόκορας nm cock, rooster.
κοκορεύομαι vi strut, swagger || boast.
κοκορομαχία nf cock-fighting.
κοκορόμυαλος adj hare-brained.
κοκότα nf tart.
κοκτέιλ nn cocktail.
κοκωβιός nm ιχθ. gudgeon.
κολάζω vt punish || tempt, scandalize.
κόλακας nm flatterer.
κολακεία nf flattery.
κολακευτικός adj flattering.
κολακεύω vt flatter || adulate, fawn on.
κολάρο nn collar.
κόλαση nf hell, inferno.
κολάσιμος adj punishable.
κολασμένος adj damned.
κολατσίζω vt have a snack.
κολατσιό nn snack, collation.
κόλαφος nm slap [in the face], buffet.
κολέγας nm buddy, mate.
κολέγιο nn college.
κολεκτιβισμός nm collectivism.
κολίγας nm tenant farmer, share-cropper.
κολιέ nn necklace.
κολικός nm colic.
κολιός nm mackerel.
κολίτιδα nf colitis.
κόλλα nf glue, paste || starch.
κολλαρίζω vt starch.
κολλαριστός adj starched.
κόλλημα nn gluing, pasting || soldering.
κολλητήρι nn soldering-iron.
κολλητικός adj sticky, adhesive || ιατρ.
catching, contagious.
κολλητός adj glued, stuck || (ρούχα)
close-fitting || (κτίρια) adjacent, con-
tiguous || end-to-end || (άνθρ.) close.
κολλητσίδα nf burr || μτφ. leech.
κολλύριο nn eye-wash.
κολλώ vt glue, paste, stick, gum ||
solder, weld || (αρρώστεια) catch.
κολοβός adj tailless, crop-tailed.
κολοβώνω vt cut off the tail || maim.
κολοκύθα nf pumpkin, gourd.
κολοκυθάκι nn zucchini, courgette.

κολοκύθι nn marrow, pumpkin, squash.
κολόνα nf column, pillar, post.
κολονάκι nn baluster, banister.
κολόνια nf eau de cologne.
κολοσσιαίος adj colossal, huge.
κολοσσός nm colossus, giant.
κολοφώνας nm acme, zenith, peak.
κολπατζής nm trickster.
κολπίσκος nm creek.
κόλπο nn trick, gimmick ‖ wile.
κόλπος nm gulf, bay ‖ (της καρδιάς) ventricle, (της γυναίκας) vagina.
κολύμβηση nf swimming.
κολυμβητήριο nn swimming-pool.
κολυμβητής nm swimmer, bather.
κολυμπήθρα nf font.
κολύμπι nn swim[ming].
κολυμπώ vi swim, bathe.
κολχόζ nn collective farm, kolkhoz.
κομάντος nm pl commandos.
κόμβος nm knot, σιδηροδρ. junction.
κόμης nm count.
κόμησσα nf countess.
κομητεία nf county.
κομήτης nm comet.
κομίζω vt bring, bear, convey.
κομιστής nm bearer.
κόμιστρο nn fare, carriage.
κόμμα nn party ‖ faction ‖ comma.
κομμάρα nf lassitude.
κομμάτα nf chunk.
κομματάρχης nm party boss.
κομματάκι nn piece, bit, morsel.
κομμάτι nn piece, fragment, bit.
κομματιάζω vt smash, shatter, tear/cut up, fragment.
κομματιαστός adj piecemeal.
κομματικός adj party, partisan.
κομματισμός nm partisanship.
κόμματος nm sl peach, stunner, eyeful.
κομμισάριος nm commissar.
κόμμωση nf hair-dressing, hair-do.
κομμωτήριο nn hairdresser's.
κομμωτής nm hairdresser, hairstylist.
κομό nn chest of drawers.
κομοδίνο nn bedside table.
κομούνα nf commune.
κομουνισμός nm communism.
κομουνιστής nm communist.
κομουνιστικός adj communist[ic].
κομπάζω vi boast, brag.
κομπανία nf company, troupe.
κομπάρσος nm walk-on ‖ μτφ. stooge.
κομπασμός nm brag, boast.
κομπιάζω vti knot ‖ μτφ. stammer, stumble, have a frog in one's throat.
κομπίνα nf racket ‖ put-up job.
κομπιναδόρος nm racketeer, schemer.
κομπιναιζόν nn slip.
κομπλάρω vti couple.

κομπλέ adj full up, packed.
κόμπλεξ nn complex.
κομπλιμεντάρω vt compliment, flatter.
κομπλιμέντο nn compliment.
κομπογιαννίτης nm quack, charlatan.
κομπογιαννίτικος adj quack.
κομπογιαννίτισμός nm quackery.
κομπόδεμα nn savings.
κομποδιάζω vti tie in knots.
κομπολόι nn rosary, worry-beads, string of beads.
κομπορρημονώ vi brag, boast.
κόμπος nm knot, knob ‖ dash, drop.
κομπόστα nf compote, preserve.
κόμπρα nf cobra.
κομπρέσα nf compress.
κομπρεσέρ nn pneumatic drill.
κομφόρ nn comfort, convenience.
κομψευόμενος adj dressy ◉ nm dandy.
κομψός adj smart, elegant, stylish.
κομψοτέχνημα nn work of art.
κομψότητα nf elegance, style.
κονδύλι nn entry, item, sum ‖ outlay.
κονεύω vi put up, doss down.
κονιάκ nn brandy, cognac.
κονίαμα nn mortar, plaster, rough-cast.
κόνιδα nf nit.
κονιορτοποίηση nf pulverization.
κονίστρα nf arena, lists.
κονκάρδα nf badge, favour, rosette.
κονσέρβα nf tin, can.
κονσερβοποιείο nn cannery.
κονσερβοποίηση nf canning, tinning.
κονσερβοποιώ vt can, tin, pack.
κονσομέ nn clear soup, stock.
κοντά adv by, near, close ‖ almost.
κονταίνω vt shorten ‖ vi get shorter.
κοντάκι nn (όπλου) butt, stock.
κοντάρι nn [flag]staff, pole, lance.
κονταρομαχία nf joust, tilting.
κοντέρ nn speedometer.
κόντες nm count.
κοντέσσα nf countess.
κοντεύω vi approach, draw near ‖ be about to, be on the verge of, nearly + simple past.
κοντινός adj near, close, nearby.
κοντοκόβω vt cut short.
κοντολογίς adv in short.
κοντομάνικος adj short-sleeved.
Κοντορεβιθούλης nm Tom Thumb.
κοντός adj short ‖ nm pole, staff.
κοντοστέκω vi stop short, hesitate, pause.
κοντοστούμπης adj podgy, dumpy.
κοντόσωμος adj short.
κοντόφθαλμος adj short-sighted.
κοντόχοντρος adj stocky, stubby, podgy.
κόντρα adv against, contrary to ◉ nf (ξύρισμα) close shave, (φιλέτο) rump-steak.

κοντραπλακέ *nn* plywood.
κοντράρω *vt* antagonize, oppose.
κοντρόλ *nn* control.
κοντσέρτο *nn* concert, concerto.
κοντύλι *nn* slate pencil.
κοντυλοφόρος *nm* pen-holder, fountain-pen.
κοπάδι *nn* flock, herd, pack, drove.
κοπάζω *vi* abate, subside.
κοπανατζής *nm* truant, malingerer.
κοπαν-ίζω (και ~άω) *vt* pound, hammer, thump, bang || (δέρνω, νικώ) beat, thrash, trounce, lick, bash || (πίνω) booze, guzzle, swill.
κόπανος *nm* pestle || (βρισιά) nitwit, numbskull.
κοπέλα *nf* girl.
κοπελιά *nf* lassie, missy.
κοπή *nf* cut[ting] || coining || felling.
κόπια *nf* copy || print || replica.
κοπιάζω *vi* tire oneself || have difficulty.
κοπιάρω *vt* copy || mimic.
κοπιαστικός *adj* tiring, hard.
κοπίδι *nn* chisel, cutter.
κόπιτσα *nf* clasp, press-stud.
κόπος *nm* toil, labour, pains || fatigue.
κόπρανα *nn pl* excrement, ιατρ. stools.
κοπριά *nf* dung, muck, manure.
κοπρίζω *vi* drop dung, mess.
κοπρίτης *nm* (και *nn* κοπρόσκυλο) cur, mongrel || μτφ. lazybones, loafer.
κοπροσκυλιάζω *vi* loaf, muck about.
κόπωση *nf* fatigue, tiredness.
κόρα *nf* [bread]crust.
κόρακας *nm* raven.
κορακάτος *adj* raven.
κοράκι *nn* crow, rook, raven.
κορακίστικα *nn pl* jargon, patter.
κοραλλένιος (και κοράλλινος) *adj* coral.
κοράλλι *nn* coral.
Κοράνι *nn* Koran.
κοράσι *nn* girl, lass.
κορβανάς *nm* coffer, money-box.
κόρδα *nf* rafter, beam.
κορδέλα *nf* band, tape, ribbon.
κορδόνι *nn* cordon, braid || shoelace.
κορδώνομαι *vi* strut, swank, puff one's chest.
κορδωτός *adj* swanky, strutting.
κορεός *nm* bed-bug.
κορεσμένος *adj* saturated, full up.
κορεσμός *nm* glut, saturation.
κόρη *nf* girl, daughter || (ματιού) pupil.
κορινθιακός *adj* Corinthian.
Κόρινθος *nf* Corinth.
κοριός *nm* [bed] bug.
κορίτσάκι *nn* little girl.
κορίτσι *nn* [little] girl || virgin.
κοριτσίστικος *adj* girlish, maidenly.
κοριτσόπουλο *nn* chit of a girl.

κορκός *nm* yolk.
κορμί *nn* trunk, body, figure || χαμένο ~, good-for-nothing.
κορμός *nm* trunk, torso || μτφ. body.
κορμοστασιά *nf* build, bearing.
κόρνα *nf* klaxon, horn.
κορνάρω *vi* honk, hoot, toot.
κόρνερ *nn* corner[-kick].
κορνέτα *nf* cornet.
κορνετίστας *nm* cornet-player.
κορνίζα *nf* frame || αρχιτ. frieze, cornice, (τζακιού) mantelpiece.
κορνιζάρω *vt* frame.
κόρνο *nn* horn.
κορν-φλάουρ *nn* cornflour, ΗΠΑ cornstarch.
κόρο *nn* chorus, choir.
κοροϊδευτικός *adj* mocking, taunting.
κοροϊδεύω *vt* laugh at, mock, make fun of, taunt || (απατώ) put on, fool, cheat, dupe.
κοροϊδία *nf* mockery || fraud, cheat.
κοροϊδίστικα *adv* foolishly.
κορόιδο *nn* fool, sucker, dupe.
κορόμηλο *nn* sloe, wild plum.
κόρος *nm* ναυτ. register ton.
κορσάζ *nn* bodice.
κορσές *nm* corset.
κορσικανός *nm, adj* Corsican.
κορτάκιας *nm* skirt-chaser.
κορτάρω *vt* court, flirt, chase.
κόρτε *nn* flirt, court[ing].
κορτιζόνη *nf* cortisone.
κορυδαλλός *nm* skylark.
κορυφαίος *adj* leading, top, topnotch.
κορυφή *nf* top, summit, peak.
κορυφογραμμή *nf* ridge, watershed.
κορυφώνομαι *vi* culminate, reach a peak.
κορφή *nf* top, summit, peak, crest.
κορφολογώ *vt* top, nip off the heads.
κόρφος *nm* breast, arms.
κορώνα *nf* crown || ~ ή γράμματα; heads or tails?
κορωνίδα *nf* coronet || zenith.
κοσκινίζω *vt* sieve, sift.
κόσκινο *nn* sieve.
κόσμημα *nn* jewel, gem, ornament.
κοσμηματοθήκη *nf* jewel-case.
κοσμηματοπωλείο *nn* jeweller's.
κοσμηματοπώλης *nm* jeweller.
κοσμήτορας *nm* dean, proctor.
κοσμικός *adj* social, society || worldly, mundane, temporal || cosmic.
κόσμιος *adj* decent, seemly.
κοσμιότητα *nf* decency, propriety.
κοσμογονία *nf* cosmogony.
κοσμογραφία *nf* cosmography.
κοσμογυρισμένος *adj* widely travelled.
κοσμοθεωρία *nf* ideology.
κοσμοϊστορικός *adj* historic, epoch-

making.
κοσμοκράτορας *nm* world ruler.
κοσμοκρατορία *nf* world domination.
κοσμοναύτης *nm* cosmonaut.
κοσμοξάκουστος *adj* world-famous.
κοσμοπλημμύρα *nf* deluge of people.
κοσμοπολίτης *adj, nm* cosmopolitan.
κόσμος *nm* world ǁ cosmos, universe ǁ people, society.
κοσμοσυρροή *nf* rush/flood of people.
κοσμοχαλασμός *nm* uproar, havoc, chaos.
κοσμώ *vt* adorn ǁ be a credit to.
κοστίζω *vi* cost, be, knock back.
κοστολόγηση *nf* cost accounting.
κοστολόγιο *nn* cost estimate.
κοστολογώ *vt* cost.
κόστος *nn* cost.
κοστούμι *nn* suit.
κότα *nf* hen.
κοτάδικο *nn* poultry farm.
κότερο *nn* cutter.
κοτέτσι *nn* hen-coop, fowl-run.
κοτλέ *nn, adj* corduroy.
κοτολέτα *nf* chop, cutlet.
κοτόπιτα *nf* chicken pie.
κοτοπουλάδικο *nn* poultry shop.
κοτόπουλο *nn* chick, chicken.
κοτρόνι *nn* boulder.
κοτσάνι *nn* stalk, stem.
κοτσάρω *vt* put on, sport ǁ accuse.
κότσια *nn pl* guts, grit, pluck.
κοτσίδα *nf* pigtail, plait, braid.
κοτσιλιά *nf* droppings.
κοτσονάτος *adj* hale and hearty, spry.
κότσος *nm* bun.
κότσυφας *nm* blackbird.
κοτώ *vi* dare, venture.
κουαρτέτο *nn* quartet.
κουβαδιά *nf* bucketful.
κουβάλημα *nn* transport, moving house.
κουβαλητής *nm* provider ǁ carrier.
κουβαλώ *vt* bring, carry, bear ǁ cart, truck, haul ǁ move house.
κουβάρι *nn* skein, ball.
κουβαριάζομαι *vi* roll into a ball ǁ crouch, huddle up ǁ double up.
κουβαρίστρα *nf* spool, reel, bobbin.
κουβάς *nm* pail, bucket.
κουβέντα *nf* chat, talk, conversation ǁ remark, word.
κουβεντιάζω *vti* talk, chat, discuss.
κουβεντολόι *nn* small talk, chit-chat.
κουβέρ *nn* cover[-charge], place.
κουβερνάντα *nf* governess.
κουβέρτα *nf* blanket.
κουβερτούρα *nf* dust-jacket.
κουδούνι *nn* bell.
κουδουνίζω *vi* ring, tinkle, jingle.
κουδουνίστρα *nf* rattle.
κουζίνα *nf* kitchen ǁ stove, cooker ǁ

cooking, cuisine.
κουζινέτο *nn* τεχν. bearing.
κουζινίτσα *nf* kitchenette.
κουζουλός *adj* barmy, batty, daft.
κουίζ *nn* quiz.
κουιντέτο *nn* quintet.
κουίσλινγκ *nm* quisling, traitor.
κουκέτα *nf* berth, cot, bunk.
κουκί *nn* bean ǁ grain.
κουκίδα *nf* pip ǁ dot, spot.
κούκλα *nf* doll ǁ dummy, mannequin ǁ puppet ǁ *γυν.* beauty, peach.
κουκλίστικος *adj* darling, doll-like.
κουκλίτσα *nf* dolly, poppet.
κουκλοθέατρο *nn* puppet show.
κούκος *nm* cuckoo ǁ (*σκούφος*) cap.
κουκουβάγια *nf* owl.
κουκούλα *nf* cowl, hood.
κουκουλάρικο *nn* (*ύφασμα*) shantung.
κουκούλι *nn* cocoon.
κουκουλώνω *vt* μτφ. cover up, hush up.
κουκουνάρα *nf* pine-cone.
κουκουνάρι *nn* pine-cone.
κουκουναριά *nf* parasol pine.
κουκουρίκου *nn* cock-a-doodle-doo.
κουκούτσι *nn* pip, stone, seed.
κουλός *adj* armless, handless.
κουλουβάχατα *nn pl* mess, topsy-turvy.
κουλούκι *nn* bastard.
κουλούρα *nf* bread roll ǁ zero ǁ coil.
κουλουράκι *nn* roll.
κουλουριάζομαι *vi* curl/huddle/double up.
κουλούρι *nn* roll.
κουλτούρα *nf* culture.
κουλτουριάρης *nm* arty bloke.
κουλτουριάρικος *adj* arty.
κουμαντάρω *vt* manage, handle.
κουμάντο *nn* management ǁ *κάνω* ~, be the boss, be in charge of.
κουμαριά *nf* arbutus bush.
κούμαρο *nn* arbutus berry.
κουμάσι *nn* (*βρισιά*) skunk.
κουμπαράς *nm* money-box, piggy-bank.
κουμπάρος *nm* best man ǁ godfather.
κουμπί *nn* button ǁ knob, switch.
κουμπότρυπα *nf* button-hole.
κουμπούρα *nf* gun, pistol.
κουμπουράς *nm* gunman.
κουμπουριά *nf* gunshot, pistol-shot.
κουμπώνω *vt* button up, do up, zip.
κουνάβι *nn* ferret, marten.
κουνελάκι *nn* bunny.
κουνέλι *nn* rabbit.
κουνενές *nm* ninny, dimwit.
κούνημα *nn* movement, swaying, shake ǁ nod, wave, wag ǁ (*πλοίου*) pitch.
κούνια *nf* swing, see-saw ǁ (*μωρού*) cradle, cot, crib, carrycot.
κουνιάδα *nf* sister-in-law.

κουνιάδος *nm* brother-in-law.
κουνιστός *adj* rocking || hip-swaying.
κουνούπι *nn* mosquito.
κουνουπίδι *nn* cauliflower.
κουνουπιέρα *nf* mosquito-net.
κουν·ώ *vt* move, shake, budge, stir || nod, wave, wag || ~ιέμαι, sway one's hips.
κούπα *nf* cup, mug || *χαρτοπ.* hearts.
κουπαστή *nf* (*σκάλας*) handrail, (*βάρκας*) gunnel, (*πλοίου*) bulwark.
κουπί *nn* oar, paddle.
κουπόνι *nn* coupon, token, voucher.
κούρα *nf* rest-cure || treatment, cure || doctor's fee [for a visit].
κουράγιο *nn* courage, pluck, spirit.
κουράζω *vt* tire, try, strain, overwork.
κουραμάνα *nf* army bread.
κουραμπιές *nm* sugared bun || *μτφ.* desk soldier.
κουράντης *nm* attendant doctor.
κουράρω *vt* treat, attend.
κούραση *nf* fatigue, weariness.
κουρασμένος *adj* tired, weary.
κουραστικός *adj* tiring || tiresome.
κουραφέξαλα *nn pl* rubbish, nonsense.
κούρβουλο *nn* vine-stock.
κουρδίζω *vt* wind up || tune up || *μτφ.* tease, rile, rag.
κούρδισμα *nn* winding, tuning.
κουρδιστήρι *nn* key.
κουρδιστός *adj* clockwork.
κουρέας *nm* barber.
κουρείο *nn* barber's shop.
κουρελής *nm* person in rags.
κουρέλι *nn* rag, *pl* tatters.
κουρελιάζω *vt* tear/wear to rags.
κουρελιάρικος *adj* tattered, ragged.
κουρελού *nf* patchwork.
κούρεμα *nn* haircut.
κουρεύ·ω *vt* cut sb's hair || ~ομαι, have one's hair cut.
κουρκούτι *nn* pap, mash, gruel.
κουρκουτιάζω *vi μτφ.* get muddled.
κουρμάς, κλπ. ⇒ ΧΟΥΡΜΑΣ
κούρνια *nf* [hen-]roost, perch.
κουρνιάζω *vi* roost, perch, sit, settle.
κουρνιαχτός *nm* [cloud of] dust.
κουρούνα *nf* carrion crow.
κούρσα *nf* race, dash || limousine || ride, drive || fare.
κουρσάρικο ·*nn* pirate [ship].
κουρσάρος *nm* pirate, corsair.
κούρσεμα *nn* raid, pillage.
κουρσεύω *vt* make raids on, loot.
κουρτίνα *nf* curtain.
κουρτινάκι *nn* valence.
κουρτινόβεργα *nf* curtain-rod.
κουσούρι *nn* failing, defect, vice.
κουστωδία *nf* guard, escort, party.

κουτάβι *nn* pup, puppy || cub.
κουτάλα *nf* ladle, scoop.
κουταλάκι *nn* teaspoon.
κουτάλι *nn* spoon.
κουταλιά *nf* spoonful.
κουταμάρα *nf* foolishness || stupid action || *pl* nonsense.
κούτελο *nn* forehead.
κουτεντές *nm* silly, booby.
κουτί *nn* box, case || tin.
κουτιαίνω *vti* make/go soft.
κουτοπονηριά *nf* ruse, wile.
κουτοπόνηρος *adj* wily, sly.
κουτορνίθι *nn* ninny, sucker, dupe.
κουτός *adj* dull, slow, thick, silly.
κουτούκι *nn* dive.
κουτουλιά *nf* butt, header.
κουτουλώ *vt* butt, head.
κουτουπιές *nm* instep.
κουτουράδα *nf* rashness || rash act.
κουτουρού *adv στα* ~, at random.
κούτρα *nf* nut, noddle.
κουτρουβαλώ *vi* tumble down.
κούτσα-κούτσα *adv* haltingly, lamely.
κουτσαίνω *vi* limp || lame, cripple.
κουτσοδόντης *adj* gap-toothed.
κουτσοκαταφέρνω *vt τα* ~, jog along, muddle through, manage somehow.
κουτσομπολεύω *vt* gossip, talk scandal.
κουτσομπόλης *nm* gossip, tale-teller, scandal-monger.
κουτσομπολιό *nn* gossip, tattle.
κουτσοπίνω *vt* sip || hobnob || tipple.
κουτσός *adj* limping, lame || rickety.
κουτσούβελο *nn* brat.
κουτσουλιά *nf* droppings.
κουτσουρεύω *vt* curtail || mutilate.
κούτσουρο *nn* block || stump || log || *μτφ.* (*άνθρ.*) dunce, blockhead.
κουφαίν·ω *vt* deafen || ~ομαι, go deaf.
κουφάλα *nf* hollow, cavity || *μτφ.* (*γυν.*) tart, (*άντρας*) sod.
κουφαμάρα *nf* deafness.
κουφάρι *nn* corpse, carcass || shell.
κουφέτο *nn* sugar almond.
κουφιοκεφαλάκης *nm* empty-headed person, scatterbrain.
κούφιος *adj* hollow.
κουφοβράζω *vi* simmer.
κουφόβραση *nf* sultry weather.
κουφοξυλιά *nf* elder.
κούφος *adj* vain, frivolous.
κουφός *adj* deaf.
κουφότητα *nf* vanity, levity.
κουφώνω *vt* hollow out.
κόφα *nf* pannier.
κοφίνι *nn* basket, hamper.
κοφτερός *adj* sharp, keen.
κοφτήρι *nn* chisel, cutter.
κοφτός *adj* curt, abrupt, sharp.

κόχη *nf* corner || nook, recess.
κοχλάζω *vi* boil, bubble || *μτφ.* seethe.
κοχλίας *nm* snail || screw, bolt.
κοχύλι *nn* conch.
κόψη *nf* cut || [cutting] edge.
κοψιά *nf* cut, nick || jib || lie.
κόψιμο *nn* cut[ting], nick || stomach-ache.
κοψοχρονιά *adv* dirty cheap, for a song.
κραγιόνι *nn* lipstick.
κραδαίνω *vt* brandish, flourish.
κραδασμός *nm* shock, vibration.
κράζω *vti* call || shout, cry out.
κραιπάλη *nf* debauchery, orgy.
κράμα *nn* mixture, alloy.
κράμπα *nf* cramp.
κραμπολάχανο *nn* cabbage.
κρανίο *nn* skull.
κράνος *nn* helmet.
κράξιμο *nn* caw, crow, croak.
κράση *nf* constitution, physique.
κρασί *nn* wine.
κρασοβάρελο *nn* wine cask.
κρασοκατάνυξη *nf* drinking bout.
κράσπεδο *nn* kerb, roadside.
κραταιός *adj* mighty, powerful.
κράτημα *nn* hold[ing], keeping.
κρατημός *nm* holding back.
κρατήρας *nm* crater.
κράτηση *nf* keeping || reservation || detention || deduction.
κρατητήριο *nn* jail, lockup.
κρατίδιο *nn* tiny state.
κρατικοποιώ *vt* nationalize.
κρατικός *adj* state, government.
κράτος *nn* state, government.
κρατώ *vti* keep, hold, maintain || have, carry || detain, take in custody || bear, support || hold out || (*συγκρατώ*) hold back/in, retain || (*διαρκώ*) last || (*τηρώ*) keep up, uphold, observe || (*παρακρατώ*) withhold || (*κατάγομαι*) be descended from (*αγκαζάρω*) book, reserve.
κραυγάζω *vi* shout, bawl, scream.
κραυγαλέος *adj* crying, howling, blatant.
κραυγή *nf* cry, shout, yell, scream.
κραχ *nn* crash.
κράχτης *nm* tout || draw || crow.
κρέας *nn* meat || flesh.
κρεατοελιά *nf* wart, mole.
κρεατομηχανή *nf* meat-mincer.
κρεατόμυγα *nf* blowfly.
κρεατόπιτα *nf* meatpie.
κρεββάτι *nn* bed.
κρεββατίνα *nf* arbour, pergola.
κρεββατοκάμαρα *nf* bedroom.
κρεββατώνομαι *vi* be laid up.
κρεμ *adj* cream-coloured.

κρέμα *nf* cream.
κρεμάλα *nf* gallows || noose.
κρεμανταλάς *nm* gawky fellow.
κρέμασμα *nn* hanging up.
κρεμαστάρι *nn* hook.
κρεμαστός *adj* suspended || overhanging.
κρεμάστρα *nf* peg, hook, hanger.
κρεματόριο *nn* crematorium.
κρεμμύδι *nn* onion.
κρεμιέμαι *vi* hang, be suspended.
κρεμώ *vt* hang, suspend.
κρένω *vi* λαϊκ. speak, talk.
κρεοπωλείο *nn* butcher's.
κρεοπώλης *nm* butcher.
κρεοφαγία *nf* meat-eating.
κρεοφάγος *nm* meat-eater.
κρέπα *nf* flapjack, pancake.
κρεπάρω *vi* have a fit.
κρέπι *nn* crêpe.
κρησάρα *nf* sieve, sifter.
κρησαρίζω *vt* sieve, sift.
κρησφύγετο *nn* hideout, den.
Κρήτη *nf* Crete.
Κρητικός *nm* Cretan.
κριάρι *nn* ram.
κριθαράκι *nn* pasta || ιατρ. sty[e].
κριθάρι *nn* barley.
κρίκερ *nn* mug.
κρίκετ *nn* cricket.
κρίκος *nm* ring || μτφ. link, bond, tie.
κρίμα *nn* sin || είναι ~, it's a pity.
κρίνο *nn* lily.
κρινολίνο *nn* crinoline, hoop-skirt.
κρίνω *vt* judge || consider || criticize || decide.
κριός *nm* ram || αστρολ. Aries.
κρισάρα ⇒ ΚΡΗΣΑΡΑ
κρίση *nf* judgement || ruling, decision, opinion || crisis, exigency || ιατρ. fit, attack.
κρίσιμος *adj* critical, crucial, decisive.
κρισιμότητα *nf* gravity.
κρισκράφτ *nn* speedboat.
κριτήριο *nn* criterion, test.
κριτής *nm* judge, critic || umpire.
κριτικάρω *vt* criticize.
κριτική *nf* criticism || (*βιβλίου*) review || (*τέχνης*) appreciation.
κριτικός *nm* critic, reviewer ◉ *adj* critical.
κροκέτα *nf* μαγειρ. croquette.
κροκόδειλος *nm* crocodile, alligator.
κρόκος *nm* yolk || φυτ. crocus, saffron.
κρόσσι *nn* fringe.
κροταλίας *nm* rattle-snake.
κροταλίζω *vti* rattle, clatter, patter || crackle, smack, snap || jingle, clang, clink.
κροτάλισμα *nn* rattle || crackle || jingle.
κρόταφος *nm* temple.

κροτίδα *nf* squib, cracker, petard.
κρότος *nm* noise || snap, pop || slam, bang || thud, plop || *μτφ.* sensation.
κρουαζιέρα *nf* cruise.
κρουνός *nm* *μτφ.* torrent, flow.
κρούση *nf* στη *φρ.* **κάνω ~**, sound, put out feelers.
κρούσμα *nn* case.
κρούστα *nf* crust.
κρουσταλλένιος *adj* crystal.
κρουσταλλιάζω *vi* freeze.
κρούσταλλο *nn* icicle.
κρουστιάζω *vi* crust/skin over.
κρουστός *adj* closely-woven.
κρούω *vt* στη *φρ.* **~ τον κώδωνα του κινδύνου**, sound the alarm.
κρυάδα *nf* chilliness || cold shiver.
κρύβω *vt* hide, conceal.
κρύο *nn* cold, chill.
κρυολόγημα *nn* cold, chill.
κρυολογώ *vi* catch a cold/chill.
κρυόμπλαστρο *nn* *μτφ.* wet blanket.
κρυοπάγημα *nn* frostbite.
κρυοπαγημένος *adj* frostbitten.
κρύος *adj* cold, chilly || frigid.
κρύπτη *nf* crypt || hiding place.
κρυπτογράφημα *nn* coded message.
κρυπτογράφηση *nf* cipher.
κρυπτογραφικός *adj* cryptographic.
κρυπτογραφώ *vt* cipher.
κρυστάλλινος *adj* crystal.
κρύσταλλο *nn* crystal || icicle.
κρυσφήγετο *nn* shelter, cover, hideout.
κρυφά *adv* secretly, in secret.
κρυφακούω *vt* eavesdrop, overhear.
κρυφογελώ *vi* snigger.
κρυφοκαίω *vi* smoulder.
κρυφοκοιτάζω *vti* peep, look furtively at.
κρυφομιλώ *vi* whisper, talk in secret.
κρυφός *adj* secret, hidden, concealed, veiled || furtive, covert, stealthy.
κρυφτ-ό (*και* **~ούλι**) *nn* hide-and-seek.
κρύψιμο *nn* hiding, withholding.
κρυψίνοια *nf* secretiveness.
κρυψίνους *adj* secretive.
κρυψώνα *nf* hiding place, hideout.
κρύωμα *nn* cold, chill.
κρυώνω *vti* cool, chill || feel/be cold, catch a cold || get/grow cold.
κρωγμός *nm* caw, croak, screech.
κρώζω *vi* (*κόρακας*) caw, (*βάτραχος*) croak, (*κουκουβάγια*) hoot, screech, (*γλάρος*) squawk.
κτερίσματα *nn pl* funeral gifts.
κτήμα *nn* land, field || property, possession || farm, estate.
κτηματίας *nm* farmer, landowner.
κτηματικός *adj* land[ed].
κτηματογράφηση *nf* cadastral survey.

κτηματολόγιο *nn* land/real estate registry.
κτηματομεσίτης *nm* land/house/estate agent, realtor.
κτηνέμπορος *nm* cattle dealer.
κτηνιατρείο *nn* veterinary surgery.
κτηνίατρος *nm* vet[erinary].
κτήνος *nm* beast, brute, animal.
κτηνοτροφή *nf* cattle feed, fodder.
κτηνοτροφία *nf* cattle, livestock || cattle-breeding.
κτηνοτρόφος *nm* cattle-breeder, stock-farmer.
κτηνώδης *adj* beastly, brutal, brutish.
κτηνωδία *nf* bestiality, brutality.
κτήση *nf* possession, dominion || acquisition.
κτητικός *adj* possessive.
κτήτορας *nm* owner || founder.
κτίριο *nn* building.
κτίση *nf* building || creation || world.
κτίσμα *nn* building, edifice.
κτίστης *nm* builder || founder.
κτυπώ ⇒ ΧΤΥΠΩ
κυανός *adj* blue, azure.
κυβερνείο *nn* Government House.
κυβέρνηση *nf* government, administration, cabinet.
κυβερνήτης *nm* leader, ruler || governor || captain, commander.
κυβερνητική *nf* cybernetics.
κυβερνητικός *adj* cabinet, government[al].
κυβερνώ *vt* govern, rule, command.
κυβικός *adj* cubic.
κυβισμός *nm* cubing || *ζωγρ.* cubism.
κύβος *nm* cube || (*ζάρι*) die.
κυδώνι *nn* quince || *θαλασσινό* cockle.
κύηση *nf* gestation, pregnancy.
κυκεώνας *nm* chaos || maze || confusion.
Κυκλάδες *nf pl* the Cyclades.
κυκλάμινο *nn* cyclamen.
κυκλικός *adj* circular, sweeping.
κύκλος *nm* circle, cycle, ring || *μτφ.* quarters, circle, set || (*πεδίο*) range, scope, sphere.
κυκλοφορία *nf* traffic || circulation.
κυκλοφοριακός *adj* circulatory, traffic.
κυκλοφορώ *vti* circulate, go about, spread || release, put into circulation.
κύκλωμα *nn* circuit || racket, ring, network.
κυκλώνας *nm* cyclone.
κυκλώνω *vt* encircle, surround.
Κύκλωπας *nm* Cyclops.
κυκλώπειος *adj* Cyclopean.
κύκλωση *nf* encirclement.
κύκνειο *άσμα*, swan-song.
κύκνος *nm* swan.
κυλικείο *nn* buffet, refreshment room.
κύλινδρος *nm* cylinder || roller.
κύλισμα *nn* rolling.

κυλίστρα *nf* slide, chute ‖ scree.

κυλ·ώ *vti* roll, trundle ‖ flow ‖~ιέμαι, roll/toss about, wallow.

κύμα *nn* wave, billow.

κυμαίνομαι *vi* waver ‖ fluctuate, range, vary, float.

κυμαινόμενος *adj* floating.

κυματάκι *nn* ripple.

κυματίζω *vti* wave, stream, flutter.

κυματισμός *nm* ripple, undulation.

κυματιστός *adj* wavy, rolling.

κυματοθραύστης *nm* breakwater, mole.

κυματώδης *adj* choppy.

κύμβαλο *nn* cymbal.

κύμινο *nn* cumin, caraway.

κυνηγετικός *adj* hunting, shooting.

κυνηγητό *nn* chase, pursuit ‖ *παιχν.* tag.

κυνήγι *nn* hunting, shooting ‖ (*θήραμα*) game ‖ chase, pursuit.

κυνηγός *nm* hunter, sportsman.

κυνηγώ *vt* hunt, shoot, go hunting/ shooting ‖ pursue, chase, run after ‖ turn out/away, drive out/away ‖ look /hunt for.

κυνικός *adj* cynical ▣ *nm* cynic.

κυνισμός *nm* cynicism.

κυνοδρομία *nf* dog-race.

κυνοτροφείο *nn* kennels.

κυνοτρόφος *nm* dog-fancier.

κυοφορία *nf* gestation.

κυοφορώ *vti* be pregnant.

κυπαρίσσι *nn* cypress.

κυπαρισσόμηλο *nn* cypress cone.

κυπαρισσώνας *nm* cypress grove.

κύπελλο *nn* cup, bowl, mug.

κυπριακός *adj* Cypriot, of Cyprus.

κυπρίνος *nm* *ιχθ.* carp.

Κύπριος *nm* Cypriote.

Κύπρος *nf* Cyprus.

κυρά *nf* Mrs, dame.

κύρης *nm* father ‖ master.

κυρία *nf* Mrs, lady.

κυριακάτικα *nn pl* one's Sunday best ▣ *adv* on a Sunday.

κυριακάτικος *adj* Sunday.

Κυριακή *nf* Sunday.

κυριαρχία *nf* domination, sway ‖ supremacy ‖ dominion.

κυριαρχικός *adj* sovereign, dominant.

κυρίαρχος *adj* sovereign, ruling.

κυριαρχώ *vt* dominate, govern ‖ prevail, predominate, overshadow.

κυριεύω *vt* conquer, seize, take, capture ‖ *μτφ.* possess, obsess.

κυριολεκτικός *adj* literal, strict.

κυριολεξία *nf* full/strict sense.

κύριος *nm* Lord, God ‖ owner, master, husband ‖ man, gentleman ‖ Mr, sir ▣ *adj* main, chief, principal.

κυριότητα *nf* ownership.

κυρίως *adv* mainly, chiefly, primarily.

κύρος *nn* prestige, authority.

κυρούλα *nf* granny.

κυρτός *adj* bent, stooping ‖ convex, curved ‖ crooked.

κυρτώνω *vt* hump, hunch, arch ‖ bend, bow.

κυρώνω *vt* ratify, confirm ‖ authenticate, certify ‖ sanction.

κύρωση *nf* ratification.

κύστη *nf* cyst, bladder.

κυστίτιδα *nf* cystitis.

κύτος *nn* hull ‖ hold.

κυτταρίνη *nf* cellulose.

κύτταρο *nn* cell.

κυτταρολογία *nf* cytology.

κυψέλη *nf* beehive.

κυψελίδα *nf* earwax.

κώδικας *nm* code ‖ codex.

κωδικοποίηση *nf* codification.

κωδικός *nm, adj* code.

κωδωνοκρουσία *nf* ringing/peal of bells.

κωδωνοκρούστης *nm* bell-ringer.

κωδωνοστάσι *nn* belfry, bell-tower.

κώλος *nm* bum, arse, ass.

κωλότσεπη *nf* hip-pocket.

κωλοφωτιά *nf* glow-worm.

κώλυμα *nn* impediment, obstacle.

κωλυσιεργία *nf* obstruction[ism].

κωλυσιεργός *nm* obstructionist.

κωλυσιεργώ *vi* obstruct, filibuster.

κωλώνω *vi* baulk, shy, jib, recoil.

κώμα *nn ιατρ.* coma.

κωματώδης *adj* comatose.

κωμειδύλλιο *nn* operetta.

κωμικός *adj* comic, funny ▣ *nm* comedian, comedy actor.

κωμικοτραγικός *adj* tragicomic.

κωμόπολη *nf* large village.

κωμωδία *nf* comedy ‖ *μτφ.* sham, playacting ‖ funny/hilarious thing.

κώνειο *nn* hemlock.

κωνικός *adj* conical.

κώνος *nm* cone.

κωνοφόρος *adj* coniferous ▣ *nn* conifer.

κωπηλασία *nf* row[ing].

κωπηλατώ *vi* row.

κωφάλαλος *adj, nm* deaf-mute.

κωφεύω *vi* turn a deaf ear to.

Λ λ

λάβα nf lava.

λάβαρο nn banner, standard, flag.

λάβδανο nn laudanum.

λαβείν nn credit.

λαβή nf handle, (ὅπλου) butt, (ξίφους) hilt ‖ μτφ. hold, grip, lock.

λαβίδα nf forceps ‖ nippers, tongs.

λαβομάνο nn washbasin.

λάβρα nf sweltering heat.

λαβράκι nn bassfish ‖ δημοσιογρ. scoop.

λάβρος adj passionate, vehement.

λαβύρινθος nm labyrinth ‖ maze.

λαβωματιά nf wound, injury.

λαβώνω vt wound, injure.

λαγάνα nf unleavened bread.

λαγαρός adj clear, limpid ‖ pure.

λαγήνα nf pitcher, crock.

λαγκάδ·α (και ~ιά, nn ~ι) nf ravine, dale.

λαγνεία nf lust, lechery.

λάγνος adj lustful, lewd, lecherous.

λαγοκοιμάμαι vi doze [off], catnap.

λαγόνες nf pl loins.

λαγός nm hare.

λαγουδάκι nn leveret.

λαγουδέρα nf ναυτ. tiller.

λαγούμι nn conduit, mine.

λαγουμιτζής nm miner, sapper.

λαγωνικό nn blood-hound.

λαδερό nn oilcan.

λαδερός adj cooked with oil ‖ oily.

λαδής adj olive-green.

λάδι nn oil, olive oil.

λαδιά nf oil-stain ‖ olive crop.

λαδιέρα nf oil-cruet.

λαδικό nn oilcan.

λαδολέμονο nn olive oil and lemon sauce.

λαδομπογιά nf oil-paint, oil-colour.

λαδόξιδο nn vinaigrette.

λαδόπανο nn oilcloth.

λαδόχαρτο nn greaseproof paper.

λάδωμα nn oiling ‖ lubrication ‖ μτφ. bribery, graft.

λαδώνω vt oil ‖ stain with oil ‖ lubricate ‖ bribe, grease sb's palm.

λαδωτήρι nn oilcan.

λαζάνια nn pl lasagne.

λαθεύω vi be mistaken/wrong.

λάθος nn mistake, error, fault, slip, wrong ‖ κατά ~, by mistake.

λάθρα adv on the sly, stealthily.

λαθραίος adj contraband.

λαθρεμπόριο nn smuggling.

λαθρέμπορος nm smuggler ‖ gunrunner.

λαθρεπιβάτης nm stowaway.

λαθροθήρας nm poacher.

λαθροχειρία nf filching ‖ trick.

λαίδη nf lady.

λαϊκισμός nm populism.

λαϊκιστικός adj populistic.

λαϊκός adj popular, people's ‖ cheap, low ‖ common, working-class ‖ secular.

λαϊκότητα nf popularity, folksiness ‖ commonness, vulgarity.

λαίλαπα nf hurricane, tempest.

λαιμαργία nf greed, gluttony.

λαίμαργος adj greedy, gluttonous.

λαιμαριά nf collar, yoke.

λαιμητόμος nf guillotine.

λαιμοδέτης nm necktie.

λαιμός nm throat, neck.

λακέρδα nf salted tuna-fish.

λακές nm lackey, page-boy.

λακκάκι nn dimple.

λάκκος nm pit, grave.

λακκούβα nf pothole, puddle ‖ cavity.

λακριντί nn chatter.

λάκτισμα nn kick ‖ αθλ. kick-off.

λακώ vi turn tail, run off.

λακωνικός adj laconic, terse.

λακωνικότητα nf terseness, brevity.

λάλημα nn cockcrow ‖ singing.

λαλιά nf speech, voice.

λαλουμένη nf vernacular.

λαλώ vti (άνθρ.) speak, talk ‖ (πουλιά) warble, sing, crow ‖ (όργανα) play.

λάμα nf blade.

λαμαρίνα nf sheeting ‖ baking-tin.

λαμβάνω vt take, get, receive.

λάμνω vti row.

λάμπα nf lamp, bulb.

λαμπάδα nf taper, candle.

λαμπαδηφορία nf torchlight procession.

λαμπαδηφόρος nm torch-bearer.

λαμπαδιάζω vi flame up, blaze.

λαμπατέρ nn standard-lamp.

λαμπεράδα nf brilliancy.

λαμπερός adj brilliant, shining.

λαμπικάρω vt clear, filter, refine.

λαμπίκος adj clean as a new pin.

λαμπιόνι nn fairy lamp.

λαμπόγυαλο nn lamp glass.

λαμποκόπημα nn brilliancy, glow, glitter.

λαμποκοπώ vi shine, glow, glitter.

Λαμπρή nf Easter.

λαμπριάτικος adj Easter.
λαμπροβδομάδα nf Easter week.
λαμπροντυμένος adj splendidly dressed.
λαμπρός adj bright, brilliant ‖ eminent ‖ splendid, gorgeous.
λαμπρότητα nf brightness, brilliancy, splendour.
λαμπρύνω vt μτφ. grace.
λαμπτήρας nm bulb, electric lamp.
λαμπυρίζω vi shimmer, twinkle.
λάμπω vi shine, glow, glitter, glisten ‖ excel, distinguish oneself.
λάμψη nf shine, glow, shimmer, glint, flash, gleam, glitter.
λανθάνων adj dormant, latent.
λανθασμένος adj mistaken, wrong.
λανολίνη nf lanoline.
λανσάρισμα nn launching.
λανσάρω vt launch, bring out.
λάντζα nf scullery ‖ dishwashing.
λαντζέρης nm dishwasher, kitchen-boy.
λαντζέρισσα nf scullery-maid.
λάξευση nf sculpturing.
λαξευτός adj sculptured.
λαξεύω vt sculpture, carve, hew, chisel.
λαογραφ-ία nf (adj ~ικός) folklore.
λαοπλάνος nm demagogue.
λαοπρόβλητος adj elected by the people.
λαός nm people ‖ υποτιμ. populace.
λάου-λάου adv on the sly.
λαουτζίκος nm rabble, populace.
λαούτο nn lute.
λαοφιλής adj popular.
λάπα-θο (και ~το) nn sorrel.
λαπάς nm pap, boiled rice ‖ μτφ. bore, lump.
Λάπωνας nm Lapp.
Λαπωνία nf Lapland.
λαρδί nn lard, bacon.
λάρυγγας nm (και nn λαρύγγι) throat. larynx.
λαρυγγίτιδα nf laryngitis.
λαρυγγολόγος nm throat specialist.
λαρυγγόφωνος adj guttural.
λασκάρω vt ease, loosen, slack ‖ vi work loose.
λάσο nn lasso.
λασπερός adj soggy, muddy.
λάσπη nf mud ‖ οικοδ. mortar.
λασπολογία nf mud-slinging.
λασπολόγος nm mud-slinger.
λασπολογώ vi sling mud at.
λασπουριά nf slush, sludge.
λασπώδης adj muddy, slimy, slushy.
λασπωμένος adj muddy.
λασπώνω vt cover with mud.
λαστιχένιος adj elastic, rubber ‖ wiry, lissom.
λάστιχο nn rubber, elastic ‖ (σφενδόνη) catapult ‖ αυτοκ. tyre ‖ (σε πλεχτά)

ribbing.
λατέρνα nf barrel-organ.
λατερνατζής nm organ-grinder.
Λατινικ-ά nn pl (και adj ~ός) Latin.
λατομείο nn quarry, stone-pit.
λατρεία nf worship, adoration.
λατρευτός adj beloved, adorable.
λατρεύω vt worship, adore, cherish.
λάτρης nm worshipper, lover, fan.
λαφυραγωγώ vt loot, sack, plunder.
λάφυρο nn booty, loot, pl spoils.
λαχαίνω vi happen ‖ fall to one's lot.
λαχαναγορά nf vegetable market.
λαχανιάζω vi pant, puff, get out of breath.
λαχανιασμένος adj panting, out of breath.
λαχανίδα nf cabbage leaves.
λαχανικό nn vegetable, pl greenstuff.
λάχανο nn cabbage.
λαχανόκηπος nm kitchen garden.
λαχανοπερίβολο nn market garden.
λαχανόπιτα nf vegetable pie.
λαχανοφυλλάδα nf (εφημερίδα) rag.
λαχείο nn lottery ‖ lottery ticket ‖ god-send, windfall.
λαχειοφόρος adj lottery, premium ‖ ~ αγορά, charity lottery, raffle.
λαχνός nm lottery/raffle ticket ‖ prize ‖ (κλήρος) lot, share.
λαχτάρα nf longing, yearning, eagerness ‖ (φόβος) fright, turn.
λαχταρίζω vti give sb/have a turn.
λαχταριστός adj tempting, desirable.
λαχταρώ vti long, yearn, wish for.
λαψάνα nf wild mustard.
λέαινα nf lioness.
λεβάντα nf lavender.
λεβάντες nm east wind.
λεβαντίνος nm Levantine.
λεβέντης nm dashing/upstanding man.
λεβεντιά nf dash ‖ spunk ‖ generosity of heart ‖ fine powerful build.
λεβέντικος adj dashing.
λεβέτι nn cauldron, copper, dixie.
λέβης nm boiler.
λεβητοστάσιο nn boiler-room ‖ ναυτ. stokehold.
λεβιές nm lever.
λεγεώνα nf legion.
λεγεωνάριος nm legionnaire.
λεγόμενος adj known as, so-called.
λέ[γ]ω vt. say, tell, utter, bid ‖ ~ να, be thinking of ‖ τί λες! fancy that! ‖ εμένα μου λες! you are telling me! don't I know! ‖ τί είπατε; I beg your pardon?
λεζάντα nf caption, legend.
λεηλασία nf pillage, plunder, sacking.
λεηλατώ vt pillage, plunder, sack, loot.

λεία nf booty, loot, prize, pl spoils ‖ prey, quarry.

λειαίνω vt smooth, polish.

λέιζερ nn laser.

λείος adj smooth, sleek.

λείπω vi miss, be missing ‖ be lacking/wanting ‖ be short ‖ haven't, be in need of ‖ be away/out, be absent.

λειρί nn coxcomb, wattle ‖ crest.

λειτούργημα nn office, function.

λειτουργία nf function, operation, running, workings ‖ εκκλ. Mass, service, liturgy.

λειτουργιά nf εκκλ. bread for Communion.

λειτουργικός adj functional, operational.

λειτουργός nm functionary, official.

λειτουργώ vti function, work, run, operate, be open, be in operation ‖ εκκλ. officiate.

λειχήνα nf βοτ. lichen ‖ ιατρ. rash.

λειψανδρία nf shortage of men.

λείψανο nn corpse, body, mortal remains ‖ (αγίου) relics ‖ pl remnants, remains.

λειψός adj short, wanting.

λειψυδρία nf drought, water famine.

λεκάνη nf γεωγρ. basin ‖ ανατ. pelvis ‖ (νιψίματος) wash-basin ‖ (WC) lavatory-pan, toilet-seat.

λεκανοπέδιο nn basin.

λεκές nm spot, stain.

λεκιάζω vti spot, stain, soil, sully.

λεκτικό nn diction.

λεκτικός adj speech, verbal.

λέκτορας nm lecturer.

λέλεκας nm stork, crane.

λελέκι nn stork ‖ lanky person.

λεμβοδρομία nf boat-race.

λέμβος nf boat.

λεμβούχος nm boatman.

λεμονάδα nf lemonade, lemon juice.

λεμόνι nn lemon.

λεμονιά nf lemon-tree.

λεμονόφλουδα nf lemon rind.

λέξη nf word.

λεξικό nn dictionary, lexicon.

λεξικογράφος nm lexicographer.

λεονταράκι nn lion-cub.

λεοντάρι nn (και nm λέοντας) lion.

λεόντειος adj leonine, lion's.

λεοντή nf lion's hide ‖ μτφ. mask.

λεοντόκαρδος adj lion-hearted.

λεοπάρδαλη nf leopard.

λέπι nn scale.

λεπίδα nf blade.

λέπρα nf leprosy.

λεπρός nm leper.

λεπτά nn pl money.

λεπτ-αίνω (και ~ύνω) vt sharpen ‖ vi slim, thin down, get thinner, lose weight.

λεπτεπίλεπτος adj dainty, delicate.

λεπτό nn minute.

λεπτοδείκτης nm minute-hand.

λεπτοκαμωμένος adj slightly-built, slim, spare ‖ dainty, frail, delicate.

λεπτοκομμένος adj fine-cut.

λεπτολογία nf hair-splitting ‖ nicety.

λεπτολόγος adj fastidious, finicky.

λεπτολογώ vt split hairs, quibble, be too fastidious/fussy.

λεπτομέρεια nf detail, pl particulars.

λεπτομερής adj detailed, elaborate.

λεπτός adj thin, slim, slender ‖ dainty, delicate, frail ‖ civil, courteous, tactful ‖ keen, sharp, shrill ‖ ticklish ‖ fine, flimsy, subtle.

λεπτόσωμος adj of spare build, slim.

λεπτότητα nf thinness ‖ courtesy, civility, tactfulness ‖ finesse, delicacy, subtlety.

λεπτουργική nf joinery.

λεπτουργός nm joiner.

λεπτούφαντος adj fine-woven.

λέρα nf dirt, grime ‖ μτφ. scum.

λερός adj dirty, spotty, filthy.

λερώνω vti dirty, soil, spot, stain.

λέσχη nf club.

Λετονία nf Latvia.

λέτσος nm scruff, slob.

λεύγα nf league.

λεύκα nf poplar[-tree].

λευκαίνω vti bleach, whiten ‖ turn white.

λευκαντικό nn whitener, bleaching agent.

λευκοπλάστης nm sticking-plaster.

λευκός adj white ‖ blank.

λευκόχρυσος nm platinum.

λεύκωμα nn album ‖ φυσιολ. albumen.

Λευκωσία nf Nicosia.

λευτεριά, κλπ. ⇒ ΕΛΕΥΘΕΡΙΑ, κλπ.

λευχαιμία nf ιατρ. leukemia.

λεφτά nn pl money.

λεφτάς nm moneybags.

λεχρίτης nm scum, skunk.

λεχώνα nf woman in childbed.

λεωφορείο nn bus.

λεωφορειούχος nm bus owner.

λεωφόρος nf avenue, boulevard.

λήγω vi end, come to an end, be over/out ‖ be due, expire.

λήθαργος nm lethargy, torpor, stupor.

λήθη nf oblivion, forgetfulness.

λημέρι nn haunt, den, hideout.

λημεριάζω vi pitch camp, doss out.

λήμμα nn entry, lemma.

ληνός nf wine-press.

λήξη nf end, expiry, termination ‖ οικον. maturity.

ληξιαρχείο nn registry office.

ληξίαρχος *nm* registrar.
ληξιπρόθεσμος *adj* due, mature.
λήπτης *nm* receiver, recipient.
λησμονιά *nf* oblivion, forgetfulness.
λησμονιάρης *adj* forgetful.
λησμονώ *vt* forget ‖ leave, neglect.
λησμοσύνη *nf* oblivion.
λησταρχείο *nn* μτφ. rip-off shop.
λήσταρχος *nm* robber chief.
ληστεία *nf* robbery, holdup.
ληστεύω *vt* rob, mug ‖ rip-off, fleece.
ληστής *nm* robber, gunman.
ληστοσυμμορία *nf* gang of robbers.
ληστοσυμμορίτης *nm* bandit, brigand.
ληστοφυγόδικος *nm* wanted bandit.
ληστρικός *adj* predatory.
λήψη *nf* receipt ‖ reception ‖ taking.
λιάζομαι *vi* bask, sunbathe, sit in the sun.
λιάζω *vt* sun-dry, expose to the sun.
λιακάδα *nf* sun, sunshine, sunny day.
λιακωτό *nn* sun-porch, sunny verandah.
λίαν *adv* very, quite.
λιανά *nn pl* change, petty cash.
λιανέμπορος *nm* retail merchant.
λιανίζω *vt* chop up, hack to pieces.
λιανικός *adj* retail.
λιανοπουλητής *nm* retailer.
λιανός *adj* slim, thin, slender.
λιανοτούφεκο *nn* rifle.
λιανοτράγουδο *nn* couplet.
λιάσιμο *nn* sunning, sun-drying.
λιαστός *adj* sun-dried.
λιάστρα *nf* sun-drying yard/frame.
λιβάδι *nn* meadow, pasture, paddock.
Λιβανέζος *nm* Lebanese.
λιβάνι *nn* incense.
λιβανίζω *vt* cense ‖ μτφ. adulate.
λιβάνισμα *nn* censing ‖ μτφ. adulation.
λιβανιστήρι *nn* incense-burner, censer.
Λίβανος *nm* Lebanon.
λίβας *nm* hot south-west wind.
λιβελογράφημα *nn* libel, lampoon.
λιβελογράφος *nn* libeller, lampoonist.
λίβελος *nm* libel, lampoon.
λίβινγκρουμ *nn* living-room.
λίβρα *nf* pound.
λιβρέα *nf* livery.
Λιβύη *nf* Libya.
Λίβυ-ος *nm* (*και adj* ∼κός) Libyan.
λιγάκι *adv* a little, a bit.
λίγδα *nf* grime, filth ‖ μτφ. skunk.
λιγδιάζω *vti* grime, make filthy.
λιγνεύω *vi* slim.
λιγνίτης *nm* lignite.
λιγνιτωρυχείο *nn* lignite mine.
λιγνόκορμος *adj* sparsely-built, slender.
λιγνός *adj* slim ‖ thin, skinny, lean.
λίγο *adv* a little, a bit, somewhat.
λιγόζωος *adj* short-lived.

λιγοθυμιά, κλπ ⇒ ΛΙΠΟΘΥΜΙΑ, κλπ.
λιγόλογος *adj* reticent, taciturn.
λιγομίλητος *adj* reserved, taciturn.
λίγος *adj* short, small, [a] little, *pl* [a] few.
λιγοστεύω *vti* decrease, lessen, diminish, run short, cut down.
λιγοστός *adj* scanty, meagre, little.
λιγότερος *adj* less, *pl* fewer.
λιγουλάκι *adv* a little, a little bit.
λιγούρα *nf* nausea, faintness, sickness.
λιγουρεύομαι *vt* covet, lust, long.
λιγούστρο *nn* privet.
λιγόφαγος *adj* poor/small eater.
λιγοψυχιά *nf* faintness ‖ fear, faintheartedness.
λιγόψυχος *adj* faint-hearted.
λιγοψυχώ *vi* lose heart, lose one's nerve.
λιγώνομαι *vi* feel faint/sick ‖ ∼ από τα γέλια, laugh oneself helpless.
λιγώνω *vt* make sick/faint.
λιθάρι *nn* stone.
λιθοβολισμός *nm* stoning.
λιθοβόλος *nm* stone-thrower.
λιθοβολώ *vt* stone, pelt with stones.
λιθογραφία *nf* lithography.
λιθογράφος *nm* lithographer.
λίθος *nm* stone.
λιθόστρωτο *nn* cobbled road, pavement.
λιθόστρωτος *adj* cobbled, stone-paved.
λιθόχτιστος *adj* stone, built of stone.
λικέρ *nn* liqueur.
λικνίζω *vti* rock, dandle, sway.
λικνιστικό *adj* rocking, lulling.
λικνιστός *adj* mincing, hip-swaying.
λίκνο *nn* cradle ‖ μτφ. birthplace.
λιλιά *nn pl* trinkets, trappings.
λιλιπούτειος *adj* Lilliputian.
λίμα *nf* file ‖ greed ‖ garrulity.
λιμασμένος *adj* famished, starving.
λιμάνι *nn* port, harbour ‖ haven ‖ waterfront, sea front.
λιμάρω *vt* file, rasp.
λιμεναρχείο *nn* port authority.
λιμενάρχης *nm* harbour-master.
λιμένας *nm* port, harbour ‖ haven.
λιμενεργάτης *nm* docker, longshoreman.
λιμενικός *adj* port, harbour.
λιμενοβραχίονας *nm* breakwater, jetty.
λιμενοφύλακας *nm* harbour/port guard.
λιμνάζω *vi* stagnate, lie stagnant.
λίμνασμα *nn* stagnation.
λίμνη *nf* lake ‖ pool, pond.
λιμνοθάλασσα *nf* lagoon.
λιμοκοντόρος *nm* fop, popinjay.
λιμοκτονία *nf* famine, starvation.
λιμοκτονώ *vi* starve, famish.
λιμός *nm* starvation, famine.
λιμουζίνα *nf* limousine, saloon car.
λιμπίζομαι *vt* fancy, desire.

λίμπρα *nf* pound.
λιμπρετίστας *nm* librettist.
λιμπρέτο *nn* libretto.
λινάρι *nn* flax.
λιναρόσπορος *nm* linseed.
λινάτσα *nf* burlap, hessian.
λινέλαιο *nn* linseed oil.
λινό *nn* linen || (ελαστικού) ply.
λινός *adj* linen, cambric.
λινοτυπία *nf* linotype [setting].
λιόγερμα *nn* sunset, sundown.
λιόδεντρο *nn* olive-tree.
λιόκλαδο *nn* olive branch/twig.
λιόλαδο *nn* olive oil.
λιομάζωμα *nn* olive harvest.
λιοντάρι *nn* lion.
λιονταρόπουλο *nn* lion-cub.
λιονταρόψυχος *adj* lion-hearted.
λιόντισσα *nf* lioness.
λιοπύρι *nn* sweltering heat, scorcher.
λιοτρίβι *nn* oil-press, oil-mill.
λιόχαρος *adj* sun-bathed.
λιπαίνω *vt μηχαν.* lubricate, grease || (χωράφι) fertilize, manure.
λίπανση *nf* lubrication || manuring, top-dressing.
λιπαντικό *nn* lubricant.
λιπαρός *adj* fatty, oily, rich.
λίπασμα *nn* fertilizer, manure.
λιπίδιο *nn* lipid.
λιπόβαρος *adj* short [in weight].
λιποθυμία *nf* fainting fit, blackout, faint, swoon.
λιπόθυμος *adj* faint[ed].
λιποθυμώ *vi* faint, swoon, pass out.
λιπομάρτυρας *nm* defaulting witness.
λίπος *nn* fat, grease.
λιπόσαρκος *adj* lean, skinny.
λιποτακτώ *vi* desert.
λιποταξία *nf* desertion.
λιποτάχτης *nm* deserter.
λιποψυχία *nf* discouragement.
λιπόψυχος *adj* faint-hearted.
λιποψυχώ *vi* lose heart, show fear.
λίπωμα *nn* fatty tumour.
λίρα *nf* pound, sovereign.
λιρέτα *nf* lira.
Λισαβόνα *nf* Lisbon.
λίστα *nf* list, catalogue.
λιτανεία *nf* litany, procession.
λιτανεύω *vt* carry in procession.
λιτοδίαιτος *adj* frugal, sparing.
λιτός *adj* frugal, spare, abstemious, temperate || *μτφ.* austere, plain, simple.
λιτότητα *nf* frugality, austerity || simplicity, plainness || *γραμμ.* litotes.
λίτρ·α *nf* (και *nn* ~o) litre.
λιχνίζω *vt* winnow.
λίχνισμα *nn* winnowing.
λιχούδης *adj, nm* gourmand, greedy.

λιώμα *nn* crushing, pulp || **κάνω κπ ~**, crush, squash, pulp.
λιώνω *vti* melt, thaw, dissolve || (πολτοποιώ) crush, squash, mash, pulp || (σαπίζω) decay || (από κούραση) be overcome/tired out/done up || (από χρήση) wear out || (από μαράζι) waste away, languish, pine.
λιώσιμο *nn* melting, thawing || crushing, pulping || wasting || decay.
λοβιτούρα *nf* skulduggery, wangle.
λοβιτουρατζής *nm* trickster.
λοβός *nm* lobe.
λογαριάζω *vt* reckon, count || calculate, estimate, work out || take into account || consider, regard, look upon || rely/reckon/count on || intend, think of || settle [up].
λογαριασμός *nm* bill || *τραπεζ.* account || (υπολογισμός) calculation, estimate || (διαφορά) score || count, tab.
λογάριθμος *nm* logarithm.
λογάς *nm* chatterbox, windbag.
λόγγος *nm* scrub, thicket.
λογής *nf* kind, sort, manner.
λόγια *nn pl* words, terms, talk.
λογιάζω *vi* think of/about.
λογιέμαι *vi* be regarded.
λογίζομαι *vi* consider oneself || be considered, be thought of [as].
λογικεύομαι *vi* listen to/see reason, come to one's senses, mature.
λογική *nf* logic, reason[ing], sense[s].
λογικό *nn* reason, sense[s].
λογικός *adj* logical, rational, reasonable, sensible, level-headed.
λόγιος *adj* learned, scholarly ◉ *nm* scholar, man of letters.
λογισμός *nm* thought, mind || *μαθ.* calculus.
λογιστήριο *nn* accounts department.
λογιστής *nm* accountant, book-keeper.
λογιστική *nf* accountancy, book-keeping.
λογιστικός *adj* account[ing].
λογοδιάρροια *nf* gush, non-stop talking.
λογοδοσία *nf* report, accounting.
λογοδοσμένος *adj* informally engaged.
λογοδοτώ *vi* account/answer for.
λογοκλοπή *nf* plagiarism.
λογοκλόπος *nm* plagiarist.
λογοκόπος *nm* babbler, speechifier.
λογοκρίνω *vt* censor.
λογοκρισία *nf* censorship.
λογοκριτής *nm* censor.
λογομαχία *nf* controversy, argument || wrangle, squabble, quarrel.
λογομαχώ *vi* argue, spar, wrangle.
λογοπαίγνιο *nn* pun, play on words.
λόγος *nm* speech, address || (αιτία) reason, cause || *μαθ.* ratio || *θεολ.* Word

‖ λόγου χάρη, for instance ‖ γίνεται ~, it is rumoured.
λογοτέχνης nm man of letters, literary figure.
λογοτεχνία nf literature.
λογοτεχνικός adj literary.
λογοφέρνω vi wrangle, squabble, argue.
λογύδριο nn short speech/address.
λόγχη nf spear, lance, bayonet.
λογχίζω vt spear, bayonet.
λογχοφόρος nm lancer.
λοιδορία nf taunt, jeer[ing].
λοιδορώ vt taunt, jeer, scoff.
λοιμοκαθαρτήριο nn quarantine.
λοιμός nm plague.
λοιμώδης adj infectious.
λοίμωξη nf infection.
λοιπά nn pl rest ‖ και τα ~, et cetera, and all that.
λοιπόν conj so, then, therefore ‖ interj well, so, now, then, now then.
λοιπ-ός adj remaining ‖ του ~ού, from now on, in future.
λοίσθια nn pl στη φρ. πνέω τα ~, be at death's door, be at one's last gasp.
ΛΟΚ nn pl storm-troops, commandos.
λοκάουτ nn lockout.
λοκατζής nm storm-trooper, commando.
λόμπυ nn lobby.
Λονδίνο nn London.
Λονδρέζος nm Londoner.
λόξα nf whim, fancy, fad, vagary, craze.
λοξά adv sideways, askance, askew.
λοξεύω vi swerve.
λόξιγκας nm hiccup.
λοξοδρόμηση nf swerving, diversion.
λοξοδρομώ vi swerve, sheer off/away.
λοξοκοιτάζω vt look sideways/askance at.
λοξός adj slanting, oblique ‖ μτφ. odd, quirky, kinky, cranky.
λόρδα nf sl acute hunger.
λόρδος nm lord, peer.
λοσιόν nf lotion.
λοστός nm crowbar.
λοστρόμος nm boatswain.
λοταρία nf (και nm λότο) lottery.
λούζομαι vi have a bath, [take a] shower, wash one's hair.
λούζω vt bath ‖ shampoo ‖ μτφ. bathe.
λουθουνάρι nn boil, carbuncle.
Λουκάς nm Luke.
λουκέτο nn padlock.
λούκι nn drain-pipe ‖ groove.
λουκουμάς nm doughnut.
λουκούμι nn Turkish delight, marshmallow ‖ μτφ. plum, delicious.
λουλακής adj indigo blue.
λουλάκι nn indigo.

λουλάς nm hookah.
λουλουδάτος adj flowered.
λουλουδένιος adj flowery, flower.
λουλούδι nn flower ‖ blossom, bloom.
λουλουδιασμένος adj in flower, in bloom.
λουλουδίζω vi flower, blossom, bloom.
λούλουδο nn flower.
λουμπούκι nn cob.
λούνα-παρκ nn amusement-park.
λουξ adj posh, luxurious, de luxe.
Λουξεμβούργο nn Luxemburg.
λουράκι nn wristband.
λουρί nn strap ‖ belt, band ‖ (παπουτσιού) lace ‖ (αλόγου) rein ‖ (σκύλου) leash, lead.
λουρίδα nf belt, strap, band ‖ strip, ribbon ‖ stripe, streak ‖ (δρόμου) lane.
λουσάτος adj (άνθρ.) dressy, posh, stylish ‖ (πράγμα) posh, flashy, plush[y].
λούσιμο nn shampoo ‖ bath.
λούσο nn luxury, plushy thing.
λουστράρω vt polish, shine, varnish.
λουστράρισμα nn polish[ing].
λουστρίνι nn patent leather.
λούστρο nn (βερνίκι) gloss-paint, polish, varnish ‖ gloss ‖ μτφ. varnish, veneer.
λούστρος nm shoeblack ‖ μτφ. bum.
λουτήρας nm wash-basin ‖ bath-tub.
λουτρ nn otter.
λουτρό nn bath, bathe ‖ bathroom ‖ lavatory.
λουτροθεραπεία nf bath-therapy.
λουτρόπολη nf spa, health resort.
λούτσος nm ιχθ. pike.
λουφάζω vi lie low/doggo ‖ keep mum.
λουφές nm bribe ‖ πολ. spoils.
λοφίο nn crest, tuft.
λοφίσκος nm hillock.
λοφοπλαγιά nf hillside.
λόφος nm hill, rise, height.
λοφώδης adj hilly.
λοχαγός nm captain.
λοχεία nf confinement.
λοχίας nm sergeant.
λόχμη nf thicket, coppice, spinney.
λόχος nm company.
λυγαριά nf osier, wicker.
λυγεράδα nf slenderness.
λυγερόκορμος adj slender, willowy.
λυγερός adj slender ‖ lissom.
λυγίζω vti bend, bow, weigh down, sag ‖ give in/way, yield.
λυγιστός adj bent, bowed down.
λυγμός nm sob.
λυδία λίθος, touchstone.
λυθρίνι nn ιχθ. pandora.
Λυκαβηττός nm Lycabettus.
λύκαινα nf she-wolf.
λυκαυγές nn morning twilight.

λυκειάρχης *nm* principal of a lycée.
λύκειο *nn* lycée.
λυκίσκος *nm* hop[s].
λυκόπουλο *nn* wolf-cub.
λύκος *nm* wolf.
λυκόσκυλο *nn* wolf-hound.
λυκοφιλία *nf* sham friendship.
λυκόφως *nn* twilight, dusk.
λυμαίνομαι *vt* infest, overrun.
λύμματα *nn pl* effluents, wastes.
λυντσάρω *vt* lynch.
λύν·ω *vt* undo, untie, unfasten, release,
 loosen ‖ dismantle, break up, take to
 pieces ‖ solve, resolve, clear up ‖ bring
 to an end, break ‖ annul, cancel, ter-
 minate, settle ‖ ~ομαι, come undone,
 break loose.
λυπάμαι *vti* pity, have pity on, be sorry
 for ‖ regret, be sorry, apologize ‖
 (*τσιγγουνεύομαι*) skimp, stint, spare.
λύπη *nf* sorrow, sadness, grief, regret ‖
 pity, compassion.
λυπημένος *adj* sad, sorrowful.
λυπηρός *adj* sad, distressing, painful ‖
 deplorable, regrettable.
λύπηση *nf* pity, compassion, sympathy.
λυπητερός *adj* plaintive, sad.
λυπώ *vt* sadden, distress, grieve.
λύρα *nf* lyre, fiddle.
λυράρης *nm* fiddle-player.
λυρικός *adj* lyric, lyrical.
λυρισμός *nm* lyricism.

λύση *nf* solution ‖ annulment, ending,
 settlement ‖ *λογοτ.* denouement.
λύσιμο *nn* undoing, untying, unfastening
 ‖ dismantling.
λύσσα *nf* rage, fury ‖ *ιατρ.* rabies.
λυσσ[ι]άζω *vti* enrage, go mad.
λυσσαλέος *adj* rabid, furious.
λυσσ[ι]ασμένος *adj* rabid, mad.
λυσσιατρείο *nn* hydrophobia hospital.
λυσσομανώ *vi* rage, rave.
λυσσώδης *adj* fierce, rabid.
λυτός *adj* loose, undone, untied.
λύτρα *nn pl* ransom.
λυτρωμός *nm* redemption.
λυτρώνω *vt* free, redeem, deliver.
λύτρωση *nf* deliverance, mercy.
λυτρωτής *nm* deliverer, redeemer.
λυτρωτικός *adj* liberating.
λυχνάρι *nn* oil-lamp.
λυχνία *nf* valve, tube.
λυώνω ⇒ ΛΙΩΝΩ
λωλάδα *nf* foolishness, stupidity.
λωλαίν·ω *vt* drive mad ‖ ~ομαι, go
 mad.
λωλός *adj* softy, mad.
λωποδυσία *nf* thieving, petty theft.
λωποδυτάκος *nm* sneak-thief.
λωποδύτης *nm* thief ‖ cheat, trickster.
λώρος *nm* ομφάλιος ~, umbilical cord.
λωτός *nm* lotus.
λωτοφάγος *nm* lotus-eater.

Μ μ

μα *conj* but ‖ *interj* why, by.
μαβής *adj* mauve.
μαγαζάτορας *nm* shopkeeper.
μαγαζί *nn* shop, store.
μαγαρίζω *vt* mess up, pollute.
μαγγανεία *nf* witchery, sorcery.
μαγεία *nf* witchcraft, sorcery, magic ‖
 μτφ. spell, magic, enchantment.
μάγε[ι]ρας *nm* cook.
μαγειρείο *nn* cookhouse, kitchen ‖ eat-
 ing-house, cookshop.
μαγείρεμα *nn* cooking ‖ cooked food.
μαγειρευτός *adj* cooked.
μαγειρεύω *vt* cook ‖ *μτφ.* cook up,
 tamper with, falsify.
μαγειρική *nf* cooking, cookery.
μαγειρικός *adj* cooking, culinary.

μαγείρισσα *nf* cook.
μάγειρος *nm* cook.
μάγεμα *nn* spell, magic.
μαγεμένος *adj* spellbound, bewitched.
μαγέρικο *nn* cookshop, cookhouse.
μαγευτικός *adj* magic, bewitching.
μαγεύτρα *nf* witch, enchantress.
μαγεύω *vt* bewitch, enchant, fascinate.
μάγια *nn pl* spell, charm, sorcery..
μαγιά *nf* yeast ‖ *μτφ.* nest-egg.
μαγιάτικο *nn* *ιχθ.* tuna.
μαγικός *adj* magic ‖ *μτφ.* magical.
μαγιό *nn* (*ανδρ.*) swimming trunks, (*γυ-
 ναικ.*) swimsuit, bathing costume.
μαγιονέζα *nf* mayonnaise.
μάγισσα *nf* witch ‖ enchantress.
μαγκάλι *nn* brazier.

μαγκάνι nn winch || bucket-elevator.
μάγκανο nn vice, clamp.
μαγκανοπήγαδο nn draw-well || μτφ. treadmill, grind, drudgery.
μάγκας nm smart guy, toughie.
μαγκιά nf cunning, tricks.
μάγκικος adj rakish || slang.
μαγκλάρας nm gawky person.
μαγκούρα nf crook, rough stick.
μαγκουροφόρος nm μτφ. henchman.
μαγκώνω vt grip, bite, squeeze || pinch.
μαγνήσιο nn magnesium.
μαγνήτης nm magnet.
μαγνητίζω vt magnetize.
μαγνητικός adj magnetic.
μαγνητισμός nm magnetism.
μαγνητοσκοπώ vt video-record.
μαγνητοσκόπηση nf video-recording.
μαγνητοταινία nf magnetic tape.
μαγνητοφώνηση nf tape-recording.
μαγνητόφωνο nn tape-recorder.
μαγνητοφωνώ vt record.
μάγος nm wizard, sorcerer || μτφ. spell-binder || magician, juggler.
μαγουλάδες nf pl mumps.
μάγουλο nn cheek.
Μάγχη nf [English] Channel.
μαδέρι nn beam, joist, plank.
Μαδρίτη nf Madrid.
μαδώ vti moult, lose one's hair || pluck || χαρτοπ. fleece, skin.
μαεστρία nf mastery, great skill.
μαέστρος nm conductor || [past] master.
μάζα nf mass.
μάζεμα nn gathering, picking, piling up || letting-in, crouching.
μαζεμένος adj (άνθρ.) withdrawn.
μαζεύω vti (συγκεντρώνω) gather, pick, harvest, collect, assemble, round up, levy, muster || (συσσωρεύω) amass, accumulate, pile up || (παίρνω από χάμω) take/pick/sponge up || (για ρούχα) shrink, take in, let in || (ζαρώνω) contract, crouch, cower || collect oneself, settle down, pull oneself together.
μαζί adv together || prep with.
μαζικός adj mass, massive.
μαζούτ nn fuel oil.
μαζοχισμός nm masochism.
μαζοχιστής nm masochist.
μάζωξη nf meeting, gathering.
Μάης nm May.
μαθαίνω vt learn || teach, put sb up to || hear [of], learn [of], find out, be informed || get/be used to or accustomed to.
μαθεύομαι vi become known, leak out.
μάθημα nn lesson, homework || class || subject || course.
μαθηματικά nn pl maths, mathematics.

μαθηματικός adj mathematical ▣ nm mathematician.
μάθηση nf learning, instruction.
μαθητεία nf apprenticeship, time.
μαθητευόμενος nm apprentice, learner || novice, tyro.
μαθητεύω vti teach, instruct || study || be an apprentice to.
μαθητής nm schoolboy, pupil || apprentice || disciple, follower.
μαθητικός adj school.
μαθητολόγιο nn class/school register.
μαθήτρια nf pupil, schoolgirl.
μαία nf midwife.
μαίανδρος nm meander.
μαιευτήρας nm obstetrician.
μαιευτήριο nn maternity home/clinic.
μαιευτική nf obstetrics, midwifery.
Μαικήνας nm Maecenas.
μαϊμού nf monkey, ape.
μαϊμουδίζω vt ape, copy, imitate.
μαϊμουδίστικος adj monkey[-like].
μαινάδα nf frenzied woman.
μαίνομαι vi rage, rave, be furious.
μαϊντανός nm parsley.
Μάιος nm May.
μαϊστράλι nn breeze.
μαΐστρος nm north-west wind.
μαιτρέσσα nf mistress.
μαιτρ vt' οτέλ nm head waiter.
μακάβριος adj macabre, ghastly, lurid.
μακαντάσης nm pal, mate.
μακάρι adv I wish, if only, may || conj even if.
μακαρίζω vt envy, call sb happy.
μακάριος adj happy, blessed || sublime.
μακαριότατος nm His Grace.
μακαρίτ-ης nm (nf ~ισσα) late, deceased.
μακαρονάδα nf spaghetti [dish].
μακαρόνια nn pl spaghetti, macaroni.
Μακεδονία nf Macedonia.
Μακεδόν-ας nm (adj ~ικός) Macedonian.
μακελάρης nm butcher.
μακελειό nn shambles, slaughter, massacre.
μακέτα nf model, sketch, paste-up.
μακετίστας nm [graphics] artist.
μακιαβελικός adj Machiavellian.
μακιγιάζ nn make-up.
μακιγιάρω vt make up.
μακιγιέρ nmf make-up man/girl.
μακραίνω vti lengthen || prolong, drag on || move off/away.
μακρηγορία nf peroration.
μακρηγορώ vi speak at length, hold forth.
μακριά adv far [off/away], a long way.
μακρινός adj distant, far-off, remote.
μακροβιότητα nf longevity.
μακροβούτι nn dive, underwater swim-

ming.
μακροζωία *nf* longevity.
μακροθυμία *nf* forbearance.
μακρόθυμος *adj* forbearing, tolerant.
μακρομάλλης *adj* long-haired.
μακρόπνοος *adj* far-reaching, far-sighted.
μακροπρόθεσμος *adj* long-term.
μάκρος *nn* length.
μακρός *adj* long.
μακροσκελής *adj* long, lengthy.
μακρόστενος *adj* oblong.
μακρουλός *adj* longish.
μακροχρόνιος *adj* long-drawn-out, age-old, long-lasting, of long standing.
μακρύς *adj* long, lengthy.
μαλαβράσι *nn* free-for-all.
μαλαγάνα *nf* slicker, smoothie.
μαλαγανιά *nf* cajolery, soft-soap.
μαλάζω *vt* massage, knead.
μαλάκας *nm* jerk.
μαλάκιο *nn* mollusc.
μαλακός *adj* soft, mild, gentle || lax || flabby, limp.
μαλακτικός *adj* emollient, soothing.
μαλάκωμα *nn* softening, soothing.
μαλακώνω *vti* soften || (*καταπραΰνω*) placate, appease, mollify || (*μετριάζω*) moderate, tone down, (*πόνο*) alleviate, soothe || (*κοπάζω*) abate, calm down.
μαλακωσιά *nf* softness.
μάλαμα *nn* gold.
μαλαματένιος *adj* gold, golden.
μάλαξη *nf* massage.
μαλθακός *adj* soft, flabby, weak.
μαλθακότητα *nf* softness.
μάλιστα *adv* yes, of course, certainly.
μαλλιάρας *nm* long-haired person.
μαλλί *nn* wool.
μαλλιά *nn pl* hair.
μαλλιαρός *adj* hairy, woolly, shaggy.
μάλλινος *adj* woolly, woollen.
μαλλιοτράβηγμα *nn* set-to, tussle.
μαλλιοτραβιέμαι *vi* have a set-to, tussle.
μάλλον *adv* rather, better.
μάλωμα *nn* scolding, quarrelling.
μαλώνω *vti* (*κατσαδιάζω*) scold, tell off, take to task || (*φιλονικώ*) quarrel, fight, squabble || (*τα χαλάω*) break/quarrel/fall out [with].
μαμά (*και ~κα*) *nf* ma, mum, mummy.
μαμή *nf* midwife.
μαμόθρεφτο *nn* milksop, weakling.
μαμμωνάς *nm* Mammon.
μαμούδι (*και μαμούνι*) *nn* vermin, bug, weevil.
μαμούθ *nn* mammoth.
μάνα *nf* mother || *μτφ.* past master.
μανάβης *nm* greengrocer.
μαναβική *nf* greengrocery.
μανάβικο *nn* greengrocer's.

μάνατζερ *nm* manager || coach.
μανδαρίνος *nm* mandarin.
μανδύας *nm* mantle, cloak.
μανεκέν *nn* fashion model.
μάνι-μάνι *adv* in no time, in a hurry.
μανία *nf* mania, madness || fury, rage || fad, craze.
μανιάζω *vti* infuriate || be infuriated.
μανιακός *nm, adj* maniac.
μανιασμένος *adj* furious, in a rage.
μανιβέλα *nf* crank, starting handle.
μάνικα *nf* hose.
μανικέτι *nn* cuff.
μανικετόκουμπο *nn* cuff-link.
μανίκι *nn* sleeve || handle || stinker.
μανικιούρ *nn* manicure.
μανικιουρίστα *nf* manicurist.
μανιτάρι *nn* mushroom.
μανιφέστο *nn* manifesto.
μανιώδης *adj* inveterate, confirmed, keen || frenzied, frantic, furious.
μανιωδώς *adv* wildly, frantically.
μάνλιχερ *nn* rifle.
μάννα *nn* manna || godsend.
μανόλια *nf* magnolia.
μανόμετρο *nn* pressure gauge.
μανόν *nn* nail-varnish.
μανουάλι *nn* candelabrum.
μανούβρα *nf* manoeuvre, intrigue.
μανουβράρω *vt* manoeuvre, manipulate.
μανούλα *nf* mum || sweetie || *μτφ.* past master, dab/old hand.
μανούλι *nn sl* cute bird.
μανούρι *nn* cream cheese.
μανουσάκι *nn* daffodil, jonquil.
μανσόν *nn* muff.
μανταλάκι *nn* clothes-peg/-pin.
μάνταλο *nn* latch, bolt.
μανταλώνω *vt* latch, bolt.
μαντάμ *nf* madam.
μαντάρα *nf* mess, tangle.
μανταρίνι *nn* mandarin, tangerine.
μαντάρω *vt* darn, mend.
μαντάτο *nn* news, message.
μαντατοφόρος *nm* messenger.
μαντεία *nf* divination.
μαντείο *nn* oracle.
μαντεμένιος *adj* [of] cast iron.
μαντέμι *nn* cast iron.
μαντεύω *vt* guess || divine, predict.
μαντζούνι *nn* lollipop || potion.
μαντζουράνα *nf* marjoram.
μάντης *nm* diviner, prophet.
μαντική *nf* divination, prophesy.
μαντικός *adj* oracular, prophetic.
μαντίλα *nf* headscarf, mantilla.
μαντίλι *nn* handkerchief, hanky.
μαντολάτο *nn* nougat, almond cake.
μαντολίνο *nn* mandolin.
μάντρα *nf* [dry] wall || enclosure, fold,

pen, pound ‖ yard.
μαντράχαλ·ος (και ~άς) nm tall hulking fellow.
μαντρί nn pen, fold, stockyard.
μαντρόσκυλο nn sheepdog, watchdog.
μαντρώνω vt wall [in] ‖ pen/shut in.
μάξι nn maxi[-skirt].
μαξιλάρα nf bolster.
μαξιλαράκι nn cushion.
μαξιλάρι nn pillow, cushion.
μάξιμουμ nn maximum, top.
μαόνι nn mahogany.
μαούνα nf barge, lighter.
μαουνιέρης nm bargee, lighterman.
μάπα nf cabbage ‖ face ‖ flop.
μάπας nm daft, blockhead.
μαραγκιάζω vi wizen.
μαραγκός nm carpenter.
μαράζι nn heartache.
μαραζώνω vi pine, languish, waste away.
μάραθος nm fennel.
Μαραθώνας nm Marathon.
μαραθώνιος nm marathon race.
μαραίνω vti wither, wilt, fade, blight.
μαρασμός nm withering ‖ decline.
μαραφέτι nn gadget.
μαργαρίνη nf margarine.
μαργαρίτα nf daisy.
Μαργαρίτα nf Margaret, υποκορ. Maggie.
μαργαριταρένιος adj pearl[y].
μαργαριτάρι nn pearl ‖ μτφ. solecism.
μάργαρος nm nacre, mother-of-pearl.
μαργιόλα nf saucy· piece.
μαργιόλικος adj roguish, impish.
μαργώνω vi feel/be cold.
μαρέγκα nf meringue.
μαρίδα nf [small] fry, whitebait.
μαριονέτα nf puppet.
μαριχουάνα nf marijuana, cannabis, pot.
μάρκα nf make, brand ‖ initials, tab, stamp ‖ chip, token.
μαρκαδόρος nm marker [pen].
μαρκάρισμα nn marking ‖ ποδοσφ. tackling.
μαρκάρω vt mark, stamp, brand ‖ tackle.
μαρκησία nf marchioness.
μαρκήσιος nm marquis.
μαρκίζα nf eaves, ledge.
μάρκο nn mark, DM.
Μάρκος nm Mark.
μαρμαράς nm marble mason.
μαρμάρινος adj marble.
μάρμαρο nn marble.
μαρμαρυγή nf shimmer.
μαρμαρώνω vti μτφ. turn into stone, be rooted to the spot.
μαρμελάδα nf jam, marmelade.
μαρξισμός nm Marxism.
μαρξιστ·ής nm (και adj ~ικός) Marxist.
μαροκέν nn marocain.

Μαροκινός nm Moroccan.
Μαρόκο nn Morocco.
μαρούλι nn lettuce.
μαρουλόσαλάτα nf lettuce salad.
μαρς nn march.
μαρσάρω vt rev up, race.
μαρσπιέ nn footboard.
μαρσιποφόρος adj, nn marsupial.
Μάρτης nm March.
μαρτιάτικος adj March.
μάρτυρας nm witness ‖ martyr.
μαρτυρία nf testimony, evidence.
μαρτυριάρης nm tell-tale, sneak.
μαρτύριο nn martyrdom ‖ agony, misery, ordeal, suffering ‖ torture, torment.
μαρτυρώ vti (καταθέτω) testify, give evidence ‖ (αποδείγνω) prove, be evidence of ‖ (προδίδω) sneak, tell on sb, betray ‖ (φανερώνω) reveal, register, give away ‖ (υποφέρω) be/die a martyr, suffer agonies, go through hell.
μας pron us ‖ our.
μάσα nf μάγκ. grub, nosh.
μασάζ nn massage, rub-down.
μασέλα nf jaw ‖ (ψεύτικη) denture.
μάσημα nn chewing.
μασιά nf (fire-)poker.
μάσκα nf mask ‖ μτφ. guise.
μασκαριλίκι nn buffoonery, antics.
μάσκαρα nf mascara.
μασκαράς nm masked person ‖ rascal.
μασκαράτα nf masquerade.
μασκαρεύω vti masquerade, disguise, mask.
μασκέ adj masked, in fancy dress.
μασκότ nf mascot.
μασκοφορεμένος adj masked.
μασκοφόρος nm masked person.
μασονία nf [free]masonry.
μασόνος nm [free]mason.
μασουλώ vt chew, munch.
μασούρι nn reel, spool.
μαστάρι nn udder.
μαστεκτομία nf mastectomy.
μαστέλο nn wooden pail.
μάστιγα nf μτφ. scourge, plague, pest.
μαστίγιο nn whip, lash.
μαστίγω·μα nn (και nf ~ση) whipping, lashing.
μαστιγώνω vt flag, whip, lash.
μαστίζω vt infest, overrun, plague.
μαστίχα nf mastic, gum.
μαστιχάτος adj mastic-flavoured.
μάστορας nm craftsman, artisan ‖ master.
μαστόρεμα nn repair, tinkering.
μαστορεύω vti work at, repair, mend ‖ tamper, tinker ‖ potter about.
μαστοριά nf craftsmanship, workmanship, mastery, artistry, skill, knack.
μαστορικός adj masterly.

μαστορόπουλο nn apprentice.
μαστός nm breast, (ζώου) udder.
μαστουρωμένος adj stoned, high, doped.
μαστουρώνω vi trip out.
μαστοφόρο nn mammal.
μαστραπάς nm mug.
μαστροπία nf pimping.
μαστροπός nm pimp.
μασχάλη nf armpit || (ρούχου) armhole.
μασώ vt chew.
ματ adj matt[e], dull || nm checkmate.
MAT nn pl riot police.
μάταια adv in vain, vainly.
ματαιοδοξία nf vanity.
ματαιόδοξος adj vain.
ματαιοπονία nf futility, vain effort.
ματαιοπονώ vi try in vain.
μάταιος adj vain, futile, useless.
ματαιότητα nf vanity, futility.
ματαιώνω vt cancel, call off || foil.
ματαίωση nf cancellation || foiling.
ματζόρε nn μουσ. major.
μάτην adv εις ~, in vain.
Ματθαίος nm Matthew.
μάτι nn eye, (όραση) sight, (φυτού) bud, (κουζίνας) [hot]plate, (σε δίχτυ) mesh, (σε πόρτα) spy-hole.
ματιά nf glance, look.
ματιάζω vt cast a spell [on sb].
μάτιασμα nn evil eye, spell.
ματίζω vt splice, add to.
ματικάπι nn brace and bit.
ματοβαμμένος adj blood-stained.
ματογυάλια nn pl spectacles, glasses.
ματόκλαδο nn eyelash.
ματόπονος nm sore eyes.
ματοτσίνορο nn eyelash.
ματόφρυδο nn eyebrow.
ματόφυλλο nn eyelid.
ματς nn match.
ματσάκι nn little bunch || skein.
ματσαράγκα nf hoax.
ματσαράγκας nm trickster, hoaxer.
μάτσο nn bunch || bundle, wad, pile.
ματσούκ-ι nn (και nf ~α) cudgel, thick stick.
ματσώνομαι vi make a pile/packet.
ματωμένος adj bleeding, bloody.
ματώνω vti bleed.
μαυραγορίτης nm black marketeer.
μαυράδι nn black spot.
μαυριδερός adj blackish, dark, swarthy.
μαυρίζω vti blacken || smudge, begrime || (καταψηφίζω) blackball || (στον ήλιο) tan.
μαυρίλα nf blackness || bruise.
μαύρισμα nn blackening || tan || bruise.
μαυρομάλλης adj black-haired.
μαυρομάτης adj black-eyed.
μαυροπίνακας nm blackboard.

μαύρος nm negro, black ◙ adj black, dark, brown || gloomy || poor, miserable.
μαυροφόρος adj dressed in black, in mourning.
μαυροφορώ vi be in/go into mourning.
μαυρόχωμα nn leaf-mould, humus.
μαυσωλείο nn mausoleum.
μαφία nf mafia, mob.
μαφιόζος nm mobster.
μαχαίρι nn knife.
μαχαιριά nf stab, knife wound.
μαχαιροβγάλτης nm thug, cut throat.
μαχαιροπήρουνα nn pl cutlery.
μαχαιρώνω vt knife, stab.
μαχαλάς nm quarter, district.
μαχαραγιάς nm Maharajah.
μαχαρανή nf Maharanee.
μάχη nf battle, combat, action || (αγώνας) fight[ing], struggle.
μαχητής nm combatant, fighter || champion, defender.
μαχητικός adj combative, militant, fighting.
μαχητικότητα nf fight, militancy.
μαχητός adj rebuttable.
μάχιμος adj, nm combatant, able-bodied.
μαχμουρλής nm drowsy.
μάχομαι vi fight, battle.
με pron me ◙ prep with.
μεγαθήριο nn huge thing, giant, monster.
μεγαθυμία nf magnanimity.
μεγάθυμος adj magnanimous.
μέγαιρα nf shrew, shag.
μεγάκυκλος nm megacycle.
μεγαλείο nn grandeur, greatness, majesty, splendour || pl glamour || adv splendid.
μεγαλειότατ-ος nm (nf ~η) His/Her Majesty.
μεγαλειώδης adj majestic, superb.
μεγαλέμπορος nm merchant prince.
μεγαλεπήβολος adj grandiose.
Μεγαλοβδόμαδο nn Holy Week.
Μεγαλοδύναμος nm the Almighty.
μεγαλόκαρδος adj magnanimous.
μεγαλοκτηματίας nm landowner.
μεγαλομανής adj megalomaniac.
μεγαλομανία nf megalomania.
μεγαλοπιάνομαι nf give oneself airs.
μεγαλόπνευστος adj inspired.
μεγαλοποιώ vt magnify, exaggerate, make much of.
μεγαλοπρέπεια nf majesty, pomp and circumstance, splendour.
μεγαλοπρεπής adj majestic, grand.
μεγάλος adj old, grown-up, adult || great, big, large || high, long.
μεγαλόσταυρος nm Grand Cross.
μεγαλοστομία nf grandiloquence.
μεγαλόστομος adj grandiloquent.

μεγαλόσχημος *nm* big shot, bigwig.
μεγαλόσωμος *adj* big, of large build.
μεγαλούργημα *nn* feat, masterpiece.
μεγαλουργώ *vi* achieve great things.
μεγαλούτσικος *adj* biggish, oldish.
μεγαλοφυής *adj* ingenious, of genius.
μεγαλοφυΐα *nf* genius.
μεγαλοφώνως *adv* aloud.
Μεγαλόχαρη *nf* the Blessed Virgin.
μεγαλοψυχία *nf* magnanimity, generosity of heart.
μεγαλόψυχος *adj* magnanimous, generous.
μεγαλυνάρι *nn* εκκλ. Magnificat.
μεγαλύνω *nn* glorify, praise.
μεγαλύτερος *adj* older, elder || bigger, larger, greater.
μεγαλώνω *vti* grow [up], get older/bigger/taller/larger || extend, expand, lengthen || (ανατρέφω) bring up, rear, raise || magnify, exaggerate.
μέγαρο *nn* mansion, palace.
μέγας *adj* great, grand.
μεγάφωνο *nn* loudspeaker, megaphone.
μέγεθος *nn* size || enormity.
μεγέθυνση *nf* (φωτογρ.) blow-up.
μεγεθυντικός *adj* magnifying.
μεγεθύνω *vt* enlarge, magnify || blow up.
μεγιστάνας *nm* tycoon, magnate, lord.
μεγιστοποίηση *nf* maximization.
μεγιστοποιώ *vt* maximize.
μέγιστ·ος *adj* maximum || greatest || colossal, enormous || τα ~α, exceedingly.
μέγκενη *nf* vice, clamp.
μεδούλι *nn* marrow.
μέδουσα *nf* jelly-fish.
μεζεδάκι *nn* snack, titbit || *pl* fried offal.
μεζεκλίδικος *adj* toothsome.
μεζεκλίκι *nn* choice morsel/snack.
μεζές *nm* snack, titbit || bite.
μεζούρα *nf* tape [measure].
μεθαύριο *adv* the day after tomorrow.
μέθεξη *nf* communion, participation.
μέθη *nf* intoxication || drunkenness.
μεθόδευση *nf* approach, handling.
μεθοδεύω *vt* set about, handle.
μεθοδικός *adj* methodical, orderly.
μεθοδικότητα *nf* method, system.
μεθοδολογία *nf* methodology.
μεθοδολογικός *adj* methodological.
μεθοδιστής *nm* Methodist.
μέθοδος *nf* method, system || process.
μεθοκόπημα *nn* drinking bout.
μεθοκοπώ *vi* booze, go/be on the booze.
μεθοριακός *adj* frontier, border.
μεθόριος *nf* frontier, border[line].
μεθύσι *nn* drinking bout || μτφ. ecstasy.
μεθυσμένος *adj* drunk, intoxicated.
μέθυσος (και μεθύστακας) *nm* drunkard.

μεθυστικός *adj* intoxicating.
μεθώ *vti* intoxicate, make/get drunk.
μείγμα *nn* mixture, blend.
μειδίαμα *nn* smile.
μειδιώ *vi* smile.
μείζων *adj* major, greater.
μεικτός *adj* mixed || gross.
μειλίχιος *adj* gentle, mellow, sweet.
μειοδοσία *nf* underbidding.
μειοδότης *nm* lowest bidder.
μειοδοτώ *vi* underbid.
μείον *adv* less, minus [sign].
μειονέκτημα *nn* disadvantage, drawback || defect, handicap.
μειονεκτικός *adj* disadvantageous.
μειονεκτώ *vi* be inferior, be at a disadvantage.
μειονότητα (και μειοψηφία) *nf* minority.
μειοψηφώ *vi* be in the minority, be voted down.
μειώνω *vt* detract || decrease, reduce, diminish, lessen || (προσβάλλω) slight, belittle, humiliate.
μείωση *nf* wane, decrease, reduction || belittlement.
μειωτικός *adj* slighting, pejorative.
μελαγχολία *nf* melancholy, gloom.
μελαγχολικός *adj* melancholy, gloomy, sad.
μελαγχολώ *vti* make sad, cast a gloom, become sad/gloomy.
μελανής *adj* inky.
μελάνι *nn* ink.
μελανιά *nf* ink-stain || bruise.
μελανιάζω *vti* bruise, be/make black and blue.
μελανοδοχείο *nn* inkpot, inkstand.
μελανός *adj* black, dark, blue.
μελανούρι *nn* ιχθ. saddled bream.
μελανοχίτωνας *nm* blackshirt.
μελανώνω *vt* ink.
μελάτος *adj* (αυγό) soft-boiled.
μελαχρινός *adj* dark-skinned, swarthy.
μελαψός *adj* swarthy.
μέλει *v impers* care, mind || δεν με ~, I don't care/mind.
μελέτη *nf* study, prep || essay || consideration, research.
μελετηρός *adj* studious, hardworking.
μελετητήριο *nn* study.
μελετητής *nm* student.
μελετώ *vt* study, read || examine, look into || think of || mention, talk about.
μέλημα *nn* concern, solicitude.
μελής *adj* honey-coloured.
μέλι *nn* honey.
μελιά *nf* ash-tree.
μελίγγι *nn* temple.
μελίγκρα *nf* greenfly, plant-louse.
μέλισσα *nf* bee.

μελίσσι *nn* beehive ‖ swarm/colony of bees.

μελισσοκομείο *nn* apiary.

μελισσοκομία *nf* apiculture, bee-keeping.

μελισσοκόμος *nm* bee-keeper.

μελισσολόι *nn* swarm.

μελιστάλαχτος *adj* sugary, candied ‖ mealy-mouthed, smooth-tongued.

μελιτζάνα *nf* egg-plant, aubergine.

μελιτζανής *adj* dark mauve.

μελιτζανοσαλάτα *nf* aubergine purée.

μελιχρός *adj* mild ‖ honey-coloured.

μελλοθάνατος *adj* condemned to death.

μέλλον *nn* future ‖ prospects.

μέλλοντας *nm* γραμμ. future [tense].

μελλοντικός *adj* future, prospective.

μελλούμενα *nn* *pl* things to come.

μέλλω *vi* intend, be going to ‖ be bound/fated to ‖ be in store for.

μέλλ·ων (*f* ~ουσα) *adj* future, to be, to come.

μελό *nn* weepie.

μελόδραμα *nn* melodrama.

μελοδραματικός *adj* melodramatic.

μελοδραματισμός *nm* dramatics, histrionics.

μελομακάρουνο *nn* small honeyed cake.

μελοποιώ *vt* set to music.

μέλος *nn* melody ‖ member ‖ limb.

μελτέμι *nn* north-east summer wind.

μελωδία *nf* melody, tune, air.

μελωδικός *adj* melodious, melodic.

μελωδικότητα *nf* tunefulness.

μελώνω *vt* [dip in] honey.

μεμβράνη *nf* membrane ‖ parchment ‖ (στρώμα) film ‖ (πολυγράφου) stencil.

μεμιάς *adv* all at once, all of a sudden ‖ (μονοκοπανιά) at one go/gulp.

μεμονωμένος *adj* solitary, isolated.

μέμφομαι *vt* blame.

μεμψιμοιρία *nf* complaining, grumbling.

μεμψίμοιρος *adj* fault-finding.

μεμψιμοιρώ *vi* complain, grumble ‖ find fault [with sb].

μένεα *adv* πνέω ~, be in a fury/rage, seek vengeance, fume and fret [at].

μενεξεδής *adj* violet-coloured.

μενεξές *nm* violet.

μένος *nm* fury, rage, passion.

μενού *nn* menu, bill of fare.

μενουέτο *nn* minuet.

μένουλα *nf* ιχθ. sprat.

μέντα *nf* mint, peppermint.

μενταγιόν *nn* pendant, medallion.

μεντεσές *nm* hinge.

μέντιουμ *nn* medium.

μένω *vi* (διαμένω) stay, live, put up ‖ (παραμένω) stand, remain, stay, stop, linger ‖ (διαρκώ) keep, last ‖ (απομένω) be left, remain.

μέρα ⇒ ΗΜΕΡΑ

μεράκι *nn* longing, ardent wish ‖ taste, artistic feeling ‖ *pl* high spirits.

μερακλής *nm* devotee, connoisseur.

μερακλωμένος *adj* mellow, merry.

μερακλώνομαι *vi* grow merry/mellow.

μεραρχία *nf* division.

μέραρχος *nm* division commander.

μερδικό *nn* share, lot, part.

μερεμέτι *nn* mending, repair ‖ *pl* odd jobs.

μερεμετίζω *vt* mend, repair.

μερεύω ⇒ ΗΜΕΡΕΥΩ

μερί *nn* thigh, haunch.

μεριά *nf* side, direction, way, quarter ‖ place, spot, part[s].

μεριάζω *vti* stand/step aside, get out of the way, push back/aside.

μερίδα *nf* serving, helping, portion, (στρατ.) ration ‖ share, lot ‖ section, part ‖ πολ. faction ‖ λογιστ. account.

μερίδιο *nn* share, lot.

μερικεύω *vt* particularize.

μερικός *adj* some, any, a little, a few ‖ partial ‖ part-time.

μερικώς *adv* in part, partially, part-time.

μέριμνα *nf* care, concern.

μεριμνώ *vi* see to, take care of.

μέρισμα *nn* dividend.

μερισματαπόδειξη *nf* coupon.

μερισμός *nm* division, allocation.

μεριστικός *adj* γραμμ. partitive.

μερμήγκι *nn* (και αμ μέρμηγκας) ant.

μερμηγκοφωλιά *nf* ant-hill ‖ colony of ants.

μεροδούλι *nn* a day's work/wages.

μεροκαματιάρης *nm* day-labourer, casual [worker].

μεροκάματο *nn* a day's work/wages.

μεροληπτικός *adj* partial, biased.

μεροληπτώ *vi* be partial/biased.

μεροληψία *nf* partiality, bias.

μερόνυχτο *nn* 24 hours, a day and night.

μέρος *nn* (τόπος) place, spot, side, way ‖ (τμήμα) part, share ‖ (αποχωρητήριο) lavatory, toilet, loo ‖ (μουσ.) movement, (νομ.) party ‖ **παίρνω το** ~ **κάποιου**, take sb's part ‖ **κατά** ~, apart, aside.

μέσα *adv* (τοπ.) in, inside, indoors ‖ (χρον.) in, within, during ‖ through, across ‖ **λέω** ~ **μου**, say to myself.

μεσάζοντας *nm* go-between, middleman.

μεσάζω *vi* mediate.

μεσαίος *adj* middle ‖ medium.

μεσαίωνας *nm* Middle Ages.

μεσαιωνικός *adj* medieval.

μεσάντρα *nf* partition.

μεσάνυχτα *adv*, *nn pl* midnight.

μεσάτος adj tight-waisted.

μεσεγγύηση nf sequestration.

μέση nf half || (ανθρώπου) waist || τοπ., χρον. middle || αφήνω κτ στη ~, leave sth undone.

μεσήλικας nm middle-aged [man].

μεσημβρία nf midday || π.μ., a.m. || μ.μ. p.m.

μεσημβρινός adj midday || south, southern ● nm meridian.

μεσημέρι nn noon, midday.

μεσημεριανός adj midday.

μεσιανός adj middle.

μεσίστιος adj at half mast.

μεσιτεία nf brokerage || broker's fee.

μεσίτευση nf mediation.

μεσιτεύω vi mediate, intercede with.

μεσίτης nm go-between, middleman || broker, agent || χρηματ. jobber.

μεσιτικά nn pl commission.

μεσιτικός adj broker's.

μέσο nn middle, mid- || medium, means, way || agent, device, shift, means || μτφ. πληθ. pull, influence, power.

μεσογειακός adj Mediterranean.

Μεσόγειος nf the Mediterranean.

μεσόγειος adj inland.

μεσοκαλόκαιρο nn high summer, midsummer.

μεσόκοπος adj middle-aged.

μεσολάβηση nf mediation || lapse.

μεσολαβητής nm mediator, intermediary.

μεσολαβητικός adj mediatory.

μεσολαβώ vi mediate, intercede [with sb] || happen, intervene || elapse, pass || be/lie between.

Μεσολόγγι nn Missolonghi.

μεσονύκτιο nn (και adj ~ς) midnight.

μεσονυχτίς adv at midnight.

μεσοπέλαγα adv out at sea.

μεσόπορτα nf communicating door.

μεσοπρόθεσμος adj medium-term.

μέσος adj middle, medium || average, mean || ordinary, common.

μεσοτοιχία nf partition, party wall.

μεσούρανα adv overhead, in mid-air.

μεσουράνημα nn zenith, highest point.

μεσουρανώ vi be at the zenith/height || (για τον ήλιο) be overhead.

μεσοφόρι nn petticoat, slip.

μεσόφωνος nf mezzosoprano.

μεσοχείμωνο nn mid-winter.

μεσοχρονίς adv in mid-year.

Μεσσίας nm Messiah.

μεστός adj ripe, mature || tough || packed/impregnated with.

μεστώνω vi mature, ripen.

μέσω prep by means of, through.

μετά prep with : ~ χαράς, with pleasure || after ● adv then, next, after-

wards.

μεταβατικός adj travelling || transitional, interim || (ρήμα) transitive.

μεταβαίνω vi go.

μεταβάλλω vt change, alter, turn into.

μετάβαση nf going, trip || transition.

μεταβιβάζω vt transmit, convey, pass on, hand down || νομ. transfer, make over || εμπ. negotiate.

μεταβίβαση nf transmission, transfer.

μεταβιβάσιμος adj transferable.

μεταβλητός adj changeable, variable.

μεταβολή nf change, alteration, shift || about-turn, about-face.

μεταβολισμός nm metabolism.

μεταγγίζω vt (αίμα) transfuse.

μετάγγιση nf transfusion.

μεταγενέστερ·ος adj subsequent, later || οι ~οι, posterity.

μεταγλωττίζω vt translate || (φιλμ) dub.

μεταγλώττιση nf translation || dubbing.

μεταγραφή nf transcription || νομ. registration || ποδοσφ. transfer.

μεταγράφω vt transcribe || νομ. register || ποδοσφ. transfer.

μεταγωγή nf transportation.

μεταγωγικός adj transport.

μεταδίδω vt transmit, propagate, spread || pass on, catch, infect || put/get across || δημοσιογρ. report, broadcast.

μετάδοση nf transmission, propagation || infection || broadcast, reporting.

μεταδότης nm transmitter.

μεταδοτικός adj infectious, contagious, catching.

μεταθανάτιος adj posthumous.

μετάθεση nf transfer || postponement.

μεταθέτω vt transfer || postpone.

μεταίχμιο nn verge, watershed.

μετακαλώ vt call in || invite, book.

μετακίνηση nf shifting, drift, removal.

μετακινώ vt move, shift, transfer.

μετάκληση nf booking || calling in.

μετακομίζω vt move [in/out], move house || remove, transport.

μετακόμιση nf moving in/out || removal.

μεταλαβαίνω vti give/receive communion.

μετάληψη nf [Holy] Communion.

μεταλλαγή nf mutation, permutation, transmutation || conversion.

μεταλλάκτης nm τεχν. converter.

μεταλλάζω vt permute, transmute, convert.

μεταλλείο nn mine.

μεταλλειολογία nf mineralogy.

μεταλλειολόγος nm mineralogist.

μετάλλευμα nn ore, mineral.

μεταλλευτικός adj mineral, mining.

μεταλλικός adj metal, metallic.

μετάλλιο nn medal.

μέταλλο nn metal.
μεταλλουργείο nn metal works.
μεταλλουργία nf metallurgy.
μεταλλουργός nm metal worker.
μεταλλωρύχείο nn [ore] mine.
μεταλλωρύχος nm [ore] miner.
μεταμελούμαι vi be sorry for, regret.
μεταμορφώνω vt transform.
μεταμόρφωση nf transformation.
μεταμόσχευση nf transplant[ation].
μεταμοσχεύω vt transplant, graft.
μεταμφιέζομαι vi masquerade, dress up as.
μεταμφίεση nf disguise.
μεταμφιεσμένος adj disguised, masqueraded, in fancy dress.
μετανάστευση nf migration, (από χώρα) emigration, (σε χώρα) immigration.
μεταναστεύω vi [e]migrate, immigrate.
μετανάστης nm emigrant, immigrant.
μετανιωμένος adj sorry, repentant.
μετανιώνω vi repent of, be sorry for, regret ‖ change one's mind.
μετάνοια nf repentance.
μετανοώ vi repent of.
μεταξένιος adj silk ‖ μτφ. silky, silken.
μετάξι nn silk.
μεταξοσκώληκας nm silkworm.
μεταξοτυπία nf silk-screen printing.
μεταξουργείο nn silk-mill.
μεταξουργία nf silk industry.
μεταξοΰφαντος adj silk-woven.
μεταξύ adv between, among ‖ στο ~, in the meantime, meanwhile.
μεταξωτός adj silk.
μεταπείθω vt dissuade, talk sb out of/into [doing sth].
μεταπηδώ vi go/switch over.
μεταπλάθω vt remodel, reshape.
μεταποίηση nf alteration, processing.
μεταποιητικός adj processing, manufacturing.
μεταποιώ vt alter, remake, make over ‖ process, manufacture.
μεταπολεμικός adj postwar.
μεταπολίτευση nf political changeover.
μεταπουλώ vt resell, retail.
μεταπράτης nm retailer ‖ hawker.
μεταπτυχιακός adj postgraduate.
μετάπτωση nf swing, change.
μεταπωλητής nm retailer.
μεταρρυθμίζω vt reform ‖ modify, alter.
μεταρρύθμιση nf reform ‖ θρησκ. reformation.
μεταρρυθμιστής nm reformer.
μετάσταση nf metastasis ‖ changeover.
μεταστρατοπεδεύω vt change camp.
μεταστρέφ-ω vt swing, veer, divert ‖ ~ομαι, swing, veer, turn, round upon.
μεταστροφή nf swing, switch, veer.

μετασχηματιστής nm τεχν. transformer.
μετασχολικός adj after-school.
μετάταξη nf transference.
μετατάσσω vt transfer ‖ reclassify.
μετατοπίζω vt shift, move, displace.
μετατόπιση nf shift[ing].
μετατρέπω vt convert ‖ νομ. commute.
μετατρέψιμος adj convertible.
μετατροπή nf conversion ‖ νομ. commutation.
μεταφέρω vt carry, bear, transport, take, rush ‖ λογιστ. carry forward ‖ τραπεζ. transfer ‖ translate.
μεταφορά nf transport[ation] ‖ transfer[ence] ‖ γραμμ. metaphor.
μεταφορέας nm haulage contractor.
μεταφορικά nn pl carriage [fee], fare.
μεταφορικός adj transport ‖ γραμμ. metaphorical, figurative.
μεταφορτώνω vt transfer, transship.
μεταφόρτωση nf transshipment.
μεταφράζω vt translate, render.
μετάφραση nf translation, rendering.
μεταφραστής nm translator, interpreter.
μεταφυσική nf metaphysics.
μεταφύτευση nf transplantation.
μεταφυτεύω vt transplant.
μεταχειρίζομαι vt use, employ ‖ handle, treat ‖ exert, exercise, bring to bear.
μεταχείριση nf use, employment ‖ handling, treatment ‖ deal.
μεταχειρισμένος adj used, second-hand.
μεταχρονολογώ vt postdate.
μετεκλογικός adj post-election.
μετεκπαίδευση nf training, refresher course.
μετεμψύχωση nf reincarnation.
μετενσάρκωση nf reincarnation.
μετεξέταση nf re-examination.
μετεξεταστέος adj referred.
μετέπειτα adv later on, afterwards.
μετερίζι nn bulwark.
μετέρχομαι vt practise, ply ‖ employ, try, use, resort to.
μετέχω vi participate, take part.
μετεωρίζομαι vi hang in mid-air.
μετεωρίτης nm meteorite.
μετέωρο nn meteor, shooting star.
μετεωρολογία nf meteorology.
μετεωρολογικός adj met, weather.
μετεωρολόγος nm meteorologist.
μετέωρος adj in the air, in suspense, in mid-air, dangling.
μετοικώ vi move [house].
μετονομάζω vt rename.
μετονομασία nf renaming.
μετόπη nf metope.
μετόπισθεν adv rear ◉ nn pl civilian population.
μετουσίωση nf transformation.

μετοχή *nf* γραμμ. participle || οικον. share.

μέτοχος *nm* shareholder.

μέτρημα *nn* counting, measuring.

μετρημένος *adj* sensible, reasonable, moderate || counted, measured || few, rare.

μετρητά *nn pl* cash, ready money.

μετρητής *nm* counter, meter, gauge.

μετριάζω *vt* moderate, modify, tone down, ease, slow up || mitigate, alleviate, turn down.

μετρική *nf* metric, prosody.

μετρικός *adj* metric[al].

μετριοπάθεια *nf* moderation.

μετριοπαθής *adj* moderate.

μέτριος *adj* middle, medium, average || moderate, modest || mediocre, second-rate.

μετριότητα *nf* mediocrity || second-rater.

μετρίόφρων *adj* modest, unassuming.

μετριοφροσύνη *nf* modesty.

μέτρο *nn* metre, measure || μουσ. bar || (ενέργεια) steps, measures, action || μτφ. gauge, standard, yardstick.

μετρό *nn* tube, subway, underground.

μετροταινία *nf* [measuring] tape.

μετρώ *vt* measure [out], gauge, estimate, calculate || count, reckon || μτφ. weigh, measure, be worth || (αναμετριέμαι) try conclusions.

μετωπικός *adj* front[al], head-on.

μέτωπο *nn* forehead || front.

μέχρι[ς] *adv* (χρον.) till, until, by, to, up/down to || (αριθμ., τοπ.) to, up to, as far as || (περίπου) about, or so.

μη[ν] *μόριο* not, don't || lest.

μηδαμινός *adj* trivial, trifling || worthless || despicable.

μηδαμινότητα *nf* triviality, trifle || (άνθρ.) nobody, nonentity.

μηδέν *nn* zero, nought, nothing[ness], || αθλ. nil, love.

μηδενίζω *vt* annihilate, eliminate || σχολ. give sth no marks.

μηδενικό *nn* zero, nought || (άνθρ.) nobody, nonentity.

μηδενισμός *nm* nihilism.

μηδενιστής *nm* nihilist.

μήκος *nn* length || γεωγρ. longitude.

μηλιά *nf* apple-tree.

μηλίγγι *nn* temple.

μήλο *nn* apple || ανατ. cheek-bone.

μηλόκρασο *nn* cider.

μηλόπιτα *nf* apple pie.

μηλοροδάκινο *nn* nectarine.

μη-με-λησμόνει *nn* forget-me-not.

μη-μου-άπτου, touch-me-not, squeamish.

μήνας *nm* month.

μηνιαίος *adj* monthly.

μηνιάτικο *nn* monthly rent/salary.

μηνιάτικος *adj* monthly.

μηνιγγίτιδα *nf* meningitis.

μήνυμα *nn* message || moral.

μήνυση *nf* charge, complaint.

μηνυτής *nm* complainant.

μηνύω *vt* sue, bring a charge, lodge a complaint, prosecute.

μηνώ *vti* send word, let sb know.

μήπως *adv* by any chance || on the chance of, in the hope of, for fear, lest, as if.

μηρός *nm* thigh.

μηρυκάζω *vi* ruminate, chew over.

μηρυκασμός *nm* rumination.

μηρυκαστικό *nn* ruminant.

μήτε *conj* not even || neither, nor, not... either || neither... nor.

μητέρα *nf* mother.

μήτρα *nf* matrix || ανατ. womb.

μητριά *nf* stepmother.

μητριαρχία *nf* matriarchy.

μητριαρχικός *adj* matriarchal.

μητρικός *adj* mother['s], motherly, maternal.

μητροκτονία *nf* matricide.

μητροκτόνος *nm* matricide.

μητρομανής *adj, nf* nymphomaniac.

μητρόπολη *nf* metropolis || cathedral.

μητροπολίτης *nm* Metropolitan.

μητροπολιτικός *adj* metropolitan.

μητρότητα *nf* maternity, motherhood.

μητρώο *nn* register, roll || record.

μηχανάκι *nn* moped.

μηχανεύομαι *vt* invent, think up, make up, concoct, contrive.

μηχανή *nf* machine, engine || motor || bike || camera || locomotive || μτφ. machine, machinery || (τέχνασμα) device, trick, machination.

μηχάνημα *nn* piece of machinery || gadget, contrivance || pl machinery.

μηχανική *nf* mechanics, engineering.

μηχανικό *nn* στρατ. [corps of] engineers.

μηχανικός *adj* mechanical || unconscious, automatic || nm engineer, mechanic.

μηχανισμός *nm* mechanism, works, gear || machine, machinery || device.

μηχανιστικός *adj* mechanistic[al].

μηχανογράφηση *nf* computerization.

μηχανογραφική υπηρεσία, data processing service, computer department.

μηχανοδηγός *nm* engine driver.

μηχανοκίνητος *adj* mechanically-driven- /-operated || στρατ. motorized, mechanized.

μηχανοκρατούμενος *adj* machine-dominated, push-button.

μηχανολογία *nf* mechanical engineering.

μηχανολογικός *adj* mechanical.

μηχανολόγος *nm* mechanical engineer.

μηχανοποίηση *nf* mechanization.
μηχανοποίητος *adj* machine-made.
μηχανοποιώ *vt* mechanize.
μηχανοργάνωση *nf* computerization.
μηχανορραφία *nf* machination, scheming, intrigue || frame-up, put-up job.
μηχανορράφος *nm* schemer, intriguer.
μηχανορραφώ *vi* scheme, intrigue, plot.
μηχανοστάσιο *nn* engine-room.
μηχανοτεχνίτης *nm* machinist, mechanic.
μηχανότρατα *nf* trawler.
μηχανουργείο *nn* machine-shop/-works.
μηχανουργός *nm* machinist, mechanic.
μι *nn* μουσ. mi, E.
μία ⇒ ΕΝΑΣ
μιαίνω *vt* taint, contaminate, profane.
μιάμιση *adj* one and a half.
μιαρός *adj* profane, sacrilegious.
μίασμα *nn* miasma, taint, virus.
μιγάδας *nm* half-breed, creole.
μίζα *nf* χαρτοπ. bid, stake || (πληρωμή) rake-off || αυτοκ. starter, ignition.
μιζέρια *nf* misery, poverty || ill temper.
μίζερος *adj* choosey, picky, fussy || miserable, wretched || mean, peevish.
μικυμάους *nn* cartoon.
μικραίνω *vti* shorten, dwindle, get shorter/smaller || get/look younger.
μικρανιψιά *nf* grand-niece.
μικρανιψιός *nm* grand-nephew.
Μικρά Ασία, Asia Minor.
μικρεμπόριο *nn* petty trade.
μικρέμπορος *nm* small shopkeeper.
μικρό *nn* little/young one, baby.
μικροαστικός *adj* petit bourgeois.
μικροαστός *nm* petit bourgeois.
μικρόβιο *nn* germ, microbe, bacterium.
μικροβιοκτόνο *nn* germicide.
μικροβιολογία *nf* bacteriology, microbiology.
μικροβιολογικός *adj* bacteriological, germ.
μικροβιολόγος *nm* bacteriologist.
μικρογραφία *nf* miniature.
μικροδιαφορά *nf* petty dispute.
μικροελάττωμα *nn* peccadillo.
μικροεπαγγελματίας *nm* small tradesman.
μικροϊδιοκτησία *nf* small-holding.
μικροϊδιοκτήτης *nm* small-holder.
μικροκαυγαδάκι *nn* tiff, squabble.
μικροκλέφτης *nm* petty thief.
μικροκλοπή *nf* petty theft.
μικρόκοσμος *nm* microcosm.
μικροκύμα *nn* microwave.
μικρόνοια *nf* narrow-mindedness.
μικροοικονομική *nf* microeconomics.
μικροοργανισμός *nm* micro-organism.
μικροπαράβαση *nf* petty offence.
μικροπολιτική *nf* petty politics.
μικροπονηριά *nf* petty wile, low trick.
μικροπράγματα *nf pl* odds and ends, trifles.
μικροπρέπεια *nf* meanness, pettiness.
μικροπρεπής *adj* mean, petty.
μικροπωλητής *nm* [street] vendor, peddlar.
μικρός *adj* small || young, little || short, brief || faint, slight || petty, trivial || mean ◉ *nm* errand-boy, page, boy.
μικροσκοπικός *adj* minute, tiny.
μικροσκόπιο *nn* microscope.
μικρόσωμος *adj* small, little, undersized.
μικρότερος *adj* smaller, younger, less[er].
μικροτέχνημα *nn* miniature.
μικρότητα *nf* pettiness, meanness.
μικρούλα *nf* [little] girl.
μικρούλης *nm* [little] boy.
μικροφίλμ *nn* microfilm.
μικρόφωνο *nn* microphone, mike, bug.
μικροψέμα *nn* fib.
μικροψυχία *nf* meanness, pettiness.
μικρόψυχος *adj* petty, mean, ungenerous.
μικτός ⇒ ΜΕΙΚΤΟΣ
μιλαίδη *nf* milady.
μίλι *nn* mile.
μιλιά *nf* speech, voice.
μιλιούνι *nn* million.
μιλιταρισμός *nm* militarism.
μιλιταριστής *nm* militarist.
μιλόρδος *nm* milord.
μιλώ *vi* speak, talk.
μίμηση *nf* mimicry, imitation.
μιμητής *nm* imitator.
μιμητικός *adj* imitative.
μιμητικότητα *nf* mimicry, imitativeness.
μίμος *nm* mime, mimic.
μιμούμαι *vt* imitate, mimic, take off, ape || copy.
μίνα *nf* mine.
μιναρές *nm* minaret.
μίνι *nn* mini.
μινιατούρα *nf* miniature.
μίνιμουμ *nn* minimum.
μίνιο *nn* minium.
μινιόν *adj* dainty, cute.
μινουέτο *nn* minuet.
μινωικός *adj* Minoan.
Μινώταυρος *nm* Minotaur.
μίξερ *nn* liquidizer, ΗΠΑ blender.
μις *nf* Miss.
μισαλλοδοξία *nf* intolerance, bigotry.
μισαλλόδοξος *adj* intolerant.
μισανθρωπία *nf* misanthropy.
μισάνθρωπος *nm* misanthrope.
μισάνοιχτος *adj* half-open || ajar.
μισεμός *nm* expatriation.
μισεύω *vi* emigrate, become an expatriate.
μισητός *adj* hateful, hated.
μίσθαρνο όργανο, hireling.
μίσθιο *nn* rented property.

μισθοδοσία nf pay.
μισθοδοτούμαι vi be paid, draw a salary.
μισθοδοτώ vt pay wages/a salary.
μισθολογικός adj pay, wage.
μισθολόγιο nn rate of pay, scale of salaries.
μισθός nm pay, salary, wages.
μισθοσυντήρητος adj wage-earner.
μισθοφόρος nm mercenary.
μίσθωμα nn rent.
μισθώνω vt hire || rent || let [out].
μίσθωση nf hire, let || lease.
μισθωτήριο nn lease.
μισθωτής nm tenant.
μισθωτός adj salaried ◘ nm wage-earner.
μισιάζω vt halve, be half-way through.
μισό nn half.
μισο- prefix half-.
μισογύνης nm misogynist, woman-hater.
μισογυνισμός nm misogynism.
μισομεθυσμένος adj tipsy.
μισοξαπλωμένος adj reclining.
μίσος nn hate, hatred.
μισός adj half || unfinished.
μισοτιμής adv at half price.
μισοφέγγαρο nn crescent, half-moon.
μισοψημένος adj half-baked/-cooked.
μίσχος nm stalk, stem.
μισώ vt hate, detest.
μίτρα nf mitre.
μνεία nf mention, reference.
μνήμα nn tomb, grave.
μνημειακός adj αρχιτ. monumental.
μνημείο nn monument, memorial, record.
μνημειώδης adj monumental, colossal || memorable, epoch-making.
μνήμη nf memory.
μνημονεύω vt mention, quote, cite.
μνημονικό nn memory.
μνημόνιο nn memo[randum].
μνημόσυνο nn memorial service.
μνησικακία nf malice, resentment.
μνησίκακος adj malicious, resentful.
μνησικακώ vi bear sb malice/a grudge.
μνηστεία nf engagement, betrothal.
μνηστεύω vt engage, betroth.
μνηστή nf fiancée.
μνηστήρας nm fiancé.
μόδα nf fashion, vogue, style.
μοδίστρα nf dressmaker.
μοιάζω vi resemble, take after, be like/ alike, look like/alike.
μοΐζω vt daze, stun.
μοίρα nf lot, destiny, fate || portion, share || γεωμ. degree || στρατ. squadron.
μοιράζω vt divide, share || distribute, issue, serve out, give out, allot.
μοιραίο nn fate, doom, death.
μοιραίος adj fatal, fateful, deadly.
μοίραρχος nm captain of gendarmerie.

μοιρασιά nf share-out, distribution.
μοιρολατρεία nf fatalism.
μοιρολάτρης nn fatalist.
μοιρολατρικός adj fatalistic.
μοιρολόγι nn dirge, lament.
μοιρολογώ vt lament, sing dirges.
μοιχαλίδα nf adulteress.
μοιχεία nf adultery.
μοιχεύω vi commit adultery.
μοιχός nm adulterer.
μοκασίνια nn pl moccasins.
μοκέτα nf fitted carpet.
μόκο nn κάνω ~, shut up, belt up.
μολαταύτα adv yet, but, for all that.
μόλις adv just || ακριβώς ~, just as || αμέσως ~, as soon as.
μολογώ vt own to || not be up to much.
μολονότι conj though, although.
μολοσσός nm mastiff.
μολόχα nf marsh-mallow.
μολύβ-δινος (και –ένιος) adj lead, leaden.
μολυβδουργείο nn lead works.
μολυβής adj leaden.
μολύβι nn lead || pencil.
μολυβδοκόντυλο nn lead pencil.
μόλυνση nf pollution || infection.
μολύνω vt pollute, taint || infect.
μολυσματικός adj contagious, infectious.
Μολώχ nn Moloch, juggernaut.
μομφή nf censure, reprimand, blame.
μονάδα nf unit || αστυν. squad.
μοναδικός adj unique, only, singular.
μονάκριβος adj [one and] only.
μοναξιά nf loneliness, solitude.
μονάρχης nm monarch.
μοναρχία nf monarchy.
μοναρχικός adj monarchic ◘ nm monarchist.
μοναστήρι nn monastery, convent.
μοναστικός adj monastic.
μονάχα ⇒ MONON
μοναχή nf nun.
μοναχικός adj solitary || monastic.
μοναχογιός nm only son.
μονακοκόρη nf only daughter.
μοναχοπαίδι nn only child.
μονάχος pron alone, by oneself.
μοναχός nm monk.
μονέδα nf money, lucre.
μονή nf monastery, convent.
μονιμοποιώ vt make permanent.
μόνιμος adj permanent || resident || invariable || (υπάλ.) permanent.
μονιμότητα nf permanence || permanency.
μόνιππο nn hackney carriage, hansom.
μονογαμία nf monogamy.
μονόγραμμα nn monogram.
μονογραφή nf initials.
μονογράφω vt initial.

μονοδιάστατος adj one-dimensional.
μονόδρομος nm one-way street.
μονοετής adj one-year.
μονόζυγο nn αθλ. horizontal bar.
μονήμερος adj one-day.
μονοθεϊσμός nm monotheism.
μονοθεϊστής nm monotheist.
μονοθεϊστικός adj monotheistic.
μονοθέσιο nn single-seater.
μονοιάζω vti live in harmony ǁ make it up, make peace ǁ reconcile.
μονοκατοικία nf detached house.
μονόκλ nn eye-glass, monocle.
μονόκλινο nn single room.
μονοκομματικός adj one-party.
μονοκόμματος adj blunt ǁ one-piece.
μονοκοντυλιά nf με μια ~, just like that.
μονοκοπανιά adv at one go, at a gulp.
μονολεκτικός adj one-word.
μονολιθικός adj monolithic.
μονόλογος nm monologue, soliloquy.
μονολογώ vi say/talk to oneself.
μονομανία nf monomania, obsession.
μονομαχία nf duel, single combat.
μονομάχος nm duellist ǁ Ρωμ. gladiator.
μονομαχώ vi fight a duel.
μονομελής adj one-member.
μονομέρεια nf one-sidedness.
μονομερής adj one-sided, unilateral.
μονομερίς adv in one day.
μονομιάς adv all at once, all of a sudden ǁ at one go/gulp ǁ outright.
μόνον adv only, alone, merely.
μονοξείδιο nn monoxide.
μονόξυλο nn dug-out canoe.
μονόπαντος adj lopsided.
μονοπάτι nn path, pathway, lane, track.
μονόπετος adj single-breasted.
μονόπετρο nn (κόσμημα) solitaire.
μονόπλευρος adj one-sided, unilateral.
μονόπρακτο nn one-act play.
μονοπώληση nf monopolization.
μονοπωλιακός adj monopolistic.
μονοπώλιο nn monopoly.
μονοπωλώ vt monopolize.
μονορρούφι adv at one gulp ǁ at a stretch.
μόνος adj only, sole, single ǁ alone, by oneself ǁ lonely, lonesome.
μονός adj single ǁ odd.
μονοσύλλαβος adj monosyllabic.
μονοτάξιος adj one-class, one-year.
μονοτονία nf monotony, dullness.
μονότονος adj monotonous, drab, dull.
μονοτυπία nf monotype.
μονόφθαλμος adj one-eyed.
μονοφωνικός adj monophonic, monaural.
μονόχειρας nm one-armed person.
μονόχνωτος adj unsociable.

μονόχρωμος adj monochrome, plain.
μονοψήφιος adj one-digit.
μονταδόρος nm fitter.
μοντάζ nn montage, editing.
μοντάρισμα nf assembly.
μοντάρω vt assemble, mount.
μοντγκόμερυ nn anorak, duffle-coat.
μοντέλο nn model, pattern, style.
μοντέρνος adj modern, contemporary ǁ fashionable, trendy, groovy.
μονωδία nf solo, monody.
μονώνω vt insulate.
μονώροφος adj one-storey[ed].
μόνωση nf insulation.
μονωτικός adj insulating.
μορατόριο nn moratorium.
Μοριάς nm Morea, Peloponnese.
μόρι·ο nn atom, molecule, speck, particle ǁ γεννητικά ~α, genitals.
μορς adj, n Morse.
μόρτης nm street-urchin, rogue.
μόρτικος adj roguish.
μορφάζω vi grin, grimace.
μορφασμός nm grimace, grin.
μορφή nf form, shape, figure ǁ aspect, look, countenance.
μορφίνη nf morphine, morphia.
μορφινομανής nm morphine addict.
μορφολογία nf morphology.
μορφολογικός adj morphological.
μορφονιός nm ειρων. dandy, fop.
μορφωμένος adj lettered, educated.
μορφώνω vt educate, teach, school.
μόρφωση nf education, learning, schooling.
μορφωτικός adj educational, cultural.
μόστρα nf shop-window ǁ face, mug.
Μόσχα nf Moscow.
μοσχάρι nn calf ǁ veal.
μοσχαρίσιος adj veal.
μοσχάτο nn muscatel.
μοσχάτος adj sweet-smelling.
μοσχοβόλημα nf fragrance.
μοσχοβολώ vi smell sweet, be fragrant.
μοσχοκάρυδο nn nutmeg.
μοσχολέμονο nn lime.
μοσχολίβανο nn frankincense.
μοσχομπίζελο nn sweet pea.
μοσχοπωλώ vt sell at a good price.
μόσχος nm calf ǁ musk.
μοσχοσάπουνο nn perfumed soap.
μοσχοστάφυλο nn muscat[el].
μοτέλ nn motel.
μοτέρ nn motor.
μοτίβο nn motif, theme[-song].
μοτοποδήλατο nn moped.
μοτοσικλέτα nf motorcycle, bike.
μοτοσικλετιστής nm motorcyclist.
μουγγρί nn ιχθ. conger eel.
μουγκαίνομαι vi be struck dumb.

μουγκανίζω *vi* low, moo.
μουγκός *adj* dumb ◘ *nm* mute.
μουγκρητό *nn* groan, moan || boom.
μουγκρίζω *vi* groan, moan || (βόδι) bellow || *μτφ.* growl, boom, roar, howl.
μουδιάζω *vti* numb, go numb || chill, cast a gloom.
μούδιασμα *nn* numbness || chill.
μουδιασμένος *adj* numb, dead || abashed.
μουεζίνης *nm* muezzin.
μουζίκος *nm* muzhik, mujik.
μουλαράς *nm* mule-driver.
μουλάρι *nn* mule.
μουλαρίσιος *adj* mulish.
μουλαρόδρομος *nm* mule-track.
μουλιάζω *vti* soak.
μούλος *nm* bastard.
μουλώχνω *vi* crouch, cower, huddle up.
μουλωχτός *adj* secretive, sneaky.
μούμια *nf* mummy.
μουνουχίζω *vt* castrate, (θηλ. ζώο) spay.
μουντάρω *vi* pitch into, pounce upon.
μουντζαλιά *nf* smudge, blur.
μουντζαλώνω *vt* smudge, smear.
μουντζούρα *nf* smudge, grime || stain.
μουντζουρώνω *vt* smudge, smut, grime, dirty || stain, spot || (κακογράφω) scrawl.
μουντός *adj* dull.
μουράγιο *nn* breakwater, jetty.
μούργα *nf* dregs.
μούργος *nm* cur || churl.
μούρη *nf* snout || (ανθρ.) mug, pan, face.
μουριά *nf* mulberry [tree].
μουρλαίν-ω *vt* drive mad || ~ομαι, go nuts.
μούρλια *nf* madness || super, smashing.
μουρλός *adj*, *nm* madcap, lunatic.
μουρμούρα *nf* murmur, whisper || grumble, nagging.
μουρμούρης *nm* grumbler, nag.
μουρμουρίζω *vti* whisper, murmur, mutter || *μτφ.* grumble, complain, nag.
μουρμούρισμα *nn* murmur[ing].
μουρνταρεύω *vi* womanize, go on the tiles.
μουρντάρης *nm* skirt-chaser.
μούρο *nn* [mul]berry.
μουρουνέλαιο *nn* cod-liver oil.
μούσα *nf* muse.
μουσακάς *nm* moussaka.
μουσαμάς *nm* oil-cloth, tarpaulin || linoleum || ζωγρ. canvas || mackintosh.
μουσάτος *adj*, *nm* bearded [man].
μουσαφίρης *nm* guest, visitor.
μουσαφιρλίκια *nn pl* welcome party.
μουσείο *nn* museum.
μουσελίνα *nf* muslin.
μούσι *nn* beard || *μτφ.* lie, fib.

μουσική *nf* music || band.
μουσικολόγος *nm* musicologist.
μουσικός *adj* musical ◘ *nm* musician.
μουσικοσυνθέτης *nm* composer.
μουσίτσα *nf* saucy baggage.
μουσκάρι *nn* calf || *μτφ.* fathead.
μούσκεμα *nn* soaking || γίνομαι ~, get soaked/drenched || τα κάνω ~, make a mess of it.
μουσκεύω *vti* soak, drench, douse.
μουσκίδι *nn* soaked, drenched.
μούσκλια *nn pl* moss.
μούσμουλο *nn* medlar, loquat.
μουσούδι *nn* snout, muzzle.
μουσουλμάνος *nm* Muslim, Moslem.
μουστακαλής *nm* moustachioed man.
μουστάκι *nn* moustache.
μουσταλευριά *nf* must-jelly.
μουστάρδα *nf* mustard.
μουστερής *nm* customer.
μουστοκούλουρο *nn* must-roll.
μούστος *nm* must.
μούτρο *nn* face, mug || rascal.
μουτρώνω *vi* sulk, pull a long face.
μούτσος *nm* deck-hand.
μουτσούνα *nf* snout, muzzle.
μούχλα *nf* mould, mildew.
μουχλιάζω *vi* mould, get mouldy || *μτφ.* vegetate, stagnate.
μουχλιασμένος *adj* mouldy, mildewy.
μουχρός *adj* dusky, grey, dull.
μοχθηρία *nf* malice, spite, wickedness.
μοχθηρός *adj* malicious, nasty, wicked.
μόχθος *nm* labour, hard work, pains.
μοχθώ *vi* toil, labour, work hard.
μοχλός *nm* lever || *μτφ.* pivot.
μπα *interj* why! I say! well, well! || no, not by a long chalk.
μπαγαπόντης *nn* trickster, shyster.
μπαγαπόντια *nf* trickery, wile.
μπαγαπόντικος *adj* tricky, crafty.
μπαγιατεύω *vi* stale, become stale.
μπαγιάτικος *adj* stale.
μπάγκα *nf* bank.
μπαγκάζια *nn pl* baggage, luggage.
μπαγκαλόου *nn* bungalow.
μπαγκατέλα *nf* bagatelle, rubbish.
μπαγκέτα *nf* baton || wand.
μπάγκος *nn* ναυτ. sandbank || bench.
μπαγλαρώνω *vt* collar, nab, pinch.
μπάζα *nf* χαρτοπ. hand, trick || *μτφ.* pile, packet || *nn pl* débris, rubble.
μπάζω *vt* put/take/let in || drive/knock in || (ρούχο) shrink, take in.
μπαζώνω *vt* fill with rubble.
μπαίγνιο *nn* laughing-stock.
μπαινοβγαίνω *vi* go in and out.
μπαίνω *vi* go in, enter || (ρούχο) shrink || *sl* get it, get the message.
μπαϊράκι *nn* banner, flag.

μπάκα *nf* paunch, pot-belly.
μπακάλης *nm* grocer.
μπακαλιάρος *nm* cod, haddock.
μπακαλική *nf* grocery.
μπακάλικο *nn* grocer's [shop].
μπακαράς *nm* baccarat.
μπακίρι *nn* copper.
μπάλα *nf* ball, football.
μπαλαμούτι *nn* hoax, swindle.
μπαλάντα *nf* ballad.
μπαλαντέζα *nf* inspection lamp.
μπαλαντέρ *nn* joker.
μπαλάσκα *nf* cartridge belt, pouch.
μπαλένα *nf* whalebone.
μπαλέτο *nn* ballet.
μπαλκόνι *nn* balcony, verandah.
μπαλκονόπορτα *nf* French window.
μπαλ μασκέ, fancy-dress ball.
μπαλ[ν]τάς *nm* chopper.
μπαλόνι *nn* balloon.
μπάλος *nm* ball.
μπάλσαμο *nn* balm, balsam.
μπαλσαμώνω *vt* balm, embalm.
μπάλωμα *nn* patch ‖ patching, mending.
μπαλωματής *nm* cobbler.
μπαλώνω *vt* patch, repair, mend, darn, cobble ‖ *μτφ.* patch up.
μπαμ *nn* bang ‖ *κάνω* ~, make a splash, be a wow.
μπάμια *nf* okra.
μπαμπάκι, *κλπ.* ⇒ BAMBAKI
μπαμπάς *nm* dad[dy], *ΗΠΑ* pa, pop.
μπαμπέσης *nm* treacherous man.
μπαμπεσιά *nf* treachery, foul play.
μπαμπόγερος *nm* old crock.
μπαμπού *nn* bamboo.
μπαμπούλας *nm* bugbear, bogey.
μπανάνα *nf* banana.
μπανέλα *nf* whalebone.
μπανιέρα *nf* bath, [bath-]tub.
μπανιερό *nn* swimsuit, bathing-suit, *(ανδρ.)* swimming-trunks.
μπανιάρω *vt* bath, give sb a bath.
μπανίζω *vt* ogle, peep ‖ spot.
μπάνιο *nn* bath, bathe, swim.
μπανιστηριτζής *nm* voyeur, peeping Tom.
μπάντα *nf* band ‖ side ‖ *βάζω στην* ~, put aside.
μπάντζο *nn* banjo.
μπαξές *nm* garden, orchard.
μπαξίσι *nn* bribe.
μπαούλο *nn* chest, trunk.
μπαρ *nn* bar.
μπάρα *nf* *μουσ.* bar.
μπαρκάρω *vi* go aboard ‖ go to sea, sign up.
μπάρμπας *nm* uncle ‖ old man.
μπαρμπέρης *nm* barber.
μπαρμπούνι *nn* red mullet.
μπαρμπούτι *nn* craps.

μπαρόκ *nn* baroque.
μπαρούτι *nn* [gun-]powder ‖ *γίνομαι* ~, blow one's top, go mad.
μπαρούφα *nf* whacker, claptrap.
μπάσιμο *nn* entrance ‖ shrinkage.
μπασκίνας *nm* cop.
μπασμένος *adj* knowledgeable.
μπάσος *nm* bass.
μπάσταρδος *nm* bastard.
μπαστούνι *nn* stick ‖ *χαρτοπ.* club.
μπατάλικος *adj* hulking, flabby.
μπατανία *nf* hand-made blanket.
μπαταρία *nf* battery.
μπαταριά *nf* volley.
μπατάρω *vti* capsize, overturn.
μπατζάκι *nn* trouser-leg.
μπατζανάκης *nm* brother-in-law.
μπάτης *nm* sea-breeze.
μπατίρης *nm* penniless, broke, skint.
μπατσίζω *vt* slap, buffet, cuff.
μπάτσος *nm* slap ‖ cop.
μπαφιάζω *vi* be tired of.
μπαχάρι *nn* pimento.
μπαχαρικά *nn pl* spice, seasoning.
μπεζ *nn* beige.
μπεζαχτάς *nm* cash-box, purse.
μπεκ *nn* burner, injector, nozzle.
μπεκάτσα *nf* woodcock.
μπεκρής *nm* drunkard, boozer.
μπεκρουλιάζω *vi* booze, soak, tipple.
μπεκρούλιακας *nm* soaker, boozer.
μπελαλίδικος *adj* messy, troublesome.
μπελάς *nm* trouble, worry, bother, nuisance ‖ *(παιδί)* perisher, trial.
μπελτές *nm* tomato-purée ‖ jelly.
μπεμπέκα *nf* baby girl.
μπέμπης *nm* baby boy.
μπενετάδες *nm pl* farewells.
μπέρδεμα *nn* tangle, mix-up, mess-up.
μπερδεμένος *adj* complicated, muddled.
μπερδεύω *vt* complicate, mess/tangle mix/muddle up ‖ confuse, perplex.
μπερδεψιά *nf* complication, muddle.
μπερές *nm* beret.
μπερμπαντεύω *vi* womanize.
μπερμπάντης *nm* skirt-chaser ‖ rogue.
μπερντάχι *nn* thrashing.
μπερντές *nm* curtain.
μπέρτα *nf* cloak, cape.
μπέσα *nf* faith, trustworthiness.
μπετόν *nn* concrete.
μπετονιέρα *nf* cement mixer.
μπετούγια *nf* latch, catch.
μπήγω *vt* drive/knock in ‖ ~ *τα γέλια*, burst into laughter.
μπηχτή *nf* jab ‖ *μτφ.* dig.
μπιέλα *nf* piston rod.
μπιζάρισμα *nn* encore, curtain-call.
μπιζέλι *nn* pea.
μπιζού *nn* jewel[lery].

μπικίνι *nn* bikini.

μπικουτί *nn* roller, curling pin.

μπίλια *nf* ball ‖ marble.

μπιλιάρδο *nn* billiards, snooker, *ΗΠΑ* pool ‖ billiards-table.

μπιλιέτο *nn* visiting-card.

μπιμπελό *nn* bibelot, curio ‖ bric-a-brac.

μπιμπερό *nn* dummy ‖ feeding bottle.

μπιμπίκι *nn* spot, pimple.

μπιντές *nm* bidet.

μπις *interj* encore.

μπισκότο *nn* biscuit, cracker, cookie.

μπίτι *adv* λαϊκ. quite, completely.

μπιτόνι *nn* can.

μπιχλιμπίδι *nn* trinket, bauble ‖ *pl* frills.

μπιφτέκι *nn* hamburger.

μπλάβος *adj* blue.

μπλάστρης *nm* rolling-pin.

μπλάστρι *nn* plaster.

μπλαστρώνω *vt* plaster.

μπλε *adj* blue.

μπλέκω *vti* complicate, tangle up ‖ get entangled/mixed up/involved ‖ implicate.

μπλέξιμο *nn* entanglement, imbroglio, mess-up, mix-up, muddle.

μπλιγούρι *nn* groats, *ΗΠΑ* grits.

μπλοκ *nn* block, notebook, notepad.

μπλοκάρ-ω *vti* block [up], clog/stop up ‖ (φρένα) jam, (τροχός) lock, (γρανάζια) mesh, (κεφάλαια) tie up ‖ (αποκλείω) surround, rope off ‖ ~ομαι, be held up, be stuck.

μπλόκο *nn* roadblock, round-up.

μπλουγούρι *nn* ⇒ ΜΠΛΙΓΟΥΡΙ

μπλουζ *nn* *pl* blues.

μπλούζα *nf* blouse, smock, (παιδική) rompers, (γιατρού) coat, (χειρούργου) gown.

μπλουζόν *nn* windcheater.

μπλόφα *nf* bluff.

μπλοφάρω *vi* bluff.

μπλοφατζής *nm* bluffer.

μπογιά *nf* paint, dye, colour, polish.

μπογιατίζω *vt* paint, (παπούτσια) polish.

μπόγιας *nm* dog-catcher ‖ hangman.

μπογιατζής *nm* house-painter.

μπόγος *nm* bundle ‖ (άνθρ.) lump.

μποέμ *nm* (και *adj* ~ικος) bohemian.

μπόι *nn* height ‖ size.

μποϊκοτάζ *nn* boycott.

μποϊκοτάρω *vt* boycott.

μπολ *nn* bowl.

μπόλι *nn* graft ‖ vaccine.

μπόλια *nf* headscarf ‖ suet.

μπολιάζω *vt* graft ‖ vaccinate.

μπόλιασμα *nn* grafting ‖ inoculation.

μπόλικος *adj* plenty, lots, plentiful ‖ too large, loose.

μπολσεβίκος *nm* Bolshevik.

μπόμπα *nf* bomb.

μπομπίνα *nf* spool.

μπόμπιρας *nm* (παιδί) brat, toddler.

μπομπότα *nf* corn-bread.

μποναμάς *nm* [New Year] gift, bonus.

μπονάτσα *nf* dead calm.

μποξ *nn* box[ing].

μποξέρ *nm* boxer.

μπόρα *nf* shower, cloudburst.

μπόρεση *nf* power.

μπορετός *adj* possible.

μποροντέλο *nn* brothel.

μποροντούρα *nf* edge, border.

μπορ-ώ *vi* can, be able ‖ may ‖ ~εί, maybe, perhaps.

μπόσικα *nn* *pl* play, (ναυτ.) slack.

μπόσικος *adj* slack ‖ loose ‖ (άνθρ.) gullible.

μποστάνι *nn* market garden, melon patch.

μπότα *nf* boot.

μπότζι *nn* ναυτ. roll[ing].

μποτίλια *nf* bottle.

μποτιλιάρισμα *nn* traffic jam, bottleneck.

μποτίνι *nn* ankle boot.

μπουαζερί *nf* panelling, wainscot.

μπουγάδα *nf* wash[ing].

μπουγάτσα *nf* custard-filled pastry.

μπούγιο *nn* bulk ‖ κάνω ~, make a great impression.

μπούζι *adj* ice-cold, stone-cold.

μπουζί *nn* τεχν. spark[ing]-plug.

μπουζούκι *nn* bouzouki.

μπουζουκοκέφαλος *nm* blockhead.

μπουζουριάζω *vt sl* lock up, bust.

μπούκα *nf* entrance, mouth, (όπλου) muzzle.

μπουκαδούρα *nf* land breeze.

μπουκάλι *nn* bottle.

μπουκαμβίλια *nf* bougainvillea.

μπουκαπόρτα *nf* ναυτ. hatch[way].

μπουκάρω *vi* burst in.

μπουκετάκι *nn* posy.

μπουκέτο *nn* bouquet, bunch.

μπουκιά *nf* mouthful, bite.

μπούκλα *nf* curl, lock, ringlet.

μπουκλίτσα *nf* frizz.

μπουκώνω *vti* stuff ‖ stop/block up.

μπουλντόγκ *nn* bulldog.

μπουλντόζα *nf* bulldozer.

μπουλόνι *nn* bolt.

μπουλούκι *nn* flock, herd, group, cluster ‖ στρατ. disorderly troops ‖ (θεατρ.) travelling troupe.

μπουλούκος *nm* plump person, fatty, roly-poly.

μπουμπούκι *nn* bud.

μπουμπουκιάζω *vi* bud, be in bud.

μπουμπούνας *nm* idiot, jackass, fathead.

μπουμπουνητό *nn* roll of thunder.
μπουμπουνίζω *vi* boom, thunder.
μπουμπούνισμα *nn* booming, thundering.
μπούμπουρας *nm* bumble-bee.
μπούνια *nn pl ὡς τα ~*, up to the eyes.
μπουνιά *nf* punch, *pl* fisticuffs.
μπουνταλάς *nm* oaf, fathead.
μπουντρούμι *nn* dungeon, jail.
μπούρδα *nf* claptrap, drivel.
μπούρδας *nm* big-mouth, hot-air merchant.
μπουρδέλο *nn* brothel ‖ cock-up.
μπουρδουκλώνω *vt* tangle/catch up ‖ confuse ‖ hobble.
μπουρέκι *nn* patty, pastry.
μπουρζουαζία *nf* bourgeoisie.
μπουρζουάς *nm* bourgeois.
μπουρί *nn* stovepipe.
μπουρίνι *nn* squall ‖ fit of anger, *pl* tantrums.
μπουρλότο *nn* fireship ‖ *γίνομαι ~*, flare up, blow one's top.
μπουρμπουλήθρα *nf* bubble.
μπουρνούζι *nn* bathrobe.
μπούσουλας *nm* compass.
μπουσουλάω *vi* crawl, go on all fours.
μπούστος *nm* bust ‖ bodice.
μπούτι *nn* thigh ‖ *μαγειρ.* leg.
μπουφάν *nn* jacket, puff.
μπουφές *nm* buffet.
μπούφος *nm* horn-owl ‖ *μτφ.* oaf, idiot.
μπουχός *nm* cloud of dust ‖ spray.
μπουχτίζω *vti* disgust, be fed up with.
μπόχα *nf* stench, stink, reek.
μπράβο *interj* hear! bravo! well done!
μπράβος *nm* henchman, thug.
μπράτσο *nn* arm.
μπρελόκ *nn* pendant.
μπριγιάν[τι] *nn* brilliant, diamond.
μπριγιαντίνη *nf* hair-oil.
μπριτζόλα *nf* chop, cutlet, steak.
μπρίκι *nn* pot for boiling coffee ‖ *ναυτ.* brig.
μπρίο *nn* zest, relish, brio.
μπρισίμι *nn* silk thread.
μπριτζ *nn* bridge.
μπροσούρα *nf* brochure, pamphlet.
μπροστινός *adj* [in] front, forward.
μπρούμυτα *adv* prone, on one's stomach/face.
μπρούτζ·ινος *adj* (*και nm ~ος*) bronze, brass.
μπρούσκος *adj* dry, full-bodied.
μπύρα *nf* beer, ale, bitter.
μπυραρία *nf* pub, *ΗΠΑ* bar.
μυαλό *nn* brain, mind, wits ‖ marrow.
μυαλωμένος *adj* sensible, wise.
μύγα *nf* fly.
μύγδαλο, κλπ ⇒ ΑΜΥΓΔΑΛΟ
μυγιάγγιαχτος *adj* touchy, squeamish.

μυγιάζομαι *vti* get into a huff ‖ suspect, get wind of.
μυγοπαγίδα *nf* fly-catcher, fly-paper.
μυγοσκοτώστρα *nf* fly-swatter.
μύδι *nn* mussel.
μυδραλιοβόλο *nn* machine-gun.
μυελός *nm* marrow.
μυζήθρα *nf* skim-milk cheese.
μυημένος *adj* initiate, privy, versed.
μύηση *nf* initiation.
μύθευμα *nn* invention, fiction.
μυθικός *adj* mythical, legendary.
μυθιστόρημα *nn* novel ‖ fiction.
μυθιστορία *nf* fiction.
μυθιστοριογράφος *nm* novelist.
μυθολογία *nf* mythology.
μυθολογικός *adj* mythological.
μυθομανής *adj* mythomaniac.
μύθος *nm* myth, fable ‖ plot, story.
μυθώδης *adj* fabulous.
μυϊκός *adj* muscular.
μυκηθμός *nm* low, bellow.
μυκηναϊκός *adj* Mycenean.
Μυκήνες *nf pl* Mycenae.
μύκητας *nm* fungus, mushroom.
μυκητοκτόνο *nn* fungicide.
μυκτηρίζω *vt* mock, scoff/jeer/sneer at.
μυκτηρισμός *nm* sneer, jeering.
μυλόπετρα *nf* millstone.
μύλος *nm* mill.
μυλωνάς *nm* miller.
μύξα *nf* mucus, *sl* snot.
μυξιάρικο *nn* brat, young shaver.
μυξοκλαίω *vi* snivel, sniffle.
μυοκάρδιο *nn* myocardium.
μυριάδα *nf* myriad.
μυριάκριβος *adj* most precious.
μυρίζω *vti* smell, sniff ‖ smell [of], give off a smell, (*άσχημα*) reek of, stink of, whiff ‖ (*φανερώνω*) reveal, smack of.
μύριοι *adj* countless.
μυριστικά *nn pl* spices.
μυρμήγκι *nn* ant.
μυρμηγκιά *nf* ant colony ‖ *μτφ.* swarm.
μυρμηδίζω *vi* have pins and needles, tingle.
μυρμηκίαση *nf* tingling, pins and needles.
μύρο *nn* perfume ‖ myrrh ‖ holy-oil.
μυροβόλος *adj* fragrant.
μυροπωλείο *nn* perfume shop.
μυρουδιά *nf* smell, odour, whiff, sniff ‖ (*ευωδιά*) fragrance, scent, sweet smell ‖ (*βρώμα*) stink, stench ‖ (*ελάχιστο*) splash, dash, modicum, sprinkling ‖ *παίρνω ~*, get wind of.
μυροφόρος *adj* myrrh-bearing.
μυρσίνη *nf* myrtle.
μυρωδάτος *adj* fragrant, scented.
μυρωδιά ⇒ ΜΥΡΟΥΔΙΑ
μυρωδικό *nn* perfume ‖ flavouring, *pl*

spice.
μυρώνω *vt* scent || εκκλ. anoint.
μυς *nm* muscle.
μυσαρός *adj* abominable, odious.
μυσταγωγία *nf* mystagogy, rite[s].
μυστηριακός *adj* occult, mystic.
μυστήριο *nn* mystery || εκκλ. sacrament.
μυστήριος *adj* odd, rum, strange.
μυστηριώδης *adj* mysterious, enigmatic
|| esoteric, occult || eerie, uncanny.
μύστης *nm* initiate.
μυστικισμός *nm* mysticism.
μυστικιστ·ής *nm* (και *adj* ~ικός) mystic.
μυστικό *nn* secret.
μυστικοπάθεια *nf* mysticism.
μυστικός *adj* secret, undercover, hidden
|| secretive, reserved.
μυστικοσυμβούλιο *nn* Privy Council.
μυστικοσύμβουλος *nm* confidant.
μυστικότητα *nf* secrecy.
μυστρί *nn* trowel.
μυταράς *nm* big-nosed man.
μυταριά *nf* nose ring.
μυτερός *adj* pointed, sharp.
μύτη *nf* nose || point, tip, end.

μύχιος *adj* intimate, innermost.
μυχός *nm* cove, inlet, recess.
μυώ *vt* initiate, introduce.
μυώδης *adj* muscular, brawny.
μύωπας *nm* short-sighted person.
μυωπικός *adj* myopic, short-sighted.
Μωάμεθ *nm* Mohammed.
μωαμεθανικός *adj* Mohammedan.
μώλωπας *nm* bruise.
μωλωπίζω *vt* bruise.
μώλος *nm* breakwater, jetty, pier.
μωραίνω *vt* drive mad, stupefy.
μωρία *nf* folly, stupidity.
μωρό *nn* baby, *ΗΠΑ* babe.
μωρολογία *nf* drivel, twaddle, rubbish.
μωροπιστία *nf* credulity.
μωρόπιστος *adj* credulous, gullible.
μωρός *adj* foolish, idiotic.
μωρουδιακά *nn pl* layette.
μωσαϊκό *nn* mosaic || οικοδ. pebbledash
|| μτφ. medley.
μωσαϊκός *adj* Mosaic.
Μωυσής *nm* Moses.
Μωχάμετ *nm* Mohammed.

N ν

να *conj* to, for, that, so that.
ναδίρ *nn* nadir.
ναζί *nm* (και *adj* ~στικός) Nazi.
νάζι *nn* affectation, mincing, coyness.
ναζιάρικος *adj* affected, mincing.
ναζισμός *nm* Nazism.
ναι *adv* yes, yeah.
νάιλον *nn* nylon.
νάνι *nn* sleep.
νάνος *nm* dwarf, midget || *adj* stunted.
νανουρίζω *vt* lull, sing to sleep.
νανούρισμα *nn* lullaby, μουσ. berceuse.
νανουριστικός *adj* lulling, sing-song.
ναός *nm* church || temple.
ναργιλές *nm* hookah.
νάρθηκας *nm* narthex, porch || ιατρ.
sling, splints.
ναρκαλιευτικό *nn* mine-sweeper.
νάρκη *nf* mine || μτφ. torpor, lethargy.
ναρκισσισμός *nm* narcissism.
νάρκισσος *nm* narcissus, daffodil.
ναρκοθετώ *vt* mine, lay mines.
ναρκομανής *nm* drug-addict.
ναρκοπέδιο *nn* minefield.

ναρκώνω *vt* drug || anaesthetize || dead-
en || make lethargic.
νάρκωση *nf* anaesthesia.
ναρκωτικό *nn* drug, narcotic || anaes-
thetic.
νατουραλισμός *nm* naturalism.
ναυαγιαίρεση *nf* salvage.
ναυάγιο *nn* wreck, shipwreck.
ναυαγός *nm* shipwrecked person.
ναυαγοσώστης *nm* lifeguard.
ναυαγοσωστικό *nn* lifeboat.
ναυαγώ *vi* be wrecked/shipwrecked ||
μτφ. wreck, fail, fall through, come to
nothing.
ναυαρχείο *nn* admiralty.
ναυαρχίδα *nf* flagship.
ναύαρχος *nm* admiral.
ναύκληρος *nm* boatswain.
ναυλομεσίτης *nm* shipping agent.
ναύλος *nm* freight || fare.
ναυλοσύμφωνο *nn* charter-party.
ναυλώνω *vt* freight, charter, hire.
ναύλωση *nf* charter[ing].
ναυλωτής *nm* shipper, charterer.

ναυμαχία *nf* naval battle.
ναυπηγείο *nn* shipyard, dockyard.
ναυπηγική *nf* shipbuilding.
ναυπηγός *nm* shipbuilder.
ναυπηγώ *vt* build/construct ships.
ναυσιπλοΐα *nf* navigation.
ναύσταθμος *nm* navy yard, naval port.
ναυταπάτη *nf* barratry.
ναυτασφαλιστής *nm* marine underwriter.
ναύτης *nm* sailor, seaman.
ναυτία *nf* nausea, seasickness.
ναυτικό *nn* navy.
ναυτικός *adj* naval, marine, maritime, shipping ◉ *nm* seaman, sailor.
ναυτιλία *nf* navigation, shipping.
ναυτιλιακός *adj* ship's, shipping.
ναυτοδικείο *nn* naval court.
ναυτολογ·ώ *vt* engage crew || ~ούμαι, sign on.
ναφθαλίνη *nf* mothballs.
νέα *nn pl* news.
Νέα Ζηλανδία *nf* New Zealand.
νεανίας *nm* youth, youngster.
νεανικός *adj* youthful, juvenile.
νεαρός *nm* youth, youngster.
νέγρ·ος *nm* (και *adj* ~ικος) negro.
Νείλος *nm* the Nile.
νέκρα *nf* dead silence, stagnation.
νεκρανασταίνω *vt* resuscitate.
νεκρικός *adj* dead[ly], death, funeral.
νεκροθάλαμος *nm* mortuary.
νεκροθάφτης *nm* grave-digger.
νεκροκεφαλή *nf* skull, death's head.
νεκροκρέββατο *nn* bier, coffin.
νεκρολογία *nf* obituary.
νεκρός *adj, nm* dead [person], deceased.
νεκροταφείο *nn* cemetery, graveyard.
νεκροτομείο *nn* morgue, mortuary.
νεκροφόρα *nf* hearse.
νεκροψία *nf* autopsy, postmortem.
νεκρώνω *vt* deaden, dull, kill.
νεκρώσιμος *adj* burial, funeral.
νέκρωση *nf* deadening || stagnation.
νέκταρ *nn* nectar.
νέμεση *nf* nemesis.
νένα *nf* nurse.
νέο *nn* item of news || χημ. neon.
νεογέννητο *nn* newborn.
νεογνό *nn* baby.
νεολαία *nf* youth, the young.
νεολιθικός *adj* neolithic.
νεόνυμφοι *nm pl* newly-weds.
νεόπλουτος *adj* upstart.
νέος *nm* (*nf* νέα) youth, youngster, young man/lady ◉ *adj* new, young, modern.
νεοσσός *nm* nestling, chick.
νεοσύλλεκτος *nm* recruit.
νεοσύστατος *adj* newly-established.
νεότητα *nf* youth.

νεοφερμένος *adj, nm* newcomer.
νεοφώτιστος *adj* newly baptized/converted.
νεράιδα *nf* fairy.
νεράντζι *nn* bitter orange.
νερό *nn* water.
νερόβραστος *adj* boiled in water || μτφ. insipid, mawkish, wishy-washy.
νεροκολόκυθο *nn* gourd.
νερόκοτα *nf* moorhen.
νερομάνα *nf* well-head.
νερομπογιά *nf* water-colour.
νερόμυλος *nm* watermill.
νερόπλυμα *nn* dishwater, slops.
νεροποντή *nf* cloudburst, rainstorm.
νεροπόντικας *nm* water-rat.
νεροπότηρο *nn* water-glass.
νερουλάδικο *nn* water-cart.
νερουλάς *nm* water-seller.
νερουλιάζω *vi* grow watery/soft.
νερουλός *adj* watery, weak, thin.
νεροχύτης *nm* kitchen-sink.
νερώνω *vt* water down, adulterate.
νεσεσαίρ *nn* dressing-case.
νετάρω *vi* be finished, be through, run out.
νέτος *adj* net || finished, through.
νετρόνιο *nn* neutron.
νεύμα *nn* nod, wink, beckon.
νευραλγία *nf ιατρ.* neuralgia.
νευραλγικός *adj* neuralgic || key, weak.
νευρασθένεια *nf* neurasthenia, depression.
νευρασθενικός *adj, nm* depressive.
νευριάζω *vti* vex, exasperate, get on sb's nerves.
νευρισμένος *adj* nervy, nervous, cross.
νευρικός *adj* nervous || nervy, testy, edgy, jumpy || restless, restive.
νευρικότητα *nf* nervousness, jitters.
νεύρο *nn anat* || sinew, rib, vein, string || μτφ. energy, vigour, punch.
νευροκαβαλίκευμα *nn* crick, cramp.
νευρολόγος *nm* neurologist.
νευρόσπαστο *nn* puppet || μτφ. fidget.
νευρώδης *adj* sinewy || μτφ. forceful.
νεύρωση *nf* neurosis.
νευρωτικός *adj* neurotic.
νεύω *vi* nod, wink, beckon, sign.
νεφελώδης *adj μτφ.* nebulous, vague.
νεφέλωμα *nn* nebula.
νέφος *nn* cloud.
νεφρό *nn* kidney.
νέφτι *nn* turpentine.
νεωκόρος *nm* sacristan, verger.
νεωτερίζω *vi* innovate.
νεωτερισμός *nm* innovation, novelty.
νεωτεριστής *nm* innovator, modernist.
νεωτεριστικός *adj* innovative, modernistic.
νήμα *nn* yarn, thread, filament.
νηματουργείο *nn* spinning-mill.

νηνεμία nf lull, calm.
νηολόγηση nf [marine] registry.
νηολόγιο nn ship's register.
νηολογώ vt register [a ship].
νηοπομπή nf convoy.
νηοψία nf rummage, search of a ship.
νηπιαγωγείο nn kindergarten.
νηπιαγωγός nmf nursery-school teacher.
νηπιακός adj infantile.
νήπιο nn infant, baby.
νησάκι nn islet.
νησί nn island.
νησίδα nf traffic island.
νησιώτης nm islander.
νησιώτικος adj island, insular.
νήσος nf island, isle.
νηστεία nf fast[ing].
νηστεύω vi fast.
νηστικός adj hungry.
νηφάλιος adj sober, composed, calm.
νηφαλιότητα nf sobriety, poise.
νιαουρίζω vi mew, miaow, caterwaul || μτφ. whine.
νιάτα nn pl youth, the young.
νίβω vt wash.
νίκελ nn (και adj ᵒ-ινος) nickel.
νίκη nf victory, win.
νικητήριος adj victorious, triumphal.
νικητής nm victor, conqueror, winner.
νικηφόρος adj victorious.
νικώ vt win, beat, defeat || overcome, surmount || outdo.
νίλα nf disaster, calamity.
νιογάμπρια nn pl newly-married couple.
νιονιό nn sl savvy, gumption.
νιόνυφη nf newly-married woman.
νιόπαντρος adj newly married.
νιος ⇒ ΝΕΟΣ.
νιότη nf youth.
νιόφερτος nm newcomer.
νιπτήρας nm wash-basin.
νιτερέσο nn interest.
νιφάδα nf snowflake.
νιώθω vt feel, sense || appreciate, understand, realize.
νογάω vti λαϊκ. understand, know.
Νοέμβρης nm November.
νοερός adj mental.
νόημα nn meaning, sense || significance || thought, reflection, idea.
νοημοσύνη nf intelligence.
νοήμων adj intelligent.
νόηση nf intellect, understanding.
νοητός adj conceivable || imaginary.
νοθεία nf fraud, adulteration.
νοθεύω vt adulterate || rig || falsify.
νόθος adj illegitimate, bastard || hybrid || spurious, false.
νοιάζει vt impers it matters, concern, mind.

νοιάζομαι vti look after, care, mind || be interested in, concern oneself with.
νοικάρης nm tenant.
νοίκι nn rent.
νοικιάζω vt rent, let out, hire.
νοικοκυρά nf landlady || housewife.
νοικοκυρεμένος adj tidy, neat.
νοικοκυρεύ·ω vt tidy up || ~ομαι, settle down.
νοικοκύρης nm landlord || householder || owner, proprietor, rich man || tidy man.
νοικοκυριό nn household || housekeeping || housework.
νοκάουτ nn knockout.
νομάδες nm pl nomads.
νομαδικός adj nomadic.
νομάρχης nm prefect.
νομαρχία nf prefecture.
νομάτοι nm pl persons, individuals.
νομέας nm possessor, occupant.
νομή nf possession, occupancy.
νομιζόμενος adj νομ. putative.
νομίζω vti think, suppose, expect, consider, hold, seem.
νομικά nn pl law.
νομικός nm jurist ▣ adj legal, law.
νομιμοποιώ vt legitimatize, legalize.
νόμιμος adj legal, lawful, legitimate.
νομιμότητα nf legality, legitimacy.
νομιμόφρων adj law-abiding, loyal.
νομιμοφροσύνη nf loyalty.
νόμισμα nn money, coin, currency.
νομισματικός adj monetary.
νομισματοκοπείο nn mint.
νομοθεσία nf legislation, law.
νομοθέτημα nn statute, law.
νομοθέτης nm law giver, legislator.
νομοθετικός adj legislative.
νομοθετώ vt legislate, enact laws.
νομολογία nf case-law.
νομομαθής nm jurist.
νόμος nm act, law.
νομός nm prefecture, MB county.
νομοσχέδιο nn bill, draft.
νομοταγής adj law-abiding.
νομοτέλεια nf determinism.
Νόμπελ nn Nobel [prize].
νονός, κλπ. ⇒ ΝΟΥΝΟΣ.
νοομαντεία nf mind-reading.
νοομάντης nm mind-reader.
νοοτροπία nf mentality.
Νορβηγία nf Norway.
Νορβηγ·ός nm (και adj ~ικός) Norwegian.
νόρμα nf norm.
νοσηλεία nf hospital treatment.
νοσήλεια nn pl hospital/medical charges.
νοσηλεύ·ω vt nurse || hospitalize || (γιατρός) attend || ~ομαι, undergo treat-

ment, be hospitalized.
νόσημα nn disease, complaint.
νοσηρός adj unwholesome ‖ morbid.
νοσηρότητα nf morbidness, morbidity.
νοσογόνος adj pathogenic.
νοσοκόμα nf [female] nurse.
νοσοκομειακό nn ambulance.
νοσοκομειακός adj hospital.
νοσοκομείο nn hospital, infirmary.
νοσοκόμος nm male nurse.
νόσος nf disease, illness.
νοσταλγία nf nostalgia.
νοσταλγώ vt yearn/long for, be sick for.
νοστιμάδα nf flavour, relish.
νοστιμεύω vt give flavour to, season.
νόστιμος adj tasty, delicious ‖ tasteful.
νοστιμούλης adj cute.
νότα nf note.
νοτιά nf (και nm ~ς) south ‖ south wind.
νοτίζω vt moisten, make wet.
νοτιοδυτικός adj south-west.
νότιος adj south, southern ▣ nm southerner.
νοτιότατος adj southernmost.
νότος nm south.
νουθεσία nf admonition.
νουθετώ vt admonish, lecture.
νούλα nf zero, nobody, worthless.
νούμερο nn number ‖ size ‖ laughing stock, joke ‖ (θέατρ.) skit, number, item.
νουνά nf godmother.
νουνεχής adj judicious.
νουνός nm godfather.
νους nm mind, sense, intellect.
νούφαρο nn water-lily.
νταβάς nm copper/clay pan.
νταβατζής nm pimp.
νταβαντούρι nn ballyhoo.
νταής nm bully.
νταϊλίκι nn bluster[ing].
νταλίκα nf trailer.
ντάμα nf lady ‖ (στο χορό) partner ‖ χαρτοπ. queen ‖ παιχν. draughts.
νταμάρι nn quarry, pit.
νταμιτζάνα nf demijohn, flagon.
ντάνα nf pile, heap.
νταντά nf nurse, nanny, governess.
νταντεύω vt mother, pamper.
νταούλι nn tabor.
ντάπια nf rampart.
νταραβέρι nn hullabaloo ‖ affair.
νταραβερίζομαι vi have dealings/trucks ‖ mix, hobnob ‖ carry on, have an affair.
ντεκολτέ nn low neck[line].
ντελάλης nm public crier.
ντελικάτος adj delicate, dainty.

ντεμοντέ adj outmoded, old-fashioned.
ντεμπουτάρω vi make one's debut.
ντεμπούτο nn debut.
ντεμπραγιάζ nn clutch.
ντεντέ nn gee-gee.
ντεπόζιτο nn tank, cistern.
ντεραπάρω vi skid, sideslip.
ντέρτι nn longing, heartache.
ντέτεκτιβ nm detective, sleuth.
ντέφι nn tambourine.
ντήζελ nn diesel.
ντιβάνι nn couch, divan.
ντιπ adv quite, at all.
ντιρεκτίβα nf directive.
ντισκοτέκ nf discotheque, disco.
ντιστενγκέ adj stylish, elegant.
ντιστριμπιτέρ nn distributor.
ντο nn μουσ. do[h], C.
ντοκ nn ναυτ. dock, basin.
ντοκουμεντάρω vt document.
ντοκουμέντο nn document.
ντοκυμαντέρ nn documentary.
ντολμάδες nm pl stuffed vineleaves.
ντομάτα nf tomato.
ντόμινο nn domino.
ντόμπρος adj blunt, direct, outspoken.
ντομπροσύνη nf outspokenness.
ντοπαρισμένος adj drugged, dopey.
ντοπάρω vt drug, dope.
ντόπιος adj, nm native, local.
ντορβάς nm nosebag, feedbag.
ντόρος nm fuss, hullabaloo ‖ stir.
ντορός nm track, trail.
ντοσιέ nm file, folder.
ντουβάρι nn wall ‖ (άνθρ.) ninny, dunce.
ντουγρού adv directly, straight.
ντουέτο nn duet.
ντουζίνα nf dozen.
ντουί nn lamp-holder.
ντουλάπα nf cupboard, wardrobe.
ντουλάκι nn cupboard.
ντουμπλάρισμα nn dubbing ‖ pinchbeck.
ντουμπλάρω vt dub.
ντούμπλ-φας adj reversible.
ντουνιάς nm world, people.
ντους nn shower.
ντουφέκι ⇒ ΤΟΥΦΕΚΙ
ντρέπομαι vi be ashamed ‖ be shy.
ντροπαλός adj shy, bashful, sheepish.
ντροπή nf shyness, bashfulness, modesty ‖ shame, disgrace.
ντροπιάζ·ω vt shame, disgrace, bring disgrace on ‖ humiliate, humble ‖ ~ομαι, feel shy, be mortified.
ντροπιασμένος adj ashamed, shamefaced.
ντύμα nn cover.
ντυμένος adj dressed, got up, rigged out.
ντύνω vt dress, get up ‖ upholster.
νυκτόβιος adj nocturnal ▣ nm night-

bird.
νύμφη nf (εντόμου) pupa, chrysalis ‖
bride ‖ μυθ. nymph.
νυμφίδιο nn nymphet.
νυμφομανής adj nympho[maniac].
νυμφώνας nm nuptial chamber.
νύξη nf hint, allusion.
νύστα nf sleepiness.
νυστάζω vi be/feel sleepy.
νυσταλέος adj sleepy, drowsy.
νυστέρι nn lancet.
νύφη nf bride ‖ daughter-in-law, sister-
in-law.
νυφικό nn wedding gown/dress.
νυφικός adj bridal, nuptial.
νυφίτσα nf weasel, ferret.
νύχι nn nail, fingernail, toenail, (γάτας)
claw, (αλόγου) hoof.
νυχοκόπτης nm nail-clippers.
νύχτα nf night, darkness.
νυχτερίδα nf bat.

νυχτερινός adj night[ly], nocturnal.
νυχτιάτικα adv at night, in the night.
νυχτικό nn nightie, nightdress.
νυχτοήμερος adj night-and-day.
νυχτοκάντηλο nn night-lamp.
νυχτοκόπος nm night traveller.
νυχτολούλουδο nn night flower.
νυχτοπούλι nn night-bird.
νυχτοφύλακας nm night watchman.
νυχτώνει vi impers it's getting dark.
νυχτώνομαι vi be overtaken by night.
Νώε nm Noah.
νωθρός adj slothful, sluggish ‖ slow.
νωθρότητα nf sluggishness ‖ dullness.
νωματάρχης nm [police] sergeant.
νωπός adj fresh ‖ damp.
νωρίς adv early, soon.
νώτα nn pl back ‖ στρατ. rear.
νωτιαίος μυελός, spinal cord.
νωχέλεια nf nonchalance, indolence.
νωχελικός adj nonchalant, indolent.

Ξ ξ

ξαγκιστρώνω vt unhook.
ξαγρυπνώ vi be/stay up, stay awake.
ξαδέρφι nn cousin.
ξαιματώνω vi bleed white.
ξαίνω vt card, comb.
ξακουσμένος adj celebrated, famous.
ξακρίδια nn pl trimmings, parings.
ξακρίζω vt pare, trim ‖ do thoroughly
‖ sort out, get to the bottom of.
ξαλάφρωμα nn relief.
ξαλαφρώνω vti relieve, ease, lighten ‖
take a weight/load off one's mind ‖
be relieved.
ξαλμυρίζω vt soak the salt out.
ξαμολ-ώ vt let loose, unleash, set on ‖
~τέμαι, rush, dart, go on the rampage.
ξαμπαρώνω vt unbar.
ξαμώνω vi raise one's hand to [sb], go
at.
ξανά adv again, before, back.
ξαναβάζω vt put back.
ξαναβάφω vt paint again.
ξαναβγάζω vt take out again ‖ re-elect.
ξαναβγαίνω vi go out again ‖ be
returned.
ξαναβλέπω vt see again.
ξαναβουτώ vti grab/dive again.
ξαναβράζω vt boil again.

ξαναβρίσκω vt find again, recover.
ξαναγεμίζω vt fill/load again.
ξαναγεννιέμαι vi be reborn.
ξαναγίνομαι vi happen/be again.
ξαναγράφω vt write again, re-write.
ξαναγυρίζω vi come back, return, revert.
ξαναδανείζω vt lend again.
ξαναδείχνω vt show again.
ξαναδένω vt tie/bind again.
ξαναδέρνω vt beat/thrash again.
ξαναδιαβάζω vt read again.
ξαναδιαλέγω vt choose again.
ξαναδιατυπώνω vt reword, recast.
ξαναδίνω vt give back/again.
ξαναδιορθώνω vt repair/fix again.
ξαναδιορίζω vt appoint again.
ξαναδιπλώνω vt fold again.
ξαναδοκιμάζω vt try again.
ξαναδουλεύω vt rework.
ξαναζεσταίνω vt warm/heat again.
ξαναζωντανεύω vt revive.
ξαναζώ vi relive, live again.
ξαναθυμίζω vt remind again.
ξαναθυμάμαι vi remember again.
ξανακάθομαι vi sit/stay again.
ξανακάνω vt do/make again.
ξανακερδίζω vt earn/win again.
ξανακλέβω vt steal again.

ξανακοιμάμαι *vi* sleep again.
ξανακοιμίζω *vt* put to sleep again.
ξανακοιτάζω *vt* look again/back at.
ξανακούω *vt* hear again/before.
ξανακύλημα *nn* relapse.
ξανακυλώ *vti* roll again ‖ relapse.
ξαναλέω *vt* repeat, say/tell again.
ξαναμαθαίνω *vti* learn/teach again.
ξαναμετρώ *vt* count again.
ξαναμιλώ *vi* speak/talk again.
ξαναμμένος *adj* excited, flushed.
ξαναμοιράζω *vt* share/deal again.
ξανανάβω *vt* rekindle.
ξανανθίζω *vi* blossom again.
ξανανιώνω *vi* rejuvenate.
ξανανοίγω *vt* open again.
ξαναπαθαίνω *vt* suffer again.
ξαναπαντρεύομαι *vi* remarry.
ξαναπαίρνω *vt* take back/again.
ξαναπαρακαλώ *vt* ask again.
ξαναπατώ *vi* set foot again.
ξαναπερνώ *vti* pass again, go over.
ξαναπέφτω *vi* fall again.
ξαναπιάνω *vt* recapture.
ξαναπίνω *vt* drink again/before.
ξαναπουλώ *vt* sell again, resell.
ξαναπροβάλλω *vt* rerun, show again.
ξαναρίχνω *vt* throw/cast again.
ξαναρρωσταίνω *vi* fall ill again.
ξαναρχίζω *vt* begin again, resume.
ξαναρωτώ *vt* ask again.
ξανασαίνω *vi* be relieved.
ξανασηκώνω *vt* lift up/raise again.
ξανασκεπάζω *vt* cover again.
ξανασκέφτομαι *vt* think again/over.
ξανασμίγω *vti* reunite.
ξανασμίξιμο *nn* reunion.
ξαναστέλνω *vt* send back/again.
ξαναστρώνω *vt* (δρόμο) resurface.
ξανατρώω *vt* eat again/before.
ξανατυπώνω *vt* reprint.
ξαναφαίνομαι *vi* reappear, show up again.
ξαναφεύγω *vi* leave again.
ξαναφορτώνω *vt* load again.
ξαναφρεσκάρω *vt* revamp, brush up.
ξαναφτιάχνω *vt* do/make again.
ξαναφυτεύω *vt* plant again.
ξαναχρησιμοποιώ *vt* recycle, use again.
ξαναχτίζω *vt* rebuild, reconstruct.
ξαναχτυπώ *vt* hit/beat again.
ξαναψηφίζω *vi* vote again/before.
ξανθομάλλης *adj* fair-haired.
ξανθός *adj* blond, γυν. blonde, fair, fair-haired, fair-skinned.
ξανθωπός *adj* blondish.
ξάνοιγμα *nn* opening, clearing.
ξανοίγ·ω *vti* (βλέπω) make out, spy ‖ (χρώμα) relieve ‖ (καιρός) clear up ‖ ~ομαι, confide in sb ‖ οικον. expand,

spend freely ‖ ναυτ. put out.
ξανοστίζω *vti* make/become tastless.
ξάπλα *adv* sprawling, lying down.
ξαπλωμένος *adj* lying down, sprawling.
ξαπλώνω *vti* lay/knock sb down ‖ lie down, sit back ‖ stretch out, sprawl.
ξαπλώστρα *nf* deck-chair.
ξαποσταίνω *vi* [have a] rest, relax.
ξαποστέλνω *vt* send sb about his business.
ξαρματώνω *vt* disarm ‖ (πλοίο) unrig.
ξάρτια *nn pl* rigging, shrouds.
ξασπρίζω *vti* bleach, fade.
ξάστερα *adv* καθαρά και ~, bluntly.
ξαστεριά *nf* clear skies.
ξάστερος *adj* clear, cloudless.
ξαστερώνω *vi* clear up.
ξαφνιάζ·ω *vt* surprise, startle, take by surprise ‖ rick ‖ ~ομαι, be taken aback, be suprised.
ξάφνιασμα *nn* surprise, start, jolt ‖ rick.
ξαφνικά *adv* suddenly, all at once.
ξαφνικό *nn* shock, jolt.
ξαφνικός *adj* sudden, unexpected.
ξάφνου *adv* all of a sudden.
ξαφρίζω *vt* skim ‖ steal, pick, filch.
ξέβαθος *adj* shallow.
ξεβάφω *vti* discolour, fade.
ξεβγάζω *vt* wash out, rinse out ‖ (ξεπροβοδίζω) see/send off, show sb out.
ξεβιδών·ω *vt* unscrew ‖ ~ομαι, work loose, μτφ. be tired out.
ξεβουλώνω *vt* uncork ‖ unstop, unclog.
ξεβρακώνω *vt* take off sb's trousers.
ξεβρομίζω *vti* clean.
ξέγδαρμα *nn* scratch, scrape, graze.
ξεγδαρμένος *adj* raw, grazed.
ξεγδέρνω *vt* scratch, graze, rub off.
ξεγελώ *vt* deceive, fool, take in.
ξεγεννώ *vti* deliver ‖ be delivered.
ξεγίνομαι *vi* be undone.
ξεγλιστρώ *vi* slip, wriggle.
ξεγνοιάζω *vi* be free from care, not worry.
ξεγνοιασιά *nf* unconcern.
ξέγνοιαστος *adj* carefree ‖ off one's guard.
ξεγράφω *vt* write off.
ξεγυμνώνω *vt* strip naked, lay bare ‖ μτφ. unmask ‖ χαρτοπ. skin, fleece.
ξεγυρίζω *vi* recover, pick up.
ξεδιαλεγμένος *adj* hand-picked.
ξεδιαλέγω *vt* sort out, pick over, look out, choose.
ξεδιαλύνω *vt* solve, clear up, sort out.
ξεδιαντροπιά *nf* shamelessness.
ξεδιάντροπος *adj* shameless, insolent.
ξεδίνω *vi* relax, unwind.
ξεδιπλώνω *vt* unfold, unwrap, unfurl.
ξεδιψώ *vi* quench one's thirst.

ξεδοντιάζω *vt μτφ.* make harmless.
ξεδοντιάρης *adj* toothless, gap-toothed.
ξεζεύω *vt* unharness, unyoke.
ξεζουμίζω *vt* squeeze out || (*χρηματικά*) bleed white || (*ρουφώντας*) suck dry.
ξεθάβω *vt* exhume || *μτφ.* unearth, dig up.
ξεθαρρεύ·ω (*και* ~ομαι) *vi* throw off one's shyness || become bold || take heart || trust.
ξεθεμελιώνω *vt* raze, wipe out.
ξεθερμίζω *vt* scald.
ξεθέωμα *nn* sweat, exhaustion.
ξεθεωμένος *adj* worn/fagged out, dead beat.
ξεθεών·ω *vt* exhaust, wear out || ~ομαι, slave away, sweat blood.
ξεθεωτικός *adj* gruelling.
ξεθολώνω *vti* clear.
ξεθυμαίνω *vi* (*ποτό*) go flat || (*θύελλα*) blow over/out, abate, die down || (*αίσθημα*) die out, burn out, run out of steam || (*θυμός*) let off steam, take it out [on sb].
ξεθυμασμένος *adj* flat, stale.
ξεθυμώνω *vti* mollify, be mollified, be no longer angry.
ξεθωριάζω *vti* discolour, fade, bleach.
ξέθωρος *adj* faded, dingy.
ξεκαβαλικεύω *vi* dismount.
ξεκαθαρίζω *vti* clear up/off, clarify, sort out, thrash out, settle into shape.
ξεκάθαρος *adj* clear, manifest || unequivocal, unambiguous || straight.
ξεκαλοκαιριάζω *vi* [spend the] summer.
ξεκαλουπώνω *vt* remove the casing.
ξεκαλτσώνω *vt* take off sb's socks.
ξεκάλτσωτος *adj* barelegged.
ξεκάνω *vt* sell off || squander, run through || kill, do in, bump off, finish off.
ξεκαπακώνω *vt* remove the lid/cap.
ξεκαπιστρώνω *vt* unbridle.
ξεκαρδίζομαι *vi* fall about [laughing].
ξεκαρδιστικός *adj* hilarious.
ξεκαρφώνω *vt* unnail.
ξεκάρφωτος *adj* loose || incoherent.
ξεκίνημα *nn* start, outset.
ξεκινώ *vti* start [out/up], set off/out.
ξεκλειδώνω *vt* unlock.
ξεκληρίζω *vti* exterminate, wipe/die out.
ξεκλήρισμα *nn* extermination.
ξεκόβω *vti* wean [away], break away, get out of || (*σταματώ*) go off, give up.
ξεκοιλιάζω *vt* gore, disembowel, tear/rip open.
ξεκοκαλίζω *vt* bone, eat down to the bone[s] || go through.
ξεκολλώ *vti* unstick, dislodge, come unstuck || *μτφ.* wring, wrest, take off,

tear oneself away.
ξεκομμένος *adj* cut-off, isolated || (*τιμή*) fixed.
ξεκουμπίδια *nn pl στα* ~! good riddance.
ξεκουμπίζομαι *vi* clear out, take oneself off.
ξεκουμπώνω *vt* unbutton, undo.
ξεκουράζ·ω *vt* rest || ~ομαι, rest, have a rest, lie down.
ξεκούραση *nf* rest.
ξεκουραστικός *adj* restful, refreshing.
ξεκούραστος *adj* rested, refreshed || easy.
ξεκουρντίζ·ω *vt* unwind || ~ομαι, run down.
ξεκούρντιστος *adj* unwound.
ξεκούτης *nm* dotard, simpleton.
ξεκουτιαίνω *vti* become a dotard, go soft.
ξεκουφαίνω *vt* deafen.
ξεκρέμαστος *adj μτφ.* at a loose end.
ξεκρεμώ *vt* unhook, take down/off.
ξελαρυγγιάζομαι *vi* shout oneself hoarse.
ξελασπώνω *vti* scrape mud off, get out of the mire || *μτφ.* get [sb] out of a scrape/fix.
ξελέω *vti* unsay, take back, go back on.
ξελιγώνω *vt* make one's mouth water || be starving, feel faint with hunger.
ξελογιάζω *vt* seduce, turn one's head.
ξελόγιασμα *nn* seduction, temptation.
ξελογιασμένος *adj* infatuated, mad about/on.
ξελογιάστρα *nf* seductress, temptress.
ξεμαθαίνω *vt* unlearn, forget.
ξέμακρα *adv* at a distance.
ξεμακραίνω *vti* recede, move/wander away || *μτφ.* drift away/apart.
ξεμαλλιάζω *vt* tear out/tousle sb's hair.
ξεμανταλώνω *vt* unbolt, unbar.
ξεμασκαρεύω *vt* unmask.
ξεμέθυστος *adj* sober.
ξεμεθώ *vti* sober up.
ξεμένω *vi* run out of || be stranded.
ξεμοναχιάζω *vt* isolate, find sb alone.
ξεμοντάρω *vt* dismantle, dismount.
ξεμουδιάζω *vi* stretch one's legs.
ξεμπαρκάρω *vi* disembark, land.
ξεμπερδεύω (*και* ξεμπλέκω) *vti* untangle, disentangle, unravel, sort out, resolve || extricate/free oneself from, get out of a scrape/fix || finish [off], polish off, dispatch, make short work of, have done with.
ξεμπροστιάζω *vt* unmask || go for sb.
ξεμυαλίζω, *κλπ.* ⇒ ΞΕΛΟΓΙΑΖΩ, *κλπ.*
ξεμυτίζω *vi* venture out, show one's face.
ξεμωραίνομαι *vi* become a dotard, *sl* go gaga.
ξεμωράματα *nn pl* dotage, senility.

ξεμωραμένος adj senile ▣ nm dotard.
ξένα nn pl abroad, foreign parts/lands.
ξενάγηση nf conducted tour.
ξεναγός nm guide.
ξεναγώ vt show round.
ξενία nf hospitality.
ξενικός adj foreign, alien.
ξενιτεύομαι vi emigrate.
ξενιτιά nf foreign lands/parts, abroad.
ξενοδοχείο nn hotel.
ξενοδόχος nm hotel-keeper, manager.
ξενοικιάζ·ω vt move out ‖ ~ομαι, be vacant.
ξενοίκιαστος adj vacant, free, empty.
ξενοκοιμάμαι vi sleep out.
ξενομανία nf xenomania.
ξενόκουμπα nn pl cuff-links, press-studs.
ξένος nm stranger ‖ foreigner ‖ guest, visitor ▣ adj strange, foreign, alien ‖ unfamiliar, unknown ‖ irrelevant, un-related.
ξενόφερτος adj alien, outlandish.
ξενοφοβία nf xenophobia.
ξενόφωνος adj foreign-speaking.
ξεντύνω vt undress.
ξέντυτος adj undressed.
ξενυχιάζω vt pull out sb's nails ‖ tread/trample on sb's toes.
ξενύχτης nm nightbird, night owl.
ξενύχτι nn sleepless night, vigil.
ξενυχτώ vt keep sb awake all night ‖ vi stay/sit up all night, spend the night ‖ keep vigil ‖ το ~, make a night of it.
ξενώνας nm guest room, hostel.
ξεπαγιάζω vti freeze [to death], be ice-cold, be chilled to the bone ‖ (φυτά) frost.
ξεπαγιασμένος adj ice-cold, frozen ‖ (φυτά) frost-nipped, (έδαφος) frost-bound.
ξεπαγώνω vti unfreeze, defrost, thaw.
ξεπαστρεύω vt exterminate, bump off.
ξεπατώνω ⇒ ΞΕΘΕΩΝΩ
ξεπεζεύω vi dismount.
ξεπερασμένος adj old-fashioned, played out.
ξεπερνώ vt overcome, get over, sur-mount ‖ surpass, exceed, top, be beyond/above, do better ‖ out + verb (e.g. outdo, outrace, outweigh, etc).
ξεπεσμένος adj impoverished.
ξεπεσμός nm decline, come-down.
ξεπεταρούδι nn fledgeling.
ξεπετ·ώ vt flush, rout out ‖ vi ~ιέμαι, start/jump/pop/spring up ‖ (ορμώ) dash, dart, rush ‖ (μεγαλώνω) grow, sprout up ‖ (παρεμβαίνω) break in.
ξεπέφτω vi fall low, stoop to, debase oneself ‖ decline, come down.
ξεπίτηδες adv intentionally, on purpose.

ξεπλανεύω vt seduce.
ξέπλεκος adj (μαλλιά) loose.
ξεπλέκω vt undo ‖ (μαλλιά) let down.
ξεπλένω vt rinse, wash out.
ξεπληρώνω vt repay, pay back/off.
ξέπλυμα nn rinse ‖ (σούπα) dishwater.
ξεπλυμένος adj (χρώμα) wishy-washy.
ξέπνοος adj breathless.
ξεποδαριάζ·ω vt walk sb off his legs ‖ ~ομαι, be footsore, walk one's legs off.
ξεπορτίζω vti chase outside ‖ slip/steal out.
ξεπούλημα nn sell-out ‖ clearance sale.
ξεπουλώ vt sell off/out, barter away.
ξεπουπουλιάζω vt pluck ‖ χαρτοπ. fleece, skin.
ξεπροβάλλω vi come into view, pop up.
ξεπροβοδίζω vt go with sb, send/see off.
ξεπροβόδισμα nn send-off.
ξέρα nf ναυτ. shoal, reef, ledge.
ξερά nn pl dead wood ‖ hands, paws.
ξεραΐλα nf dryness, aridity.
ξεραίν·ω vt dry, (έλος) drain ‖ (καίω) parch, bake, scorch ‖ (μαραίνω) wilt, wither, (από παγωνιά) nip ‖ vi ~ομαι, dry up, run dry, become dry ‖ μτφ. be stunned/dazed, be rooted to the ground ‖ ~ομαι στα γέλια, laugh oneself helpless.
ξερακιανός adj lanky, spar, weedy.
ξέρασμα nn vomit, puke ‖ μτφ. bilge.
ξερατό nn vomiting, puke.
ξερίζωμα nn uprooting.
ξεριζώνω vt uproot, (μαλλιά) pluck up/out, tear ‖ μτφ. wipe out, stamp out.
ξερνώ vt vomit, be sick, throw/bring up, sl puke, (καπνό) belch out/forth ‖ (τιμωρούμαι) pay for, (δίνω) cough up, (μαρτυρώ) squeal, blab.
ξερό nn sl bean, noddle, loaf.
ξερόβηχας nm hacking cough.
ξεροβήχω vi clear one's throat.
ξεροβόρι nn icy wind.
ξεροβούνι nn bald mountain.
ξερογλείφομαι vi lick/smack one's lips.
ξεροκεφαλιά nf stubbornness.
ξεροκέφαλος adj self-willed, pig-headed.
ξεροκοκκινίζω vi blush.
ξεροκόμματο nn crust of bread ‖ pit-tance.
ξερονήσι nn desert/barren island.
ξεροπήγαδο nn dried-up well.
ξεροπόταμος nm dried-up stream.
ξερός adj dry, arid, parched, barren, dead ‖ (απότομος) curt, terse, snap-pish, dry ‖ πέφτω ~, drop dead ‖ μένω ~, be thunderstruck.
ξεροσταλιάζω vi cool/kick one's heels.

ξεροτηγανίζω *vt* fry sth brown.

ξερότοπος *nm* barren/treeless place.

ξεροψημένος *adj* well-done ‖ parched.

ξέρω *vt* know, be aware of, be familiar/acquainted with.

ξεσήκωμα *nn* uprising.

ξεσηκών·ω *vt* incite, egg on ‖ (*προκαλώ*) excite, rouse, give rise to, kindle ‖ stir, cause a stir, raise an outcry ‖ (*αντιγράφω*) trace, copy ‖ ~ομαι, rise up.

ξεσκάω *vi* unwind, have fun, relax ‖ blow off steam.

ξεσκαλίζω *vt* *μτφ*. dig up, rake up.

ξεσκαρτάρω *vt* discard, sort out.

ξεσκεπάζω *vt* uncover ‖ unmask, expose.

ξεσκίζω *vt* tear, rend, rip, scratch.

ξεσκλαβώνω *vt* liberate, deliver.

ξεσκολισμένος *adj* seasoned, loose.

ξεσκονίζω *vt* dust ‖ *μτφ*. lick sb's boots.

ξεσκονιστήρι *nn* feather-duster.

ξεσκονόπανο *nn* duster, dust-cloth.

ξεσκοτίζομαι *vi* clear one's head.

ξέσκουρα *adv* superficially.

ξεσκουριάζω *vt* remove the rust ‖ brush up.

ξεσκούφωτος *adj* bareheaded.

ξεσπαθώνω *vt* draw one's sword ‖ *μτφ*. take up cudgels for, lash out against.

ξέσπασμα *nn* outburst, outbreak, fit.

ξεσπιτώνω *vt* turn sb out, evict.

ξεσπώ *vi* burst out/into, break out/into ‖ take it out [on sb], vent sth [on sb].

ξέστηθος *adj* barechested.

ξεστομίζω *vt* utter, breathe, say.

ξεστραβώνω *vt* open sb's eyes, instruct.

ξεστρατίζω *vti* sidetrack, lead/go astray.

ξεστρατισμένος *adj* errant.

ξεστρώνω *vt* (*κρεββάτι*) unmake, (*τραπέζι*) clear.

ξεσυνηθίζω *vt* wean sb away from ‖ *vi* grow/get out of, be out of practice.

ξεσφίγγω *vt* stop gripping, ease off, slacken, loosen up.

ξετινάζω *vt* ruin, *χαρτοπ.* clean out ‖ (*σε συζήτηση*) demolish, dish ‖ (*αρρώστεια*) take it out of sb.

ξετρελλαίν·ω *vt* drive mad ‖ ~ομαι *vi* be mad on/about, be infatuated with.

ξετρυπώνω *vti* flush out ‖ *μτφ*. unearth, discover, ferret out ‖ spring up.

ξετσιπωσιά *nf* shamelessness.

ξετσίπωτος *adj* shameless, brash, nervy.

ξετυλίγω *vt* uncoil, unroll, unwrap.

ξεφάντωμα *nn* merrymaking, revelry.

ξεφαντώνω *vi* revel, make merry, live it up, whoop it up, have a bust.

ξεφεύγω *vi* escape, get away, give sb the slip, shake off, dodge ‖ miss, overlook, fail to notice, slip one's mind ‖ let out, let slip, drop ‖ *αθλ.* pull away, draw ahead.

ξεφλουδίζω *vt* bark, strip ‖ peel, shell, pod ‖ (*χρώμα*) peel off ‖ *χαρτοπ.* fleece.

ξεφορτών·ω *vt* unload, discharge ‖ ~ομαι, get rid of, throw off, get sth off one's hands.

ξεφουρνίζω *vt* remove sth from oven ‖ *μτφ*. blurt/babble/trot out.

ξεφουσκώνω *vt* deflate, puncture.

ξεφούσκωτος *adj* flat.

ξέφρενος *adj* wild, frenzied, runaway.

ξεφτέρι *nn* sparrow-hawk ‖ past master.

ξέφτι *nn* loose thread, frayed end.

ξεφτίζω *vi* ravel, fray.

ξεφτιλίζω *vt* trim the wick.

ξεφτιλισμένος *adj* scurvy, mean.

ξεφτισμένος *adj* frayed, threadbare.

ξεφυλλίζω *vt* leaf/riffle through, turn over the pages, browse.

ξεφυσώ *vi* puff, snort, wheeze, pant, gasp, puff and blow, (*από θυμό*) fume.

ξεφυτρώνω *vi* sprout [up], spring/crop up, mushroom.

ξεφωνητό *nn* shout, yell, scream.

ξεφωνίζω *vi* shout, yell, scream, wail.

ξέφωτο *nn* clearing, glade.

ξεχαρβαλωμένος *adj* ramshackle, rickety, dilapidated, wonky, (*μηχανή*) cranky.

ξεχαρβαλώνω *vt* disorganize, throw out of gear.

ξεχασιάρης *adj* forgetful.

ξεχειλίζω *vi* brim/bubble/run over, overflow ‖ *vt* fill up, fill to the brim.

ξέχειλος *adj* full to the brim.

ξεχειλώνω *vi* bag, lose shape.

ξεχειμάζω *vi* [spend the] winter.

ξεχερσώνω *vt* clear.

ξεχνώ *vt* forget ‖ neglect ‖ leave out, leave behind.

ξεχρεών·ω *vt* pay up/settle a debt ‖ ~ομαι, get/be out of debt, repay.

ξεχύνομαι *vi* pour out/off, surge, gush.

ξεχώνω *vt* dig up/out.

ξέχωρα *adv* apart from, besides.

ξεχωρίζω *vti* (*διακρίνω*) distinguish, discern, spot, make out, be visible/clear ‖ (*χαρακτηρίζω*) characterize, mark out/off ‖ (*διακρίνομαι*) distinguish oneself, make one's name, win fame, stick out ‖ (*διαλέγω*) single out, mark out, discriminate ‖ (*βάζω χώρια*) put aside, earmark, separate, sort out.

ξεχωριστός *adj* separate, detachable ‖ special, distinct, distinctive ‖ distinguished.

ξεψαχνίζω *vt* sift, scrutinize, probe into

|| μτφ. pump.
ξεψυχισμένος adj panting, breathless.
ξεψυχώ vi die, breathe one's last.
ξηγημένος adj sl on the level.
ξηλών·ω vt dismantle, take to pieces, take down || ~ομαι, come undone at the seams, sl shell out, fork out.
ξημέρωμα nn dawn, daybreak.
ξημερών·ω vi impers dawn, break || ~ομαι, spend all night.
ξηρά nf land.
ξηρασία nf drought, dry spell.
ξηρότητα nf μτφ. curtness, aridity.
ξίγκι nn fat, tallow.
ξίδι nn vinegar.
ξίκικος adj of short weight, deficient.
ξινάρι nn pickaxe.
ξινίζω vti turn sour, go bad, sour.
ξινίλα nf sourness || heartburn.
ξινό nn citric acid.
ξινόγαλο nn butter milk.
ξινόγλυκος adj sweet-sour.
ξινόμηλο nn green apple, ΗΠΑ greening, MB Granny Smith.
ξινός adj sour, acid, tart || green.
ξιπάζ·ω vt impress || ~ομαι, put on airs, boast, brag, show off.
ξιπασιά nf conceit.
ξιπασμένος adj stuck-up, uppish.
ξιφασκία nf fencing.
ξιφίας nm· ιχθ. swordfish.
ξιφολόγχη nf bayonet.
ξιφομαχία nf fencing, sword-play.
ξιφομάχος nm fencer.
ξιφομαχώ vi fence.
ξίφος nn sword.
ξιφουλκώ vi draw one's sword.
ξόανο nn wooden statue || ἄνθρ. numskull, blockhead.
ξόβεργα nf bird-lime.
ξοδεύω vt spend [on], consume.
ξόδι nn funeral.
ξοπίσω adv behind, after, back.
ξόρκι nn incantation.
ξουράφι nn razor || sharp-witted man.
ξοφλημένος adj finished, a washout.
ξύγκι, ξύδι ⇒ ΞΙΓΚΙ, ΞΙΔΙ.
ξυλαποθήκη nf lumber-yard || woodshed.
ξυλάρμενος adj under bare poles.
ξυλεία nf timber, (χοντρή) lumber.
ξυλεμπόριο nn timber trade.
ξυλέμπορος nm timber merchant.
ξυλιά nf blow with a cane.

ξυλιάζω vti numb, be stiff/numb, make/become stiff.
ξύλινος adj wooden.
ξύλο nn wood || μτφ. beating, thrashing, licking, drubbing.
ξυλογλύπτης nm wood-carver.
ξυλογλυπτική nf woodcarving.
ξυλογραφία nf wood-engraving || woodcut.
ξυλοκέρατο nn carob.
ξυλοκόπημα nn thrashing, drubbing.
ξυλοκόπος nm woodcutter.
ξυλοκοπτική nf fretwork.
ξυλοκοπώ vt thrash, drub.
ξυλόκοτα nf woodcock.
ξυλοπάπουτσο nn sabot, clog.
ξυλοπόδαρο nn stilt || wooden leg.
ξυλουργείο nn wood factory || carpenter's workshop.
ξυλουργική nf carpentry, joinery.
ξυλουργός nm carpenter, joiner.
ξυλοφορτώνω vt thrash.
ξυλόφωνο nn xylophone.
ξύνω vt scrape, scratch, graze, rub off || (ψάρια) scale || (τυρί) grate || (μολύβι) sharpen.
ξύπνημα nn awakening.
ξυπνητήρι nn alarm clock.
ξυπνητός adj awake.
ξύπνιος adj awake || smart, shrewd.
ξυπνώ vti wake [up].
ξυπολιέμαι vi take off one's shoes.
ξυπόλυτος adj barefoot[ed].
ξυραφάκι nn razor-blade.
ξυράφι nn razor.
ξυρίζ·ω vt shave [off] || ~ομαι, shave, have a shave.
ξύρισμα nn shave.
ξυριστικός adj shaving.
ξύσματα nn pl shavings, scrapings.
ξυστά adv περνώ ~, skim, shave, scrape along, brush by, graze by.
ξυστήρι nn scraper, sharpener.
ξύστρα nf sharpener, scraper.
ξυστρί nn (για ζώα) currycomb.
ξυστρίζω vt (ζώο) curry.
ξωκλήσι ⇒ ΕΞΩΚΛΗΣΙ
ξώλαμπρα adv just after Easter.
ξωμάχος nm field-hand, labourer.
ξώπετσος adj superficial, skin-deep.
ξώραφη τσέπη, patch-pocket.
ξωτικό, ξώφυλλο ⇒ ΕΞΩΤΙΚΟ, ΕΞΩΦΥΛΛΟ

O o

ο (f η, n το) def art the.
όαση nf oasis.
οβελίας nm lamb on the spit.
οβελίσκος nm obelisk.
οβίδα nf shell, cannonball.
οβολός nm obol || farthing, mite.
ογδοηκοστός adj eightieth.
ογδόντα adj eighty.
ογδοντάρης nm octogenarian.
όγδοος adj eighth.
ογκόλιθος nm boulder.
ογκόπαγος nm ice-floe, ice-pack.
όγκος nm volume || size, mass || ιατρ.
tumour, growth.
ογκώδης adj bulky, voluminous.
ογκώνομαι vi swell, increase.
οδεύω vi head.
οδήγηση nf drive, driving, steering, pilot-
ing.
οδηγητής nm leader.
οδηγία nf guidance, advice || pl direc-
tions, instructions, guidelines.
οδηγ΄ nm driver || guide || guide-book,
manual, handbook, companion.
οδηγώ vt lead || guide, conduct, show,
usher, shepherd || show, direct.
οδικός adj road, street.
οδοιπορία nf march, walk.
οδοιπορικό nn travelogue.
οδοιπορικός adj walking, travelling.
οδοιπόρος nm wayfarer.
οδοιπορώ vi walk, march.
οδοκαθαριστής nm street sweeper.
οδομαχία nf street fighting/warfare.
οδοντιατρείο nn dentist's surgery.
οδοντιατρική nf dentistry.
οδοντιατρικός adj dental.
οδοντίατρος nm dentist.
οδοντόβουρτσα nf toothbrush.
οδοντογλυφίδα nf toothpick.
οδοντόπαστα nf toothpaste.
οδοντοστοιχία nf denture.
οδοντοτεχνίτης nm dental technician.
οδοντοφυΐα nf teething.
οδοντόφωνος adj dental.
οδοντωτός adj cogged, serrated.
οδοποιία nf road building.
οδός nf street, road || route, way.
οδόστρωμα nn roadway, road surface.
οδοστρωτήρας nm steam-roller.
οδόφραγμα nn barricade.
οδύνη nf pain, grief.
οδυνηρός adj painful, distressing, sore.
οδυρμός nm bewailing.

οδύρομαι vi lament.
Οδυσσέας nm Ulysses.
Οδύσσεια nf Odyssey.
όζον nn χημ. ozone.
όζω vi reek, stink.
όθεν adv, conj therefore.
οθόνη nf screen.
Οθωμαν-ός nm (και adj ~ικός) Ottoman.
Οθωνας nm Otto.
οίδημα nn swelling || πνευμονικό ~,
inflammation of the lungs.
Οιδίποδας nm Oedipus.
οικειοθελώς adv voluntarily.
οικειοποίηση nf appropriation, usurpa-
tion.
οικειοποιούμαι vt appropriate, usurp.
οικείος adj familiar ▣ nm pl one's
folks.
οικειότητα nf familiarity, intimacy.
οίκημα nn dwelling.
οικία nf residence, house.
οικιακ-ός adj home, household || ~ή
βοηθός, domestic help, daily.
οικισμός nm settlement.
οικογένεια nf (adj ~κός) family, home.
οικογενειάρχης nm head of the family.
οικοδέσποινα nf hostess.
οικοδεσπότης nm host.
οικοδομή nf building, construction.
οικοδόμημα nn building, edifice.
οικοδομικός adj building, construction.
οικοδόμος nm construction worker.
οικοδομώ vt build [up], construct.
οικοκυρική nf housewifery.
οικολογία nf ecology.
οικολογικός adj ecological.
οικολόγος nm ecologist.
οικονομημένος adj sl well-heeled.
οικονομία nf economy || pl savings.
οικονομικά nn pl finance[s] || economics.
οικονομική nf economics.
οικονομικός adj financial, economic ||
economical, inexpensive, thrifty.
οικονομολόγος nm economist.
οικονόμος adj thrifty ▣ nmf housekeep-
er, bursar, steward.
οικονομώ vt save up || scrape together,
come by, get.
οικόπεδο nn building plot.
οικοπεδοφάγος nm land-grabber.
οίκος nm house, home || firm.
οικόσημο nn coat of arms.
οικοτεχνία nf cottage industry.
οικοτροφείο nn boarding school.

οικότροφος *nm* boarder, lodger.
οικουμένη *nf* world, globe, universe.
οικουμενικός *adj* universal, world-wide || εκκλ. ecumenical.
οικτιρμός *nm* pity, mercy.
οικτίρω *vt* pity || deplore.
οίκτος *nm* pity, mercy, compassion.
οικτρός *adj* deplorable, pitiable.
οιμωγή *nf* moan[ing].
οινομαγειρείο *nn* eating house.
οινόπνευμα *nn* alcohol, spirit, liquor.
οινοπνευματώδης *adj* alcoholic.
οινοποιείο *nn* wine factory.
οινοποσία *nf* drinking.
οινοπωλείο *nn* wineshop, off-license.
οίνος *nm* wine.
οιονεί *adv* quasi.
οιοσδήποτε, κλπ. ⇒ ΟΠΟΙΟΣΔΗΠΟΤΕ
οισοφάγος *nm* gullet, oesophagus.
οίστρος *nm* inspiration || verve.
οιωνός *nm* omen.
οκαζιόν *nn* bargain.
οκλαδόν *nn* cross-legged, squatting.
οκνηρία *nf* laziness, sloth.
οκνηρός *adj* lazy, slothful.
οκτακόσια κλπ. ⇒ ΟΧΤΑΚΟΣΙΑ
οκτώ, κλπ. ⇒ ΟΧΤΩ
Οκτώβριος *nm* October.
ολάκερος *adj* whole, entire, full.
ολάνοιχτος *adj* wide open.
ολέθριος *adj* disastrous, ruinous.
όλεθρος *nm* disaster, calamity.
ολημέρ-α (και ~ις) *adv* all day long.
ολιγαρκής *adj* contented with little.
ολιγαρχία *nf* oligarchy.
ολιγοήμερος *adj* lasting few days, short.
ολιγόλογος *adj* taciturn, reticent || brief.
ολίγ-ος *adj* εν ~οις, briefly, in short.
ολιγωρία *nf* negligence.
ολικός *adj* total, overall.
ολισθαίνω *vi* drift, slip.
ολισθηρός *adj* slippery.
ολκή *nf* calibre.
Ολλανδία *nf* Holland.
ολλανδικός *adj* Dutch.
Ολλανδός *nm* Dutchman.
όλμος *nm* mortar.
όλο *prefix* quite, all, very || *nn* whole || *adv* forever, always.
ολόγιομος *adj* full [up], brimful.
ολογράφως *adv* written in full.
ολόγυμνος *adj* stark naked.
ολόγυρα *adv* all around.
ολοένα *adv* always.
ολοζώντανος *adj* bursting with life || alive and kicking || a speaking likeness.
ολοήμερος *adj* day-long.
ολόιδιος *adj* identical || the spitting image.
ολόισια *adv* straight, direct[ly].

ολοίσιος *adj* straight || level || bolt upright.
ολοκάθαρος *adj* spotlessly clean || crystal clear || pure [and simple].
ολοκαίνουργος *adj* brand new.
ολοκαύτωμα *nn* holocaust.
ολοκληρία *nf* καθ' ~ν, entirely.
ολόκληρος *adj* whole, full, all, entire.
ολοκλήρωμα *nn* μαθ. integral.
ολοκληρώνω *vt* complete, consummate.
ολοκλήρωση *nf* consummation.
ολοκληρωτικός *adj* total, complete || πολ. totalitarian || μαθ. integral.
ολοκληρωτισμός *nm* totalitarianism.
ολόλαμπρος *adj* resplendent.
ολόλευκος *adj* all white, snow-white.
ολόμαλλος *adj* all-wool.
ολόμαυρος *adj* jet-black.
ολομέλεια *nf* plenary session.
ολομέταξος *adj* all/pure silk.
ολομόναχος *adj* all alone, single-handed.
ολονύχτιος *adj* night-long, overnight.
ολόπλευρος *adj* all-out, on all sides.
ολοπρόθυμος *adj* all too eager, enthusiastic.
ολόρθος *adj* erect, bolt upright.
όλος *adj* all, entire, whole, every.
ολοσέλιδος *adj* full-page.
ολοσκότεινος *adj* pitch-dark.
ολόστεγνος *adj* bone-dry.
ολοστρόγγυλος *adj* perfectly round.
ολοσχερής *adj* complete, full.
ολοταχώς *adv* at full/top speed.
ολότελα *adv* quite, utterly, completely.
ολότητα *nf* entirety.
ολοτρόγυρα *adv* all around.
ολούθε *adv* everywhere, on all sides.
ολοφάνερος *adj* evident, manifest.
ολόφωτος *adj* lit up.
ολόχαρος *adj* overjoyed, elated, beaming.
ολοχρονίς *adv* all the year round.
ολόχρυσος *adj* of pure/solid gold.
ολόψυχος *adj* wholehearted.
ολυμπιάδα *nf* Olympiad.
ολυμπιακός *adj* Olympic.
ολυμπιονίκης *nm* Olympic medallist.
ολύμπιος *adj* Olympian, majestic.
Όλυμπος *nm* Olympus.
ολωσδιόλου *adv* quite, utterly.
ομάδα *nf* group || team || faction || party, gang, band, cluster, knot.
ομαδικ-ός *adj* team, common, massive, collective, joint || ~ά, in a body.
ομαδοποίηση *nf* factionalism.
ομαλός *adj* smooth, regular, normal.
ομαλοποίηση *nf* normalization.
ομαλότητα *nf* normality.
ομελέτα *nf* omelette.
ομήγυρη *nf* company, party.
ομηρικός *adj* Homeric.

Όμηρος *nm* Homer.
όμηρος *nm* hostage.
ομιλητής *nm* speaker.
ομιλητικός *adj* talkative, chatty.
ομιλία *nf* speech, talk, chat.
όμιλος *nm* group || society, club.
ομιλουμένη *nf* vernacular, colloquial, speach, spoken language.
ομιλώ *vi* speak, talk.
ομίχλη *nf* fog, mist, haze.
ομιχλώδης *adj* foggy, misty, hazy.
ομοβροντία *nf* salvo, volley, broadside.
ομογάλακτος *adj* foster[-brother].
ομογενής *nm* of the same descent, compatriot.
ομόθρησκος *adj* of the same religion, co-religionist.
ομοθυμία *nf* unanimity.
ομόθυμος *adj* unanimous.
ομοϊδεάτης *adj* like-minded.
ομοιογένεια *nf* homogeneity.
ομοιογενής *adj* homogeneous.
ομοιοκατάληκτος *adj* rhyming.
ομοιοκαταλη-κτώ *vi* (και *nf* ~ξία) rhyme.
ομοιομορφία *nf* uniformity.
ομοιόμορφος *adj* uniform.
ομοιοπαθής *nm* fellow-sufferer.
ομοιοπαθητική *nf* homeopathy.
ομοιοπαθητικός *adj* homeopathic.
όμοιος *adj* similar, like, alike, same.
ομοιότητα *nf* resemblance, similarity.
ομοίωμα *nn* effigy, image, model.
ομοιωματικά *nn pl* ditto marks.
ομολογία *nf* confession, admission, avowal || οικον. bond, debenture.
ομολογιούχος *nm* bond-holder.
ομόλογο *nn* bond, debenture, bill.
ομόλογος *nm* διπλωμ. opposite number, counterpart.
ομολογουμένως *adv* admittedly.
ομολογώ *vt* confess, admit, acknowledge, avow, talk.
ομόνοια *nf* peace, concord.
ομοούσιος *adj* consubstantial.
ομόρρυθμη εταιρία, partnership.
ομορφαίνω *vi* become beautiful.
ομορφώντας *nm* handsome man.
ομορφιά *nf* beauty, [good] looks.
όμορφος *adj* pretty, good-looking, handsome, beautiful, lovely.
ομοσπονδία *nf* [con]federation, union.
ομοσπονδιακός *adj* federal.
ομόσπονδος *adj* confederate.
ομότιμος *nm* peer || emeritus.
ομοτράπεζος *nm* table-mate.
ομόφυλος *adj* of the same race/sex.
ομοφυλόφιλος *adj* homosexual, lesbian ◉ *nm* gay.
ομοφυλοφιλία *nf* homosexuality.
ομοφωνία *nf* unanimity.

ομόφωνος *adj* unanimous.
ομοψυχία *nf* union of hearts.
όμποε *nn* oboe, hautboy.
ομπρέλα *nf* umbrella.
ομφάλιος λώρος *nm* umbilical cord.
ομφαλοσκοπία *nf* navel-gazing, apathy.
ομώνυμο *nn* homonym.
ομώνυμος *adj* homonymous || ~ ρόλος, τιτλε-ρολε.
όμως *conj* but, yet, still, though.
ον *nn* being, creature.
όνειδος *nn* disgrace, shame.
ονειρεμένος *adj* dream-like.
ονειρεύομαι *vti* dream, have a dream.
ονειρικός *adj* dreamy.
όνειρο *nn* dream.
ονειροκρίτης *nm* dream-book.
ονειροπαρμένος *adj* moony, starry-eyed ◉ *nm* dreamer.
ονειροπόλημα *nn* daydreaming.
ονειροπόλος *adj* dreamy || moony, wool-gathering ◉ *nm* star-gazer.
ονειροπολώ *vi* dream, daydream.
ονειρώδης *adj* dream-like, heavenly.
ονείρωξη *nf* wet dream.
όνομα *nn* name, reputation || noun.
ονομάζω *vt* name, call || designate.
ονομασία *nf* name, naming || designation.
ονομαστική *nf* nominative.
ονομαστικ-ός *adj* nominal, token || ~ή εορτή, name-day || ~ό προσκλητήριο, roll-call.
ονομαστός *adj* celebrated, famous.
ονοματεπώνυμο *nn* full name.
ονοματίζω *vt* name, call.
ονοματολογία *nf* nomenclature.
όντας *conj* when ◉ *pres part* being.
οντολογία *nf* ontology.
οντολογικός *adj* ontological.
οντότητα *nf* entity, being || personality, individuality, character.
οντουλάρισμα *nn* perm.
όντως *adv* in fact, indeed.
οξαποδώ *nm* the Evil One.
οξεία *nf* acute accent.
οξιά *nf* beech.
οξίδιο *nn* oxide.
οξιδώνω *vti* rust, make/get rusty.
οξίδωση *nf* rustiness, oxidation.
όξινος *adj* sour, tart, acid.
οξόνη *nf* acetone.
οξύ *nn* acid.
οξυγόνο *nn* oxygen.
οξυγονοκόλληση *nf* welding.
οξυγονοκολλητής *nm* welder.
οξυγονώνω *vt* oxygenate.
οξυδέρκεια *nf* perspicacity, insight.
οξυδερκής *adj* sharp-eyed || μτφ. clear-sighted.
οξυζενέ *nn* peroxide.

οξύθυμος adj irascible, tetchy.
οξύνοια nf perspicacity.
οξύνω vt sharpen || μτφ. aggravate.
οξύρυγχος nm ιχθ. sturgeon.
οξύς adj sharp, pointed, keen || heated || shrill || pungent || acute.
οξύτητα nf acidity || sharpness.
όξω ⇒ ΕΞΩ
οπαδός nm follower, fan.
οπάλι nn ορυκτ. opal.
όπερα nf opera[-house].
οπερέτα nf operette, light opera.
οπερατικός adj operatic.
οπή nf aperture, opening.
όπιο nn opium.
οπιομανής nm opium addict.
όπισθεν adv behind ▣ nf reverse.
οπίσθια nn pl behind, buttocks.
οπισθογράφηση nf endorsement.
οπισθογραφώ vt endorse.
οπισθοδρόμηση nf regression.
οπισθοδρομικός adj retrograde, retrogressive ▣ nm reactionary.
οπισθοδρομικότητα nf retrogressiveness.
οπισθοδρομώ vi retrogress.
οπισθοφύλακας nm ποδοσφ. back.
οπισθοφυλακή nf rearguard.
οπισθοχώρηση nf retreat.
οπισθοχωρώ vi retreat, fall back.
οπλαρχηγός nm chieftain.
οπλή nf hoof.
οπλίζω vt arm || equip.
οπλισμός nm arms || equipment.
οπλιταγωγό nn troopship.
οπλίτης nm infantry soldier, private.
όπλο nn arm, gun, rifle, weapon || arm, service.
οπλομαχία nf arms drill.
οπλονόμος nm master-at-arms.
οπλοποιός nm gunsmith.
οπλοπολυβόλο nn light machine-gun.
οπλοπωλείο nn gunshop.
οπλοστάσιο nn arsenal.
οπλοφορία nf carrying arms.
οπλοφόρος nm armed man.
οπλοφορώ vi bear/carry arms.
όποιος rel pron whoever, whatever, any, anyone.
οποί·ος rel pron who, [whose, whom] || which || that.
οποιοσδήποτε ⇒ ΟΠΟΙΟΣ
όποτε adv when, whenever.
οποτεδήποτε adv any time, whenever.
όπου adv where.
οπουδήποτε adv wherever.
οππορτουνισμός nm opportunism.
οππορτουνιστής nm opportunist.
οπτασία nf vision, apparition.
οπτασιάζομαι vi see visions/ghosts.
οπτασιασμός nm hallucination.

οπτική nf optics.
οπτικός adj optical, visual.
οπτιμιστής nm optimist.
οπωρικό nn fruit.
οπωροπωλείο nn fruiterer, fruit store.
οπωροπώλης nm fruit-seller.
οπωροφόρος adj fruit-bearing.
οπωρώνας nm orchard.
όπως adv as, like, just as.
οπωσδήποτε adv without fail, somehow || to be sure || anyhow, in any case.
όραμα nn vision, dream.
οραματίζομαι vt envisage, dream of, have visions.
οραματιστής nm visionary.
όραση nf [eye-]sight.
ορατός adj visible.
ορατότητα nf visibility.
οργανάκι nn hand-organ.
οργανικός adj organic || μουσ. instrumental.
οργανισμός nm organism, constitution || organisation.
όργανο nn organ || instrument || tool.
οργανοπαίχτης nm organist || musician.
οργανωμένος adj organized.
οργανώνω vt organize, arrange.
οργάνωση nf organization, society, union || set-up, lay-out.
οργανωτής nm organizer.
οργανωτικός adj organizational.
οργασμός nm orgasm || (ζώων) heat, rut || μτφ. craze, frenzy.
οργή nf anger, indignation, wrath.
οργιάζω vi run riot, revel.
οργιαστικός adj orgiastic, wild || (βλάστηση) luxuriant.
οργίζω vt anger, infuriate.
οργίλος adj peevish, tetchy.
οργισμένος adj angry, furious.
όργιο nn orgy, riot, revelry.
οργ[υ]ιά nf fathom || stroke.
όργωμα nn plough[ing].
οργώνω vt plough, till || ply.
ορδή nf horde.
ορέγομαι vt covet, lust/hunger for.
ορειβασία nf [mountain-]climbing.
ορειβάτης nm climber.
ορειβατικός adj mountain[eering].
ορεινός adj mountain[ous].
ορειχάλκινος adj bronze, brass.
ορείχαλκος nm bronze, brass.
ορεκτικά nn pl appetizers, hors d' oeuvres.
ορεκτικός adj appetizing, tasty || desirable.
ορεξάτος adj keen, cheerful.
όρεξη nf appetite || desire || gusto || έχω ~ για, feel like, be in the mood for.
ορεσίβιος nm mountain-dweller.
ορθά adv correctly, rightly.

ορθάνοιχτος *adj* wide open.
όρθιος *adj* standing, up, erect.
ορθογραφία *nf* spelling || dictation.
ορθογραφικός *adj* spelling.
ορθογώνιο *nn* rectangle.
ορθογώνιος *adj* rectangular.
ορθοδοξία *nf* orthodoxy.
ορθόδοξος *adj* orthodox || *nm* Orthodox.
ορθολογικός *adj* rational.
ορθολογισμός *nm* rationalism.
ορθολογιστής *nm* rationalist.
ορθολογιστικός *adj* rationalistic.
ορθοπεδικός *nm* orthopaedic surgeon, orthopaedist.
ορθοπλεξιά *nf* treading water.
ορθοποδώ *vi* recover, find one's feet.
ορθός *adj* right, correct || erect, up.
ορθοστασία *nf* standing.
ορθότητα *nf* correctness.
ορθοφροσύνη *nf* sound judgement.
ορθοφωνία *nf* elocution || correct articulation.
όρθρος *nm* matins || dawn.
ορθών-ω *vt* raise, set up || ~ομαι, rise.
οριακός *adj* marginal, borderline.
ορίζοντας *nm* horizon, skyline.
οριζόντιος *adj* horizontal.
οριζοντιών-ω *vt* αεροπ. level off || ~ομαι, be laid up, lie down.
ορίζω *vt* appoint, fix, determine || lay down, prescribe, assign || define, term || rule over || welcome || wish, want.
όριο *nn* boundary, frontier, border || *μτφ.* limit, bound, scope.
ορισμός *nm* definition, determination || appointment || wish, order, instruction.
ορίστε *interj* here you are! coming! hallo! after you! sit down!
οριστική *nf* indicative.
οριστικοποιώ *vt* finalize.
οριστικός *adj* definite || final.
ορκίζ-ω *vt* put on oath || swear in || ~ομαι, swear, vow.
όρκιση *nf* swearing.
όρκος *nm* oath, vow, pledge.
ορκωμοσία *nf* swearing-in.
ορκωτό δικαστήριο, jury.
ορκωτός λογιστής, chartered accountant.
ορμέμφυτο *nn* impulse, instinct.
ορμή *nf* impetus, urge, momentum || rush, dash, spirit, ardour.
ορμηνεύω *vt* advise, put sb up to.
ορμήνια *nf* [a piece of] advice.
ορμητήριο *nn* base [of operations].
ορμητικός *adj* impetuous, dashing.
ορμητικότητα *nf* dash, impetuosity.
ορμίσκος *nm* creek, cove, inlet.
ορμόνη *nf* hormone.
όρμος *nm* bay, bight.
ορμώ *vi* rush, dash, burst || ~μαι από,

be motivated by.
όρνιθα *nf* hen, fowl.
ορνιθοσκαλίσματα *nn pl* scribble, scrawl.
ορνιθοτροφείο *nn* poultry-farm.
ορνιθοτρόφος *nm* poultry-farmer.
ορνιθώνας *nm* hencoop, henhouse.
όρνιο *nn* bird of prey || *μτφ.* idiot.
ορντινάτσα *nf* στρατ. orderly.
οροθέτηση *nf* demarcation.
οροθετώ *vt* demarcate, delimit.
ορολογία *nf* terminology.
οροπέδιο *nn* tableland, plateau.
όρος *nn* mountain, mount ◙ *nm* term || clause, stipulation, provision.
ορός *nm* serum.
οροσειρά *nf* mountain range/chain.
ορόσημο *nn* boundary stone || *μτφ.* milestone, landmark.
οροφή *nf* ceiling, roof.
όροφος *nm* storey, floor || (*πυραύλου*) stage || (*τούρτας*) tier.
ορτανσία *nf* hydrangea.
ορτσάρω *vi* ναυτ. luff, bring ship's head to wind.
ορτύκι *nn* quail.
ορυζώνας *nm* rice-/paddy-field.
ορυκτέλαιο *nn* oil.
ορυκτό *nn* mineral.
ορυκτολογία *nf* mineralogy.
ορυκτολογικός *adj* mineralogical.
ορυκτολόγος *nm* mineralogist.
ορυκτός *adj* mineral.
ορυχείο *nn* mine, pit.
ορφανεύω *vi* become an orphan.
ορφανός *nm, adj* orphan.
ορφανοτροφείο *nn* orphanage.
ορχήστρα *nf* orchestra, band.
όσιος *adj* holy, sacred.
οσμή *nf* smell.
όσο *adv* as long as || till, until || as.
όσος *pron* as much/many as || all.
όσπρια *nn pl* legumes, pulse.
οστεοφυλάκειο *nn* ossuary.
οστεώδης *adj* skinny, bony.
όστρακο *nn* shell.
όστρια *nf* south wind.
οσφραίνομαι *vt* smell, sniff || suspect.
όσφρηση *nf* smell, scent.
οσφυαλγία *nf* lumbago.
όταν *conj* when, while.
ότι *conj* that || *adv* just.
ό,τι *pron* what, whatever, all.
οτιδήποτε *pron* anything, whatever.
οτομοτρίς *nf* electric railcar.
οτοστόπ *nn* hitch-hiking.
Ουαλλία *nf* Wales.
Ουαλλός *nm* Welshman.
Ουάσιγκτον *nf* Washington.
Ουγγαρία *nf* Hungary.
Ούγγρ-ος *nm* (*και adj* ~ικός) Hungarian.

ούγια *nf* selvedge, webbing.
ουγκιά *nf* ounce.
ουδέ ⇒ ΜΗΤΕ
ουδείς *pron* no-one, nobody.
ουδέποτε *adv* never.
ουδετερόνιο *nn* neutron.
ουδετεροποιώ *vt* neutralize.
ουδέτερος *adj* neuter || *πολιτ.* neutral.
ουδετερότητα *nf* neutrality.
ουδετερόφιλος *adj, nm* neutralist.
ουδόλως *adv* not at all.
ούζο *nn* ouzo.
ουίσκι *nn* whisky, scotch, bourbon.
ουκ ολίγοι, quite a few.
ουλαμός *nm* platoon.
ουλή *nf* scar.
ούλο *nn* gum.
ουμανισμός *nm* humanism.
ουμανιστής *nm* humanist.
Ούννος *nm* Hun.
ούρα *nn pl* urine.
ουρά *nf* tail || queue.
ουραγκουτάγκος *nm* orang-outang.
ουράνια *nn pl* sky, heavens.
ουράνιο *nn* uranium.
ουράνιος *adj* celestial, heavenly.
ουρανίσκος *nm* palate.
ουρανοκατέβατος *adj* unexpected.
ουρανομήκης *adj* sky-high.
ουρανοξύστης *nm* skyscraper.
ουρανός *nm* sky, heaven.
ουρανόσταλτος *adj* heaven-sent.
ούρηση *nf* urination.
ουρητήριο *nn* urinal, lavatory, gents, ladies.
ουρί *nn* houri.
ουρία *nf* urea.
ουρικό οξύ *nn* uric acid.
ούριος *adj* fair.
ουρλιάζω *vi* howl, yell, scream.
ούρλιασμα *nn* howl[ing], yell[ing].
ουροδοχείο *nn* bedpan.
ούρρα *interj* hurray! yippee!
ουρώ *vti* urinate.
ουσία *nf* matter, substance, essence || gist || flavour, taste.
ουσιαστικό *nn* noun, substantive.
ουσιαστικός *adj* substantial, essential ||

virtual || intrinsic.
ουσιώδης *adj* essential, fundamental.
ούτε *conj* neither, nor || not even.
ουτιδανός *nm* wretch.
ουτοπία *nf* utopia.
ουτοπι[στι]κός *adj* utopian.
ουτοπιστής *nm* utopian, visionary.
ούτως *adv* στις *φρ.* ~ *ώστε*, so as to || ~ *ή άλλως*, either way, somehow or other || ~ *ειπείν*, so to speak.
οφειλέτης *nm* debtor.
οφείλω *vt* owe, be in debt || be obliged.
όφελος *nn* profit, benefit, advantage.
οφθαλμαπάτη *nf* optical illusion.
οφθαλμίατρος *nm* oculist, eye-specialist.
οφθαλμοφανής *adj* manifest, obvious.
όφις *nm* serpent, snake.
όφσετ *nn* offset printing.
όχεντρα *nf* viper.
οχετός *nm* sewer, gutter.
όχημα *nn* vehicle.
οχηματαγωγό *nn* car ferry.
όχθη *nf* bank, shore, edge.
όχι *adv* no, not.
οχιά *nf* viper, adder.
οχλαγωγία *nf* uproar, tumult, din.
οχληρός *adj* bothersome, tiresome.
όχληση *nf* reminder || bother.
οχλοβοή *nf* uproar, din, row.
οχλοκρατία *nf* riot, mob rule.
οχλοκρατικός *adj* riotous, mob.
όχλος *nm* mob.
οχλώ *vt* remind || bother.
οχτακόσια *adj* eight hundred.
οχταπλάσιος *adj* eightfold.
οχτάρι *nn* χαρτοπ. eight.
όχτος *nm* bank, ridge.
οχτρός *nm* enemy, foe.
οχυρό *nn* stronghold, blockhouse, bunker, redoubt, fort.
οχυρός *adj* fortified.
οχυρών·ω *vt* fortify || ~ομαι, entrench/ barricade oneself.
οχύρωση *nf* fortification.
όψη *nf* appearance, countenance, face, look || aspect, side, view.
όψιμος *adj* belated, tardy, late.
οψιόν *nf* οικον. option.

Π π

παγάκια *nn pl* ice [cubes].

παγανισμός *nm* paganism.

παγερός adj chilly, frosty, frigid.
παγερότητα nf chilliness, frigidity.
παγετός nm frost.
παγετώνας nm glacier.
παγίδα nf trap, snare.
παγίδευση nf trapping.
παγιδεύω vt trap, ensnare.
πάγιος adj fixed, settled, consolidated || (δαπάνες) overhead.
παγιώνω vt consolidate.
πάγκος nm seat, bench || counter || stand, stall || χαρτοπ. bank.
παγκόσμιος adj world, universal, global.
πάγκρεας nm pancreas.
παγόβουνο nn iceberg.
παγόδα nf pagoda.
παγοδρομία nf [ice-]skating.
παγοδρόμος nm skater.
παγοδρομώ vi skate.
παγοθραυστικό nn icebreaker.
παγοκύστη nf ice bag/pack.
παγόνησος nf icefloe.
παγόνι nn peacock.
παγοπέδιλο nn skate.
παγοποιείο nn ice factory.
παγοπώλης nm ice-seller, ΗΠΑ iceman.
πάγος nm ice || frost.
παγούρι nn flask, canteen.
πάγωμα nn freeze, freezing, frosting.
παγωμένος adj frozen, chilled, iced.
παγωνιά nf frost, freeze.
παγωνιέρα nf ice bucket.
παγώνω vti set, congeal || freeze, run cold, chill || frost, nip.
παγωτό nn ice[cream].
παζάρεμα nn bargaining, haggling.
παζαρεύω vt bargain, haggle.
παζάρι nn bargain || market, bazaar.
παθαίνω vti suffer, undergo, meet with.
πάθημα nn setback, reverse, mishap.
πάθηση nf complaint, trouble.
παθητικό nn liability.
παθητικός adj passive || soulful.
παθητικότητα nf passivity.
παθιάζομαι vi have a passion [for], get worked up, get over-excited.
παθιασμένος adj impassioned, passionate.
παθολογία nf pathology.
παθολογικός adj pathological || morbid || compulsive.
παθολόγος nm pathologist.
πάθος nn passion, feeling || mania, obsession || hatred || pl suffering.
παιάνας nm paean.
παιανίζω vi play, strike up.
παιγνιόχαρτα nn pl playing-cards.
παιδαγωγική nf pedagogics, pedagogy.
παιδαγωγικός adj pedagogic[al].
παιδαγωγός nm pedagogue, educator || nf governess.

παιδάκι nn child, kid.
παϊδάκια nn pl cutlets.
παιδαριώδης adj childish, puerile.
παιδεία nf education, culture.
παίδεμα nn suffering || pestering.
παιδεραστής nm pederast, sodomite.
παιδεύ-ω vt pester, badger || ill-treat || torture || ~ομαι, fag, plod away.
παιδί nn child, boy, girl, lad, kid.
παΐδι nn rib.
παιδιαρίζω vi behave childishly.
παιδιατρική nf paediatrics.
παιδίατρος nmf paediatrician.
παιδικός adj childish, children's.
παιδικότητα nf childishness.
παιδοκομικός σταθμός nm day nursery.
παιδοκτον-ία (και nm ~ος) nf infant-icide.
παιδόπουλο nn little boy, nipper.
παιδούλα nf little girl.
παιζογελώ vi dally.
παίζω vti play, sport || μτφ. toy, dally, trifle, fool || (θέατρο, φιλμ) perform || (μουσ.) strike up || act, be on, put on, show || (χαρτοπ.) gamble, stake, speculate.
παίνε-μα nn (και nf ~ψιά) praise.
παινεύ-ω vt praise || ~ομαι, boast.
παινεψιάρης nm boaster, braggart.
παίξιμο nn playing, acting.
παίρνω vt take || receive || get, have || (χωράω) hold, seat, accommodate || (παρασύρω) sweep off/away, blow off/away, carry off, wash away.
παιχνιδάκι nn plaything || walk-over.
παιχνίδι nn toy || play, game.
παιχνιδιάρης adj playful.
παιχνιδίζω vi play, (βλέφαρα) blink.
παιχνίδισμα nn play, (φωτός) dancing.
παίχτης nm player, gambler.
πακετάρισμα nn packing, package.
πακετάρω vt pack/wrap/do up.
πακέτο nn pack, packet, parcel.
πάκο nn bundle, ream.
πακτωλός nm μτφ. gold mine.
παλαβιάρης nm madman, ΗΠΑ screwball.
παλαβομάρα nf lunacy, madness.
παλαβός adj daft, dotty, screwy.
παλαβώνω vti drive sb/go mad.
παλάγκο nn tackle, hoist.
παλαιά adv in the old days.
παλαιϊκός adj old-time, quaint.
παλαίμαχος nm veteran, old-timer.
παλαιοβιβλιοπωλείο nn second-hand bookshop.
παλαιολιθικός adj palaeolithic.
παλαιοντολογία nf palaeontology.
παλαιοπωλείο nn antique shop.
παλαιοπώλης nm dealer in second-hand goods.

παλαιός *adj* old, long-standing.
παλαιστής *nm* wrestler.
Παλαιστίνη *nf* Palestine.
Παλαιστίνιος *nm* Palestinian.
παλαίστρα *nf* ring, arena.
παλαμάκια *nn pl* applause, clapping.
παλαμάρι *nn* cable, mooring line.
παλάμη *nf* palm.
παλαμίδα *nf ιχθ.* bonita.
παλάντζα *nf* scales, balance.
παλάσκα *nf* cartridge belt/pouch.
παλάτι *nn* palace, palazzo.
παλατιανός *nm* courtier.
παλέτα *nf* palette.
~παλεύω *vi* wrestle ‖ struggle, fight.
πάλη *nf* wrestling ‖ struggle, fight.
πάλι *adv* again, back ‖ this time.
παλιανθρωπάκος *nm* a bit of a rascal.
παλιανθρωπιά *nf* villainy, meanness.
παλιανθρωπίστικος *adj.* mean, rascally.
παλιάνθρωπος *nm* rascal, villain.
παλιάσκερο *nn* wretch, cad, scoundrel.
παλιατζής *nm* junk/scrap dealer.
παλιατζίδικο *nn* junkshop, scrapyard.
παλιατσαρία *nf* junk.
παλιάτσος *nm* clown, buffoon.
παλιγγενεσία *nf* regeneration.
παλικάρι *nn* lad ‖ brave/stout-hearted man.
παλικαριά *nf* bravery, spirit.
παλικαρόπουλο *nn* laddie, young lad.
παλινδρομικός *adj* retrogressive.
παλιννόστηση *nf* repatriation.
παλινορθώνω *vt* restore.
παλινόρθωση *nf* restoration.
παλινωδία *nf* tergiversation.
παλιοβρόμα *nf* slut, bitch.
παλιόγερος *nm* nasty old man.
παλιόγρια *nf* old hag.
παλιογυναίκα *nf* trollop, tart.
παλιοθήλυκο *nn* hussy, slut.
παλιόκαιρος *nm* foul weather.
παλιοκόριτσο *nn* hussy, tart.
παλιόλογα *nn pl* smut, obscenities.
παλιόμουτρο *nn* scamp, rogue.
παλιόπαιδο *nn* wicked/bad boy.
παλιοπάπουτσα *nn pl* worn-out shoes.
παλιοπράγματα *nn pl* junk, scrap.
παλιός *adj* old, former, shabby.
παλιοσίδερα *nn pl* scrap metal.
παλιόσπιτο *nn* bawdy-house.
παλιοτόμαρο *nn* scoundrel, ruffian.
παλιόφιλος *nm* buddy, crony, chum.
παλίρροια *nf* tide.
παλιρροϊκό κύμα *nn* tidal wave.
παλιωμένος *adj* shabby, worn out.
παλιώνω *vi* date ‖ wear [out], become old/shabby, be the worse for wear.
παλκοσένικο *nn* stage, boards.
παλλαϊκός *adj* general, universal.

παλλακίδα *nf* concubine.
παλληκάρι, *κλπ.* ⇒ ΠΑΛΙΚΑΡΙ
πάλλευκος *adj* snow-white, lily-white.
πάλλω *vti* vibrate, throb ‖ ring.
παλμικός *adj* throbbing.
παλμογράφημα *nn* oscillogram.
παλμός *nm* pulsebeat, heartbeat, throbbing ‖ vibration ‖ *αθλ.* take-off.
παλούκι *nn* stake, pale, peg ‖ *μτφ.* difficult task, stinker, sod.
παλουκώνω *vt* impale ‖ ~ομαι, sit still.
παλτό *nn* overcoat.
παμπάλαιος *adj* very old, ancient.
πάμπλουτος *adj* immensely rich.
πάμπολλοι *adj pl* innumerable.
παμπόνηρος *adj* very cunning, foxy.
πάμπτωχος *adj* very poor.
παμφάγος *adj* omnivorous.
πάμφθηνος *adj* dirt cheap.
παμψηφεί *adv* unanimously.
παν *nn* all ‖ the main thing.
πάνα *nf* nappy, *ΗΠΑ* diaper.
πανάγαθος *adj* all-merciful.
Παναγία *nf* Virgin Mary, Our Lady.
παναγιότατος *nm* His Holiness.
πανάδα *nf* blotch, freckle.
παναθηναϊκός *adj* pan-Athenian.
πανάθλιος *adj* wretched, shoddy.
πανάκεια *nf* panacea, cure-all.
πανανθρώπινος *adj* universal.
παναραβισμός *nm* pan-Arabism.
πανάρχαιος *adj* very ancient.
πανδαιμόνιο *nn* pandemonium.
πανδαισία *nf* feast, banquet.
πάνδημος *adj* general, mass.
πανδοχέας *nm* innkeeper.
πανδοχείο *nn* inn.
πανεθνικός *adj* nation-wide.
πανελλήνιος *adj* pan-Hellenic.
πανέμορφος *adj* exquisite, divine.
πανένδοξος *adj* illustrious.
πανέξυπνος *adj* sharp as a needle.
πανεπιστημιακός *adj* university.
πανεπιστήμιο *nn* university.
πανεπιστημιούπολη *nf* campus.
πανέρι *nn* wicker basket, pannier.
πανέτοιμος *adj* quite ready.
πανεύκολος *adj* child's play, as easy as pie.
πανευρωπαϊκός *adj* [pan-]European.
πανευτυχής *adj* ecstatic, happy as a king.
πανζουρλισμός *nm* wild enthusiasm.
πανηγύρη *nf* fair.
πανηγύρι *nn* feast, fête, festivities ‖ fair ‖ merry-making ‖ rumpus.
πανηγυρίζω *vti* celebrate, fête.
πανηγυρικός *adj* festive, festal.
πανηγυρισμός *nm* celebration, festivities.
πανθεϊσμός *nm* pantheism.

πανθεϊστής nm pantheist.
πάνθεο nn pantheon.
πάνθηρας nm panther.
πανί nn cloth, material, fabric ‖ (πλοίου) sail ‖ (μωρού) nappy.
πανιάζω vi go pale.
πανίδα nf fauna.
πανιερότατος nm, adj Most Reverend.
πανικοβάλλ·ω vt panic, thow into panic ‖ ~ομαι, panic, be seized with panic.
πανικόβλητος adj panicky, panic-stricken.
πανικός nm panic, scare, the jitters.
πάνινος adj fabric.
πανίσχυρος adj mighty, all-powerful.
πανόδετος adj cloth-bound.
πανόμοιος adj identical.
πανοπλία nf panoply, mail.
πάνοπλος adj fully armed/equipped.
πανόραμα nn panorama.
πανοραμικός adj panoramic.
πανοσιότατος adj Reverend.
πανούκλα nf plague, pestilence.
πανουργία nf cunning, craft.
πανούργος adj cunning, crafty, sly.
πανσέληνος nf full moon.
πανσές nm pansy.
πανσιόν nf boarding house.
πανσλαβισμός nm pan-Slavism.
πάνσοφος adj omniscient.
πανσπερμία nf welter, racial mixture.
πάντα adv always, forever ▣ nn pl everything, all.
πανταχούσα nf μάγκ. stinker.
παντελόνι nn [a pair of] trousers, pants.
παντέρμος adj god-forsaken, all alone.
πάντες pron pl one and all, everybody.
παντεσπάνι nn sponge cake.
παντζάρι nn beetroot.
παντζούρι nn shutter.
παντιέρα nf banner, standard.
παντοδυναμία nf omnipotence.
παντοδύναμος adj mighty ‖ nm the Almighty.
παντοιοτρόπως adv in every way.
παντοκρατορία nf world dominion.
παντομίμα nf pantomime, dumb show.
παντοπωλείο nn grocery, grocer's.
παντοπώλης nm grocer.
πάντοτε adv always, forever.
παντοτινός adj everlasting, eternal.
παντού adv everywhere.
παντρειά nf marriage.
παντρεμένος adj married.
παντρεύ·ω vt marry ‖ ~ομαι, get married.
πάντως adv in any case, anyway.
πανύψηλος adj very tall, towering.
πάνω ⇒ ΕΠΑΝΩ
πανωλεθρία nf disaster ‖ rout.
πανώριος adj very beautiful.

πανωφόρι nn topcoat, overcoat.
παξιμάδι nn rusk ‖ μηχ. nut.
παπαγαλίζω vt parrot.
παπαγαλίστικα adv parrot-fashion, by rote.
παπαγάλος nm parrot.
παπαδιά nf priest's wife.
παπαδίστικος adj priestly.
παπαδίτσα nf εντομ. ladybird.
παπαδ·ολόι (και ~αριό) nn clergy.
παπαδοπαίδι nn priest's son ‖ altar-boy ‖ seminarist.
παπαδοπούλα nf priest's daughter.
παπάκι nn duckling.
παπάρα nf sop, soaked bread.
παπαρδέλα nf hot air, drivel, twaddle.
παπαριάζω vti soak, sop.
παπαρούνα nf poppy.
Πάπας nm Pope.
παπάς nm priest, parson ‖ χαρτοπ. figure ‖ (παιχνίδι) skin game.
παπατζής nm cheat, card-sharper.
παπατρέχας nm babbler.
παπί nn duck ‖ μτφ. soaked.
πάπια nf duck ‖ bedpan.
παπιγιόν nn bow-tie.
πάπλωμα nn quilt, eiderdown.
παποράκι n little steamer ‖ drug-pusher.
παπόρι nn steamer ‖ γίνομαι ~, blow one's top.
παπουτσής nm shoemaker, cobbler.
παπούτσι nn shoe, boot.
παπουτσίδικο nn shoe-shop.
παπουτσώνω vt shoe.
πάππος (και παππούς) nm grandfather.
πάπυρος nm papyrus.
παρά prep, conj against, in spite of ‖ less, minus, to ‖ except [that] ‖ than.
πάρα πολύ adv too ‖ very, awfully.
παραβάζω vt put too much.
παραβαίνω vt break, infringe, violate.
παραβάλλω vt compare, check.
παραβάν nn screen.
παράβαση nf offence, breach.
παραβάτης nm offender.
παραβγαίνω vi go out too often ‖ compete.
παραβιάζω vt violate, transgress ‖ force, break open/into.
παραβίαση nf violation, breach.
παραβλάπτω vt prejudice, harm.
παραβλάσταρο nn runner, offshoot.
παραβλέπω vt neglect ‖ overlook.
παραβολή nf parable ‖ comparison.
παράβολο nn deposit.
παραβρίσκομαι vi attend, be present at.
παραγάδι nn trawl-line.
παραγγελία nf message, word ‖ commission ‖ εμπ. order, consignment.
παραγγελιοδόχος nm commission agent.

παράγγελμα nn order, command, precept.
παραγγέλνω vt send word ‖ prescribe ‖ εμπ. order, commission, instruct.
παραγεμίζω vt cram, stuff.
παραγέμισμα nn stuffing.
παραγεμιστός adj stuffed.
παραγερασμένος adj extremely old, aged.
παραγερνώ vi grow too old, age.
παραγίνομαι vi be over-ripe ‖ grow too + adj.
παραγινωμένος adj over-ripe, sleepy.
παραγιός nm servant-boy.
παράγκα nf shanty, shack, hut.
παραγκωνίζω vt supersede, supplant.
παραγνωρίζ·ω vt ignore ‖ overlook ‖ mistake, confuse ‖ ~ομαι, become too familiar.
παράγοντας nm factor, element.
παραγραφή nf νομ. prescription.
παραγράφομαι vi be statute-barred.
παράγραφος nf paragraph.
παράγ·ω vt produce, turn out ‖ ~ομαι, be produced ‖ be derived/come from.
παραγωγή nf production, turn-out, output ‖ (προϊόν) produce, crop.
παραγωγικός adj productive, producing.
παραγωγικότητα nf productivity.
παραγωγο nn derivative, by-product.
παραγωγός nm producer, grower.
παραγώνι nn fireside.
παραδάκι nn brass, lolly, ΗΠΑ dough.
παράδειγμα nn example, instance.
παραδειγματίζω vt set an example.
παραδειγματικός adj exemplary.
παράδεισος nm paradise.
παραδεκτός adj acceptable, admissible.
παραδέρνω vti beat excessively ‖ toss/ knock about.
παραδέχομαι vt admit, acknowledge.
παραδίν·ω vt deliver, hand/give over ‖ ~ομαι, surrender, indulge in.
παράδοξο nn paradox.
παραδοξολογία nf paradox, absurdity.
παράδοξος adj odd, absurd, peculiar.
παραδόξως adv paradoxically.
παραδόπιστος adj miser, penny-pincher.
παράδοση nf delivery ‖ surrender ‖ tradition ‖ teaching.
παραδοσιακός adj traditional.
παραδουλεύτρα nf domestic help, char-lady.
παραδοχή nf acceptance, admission.
παραδρομή nf slip, lapse.
παραδώ[θε] adv closer.
παραείμαι vi be too + adj.
παραέξω adv farther out.
παραέχω vt have too much/many.
παραζάλη nf confusion, turmoil.
παραθαλάσσιος adj seaside, coastal.

παραθερίζω vi spend the summer.
παραθεριστής nm holiday-maker.
παραθέτω vt give, offer ‖ quote.
παραθυράκι nn μτφ. loophole.
παράθυρο nn window.
παραθυρόφυλλο nn shutter.
παραίνεση nf admonition, precept.
παραίσθηση nf hallucination.
παραισθησιογόνος adj psychedelic.
παραίτηση nf resignation ‖ disclaimer.
παραιτούμαι vi resign, step down, abdicate ‖ renounce, disclaim, waive ‖ abandon, give up.
παρακάλια nn pl entreaties.
παρακαλώ vt ask, beg, request.
παρακαμπτήριος nf by-pass, diversion.
παρακάμπτω vt by-pass, get round.
παρακάνω vt overdo, go too far.
παρακαταθέτω vt deposit.
παρακαταθήκη nf consignment ‖ stock ‖ trust.
παρακατιανός adj inferior, second-rate.
παρακάτω adv below, further down.
παρακείμενος adj adjoining ‖ γραμμ. present perfect [tense].
παρακέντηση nf puncture.
παρακινδυνευμένος adj risky.
παρακίνηση nf incitement, prompting.
παρακινώ vt prompt, actuate, induce.
παρακλάδι nn branch, offshoot.
παράκληση nf request, entreaty.
παρακλητικός adj imploring.
παρακμάζω vi decline, decay.
παρακμασμένος adj decadent, effete.
παρακμή nf decline, decadence.
παρακοή nf disobedience.
παρακοιμάμαι vi oversleep.
παρακολούθημα nn sequel.
παρακολούθηση nf supervision, surveillance ‖ observation ‖ attendance.
παράκουος adj disobedient.
παρακουράζω vt overwork, tire out.
παρακούω vt disobey ‖ mishear.
παρακράτηση nf deduction.
παρακρατικός adj para-state.
παρακρατώ vti deduct ‖ last too long.
παράκρουση nf delusion, hallucination.
παράκτιος adj coastal.
παρακώλυση nf obstruction.
παρακωλύω vt obstruct, impede.
παραλαβαίνω vt receive, take delivery.
παραλαβή nf receipt, collection.
παραλέγ·ω vt exaggerate.
παραλείπω vt omit, leave/cut/miss out.
παράλειψη nf omission.
παραλήπτης nm receiver, addressee.
παραλήρημα nn delirium, raving.
παραληρώ vi rave, be delirious.
παραλής nm sl moneybags.
παράλια nn pl coastal regions.

παραλία *nf* coast, seaside, shore, (*πλαζ*) beach, (*σε πόλη*) sea-front.
παραλιακός *adj* coastal, seaside.
παραλίγο *adv* nearly, almost.
παραλλαγή *nf* variation, variant.
παραλλάζω *vi* vary, be different.
παραλληλίζω *vt* parallel, compare.
παραλληλισμός *nm* parallel, comparison.
παράλληλος *adj* parallel [to/with].
παραλογίζομαι *vi* drivel, rave, be unreasonable, be out of one's senses.
παραλογισμός *nm* absurdity, folly, drivel.
παράλογος *adj* absurd, unreasonable.
παραλυμένος *adj* dissolute ▣ *nm* rake.
παράλυση *nf* paralysis, palsy.
παραλυσία *nf* debauchery.
παράλυτος *nm, adj* paralytic.
παραλύω *vti* paralyze ‖ be paralyzed ‖ unman, unnerve ‖ disrupt, bring to a halt.
παραμάγειρος *nm* cook's assistant.
παραμακραίνω *vti* make/grow too long.
παραμάνα *nf* wet-nurse, nanny ‖ safety-pin.
παραμάσκαλα *adv* under one's arm.
παραμεθόριος *adj* border, frontier.
παραμέληση *nf* neglect, dereliction.
παραμελώ *vt* neglect.
παραμένω *vi* remain ‖ stay.
παράμερα *adv* apart, aside.
παραμερίζω *vti* set/put.apart, push/put aside ‖ stand/step aside ‖ sidestep, pass over.
παραμερισμός *nm* sidestepping, passing over.
παράμερος *adj* out-of-the-way.
παραμέσα *adv* farther in.
παράμετρος *nf* constant, parameter.
παραμικρός *adj* least, slightest.
παραμιλήμα *nn* raving, delirium.
παραμιλώ *vi* rave, be delirious.
παραμονεύω *vt* lurk, skulk, lie in wait.
παραμονή *nf* stay ‖ eve.
παραμορφώνω *vt* disfigure, deform ‖ twist, distort.
παραμόρφωση *nf* deformity, distortion.
παραμορφωτικός *adj* distorting.
παραμπρός *adv* further on/ahead.
παραμυθάς *nm* story-teller ‖ liar.
παραμυθένιος *adj* fairy-like.
παραμύθι *nn* fairy-tale ‖ fib, yarn, story.
παρανόηση *nf* misunderstanding.
παράνοια *nf* paranoia.
παρανοϊκός *nm* paranoiac.
παρανομία *nf* unlawfulness ‖ underground.
παράνομος *adj* illegal, unlawful, underground, ▣ *nm* outlaw.
παρανομώ *vi* break the law.

παρανοώ *vt* misunderstand.
παράνυμφος *nm* best man, f bridesmaid.
παραξενεύω *vti* startle, intrigue, surprise ‖ become eccentric.
παραξενιά *nf* oddity, eccentricity, whim.
παράξενος *adj* eccentric, strange, odd.
παραπαίρνω *vt* take too much.
παραπαίω *vi* flounder, totter, falter.
παραπανίσιος *adj* extra, superfluous.
παραπάνω *adv* above, over, more.
παραπάτημα *nn* false step, trip ‖ misdeed.
παραπατώ *vi* miss one's step, stumble.
παραπειστικός *adj* misleading.
παραπέμπω *vt* refer ‖ ~ *σε δίκη*, commit to trial, indict.
παραπέρα *adv* further on, over, yonder.
παραπέτασμα *nn* curtain, screen.
παραπέτο *nn* bulwark, parapet.
παραπετώ *vt* mislay, cast off.
παραπήγματα *nn pl* hut encampment, barracks.
παραπίνω *vt* drink too much.
παραπίσω *adv* further back/behind.
παραπλάνηση *nf* deception, misleading.
παραπλανητικός *adj* misleading, deceptive.
παραπλανώ *vt* mislead, deceive.
παραποίηση *nf* forgery, falsification.
παραποιώ *vt* counterfeit, forge, falsify.
παραπομπή *nf* reference ‖ footnote, marginal note ‖ *νομ.* committal.
παραπονιάρικος *adj* plaintive, whining.
παράπονο *nn* complaint, grievance.
παραπονούμαι *vi* complain, mutter.
παραπόταμος *nm* tributary.
παράπτωμα *nn* offence, peccadillo, misdeed.
παράρτημα *nn* annex ‖ branch ‖ appendix ‖ supplement ‖ special edition/section.
παρασ-έρνω (*και* ~ύρω) *vt* carry off/away, drift, sweep off ‖ trick, sidetrack ‖ lure, seduce, entice.
παράσημο *nn* medal, decoration.
παρασημοφορία *nf* decoration.
παρασημοφορώ *vt* decorate.
παράσιτο *nn* parasite ‖ *ραδιοφ. pl* interference, jamming, atmospherics.
παρασιώπηση *nf* suppression.
παρασιωπώ *vt* hold back, suppress, hush up.
παρασκευάζω *vt* prepare, make up.
παρασκεύασμα *nn* preparation.
παρασκευαστήριο *nn* laboratory.
Παρασκευή *nf* Friday.
παρασκευή *nf* preparation, making.
παρασκηνιακός *adj* behind-the-scenes.
παρασκήνια *nn pl* (*Βουλής*) lobby ‖ (*θεάτρου*) wings, backstage.
παρασκοτίζω *vt* bother, pester.
παρασπονδία *nf* breach of faith.

παρασπονδώ vi break one's word.
παρασταίνω vt represent || perform || pretend, sham, play.
παράσταση nf performance, show || representation || pl representations, protests.
παραστατικός adj vivid, graphic.
παραστέκω vi stand by, stick to.
παράστημα nn bearing, carriage, poise.
παραστράτημα nn misconduct, slip, lapse.
παραστρατιωτικός adj paramilitary.
παραστρατώ vi go astray.
παρασυναγωγή nf illegal / secret meeting.
παρασύνθημα nn countersign, password.
παρασυρμένος adj misled, misguided.
παρασύρω ⇒ ΠΑΡΑΣΕΡΝΩ
παράτα nf parade, march-past.
παράταιρος adj odd.
παράταξη nf array, line-up || party.
παράταση nf extension, prolongation.
παρατάσσω vt line / draw up, muster.
παρατείνω vt extend, prolong.
παρατεταμένος adj protracted.
παρατήρηση nf observation, remark, comment || criticism, rebuke.
παρατηρητήριο nn observation post.
παρατηρητής nm observer, look-out.
παρατηρητικός adj observant.
παρατηρητικότητα nf perceptiveness.
παρατηρώ vt observe || remark || watch, examine || notice, discern || criticize, reprove.
παράτολμος adj reckless, daredevil.
παράτονος adj dissonant, jarring.
παρατραβώ vti last too long, drag on, prolong || overdo, go / carry too far.
παρατράγουδο nn deplorable incident.
παρατρώγω vi stuff oneself, overeat.
παρατσιτώνω vt overstretch || μτφ. drive too hard.
παρατσούκλι nn nickname.
παρατυπία nf irregularity.
παράτυπος adj irregular.
παράτυφος nm paratyphoid.
παρατώ vt abandon, ditch || stop, give up, quit || let go, release.
πάραυτα adv at once, right off.
παραφέρνομαι vi lose one's temper.
παραφθορά nf corruption.
παραφινέλαιο nn paraffin-oil.
παραφίνη nf paraffin.
παραφορά nf wild excitement || rage.
παράφορος adj passionate, fiery.
παραφορτών·ω vt overload || ~ομαι, bother, pester.
παραφράζω vt paraphrase.
παράφραση nf paraphrase.
παράφρονας nm insane, lunatic.
παραφρονώ vi go mad.
παραφροσύνη nf insanity, lunacy.

παραφυάδα nf offshoot, pl ramifications.
παραφυλάω vt guard excessively || lie in wait for, lurk, skulk.
παραφωνία nf jarring note, dissonance.
παράφωνος adj out of tune, dissonant.
παραχαϊδεύω vt pamper, spoil, coddle.
παραχαράζω vt forge, fake, falsify || μτφ. distort, twist.
παραχάραξη nf fake, forgery || distortion.
παραχαράκτης nm forger.
παραχειμάζω vi [spend the] winter.
παραχορταίνω vti satiate, have too much.
παραχρήμα adv at once, right away.
παραχώρηση nf concession, transfer.
παραχωρώ vt concede, transfer, give.
παραψημένος adj overdone.
παρδαλός adj many-coloured, spotted, pied.
παρέα nf company || party, group.
πάρεδρος nm associate judge.
πάρε-δόσε nn dealings.
παρείσακτος nm intruder, gate-crasher.
παρεισφρύω vi slip [into], intrude / insinuate / worm oneself [into].
παρέκβαση nf digression.
παρεκεί adv farther on.
παρεκκλήσι nn chapel.
παρεκκλίνω vi deviate, depart.
παρέκκλιση nf deviation.
παρεκτός adv except || ~ κι αν, unless.
παρεκτρέπομαι vi misbehave.
παρεκτροπή nf misconduct || slip, misdeed.
παρέλαση nf parade, march-past.
παρελαύνω vi parade, march past || pass.
παρέλευση nf lapse, passage.
παρελθόν nn past.
παρέλκυση nf delay.
παρελκυστικός adj delaying.
παρέλκει v impers it's needless.
παρεμβαίνω vi intervene, interfere.
παρεμβάλλ·ω vt insert, interpose || ~ομαι, lie between, come in between.
παρέμβαση nf intervention, interference.
παρεμβατισμός nm interventionism.
παρεμβολή nf insertion || ραδιοφ. jamming.
παρεμπιπτόντως adv incidentally.
παρεμποδίζω vt obstruct, impede.
παρεμπόδιση nf obstruction.
παρεμφερής adj similar.
παρενέργεια nf side effect.
παρένθεση nf parenthesis, brackets || μτφ. interlude, intermission.
παρενθετικός adj parenthetical.
παρενόχληση nf vexation, harassment.
παρενοχλώ vt annoy, vex, bother.
παρεξήγηση nf misunderstanding.
παρεξηγ·ώ vt misunderstand, misjudge ||

take amiss || ~ιέμαι, fall out.
παρεπιδημώ vi stay temporarily.
παρεπόμενο nn sequel, consequence.
παρεπόμενος adj attendant, incidental.
πάρεργο nn part-time job, hobby.
παρερμηνεία nf misinterpretation.
παρερμηνεύω vt misinterpret.
παρέρχομαι vi pass/go by, expire, omit.
παρευθύς adv at once, promptly.
παρευρίσκομαι ⇒ ΠΑΡΑΒΡΙΣΚΟΜΑΙ
παρεφθαρμένος adj pidgin, corrupt.
παρέχω vt afford, provide, render, give.
παρηγοριά vt comfort, consolation.
παρήγορ-ος (και ~ητικός) adj comforting.
παρηγορώ vt comfort, console, solace.
παρήλικας nm old/aged man.
παρήχηση nf alliteration.
παρθένα nf virgin.
παρθεναγωγείο nn girls' school.
παρθενία nf virginity.
παρθενικός adj virginal, maidenly.
παρθένος adj virgin, pure, unspoilt.
Παρθενώνας nm Parthenon.
παρίας nm pariah, outcast.
παριζιάν·ικος adj (και nm ~ος) Parisian.
παρκάρισμα nn parking.
παρκάρω vt park.
παρκέ nn flooring.
παρκετέζα nf floor polisher.
παρκετίνη nf floor polish/wax.
πάρκιν nn car-park, lay-by.
πάρκο nn park, public gardens.
πάρλα nf prattle, gab, jaw.
παρλάρω vi prattle, run on.
παρλάτα nf θέατρ. patter.
παρμεζάνα nf parmesan cheese.
παρμπρίζ nn windshield, windscreen.
παρντόν nn excuse me, pardon.
παροδικός adj transient, transitory, fleeting, temporary, passing.
παρόδιος adj roadside, wayside.
πάροδος nf bystreet || passage, lapse.
παροικία nf colony, community.
παροιμία nf proverb, saying.
παροιμιακός adj proverbial.
παροιμιώδης adj proverbial, notorious.
παρόλο prep for all, in spite of.
παρόμοια adv likewise, similarly.
παρομοιάζω vt liken, compare ◉ vi be similar.
παρόμοιος adj similar, akin.
παρομοίως adv similarly, likewise.
παρομοίωση nf comparison || simile.
παρόν nn present.
παρονομάζω vt nickname.
παρονομαστής nm denominator.
παροξυσμός nm paroxysm, fit.
παροπλίζω vt demilitarize.
παροράματα nn pl errata.

παρόρμηση nf impulse, urge.
παρορμητικός adj impulsive.
παρότρυνση nf instigation.
παροτρύνω vt exhort, urge, instigate.
παρουσία nf presence, attendance || Δευτέρα Π~, Second Coming.
παρουσιάζ-ω vt present, introduce, show, produce || ~ομαι, be presented, pass for, appear, come forward.
παρουσίαση nf presentation, appearance.
παρουσιάσιμος adj presentable.
παρουσιαστής nm newscaster, speaker.
παρουσιαστικό nn bearing, carriage, poise.
παροχετεύω vt channel, divert.
παροχή nf supply || benefit, allowance.
παρρησία nf frankness, candour.
πάρσιμο nn taking, capture, fall.
παρτεναίρ nmf partner.
παρτέρι nn flower-bed.
παρτίδα nf game, hand, round || εμπ. lot, portion || pl dealings, truck.
παρτιζιάνος nm partisan.
παρτιτούρα nf score.
πάρτυ nn party, do.
παρυφή nf border, edge || pl outskirts.
παρωδία nf parody, travesty.
παρωδώ vt parody.
παρών (παρούσα, παρόν) part present.
παρωνυχίδα nf hangnail || μτφ. trifle.
παρωπίδες nf pl blinkers.
πας (f πάσα, n παν) pron all, every.
πάσα nf pass || hand.
πασαένας pron everybody.
πασάλειμμα nn smearing || smattering.
πασαλείφω vt [be]smear, daub.
πασαπόρτι nn passport.
πασάρω vt pass on/round || fob off.
πασάς nm pasha.
πασατέμπος nm roasted pumpkin-seed.
πασίγνωστος adj well-known, celebrated.
πασί·δηλος (και ~φανής) adj manifest.
πασιέντσα nf patience, solitaire.
πασιφισμός nm pacifism.
πασιφιστής nm pacifist.
πάσο nn leisure || χαρτ. pass.
πασούμι nn heeled woman's slipper.
πασπάλα nf powder[ing].
πασπαλίζω vt powder, dust, frost.
πασπαρτού nn skeleton/master key.
πασπάτεμα nn groping || pawing.
πασπατεύω vt feel, grope || finger, paw.
πάσσαλος nm stake, pole, peg.
πάστα nf pasta || pastry, cake.
παστάδα nf bridal chamber.
παστεριώνω vt pasteurize.
παστίλια nf pastille, lozenge, drop.
παστοκύδονο nn quince jelly.
πάστορας nm pastor, minister.
παστός adj salt[ed].

πάστρα nf cleanliness.
παστρεύω vt clean || scrape.
παστρικός adj clean, neat, tidy.
παστώνω vt salt, cure, corn.
Πάσχα nn Easter || Passover.
πασχαλιά nf lilac || Easter.
πασχαλινός adj Easter.
πασχίζω vi endeavour, try hard.
πάσχω vi suffer, ail.
πατ nn (σκάκι) stalemate.
πάταγος nm din, crash || sensation, stir.
παταγώδης adj thunderous, sensational.
πατάρι nn loft.
πατάσσω vt punish harshly, crack down on || stamp out.
πατάτα nf potato.
πατατάκια nn pl potato chips.
πατατούκα nf reefer, pea jacket.
πατατράκ nn row, rumpus, shindy.
πατέντα nf patent.
πάτερ nm father, padre.
πατέρας nm father.
πατερίτσα nf crutch || crozier.
πάτερο nn joist, rafter.
πατηκώνω vt ram, tamp down.
πάτημα nn treading || footprint || footfall || footing.
πατημασιά nf footprint || tread.
πατινάζ nn skating.
πατινάρω vi skate.
πατίνι nn roller-skate.
πατιρντί nn row, rumpus.
πατόκορφα adv from head to toe.
πάτος nm bottom.
πατουλιά nf patch.
πατούρα nf flange, groove.
πατούσα nf sole.
πάτρια nn pl traditions.
πατριαρχείο nn Patriarchate.
πατριάρχης nm Patriarch.
πατρίδα nf country, home, fatherland.
πατριδοκάπηλος nm patriotism-monger.
πατρίκιος nm patrician.
πατρικός adj fatherly, paternal.
πάτριος adj ancestral, native.
πατριός nm step-father.
πατριώτης nm patriot || compatriote || mate, buddy.
πατριωτικός adj patriotic.
πατριωτισμός nm patriotism.
πατρογονικός adj ancestral.
πατροκτόν-ος nm (και nf ~ία) patricide.
πατρόν nn pattern.
πατρονάρισμα nn patronage.
πατρονάρω vt patronize.
πατροπαράδοτος adj traditional.
πατρότητα nf fatherhood, paternity.
πάτρωνας nm patron.
πατρώνυμο nn patronymic, father's name.
πατρώος adj paternal, traditional.

πατσαβούρα nf cloth, rag || μτφ. slut.
πατσάς nm tripe soup, tripe.
πάτσι nn quits, even.
πατσίζω vi get even/quits/square.
πατώ vti step, tread, stamp, tramp || run over || set foot || take, raid.
πάτωμα nn floor || storey.
πατώνω vi touch bottom.
παύλα nf dash.
Παύλος nm Paul.
παύση nf cessation, stoppage || pause || dismissal.
παυσίπονο nn tranquillizer, pain-killer.
παύω vti cease, stop, give up || dismiss, fire, oust.
παφλάζω vi lap, plop, splash || gush.
παφλασμός nm lapping, flop, splash.
παχαίνω vti fatten, thicken || get fat.
πάχνη nf [hoar-]frost.
παχνί nn manger, rack.
πάχος nn fat, lard || fatness || thickness, gauge.
παχουλός adj plump, fleshy.
παχυδερμία nf insensitivity.
παχύδερμο nn thick-skinned person.
παχυλός adj μτφ. tidy || crass, gross.
πάχυνση nf fattening.
παχυντικός adj fattening.
παχύρρευστος adj thick, viscous.
παχύς adj stout, plump || fat || thick || (τροφή) rich, fatty.
παχυσαρκία nf obesity.
παχύσαρκος adj obese.
παχύσκιος adj thick-shaded.
πάω ⇒ ΠΗΓΑΙΝΩ
πέδηση nf braking.
πεδιάδα nf plain.
πεδικλών-ω vt hobble || ~ομαι, trip over.
πέδιλο nn sandal || οικοδ. footing.
πεδίο nn field, range || arena || μτφ. scope, sphere, area.
πεζεύω vi dismount.
πεζή adv on foot.
πεζικάριος nm foot soldier.
πεζικό nn infantry, foot.
πεζογράφημα nn prose piece.
πεζογραφία nf prose.
πεζογράφος nm prose writer, novelist.
πεζοδρόμιο nn pavement, ΗΠΑ sidewalk.
πεζόδρομος nm pedestrianized street.
πεζοδρόμος nm wayfarer, hiker.
πεζολογία nf prosiness, platitude.
πεζολογικός adj prosy, dull.
πεζοναύτης nm marine.
πεζοπορία nf walk, hike, tramp.
πεζοπόρος nm hiker, wayfarer.
πεζοπορώ vi hike, walk, march.
πεζός nm walker, pedestrian || foot soldier ◙ adj prosy, prosaic, dull.

πεζότητα nf prosiness, banality.
πεζούλα nf wall, parapet, terrace.
πεζούρα nf foot, infantry.
πεθαίνω vi die, pass away.
πεθαμένος adj dead.
πεθαμός nm death, μτφ. hell.
πεθερά nf mother-in-law.
πεθερικά nn pl in-laws.
πεθερός nm father-in-law.
πειθαναγκάζω vt coerce, compel, force.
πειθαναγκασμός vt coercion, compulsion.
πειθαρχείο nn guard-room, ΗΠΑ brig.
πειθαρχημένος adj well-disciplined.
πειθαρχία nf discipline.
πειθαρχικός adj disciplinary || obedient.
πειθαρχώ vti discipline || obey, toe the line.
πειθήνιος adj obedient, tame, meek.
πείθω vt convince, persuade.
πειθώ nf persuasion, conviction.
πείνα nf hunger, famine, starvation.
πεινασμένος adj hungry, starving.
πεινώ vi be/feel/go hungry, starve, be famished || μτφ. hunger for.
πείρα nf experience || expertise.
πείραγμα nn teasing, rag || taunt.
πειραγμένος adj hurt, piqued, angered.
πειράζ·ω vt tease, kid, joke || vex, nettle, pique, anger || offend, hurt, injure || bother, upset || affect, be bad for || v impers matter, mind.
Πειραιάς nm Piraeus.
πείραμα nn experiment || test.
πειραματίζομαι vi experiment.
πειραματικός adj experimental, pilot.
πειραματισμός nm experimentation.
πειραματόζωο nn guinea pig.
πειρασμός nm the Devil || temptation || teaser.
πειρατεία nf piracy.
πειρατής nm pirate.
πειρατικός adj pirate, piratical.
πειραχτήρι nn teaser || (παιδί) imp.
πειραχτικός adj teasing || cutting.
πείρος nm plug, peg, tap.
πείσμα nn spite || obstinacy.
πεισματάρης nm stubborn person.
πεισματάρικος adj stubborn, wilful.
πεισματ·ικός (και ~ώδης) adj stubborn, tenacious.
πεισμ[ατ]ώνω vti arouse obstinacy in [sb] || become obstinate, spite || sulk.
πειστήριο nn proof || νομ. exhibit.
πειστικός adj convincing, persuasive, conclusive, cogent, forcible.
πειστικότητα nf persuasiveness.
πέλαγος nn [high] sea, ocean.
πελάγωμα nn confusion, muddle.
πελαγώνω vi be all at sea, be in a muddle.

πελαργός nm stork, crane.
πελατεία nf cu̇stom || practice || clientele.
πελάτης nm customer, shopper, client.
πελεκάνος nm pelican.
πελεκητός adj carved.
πελέκι nn axe.
πελεκούδι nn chip, splinter.
πελερίνα nf cape.
πελιδνός adj livid.
πέλμα nn sole || τεχν. flange.
Πελοπόννησος nf Peloponnese.
πέλος nn (υφάσματος) nap.
πελούζα nf lawn.
πελώριος adj huge, enormous, giant.
Πέμπτη nf Thursday.
πέμπτος adj fifth.
πεμπτουσία nf quintessence.
πένα nf pen, μτφ. writing || penny || pick.
πενάκι nn pen-nib || adj pen-and-ink.
πέναλτυ nn penalty [kick].
πενήντα adj fifty.
πενηντάρικο nn 50-drachma note.
πενθήμερος adj lasting five days.
πένθιμος adj mournful, gloomy.
πένθος nn mourning || mourning band.
πενθοφορώ vi wear mourning.
πενθώ vti mourn, go into mourning.
πενία nf poverty.
πενιά nf stroke of the pen/pick.
πενιέ nn (ύφασμα) worsted.
πενικιλίνη nf penicillin.
πενιχρός adj poor, scanty, meagre.
πένομαι vi be needy/poor.
πένσα nf pliers.
πεντάγραμμο nn stave.
πεντάγωνο nn pentagon.
πεντάδυμα nn pl quintuplets.
πενταετής adj five-year.
πενταετία nf five-year period.
πεντακάθαρος adj spotlessly clean.
πεντακοσάρι nn 500-drachma note.
πεντακόσια adj five hundred.
πεντακοσιοστός adj five hundredth.
πεντάλ nn pedal, treadle.
πενταμελής adj five-member.
πεντάμηνος adj five-month-long.
πεντάμορφος adj very beautiful.
πεντανόστιμος adj delicious.
πενταπλασιάζω vt multiply by five.
πενταπλάσιος adj fivefold.
πεντάπλευρος adj five-sided.
πεντάρα nf farthing.
πενταροδεκάρες nf pl pittance, chicken feed.
πεντάωρο nn five-hour period.
πεντάωρος adj five-hour.
πέντε adj five.
πεντηκονταετία nf fifty-year period.
Πεντηκοστή nf Whit Sunday, Whitsun.

πεντηκοστός *adj* fiftieth.

πεντικιούρ *nn* pedicure.

πεντόβολα *nn pl* fivestones, jacks.

πεντόλιρο *nn* fiver.

πεντοχίλιαρο *nn* 5000-drachma note.

πέος *nn* penis.

πεπατημένη *nf* the beaten track.

πεπειραμένος *adj* experienced.

πεπεισμένος *adj* convinced.

πέπλος *nm* veil.

πεποίθηση *nf* conviction, belief.

πεπόνι *nn* melon.

πεπραγμένα *nn pl* proceedings.

πεπρωμένο *nn* fate, destiny, lot.

πεπτικός *adj* digestive, peptic.

πέρα *adv* beyond, farther || later.

περαιτέρω *adv* further || moreover.

πέρας *nn* end, close, conclusion.

πέραση *nf* έχω ~, be popular, be in vogue, carry weight.

πέρασμα *nn* ford, pass, passage, transition, crossing.

περασμένος *adj* past, bygone.

περαστικός *adj* passing ◙ *nm* passer-by.

περβάζι *nn* window-sill, ledge.

περγαμηνή *nf* parchment || distinction.

πέρδικα *nf* partridge.

περδίκι *nn* γίνομαι ~, be up and about, recover.

περηφάνεια *nf* pride || arrogance.

περηφανεύομαι *vi* take pride [in], pride oneself [on] || grow arrogant/vain.

περήφανος *adj* proud, dignified || haughty.

περί *prep* about, for, of, as to.

περιαυτολογώ *vi* brag, boast.

περιβάλλον *nn* environment, surroundings.

περιβαλλοντολόγος *nm* environmentalist.

περιβάλλω *vt* surround, encircle.

περίβλεπτος *adj* conspicuous, prominent.

περίβλημα *nn* casing, wrapper.

περιβόητος *adj* notorious.

περιβολάρης *nm* gardener.

περιβολή *nf* dress, attire.

περιβόλι *nn* garden, orchard.

περίβολος *nm* enclosure, grounds.

περιβραχιόνιο *nn* armband.

περιβρέχω *vt* wash || sprinkle all over.

περίγειο *nn* αστρον. perigee.

περιγέλασμα *nn* sneer, taunt, gibe.

περίγελος *nm* laughing-stock, butt, joke.

περιγελώ *vt* laugh at, mock, scoff, jeer.

περιγιάλι *nn* seashore, beach.

περίγραμμα *nn* outline, silhouette.

περιγραφή *nf* description, account.

περιγραφικός *adj* descriptive.

περιγράφω *vt* describe || depict.

περίγυρος *nm* environment, surroundings.

περιδεής *adj* fearful, scared.

περιδέραιο *nn* necklace.

περιδιαβάζω *vi* saunter, stroll, loiter.

περιδίνηση *nf* spin[ning], whirl.

περιδρομιάζω *vti* guzzle, stuff oneself.

περιεκτικός *adj* comprehensive, concise.

περιεκτικότητα *nf* content.

περιεργάζομαι *vt* eye, inspect, examine.

περιέργεια *nf* curiosity, inquisitiveness.

περίεργος *adj* curious || inquisitive.

περιέρχομαι *vi* go about || come to || be reduced to.

περιεχόμενο *nn* content[s], subject-matter.

περιέχω *vi* contain, comprise.

περίζηλος *adj* enviable.

περιζήτητος *adj* coveted, in great demand.

περιζώνω *vt* encircle, surround.

περιήγηση *nf* tour, travel, sightseeing.

περιηγητής *nm* tourist.

περιηγητικός *adj* touring.

περιηγούμαι *vt* make a tour, travel, do.

περιήλιο *nn* αστρον. perihelion.

περιθάλπω *vt* nurse, attend to, hospitalize || help, relieve, protect, shelter.

περίθαλψη *nf* nursing, care || relief, sheltering.

περιθωριακός *adj* marginal, fringe.

περιθώριο *nn* margin, fringe, room.

περικεφαλαία *nf* helmet, casque.

περικλείνω *vt* enclose, encircle, contain.

Περικλής *nm* Pericles.

περικνημίδα *nf* legging, gaiter || garter.

περικοκλάδα *nf* periwinkle, creeper.

περίκομψος *adj* very elegant, ornate.

περικοπά *adv* στη φρ. πάω ~, take a shortcut, cut off a corner.

περικοπή *nf* cutback || passage, excerpt.

περικόπτω *vt* cut down/back/out, dock, trim, curtail, slash.

περικυκλώνω *vt* encircle, surround || gird.

περικύκλωση *nf* encirclement.

περιλα·βαίνω (*και* ~μβάνω) *vt* include, contain, comprise || grab, seize.

περιλάλητος *adj* renowned, notorious.

περίλαμπρος *adj* brilliant, glorious.

περιληπτικός *adj* brief, condensed, concise.

περίληψη *nf* summary, précis, abstract.

περιλούζω *vt* shower, pour on.

περίλυπος *adj* sad, sorrowful.

περιμαζεύω *vt* pick/take up, shelter || μτφ. take in hand, restrain.

περιμένω *vt* wait || expect || await.

περιμετρικός *adj* perimetric, ring.

περίμετρος *nf* perimeter, circuit.

πέριξ *nn pl* environs, vicinity.

περιοδεία *nf* tour, round.

περιοδεύω *vi* tour, stump || barnstorm.

περιοδικό *nn* magazine, periodical.

περιοδικός adj periodic, intermittent.

περίοδος nf period, era, term ‖ phase, stage ‖ (γυναικ.) period.

περίοικος nm neighbour.

περίοπτος adj conspicuous, prominent.

περιορίζ·ω vt limit, restrict, reduce, cut down/back ‖ restrain, put a check on ‖ localize, confine ‖ intern, shut in ‖ ~ομαι, limit/content oneself.

περιορισμένος adj confined, limited, narrow.

περιορισμός nm confinement, limitation, reduction ‖ restriction ‖ qualification ‖ internment.

περιοριστικός adj restrictive.

περιουσία nf property, estate, means, possessions, fortune.

περιουσιακός adj financial.

περιούσιος adj chosen.

περιοχή nf area, region, district.

περιπαθής adj passionate.

περιπαίζω vt laugh at, make fun of.

περιπαιχτικός adj mocking, taunting.

περιπατητής nm walker, stroller.

περίπατος nm walk, stroll ‖ ride, drive, run ‖ promenade.

περιπατώ vi walk, tread, pace.

περιπέτεια nf adventure.

περιπετειώδης adj adventurous, eventful, chequered.

περιπλάνηση nf ramble, roam[ing], wandering.

περιπλανιέμαι vi wander, roam.

περιπλανώμενος adj wandering, vagrant.

περιπλέκω vt complicate.

περιπλέω vt sail round.

περιπλοκή nf complication.

περίπλοκος adj complex, intricate.

περίπλους nm sailing round.

περιποίηση nf attention, care, service, looking after ‖ pl coaxing.

περιποιημένος adj neat, tidy, smart.

περιποιητικός adj attentive.

περιποιούμαι vt attend to/upon, give good service ‖ nurse, doctor, dress ‖ cajole, make much of sb.

περιπολία nf patrol ‖ beat, rounds.

περιπολικό nn patrol car/boat.

περίπολος nf patrol, picket.

περιπολώ vi patrol, be/go on patrol ‖ (αστυφ.) be/go on the beat ‖ (νυχτοφ.) go the rounds.

περίπου adv about, almost, nearly.

περίπτερο nn kiosk, newstand, stall ‖ coffee-stall ‖ pavilion, stand.

περίπτυξη nf hug, embrace.

περίπτωση nf case, occasion, instance.

περισκελίδα nf breeches.

περίσκεψη nf discretion, caution.

περισκόπιο nn periscope.

περισπασμός nm diversion, distraction.

περισπούδαστος adj profound ‖ ponderous.

περισπώ vt distract, divert.

περισπωμένη nf circumflex.

περίσσεια nf abundance.

περίσσευμα nn excess, surplus ‖ leftover.

περισσεύω vi be left over, be superfluous.

περίσσιος adj superfluous, surplus.

περισσότερος adj more, most ‖ further ‖ longer.

περίσταση nf occasion, circumstance, case.

περιστασιακός adj occasional.

περιστατικό nn incident, event, occurrence, happening ‖ ιατρ. case.

περιστέλλω vt reduce, cut/put down.

περιστεράκι nn squab.

περιστέρι nn pigeon, dove.

περιστεριώνας nm dovecote, pigeon-house.

περιστοιχίζω vt surround, flank, attend.

περιστολή nf limitation, reduction.

περιστρέφω vt revolve, turn round, spin.

περιστροφή nf revolution, rotation ‖ pl beating about the bush.

περιστροφικός adj revolving.

περίστροφο nn revolver.

περισυλλέγω vt pick up, give shelter.

περισυλλογή nf concentration.

περισφίγγω vt close in upon.

περισώζω vt save, preserve.

περιτειχίζω vt wall [in].

περίτεχνος adj elaborate, ornate.

περιτομή nf circumcision.

περιτονίτιδα nf peritonitis.

περίτρανος adj indisputable, glaring.

περιτρέχω vt skirt, go round.

περιτριγυρίζω vt surround, hem in, encircle ‖ hang about/around.

περιτροπή nf turn ‖ εκ ~ς, in turn, by turns, alternately.

περιττεύω vi be unnecessary.

περιττός adj unnecessary, superfluous.

περιττώματα nn pl excrement.

περιτύλιγμα nn wrapping, wrapper.

περιτυλίγω vt wrap up.

περιφανής adj glorious, great.

περιφέρεια nf circumference ‖ backside, buttocks ‖ district, area, region ‖ (εκλογική) constituency, (δικαστική) circuit.

περιφερειακός adj district, regional, branch ‖ (δρόμος) circular, ring.

περιφέρ·ω vt carry/take about ‖ ~ομαι, turn round, hang about, wander, loiter.

περίφημος adj famous, celebrated ‖ wonderful, excellent, gorgeous.

περιφράσσω vt fence, hedge, wall, enclose.

περίφραξη nf fencing, hedging.

περίφραση *nf* periphrasis, circumlocution.
περιφραστικός *adj* roundabout.
περιφρόνηση *nf* contempt, disdain.
περιφρονητικός *adj* contemptuous, disdainful, scornful, sniffy.
περίφροντις *adj* preoccupied, careworn.
περιφρονώ *vt* despise, disdain, scorn.
περιφρουρώ *vt* protect, safeguard.
περιχαρακώνομαι *vt* entrench oneself.
περίχαρος *adj* jubilant, elated.
περιχύνω *vt* pour on/over.
περίχωρα *nn pl* environs.
περιώνυμος *adj* renowned.
περιωπή *nf* exalted rank, distinction.
πέρκα *nf ιχθ.* perch.
περμανάντ *nf* perm.
περνοδιαβαίνω *vi* pass by frequently.
περνώ *vti* go/come/pass by *or* through ‖ (χώνω) put/stick into *or* through ‖ (διαπερνώ) pierce, drive through ‖ (επισκέπτομαι) call on/at, drop in, go/come round ‖ (για χρόνο) pass, go by, elapse ‖ (πετυχαίνω) succeed, pass, get/scrape through ‖ (ξεθυμαίνω) blow over, die down, go out ‖ (τελειώνω) be up/over, pass off, get over ‖ (υποφέρω) suffer, go through ‖ (ζω) live, spend one's life, be through, get by ‖ (δίνω) hand/pass on to ‖ (περνώ ως) pass under the name of, pass off as, pass for ‖ (εξετάζω) look through, go over ‖ (φορώ) slip/throw/ pull on ‖ (για ιδέα) occur, cross one's mind ‖ (ξεπερνώ) overtake, be ahead ‖ (μεταπηδώ) go over, defect.
περονόσπορος *nm* mildew.
περούκα *nf* wig.
Πέρσ·ης *nm* (και *adj* ~ικός) Persian.
Περσία *nf* Persia.
περσινός *adj* last year's.
πέρσι *adv* last year.
πεσιμιστής *nm* pessimist.
πέσιμο *nn* fall ‖ (ρούχου) set, hang.
πεσκαντρίτσα *nf ιχθ.* monkfish.
πεσκέσι *nn* gift, present.
πέστροφα *nf ιχθ.* trout.
πέταγμα *nn* flying, flight ‖ throwing.
πετάγομαι *vi* jump/spring up ‖ hop, skip.
πεταλίδα *nf* limpet.
πέταλο *nn* petal ‖ horseshoe.
πεταλούδα *nf* butterfly.
πεταλουδίτσα *nf* moth.
πεταλώνω *vt* shoe.
πεταλωτής *nm* farrier, blacksmith.
πεταρίζω *vi* flutter ‖ blink.
πεταχτ·ός *adj* bulging, sticking out, prominent ‖ light, flitting, lively, buoyant ‖ στα ~ά, quickly, in a hurry.

πετεινός *nm* cock, cockerel.
πετιμέζι *nn* treacle, *ΗΠΑ* molasses.
πέτο *nn* lapel.
πετονιά *nf* fishing-line.
πέτρα *nf* stone, rock.
πετραδάκι *nn* grit.
πετράδι *nn* precious stone, gem.
πετραχήλι *nn* stole.
πετρέλαιο *nn* oil, petroleum.
πετρελαιοπηγή *nf* oil-well.
πετρελαιοπαραγωγός *adj* oil-producing.
πετρελαιοφόρο *nn* oil-tanker.
πετρελαιοφόρος *adj* oil-bearing.
πέτρινος *adj* stone, stony.
πετροβολώ *vt* stone, throw stones at.
πετροκάρβουνο *nn* pit coal.
Πέτρος *nm* Peter.
πετροχελίδονο *nn* martin.
πετρόψαρο *nn* rock-fish.
πετρώδης *adj* stony, rocky.
πέτρωμα *nn* rock.
πετρώνω *vti* petrify, turn into stone.
πέτσα *nf* skin, crust.
πετσέτα *nf* towel, (φαγητού) napkin.
πετσετάκι *nn* doily.
πετσί *nn* skin ‖ leather.
πετσιάζω *vi* skin over.
πέτσινος *adj* leather.
πετσοκόβω *vt* cut/hack to pieces.
πετυχαίνω *vti* succeed in, manage to ‖ achieve ‖ come across ‖ hit.
πετυχημένος *adj* successful.
πετώ *vti* fly, flit, skim ‖ throw, hurl, fling, pelt ‖ discard, throw off/away, cast off ‖ turn/chuck out ‖ (απολύω) fire, sack, boot out ‖ (για φυτά) sprout, put/come out ‖ (παρατώ) dump, scrap.
πεύκο *nn* pine[-tree].
πευκοβελόνα *nf* pine-needle.
πευκόφυτος *adj* pine-clad, piny.
πέφτω *vi* fall, drop, sink, come down ‖ (κοπάζω) abate, subside, die down, drop ‖ (ρίχνομαι) pounce/jump on, swoop on ‖ (προσκρούω) run on/into, drive ‖ (βρίσκω τυχαία) run up against, come upon/across, meet with ‖ ~ έξω, be wrong, *οικον.* bust, go bankrupt.
πέψη *nf* digestion.
πηγαδάς *nm* well-driller.
πηγάδι *nn* well.
πηγάζω *vi* spring, flow from ‖ *μτφ.* originate, issue, proceed/emanate [from].
πηγαιμός *nm* going, journey.
πηγαινοέρχομαι *vi* come and go.
πηγαίνω *vt* take ‖ *vi* go, make one's way, be off, push along ‖ (πεθαίνω) die ‖ (ξοδεύομαι) be spent ‖ (αποβαίνω) go off, turn out ‖ (προοδεύω)

get on/along ‖ (ταιριάζω) go, match, suit.

πηγαίος adj spontaneous.

πηγή nf spring, source ‖ μτφ. origin, root.

πηγούνι nn chin.

πηδάλιο nn steering-gear, steering-wheel, ναυτ. helm, rudder, ποδηλ. handle-bars.

πηδαλιούχος nm helmsman.

πηδαλιουχώ vt steer, be at the helm.

πήδημα nn jump, leap, spring.

πηδηχτός adj springy, bouncing, lively.

πηδώ vti jump, leap, spring, bound, hop ‖ leave out, omit, skip ‖ screw.

πήζω vti congeal, set.

πηλήκιο nn στρατ. kepi, μαθητ. cap.

πηλίκο nn quotient.

πήλινος adj earthen[ware].

πηλοπλαστική nf pottery.

πηλός nm clay ‖ οικοδ. mortar.

πηλοφόρι nn hod, mortar-board.

πηνίο nn μηχ. coil, choke.

πήξιμο nn setting, congelation.

πηρούνι nn fork.

πηχτή nf pork jelly, brawn.

πηχτός adj thick ‖ set.

πια adv [no] more/longer.

πιανίστας nm pianist.

πιάνο nn piano.

πιάνω vt catch, seize, grip, touch, take ‖ arrest ‖ occupy, take up ‖ understand, grasp ‖ (έχω επιτυχία) catch on, be a success ‖ (αρχίζω) start, get, take up ‖ (πάω και φέρνω) fetch, (φθάνω) get at, reach ‖ (αγκαζάρω) book, engage ‖ (πιάνομαι) be stiff, cling, hitch ‖ I get pinched/squeezed/ stuck ‖ quarrel, come to blows.

πιάσιμο nn taking, seizing, grip ‖ arrest ‖ quarrel ‖ stiffness ‖ rooting.

πιασμένος adj stiff ‖ engaged, taken ‖ stuck, caught.

πιατάκι nn saucer, dessert plate.

πιατέλα nf large flat dish, platter.

πιατικά nn pl china, crockery.

πιάτο nn dish, plate.

πιατοθήκη nf plate rack.

πιάτσα nf market ‖ taxi-rank.

πιγκουίνος nm penguin.

πιέζω vt press, push.

πίεση nf pressure ‖ stress, strain.

πιεσόμετρο nn pressure-gauge.

πιεστήριο nn press.

πιεστικός adj pressing, urgent.

πιέτα nf pleat, fold.

πιζάμα nf [pair of] pyjamas.

πιθαμή nf span, μτφ. inch.

πιθανολογείται v impers it's thought likely.

πιθανολογία nf speculation, conjecture.

πιθανολογώ vi speculate, think likely.

πιθανός adj likely, probable, possible.

πιθανότητα nf likelihood, probability, possibility, chance.

πιθάρι nn earthenware jar.

πιθηκίζω vt ape, imitate.

πίθηκος nm ape, monkey.

πίθος nm large jar.

πίκα nf pique, spite ‖ χαρτοπ. spades.

πικάντικος adj piquant, appetizing ‖ μτφ. racy, saucy.

πικάπ nn record-player.

πικάρισμα nn vexation, pique.

πικάρω vt vex, nettle, pique, gall.

πικέτο nn χαρτοπ. piquet.

πίκρα nf bitterness, sorrow.

πικραίνω vt make/get bitter ‖ grieve, distress, embitter.

πικραμύγδαλο nn bitter almond.

πικρία nf bitterness.

πικρίζω vti be/make/taste bitter.

πικρίλα nf bitter taste.

πικροδάφνη nf oleander.

πικρός adj bitter.

πικρούτσικος adj bitterish.

πικροφέρνω vi be slightly bitter.

πικρόχολος adj bilious, peevish.

πιλαλάω vi run, rush.

πιλατεύω vt harass, pester.

πιλάφι nn pilaff.

πιλοτάρω vi pilot, steer.

πιλότος nm pilot.

πίνακας nm picture, painting ‖ board ‖ table, list, catalogue.

πινακίδα nf plate ‖ traffic sign.

πινάκιο nn νομ. roll, ΗΠΑ docket.

πινάκλι nn pinocle.

πινακοθήκη nf art gallery.

πινγκ-πόνγκ nn table tennis.

πινέζα nf drawing-pin.

πινελιά nf stroke of the brush.

πινέλο nn paint-brush ‖ shaving-brush.

πίνω vt drink, sip, sl lap up, gulp.

πιο adv more, most.

πιονιέρος nm pioneer.

πιόνι nn pawn, chess piece.

πιόσιμο nn drinking.

πιότερος adj more.

πιοτό nn drink.

πίπα nf pipe ‖ cigarette-holder.

πιπεράτος adj peppery, hot ‖ μτφ. piquant, racy, saucy.

πιπέρι nn pepper.

πιπεριά nf pepper[-plant].

πιπεριέρα nf pepper-pot.

πιπερίζω vi taste hot.

πιπέρμαν nn peppermint.

πιπί nn pee, piss, wee-wee.

πίπιζα nf flute.

πιπιλίζω vt suck.

πιρόγα *nf* pirogue, dugout.
πιροσκί *nn* mincemeat roll.
πιρτσίνι *nn* rivet.
πιρούνι *nn* fork.
πιρουνιά *nf* forkful.
πισίνα *nf* swimming-pool.
πισινά *nn pl* backside, buttocks.
πισινός *adj* back, rear, hind ⊡ *nm* bottom, posterior.
πίσσα *nf* tar, pitch, bitumen.
πισσόχαρτο *nn* tar-paper.
πισσώνω *vt* tar, pitch.
πίστα *nf* dancing floor ‖ speedway.
πιστευτός *adj* believable, credible.
πιστεύω *vt* believe ‖ trust, think ⊡ *nn* Credo, the Creed.
πίστη *nf* faith, belief, trust ‖ loyalty, allegiance ‖ credit, solvency.
πιστοδοτώ *vt* finance, grant credit.
πιστολάς *nm* gunman.
πιστόλι *nn* pistol, gun.
πιστολιά *nf* pistol-shot, gunshot.
πιστολίζω *vt* shoot [at] sb.
πιστόνι *nn* piston.
πιστοποίηση *nf* certification.
πιστοποιητικό *nn* certificate, testimonial.
πιστοποιώ *vt* certify, testify, attest.
πιστός *nm* believer, faithful ⊡ *adj* loyal, faithful, staunch, true.
πιστότητα *nf* faithfulness, fidelity, loyalty ‖ exactness, accuracy.
πιστώνω *vt* credit.
πίστωση *nf* credit ‖ *κοινοβ.* appropriation.
πιστωτής *nm* creditor.
πιστωτικός *adj* credit.
πίσω *adv* back, behind, rear, after.
πισωγυρίζω *vti* turn back, retreat.
πισωγύρισμα *nn μτφ.* retrogression.
πισωκάπουλα *adv* pillion.
πισώκωλα *adv* backwards.
πισώπλατα *adv* on/in the back.
πίτα *nf* pie, cake.
πιτζάμα *nf* [a pair of] pyjamas.
πίτουρο *nn* bran.
πιτσίλα *nf* speckle.
πιτσιλάδα *nf* freckle.
πιτσιλιά *nf* splash, spatter.
πιτσιλίζω *vt* splash, spatter.
πιτσιρικάκι *nn* tiny tot, mite, tiddler.
πιτσιρίκος *nn* kid, kiddy, nipper, brat.
πιτσουνάκια *nn pl* lovebirds.
πιτσούνι *nn* squab.
πιτάκι *nn* patty.
πιτυρίδα *nf* dandruff, scurf.
πιτυρούχος *adj* bran.
πιωμένος *adj* drunk, tipsy.
πλαγιά *nf* side, slope.
πλάγ·ια *(και ~ίως) adv* sideways, aslant.
πλαγιάζω *vti* put/go to bed, lie/lay down.

πλαγιαστός *adj* reclining, sloping.
πλάγιος *adj* oblique, sidelong ‖ indirect.
πλαγιοφυλακή *nf* flankguard.
πλαγκτόν *nn* plankton.
πλαδαρός *adj* flabby, limp, feeble.
πλαδαρότητα *nf* flabbiness.
πλαζ *nf* beach.
πλάθω *vt* make, create ‖ shape, mould.
πλάι *nn* flank, side ⊡ *adv* by, near, beside, next door.
πλαιημπόης *nm* playboy.
πλαίσιο *nn* frame[work], *αυτοκ.* chassis ‖ *pl μτφ.* bounds, limits, context.
πλαισιώνω *vt* frame ‖ surround, flank, border.
πλάκα *nf* slate, plate, (μαρμάρου) slab, (γραμμοφ.) record, (σαπουνιού) cake, (σοκολάτας) bar, (αναμνηστική) plaque ‖ *(πείραγμα, αστείο)* fun, lark, rag.
πλακάκι *nn* tile.
πλακάτ *nn* placard.
πλακέ *adj* flat.
πλακομύτης *adj* pug-nosed.
πλακοστρώνω *vt* pave, tile, slate.
πλακόστρωτος *adj* paved, tiled.
πλάκωμα *nn μτφ.* weight, load.
πλακώνω *vti* crush, bury under ‖ *μτφ.* come on/upon.
πλανερός *adj* alluring ‖ fallacious.
πλανεύω *vt* seduce, tempt, beguile.
πλάνη *nf* error, fallacy ‖ *εργαλ.* plane.
πλανητάριο *nn* planetarium.
πλανήτης *nm* planet.
πλανιέμαι *vi* wander ‖ be mistaken ‖ hover.
πλανίζω *vt* plane.
πλάνο *nn* plan.
πλανόδιος *adj* wandering, vagrant.
πλάνος *adj* alluring, seductive.
πλαντάζω *vi* pine, be distressed ‖ choke.
πλανώ *vt* deceive, seduce, beguile.
πλασάρω *vt* place, sell ‖ fob off on sb.
πλασέ *adj ιπποδρ.* placed.
πλάση *nf* universe, nature.
πλασιέ[ς] *nm* traveller, salesman.
πλάσμα *nn* creature, being, thing ‖ fiction, invention ‖ [blood] plasma.
πλασματικός *adj* fictitious.
πλασμένος *adj* cut out for.
πλαστελίνη *nf* plasticine.
πλαστήρι *nn* rolling-pin.
πλάστης *nm* maker, Creator ‖ rolling-pin.
πλάστιγγα *nf* weighing machine, balance.
πλαστική *nf* plastic surgery.
πλαστικό *nn* lino[leum].
πλαστικός *adj* plastic.
πλαστογραφία *nf* forgery, falsification.
πλαστογράφος *nm* forger.

πλαστογραφώ *vt* forge, fake, falsify.

πλαστοπροσωπία *nf* criminal impersonation.

πλαστός *adj* false, forged, spurious.

πλαστουργός *nm* maker, creator.

πλαστρόν *nn* shirt-front.

πλαστρώνω *vt* splash, slap.

πλαταγίζω *vt* smack, click, lap.

πλαταίνω *vti* make/grow wider, broaden.

πλάτανος *nm* plane[-tree].

πλατεία *nf* square || *θεάτρ.* pit.

πλατειάζω *vi* draw/spin out.

πλάτη *nf* back, shoulder-blade.

πλατίν-α *nf* (*και adj* ~ένιος) platinum.

πλάτος *nn* width, breadth || *γεωγρ.* latitude.

πλατσαρίζω *vi* wade, squelch.

πλατσομύτης *adj, nm* snub-nosed.

πλατυποδία *nf* splay-foot.

πλατύς *adj* broad, wide, extensive.

πλατύσκαλο *nn* landing.

πλατύφυλλος *adj* broad-leaved.

πλατφόρμα *nf* platform.

Πλάτωνας *nm* Plato.

πλατωνικός *adj* Platonic.

πλαφονιέρα *nf* ceiling-lamp.

πλέγμα *nn* nexus, complex || grid, netting || tissue, mesh.

πλειάδα *nf* pleiad, group.

πλειοδοσία *nf* [higher] bidding.

πλειοδότης *nm* [highest] bidder.

πλειοδοτώ *vi* outbid.

πλειονότητα *nf* majority, most.

πλειονοψηφία *nf* majority [vote].

πλειοψηφώ *vi* outvote.

πλειστηριασμός *nm* auction.

πλείστος *adj* very many, most.

πλεκτάνη *nf* frame-up, machination, plot, put-up job, trap.

πλεκτήριο *nn* knitting factory/workshop.

πλεκτό *nn* knitting, *pl* knitwear.

πλεκτός *adj* knitted, woven, plaited.

πλέκω *vt* knit || (*μαλλιά*) plait || (*καρέκλες*) weave || (*χέρια*) entwine.

πλεμόνι *nn* lung.

πλένω *vt* wash, rinse.

πλεξίδα *nf* tress, braid || (*κρεμμυδιών*) string.

πλέξιμο *nn* knitting.

πλέον ⇒ ΠΙΑ, ΠΙΟ

πλεονάζω *vi* be in excess, be more.

πλεονάζων *adj* redundant, surplus.

πλεόνασμα *nn* surplus.

πλεοναστικός *adj* superfluous.

πλεονέκτημα *nn* advantage, benefit.

πλεονέκτης *nm* grasping, greedy.

πλεονεκτώ *vi* have an advantage [over], have the edge [on].

πλεονεξία *nf* greed, avarice.

πλεούμενο *nn* vessel, craft.

πλευρά *nf* side || rib || *μτφ.* aspect.

πλευρίζω *vti* accost, come alongside.

πλευρικός *adj* side, flank, lateral.

πλευρίτιδα *nf* pleurisy.

πλευρό *nn* side || *ανατ.* rib || *στρατ.* flank.

πλευροκόπημα *nn* flanking attack/fire.

πλευροκοπώ *vt* flank.

πλεύση *nf* navigation, sailing, course.

πλεχτός *adj* wicker || plaited || braided.

πλέω *vi* float || sail, navigate.

πληβείος *nm* plebeian.

πληγή *nf* wound, gash, injury, sore.

πληγιάζω *vti* hurt, injure, blister, chafe.

πληγιασμένος *adj* sore, blistered.

πλήγμα *nn* wound, blow.

πληγώνω *vt* hurt, injure, wound.

πληθαίνω *vti* increase, multiply.

πλήθος *nn* crowd, mass || host, lots of.

πληθυντικός *nm* plural.

πληθυσμός *nm* population.

πληθώρα *nf* plenty, a plethora, superabundance.

πληθωρικός *adj* excessive, prolific || exuberant.

πληθωρικότητα *nf* exuberance.

πληθωρισμός *nm* inflation.

πληθωριστικός *adj* inflationary.

πληκτικός *adj* boring, dull, tiresome.

πλήκτρο *nn* (*πιάνου, κλπ.*) key.

πληκτρολόγιο *nn* keyboard.

πλημμελειοδικείο *nn* magistrates' court.

πλημμέλημα *nn* criminal offence.

πλημμελής *adj* faulty, inefficient.

πλημμύρα *nf* flood, overflow, spate.

πλημμυρίζω *vti* overflow, flood, inundate || *μτφ.* swamp, swarm.

πλημμυροπαθής *nm* flood victim.

πλην *adv* minus, less || except.

πλήξη *nf* boredom.

πληρεξούσιο *nn* proxy, letters of attorney.

πληρεξούσιος *nmf* proxy, attorney || *διπλωμ.* plenipotentiary.

πληρεξουσιότητα *nf* power of attorney.

πληρέστατα *adv* fully, entirely.

πλήρης *adj* full, ample, complete.

πληρότητα *nf* completeness, fullness.

πληροφόρηση *nf* information.

πληροφορία *nf* information, inquiry || *στρατ.* intelligence || (*μυστικής*) tip.

πληροφορική *nf* computer science.

πληροφοριοδότης *nm* informant || informer.

πληροφορ-ώ *vt* inform, let know || ~ούμαι, learn, hear of, inquire.

πληρώ *vt* fill, fulfil, meet.

πλήρωμα *nn* crew || fullness || payment.

πληρωμή *nf* payment.

πληρώνω *vt* pay, settle up [with].

πληρωτέος *adj* payable.

πληρωτής *nm* payer.
πλησιάζω *vti* bring/get near, approach.
πλησιέστερος *adj* next, nearest, closest.
πλησίον *adv* near, by, close to.
πλησίστιος *adj* in full sail.
πλήττω *vti* hit || bore, be/grow bored.
πλιάτσικο *nn* loot, booty, *pl* spoils.
πλιατσικολογώ *vt* loot, plunder, sack.
πλιγούρι *nn* hulled oats, crushed grain.
πλίθινος *adj* brick.
πλίθ[ρ]α *nf* mud-brick.
πλισάρω *vt* pleat.
πλισές *nm* frill, pleats.
πλοήγηση *nf* piloting.
πλοηγικός *adj* pilot.
πλοηγός *nm* pilot, navigator.
πλοίαρχος *nm* captain, skipper.
πλόιμος *adj* navigable, seaworthy.
πλοίο *nn* boat, ship, vessel.
πλοιοκτήτης *nm* shipowner, shipmaster.
πλόκαμος *nm* tentacle || (μαλλιών) braid.
πλοκή *nf* plot.
πλουμίδια *nn pl* frills, trimmings.
πλουμιστός *adj* embroidered, adorned.
πλουραλισμός *nm* pluralism.
πλουραλιστικός *adj* pluralistic.
πλους *nm* course, sailing.
πλουσιοπάροχος *adj* generous, lavish.
πλούσιος *adj* rich, wealthy || luxurious, posh, lush || large, profuse, luxuriant.
πλουταίνω *vti* enrich [oneself], bring wealth to.
πλουτίζω *vti* enrich [oneself], grow rich.
πλουτισμός *nm* enrichment.
πλουτοκράτης *nm* plutocrat.
πλουτοκρατία *nf* plutocracy.
πλουτοκρατικός *adj* plutocratic.
πλουτοπαραγωγικ-ός *adj* wealth-producing || ~ές πηγές, resources.
πλούτος *nm* wealth, riches, richness.
πλύμα *nn* slops, dishwater.
πλυντήριο *nn* washing-machine || dishwasher || laundry, launderette.
πλύση *nf* wash[ing], laundry.
πλύσιμο *nn* wash[ing].
πλυσταριό *nn* wash-house.
πλύστρα *nf* washerwoman, laundress.
πλώρη *nf* bow, prow.
πλωτάρχης *nm* lieutenant-commander.
πλωτήρας *nm* float.
πλωτός *adj* navigable || floating.
πνεύμα *nn* spirit, mind, intellect || atmosphere, vein || wit || ghost, genius || *γραμμ.* breathing || *το Άγιο Π~,* the Holy Ghost/Spirit.
πνευματικός *nm* confessor ▣ *adj* spiritual || intellectual, mental || immaterial.
πνευματισμός *nm* spiritualism.
πνευματιστικός *adj* spiritualistic.
πνευματώδης *adj* witty.

πνεύμονας *nm* lung.
πνευμονία *nf* pneumonia.
πνευμονικός *adj* pulmonary.
πνευστός *adj* wind.
πνέω *vi* blow.
πνιγηρός *adj* stuffy, musty, stifling.
πνιγμός *nm* choking, suffocation || strangling || drowning.
πνίγω *vt* choke, suffocate, smother || strangle || drown || *μτφ.* flood, shower.
πνοή *nf* breath, puff, whiff || gust || *μτφ.* impetus.
πόα *nf* turf.
ποάνθρακας *nm* peat.
πογκρόμ *nn* pogrom.
ποδάγρα *nf* gout.
ποδαράτα *adv* on foot.
ποδάρι *nn* foot, leg.
ποδένω *vt* shoe, put on shoes.
ποδηλα-σία *nf* (και *adj* ~ικός) cycling.
ποδηλάτης *nm* cyclist.
ποδήλατο *nn* bicycle, bike.
ποδηλατοδρομία *nf* bicycle race.
ποδηλατοδρόμιο *nn* cycling track.
πόδι *nn* foot || leg || stem, stand.
ποδιά *nf* apron || (μαθήτριας) overall || knees, lap.
ποδοβολητό *nn* tramp.
ποδόγυρος *nm* hemline || *μτφ.* skirt.
ποδοκίνητος *adj* foot-operated.
ποδοκρότημα *nn* stamping of feet.
ποδοκροτώ *vi* stamp one's feet.
ποδόλουτρο *nn* foot-bath.
ποδοπατώ *vt* trample, tread [underfoot].
ποδοσφαιριστής *nm* footballer.
ποδόσφαιρο *nn* football.
ποδόφρενο *nn* foot-brake.
πόζα *nf* pose, *φωτογρ.* exposure.
ποζάρω *vi* pose, sit || pass [for], pose [as].
ποζάτος *adj* stuck-up.
ποθητός *adj* desirable, coveted.
πόθος *nm* desire, yearning || lust.
ποθώ *vt* wish for, desire, yearn, lust.
ποίημα *nn* poem.
ποίηση *nf* poetry.
ποιητής *nm* poet || maker.
ποιητικός *adj* poetic[al].
ποιήτρια *nf* poetess.
ποικιλία *nf* variety, diversity, range.
ποικίλλω *vt* vary, range || diversify, lend variety to || embellish.
ποικιλομορφία *nf* diversity of form.
ποικιλόμορφος *adj* variform, various.
ποικίλος *adj* various, diverse || mixed, assorted, miscellaneous.
ποικιλότροπος *adj* various.
ποικιλόχρωμος *adj* variegated, many-coloured.
ποικιλώνυμος *adj* various, variously

named.

ποιμαντ[ορ]ικός adj pastoral.
ποιμενάρχης nm εκκλ. prelate.
ποιμενικό nn μουσ. pastorale.
ποιμενικός adj pastoral, bucolic.
ποίμνιο nn flock.
ποινή nf sentence, penalty, punishment.
ποινικολόγος nm criminal lawyer.
ποινικοποιώ vt penalize.
ποινικοποίηση nf penalization.
ποινικός adj penal, criminal.
ποιόν nn nature, character.
ποιος (f **ποια**, n **ποιο**) interrog pron who, what, which?
ποιότητα nf quality.
ποιοτικός adj quality, qualitative.
πόκα nf [stud] poker.
πολέμαρχος nm warrior, warlord.
πολεμική nf polemics || art of war.
πολεμικό nn warship.
πολεμικός adj war || warlike, bellicose || polemical, combative.
πολέμιος nm enemy, opponent.
πολεμιστής nm warrior, combatant.
πολεμίστρα nf loophole, embrasure.
πολεμοκάπηλος nm warmonger.
πολεμοπαθής nm, adj war victim.
πόλεμος nm war || warfare || μτφ. war, fight, struggle, battle.
πολεμοφόδια nn pl munitions, ammunition.
πολεμοχαρής adj warlike, bellicose.
πολεμώ vti war, make war [on], fight, oppose || struggle, endeavour, try hard.
πολεοδομία nf town/urban planning.
πολεοδόμος nm city planner.
πόλη nf town, city.
πολικός adj polar, pole, arctic.
πολιομελίτιδα nf polio.
πολιορκητής nm besieger.
πολιορκία nf siege.
πολιορκώ vt besiege, lay siege to || μτφ. beset || mob.
πολιούχος nm patron saint.
πόλισμαν nm policeman, police officer.
πολιτάρι nn pannier.
πολιτεία nf town || state || government || conduct, behaviour.
πολιτειακός adj state, constitutional.
πολίτευμα nn system of government.
πολιτεύομαι vi go into politics || behave, handle, deal with.
πολιτευ·όμενος (και ~τής) nm politician.
πολίτης nm citizen, subject || civilian.
πολιτικά nn pl politics || civvies, civilian clothes.
πολιτική nf politics || policy || cunning.
πολιτικοκοινωνικός adj politico-social.
πολιτικολογία nf talking politics.
πολιτικολογώ vi talk politics.

πολιτικοοικονομικός adj politico-economic.
πολιτικός nm politician, statesman ▣ adj political, civil || civilian || shrewd, politic.
πολιτισμένος adj civilized.
πολιτισμός nm civilization, culture.
πολιτιστικός adj cultural.
πολιτογράφηση nf naturalization.
πολιτογραφώ vt naturalize || μτφ. accept.
πολιτοφύλακας nm civil guard, militiaman.
πολιτοφυλακή nf militia, civil guard.
πολίχνη nf small town, ΗΠΑ township.
πολλαπλασιάζω vt multiply.
πολλαπλασιασμός nm multiplication.
πολλαπλάσιο nn multiple.
πολλαπλ·άσιος (και ~ός) adj multiple.
πολλαπλότητα nf multiplicity, plurality.
πολλοί adj, pron many, lots of, several.
πολλοστός adj umpteenth, nth (pronounced |enθ|)
πόλο nn polo.
πόλος nm pole.
πολτοποιώ vt pulp, mash || (φρούτα) liquidize.
πολτός nm pulp, paste, pap, jelly.
πολύ adv very || much || long || far || too || a lot, a great deal, greatly.
πολυαγαπημένος adj beloved, dearest.
πολυάνθρωπος adj populous, crowded.
πολυάριθμος adj numerous, large.
πολυάσχολος adj busy.
πολυβολείο nn pill-box.
πολυβολητής nm machine-gunner.
πολυβολισμός nm machine-gun fire.
πολυβόλο nn machine-gun.
πολυβολώ vt machine-gun, strafe.
πολύβουος adj bustling, noisy.
πολυγαμία nf polygamy.
πολύγαμος adj polygamous ▣ n polygamist.
πολύγλωσσος adj multilingual ▣ nm polyglot.
πολύγραφος nm duplicator.
πολυγραφώ vt duplicate.
πολύγωνο nn polygon.
πολυδάπανος adj costly, extravagant.
πολυδιαφημισμένος adj much-vaunted.
πολυεθνικός adj multinational.
πολυεκατομμυριούχος nm multimillionaire.
πολυέλαιος nm chandelier.
πολυ·έλεος (και ~εύσπλαχνος) adj most merciful.
πολυέξοδος adj costly, extravagant.
πολυήμερος adj of many days.
πολυθεΐ·α nf (και nm ~σμός) polytheism.
πολυθρήνητος adj much-lamented.
πολυθρόνα nf armchair || rocking-chair

|| deck-chair || wheelchair.
πολυθρύλητος adj legendary.
πολυκαιρία nf age, long time.
πολυκαιρινός adj stale, worn.
πολυκατάστημα nn department store.
πολυκατοικία nf block of flats.
πολυκέφαλος adj many-headed.
πολύκλαυστος adj much-lamented.
πολυκοσμία nf crowds of people.
πολύκροτος adj sensational.
πολυκύμαντος adj eventful, adventurous.
πολυλογάς nm chatterbox, windbag.
πολυλογία nf chatter, gab.
πολυμάθεια nf erudition.
πολυμαθής adj erudite, scholarly.
πολυμελής adj large.
πολυμέρεια nf versatility.
πολυμέτωπος adj· on several fronts.
πολύμηνος adj of many months.
πολυμήχανος adj resourceful.
πολυμορφία nf multiformity.
πολύμορφος adj multiform.
πολύμοχθος adj arduous, toilsome.
πολύπαθος adj sorely tried.
πολύπειρος adj very experienced.
πολύπλευρος adj many-sided.
πολυπληθής adj large.
πολύπλοκος adj complex, complicated.
πολύποδας nm polyp.
πολυπόθητος adj much desired, coveted.
πολυποίκιλος adj various.
πολυπράγμονας adj meddlesome ◼ nm busybody, nosy parker.
πολυπραγμοσύνη nf meddling, officiousness.
πολύς adj much, a lot, many || long.
πολυσέβαστος adj most respected.
πολυσέλιδος adj of many pages.
πολυσήμαντος adj comprehensive, significant.
πολύστροφος adj (μηχανή) high-speed, (άνθρ.) quick-witted.
πολυσύλλαβος adj polysyllabic.
πολυσύνθετος adj complex, intricate.
πολυσύχναστος adj much frequented, busy.
πολυσχιδής adj multifarious.
πολυτάλαντος adj rich || gifted, talented.
πολυτάραχος adj stormy, turbulent, eventful, chequered.
πολυτέλεια nf luxury.
πολυτελής adj luxurious, posh.
πολυτεχνείο nn Polytechnic.
πολυτεχνίτης nm Jack of all trades.
πολύτιμος adj valuable, precious.
πολύτομος adj voluminous.
πολυφαγία nf gluttony.
πολυφωνία nf polyphony, part-singing.
πολύφωτο nn chandelier.
πολύχρονος adj long, age-old.

πολύχρωμος adj multicoloured.
πολυψημένος adj overdone.
πολυψήφιος adj many-digit.
πολύωρος adj of many hours.
πολυώροφος adj many-storeyed.
Πολωνία nf Poland.
πολωνικός adj Polish.
Πολωνός nm Pole.
πόλωση nf polarization.
πόμολο nn door-handle.
πομπή nf procession || pomp.
πομπόν nn powder-puff.
πομπός nm transmitter.
πομπώδης adj pompous, bombastic.
πονεμένος adj pained, sad, sore.
πονετικός adj compassionate.
πονηρεύ-ω vt rouse sb's suspicions, make sb suspicious/cunning || ~ομαι, become suspicious/cunning.
πονηρ-ία (και ~ιά, ~άδα) nf cunning, deceit, trickery || ruse, wile, ploy.
πονηρός adj cunning, crafty, artful, wily, tricky, sly.
πονόδοντος nm toothache.
πονοκεφαλιάζω vti worry.
πονοκέφαλος nm headache.
πονόκοιλος nm bellyache.
πονόλαιμος nm sore throat.
πονόματος nm sore eyes.
πόνος nm pain, ache || suffering, grief || pity, sympathy.
πονόψυχος adj soft-hearted.
ποντάρω vt stake, bet || count on.
ποντίζω vt (άγκυρα) cast, (νάρκη) lay.
ποντίκ-ι nn (και nm ~ός) mouse, rat.
ποντικοπαγίδα nf mousetrap.
ποντικότρυπα nf mousehole.
ποντικοφάρμακο nn rat poison.
πόντιουμ nn podium.
ποντίφηκας nm pontiff.
ποντοπόρος adj ocean-going.
πόντος nm [open] sea || centimetre || (σε παιχνίδι) point || (σε πλέξιμο) stitch || μτφ. hint, dig.
πόντσι nn punch.
πόνυ nn pony.
πονώ vti pain, ache, hurt || (συμπονώ) sympathize [with sb], be sorry [for].
πόπκορν nn popcorn.
ποπλίνα nf poplin.
πορδή nf fart, rude noise.
πορεία nf walk, march, hike || course, route.
πορεύομαι vi walk, march || μτφ. manage.
πορθητής nm conqueror.
πορθμέας nm ferryman.
πορθμείο nn ferry.
πορθμός nm straight, channel, sound.
πορίζομαι vt get, draw, procure.
πόρισμα nn findings, conclusion.

πορνεία *nf* prostitution.
πορνείο *nn* brothel, whorehouse.
πορνεύω *vt* prostitute.
πόρνη *nf* prostitute, whore, harlot.
πορνό *nn* porno.
πορνογραφία *nf* pornography.
πορνογραφικός *adj* pornographic.
πορνογράφος *adj* pornographer.
πόρνος *nm* fornicator, sodomite.
πόρος *nm* means, income, resources || *ανατ.* pore, duct || (*σε ποτάμι*) ford.
πόρπη *nf* brooch, buckle, clasp.
πορσελάνη *nf* china, porcelain.
πορσελάνινος *adj* china, porcelain.
πόρτα *nf* door, gate.
πορτατίφ *nn* reading-lamp.
πορτιέρης *nm* doorman, door-keeper.
πορτμαντό *nn* coat-stand.
πορτ-μπαγκάζ *nn* boot, *ΗΠΑ* trunk.
πορτ-μπεμπέ *nn* carry-cot.
Πορτογαλία *nf* Portugal.
Πορτογ-άλος *nm* (*και adj* ~ικός) Portuguese.
πορτοκαλάδα *nf* orangeade, orange juice.
πορτοκαλεώνας *nm* orange grove.
πορτοκαλής *adj* orange.
πορτοκάλι *nn* orange.
πορτοφολάκι *nn* purse.
πορτοφολάς *nm* pickpocket.
πορτοφόλι *nn* wallet, purse.
πορτραίτο *nn* portrait.
πορφύρα *nf* purple.
Ποσειδώνας *nm* Poseidon.
πόσιμος *adj* drinkable.
ποσό *nn* amount, sum.
πόσο *adv* how, how much/far/long.
ποσολογία *nf* dosage.
πόσος *interrog pron* how much/many.
ποσοστό *nn* rate, percentage.
ποσότητα *nf* quantity, amount.
ποσοτικός *adj* quantitative.
ποστάλι *nn* mail-boat.
ποστίς *nn* hairpiece, postiche.
πόστο *nn* post, job, position, place.
ποστ-ρεστάντ *nn* poste restante.
ποσώς *adv* not at all.
ποταμάκι *nn* brook, rivulet.
ποταμηδόν *adv* in torrents.
ποτάμ-ι *nn* (*και nm* ~ός) river.
ποταμόπλοιο *nn* river-boat.
ποταπός *adj* base, vile, sordid.
ποταπότητα *nf* baseness, meanness.
ποτάσα *nf* potash.
πότε *adv* when || ~-~, from time to time.
ποτέ *adv* ever || never.
ποτήρι *nn* glass, tumbler, goblet.
ποτηριά *nf* glassful.
πότης *nm* drinker, tippler.
ποτίζω *vt* water || ooze, steep, soak.

πότισμα *nn* watering.
ποτιστήρι *nn* watering-can.
ποτό *nn* drink, beverage.
ποτοαπαγόρευση *nf* ΗΠΑ prohibition.
ποτοποιείο *nn* distillery.
ποτοπωλείο *nn* liquor shop, off-licence.
ποτ-πουρί *nn* medley || hotch-potch.
που *pron* who, which, that, where, why.
πού *interrog adv* where, how.
πουαντιγιέ *adj* dotted.
πουγκί *nn* wallet, purse.
πούδρα *nf* face powder.
πουδράρω *vt* powder.
πουδριέρα *nf* compact.
πούθε *interrog adv* from where.
πουθενά *adv* nowhere, [not] anywhere.
πουκαμίσα *nn* shift || nightshirt.
πουκάμισο *nn* shirt.
πουλάκι *nn* birdie, chick, nestling || ~ μου, my pet, my sweetie.
πουλάρι *nn* foal, colt.
πουλερικά *nn pl* poultry, fowls.
πούλημα *nn* selling, sale.
πουλημένος *adj μτφ.* venal.
πουλί *nn* bird, fowl || chick.
πούλι *nn* piece, counter, draught.
πούλια *nf* tinsel, spangle, sequin.
Πούλια *nf αστρον.* Pleiades.
πουλόβερ *nn* pullover, sweater, jumper.
πουλώ *vt* sell.
πουνέντες *nm* west wind.
πούντα *nf* chill, chest cold || cutter.
πουντιάζω *vi* give sb/catch a chill.
πουπουλένιος *adj* feather[y].
πούπουλο *nn* feather, down.
πουρές *nm* mash, purée.
πουρί *nn* fur, scale, tartar, plaque.
πουριτανικός *adj* puritanical.
πουριτανισμός *nm* puritanism.
πουριτανός *nm* puritan.
πουρμπουάρ *nn* tip.
πουρνάρι *nn* holly, holm-oak.
πουρνό *nn* morning.
πούρο *nn* cigar.
πούσι *nn* fog, mist.
πουτάνα *nf* whore.
πουτίγκα *nf* pudding.
πουφ *nn* pouffe ▣ *interj* ugh, phew.
πράγμα *nn* thing, object || stuff || matter, case || *pl* goings-on, affairs.
πραγματεία *nf* treatise, dissertation.
πραγματεύομαι *vt* deal with, treat.
πράγματι *adv* indeed, so, quite so.
πραγματικά *adv* really, in fact, actually.
πραγματικός *adj* real, true, proper, virtual, effective, positive.
πραγματικότητα *nf* reality, fact.
πραγματιστής *nm* pragmatist, realist.
πραγματογνώμονας *nn* expert, valuer.
πραγματογνωμοσύνη *nf* expert evidence.

πραγματολογικός adj factual.
πραγματοποίηση nf realization.
πραγματοποιήσιμος adj feasible.
πραγματοποιώ vt realize, fulfil, carry out || accomplish, achieve.
πραιτωριανός nm praetorian.
πρακτική nf practice.
πρακτικό nn record || pl minutes, proceedings.
πρακτικός adj practical || experienced || empirical.
πράκτορας nm agent, εμπ. representative.
πρακτορείο nn agency.
πράμα nn thing || pl cattle.
πραμάτεια nf wares.
πραματευτής nm pedlar, hawker.
πράξη nf act, action, deed || νομ. instrument, διοικ. certificate, enactment, order || practice.
πραξικόπημα nn coup, putsch.
πραξικοπηματικός adj arbitrary.
πράος adj mild, meek, gentle, placid.
πραότητα nf mildness, gentleness.
πρασιά nf flower-bed, plot, lawn.
πρασινάδα nf greenness || greens, greenery.
πρασινίζω vti make/become green.
πράσινο nn green.
πράσινος adj green.
πράσο nn leek.
πρατήριο nn shop, station.
πραΰνω vt soothe, calm.
πρέζα nf pinch, dash || dose.
πρεζάκιας nm junky.
πρελούντιο nn prelude.
πρεμιέρα nf opening night.
πρέπει v impers must, have to, ought.
πρεπούμενος adj becoming, proper.
πρέσα nf press.
πρεσάρω vt pressure, pressurize, press.
πρεσβεία nf embassy, legation || deputation || nn pl seniority.
πρέσβειρα nf ambassadress.
πρεσβευτής nm ambassador.
πρεσβευτικός adj ambassadorial.
πρεσβεύω vti believe [in], acknowledge || mediate.
πρεσβυτέρα nf priest's wife.
πρεσβυτεριανός nm, adj Presbyterian.
πρεσβύτερος adj elder, older, senior ▣ nm priest.
πρεσβύωπας. nm, adj long-sighted.
πρεσβυωπία nf long-sightedness.
πρες-παπιέ nn paperweight.
πρετ-α-πορτέ nn off the peg, readymade.
πρήζω vt swell.
πρηνηδόν adv prone, on one's face.
πρίγκιπας nm prince.
πριγκιπάτο nn principality.
πριγκιπικός adj princely.

πριγκίπισσα nf princess.
πριγκιπόπουλο nn young prince, prince's son.
πρίζα nf point, socket.
πριμ nn premium, bonus.
πρίμα adv fine, fair.
πριμιτίφ adj primitive.
πρίμο nn treble.
πριμοδότηση nf bounty.
πριμοδοτώ vt give bounty || premium.
πρίμος adj fair.
πριν adv before, ago ▣ conj, prep before.
πριονάκι nn παιχν. cat's cradle || εργαλ. fretsaw.
πριόνι nn saw.
πριονίδι nn sawdust, shavings.
πριονίζω vt saw.
πριονιστήρι nn saw-mill.
πριονοκορδέλα nf bandsaw.
πριονωτός adj jagged, serrated, saw-edged.
πρίσμα nn prism || υπό το ~, in the light of.
πρισματικός adj prismatic.
πριτσίνι nn rivet.
προ prep before, ago.
προαγγελία nf warning, notice.
προαγγέλλω vt warn, forebode.
προάγγελος nm herald, harbinger.
προάγω vt promote, further.
προαγωγή nf promotion.
προαγωγός nm pimp.
προαίρεση nf intention.
προαιρετικά adv at will.
προαιρετικός adj optional, voluntary.
προαισθάνομαι vt have a presentiment of.
προαίσθημα nn foreboding, presentiment.
προάλλες στη φρ. τις ~, the other day.
προαναγγέλλω vt forewarn, notify in advance.
προανάκριση nf preliminary investigation.
προανάκρουσμα nn prelude.
προαναφέρω vt mention before.
προαπαιτούμενος adj prerequisite.
προαποφασίζω vt decide in advance.
προασπίζω vt defend, vindicate.
προάσπιση nf defence, protection.
προασπιστής nm defender, champion.
προάστιο nn suburb.
προαύλιο nn [court]yard.
πρόβα nf (ρούχα) fitting || θέατρ. rehearsal.
προβάδισμα nn precedence, priority.
προβαίνω vi proceed || make.
προβάλλ·ω vti appear, put in/out, come up, loom up, come into sight || (φιλμ) show || (τονίζω) set off, bring out, highlight || ~ομαι, show off, push/sell

oneself.
προβάρω vt try on, have a fitting [for] || θέατρ. rehearse.
προβατάκι nn lamb.
προβατίνα nf ewe.
προβατίσιος adj sheep's.
πρόβατο nn sheep.
προβιά nf sheepskin, fleece, hide.
προβιβάζω vt promote || σχολ. move up.
προβιβασμός nm promotion.
προβλεπόμενος adj prospective, estimated.
προβλεπτικός adj farsighted.
προβλεπτικότητα nf farsightedness.
προβλέπ-ω vt foresee, anticipate, expect || provide, allow for, take precautions || ~εται, be planned/scheduled.
πρόβλεψη nf forecast, anticipation || provision, allowance, estimate.
πρόβλημα nn problem, question, issue || αριθμ. sum.
προβληματίζ-ω vt make one think, set one thinking || ~ομαι, think hard, ask oneself questions.
προβληματικός adj problem[atic].
προβληματισμός nm speculation.
προβλήτα nf jetty, pier, wharf.
προβοκάτορας nm agent provocateur.
προβοκάτσια nf provocation.
προβολέας nm searchlight, θέατρ. spotlight, αυτοκ. headlight, (γηπέδου) floodlight[s] || projector.
προβολή nf μηχ. projection || (φιλμ) show, screening || εμπ. promotion, publicity.
προβοσκίδα nf trunk, proboscis.
προγαμιαίος adj premarital.
προγεγραμμένος adj proscribed.
προγενέστερος adj previous, earlier, former, prior, preceding.
πρόγευμα nn breakfast.
προγευματίζω vi have breakfast.
προγεφύρωμα nn bridgehead, beachhead.
πρόγκα nf booing, hissing, catcalls.
προγκάω vt boo, hiss, jeer, shout at.
πρόγνωση nf forecast, prognosis.
προγνωστικό nn sign, indication.
προγονή nf step-daughter.
προγόνια nn pl step-children.
προγονικός adj ancestral, family.
προγονολατρεία nf ancestor-worship.
πρόγονος nm ancestor, pl ancestry.
προγονός nm step-son.
πρόγραμμα nn programme, timetable.
προγραμματίζω vt programme, schedule.
προγραμματικός adj programme.
προγραμματισμός nm programming.
προγραφή nf proscription.
προγυμνάζω vt coach, tutor, train.
προγύμναση nf coaching.

προγυμναστής nm coach, tutor.
πρόδηλος adj obvious, evident.
προδιαγραφές nf pl specifications.
προδιάθεση nf predisposition || natural aptitude || liability.
προδιαθέτω vt predispose || prepare.
προδικάζω vt know/judge in advance.
προδικασία nf preliminary proceedings.
προδικαστικός adj νομ. interlocutory.
προδίνω vt betray || let down || σχολ. tell on sb || give away, disclose.
προδοσία nf betrayal, treason.
προδότης nm traitor.
προδοτικός adj treasonous, traitorous || treacherous || tell-tale.
πρόδρομος nm forerunner, pioneer.
προεγγραφή nf subscription.
προεδρεία nf president's term of office.
προεδρείο nn chair || Presidium.
προεδρεύω vi chair, preside, be in the chair, take the chair.
προεδρία nf presidency.
προεδρικός adj presidential.
πρόεδρος nm president, chairman.
προειδοποίηση nf warning, caution.
προειδοποιητικός adj warning.
προειδοποιώ vt warn, caution || notify in advance || (κρυφά) tip off.
προεισαγωγικός adj introductory.
προεκλογικός adj electoral.
προέκταση nf extension.
προεκτείνω vt extend.
προέλαση nf advance.
προελαύνω vi advance.
προέλευση nf origin.
προεξέχω vi jut/stick/stand out.
προεξέχων adj prominent, protruding.
προεξόφληση nf τραπεζ. discount.
προεξοφλώ vt discount || anticipate || take for granted.
προεξοχή nf projection || ledge.
προεργασία nf preparation, homework, groundwork, spadework.
προετοιμάζ-ω vt prepare, work out || coach, groom || ~ομαι, get ready.
προετοιμασία nf preparation.
προέχω vi come first, be urgent.
πρόζα nf prose.
προζύμι nn yeast.
προηγμένος adj advanced, developed.
προηγούμαι vi precede, be ahead of.
προηγούμεν-ο nn precedent || έχω ~α με κπ, have a grudge against sb.
προηγούμενος adj foregoing, previous.
προημιτελικά nn pl αθλ. quarter-finals.
προθάλαμος nm anteroom, lobby.
πρόθεμα nn prefix.
προθέρμανση nf warming up || αθλ.

limber up, loosening up.

πρόθεση *nf* intention ‖ preposition.

προθεσμία *nf* time, time-limit, term.

προθήκη *nf* show-case, shop-window.

προθυμία *nf* willingness, readiness.

προθυμοποιούμαι *vi* be willing/eager to.

πρόθυμος *adj* willing, eager, prompt.

πρόθυρα *nn pl* threshold, eve.

προίκα *nf* dowry, fortune.

προικίζω *vt* give a dowry ‖ *μτφ.* endow.

προικιά *nn pl* trousseau.

προικισμένος *adj* endowed, gifted.

προικοθήρας *nm* fortune-hunter.

προικοσύμφωνο *nn* marriage contract.

προϊόν *nn* product, commodity, *pl* goods ‖ (*απόδοση*) proceeds, yield.

προϊστάμενος *nm* boss, chief, head.

προϊστορία *nf* prehistory.

προϊστορικός *adj* prehistoric[al].

προϊόν *adj* gradual, advancing.

πρόκα *nf* nail, tack.

προκαθορίζω *vt* predetermine, predestine.

προκάλυμμα *nn* cover, screen.

προκαλώ *vt* provoke, defy, challenge ‖ cause, occasion ‖ incite, instigate.

προκάνω *vti* catch up with ‖ have time to.

προκάτ *adj* prefab.

προκαταβάλλω *vt* advance.

προκαταβολή *nf* advance, earnest.

προκαταβολικός *adj* advance, anticipatory.

προκαταδικασμένος *adj* foredoomed.

προκατακλυσμιαίος *adj* antidiluvian.

προκαταλαμβάνω *vt* pre-empt ‖ prejudice.

προκατάληψη *nf* prejudice, bias.

προκαταρτικός *adj* preliminary, tentative.

προκατασκευάζω *vt* prefabricate.

προκατειλημμένος *adj* prejudiced, biased.

προκάτοχος *nm* predecessor ◉ *adj* previous.

προκείμενο *nn* point [at issue].

προκείμενος *adj* in question, at issue.

προκειμένου να, *conj* if, rather than.

πρόκειται *v impers* be [going] to ‖ ~ για, it's about, it concerns.

προκήρυξη *nf* proclamation ‖ leaflet.

προκηρύσσω *vt* proclaim, announce.

πρόκληση *nf* provocation, challenge ‖ instigation.

προκλητικός *adj* provocative, defiant.

προκλητικότητα *nf* provocativeness.

προκόβω *vi* advance, make good, get on, go ahead ‖ (*φυτά, ζώα*) thrive, flourish.

προκομμένος *adj* active, energetic ◉ *nm* (*ειρωνικά*) good-for-nothing, scoundrel.

προκοπή *nf* success, prosperity, progress ‖ diligence, industry.

προκριματικός *adj* preliminary.

προκρίνω *vt* prefer, choose.

πρόκριτος *nm* notable, *pl* elders.

προκυμαία *nf* wharf, quay ‖ waterfront.

προκύπτ·ω *vi* result [from] ‖ turn up, come to light ‖ ~ει *v impers* it follows, it is clear.

προλαλήσας *nm* previous speaker.

προλαβαίνω *vti* have time to ‖ catch [sb] up, overtake, be in time for ‖ prevent, avert ‖ anticipate, forestall, pre-empt.

προλέγω *vti* predict, foretell ‖ say before.

προλειαίνω *vt* pave [the way].

προλεταριακός *adj* proletarian.

προλεταριάτο *nn* proletariat.

προλετάριος *nm* proletarian.

προληπτικός *adj* preventive, pre-emptive ‖ superstitious.

πρόληψη *nf* prevention ‖ superstition.

προλογίζω *vt* preface.

πρόλογος *nm* preface, foreword.

προμάμμη *nf* great-grandmother.

προμαντεύω *vt* predict, foretell.

πρόμαχος *nm* champion, advocate.

προμαχώνας *nm* rampart, bulwark.

προμελέτη *nf* draft/preliminary report ‖ *νομ.* premeditation.

προμελετημένος *adj* premeditated, deliberate.

προμήθεια *nf* supplying ‖ *pl* provisions, supplies ‖ *εμπ.* commission, *sl* kickback.

προμηθευτής *nm* supplier.

προμηθεύω *vt* provide, supply.

προμήνυμα *nn* omen, foreboding.

προμηνύω *vt* bode, forebode, be the sign of.

πρόναος *nm* vestibule, narthex.

προνοητικός *adj* provident, long-sighted.

προνοητικότητα *nf* foresight.

πρόνοια *nf* providence, foresight ‖ provision, care, welfare.

προνομιακός *adj* preferential.

προνόμιο *nn* privilege, prerogative.

προνομιούχος *adj* preferential, preference.

προνοώ *vti* foresee ‖ provide [for], take precautions.

προνύμφη *nf* larva.

προξενείο *nn* consulate.

προξενεύω *vt* mediate ‖ make a match.

προξενητ·ής *nm* (f ~ρα) matchmaker ‖ go-between.

προξενικός *adj* consular.

πρόξενος *nm* consul ‖ cause.

προξενώ *vt* cause, bring about, occasion.

προοδευτικός *adj* progressive.

προοδευτικότητα *nf* progressiveness.

προοδεύω *vi* progress, make progress/headway, get/come on, go ahead.

πρόοδος *nf* progress, advance.

προοίμιο *nn* preamble || prelude.
προοιωνίζομαι *vt* augur, bode.
προοπτική *nf* prospect, outlook || *ζωγρ.* perspective.
προορίζω *vt* destine, intend, mean for.
προορισμός *nm* destination, journey's end || mission, vocation, calling.
προπαγάνδα *nf* propaganda.
προπαγανδίζω *vt* propagandize, agitate.
προπαγανδιστής *nm* propagandist.
προπαγανδιστικός *adj* propaganda.
προπαντός *adv* above all, in particular.
πρόπαππος *nm* great-grandfather.
προπαραμονή *nf* two days before.
προπαρασκευάζω *vt* prepare.
προπαρασκευαστικός *adj* preparatory.
προπαρασκευή *nf* preparation.
προπάτορας *nm* forefather.
προπατορικός *adj* ancestral.
προπέλα *nf* propeller.
προπερασμένος *adj* the last but one.
πρόπερσι *adv* two years ago.
προπέτασμα *nn* screen.
προπέτεια *nf* insolence, cheek.
προπέτης *adj* insolent, cheeky.
προπηλακίζω *vt* abuse, jeer.
προπίνω *vi* [drink a] toast.
πρόπλασμα *nn* model.
προπληρώνω *vt* pay in advance.
προπό *nn* football pools.
πρόποδες *nm pl* (βουνού) foot.
προπολεμικός *adj* prewar.
προπομπός *nm* scout.
προπόνηση *nf* training, coaching.
προπονητής *nm* trainer, coach.
προπονώ *vt* train, coach.
προπορεύομαι *vi* go ahead, be in front.
πρόποση *nf* toast.
προπουλώ *vt* sell/book in advance.
προπύλαια *nn pl* Propylaea, entrance.
προπύργιο *nn* bulwark, bastion, stronghold.
προς *prep* to, towards || for, by.
προσαγόρευση *nf* address.
προσαγορεύω *vt* address.
προσάγω *vt* produce, bring forward.
προσάναμμα *nn* tinder, kindling.
προσανατολίζ-ω *vt* orientate, position || ~ομαι, orientate oneself, find one's bearings, move towards.
προσανατολισμός *nm* orientation.
προσάπτω *vt* blame.
προσαράζω *vi* ground, run aground.
προσαρμογή *nf* adaptation, adjustment.
προσαρμόζω *vt* adapt, adjust.
προσαρμοστικός *adj* adaptable, adjustable.
προσαρμοστικότητα *nf* adaptability.
προσάρτημα *nn* fixture, appendage.
προσάρτηση *nf* annexation.
προσαρτώ *vt* annex || affix, append.

προσαυξάνω *vt* increase, augment.
προσαύξηση *nf* increment.
προσβάλλω *vt* insult, offend, slight || attack || affect, infringe upon || *νομ.* appeal against, dispute.
πρόσβαση *nf* access, approach.
προσβλητικός *adj* insulting, offensive.
προσβολή *nf* insult, offence, affront || attack || infringement.
προσγειώνω *vt* land, touch/put down || *μτφ.* bring/come down to earth.
προσγείωση *nf* landing, touch-down.
προσδένω *vt* fasten, attach || moor.
προσδίδω *vt* lend, give.
προσδιορίζω *vt* define, specify, determine, fix || *νομ.*, *φορολ.* assess.
προσδιορισμός *nf* determination || assessment || *γραμμ.* adjunct.
προσδοκία *nf* expectation, hope.
προσδοκώ *vt* expect, hope.
προσεγγίζω *vti* near, approach.
προσέγγιση *nf* approach || approximation || rapprochement.
προσέλευση *nf* arrival, coming, attendance, turn-out.
προσελκύω *vt* attract.
προσέρχομαι *vi* come, go, attend, turn out.
προσεταιρίζομαι *vt* win over.
προσέτι *adv* in addition, besides.
προσευχή *nf* prayer.
προσευχητάρι *nn* prayer-book.
προσεύχομαι *vi* pray, say one's prayers.
προσεχής *adj* next, following.
προσεχτικός *adj* careful, attentive, close || cautious, wary.
προσέχω *vti* be careful, take care, be wary of, see that || attend, look after, mind || listen, pay attention, notice, observe.
προσεχώς *adv* shortly, soon.
προσήλιος *adj* sunny, sunward.
προσηλυτίζω *vt* proselytize, convert.
προσηλυτισμός *nm* proselytism, conversion.
προσήλυτος *nm* convert, proselyte.
προσηλών-ω *vt* fix || ~ομαι, concentrate.
προσήλωση *nf* concentration.
προσήνεμος *adj* windward.
προσήνεια *nf* affability.
προσηνής *adj* affable, amiable.
προσθαλάσσωση *nf* splash-down.
πρόσθεση *nf* addition.
πρόσθετος *adj* additional, extra.
προσθέτω *vt* add, put in.
προσθήκη *nf* addition, accession.
προσιδιάζω *vi* be peculiar/proper to.
προσιτός *adj* accessible || within reach, *μτφ.* inexpensive, reasonable.
πρόσκαιρος *adj* short-lived, passing,

temporary, transient.

προσκαλώ *vt* invite, ask, call upon.

προσκεκλημένος *adj*, *nm* guest.

προσκέφαλο *nn* pillow.

προσκήνιο *nn* proscenium ‖ *μτφ*. limelight, spotlight.

πρόσκληση *nf* invitation, call, free ticket.

προσκλητήριο *nn* invitation card, wedding card, free ticket ‖ *στρατ*. call-over, roll-call ‖ call.

προσκόλληση *nf* adhesion, clinging ‖ *μτφ*. dedication, attachment.

προσκολλούμαι *vi* adhere/stick/cling to.

προσκομίζω *vt* bring, produce.

πρόσκομμα *nn* obstacle, stumbling-block.

προσκοπίνα *nf* girl guide/scout.

πρόσκοπος *nm* boy scout.

πρόσκρουση *nf* impact, crash, collision.

προσκρούω *vi* strike/hit against ‖ *μτφ*. meet with, come up against.

προσκύνημα *nn* reverence ‖ pilgrimage ‖ submission.

προσκυνητάρι *nn* icon-stand ‖ shrine.

προσκυνητής *nm* pilgrim, worshipper.

προσκυνοχάρτι *nn* submission deed.

προσκυνώ *vti* genuflect ‖ submit [to] ‖ worship ‖ kowtow.

προσλαμβάνω *vt* engage, employ, take on ‖ *μτφ*. assume, put on.

πρόσληψη *nf* engagement.

προσμένω *vi* await ‖ expect.

προσμονή *nf* waiting ‖ expectation.

πρόσοδος *nf* revenue, income ‖ return.

προσοδοφόρος *adj* profitable, lucrative.

προσόν *nn* advantage, merit ‖ accomplishment ‖ gift, talent ‖ *pl* qualifications.

προσορμίζω *vt* moor, put into port.

προσοχή *nf* attention, care ‖ caution.

πρόσοψη *nf* façade, front.

προσόψιο *nn* towel.

προσπάθεια *nf* effort, endeavour ‖ attempt, go, try, shot.

προσπαθώ *vi* endeavour, try, make an effort ‖ attempt, have a go/shot.

προσπέλαση *nf* access, approach.

προσπέρασμα *nn* overtaking.

προσπερνώ *vt* go by/past ‖ surpass ‖ *αυτοκ*. overtake.

προσπέφτω *vi* humble oneself.

προσποίηση *nf* affectation, sham, show.

προσποιητός *adj* assumed, simulated, sham, feigned, put-on.

προσποιούμαι *vti* pretend, sham, feign, assume, simulate, affect.

προσπορίζ·ω *vt* provide, give ‖ ~ομαι, procure.

προσταγή *nf* command, order, dictate.

πρόσταγμα *nn* command, order.

προστάζω *vt* command, order, dictate.

προστακτική *nf* *γραμμ*. imperative.

προστακτικός *adj* imperative, commanding.

προστασία *nf* protection ‖ cover, shelter ‖ patronage, auspices.

προστατευόμενος *adj*, *nm* protégé.

προστατευτικός *adj* protective, patronizing.

προστατευτισμός *nm* protectionism.

προστατεύω *vt* protect, safeguard ‖ shelter, cover, shield ‖ patronize.

προστάτης *nm* protector ‖ patron ‖ *ανατ*. prostate.

προστιθέμεν·ος *adj* added ‖ *φόρος ~ης αξίας* (Φ.Π.Α.) value added tax (V.A.T.).

προστιμάρω *vt* fine.

πρόστιμο *nn* fine.

προστρέχω *vi* run up/to, turn to.

προστριβή *nf* friction.

προστυχαίνω *vti* cheapen, make cheap/vulgar, become cheap.

προστυχιά *nf* meanness, vulgarity.

πρόστυχος *adj* low-down, cheap, mean, dirty, bitchy, nasty ‖ shoddy, inferior.

προσύμβαση *nf* draft contract.

προσυπογράφω *vt* countersign ‖ (*επιδοκιμάζω*) subscribe to, endorse.

πρόσφατος *adj* recent.

προσφέρω *vt* offer, render, tender, give ‖ afford, present.

προσφεύγω *vi* resort, turn to, appeal to.

προσφιλής *adj* beloved, precious, dearest.

προσφορά *nf* offer ‖ *εμπ*. tender, quotation ‖ ~ *και ζήτηση*, supply and demand.

πρόσφορος *adj* apt, suitable, convenient.

πρόσφυγας *nm* refugee.

προσφυγή *nf* appeal ‖ resort, recourse.

προσφυγικός *adj* refugee.

προσφυής *adj* apt, fitting.

πρόσφυμα *nn* suffix.

προσφώνηση *nf* address.

προσφωνώ *vt* address.

πρόσχαρος *adj* cheerful, genial, cheery.

προσχεδιάζω *vt* plan in advance.

προσχέδιο *nn* draft, rough plan.

πρόσχημα *nn* excuse, pretext, pretence.

προσχώνω *vt* deposit silt.

προσχώρηση *nf* accession.

προσχωρώ *vi* accede, adhere, join.

πρόσω *adv* *ναυτ*. ahead.

προσωνυμία *nf* name, title.

προσωπάρχης *nm* staff manager.

προσωπείο *nn* mask, [dis]guise.

προσωπίδα *nf* mask.

προσωπιδοφόρος *adj*, *nm* masked [man].

προσωπικά *adv* personally, in person ⬛ *nn pl* personalities, disagreement.

προσωπικό *nn* staff, personnel.

προσωπικός *adj* personal, private, indi-

vidual, of one's own.
προσωπικότητα nf personality || celebrity.
πρόσωπο nn face || person, character.
προσωπογραφία nf portrait.
προσωποκράτηση nf custody, detention.
προσωποκρατώ vt take into custody.
προσωπολατρεία nf personality cult.
προσωποπαγής adj personal.
προσωποποίηση nf personification.
προσωποποιώ vt personify, embody.
προσωρινός adj temporary, provisional, tentative, interim.
πρόταση nf proposal, suggestion, offer, resolution, motion || *γραμμ.* clause, *νομ. pl* pleadings, *(συλλογισμού)* premise.
προτάσσω vt put/place before || prefix.
προτείνω vt propose, suggest || put up/forward, recommend, name || *(σε συνεδρίαση)* move || put out, point, present.
προτεκτοράτο nn protectorate.
προτελευταίος adj last but one, penultimate.
προτεραιότητα nf priority, precedence.
προτέρημα nn talent, gift, advantage, good point || *pl* accomplishments || virtue, merit.
πρότερ-ος adj στη φρ. εκ των ~ων, in advance, a priori.
προτεστάντης nm Protestant.
προτίθεμαι vi intend, mean.
προτίμηση nf preference, partiality.
προτιμητέος adj preferable.
προτιμολόγιο nn pro-forma invoice.
προτιμότερος adj preferable, better.
προτιμ-ώ vt prefer, choose, like better || θα ~ούσα, I would rather.
προτομή nf bust.
προτού adv before.
προτρέπω vt urge, exhort || egg on.
προτρέχω vi be rash || outrun.
προτροπή nf admonition || incitement.
πρότυπο nn model, pattern.
πρότυπος adj model, exemplary.
προϋπαντώ vt [go out and] meet.
προϋπάρχω vi exist before.
προϋπηρεσία nf previous service.
προϋπηρετώ vi have previous service.
προϋπόθεση nf condition, requirement, prerequisite, presupposition.
προϋποθέτω vt presuppose.
προϋπολογίζω vt estimate, budget.
προϋπολογισμός nm budget, estimate.
προύχοντας nm notable.
προφανής adj obvious, evident.
πρόφαση nf excuse, pretext.
προφασίζομαι vi pretend, sham, plead.
προφέρω vt pronounce, utter, speak.
προφητεία nf prophecy.

προφητεύω vt prophesy, predict.
προφήτης nm prophet.
προφητικός adj prophetic.
προφθάνω vti be in time to, catch up.
προφίλ nn profile.
προφορά nf pronunciation.
προφορικός adj verbal.
προφυλάγ-ω vt protect, shield, shelter || ~ομαι, guard, beware, shelter, take cover.
προφυλακή nf outpost.
προφυλακίζω vt remand in custody.
προφυλάκιση nf custody, detention.
προφυλακτήρας nm bumper.
προφυλακτικό nn contraceptive, cap, condom, *ΗΠΑ* prophylactic.
προφυλακτικός adj protective, precautionary || careful, cautious.
προφύλαξη nf precaution, caution.
πρόχειρα adv offhand, roughly, anyhow.
προχειροδουλειά nf patchwork.
προχειρολογία nf improvisation.
πρόχειρος adj extempore, improvised || rough, sketchy, makeshift.
προχθές adv the day before yesterday.
προχρονολογώ vt predate.
πρόχωμα nn earthwork.
προχωρημένος adj advanced, far gone.
προχωρώ vti advance, go/step forward || *(χρον.)* wear on, move on || *μτφ.* proceed, progress, make headway, get on.
προψές adv two evenings ago.
προώθηση nf propulsion || promotion.
προωθητικός adj propulsive.
προωθώ vt *τεχν.* propel || *εμπ.* promote, sell/push oneself.
πρόωρος adj premature, precocious, untimely, early.
πρύμνη nf stern.
πρυτανεύω vi prevail.
πρύτανης nm rector, dean.
πρώην adj ex-, former.
πρωθιερέας nm dean, head priest.
πρωθυπουργία nf premiership.
πρωθυπουργικός adj prime-ministerial, of the Premier.
πρωθυπουργός nm Premier, Prime Minister.
πρωί nn morning.
πρώιμος adj early, forward, precocious.
πρωινό nn morning || breakfast.
πρωινός adj morning, early.
πρωκτός nm rectum, anus.
πρώρα nf prow.
Πρωσία nf Prussia.
Πρώσ-ος *(και adj ~ικός)* nm Prussian.
πρώτα adv first[ly] || before, formerly.
πρωταγων-ιστής nm protagonist, leading actor || ~ίστρια nf leading lady.

πρωταγωνιστώ *vi* be a protagonist, play a leading part, star.

πρωτάθλημα *nn* championship.

πρωταθλητής *nm* champion.

πρωταίτιος *nm* ringleader.

πρωτάκουστος *adj* unheard-of, unprecedented, incredible.

πρωταπριλιά *nf* April Fools' Day.

πρωτάρης *nm* novice, tyro ◉ *adj* green, inexperienced.

πρωταρχίζω *vi* first begin, start.

πρωταρχικός *adj* chief, main, primary.

πρωτεία *nn pl* primacy.

πρωτεϊκός *adj* protean.

πρωτεΐνη *nf* protein.

πρωτεργάτης *nm* pioneer, μτφ. architect.

πρωτεύουσα *nf* capital.

πρωτεύω *vi* excel, come first/top.

πρωτεύων *adj* primary, major, chief.

πρωτιά *nf* lead, first.

πρώτιστος *adj* foremost, chief, prime.

πρωτοβάθμιος *adj* of the first degree/rank.

πρωτοβλέπω *vt* see first, first see.

πρωτοβουλία *nf* initiative.

πρωτογενής *adj* primary, protogenic.

πρωτογέννητος *adj* first-born.

πρωτόγονος *adj* primitive.

πρωτοδικείο *nn* court of the first instance.

πρωτοετής *adj, nm* first-year [student].

πρωτοκαθεδρία *nf* primacy, place of honour.

πρωτόκολλο *nn* register, record ‖ protocol ‖ etiquette.

πρωτόλειο *nn* youthful composition, juvenilia.

Πρωτομαγιά *nf* May Day, the first of May.

πρωτομαγιάτικος *adj* May Day.

πρωτομάστορας *nm* master builder.

πρωτομηνιά *nf* first day of the month.

πρώτον *adv* first, firstly.

πρωτόνιο *nn* proton.

πρωτοξάδερφος *nm* first cousin.

πρωτοπαλίκαρο *nn* henchman.

πρωτόπειρος *adj* inexperienced, green.

πρωτοπηγαίνω *vi* first go.

πρωτόπλαστ·ος *adj* first-created ‖ Π~οι, *nm pl* Adam and Eve.

πρωτοπορία *nf* vanguard, avant garde.

πρωτοποριακός *adj* pioneer, avant-garde.

πρωτοπόρος *nm* pioneer, forerunner.

πρώτος *adj* first ‖ bottom, top ‖ original ‖ former.

πρωτοστάτης *nm* ringleader, prime mover.

πρωτοστατώ *vi* play a leading part/role.

πρωτοσύγκελος *nm* canon.

πρωτοσύστατος *adj* newly-formed.

πρωτότοκος *adj* first-born, eldest.

πρωτοτόκια *nn pl* birthright.

πρωτοτυπία *nf* originality.

πρωτότυπο *nn* original.

πρωτότυπος *adj* original, ingenious, novel ‖ eccentric, unconventional.

πρωτοτυπώ *vi* be original, break fresh ground.

πρωτοφανής (*και* **πρωτόφαντος**) *adj* astonishing, stunning ‖ unheard-of, unprecedented.

πρωτοχρονιά *nf* New Year's Day.

πρωτύτερα *adv* earlier, before.

πταίσμα *nn* petty offence, misdemeanour ‖ error, fault, mistake.

πταισματοδικείο *nn* police-court.

πταισματοδίκης *nm* police-magistrate.

πτέραρχος *nm* wing commander.

πτέρυγα *nf* wing ‖ στρατ. flank ‖ (νοσοκομείου) ward.

πτερύγιο *nn* (έλικα) blade, (ψαριού) fin, (φώκιας) flipper, (αυτιού) lobe.

πτέρωμα *nn* plumage.

πτηνό *nn* bird, fowl.

πτηνοτροφείο *nn* aviary ‖ poultry farm.

πτηνοτρόφος *nm* bird-breeder ‖ poultry farmer.

πτήση *nf* flight.

πτοώ *vt* intimidate, daunt.

πτύελο *nn* spit[tle], ιατρ. sputum.

πτυελοδοχείο *nn* spittoon.

πτυσσόμενος *adj* folding, collapsible.

πτυχή *nf* fold, pleat, wrinkle, crease ‖ (εδάφους) depression ‖ μτφ. aspect.

πτυχίο *nn* degree ‖ certificate.

πτυχιούχος *nm* degree-holder ◉ *adj* certificated.

πτυχώνω *vti* fold, pleat.

πτύχωση *nf* fold[ing], pleat[ing], drapery.

πτυχωτός *adj* folded, pleated.

πτώμα *nn* corpse ‖ (ιδ. ανατ.) cadaver, body ‖ (ζώου) carcass.

πτωματώδης *adj* cadaverous.

πτώση *nf* fall, downfall, collapse, overthrow ‖ decline, drop, slump, plummeting, toppling ‖ γραμμ. case.

πτωχεύσας *nm* bankrupt.

πτώχευση *nf* bankruptcy.

πτωχευτικός *adj* bankrupt's, bankruptcy.

πτωχεύω *vi* go bankrupt.

πτωχοκομείο *nn* workhouse.

πτωχός *nm, voμ.* bankrupt ‖ ⇒ ΦΤΩΧΟΣ

πυγμαίος *adj* dwarfish ◉ *nm* Pygmy.

πυγμαχία *nf* boxing.

πυγμάχος *nm* boxer.

πυγμαχώ *vi* box, be a boxer.

πυγμή *nf* fist, punch.

πυγολαμπίδα *nf* glow-worm.

πυθμένας *nm* bottom, bed.

πύθωνας *nm* python.

πυκνογραμμένος *adj* closely written.

πυκνοκατοικημένος adj densely populated.
πυκνός adj dense, thick, close, bushy.
πυκνότητα nf density, thickness.
πυκνώνω vti thicken, close up || (φαι-
νόμενα) make/become more frequent.
πύλη nf gate, gateway.
πυξίδα nf compass.
πύο nn pus, matter.
πυορροώ vi fester, suppurate.
πυρ nn fire, firing, shooting.
πύρα nf heat, warm.
πυρά nf pyre, stake.
πυράκανθος nm pyracanth[us].
πυρακτωμένος adj glowing, red-hot.
πυράκτωση nf glow, incandescence.
πυραμίδα nf pyramid.
πυραυλική nf rocketry.
πυραυλοκίνητος adj rocket-propelled.
πύραυλος nm rocket, missile.
πυργίσκος nm turret, pinnacle.
πυργοδεσπότης nm feudal lord.
πύργος nm castle || tower, tower-block,
turret, keep || (σκάκι) rook, castle.
πυργώνομαι vi rise high, tower.
πυρετικός adj feverish, hectic, febrile.
πυρετός nm fever, temperature.
πυρετώδης adj feverish || hectic.
πυρήνας nm (κουκούτσι) pit, stone, core
|| φυσ. nucleus || πολιτ. cell.
Πυρηναία nn pl Pyrenees.
πυρηνέλαιο nn seed-oil.
πυρηνικός adj nuclear.
πυρίμαχος adj fire-proof.
πύρινος adj of fire || fiery, scalding.
πυριτίδα nf gunpowder.
πυριτιδαποθήκη nf powder-magazine ||
μτφ. powder-keg.
πυριτιδοποιείο nn gunpowder factory.
πυρκαγιά nf fire, arson, conflagration.
πυροβασία nf fire-walking.
πυροβολαρχία nf battery.
πυροβολείο nn gun emplacement.
πυροβολητής nm gunner, artilleryman.
πυροβολικό nn artillery.
πυροβολισμός nm shot, gunshot, pl gun-
fire.
πυροβόλο nn gun, cannon.
πυροβολώ vti fire, shoot, gun down.

πυροδότηση nf firing, ignition.
πυροδοτικός adj firing.
πυροδοτώ vt fire, touch/set off.
πυροκροτητής nm detonator.
πυροκρότηση nf detonation.
πυρολατρεία nf fire-worship.
πυρόλιθος nm flint, quartz.
πυρομανής adj pyromaniac, arsonist.
πυρομαχικά nn pl ammunition, munitions.
πυρόξανθος adj auburn.
πυροπαθής nm fire victim.
πυροσβεστήρας nm fire-extinguisher.
πυροσβέστης nm fireman.
πυροσβεστικ-ός adj fire || ~ή υπηρεσία,
fire brigade.
πυροστιά nf firedog, andiron, trivet,
hob.
πυροσωλήνας nm fuse.
πυροτέχνημα nn firework.
πυροτεχνουργός nm pyrotechnist.
πυρπολικό nn fireship.
πυρπολώ vt set on fire, set fire to, burn
down || μτφ. fire.
πύρρειος adj Pyrrhic.
πυρσός nm firebrand, torch.
πύρωμα nn warming || glowing.
πυρών·ω vt warm || set aglow || ~ομαι,
roast, glow.
πυτζάμα nf [pair of] pyjamas.
πυτιά nf rennet.
πυώδης adj septic, purulent.
πώγων nm beard.
πωγωνάτος adj bearded.
πώληση nf selling, sale.
πωλητήριο nn deed/bill of sale.
πωλητής nm seller, salesman, vendor,
shop-assistant.
πωλήτρια nf saleswoman, shop-girl.
πωλώ vt sell.
πώμα nn cap, lid, cork.
πωματίζω vt cap, bung up, cork up.
πωρόλιθος nm limestone, porous stone.
πωρωμένος adj callous, hardened.
πώρωση nf callousness.
πώς adv how || what... for || (ευτυχώς)
it was lucky || ειρων. a fat lὅt || κάνω
~ και ~, be all agog.
πως conj that.

Ρ ρ

ραβανί nn cake.

ραβασάκι nn love-letter.

ραββίνος *nm* rabbi.
ραβδί *nn* stick, cane.
ραβδιά *nf* blow with a stick.
ραβδίζω *vt* beat [with a stick], cane.
ράβδος *nf* cane, [walking-]stick, (*ποιμενική*) staff, crook, (*δεσποτική*) crosier, (*στραταρχική*) baton, (*ταχυδακτ.*) wand || *τεχν.* rod.
ράβδωση *nf* stripe, streak || *αρχιτ.* fluting.
ραβδωτός *adj* striped, streaky || fluted.
ράβω *vt* sew, stitch, make.
ράγα *nf* rail, track.
ραγδαίος *adj* fast, rapid, speedy || steep, abrupt, startling || pelting, driving.
ραγιαδισμός *nm* slavish mentality.
ραγιάς *nm* slave, subject [of Ottoman Empire].
ραγίζω *vti* crack, get cracked.
ράγισμα *nn* crack, chink.
ραγού *nn* ragout.
ραδιενέργεια *nf* radioactivity.
ραδιενεργός *adj* radioactive.
ραδίκι *nn* chicory, dandelion.
ράδιο *nn* radio.
ραδιογραμμόφωνο *nn* radiogram.
ραδιογράφημα *nn* radiograph.
ραδιοηλεκτρικός *adj* radio-electric.
ραδιοθάλαμος *nm* broadcasting studio.
ραδιοθεραπεία *nf* radiotherapy.
ραδιοπειρατής *nn* [radio] ham/pirate.
ραδιοπικάπ *nn* radiogram.
ραδιοπομπός *nm* radio transmitter.
ραδιοπυξίδα *nf* radio compass.
ραδιοσκηνοθέτης *nm* radio director.
ραδιοσκόπηση *nf* X-ray examination.
ραδιοσταθμός *nm* radio/broadcasting station.
ραδιοτεχνίτης *nm* radio technician.
ραδιοτηλεγράφημα *nn* radio telegram.
ραδιοτηλέγραφος *nm* radiotelegraph.
ραδιοτηλεφωνητής *nm* radiotelephone operator.
ραδιοτηλέφωνο *nn* radiotelephone, (*φορητό*) walkie-talkie.
ραδιουργία *nf* intrigue, machination.
ραδιούργος *adj* scheming, plotting ◙ *nm* schemer, intriguer.
ραδιουργώ *vi* intrigue, scheme.
ραδιοφάρος *nm* radio beacon.
ραδιοφωνία *nf* broadcasting.
ραδιοφωνικός *adj* radio, broadcasting.
ραδιόφωνο *nn* radio[-set].
ραθυμία *nf* indolence.
ράθυμος *adj* indolent, listless.
ραιγιόν *nn* rayon.
ραΐζω *vti* crack, get cracked.
ραίνω *vt* sprinkle, scatter.
ράιχ *nn* Reich.
ρακένδυτος *adj* in rags, tattered.

ρακέτα *nf* racket, racquet.
ρακί *nn* raki, strong alcoholic liquor.
ρακοπότηρο *nn* liqueur-glass.
ράκος *nn* rag, tatter || *μτφ.* crushed.
ρακοσυλλέκτης *nm* ragman, rag-and-bone man.
ραλαντί *nn* idle, tick-over, idling speed.
ράλυ *nn* rally.
ραμαζάνι *nn* Ramadan.
ραμί *nn* χαρτοπ. rummy.
ράμμα *nn* (*πληγής*) stitch.
ραμολίρω *vi* go soft, become a dotard.
ράμπα *nf* ramp, gradient.
ραμφίζω *vt* peck at, pick.
ράμφος *nn* bill, beak.
ρανίδα *nf* drop.
ράντα *nf* fixed income, ânnuity.
ραντάρ *nn* radar.
ραντεβού *nn* appointment, date, meeting.
ράντζο *nn* camp-bed.
ραντίζω *vt* sprinkle, spray.
ραντιστήρα *nf* sprinkler, spray.
ράντσο *nn* ranch.
ράουλο *nn* roller.
ραπάνι *nn* radish.
ραπίζω *vt* (*και* *nn* ράπισμα) slap, smack.
ραπτική *nf* dressmaking, haute couture.
ραπτομηχανή *nf* sewing-machine.
ρασιοναλισμός *nm* rationalism.
ράσο *nn* frock, cassock.
ρασοφόρος *nm* clergyman ◙ *adj* in orders.
ράτσα *nf* race, stock, blood || breed.
ρατσισμός *nm* racism.
ρατσιστής *nm* racist.
ρατσιστικός *adj* racial.
ραφείο *nn* tailor's [shop].
ραφή *nf* seam || χειρουργ. stitch, suture.
ράφι *nn* shelf, rack, ledge.
ραφινάρω *vt* distil, refine || polish.
ραφινάτος *adj* refined, subtle, polished.
ραφτάδικο *nn* tailor's [shop].
ράφτης *nm* tailor.
ράφτρα *nf* seamstress, dressmaker.
ραχατεύω *vi* lounge/loll/idle about.
ράχη *nf* back || spine || ridge.
ραχιτισμός *nm* rickets.
ραχοκοκαλιά *nf* backbone.
ράψιμο *nn* sewing, needlework.
ραψωδία *nf* rhapsody.
ραψωδός *nm* epic poet.
ρεαλισμός *nm* realism, pragmatism.
ρεαλιστής *nm* realist, pragmatist.
ρεαλιστικός *adj* realistic.
ρεβέρ *nn* turn-up, *ΗΠΑ* cuff.
ρεβερέντσα *nf* low bow, curtsey.
ρεβιζιονισμός *nm* revisionism.
ρεβιζιονιστής *nm* revisionist.
ρεβιζιονιστικός *adj* revisionist.
ρεβίθι *nn* chickpea.

ρεβόλβερ *nn* revolver.
ρέβω *vti* exhaust, wear out ‖ languish.
ρεγάλο *nn* kickback.
ρέγγα *nf* herring.
ρέγουλα *nf* moderation, measure.
ρεγουλάρισμα *nn* regulation, adjustment.
ρεγουλάρω *vt* regulate, adjust.
ρεζέρβα *nf* spare wheel/part.
ρεζερβουάρ *nn* reservoir, petrol tank.
ρεζιλεύω *vt* humiliate, bring shame on ‖ ridicule.
ρεζίλης *nn* laughing-stock.
ρεζίλι *nn* ridicule, shame ‖ γίνομαι ~, make a fool of oneself.
ρεζιλίκι *nn* ridicule, fiasco.
ρέζους *nm* rhesus.
ρείθρο *nn* gutter, channel.
ρείκι *nn* heath, heather.
ρεκλάμα *nf* advert[isement], publicity.
ρεκλαμάρω *vt* advertise.
ρεκόρ *nn* record.
ρέκτης *adj* enterprising.
ρεκτιφιέ *nn* reconditioning.
ρέμα *nn* river-bed, stream.
ρεμάλι *nn* good-for-nothing.
ρεματιά *nf* gully, ravine, gorge.
ρεμβάζω *vi* muse, daydream.
ρεμβασμός *nm* reverie, daydreaming.
ρεμβαστικός *adj* musing, dreamy.
ρέμβη *nf* reverie.
ρεμούλα *nf* thieving, cheating.
ρεμούλκα *nf* trailer ‖ towing-line.
ρεμπελεύω *vi* loaf, lounge, mooch.
ρεμπελιό *nn* loafing, mooching.
ρέμπελος *nm* loafer, idler, lazybones ‖ rebel.
ρεμπεσκές *nm* scamp, scallywag.
ρεμπούμπλικα *nf* trilby.
ρέντα *nf* winning streak.
ρεντιγκότα *nf* frock-coat.
ρεπερτόριο *nn* repertoire, repertory.
ρεπρίζ *nf* αυτοκ. pick-up.
ρεπό *nn* time off.
ρεπορτάζ *nn* reporting.
ρεπόρτερ *nm* reporter, journalist.
ρεπουμπλικάνος *nm* republican.
ρέπω *vi* incline, tend, lean, run to.
ρεσάλτο *nn* assault.
ρεσεψιόν *nf* reception [desk].
ρεσιτάλ *nn* recital.
ρέστα *nn pl* change.
ρέστος *adj* remaining, rest.
ρεστωράν *nn* restaurant.
ρετάλι *nn* remnant.
ρετάρισμα *nn* misfire, sputter.
ρετάρω *vi* misfire, spit, sputter.
ρετιρέ *nn* penthouse.
ρετουσάρισμα *nn* touching-up.
ρετουσάρω *vt* touch up.
ρετσέτα *nf* prescription.

ρετσινάτος *adj* resinated.
ρετσίνι *nn* resin.
ρετσινιά *nf* calumny, slander, smear.
ρετσινόλαδο *nn* castor oil.
ρεύμα *nn* draught ‖ current, stream ‖ *ηλεκτρ.* current, mains.
ρευματισμός *nm* rheumatism.
ρευματόπονοι *nn pl* rheumatic pains.
ρεύομαι *vi* retch, belch, burp.
ρεύση *nf* flow ‖ wet dream.
ρευστό *nn* ready money/cash.
ρευστοποιώ *vt* οικον. liquidate, realize.
ρευστός *adj* liquid, fluid.
ρευστότητα *nf* fluidity, flux.
ρεφάρω *vi* win back one's losses.
ρεφενές *nm* share, Dutch treat.
ρεφορμισμός *nm* reformism.
ρεφορμιστής *nm* reformist.
ρεφραίν *nn* refrain.
ρέψιμο *nn* retch, belch.
ρέω *vi* flow, run, stream.
ρήγας *nm* king.
ρηγάτο *nn* kingdom.
ρήγμα *nn* breach, crack, fissure.
ρηγόπουλο *nm* prince.
ρήμα *nn* verb.
ρήμαγμα *nn* devastation ‖ disrepair.
ρημάδι *nn* ruin, wreck[age].
ρημαδιό *nn* havoc, ruin, desolation.
ρημάζω *vti* ruin, lay waste, ravage, devastate ‖ fall into ruin/disrepair.
ρηματικός *adj* verbal.
ρήξη *nf* rupture, break, rift.
ρηξικέλευθος *adj* enterprising.
ρήση *nf* saying, utterance.
ρητό *nn* maxim, motto, saying.
ρήτορας *nm* orator.
ρητορ-εία (και ~ική) *nf* oratory, rhetoric.
ρητορεύω *vi* harangue ‖ speechify ‖ declaim.
ρητορικός *adj* oratorical, rhetorical.
ρητός *adj* categorical, express, explicit.
ρήτρα *nf* clause.
ρηχαίνω *vti* make/become shallow.
ρηχός *adj* shallow.
ρίγα *nf* ruler ‖ stripe.
ρίγανη *nf* origan[um].
ριγέ *adj* striped, stripy.
ρίγος *nn* shiver, shudder, thrill.
ριγώ *vi* shiver, shudder, quiver.
ριγώνω *vt* rule, line.
ριγωτός *adj* ruled, lined ‖ striped.
ρίζα *nf* root, stem ‖ cause, origin.
ριζά *nn pl (βουνού)* foot.
ριζικό *nn* fate, destiny, lot.
ριζικός *adj* root ‖ radical ‖ total.
ριζοβολώ *vi* root, strike/take root.
ριζοβούνι *nn* foothills.
ριζοσπάστης *nm* radical.

ριζοσπαστικός adj radical.
ριζωμένος adj rooted, fixed, implanted.
ριζώνω vi take root, grow new roots.
ρίμα nf rhyme.
ρινικός adj nasal.
ρινίσματα nn pl filings, shavings.
ρινόκερως nm rhino[ceros].
ριξιά nf throw, toss || shot, shy || round.
ρίξιμο nn throwing || cheating.
Ρίο Ιανείρο nn Rio de Janeiro.
ριπή nf (ανέμου, βροχής) gust, squall, flurry || (σφαιρών) volley, burst.
ριπίζω vt fan.
ριπολίνη nf enamel paint.
ρισκάρω vt risk, chance, gamble.
ρίσκος nm risk.
ρίχνομαι vi launch out, throw oneself into || (εναντίον) rush at, go at, pounce upon, pitch into || (ερωτικά) make a dead set at, proposition || (στο φαΐ) tuck/pitch into, fall on/to.
ρίχνω vt throw, cast, shed, drop || (ορμητικά) fling, hurl, dart, dash, drive || (γρήγορα) slip on, pop, flash || (γκρεμίζω) pull down, shoot down, overthrow, (δέντρα) fell || (πυροβολώ) fire, shoot, let off, discharge || (ξεγελώ) dupe, hoodwink, let down, do down || (υποβιβάζω) demean, put/send down.
ρίψη nf throw[ing], drop[ping].
ριψοκινδυνεύω vti risk, endanger, jeopardize, take risks.
ριψοκίνδυνος adj risky, dangerous || άνθρ. reckless, foolhardy.
ροβίθι nn chickpea.
ροβολώ vi tear/tumble/rush down.
ρόγχος nm [death-]rattle.
ρόδα nf wheel || roller || tyre.
ροδάκινο nn peach.
ροδαλός adj pink, rosy.
ροδέλα nf washer.
ροδέλαιο nn oil of roses.
ρόδι nn pomegranate.
ροδιά nf pomegranate[-tree] || αυτοκ. rut, track.
ροδίζω vti become rosy-hued || μαγειρ. brown.
ρόδινος adj rose-coloured, rosy, pinkish.
ροδίτσα nf roller.
ρόδο nn rose.
ροδοδάφνη nf oleander.
ροδόδεντρο nn rhododendron.
ροδοκόκκινος adj ruddy, florid, glowing.
ροδομάγουλος adj rosy-cheeked.
ροδόνερο nn rosewater.
ροδοπέταλο nn rose-leaf.
Ρόδος nf Rhodes.
ροδόσταμο nn rosewater.
ροδώνας nm rosebed, rose-field.

ροζ adj, nn pink, rose.
ροζιάζω vi become knotty/calloused.
ροζιάρικος adj knotty, calloused, horny.
ρόζος nm knot, knob, callus.
ροή nf flow, flux, issue.
ροΐ nn oil-can.
ροκ nn rock, rock-'n-roll.
ρόκα nf distaff.
ροκάνα nf rattle || large plane.
ροκανίδια nn pl chippings, shavings.
ροκανίζω vt plane away || gnaw, nibble.
ρολάρω vi freewheel.
ρολό nn roll, coil, scroll || roller-blind.
ρολογάς nm watch-maker.
ρολόι nn watch, clock || meter.
ρόλος nm roll, coil || role, part.
ρομαντζάρω vi daydream, romanticize.
ρομάντζο nn romance.
ρομαντικός adj, nm romantic.
ρομαντισμός nm romanticism.
ρομβία nf street organ.
ρόμβος nm rhombus, lozenge.
ρόμπα nf robe, gown, smock.
ρομπινές nm tap, ΗΠΑ faucet.
ρομπ-ντε-σάμπρ nf dressing-gown.
ρομπότ nn robot.
ρονρονίζω vi purr.
ροντάρισμα nn running-in.
ροντάρω vt run in.
ρόπαλο nn club, cudgel.
ροπή nf tendency, inclination.
ροσμπίφ nn roast beef.
ρότα nf course.
ροταριανός adj Rotary, nm Rotarian.
ρούβλι nn rouble, ruble.
ρουζ nn rouge, lipstick.
ρουθούνι nn nostril.
ρουθουνίζω vi snort, sniff.
ρουκέτα nf rocket.
ρουλεμάν nn ball-bearing.
ρουλέτα nf roulette.
ρουμάνι nn thicket, spinney.
Ρουμανία nf Romania.
Ρουμάν·ος nm (και adj ~ικός) Romanian.
ρούμι nn rum.
ρουμουλκώ, κλπ. ⇒ ΡΥΜΟΥΛΚΩ
ρουμπίνι nn ruby || jewel.
ρους nm flow, course.
ρουσφέτι nn favour.
ρουσφετολογία nf favouritism, corruption.
ρουσφετολόγος nm corrupt dealer.
ρουσφετολογώ vti seek/do special favours.
ρουτίνα nf routine, round, rut.
ρουτινιέρικος adj routine, humdrum.
ρουφηξιά nf gulp, sip, draught.
ρουφήχτρα nf whirlpool.
ρουφιάνα nf procuress || bitch.
ρουφιανιά nf scandalmongering.

ρουφιάνος *nm* pimp || schemer || informer || (*βρισιά*) bastard, creep.

ρουφώ *vt* gulp, swallow, suck, sip, soak, absorb || inhale, draw || (*στα γρήγορα*) knock back, toss off || *μτφ.* drink in.

ρο[υ]χαλητό *nn* snore, snoring.

ρο[υ]χαλίζω *vi* snore.

ρούχο *nn* garment, article of clothing || *pl* clothes.

ρόφημα *nn* drink, beverage.

ροφός *nm* *ιχθ.* blackfish.

ροχάλα *nf* gob, spittle.

ροχαλίζω *vi* snore.

ρυάκι *nn* brook, creek.

ρύγχος *nn* muzzle, snout.

ρύζι *nn* rice.

ρυζόγαλο *nn* rice pudding.

ρυζόχαρτο *nn* rice-paper.

ρυζοχώραφο *nn* paddy[-field], rice-field.

ρυθμίζω *vt* regulate, adjust, set || organize, settle, sort/work out.

ρυθμική *nf* rhythmics, eurhythmics.

ρυθμικός *adj* rhythmical.

ρύθμιση *nf* regulation, settlement.

ρυθμιστής *nm* regulator, control.

ρυθμιστικός *adj* regulatory.

ρυθμός *nm* rhythm || *μουσ.* tempo, beat, time || *αρχιτ.* order || (*τέχνη*) style || (*ταχύτητα*) rate, pace, speed.

ρυμοτομία *nf* street-plan, street layout, town planning.

ρυμοτομώ *vt* plan a town.

ρυμούλκα *nf* trailer.

ρυμούλκηση *nf* towing, hauling.

ρυμουλκό *nn* *ναυτ.* tug[-boat], *αυτοκ.* tow-lorry/truck, *αεροπ.* tow-plane.

ρυμουλκώ *vt* tow, take in tow, haul.

ρυπαίνω *vt* pollute, dirty, foul.

ρύπανση *nf* pollution, fouling.

ρυπαντικός *adj* polluting, fouling.

ρυπαρογράφημα *vt* obscene piece of writing.

ρυπαρογράφος *nm* smut writer.

ρυπαρός *adj* filthy, smutty.

ρυπαρότητα *nf* filthiness || *pl* filth, smut.

ρυτίδα *nf* wrinkle, line, furrow.

ρυτιδώνω *vt* wrinkle, line || ripple.

ρώγα *nf* grape || nipple, teat, *sl* tit.

ρωγμή *nf* break, crack, chink, cleft.

ρωμαίικα *nn pl* [modern] Greek.

ρωμ·αίικός *adj* (*και nm* ~*αίος*) Roman.

ρωμαλέος *adj* robust, sturdy, stout, strong.

ρωμαλεότητα *nf* robustness, punch.

Ρώμη *nf* Rome.

ρώμη *nf* strength, vigour.

Ρωμιός *nm* Greek.

ρωμιοσύνη *nf* the [modern] Greek nation/spirit.

Ρωσία *nf* Russia.

Ρώσ·ος *nm* (*και adj* ~*ικός*) Russian.

ρώτημα *nf* question.

ρωτώ ⇒ ΕΡΩΤΩ

Σ σ

σάβανο *nn* shroud, *pl* grave-clothes.

σαβανώνω *vt* [wrap in a] shroud.

Σάββατο *nn* Saturday.

Σαββατοκύριακο *nn* weekend.

σαβούρα *nf* trash, junk || *ναυτ.* ballast.

σαβουρώνω *vti* guzzle, stoke || ballast.

σαγηνευτικός *adj* enchanting, charming.

σαγηνεύω *vt* enchant, charm, captivate.

σαγήνη *nf* fascination.

σαγόνι *nn* jaw.

σαδισμός *nm* sadism.

σαδιστής *nm* sadist.

σαδιστικός *adj* sadistic.

σαδομαζοχιστής *nm* sadomasochist.

σαθρός *adj* rotten, decayed || crumbling, dilapidated || lame.

σαιζλόγκ *nf* deck chair.

σαιζόν *nf* season.

σαΐνι *nn* *μτφ.* sharp-witted person.

σαΐτα *nf* arrow, dart || (*φίδι*) adder || (*αργαλειού*) shuttle.

σαϊτεύω *vt* hit with an arrow.

σαϊτοθήκη *nf* quiver.

σάκα *nf* bag || satchel || briefcase.

σακάκι *nn* coat, jacket.

σακαράκα *nf* bone-shaker, crate.

σακατεύω *vt* cripple, maim || wear out.

σακάτης *nm* cripple.

σακατιλίκι *nn* physical infirmity.

σακί *nn* sack, bag.

σακίδιο *nn* knapsack, rucksack.

σακο·βελόνα (*και* ~*ράφα*) *nf* packing-needle.

σάκος *nm* bag, sack, kitbag, *ΗΠΑ*

grip.
σακούλα nf bag, pouch.
σακουλάκι nn sachet.
σακούλι nn bag, purse.
σακουλιάζω vti bag, become baggy.
σακχαρίνη nf saccharin[e].
σακχαρο[διαβήτης] nm ιατρ. diabetes.
σακχαρόπηκτο nn sugar-coated pill.
σακχαρότευτλο nn sugar-beet.
σάλα nf hall, drawing-room.
σάλαγος nm boom, din, hullabaloo.
σαλαγάω vt shout to/at.
σαλαμάντρα nf newt, salamander.
σαλάμι nn salami, sausage.
σαλαμούρα nf brine, pickle.
σαλάτα nf salad || μτφ. mess, shambles.
σαλατιέρα nf salad bowl.
σαλατικό nn greens, salad.
σαλάχι nn ιχθ. ray, skate.
σαλέπι nn salep.
σαλεύω vti move || stir, budge || shake, unsettle.
σάλι nn shawl.
σάλιαγκας nm snail, slug.
σαλιάρα nf bib.
σαλιάρης nm slobberer, driveller.
σαλιαρίζω vi drivel, babble, slobber.
σαλιαρίσματα nn pl slobbering, drooling.
σαλιγκάρι nn snail, slug.
σάλιο nn saliva, slaver.
σαλιώνω vt lick.
σαλόνι nn sitting-room, (πλοίου) saloon, ξενοδ. lounge, πολ. salon || (επίπλωση) drawing-room suite.
σάλος nm storm, uproar, outcry.
σαλπάρω vi sail, set sail, put to sea.
σάλπιγγα nf trumpet, bugle.
σαλπιγκτής nm trumpeter, bugler.
σαλπίζω vi blow a trumpet/bugle.
σάλπισμα nn trumpet-call, blare.
σαλτάρω vi jump, leap || pop, run.
σαλτιμπάγκος nm clown || charlatan.
σάλτο nn leap.
σάλτσα nf sauce, gravy.
σαλτσιέρα nf gravy-boat.
σαμαράς nm saddle-maker.
σαμάρι nn pack-saddle || (τοίχου) coping || (δρόμου) bump.
σαμαρώνω vt saddle.
σαματάς nm row, romp, rumpus, uproar, ballyhoo, racket.
σαματατζής nm rowdy.
σαμιαμίδι nn slow-worm.
σαμοβάρι nn samovar, tea-urn.
σαμπάνια nf champagne.
σαμποτάζ nn sabotage.
σαμποτάρω vt sabotage.
σαμποτέρ nm saboteur.
σαμπρέλα nf inner tube || (μπάλλας) bladder.

σάμπως adv as if, as though || I think.
σαν conj if || as, when || since ◉ prep like, as.
σανατόριο nn sanatorium.
σανδάλι nn sandal.
σανίδα nf board, plank.
σανιδένιος adj wooden.
σανίδωμα nn boarding, panelling.
σανός nm fodder, hay.
σαντιγύ nf cream.
σάντουιτς nn sandwich.
σαντούρι nn dulcimer.
σαξοφωνίστας nm saxophonist.
σαξόφωνο nn saxophone.
σάουνα nf sauna.
σαπίζω vti rot [away], spoil, decay.
σαπίλα nf decay, rottenness || μτφ. rot.
σαπιοκάραβο nn tub.
σάπιος adj rotten, decayed.
σάπισμα nn decay.
σαπουνάδα nf lather, pl soap-suds.
σαπούνι nn soap.
σαπουνίζω vt soap, lather.
σαπουνόπερα nf soap-opera.
σαπουνόφουσκα nf soap-bubble || μτφ. froth.
σάπφειρος nm sapphire.
σαπφικός adj Sapphic.
Σαπφώ nf Sappho.
σαπωνοποιία nf soap-making.
σάρα nf scree.
σαραβαλάκι nn αυτοκ. cheap car, ΗΠΑ flivver.
σαραβαλιάζω vti wreck, mess up || (άνθρ.) break up || fall into decay, crumble.
σαραβάλιασμα nn dilapidation, wreckage.
σαραβαλιασμένος adj dilapidated, crumbling, wrecked, ramshackle, tumble-down, shaky.
σαράβαλο nn wreck, crock.
σαράι nn seraglio.
Σαρακηνός nm Saracen.
σαράκι nn woodworm, [dry] rot || μτφ. canker, grief, heartache.
σαρακοστή nf Lent.
σαράντα adj forty.
σαρανταποδαρούσα nf centipede.
σαρανταρίζω vi turn forty.
σαράφης nm money-changer.
σαργός nm ιχθ. sargus.
σαρδέλα nf ιχθ. sardine || στρατ. stripe, chevron.
σαρδελοκούτι nn sardine-tin.
σαρδελορέγγα nf sprat.
σαρδόνιος adj sardonic.
σαρίδι nn speck of dust.
σαρίκι nn turban.
σάρκα nf flesh.

σαρκάζω *vt* taunt, sneer, mock, scoff.
σαρκασμός *nm* sarcasm, sneer, taunt.
σαρκαστικός *adj* sarcastic, sneering.
σαρκικός *adj* carnal, sensual.
σαρκο·βόρος *(και ~φάγος) adj* flesh-eating, carnivorous.
σαρκώδης *adj* fleshy, sensuous.
σαρκώνομαι *vi* ·be incarnated.
σάρκωση *nf* incarnation.
σάρπα *nf* scarf, stole.
σάρωθρο *nn* broom.
σάρωμα *nn* broom || sweep[ing].
σαρώνω *vt* sweep, rake.
σαρωτικός *adj* sweeping.
σας *pron* you || your.
σασί *nn* αυτοκ. chassis.
σαστίζω *vti* mystify, perplex, daze.
σάστισμα *nn* confusion, daze.
σατανάς *nm* Satan || *μτφ.* fiend, devil.
σατανικός *adj* satanic, fiendish, infernal.
σατέν *nn* satin, sateen.
σατινέ *adj (χαρτί)* glazed.
σάτιρα *nf* satire, lampoon.
σατιρίζω *vt* satirize.
σατιρικός *adj* satirical ◘ *nm* satirist.
σατραπεία *nf* satrapy.
σατράπης *nm* satrap || *μτφ.* tyrant, despot.
σατραπικός *adj* tyrannical.
σάτυρος *nm* Satyr || satyr, lecher.
σαύρα *nf* lizard.
σαφήνεια *nf* clarity, lucidity.
σαφής *adj* clear, lucid, marked.
σαφρίδι *nn* ιχθ. horse mackerel.
Σαχάρα *nf* Sahara.
σάχης *nm* shah.
σάχλα *nf* silly/fatuous talk.
σαχλαμάρα *nf* stupidity || *pl* rubbish, trash, [stuff and] nonsense.
σαχλαμαρίζω *vi* talk through one's hat, mess about.
σάχλας *nm* drip, silly person.
σαχλός *adj* insipid, tame, soppy.
σβάρνα *nf* harrow, drag.
σβαρνίζω *vt* harrow || *μτφ.* drag along.
σβάστικα *nf* swastika.
σβέλτος *adj* active, spry, nimble, alert.
σβελτοσύνη *nf* nimbleness, agility.
σβέρκος *nm* nape, neck, scruff.
σβήνω *vti (φως)* put out, switch off, *(φωτιά)* extinguish, stamp out, go out || *(πεθαίνω)* die, pass away, *(λιποθυμώ)* black out || *(κοπάζω)* die [down], cool off || *(εξαφανίζομαι)* die out/away, wipe/blot out || *(διαγράφω)* erase, delete, rub out || *μτφ.* quench, *μηχ.* stall.
σβήσιμο *nn* extinguishing *(βλ.* ΣΒΗΝΩ)
σβησμένος *adj* extinct, dead, feeble.
σβηστήρι *nn* rubber, eraser.

σβίγκος *nm ζαχαρ.* fritter.
σβολιάζω *vi* lump, clot, clod.
σβόλος *nm* lump, clot, clod, curd.
σβουνιά *nf* cowdung, cowpat.
σβούρα *nf* top || *άνθρ.* live wire.
σβουράκι *nn εργαλ.* lap || teetotum.
σβουρίζω *vti* spin, reel.
σβώλος ⇒ ΣΒΟΛΟΣ
σγουραίνω *vti* curl, crinkle, frizz, wave.
σγουρομάλλης *adj* curly-haired.
σγουρός *adj* curly, crisp, wavy, frizzy.
σε *pron* you ◘ *prep* to, at.
σέβας *nn* respect, regard.
σεβάσμιος *adj* venerable.
σεβασμιότατος *nm* [His/Your] Reverence.
σεβασμός *nm* respect, regard.
σεβαστός *adj* venerable, respectable || *μτφ.* considerable.
σέβομαι *vt* respect, revere || abide by.
σεβρό *nn, adj.* kid[-leather].
σεγκοντάρω *vt* second, support, help.
σειέμαι *vi* stir, move, shake, quake.
σειρά *nf* line, file, row, queue || series, sequence || order, place, position, status || set || cohesion, coherence, train.
σειρήνα *nf* siren || hooter.
σειρήτι *nn* braid, lace || *στρατ.* stripe.
σεισμικός *adj* seismic.
σεισμόπληκτος *adj* earthquake-stricken ◘ *nm* earthquake victim.
σεισμός *nm* earthquake.
σείχης *nm* sheikh.
σείω *vt* shake, wag.
σεκλέτι *nn* worry, trouble, care.
σεκλετίζω *vt* trouble, upset.
σέλα *nf* saddle.
σέλας *nn* glow, light.
σελάχι *nn* leather belt/pouch.
σελέμης *nm* sponger, scrounge.
σελεμίζω *vt* scrounge.
σελενάκατος *nf* lunar module.
σελήνη *nf* moon.
σεληνιάζομαι *vi* have an epileptic fit.
σεληνιακός *adj* lunar, moon.
σεληνιασμός *nm* epilepsy.
σεληνόφως *nn* moonlight, moonshine.
σεληνοφώτιστος *adj* moonlit.
σελίδα *nf* page, side.
σελιδοδείκτης *nm* bookmark, page marker.
σελιδοποίηση *nf* layout.
σελιδοποιώ *vt* lay out.
σελίνι *nn* shilling.
σέλινο *nn* celery.
σελοφάν *nn* cellophane.
σελώνω *vt* saddle.
σεμινάριο *nn* seminar || seminary.
σεμνός *adj* decent, modest, humble || shy.

σεμνότητα *nf* modesty, shyness.

σεμνότυφος *adj* priggish, prudish, demure.

σεμνοτυφία *nf* priggishness, prudery.

σεμνύνομαι *vi* take pride in.

σέμπρος *nm* sharecropper, tenant.

σένα *pron* you.

σενάριο *nn* script, screenplay || scenario.

σεναριογράφος *nm* script-writer.

σεντέφι *nn* nacre, mother-of-pearl.

σεντόνι *nn* sheet.

σεντούκ-ι *nn* (*και nf* ~α) trunk, chest.

σεξ *nn* sex.

σεξολόγος *nm* sexologist, sex specialist.

σεξουαλικός *adj* sexual.

σεξουαλικότητα *nf* sexuality.

σέξυ *adj* sexy.

Σεπτέμβρης *nm* September.

σεπτός *adj* august, venerable.

σέρα *nf* winter garden.

σεραφείμ *nn* seraph.

σερβικός *adj* Serbian.

σερβίρισμα *nn* helping, serving.

σερβίρω *vt* serve, pour || wait on [sb].

σέρβις *nn* service.

σερβιτόρα *nf* waitress.

σερβιτόρος *nm* waiter.

σερβιτσάλι *nn* syringe.

σερβίτσιο *nn* set, service, cover.

Σέρβος *nm* Serb.

σεργιάνι *nn* promenade, stroll.

σεργιανίζω *vi* promenade, walk, stroll.

σερενάτα *nf* serenade.

σερίφης *nm* sheriff.

σερμαγιά *nf* starting capital.

σερνικοθήλυκος *nm* hermaphrodite.

σερνικός *adj, nm* male.

σέρν-ω *vt* drag, draw, pull, tug || ~ομαι, creep, crawl.

σερπαντίνα *nf* streamer.

σέρυ *nn* sherry.

σέρφιν *nn* surfing.

σεσημασμένος *adj* branded.

σέσκουλο *nn* white beet.

σεσουάρ *nn* hair-dryer.

σέσουλα *nf* scoop.

σετ *nn* set || nest.

σεφτές *nm* first sale of the day.

σεχταρισμός *nm* sectarianism.

σεχταριστ-ής *nm* (*και adj* ~ικός) sectarian.

σηκός *nn* (*ναού*) nave || *αρχιτ.* niche.

Σηκουάνας *nm* Seine.

σηκών-ω *vt* raise, lift, put up || (*ξυπνώ*) wake up || (*ξεσηκώνω*) rouse, stir up || (*ανασκουμπώνω*) roll/hitch/turn up || (*βαστάω*) bear, support || (*ανέχομαι*) tolerate, stand || ~ομαι, get up, stand up, rise [up].

σηκωτό *adj* στη *φρ. πηγαίνω κπ* ~,

frog-march sb, carry sb on a stretcher.

σήμα *nn* sign, signal || badge || trademark || rosette || (*ηχητικό*) bleep, pip.

σημαδεμένος *adj* branded || scarred, marked, pitted, seamed || crippled.

σημαδεύω *vt* mark, brand || aim, take aim, point, train.

σημάδι *nn* mark, spot, trace, sign || token || scar, pit, weal.

σημαδούρα *nf* buoy.

σημαία *nf* flag, colours, banner.

σημαίνω *vti* sound, strike, ring || mean, signify, imply, denote.

σημαιοστολίζω *vt* deck with flags/bunting.

σημαιοφόρος *nm* standard-bearer || *ναυτ.* *ΗΠΑ* ensign, *MB* acting sublieutenant, (*δόκιμος*) midshipman || *μτφ.* torchbearer.

σήμανση *nf* stamping.

σημαντήρας *nm* buoy.

σημαντική *nf* semantics.

σημαντικός *adj* significant, important, considerable.

σήμαντρο *nn* bell.

σημασία *nf* meaning, sense || significance, importance.

σημασιολογικός *adj* semantic.

σηματοδοσία *nf* signalling.

σηματοδότης *nm* signal box || signalman || ~ *της τροχαίας*, traffic light.

σηματωρός *nm* signalman, flagman.

σημείο *nn* sign, mark || omen, indication || (*θέση*) point, spot, place || (*βαθμός*) degree, extent, measure, point.

σημειογραφία *nf* *μουσ.* notation.

σημείωμα *nn* note.

σημειωματάριο *nn* notebook, jotter.

σημειωμένος *adj, nn* cripple[d].

σημειώνω *vt* mark, indicate || note, make a note of, jot/write down || (*προσέχω*), mark, pay attention to, point out || (*αρχίζω*) set in, (*πραγματοποιώ*) achieve.

σημείωση *nf* note, memo[randum].

σημειωτέον *adj* [it is] noteworthy.

σημειωτό *nn* στη *φρ. κάνω* ~, mark time.

σήμερα *adv* today, these days, this day.

σημερινός *adj* today's, modern.

Σημίτης *nm* Semite.

σημιτικός *adj* Semitic.

σημύδα *nf* birch[-tree].

σηπτικός *βόθρος nm* septic tank.

σήραγγα *nf* tunnel.

σήριαλ *nn* serial.

σηροτροφία *nf* sericulture.

σηροτρόφος *nm* sericulturist.

σήτα *nf* sieve.

σηψαιμία *nf* septic poisoning.

σήψη *nf* decay || rottenness.
σθεναρός *adj* vigorous, stout || resolute.
σθένος *nn* vigour, strength || courage, spirit, guts.
σιαγόνα *nf* jaw.
σιάζω *vti* ⇒ ΦΤΙΑΧΝΩ
Σιαμιαίος *nm* Siamese.
σιβυλλικός *adj* cryptic.
σιγά *adv* gently, softly, quietly || slow[ly].
σιγαλιά *nf* quiet, peace, hush.
σιγανός *adj* soft, gentle || slow.
σιγαρέττο *nn* cigarette.
σιγαστήρας *nm* silencer, muffler.
σιγή *nf* silence, hush, quiet.
σιγοβράζω *vti* simmer, cook gently.
σιγοκαίω *vi* smoulder.
σιγοκουβεντιάζω *vi* talk in whispers.
σιγομιλάω *vi* speak gently/in a low voice.
σιγομουρμουρίζω *vi* mumble.
σιγοντάρω ⇒ ΣΕΓΚΟΝΤΑΡΩ
σιγοπίνω *vt* sip, drink slowly.
σιγοτραγουδώ *vti* hum, croon.
σιγουράδα *nf* confidence, certainty.
σιγουρ-άρω (και ~εύω) *vt* secure, fasten || ~εύομαι, make sure/certain.
σιγουριά *nf* security, safety || certainty, confidence.
σίγουρος *adj* sure, secure || certain, confident, positive || safe, reliable.
σιγώ *vi* fall/keep silent, say nothing.
σιδεράς *nm* blacksmith || ironmonger.
σιδερένιος *adj* iron || strong, hard.
σιδεριά *nf* ironwork.
σιδερικό *nn* iron object || weapon, gun || *pl* ironware, hardware.
σίδερο *nn* iron || *pl* fetters, irons.
σιδερόβεργα *nf* iron rod.
σιδεροστιά *nf* trivet.
σιδερόφραχτος *adj* ironclad || ironbound.
σιδέρωμα *nn* ironing, pressing.
σιδερώνω *vt* iron, press.
σιδηροβιομηχανία *nf* iron industry.
σιδηροδέσμιος *adj* chained, in irons.
σιδηροδοκός *nm* iron girder.
σιδηροδρομικός *adj* rail, railway.
σιδηρόδρομος *nm* rail, railway, train, ΗΠΑ railroad.
σιδηρομετάλλευμα *nn* iron ore.
σιδηροπωλείο *nn* ironmonger's, hardware shop.
σιδηροπώλης *nm* ironmonger.
σίδηρος *nm* iron.
σιδηροτροχιά *nf* rail.
σιδηρουργείο *nn* blacksmith's.
σιδηρουργός *nm* ironsmith, blacksmith.
σικ *adj* chic, stylish, smart.
σίκαλ-η *nf* (και *adj* ~ινος) rye.
Σικελία *nf* Sicily.

σιλικόνη *nf* silicone.
σιλουέτα *nf* silhouette, outline || figure.
σιμά *adv* near, close, next to.
σιμιγδάλι *nn* semolina.
σιμούν *nn* simoom, simoon.
σιμώνω *vti* approach, draw near.
σινάπι *nn* mustard.
σιναπισμός *nm* poultice.
σιναπόσπορος *nm* mustard-seed.
σινάφι *nn* tribe, trade, class.
σινεμά *nn* cinema.
σινιάλο *nn* signal, sign.
σινικ-ός *adj* Chinese || ~ή μελάνη, Indian ink.
σιντριβάνι *nn* fountain, jet.
σιρόκος *nm* south-east wind, sirocco.
σιρόπι *nn* syrup, treacle.
σισύφειος *adj* Sisyphean.
σιτάλευρο *nn* cornflour.
σιταποθήκη *nf* granary, barn.
σιταρένιος *adj* wheaten.
σιταρήθρα *nf* ornith. skylark.
σιτάρι *nn* wheat, corn.
σιταροχώραφο *nn* wheat-field, cornfield.
σιτέμπορος *nm* corn dealer.
σιτεύω *vi* (κρέας) age, get high/gamy.
σιτηρά *nn pl* cereals, grain.
σιτηρέσιο *nn* ration.
σιτίζω *vti* feed, offer/have meals.
σιτιστής *nm* στρατ. quartermaster.
σιτοβολώνας *nm* granary.
σιτοπαραγωγή *nf* wheat crop/yield/harvest.
σιτοπαραγωγός *adj* wheat-producing ▣ *nm* wheat farmer/grower.
σίτος *nm* wheat, corn.
Σίτυ *nn* City.
σιφόνι *nn* siphon, υδραυλ. trap.
σιφονιέρα *nf* chest of drawers.
σίφουνας *nm* whirlwind.
σιχαίνομαι *vt* detest, hate, loath, can't stand/bear || be disgusted, be squeamish.
σίχαμα *nn* detestation.
σιχαμάρα *nf* abomination, detestation.
σιχαμ-ένος (και ~ερός) *adj* disgusting.
σιχασιά *nf* detestation.
σιχασιάρης *adj* squeamish.
σιωνισμός *nm* Zionism.
σιωπή *nf* silence, hush.
σιωπηλός *adj* silent, quiet, taciturn.
σιωπηρός *adj* tacit, implicit.
σιωπητήριο *nn* last post, lights out.
σιωπώ *vi* keep silent.
σκάβω *vti* dig up, scoop out.
σκάγια *nn pl* shot.
σκάζω (και σκάω) *vti* burst, explode, blow up || fret, worry || pester, be the death of || crack, split, (δέρμα) chap, (λουλούδια) bud || το ~, run off, clear

out ‖ *τη ~ σε κπ,* fool/dupe sb, let sb down ‖ *τα ~,* fork/shell out.

σκαθάρι *nn* beetle.

σκαιός *adj* rude, curt, blunt.

σκαιότητα *nf* rudeness, bluntness.

σκάκι *nn* chess.

σκακιέρα *nf* chessboard.

σκακιστής *nm* chess-player.

σκάλα *nf* stairway, staircase, stairs ‖ ladder, steps, step-ladder ‖ *μτφ.* scale, ladder.

σκαλί *nn* step ‖ rung.

σκαλίζω *vt* turn up, scratch, hoe ‖ carve, chisel, sculpture ‖ pick, poke, stir ‖ *(χαλάω)* tamper/tinker with ‖ *μτφ.* dig/rake up.

σκάλισμα *nn* digging, carving, poking.

σκαλιστήρι *nn* mattock, weeding fork.

σκαλιστός *adj* carved, chased.

σκαλμός *(και* **σκαρμός)** *nm* rowlock.

σκαλοπάτι *nn* step, rung ‖ *μτφ.* stepping-stone.

σκαλτσούνι *nn* turnover.

σκαλώνω *vi* hitch/catch on ‖ *μτφ.* hitch, strike a snag.

σκαλωσιά *nf* scaffold[ing], staging.

σκάμμα *nn* *αθλ.* [sand]pit.

σκαμνί *nn* stool.

σκαμπάζω *vt* know, understand.

σκαμπανεβάσματα *nn pl* (πλοίου) pitching ‖ *μτφ.* ups and downs.

σκαμπίλι *nn* slap, smack.

σκαμπιλίζω *vt* slap, smack, box sb's ears.

σκαμπρόζικος *adj* risqué, spicy, juicy.

σκανδάλη *nf* trigger.

σκανδαλιά *nf* mischief, monkey tricks.

σκανδαλιάρης *nm* mischief-maker, rogue.

σκανδαλιάρικος *adj* mischievous.

σκανδαλίζω *vt* scandalize ‖ shock, intrigue ‖ tempt.

σκανδαλιστικός *adj* naughty, provocative.

σκάνδαλο *nn* scandal, intrigue.

σκανδαλοθήρας *nm* scandalmonger.

σκανδαλοθηρικός *adj* scandalmongering.

σκανδαλώδης *adj* scandalous, outrageous.

σκανδιναβικός *adj* Scandinavian.

σκαντζόχοιρος *nm* hedgehog, porcupine.

σκαπανέας *nm* pioneer.

σκαπάνη *nf* pick[axe], mattock.

σκαπουλάρω *vt τη ~,* escape, get off.

σκάπτω ⇒ ΣΚΑΒΩ

σκάρα *nf* grate, rack, luggage-grid.

σκαραβαίος *nm* scarab.

σκαρ-ί *nn* build, skeleton, hull, (*άνθρ.*) constitution ‖ *στα ~ιά, ναυτ.* on the slips, *μτφ.* in the pipeline, in the making.

σκαρίφημα *nn* sketch, rough drawing.

σκαρλατίνα *nf* scarlet fever.

σκαρπέλο *nn* chisel, gouge.

σκαρπίνι *nn* patent-leather shoe, *ΗΠΑ* pump.

σκάρτος *adj* faulty, defective ‖ *(δουλειά)* shoddy, inferior ‖ *(άνθρ.)* false, bad.

σκαρφάλωμα *nn* climb, scramble.

σκαρφαλωμένος *adj* perched.

σκαρφαλώνω *vi* climb, clamber, scale.

σκαρφίζομαι *vt* think up, invent.

σκαρώνω *vt* knock off/up, toss off, throw off ‖ be up to, think up.

σκασιαρχείο *nn στη φρ. κάνω ~,* play truant, *sl* bunk off, *ΗΠΑ* play hookey.

σκασιάρχης *nn* truant.

σκασίλα *nf* vexation.

σκάσιμο *nn* crack, chap, chink ‖ explosion ‖ escape, running off.

σκασμός *nm* suffocation, bursting point ▣ *interj* belt up! shut up!

σκαστός *adj* smacking ‖ truant.

σκατά *nn pl* shit.

σκάφανδρο *nn* diving-suit.

σκάφη *nf* tub, trough.

σκαφίδι *nn* kneading-trough.

σκάφος *nm* craft, vessel, boat.

σκάψιμο *nn* digging.

σκεβρώνω *vti* warp, spring ‖ (*άνθρ.*) stoop, shrink, become humpbacked.

σκέλεθρο *nn* skeleton.

σκελετός *nm* skeleton, shell, frame[work] ‖ bag of bones.

σκελετώδης *adj* skeletal.

σκελετωμένος *adj* skinny, bony.

σκέλος *nn* leg, limb.

σκεπάζω *vt* cover ‖ *μτφ.* hush/cover up.

σκεπάρνι *nn* adze.

σκέπασμα *nn* lid, cap, covering.

σκεπαστός *adj* covered, roofed.

σκέπαστρο *nn* shelter, cover, lid.

σκέπη *nf* cover ‖ veil ‖ protection.

σκεπή *nf* roof.

σκεπτικισμός *nm* scepticism.

σκεπτικιστής *nm* sceptic.

σκεπτικό *nn* *δικαστ.* grounds.

σκεπτικός *adj* thoughtful, broody.

σκέπτομαι *vt* think [of/about], (*επινοώ*) think up, (*προσεχτικά*) think over.

σκέρτσο *nn* affectation ‖ *μουσ.* scherzo.

σκερτσόζος *adj* affected, mincing.

σκέτος *adj* pure, unmixed, (*ποτό*) stiff, neat, (*καφές*) with no sugar ‖ *υποτιμ.* downright, unmitigated, rank.

σκετς *nn* sketch, skit.

σκευοθήκη *nf* dresser, sideboard.

σκεύος *nn* utensil, vessel.

σκευοφόρος *nm* luggage-van.

σκευωρία *nf* fabrication, frame-up.

σκευωρώ *vt* fabricate, scheme, plot.

σκέψη *nf* thought, thinking.
σκηνή *nf* scene || tent.
σκηνικό *nn* set, setting, *pl* [stage] scenery.
σκηνικός *adj* scenic, stage.
σκηνίτης *nm* tent-dweller.
σκηνογραφία *nf* stage-designing.
σκηνογράφος *nm* stage designer.
σκηνοθεσία *nf* (θέατρο) direction || (σκευωρία) frame-up, put-up job || (υποκρισία) play-acting.
σκηνοθέτης *nm* director.
σκηνοθετώ *vt* direct, stage || μτφ. fabricate, engineer || play-act.
σκήνωμα *nn* εκκλ. relics.
σκήπτρο *nn* sceptre, mace.
σκι *nn* ski.
σκιά *nf* shade || shadow.
σκιαγράφημα *nn* outline, sketch.
σκιαγραφώ *vt* outline.
σκιάζω *vt* shade, [over]shadow || scare, frighten, startle.
σκίαστρο *nn* shade, shelter.
σκιάχτρο *nn* scarecrow, fright.
σκιερός *adj* shady, shadowy.
σκίζα *nf* splinter.
σκίζομαι *vi* do one's utmost.
σκίζω *vt* tear, rip, rend || split, slit, cut || (νικώ) beat sb hollow.
σκίνος *nm* mastic tree.
σκίουρος *nm* squirrel.
σκιόφως *nn* penumbra, dusk.
σκίρτημα *nn* start, leap, gambol, (αγέννητου παιδιού) kick.
σκιρτώ *vi* start [up], leap, bound.
σκίσιμο *nn* split, slit, tear, rent.
σκιστός *adj* slashed, slit.
σκιτσάρω *vt* [make a] sketch, draw.
σκίτσο *nn* sketch, drawing.
σκιτσογράφος *nm* cartoonist, artist.
σκιώδης *adj* shadow, shadowy.
σκλαβιά *nf* slavery, bondage.
σκλάβος *nm* slave.
σκλαβώνω *vt* enslave || μτφ. overwhelm.
σκλήθρα *nf* splinter, chip.
σκληραγωγημένος *adj* seasoned, tough.
σκληραγωγία *nf* hardening.
σκληραγωγώ *vt* harden, toughen, season.
σκληραίνω *vti* make/get tough, harden.
σκληρίζω *vi* screech, shriek, squeal.
σκληρόκαρδος *adj* hard-hearted.
σκληροκέφαλος *adj* pig-headed, stubborn.
σκληρός *adj* hard, tough, stiff || μτφ. harsh, cruel, ruthless.
σκληροπυρηνικός *adj* hard-core.
σκληρότητα *nf* hardness, toughness, stiffness || cruelty, harshness.
σκληροτράχηλος *adj* inflexible, stiff-necked, ·hard-bitten.

σκλήρυνση *nf* hardening.
σκλήρωση *nf* ιατρ. sclerosis.
σκνίπα *nf* gnat || dead drunk.
σκοινάκι *nn* παιχν. skipping-rope.
σκοινένιος *adj* rope.
σκοινί *nn* rope, cord, line.
σκόλη *nf* day off, holiday.
σκονάκι *nn* powder || ναρκωτ. dose.
σκόνη *nf* dust, powder.
σκονίζ·ω *vt* cover with dust || ∼ομαι, become dusty.
σκονισμένος *adj* dusty.
σκόνταμα *nm* stumble, trip, hitch.
σκοντάφτω *vi* stumble, trip up.
σκόντο *nn* discount.
σκόπελος *nm* reef || μτφ. obstacle.
σκόπευση *nf* aim[ing], sight[ing].
σκοπευτήριο *nn* shooting range.
σκοπευτής *nm* shot, marksman.
σκοπεύω *vti* aim, sight, take aim, train on || intend, mean, have in mind.
σκοπιά *nf* sentry-box || look-out post || (άποψη) viewpoint, standpoint.
σκόπιμος *adj* advisable || intentional, deliberate, wilful.
σκοπιμότητα *nf* advisability, expediency.
σκοποβολή *nf* shooting, firing.
σκρπός *nm* aim, object, intention, purpose || (αγώνας) cause || μουσ. tune || (φρουρός) sentry, guard.
σκορ *nn* score.
σκοράρω *vi* score [a goal].
σκορβούτο *nn* ιατρ. scurvy.
σκορδαλιά *nf* garlic sauce/paste.
σκόρδο *nn* garlic.
σκόρος *nm* moth.
σκοροφαγωμένος *adj* moth-eaten.
σκορπ·ίζω (και ∼ώ) *vt* scatter, disperse, dispel || (σπαταλώ) waste, squander.
σκόρπιος *adj* scattered, littered, loose.
σκορπιός *nm* scorpion, scorpion-fish.
σκόρπισμα *nn* dispersion.
σκορποχέρης *nm* spendthrift.
σκορτσάρω *vi* jerk.
σκοτάδι *nn* dark[ness], gloom.
σκοταδισμός *nm* obscurantism.
σκοταδιστής *nm* obscurantist.
σκοταδιστικός *adj* obscurantist.
σκοτεινιά *nf* darkness.
σκοτεινιάζω *vti* darken, get dark.
σκοτεινός *adj* dark, gloomy || (δυσνόητος) obscure, abstruse || (ύπουλος) dark, sinister, murky.
σκοτία *nf* αρχιτ. scotia.
σκοτίζ·ω *vt* pester || ∼ω και ∼ομαι, bother, trouble, worry, care.
σκοτοδίνη *nf* dizziness, vertigo.
σκότος *nn* darkness.
σκοτούρα *nf* care, worry, trouble || bother, nuisance.

σκότωμα *nn* killing.

σκοτωμός *nm* killing || (συνωστισμός) jostle, crush, scramble || (κούραση) fag, sweat.

σκοτώνω *vt* kill, do away with || beat to death || work sb to death.

σκούζω *vi* yell, howl, scream.

σκουλαρίκι *nn* ear-ring.

σκουληκαντέρα *nf* earthworm.

σκουλήκι *nn* worm, maggot, grub.

σκουληκιάζω *vi* be/get maggoty.

σκουληκιασμένος *adj* wormy, maggoty.

σκουμπρί *nn* common mackerel.

σκούνα *nf* ναυτ. schooner.

σκούντημα *nn* push, nudge, dig.

σκουντούφλης *adj* sullen, sulky, surly.

σκουντουφλιάζω *vi* sulk, wear a long face.

σκουντουφλώ *vi* stumble, bump against.

σκουντώ *vi* nudge, jog, prod.

σκούξιμο *nn* yell[ing], howl[ing].

σκούπα *nf* broom || ηλεκτρ. vacuum cleaner.

σκουπάκι *nn* whisk.

σκουπιδαριό *nn* rubbish dump.

σκουπίδια *nn pl* rubbish, litter, trash, garbage, refuse, sweepings.

σκουπιδιάρης *nm* dustman, street-sweeper, ΗΠΑ garbage collector.

σκουπιδιάρικο *nn* dust-cart, garbage-truck.

σκουπιδοτενεκές *nm* dustbin, trash-can.

σκουπιδότοπος *nm* rubbish dump.

σκουπίζω *vt* sweep, clean || wipe, dab.

σκούπισμα *nn* sweeping || wiping.

σκουπόξυλο *nn* broomstick.

σκουραίνω *vti* get darker/worse.

σκουριά *nf* rust.

σκουριάζω *vti* rust, get rusty.

σκουριασμένος *adj* rusty || μτφ. musty.

σκούρος *adj* dark-coloured, brown.

σκούτερ *nn* motor-scooter.

σκουφάκι *nn* (*nf* σκούφια) bonnet, cap.

σκρίνιο *nn* china cabinet.

σκρόφα *nf* sow || (βρισιά) bitch.

σκύβω *vti* bow, bend, stoop, incline.

σκυθρωπιάζω *vi* scowl, sulk, grow glum.

σκυθρωπός *adj* sulky, glum, gloomy.

σκύλα *nf* bitch.

σκυλάκι *nn* small dog, puppy.

σκυλεύω *vt* despoil.

σκυλί *nn* dog, hound.

σκυλιάζω *vti* infuriate, see red.

σκυλίσιος *adj* dog's.

σκυλοβαριέμαι *vi* be browned off.

σκυλοβρίζω *vt* shower abuse.

σκυλοκαβγάς *nm* dog-fight || brawl, rat-race.

σκυλολόι *nn* pack || riff-raff.

σκυλομούρης *nm* ugly person.

σκυλοπνίχτης *nm* (πλοίο) tub.

σκύλος *nm* dog.

σκυλόσπιτο *nn* kennel, dog-house.

σκυλόψαρο *nn* dogfish, shark.

σκυρόδεμα *nn* concrete.

σκυρόστρωμα *nn* macadam, metalling.

σκυροστρώνω *vt* metal.

σκυρόστρωτος *adj* metalled.

σκυτάλη *nf* bar, staff, baton.

σκυταλοδρομία *nf* relay race.

σκυφτός *adj* bowed, bent, stooping.

σκύψιμο *nn* bending, bowing, stoop.

σκωληκοειδίτης *nm* ανατ. appendix.

σκωληκοειδίτιδα *nf* appendicitis.

σκωπτικός *adj* mocking, taunting.

σκωρία *nf* slag.

σκώρος *nm* moth.

Σκωτία *nf* Scotland.

σκωτικός *adj* Scottish, Scots, Scotch.

Σκωτσέζος *nm* Scot, Scotsman.

Σλαύ-ος *nm* (και *adj* ~ικός) Slav.

σλάιντ *nn* slide.

σλέπι *nn* ναυτ. lighter.

σλιπ *nn* briefs || γυναικ. panties.

σλόγκαν *nn* slogan.

σμάλτο *nn* enamel.

σμαράγδ-ι *nn* (*adj* ~ένιος) emerald.

σμάρι *nn* swarm, bevy.

σμέρνα *nf* ιχθ. moray eel.

σμηναγός *nm* Flight Lieutenant.

σμήναρχος *nm* Group Captain.

σμηνίας *nm* Flight Sergeant.

σμηνίτης *nm* airman.

σμήνος *nn* swarm || αεροπ. flight.

σμίγω *vti* meet, get together, join.

σμιλεύω *vt* chisel, sculpture.

σμίλη *nf* chisel.

σμόκιν *nn* MB dinner-jacket, ΗΠΑ tuxedo.

σμπαράλια *nn pl* smithereens.

σμπαραλιάζω *vt* smash || μτφ. take it out of sb.

σμπαραλιασμένος *adj* washed out.

σμύριδα *nf* emery.

σμύρνα *nf* myrrh.

σμυρτιά *nf* myrtle.

σνόμπ *nm* snob ◙ *adj* snobbish.

σνομπισμός *nm* snobbery.

σοβαρεύω *vi* be/look/get serious.

σοβαρολογώ *vi* be serious, be in earnest.

σοβαρός *adj* serious || solemn, grave, sober || severe, critical || considerable, important, major || dependable, reliable.

σοβαρότητα *nf* seriousness, gravity.

σοβαροφανής *adj* pompous.

σοβάς *nm* plaster.

σοβατζής *nm* plasterer, house-painter.

σοβατίζω *vt* plaster.

σοβιέτ *nn* soviet.

σοβιετικός *adj* soviet.

σοβχός nn sovkhoz.
σοβώ vi smoulder.
σόγια nf soya.
σόδα nf soda [water].
σοδειά nf crop, harvest, yield.
σόι nn descent, stock, family || breed || kind, sort.
σοκ nn shock, turn, jar.
σοκάκι nn backstreet, back alley.
σοκάρω vt shock, scandalize, appal.
σόκιν nn shocking/dirty story.
σοκολάτ-α nf (adj ~ένιος) chocolate.
σοκολατοποιΐα nf chocolate industry.
σολ nn μουσ. sol, G.
σόλα nf sole.
σολιάζω vt have sth soled.
σολοικισμός nm solecism.
σόλοικος adj ungrammatical, incorrect.
σολομός nm ιχθ. salmon.
σομιές nm bedspring.
σόμπα nf stove.
σονέτο nn sonnet.
σορόπι nn syrup.
σοροπιάσματα nn pl necking, spooning.
σορός nf coffin || dead body.
σορτς nn pl shorts.
σοσιαλδημοκράτης nm social democrat.
σοσιαλισμός nm socialism.
σοσιαλιστής nm socialist.
σοσιαλιστικός adj socialist[ic].
σοσόνια nn pl ankle socks.
σου pron you, your ◙ nn ζαχαρ. puff.
σουβενίρ nn souvenir, memento.
σούβλα nf spit, skewer.
σουβλάκι nn meat on a skewer.
σουβλερός adj pointed, sharp.
σουβλί nn bradawl, awl.
σουβλιά nf stabbing pain.
σουβλίζω vt impale || spit, skewer || (κεντρίζω) goad, prod || (πονώ) have a shooting pain.
σουβλιστός adj impaled || on the spit.
σουγιαδάκι nn penknife.
σουγιάς nm clasp-knife, penknife.
σούδα nf narrow pass.
σούελο nn water spout.
Σουηδία nf Sweden.
σουηδικός adj Swedish.
Σουηδός nm Swede.
σουηπατέικ nn sweepstake.
σουίτα nf suite.
σουλατσαδόρος nm loafer, gadabout.
σουλατσάρισμα nn loafing.
σουλατσάρω vi stroll, saunter.
σουλατσάρω vi loaf, gad about, stroll.
σουλούπι nn shape, form, look.
σουλουπώνω vt put/lick into shape.
σουλτάν-α nf (και ~ίνα) nf sultana.
σουλτανικός adj sultanic.
σουλτάνος nm sultan.

σουλφαμίδα nf sulpha drug.
σούμα nf sum total.
σουμάρω vt sum up, add up.
σουξέ nn success || (τραγούδι) hit.
σούπα nf soup.
σουπιά nf cuttlefish.
σουπιέρα nf tureen.
σούρα nf gather, tuck || drunkenness.
σουραύλι nn flute, fife.
σουρεαλισμός nm surrealism.
σουρεαλιστής nm surrealist.
σουρεαλιστικός adj surrealistic.
σουρλουλού nf slut.
σούρουπο nn dusk, nightfall.
σουρουπώνει v impers it's getting dark.
σουρουπώνομαι vi be overtaken by night.
σούρτα-φέρτα nn pl comings and goings.
σουρωμένος adj drunk, sozzled, soused.
σουρώνω vt strain || pleat, gather, crinkle || get drunk || waste away.
σουρωτήρι nn strainer.
σουσάμι nn sesame.
σουσουνίζω vi wheeze, sniff.
σουσουράδα nf ορνιθ. wagtail || μτφ. wench, minx, saucy girl/baggage.
σούσουρο nn gossip, scandal, stir.
σούστα nf spring || press stud, snap || cart.
σουτ interj hush! ◙ nn shoot.
σουτάρω vi shoot.
σουτζουκάκι nn stewed meatball.
σουτζούκι nn must-jelly nut sausage.
σουτιέν nn bra[ssiere].
σουφραζέτα nf suffragette.
σουφρώνω vti shrink, pucker || (κλέβω) thieve, filch, pinch.
σοφάς nm sofa, divan.
σοφία nf wisdom, learning.
σοφίζομαι vi think up, invent.
σόφισμα nn quibble, fallacy.
σοφιστεία nf sophistry, casuistry.
σοφιστής nm sophist, quibbler.
σοφίτα nf attic, garret.
Σοφοκλής nm Sophocles.
σοφολογιότατος nm pundit.
σοφός adj wise.
σπαγγοραμμένος nm skinflint.
σπάγγος nm string, cord || skinflint.
σπαγέτο nn spaghetti.
σπαζοκεφαλιά nf puzzle, riddle.
σπάζω vti break, snap, crack.
σπάθ-α (και ~η) nf sabre.
σπαθί nn sword || χαρτοπ. club.
σπαθιά nf sword-stroke/cut.
σπάλα nf shoulder-blade.
σπαλάθρι nn gorse.
σπανάκι nn spinach.
σπανίζω vi be/become rare or scarce.
σπάνιος adj rare, scarce.
σπανιότητα nf rareness, scarcity.

σπανίως adv rarely, seldom, hardly ever.
σπανός adj beardless.
σπαράγγι nn asparagus.
σπαραγμός nm heartache, anguish.
σπαράζω vti rend, tear up || cut to the heart, distress || quiver, palpitate.
σπαραχτικός adj heart-rending.
σπάραχνα nn pl (ψαριού) gills.
σπάργανα nn pl swaddling-clothes.
σπαργανώνω vt swaddle.
σπαρμένος adj strewn, littered || sown.
σπάρος nm ιχθ. two-banded bream || μτφ. lazybones, sluggard.
σπαρτά nn pl crops.
σπαρταριστός adj thrilling, vivid, exciting || sidesplitting || (ψάρι) fresh.
σπαρταρώ vi writhe, flop about, quiver || be convulsed [with laughter or pain].
Σπάρτη nf Sparta.
Σπαρτιάτ·ης nm (adj ~ικος) Spartan.
σπάρτο nn rush.
σπασίλας nm swot, ΗΠΑ grind.
σπάσιμο nn break[ing].
•σπασμένος adj broken, cracked, smashed.
σπασμός nm spasm, convulsion.
σπασμωδικός adj spasmodic, convulsive.
σπασμωδικότητα nf jumpiness.
σπαστικός adj spastic.
σπατάλη nf waste.
σπάταλος adj wasteful, extravagant ⊡ nm spendthrift, waster.
σπαταλ·ώ vt waste, squander || ~ιέμαι, run/go to waste.
σπείρα nf gang, ring || coil, spiral || helix.
σπειροειδής adj spiral.
σπεκουλαδόρος nm speculator.
σπέρμα nn semen, seed, sperm.
σπερματικός adj seminal, spermatic.
σπερματσέτο nn candle.
σπερμολογία nf rumour, gossip.
σπερμολόγος nm rumour-monger.
σπέρνω vt sow || μτφ. spread, litter, scatter.
σπεσιαλιτέ nf specialty || patent medicine.
σπεύδω vi hasten, hurry || rally.
σπηλαιάνθρωπος nm caveman.
σπήλαιο nn cave, cavern, cavity.
σπηλαιολόγος nm spelaeologist.
σπηλαιώδης adj cavernous.
σπηλιά nf cave.
σπίθα nf spark, sparkle, flash.
σπιθαμή nf span || μτφ. inch.
σπιθαμιαίος adj pygmy, puny.
σπιθίζω vi throw out sparks || glint.
σπιθούρι nn pimple.
σπηλιάδα nf gust, squall.
σπιλώνω vt stain || blemish, tarnish.
σπινθήρας nm spark.

σπινθηροβόλημα nn sparkle.
σπινθηροβόλος adj sparkling.
σπινθηροβολώ vi sparkle, glitter, flash.
σπίνος nm linnet, chaffinch.
σπιούνος nm sneak, creep, informer.
σπιρούνι nn spur.
σπιρουνιάζω vt spur on.
σπιρτάδα nf burning taste, sharpness || μτφ. wit, brilliance.
σπίρτο nn match || spirit || μτφ. live wire, sharp-witted person.
σπιρτόζος adj witty, spirited, smart.
σπιρτόκουτο nn matchbox.
σπιρτόξυλο nn matchstick.
σπίτι nn house, home, place || family.
σπιτικό nn household.
σπιτικός (και σπιτίσιος) adj domestic, home[-made], homely, house.
σπιτόγατος nm stay-at-home man.
σπιτονοικοκύρης nm landlord, house-owner.
σπιτώνω vt house, put up || (γυν.) keep.
σπλαχνίζομαι vt have pity on.
σπλαχνικός adj compassionate.
σπλάχνο nn child || flesh and blood || pl entrails, vitals.
σπλήνα nf spleen.
σπλιθάρι nn stone basin.
σπογγαλιέας nm sponge-diver/-fisher.
σπόγγος nm sponge.
σποδός nf ashes.
σπονδή nf libation.
σπονδυλικός adj spinal, vertebral.
σπόνδυλος nm vertebra.
σπονδυλωτός adj vertebrate.
σπόντα nf cushion || μτφ. dig, hint.
σπορ nn sport.
σπορά nf sowing || μτφ. seed.
σποραδικός adj sporadic, few and far between, infrequent.
σπορέας nm sower, (μηχ.) seed-drill.
σπορείο nn seed-bed.
σπορέλαιο nn seed-oil.
σπόρια nn pl seeds.
σπόρος nm seed || semen || offspring.
σπουδάζω vti study, read, be educated.
σπουδαίος adj excellent, first-rate, terrific || big, important.
σπουδαιότητα nf importance, significance.
σπουδαγμένος adj educated.
σπουδαστήριο nn study.
σπουδαστής nm student.
σπουδή nf study || pl education, schooling || haste, eagerness.
σπουργίτης nm sparrow.
σπούτνικ nn sputnik.
σπρέι nn spray.
σπριντ nn (και vi ~άρω) sprint.
σπρωξιά nf push, thrust.
σπρώχνω vt push, thrust, shove, press,

jostle || (παρακινώ) impel, incite, drive.
σπυρί nn grain || pimple, acne.
σπυριάζω vi come out in pimples.
σπυριάρης adj pimply.
σπυρωτός adj granular.
σταβλάρχης nm stable-master || equerry.
σταβλίζω vt stable, stall.
σταβλίτης nm groom, stableman.
στάβλος nm stable || cowshed || pigsty.
σταγόνα nf drop[let], trickle.
σταγονόμετρο nn dropper.
σταδιακός adj gradual, phased.
στάδιο nn stadium, sports field/ground || stage, phase || career.
σταδιοδρομία nf career.
σταδιοδρομώ vi make one's career.
στάζω vi drip, trickle, dribble.
σταθεροποίηση nf stabilization.
σταθεροποιητικός adj stabilizing.
σταθεροποιώ vt stabilize, steady.
σταθερός adj firm, stable, steady.
σταθερότητα nf firmness, stability, constancy, steadiness.
σταθμά nn pl weights.
σταθμάρχης nm station-master.
στάθμευση nf stopping, waiting, parking || στρατ. stationing.
σταθμεύω vi stop, park || στρατ. quarter.
στάθμη nf level.
σταθμητός adj ponderable.
σταθμίζω vt μτφ. weigh up.
σταθμός nm stop[-over] || station, post || μτφ. landmark.
στάλα (και σταλιά) nf drop, trickle, blob || dash, dram, grain.
σταλαγματιά nf drop.
σταλαγμίτης nm stalagmite.
σταλάζω vti drip || instil.
σταλακτίτης nm stalactite.
σταλία nf ναυτ. lay-day.
στάλικι nn punt-pole.
στάλσιμο nn sending.
σταμάτημα nn stop[ping], stoppage, standstill, halt, cease.
σταματώ vti stop, cease, leave off, give up, let up || interrupt, discontinue, break [off], arrest, check || come/bring to a standstill, halt.
στάμνα nf pitcher, jug, pot.
στάμπα nf stamp, print, brand.
σταμπαρισμένος adj branded, marked.
σταμπάρω vt stamp, brand, mark || (ξεχωρίζω) pick out, spot.
στάνη nf [sheep-]fold, pen.
στανικός adj forced, under compulsion.
στανιό nn compulsion, force.
στάνταρ adj standard, ordinary.
σταξιά nf blob, spot.
στάξιμο nn dripping, trickling.
σταρ nmf star.

σταράτος adj wheat-coloured || μτφ. frank, outspoken, straightforward.
στάρι nn wheat, corn.
στάση nf stop, halt || stoppage || posture, position, pose || attitude || mutiny, sedition.
στασιάζω vi mutiny, rebel.
στασιαστής nm mutineer, rebel.
στασιαστικός adj mutinous, rebellious.
στασίδι nn pew.
στασιμοπληθωρισμός nm stagflation.
στάσιμος adj stagnant, stationary.
στασιμότητα nf stagnation.
στατήρας nm quintal.
στατική nf statics.
στατικός adj static.
στατιστική nf statistics.
στατιστικολόγος nm statistician.
στατιστικός adj statistical.
σταυραδέρφι nn blood brother.
σταυραετός nm royal eagle.
σταυροβελονιά nf cross-stitch.
σταυροδρόμι nn crossing, crossroads || μτφ. parting of the ways.
σταυροκοπιέμαι vi cross oneself.
σταυρόλεξο nn crossword [puzzle].
σταυροπόδι adv cross-legged.
σταυρός nm cross || crucifix.
σταυροφορία nf crusade.
σταυροφόρος nm crusader.
σταυρώνω vt cross || crucify.
σταύρωση nf crucifixion.
σταυρωτής nm cop[per] || nuisance.
σταυρωτ-ός adj cross[ed] || ~ό σακάκι, double-breasted jacket.
σταφίδα nf raisin, sultana, currant.
σταφιδέμπορος nm raisin dealer.
σταφιδιάζω vi wither, wrinkle up.
σταφιδόκαρπος nm raisin crop.
σταφιδοπαραγωγός nm raisin grower ◉ adj raisin-producing.
σταφιδόψωμο nn currant bun.
σταφύλι nn grape[s].
σταφυλοζάχαρο nn glucose.
σταφυλόρωγα nf grape.
σταχολογώ vt glean.
στάχτη nf ash[es], cinders.
σταχτής adj ashy, ashen, ash-coloured.
σταχτοδοχείο nn ash-tray.
Σταχτοπούτα nf Cinderella.
στάχτωμα nn mildew.
στάχυ nn ear [of corn].
σταχυολόγημα nn gleaning.
σταχυολογώ vt glean.
στεγάζω vt house, shelter, put up.
στεγανός adj water-proof, airtight.
στέγασ-η (και adj ~τικός) nf housing.
στέγαστρο nn shelter, cover.
στέγη nf roof || shelter, cover.
στεγνοκαθαριστήριο nn dry-cleaner's.

στεγνός *adj* dry, arid || *μτφ.* without feeling.

στεγνώνω *vti* dry.

στεγνωτ·ήρας (*και nn* ~ικό) *nm* drier.

στειλιάρι *nn* helve, handle.

στείρος *adj* sterile, barren.

στειρότητα *nf* sterility.

στειρώνω *vt* sterilize, (*γάτα, σκύλα*) spay.

στείρωση *nf* sterilization.

στέκα *nf* cue || rake.

στέκι *nn* haunt, joint, hangout.

στέκομαι (*και* στέκω) *vi* stand || stop, come to standstill || be, turn out, prove.

στέλεχος *nn* cadre, executive || (*μίσχος*) stem, stalk || (*αποδείξεων*) counterfoil, stump, stub.

στέλνω *vt* send, dispatch, forward, get off.

στέμμα *nn* crown.

στεναγμός *nm* sigh || groan, moan.

στενάζω *vi* sigh || groan, moan.

στενεύω *vti* [grow] narrow || (*ρούχο*) take in, let in || (*παπούτσια*) pinch.

στενή *nf sl* jug, clink, coop.

στενό *nn* backstreet, alleyway || *pl* pass, (*θαλάσσιο*) straits.

στενογραφία *nf* shorthand.

στενογράφος *nm* stenographer.

στενοδακτυλογράφος *nfm* shorthand-typist.

στενόκαρδος *adj* ungenerous.

στενοκεφαλιά *nf* narrow-mindedness.

στενοκέφαλος *adj* narrow-minded.

στενόμακρος *adj* oblong.

στενός *adj* narrow || close || tight.

στενοχωρημένος *adj* worried, preoccupied, troubled || *οικον.* hard up.

στενοχώρια *nf* worry, trouble || disappointment || annoyance, displeasure.

στενόχωρος *adj* (*χώρος*) cramped || (*αμήχανος*) embarrassed, ill-at-ease || (*δυσάρεστος*) upsetting, bothersome || (*άνθρ.*) impatient, easily upset.

στενοχωρ·ώ *vt* worry, bother, trouble, harass || upset, put out, annoy || embarrass || grieve, distress || ~ιέμαι, be sorry/upset, fret.

στεντόρειος *adj* stentorian.

στέπα *nf* steppe.

στέργω *vi* agree, consent || come true.

στέρεμα *nn* drying up.

στερεό *nn* solid.

στερεομετρία *nf* solid geometry.

στερεοποιώ *vt* solidify.

στερεός *adj* solid, firm, fixed, fast.

στερεοσκόπιο *nn* stereoscope.

στερεότητα *nf* solidity, firmness.

στεροτυπία *nf* stereotype || invariability.

στερεοτυπικός *adj* stereotypic.

στερεότυπος *adj* stereotyped, hackneyed, cut-and-dried, set.

στερεοφωνικός *adj* stereo[phonic].

στερεύω *vti* dry up, run dry.

στερέωμα *nn* firmament.

στερεώνω *vt* fix, fasten, steady, secure, make fast, consolidate.

στερημένος *adj* needy, deprived.

στέρηση *nf* privation, hardship, poverty || lack, shortage || loss, forfeiture.

στερητικός *adj* privative.

στεριά *nf* [dry] land.

στεριανός *nm* landsman.

στεριώνω *vi* take root || *vt* ⇒ ΣΤΕΡΕΩΝΩ

στερλίνα *nf* sterling.

στέρνα *nf* [water-]tank, cistern.

στέρνο *nn* breast, chest.

στερνοπαίδι *nn* last-born.

στερνός *adj* last, latest.

στέρφος *adj* barren, sterile.

στερ·ώ *vt* deprive, bereave, deny, dispossess || ~ούμαι, lack, want, be/do/go without.

στέφανα *nn pl* wedding wreaths.

στεφάνη *nf* hoop || brim || rim.

στεφάνι *nn* wreath, crown.

στεφανιαίος *adj* coronary.

στεφανοχάρτι *nn* marriage certificate.

στεφανώνω *vt* crown, wreathe || marry.

στέφω *vt* crown || wed, marry.

στέψη *nf* crowning, coronation || wedding ceremony.

στηθάγχη *nf* heartburn, angina.

στηθαίο *nn* (*δρόμου*) parapet.

στηθικός *adj* chest.

στηθόδεσμος *nm* bra[ssiere].

στήθος *nn* breast, chest, bosom.

στηθοσκόπηση *nf* auscultation.

στηθοσκόπιο *nn* stethoscope.

στηθοσκοπώ *vt* examine with stethoscope.

στήλη *nf* column, pillar || stack.

στηλίτευση *nf* castigation.

στηλιτεύω *vt* castigate, inveigh against || pillory.

στήνω *vt* stand || set/put up, erect, (*στα γρήγορα*) run up || (*μοντάρω*) mount, assemble.

στήριγμα *nn* prop, support, rest, hold.

στηρίζ·ω *vt* prop [up], support, sustain, base, found || ~ομαι, lean/rely on, rest.

στήριξη *nf* support, reliance.

στητός *adj* erect, upright.

στιβάδα (*και* στίβα) *nf* pile, stack, (*νεφών*) bank, (*χιονιού*) drift.

στιβαρός *adj* robust, strong || firm.

στιβαρότητα *nf* strength, firmness.

στίβος *nm* track, rink || *μτφ.* arena.

στίγμα *nn* dot, mark, speck, blot || *μτφ.* stigma, slur, blemish || *ναυτ.* point,

position, reckoning.
στιγματίζω vt blot, stain || stigmatize, brand, *(δημόσια)* castigate, pillory.
στιγμή nf dot, point || moment, instant.
στιγμιαίος adj instant[aneous], momentary, lasting a moment.
στιγμιότυπο nn snap, snapshot.
στιγμούλα nf mo[ment].
στίζω vt dot, tattoo.
στίλβωμα nn shine, polish[ing].
στιλβώνω vt shine, polish, varnish.
στιλβωτήριο nn shoeshine stand/shop.
στιλέτο nn dagger.
στιλπνός adj shiny, polished, glossy.
στιλπνότητα nf shine, gloss, polish.
στίξη nf punctuation.
στιφάδο nn onion stew, casserole.
στίφη nn pl hordes, swarms, mob.
στίφτης nm squeezer.
στιχομυθία nf dialogue.
στιχοπλόκος nm versifier, rhymester.
στίχος nm verse, line.
στιχουργική nf verse technique.
στιχουργικός adj verse, metrical.
στιχουργός nm verse/lyrics writer.
στιχουργώ vt versify, write in verse.
στοά nf gallery || *(με μαγαζιά)* arcade || *(μασονική)* lodge.
στοίβα nf pile, heap, stack.
στοίβαγμα nn piling, stowing.
στοιβάζω vt pile, heap, stack, accumulate || pack, stow, cram, crowd.
στοιχειό nn ghost, spirit, spook || imp, goblin || scarecrow.
στοιχείο nn element || factor || *(ηλεκτρ.)* cell || *(τυπογρ.)* type, typeface || *(συστατικό)* ingredient || pl principles, rudiments || facts, particulars, data, evidence.
στοιχειοθεσία nf typesetting.
στοιχειοθέτης nm compositor, typesetter.
στοιχειοθετώ vt set type, compose.
στοιχειώδης adj elementary, basic.
στοιχειωμένος adj haunted, eerie.
στοιχειώνω vi become a ghost || be haunted.
στοίχημα nn bet, stake, wager.
στοιχηματίζω vti bet, stake.
στοιχίζομαι vi line up, fall in.
στοιχίζω vi cost || *μτφ.* pain.
στοίχος nm line, file, row.
στοκ nn stock[pile], supply.
στοκάρω vt stucco, putty || stock.
στόκος nm stucco || putty.
στόλαρχος nm admiral of the fleet.
στολή nf uniform, dress.
στολίδι nn jewel, gem, ornament.
στολίζω vt ornament, adorn, trim, decorate, deck, embellish.

στολίσκος nm flotilla || *αεροπ.* flight.
στόλισμα nn trimming, decoration, adornment.
στόλος nm fleet.
στόμα nn mouth.
στομάχι nn stomach, tummy.
στομαχόπονος nm stomach-ache.
στόμιο nn mouth || mouthpiece || muzzle || opening, entrance.
στόμφος nm bombast, pomposity.
στομφώδης adj bombastic, pompous.
στομώνω vti blunt, become blunt || have one's fill, stuff oneself.
στοπ nn stop, halt.
στόρ[ι] nn blind.
στοργή nf affection, fondness.
στοργικός adj affectionate.
στουμπίζω vt pound, crush.
στούμπος nm crusher || *(άνθρ.)* runt, *μτφ.* ignoramus.
στουμπώνω vt cram, stuff, pad out.
στούντιο nn studio.
στουπέτσι nn white lead.
στουπί nn cotton waste/wool || wad.
στουπώνω vt stop, plug, fill up, wad || blot || tamp down, ram.
στουρνάρι nn flint || *μτφ.* numskull.
στόφα nf stuff, makings.
στοχάζομαι vti meditate, consider, reflect on, contemplate, think.
στοχασμός nm meditation, reflection, thought.
στοχαστής nm thinker.
στοχαστικός adj thoughtful, reflective.
στόχαστρο nn foresight, sight.
στόχος nm target || aim, object[ive].
στραβάδι nn crabbed person || jaywalker.
στραβισμός nm squint[ing].
στραβοκέφαλος adj wrong-headed.
στραβοκοιτάζω vt look askance, look daggers at, squint at.
στραβολαιμιάζω vi crick one's neck.
στραβομάρα nf blindness, poor sight.
στραβομουτσουνιάζω vi pout, grimace, make a wry face || sniff [at].
στραβόξυλο nn curmudgeon, stubborn person.
στραβοπόδης adj knock-kneed, *(προς τα μέσα)* bandy-legged, *(προς τα έξω)* bow-legged.
στραβός adj blind || *(λοξός)* slanting, askew, bent || wrong.
στραβώνω vti blind, go blind, dazzle || warp, spoil, go wrong.
στραγάλια nn pl roasted chick-peas.
στραγγαλίζω vt strangle, throttle.
στραγγαλισμός nm strangulation.
στραγγαλιστής nm strangler.
στραγγίζω vti drain, strain || drip ||

wring.
στραγγιστήρι nn strainer.
στράκα nf crack, smack.
στραμπούλ·ιγμα (και ~·ισμα) nn sprain, twist.
στραμπουλίζω vt sprain, twist, rick.
στραπατσαρισμένος adj battered.
στραπατσάρω vt mess up, make a mess of, crumple, batter, damage.
στραπάτσο nn mess ‖ setback, knock.
στράτα nf street, road, way.
στρατάρχης nm [Field] Marshal.
στράτευμα nn army, troops.
στρατευμένος adj in arms, in the forces ‖ μτφ. committed.
στρατεύομαι vi enlist, join the army.
στράτευση nf enlistment, conscription, ΗΠΑ draft.
στρατεύσιμος nm conscript, draftee.
στρατεύω vt call up, draft, enlist.
στρατηγείο nn headquarters.
στρατήγημα nf stratagem, ruse.
στρατηγική nf strategy.
στρατηγικός adj strategic[al].
στρατηγός nm general.
στρατί nn track, path, road.
στρατιά nf army ‖ pl hosts, swarms.
στρατιώτης nm soldier, private, ΗΠΑ GI.
στρατιωτικό nn military service ‖ soldiering.
στρατιωτικοποίηση nf militarization.
στρατιωτικοποιώ vt militarize.
στρατιωτικός adj, nm military, army ◙ adj martial, soldierly.
στρατοδικείο nn court-martial.
στρατοδίκης nm military judge.
στρατοκόπος nm wayfarer.
στρατοκράτης nm militarist.
στρατοκρατία nf militarism, army rule.
στρατοκρατούμαι vi be under military rule.
στρατολογία nf recruitment, conscription.
στρατολογικός adj recruiting.
στρατολόγος nm recruiting officer.
στρατολογώ vt recruit, enlist.
στρατονόμος nm military policeman (MP).
στρατοπεδεύω vi encamp, pitch one's camp.
στρατόπεδο nn camp, encampment.
στρατός nm army, troops, services.
στρατόσφαιρα nf stratosphere.
στρατουλίζω vi toddle.
στρατσόχαρτο nn packing paper.
στρατώνας nm barracks, quarters.
στρατωνίζω vt billet, quarter.
στρατωνισμός nm billeting.
στράφι nn πάω ~, be wasted, be in vain.

στρεβλώνω vti twist, warp, pervert.
στρείδι nn oyster.
στρέμμα nn 1000 m^2.
στρεπτομυκίνη nf streptomycin.
στρες nn stress.
στρέφ·ω vt bend, turn, direct, train on, point at ‖ ~ομαι, turn, revolve, veer.
στρεψοδικία nf pettifogging.
στρεψόδικος nm quibbler, pettifogger.
στρεψοδικώ vi quibble, pettifog.
στρίβω vti turn, bend, sheer, swerve ‖ twist, twirl, spin, tweak ‖ (εξαφανίζομαι) make oneself scarce, turn tail.
στρίγκλα nf shrew, hag, fury, vixen.
στριγκλιά nf wickedness ‖ shriek.
στριγκλίζω vi shriek, scream, screech, squeak, squeal.
στριγκός adj strident, shrill.
στριμμένος adj twisted ‖ (άνθρ.) surly, sour, crabbed ◙ nm curmudgeon.
στρίμωγμα nn bottleneck.
στριμωξίδι nn press, crush, squash.
στριμώχν·ω vt crowd, pack, squeeze, crush, cram ‖ μτφ. corner, put on the spot, pin down ‖ ~ομαι, huddle, snuggle.
στρίποδο nn trestle, tripod.
στριπτής nn strip-tease, strip-show.
στριφογυρίζω vti turn, revolve, swivel ‖ whirl, swirl, spin, reel ‖ squirm, wriggle.
στριφτό nn pitch and toss.
στρίφωμα nn hemline.
στριφώνω vt hem.
στρίψιμο nn twist, spin, toss, turn.
στροβιλίζω vt whirl, swirl, spin, eddy.
στροβιλισμός nm whirl[ing].
στροβιλογεννήτρια nf turbogenerator.
στροβιλοκινητήρας nm turbo-motor.
στροβιλοκίνητος adj turbo-driven.
στρόβιλος nm swirl, whirl, eddy ‖ μηχ. turbine.
στρογγυλάδα nf roundness.
στρογγυλεύω vt round off/up, make round ‖ fill out, plump out.
στρογγυλοκάθομαι vi install oneself.
στρογγυλοπρόσωπος adj round-faced.
στρογγυλός adj round.
στρούγκα nf fold, pen.
στρουθοκαμηλισμός nm self-delusion.
στρουθοκάμηλος nf ostrich.
στρουμπουλός adj plump, chubby.
στρόφαλος nm crank.
στροφαλοφόρος άξονας nm crankshaft.
στροφή nf turn, rev[olution] ‖ bend, curve, turning ‖ μτφ. turning-point ‖ ποιητ. stanza, verse.
στρόφιγγα nf tap, cock.
στροφοδίνη nf whirl.
στροφόμετρο nn rev[olution] counter.

στρυφνός adj (άνθρ.) crabbed, sour ‖ (κείμενο) abstruse, (ύφος) tortuous.

στρυχνίνη nf strychnine.

στρῶμα nn mattress ‖ layer, coat[ing].

στρωματέξ nn sprung mattress.

στρωματσάδα nf shake-down.

στρωμάτσο nn ναυτ. fender.

στρώνω vti spread, lay ‖ strew, litter ‖ pave, floor ‖ (δαμάζω) break in, lick into shape ‖ (τακτοποιούμαι) settle down.

στρώση nf layer.

στρωσίδι nn rug ‖ pl bedding, bed-clothes.

στρώσιμο nn laying, spreading, paving.

στρωτός adj smooth, regular, even.

στίβω vt squeeze, press, wring.

στυγερός adj heinous, horrid, odious.

στυγερότητα nf atrocity.

στυγνός adj callous, cruel, hard.

στυγνότητα nf callousness, grimmess.

στυλ nn style.

στυλιάρι nn handle ‖ μτφ. numskull.

στυλιζάρω vt stylize.

στυλίστας nm stylist.

στυλιστικός adj stylistic.

στυλό nn fountain-pen.

στυλοβάτης nm pillar, prop, mainstay.

στυλογράφος nm fountain-pen.

στύλος nm column, pillar ‖ pylon ‖ post, pole ‖ μτφ. prop, mainstay.

στυλώνω vt prop, support, plant, shore up ‖ μτφ. brace up, steady, restore.

στυπόχαρτο nn blotting-paper.

στυπτικός adj styptic.

στυπώνω vt blot.

στύση nf erection.

στυφίζω vi taste acrid/tart.

στυφός adj acrid, tart.

στύψη nf alum ‖ styptic pencil.

στύψιμο nn squeeze, wring.

στωικισμός nm stoicism.

στωικός adj stoical ▣ nm stoic.

στωικότητα nf stoicism.

συ pron you.

σύγαμπρος nm brother-in-law.

συγγένεια nf relation[ship], kinship ‖ affinity.

συγγενεύω vi be related to, be a relation to ‖ have in common.

συγγενής nm relation, relative.

συγγενικός adj kindred, akin.

συγγενολόι nn kin, kinsfolk, folks, relatives.

συγγνώμη nf excuse, pardon, forgiveness.

συγγνωστός adj pardonable.

σύγγραμμα nn book, composition, writing.

συγγραφέας nm writer, author.

συγγράφω vt write.

συγκαίομαι vi chafe.

σύγκαιρα adv at the same time.

συγκαιρινός adj contemporary.

συγκαλύπτω vt cover/hush up, gloss over ‖ camouflage, disguise.

συγκάλυψη nf cover-up ‖ camouflage.

συγκαλώ vt call, convene, convoke.

σύγκαμα nn chafing, gall.

συγκατάβαση nf condescension.

συγκαταβατικός adj condescending, patronizing ‖ (τιμή) moderate, reasonable ‖ modest.

συγκατάθεση nf consent.

συγκαταλέγ·ω vt count among ‖ ~ομαι, be one of, be among.

συγκατανεύω vi consent, assent.

συγκατατηγορούμενος nm co-defendant.

συγκάτοικος nm fellow-lodger, room-mate.

συγκατοικώ vi room with, share lodgings.

συγκεκαλυμμένος adj veiled, disguised, masked ‖ indirect, covert.

συγκεκριμενοποι·ώ vt particularize, specify ‖ ~ούμαι, materialize, take shape.

συγκεκριμένος adj concrete, specific ‖ clear, positive, definite.

συγκεντρών·ω vt gather, collect, assemble, muster, summon up, mass, bring together ‖ focus, canalize ‖ (με δυσκολία) scrape/scratch together ‖ ~ομαι, come/get together, concentrate, (συνωστίζομαι) flock, crowd.

συγκέντρωση nf assembly, rally, meeting, get-together ‖ collection, gathering, build-up.

συγκεντρωτικός adj centralized.

συγκεντρωτισμός nm centralization.

συγκερασμός nm blending ‖ μτφ. compromise.

συγκεφαλαιώνω vt sum up, recapitulate.

συγκεχυμένος adj confused, vague.

συγκίνηση nf emotion, excitement ‖ sensation, stir ‖ thrill, appeal.

συγκινητικός adj touching, moving.

συγκινώ vt move, touch, affect, stir.

συγκληρονόμος nm joint heir.

συγκληρονομώ vti inherit jointly.

σύγκληση nf convocation.

συγκλητικός nm senator.

σύγκλητος nf senate.

συγκλίνω vi converge, point to.

σύγκλιση nf convergence.

συγκλονίζω vt shock, shake, shatter.

συγκλονιστικός adj shattering, sensational.

συγκοινωνία nf communication, transport, traffic, service.

συγκοινωνιακός adj transport, service.

συγκοινωνώ vi communicate.

συγκολλώ vt glue/stick together, weld,

(*οστά*) knit || *μτφ.* piece together.

συγκομιδή *nf* harvesting, gathering || harvest [time] || (*σοδειά*) crop, harvest.

συγκομίζω *vt* gather, bring in.

συγκοπή *nf* heart failure || *γραμμ.* contraction.

σύγκορμος *adj* all over [one's body].

συγκρατημένος *adj* restrained.

συγκράτηση *nf* restraint, containment || retention || holding, propping.

συγκρατ-ώ *vt* check, hold/keep back, bridle, curb, contain, control, restrain || hold, retain || bear, support || stop, prevent.

συγκρίνω *vt* compare, parallel.

σύγκριση *nf* comparison.

συγκριτικός *adj, nm* comparative.

συγκρότημα *nn* complex, cluster || band.

συγκρότηση *nf* formation, set-up.

συγκροτ-ώ *vt* compose, form, set up, make up || ~**ούμαι**, consist [of].

συγκρούομαι *vi* collide, crash || clash, conflict, jar || join battle.

σύγκρουση *nf* collision, crash, conflict, confrontation.

σύγκρυο *nn* shiver, chill.

συγκυρία *nf* coincidence, juncture.

συγκυριαρχία *nf* joint ownership.

συγκύριος *nm* joint owner.

συγυρίζω *vt* tidy up || settle [with sb].

συγύρισμα *nn* tidying.

συγχαίρω *vt* congratulate.

συγχαρητήρια *nn pl* congratulations.

συγχέω *vt* confuse, mix up, mistake.

συγχρονίζ-ω *vt* synchronize, time || modernize || ~**ομαι**, keep step/pace with.

συγχρονισμός *nm* timing || synchronization || modernization.

σύγχρονος *adj* simultaneous || contemporary || modern.

συγχρόνως *adv* simultaneously, at the same time.

συγχρωτίζομαι *vi* consort, mingle, mix.

συγχύζ-ω *vt* confuse || upset, put out, vex || ~**ομαι**, be/get upset.

σύγχυση *nf* confusion, mix-up || annoyance, vexation.

συγχώνευση *nf* fusion, amalgamation || *επιχειρ.* merger.

συγχωνεύω *vt* fuse, amalgamate, merge.

συγχώρηση *nf* pardon, forgiveness.

συγχωρητέος *adj* pardonable.

συγχωρώ *vt* forgive, pardon || excuse, allow, tolerate.

σύδεντρο *nn* coppice, wood.

σύζευξη *nf* coupling, connection.

συζήτηση *nf* discussion, talk, conversation, (*δημόσια*) debate || argument, controversy.

συζητήσιμος *adj* debatable, questionable.

συζητητής *nm* talker, conversationalist.

συζητώ *vti* discuss, argue, talk.

συζυγία *nf* *γραμμ.* conjugation.

συζυγικός *adj* conjugal, marital.

σύζυγος *nm* husband, *nf* wife || *νομ.* spouse.

συζώ *vi* cohabitate, live together.

σύθαμπο *nn* dusk.

συκιά *nf* fig-tree.

σύκο *nn* fig.

συκομουριά *nf* sycamore.

συκοπερίβολο *nn* fig orchard.

συκοφάντης *nm* detractor, slanderer.

συκοφαντία *nf* slander, libel.

συκοφαντικός *adj* slanderous, libellous.

συκοφαντώ *vt* slander, defame.

συκόφυλλο *nn* fig-leaf.

συκωτάκια *nf pl* (*πουλιών*) giblets.

συκωταριά *nf* [fried] entrails, offal.

συκώτι *nn* liver.

σύληση *nf* pillage, sack[ing], desecration.

συλλαβή *nf* syllable.

συλλαβίζω *vt* syllabify || spell || read with difficulty.

συλλαλητήριο *nn* demo[nstration], rally.

συλλαμβάνω *vt* arrest || catch, take, seize, capture || conceive, grasp.

συλλέγω *vt* collect || pick, gather.

συλλέκτης *nm* collector || [fruit-]picker.

συλλήβδην *adv* collectively, as a whole.

σύλληψη *nf* arrest, apprehension || capture, seizure || conception.

συλλογή *nf* collection || (*καρπών*) picking || (*σκέψη*) meditation.

συλλογίζομαι *vti* think, meditate, contemplate, reflect/brood on, ponder over || consider, take into account.

συλλογικός *adj* collective, joint.

συλλογισμένος *adj* thoughtful, preoccupied, pensive.

συλλογισμός *nm* syllogism, reasoning.

συλλογιστική *nf* reasoning.

σύλλογος *nm* society, association.

συλλυπητήρια *nn pl* condolences, sympathies.

συλλυπητήριος *adj* of condolence, of sympathy.

συλλυπούμαι *vt* offer one's condolences, sympathize [with sb].

συλφίδα *nf* sylfid.

συλώ *vt* spoil, pillage, desecrate.

συμβαδίζω *vi* keep up with, keep/be in step with, go together.

συμβαίνω *vi* happen, come about, chance.

συμβάλλομαι *vi* contract, enter into/ make a contract [with sb].

συμβάλλω *vi* contribute, play a part in, be conducive to || join, meet.

συμβάν *nn* incident, occurrence, happening, event ‖ *pl* goings-on.

σύμβαση *nf* contract ‖ treaty.

συμβασιλεύω *vi* reign jointly [with].

συμβατικός *adj* conventional ‖ *νομ.* contractual.

συμβατικότητα *nf* convention[ality].

συμβία *nf* wife, spouse.

συμβιβάζ·ω *vt* reconcile, conciliate ‖ ~ομαι, settle for, come to terms with, compromise, be consistent with.

συμβιβασμός *nm* [re]conciliation.

συμβιβαστικός *adj* conciliatory.

συμβιβαστής *nm* troubleshooter, reconciliator.

συμβιώνω *vi* live together ‖ (*παράνομα*) cohabit ‖ *πολ.* coexist.

συμβίωση *nf* living together, coexistence.

συμβόλαιο *nn* contract, deed.

συμβολαιογραφείο *nn* notary's office.

συμβολαιογράφος *nm* notary [public].

συμβολή *nf* junction ‖ contribution.

συμβολίζω *vt* symbolize, be a symbol of, stand for, represent.

συμβολικός *adj* symbolic[al], token.

συμβολισμός *nm* symbolism.

συμβολιστής *nm* symbolist.

σύμβολο *nn* symbol, emblem.

συμβουλάτορας *nm* adviser.

συμβουλευτικός *adj* consultative, advisory ‖ admonitory.

συμβουλεύ·ω *vt* advise, counsel, recommend ‖ ~ομαι, consult, seek advice, refer to.

συμβουλή *nf* advice, counsel.

συμβούλιο *nn* council, committee, board.

σύμβουλος *nm* adviser, counsellor.

συμμαζ·εύω (*και* ~ώνω) *vt* pick up, get together, tidy up ‖ hold, keep, restrain ‖ ~εύομαι, cower, crouch, huddle ‖ *μτφ.* pull one's socks up, draw in one's horns.

συμμαθητής *nm* schoolmate, classmate.

συμμαχητής *nm* comrade-in-arms.

συμμαχία *nf* alliance.

συμμαχικός *adj* allied, coalition.

σύμμαχος *nm* ally ▣ *adj* allied.

συμμαχώ *vi* enter into alliance, be allied to/with, make common cause with.

συμμερίζομαι *vi* share, feel for, sympathize with, have sympathy with.

συμμετέχω *vi* participate, take part in, join in, be in on.

συμμετοχή *nf* participation ‖ part, share ‖ attendance ‖ *αθλ.* entry.

συμμετοχικός *adj* profit-sharing.

συμμέτοχος *nm* participant, party.

συμμετρία *nf* symmetry.

συμμετρικός *adj* symmetric[al], well-proportioned.

συμμιγής *adj* compound.

συμμορία *nf* gang, band, ring.

συμμορίτης *nf* bandit.

συμμορφών·ω *vt* bring to heel ‖ ~ομαι, conform to, comply with.

συμμόρφωση *nf* conformity, compliance.

συμπαγής *adj* massive, solid.

συμπάθεια *nf* sympathy, compassion ‖ liking, weakness, partiality.

συμπαθ-ητικός (*και* ~ής) *adj* likeable, prepossessing, engaging, winsome.

συμπάθιο *nn* με το ~, excuse me.

συμπαθώ *vt* be fond of, like ‖ excuse.

συμπαιγνία *nf* collusion.

συμπαίκτης *nm* playmate.

σύμπαν *nn* universe.

συμπαράσταση *nf* support, solidarity.

συμπαραστάτης *nm* supporter.

συμπαρασύρω *vt* sweep/carry along.

συμπάσχω *vi* suffer along with, sympathize with, feel for.

συμπατριώτης *nm* compatriot, fellow-countryman.

συμπέθερος *nm* relation by marriage.

συμπεραίνω *vi* conclude, gather.

συμπέρασμα *nn* conclusion.

συμπεριλαμβανομέν-ου (*και* ~ης, ~ων) *adj* including, included, inclusive.

συμπεριλαμβάνω *vt* include.

συμπεριφέρομαι *vi* behave ‖ treat.

συμπεριφορά *nf* behaviour, conduct.

συμπιέζω *vt* compress.

συμπίεση *nf* compression.

συμπίπτω *vi* coincide ‖ happen at the same time ‖ *v impers* it happens/happened that...

σύμπλεγμα *nn* cluster, group.

συμπλέκτης *nm* clutch.

συμπλεκτικός *adj* γραμμ. co-ordinating.

συμπλέκ·ω *vt* entwine, clasp ‖ ~ομαι, engage, come to blows, start fighting, clash [with].

συμπλήρωμα *nn* complement, supplement.

συμπληρωματικός *adj* complementary, supplementary, additional.

συμπληρώνω *vt* complement, supplement, complete, eke out, make up.

συμπλήρωση *nf* completion.

συμπλοκή *nf* clash, scuffle, brawl, fray ‖ *στρατ.* fight, encounter, skirmish.

σύμπνοια *nf* unity, togetherness, harmony.

συμπολεμιστής *nm* comrade-in-arms.

συμπολεμώ *vi* fight together [with].

συμπολίτευση *nf* government party.

συμπολίτης *nm* fellow-townsman.

συμπονετικός *adj* compassionate, sympathetic, tender-hearted.

συμπόνια *nf* compassion, pity.

συμπονώ *vt* sympathize with, feel for, feel pity for, have pity on.

συμπορεύομαι vi go along with.
συμπόσιο nn banquet, feast.
συμποσούμαι vi amount to, add / run up to.
συμπότης nm drinking companion.
συμπράγκαλα nn pl paraphernalia.
σύμπραξη nf co-operation, joint action.
συμπράττω vi co-operate, join forces with.
σύμπτυξη nf pullback, withdrawal.
συμπτύσσ·ω vt (κείμενο) abridge, (περίοδο) cut down ‖ στρ. ~ομαι close the ranks, pull back, withdraw, retire.
σύμπτωμα nn symptom, sign.
συμπτωματικός adj symptomatic, incidental, casual.
σύμπτωση nf coincidence.
συμπυκνώνω vt condense, compress.
συμπύκνωση nf condensation.
συμφέρει vi impers be in one's interest, be to one's advantage, be advisable.
συμφέρον nn interest, advantage.
συμφεροντολογία nf selfishness.
συμφεροντολογικός adj selfish.
συμφεροντολόγος nm self-seeker.
συμφιλιών·ω vt reconcile ‖ ~ομαι, make it up, become reconciled.
συμφιλίωση nf reconciliation.
συμφιλιωτής nm peacemaker.
συμφιλιωτικός adj conciliatory.
συμφοιτητής nm fellow-student.
συμφορά nf calamity, disaster, catastrophe ‖ (άνθρ.) plague.
συμφόρηση nf stroke ‖ congestion.
συμφραζόμενα nn pl context.
σύμφυτος adj inherent, inborn.
συμφωνητικό nn deed, contract.
συμφωνία nf agreement, bargain ‖ μουσ. symphony ‖ conformity.
συμφωνικός adj symphonic.
σύμφωνο nn consonant ‖ pact, treaty.
σύμφωνος adj agreed, agreeable ‖ consistent.
συμφωνώ vi agree, bargain, consent ‖ match, be consistent [with] ‖ admit.
συμψηφίζω vt compensate for, offset, balance.
συν prep with, plus.
συναγελάζομαι vi consort, associate, mingle, rub shoulders [with], chum up.
συναγερμός nm alarm, warning ‖ rally.
συναγρίδα nf sea bream.
συνάγω vt gather, deduce.
συναγωγή nf deduction ‖ gathering ‖ synagogue.
συναγωνίζομαι vti compete, rival.
συναγωνισμός nm competition, rivalry.
συναγωνιστής nm competitor, rival ‖ comrade-in-arms.
συναγωνιστικός adj competitive.

συναδελφικός adj brotherly, of a colleague.
συνάδελφος nm colleague, fellow member ‖ διπλωμ. opposite number, counterpart.
συναδελφοσύνη nf brotherhood.
συναδελφώνομαι vi fraternize.
συναδέλφωση nf fraternization.
συνάζω vt assemble, get together.
συναθροίζω vt gather, assemble, muster.
συνάθροιση nf gathering, assembly, meeting.
συναίνεση nf assent, consent.
συναινώ vi agree, consent, assent.
συναισθάνομαι vt be conscious / aware, realize.
συναίσθημα nn feeling, emotion, sentiment.
συναισθηματικός adj sentimental, emotional.
συναισθηματικότητα nf sentimentality, emotionality.
συναισθηματισμός nm sentimentalism.
συναίσθηση nf sense, awareness, realization, consciousness.
συνακόλουθος adj consistent ‖ subsequent.
συναλλαγή nf transaction ‖ pl dealings, business, commerce.
συνάλλαγμα nn [foreign] currency, exchange.
συναλλαγματική nf draft, bill.
συναλλάσσομαι vi do business, have dealings.
συνάμα adv simultaneously, at the same time.
συναμεταξύ adv between.
συναναστρέφομαι vi associate, keep company.
συναναστροφή nf company, association.
συνάνθρωπος nm fellow-man.
συνάντηση nf meeting, encounter.
συναντώ vt meet, come / get together ‖ (τυχαία) come / run across ‖ (αντιμετωπίζω) meet with, run up against.
σύναξη nf gathering, meeting.
συναπάντημα nn chance meeting, occurrence.
συναποφασίζω vti decide jointly.
συναπτός adj consecutive.
συνάπτω vt attach, contract, join.
συναρίθμηση nf inclusion.
συναριθμώ vt count in, include.
συναρμόζω vt link [up], join.
συναρμολόγηση nf assembly, mounting.
συναρμολογώ vt assemble, piece / put together.
συναρπάζω vt fascinate, thrill, carry away, transport, throw into raptures.
συναρπαστικός adj fascinating, ravish-

ing, bewitching, thrilling.

συνάρτηση nf relation, connection || *μάθημ.* function.

συναρτώ vt relate, connect.

συνασπίζομαι vi unite, join forces, ally, gang up, league/band together.

συνασπισμός nm coalition, league, bloc.

συναυλία nf concert.

συναυτουργία nf complicity.

συναυτουργός nm accomplice.

συνάφεια nf relevance, connection, relation.

συναφής adj relevant, relative || related, similar, allied.

συνάφι nn trade, *ειρων.* tribe.

συνάχι nn cold [in the head].

συναχώνομαι vi catch a cold.

σύναψη nf conclusion, contracting.

συνδαιτημόνας nm table companion, dinner guest.

συνδαυλίζω vt poke, stir || *μτφ.* stir up, excite, fan the flames.

συνδεδεμένος adj close, intimate || *μηχ.* in gear || *τηλεφ.* through.

σύνδεση nf link-up, connection, joining, coupling.

σύνδεσμος nm *γραμμ.* conjunction || *μουσ.* tie || *στρατ.* liaison || (ένωση) association, league, union || (σχέση) relation, affair.

συνδετήρας nm clip, fastener.

συνδετικός adj connective, binding.

συνδέω vt connect, link, join, relate || *τεχν.* couple, dock, clip, fasten || *τηλεφ.* be/get/put through.

συνδιαλέγομαι vi converse, talk.

συνδιάλεξη nf conversation || *τηλεφ.* call.

συνδιαλλαγή nf reconciliation.

συνδιάσκεψη nf conference.

συνδικαλίζομαι vi form/join a union.

συνδικαλισμός nm syndicalism, trade unionism, union movement.

συνδικαλιστής nm trade unionist.

συνδικαλιστικός adj trade union, unionist.

συνδικάτο nn trade union || syndicate.

συνδρομή nf contribution, assistance, help || subscription || concurrence.

συνδρομητής nm subscriber.

σύνδρομο nn syndrome.

συνδυάζω vt combine, associate, piece together || match, go together.

συνδυασμένος adj combined, joint.

συνδυασμός nm combination || (εκλογικός) ticket, slate.

συνεδριάζω vi meet, sit, be in session.

συνεδρίαση nf meeting, sitting, session.

συνέδριο nn congress, convention.

συνείδηση nf conscience || awareness.

συνειδητοποιώ vt become conscious/aware of, realize.

συνειδητός adj conscious || conscientious.

συνειρμός nm association.

συνεισφέρω vt contribute || share in.

συνεισφορά nf contribution.

συνεκδοχή nf synecdoche.

συνεκτικός adj binding, cohesive.

συνέλευση nf meeting, assembly.

συνεννόηση nf understanding || consultation, deliberation || collusion, connivance.

συνεννοούμαι vi come to/reach an understanding || deliberate, consult, hold consultations.

συνενοχή nf complicity, connivance.

συνένοχος nm accomplice, party to, partner, associate.

συνέντευξη nf interview || appointment.

συνενώνω vt unite, bring together, merge.

συνεπάγομαι vt entail, involve.

συνεπαρμένος adj enraptured, carried away.

συνεπαίρνω vt enrapture, carry away.

συνέπεια nf consequence, result || *pl* repercussions || consistency, punctuality.

συνεπής adj consistent || reliable, punctual.

συνεπιβάτης nm fellow-passenger.

συνεπτυγμένος adj abridged, condensed.

συνεπώς adv so, therefore, consequently.

συνεργάζομαι vi collaborate, co-operate, work with || (σε εφημ.) contribute.

συνεργασία nf collaboration, co-operation.

συνεργάτης nm collaborator.

συνεργατική nf co-operative.

συνεργείο nn garage, workshop || party, gang, shift.

σύνεργα nn pl kit, tackle, gear.

συνεργός nm accessory, accomplice, confederate.

συνεργώ vi take part in, be an accessory/accomplice, connive at.

συνερίζομαι vi take offence || (προσέχω) listen, heed, pay attention to || be jealous, keep up rivalry with.

συνέρχομαι vi assemble, meet, come/get together || recover, come round || pull oneself together.

σύνεση nf caution, discretion, prudence.

συνεσταλμένος adj timid, shy, bashful.

συνεταιρίζομαι vi go into partnership.

συνεταιρικός adj joint, partner's.

συνεταιρισμός nm co-operative, partnership.

συνεταίρος nm partner, associate.

συνετίζω vt bring sb to reason/to his senses, knock some sense into sb.

συνετός adj sensible, wise, careful.
συνεφέρνω vt bring to/round, bring sb to his senses, sober [down/up].
συνέχεια nf continuity ‖ succession ▣ adv running, consecutively, on end, non-stop, one after another.
συνεχής adj continuous, continual ‖ successive, consecutive.
συνεχίζω vt continue, proceed, pursue, keep on/up, carry on, resume.
συνέχιση nf continuation.
συνεχιστής nm one who carries on.
συνεχόμενος adj adjoining.
συνεχώς adv continually, constantly.
συνηγορία nf advocacy ‖ pleading.
συνήγορος nm advocate, counsel.
συνηγορώ vi advocate, champion, speak /be for, be in favour of.
συνήθεια nf habit, custom, way.
συνήθης adj habitual, usual, customary ‖ common, ordinary, stock.
συνηθίζω vti get [sb] into/be in the habit of, get used/accustomed to ‖ συνήθιζα να, used to.
συνηθισμένος adj used, accustomed.
συνήθως adv usually, normally.
συνημμένος adj attached, enclosed.
σύνθεση nf essay ‖ synthesis ‖ composition, structure, texture.
συνθέτης nm composer.
συνθετικός adj synthetic.
σύνθετο nn unit furniture.
σύνθετος adj compound, complex.
συνθέτω vti compose, make up, write.
συνθήκη nf treaty, pact, agreement, convention ‖ pl conditions.
συνθηκολόγηση nf capitulation.
συνθηκολογώ vi capitulate, surrender.
σύνθημα nn slogan, catchword ‖ signal ‖ στρατ. password, sign.
συνθηματικός adj sign, code[d].
συνθηματολογία nf chanting of slogans.
συνθλίβω vt crush, quash, squeeze.
συνιδιοκτησία nf joint ownership.
συνιδιοκτήτης nm joint owner.
συνίσταμαι vi consist in.
συνισταμένη nf φυσ. resultant.
συνιστώ vti be ‖ constitute, set up, establish ‖ advise, recommend.
συννεφιά nf cloudy weather/sky.
συννεφιάζω vi become cloudy, cloud over.
συννεφιασμένος adj cloudy, overcast.
σύννεφο nn cloud.
συνοδεία nf escort ‖ accompaniment.
συνοδευτικός adj covering, accompanying.
συνοδεύω vt accompany, escort ‖ go/ come along with, see, show.
συνοδοιπόρος nm fellow-traveller.

σύνοδος nf session, meeting ‖ εκκλ. synod.
συνοικέσιο nn match, match-making.
συνοικία nf quarter, district.
συνοικιακός adj uptown, district.
συνοικισμός nm settlement.
συνοικώ, κλπ. ⇒ ΣΥΓΚΑΤΟΙΚΩ
συνολικός adj total, overall.
σύνολο nn total, whole.
συνομήλικος adj of the same age.
συνομιλητής nm interlocutor.
συνομιλία nf discussion, talk, conversation.
συνομιλώ vi talk, discuss.
συνομολογώ vt stipulate ‖ admit.
συνομοσπονδία nf [con]federation.
συνομοταξία nf class, group.
συνονθύλευμα nn hotch-potch.
συνονόματος adj, nm namesake.
συνοπτικός adj concise, brief.
συνορεύω vi border on, be adjacent, adjoin.
συνοριακός adj border[ing], frontier.
σύνορο nn border, boundary, frontier.
συνουσία nf sexual intercourse.
συνοφρυώνομαι vi frown, scowl.
συνοφρύωση nf frown[ing].
συνοχή nf coherence, cohesion.
σύνοψη nf synopsis, summary, digest ‖ εκκλ. missal, breviary.
συνοψίζω vt summarize, sum up.
συνταγή nf μαγειρ. recipe ‖ φαρμ. prescription ‖ χημ. formula.
σύνταγμα nn regiment ‖ constitution.
συνταγματάρχης nm colonel.
συνταγματικός adj constitutional.
συνταγματικότητα nf constitutionality.
συνταιριάζω vi match, harmonize, blend.
συντάκτης nm editor ‖ author, writer.
συντακτικό nn syntax.
συντακτικός adj syntactic[al], structural ‖ editorial ‖ constituent.
σύνταξη nf syntax ‖ wording, drafting, composition ‖ (λεξικού) compilation ‖ δημοσ. editorial staff ‖ οικον. pension.
συνταξιδεύω vi travel with/together.
συντάξιμος adj pensionable.
συνταξιοδότηση nf retirement.
συνταξιοδοτ·ώ vt pension off ‖ ~ούμαι, retire, go into retirement.
συνταξιούχος nm pensioner, retired person.
συνταράζω vt shake hard, shock.
συνταρακτικός adj stirring, dramatic.
συντάσσ·ω vt draw up, draft, compose ‖ ~ομαι, draw up ‖ fall in ‖ γραμμ. govern.
συνταυτίζω vt identify, tie up [with].
συντείνω vi contribute.
συντέλεια nf end, doomsday.

συντέλεση *nf* consummation, completion.
συντελεστής *nm* factor, coefficient.
συντελ·ώ *vi* contribute, have a share in || ~ούμαι, take place, be in progress, be brought about, be completed.
συντεταγμένη *nf* co-ordinate.
συντεχνία *nf* guild, corporation.
συντεχνιακός *adj* sectional.
συντήρηση *nf* preservation, conservation, upkeep || subsistence, support || πολ. conservatism.
συντηρητικό *nn* preservative.
συντηρητικός *adj* conservative || *nm* πολ. Conservative || μτφ. moderate, cautious.
συντηρητικότητα *nf* conservativeness.
συντηρώ *vt* preserve, conserve, maintain, run || support, keep.
σύντμηση *nf* abbreviation, abridgement.
σύντομα *adv* soon, shortly || briefly.
συντομεύω *vt* shorten, abridge, cut short || do earlier, bring forward.
συντομία *nf* shortness, brevity || εν ~, in short, in brief.
συντομογραφία *nf* abbreviation.
σύντομος *adj* brief, short.
συντονίζω *vt* co-ordinate, tune in to.
συντονισμένος *adj* concerted, joint.
συντονισμός *nm* co-ordination.
συντονιστής *nm* co-ordinator.
σύντονος *adj* unremitting, persevering.
συντρέχω *vt* help, aid || *vi impers* there is need/reason.
συντριβάνι *nn* fountain, jet.
συντριβή *nf* shatter, crash || μτφ. contrition.
συντρίβω *vt* shatter, smash, crush, overwhelm.
συντρίμματα (και συντρίμμια) *nn pl* debris, rubble, ruins, remains.
συντριπτικός *adj* crushing, overwhelming.
συντροφεύω *vt* keep company || accompany.
συντροφιά *nf* company, party.
συντροφικός *adj* comradely.
συντροφικότητα *nf* camaraderie.
σύντροφος *nm* comrade || mate, companion, partner.
συντρώγω *vi* have dinner with/together.
συνύπαρξη *nf* coexistence.
συνυπάρχω *vi* coexist.
συνυπεύθυνος *nm* jointly liable/responsible.
συνυπολογισμός *nm* inclusion.
συνυποψήφιος *nm* running-mate.
συνυφασμένος *adj* interwoven.
συνωθούμαι *vi* press, crowd.
συνωμοσία *nf* conspiracy, plot.
συνωμότης *nm* conspirator.
συνωμοτικός *adj* conspiratorial.
συνωμοτώ *vi* conspire, plot.

συνωνυμία *nf* synonymity.
συνώνυμο *nn* synonym.
συνώνυμος *adj* synonymous.
συνωστίζομαι *vi* press, jostle, crowd, crush.
συνωστισμός *nm* press, squeeze, crush.
σύξυλος *adj* flabbergasted.
σύριγγα *nf* syringe.
συρίγγιο *nn* fistula.
σύρμα·α *nn* (*adj* ~άτινος) wire.
συρματόπλεγμα *nn* wire-netting, barbed wire.
συρμός *nm* train || fashion, vogue.
συρόμενος *adj* sliding.
σύρραξη *nf* scuffle, clash, brawl.
συρραφή *nf* hotch-potch, patchwork.
συρρέω *vi* flow/stream into, swarm, flock.
σύρριζα *adv* very closely || root and branch.
συρρικνώνομαι *vi* dwindle, shrink.
συρρίκνωση *nf* dwindling.
συρροή *nf* influx, inrush || concurrence.
σύρσιμο *nn* dragging || creeping.
συρτάρι *nn* drawer.
συρτή *nf* ναυτ. troll.
σύρτης *nm* bolt, latch.
συρτοθηλειά *nf* slip-knot.
συρφετός *nm* riff-raff, rabble.
συσκέπτομαι *vi* confer, deliberate.
συσκευάζω *vt* package, pack [up].
συσκευασία *nf* packing, package.
συσκευή *nf* apparatus, appliance, set, device.
σύσκεψη *nf* conference, deliberation.
συσκοτίζω *vt* obscure, darken || black out.
συσκότιση *nf* obscuring || black-out.
σύσπαση *nf* twitch, tic, spasm.
συσπειρώνω *vt* coil [up] || rally.
συσπουδαστής *nm* fellow-student.
συσπώμαι *vi* twitch, contort, work.
συσσίτιο *nn* mess.
συσσωματώνω *vt* incorporate, embody.
σύσσωμος *adj* in a body, as one man.
συσσώρευση *nf* accumulation.
συσσωρευτής *nm* accumulator, battery.
συσσωρευτικός *adj* cumulative.
συσσωρεύω *vt* accumulate, pile/heap up, amass.
συστάδα *nf* cluster, clump.
συσταίνω *vt* introduce || recommend, advise || (γράμμα) address, register.
σύσταση *nf* setting up, establishment || constitution, composition || introduction || recommendation || registration || reference.
συστατικό *nn* ingredient, component.
συστατικός *adj* constituent, component.
συστεγάζομαι *vi* share lodgings/an of-

fice.

συστέλλομαι vi contract || grow timid.

σύστημα nn system, establishment || method, type.

συστηματικός adj systematic, methodical.

συστηματοποιώ vt systematize.

συστήνω ⇒ ΣΥΣΤΑΙΝΩ

συστολή nf contraction || shyness.

συστρέφω vt contort.

συσφίγγω vt tighten, clamp || μτφ. strengthen.

σύσφιξη nf strengthening.

συσχετίζω vt [cor]relate, interrelate.

σύφιλη nf syphilis, pox.

συφιλιδικός adj syphilitic.

συφορά ⇒ ΣΥΜΦΟΡΑ

συφοριασμένος adj unhappy, wretched.

συχνά adv frequently, often.

συχνός adj frequent.

συχνότητα nf frequency, incidence.

συχωριανός nf fellow-villager.

συχωροχάρτι nn indulgence || pardon.

σφαγέας nm butcher.

σφαγείο nn slaughter-house, abattoir.

σφαγή nf massacre, carnage, slaughter.

σφαγιάζω vt butcher, massacre, slaughter.

σφαγιασμός nm massacre, butchering.

σφαγιαστής nm butcher.

σφάγιο nn slaughtered animal.

σφαδάζω vi writhe, be convulsed.

σφάζω vt butcher, slaughter, kill.

σφαίρα nf bullet || sphere, globe || αθλ. shot || μτφ. sphere, field, line.

σφαιρικός adj spherical.

σφαιριστήριο nn billiard-room.

σφαιροβολία nf shot-putting.

σφαλερός adj mistaken, erroneous.

σφαλιάρα nf slap, cuff.

σφαλίζω vt shut, close, secure, make fast.

σφαλιστός adj shut, closed.

σφάλλω vi err, make a mistake/an error, be wrong/mistaken.

σφάλμα nn mistake, error, fault.

σφάξιμο nn slaughtering, killing.

σφάχτης nm shooting/stabbing pain.

σφαχτό nn slaughtered animal.

σφεντάμι nn maple[-tree].

σφεντόνα nf sling, catapult.

σφετερίζομαι vt embezzle, appropriate, usurp.

σφετερισμός nm usurpation, embezzlement.

σφετεριστής nm embezzler, usurper.

σφήκα nf wasp, hornet.

σφηκοφωλιά nf wasps' nest.

σφήνα nf wedge || μτφ. dig, hint.

σφηνώνω vti wedge, jam, stick.

σφίγγα nf sphinx, μτφ. inscrutable person.

σφίγγ·ω vt press, squeeze, clasp || grip, clutch, clench || tighten, be too tight, pinch || (φρακάρω) jam, stick || (ζορίζω) press, put pressure on || ~ομαι, huddle, snuggle || tighten one's belt.

σφίξη nf urgent need.

σφίξιμο nn pressing, clasping || gripping, clutching || tightening.

σφιχταγκαλιάζω vt hug, embrace tightly.

σφιχτοδεμένος adj well-knit, closely-knit.

σφιχτός adj tight || firm, hard-boiled || stingy, mean.

σφιχτοχέρης adj close-fisted, mean.

σφόδρα adv very, exceedingly.

σφοδρός adj violent, fierce, harsh || keen, intense, vehement.

σφοδρότητα nf violence, fierceness.

σφοντάμι nn maple[-tree].

σφοντύλι nn flywheel.

σφολιάτα nf flaky pastry.

σφουγγαράς nm sponge-diver/seller.

σφουγγάρι nn sponge.

σφουγγαρίζω vt sponge, mop, swab.

σφουγγάρισμα nn mopping, scrubbing.

σφουγγαρίστρα nf mop.

σφουγγίζω vt wipe, mop.

σφραγίδα nf seal, stamp.

σφραγίζω vt seal, stamp || (δόντι) fill.

σφράγιση nf sealing || (δοντιού) filling.

σφριγηλός adj sturdy, lusty, vigorous.

σφρίγος nn vigour, verve, pep, kick.

σφυγμομέτρηση nf opinion poll.

σφυγμομετρώ vt feel the pulse || μτφ. sound, put out feelers.

σφυγμός nm pulse.

σφύζω vi pulsate, throb.

σφύξη nf heartbeat.

σφυρά nn pl ankles.

σφύρα nf hammer, (ξύλινη) mallet.

σφυρήλατος adj forged, wrought.

σφυρηλατώ vt beat, hammer, forge.

σφυρί nn hammer, gavel.

σφύριγμα nn hiss[ing], whistle.

σφυρίδα nf ιχθ. grouper.

σφυρίζω vti whistle, hiss || zip, whirr.

σφυρίχτρα nf whistle.

σφυροβολία nf hammer-throwing.

σφυροδρέπανο nn hammer and sickle.

σφυροκόπημα nn hammering, pounding.

σφυροκοπώ vt hammer, pound.

σχάρα ⇒ ΣΚΑΡΑ

σχεδία nf raft.

σχεδιάγραμμα nn sketch, drawing, diagram, outline.

σχεδιάζω vt sketch, draw, design, style || (σκοπεύω) plan, think of, propose.

σχεδιαστήριο *nn* drawing office.

σχεδιαστής *nm* draftsman, designer.

σχέδιο *nn* drawing, pattern, design || *μτφ.* project, plan, scheme, layout || *(προσχέδιο)* draft, blueprint.

σχεδόν *adv* almost, nearly, [just] about, virtually, all but, as good as.

σχέση *nf* relation, relevance, connection || *(αναλογία)* ratio, proportion || *(δεσμός)* relationship, intercourse, [love-]affair, *pl* terms.

σχετίζω *vt* relate, connect.

σχετικός *adj* relative.

σχετικότητα *nf* relativity.

σχήμα *nn* form, shape, figure || the cloth, clergy.

σχηματίζω *vt* form, shape, mould || make, create, set up, establish.

σχηματικός *adj* schematic.

σχηματισμός *nm* formation || establishment.

σχηματοποίηση *nf* schematization.

σχίζα *nf* splinter, sliver.

σχιζοφρενής *nm, adj* schizophrenic.

σχιζοφρένεια *nf* schizophrenia.

σχίζω ⇒ ΣΚΙΖΩ

σχίσμα *nn* split, *εκκλ.* schism.

σχισμή *nf* fissure, crack, slot.

σχιστόλιθος *nm* slate.

σχοινί,᾿ κλπ. ⇒ ΣΚΟΙΝΙ

σχοινοβασία *nf* tightrope-walking.

σχοινοβατώ *vi* walk on a rope.

σχοινοβάτης *nm* tightrope-walker.

σχοινοτενής *adj* long-winded, lengthy.

σχολάζω *vti* dismiss, fire, sack, ditch || knock off, stop work.

σχολαστικισμός *nm* scholasticism, pedantry.

σχολαστικός *adj* scholastic, pedantic || *(ιδιότροπος)* finicky, particular, fussy.

σχολαστικότητα *nf* fussiness, fastidiousness.

σχολείο *nn* school.

σχολή *nf* school, faculty.

σχόλη *nf* holiday || free time, leisure.

σχολιάζω *vt* comment on, criticize || *(κείμενο)* annotate.

σχολιασμός *nm* annotation.

σχολιαστής *nm* annotator, commentator, editor.

σχολικός *adj* school, scholastic.

σχόλιο *nn* comment, criticism, remark || *(ερμηνευτικό)* commentary, annotation.

σχολ[ν]άω ⇒ ΣΧΟΛΑΖΩ

σχωρνώ *vt* forgive.

σωβινισμός *nm* chauvinism, jingoism.

σωβινιστής *nm* chauvinist, jingoist.

σωβινιστικός *adj* chauvinistic.

σώβρακο ⇒ ΕΣΩΒΡΑΚΟ

σωζόμενος *adj* extant.

σώζ·ω *vt* save, rescue || redeem, deliver || ~ομαι, survive.

σωθικά *nn pl* entrails, vitals || *μές᾿ στα ~ μου*, deep in my heart/within me.

Σωκράτης *nm* Socrates.

σωληνάριο *nn* box, tube.

σωλήνας *nm* pipe, conduit, main || tube.

σώμα *nn* body, frame, figure || *στρατ.* corps, force || *μτφ.* body.

σωματάρχης *nm* Army Corps Commander.

σωματείο *nn* union, society.

σωματεμπόριο *nn* white slave trading.

σωματέμπορος *nm* procurer, pimp, white-slave trader.

σωματίδιο *nn* particle, speck.

σωματικός *adj* corporeal, body, bodily, physical.

σωματοφύλακας *nm* bodyguard.

σωματοφυλακή *nf* bodyguard.

σωματώδης *adj* big, stout, beefy.

σωμιές *nm* [sprung] mattress.

σών·ω *vt* use up, finish || reach, get at || ~ομαι, run out, come to an end.

σώος *adj* safe, unharmed.

σωπαίνω ⇒ ΣΙΩΠΩ

σωρεία *nf* lots, heaps, no end of.

σωρεύω *vt* accumulate, pile/heap up.

σωρηδόν *adv* in heaps, helter-skelter.

σωριάζω *vt* heap/pile [up], clutter || ~ομαι, collapse, fall down in a heap, sink, slump, flop down.

σωρ·ός *nm* heap, pile, stack || bank, drift || *ένα ~ό*, heaps/lots of.

σωρωτός *adj* heaped.

σωσίας *nm* double.

σωσίβιο *nn* life-jacket, life-buoy.

σώσιμο *nn* rescue, saving || end.

σώσμα *nn* lees, wine dregs.

σωστικός *adj* redeeming, saving.

σωστό *nn* right.

σωστός *adj* whole, intact || right, proper, correct, exact, true, real, fair, just.

σωτέ *adj* sauté.

σωτήρας *nm* saviour || rescuer.

σωτηρία *nf* salvation.

σωτήρι·ος *adj* saving, redeeming || beneficial || *~ο έτος*, year of Our Lord.

σωφέρ *nm* chauffeur, driver.

σωφερίνα *nf* woman driver.

σώφρονας *adj* sensible, wise.

σωφρονίζω *vt* bring to reason/to one's senses || punish, correct, chastise.

σωφρονισμός *nm* punishment.

σωφρονιστήριο *nn* reformatory, approved school.

σωφρονιστικός *adj* corrective, correctional.

σωφροσύνη *nf* sense, wisdom.

T τ

τα *def art pl* the.
ταβάνι *nn* ceiling.
ταβάς *nm* round pan.
ταβατούρι *nn* din, uproar, hubbub.
ταβέρνα *nf* tavern, pub, eating-house.
ταβερνιάρης *nm* publican.
τάβλα *nf* board, plank.
ταβλαδόρος *nm* backgammon-player.
τάβλι *nn* backgammon.
ταγάρι *nn* handwoven bag.
ταγέρ *nn* woman's suit.
τάγιστρο *nn* nosebag, feeding bag.
ταγκιάζω *vi* go rancid.
ταγκό *nn* tango.
ταγκός *adj* rancid.
τάγμα *nn* battalion || *εκκλ.* order.
ταγματάρχης *nm* major.
τάδε *pron* such-and-such, so-and-so.
τάζω *vt* promise, make a vow.
ταΐζω *vt* feed, give to eat.
ταινία *nf* tape, ribbon, band || film ||
  tapeworm || tapemeasure.
ταινιοθήκη *nf* film library.
ταίρι *nn* husband, wife || (*ζώα*) mate ||
  (*πράγματα*) companion || match, equal,
  like.
ταιριάζω *vt* match, pair, suit, fit, go
  well || hit it off || be fitting.
ταίριασμα *nn* matching.
ταιριαστός *adj* well-matched, well-suit-
  ed || becoming, fitting.
τάισμα *nn* feeding.
τακατάκ *adv* pit-a-pat.
τάκα-τάκα *adv* on the trot.
τάκος *nm* chock, wedge || chunk.
τακούνι *nn* heel.
τακτ *nn* tact, discretion.
τακτικά *adv* regularly, often.
τακτική *nf* tactics, policy, tack.
τακτικός *adj* regular || tactical || fre-
  quent || orderly, steady, tidy || *αριθμ.* or-
  dinal.
τακτικότητα *nf* regularity.
τακτοποίηση *nf* arrangement.
τακτοποι·ώ *vt* arrange, tidy up, order,
  adjust || settle, fix, put up || (*ρυθμίζω*)
  settle, sort out.
τακτός *adj* fixed, appointed.
ταλαιπωρία *nf* hardship, trial, trouble.
ταλαίπωρος *adj* miserable, wretched,
  poor.
ταλαιπωρώ *vt* harass, beleaguer, trouble,
  bother, pester, mess about.
ταλαντεύομαι *vi* sway, wobble, waver.

τάλαντο *nn* talent.
ταλαντούχος *adj* talented, gifted.
ταλαντώνω *vt* oscillate.
ταλάντωση *nf* oscillation.
τάλε-κουάλε *adv sl* much the same.
ταλέντο *nn* talent, gift, genius, knack.
ταλίκα *nf* lorry with a trailer.
τάλληρο *nn* 5-drachma coin || dollar.
ταλκ *nn* talc.
τάμα *nn* vow, solemn promise.
ταμάχι *nn* greed.
ταμαχιάρης *adj* greedy.
ταμειακός *adj* fiscal, cash.
ταμείο *nn* cash, till, cashier's desk ||
  (*θεάτρου*) box office || (*χρήματα*) cash,
  funds || (*συλλόγου*) treasury || (*οργα-
  νισμός*) fund.
Τάμεσης *nm* Thames.
ταμίας *nm* cashier || (*συλλόγου*) treas-
  urer, (*πλοίου*) purser, *στρατ.* paymas-
  ter.
ταμιευτήριο *nn* savings bank.
ταμιζάνα *nf* demi-john.
ταμπακιέρα *nf* cigarette-case.
ταμπάκος *nm* tobacco, snuff.
ταμπέλα *nf* sign, name-plate.
ταμπεραμέντο *nn* temperament.
ταμπλάς *nm* stroke, apoplexy.
ταμπλέτα *nf* tablet.
ταμπλό *nn* picture, painting || (*αυτοκ.*)
  dashboard, instrument panel.
ταμπόν *nn* ink-pad || blotter.
ταμπού *nn* taboo || sacred cow.
ταμπουράς *nm* flute.
ταμπουρέ *nn* music-stool.
ταμπούρι *nn* rampart, bastion.
ταμπούρλο *nn* drum, (*ήχος*) tattoo.
ταμπουρών·ω *vt* fortify || ~ομαι, en-
  trench / barricade oneself.
ταμ-τάμ *nn* tomtom.
τανάλια *nf* pincers, nippers.
τανάπαλιν *adv* vice-versa, conversely.
τανγκό *nn* tango.
τανύομαι *vi* stretch oneself.
ταξείδι ⇒ ΤΑΞΙΔΙ
τάξη *nf* order || class, category, rank ||
  orderliness, tidiness || *σχολ.* class, *ΗΠΑ*
  grade, *MB* form || (*αίθουσα*) class-
  room.
ταξί *nn* taxi, cab.
ταξιαρχία *nf* brigade.
ταξίαρχος *nm* brigadier.
ταξιδευτής *nm* wayfarer, traveller.
ταξιδεύω *vi* travel, journey.

ταξίδι *nn* travel, journey, trip, (θαλάσσιο) voyage, (αεροπ.) flight.

ταξιδιώτης *nm* traveller, passenger.

ταξιδιωτικός *adj* travel[ling], traveller's.

ταξιθέτρια *nf* usherette.

ταξικός *adj* class.

ταξίμετρο *nn* taximeter.

ταξινόμηση *nf* classification, filing.

ταξινομώ *vt* class, classify, grade, sort out, file.

ταξιτζής *nm* taxi-driver, cabby.

τάπα *nf* stopper, cap, plug.

ταπεινός *adj* humble ‖ mean, base.

ταπεινότητα *nf* humbleness, humility ‖ meanness, baseness.

ταπεινόφρων *adj* humble.

ταπεινοφροσύνη *nf* humility.

ταπεινώνω *vt* humble, humiliate, slight.

ταπείνωση *nf* humiliation.

ταπεινωτικός *adj* humiliating, galling.

ταπέτο *nn* carpet.

ταπετσαρία *nf* (τοίχου) wallpaper, (επίπλων) upholstery.

ταπετσάρω *vt* paper, upholster.

ταπετσιέρης *nm* (τοίχων) paper-hanger, (επίπλων) upholsterer.

τάπητας *nm* carpet.

ταπητουργία *nf* carpet-manufacturing.

ταπί *adv* broke, cleaned out.

ταπώνω *vt* stop, plug, bung.

τάρα *nf* tare.

ταράζω *vt* agitate, stir up ‖ disturb, trouble, upset, put out, jar, shock ‖ tire out, pester, wear out.

ταρακούνημα *nn* jolt[ing].

ταρακουνώ *vt* jolt, shake.

ταραμάς *nm* preserved fish roe.

ταραμοσαλάτα *nf* taramosalata.

τάρανδος *nm* reindeer.

ταραξίας *nm* trouble-maker, heckler.

ταράτσα *nf* roof, terrace.

ταρατσώνω *vt* ram, damp down ‖ την ~, stuff oneself.

ταραχή *nf* agitation, stir, flutter, trepidation ‖ confusion, uproar, tumult ‖ *pl* riots, disturbances.

ταραχοποιός ⇒ ΤΑΡΑΞΙΑΣ

ταραχώδης *adj* turbulent, stormy.

ταρίφα *nf* tariff, rates, charges.

ταρίχευση *nf* embalming, stuffing.

ταριχεύω *vt* embalm, (ζώα) stuff.

ταρσανάς *nm* shipyard.

τάρτα *nf* tart.

Τάρταρα *nn pl* Hades.

ταρταρούγα *nf* tortoise-shell.

ταρτούφος *nm* hypocrite.

τάση *nf* inclination, tendency ‖ τεχν. strain ‖ ηλεκτρ. tension, voltage.

τάσι *nn* mug, goblet ‖ (ζυγαριάς) pan.

τασκεμπάπ *nn* shishkebab.

τάσσομαι *vi* declare [for/against], come out [for/against], side [with].

τάσσω *vt* set, fix, lay down.

τατουάζ *nn* tatoo.

ταυρ-ίσιος (και ~οειδής) *adj* bull-like.

ταυρομαχία *nf* bullfight[ing].

ταυρομάχος *nm* bullfighter.

ταύρος *nm* bull, bullock.

ταυτίζ-ω *vt* identify [with] ‖ equal, equate ‖ ~ομαι, be identical with.

ταύτιση *nf* identification, equation.

ταυτολογία *nf* tautology.

ταυτόσημος *adj* identical.

ταυτότητα *nf* identity [card] ‖ sameness.

ταυτόχρονος *adj* simultaneous.

ταυτοχρόνως *adv* simultaneously, at once, at the same time.

ταφή *nf* burial.

ταφόπετρα *nf* tombstone.

τάφος *nm* grave, tomb.

τάφρος *nf* ditch, trench, dike, moat.

ταφτάς *nm* taffeta.

τάχα *adv* as if, as though ‖ as it were, so to speak ‖ (σε ερωτ.) can, wonder ‖ κάνω ~ πως, pretend.

ταχεία *nf* express train.

ταχέως *adv* quickly, soon.

ταχιά *adv* λαϊκ. tomorrow ‖ in the morning.

τάχιστα *adv* very quickly ‖ ως ~, as soon as possible.

ταχτικός ⇒ ΤΑΚΤΙΚΟΣ

ταχυδακτυλουργία *nf* juggling.

ταχυδακτυλουργικός *adj* juggling.

ταχυδακτυλουργός *nm* juggler.

ταχυδρομείο *nn* mail, post[-office].

ταχυδρόμηση *nf* posting, mailing.

ταχυδρομικ-ός *adj* post, mail, postal ◉ *nm* post-office employee ‖ ~ά *nn pl* postage, stamps.

ταχυδρόμος *nm* postman, ΗΠΑ mailman ‖ διπλωμ. courier.

ταχυδρομώ *vt* post, mail.

ταχυκαρδία *nf* ιατρ. tachycardia.

ταχύμετρο *nn* speedometer.

ταχύνω *vt* quicken, speed/step up.

ταχυπαλμία *nf* palpitation.

ταχυπιεστήριο *nn* rotating press.

ταχύς *adj* quick, fast, rapid, speedy, brisk.

ταχύτητα *nf* speed, velocity ‖ (ρυθμός) rate ‖ (αυτοκ.) gear ‖ (γρηγοράδα) promptness, dispatch.

ταψί *nn* large baking pan.

τέζα *adv* tight, fully stretched.

τεζάρω *vt* stretch, pull tight ‖ τα ~, peg out, pass out.

τεθλασμένη *nf* crooked line.

τεθλιμμένοι συγγενείς *nm pl* the bereaved.

τεθωρακισμένος adj armoured.
τείνω vti stretch/hold/put out, extend || tend, be inclined || aim.
τεϊοποτείο nn tea-shop.
τεϊοπωλείο nn tea-house, tea garden.
τεϊοφυτεία nf tea plantation.
τειχίζω vt wall in, enclose with walls.
τείχιση nf walling.
τείχος nn wall.
τεκές nm opium den/dive.
τεκμαίρομαι vi be presumed.
τεκμαρτός adj presumptive, imputed.
τεκμήριο nn presumption || (ένδειξη) token, record, proof.
τεκμηριωμένος adj substantiated.
τεκμηριώνω vt substantiate, document, prove.
τεκμηρίωση nf substantiation.
τέκνο nn child, offspring.
τεκνοποιώ vt give birth to, bear [children].
τεκταίνομαι vi be hatched/plotted.
τέκτονας nm mason, freemason.
τεκτονισμός nm freemasonry.
τελάλης nm town/village crier.
τελάρο nn crate || frame.
τελεία nf full stop, ΗΠΑ period.
τελειοποίηση nf perfection, perfecting.
τελειοποιώ vt perfect, improve.
τέλειος adj perfect, thorough || complete, utter, total, out-and-out.
τελειότητα nf perfection.
τελειόφοιτος nm final-year student, graduate.
τελείωμα nn (και nm τελειωμός) conclusion, completion || exhaustion.
τελειώνω vti finish, bring to an end, conclude, wind up || come to an end, terminate, expire, be over/up || consume, use up, be/run out, get through || be exhausted, be done in/for.
τελείως (και τέλεια) adv perfectly, quite, completely, thoroughly, utterly.
τελείωση nf completion, perfection.
τελειωτικός adj final, conclusive.
τέλεση nf performance, commission.
τελεσίγραφο nn ultimatum.
τελεσίδικος adj final, νομ. unappealable.
τελεσφόρηση nf success, effectiveness.
τελεσφόρος adj effective, effectual.
τελεσφορώ vi be effective/successful.
τελετάρχης nm master of ceremonies.
τελετή nf ceremony, function, rite[s] || celebration, pl festivities.
τελετουργία nf solemnity, ritual.
τελετουργικός adj ceremonial, ritual.
τελευταίος adj last, latest, recent, ultimate || lowest, meanest.
τελεφερίκ nn cable-railway, funicular, cable-car, ski-lift.

τέλι nn wire, string.
τελικός adj final, eventual.
τέλμα nn bog, swamp, morass || impasse.
τελματώνω vi get bogged down, stagnate.
τέλος nn end, close, conclusion, outcome || οικον. tax, duty, rates.
τελοσπάντων adv anyway, in any case.
τελώ vt perform, celebrate, do.
τελωνειακός adj customs, tariff.
τελωνείο nn customs.
τελώνης nm customs inspector.
τελώνιο nn goblin, imp, gnome.
τελωνοφύλακας nm customs guard.
τελωνοφυλακή nf coastguard.
τεμαχίζω vt cut/chop up, cut into pieces, carve up, parcel out.
τεμάχιο nn piece, fragment.
τεμενάς nm kowtow, low bow.
τέμενος nn temple, shrine.
τέμνουσα nf γεωμ. secant.
τέμνω vt cut, intersect.
τεμπέλαρος nm lazybones, bone-idle.
τεμπέλης nm idler, loafer, lazybones.
τεμπελιά nf laziness, idleness.
τεμπελιάζω vi laze, idle, loaf.
τεμπέλικος adj lazy, idle, indolent.
τεμπελ-όσκυλο (και nm ~χανάς) nn lazybones.
τεμπεραμέντο nn temperament.
τέμπλο nn icon screen, iconostasis.
τέμπο nn tempo, beat.
τενεκεδένιος adj tin, tinny.
τενεκεδομαχαλάς nm slum, shanty-town.
τενεκές nm tin || tin pot || μτφ. good-for-nothing.
τένις nn tennis.
τένοντας nm tendon.
τενόρος nm tenor.
τέντα nf tent || (μαγαζιού) awning ◘ adv wide open.
τέντζερης nm pot, pan.
τεντυμπόης nm teddy-boy, tearaway, yobbo.
τεντυμποϊσμός nm hooliganism.
τέντωμα nn stretching, straining.
τεντώνω vt stretch, strain || (το λαιμό) crane || open wide.
τερακότα nf terracotta || (χρώμα) ochre.
τέρας nn monster, freak, prodigy.
τεράστιος adj huge, enormous, immense.
τερατολόγημα nn tall story, whopping lie.
τερατολόγος nm great liar, story-teller.
τερατομορφία nf hideous ugliness.
τερατόμορφος adj monstrous, freakish.
τερατούργημα nn monstrosity, enormity.
τερατώδης adj monstrous, outrageous.
τερετίζω vi chirp, chirrup, warble, tweet.

τερηδόνα nf ιατρ. caries, decay.
τέρμα nn end, close || terminus, terminal || αθλ. winning-post, finish line || ποδοσφ. goal, goalpost || (σκοπός) aim, end, goal ◉ adv and that's that/ flat, so much for that.
τερματίζω vti terminate, end, conclude, bring sth to an end || αθλ. finish.
τερματικός nm terminal.
τερματισμός nm termination, finish.
τερματοφύλακας nm goalkeeper.
τερπνός adj pleasing, agreeable.
τέρπω vt delight, amuse.
τερριέ nn terrier.
τερτίπι nn trick, wile, ruse, ploy.
τέρψη nf pleasure, amusement.
τεσσαράκοντα adj forty.
τέσσερα adj, nn four.
τεστ nn test.
τεταμένος adj tense, taut, strained.
τέτανος nm tetanus, lockjaw.
Τετάρτη nf Wednesday.
τέταρτο nn quarter.
τέταρτος adj fourth.
τετ-α-τέτ nn tête-à-tête.
τετελεσμένος adj accomplished.
τέτοιος adj such, similar, like this.
τετραγωνίζω vt square, quadrate.
τετραγων-ικός (και ᴖος) adj square.
τετράγωνο nn square || οικοδ. block.
τετράδ-α nf four of a kind || κατά ~ες, in fours, four deep/abreast.
τετράδιο nn copybook, exercise-book.
τετράδιπλος adj fourfold.
τετράδυμα nn pl quadruplets.
τετραετής adj four-year, (σπουδαστής) fourth-year || four-year-old.
τετραετία nf four-year period.
τετραήμερος adj four-day.
τετρακινητήριος adj four-engined.
τετρακόσιοι adj four hundred.
τετρακοσιοστός adj four hundredth.
τετραλογία nf tetralogy.
τετραμελής adj four-member.
τετραμερής adj four-part.
τετράμηνο nn four-month period.
τετράμηνος adj four-month.
τετραπέρατος adj sharp as a needle.
τετραπλασιάζω vt quadruple.
τετραπλ-άσιος (και ~ός) adj fourfold.
τετράποδο nn quadruped || blockhead.
τετράπρακτος adj four-act.
τετρασέλιδος adj four-page.
τετράστηλος adj four-column.
τετράτροχος adj four-wheeled.
τετραφωνία nf in four parts.
τετράωρο nn four-hour.
τετραώροφος adj four-storeyed.
τετριμμένος adj trite, commonplace.
τεύτλο nn beet.

Τεύτονας nm Teuton.
τευτονικός adj Teutonic.
τεύχος nn issue, number.
τέφρα nf (ιδ. νεκρού) ashes.
τεφτέρι nn notebook, account-book.
τέχνασμα nn trick, ruse, ploy, wile.
τέχνη nf art || artistry, workmanship, skill || craft, trade || ploy, wile.
τεχνηέντως adv artfully, skilfully.
τεχνητός adj artificial, false.
τεχνική nf technique, science.
τεχνικός adj technical || skilful ◉ nm technician, technical expert.
τεχνίτης nm technician, mechanic, artisan || craftsman || master.
τεχνογνωσία nf know-how.
τεχνοκράτης nm technocrat.
τεχνοκρατικός adj technocratic, managerial.
τεχνοκρίτης nm art critic.
τεχνοκριτική nf art criticism.
τεχνολογία nf technology.
τεχνολογικός adj technological.
τεχνοτροπία nf style, manner, technique.
τέως adv ex-, late, onetime.
τζαζ nf jazz.
τζάκι nn fireplace || mantelpiece || (σόι) family.
τζαμαρία nf glass panelling.
τζαμάς nm glazier.
τζάμι nn [window] pane, glass.
τζαμί nn mosque.
τζάμπα adv gratis, free, for nothing, in vain.
τζαμπατζής nm gatecrasher, fare-dodger.
τζάμπορι nn jamboree.
τζαμωτός adj glass.
τζαναμπέτης nm groucher.
τζάνερο nn sloe.
τζελατίνα nf gelatin, celluloid.
τζέντλεμαν nm gentleman.
τζετ nn jet.
τζην nn jeans.
τζίβα nf padding, wadding.
τζιν nn gin.
τζίνι nn jinn, genie || sharp as a needle.
τζιούκ-μποξ nn juke-box.
τζιπ nn jeep.
τζίρος nm turnover.
τζίτζικας nm cicada.
τζιτζιμπύρα nf ginger ale.
τζιτζιφιά nf jujube.
τζιτζιφιόγκος nm fop, popinjay, coxcomb, dandy.
τζίφος nm blank, flop, failure.
τζίφρα nf monogram, signature.
τζογαδόρος nm gambler.
τζόγος nm gambling || (τιμονιού) play, (κουζινέτου) clearance.
τζόκεϋ nm jockey.

τζούντο nn judo.
τήβεννος nf toga, gown.
τηγάνι nn frying-pan.
τηγανίζω vt fry.
τηγανίτα nf pancake.
τηγανιτός adj fried.
τηλεβόας nm loudspeaker, loud-hailer.
τηλεβόλο nn gun, cannon.
τηλεγραφείο nn telegraph office.
τηλεγράφημα nn cable, telegram || δημοσιογρ. dispatch.
τηλεγραφητής nm telegraph operator.
τηλεγραφία nf telegraphy.
τηλεγραφικός adj telegraph[ic].
τηλεγραφόξυλο nn telegraph pole/post.
τηλέγραφος nm telegraph.
τηλεγραφώ vti telegraph, cable, wire.
τηλεθεατής nm [tele]viewer.
τηλεκατευθυνόμενος adj teleguided.
τηλεοπτικός adj television.
τηλεόραση nf television.
τηλεπάθεια nf telepathy.
τηλεπαθητικός adj telepathic.
τηλεπικοινωνία nf telecommunication.
τηλεσκόπιο nn telescope.
τηλέτυπο nn teleprinter, ticker.
τηλεφώνημα nn [phone] call, ring.
τηλεφωνητής nm [telephone] operator, switchboard girl.
τηλεφωνία nf telephony.
τηλεφωνικός adj telephone.
τηλέφωνο nn [tele]phone, line.
τηλεφωνώ vti [tele]phone, ring up, call, make a call, give a ring/call.
τηλεφωτογραφία nf telephotography.
τηλοψία nf television.
τήξη nf melt[ing], thaw[ing].
τηράω vt look, stare.
τήρηση nf observance.
τηρητής nm keeper, upholder.
τηρώ vt keep, observe, abide by, uphold.
τι pron what, how.
τιάρα nf tiara.
τίγκα adv sl packed, full up, bursting.
τίγρη nf tiger.
τιθασεύω vt break in, tame || harness || discipline, subdue.
τικ nn tic, twitch, jerk.
τικ-τακ nn tick-tock.
τιμαλφή nn pl valuables, jewelry.
τιμάριθμος nm price index, cost-of-living index.
τιμάριο nn fief, manor.
τιμαριούχος nm feudal/manor lord.
τιμαριωτικός adj feudal.
τιμή nf honour, credit || price, rate, quotation.
τίμημα nn price, costing, estimate.
τιμημένος adj honoured.
τιμητής nm censor, critic.

τιμητικός adj honourable, honorary, honorific, prestigious.
τίμιος adj honest, honourable, upright.
τιμιότητα nf honesty, integrity, probity.
τιμοκατάλογος nm price-list || (φαγητών) bill of fare, menu.
τιμολόγηση nf pricing, quotation, invoicing.
τιμολόγιο nn price-list || rates || εμπ. invoice.
τιμολογώ vt price, fix the price, quote, bill, invoice.
τιμόνι nn [steering-]wheel || (ποδηλάτου) handlebars || (πηδάλιο) helm, rudder.
τιμονιέρα nf rudder-house.
τιμονιέρης nm steersman, helmsman.
τιμ-ώ vt honour || respect, revere || do honour/credit to, be a credit/an honour to || ~ώμαι, εμπ. be priced.
τιμωρητέος adj punishable.
τιμωρία nf punishment, penalty.
τιμωρός adj avenging ◉ nm avenger.
τιμωρώ vt punish || correct || chastise.
τίναγμα nn shake, throw, jolt, jerk.
τινάζ-ω vt shake, (με ραβδί) beat || (τραντάζω) jolt, jerk || (πετώ) throw, toss, fling, tumble || ~ομαι, jump/spring/start up.
τίποτα pron some, any, anything, nothing.
τιποτένιος adj mean, vile, no good || worthless, trivial, trifling, petty.
τιράντα nf shoulder-strap || (ανδρικές) braces, ΗΠΑ suspenders.
τιτάνας nm titan.
τιτάνιος adj titanic.
τιτιβίζω vi chirp, chirrup, tweet.
τίτλος nm title || dignity, distinction || qualification, degree || heading, caption, (εφημερίδας) headline || χρηματ. securities, stock, bond.
τιτλούχος adj titled.
τιτλοφορώ vt title, entitle || label, call, style.
τμήμα nn part, portion, section, segment || (υπηρεσίας) department || αστυνομ. station, (φυλακής) ward || ~ ηθών, vice squad.
τμηματάρχης nm head of [a] department.
τμηματικός adj part, piecemeal.
το def art n the.
τοιούτος pron such ◉ nm queer, fairy.
τοιουτοτρόπως adv so, in this way.
τοιχίζω vt wall in/up.
τοιχίο nn low wall, parapet.
τοιχογραφία nf wall-painting, mural, fresco.
τοιχοκόλληση nf bill-sticking/posting.
τοιχοκολλητής nm bill-sticker/poster.
τοιχοκολλώ vt post/put up, stick [bills].

τοιχοποιία *nf* brickwork, stonework.
τοίχος *nm* wall.
τοκάτα *nf* toccata.
τοκετός *nm* childbirth, delivery.
τοκίζω *vt* lend money at interest.
τοκιστής *nm* money-lender.
τοκογλυφία *nf* usury.
τοκογλυφικός *adj* usurious.
τοκογλύφος *nm* usurer, shark.
τοκομερίδιο *nn* coupon, dividend.
τόκος *nm* interest.
τοκοφόρος *adj* interest-bearing.
τοκοχρεωλύσιο *nn* sinking fund.
τόλμη *nf* daring, boldness || mettle, spirit || cheek, impudence.
τόλμημα *nn* daring deed, bold act.
τολμηρός *adj* daring, bold || mettlesome, spirited || reckless || cheeky, impudent || fresh, naughty, risqué.
τολμηρότητες *nf pl* liberties.
τολμώ *vi* dare, venture || have the cheek/the nerve to.
τολύπη *nf* (καπνού) wisp.
τομάρι *nn* hide, skin || (άνθρ.) blackguard.
τομάτα *nf* tomato.
τοματιά *nf* tomato-plant.
τοματοπολτός *nm* tomato-purée.
τοματοσαλάτα *nf* tomato salad.
τομέας *nm* section, sector.
τομή *nf* section, intersection || incision, cut || αρχιτ. elevation || χρυσή ~, the golden mean.
τομογραφία *nf* tomography.
τόμος *nm* volume.
τόμπολα *nf* tombola ◉ *interj* bingo!
τονάζ *nn* tonnage.
τονίζω *vt* stress, emphasize || accentuate.
τονικός *adj* tonal, tonic || accent.
τονικότητα *nf* tonality, tonicity.
τονισμός *nm* stress, intonation, accenting.
τόννος *nm* ton || tuna fish.
τόνος *nm* tone, note, ring || γραμμ. accent, stress || μουσ. tune, pitch, tone, key || (χρώματος) shade, tone, tint.
τονώνω *vt* invigorate, brace, tone up.
τόνωση *nf* strengthening.
τονωτικό *nn* tonic, pick-me-up.
τονωτικός *adj* bracing, invigorating, tonic.
τοξεύω *vt* shoot/wound with an arrow.
τοξικολογία *nf* toxicology.
τοξικολογικός *adj* toxicological.
τοξικομανής *adj, nm* drug-addict.
τοξικομανία *nf* drug-addiction.
τοξικός *adj* toxic.
τοξικότητα *nf* toxicity.
τοξίνη *nf* toxin.
τόξο *nn* bow || αρχιτ. arch || μαθ. arc || arrow.

τοξοβολία *nf* archery.
τοξότης *nm* archer, bowman.
τοξωτός *adj* arched, bow-shaped.
τοπάζι *nn* topaz.
τόπι *nn* ball || (υφάσματος) roll.
τοπικισμός *nm* local patriotism, parochialism.
τοπικιστικός *adj* parochial, sectional.
τοπικός *adj* local, regional.
τοπίο *nn* landscape, *pl* scenery.
τοπιογράφος *nm* landscape painter.
τόπλες *nn, adj* topless.
τοπογραφία *nf* topography, survey.
τοπογραφικός *adj* topographical.
τοπογράφος *nm* topographer, surveyor.
τοπογραφώ *vt* survey.
τοποθεσία *nf* situation, site, locality.
τοποθέτηση *nf* placing, posting || (διορισμός) assignment || οικον. investment.
τοποθετώ *vt* post, place, position, lay || appoint, assign || οικον. invest, put.
τοπολαλιά *nf* local dialect.
τόπος *nm* place, spot, locality || land, soil || room, space || landscape, scenery || (πατρίδα) country, native land.
τοποτηρητής *nm* deputy || εκκλ. vicar.
τοπωνυμία *nf* place-name.
τορβάς *nm* nosebag.
τορναδόρος *nm* turner.
τορνάρω *vt* turn, polish.
τορνευτός *adj* well-turned.
τόρνος *nm* lathe.
τορπιλάκατος *nf* torpedo-boat.
τορπίλη *nf* torpedo.
τορπιλίζω *vt* torpedo.
τοσοδά *pron* that little/short, tiny.
τόσος *pron* such, so, so much/many, all that, as.
τοστ *nn* toast.
τοστιέρα *nf* toaster.
τότε *adv* then, at that time || in that case || ~ που, when.
τοτινός *adj* then.
τουαλέτα *nf* dress, gown, *pl* clothes || toilet || (έπιπλο) dressing-table || (αποχωρητήριο) loo, lavatory, toilet, washroom.
τουβλάδικο *nn* brickworks.
τούβλο *nn* brick || μτφ. blockhead.
τουηντ *nn* tweed.
τουίστ *nn* twist.
τουλάχιστον *adv* at least, for one.
τούλι *nn* (adj ~νος) tulle, voile.
τουλίπα *nf* tulip.
τουλούμι *nn* skin[bag], goatskin.
τούμπα *nf* somersault, overturning || (πέσιμο) tumble, fall || μουσ. tube.
τουμπανιάζω *vt* swell, make/become swollen.
τούμπανο *nn* drum, tambour.

τουμπάρισμα *nn* overturning.
τουμπάρω *vti* overturn, turn over, capsize ‖ *μτφ.* wheedle, win over, talk sb into.
τουναντίον *adv* on the contrary.
τούνελ *nn* tunnel.
τούντρα *nf* tundra.
τουπέ *nn* arrogance ‖ nerve, cheek.
τουρισμός *nm* tourism.
τουρίστας *nm* tourist.
τουριστικός *adj* tourist, touring.
Τουρκία *nf* Turkey.
τουρκικός *adj* Turkish.
Τούρκος *nm* Turk.
τουρλού *adj* mixed.
τουρλώνω *vt* throw out, pile up.
τουρλωτός *adj* bulging.
τουρμπάνι *nn* turban.
τουρμπίνα *nf* turbine.
τουρνέ *nf* tour.
τουρνουά *nn* tournament.
τουρσί *nn* pickles.
τούρτα *nf* cake.
τουρτουριάρης *adj* shivery.
τουρτουρίζω *vi* shiver, shudder, tremble.
τουρτούρισμα *nn* shudder, shiver.
τους *def art* the ◉ *pron* them, their.
τουτέστιν *adv* that is [to say].
τούτος *pron* that, this.
τούφα *nf* tuft, lock ‖ clump, growth.
τουφέκι *nn* rifle, gun.
τουφεκιά *nf* rifleshot, gunshot.
τουφεκίδι *nn* rifle fire.
τουφεκίζω *vt* fire, shoot.
τουφεκισμός *nm* firing.
τουφωτός *adj* tufted.
τραβέρσα *nf* sleeper, *ΗΠΑ* tie.
τραβεστί *nm* transvestite.
τράβηγμα *nn* pull, jerk, tug ‖ *pl* trouble.
τραβηξιά *nf* (*καπνού*) puff, pull.
τραβηχτική *nf* εμπ. draft.
τραβολογάω *vt* maul/mess about, be in trouble with.
τραβολόγημα *nn* manhandling ‖ *pl* trouble.
τραβ-ώ *vti* pull, draw, drag, jerk, tug, heave ‖ withdraw ‖ (*πηγαίνω*) go, make for, head for, be off to ‖ (*υπο-φέρω*) suffer, be/go through ‖ (*ελκύω*) attract, draw [on] ‖ (*ρυμουλκώ*) tow ‖ (*παρατείνω*) last, draw/spin out ‖ ~ιέμαι (*ερωτικά*) carry on, knock about [with], (*έχω φασαρίες*) be in trouble.
τραγανίζω *vt* crunch, gnaw ‖ go through.
τραγανιστός *adj* crisp, crunchy.
τραγανό *nn* gristle.
τραγελαφικός *adj* grotesque, monstrous.
τραγί *nn* (*και nm* τράγος) billy-goat.
τραγιάσκα *nf* cap.

τραγικός *adj* tragic ◉ *nm* tragic poet.
τραγ-ογένης (*και ~όπαπας*) *nm* bearded devil.
τραγουδάκι *nn* ditty.
τραγούδι *nn* song, tune.
τραγουδιστής *nm* singer, vocalist.
τραγουδιστός *adj* singsong.
τραγουδώ *vti* sing.
τραγωδία *nf* tragedy.
τραγωδός *nm* tragedian, *nf* tragedienne.
τραίνο *nn* train.
τρακ *nn* stagefright ‖ jitters.
τράκα *nf* sponging, cadging.
τρακαδόρος *nm* cadger, sponger.
τρακάρισμα *nn* crash, clash ‖ cadging.
τρακάρω *vti* crash, run into ‖ quarrel, clash ‖ come across, bump into ‖ (*κάνω τράκα*) touch, sponge, cadge, *sl* bum.
τρακατρούκα *nf* cracker, squib.
τράκο *nn* setback, blow.
τρακτέρ *nn* tractor.
τραμ *nn* tram, *ΗΠΑ* streetcar.
τραμουντάνα *nf* north wind.
τράμπα *nf* swap.
τραμπάλα *nf* seesaw.
τραμπούκος *nm* thug, tough, rough.
τρανεύω *vi* grow big/powerful.
τρανζίστορ *nn* transistor.
τράνζιτο *nn* transit.
τρανός *adj* big, powerful.
τράνταγμα *nn* jar, jolt, jerk.
τραντάζ-ω *vt* shake, rattle ‖ ~ομαι, bump, jolt, jerk.
τρανταχτός *adj* ringing, resounding.
τράπεζα *nf* bank.
τραπεζαρία *nf* dining-room ‖ (*αξιωμ.*) mess-room, (*σχολείου*) refectory ‖ dinner table.
τραπέζι *nn* table.
τραπεζικός *adj* bank[ing].
τραπεζίτης *nm* banker ‖ (*δόντι*) molar.
τραπεζιτικός *adj* bank.
τραπεζογραμμάτιο *nn* banknote.
τραπεζομάντηλο *nn* tablecloth.
τραπεζώνω *vt* wine and dine.
τράπουλα *nf* pack of cards.
τραπουλόχαρτο *nn* playing-card.
τραστ *nn* trust.
τράτα *nf* trawl-net, trawl-boat.
τρατ-αμέντο (*και ~άρισμα*) *nn* treat.
τρατάρω *vt* treat, offer.
τράτο *nn* margin, elbow-room.
τραυλίζω *vti* stutter, stammer, lisp.
τραύλισμα *nn* lisp, stutter, stammer.
τραυλός *nn* stutterer, stammerer.
τραύμα *nn* wound, injury ‖ *ψυχ.* trauma.
τραυματίας *nm* wounded person.
τραυματίζω *vt* wound, injure ‖ hurt.

τραυματικός adj traumatic.
τραυματιοφορέας nm stretcher-bearer.
τραυματισμός nm wounding, injuring.
τραχανάς nm frumenty.
τραχεία nf windpipe.
τραχηλιά nf ruff, collar, bib.
τράχηλος nm neck, nape.
τραχύνω vti roughen || aggravate.
τραχύς adj rough, coarse, harsh.
τραχύτητα nf roughness, harshness.
τρεις adj three.
τρεισήμισι adj three and a half.
τρεκλίζω vi stagger, wobble, lurch.
τρέλα nf madness, insanity, lunacy || folly || infatuation.
τρελάδικο nn madhouse.
τρελαίνομαι vi go mad || be frantic /wild/distracted || be crazy [about] || be infatuated [with].
τρελαίνω vt drive [sb] mad.
τρελοκομείο nn lunatic asylum, mental home/hospital || bedlam.
τρελός adj insane || mad, crazy || wild, frantic, wanton ◙ nm madman, lunatic, fool || (σκάκι) bishop.
τρεμάμενος adj shaky, trembling.
τρεμολάμπω vi twinkle, flicker.
τρεμοπαίζω vi blink, flicker.
τρεμοσβήνω vi flicker, blink.
τρεμούλα nf shiver, shudder, quiver || jitters, fear || weakness, faintness.
τρεμουλιάζω vi shiver || flicker || quiver.
τρεμούλιασμα nn tremor, trembling.
τρέμω vi tremble, shake, quake || shiver, quiver, flicker || dread.
τρενάρω vti delay, protract, drag out.
τρεντσκότ nn trench-coat.
τρέξιμο nn run[ning], flow[ing].
τρέπω vt change, convert.
τρέφω vt feed, raise || grow || μτφ. nourish, have, entertain.
τρεχάλα nf run, rush ◙ adv at full speed, at a run.
τρεχάματα nn pl rush, hectic time.
τρεχάτος adj running, at a run.
τρεχούμενος adj running || οικον. current.
τρέχω vi run, hurry, speed || (ορμώ) rush, dash, tear || (γλιστρώ) glide, sail || (με μικρά βήματα) scamper, scurry || (κυλώ) flow, stream, gush.
τρία adj, nn three.
τριάδα nf trinity, three.
τρίαινα nf trident.
τριάκοντα adj thirty.
τριακονταετία nf [period of] thirty years.
τριακονταπλάσιος adj thirtyfold.
τριακόσια adj three hundred.
τριακοστός adj thirtieth.
τριάντα adj, nn thirty.

τριανταρίζω vi be pushing thirty.
τρανταφυλλένιος adj rosy, pink.
τρανταφυλλιά nf rose[bush].
τριαντάφυλλο nn rose.
τριβελίζω vt μτφ. bother, pester.
τριβή nf friction || wear || practice.
τρίβ·ω vt.rub, massage || burnish, polish, (με βούρτσα) scrape, scour || crush, grind, grate || ~ομαι (παλιώνω) wear, (χαϊδεύομαι) neck, pet, spoon.
τριγμός nm crackling, gnashing.
τριγυρίζω vti encircle, surround || wander, roam, go/loaf about.
τριγύρω adv round, about.
τριγωνικός adj triangular.
τρίγωνο nn triangle || (όργανο) set-square.
τριγωνομετρία nf trigonometry.
τρίδιπλος adj threefold.
τρίδυμα nn pl triplets.
τριετής adj three-year.
τριετία nf [period of] three years.
τριζάτος adj creaky, squeaky.
τριζοβολώ vi crackle, creak, grind.
τρίζω vti crack, crackle, creak, squeak, gnash, snap.
τριήμερο nn three-day period.
τριήρης nf ναυτ. trireme.
τρικάταρτος adj three-masted.
τρικέφαλος adj three-headed.
τρικινητήριος adj three-engined.
τρικλίζω vi stagger, wobble, lurch.
τρικλοποδιά nf trip-up.
τρίκυκλο nn tricycle.
τρικυμία nf storm, tempest.
τρικυμιώδης adj stormy, tempestuous.
τρίλια nf trill.
τριλογία nf trilogy.
τριμελής adj three-member.
τριμερής adj three-partite.
τριμηνία nf [period of] three months.
τρίμην·ος (και ~ιαίος) adj quarterly.
τρίμμα nn crumb, morsel.
τρίξιμο nn crackle, creak, squeak.
τρίο nn trio.
τρίπλα nf ποδόσφ. dribble.
τριπλασιάζω vt triple, treble.
τριπλασιασμός nm tripling, trebling.
τριπλ·άσιος (και ~ός) adj triple, three-fold.
τριπλότυπος adj triplicate.
τρίποδας nm tripod, trestle.
τριποδ·ίζω vi (και nm ~ισμός) trot.
τρίπρακτος adj (έργο) three-act.
τρίπτυχο nn triptych.
τρισάθλιος adj wretched.
τρίσβαθος adj very deep, bottomless.
τρισδιάστατος adj three-dimensional.
τρισέγγονος nm great great-grandson.
τρισεκατομμύριο nn trillion.

τρισένδοξος adj most glorious.
τρισευτυχισμένος adj very happy, on top of the world.
τρισκατάρατος nm Devil.
τρίστηλος adj three-column.
τρίστιχο nn triplet.
τρισχαριτωμένος adj sweet, ΗΠΑ cute.
τριτεγγύηση nf third party guaranty.
Τρίτη nf Tuesday.
τριτοβάθμιος adj third degree.
τριτοετής nm third-year student.
τρίτος adj third.
τριτώνω vi happen for the third time.
τριφασικός adj three-phase.
τρίφθογγος nf triphthong.
τρίφτης nm grater.
τριφύλλι nn clover, trefoil.
τρίχα nf hair || bristle.
τρίχας nm windbag.
τριχιά nf rope.
τριχοειδής adj capillary, hair-like.
τριχόπτωση nf loss/falling of hair.
τρίχρονα nn pl third anniversary.
τρίχωμα nn (ζώου) fur, coat.
τριχωτός adj hairy.
τριψήφιος adj three-figure.
τρίψιμο nn rubbing, grating, burnishing, scouring, scraping.
τρίωρο nn [period of] three hours.
τριώροφος adj three-storeyed.
τροβαδούρος nm troubadour.
Τροία nf Troy.
τρολλές nm trolley.
τρόλεϊ nn trolley-bus.
τρομάζω vti scare, frighten, dread, startle, alarm, intimidate.
τρομάρα nf scare, fright, turn.
τρομαχτικός adj frightening, hair-raising, terrifying.
τρομερός adj terrible, dreadful, horrible, fearful || fantastic, terrific, formidable.
τρομοκράτης nm terrorist.
τρομοκράτηση nf intimidation.
τρομοκρατία nf terrorism.
τρομοκρατικός adj terrorist.
τρομοκρατώ vt terrorize, intimidate.
τρόμος nm terror, dismay, fright, turn || jitters.
τρόμπα nf pump.
τρομπάρω vt pump [up].
τρομπέτα nf trumpet, bugle.
τρομπετίστας nm trumpet-player.
τρομπόνι nn trombone.
τρομπονίστας nm trombonist.
τρόπαιο nn trophy || victory.
τροπαιούχος adj triumphant.
τροπάρι nn εκκλ. chant, hymn.
τροπή nf change, turn.
τροπικός adj tropic[al].
τροπολογία nf νομ. amendment.

τροποποίηση nf modification, change.
τροποποιώ vt modify, change, alter || (νόμο) amend.
τρόπος nm way, manner, fashion || conduct, behaviour, manners.
τροτέζα nf street-walker, hooker.
τρούλος nm dome, cupola.
τρούφα nf truffle.
τροφαντός adj plump, fleshy, stout.
τροφεία nn pl board [fees].
τροφή nf food[stuff], board || (για ζώα) fodder, feed, forage.
τροφικός adj food.
τρόφιμα nn pl foodstuffs, provisions.
τρόφιμος nm inmate || (σχολείου) boarder.
τροφοδοσία nf catering, provisioning.
τροφοδότης nm caterer, provider, (πλοίου) ship-chandler.
τροφοδότηση nf supply, feed || provisioning.
τροφοδοτώ vt provision, cater || τεχν. feed, (φωτιά) stoke.
τροφός nf wet-nurse.
τροχάδην adv at the double, in a hurry || hastily.
τροχαία nf traffic police.
τροχαίος adj vehicular, traffic ◙ nm traffic policeman.
τροχαλία nf pulley, block.
τροχιά nf orbit || rail.
τροχίζω vt whet, grind, sharpen.
τροχιοδεικτικό nn tracer-shell.
τροχιόδρομος nm railway.
τροχίσκος nm disc || roller.
τρόχισμα nn whetting, grinding.
τροχονόμος nm traffic policeman.
τροχοπέδη nf brake || μτφ. drag.
τροχοπέδηση nf braking.
τροχοπέδιλο nn roller-skate.
τροχός nm wheel.
τροχόσπιτο nn caravan, trailer.
τροχοφόρο nn vehicle.
τρυγητής nm grape-picker || September.
τρυγονάκια nn pl μτφ. love-birds.
τρυγόνι nn turtle-dove.
τρύγ·ος (και ~ητός) nm grape-harvest, vintage.
τρυγώ vt gather grapes.
τρυκ nn trick || handbill, throwaway.
τρύπα nf hole.
τρυπάνι nn drill || brace and bit.
τρυπανίζω vt drill, bore.
τρύπημα nn prick || drilling || punch.
τρυπητήρι nn punch, awl.
τρυπητό nn strainer, colander.
τρυπητός adj perforated.
τρύπιος adj with holes, leaking.
τρυπώ vt prick, puncture || punch, pierce, perforate, cut/burn/wear a hole ||

drill, bore.
τρύπωμα *nn* tack[ing] ‖ hiding.
τρυπώνω *vti* (ραπτ.) tack ‖ (χώνομαι) get into/under/behind, hide, slot in.
τρυφεραίνω *vti* become/make tender.
τρυφερός *adj* tender ‖ delicate ‖ fond, loving.
τρυφερ·ότητα *(και ~άδα) nf* tenderness.
τρυφή *nf* luxury, hedonism.
τρυφηλός *adj* luxurious.
τρώγλη *nf* hole, cave, lair ‖ tip, hovel.
τρωγλοδύτης *nm* cave-dweller, squatter.
τρώγ·ω *vti* eat, feed on, dine, lunch, have a meal ‖ use up, consume, spend, waste, squander ‖ (νικώ) beat, win, defeat, clobber ‖ (παρακαλώ) keep on at [sb], pester, urge ‖ (δαγκώνω) bite, gnaw, nibble ‖ (έχω φαγούρα) itch ‖ (σκοτώνω) bump off, kill, do in ‖ ~ομαι, wear away/down, eat away, corrode, be ruined, (γκρινιάζω) grumble, complain, quarrel.
τρωικός *adj* Trojan.
τρωκτικό *nn* rodent.
τρωτά *nn pl* weak points, defects.
τρωτός *adj* vulnerable.
τσαγιέρα *nf* teapot.
τσαγερό *nn* tea-kettle.
τσαγκαράδικο *nn* shoemaker's, cobbler's.
τσαγκάρης *nm* cobbler.
τσαγκός *adj* cross-grained.
τσαγκρουν·ίζω *vt (και nf ~ιά)* scratch.
τσάι *nn* tea.
τσακάλι *nn* jackal.
τσακίζ·ω *vti* break [up/down], shatter ‖ ~ομαι, μτφ. lean over backwards.
τσάκιση *nf (παντελονιού)* crease.
τσακιστός *adj* crushed.
τσακμάκι *nn* lighter.
τσάκωμ·α *(και nm ~ός) nn* quarrel, bickering.
τσακών·ω *vt* catch, grab, collar ‖ ~ομαι, quarrel, wrangle, bicker.
τσακωτ·ός *adj στη φρ.* **κάνω κπ ~ό**, catch sb red-handed, catch sb in the act.
τσαλαβουτώ *vi* wallow, wade, splash.
τσαλακωμένος *adj* tatty, crumpled ‖ μτφ. out of sorts.
τσαλακώνω *vt* crumple, wrinkle, crush, ruck up ‖· μτφ. slight, humiliate.
τσαλαπατώ *vt* trample, tread, ride down.
τσαλαπετεινός *nm* hoopoe.
τσαλιμάκια *nn pl* wiles, tricks.
τσαμπί *nn* cluster, bunch.
τσαμπουκαλής *nm* bully, tough.
τσαμπούνα *nf* bagpipes.
τσαμπουνάω *vi* drivel, waffle, jabber.
τσανάκα *nf* earthenware bowl.
τσανάκι *nn* μτφ. skunk.

τσανακογλείφτης *nm* toady, bootlicker.
τσάντα *nf* bag, handbag ‖ σχολ. school-bag, satchel ‖ (για ψώνια) carrier-bag.
τσαντάκι *nn* handbag, (τουαλέτας) vanity-case.
τσαντάκιας *nm* bag-snatcher.
τσαντίζω *vt* rile, peeve, vex, be in a huff.
τσαντίλα *nf* ruffle, huff.
τσαντίλας *nm* spitfire, prickly type.
τσαντίρι *nn* [gipsy's] tent.
τσάπα *nf* hoe, mattock, spade.
τσαπατσούλης *nm* bungler, shoddy worker.
τσαπατσουλιά *nf* sloppiness.
τσαπατσουλίκικος *adj* slovenly, slatternly, slapdash.
τσαπέλα *nf* string of dried figs.
τσαπί *nn* hoe, spade.
τσαπίζω *vt* hoe.
τσαρδί *nn sl* hut, shelter ‖ pad, hangout.
τσαρίνα *nf* tsarina, czarina.
τσαρισμός *nm* tsarism.
τσάρκα *nf* stroll.
τσαρλατανιά *nf* charlatanism.
τσαρλατάνος *nm* charlatan, quack.
τσάρος *nm* tsar, czar.
τσάτρα-πάτρα *adv* not very well, of a sort.
τσατσά *nf* brothel-keeper.
τσατσάρα *nf* comb.
τσαχπίνα *nf* saucy girl.
τσαχπινιά *nf* sauciness, roguishness.
τσαχπίνικος *adj* saucy, roguish.
τσεβδίζω *vi* lisp, stammer.
τσεκ *nn* cheque.
τσεκάπ *nn* check-up.
τσεκάρω *vt* check, tick off.
τσεκουράτος *adj* blunt, outspoken.
τσεκούρι *nn* axe, (μικρό) hatchet.
τσεκουριά *nf* axe-blow.
τσεκουρώνω *vt* hit/cut with axe ‖ μτφ. criticize harshly.
τσεμπέρι *nn* kerchief, headscarf.
τσέπη *nf* pocket.
τσεπώνω *vt* pocket, pinch, filch.
τσερβέλο *nn* brain ‖ sl onion.
τσέρκι *nn* (βαρελιού) hoop.
τσέχικος *adj* Czech.
Τσεχοσλοβακία *nf* Czechoslovakia.
Τσεχοσλοβάκος *nm* Czechoslovak.
τσιγαρίζω *vt* roast brown ‖ μτφ. torment.
τσιγαριλίκι *nn* reefer.
τσιγάρισμα *nn* browning.
τσιγάρο *nn* cigarette.
τσιγαρόχαρτο *nn* cigarette-paper.
τσιγγάνικος *adj* gypsy, bohemian.
τσιγγάνος *nm* gypsy, bohemian.
τσιγκέλι *nn* hook, grapnel.

τσίγκινος adj tin, zinc.
τσιγκλώ vt goad, prick, prod, poke.
τσιγκογραφία nf cliché, printing-block.
τσίγκος nm zinc.
τσιγκουνεύομαι vti stint, skimp, be stingy with.
τσιγκούνης nm miser, skinflint.
τσιγκουνιά nf miserliness, meanness.
τσιγγούνικος adj miserly, mean.
τσίκλα nf chewing-gum.
τσιλιαδόρος nm look-out.
τσίλιες nf pl look-out, watch.
τσιλιμπουρδώ vi (άντρας) philander ‖ (αρνί) gambol, frisk.
τσιμεντάρω vt cement.
τσιμέντο nn cement.
τσιμεντόλιθος nm cement block.
τσιμεντόπλακα nf cement slab.
τσιμινιέρα nf chimney ‖ funnel.
τσιμουδιά nf silence ◉ interj hush! quiet!
τσιμούχα nf seal, gasket.
τσίμπ-ημα nn (και nf ∼ιά) prick, bite.
τσιμπίδα nf tongs, nippers.
τσιμπιδάκι nn hair-clip, tweezers.
τσίμπλα nf eye mucus.
τσιμπλής nm bleary-eyed person.
τσιμπλιάζω vi get gummy/bleary eyes.
τσιμπλιάρικος adj bleary-eyed.
τσιμπολόγημα nn nibbling ‖ pl pickings.
τσιμπολογώ vt peck, pick, nibble, have a bite.
τσιμπούκι nn pipe.
τσιμπούρι nn tick, jigger ‖ μτφ. leech, burr.
τσιμπούσι nn feast, blow-out.
τσιμπ-ώ vt pick, nibble, peck, eat lightly ‖ prick, sting, bite ‖ pinch, nip, nab ‖ filch, pinch, snitch ‖ ∼ιέμαι, fall in love with.
τσινιά nf kick.
τσινιάρικος adj vicious.
τσίνορο nn eyelash.
τσινώ vi (άλογο) kick.
τσίπα nf shame, modesty.
τσιπούρα nf ιχθ. gilthead, dorado.
τσιπς nn pl crisps, ΗΠΑ chips.
τσίπουρο nn strong alcoholic drink.
τσιράκι nn henchman, stooge.
τσίριγμα nn shriek, squeak.
τσιρίζω vi screech, shriek, squeak, squeal.
τσιριχτός adj squeaky, screeching, high-pitched.
τσίρκο nn circus.
τσίρος nm dried mackerel ‖ scraggy person.
τσιρότο nn sticking plaster.
τσίσια nn pl wee-wee.
τσίτα adv close, tight.

τσίτερ nn μουσ. zither.
τσίτι nn calico.
τσιτσί nn meat.
τσίτσιδος adj stark naked.
τσιτσιρίζω vi sizzle, frizzle, sputter.
τσιτσίρισμα nn sizzle, sputter[ing].
τσίτωμα nn stretching ‖ μτφ. strain.
τσιτώνω vt stretch, tighten, strain.
τσιτωτός adj close-fitting, tight.
τσιφλικάς nm big landowner.
τσιφλίκι nn large estate.
τσιφούτης nm miser, niggard.
τσίφτης nm sport, sl brick.
τσίφτικος adj faultless, perfect ‖ sl square, on the level.
τσίχλα nf ορνιθ. thrush ‖ chewing gum.
τσογλάνι nn (βρισιά) bastard, ΗΠΑ son-of-a-bitch.
τσόκαρο nn clog, patten ‖ μτφ. slut, vulgar woman.
τσόλι nn patchwork rug.
τσόντα nf inset, porno flash ‖ διαφημ. spot ‖ addition, gusset.
τσοντάρω vt add, join on, eke out, contribute.
τσοπάνης nm shepherd.
τσοπανόσκυλο nn sheepdog.
τσότρα nf wooden flask.
τσουβάλι nn sack, sackful.
τσουβαλιάζω vt μτφ. bundle [off] ‖ (φυλακίζω) coop up, lay by the heels ‖ (ξεγελώ) dupe.
τσουγράνα nf rake, fork.
τσουγρανίζω vt rake, scratch.
τσουγκρίζω vti clink [together], bump/ run into ‖ τα ∼, have a tiff/scrap, bicker.
τσούζω vti smart, sting, hurt ‖ το ∼, be too fond of the bottle, get drunk.
τσουκάλα nf large pot.
τσουκαλάς nm potter.
τσουκάλι nn cooking-pot.
τσουκνίδα nf nettle.
τσούλα nf young slut, trollop, hussy.
τσουλήθρα nf chute, (παιδική) slide.
τσουλούφι nn forelock, wisp [of hair].
τσουλώ vti slide, trundle, (όχημα) push.
τσούνια nn pl ninepins.
τσούξιμο nn smart, sting, nip.
τσούπρα nf λαïκ. wench, daughter.
τσουπώνω vt cram.
τσουράπι nn λαïκ. sock, stocking.
τσουρέκι nn bun.
τσούρμο nn swarm, pack ‖ ναυτ. crew.
τσουρουφλίζω vt scorch, singe.
τσουχτερός adj sharp, keen, pungent, biting, cutting, caustic, (τιμές) steep.
τσούχτρα nf stinging jellyfish.
τσόφλι nn shell ‖ hull ‖ husk.
τσόχα nf felt ‖ baize.

τσόχινος *adj* felt.

τύλιγμα *nn* winding, rolling, wrapping.

τυλίγω *vt* wind, reel, coil, twine || wrap, envelop, fold || (*ξεγελώ*) con, take for a ride || (*μπλέκω*) mix up, involve, rope in.

τυλώνω *vt* στη φρ. *την ~*, stuff/gorge oneself.

τύμβος *nm* tomb, mound.

τυμβωρυχία *nf* grave robbing.

τυμβωρύχος *nm* grave-robber.

τυμπανιστής *nm* drummer.

τύμπανο *nn* drum, tambour.

τυμπανοκρουσία *nf* roll of drums, tattoo.

τυμπανόξυλο *nn* drumstick.

τυπικό *nn* γραμμ. morphology || εκκλ. ritual.

τυπικός *adj* typical, characteristic || usual, conventional || prim, formal.

τυπικότητα *nf* formality.

τυπογραφείο *nn* printing-house, press.

τυπογραφία *nf* printing, typography.

τυπογραφικός *adj* printing, typographical.

τυπογράφος *nm* printer.

τυπολάτρης *nm* formalist.

τυποποίηση *nf* standardization.

τυποποιώ *vt* standardize.

τύπος *nm* (*είδος*) model, type, pattern, kind || (*μορφή*) form || μαθ., χημ. formula || (*τυπικότητα*) formality, ceremony, convention[ality] || (*άνθρωπος*) man, character, chap, bloke, guy, sort || (*έντυπα*) press.

τύπωμα *nn* printing.

τυπώνω *vt* print, run off || publish.

τυπωτικά *nn pl* printing costs.

τυπωτικός *adj* printing.

τυράδικο *nn* cheese shop.

τυραννία *nf* tyranny, oppression.

τυραννικός *adj* tyrannical, oppressive.

τυραννίσκος *nm* little/petty tyrant.

τυραννοκτόν-ος *nm* (*και nf ~ία*) tyrannicide.

τύραννος *nm* tyrant, oppressor || (*στη δουλειά*) slave-driver, task-master.

τυραννώ *vt* tyrannize, oppress || bully,

treat harshly.

τύρβη *nf* bustle, whirl.

τυρί *nn* cheese.

τυριέρα *nf* cheese board.

τυρόγαλο *nn* whey.

τυροκομείο *nn* cheese factory, dairy.

τυροκόμος *nm* cheese-maker.

τυρόπιτα *nf* cheese pie, cheese patty.

τυροπιτάκι *nn* cheese patty.

τυροπωλείο *nn* cheese shop.

τυροτρίφτης *nm* cheese grater.

τύρφη *nf* peat, turf.

τυφεκιοφόρος *nm* rifleman.

τύφλα *nf* blindness || *~ στο μεθύσι*, dead drunk, blind to the world.

τυφλόμυγα *nf* παιχν. blind man's bluff.

τυφλοπόντικας *nm* dormouse, mole.

τυφλός *adj* blind.

τυφλοσ[ο]ύρτης *nm* σχολ. crib.

τυφλώνω *vt* blind, strike blind || dazzle.

τύφλωση *nf* blindness.

τυφοειδής *adj, nm* typhoid.

τύφος *nm* typhus.

τυφώνας *nm* typhoon, hurricane.

τυχαίνω *vi* happen, chance, come about || befall, have.

τυχαίος *adj* accidental, casual, chance || ordinary, common.

τυχάρπαστος *adj* upstart.

τυχερά *nn pl* perks, benefits || tips.

τυχεράκιας *nm* lucky dog/devil/beggar.

τυχερό *nn* fate, destiny.

τυχερός *adj* lucky, fortunate.

τύχη *nf* luck, fortune || chance || fate, lot, destiny.

τυχοδιώκτης *nm* adventurer.

τυχοδιωκτικός *adj* adventurous.

τυχοδιωκτισμός *nm* adventurism.

τυχόν *adv* by chance.

τυχών *adj* στη φρ. *ο πρώτος ~*, just anybody.

τύψη *nf* remorse, pang of conscience.

τωόντι *adv* indeed, really.

τώρα *adv* now, at present, nowadays.

τωρινός *adj* present, of today, current, present-day, contemporary.

Y υ

ύαινα *nf* hyaena.

υάκινθος *nm* hyacinth.

υαλοβάμβακας *nm* fiberglass.

υαλουργείο *nn* glass-works.

υαλουργία *nf* glass-making, glass industry, glassware manufacture.

υαλουργός *nm* glass-blower.
υάρδα *nf* yard.
υβρεολόγιο *nn* invective, tirade.
υβρίδιο *nn* hybrid, crossbreed.
υβρίζω ⇒ ΒΡΙΖΩ
ύβρις *nf* ⇒ ΒΡΙΣΙΑ
υβριστής *nm* mud-slinger, reviler.
υβριστικός *adj* abusive, insulting.
υγεία *nf* health, well-being.
υγειονομικός *adj* health, sanitary, medical.
υγιαίνω *vi* be in/enjoy good health, be healthy.
υγιεινή *nf* hygiene, sanitation ‖ (η επιστήμη) hygienics.
υγιεινός *adj* healthy, wholesome, salubrious.
υγιής *adj* healthy, sound, sane.
υγραέριο *nn* liquid gas.
υγραίνω *vt* wet, moisten, damp[en].
υγρασία *nf* wet, moisture, damp, humidity.
υγρό *nn* liquid, fluid.
υγροποίηση *nf* liquification.
υγροποιώ *vt* liquify.
υγρός *adj* liquid, wet, moist, humid.
υδαρής *adj* watery.
υδατάνθρακας *nm* carbohydrate.
υδαταποθήκη *nf* water-tank, cistern.
υδατογραφία *nf* water-colour, aquarelle.
υδατόπτωση *nf* waterfall.
υδατόσημο *nn* watermark.
υδατόσφαιρα *nf* water-polo.
υδατοφράχτης *nm* dam, lock, flood-gate.
ύδρα *nf* hydra.
υδραγωγείο *nn* water-reservoir.
υδράργυρος *nm* mercury.
υδρατμός *nm* water vapour/steam.
υδραυλική *nf* hydraulics.
υδραυλικός *adj* hydraulic ▣ *nm* plumber.
υδρεύση *nf* waterworks, water supply ‖ irrigation.
υδρευτικός *adj* water.
υδρία *nf* urn, pitcher.
υδροβιολογία *nf* hydrobiology.
υδρόβιος *adj* aquatic.
υδρόγειος *nf* Earth, globe.
υδρογονάνθρακας *nm* hydrocarbon.
υδρογόνο *nn* hydrogen.
υδρογονοβόμβα *nf* H-bomb.
υδρογραφία *nf* hydrography, water-surveying.
υδροδύναμη *nf* water power.
υδροδυναμική *nf* hydrodynamics.
υδροηλεκτρικός *adj* hydroelectric.
υδροηλεκτρισμός *nm* hydroelectricity.
υδροθεραπεία *nf* hydrotherapy.
υδροκεφαλικός *adj* hydrocephalic.
υδροκίνητος *adj* water-driven.

υδροκυάνιο *nn* cyanide, prussic acid.
υδρολήπτης *nm* water consumer.
υδρολογία *nf* hydrology.
υδρομέλι *nn* mead.
υδρομηχανική *nf* hydromechanics.
υδροπλάνο *nn* hydroplane, seaplane.
υδρορρόη *nf* spout, gargoyle.
υδροσκόπος *nm* water diviner.
υδροστάθμη *nf* water level.
υδροστάτης *nm* hydrostat.
υδροστατική *nf* hydrostatics.
υδροστρόβιλος *nm* water turbine.
υδροσωλήνας *nm* water pipe.
υδροτροχός *nm* water-/mill-wheel.
υδροφοβία *nf* hydrophobia, rabies.
υδροφόρα *nf* water-boat, water-cart.
υδρόφυτο *nn* aquatic plant.
υδροχαρής *adj* (φυτό) aquatic.
υδροχλώριο *nn* hydrochloric acid.
υδροχόος *nm* αστρολ. Aquarius.
υδρωπικία *nf* dropsy.
ύδωρ *nn* water.
υιικός *adj* filial.
υιοθεσία *nf* adoption.
υιοθετώ *vt* adopt.
ύλη *nf* matter, material, substance ‖ τυπογρ. copy.
υλικό *nn* stuff, material, matter, ingredient.
υλικός *adj* material, physical.
υλισμός *nm* materialism.
υλιστής *nm* materialist.
υλιστικός *adj* materialistic.
υλοποίηση *nf* materialization.
υλοποιώ *vt* materialize, realize.
υλοτομία *nf* logging, timber-felling.
υλοτόμος *nm* woodcutter.
υλοτομώ *vt* cut wood, fell.
υμέναιος *nm* marriage, wedding.
υμένας *nm* membrane, maidenhead.
υμέτερος *adj* yours.
Υμηττός *nm* Hymettus.
υμνητής *nm* eulogist, glorifier.
υμνητικός *adj* laudatory, highly praising.
υμνογραφία *nf* hymnography.
υμνολογία *nf* hymnology, [hymn-]singing, praising.
υμνολογώ *vt* sing sb's praises, extol.
ύμνος *nm* hymn, song ‖ anthem ‖ eulogy, encomium.
υμνώ *vt* praise, extol, sing, celebrate.
υμνωδία *nf* hymn, chant[ing].
υμνωδός *nm* hymnographer.
υνί *nn* ploughshare.
υπάγομαι *vi* be part of, be answerable to, be/come under, belong to.
υπαγόρευση *nf* dictation ‖ dictate.
υπαγορεύω *vt* dictate.
υπάγω *vt* classify, bring under.
υπαγωγή *nf* classification, subordination.

υπαίθριος adj open-air, outdoor.
ύπαιθρο nn open-air, outdoors.
ύπαιθρος nf country, countryside.
υπαινιγμός nm hint, allusion.
υπαινίσσομαι vt hint at, allude to, insinuate, suggest.
υπαίτιος adj responsible ▣ nm culprit.
υπαιτιότητα nf responsibility, culpability.
υπακοή nf obedience, docility.
υπάκουος adj obedient, docile, dutiful.
υπακούω vt obey, abide by.
υπακτικό nn laxative.
υπαλληλικός adj clerical, staff.
υπαλληλίσκος nm petty clerk.
υπαλληλοκρατία nf officialdom.
υπάλληλος nm official, employee, clerk, assistant, [public] servant.
υπανάπτυκτος adj underdeveloped.
υπανάπτυξη nf underdevelopment.
υπαναχώρηση nf backing out, retraction.
υπαναχωρώ vi back out, go back [on] || retract, take back.
ύπανδρος adj married.
υπάνθρωπ·ος nm (adj ⁻ινος) subhuman.
υπαξιωματικός nm non-commissioned officer, πολ. ναυτ. petty officer.
υπαρκτός adj existing, real.
ύπαρξη nf existence, being, life.
υπαρξιακός adj existential.
υπαρξισμός nm existentialism.
υπαρξιστ·ής nm (adj ∼ικός) existentialist.
υπαρχηγός nm second-in-command.
υπαρχιφύλακας nm police sergeant.
υπάρχοντα nn pl belongings, possessions.
ύπαρχος nm first mate.
υπάρχω vi exist, be, live, subsist.
υπασπιστής nm adjutant, aide-de-camp.
υπαστυνόμος nm police lieutenant.
ύπατος nm consul ▣ adj supreme.
υπέγγυος adj accountable.
υπέδαφος nn subsoil, underground.
υπεισέρχομαι vi enter/slip in[to].
υπεκμισθώνω vt sublet, sublease.
υπεκφεύγω vi evade, elude.
υπεκφυγή nf evasion, subterfuge.
υπενθυμίζω vt remind.
υπενθύμιση nf reminder.
υπεξαίρεση nf misappropriation, embezzlement.
υπεξαιρώ vt embezzle, misappropriate.
υπεξούσιος nm dependent, minor.
υπέρ prep for, on behalf of.
υπεραγαπώ vt love dearly, dote on.
υπεραγορά nf supermarket.
υπεραιμία nf hyperaemia.
υπεραιμικός adj hyperaemic.
υπερακοντίζω vt surpass.
υπεραμύνομαι vti defend, stand up [for].
υπεράνθρωπος adj superhuman ▣ nm superman.

υπεράνω adv above, over.
υπεραξία nf surplus value.
υπεραπλουστεύω vt oversimplify.
υπεράριθμος adj redundant.
υπεραρκετός adj ample, superabundant.
υπεραρκώ vi be more than enough.
υπερασπίζω vt defend, stick/stand up for, champion, advocate.
υπεράσπιση nf defence, advocacy.
υπερασπιστής nm defender, advocate.
υπεραστικός adj long-distance, trunk.
υπερατλαντικός adj transatlantic.
υπεραφθονία nf superabundance, glut.
υπεράφθονος adj superabundant.
υπεραφθονώ vi over-abound.
υπερβαίνω vt surpass, exceed, top, transcend, go/be beyond.
υπερβάλλον nn surplus, excess.
υπερβάλλω vti exaggerate, overdo, magnify || surpass, exceed.
υπέρβαρος adj overweight.
υπέρβαση nf excess, overrun.
υπερβατικός adj transcendental.
υπερβατικότητα nf transcendency.
υπερβατισμός nm transcendentalism.
υπερβέβαιος adj dead certain, cocksure.
υπερβολή nf exaggeration, excess, extravagance.
υπερβολικός adj excess[ive], exceeding, exaggerated, undue, extravagant.
υπέργηρος adj superannuated.
υπεργλυκαιμία nf diabetes.
υπεργολαβία nf subcontract[ing].
υπεργολάβος nm subcontractor.
υπερδεξιός nm ultra-rightist.
υπερδιέγερση nf over-excitation || βρίσκομαι σε ∼, be keyed up/strung up.
υπερδύναμη nf superpower.
υπερεγώ nn ψυχ. superego.
υπερεθνικός adj supranational.
υπερεθνικόφρονας nm ultranationalist.
υπερεκτιμώ vt overrate, over-estimate.
υπερεκχείλιση nf overflow.
υπερενθουσιώδης adj over-enthusiastic.
υπερένταση nf overstrain, stress.
υπερεπάρκεια nf overabundance.
υπερεπείγομαι vi be overhasty.
υπερεπείγων adj most urgent.
υπερέσοδα nn pl surplus revenue.
υπερευαισθησία nf hypersensitivity.
υπερευαίσθητος adj hypersensitive.
υπερευσυνείδητος adj over-conscientious.
υπερέχω vi excel, surpass, outdo.
υπερήμερος adj overdue.
υπερηφάνεια nf pride.
υπερήφανος adj proud.
υπερηχητικός adj supersonic.
υπερθεματίζω vi exceed || outbid, bid higher.
υπερθεματιστής nm bidder.

υπερθερμαίνω *vt* overheat.
υπερθετικός *adj, nm* superlative.
υπερίπταμαι *vi* fly over, hover.
υπερίσχυση *nf* prevalence, victory.
υπερισχύω *vi* predominate, prevail [over /against], get the better of.
υπερίτης *nm* mustard gas.
υπεριώδης *adj* ultraviolet.
υπερκαλύπτω *vt* overbalance.
υπερκόπωση *nf* overwork.
υπερκόσμιος *adj* unearthly, heavenly.
υπέρλαμπρος *adj* resplendent.
υπέρμαχος *nm* champion, advocate.
υπερμεγέθης *adj* huge, oversized.
υπέρμετρος *adj* excessive, inordinate.
υπερνίκηση *nf* surmounting, overcoming.
υπερνικώ *vt* surmount, overcome, get over.
υπέρογκος *adj* exorbitant, huge.
υπεροπλία *nf* supremacy in arms.
υπερόπτης *nm* arrogant man.
υπεροπτικός *adj* arrogant, haughty.
ύπερος *nm* βοτ. pistil, style.
υπεροχή *nf* superiority, supremacy.
υπέροχος *adj* exquisite, marvellous.
υπεροψία *nf* arrogance, pride.
υπερπαραγωγή *nf* overproduction.
υπερπατριώτης *nm* super-patriot.
υπερπέραν *nn* the beyond.
υπερπηδώ *vt* jump over, surmount.
υπερπληθυσμός *nm* over-population.
υπερπλήρης *adj* brimful, overflowing || crammed, overcrowded.
υπερπόντιος *adj* overseas.
υπερρεαλισμός *nm* surrealism.
υπερρεαλιστής *nm* surrealist.
υπερρεαλιστικός *adj* surrealistic.
υπερσιβηρικός *adj, nm* trans-Siberian.
υπερσιτισμός *nm* over-feeding, feeding up.
υπερσυντέλικος *nm* past perfect tense.
υπερσυντηρητικός *nm* ultraconservative, diehard.
υπέρταση *nf* hypertension.
υπερτασικός *adj* hypertensive.
υπέρτατος *adj* supreme, utmost.
υπέρτερος *adj* superior, overpowering.
υπερτερώ *vti* excel, exceed, surpass.
υπερτίμηση *nf* rise in price || overrating.
υπερτιμώ *vt* overrate.
υπερτροφία *nf* feeding up.
υπερτροφικός *adj* overgrown.
υπέρυθρος *adj* infra-red.
υπερύψηλος *adj* towering.
υπερυψώνω *vt* elevate, raise high, exalt.
υπερφαλαγγίζω *vt* outflank.
υπερφαλάγγιση *nf* outflanking.
υπερφίαλος *adj* overweening.
υπερφόρτωση *nf* overloading.
υπερφυσικός *adj* supernatural.

υπερχειλίζω *vi* brim over, overflow.
υπερψηφίζω *vt* vote for.
υπερώα *nf* palate.
υπερωκεάνιο *nn* ocean liner.
υπερωκεάνιος *adj* overseas, ocean-going.
υπερώο *nn* top floor, attic, (εκκλ.) loft, (θεάτρου) gallery.
υπερωρία *nf* overtime.
υπερωριμάζω *vi* be over-ripe, get sleepy.
υπερώριμος *adj* over-ripe.
υπεύθυνος *adj* responsible, accountable.
υπευθυνότητα *nf* responsibility.
υπήκοος *nmf* subject, national, citizen.
υπηκοότητα *nf* citizenship.
υπήνεμος *adj* lee.
υπηρεσία *nf* duty, service || department || employment || servant, maid.
υπηρεσιακός *adj* official, conscientious.
υπηρέτης *nm* servant, attendant.
υπηρέτρια *nf* maid, servant-girl.
υπηρετώ *vti* serve || στρατ. see service || οικοκ. be in service.
υπίατρος *nm* medical lieutenant.
υπίλαρχος *nm* cavalry lieutenant.
υπνάκος *nm* nap, doze, forty winks.
υπναλέος *adj* sleepy, drowsy.
υπναράς *nm* sleepyhead.
υπνηλία *nf* sleepiness.
υπνοβασία *nf* sleep-walking.
υπνοβάτης *nm* sleep-walker.
υπνοβατώ *vi* sleep-walk.
υπνοδωμάτιο *nn* bedroom.
υπνοθεραπεία *nf* sleep-cure.
υπνοπαιδεία *nf* sleep-learning.
ύπνος *nm* sleep.
ύπνωση *nf* trance.
υπνωτήριο *nn* dormitory.
υπνωτίζω *vt* hypnotize, mesmerize.
υπνωτικό *nn* sleeping-draught/-pill.
υπνωτικός *adj* hypnotic, soporific.
υπνωτισμός *nm* hypnotism.
υπνωτιστής *nm* hypnotist.
υπνωτιστικός *adj* hypnotic.
υπό *prep* by, under, below.
υποαπασχόληση *nf* underemployment.
υποαπασχολούμαι *vi* work part time.
υποαπασχολούμενος *nm* part-timer.
υποβαθμίζω *vt* downgrade.
υποβάθμιση *nf* downgrading.
υπόβαθρο *nn* pedestal, stand, base.
υποβάλλω *vt* submit, subject, νομ. lodge || evoke, suggest, convey.
υποβαστάζω *vt* prop up, support.
υποβιβάζω *vt* demote, downgrade || lower, belittle, degrade.
υποβιβασμός *nm* demotion, lowering.
υποβλέπω *vt* covet, have an eye on.
υποβλητικός *adj* evocative, emotive.
υποβλητικότητα *nf* evocativeness.
υποβοηθώ *vt* support, help.

υποβολέας nm θέατρ. prompter.
υποβολείο nn prompt-box.
υποβολή nf submission, suggestion.
υποβολιμαίος adj tendentious, spurious.
υποβόσκω vi smoulder, simmer.
υποβρύχιο nn submarine.
υποβρύχιος adj underwater.
υπογάστριο nn underbelly.
υπογεγραμμένος adj undersigned.
υπόγειο nn basement, cellar.
υπόγειος adj, nm underground.
υπογραμμίζω vt underline, underscore || μτφ. stress, emphasize, point out.
υπογράμμιση nf underlining, emphasis.
υπογραμμός nm στη φρ. τύπος και ~, model.
υπογραφή nf signature || hallmark.
υπογράφω vti sign.
υποδαυλίζω vt (φωτιά) poke || μτφ. stir up, incite, kindle, foment, rouse.
υποδαύλιση nf incitement.
υποδεέστερος adj inferior, subordinate.
υπόδειγμα nn model, pattern || sample.
υποδειγματικός adj model, exemplary.
υπόδειξη nf suggestion, hint || recommendation || designation, nomination.
υποδείχνω vt point out, indicate || (υποδηλώ) suggest, hint || (συμβουλεύω) recommend, advise || (ορίζω) nominate, designate.
υποδεκάμετρο nn ruler.
υποδεκανέας nm lance-corporal.
υποδέχομαι vt receive, welcome, meet.
υποδηλώνω vt indicate, intimate.
υποδήλωση nf indication, sign.
υπόδημα nn shoe, boot || pl footwear.
υποδηματεργάτης nm shoemaker.
υποδηματοκαθαριστής nm shoeblack.
υποδηματοποιός nm shoemaker.
υποδηματοπωλείο nn shoe-shop.
υπόδηση nf shoeing, footwear.
υποδιαίρεση nf subdivision.
υποδιαιρώ vt subdivide.
υποδιαστολή nf decimal point, comma.
υποδιευθυντής nm assistant director/principal, deputy manager/director.
υπόδικος nm accused, man in custody.
υποδιοικητής nm assistant commissioner.
υποδομή nf substructure, infrastructure.
υπόδόριος adj subcutaneous.
υπόδουλος adj enslaved, unredeemed.
υποδουλώνω vt enslave, subjugate.
υποδούλωση nf enslavement, bondage.
υποδοχή nf reception || τεχν. socket.
υποδύομαι vt impersonate || pretend.
υποεπιτροπή nf subcommittee.
υποζύγιο nn pack-animal, beast of burden.
υποθαλάσσιος adj submarine, underwater.
υποθάλπω vt shelter, give refuge to ||

foment, foster, incite, pander to.
υπόθαλψη nf harbouring || incitement.
υποθερμία nf hypothermy.
υπόθεση nf hypothesis, assumption, supposition || εμπ. business, dealings, affair || (θέμα) matter, case, question, issue || νομ. case || (σκοπός, αγώνας) cause.
υποθετικός adj hypothetical, assumed, reputed || fictitious, imaginary || γραμμ. conditional.
υπόθετο nn suppository.
υποθέτω vt suppose, assume, presume, think || guess, conjecture.
υποθηκεύω vt mortgage.
υποθήκη nf mortgage || pl precepts.
υποθηκοφύλακας nm land registrar.
υποθηκοφυλακείο nn land registry.
υποκαθιστώ vt substitute, replace.
υποκάμισο nn shirt.
υποκατανάλωση nf underconsumption.
υποκατάσταση nf substitution.
υποκατάστατο nn substitute.
υποκατάστημα nn branch [office].
υπόκειμαι vi be subject/liable to.
υποκειμενικός adj subjective.
υποκειμενικότητα nf subjectivity.
υποκείμενο nn subject || υποτιμ. individual.
υποκείμενος adj liable/subject to.
υποκελευστής nm petty officer.
υποκίνηση nf instigation, incitement.
υποκινητής nm instigator, mover.
υποκινώ vt incite, instigate || foment.
υποκλέπτω vt intercept, τηλεφ. tap, bug.
υποκλίνομαι vi bow.
υπόκλιση nf bow, curtsey.
υποκλοπή nf interception || τηλεφ. tapping.
υποκλυσμός nm enema.
υποκόμης nm viscount.
υποκόπανος nm butt, rifle stock.
υποκοριστικό nn (adj ~ς) diminutive.
υπόκοσμος nm underworld.
υποκρίνομαι vti feign, pretend, simulate || be a hypocrite || impersonate.
υποκρισία nf hypocrisy || cant, sham.
υποκριτής nm hypocrite, sham.
υποκριτική nf acting.
υποκριτικός adj hypocritical, simulated.
υπόκρουση nf accompaniment.
υποκρύπτω vt conceal.
υποκύπτω vi succumb, yield, give way.
υπόκωφος adj dull, hollow, deep.
υπολαμβάνω vt take for.
υπολανθάνων adj latent.
υπόλειμμα nn remnant, vestige || pl leftovers, remains, dregs.
υπολείπομαι vi be left, remain || be/fall short of, not come up to, be inferior.

υπολήπτομαι vt esteem, look up to, respect, hold in high regard.
υπόληψη nf reputation, good name, standing ‖ repute, regard, esteem.
υπολογίζω vt calculate, work out, reckon ‖ rely ‖ take into account.
υπολογίσιμος adj considerable.
υπολογισμός nm calculation, reckoning, estimate ‖ self-interest.
υπολογιστής nm (μηχανή) reckoner, calculator ‖ computer ‖ άνθρ. scheming person.
υπολογιστικός adj calculating.
υπόλογος adj accountable, responsible.
υπόλοιπο nn remainder, rest ‖ pl remains ‖ λογιστ. balance.
υπόλοιπος adj remaining.
υπολοχαγός nm lieutenant.
υπομάλης adv under one's arm.
υπομειδιώ vi smile faintly.
υπομένω vti endure, bear, stand, suffer, put up with.
υπομισθώνω vt sublet, sublease.
υπομίσθωση nf subletting, sublease.
υπομισθωτής nm subtenant.
υπόμνημα nn memo[randum] ‖ petition.
υπόμνηση nf reminder.
υπομονεύω vi bear patiently, be patient.
υπομονή nf patience.
υπομονητικός adj patient.
υπομόχλιο nn fulcrum.
υποναύαρχος nm rear-/vice-admiral.
υπόνοια nf suspicion, misgiving.
υπονόμευση nf undermining, subversion.
υπονομευτικός adj subversive.
υπονομεύω vt undermine, subvert, sap.
υπόνομος nm sewer, gutter.
υπονοούμενο nn hint, allusion, innuendo.
υπονοούμενος adj implicit, implied.
υπονοώ vt imply, insinuate, mean.
υποπλοίαρχος nm lieutenant ‖ ship's mate.
υποπροϊόν nn by-product.
υποπρόξενος nm vice-consul.
υποπτέραρχος nm air vice-marshal, ΗΠΑ major-general.
υποπτεύομαι vt suspect [of].
ύποπτος nm suspect ◉ adj suspicious, fishy, shady.
υποσημείωση nf footnote.
υποσιτίζ-ω vt undernourish ‖ ~ομαι, be underfed/undernourished.
υποσιτισμός nm malnutrition.
υποσκάπτω vt undercut, undermine.
υποσκελίζω vt supplant, pass over.
υποσμηναγός nm flying officer, ΗΠΑ first lieutenant.
υπόσταση nf existence, substance ‖ foundation, basis, grounds.
υποστατικό nf farm[stead], estate.

υπόστεγο nn shed, penthouse.
υποστέλλω vt lower, strike.
υποστήριγμα nn prop, support.
υποστηρίζω vt support, prop/hold up, buttress ‖ back, second, stick up for ‖ (ισχυρίζομαι) maintain, claim, allege ‖ (βοηθώ) help, befriend, patronize.
υποστηρικτής nm supporter, backer ‖ patron ‖ exponent ‖ defender, advocate.
υποστήριξη nf support, backing ‖ help, assistance, patronage.
υποστράτηγος nm major-general.
υπόστρωμα nn substratum, bed[ding].
υποστυλώνω vt prop/shore up, support.
υποστύλωση nf propping up.
υποσυνείδητο nn (adj ~ς) subconscious.
υπόσχεση nf promise ‖ assurance.
υποσχετικός adj promissory.
υπόσχομαι vt promise, engage, pledge.
υποταγή nf submission, obedience.
υποτακτική nf γραμμ. subjunctive.
υποτακτικός nm subordinate, dependent, servant ◉ adj submissive, subordinating.
υπόταση nf hypotension.
υποτάσσ-ω vt subordinate, subdue, bring under ‖ ~ομαι, give way to, be resigned to, resign oneself to.
υποτείνουσα nf hypotenuse.
υποτέλεια nf subjection, subjugation.
υποτελής nm, adj vassal, tributary.
υποτιθέμενος adj supposed, alleged, putative, reputed.
υποτίθεται v impers be supposed.
υποτίμηση nf depreciation, devaluation ‖ underestimate.
υποτιμητικός adj depreciatory ‖ disparaging, pejorative, derogatory.
υποτιμώ vt (χρεώγραφα) depreciate, (νόμισμα) devalue, (εμπορεύματα) mark down, (αντίπαλο) underrate, underestimate ‖ (μειώνω) disparage, belittle.
υπότιτλος nm subtitle, subheading.
υποτονθορύζω vti hum, murmur.
υποτονικός adj uninspired, tame.
υποτροπή nf relapse.
υποτροπιάζω vi [have a] relapse.
υπότροπος nm νομ. recidivist.
υποτροφία nf scholarship, grant.
υπότροφος nm scholar.
υποτυπώδης adj rudimentary, sketchy.
ύπουλος adj underhand, insidious, shifty, perfidious, devious.
υπουλότητα nf perfidy, deviousness.
υπουργείο nn Ministry, ΗΠΑ Department.
υπουργικός adj ministerial.
υπουργός nm Minister, ΗΠΑ Secretary.
υποφαινόμενος nm myself.
υποφερτός adj bearable, tolerable ‖

passable.
υποφέρω vti suffer, have trouble, be in pain ‖ bear, stand, put up with.
υποχείριος adj μτφ. pawn, stooge.
υποχθόνιος adj subterranean.
υποχονδρία nf hypochondria.
υποχονδριακός nm hypochondriac.
υπόχρεος adj obliged, indebted, obligated.
υποχρεών-ω vt oblige, compel, force ‖ ~ομαι, have to, be bound to.
υποχρέωση nf obligation, duty, commitment, responsibility.
υποχρεωτικός adj obligatory, compulsory ‖ obliging, helpful, ingratiating.
υποχώρηση nf retreat, withdrawal ‖ decline, fall ‖ concession, giving way.
υποχωρητικός adj [com]pliant, accommodating.
υποχωρητικότητα nf compliance.
υποχωρώ vi retreat, withdraw, fall back ‖ recede, subside ‖ give way, back down.
υπόψη nf in mind/view ‖ into account ‖ έχω ~ μου να, intend, propose.
υποψήφιος nm candidate, applicant, nominee, entrant ▣ adj prospective, would-be.
υποψηφιότητα nf candidacy, nomination.
υποψία nf suspicion, mistrust ‖·inkling ‖ misgiving.
υποψιάζομαι vt suspect, have suspicions, be/become suspicious of.
ύπτιος adj on one's back, supine.
ύστατος adj last[-minute].
ύστερα adv after, then ‖ besides.
υστερία nf fit, hysteria, hysterics.
υστερικός adj hysterical.
υστερισμός nm fit, hysterics.
υστεροβουλία nf ulterior motive.
υστερόβουλος adj scheming, self-seeking.
υστερόγραφο nn postscript (P.S.).
ύστερος adj later, posterior.
υστερότοκος nm last-born.
υστεροφημία nf posthumous fame.
υστερώ vi be inferior [to], fall short [of] ‖ be lacking/wanting.
υφάδι nn woof, weft.
υφαίνω vt weave, spin.
υφαίρεση nf discount.

ύφαλα nn pl [ship's] bottom.
υφάλμυρος adj brackish.
υφαλοκρηπίδα nf shelf.
ύφαλος nm reef, shoal.
ύφανση nf weave, texture, fabric.
υφαντήριο ⇒ ΥΦΑΝΤΟΥΡΓΕΙΟ
υφαντό nn textile, handwoven material.
υφαντός adj woven.
υφαντουργείο nn mill, textile factory.
υφαντουργία nf textile industry.
υφαντουργικός adj textile.
υφαντουργός nm weaver, millhand ‖ mill owner, textile manufacturer.
υφάντρια nf weaver, mill-girl.
υφαρπαγή nf snatch.
υφαρπάζω vt snatch.
ύφασμα nn fabric, material, cloth, textile, stuff.
υφασματεμπόριο nn cloth trade, drapery.
υφασματέμπορος nm draper.
υφασματοπωλείο nn drapery shop.
ύφεση nf πολιτ. détente, easing off ‖ οικον. recession, slump ‖ μετεωρ. depression ‖ μουσ. flat ‖ (υποχώρηση) abatement, remission.
υφή nf texture, structure.
υφηγεσία nf readership, lectureship.
υφηγητής nm reader, lecturer, ΗΠΑ assistant professor.
υφήλιος nf earth, globe, world.
υφίσταμαι vti be, exist, be in existence ‖ suffer, undergo, go through.
υφιστάμενος nm subordinate.
ύφος nn air, look, expression ‖ style.
υφυπουργείο nn sub-ministry.
υφυπουργός nm undersecretary.
υψηλός adj tall, high, lofty, noble.
Υψηλότατος nm [His/Your] Highness.
υψηλόφρων adj high-minded.
υψηλοφροσύνη nf high-mindedness.
υψικάμινος nf blast furnace.
υψίπεδο nn plateau, tableland.
ύψιστος adj highest, utmost.
υψίφωνος nmf tenor ‖ soprano.
υψόμετρο nn altimeter ‖ altitude.
ύψος nn height, elevation, altitude.
ύψωμα nn rise, elevation, high ground.
υψών-ω vt raise, lift, erect, put up, hoist ‖ ~ομαι, rise, go up, soar.
ύψωση nf rise, erection, lift[ing].

Φ φ

φα *nn* μουσ. fa, F.
φάβα *nf* split peas ‖ pea purée.
φαβορί *nn* favourite.
φαβορίτα *nf* sideburns.
φαβοριτισμός *nm* favouritism.
φαγάδικο *nn* cheap restaurant, eating-house.
φαγάνα *nf* dredger, digger ‖ μτφ. guzzler.
φαγάς *nm* great eater, glutton, guzzler.
φαγέντσα *nf* glazed earthenware.
φαγητό *nn* meal ‖ food, eating ‖ dish, course.
φαγκότο *nn* μουσ. bassoon.
φαγκρί *nn* ιχθ. sea-bream.
φαγοπότι *nn* eating and drinking, revelry.
φαγούρα *nf* itching, tingle ‖ bickering.
φαγομάρα *nf* itching ‖ faction, in-fighting.
φαγώνομαι *vi* be eaten away, wear away, fray ‖ μτφ. wrangle, bicker, squabble.
φαγώσιμος *adj* eatable, edible.
φαεινός *adj* bright, brilliant.
φαΐ ⇒ ΦΑΓΗΤΟ
φαιδρός *adj* merry ‖ ludicrous, absurd.
φαιδρύνω *vt* cheer up, enliven.
φαινόλη *nf* phenol, carbolic acid.
φαίνομαι *vi* appear ‖ show, turn up, come into view ‖ seem, look, sound.
φαινομενικός *adj* seeming, apparent, deceptive, ostensible.
φαινομενικότητα *nf* semblance.
φαινόμενο *nn* phenomenon, appearance.
φαιός *adj* grey.
φαιοχίτωνας *nm* brownshirt.
φάκα *nf* [mouse]trap.
φάκελος *nm* envelope, folder, file ‖ record.
φακελώνω *vt* keep a file on [sb].
φακή *nf* lentil.
φακίδα *nf* freckle.
φακιόλι *nn* headscarf, kerchief.
φακίρης *nm* fakir.
φακός *nm* lens ‖ ηλεκτρ. torch.
φάλαγγα *nf* phalanx, column, file, convoy.
φάλαγγας *nm* caning on the soles of the feet.
φάλαινα *nf* whale.
φαλαινοθηρικό *nn* whaler.
φαλάκρα *nf* baldness ‖ bald head/pate.
φαλάκρας *nm* bald-headed man.
φαλακρός *adj* bald[-headed].
Φάληρο *nn* Phaléron.

φαλιμέντο *nn* bust.
φαλιρίζω *vi* go bust, crash.
φαλλοκράτης *nm* phallocrat.
φαλλοκρατία *nf* phallocracy.
φαλλός *nm* phallus.
φαλμπαλάς *nm* furbelow, frill.
φαλτσάρω *vi* sing out of tune.
φαλτσέτα *nf* paring knife.
φάλτσο *nn* wrong/false note ‖ (μπιλιάρδο) screw, twist.
φάλτσος *adj* out of tune.
φαμελιά (και φαμίλια) *nf* family.
φάμπρικα *nf* factory, mill ‖ habit.
φανάρι *nn* lantern, lamp ‖ (για τρόφιμα) safe ‖ (στην Πόλη) Phanari.
φαναρτζής *nm* tinsmith ‖ αυτοκ. body repairer.
φαναρτζίδικο *nn* tinsmith's ‖ αυτοκ. body repair shop.
Φαναριώτης *nm* Phanariote.
φανατίζω *vt* fanaticize.
φανατικός *adj* fanatical, bigoted, rabid, dyed-in-the-wool ◾ *nm* fanatic, bigot.
φανατισμός *nm* fanaticism, bigotry.
φανέλα *nf* flannel ‖ (εσωτερική) vest, ΗΠΑ undershirt ‖ (εξωτερική) sweater.
φανελένιος *adj* flannel.
φανερός *adj* clear, evident, obvious.
φανερώνω *vt* reveal, disclose, show ‖ signify, denote ‖ ~ομαι, appear, turn up.
φανέρωση *nf* disclosure, revelation.
φανός *nm* lamp.
φανοστάτης *nm* lamp-post.
φαντάζομαι *vt* imagine, fancy ‖ suppose, expect, think ‖ think/dream up.
φαντάζω *vi* look glamorous, stand out ‖ take/catch sb's fancy.
φανταιζί *adj* flashy, jazzy, fancy.
φανταρία *nf* soldiery.
φανταρίστικος *adj* soldier's.
φάνταρος *nm* soldier.
φαντασία *nf* imagination, fancy ‖ fantasy ‖ vanity, conceit.
φαντασιοκοπία *nf* illusion, chimera.
φαντασιοκόπος *nm* daydreamer, visionary.
φαντασιοκοπώ *vi* indulge in fantasies.
φαντασιόπληκτος *adj* fanciful ◾ *nm* dreamer.
φαντασιοπληξία *nf* whim, fancy.
φαντασίωση *nf* fantasy.
φάντασμα *nn* spectre, ghost, spirit.
φαντασμαγορία *nf* pageantry.

φαντασμαγορικός adj phantasmagoric.
φαντασμένος adj conceited, stuck-up.
φανταστικός adj imaginary, unreal || fantastic, incredible.
φανταχτερός adj flashy, gawdy, showy.
φάντης nm jack, knave.
φανφάρα nf brass band || fanfare.
φανφαρόνικος adj bragging, flamboyant.
φανφαρονισμός nm flamboyance, heroics.
φανφαρόνος nm braggart, blusterer.
φάουλ nn foul.
φάπα nf slap, smack, clout.
φάρα nf clan, tribe || gang, clique.
φαράγγι nn ravine, gorge, canyon.
φαράκλα ⇒ ΦΑΛΑΚΡΑ
φαράσι nn dustpan.
Φαραώ nm Pharaoh.
φαρδαίνω vti make/get wider || (ρούχο) let out.
φαρδίνι nn farthing.
φάρδος nn width, breadth.
φαρδύς adj wide, broad, large.
φαρέτρα nf quiver.
φαρί nn steed, charger.
φαρίνα nf meal, flour, farina.
φαρισαϊκός adj hypocritical.
Φαρισαίος nm Pharisee || hypocrite.
φαρισαϊσμός nm hypocrisy.
φάρμα nf farm, homestead.
φαρμακαποθήκη nf pharmaceutical store.
φαρμακείο nn pharmacy, chemist's, ΗΠΑ drugstore || (στο σπίτι) medicine-cabinet, (αυτοκ.) first-aid box, (νοσοκ.) dispensary.
φαρμακεμπορία nf drug-trade.
φαρμακερός adj venomous, poisonous || bitter.
φαρμακευτικός adj pharmaceutical, healing.
φαρμάκι nn poison, venom || μτφ. gall.
φάρμακο nn medicine, drug || remedy.
φαρμακοβιομηχανία nf pharmaceutical industry.
φαρμακόγλωσσα nf venomous/blistering tongue.
φαρμακόγλωσσος adj sharp-tongued, bitchy.
φαρμακολογία nf pharmacology.
φαρμακοποιός nm chemist, pharmacist.
φαρμακώνω vt poison || embitter.
φαρμπαλάς nm furbelow, frill.
φαρόπλοιο nn lightship.
φάρος nm lighthouse, beacon.
φαροφύλακας nm lighthouse-keeper.
φάρσα nf farce, practical joke, trick.
φαρσέρ nm practical joker, wag.
φαρσί adv sl fluently.
φαρσοκωμωδία nf low comedy, slapstick.
φάρυγγας nm pharynx.
φαρυγγίτιδα nf pharyngitis.

φάσα nf webbing.
φασαμαίν nn pl lorgnette.
φασαρία nf (σαματάς) noise, fuss, to-do, hullabaloo, uproar || (μπελάς) trouble, bother || (ταραχή) riot, disturbance || (τρεχάλα) hustle, bustle.
φασαρίας nm fusspot || rowdy.
φάση nf phase, stage, period.
φασιανός nm pheasant.
φασίνα nf scrub.
φασισμός nm fascism.
φασίστ·ας (και ∼ικός) nm fascist.
φασιστόμουτρο nn fascist pig.
φασκιώνω vt swaddle, swathe.
φασκόμηλο nn sage.
φάσμα nn spectre, phantom || spectrum.
φασματικός adj spectral.
φασματογράφος nm spectrograph.
φασματοσκοπικός adj spectroscopic.
φασματοσκόπιο nn spectroscope.
φασολάδα nf bean soup.
φασολάκια nn pl fresh beans.
φασόλι nn bean.
Φασουλής nm Punch.
φάσσα nf ορνιθ. wood-pigeon.
φαταούλας nm grasping person.
φάτνη nf crib, crèche || (ζώων) manger.
φάτνωμα nn panel, wainscot.
φατούρα nf invoice || piecework.
φατρία nf faction, clique, gang.
φατριάζω vi act in a partisan spirit.
φατριασμός nm factionalism.
φάτσα nf face, sl mug ▣ adv opposite.
φαυλεπίφαυλος adj rotten to the core.
φαυλόβιος adj profligate.
φαυλοκρατία nf [political] corruption.
φαυλοκρατικός adj corrupt.
φαύλος adj corrupt, unprincipled.
φαυλότητα nf depravity, corruption.
φαύνος nm fawn.
φαφλατάς nm ranter, windbag.
Φεβρουάριος nm February.
φεγγαράδα nf moonlight.
φεγγάρι nn moon || moonlight.
φεγγαρό·λουστος (και ∼φωτος) adj moonlit.
φεγγαρόφωτο nn moonlight, moonshine.
φεγγίζω vi shine faintly, glimmer || show through.
φεγγίτης nm skylight, fanlight || attic-window.
φεγγοβόλημα nn glow, shine.
φεγγοβόλος adj glowing, radiant.
φεγγοβολώ vi glow, shine.
φέγγος nn glow, shimmer.
φέγγω vi glow, shimmer || light || dawn, break.
φέιγβολάντ nn handbill, throwaway.
φείδομαι vi spare.
φειδώ nf thrift, economy.

φειδωλεύομαι vt stint, skimp.
φειδωλός adj sparing, chary.
φελάχος nm fellah.
φελί nn slice, piece.
φελλός nm cork.
φελώ vi be worth/use/good.
φεμινισμός nm feminism.
φεμινιστής nm feminist.
φενάκη nf hoax, put-on, hocus-pocus.
φέξη nf dawn, daybreak.
φεουδάρχης nm feudal lord/baron.
φεουδαρχία nf feudalism.
φεουδαρχικός adj feudal.
φέουδο nn fief ‖ private property.
φεργάδα nf frigate.
φερέγγυος adj solvent, safe, reliable.
φερεγγυότητα nf solvency.
φερέλπις adj promising, hopeful.
φερετζές nm yashmak.
φέρετρο nn coffin, ΗΠΑ casket.
φερέφωνο nn echo ‖ μτφ. mouthpiece.
φεριμπότ nn ferry[boat].
φερμουάρ nn zip, zip-fastener.
φέρσιμο nn bringing, carrying ‖ behaviour, conduct.
φερτός adj brought, imported.
φέρ·ω (και φέρν·ω) vt carry, bring, take, get, fetch ‖ (φορώ) wear, sport ‖ (οδηγώ) lead, go ‖ (αποφέρω) yield ‖ (προκαλώ) occasion, cause ‖ (εισάγω) introduce ‖ (υποβαστάζω) bear, support ‖ ~ομαι, behave, treat.
φερώνυμος adj namesake.
φέσι nn fez, tarboosh.
φεστιβάλ nn festival.
φέτα nf slice ‖ feta/goat's cheese.
φετινός adj this year's.
φετίχ nn fetish.
φετιχισμός nm fetishism.
φετιχιστής nm fetishist.
φέτος adv this year.
φευ interj alas!
φευγάλα nf flight, escape.
φευγαλέος adj fleeting ‖ elusive, vague.
φευγάτος adj gone, departed.
φευγιό ⇒ ΦΕΥΓΑΛΑ
φεύγ·ω vi go [off/away], leave, be off ‖ ride/drive away ‖ (βιαστικά) flee, hasten off ‖ (κρυφά) steal away, sneak off/out/away ‖ (αποχωρώ) retire ‖ (μετακομίζω) move ‖ (δραπετεύω) escape, get away.
φήμη nf fame ‖ repute, reputation, name.
φημίζομαι vi win fame, become renowned, be celebrated, be reputed, have a name for.
φημισμένος adj famous, celebrated.
φημολογούμαι vi be rumoured.
φθάνω ⇒ ΦΤΑΝΩ

φθαρμένος adj worn[-out].
φθαρτός adj perishable.
φθείρω vt perish, spoil, ruin, wear.
φθήνια, κλπ. ⇒ ΦΤΗΝΙΑ
φθινοπωριάτικος adj autumn.
φθινόπωρο nn autumn.
φθίνω vi decline, diminish ‖ waste.
φθίση nf consumption, tuberculosis.
φθισιατρείο nn sanatorium.
φθισικός nm consumptive.
φθογγολογία nf phonology, phonemics.
φθόγγος nm phoneme, sound.
φθονερός adj envious, jealous.
φθόνος nm envy, jealousy.
φθονώ vt be envious/jealous.
φθορά nf wear ‖ ravage, decay.
φθορίζω vi fluoresce.
φθόριο nn fluorine.
φθορισμός nm fluorescence, fluorescent light.
φθοροποιός adj malign, corruptive.
φιάλη nf bottle, flask, (αερίου) cylinder, (διπλού μεγέθους) flagon.
φιαλίδιο nn phial, vial.
φιάσκο nn fiasco, flop, washout.
φιγούρα nf figure, form, shape ‖ χαρτοπ. court-card, face-card, picture ‖ (μουσική, χορός) figure, evolution ‖ μτφ. show, ostentation, pose, swank.
φιγουράρω vi appear, figure, be prominent ‖ show off, pose, be much in evidence.
φιγουρατζής nm show-off, poseur, swank.
φιγουρατζίδικος adj showy, ostentatious.
φιγουράτος adj swanky, jazzy, dressy.
φιγουρίνι nn fashion journal ‖ άνθρ. fashionable/dressy person.
φιδές nm vermicelli.
φίδι nn snake.
φιδίσιος adj snake-like, sinuous.
φιδοπουκάμισο nn slough, snakeskin.
φιδωτός adj serpentine, snake-like.
φιέστα nf feast, celebration.
φίλαθλος nm sports fan, sportsman.
φιλαλήθεια nf veracity.
φιλαλήθης adj truthful.
φιλαλληλία nf altruism.
Φιλανδία nf Finland.
φιλανδικός adj Finnish.
Φιλανδός nm Finn.
φιλανθρωπία nf charity.
φιλανθρωπικός adj charitable, philanthropic, benevolent.
φιλάνθρωπος nm philanthropist.
φιλαράκος nm pal, buddy, crony, chum.
φιλαργυρία nf avarice, meanness.
φιλάργυρος adj mean, stingy ▣ nm miser.
φιλαρέσκεια nf coquetry.

φιλάρεσκος *adj* coquettish, skittish.
φιλαρμονική *nf* band.
φιλαρχία *nf* lust for power.
φίλαρχος *adj* power-loving.
φιλάσθενος *adj* sickly, invalid.
φιλαυτία *nf* selfishness, egoism.
φιλειρηνικός *adj* peace-loving.
φιλελευθερισμός *nm* liberalism.
φιλελευθεροποίηση *nf* liberalization.
φιλελευθεροποιώ *vt* liberalize.
φιλελεύθερος *nm, adj* liberal.
φιλέλληνας *nm* philhellene.
φιλελληνικός *adj* philhellenic.
φιλελληνισμός *nm* philhellenism.
φίλεμα *nn* treat, tip.
φιλενάδα *nf* girl[friend], friend, mistress.
φιλεργία *nf* industry.
φίλεργος *adj* hardworking, industrious.
φιλές *nm* hairnet, snood.
φιλέτο *nn* fillet.
φιλεύσπλαχνος *adj* merciful, charitable.
φιλεύω *vt* treat, tip.
φίλη *nf* girlfriend, friend.
φιληδονος *adj* voluptuous, sensual.
φίλημα *nn* kissing.
φιλήσυχος *adj* quiet, law-abiding, peaceful.
φιλί *nn* kiss.
φιλία *nf* friendship, amity.
φιλικός *adj* friendly, chummy.
φιλικότητα *nf* friendliness.
φιλιστρίνι *nn* porthole.
φιλιώνω *vti* reconcile, make it up.
φιλμ *nn* film, picture.
φίλντισ-ι *nn* (και adj ~ένιος) ivory.
φιλοβασιλικός *nm* royalist.
φιλόδικος *adj* litigious.
φιλοδοξία *nf* ambition.
φιλόδοξος *adj* ambitious, high-flying.
φιλοδοξώ *vi* be ambitious, aspire.
φιλοδώρημα *nn* tip.
φιλοδωρώ *vt* tip.
φιλοκαλία *nf* good taste.
φιλόκαλος *adj* tasteful.
φιλοκατήγορος *adj* fault-finding.
φιλοκέρδεια *nf* greediness, love of gain.
φιλοκερδής *adj* grasping, greedy.
φιλολογία *nf* philology, literature || μτφ. hot air, idle talk.
φιλολογικός *adj* philological, literary || μτφ. pointless.
φιλόλογος *nmf* philologist, scholar || σχολ. teacher of literature.
φιλολογώ *vi* talk idly.
φιλομάθεια *nf* studiousness.
φιλομαθής *adj* studious, fond of learning.
φιλόμουσος *nm* art/music lover.
φιλονικία *nf* squabble, wrangle, bicker.
φιλόνικος *adj* quarrelsome.

φιλονικώ *vi* quarrel, squabble, wrangle, bicker, argue, fall out.
φιλόνομος *adj* law-abiding.
φιλοξενία *nf* hospitality.
φιλόξενος *adj* hospitable.
φιλοξενούμενος *nm* guest, visitor.
φιλοξενώ *vt* offer hospitality || put up.
φιλοπατρία *nf* patriotism.
φιλοπεριέργεια *nf* inquisitiveness.
φιλοπερίεργος *adj* curious, inquisitive.
φιλοπόλεμος *adj* warlike, bellicose.
φιλοπονία *nf* industry, diligence.
φιλοπρόοδος *adj* progressive.
φίλος *nm* friend || boyfriend, lover || chap, fellow, chum, buddy.
φιλοσοβιετικός *adj* pro-Soviet.
φιλοσοφία *nf* philosophy.
φιλοσοφικός *adj* philosophical.
φιλόσοφος *nm* philosopher.
φιλοσοφώ *vi* philosophize, reflect.
φιλοστοργία *nf* fondness, affection.
φιλόστοργος *adj* affectionate, loving.
φιλοτελισμός *nm* philately, stamp-collecting.
φιλοτελιστής *nm* philatelist, stamp-collector.
φιλοτέχνημα *nn* work of art.
φιλότεχνος *nm* art-lover.
φιλοτεχνώ *vt* make/create [artistically].
φιλοτιμία *nf* (και *nn* φιλότιμο) pride, dignity, self-esteem, sense of honour.
φιλότιμος *adj* proud || spirited, assiduous.
φιλοτιμώ *vt* put sb on his mettle.
φιλοφρόνη-μα *nn* (και *nf* ~ση) compliment.
φιλοφρονητικός *adj* complimentary.
φιλοφροσύνη *nf* affability, courtesy.
φιλοχρηματία *nf* avarice.
φιλοχρήματος *adj* avaricious.
φίλτατος *adj* dearest.
φιλτράρω *vt* filter, percolate.
φίλτρο *nn* filter || love potion || love.
φιλύποπτος *adj* suspicious.
φιλύρα *nf* linden, lime-tree.
φιλώ *vt* kiss.
φιμώνω *vt* gag, muzzle.
φίμωτρο *nn* gag, muzzle.
φινάλε *nn* finale, end, outcome.
φιναλίστας *nm* finalist.
φινέτσα *nf* finesse, subtlety.
φινίρισμα *nn* finish.
φινιστρίνι *nn* porthole.
φίνις *nn* finish.
φίνος *adj* refined, delicate, subtle || fine, super, ΗΠΑ swell.
φιντάνι *nn* seedling.
φιξ *adj* fixed.
φιξάρω *vt* fix, set.
φιόγκος *nm* bow, knot.

φιορδ *nn* fjord.

φιορίνι *nn* guilder.

φιρί-φιρί *στη φρ.* **πάω ~ για,** be looking for.

φίρμα *nf* firm, business name.

φιρμάνι *nn* firman.

φις *nn* plug.

φίσα *nf* filing card || gambling chip.

φισέκι *nn* cartridge.

φισεκλίκι *nn* cartridge-belt.

φίσκα *adv* chock-full, packed.

φιστίκι *nn* pistachio, ground-nut, peanut.

φιτίλι *nn* wick || fuse.

φκιάχνω ⇒ ΦΤΙΑΧΝΩ

φκιάρι *nn* spade.

φκιασίδι *nn* make-up.

φλαμουριά *nf* linden, lime-tree.

φλάμπουρο *nn* standard, flag.

φλάντζα *nf* flange, gasket.

φλάουτο *nn* flute.

φλας *nn* flash[light] || *αυτοκ.* winkers, ΗΠΑ blinkers.

φλασκί *nn* flask.

φλέβα *nf* vein || *μτφ.* talent.

Φλεβάρης *nm* February.

φλεβίτιδα *nf* phlebitis.

φλέγμα *nn* phlegm.

φλεγματικός *adj* phlegmatic, stolid.

φλεγμονή *nf* inflammation, sore.

φλέγομαι *vi* be on fire, be ablaze.

φλερτ *nn* flirt, courting.

φλερτάρω *vti* flirt, court.

φλετουρίζω *vi* flutter || twitch.

φληναφήματα *nn pl* drivel, twaddle.

φλιπεράκι *nn* pin-table.

φλιτ *nn* insecticide [spray].

φλιτάρω *vi* spray insecticide.

φλιτζάνι *nn* cup || cupful.

φλόγα *nf* flame, blaze || ardour.

φλογάτος *adj* bright red, glowing.

φλογέρα *nf* [shepherd's] flute, pipe.

φλογερός *adj* fiery, burning, blazing.

φλογίζω *vt* fire, inflame.

φλογοβόλο *nn* flame-thrower.

φλοιός *nm* bark || crust || peel, skin.

φλοίσβος *nm* lapping, splashing.

φλόκος *nm* *ναυτ.* jib.

φλόμος *nm* Aaron's rod, mullein.

φλομώνω *vti* be thick with, stifle || fill with smoke || *μτφ.* daze.

φλοτέρ *nn* float.

φλου *adj* blurred, hazy || vague.

φλούδα *nf* bark, flake, peel, skin.

φλουρί *nn* florin, gold coin.

φλυαρία *nf* chatter, patter, garrulity.

φλύαρος *adj* garrulous, wordy ◙ *nm* chatterbox, babbler.

φλυαρώ *vi* chatter, prattle, run on.

φλυτζάνι *nn* cup || cupful.

Φλωρεντία *nf* Florence.

φλώρος *nm* *ορνιθ.* linnet.

φοβάμαι ⇒ ΦΟΒΟΥΜΑΙ

φοβέρα *nf* threat, intimidation.

φοβερίζω *vt* threaten, intimidate.

φοβερός *adj* terrifying, hair-raising, frightful, dreadful, staggering.

φόβητρο *nn* bugbear, bogey.

φοβητσιάρης *adj* chicken-hearted, mousy.

φοβία *nf* phobia, fear.

φοβίζω *vt* scare, frighten.

φόβος *nm* fear, dread, fright.

φοβούμαι *vti* fear, dread, be afraid/scared /frightened/alarmed of, have a dread of.

φόδρα *nf* lining.

φοδράρω *vt* line.

φοίνικας *nm* palm || phoenix.

φοινικόλαδο *nn* palm-oil.

φοίτηση *nf* course, studies || attendance.

φοιτητής *nm* student, undergraduate.

φοιτητικός *adj* student's, students'.

φοιτώ *vi* study at, attend || frequent.

φόλα *nf* leather patch || dog poison.

φονεύω *vt* kill, murder.

φονιάς *nm* killer, murderer, thug.

φονικό *nn* murder || slaughter.

φονικός *adj* murderous, bloody.

φόνισσα *nf* murderess.

φόνος *nm* murder, homicide.

φόντα *nn pl* makings, advantages.

φόντο *nn* background, setting, backdrop.

φόρα *nf* run-up || impetus, pace, speed.

φορά *nf* time, occasion.

φοράδα *nf* mare || filly || *υβριστ.* cow.

φορατζής *nm* tax-collector.

φορέας *nm* carrier, vehicle.

φορείο *nn* stretcher || litter, sedan-chair.

φόρεμα *nn* wear || dress, gown, garment.

φορεσιά *nf* change/set of clothes || dress.

φορητός *adj* portable.

φόρμα *nf* form, shape, mould || (*εργάτη*) overalls, (*δουλειάς*) smock, (*παιδική*) rompers.

φορμαλισμός *nm* formalism.

φορμαλιστής *nm* formalist.

φορμαλιστικός *adj* formalistic.

φορμάρω *vt* form, shape, mould, set.

φορμίτσα *nf* small pie-pan.

φόρμουλα *nf* formula.

φοροδιαφυγή *nf* tax evasion.

φοροεισπράχτορας *nm* tax collector.

φορολογήσιμος *adj* taxable, rateable.

φορολογία *nf* tax, taxation, levy.

φορολογικός *adj* tax.

φορολογούμενος *nm* taxpayer, ratepayer.

φορολογώ *vt* tax, levy a tax on || (*τρακάρω*) touch sb for.

φόρος *nm* tax, (*δημοτικός*) rate, (*δασμός*) duty || **~ αίματος,** toll.

φοροτεχνικός nm tax consultant.
φοροφυγάδας nm tax dodger/evader.
φόρτε nn strong point, full swing, heyday.
φορτηγάκι nn utility van, (ανοιχτό) small lorry, ΗΠΑ pick-up.
φορτηγατζής nm lorry- driver, ΗΠΑ truck-driver, teamster.
φορτηγίδα nf lighter, barge.
φορτηγό nn lorry, truck, van || cargo-boat || cargo-plane || goods train.
φορτίζω vt load || (μπαταρία) charge.
φορτικός adj pressing, importunate.
φορτικότητα nf importunity.
φορτίο nn cargo, freight, load.
φορτοεκφορτωτής nm stevedore.
φόρτος nm load, press, pressure.
φορτοταξί nn pick-up.
φορτσάρω vi force, put on a spurt.
φόρτωμα nn burden, load || μτφ. bother.
φορτών·ω vt load, freight || burden, weigh down || fob/foist sth off on sb || ~ομαι, bother, pester, badger.
φόρτωση nf loading, freighting.
φορτωτήρας nm loader, derrick[-boom].
φορτωτής nm stevedore || shipper.
φορτωτική nf waybill, bill of lading.
φορώ vt wear, have on, be in || put on, (βιαστικά) slip/throw/fling on.
φουαγιέ nn foyer.
φουγάρο nn chimney, funnel.
φουκαράς nm poor/wretched man.
φουλ nn full house ◙ adj full up.
φουλάρι nn scarf, cravat.
φουλάρισμα nn filling up, revving up.
φουλάρω vt fill up || (μηχανή) rev up || spurt, put on a spurt, go at full speed.
φούμαρα nn pl hot air, claptrap, big talk.
φουμάρω vti smoke || fool, pull sb's leg.
φούμος nm soot, smut.
φούντα nf crest, tuft, tassel.
φουντάρω vti sink, scuttle || anchor.
φουντούκι nn hazel-nut.
φούντωμα nn (δέντρου) burgeoning, growth || flare-up, anger.
φουντών·ω vi burgeon, grow, send forth leaves, run riot || (φωτιά) flare up, spread || fire up, work up, get up steam, flare up.
φουντωτός adj tasselled, bushy, thick.
φούξια nf fuchsia.
φούρια nf haste, hurry, rush.
φουριόζος adj brash, impetuous.
φούρκα nf fork || μτφ. fury, anger.
φουρκέτα nf hairpin.
φουρκίζω vt hang, string up || μτφ. infuriate.
φούρκισμα nn anger, fury || hanging.
φούρναρης nm baker.

φουρνέλο nn blast[ing], mine.
φουρνιά nf batch.
φουρνίζω vt bake, put in the oven.
φούρνος nm oven, furnace.
φουρό nn hoop-petticoat.
φουρτούνα nf storm, tempest || setback.
φουρτουνιάζω vi become rough/stormy || get angry/mad.
φουρτουνιασμένος adj rough, tempestuous.
φουρφουρίζω vi swish, rustle.
φουσάτο nn army, troops.
φούσκα nf bladder || blister || bubble || balloon || inner tube.
φουσκάλα nf blister.
φουσκαλιάζω vi blister.
φουσκί nn manure, muck, compost.
φουσκίζω vt manure, muck.
φουσκοδεντριά nf sap-rising.
φουσκοθαλασσιά nf [ground] swell.
φουσκονεριά nf flood tide.
φούσκωμα nn flatulence || bulge || panting || anger, vexation.
φουσκώνω vti inflate, pump/plump up, fluff out || swell, bulge, puff out, distend || (κορδώνομαι) puff oneself up, throw out one's chest, swank || (ασθμαίνω) pant, be short of breath, puff and blow || (εκνευρίζω) vex, irritate, get on sb's nerves.
φουσκωτός adj inflated, bulging.
φούστα nf skirt.
φουστανέλα nf Greek kilt.
φουστάνι nn dress || μτφ. bit of skirt.
φουτμπόλ nn football.
φουτουρισμός nm futurism.
φουτουριστής nm futurist.
φουφού nf brazier.
φουφούλα nf bloomers.
φούχτα ⇒ ΧΟΥΦΤΑ
φραγγέλιο nn lash, whip, scourge.
φράγκικος adj Frankish, West European.
φράγκο nn franc || money, drachma.
φραγκόπαπας nm Catholic priest.
φραγκοράφτης nm tailor.
Φράγκος nm Frank, West European.
φραγκοστάφυλο nn gooseberry.
φραγκόσυκο nn prickly pear.
φράγμα nm lock, dam, barrier.
φραγμός nm barrier, barrage, bar.
φράζω vt block, bar, obstruct || clog, plug, stop, block up || enclose, fence.
φρακάρισμα nn jam, block.
φρακάρω vi jam, block, stick.
φράκο nn frockcoat, tailcoat, tails.
φρακοφόρος adj [dressed] in tails.
φραμπαλάς nm flounce, frill.
φράντζα nf fringe, forelock.
φραντζόλα nf French loaf.
φραντσέζικος adj French.

φράξια *nf* faction.

φράξιμο *nn* barring, clogging.

φραξιονισμός *nm* factionalism.

φραξιονιστής *nm* factionalist.

φραξιονιστικός *adj* factional.

φράουλα *nf* strawberry.

φράπα *nf* shaddock.

φρασεολογία *nf* phraseology, phrasing.

φράση *nf* phrase, expression, words.

φραστικός *adj* phrasal, verbal.

φράχτης *nm* fence, hedge, boarding.

φρέαρ *nn* well, shaft.

φρεάτιο *nn* (*ασανσέρ*) well, shaft ‖ (*υπονόμου*) manhole ‖ (*δομικ.*) water-trap.

φρεγάδα *nf* ναυτ. frigate.

φρέζα *nf* milling-machine.

φρεζάρισμα *nn* milling.

φρένα *nn pl* reason, mind.

φρεναδόρος *nm* brake technician.

φρεναπάτη *nf* delusion.

φρενάρισμα *nn* braking.

φρενάρω *vti* brake, put on the brakes.

φρενιάζω *vti* enrage, infuriate ‖ go mad.

φρενιασμένος *adj* frenzied, mad, furious.

φρενίτιδα *nf* frenzy, fury.

φρενιτιώδης *adj* frenetic, frantic, wild.

φρένο *nn* brake.

φρενοβλάβεια *nf* insanity, lunacy.

φρενοβλαβής *adj* insane, lunatic.

φρενοκομείο *nn* mental hospital.

φρενολογία *nf* phrenology.

φρεσκάδα *nf* freshness, bloom.

φρεσκάρισμα *nn* wash, brush-up.

φρεσκάρ·ω *vt* freshen up, refresh, brush up, (*κτίριο*) do up / over ‖ ~ομαι, have a wash and brush-up, spruce oneself up.

φρέσκο *nn* fresco ‖ *sl* cooler, clink.

φρέσκος *adj* fresh, new.

φριζάρω *vi* frizzle, curl.

φρικαλέος *adj* horrible, atrocious, ghastly.

φρικαλεότητα *nf* atrocity, horror.

φρικασέ *nn* fricassee.

φρίκη *nf* horror.

φρικίαση *nf* shiver, shudder.

φρικιαστικός *adj* horrifying, ghastly.

φρικιώ *vi* shiver, shudder ‖ ripple.

φρίττω *vi* be horrified, shudder.

φριχτός *adj* horrible, frightful, horrid.

φρόνημα *nn* morale ‖ conviction, belief.

φρονηματίζω *vt* knock sense into sb.

φρόνηση *nf* wisdom, caution.

φρονιμάδα *nf* wisdom ‖ virtue, chastity.

φρονιμεύω *vi* settle down, mend one's ways, learn sense.

φρονιμίτης *nm* wisdom-tooth, eye-tooth.

φρόνιμος *adj* sensible, wise, prudent ‖ cautious, wary ‖ good, virtuous, obedi-

ent.

φροντίδα *nf* care, charge, concern ‖ worry, trouble, preoccupation.

φροντίζω *vti* care for, take care of, look after ‖ make sure, see to.

φροντιστήριο *nn* tutorial centre, coaching school ‖ tuition, coaching.

φροντιστής *nm* tutor ‖ ship's chandler.

φρονώ *vi* think, believe.

φρούδος *adj* vain, futile.

φρουί-γκλασέ *nn* glacé / candied fruits.

φρουμάζω *vi* snort.

φρουρά *nf* guard, sentry-go ‖ garrison.

φρούραρχος *nm* garrison commander.

φρούρηση *nf* guarding, custody.

φρούριο *nn* fort, fortress, stronghold.

φρουρός *nm* guard ‖ guardian, custodian.

φρουρώ *vt* guard, mount guard, keep watch over.

φρουτιέρα *nf* fruit-bowl.

φρούτο *nn* fruit ‖ dessert.

φρουτοθεραπεία *nf* fruit cure / regime.

φρουτοπαραγωγός *nm* fruit grower ▣ *adj* fruit-growing.

φρουτοσαλάτα *nf* fruit salad.

φρυάζω *vi* be in a rage, get angry.

φρύγανα *nn pl* brushwood, firewood, twigs.

φρυγανιά *nf* toast.

φρυγανιέρα *nf* toaster.

φρυγανίζω *vt* toast.

φρύδι *nn* eyebrow, brow.

φρύνος *nm* toad.

φταίξιμο *nn* fault, blame ‖ mistake.

φταίχτης *nm* culprit.

φταίω *vi* be at fault, be to blame, be responsible ‖ make a mistake.

φτάνω *vti* (*επαρκώ*) suffice, be enough ‖ (*εκτείνομαι*) stretch, extend, reach ‖ (*πετυχαίνω*) attain, achieve ‖ (*προφταίνω*) overtake, catch up [with] ‖ (*πλησιάζω*) near, draw near ‖ (*καταλήγω*) be reduced to ‖ (*ανέρχομαι*) come to, amount to ‖ (*πιάνω*) get at, reach ‖ (*αφικνούμαι*) arrive [at / in], reach, get to.

φταρνίζομαι (*και nn* φτάρνισμα) *vi* sneeze.

φτάσιμο *nn* arrival.

φτασμένος *nm* made man.

φτελιά *nf* elm[tree].

φτενός *adj* thin.

φτέρη *nf* fern, bracken.

φτέρνα *nf* heel.

φτερνίζομαι *vi* sneeze.

φτερό *nn* feather ‖ plume ‖ wing.

φτεροκόπημα *nn* flutter, flapping.

φτεροκοπώ *vi* flap, flutter.

φτεροπόδαρος *adj* swift-footed.

φτερούγα *nf* wing.

φτερουγίζω vi flap, flutter, flit.
φτερούγισμα nn flapping, flutter.
φτερώνω vt lend wings.
φτερωτά nn pl birds.
φτερωτή nf propeller, paddle-wheel.
φτερωτός adj winged.
φτηναίνω vti cheapen, get/be cheaper, fall in price.
φτήνια nf cheapness, low prices.
φτηνοδουλειά nf shoddy piece of work.
φτηνοπράγματα nn pl trash, cheap stuff.
φτηνός adj cheap, inexpensive.
φτιαγμένος adj made || sl tight, high.
φτιάν·ω vt make, create, construct || prepare, make up, fix, do || (τακτοποιώ) arrange, tidy up || (για καιρό) clear up, (υγεία) recover, (ζωή) go straight || (ασχολούμαι) have on, be busy || ~ομαι, spruce oneself up, make up || get drunk/stoned.
φτιασίδι nn cosmetic, make-up.
φτιασιδώνω vt make up, paint.
φτιάσιμο nn making, doing, fixing.
φτιάχνω ⇒ ΦΤΙΑΝΩ
φτιαχτός adj artificial.
φτουράω vi last long, go a long way.
φτυάρι nn spade, shovel.
φτυαριά nf spadeful.
φτυαρίζω vt spade, shovel.
φτύμα nn spittle.
φτύνω vti spit, expectorate.
φτυστός adj [be] the dead spit of, the spitting image of.
φτωχαδάκι nn poor devil.
φτωχαίνω vti impoverish, reduce/be reduced to poverty, become poor.
φτώχεια nf poverty.
φτωχικό nn humble house/home.
φτωχικός adj poor, meagre, scanty.
φτωχογειτονιά nf slum.
φτωχολογιά nf the poor, the have-nots.
φτωχοπορεύομαι vi scrape along.
φτωχός adj poor, needy || meagre.
φτωχούλης nm poor/dear thing.
φυγάδας nm fugitive, runaway.
φυγάδευση nf escape, helping to escape.
φυγαδεύω vt help sb to escape.
φυγή nf flight, rout || getaway.
φυγόδικος nm fugitive.
φυγοδικώ vi flee from justice.
φυγόκεντρος adj centrifugal.
φυγομαχία nf battle dodging, desertion.
φυγόμαχος nm battle-dodger, deserter.
φυγομαχώ vi shun battle, desert.
φυγοπόλεμος nm desk soldier.
φυγοπονία nf laziness, loafing.
φυγόπονος adj lazy ◉ nm loafer.
φύκι nn seaweed.
φύλα-γμα nn (και nf ~ξη) guard, watch || safe-keeping, custody || ambush, wait.

φυλάγ·ω vt guard, watch over || keep, tend || (διατηρώ) preserve, keep, save up, put by/away || (παραμονεύω) lurk, waylay || ~ομαι, guard against, beware of.
φύλακας nm keeper, watch-dog, custodian || guard || warden.
φυλακή nf prison, jail, gaol.
φυλακίζω vt jail, gaol, imprison.
φυλάκιο nn sentry-box, guardhouse.
φυλάκιση nf imprisonment.
φυλακισμένος nm prisoner ◉ adj imprisoned, confined, jailed.
φύλαρχος nm tribal chief.
φυλαχτό nn talisman, charm, amulet.
φυλάχτρα nf lookout post, hide.
φυλετικός adj racial.
φυλή nf race || tribe || nation.
φυλλάδα nf pamphlet || (εφημερ.) rag.
φυλλάδιο nn leaflet, tract, pamphlet.
φύλλο nn leaf, petal, (χλόης) blade || sheet, foil, plate, ply || newspaper, issue, number || μαγειρ. pastry.
φυλλοβόλος adj deciduous.
φυλλοκάρδια nn pl depths of one's heart.
φυλλομετρώ vt leaf/thumb through.
φυλλορροώ vi shed one's leaves || (για ελπίδες) vanish, fade.
φυλλοφόρος adj leaf-bearing.
φύλλωμα nn foliage.
φύλο nn sex || tribe, race.
φυματικός nm consumptive.
φυματιολόγος nm TB specialist.
φυματίωση nf tuberculosis (TB).
φύρα nf waste, weight loss.
φυραίνω vi lose weight, shrink, shrivel.
φύραμα nn dough, paste || μτφ. sort.
φύρδην-μίγδην adv pell-mell, helter-skelter.
φυρί-φυρί στη φρ. το πάω ~, be asking for it.
φυρονεριά nf ebb [tide].
φυρός adj shrivelled, underweight || soft.
φυσαλίδα nf bubble.
φυσαρμόνικα nf harmonica.
φυσερό nn blower, bellows.
φύση nf nature || disposition, character.
φύσημα nn blow[ing], puff, whiff.
φυσητήρας nm blowpipe, bellows.
φύσιγγα nf ampoule.
φυσίγγι nn cartridge || round.
φυσιγγιοθήκη nf cartridge-belt.
φυσική nf physics.
φυσικό nn temperament, character, nature.
φυσι[κ]οθεραπεία nf nature cure.
φυσι[κ]οθεραπευτής nm physiotherapist.
φυσικός adj natural, scenic || normal, unaffected || physical ◉ nm physicist.

φυσικότητα *nf* naturalness.
φυσικοχημεία *nf* physical chemistry.
φυσικοχημικός *nm* physical chemist.
φυσιογνωμία *nf* physiognomy || cast of features, countenance || celebrity.
φυσιογνωσία *nf* natural history.
φυσιογνώστης *nm* naturalist.
φυσιολάτρης *nm* nature-lover.
φυσιολατρικός *adj* nature-loving.
φυσιολογία *nf* physiology.
φυσιολογικός *adj* normal, natural || physiological.
φυσομανώ *vi* blow hard and long.
φυσούνα *nf* bellows.
φυστίκι ⇒ ΦΙΣΤΙΚΙ
φυσώ *vti* blow, puff, breathe.
φυτάδι *nn* slip, shoot, sapling.
φυτεία *nf* plantation.
φύτεμα *nn* planting, bedding.
φυτευτήρι *nn* planting pin.
φυτεύω *vt* plant, bed || *μτφ.* implant.
φυτικός *adj* vegetable.
φυτίνη *nf* vegetable butter.
φυτό *nn* plant, vegetable.
φυτοζωώ *vi* vegetate || scrape/rub along.
φυτοκομία *nf* horticulture.
φυτολογία *nf* botany.
φυτοφάγος *nm* vegetarian.
φυτοφάρμακο *nn* pesticide.
φυτοχημεία *nf* phytochemistry.
φύτρ-α *nf* (*και nn* ~o) germ, seed.
φυτρώνω *vi* germinate, grow, sprout.
φυτώριο *nn* seedbed, nursery || *μτφ.* hotbed.
φώκια *nf* seal.
φωλιά *nf* nest, eyrie || lair, den.
φωλιάζω *vi* nest, nestle || snuggle.
φώλος *nm* nest-egg.
φωνάζω *vti* call, cry out, shout, clamour || summon, call, send for.
φωνακλάδικος *adj* vociferous, rip-roaring.
φωνακλάς *nm* noisy/loud talker, bully.
φωνάρα *nf* shout, yell, *ΗΠΑ* holler.
φωνασκίες *nf pl* clamouring.
φωνασκώ *vi* clamour, vociferate.
φωνή *nf* voice || call, shout.
φωνήεν *nn* vowel.
φώνημα *nn* phoneme.
φωνητική *nf* phonetics.
φωνητικός *adj* phonetic || vocal.
φωνογράφος *nm* phonograph.
φωνοληψία *nf* recording.
φως *nn* light, (*δυνατό*) glare || (*όραση*) sight.
φωστήρας *nm* luminary, leading light.
φωσφορίζω *vi* phosphoresce.
φωσφορικός *adj* phosphoric.

φωσφόρισμα *nn* phosphorescence.
φώσφορο *nn* phosphorus.
Φώτα *nn pl εκκλ.* Epiphany.
φωταγωγημένος *adj* lit up, floodlit.
φωταγώγηση *nf* illumination.
φωταγωγός *nm* skylight, fanlight || well.
φωταγωγώ *vt* illuminate, light up.
φωταέριο *nn* gas || gaslight.
φωτάκι *nn* faint light, pilot-light.
φωταψία *nf* illumination.
φωτάω ⇒ ΦΩΤΙΖΩ
φωτεινός *adj* luminous, brilliant, bright || well-lit || lucid || sunny.
φωτεινότητα *nf* luminosity, brightness.
φωτιά *nf* fire, bonfire, blaze.
φωτίζω *vti* light [up], lighten, give light || dawn || illumine, illuminate.
φωτίκια *nn pl* christening clothes.
φώτιση *nf* enlightenment, inspiration.
φωτισμός *nm* lighting.
φωτιστικός *adj* lighting, illuminating.
φωτοαντίγραφο *nn* photocopy, photostat, Xerox copy.
φωτοβολίδα *nf* flare, rocket.
φωτοβόλος *adj* luminous.
φωτογενής *adj* photogenic.
φωτογραφείο *nn* studio.
φωτογράφηση *nf* photographing.
φωτογραφία *nf* photography || photo-[graph], snapshot.
φωτογραφίζω *vt* photograph, take a photo.
φωτογραφικ-ός *adj* photographic || ~ή μηχανή, camera.
φωτογράφος *nn* photographer.
φωτοδότης *nm* light-giver || luminary.
φωτοκύτταρο *nn* electric eye.
φωτοκυψέλη *nf* photo-electric tube.
φωτόλουστος *adj* floodlit, bathed in light.
φωτόλουτρο *nn* sunbath.
φωτόμετρο *nn* exposure meter.
φωτομοντάζ *nn* photomontage.
φωτομοντέλο *nn* photomodel.
φωτόνιο *nn* photon.
φωτορεπόρτερ *nm* press photographer.
φωτοσβέστης *nm* obscurantist.
φωτοσκιάζω *vt* shade.
φωτοσκίαση *nf* shading.
φωτοστέφανος *nm* halo, aura.
φωτοστεφανωμένος *adj* haloed.
φωτοστοιχειοθετώ *vt* phototypeset.
φωτοσύνθεση *nf* phototypeset[ting].
φωτοτυπία *nf* photostat/Xerox copy.
φωτοτυπικός *adj* photostatic, copying.
φωτοφράκτης *nm* shutter.
φωτοχαρακτική *nf* photogravure.
φωτοχυσία *nf* illumination, floodlight.

X χ

Χαβάη *nf* Hawaii.
χαβάνι *nn* brass mortar.
χαβανόχερο *nn* pestle.
χαβάς *nm sl* tune.
χαβιάρι *nn* caviar.
χαβούζα *nf* septic tank || refuse dump.
χάβρα *nf* μτφ. bedlam, hubbub, babel.
χάβω ⇒ ΧΑΦΤΩ
χαβώνω *vt* bamboozle.
Χάγη *nf* the Hague.
χαγιάτι *nn* roofed verandah, loggia.
χάδι *nn* caress, stroke || *pl* cuddling.
χαδιάρης *nm* spoilt darling ◙ *adj* fond of being caressed.
χαδιάρικος *adj* caressing || cajoling.
χαζεύω *vi* loaf, idle, hang about || go soft || gape, gawp, be dazed.
χάζι *nn* fun.
χαζοκουβέντες *nf pl* drivel, idle talk.
χαζολογάω *vi* loaf, idle, loiter.
χαζομάρα *nf* stupidity || stupid action.
χαζομπαμπάς *nm* doting father.
χαζοπουλάδα *nf* silly goose.
χαζούλι *nn* mug, dupe.
χαζός *adj, nm* silly, stupid.
χαζούλιακας *nm* ninny, idiot, softy.
χαζοφέρνω *vi* be weak in the head.
χαϊβάνι *nn* jackass, numskull.
χαϊδεμένος *adj* pampered, spoilt.
χαϊδευτικό *nn* pet name.
χαϊδευτικός *adj* caressing, stroking.
χαϊδεύ·ω *vt* caress, pet, stroke, fondle || ~ομαι, neck, spoon, cuddle.
χαϊδόπαιδο *nn* spoilt child.
χαϊδολογώ *vt* cajole, wheedle || caress.
χαϊμαλί *nn* charm, talisman || trinket, *pl* trappings.
χαίνω *vi* gape, yawn.
χαιρεκακία *nf* malice, malevolence.
χαιρέκακος *adj* malicious, malevolent.
χαίρε *interj* hail!
χαίρετε *interj* hello || so long, bye-bye.
χαιρετίζω *vt* greet, hail, salute || visit.
χαιρετίσματα *nn pl* greetings, wishes, compliments, regards, love.
χαιρετισμός *nm* greeting || salute.
χαιρετιστήριος *adj* greeting.
χαίρ·ω (και ~ομαι) *vi* be glad/pleased /delighted/happy || *vt* enjoy, bask in, gloat over.
χαίτη *nf* mane || mop of hair.
χακί *nn* khaki.
χαλάζι *nn* hail || hailstone.
χαλαζοβρόχι *nn* hailstorm.

χαλάκι *nn* rug, mat.
χαλαλίζω *vt* waste, throw away.
χαλαρός *nm* lax, slack, loose || flabby, limp || relaxed.
χαλαρότητα *nf* laxity, looseness, flabbiness.
χαλάρωμα *nn* relaxation, laxity.
χαλαρώνω *vti* loosen, work loose, slacken, slack off || relax, let up, unwind, unbend.
χαλάρωση *nf* relaxation, laxity.
χάλασμα *nn* spoiling, ruining.
χαλάσματα *nn pl* ruins.
χαλασμός *nm* demolition, catastrophe || μτφ. turmoil, uproar, storm, excitement.
χαλασμένος *adj* spoilt, damaged, ruined, bad || μηχ. out of order.
χαλαστής *nm* wrecker.
χαλάω ⇒ ΧΑΛΩ
χαλβαδόπιτα *nf* nougat.
χαλβάς *nm* halva || μτφ. tame person.
χαλεπός *adj* hard, arduous, difficult.
χάλι *nn* plight, sorry state.
χαλί *nn* carpet, (μικρό) rug, (τοίχου) tapestry, (σκάλας) runner, stair-carpet.
χαλίκι *nn* gravel, pebble, shingle.
χαλικοστρώνω *vt* gravel, metal.
χαλικόστρωτος *adj* gravelled, metalled.
χαλιναγώγηση *nf* bridling, curbing.
χαλιναγωγώ *vt* bridle, curb, check, restrain.
χαλινάρι *nn* bit, bridle, rein || μτφ. restraint.
χαλιφάτο *nn* caliphate.
χαλίφης *nm* caliph.
χαλκάς *nm* ring, loop, link.
χαλκομανία *nf* transfer.
χαλκός *nm* copper, brass.
χάλκωμα *nn* copper, brass, *pl* the brass.
χαλκωματάς *nm* coppersmith.
χαλκωματένιος *adj* copper, brass.
χάλυβας *nm* steel.
χαλύβδινος *adj* steel || μτφ. steely.
χαλυβδώνω *vt* steel-plate || μτφ. steel.
χαλυβδουργείο *nn* steel works/mill.
χαλυβδουργία *nf* steel industry.
χαλώ *vti* spoil, ruin || (καιρός) break, (τροφές) go bad, turn, (στομάχι) upset, (σχέδια) go wrong, fall through, make a mess of, (μηχανές) break down || (φθείρομαι) wear out/off || (σκοτώνω) kill, destroy, dispatch || (διαφθείρω) corrupt, deprave, be bad for || (δια-

λύω) break off || (τσακώνομαι) fall out, break with || (χρήματα) change, cash, exchange || (ξοδεύω) spend, waste, squander || (γκρεμίζω) pull down, demolish.

χαμάδα nf fallen ripe fruit.

χαμαιλέοντας nm chameleon.

χαμάλης nm porter || servant.

χαμαλίκι nn drudgery, chore, fag.

χαμάμ[ι] nn Turkish bath.

χαμένος adj lost, wasted ◙ nm loser.

χαμέρπεια nf baseness.

χαμερπής adj base, vile, abject.

χαμηλοβλεπούσα nf prim woman, prude.

χαμηλόμισθος adj low-paid.

χαμηλός adj low, subdued || short.

χαμηλόφωνος adj low-voiced, subdued.

χαμήλωμα nn lowering.

χαμηλώνω vti lower, turn/pull down, go/come down, dip, decline.

χαμίνι nn guttersnipe, [street-]urchin.

χαμογελαστός adj smiling.

χαμόγελο nn smile || smirk, sneer, grin.

χαμογελώ vi smile, grin.

χαμόδεντρο nn shrub.

χαμοκέλα nf shack, hovel.

χαμόκλαδα nn pl undergrowth.

χαμολόι nn fallen ripe olives.

χαμομήλι nn camomile.

χαμός nm loss || death, doom.

χαμόσπιτο nn hovel, shack.

χάμ·ου (και ~ω) adv down, on/to the ground.

χάμουρα nn pl harness.

χαμούρα nf sl υβριστ. bitch, harlot.

χαμπ·άρι (και ~έρι) nn λαϊκ. news || παίρνω ~άρι, get wind of sth, see through sb.

χαμπαρίζω vti know, understand || listen [to], pay attention [to].

χάνι nn inn.

χάννος nm ιχθ. comber || μτφ. dupe.

χαντάκι nn ditch, dike, trench.

χαντακώνω vt destroy, ruin.

χαντζάρα nf large sword, sabre.

χάντικαπ nn handicap.

χάντρα nf bead.

χάν·ω vt lose, forfeit, miss || ~ομαι, vanish, perish || τα ~ω, be taken aback, be at a loss.

χάος nn chaos, abyss.

χάπατο nn sl pushover.

χάπι nn pill.

χαρά nf joy, pleasure, delight, glee || παιδική ~, playground.

χάραγμα nn engraving, incision, cutting.

χαραγματιά nf notch, scratch.

χαραγμένος adj graven, cut, engraved.

χαράδρα nf ravine, gorge, glen.

χαραδριός nm ορνιθ. plover.

χαράζω vt cut, carve, engrave || trace, map out || write || v impers dawn.

χάρακας nm ruler.

χαράκι nn line || cut, notch.

χαρακιά nf cut, line, notch, nick.

χαρακίρι nn harakiri.

χαρακτήρας nm character, nature, temper || τυπογρ. type, character || γραφικός ~, handwriting.

χαρακτηρίζω vt characterize, be characteristic of, mark, stamp, describe.

χαρακτηρισμός nm characterization.

χαρακτηριστικό nn characteristic, trait, feature || pl τεχν. specifications.

χαρακτηριστικός adj characteristic, typical, distinctive, peculiar to.

χαράκτης nm engraver, artist, carver.

χαρακτική nf engraving, etching.

χαράκωμα nn ruling || στρατ. trench.

χαρακώνω vt rule, line, score, slash.

χαρακω·μένος (και ~τός) adj ruled, lined.

χάραμα nn dawn, daybreak.

χαραμάδα nf fissure, crevice, slot, chink, crack, rift, slit.

χαράμι adv in vain.

χαραμίζω vi waste, throw away.

χαραμοφάης nm good-for-nothing.

χαραντάν λαϊκ. στη φρ. γεια ~! wotcher!

χάραξη nf mapping out, tracing.

χαράτσι nn poll-tax || heavy fine/tax.

χαρατσώνω vt tax heavily.

χαραυγή nf daybreak, dawn.

χαρέμι nn harem.

χάρη nf grace || charm || pl talents, gifts, attractions, accomplishments || good points, advantages, merits || favour, benefit || gratitude, thanks || pardon, mercy || ~ σε, thanks to || για ~, ⇒ ΧΑΡΙΝ

χαριεντίζομαι vi banter, dally, jest.

χαριεντισμός nm banter[ing], jesting.

χαρίζομαι vi be partial, favour.

χαρίζω vt give a present/gift, give [away], donate, endow, present sb with || spare, pardon, forgive.

χάριν adv στη φρ. προς ~, for the sake/benefit of, in the cause/interests of.

χάρισμα nn gift, present || talent || pl accomplishments ◙ adv gratis, free, for nothing.

χαρισματικός adj charismatic.

χαριστικ·ός adj partial, unfair || ~ή βολή, coup de grâce.

χαριτόβρυτος adj charming.

χαριτολόγημα nn witticism, pleasantry.

χαριτολογώ vi be witty, talk amusingly.

χαριτωμένος adj pretty, lovely, ΗΠΑ cute.

χάρμα *nn* delight, joy, stunner ◙ *adj* stunning, super.

χαρμάνης *adj, nm* dying for [a smoke].

χαρμάνι *nn* blend, mixture.

χαρμόσυνος *adj* joyous, festive, glad.

χαροκόπι *nn* revelry, merry-making.

χαροκόπος *nm* merry-maker, loose-liver.

χάροντας *nm* death.

χαροπάλεμα *nn* death-rattle.

χαροπαλεύω *vi* be at death's door.

χαροποιώ *vt* gladden, gratify.

χαροπούλι *nn* owl.

χάρος *nm* death.

χαρούμενος *adj* merry, cheerful, joyful.

χαρούπι *nn* carob-bean.

χαρουπιά *nf* carob-tree.

χαρταετός *nm* kite.

χαρτάκι *nn* scrap of paper ‖ game of cards.

χαρτεμπόριο *nn* paper trade.

χαρτέμπορος *nm* paper dealer.

χαρτζιλίκι *nn* pocket/pin money.

χαρτζιλικώνω *vt* give sb pocket money.

χάρτης *nm* map, chart ‖ paper.

χαρτί *nn* paper, tissue ‖ (έγγραφο) deed, document, degree, testimonial, *pl* papers ‖ χαρτοπ. playing-card.

χαρτικά *nn pl* stationery.

χαρτοβασίλειο *nn* red-tape, bureaucracy.

χαρτοβιομηχανία *nf* paper industry.

χαρτογιακάς *nm* white-collar worker.

χαρτογράφηση *nf* mapping, charting.

χαρτογραφία *nf* cartography.

χαρτογραφική υπηρεσία *nf* Ordnance Survey.

χαρτογραφώ *vt* map, chart.

χαρτόδετος *adj* paperback[ed].

χαρτοκλέφτης *nm* card-sharper.

χαρτοκόπτης *nm* paper-knife.

χαρτόκουτο *nn* carton.

χαρτόμαζα *nf* paper pulp, wood-pulp.

χαρτομάνι *nn* bumph.

χαρτομάντηλο *nn* tissue.

χαρτόμουτρο *nn* seasoned gambler.

χαρτόνι *nn* cardboard.

χαρτονόμισμα *nn* paper money, bank-note, *ΗΠΑ* bill.

χαρτοπαίγνιο *nn* card-game, gambling.

χαρτοπαίζω *vi* play cards, gamble.

χαρτοπαικτικός *adj* gambling, gaming.

χαρτοπαιξία *nf* gambling, card-playing.

χαρτοπαίχτης *nm* gambler, card-player.

χαρτοποιία *nf* paper industry ‖ εργοστάσιο ~ς, papermill.

χαρτοπολτός *nm* paper pulp, wood-pulp.

χαρτοπωλείο *nn* stationer's.

χαρτοπώλης *nm* stationer.

χαρτορρίχτρα *nf* fortune-teller, card-reader.

χαρτοσακούλα *nf* paper bag.

χαρτοσημαίνω *vt* stamp.

χαρτοσήμανση *nf* stamping.

χαρτόσημο *nn* stamp ‖ stamped paper.

χαρτοφύλακας *nm* briefcase.

χαρτοφυλάκιο *nn* portfolio.

χαρτωσιά *nf* trick, hand.

χαρωπός *adj* cheery, chirpy, breezy.

χασάπης *nm* butcher.

χασάπικο *nn* butcher's ‖ (χορός) hasapiko.

χασαποταβέρνα *nf* grill, steakhouse.

χασές *nm* fine calico.

χάση *nf* wane ‖ στη ~ και στη φέξη, once in a blue moon.

χασικλήδικο *nn* opium den.

χασικλής *nm* pothead, drug-addict.

χάσιμο *nn* loss.

χασίσι *nn* hashish, pot.

χασισοποτείο *nn* opium den.

χασισοπότης *nm* opium-smoker.

χάσκας *nm* oaf, gawk.

χασκογόντης *nm, adj* gap-tooth[ed].

χάσκω *vi* gape, yawn ‖ gawp, gawk.

χάσμα *nn* gap, gulf, chasm.

χασμούρη-μα (και ~τό) *nn* yawn.

χασμουριέμαι *vi* yawn.

χασομέρης *nm* loafer, idler.

χασομέρι *nn* delay ‖ loafing ‖ loss of time, loss of one's work.

χασομερώ *vti* delay, dally, linger ‖ lose one's time, fall behind ‖ loaf, loiter, dawdle.

χασούρα *nf* loss.

χαστούκι *nn* slap, cuff, smack.

χαστουκίζω *vt* slap, smack, cuff.

χατίρι *nn* favour, good turn ‖ whim.

χατιρικά *adv* as a favour.

χαυλιόδοντας *nm* tusk.

χαύνωση *nf* torpor, sloth, stupor.

χαυνωτικός *adj* enervating.

χαφ *nf* ποδοσφ. half-back.

χαφιεδισμός *nm* being an informer.

χαφιές *nm* informer, police spy.

χάφτω *vt* gulp/wolf down, gobble up ‖ μτφ. swallow, fall for.

χάχανο *nn* guffaw.

χαχανίζω *vi* guffaw, giggle, snigger.

χάχας *nm* gawker, nitwit.

χαχόλικος *adj* large, unwieldy.

χάψη *nf* λαϊκ. clink, jail.

χαψί *nn* anchovy.

χαψιά *nf* bite, gulp, mouthful.

χαώδης *adj* chaotic.

χέζω *vi* shit.

χειλάς *nm* thick-lipped.

χείλι *nn* lip.

χειλικός *adj* labial.

χείλος *nn* lip ‖ rim, brim, edge, border, brink, verge.

χειμαδιό *nn* winter quarters.

χείμαρρος *nm* torrent, stream || *μτφ.* shower, flood.

χειμαρρώδης *adj* torrential, gushing.

χειμερία νάρκη *nf* hibernation.

χειμερινός *adj* winter, wintry.

χειμώνας *nm* winter.

χειμωνιάζει *vi impers* winter is setting in.

χειμωνιάτικος *adj* winter, wintry.

χειραγώγηση *nf* guidance.

χειραγωγώ *vt* guide, lead [by the hand].

χειράμαξα *nf* handbarrow, wheelbarrow, pushcart, handcart.

χειραντλία *nf* hand pump.

χειραφέτηση *nf* emancipation.

χειραφετώ *vt* emancipate.

χειραψία *nf* handshake.

χειρίζομαι *vt* handle, manipulate.

χειρισμός *nm* handling.

χειριστής *nm* operator || pilot.

χείριστος *adj* worst.

χειροβομβίδα *nf* grenade.

χειρόγραφο *nn* manuscript.

χειρόγραφος *adj* handwritten || scripted.

χειροδικώ *vi* use force.

χειροκίνητος *adj* hand-operated.

χειροκρότημα *nn* clapping, applause.

χειροκροτώ *vi* clap, applaud.

χειρολαβή *nf* handle, grip, handhold || handrail || helve.

χειρομάλαξη *nf* massage.

χειρομάντης *nm* palmist, palm-reader.

χείρον *nn στη φρ. το μη ~ βέλτιστον,* the lesser of two evils.

χειρονομία *nf* gesture, gesticulation.

χειρονομώ *vi* gesticulate, gesture.

χειροπέδες *nf pl* handcuffs.

χειροπιαστός *adj* palpable, tangible.

χειροπόδαρα *adv* hand and foot.

χειροποίητος *adj* hand-made, homespun.

χειροπρακτική *nf* osteopathy.

χειροπρίονο *nn* hand-saw.

χειροτέρ·εμα *nn (και nf ~ευση)* deterioration, worsening, change/turn for the worse.

χειροτερεύω *vti* worsen, deteriorate, aggravate, make/get worse.

χειρότερος *adj* worse, the worst.

χειροτέχνημα *nn* handiwork.

χειροτέχνης *nm* artisan, craftsman.

χειροτεχνία *nf* handicraft, craft.

χειροτεχνώ *vt* make with one's hands.

χειροτονία *nf* ordination.

χειροτονώ *vt* ordain || *μτφ.* thrash.

χειρουργείο *nn* operating-theatre, operating-table.

χειρούργηση *nf* operation, surgical treatment.

χειρουργική *nf* surgery.

χειρουργικός *adj* surgical.

χειρούργος *nm* surgeon.

χειρουργ·ώ *vt* perform an operation, operate on sb || ~ούμαι, be operated on, have an operation.

χειροφίλημα *nn* hand-kissing.

χειρόφρενο *nn* handbrake.

χειρώνακτας *nm* manual worker.

χειρωνακτικός *adj* manual.

χέλι *nn* eel.

χελιδόνι *nn* swallow.

χελιδονόψαρο *nn* flying fish.

χελώνα *nf* tortoise || turtle.

χελώνια *nn pl ιατρ.* scrofula.

χέρι *nn* hand || arm || handle, haft.

χεριά *nf* handful || (*χόρτου*) swath.

χερικώνω *vt* drub, beat.

χεροβολιάζω *vt* tie up into sheaves.

χερόβολο *nn* sheaf.

χεροδύναμος *adj* strong-armed, muscular.

χερόμυλος *nm* hand-mill.

Χερουβείμ *nn* Cherubim.

χερουβικός *adj* Cherubic.

χερούκλα *nf* big hand, paw.

χερουλάτης *nm* plough-tail.

χερούλι *nn* handle, door-handle.

χερσαίος *adj* land, road.

χερσόνησος *nf* peninsula.

χέρσος *adj* waste, fallow, wild.

χερσότοπος *nm* waste land.

χερσώνω *vi* run wild, run/go to waste.

χέσιμο *nn* shit, shitting.

χημεία *nf* chemistry.

χημείο *nn* chemical laboratory, chemistry department.

χημικοθεραπεία *nf* chemotherapy.

χημικός *adj* chemical ▣ *nm* chemist.

χήνα *nf* goose.

χηνάκι *nn* gosling.

χήνος *nm* gander.

χήρα *nf* widow ▣ *adj* widowed.

χηρεία *nf* widowhood.

χηρευάμενος *adj* widowed.

χηρεύω *vi* become a widow/widower || (*για θέση*) fall vacant.

χήρος *nm* widower ▣ *adj* widowed.

χθες *adv* yesterday.

χθεσινός *adj* yesterday's || new, recent.

χιαστί *adv* crosswise, diagonally.

Χιλή *nf* Chile.

χίλια *adj* a thousand.

χιλιάκριβος *adj* beloved, cherished.

χιλιαπλάσιος *adj* thousandfold.

χιλιάρικο *nn* thousand-drachma note.

χιλιασμός *nm* millenarianism.

χιλιαστής *nm* millenarian.

χιλιετηρίδα *nf* millennium.

χιλιετής *adj* thousand-year-old || lasting a thousand years.

χιλιετία *nf* millennium.

χιλιόγραμμο *nn* kilo[gramme].

χιλιόδραχμο *nn* thousand-drachma note.
χιλιόκυκλος *nm* kilocycle.
χιλιομετρικός *adj* kilometric.
χιλιόμετρο *nn* kilometre.
χιλιοστόγραμμο *nn* milligramme.
χιλιοστόμετρο *nn* millimetre.
χιλιοστός *adj* thousandth ‖ *μτφ.* umpteenth.
χιλιοτραγουδημένος *adj* storied, celebrated.
χιλιόχρονος *adj* thousand-year-old.
χίμαιρα *nf* chimera, pipe-dream.
χιμαιρικός *adj* chimerical, utopian.
χιμπαντζής *nm* chimpanzee.
χιμώ *vi* dash, rush, dart, burst, tear ‖ (*επιτίθεμαι*) pounce upon, rush at.
χινοπωριάτικος *adj* autumn[al].
χινόπωρο *nn* autumn.
χιονάνθρωπος *nm* snowman.
χιονάτος *adj* snow-white, snowy.
χιονένιος *adj* snow.
χιόνι *nn* snow.
χιονιά *nf* snowball.
χιονιάς *nm* snowy weather.
χιονίζω *vi* snow.
χιονίστρα *nf* chilblain.
χιονόβροχο *nn* sleet.
χιονοδρομία *nf* skiing.
χιονοδρομικός *adj* ski.
χιονοδρόμος *nm* skier.
χιονοθύελλα *nf* snowstorm, blizzard.
χιονοκαθαριστήρας *nm* snow-plough.
χιονόλασπη *nf* slush.
χιονόλευκος *nm* snow-white.
χιονολισθητήρας *nm* toboggan.
χιονόμπαλα *nf* snowball.
χιονόνερο *nn* sleet.
χιονονιφάδα *nf* snowflake.
χιονοπέδιλο *nn* ski, snow-shoe.
χιονοπόλεμος *nm* snowballing.
χιονόπτωση *nf* snowfall.
χιονοσκεπής *adj* snowy, snow-clad/-covered/-capped.
χιονοστιβάδα *nf* avalanche, snowdrift.
χιονοστρόβιλος *nm* blizzard.
χιονόσφαιρα *nf* snowball.
χιούμορ *nn* humour, wit.
χιουμορίστας *nm* humorist.
χιουμοριστικός *adj* humorous, funny.
χίπης *nm* hippy.
χιτώνας *nm* tunic ‖ *ανατ.* retina.
χιτώνιο *nn* jacket, *στρατ.* tunic.
χλαίνη *nf* *στρατ.* greatcoat.
χλευάζω *vt* jeer, sneer, deride, mock.
χλευασμός *nm* derision, mockery, sneer, jeer.
χλευαστής *nm* mocker.
χλευαστικός *adj* derisive, mocking, sneering.
χλεύη ⇒ ΧΛΕΥΑΣΜΟΣ

χλιαίνω *vti* warm [up] slightly.
χλιαρός *adj* lukewarm, tepid.
χλιαρότητα *nf* tepidity.
χλιδή *nf* luxury, opulence, wealth.
χλιμιντρίζω *vi* neigh, whinny.
χλιμίντρισμα *nn* whinny, neigh[ing].
χλοερός *adj* green, verdant.
χλόη *nf* grass, greenery, lawn.
χλωμάδα *nf* paleness, pallor.
χλωμιάζω *vi* pale, go/turn pale.
χλωμός *adj* pale, wan, pallid.
χλωρίδα *nf* flora.
χλώριο *nn* chlorine.
χλωρίωση *nf* (*νερού*) chlorination.
χλωριώνω *vt* chlorinate.
χλωρός *adj* green, fresh, tender.
χλωροφόρμιο *nn* chloroform.
χλωροφύλλη *nf* chlorophyll.
χνάρι ⇒ ΑΧΝΑΡΙ
χνότο (*και* χνώτο) *nn* breath.
χνουδάτος *adj* downy, fluffy, fuzzy.
χνούδι *nn* down ‖ fluff, fuzz ‖ bloom ‖ nap ‖ pile.
χνουδωτός *adj* downy, fluffy, woolly.
χοάνη *nf* melting-pot, crucible ‖ funnel.
χόβολη *nf* embers, hot ash.
χοιρίδιο *nn* piglet.
χοιρινό *nn* (*και adj* ~ς) pork.
χοιροβοσκός *nm* swineherd.
χοιρομέρι *nn* ham, bacon, gammon.
χοίρος *nm* pig, hog.
χοιροστάσιο *nn* pigsty, piggery.
χοιροτρόφος *nm* pig-breeder.
χολ *nn* hall, vestibule, *ΗΠΑ* hallway.
χολέρα *nf* cholera.
χολερικός *adj* choleric.
χολή *nf* bile, gall ‖ *μτφ.* spleen.
χοληδόχος *nf* gall-bladder.
χοληστερίνη *nf* cholesterol.
χολιάζω *vti* gall, vex, incense, anger, become angry/vexed.
χολόλιθος *nm* gall-stone.
χολοσκάω *vi* worry, upset, fret.
χολωμένος *adj* vexed, galled, sore, cross.
χολώνω *vti* vex, gall, pique ‖ become vexed.
χόμπυ *nn* hobby.
χονδροειδής *adj* gross, crass ‖ clumsy, crude.
χόνδρος *nm* gristle, cartilage.
χοντράδα *nf* coarseness, rudeness.
χοντραίνω *vti* make/get fatter, grow fat.
χοντράνθρωπος *nm* lout, boor, clodhopper.
χοντρέλα *nf* fat girl/woman.
χοντρεμπόριο *nn* wholesale trade.
χοντρέμπορος *nm* wholesale dealer.
χοντρικά *adv* roughly.
χοντρικός *adj* wholesale, in bulk ‖

rough.

χοντροδέματος adj thickset, stodgy.

χοντροδουλειά nf donkey-work || clumsy piece of work.

χοντροκαμωμένος adj roughly-made.

χοντροκέφαλος adj pigheaded.

χοντροκόκαλος adj big-boned.

χοντροκομμένος adj crude, clumsily-made.

χοντροκοπιά nf bungle, slipshod piece of work || coarseness, vulgarity.

χοντρόλογα nn pl coarse language.

χοντρομπαλ-άς nm (και nf ~ού) obese man/woman.

χοντρόπετσος adj thick-skinned.

χοντρός adj fat, stout, big || rough, coarse, uncouth.

χοντρουλός adj stout, plump.

χοντροχωριάτης nm [country] bumpkin.

χορδή nf chord, string.

χορεία nf chorea || clan, set.

χορευταράς nm great dancer.

χορευτής nm dancer.

χορευτικός adj dance, dancing.

χορεύω vti dance || (μωρό) dandle.

χορήγημα nn grant, allowance, subsidy.

χορήγηση nf grant[ing], giving, issue.

χορηγητής nm giver, supplier || contractor.

χορηγός nm donor.

χορηγώ vt allow, grant, give || donate || provide, supply.

χορικό nn chorale, choric ode.

χορογραφία nf choreography.

χορογράφος nmf choreographer.

χοροδιδασκαλείο nn dancing school.

χοροδιδάσκαλος nm dancing master.

χορόδραμα nn ballet.

χοροεσπερίδα nf soirée with dancing.

χοροπήδημα nn gambol, dancing.

χοροπηδώ vi dance, bob, bounce, pitch || gambol, frisk, trip, skip, hop.

χορός nm dance, ball || chorus, choir.

χοροστατώ vi εκκλ. officiate.

χόρτα nn pl greens, herbs.

χορταίνω vti satisfy, have enough, have one's fill || glut, gorge/stuff oneself.

χορταποθήκη nf barn.

χορταράκι nn blade of grass.

χορταρένιος adj grass, straw.

χορτάρι nn grass || (συσκευασίας) wad.

χορταριάζω vi run to weeds.

χορταρικά nn pl herbs, greens, vegetables, greenstuff.

χόρταση nf fill, satiation.

χορταστικός adj filling, substantial.

χορτάτος adj full.

χόρτο nn grass, hay, weed, straw.

χορτονομή nf forage, fodder.

χορτόπιτα nf vegetable-pie.

χορτόσουπα nf vegetable soup.

χορτοτάπητας nm turf.

χορτοφαγία nf vegetarianism.

χορτοφάγος nm vegetarian, (ζώο) herbivore ▣ adj herbivorous.

χορωδία nf chorus, choir.

χορωδιακός adj choral.

χορωδός nm chorister, singer.

χότζας nm hodja.

χουγιάζω vt bully, hector, bark at.

χούγιασμα nn bullying, hectoring, shout.

χουζούρεμα nn lying-in || loafing.

χουζουρεύω vi lie in, have a long lie.

χουζούρης nm lazybones.

χουζούρι nn lie-in, snugness.

χούι nn λαϊκ. nature || habit, idiosyncrasy, kink, eccentricity.

χουλιάρα nf ladle.

χουλιάρι nn spoon.

χουνέρι nn fiasco, flop.

χούντα nf junta.

χουρμαδιά nf date-palm.

χουρμάς nm date.

χούφτα nf palm || handful.

χούφταλο nn old crock.

χουφτ-ιάζω (και ~ώνω) vt cup || grip, clutch.

χουχλαστός adj boiling hot.

χούχλος nm boil.

χουχουλιάζω vt blow/breathe on.

χουχουλιέμαι vi wail, sob.

χοχλάκισμα nn boiling, bubbling.

χοχλακίζω, κλπ. ⇒ ΚΟΧΛΑΖΩ κλπ.

χράμι nn rug, blanket.

χρεία nf need, necessity.

χρειάζομαι vt need, want, require, be in need of || v impers need, have to, it is necessary.

χρειαζούμενα (και χρειώδη) nn pl necessaries, necessities, requisites.

χρεμετίζω vi neigh, whinny, snicker.

χρεμέτισμ-α nn (και nm ~ός) neigh, whinny.

χρεόγραφο nn bond, stock, security.

χρεοκοπία nf bankruptcy, crash.

χρεοκόπος nm bankrupt.

χρεοκοπώ vi fail, go bankrupt/bust.

χρεολύσιο nn sinking fund.

χρέος nn debt || obligation, duty.

χρεοστάσιο nn moratorium [of debts].

χρεοφειλέτης nm debtor.

χρεωμένος adj in debt, in the red.

χρεώνω vt debit, charge, bill.

χρέωση nf debit, charge, billing.

χρεώστης nm debtor.

χρεωστικός adj debit.

χρεωστώ vi owe, be in debt || μτφ. be indebted/obliged to.

χρήζω v impers need, require.

χρήμα nn money.

χρηματαγορά *nf* money market.
χρηματίζομαι *vi* be bribed, take bribes.
χρηματίζω *vi* serve as.
χρηματικός *adj* money, financial.
χρηματισμός *nm* grafting, corruption.
χρηματιστήριο *nn* Stock Exchange.
χρηματιστής *nm* [stock]broker, jobber.
χρηματόδεμα *nn* parcel of money.
χρηματοδότης *nm* financier, backer.
χρηματοδότηση *nf* financing, backing.
χρηματοδοτώ *vt* finance, put up funds for.
χρηματοκιβώτιο *nn* safe.
χρηματομεσίτης *nm* money-broker.
χρηματοφυλάκιο *nn* strong-box.
χρήση *nf* use, usage ‖ application, employment ‖ *οικον.* year, period.
χρησικτησία *nf* usucapion, usucaption.
χρησιμεύω *vi* serve, be of use, be useful.
χρησιμοποιημένος *adj* used, spent.
χρησιμοποίηση *nf* use, employment.
χρησιμοποιήσιμος *adj* usable, fit for use.
χρησιμοποιώ *vt* use, utilize, make use of, employ, exercise, exert.
χρήσιμος *adj* useful, of use, handy.
χρησιμότητα *nf* use, usefulness, utility.
χρησμοδοτώ *vi* prophesy, deliver oracles.
χρησμός *nm* oracle, prophesy.
χρήστης *nm* user, utilizer.
χρηστικός *adj* [of] usage, easy to use.
χρηστός *adj* virtuous, upright.
χρηστότητα *nf* integrity, virtue.
χρίζω *vt* coat ‖ *εκκλ.* anoint ‖ ~ *κπ υποψήφιο*, nominate sb [for].
χρίσμα *nn εκκλ.* unction ‖ *πολ.* nomination.
χριστιανικός *adj* Christian.
χριστιανισμός *nm* ⇒ ΧΡΙΣΤΙΑΝΟΣΥΝΗ
χριστιανοδημοκράτης *nm* Christian Democrat.
χριστιανός *nm* Christian.
χριστιανοσύνη *nf* Christianity, Christendom.
Χριστός *nm* Christ.
Χριστούγεννα *nn pl* Christmas, Xmas
χριστουγεννιάτικος *adj* Christmas.
χριστόψωμο *nn* Christmas bread.
χροιά *nf* complexion ‖ hue, tint.
χρονιά *nf* year.
χρόνια *nn pl* years, times, days ‖ ~ *πολλά*, many happy returns.
χρονιάζω *vi* become a year old ‖ be too long, take ages.
χρονιάρα μέρα *nf* festive day.
χρονιάρης *adj* one year old.
χρονιάρικο *nn* yearling.
χρονίζω *vi* delay, dally, drag on.
χρονικό *nn* chronicle, annals.
χρονικογράφος *nm* chronicler.

χρονικός *adj* time, temporal.
χρόνιος *adj* chronic.
χρονοβόρος *adj* time-consuming.
χρονογράφημα *nn-* feature, column.
χρονογράφος *nm* columnist.
χρονοδιάγραμμα *nn* timetable, schedule.
χρονοδιακόπτης *nm* time-switch.
χρονολόγηση *nf* dating, chronology.
χρονολογία *nf* date.
χρονολογικός *adj* chronological.
χρονολογ·ώ *vt* date, fix the date of ‖ ~*ούμαι*, date from, date back to.
χρονομέτρηση *nf* timing.
χρονόμετρο *nn* chronometer, stopwatch.
χρονομετρώ *vt* time.
χρονοντούλαπο *nn μτφ.* limbo.
χρόνος *nm* time ‖ year ‖ *γραμμ.* tense.
χρονοτριβή *nf* delay, procrastination.
χρονοτριβώ *vi* delay, dally, temporize ‖ *ΗΠΑ πολ.* filibuster.
χρυσαλλίδα *nf* pupa, nymph.
χρυσαλοιφή *nf* gilt, gilding.
χρυσάνθεμο *nn* chrysanthemum.
χρυσαυγή *nf* blushing dawn.
χρυσαφ·ένιος (*και* ~*ής*) *adj* golden.
χρυσάφι *nn* gold.
χρυσαφικό *nn* gold jewel.
χρυσελεφάντινος *adj* of gold and ivory.
χρυσή *nf* jaundice.
χρυσίζω *vti* gild ‖ shine like gold.
χρυσικός *nm* goldsmith.
χρυσοδένω *vt* bind in gold, set in gold.
χρυσόδετος *adj* gilt-edged, gilt-lettered, (*κόσμημα*) set in gold.
χρυσοθήρας *nm* gold-digger.
χρυσοθηρία *nf* gold rush.
χρυσοκάνθαρος *nm* may-beetle ‖ gold-bug.
χρυσοκέντητος *adj* embroidered with gold.
χρυσοκίτρινος *adj* golden yellow.
χρυσοκόκκινος *adj* golden red, russet.
χρυσόμαλλος *adj* golden-haired.
χρυσόμυγα *nf* maybug.
χρυσόξανθος *adj* golden, blond[e].
χρυσοποίκιλτος *adj* inlaid/trimmed with gold.
χρυσός *nm* gold ◘ *adj* gold, golden, gilt, gilded ‖ dearest, honey, lovey.
χρυσόσκονη *nf* gold-dust.
χρυσοστέφανο *nn* halo, glow.
χρυσοστόλιστος ⇒ ΧΡΥΣΟΠΟΙΚΙΛΤΟΣ
χρυσούλι *nn* dearie, sweetie, poppet.
χρυσούφαντος *adj* interwoven with gold.
χρυσοφόρος *adj* gold[-bearing].
χρυσόχαλκος *nm* pinchbeck.
χρυσόχαρτο *nn* gold foil.
χρυσοχέρης *adj* skilful with the hands.
χρυσοχοείο *nn* goldsmith's, jeweller's.
χρυσοχόος *nm* goldsmith, jeweller.

χρυσόψαρο nn goldfish.
χρυσώνω vt gild, gold-plate.
χρυσωρυχείο nn goldmine || μτφ. mine, money-spinner.
χρυσωρύχος nm goldminer.
χρώμα nn colour || (τόνος) hue, tint || (προσώπου) complexion || (μπογιά) paint, dye, dyestuff, pigment || (καλλυντικό) make-up, rouge, paint || χαρτοπ. flush.
χρωματίζω vt colour, tint || (φωνή) modulate || (βάφω) paint, dye, stain.
χρωματικός adj chromatic || colour.
χρωματισμός nm colouring, painting || hue, tint.
χρωματιστός adj coloured, stained.
χρωματοπωλείο nn dye shop, paint store.
χρωματοπώλης nm dye seller.
χρωματόσωμα nn chromosome.
χρωματουργείο nn dyeworks, paint factory.
χρωματουργία nf paint industry.
χρώμιο nn chromium.
χρωστήρας nm paint-brush.
χρωστικός adj colouring.
χρωστώ ⇒ ΧΡΕΩΣΤΩ
χταπόδι nn octopus.
χτένα nf comb, card.
χτενάς nm comb-/card-maker.
χτένι nn comb, card || ζωολ. clam.
χτενίζ·ω vt comb, brush, do sb's hair || μτφ. touch up, trim || ~ομαι, have one's hair done/set.
χτένισμα nn combing, hair-brush, hairdo, hairstyle || μτφ. trim, touching up, finishing touch.
χτες, κλπ. ⇒ ΧΘΕΣ
χτήμα, κλπ. ⇒ ΚΤΗΜΑ
χτήνος, κλπ. ⇒ ΚΤΗΝΟΣ
χτίζω vt build [up/in], make, create.
χτικιάζω vt pester, plague, give sb hell, be the death of sb.
χτικιάρης adj consumptive.
χτικιό nn consumpion || μτφ. pest, trial.
χτύπημα nn blow, knock, bash, punch, whack, smack, tap, kick || (της καρδιάς) beating || (ήχος) stroke, ringing, clack || (το σημάδι) cut, slash, bump, bruise || μτφ. blow, wound, setback, buffet.
χτυπητήρι nn beater, whisk, (ποτών) shaker, (πόρτας) knocker.
χτυπητός adj striking, arresting, vivid || loud, gaudy, showy, flashy.
χτυποκάρδι nn heartbeat.
χτύπος nm (καρδιάς) beat, (βροχής) patter, (ρολογιού) tick, (πόρτας) knock.
χτυπ·ώ vti strike, hit, knock, thump || (με το χέρι) slap, smack || (με το πόδι) kick, stamp || (με μαχαίρι) stab ||

(με αγκώνα) nudge, jab || (ελαφρά) tap, flick, rap, pat, patter || (με μαστίγιο) whip, flog, lash || (για αίμα) pulse, throb || (για κρέμα) whip up, beat || (για ήχο) ring, sound, strike, jangle, clang || (δέρνω) beat, drub, thrash || (τραυματίζω) injure, wound, shoot || ~ιέμαι, clash, collide, run into, fight.
χυδαιολογίες nf pl smut, filth.
χυδαιολόγος adj foul-mouthed.
χυδαίος adj vulgar, common, crude.
χυδαιότητα nf vulgarity, vulgarism.
χυδαϊστί adv commonly.
χύδην όχλος nm vulgar/common herd.
χυλοπίτες nf pl noodles.
χυλός nm pap, mash, gruel, pulp.
χυλώδης adj mushy, pulpy.
χυλώνω vti mash, make/become mushy.
χύμα adv loose, in bulk, in a heap.
χυμός nm juice, squash, (δέντρου) sap.
χυμώδης adj juicy, luscious.
χυμώ ⇒ ΧΙΜΩ
χύν·ω vt pour, spill, shed, empty, cast || ejaculate, come || ~ομαι, rush at, pounce upon.
χύσιμο nn spilling, shedding || ejaculation.
χυτήριο nn foundry, smelting works.
χυτός adj cast, molten || μτφ. shapely, (ρούχο) a perfect fit.
χυτοσίδηρος nm cast iron.
χύτρα nf pot, kettle || ~ ταχύτητος, pressure cooker.
χωλ ⇒ ΧΟΛ
χωλαίνω vi limp || μτφ. be wrong.
χώμα nn earth, dust, ground, dirt.
χωματένιος adj earthen.
χωματερή nf rubbish dump.
χωματόδρομος nm dirt road.
χωματουργικά nn pl earthworks.
χωνάκι nn screw || cornet, cone.
χωνευτήρι nn crucible, melting-pot.
χωνευτικός adj good for the digestion.
χωνευτός adj (έπιπλα) built-in.
χωνεύω vti digest || μτφ. stomach, put up with || δεν ~, dislike.
χώνεψη nf digestion.
χωνί nn funnel, (χάρτινο) twist of paper, (τηλεβόας) loudhailer.
χών·ω vt put in, drive in, bury, hide || ~ομαι, squeeze in, nestle, interfere.
χώρα nf country, land || region.
χωρατατζής nm joker, jester.
χωρατατζίδικος adj playful, jesting.
χωρατεύω vi joke, jest, kid.
χωρατό nn joke, jest.
χωράφι nn field, land.
χωρητικότητα nf capacity || tonnage.
χώρια adv apart, separately, aside || not

counting/including, let alone.

χωριανός *nm* [fellow-]villager.

χωριάτης *nm* villager, peasant, countryman ‖ *μτφ.* lout, boor, bumpkin.

χωριατιά *nf* boorishness.

χωριάτικος *adj* country, rustic, village, peasant, homespun ‖ boorish.

χωριατοπούλα *nf* village girl.

χωριατό·πουλο (*και ~παιδο*) *nn* village boy.

χωριατόσπιτο *nn* peasant/country house.

χωρίζω *vti* separate, part from/with, drive apart ‖ divide, share, partition, parcel out ‖ sort out ‖ divorce, break/split up.

χωρικός *nm* peasant ◘ *adj* territorial.

χωριό *nn* village.

χωρίο *nn* passage, excerpt, quotation.

χωριουδάκι *nn* hamlet.

χωρίς *prep* without, with no, but for.

χώρισμα *nn* partition, stall, cubicle.

χωρισμός *nm* separation, split ‖ divorce.

χωριστικός *adj* separatist.

χωριστός *adj* separate.

χωρίστρα *nf* parting.

χωρογραφώ *vt* survey.

χωροδεσπότης *nm* feudal lord, squire.

χώρος *nm* space, room, area, ground ‖ *pl* precincts ‖ *μτφ.* domain.

χωροταξία *nf* land use/planning.

χωροταξικός *adj* land-planning.

χωροφύλακας *nm* gendarme.

χωροφυλακή *nf* gendarmerie.

χωροφυλακίστικος *adj* rude, bossy, snappish.

χωροχρόνος *nm* space-time.

χωρώ *vti* contain, hold, go/get into ‖ seat, admit ‖ there is room for.

χωσιά *nf* ambush.

χώσιμο *nn* hiding, burying, driving in.

Ψ ψ

ψάθα *nf* mat ‖ straw-hat.

ψαθάκι *nn* straw-hat ‖ table-mat.

ψάθινος *adj* straw.

ψαθωτό *nn* wickerwork.

ψαλίδα *nf* pruning-shears, (*μικρή*) secateurs ‖ (*για κατσάρωμα*) curling-tongs ‖ *ζωολ.* earwig ‖ *μτφ.* gap.

ψαλίδι *nn* [pair of] scissors ‖ *αυτοκ.* wishbone, *αρχιτ.* ogive, rib.

ψαλιδιά *nf* snip, cut with scissors.

ψαλιδίζω *vt* snip, clip, trim ‖ *μτφ.* pare/cut down, slash, abridge.

ψαλίδισμα *nn* snipping ‖ reduction.

ψαλιδωτός *adj* swallow-tailed ‖ ribbed.

ψάλλω *vt* sing ‖ *εκκλ.* chant.

ψαλμός *nm* psalm.

ψαλμωδία *nf* psalm-singing.

ψαλμωδός *nm* psalmist, psalm-singer.

ψάλσιμο *nn* chanting ‖ *μτφ.* nagging.

ψαλτήρι *nn* psalter.

ψάλτης *nm* chanter, cantor ‖ bard.

ψαλτική *nf* [the art of] chanting.

ψάξιμο *nn* search[ing].

ψαραγορά *nf* fish-market.

ψαράδικο *nn* fishing-boat ‖ fish-shop.

ψαράδικος *adj* fishing.

ψαραετός *nm* fish-hawk.

ψαραίνω *vi* turn grey.

ψαράς *nm* fisherman ‖ angler.

ψάρεμα *nn* fishing, angling.

ψαρεύω *vt* fish ‖ (*με καλάμι*) angle ‖ *μτφ.* fish, angle, pump, sound out, pick up.

ψαρής *adj* grey-haired ◘ *nm* (*άλογο*) dobbin.

ψάρι *nn* fish.

ψαρική *nf* fishing, angling.

ψαρίλα *nf* fishy smell.

ψαρόβαρκα *nf* fishing-boat, smack.

ψαρογένης *adj* grey-bearded.

ψαροκάικο *nn* fishing caique, smack.

ψαροκεφτές *nm* fishcake.

ψαροκόκαλο *nn* fishbone.

ψαρόκολλα *nf* fish-glue.

ψαρομάλλης *adj* grey-haired, grizzled.

ψαρομανάβης *nm* fishmonger.

ψαρομανάβισσα *nf* fishwife.

ψαρονέφρι *nn* tenderloin.

ψαρόνι *nn* *ορνιθ.* starling.

ψαροπούλα *nf* fishing-boat.

ψαροπούλι *nn* kingfisher ‖ sea-bird.

ψαρός *adj* grizzled.

ψαρόσουπα *nf* fish soup.

ψαροταβέρνα *nf* fish-restaurant.

ψαρότοπος *nm* fishery.

ψαροφάγος *nm* fish-eater ‖ *ορνιθ.* kingfisher.

ψαύω *vt* feel, touch, finger.

ψαχνό *nn* lean boneless meat ‖ *χτυπώ στο ~,* shoot to kill.

ψάχνω *vt* search, go through, delve into ‖ *(αναζητώ)* look for, hunt for, search out for ‖ *(εξονυχιστικά)* ransack, rummage, scour, scan.

ψαχούλεμα *nn* fumbling.

ψαχουλευτά *adv* gropingly.

ψαχουλεύω *vti* feel, fumble, grope ‖ search, rummage.

ψεγάδι *nn* flaw, defect ‖ failing.

ψέγω *vt* find fault with, blame.

ψείρα *nf* louse, parasite.

ψείρας *nm* fussy ‖ perfectionist.

ψειριάζω *vi* become lousy.

ψειριάρης *nm* lousy person.

ψειρίζω *vt* rid of lice, delouse.

ψείρισμα *nn* delousing.

ψειρού *nf* lousy woman ‖ *sl* clink, jug.

ψεκάζω *vt* spray, sprinkle.

ψεκασμός *nm* spray[ing].

ψεκαστήρα *nf* sprayer.

ψελλίζω *vti* mumble, stammer.

ψέλνω *vti* sing ‖ *εκκλ.* chant.

ψέμα *nn* lie, fib ‖ make-believe.

ψεματάκι *nn* white lie, fib.

ψεματούρα *nf* whopping lie.

ψες, κλπ. ⇒ ΧΘΕΣ

ψευδαίσθηση *nf* illusion.

ψευδάργυρος *nm* zinc.

ψευδεπίγραφος *adj* spurious.

ψευδεπίθεση *nf* mock attack.

ψευδής *adj* false, deceptive.

ψευδίζω *vti* lisp, stammer, stutter.

ψεύδισμα *nn* lisp, stammer.

ψευδο– *prefix* pseudo–.

ψευδολόγημα *nn* untruth, falsehood.

ψευδολογία *nf* mendacity ‖ falsehood.

ψευδολόγος *adj* lying, untruthful.

ψεύδομαι *vi* lie, tell lies, be a liar.

ψευδομάρτυρας *nm* false witness.

ψευδομαρτυρία *nf* false testimony.

ψευδομαρτυρώ *vi* give false testimony.

ψευδορκία *nf* perjury.

ψεύδορκος *nm* perjurer.

ψευδορκώ *vi* commit perjury.

ψεύδος *nn* lie, falsehood, untruth.

ψευδός *adj* lisping ▣ *nm* stammerer.

ψευδώνυμο *nn* pseudonym ‖ alias ‖ pen-name.

ψεύταρος *nm* big liar.

ψεύτης *nm* liar, fibber ▣ *adj* false.

ψευτιά *nf* lie, fib, falsehood.

ψευτίζω *vti* be false ‖ be of poor quality.

ψεύτικος *adj* false, untrue, sham, artificial ‖ faked, forged, bogus, phoney, trumped-up ‖ cheap, worthless.

ψευτο– *prefix* pseudo–, phoney–.

ψευτοάρρωστος *nm* malingerer.

ψευτοασχολούμαι *vi* potter about.

ψευτογιατρός *nm* charlatan, quack.

ψευτογνώσεις *nf pl* smattering.

ψευτογεύμα *nn* insubstantial meal, light snack.

ψευτοδουλειά *nf* bungled piece of work.

ψευτοδουλεύω *vi* potter about.

ψευτοδουλίτσα *nf* piddling little job.

ψευτοεπίθεση *nf* mock attack ‖ feint.

ψευτοευλάβεια *nf* sham piety.

ψευτοζώ *vi* scrape along, barely make a living.

ψευτοηρωισμός *nm* false/phoney heroism.

ψευτοθόδωρος *nm* liar, fibber.

ψευτοκαθαρίζω *vt* give sth a lick and a promise.

ψευτοκλαίω *vi* snivel.

ψευτοκόσμημα *nn* trinket.

ψευτομάρτυρας *nm* false witness.

ψευτομαστορεύω *vi* tinker.

ψευτονίψιμο *nn* a lick and a promise.

ψευτονταηλίκι *nn* Dutch courage.

ψευτονταής *nm* bully, bouncer.

ψευτοπατριώτης *nm* false/phoney patriot.

ψευτοπόλεμος *nm* mock war.

ψευτοπροφήτης *nm* false prophet.

ψευτοφιλόσοφος *nm* false/phoney philosopher.

ψευτοφιάχνω *vt* bungle, botch.

ψευτοφυλλάδα *nf* rag.

ψευτοχτίζω *vt* jerry-build.

ψεύτρα *nf* liar, fibber.

ψήγμα *nn* speck, particle, morsel.

ψηλαφητός *adj* tangible, palpable.

ψηλαφίζω *vt* fumble, grope, feel.

ψηλαφιστά *adv* gropingly, feeling one's way.

ψηλέας *nm* sixfooter.

ψηλολέλεκας *nm* lanky person.

ψηλόλιγνος *adj* gangling, lanky, weedy.

ψηλομύτης *adj* hoity-toity, stuck-up.

ψήλος *nn* height.

ψηλός *adj* tall, lofty, high.

ψηλοτάβανος *adj* high-ceilinged.

ψηλούτσικος *adj* tallish, fairly/rather tall.

ψήλωμα *nn* rise, elevation.

ψηλώνω *vti* make higher ‖ grow taller.

ψημένος *adj* cooked, baked, done, roast-[ed] ‖ *μτφ.* hardened, seasoned.

ψήνω *vt* roast, grill ‖ cook, do, make ‖ stew, braise ‖ toast ‖ *(βασανίζω)* pester, torment ‖ *(ωριμάζω)* season, harden, accustom, mellow ‖ *(για ζέστη)* parch, broil, bake, scorch, grill, roast ‖ *(πείθω)* talk sb into/out of, chat up.

ψήσιμο *nn* roasting, grilling ‖ parching ‖ pestering ‖ seasoning ‖ chatting up.

ψησταριά *nf* barbecue, steak-house.

ψηστήρι nn (σε πελάτη) sales talk, (σε κορίτσι) chatting-up.

ψητό nn roast, grilled meat.

ψητοπωλείο nn grill, steak-house.

ψητός adj roast, broiled, grilled.

ψηφιακός adj digital.

ψηφίδα nf tessera, inlay.

ψηφιδωτό nn mosaic.

ψηφίζω vt vote, pass ‖ carry, adopt.

ψηφίο nn (αριθμός) cipher, digit, figure ‖ (γράμμα) character, letter, type.

ψήφιση nf voting, passing, adoption.

ψήφισμα nn resolution.

ψηφοδέλτιο nn ballot [paper].

ψηφοδόχος nf ballot-box.

ψηφοθήρας nm vote-hunter.

ψηφοθηρία nf canvassing, electioneering.

ψηφοθηρώ vi canvass, electioneer, solicit votes.

ψηφοσυλλέκτης nm scrutineer.

ψήφος nmf vote, franchise.

ψηφοφορία nf suffrage, ballot, vote, poll.

ψηφοφόρος nm voter.

ψηφώ vt pay attention to, listen to.

ψίδι nn upper, toe-cap.

ψιθυρίζω vti whisper, mutter, murmur.

ψιθύρισμα nn whisper[ing], murmur[ing].

ψιθυριστής nm whisperer, tale-bearer.

ψιθυριστός adj hushed, whispering.

ψίθυρος nm whisper, murmur, undertone.

ψιλά nn pl small change/type.

ψιλή nf smooth breathing sign ‖ δεν έχω ~, I'm penniless.

ψιλικά nn pl haberdashery.

ψιλικατζής nm haberdasher.

ψιλικατζίδικο nn haberdasher's.

ψιλοβρέχει v impers it's drizzling.

ψιλοδουλειά nf fine work.

ψιλοδουλεμένος adj fine-wrought.

ψιλοκόβω vt cut fine.

ψιλοκομμένος adj fine-cut, finely chopped.

ψιλοκοσκινίζω vt sift fine ‖ μτφ. scrutinize.

ψιλοκουβέντα nf chit-chat, natter.

ψιλοκουβεντιάζω vi chat/natter away.

ψιλολόγημα nn hair-splitting.

ψιλολογώ vt split hairs, niggle.

ψιλοπράγματα nn pl trifles.

ψιλορίχνω vt sl diddle, con.

ψιλός adj fine ‖ shrill, high-pitched.

ψιλοτραγουδώ vti hum a tune.

ψιμάρνι nn late-born lamb ‖ sucker.

ψιμμύθιο nn make-up, rouge.

ψιττακός nm parrot.

ψίχα nf (ψωμιού) crumb, (φρούτου) kernel, (φυτού) pith ‖ μια ~, a little.

ψιχάλα nf drizzle, spatter of rain.

ψιχαλίζει v impers it's drizzling/mizzling.

ψίχαλο nn crumb ‖ bit, morsel.

ψιχίο nn mite, bit, pl pittance.

ψιψίνα nf puss[y], kitty.

ψόγος nm blame, reproach.

ψοφίμι nn carrion, carcass.

ψόφιος adj dead ‖ dog-tired, shagged.

ψοφοδεής adj gutless.

ψοφολογάω vi be about to peg out.

ψόφος nm (για ζώα) death.

ψοφώ vi die, peg out ‖ be dying for.

ψυγείο nn fridge, ΗΠΑ icebox ‖ αυτοκ. radiator ‖ (θάλαμος) ice-chamber.

ψυκτήρας nm cooler.

ψυκτικός adj cooling, freezing.

ψυλλιάζομαι vi suspect, get wind of.

ψύλλος nm flea.

ψύξη nf refrigeration, freezing.

ψυχαγωγία nf recreation, diversion.

ψυχαγωγικός adj recreational.

ψυχαγωγώ vt recreate, entertain, divert.

ψυχανάλυση nf psychoanalysis.

ψυχαναλυτής nm psychoanalyst.

ψυχαναλυτικός adj psychoanalytic.

ψυχανεμίζομαι vt suspect, get wind of.

ψυχασθένεια nf neurasthenia.

ψυχεδελικός adj psychedelic.

ψυχή nf soul ‖ psyche ‖ spirit, mettle ‖ person.

ψυχιατρείο nn mental clinic/home.

ψυχιατρική nf psychiatry.

ψυχιατρικός adj psychiatric.

ψυχίατρος nm psychiatrist.

ψυχικό nn act of charity.

ψυχικ-ός adj psychic[al], mental, spiritual ‖ ~ό τραύμα, trauma.

ψυχισμός nm psychism.

ψυχοβγάλτης nm pest, pain in the neck.

ψυχογιός nm adopted son ‖ servant.

ψυχοθεραπεία nf psychotherapy.

ψυχοθεραπευτής nm psychotherapist.

ψυχοθεραπευτικός adj psychotherapeutic.

ψυχοκόρη nf adopted daughter.

ψυχοκτόνος adj soul-destroying.

ψυχολογημένος adj psychologically sound.

ψυχολογία nf psychology.

ψυχολογικός adj psychological.

ψυχολόγος nm psychologist.

ψυχολογώ vt assess, psyche out.

ψυχομάνα nf foster mother.

ψυχομάχη-μα (και ~τό) nn death rattle.

ψυχομαχώ vi be dying.

ψυχονεύρωση nf psychoneurosis.

ψυχονευρωτικός adj psychoneurotic.

ψυχοπάθεια nf psychopathy.

ψυχοπαθής nm psychopath.

ψυχοπαίδι nn adopted child.

ψυχοπατέρας nm foster father.

ψυχοπόνια nf compassion.

ψυχόπονος adj compassionate.

ψυχοπονώ vt pity, take mercy on.

ψυχορράγημα *nn* death rattle.
ψυχορραγώ *vi* be dying.
ψύχος *nn* cold.
ψυχοσάββατο *nn* All Souls' Day.
ψυχοσύνθεση *nf* mentality, psyche, temperament, psychological make-up.
ψυχοσωματικός *adj* psychosomatic.
ψυχοσωτήριος *adj* soul-saving.
ψυχούλα *nf* little soul || darling.
ψυχοφθόρος *adj* soul-destroying.
ψύχρα *nf* chill, cool, coldness, nip.
ψυχραιμία *nf* cool, calm, composure, sang-froid.
ψύχραιμος *adj* cool, composed, calm.
ψυχραίνω *vti* cool, chill || μτφ. alienate, estrange || *v impers* grow chilly/cold.
ψύχρανση *nf* cooling || estrangement.
ψυχρόαιμος *adj* cold-blooded.
ψυχρολουσία *nf* cold shower || μτφ. disappointment.
ψυχροπολεμικός *adj* cold-war.
ψυχρός *adj* cool, cold, nippy, chilly || μτφ. frigid, frosty.
ψυχρότητα *nf* coolness || frigidity.
ψυχρούλα *nf* cool, chill, nip.
ψύχω *vt* cool, chill, freeze.
ψυχωμένος *adj* plucky, spirited, gutsy.
ψυχώνω *vt* encourage.

ψυχωφελής *adj* uplifting, edifying.
ψωμάκι *nn* roll, bun.
ψωμάς *nm* baker.
ψωμί *nn* bread, loaf [of bread].
ψωμιέρα *nf* bread-tray.
ψωμοζήτης *nm* beggar.
ψωμοζώ *vi* scrape a living.
ψωμοσάκουλο *nn* bread-bag, beggar's bag.
ψωμοτρώω *vt* gnaw.
ψωμωμένος *adj* beefy || thick.
ψωνίζω *vt* buy, purchase, shop || pick up || solicit.
ψώνιο *nn* buy, purchase, *pl* shopping || άνθρ. crank, screwball || (κορίτσι) pick-up.
ψώνισμα *nn* shopping || picking-up || solicitation.
ψωνιστής *nm* shopper.
ψώρα *nf* scabies, mange, scab.
ψωραλέος *adj* scabby, mangy.
ψωριάζω *vi* get scabies.
ψωριάρης *adj* scabby, mangy.
ψωροπερηφάνεια *nf* genteel poverty.
ψωροπερήφανος *adj* shabby-genteel.
ψωροσύνταξη *nf* miserable pension, pittance.

Ω ω

ω *interj* oh! ah!
ωάριο *nn* βιολ. ovum.
ωδείο *nn* music school, musical academy, conservatory.
ωδή *nf* ode, lyric song.
ωδική *nf* singing.
ωδικός *adj* singing.
ωδίνες *nf pl* labour, throes.
ώθηση *nf* push, thrust || impetus, impulse.
ωθώ *vt* push, thrust || prompt, egg on, impel, make, drive, actuate.
ωιμέ *interj* woε is me!
ωκεάνιος *adj* ocean, oceanic.
Ωκεανία *nf* Oceania, South Sea Islands.
ωκεανογραφία *nf* oceanography.
ωκεανογράφος *nm* oceanographer.
ωκεανός *nm* ocean.
ωλαλά *interj* jiminy! lumme! wow!
ωλένη *nf* forearm, ulna.
ωμ *nn* ohm.

ωμέγα *nn* omega.
ωμοπλάτη *nf* shoulder-blade.
ώμος *nm* shoulder.
ωμός *adj* raw, uncooked || crude, harsh, unfeeling, brutal.
ωμότητα *nf* rawness || crudity || *pl* atrocities.
ωοειδής *adj* oval, egg-shaped.
ωοτοκία *nf* egg-laying.
ώπα *interj* steady! oops! || έχω κπ ~-~, be all over sb, mollycoddle sb.
ώρα *nf* hour || time, o'clock || moment, while.
ωραία *adv* fine, well ▣ *nf* belle.
ωραιοποιώ *vt* beautify.
ωραίος *adj* good, fine, nice, good-looking, pretty, handsome, beautiful, lovely.
ωραιότητα *nf* beauty, good looks.
ωράριο *nn* work-hours.
ωρεβουάρ, so long, see you, be seeing you.

ωριαίος *adj* hourly.
ωριμάζω *vti* mature, ripen.
ωρίμα[ν]ση *nf* maturing, ripening.
ώριμος *adj* ripe, mature, mellow.
ωριμότητα *nf* maturity, ripeness.
ωρισμένος *adj* definite, fixed, appointed
‖ certain.
Ωρίωνας *nm* Orion.
ωροδείκτης *nm* hour-hand.
ωρολογιακός *adj* clock, watch ‖ (*βόμβα*)
time.
ωρολόγιο πρόγραμμα *nn* timetable.
ωρολογοποιείο *nn* watchmaker's.
ωρολογοποιός *nm* watchmaker.
ωρομίσθιο *nn* hourly wages.
ωροσκόπιο *nn* horoscope.
ωρύομαι *vi* yell, scream, howl.
ώς *adv* till, until, up to.
ως *conj* as, while.
ωσάν ⇒ ΣΑΝ
ωσαννά *nn pl* hosannah.
ωσαύτως *adv* likewise, in the same way
‖ also, besides, as well, too.
ώσπου *conj* till, until, by, by the time.
ώστε *conj* so, that, as.
ωστικός *adj* thrusting, pushing.
ωστόσο *conj* however, yet, still, never-

theless.
ωτακουστής *nm* eavesdropper.
ωτακουστώ *vi* eavesdrop.
ωταλγία *nf* earache.
ωτίτιδα *nf* otitis.
ωτολόγος *nm* ear specialist, otologist.
ωτομοτρίς *nf* electric railcar.
ωτορινολαρυγγολόγος *nm* otolaryngolo-
gist, ear-nose-and-throat specialist.
ωτοστόπ *nn* hitching, hitch-hiking.
ωφέλεια *nf* utility, benefit, advantage.
ωφέλημα *nn* advantage, gain, profit.
ωφελημένος *nm* beneficiary.
ωφελιμισμός *nm* utilitarianism.
ωφελιμιστής *nm* utilitarian.
ωφελιμιστικός *adj* utilitarian.
ωφέλιμος *adj* useful, beneficial, handy.
ωφελιμότητα *nf* usefulness, utility.
ωφελώ *vt* benefit, profit, gain, do good.
ωχ *interj* oh, ah, ouch!
ώχρα *nf* ochre.
ωχραίνω *vi* lose one's colour.
ωχριώ *vi* turn pale, go white ‖ pale.
ωχροπρόσωπος *adj* white/pale-faced.
ωχρός *adj* pale, wan, pallid, sickly ‖
(*αμυδρός*) faint, vague, dim.
ωχρότητα *nf* paleness, pallor, wanness.

ΣΤΟ ΣΠΟΥΔΑΣΤΗ

Ελπίζουμε ότι το Pocket Dictionary που έχεις στα χέρια σου σε βοήθησε, όταν χρειάστηκες, να βρείς τη λέξη που ήθελες στην άλλη γλώσσα, γρήγορα και σωστά. Αν, όμως, θέλεις να μάθεις πώς χρησιμοποιείται αυτή η λέξη, έχεις ανάγκη από ένα χρηστικό λεξικό, δηλαδή ένα λεξικό που να δίνει, όχι μόνο το σημασιολογικό στίγμα και τις εννοιολογικές αποχρώσεις της λέξης, αλλά και τη χρηστική της λειτουργία, τις χρηστικές της δυνατότητες. Γιατί μονάχα αν μάθει κανείς τη λέξη «λειτουργικά», δηλαδή μέσα σε παραδειγματικές προτάσεις και σε συνάρτηση μ'όλο τον ιδιωματικό της πλούτο, μπορεί να πεί ότι ξέρει τη λέξη ουσιαστικά. Για το σκοπό αυτό χρειάζεστε τα δύο χρηστικά λεξικά του Δ.Ν. Σταυρόπουλου που έχει εκδόσει ο Εκδοτικός Οργανισμός του Πανεπιστημίου της Οξφόρδης: το ENGLISH-GREEK LEARNER'S DICTIONARY και το GREEK-ENGLISH LEARNER'S DICTIONARY. Για να γίνει φανερή η διαφορά που αναφέρουμε ανάμεσα σ'ένα απλό και σ'ένα χρηστικό λεξικό, παραθέτουμε ένα λήμμα από το κάθε λεξικό. Εκεί θα δείτε γιατί χρειάζεστε το χρηστικό λεξικό.

¹change /tʃeɪndʒ/ *ρ.μ/ά.* **1.** αλλάζω: *I must ~ these trousers,* πρέπει ν'αλλάξω αυτό τό παντελόνι. *I must go home and ~ into another suit,* πρέπει νά πάω σπίτι ν'αλλάξω κοστούμι. *He has ~d his address,* έχει αλλάξει διεύθυνση. *~ trains/hands,* αλλάζω τραίνο/χέρια: *This car has ~d hands ten times. ~ for the better/for the worse,* αλλάζω πρός τό καλύτερο/πρός τό χειρότερο. *~ up/down,* (αὐτοκ.) βάζω μεγαλύτερη/μικρότερη ταχύτητα. **2.** *~ (for),* ἀνταλλάσσω: *Shall we ~ seats?* ἀλλάζουμε καθίσματα; *He ~d his old car for a new scooter,* αντήλλαξε τό παλιό του αυτοκίνητο μ'ένα καινούργιο σκούτερ. **3.** (γιά χρήματα) χαλώ, κάνω ψιλά: *Can you ~ a five-pound note?* μπορείτε νά μού χαλάσετε ένα πεντόλιρο; **4.** *~ (from ... into),* μεταβάλλω/-ομαι (ἀπό ... εἰς): *When water boils it ~s from liquid into gas,* ὅταν τό νερό βράζη μεταβάλλεται ἀπό ὑγρό σέ ἀέριο. *~ one's mind/nature/tune,* ἀλλάζω γνώμη/χαρακτήρα/ὕφος. *~·able /-əbl/ επ.* εὐμετάβλητος (πχ καιρός, ἄνθρωπος).

²change /tʃeɪndʒ/ *ούσ.* **1.** ⟨c⟩ ἀλλαγή, ἀλλαξιά (ρούχα): *a welcome ~,* μιά εὐπρόσδεκτη ἀλλαγή. *a ~ in the weather,* ἀλλαγή καιρού. *Take a ~ of clothes with you,* πάρε μιά ἀλλαξιά ρούχα μαζί σου. *a ~ of air/of climate,* ἀλλαγή ἀέρος/κλίματος. *for a ~,* γιά ἀλλαγή. **2.** ⟨u⟩ λιανά, ψιλά, ρέστα: *Can you give me ~ for a pound note?* μπορείτε νά μού δώσετε λιανά γιά μιά λίρα; *I've no small ~ with me,* δέν ἔχω ψιλά μαζί μου. *keep the ~,* κρατᾶ τά ρέστα. *get no ~ out of sb,* (καθομ.) δέν βγάζω τίποτα (βοήθεια, πληροφορίες, κλπ) ἀπό κπ. *~·less επ.* ἀμετάβλητος.

chan·nel /'tʃænl/ *ούσ.* ⟨c⟩ **1.** πορθμός: *The English C~,* ὁ Πορθμός τῆς Μάγχης. **2.** κοίτη (ποταμού), κανάλι. **3.** ὁδός, διέξοδος: *through the ordinary ~s of diplomacy,* διά τῆς συνήθους διπλωματικῆς ὁδού. *open up new ~s for trade,* ἀνοίγω νέους δρόμους (διεξόδους) γιά τό ἐμπόριο. *—ρ.μ.* (-ll-) διοχετεύω.

κέφι *ππ* [19B] **1.** (ευθυμία) high spirits, cheerfulness, merriment, joviality, mellow/merry mood, gaiety, good humour, liveliness: *έχω ~ [α] σήμερα,* be in high spirits/in a merry mood today. *δεν έχω ~ [α] σήμερα,* I'm in poor/low spirits today, I'm out of sorts today. *είναι καλός για παρέα όταν έχει ~,* he makes good company when he's in good humour. *έχω διαβολεμένο ~,* be full of devilry/devilment, be very lively. *έχει πάντα τόσο ~ που,* she's always so lively that, there is always so much liveliness/spirit about her that... *το πάρτυ δεν έχει ~,* the party is dragging/isn't exactly lively! *κάνω τα ~ κάποιου,* indulge sb's whims/fancies. *φτιάχνω το ~ κάποιου,* cheer sb up, raise sb's spirits: *η επίσκεψή σου θα του φτιάξει το ~,* your visit will cheer him up/will raise his spirits. *χαλώ το ~ κάποιου,* dampen sb's spirits, cast a damp over: *τίποτα δεν του χαλάει ποτέ το ~,* nothing ever dampens his spirits. *η είδηση χάλασε το ~ της συντροφιάς,* the news cast a damp over the party. *άνθρωπος που χαλάει το ~ /ο χαμήρι της παρέας,* a kill-joy, a spoil-sport: *έλα, μη μας χαλάς το ~!* come, don't be a kill-joy/a spoil-sport! *χάνω το ~ μου,* one's spirits droop/sag: *έχασα το ~ μου όταν τον είδα να 'ρχεται,* my spirits sagged/drooped when I saw him coming. **2.** (διάθεση) mood, zest, gusto, drive, enthusiasm, spirit: *παίζει καλά όταν έχει ~,* he plays well when he is in the mood. *τρώω και πίνω με ~,* eat and drink with gusto/heartily. *άρχισε τη δουλειά με τόσο ~ που,* he set about the work with such zest/gusto that... *άρχισε να μαθαίνει αγγλικά με πολύ ~,* she started learning English with great enthusiasm/zest/gusto. *είναι γεμάτος ~ για δουλειά,* he's full of go/drive/enthusiasm for work. *δουλεύω με ~,* work with spirit. *κάνω κτ χωρίς ~,* do sth half-heartedly/without enthusiasm. *ανάλογα με το ~ μου,* as the mood takes me. *είμαι ελαφρά στο ~ (=πιωμένος),* be well away, be tipsy, be in the mellow mood. *έχω ~ για [να κάνω] κτ,* be in the mood for sth/to do sth, feel like [doing] sth: *δεν έχω ~ για χορό,* I am not in the mood for dancing, I don't feel like dancing. *δεν έχω ~ για επισκέπτες,* I am not in the mood to receive visitors. *κάνε το ~ σου!* do as you please! have it your own way! suit yourself! *κατά το ~ μου,* at one's pleasure, at one's own sweet will: *μπορείς να μείνεις ή να φύγεις κατά το ~ σου,* you may stay or leave at your pleasure. *περιμένουμε να δούμε το ~ του (δηλ. τι θέλει),* we await his pleasure.